PAGE 50

SUR LA ROUTE

RÉGIONS, VILLES, VILLAGES
Visites, activités et bonnes adresses

PAGE 487

MAROC PRATIQUE

TOUT POUR S'ORGANISER
Location de voiture, lignes de train, organismes à connaître

ÉDITION ÉCRITE ET ACTUALISÉE PAR

James Bainbridge,
Alison Bing, Paul Clammer, Helen Ranger

Bienvenue au Maroc

Montagnes et désert

Des dunes du Sahara aux sommets du Haut Atlas, le Maroc semble avoir été tracé pour les voyageurs. Des splendides paysages se succèdent dans cette partie de l'Afrique du Nord, tels les tapis chamarrés que vous découvrirez dans les coopératives locales. Les montagnes – dont le Haut Atlas, le Rif et les chaînes brûlées par le soleil menant aux oasis du Sahara – offrent de simples et fabuleux plaisirs comme les cieux nocturnes tapissés d'étoiles scintillantes ou la vue sur un banc de nuages moutonneux du col de Tizi n'Test. Plus bas, les côtes déchiquetées, les cascades et les grottes des collines boisées et le majestueux désert ne manqueront pas de vous émerveiller.

Vie traditionnelle

Si la diversité des paysages nourrit les rêves, elle façonne également la vie des Berbères, des Arabes et des Sahraouis. Malgré la progression de la modernité, comme les autoroutes qui desservent mosquées et casbahs, le peuple marocain demeure étroitement lié à la nature. Les nomades touaregs, les "hommes bleus", bravent le désert en gandoura et turban, un téléphone portable à la main. La tradition se perpétue également, avec des améliorations, dans les fabriques de tapis berbères, les coopératives de dattes, le négoce des épices dans les médinas et le mode de vie des villes portuaires comme Essaouira ou des villages de montagne.

BRIAN CRUICKSHANK / LONELY PLANET IMAGES ©

Le Maroc, aux portes de l'Afrique, est un pays de déserts, de massifs enneigés et de plages de rêve, encore peuplé de Berbères et de nomades. Les dédales de ses médinas animées conduisent à des souks et des riads.

(à gauche) La casbah d'Aït Benhaddou, au sud de Marrakech
(ci-dessous) Souk aux épices, Marrakech

JEAN-PIERRE LESCOURRET / LONELY PLANET IMAGES ©

Activités

Pour rencontrer des Marocains, il suffit de s'asseoir dans un café et d'attendre qu'infuse votre thé à la menthe. Prenez le temps de contempler l'animation en compagnie des habitants entre les multiples activités qu'offre le pays : grimper jusqu'au plus haut sommet d'Afrique du Nord, apprendre à rouler le couscous, un trek à dos de dromadaire, des achats dans les souks, se perdre dans la médina ou transpirer dans un hammam. Entre ces efforts, vous pourrez passer la nuit dans un riad, vous détendre sur une terrasse panoramique ou une place majestueuse et vous régaler de tajines parfumés au safran et à l'argan.

Médinas

Souvent exotiques, parfois étouffantes mais toujours surprenantes, ces anciennes cités à l'aura mystique fourmillent de vie et constituent un contrepoint idéal aux campagnes paisibles. En vous promenant parmi la foule, vous marcherez sur les traces ancestrales des nomades et des marchands. L'Unesco a classé certaines médinas au patrimoine mondial, notamment celle de Fès, la plus grande cité médiévale islamique au monde, ainsi que Djemaa el-Fna à Marrakech. L'attentat à la bombe perpétré sur cette place en avril 2011 est un épisode tragique, qui ne doit pas décourager les voyageurs de visiter ce pays accueillant et tolérant.

› Maroc

ÎLES CANARIES (ESPAGNE)
Tarfaya
Frontière contestée
Tindouf
Al-Mahbas
Erg Iguidi
Laâyoune
Smara
Bou Craa
Boujdour
OCÉAN ATLANTIQUE
15°O
25°N
Galtat-Zemmour
Bir Mogrein
SAHARA OCCIDENTAL
35°N
Dakhla
Tropique du Cancer
Bir Anzarane
Mijek
Imlili
MAURITANIE
Aoussard
Zouérat
Aghoninit
Sahara
Bir-Gandouz
Gueguarat
Tichla
Nouâdhibou
La Gouéra
Atar
0
200 km
20°N
Sahara occidental
ALTITUDE
10 000 m
3 000 m
2 500 m
2 000 m
1 500 m
1 000 m
0
35°N
Mohammedia
Casablanca
El-Jadida
Azemmour
Oued Oum er-Rbia
Settat
Oualidia
15°O
10°O
Safi
Ben Guérir
Marrakech
L'emblématique place Djemaa el-Fna (p. 59)
Marrakech
Tizi n'Tichka
Essaouira
Vallée de l'Ourika
Asni
Legzira Plage
Tizi n'Test
Djebel Toubkal
Taroudant
Une promenade autour des remparts de terre rouge (p. 371)
Taliouine
Taroudant
Djebel Siroua
Agadir
Inezgane
Tioute
Tafraoute
Une bonne base pour explorer la vallée des Ammeln (p. 377)
Djebel Lekst
ANTI-ATLAS
Tiznit
Tafraoute
Tata
Mirleft
Sidi Ifni
Akka
Sidi Ifni
Au bord de la mer, des trésors Art déco (p. 390)
Bouzakarne
Goulmime
ÎLES CANARIES (ESPAGNE)
Cap Drâa
Tadalt
Assa
Tan-Tan
Tiglite
Oued Drâa
Voir l'agrandissement
Tarfaya
OCÉAN ATLANTIQUE
Frontière contestée
Tindouf
Erg Iguidi
Al-Mahbas
Laâyoune
Smara

Asilah
Les murs colorés d'une cité balnéaire (p. 208)
Chefchaouen
Une médina bleue dans la chaîne du Rif (p. 267)
Volubilis
Mosaïques romaines, arc de triomphe et pressoirs à olives (p. 335)
Fès
La médina et les tanneries d'une cité impériale (p. 299)
Moulay Idriss
Un site de pèlerinage perché sur des collines (p. 338)
Figuig
Ville oasis aux ksour de couleur ocre (p. 356)
Erg Chebbi
À dos de dromadaire à travers les dunes de sable (p. 160)
Haut Atlas
Cimes majestueuses et villages berbères (p. 111)
Vallée du Drâa
Traversée d'une vallée sauvage, entre casbahs et oasis (p. 130)
Erg Chigaga
Une balade dans les dunes du Sahara au clair de lune (p. 138)
Anti-Atlas
Un trek dans un paysage lunaire de rochers granitiques (p. 383)
ESPAGNE
Málaga
Cádiz
Gibraltar
Algeciras
Mer Méditerranée
Mers el-Kebir
Mostaganem
Mascara
Djebel Moussa
Ceuta
Tanger
Martil
Asilah
Tétouan
Melilla
Nador
Al-Hoceima
Saïdia
Larache
Chefchaouen
Berkane
Ahfir
Ketama
Targuist
Oujda
Ouezzane
Djebel Tidiquin
Souk el-Arba du Rharb
Taourirt
Kenitra
Sidi Kacem
Moulay Yacoub
Taza
Guercif
Volubilis
Moulay Idriss
Fès
Djebel Tazzeka
Rabat
Khémisset
Meknès
Sefrou
Ben Slimane
Ifrane
Azrou
Tendrara
Missour
Ain Sefra
Khenifra
Oued-Zem
Midelt
Bouarfa
ALGÉRIE
Kasba-Tadla
Beni Mellal
Djebel Ayachi
Figuig
Beni Ounif
Imilchil
Afourer
Bin el-Ouidane
Oued Ziz
Azilal
Demnate
HAUT ATLAS
Béchar
Tinerhir
Erfoud
Tafilalt
Boulmalne du Dadès
Merzouga
Rissani
Erg Chebbi
Taghith
Skoura
Taouz
Grand erg occidental
Ouarzazate
Tazzarine
Agdz
Vallée des Roses
Zagora
Beni Abbès
Vallée du Drâa
M'Hamid
Erg Chigaga
Timimoun
Gourara
Hamada du Drâa
Tinfouchy
Adrar
0
200 km

18 FAÇONS DE VOIR LE MAROC

Le théâtre de rue de Djemaa el-Fna

1 Nul spectacle ne peut se comparer à la *halqa* (théâtre de rue), inscrite au patrimoine immatériel de l'Unesco, qui se déroule sur la grand-place de Marrakech (p. 59). Dans la journée, astrologues, charmeurs de serpents et autres acrobates attirent les badauds, tandis qu'à la tombée du jour, d'innombrables stands commencent à préparer des grillades. Après le dîner, place aux concerts : les musiciens encouragent le public à participer, et quelques billets les incitent à continuer.

La médina de Fès

2 La médina de Fès (p. 301) est un véritable labyrinthe. Ne soyez pas surpris de vous y perdre et de devoir payer un jeune garçon pour rejoindre un secteur familier ! N'ayez aucune crainte, cela fait partie de l'aventure : empruntez les ruelles au hasard pour dénicher des places et des souks cachés en savourant la sensation de ne pas savoir ce qui va surgir au prochain tournant, puis suivez la foule pour rejoindre les principales artères.

Un thé dans le Haut Atlas

3 Vous avez soif, chaud, froid ? Au Maroc, le thé à la menthe est la solution à tous les inconforts. Dans les villages berbères du Haut Atlas, la vue vertigineuse sur la vallée et les herbes sauvages ajoutent au plaisir du thé traditionnel. Les randonneurs qui s'élancent vers le sommet du djebel Toubkal se verront offrir du thé à partir d'Aroumd. Ce village haut perché ne se situe qu'à 2 ou 3 heures de Marrakech et à 30 minutes de marche d'Imlil ; pourtant, il semble à des années-lumière quand on sirote un thé à l'absinthe sauvage dans une *ighrem* (maison en pierre et pisé), tandis que les chèvres bêlent dans la cour.

Une méharée dans le Sahara

4 Seuls les Sahraouis, les danseuses orientales et les djinns savent chevaucher un dromadaire, assis gracieusement sur sa bosse, en s'adaptant de manière naturelle à la démarche chaloupée de l'animal. Les novices, eux, s'agrippent et tentent de conserver leur équilibre jusqu'au franchissement de la première dune ! Puis, alors que les sables rose doré de l'erg Chebbi s'élèvent à la rencontre du ciel d'un mauve pâlissant, ils relâchent les rênes et la tension fait place à l'émerveillement. Quand la lune apparaît, vous voilà prêt à continuer jusqu'à Tombouctou !

Le chemin des casbahs dans la vallée du Drâa

5 Les routes permettent désormais un passage sûr et rapide des derniers tronçons des routes caravanières entre le Mali et Marrakech. La vallée du Drâa s'étend au-delà des gorges rocheuses aperçues par les fenêtres des voitures. Les palmiers et les forteresses en brique crue de Tamegroute, Zagora, Timidarte et Agdz ressemblaient à des mirages après deux mois dans le Sahara ! Les casbahs, qui abritaient jadis les caravanes chargées d'or, accueillent aujourd'hui des hôtes pour la nuit. Au matin, vous vous régalerez de dattes fraîches et de pain cuit au four.

Tafraoute

6 Ville principale de l'Anti-Atlas, Tafraoute (p. 377) est un fouillis de maisons roses et de rues commerçantes dans un cadre enchanteur, villages berbères et palmeraies parsèment la vallée des Ammeln. Les hautes montagnes s'embrasent d'ocre ambré à l'aube et au crépuscule. Avec une industrie touristique relativement peu développée malgré les nombreux charmes de la région, c'est une base idéale pour de multiples activités, dont le VTT et la découverte de gravures rupestres préhistoriques. Comme si les falaises de granit et les oasis ne suffisaient pas, un artiste belge a peint plusieurs rochers, créant un paysage surréaliste.

Surf

7 Si vous allez faire du surf sur la côte atlantique, Taghazout (p. 369) offre les meilleures vagues. Dès votre arrivée, vous constaterez l'importance de ce sport pour le village : à côté des habituels cafés et téléboutiques se tiennent des boutiques de surf, où habitants et visiteurs cirent leurs planches et vantent les plages des alentours. Le joyeux mélange de villageois et de surfeurs est plus rafraîchissant qu'un plongeon dans l'océan. Sur la même portion de littoral entre Agadir et Essaouira, Tamraght et Sidi Kaouki sont d'autres destinations de surf.

Randonnée dans l'Anti-Atlas

8 Chaîne granitique brûlée par le soleil et menant au Sahara, l'Anti-Atlas reste peu exploré comparé au Haut Atlas. Le djebel L'Kest, un massif quartzeux surnommé la "montagne d'améthyste", peut se rejoindre en traversant la verdoyante vallée des Ammeln. D'autres villages agricoles et casbahs délabrées se situent aux alentours du djebel Aklim, autre excellent but de trek dans cette région peuplée de bergers berbères. Des gorges remplies de palmiers à l'austère volcan du djebel Siroua, la variété des paysages justifie de nombreuses randonnées.

OLIVIER CIRENDINI / LONELY PLANET IMAGES ©

Sidi Ifni

9 Ne le dites à personne : cette ancienne ville espagnole en bord de mer (p. 390), à une méharée seulement du Sahara, possède autant de charme qu'Essaouira, sans la foule. Vous pourrez marcher jusqu'aux arches en pierre de la plage de Legzira, ou simplement flâner dans les ruelles bleu et blanc de l'une des cités les plus séduisantes du sud du Maroc. Le couchant est le meilleur moment pour admirer ses édifices Art déco, quand les vents de l'Atlantique bercent les palmiers et rafraîchissent l'atmosphère.

NICOLAS THIBAUT / PHOTOLIBRARY

L'art de la médina d'Asilah

10 Inspirées des graffitis, des peintures colorées ornent de vastes pans de mur dans la médina d'Asilah. Chaque année en juillet, des artistes marocains et étrangers sont invités à participer au Festival d'Asilah (p. 211) en peignant les murs. Certaines œuvres, notamment près de la tour El-Khamra ou du belvédère de la koubba de Sidi Mansour, sont immenses. Vous pouvez aussi découvrir un angle joliment décoré au détour d'une ruelle de la médina.

Festival de Fès des musiques sacrées du monde

11 Depuis ses humbles débuts, ce festival (p. 310), qui se tient chaque année en juin, est devenu un événement majeur de la scène musicale internationale. Il est facile d'en comprendre la raison : les organisateurs invitent des artistes mondialement connus, les visiteurs affluent et les concerts et manifestations se succèdent. Des concerts gratuits et des rencontres musicales de confréries soufies durent jusque tard dans la nuit. L'ensemble Tartit de femmes maliennes participe à ce festival.

SUSANNA WYATT / PHOTOLIBRARY

DOUG MCKINLAY / LONELY PLANET IMAGES ©

Moulay Idriss

12 Cette ville sainte (p. 338), perchée sur deux collines, est un joyau blanchi à la chaux. Récemment, des familles ont ouvert des chambres d'hôtes, permettant aux étrangers de passer la nuit sur place (ce qui était interdit auparavant) et de visiter la cité à un rythme tranquille. Les groupes touristiques n'y font halte qu'une heure dans la journée, laissant le loisir d'apprécier le coucher de soleil et la promenade des habitants sur la place principale.

Volubilis

13 On doit à la longue colonisation romaine de l'Afrique du Nord, Volubilis (p. 335), son arc de triomphe et un superbe éventail de mosaïques. Son emplacement, dans la campagne vallonnée au nord du Moyen Atlas, est splendide. L'histoire se perpétue dans la région : après avoir admiré le pressoir à olives romain, rejoignez Moulay Idriss, où des pressoirs produisent toujours l'une des meilleures huiles d'olive du pays.

Figuig

14 Au bout d'une longue route et près d'un poste-frontière algérien fermé, Figuig (p. 356) ne figure pas sur les itinéraires touristiques – ce qui constitue son principal intérêt. Faites l'effort d'y aller et vous découvrirez un endroit réellement secret et l'une des plus charmantes oasis du pays, avec des casbahs en brique crue et des palmiers à perte de vue. Il n'y a pas grand-chose à y faire à part se détendre, flâner et savourer cette découverte exceptionnelle.

La médina de Chefchaouen

15 Quittez les cafés détendus de la grand-place pour explorer l'une des plus jolies médinas du pays (p. 268). En grimpant les rues pavées, vous découvrirez des ruelles chaulées de bleu, d'imposantes portes cloutées, des marchandes de légumes coiffées de chapeaux à pompons du Rif, un hammam, un four municipal et la mosquée. À Ras el-Maa, au sommet, installez-vous dans un café et admirez le coucher de soleil sur la médina, trop petite pour s'y perdre réellement.

EMANUELE CICCOMARTINO / PHOTOLIBRARY

WITOLD SKRYPCZAK / LONELY PLANET IMAGES ©

HN ELK III / LONELY PLANET IMAGES ©

Taroudant

16 Avec des vues sur le Haut Atlas et l'Anti-Atlas, cette cité marchande de la vallée du Sous (p. 370), surnommée la "Petite Marrakech", possède une médina et des souks plus paisibles que ceux de la grande ville. Si vous venez pour la journée d'Agadir, vous tomberez certainement sous le charme des remparts de terre rouge, dont la couleur change selon le moment de la journée. Faites le tour des murailles (7,5 km) à pied, à vélo ou en calèche, puis entrez dans la médina par l'une des portes. Après les feux du couchant, dînez dans l'un des bons restaurants de cette ville tranquille.

Randonnée au clair de lune dans les dunes de l'erg Chigaga

17 Même si vous n'êtes jamais venu dans l'erg Chigaga (p. 138), vous trouverez votre chemin jusqu'au sommet des dunes à la tombée de la nuit. Le clair de lune repose les yeux éblouis par le soleil et les pieds nus foulent le sable doux jusqu'aux crêtes ondulées. Au sommet, le Sahara chante sous les vents nocturnes. Le scintillement exceptionnel des étoiles s'explique : l'erg Chigaga se situe à 2 heures 30 en 4x4 ou à 2 jours de méharée du lampadaire le plus proche.

SARA-JANE CLELAND / LONELY PLANET IMAGES ©

AL T / IMAGEBROKER ©

Le patrimoine architectural de Casablanca

18 Quiconque vous affirmera qu'il n'y a rien à voir à Casablanca (p. 168) hormis la mosquée Hassan II ne connaît pas bien la ville. Datant du début du XXe siècle, de superbes bâtiments de styles mauresque et Art déco jalonnent le centre. Certains sont entretenus et d'autres malheureusement laissés à l'abandon, mais tous comportent des angles arrondis, des frises de fleurs et des balcons incurvés en fer forgé. La promenade à pied dans Casablanca (p. 174) vous fera découvrir la plupart d'entre eux.

L'essentiel

Devise

» Dirham (Dh)

Langue

» Arabe marocain (*darija*)

» Berbère

» Français

Quand partir

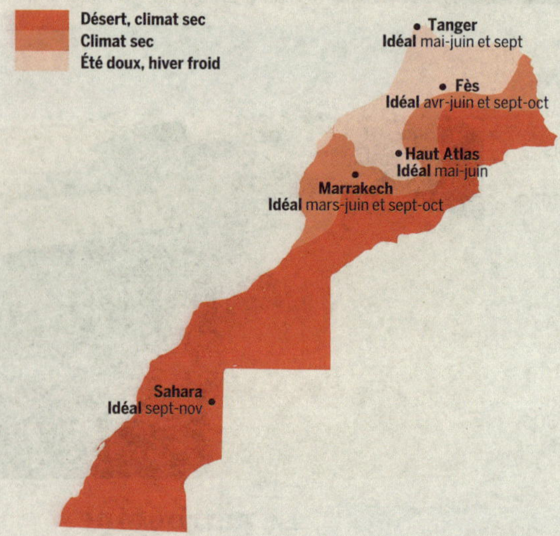

Haute saison
(nov-mars)

» Le printemps et l'automne sont très prisés des touristes.

» Le prix des hébergements est plus élevé.

» Marrakech et le Sud sont particulièrement courus à Noël et pour le Nouvel An.

Saison intermédiaire
(avr et oct)

» Tempêtes de sable dans le Sahara au printemps et pluie dans le Nord.

» Saison appréciée partout ailleurs.

» Le prix des hébergements et la demande augmentent à Pâques.

Basse saison
(mai-sept)

» Réductions dans les hébergements et les souks.

» Le tourisme marocain maintient des prix élevés sur la côte.

Budget quotidien

Moins de

350 Dh

» Double sommaire à partir de 50 Dh

» Soupe ou sandwich de 4 à 30 Dh

» Faire son marché dans les souks

» Les bus coûtent moins cher que les grands taxis ou les trains

550-1 000 Dh

» Entrée des sites et monuments : 10-50 Dh

» Certains riads offrent des réductions pour les voyageurs en solo

» L'hébergement et les visites guidées seront vos principales dépenses

» Dîner : 70-150 Dh

Plus de

1 400 Dh

» Location de voiture (300 Dh)

» Circuit d'une journée 300 Dh

» Chambre double dans un riad urbain : plus de 1 200 Dh

Argent

» Les DAB sont largement répandus. Les cartes de crédit internationales sont acceptées dans les principaux centres touristiques.

Visas

» Généralement, non requis pour un séjour inférieur à 90 jours. Les passeports doivent être valables six mois après la date d'entrée dans le pays.

Téléphones portables

» Les téléphones fonctionnent sur les réseaux internationaux ou, s'ils sont déverrouillés, avec une carte SIM locale prépayée (environ 20 Dh).

Transports

» Des trains relient Tanger, Fès et Marrakech. Les bus sont très nombreux et bon marché.

Sites Internet

» **Office national du tourisme marocain (ONMT)** (www.visitmorocco.com). Très complet.

» **Maghreb Arts** (www.maghrebarts.ma). Manifestations artistiques et festivals.

» **Maroc Blogs** (http://maroc-blogs.com). Pour découvrir la blogosphère marocaine.

» **Portail national du Maroc** (www.maroc.ma). L'actualité au Maroc.

» **Lonely Planet** (www.lonelyplanet.fr). Renseignements, réservations, forums.

Taux de change

Zone euro	1 €	11,24 Dh
Canada	1 $C	8,26 Dh
États-Unis	1 $ US	8,22 Dh
Mauritanie	100 UM	2,98 Dh

Consultez également le site Internet www.xe.com.

Numéros utiles

Composez l'indicatif régional à 4 chiffres même si vous appelez de la même ville ou dans la région.

Ambulance	☎15
Police (campagne)	☎177
Police (ville)	☎19
Pompiers	☎15

Arriver au Maroc

» **Aéroport international Mohammed V, Casablanca**
Train – 40 Dh, 35 min, toutes les heures de 6h à 24h
Taxi – 300-350 Dh, 45 min

» **Terminal des ferries de Tanger Med, Tanger**
Bus – gratuit, 40 min, toutes les heures à l'heure pile

» **Aéroport de Ménara, Marrakech**
Bus – 20 Dh, toutes les 20 min
Petit taxi – 70/100 Dh jour/nuit
Transfert à l'hôtel – ville 150-200 Dh, palmeraie 150-250 Dh

Guides

Les "faux guides" du Maroc sont connus de longue date. Si des mesures ont amélioré la situation dans la plupart des villes, les rabatteurs continuent de faire partie du paysage. Pour qu'ils vous laissent tranquille, restez courtois mais ferme, affirmez savoir où vous allez, ou dites quelques mots en arabe. Ces guides officieux peuvent se révéler précieux pour explorer les médinas, mais renseignez-vous au préalable sur le tarif en vigueur (normalement de 50 à 100 Dh par jour) et convenez du prix avant de vous mettre en route. Si vous ne souhaitez pas achever le circuit dans la boutique de tapis du frère, de l'oncle ou d'un ami, précisez-le clairement ; si malgré tout vous aboutissez chez un commerçant, souvenez-vous que vous n'êtes absolument pas obligé d'acheter quoi que ce soit. Les guides officiels, engagés par l'intermédiaire des offices du tourisme et des hôtels, sont beaucoup plus chers. Lire aussi p. 494.

Envie de...

Médinas

Arrêtez-vous un moment dans une médina, à l'écart du flux des chalands, pour découvrir l'essence du Maroc. Ces anciens quartiers surpeuplés – avec les ruelles sinueuses, les impasses, les riads, les multiples épices, les marchands et les buveurs de thé – assaillent les sens à chaque tournant, distillant une ambiance typiquement maghrébine.

Fès La plus grande cité médiévale islamique au monde est le plus vaste habitat urbain sans voitures, où des ânes cheminent vers les tanneries dans le quartier du cuir (p. 301).

Marrakech Les Marrakchis courent entre les souks, les palais et la place Djemaa el-Fna à l'intérieur des remparts de la médina, longs de 19 km (p. 59).

Tanger Descendez du ferry et découvrez l'Afrique du Nord dans cette splendide médina, entourée par les murs d'une forteresse portugaise du XVe siècle (p. 238).

Dédales paisibles Les médinas ne sont pas toujours des labyrinthes inextricables ; il en existe de plus petites et séduisantes, comme celle bleu andalou de Chefchaouen (p. 268).

Art et culture

Que vous souhaitiez écouter des musiciens gnaouas (musique des esclaves affranchis), admirer des œuvres d'art contemporain avant-gardistes ou acheter de l'artisanat, le Maroc vous offrira de multiples possibilités.

Taroudant Dans les souks (p. 374), vous trouverez des bijoux chleuhs en argent, influencés par les tribus sahariennes et les orfèvres juifs.

Festival de Fès des musiques sacrées du monde En juin, ce festival majeur accueille des artistes internationaux et des concerts intimes de divers *turuk* (ordres soufis ; p. 310).

Marrakech En dehors des souks, dans le quartier industriel de Sidi Ghanem, côtoyez les amateurs de design et les collectionneurs dans les galeries d'art branchées de Guéliz (p. 69).

Tapis Contrairement aux grandes villes, des cités comme Ouarzazate et Tafraoute possèdent des coopératives et des boutiques où l'on ne vous poussera pas à acheter un souvenir à pompons (p. 378).

Tanger Le musée de la Légation américaine (p. 239) renferme la "Mona Lisa marocaine" et une aile consacrée à Paul Bowles, Burroughs et d'autres écrivains de la Beat generation.

Villes et villages

Les bourgades et les villages pittoresques sont idéals pour se détendre et rencontrer les habitants devant un thé à la menthe.

Afella-Ighir La route qui dessert les villages de cette oasis est à peine goudronnée ; à Tiouadou, logez dans l'auberge qui abrite le musée local (p. 379).

Agdz Regardez les touristes se presser à travers la vallée du Drâa ; prenez le temps de la savourer comme le font les villageois des palmeraies et des casbahs en brique crue (p. 130).

Imilchil Ce village du Moyen Atlas est réputé pour son *moussem* (fête) de mariage, mais le trajet est superbe toute l'année (p. 154).

Midelt Entre le Moyen et le Haut Atlas, visitez les villages et casbahs, profitez de la vue sur les montagnes et repartez avec un tapis (p. 344).

Tarfaya Jouez au billard sous une tente près de l'épave d'un ferry et observez la vie sahraouie (p. 398).

Environs d'Essaouira Laissez la foule de la médina et suivez vers le sud la piste des surfeurs jusqu'à Sidi Kaouki et Taghazout (p. 233).

CHRISTIAN ASLUND / LONELY PLANET IMAGES ©

» Ski à Oukaïmeden (p. 34)

Sports et activités

À l'exception de la côte, le Maroc offre peu d'infrastructures pour les sports d'aventure, mais un territoire vierge à explorer.

VTT On peut louer des vélos à Tafraoute, proche de sites de l'Anti-Atlas comme la vallée des Rochers bleus (p. 377).

Escalade Les parois abruptes des gorges du Dadès et de Todra sont idéales pour l'escalade (p. 32).

Ski Oukaïmeden possède la plus haute remontée mécanique d'Afrique du Nord, et la vallée des Aït Bouguemez abrite les meilleurs itinéraires de ski/trek du pays (p. 34).

Trekking Proche du Sahara, le djebel Sarhro, parsemé de mesas, de gorges et d'aiguilles volcaniques, a des chemins praticables à l'année (p. 145).

Sports de glisse Essaouira et Sidi Kaouki sont de bonnes destinations pour le surf, la planche à voile et le kitesurf ; un peu plus au sud, Taghazout est le meilleur spot de surf du pays (p. 233).

Équitation et méharée Diabat est le point de départ de randonnées équestres ; pour une promenade à dos de dromadaire, rejoignez les dunes sahariennes de l'erg Chebbi (p. 32).

Petits plaisirs

Un nombre croissant d'établissements offre le meilleur de la culture et de la campagne dans un luxe marocain.

Riads de Marrakech Cette ville compte plus de riads restaurés que toute autre ; dans les meilleurs, outre une cour verdoyante, vous trouverez la tradition, le style, le luxe et le respect de l'environnement (p. 74).

Hammams Pour se remettre d'une exploration de la médina, rien ne vaut un bain au hammam ; les somptueux riads de la médina de Fès s'agrémentent d'un spa (p. 307).

Bord de l'océan El-Jadida, Essaouira, Mirleft et Sidi Ifni sont nos endroits favoris au bord de l'Atlantique ; attendez-vous à des repaires secrets dans les médinas et à des piscines à débordement (p. 213).

Casbah du Toubkal Pourquoi vivre à la dure dans la montagne quand on peut dormir comme un sultan dans la casbah royale d'Imlil, avec un hammam à 1 800 m (p. 111) ?

Ksar Sania De même, une expérience du Sahara ne signifie pas dormir dans des draps pleins de sable – ou nuire à l'environnement du désert – à la retraite écologique en brique crue de Merzouga (p. 162).

Aventures gastronomiques

Rouler le couscous ou savourer un tajine de dromadaire, de multiples expériences culinaires vous attendent.

Fès Procurez-vous les ingrédients d'un *tangia* (ragoût mijoté) dans une boucherie et une échoppe d'épices, puis faites-les cuire dans le four à bois d'un hammam (p. 310).

Cuisine du désert Découvrez les recettes sahraouies et les secrets d'un couscous traditionnel dans les retraites sahariennes de M'Hamid (p. 139).

Marrakech Faites vos courses dans le souk, apprenez à cuisiner comme un *dada* (chef) et régalez-vous du résultat dans le confort d'un riad (p. 73).

Produits de la mer Achetez les prises du jour dans le port d'Al-Hoceima, puis goûtez celles de l'Atlantique dans le marché au poisson et les grills en plein air d'Essaouira (p. 279).

Taliouine Faires le tour des producteurs de safran et d'argan et initiez-vous à la préparation d'un tajine au safran (p. 376).

Demnate Essayez les amandes, les olives et le miel de fleurs sauvages, puis choisissez parmi les restaurants de ce centre gastronomique berbère, proche de Marrakech (p. 92).

ORIEN HARVEY / LONELY PLANET IMAGES ©

» Médersa Bou Inania, Fès (p. 303)

Architecture

Qu'ils aient été transformés en hôtels de charme ou qu'ils tombent en ruine à flanc de colline, les bâtiments reflètent la longue histoire du pays et ses multiples influences culturelles.

Médersa Ali ben Youssef, Marrakech Cette splendide école coranique du XIVe siècle comporte des murs ornés de zelliges à cinq couleurs et des arcades en stuc (p. 59).

Art déco La côte atlantique a de superbes édifices Art déco, pour la plupart à Casablanca, avec des influences mauresques, ainsi qu'à Sidi Ifni (p. 390), une ville bleue et blanche.

Mosquée et université Karaouine, Fès L'une des plus grandes mosquées d'Afrique et la plus vieille université au monde, cet ensemble vieux de 1 150 ans comporte un toit vert pyramidal (p. 301).

Essaouira Son nom signifie "bien conçu", et convient parfaitement à la médina blanchie à la chaux, protégée par ses remparts en bord de mer (p. 221).

Rissani Une boucle de 21 km permet de voir une *zaouïa* (sanctuaire), un comptoir marchand en ruine du Sahara, de nombreux ksour et un musée consacré à la vie dans les casbahs fortifiées (p. 158).

Culture berbère

Ce peuple fier laisse un souvenir impérissable aux voyageurs. Le caractère et les traditions amazighes sont mis en valeur à Marrakech et dans l'Atlas.

Costumes régionaux Les femmes affichent leur appartenance par leur habillement, des châles noirs et des robes colorées de Tata aux chapeaux et aux jupes rayées du Rif (p. 381).

Demnate La ville offre une immersion dans la culture locale, avec la meilleure huile d'olive du pays et un "Roméo et Juliette" berbère (p. 92).

Moussem de mariage d'Imilchil Les Berbères cherchent un époux ou une épouse lors du *moussem* de ce village du Moyen Atlas (p. 154).

Vallée des Ammeln L'hospitalité berbère est légendaire : dans les maisons traditionnelles transformées en musées près de Tafraoute, la meilleure chambre était réservée aux invités (p. 380).

Maison Tiskiwin Pour comprendre le lien entre les Berbères et l'Afrique du Nord, visitez le musée de la Culture transsaharienne à Marrakech (p. 68).

Al-Hoceima Cette ville de la côte méditerranéenne est la capitale officieuse des Berbères du nord du pays (p. 277).

Histoire

À la croisée des chemins entre l'Europe, l'Afrique et le monde musulman, le Maroc tisse une histoire où se croisent Arabes et Berbères, marchands et envahisseurs, et simples voyageurs.

Volubilis L'un des avant-postes romains les plus reculés est aujourd'hui le site archéologique le mieux conservé du pays, avec nombre de superbes mosaïques (p. 335).

Médinas Dans les anciennes médinas comme celle de Fès, Meknès et Marrakech, la vie reste immuable depuis des siècles et des ânes continuent de cheminer dans les étroites ruelles (p. 325).

Aït Benhaddou Hollywood refait l'histoire dans ce caravansérail almoravide du XIe siècle, qui a servi de cadre à des films comme *Gladiator* (p. 124).

Passé colonial Les colons européens ont laissé leur empreinte au Maroc, des pâtisseries aux cités hispano-mauresques telles Tétouan et Larache (p. 260).

Juifs Des juifs ont vécu au Maroc pendant plus de deux millénaires, comme en témoignent les anciens mellahs (quartiers juifs) des cités impériales et un musée qui leur est consacré à Casablanca (p. 171).

Si vous aimez… l'architecture islamique, ne manquez pas la médersa Bou Inania, vieille de 650 ans. Cette école coranique, la plus belle de la médina de Fès, est l'endroit rêvé pour admirer des zelliges (carreaux de céramique ; p. 303) fassis.

Plages

Avec un littoral qui s'étend de la Méditerranée au Sahara, le Maroc offre des plages aptes à satisfaire tous les goûts : criques, falaises, promenades en planches ou ports de mer. Certaines conviennent aux familles, d'autres sont en voie d'aménagement, mais beaucoup restent sauvages, uniquement connues des surfeurs et des oiseaux migrateurs.

Plage du Marabout Avec la tombe d'un saint et des rochers déchiquetés, c'est la plus spectaculaire de la demi-douzaine de plages que compte Mirleft (p. 389), au bord de l'Atlantique.

Agadir Si la ville n'est qu'un damier de béton, sa longue plage incurvée, propre et éclairée la nuit, séduit particulièrement les familles (p. 362).

Yellich Elle fait face à une petite île de la Méditerranée que l'on peut rejoindre à pied ; visitez Yellich et les autres plages de Cala Iris avant que le village de pêcheurs ne devienne une station balnéaire (p. 282).

Tanger Sortez de la ville pour une journée à la plage Robinson, à l'extrémité nord-ouest de la côte atlantique de l'Afrique, ou au ksar es-Seghir, au bord du détroit de Gibraltar (p. 252).

Déserts

La partie saharienne du Maroc compte parmi les plus sûres et les plus belles régions du monde pour apprécier l'immensité du désert. Outre les dunes et la hamada (désert de pierres), vous rencontrerez des Berbères en robe bleue et vous vous initierez à la vie nomade.

Erg Chebbi Ce paysage saharien classique, avec des dunes hautes de 160 m, peut s'explorer à dos de dromadaire, en 4x4 ou en sandboard, avant de passer la nuit sous une tente berbère (p. 160).

Figuig À l'est du Maroc, un trek dans cette oasis idyllique vous fera découvrir les palmeraies, les ksour et une vue sur l'Algérie (p. 356).

Erg Chigaga Engagez un "homme bleu" à M'Hamid, où les dunes frôlent les pensions, pour qu'il vous guide jusqu'à ces montagnes de sable de 300 m qui s'étirent sur 40 km (p. 138).

Vallée du Drâa Les caravanes à destination de Tombouctou passaient jadis par cette vallée désolée ; aujourd'hui, vous pouvez rejoindre les oasis ombragées de palmiers (p. 130), juché sur un "vaisseau du désert" (ou dromadaire).

Montagnes

Avec des villages berbères nichés au pied des cimes enneigées, le Haut Atlas est l'un des plus beaux massifs montagneux au monde. Les autres montagnes du pays se prêtent également à l'escalade, la randonnée, l'expérience de la vie rurale ou simplement une escapade loin de l'agitation urbaine.

Djebel Toubkal Escaladez le point culminant de l'Afrique du Nord pour un bol d'air pur et la vue sur le Haut Atlas (p. 111).

Vallée des Ammeln Séjournez dans une maison villageoise traditionnelle parmi les palmeraies et l'Anti-Atlas rose doré (p. 380).

Moyen Atlas Aux alentours d'Azrou et de Midelt, la chaîne nord de l'Atlas, moins escarpée, est idéale pour des randonnées d'une journée à travers les collines et les forêts (p. 343).

Djebel el-Kelaâ Le Rif ne se résume pas à la culture du kif, comme vous le constaterez depuis ce sommet, accessible en une journée de marche de Chefchaouen, une ravissante bourgade de montagne (p. 273).

Atlas oriental Des montagnes rouges et désolées surplombent les gorges du Ziz et les lacs turquoise d'Imilchil (p. 155).

Mois par mois

Le top 5

1. **Festival de Fès des musiques sacrées du monde**, juin
2. **Festival des arts populaires**, juillet
3. **Moussem de mariage**, septembre
4. **Marathon des Sables**, mars
5. **Trekking dans le Rif**, avril

Janvier

Le Nord est pluvieux et la neige rend nombre de montagnes impraticables pour les randonneurs et même pour les automobilistes. Marrakech et le Sud accueillent la plupart des touristes, en particulier autour du Nouvel An.

Marathon de Marrakech

L'animation de la place Djemaa el-Fna prend une tournure sportive quand près de 5 000 marathoniens franchissent la ligne d'arrivée de cette course annuelle. L'itinéraire suit les remparts de la ville et les allées bordées de palmiers, d'orangers et d'oliviers (p. 74).

Février

Le temps est assez maussade, mais certains endroits restent agréables, comme Marrakech et Agadir, plutôt secs et doux. Hormis les voyageurs au long cours et les citadins en week-end, les touristes se font rares.

Moussem de Sidi ben Aïssa

L'un des plus grands *moussem* (fête) du pays se tient au mausolée du saint soufi, hors des remparts de la médina de Meknès. Ingestion de verre, morsures de serpent et scarifications rituelles ne sont plus autorisées, mais les fantasias (charges de cavaliers tirant au mousquet), les foires, les chants et les danses perdurent (p. 329).

Mars

C'est le dégel dans les montagnes qui se couvrent de fleurs sauvages, les amandiers et les cerisiers fleurissent. Les vents commencent à souffler dans le désert et la vallée du Sous, et continuent jusqu'en avril.

Fête des Amandiers en fleur

Cette très belle fête se déroule au printemps dans l'Anti-Atlas, quand les fleurs s'épanouissent dans la région de Tafraoute. Traditionnellement organisée pour la cueillette dans la capitale marocaine des amandes, cette fête célèbre aussi le folklore local avec des chants, des danses, du théâtre et des contes (p. 378).

Marathon des Sables

Commençant et s'achevant à Ouarzazate, la ville du cinéma, ce marathon saharien est aussi épique que les films tournés à "Ouallywood". Course éprouvante de 6 jours, elle a lieu en mars ou avril et traverse 243 km de désert. L'eau est fournie (p. 127).

Avril

La campagne est verdoyante et il fait bon partout. Les touristes sont nombreux, surtout vers Pâques quand les prix grimpent.

Festival de la culture soufie

Lancé à Fès en 2007, ce festival accueille divers événements, dont des films, des conférences et des concerts de musiciens soufis du monde entier. Il se déroule dans le jardin andalou du musée Batha, aménagé dans un palais d'été du XIXe siècle (p. 311).

Jardin'Art

Marrakech fête le printemps avec des jardins temporaires, des spectacles inspirés par l'art du jardinage et des conférences sur la botanique. Outre les habituels pique-niques familiaux, les couples qui flirtent et le majestueux pavillon du XIXe siècle, vous verrez des expositions florales dans le jardin de la Ménara (p. 74).

Trekking dans le Rif

Entre l'hiver humide du Nord et l'été torride, le printemps est idéal pour parcourir les chemins de randonnée du Rif. Vous découvrirez de somptueux paysages dans le parc national de Talassemtane, (formation rocheuse du pont de Dieu) et dans le parc national d'Al-Hoceima (p. 282), plus près de la Méditerranée.

Mai

Avec la fin de la saison touristique, les prix baissent dans les hôtels et les souks, mais le plus fort de la chaleur estivale reste à venir. La température moyenne s'élève à 28°C à Marrakech, idéale pour le trekking en montagne.

Fêtes rurales

Durant le Festival du désert, Er-Rachidia accueille des artistes de tout le Sahara, dont le groupe local de musiciens gnaouas Les Pigeons du Sable. Dans la vallée du Dadès, des guirlandes ornent Kelaâ M'Gouna lors de la fête de la Rose (p. 143).

Juin

L'été s'annonce, bien que les sommets du Haut Atlas soient encore enneigés. Le nord du Maroc et la côte sont très agréables. Pendant le Festival de Fès des musiques sacrées du monde, les hébergements sont pris d'assaut.

Festival gnaoua et de musiques du monde

Une célébration passionnée a lieu à Essaouira le troisième week-end de juin, avec des concerts d'artistes marocains et étrangers et des expositions d'art. L'occasion rêvée d'écouter la musique gnaoua, inventée par des esclaves affranchis (p. 226).

Fête des Cerises

Ville assoupie, Sefrou s'éveille début juin pour la plus ancienne fête urbaine du pays. Musique folklorique, expositions artistiques, défilés, fantasias et compétitions sportives marquent la cueillette des cerises ; la fête culmine avec le couronnement de la reine des cerises (p. 324).

Festival de Fès des musiques sacrées du monde

Achetez les billets longtemps à l'avance pour ce festival de renommée internationale, qui a accueilli des artistes comme Ravi Shankar et Youssou N'Dour. Les concerts des *turuk* (ordres soufis ; *tarika* au singulier) marocains sont tout aussi impressionnants. Expositions, films et débats font partie des événements (p. 310).

Juillet

La neige fond dans les montagnes et la chaleur envahit même le Haut Atlas. La température moyenne grimpe à 30°C dans les grandes villes. Les plages sont plus aérées, mais bondées de touristes marocains et européens dans le Nord.

Festival des arts populaires

L'Unesco a classé cette fête de théâtre de rue, un événement typiquement marrakchi, comme un "chef-d'œuvre du patrimoine culturel". La place Djemaa el-Fna est encore plus turbulente qu'à l'accoutumée le soir du défilé d'ouverture, avec plus de 500 artistes (p. 74).

Festival d'Asilah

Cette grande manifestation culturelle attire près de 200 000 spectateurs pour trois semaines de spectacles, ateliers, concerts et expositions à Asilah. Par ailleurs, une fête équestre de 3 jours comprend une fantasia (p. 211).

Août

Les températures deviennent inconfortables, avec une moyenne de 40°C à Marrakech et davantage à l'intérieur des terres. Rejoignez les plages du sud de l'Atlantique pour éviter les foules.

Moussem

Au cours du plus grand *moussem* du pays, la pittoresque bourgade de Moulay Idriss, aux maisons blanchies à la chaux, s'anime de fantasias, de marchés et de musique. Cinq pèlerinages à ce *moussem* équivaudraient à un pèlerinage à La Mecque. Des *moussem* ont également lieu à Setti Fatma, au sud-est de Marrakech, et à Ouarzazate (p. 338).

Septembre

Avec l'automne, le Maroc redevient une destination prisée. Le prix des hébergements grimpe à nouveau. Les plages se vident et même le désert est plaisant avec ses brises légères et ses dattes fraîches.

Moussem de mariage

Dans le village d'Imilchil au Moyen Atlas, les jeunes Berbères cherchent un parti durant cette fête de trois jours. Tout le monde se met sur son trente et un, revêtant des capes en laine, des djellabas blanches et des bijoux élaborés (p. 153).

Autres moussem

Lors du *moussem* des Hamdouchi, les confréries religieuses de deux zaouïas (sanctuaires) proches de Demnate dansent toute la journée dans la ville. Au cours du *moussem* de Moulay Idriss à Fès, une procession aspergée d'eau de rose traverse la médina en musique. Des milliers de pèlerins se rendent au *moussem* de l'oasis de Sidi Yahia, à l'est, qui s'accompagne d'une fantasia (p. 355).

Octobre

Autre mois prisé des touristes, bien que la pluie commence à s'installer au nord du Moyen Atlas. L'Aïd el-Adha (fête du Sacrifice ; en octobre ou novembre) est marqué par trois jours de fêtes.

Rallye Saint-Exupéry

Fin septembre-début octobre, Tarfaya commémore l'Aéropostale, qui y faisait escale à l'époque coloniale, et son fameux pilote, l'écrivain Antoine de Saint-Exupéry. Des avions s'y arrêtent alors entre Toulouse et Saint-Louis du Sénégal (p. 398).

Novembre

Un mois animé à Marrakech et plus au sud, avec davantage de touristes partant dans le désert ou en randonnée aux alentours. Les passionnés d'oiseaux se rendent dans les marais et l'on voit passer les voyageurs qui se dirigent vers la Mauritanie.

Récoltes

Aux alentours des cascades d'Immouzzer des Ida Outanane, dans les contreforts du Haut Atlas, les villageois grimpent dans les oliviers pour secouer les branches et faire tomber les fruits. À Taliouine, une fête célèbre la récolte du safran, et vous verrez les habitants cueillir les fleurs (p. 369).

Décembre

À la fin du mois, les touristes affluent pour les vacances de Noël. La neige ferme les cols du Haut Atlas et fait le bonheur des skieurs.

Festival international du film

À Marrakech, ce festival voit défiler sur le tapis rouge des stars du monde entier, de Hollywood à Bollywood. La semaine s'achève avec la remise des prix ; Ben Kingsley et Harvey Keitel ont fait récemment partie des lauréats (p. 74).

Itinéraires

Que vous disposiez de deux semaines ou de deux mois, ces itinéraires constituent des bases pour élaborer un voyage inoubliable. Encore en manque d'inspiration ? Consultez le forum des voyageurs de Lonely Planet à l'adresse www.lonelyplanet.fr/forum.

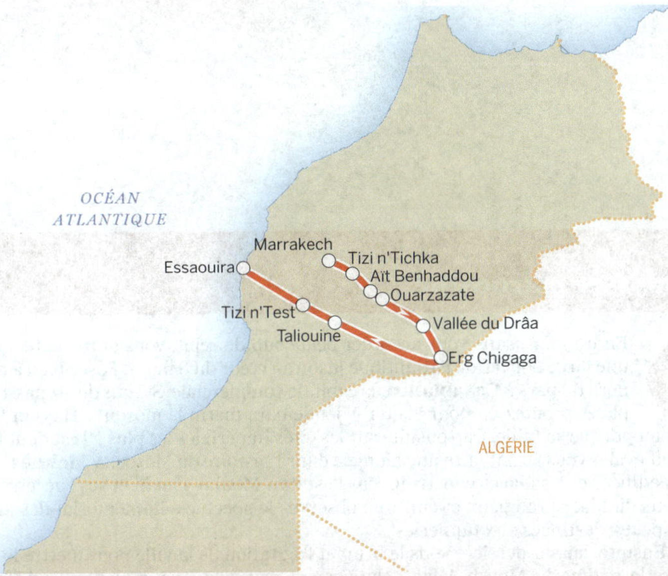

Deux semaines
De casbah en casbah

Commencez par le spectacle bigarré de la place Djemaa el-Fna à **Marrakech**, où charmeurs de serpents, acrobates, musiciens gnaouas, cuisiniers ambulants et conteurs se rassemblent à la tombée de la nuit. Attardez-vous deux ou trois jours afin d'avoir le temps de vous perdre dans la médina, d'acheter un tapis et de vous détendre dans un hammam. Mettez-vous ensuite en route pour le **Tizi n'Tichka** (2 260 m), col du Haut Atlas, afin de rejoindre la casbah en brique crue d'**Aït Benhaddou**.

Arrêtez-vous à **Ouarzazate**, afin de voir les foules s'engouffrer dans la vallée du Dadès, puis descendez la **vallée du Drâa**, émaillée de nombreuses casbahs. Tout au bout de la vallée vous attendent les dunes sahariennes de l'**erg Chigaga**, où vous aurez tout le loisir d'apprécier la silencieuse majesté du désert à l'occasion d'une randonnée au clair de lune.

Si vous avez le temps, rentrez à Marrakech en faisant un détour par **Taliouine**, centre de la culture du safran situé au pied des montagnes de l'Anti-Atlas. Traversez le Haut Atlas par le **Tizi n'Test** avant d'achever votre périple sur les remparts d'**Essaouira**, face à l'Atlantique, où vous ne serez plus qu'à quelques heures de Marrakech et d'Agadir.

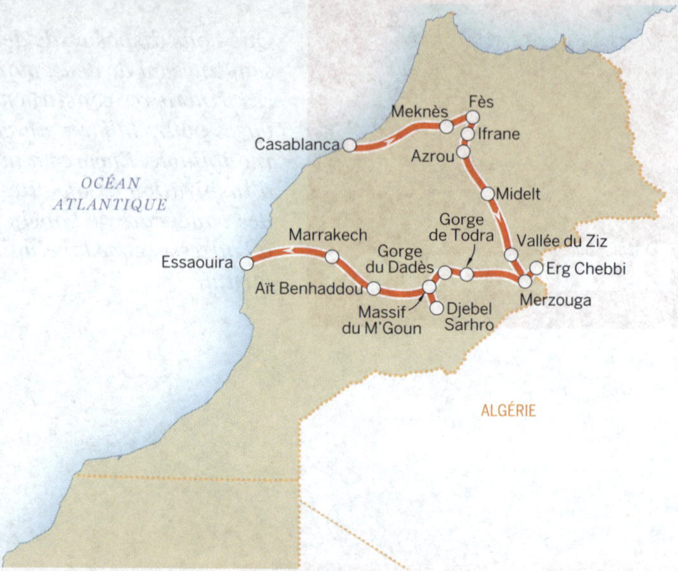

Un mois
Odyssée marocaine

En un mois, sans vous accorder beaucoup de répit, vous aurez le temps d'achever une large boucle, de l'Atlantique jusqu'au cœur du Sahara. Posez pied à terre dans le nord du pays à **Casablanca**, la capitale commerciale. Si vous devez passer la nuit sur place, profitez-en pour visiter le lendemain matin la mosquée Hassan II, troisième du monde par la taille. Cap ensuite sur les cités impériales les plus à l'est dont les médinas médiévales vous feront faire une plongée dans l'histoire du Maroc. À **Meknès**, flânez entre les édifices et les places construits par le sultan Moulay Ismaïl et ses successeurs ; à **Fès**, cœur du Maroc religieux et culturel, observez le spectacle immémorial des ânes chargés de peaux destinées aux tanneries.

Ensuite, laissez derrière vous le bruit et l'agitation de la ville pour mettre le cap au sud, vers la région du Moyen Atlas, relativement peu visitée, aux alentours d'**Ifrane**. Cette charmante cité se tient au cœur d'un paysage de montagnes et de forêts propice à de très belles randonnées. Plus au sud, les espiègles singes magots peuplent les forêts et les collines des environs d'**Azrou** ; le paysage se fait encore plus impressionnant à **Midelt**. La route de la **vallée du Ziz**, à travers les palmiers et les ksour (forteresses) est très pittoresque. Traversant la partie orientale du Haut Atlas, elle conduit à **Merzouga**, au sud-est du pays, et vous ouvre les portes du Sahara. Au pied de dunes immenses, voici le lieu parfait pour partir à dos de dromadaire passer la nuit à la belle étoile, dans la grandiose mer de sable de l'**erg Chebbi**.

En longeant le Haut Atlas vers l'ouest, vous arriverez aux vertigineuses **gorges de Todra**. De là, traversez des vallées pierreuses et spectaculaires, domaine des nomades au printemps, pour rejoindre les **gorges du Dadès**. Si vous avez du temps, élancez-vous depuis Boumalne du Dadès pour de spectaculaires randonnées dans le **massif du M'Goun** ou le **djebel Sarhro**, avant de filer à **Aït Benhaddou** et son extraordinaire casbah du XIe siècle sans vous arrêter à Ouarzazate.

Sur le chemin de la côte atlantique, faites halte dans un luxueux riad de **Marrakech**, profitez autant que possible du spectacle qu'offre la place Djemaa el-Fna au couchant, puis faites route d'une traite jusqu'à **Essaouira** et sa médina de front de mer.

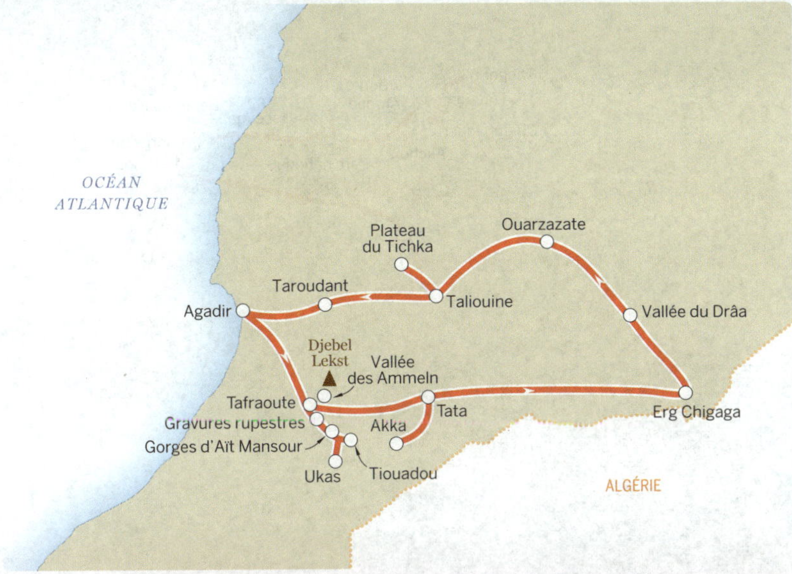

Trois semaines
Cap au sud

Le Maroc ne se réduit pas aux riads et au farniente. Cet itinéraire vous emmène loin des foules, dans les montagnes sauvages et les paysages désertiques du Sud où nombre d'activités occupent le corps et l'esprit. **Agadir** est un point de passage, que les plus aventureux s'empresseront de quitter, direction la petite ville de **Tafraoute**, encerclée par les splendides paysages de l'Anti-Atlas, notamment la **vallée des Ammeln**, toute en luxuriantes palmeraies et en maisons roses. Passez quelques jours à randonner dans la vallée et sur le **djebel Lekst**, promenez-vous à vélo parmi les formations rocheuses et les rochers sculptés jusqu'aux extraordinaires **Rochers peints**, et poursuivez vers le sud à travers les **gorges d'Aït Mansour**. Tout au bout des gorges, à l'endroit où un sublime paysage sert de toile de fond aux anciennes routes des esclaves, séjournez dans l'oasis d'Afella-Ighir. Faites de **Tiouadou** votre base pour de nouvelles randonnées ou la découverte des sculptures rupestres d'**Ukas**.

Vous voilà sous le charme des coins isolés du sud du pays. De retour à Tafraoute, traversez l'Anti-Atlas vers l'est et descendez jusqu'aux paysages grandioses du Sahara. Dernière étape avant le djebel Bani et de vastes étendues de hammada (désert de pierres), **Tata** fait une base pratique pour découvrir les oasis, les casbahs, les *agadir* (greniers fortifiés) et les magnifiques sculptures rupestres d'**Akka**, entre autres. Situées à l'est, au terme d'un trajet poussiéreux, les dunes de sable doré de l'**erg Chigaga** sont plus reculées et moins visitées que celles de Merzouga. Dans la bourgade voisine de M'Hamid, dénichez un dromadaire pour gagner, au nord, la **vallée du Drâa** et ses innombrables casbahs.

Parvenu en haut de la vallée, rebroussez chemin en direction des montagnes (cette fois, le djebel Sarhro et le Haut Atlas). Louez un vélo (VTT ou vélomoteur), un cheval, une mule ou un dromadaire à **Ouarzazate**, dont les paysages désertiques ont servi de décor à des films se déroulant aussi bien au Tibet qu'à Rome, en Somalie ou en Égypte. Regagnez la côte via **Taliouine**, capitale africaine du safran, où vous pourrez faire emplette de l'épice la plus chère au monde. Faites étape à Taliouine ou à **Taroudant** pour randonner par exemple sur le **plateau de Tichka**. Avec ses murs rouges sur fond de monts enneigés, Taroudant évoque une petite Marrakech, en plus paisible. Musardez dans ses souks et sur ses places, avant de rejoindre l'aéroport Al-Massira d'Agadir, pratique d'accès.

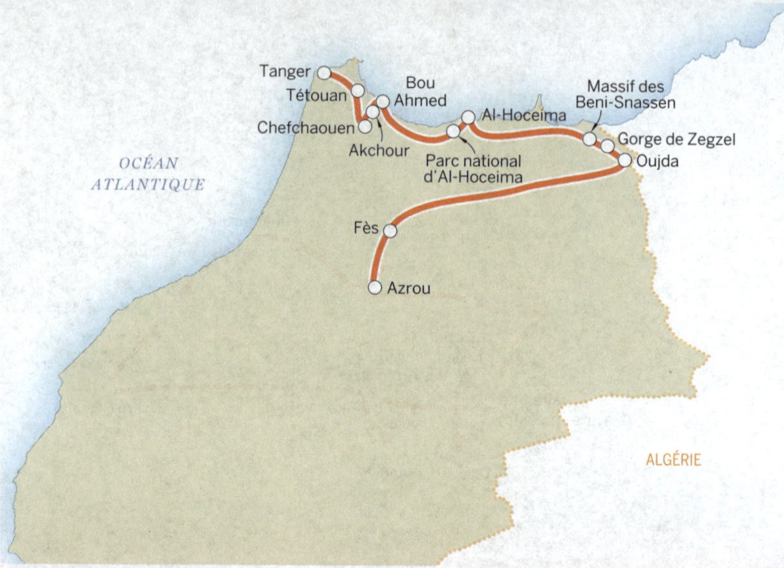

Trois semaines

Montagnes et Méditerranée

Pour échapper à la foule, vous pouvez également vous tourner vers le littoral méditerranéen et les montagnes du Rif. Ces dernières années, les autorités ont investi massivement dans cette région et il existe de grands projets de développement touristique : autant en avoir la primeur !

Démarrez l'itinéraire par **Tanger** où, idéalement, vous débarquerez du ferry à bord duquel vous aurez traversé le détroit de Gibraltar, arrivant ainsi par la mer. Au milieu du siècle dernier, cette ville mythique attirait une faune interlope, des marchands d'armes et des écrivains de la Beat generation. Accordez-vous quelques jours pour bien profiter de son histoire, de ses restaurants et de sa vie nocturne, puis piquez vers l'intérieur jusqu'à **Tétouan**. L'ancienne capitale du Maroc espagnol allie avec bonheur l'architecture andalouse à celle de la médina arabe. Les Espagnols ont laissé une empreinte moins marquée à **Chefchaouen**, ville nichée dans les montagnes du Rif, dont la médina peinte en bleu est de toute beauté. L'appel à la prière qui résonne de minaret en minaret au soleil couchant est un moment magique, mais de superbes randonnées vous attendent aussi. Partez dans les montagnes pour un trek de cinq jours qui vous mènera via **Akchour**, en bord de rivière, à **Bou Ahmed**, village de pêcheurs de la vallée de l'oued Bouchia.

Continuez le long de la côte en direction de l'est jusqu'à la moderne station balnéaire d'**Al-Hoceima**, porte d'entrée du **parc national d'Al-Hoceima** qui abrite gorges asséchées et falaises de calcaire. Vous pouvez suivre la côte à pied jusqu'au parc, ou participer à un circuit mémorable incluant une randonnée à pied ou en VTT et le logement chez l'habitant dans une famille berbère. Sur le chemin de la frontière algérienne, les **monts des Beni-Snassen** offrent un cadre enchanteur : vous pourrez vous baigner dans une piscine avec vue sur les montagnes ou loger dans un pavillon vieux de 300 ans. Ponctuée de gorges, de grottes, de mesas et peuplée de mouflons à manchettes, cette région verdoyante est bien loin du cliché marocain typique. Dans les **gorges de Zegzel**, cueillez un kumquat : vous comprendrez très vite ce que les Romains trouvaient à ce petit agrume.

Rejoignez alors **Oujda** pour retrouver quelque confort citadin avant de prendre le train jusqu'à la plus grande des grandes villes impériales, **Fès**. Plongez au cœur de la médina, et si la nature vous manque, faites un tour (une journée suffit) dans le Moyen Atlas pour découvrir les forêts de cèdres et la ville berbère d'**Azrou**.

Six semaines

Incontournables et trésors cachés

Descendez du ferry à **Tanger**, dont la médina fait face à l'Europe, et enfoncez-vous dans les **montagnes du Rif**. L'influence européenne se fait sentir à **Chefchaouen**, dont la médina peinte en bleu arbore un style andalou. Plus au sud, celles des cités impériales de **Meknès** et de **Fès** sont plus authentiques.

Après quelques jours dans les dédales des ruelles étroites, vous serez prêt à partir à l'assaut des montagnes. Serpentez à travers le **Moyen Atlas** jusqu'au village berbère de **Midelt**, et poursuivez par les paysages lunaires des **gorges du Ziz**. Plus que quelques heures de trajet dans la poussière et vous rejoindrez l'**erg Chebbi**, superbe étendue de dunes ondoyantes, à découvrir à dos de dromadaire ou sur une planche de sandboard.

Détournez-vous du Sahara et retournez dans le Haut Atlas, vers les **gorges de Todra**. Randonnez entre de hautes parois rocheuses, puis grimpez à bord d'un camion en route pour un marché, traversant au passage des villages. Haut perché dans les montagnes, le village d'**Imilchil**, entouré de roche rouge et de lacs turquoise, accueille en septembre un *moussem* (fête) destiné à favoriser les rencontres entre jeunes gens en vue du mariage.

Descendez par le Moyen Atlas et faites étape à **Demnate**, centre culturel et gastronomique berbère. Inutile de présenter les riads, les souks et la place Djemaa el-Fna de l'étape suivante, **Marrakech**. Faites ensuite connaissance avec le littoral atlantique à **Essaouira**, ancien repaire hippie devenu chic et tendance, puis allez au sud à **Taghazout**, le meilleur spot de surf du Maroc. Laissez les vagues derrière vous et empruntez la N10 jusqu'à la jolie bourgade de **Taroudant**, avec sa casbah et sa médina entourée d'un mur en brique crue.

Les montagnes se font plus arides au fur et à mesure que l'on parcourt les routes désertes menant à **Tata**, porte d'entrée du Sahara où les "hommes bleus" pourront vous guider dans le désert. De là, la route qui repart vers l'Atlantique passe devant des oasis, des palmeraies, des casbahs, des *agadir* et des sculptures rupestres. Près de la côte, faites un détour au nord par le souk aux bijoux de **Tiznit**, surtout si c'est un jeudi (jour de marché).

En décrivant une boucle vers l'ouest et au sud, on rejoint **Mirleft**, avec ses arches bleu et rose, et **Sidi Ifni**, ensemble hétéroclite de vestiges Art déco battus par les vents. Tâchez de passer par **Goulimime** un samedi matin, jour du marché aux dromadaires, et logez au **Fort Bou-Jerif**, près des ruines d'un fort de la Légion étrangère française. Achevez votre périple en lisière du Sahara occidental à **Tarfaya**, splendide ville des sables isolée de tout.

Trois semaines
Périple atlantique

Faites le grand écart entre l'agitation des côtes méditerranéennes et la quiétude des rivages du Sud.

Depuis l'Espagne, prenez un ferry pour **Tanger**, l'ancienne ville internationale. Grimpez ensuite dans un train en partance pour le Sud, direction **Asilah**, jolie ville aux murs blanchis à la chaux, puis rejoignez **Rabat**, son architecture coloniale et ses boulevards bordés de palmiers. Emboîtez le pas aux banlieusards de Casa jusqu'à **El-Jadida**, la "Cité portugaise", puis empruntez la spectaculaire route côtière qui mène à **Oualidia**, la Saint-Tropez africaine bordée d'une lagune à la courbure parfaite.

Plus au sud, **Essaouira** séduit toujours avec ses remparts blancs, ses riads, son ambiance bohème et son poisson grillé en plein air. Marchez sur les pas de Jimi Hendrix et des surfeurs jusqu'aux paisibles plages de **Diabat** et **Sidi Kaouki**.

Au-delà d'autres spots de surf, voici **Agadir**, station balnéaire accueillante et familiale, qui ne possède toutefois pas les belles plages et hébergements de charme de **Mirleft**, ni la séduction Art déco de **Sidi Ifni**. Si vous allez vers le sud et la Mauritanie par la route, imitez les pilotes de l'Aéropostale du début du XXe siècle en faisant étape à **Tarfaya**, puis à **Dakhla**.

Deux semaines
Joyaux impériaux

Cet itinéraire commence dans deux cités gouvernées par d'anciennes dynasties qui lancèrent leurs troupes à l'assaut de l'Europe. Dans l'extraordinaire médina de **Fès**, le Maroc moderne côtoie le riche passé de la ville. Rejoignez ensuite **Meknès**, située non loin. Sa beauté et son glorieux passé remontent à l'époque du sultan Moulay Ismaïl, mais elle est curieusement négligée par les voyageurs.

Un détour par le nord vous conduira à **Volubilis**, cité antique la mieux préservée du Maroc, et avant-poste de l'Empire romain. À proximité, **Moulay Idriss** abrite le mausolée du fondateur de la première dynastie impériale du Maroc. Calme et sérénité vous y attendent.

Ne vous attardez pas à Rabat, sauf si vous voulez absolument visiter une dernière ville impériale ; enfoncez-vous dans le Moyen Atlas. Quelques étapes sont proposées dans l'itinéraire *Odyssée marocaine*. Ajoutons la bourgade berbère de **Sefrou**, dont la médina est traversée par l'oued Aggaï, à 30 km au sud de Fès. Le parcours suit à présent la N8 au pied du **Haut Atlas**, riche d'agréables détours, avant de rejoindre **Marrakech**. Gageons que vous tomberez sous le charme de ses souks, de ses artistes de rue et de son architecture impériale.

Sports et activités

Montagnes

Au programme : escalade, alpinisme, varappe, ski de piste et ski de randonnée, randonnée, VTT et descente en eaux vives. Les montagnes permettent aussi d'observer la vie sauvage, notamment des singes magots, des mouflons à manchettes et de rares léopards de Barbarie.

Désert

Cap sur le Sahara pour des méharées, des randonnées dans les dunes au clair de lune, une nuit sous une tente berbère, du sandboard et l'observation de la vie sauvage, notamment la fauvette naine et le fennec.

Côtes

À la plage, on fait du surf, de la planche à voile, du kitesurf, du kayak et du canoë. La côte est également propice à l'observation des mammifères marins et des oiseaux comme l'ibis chauve, une espèce menacée.

Hammams

Chaque ville compte au moins un hammam, parfait pour se détendre et profiter d'un bon nettoyage de peau.

Le Maroc est sans conteste la meilleure destination africaine pour la randonnée : marcher d'un village berbère à l'autre dans le Haut Atlas est une expérience incontournable et inoubliable, de celles dont on parle encore avec enthousiasme longtemps après. Cependant, la variété des paysages est telle que bien d'autres activités s'offrent au voyageur. Les amateurs d'ornithologie, de golf, de vélo, de glisse ou de hammam auront d'innombrables occasions de pratiquer leur passe-temps favori. Dernier plus, appréciable entre tous : que vous fassiez du ski, du surf ou une méharée, vous profiterez entre chaque activité de la merveilleuse culture et de l'hospitalité marocaines.

Circuits organisés

Engager un guide ou participer à un circuit organisé est une bonne idée si l'on veut orienter son séjour sur un certain type d'activité. Outre qu'un guide local vous aidera à dénicher les meilleurs coins, parfois situés loin dans les montagnes ou dans le désert, il pourra aussi vous trouver du matériel, un hébergement et un moyen de transport – une organisation pratique qui peut prendre plusieurs jours dans les secteurs les plus reculés.

Autre avantage et non des moindres, un guide local vous permettra de mieux connaître et comprendre le Maroc et ses habitants. Le Sahara et les régions les plus hautes de l'Atlas sont des zones où il est vivement recommandé de se joindre à un circuit organisé, car il peut être difficile de se déplacer et de profiter de certaines activités en indépendant. Outre les tour-opérateurs spécialisés que nous indiquons dans ce chapitre, les agences proposant des vacances sportives sont répertoriées en p. 516 et p. 526.

Descente en eaux vives et kayak

Si le rafting et le kayak restent peu développés au Maroc, les rivières du Haut Atlas, près de Bin el-Ouidane, forment un paysage splendide.

Water by Nature (www.waterbynature.com). Agence spécialisée dans les sports d'aventure, basée au Royaume-Uni et aux États-Unis. Propose des circuits de rafting et de kayak, notamment des circuits de rafting pour les familles, tous niveaux confondus.

Équitation

Le sud du Maroc est une destination très prisée pour les promenades à cheval, que ce soit le long des plages comme celle de Diabat, dans les collines, les montagnes, les vallées, les gorges ou encore le désert.

Certaines agences spécialisées proposent des circuits équestres guidés :

Club Farah (www.clubfarah.com). Agence helvético-marocaine basée à Meknès, qui organise des circuits dans tout le pays, des cités impériales au sud de la côte atlantique.

Unicorn Trails (www.unicorntrails.com). Agence installée au Royaume-Uni, proposant 4 expéditions dans les régions du Haut Atlas, du Sahara et d'Essaouira.

Escalade et alpinisme

Le pays réserve quelques sites splendides aux amateurs d'escalade et d'alpinisme. Il est nécessaire d'avoir un très bon niveau et d'apporter son matériel personnel.

Les régions de l'Anti-Atlas et du Haut Atlas sont à même de satisfaire les sportifs les plus difficiles, mais il est fondamental de posséder une bonne expérience de ce type de terrain.

Les gorges du Dadès et de Todra offrent un cadre exceptionnel aux grimpeurs.

Le tout nouveau guide d'alpinisme de Des Clark, intitulé *Mountaineering in the Moroccan High Atlas* (chez Cicerone), qui a pour sous-titre “marches, ascensions et escalades à plus de 3 000 m”, va sans doute devenir un classique du genre. Il détaille quelque 50 itinéraires et 30 sommets (format poche, couverture plastifiée, nombreuses cartes, photos et renseignements pratiques).

Voici quelques sources d'informations et de contact avec d'autres varappeurs :

Fédération royale marocaine de ski et montagne (www.frmsm.ma). Propose une liste d'itinéraires.

Nicolò Berzi (nicolobe@tiscalinet.it). Guide d'escalade italien qui organise des circuits dans les gorges de Todra.

PlanetMountain.com (www.planetmountain.com/english/rock/morocco, en anglais). Comporte une rubrique sur le Maroc.

Serac Outdoors Sports (http://tinyurl.com/4neemp. X). Agence britannique proposant des circuits d'escalade au Maroc.

Méharées

Les randonnées chamelières dans le Sahara – avec nuit dans le désert ou lors d'un safari de plusieurs jours – font partie des activités les plus typiques du Maroc, et comptent souvent parmi les plus beaux souvenirs que l'on garde du pays.

Les régions les plus représentatives des sables sahariens sont l'erg Chebbi (p. 160), près de Merzouga, l'erg Chigaga (p. 138), près de M'Hamid et Zagora, et au-delà les dunes de Tinfou (p. 136), plus accessibles.

Seuls l'automne (septembre-octobre) et l'hiver (novembre-début mars) se prêtent vraiment à ce type d'excursion. En dehors de ces périodes, la chaleur est écrasante. En outre, des tempêtes de sable se produisent souvent au printemps.

Une sortie d'une journée revient au minimum à 300 Dh par personne, mais tout dépend du nombre de participants, de la durée de la randonnée et de votre capacité à négocier.

L'agence organise le bivouac, parfois dans un campement permanent pour les excursions courtes, avec éventuellement de la musique berbère et un méchoui.

Organiser une méharée

Si rien ne presse dans votre emploi du temps, cherchez un guide et des provisions sur place. Cette solution présente l'avantage

HAMMAMS

Se rendre dans un hammam est autrement plus plaisant que de se morfondre sous la douche froide d'un hôtel bon marché. Ce sont des lieux animés et conviviaux, où le personnel prodigue nettoyage de peau et massages, qui représentent également, surtout pour les femmes, d'excellents refuges où échapper aux sollicitations de la rue.

Chaque ville possède au moins un hammam, souvent un édifice moderne, spacieux et carrelé de blanc. Il s'agit en général d'établissements séparés pour les hommes et les femmes, mais il arrive qu'un même hammam ouvre à des horaires ou des jours différents selon les sexes.

Il est parfois difficile de les trouver : certains ne possèdent pas d'enseigne et d'autres se contentent de faire figurer sur le mur extérieur le dessin d'un homme ou d'une femme. Mieux vaut donc demander son chemin aux habitants. La plupart des hammams sont très accueillants, mais certains (souvent près des mosquées) montrent parfois quelque réticence à accepter les visiteurs étrangers.

Apportez vos serviettes (dans un sac étanche), un petit tapis en plastique ou quelque chose pour vous asseoir et des tongs. Certains hammams vendent des articles de toilette, notamment du *ghassoul* (mélange d'argile, d'herbes, de roses séchées et de lavande), le *kis* (gant de crin), du savon noir à base d'huile d'olive (très piquant si l'on s'en met dans les yeux) et du henné (pour les femmes).

On vous remettra un seau et une écope ; utilisez le baquet commun pour remplir votre seau d'eau chaude ou froide. La plupart des établissements sont aussi équipés de douches.

L'entrée au hammam coûte en général 10 Dh. Gommage et massage sont en sus.

Quelques hôtels de catégories moyenne ou supérieure possèdent un hammam plus cher. Il faut cependant prévenir à l'avance, le temps que l'endroit chauffe, et compter un minimum de quatre ou cinq personnes.

de bénéficier à la communauté locale et d'éviter que les jeunes guides quittent leur foyer pour chercher du travail dans une ville plus touristique.

Parmi les portes d'accès au désert, M'Hamid est probablement la ville la plus tranquille pour faire votre choix, lequel reste cependant plus important à Zagora et Merzouga. Tâchez de vous faire conseiller par d'autres voyageurs.

Organiser une méharée à l'avance est plus rapide et plus simple, tout en évitant d'avoir à négocier et à attendre. Adressez-vous à un tour-opérateur international ou à une agence de Ouarzazate ou de Marrakech.

Observation des oiseaux

Le Maroc est un paradis pour les amateurs d'ornithologie. Quantité d'espèces étonnantes occupent les différents écosystèmes du pays, en particulier les marais côtiers.

Quelque 460 espèces ont été recensées dans le pays, parmi lesquelles de nombreux oiseaux migrateurs qui passent par le Maroc au printemps et à l'automne. Certains voyagent entre l'Afrique subsaharienne et la Scandinavie, le Groenland ou le nord de la Russie, d'autres s'arrêtent au Maroc en attendant la fin de l'hiver dans le nord de l'Europe.

L'époque la plus agréable pour s'y rendre se situe pourtant entre mars et mai, en raison du climat et de la grande variété d'espèces présentes. En hiver, les marais et les lagunes sont aussi particulièrement peuplés d'oiseaux.

Pour plus de précisions sur les oiseaux du Maroc, voir p. 482.

Guides et circuits organisés

Outre les guides ornithologues à engager sur place, vous pouvez aussi vous adresser à ces agences pour des circuits d'observation des oiseaux et de la vie sauvage :

Birdfinders (www.birdfinders.co.uk)

Birdwatching Breaks (www.birdwatching-breaks.com)

Naturetrek (www.naturetrek.co.uk)

Wild Insights (www.wildinsights.co.uk)

Randonnée

L'impressionnante palette des paysages marocains offre de fantastiques possibilités aux marcheurs de tous niveaux. Les sommets enneigés du Haut Atlas sont les plus connus, en particulier le djebel Toubkal (4 167 m), point culminant de l'Afrique du Nord – on peut en faire l'ascension ou le découvrir à l'occasion d'un circuit de randonnée. En direction du Sahara, l'Anti-Atlas et le djebel Sarhro offrent également des treks de choix. Au nord du pays, il existe des itinéraires plus faciles dans les forêts et les collines du Moyen Atlas ; enfin, de superbes sentiers sillonnent les montagnes du Rif, en particulier dans le parc national de Talassemtane, près de Chefchaouen. Pour davantage de précisions, reportez-vous au chapitre *Randonnées au Maroc*.

Ski

Certes, les stations de ski marocaines ne valent pas celles des Alpes, mais il est quand même possible, pour les plus volontaires, de chausser des skis entre novembre et avril.

Ski de piste

La populaire station d'Oukaïmeden, à 70 km au sud de Marrakech, possède les remontées mécaniques les plus élevées d'Afrique du Nord. On peut louer son équipement sur place. Il existe également d'autres stations dans le Moyen Atlas, en particulier Mischliffen, mais il arrive que la neige ne soit pas au rendez-vous.

Ski de randonnée

Le ski de randonnée est en plein essor. La meilleure saison s'étend de fin décembre à février. La vallée des Aït Bouguemez compte certains des meilleurs sites du pays.

Surf, planche à voile et kitesurf

Avec plusieurs milliers de kilomètres de côte atlantique, le Maroc est une destination propice (quoique sous-estimée) à la pratique du surf, de la planche à voile et du kitesurf. Sur place, vous pourrez prendre des cours, louer du matériel et opter pour des formules séjours spécialisées dans le surf.

Nord et centre du Maroc

Au nord de Rabat, la plage de Mehdiya (p. 203) est baignée de forts courants, mais les rouleaux sont au rendez-vous toute l'année. En allant vers le sud, la plage des Nations et de Témara Plage, toutes deux à 20 km de la ville, sont également propices au surf. Sidi Bouzid (p. 215) et les plages aux alentours d'El-Jadida attirent elles aussi les surfeurs.

Oualidia est réputée pour le surf, la planche à voile et le kitesurf. Sur le chemin de Safi, les plus belles vagues sont dans le secteur de Lalla Fatna (p. 221) : ces gigantesques tubes, parmi les plus longs du monde, attirent de grands noms internationaux du surf.

Sud du Maroc

Essaouira est le spot de prédilection des surfeurs, pourtant la “cité du vent” est bien plus propice à la planche à voile et au kitesurf, et ce, toute l'année. Non loin, Sidi Kaouki est en train de devenir une destination de choix pour ces trois sports.

Près d'Agadir, la région de Taghazout compte quelques-unes des meilleures plages de surf marocaines, et quantité de commerces et établissements ciblant une clientèle de surfeurs.

Agadir, la plage d'Aglou, Mirleft, Sidi Ifni et Dakhla sont également de bons spots.

VTT

Le cyclotourisme sur un vélo ordinaire est possible, mais un VTT augmente considérablement les possibilités.

Pour les plus sportifs, les pistes et les sentiers du Haut Atlas offrent sans doute les promenades les plus belles. L'Anti-Atlas, les plateaux du djebel Sarhro et la vallée du Drâa possèdent aussi d'excellents chemins de randonnée.

Des agences de voyages, des hôtels et des magasins de cycles louent des VTT, notamment à Tafraoute, mais la qualité des machines laisse à désirer pour des parcours de longue durée. Les cyclotouristes peuvent contacter les agences locales pour organiser un circuit.

Randonnées au Maroc

Haut Atlas

Partez à l'assaut du djebel Toubkal, point culminant de l'Afrique du Nord, et allez à la rencontre des Berbères en effectuant le circuit du Toubkal (p. 113), un parcours plus long.

Fuyez la foule et laissez-vous envoûter par la beauté des vallées et des villages du lointain massif du M'Goun (p. 99).

Djebel Sarhro

Cap au sud-est vers l'un des paysages les plus sauvages et accidentés du Maroc, idéal pour la randonnée en hiver (p. 145).

Rif

Explorez tranquillement les forêts de cèdres peu visitées du parc national de Talassemtane, près de Chefchaouen (p. 282).

Anti-Atlas

Sur le chemin du djebel Lekst (p. 384), surnommé la "montagne d'améthyste", visitez quelques-uns des 26 villages de la vallée des Ammeln.

Treks dignes de ce nom, paysages austères, villages isolés et immenses gorges vous attendent au pied du djebel Siroua (p. 384), un sommet volcanique.

Il n'y a pas si longtemps, le Maroc n'était une terre de randonnée que pour les montagnards et quelques marcheurs intrépides qui se lançaient à l'assaut du djebel Toubkal (4 167 m), le point culminant de l'Afrique du Nord. Les choses ont bien changé aujourd'hui et les amateurs peuvent désormais suivre des treks toute l'année, quel que soit leur niveau. Le pays se prête aussi bien à des expéditions pour sportifs aguerris qu'à des randonnées bien organisées, où les marcheurs n'ont aucun effort à faire, excepté celui de mettre un pied devant l'autre !

Les paysages traversés sont splendides et, pourtant, les privilégiés qui se donnent la peine d'en profiter sont encore assez peu nombreux. Les contrastes climatiques du pays ne sont, par ailleurs, pas un obstacle pour les marcheurs. Quand la neige de décembre rend impraticable le Toubkal, le djebel Sarhro, plus proche du Sahara, reste accessible. L'été, tandis que la chaleur dissuade d'arpenter le Rif, le soleil fait fondre les neiges du Toubkal, permettant ainsi de grimper jusqu'au sommet.

L'essor de la randonnée au Maroc s'est accompagné de la multiplicité des possibilités offertes au marcheur. Vous pouvez partir en voyage organisé, avec une agence spécialisée, ou rejoindre par vos propres moyens le point de départ du parcours, trouver un guide et des mules et plonger au cœur du pays berbère. Quel que soit votre choix, la randonnée reste un moment d'exception lors d'un voyage au Maroc.

GUIDES DE RANDONNÉE

- *Le Massif du Toubkal* (Belvisi/Edisud), de Jean Dresch et Jacques de Lépiney, est un répertoire des voies d'ascension réalisables dans le massif du Toubkal.
- *Le Haut Atlas central*, d'André Fougerolles, est édité par le Club alpin français. Un ouvrage très complet sur la région du M'Goun.
- *Great Atlas Traverse Morroco*, de Michael Peyron (en anglais). Ce guide en deux volumes de cet auteur britannique installé au Maroc est une référence en matière de trekking. Il est moins utile pour les randonneurs occasionnels.

Mise en route

Cartes

Les cartes topographiques du Maroc sont généralement établies au 1/100 000 et au 1/50 000.

Celles au 1/50 000 ne sont pas toutes disponibles pour le grand public, aussi est-il préférable, pour les voyageurs visitant un vaste secteur géographique, de choisir parmi les cartes au 1/100 000.

La carte du Maroc au 1/100 000, établie par l'armée soviétique, est assez précise, mais elle a l'inconvénient d'être rédigée en caractères cyrilliques.

La Direction de la cartographie à Rabat (voir l'encadré p. 199), qui indique sur Internet la liste des cartes qu'elle vend, est la meilleure adresse où acheter des cartes au Maroc.

Cartes et photocopies sont également disponibles dans d'autres librairies du pays, lesquelles sont répertoriées dans chaque chapitre régional, ainsi que sur des stands de la place Djemaa el-Fna à Marrakech et, en dernier recours, aux abords des itinéraires de randonnée de l'Atlas.

Il est aussi possible de consulter en ligne le catalogue de la **Royal Geographical Society** (www.rgs.org), à Londres, qui possède l'une des plus grandes collections privées de cartes au monde.

Outre les boutiques internationales que nous indiquons dans l'encadré, certains sites Internet dont **Amazon** (www.amazon.fr) vendent des cartes, par exemple les cartes du Toubkal et du massif du M'Goun éditées par West Col Productions.

Livres

L'Office national marocain du tourisme (ONMT) publie une brochure très utile intitulée *Maroc : tourisme en montagne et au désert* (2005) – on peut la télécharger sur le site www.scribd.com/doc/3085400/Tourisme-au-maroc-montagne-et-desert. Après une bonne introduction sur le trekking au Maroc, l'ouvrage donne la liste de tous les bureaux des guides, des offices du tourisme, des agences de location de voitures, des gîtes d'étape, mais aussi des abris, refuges et campings. Il recense également, entre autres informations utiles, les jours de marché dans les villages.

Les bureaux de l'ONMT à l'étranger, à Marrakech et dans d'autres grandes villes du Maroc, ainsi que le bureau des guides d'Imlil, délivrent ce petit livret.

L'éditeur Belvisi/Edisud publie *Gravures rupestres du Haut Atlas*, une approche de l'art pariétal du plateau du Yagour, au nord-est de Setti Fatima, et *Randonnées pédestres dans le massif du M'Goun*. Ces ouvrages ne sont pas toujours disponibles. Tentez votre chance sur Internet, ou sur place, dans les principaux offices du tourisme, dans les librairies de Rabat et de Marrakech ou au Club alpin français (CAF). Essayez également au refuge d'Oukaïmeden.

Clubs, renseignements et randonnées organisées

Pour des précisions sur les tour-opérateurs marocains et étrangers organisant des randonnées au Maroc, voir p. 517.

Club alpin français (CAF ; www.caf-maroc.com, en français ; Casablanca). Gère des refuges dans le massif du Toubkal. Son site Internet est une bonne source d'informations.

Fédération royale marocaine de ski et montagne (FRMSM ; www.frmsm.ma, en français ; Casablanca). Le site Internet fournit des informations de base.

Vêtements et équipement

Tentes

Outre les objets essentiels à emporter indiqués dans l'encadré, au moment de planifier votre itinéraire, il importe de prévoir la nécessité ou non de bivouaquer. Une bonne tente vous donnera une grande liberté de parcours, et vous permettra d'échapper à la foule.

Vous pourrez en louer une auprès des tour-opérateurs, par l'intermédiaire des guides, et au départ des circuits.

Si vous préférez ne pas en emporter, il est possible de loger dans les villages de la plupart des régions (voir p. 39).

Sacs de couchage

Que vous campiez ou non, il est impératif d'emporter un sac de couchage bien chaud si vous marchez dans le Haut Atlas et le djebel Sarhro de septembre à début avril : il arrive que les températures descendent à – 10°C.

Dans les chaînes moins hautes, emportez un duvet conçu pour des températures de l'ordre de 0°C, même en été. Comme le sol est très rocailleux, un bon matelas de sol, voire un fin tapis en mousse, vous apportera un peu de confort. Les guides peuvent généralement vous en fournir.

Réchauds

En général, les gîtes disposent d'équipement de cuisine, mais un réchaud se révèle utile en camping. Préférez ceux qui fonctionnent avec différents types de combustible : si l'alcool à brûler est presque introuvable, on s'approvisionne sans difficulté en kérosène. Pour des raisons écologiques, les petites bonbonnes de butane ne sont pas recommandées. Votre guide saura vous le rappeler.

Autres équipements

Joignez à votre trousse à pharmacie classique des comprimés stérilisants ou un filtre mécanique. L'eau doit impérativement être traitée, à moins d'être prise à la source même.

Toute ascension de sommets supérieurs à 3 000 m entre novembre et mai nécessite une solide expérience d'alpiniste dans des conditions hivernales. Crampons, piolets, pelles à neige, etc. sont indispensables. Vous pourrez facilement en louer.

Si vous combinez randonnée et visite de zones urbaines, vous pourrez confier une partie de vos bagages à votre hôtel, moyennant une petite rétribution. Vous trouverez également des consignes à bagages dans les gares ferroviaires des grandes villes (voir p. 521).

Guides

En l'absence de cartes fiables, il est indispensable de recourir aux services d'un guide. Et même pour les randonneurs chevronnés habitués à lire des cartes, ce n'est jamais une bonne idée de se passer d'un accompagnateur, qui saura également être utile comme interprète et négociateur, et dissuadera les faux guides de vous importuner.

En outre, grâce à lui, des Berbères vous inviteront certainement à prendre le thé ou un repas, ce qui vous permettra d'approcher leur mode de vie authentique.

N'oubliez pas non plus que des randonneurs périssent chaque année au Maroc, et qu'être accompagné d'un guide réduira considérablement pour vous le risque de connaître leur sort. Quel que soit l'événement – orage brutal, dérapage malheureux, éboulement de rochers – la présence d'un guide augmente incontestablement les chances de survie. Bref, nous ne saurons trop le recommander : quelle que soit votre expérience, ne partez jamais seul en randonnée dans la montagne.

Choisir un guide

Gardez à l'esprit qu'un pseudo-guide polyglotte rencontré à Marrakech n'aura pas la même compétence qu'un guide de la région, connaissant parfaitement le secteur de votre randonnée.

VÊTEMENTS ESSENTIELS

Toute l'année

- Chaussures de randonnée solides et déjà faites à vos pieds (voir l'encadré p. 40).
- Coupe-vent imperméable ; le temps peut en effet changer d'un instant à l'autre.
- Chapeau, lunettes de soleil et écran solaire à indice de protection élevé.

Été (juin à août)

- Pantalons amples en coton léger et chemises à manches longues.
- Même à 1 800 m, on apprécie une petite laine la nuit.

Hiver (novembre à mars)

- Préparez-vous à affronter des températures très basses où que vous alliez.
- Vêtements chauds, bonnet de laine et gants sont indispensables dans le Haut Atlas.

SPÉCIALISTES DES CARTES

France

Au Vieux Campeur (☎01 53 10 48 27 ; www.au-vieux-campeur.fr ; 2 rue de Latran, 75005 Paris)
Géothèque (☎02 40 47 40 68 ; 10 place du Pilori, 44000 Nantes)
Le Monde des Cartes (IGN) (☎01 43 98 85 10 ; www.ign.fr ; 50 rue de la Verrerie, 75004 Paris)
Raconte-moi la Terre (☎04 78 92 60 20 ; www.raconte-moi.com ; 14 rue du Plat, 69002 Lyon)
Ulysse (☎01 43 25 17 35 ; www.ulysse.fr ; 26 rue Saint-Louis-en-l'Île, 75004 Paris) ;

Belgique

Peuples et Continents (☎2-511 27 75 ; www.peuplesetcontinents.com ; 17/19 galerie Ravenstein, 1000 Bruxelles)

Canada

Librairie Pantoute (☎418-694 9748 ; www.librairiepantoute.com ; 1 100 rue Saint-Jean, Québec)
Ulysse (☎514-843 9447 ; www.guidesulysse.com ; 4176 rue Saint-Denis, Montréal)

Les guides officiels sont détenteurs d'une carte officielle avec photo. Votre guide doit être agréé par la Fédération royale marocaine de ski et montagne ou l'Association nationale des guides et accompagnateurs en montagne du Maroc. Il doit avoir le statut de "guide de montagne", obtenu après six mois d'apprentissage au Centre de formation aux métiers de montagne, une école installée à Tabant, dans la vallée des Aït Bouguemez.

Notez que les "accompagnateurs", dont la formation se résume à une semaine, ne sont pas assurés pour les circuits en montagne. De même, les "guides touristiques" ne sont habituellement pas qualifiés pour conduire un trek.

Les guides de montagne officiels, qui peuvent toujours vous montrer une carte officielle prouvant leur statut, sont formés au secourisme. Aussi, dans les cas de conditions climatiques défavorables ou en cas d'urgence, ils seront plus aptes à faire face à la situation qu'un guide local, pris au hasard de vos rencontres. Si un guide rechigne à vous présenter sa carte officielle, cela signifie sans doute qu'il n'en a pas ou que celle-ci a expiré (elle est renouvelée tous les trois ans).

Certains ont une spécialité : canyoning, escalade ou alpinisme. Tous parlent français, et parfois anglais, espagnol et allemand. Récemment, plusieurs jeunes Marocaines ont réussi à se faire une place dans le monde des guides de montagne, jusqu'ici exclusivement masculin, mais leurs services sont très demandés.

Engager un guide

On dénombre au Maroc plus de 400 guides de montagne accrédités, dont beaucoup peuvent être contactés aux bureaux des guides d'Imlil, Setti Fatma, Chefchaouen et dans la région reculée de Tabant (vallée des Aït Bouguemez).

Lors de notre passage, le tarif officiel des guides assermentés était de 300 Dh/jour (par groupe et non par personne). Ce tarif peut varier au gré des saisons et des secteurs et s'entend hors frais de nourriture et d'hébergement.

Les guides sont le plus souvent logés gratuitement dans les refuges et les gîtes, mais on peut vous demander de prendre en charge leurs repas. Si votre parcours ne vous ramène pas à votre point de départ, il vous faudra régler les frais de retour de votre guide.

Négociez tous les tarifs avant de partir, sans oublier les détails tels que le point de départ et d'arrivée pour chaque jour de randonnée, la répartition des tentes (la plupart des guides possèdent une tente et/ou un sac de couchage), la nourriture, les provisions d'eau, le nombre de mules et l'équipement au sein du groupe. Si vous êtes nombreux, le guide insistera peut-être pour s'assurer les services d'un cuisinier, moyennant quelque 100 Dh/jour. On ajoute habituellement un pourboire de 10% à l'issue du circuit.

Mules

Les mules et les baudets servent couramment au transport des charges à travers les montagnes, et peuvent servir d'animaux de bât.

Si vous comptez vous équiper lourdement ou si vous voyagez en groupe, il est conseillé de louer un mulet (qui peut, en principe, porter les bagages de quatre personnes). À titre indicatif, une mule peut transporter jusqu'à 120 kg mais, si l'itinéraire est escarpé ou éprouvant, le muletier insistera sans doute pour réduire le poids de la charge. Il en va de la santé de son gagne-pain, même si les Marocains se montrent rarement sentimentaux envers les animaux de bât.

Certains itinéraires sont toutefois impraticables par des bêtes de somme qui, dans ce cas, font seules le détour. Si les cols élevés sont enneigés, il est préférable d'engager des porteurs, qui peuvent transporter 18 kg chacun.

Comptez d'ordinaire 100 Dh/jour pour une mule et son propriétaire. Comme pour les guides, vous devrez payer le trajet de retour du muletier si votre itinéraire ne fait pas une boucle.

En randonnée

Hébergement

Si vous préférez ne pas transporter de tente, vous pourrez loger dans des refuges, dans les gîtes d'étape des villages ou bien chez l'habitant. Dans les zones les plus isolées, les chambres dans les villages disposent parfois de lits, comme à Imlil, mais il arrive aussi qu'il n'y ait même pas de matelas au sol.

Dans le Haut ou le Moyen Atlas, les randonneurs logent généralement dans des gîtes. Quand il y en a peu, comme dans le Rif et l'Anti-Atlas (moins fréquenté), il faut envisager de dormir sous la tente ou chez l'habitant.

Pour davantage de précisions, reportez-vous aux chapitres régionaux concernés, ainsi qu'à la p. 499.

Gîtes d'étape

Les gîtes sont des modes d'hébergement rudimentaires. Ils se composent généralement d'une pièce nue, d'une terrasse ou d'un balcon où sont disposés des matelas de mousse, et d'une sdb très sommaire munie de W.-C. et, parfois, d'une douche chaude. Si vous en faites la demande à l'avance, on vous préparera un tajine pour le dîner.

Au moment de la rédaction de ce guide, il fallait compter 50 Dh par personne la nuitée (ce prix varie suivant les saisons et les régions). Repas du soir (30-50 Dh/pers) et douche chaude (10-15 Dh) sont en supplément.

Les gîtes privés, moins spartiates, demandent en principe jusqu'à 200 Dh par personne pour la demi-pension, quand une chambre dans une luxueuse casbah d'Imlil peut coûter jusqu'à 2 780 Dh (voir p. 111).

Refuges

Le Club alpin français possède des refuges à Imlil, Oukaïmeden, Tazaghart, Tacheddirt et dans le Toubkal. Officiellement, il faut réserver sa place bien à l'avance par l'intermédiaire du refuge d'Oukaïmeden (voir p. 110). En pratique toutefois, on peut se renseigner à Oukaïmeden ou à Imlil sur les disponibilités dans les autres refuges de la région du Toubkal. Les refuges affichent souvent complet en juillet-août.

GLOSSAIRE POUR LA RANDONNÉE

La liste de termes qui suit peut vous être utile lors de vos randonnées au Maroc ; (A) indique un mot arabe, (B) désigne un terme berbère. Vous trouverez un glossaire berbère plus généraliste p. 539.

adfel (B) – neige

adrar (B) – montagne (pluriel : *idraren*)

afella (B) – sommet

agdal (B) – pâturage (variante : *aougdal*)

aghbalu (B) – source

'ain (A) – source

aman (B) – eau

anzar (B) – pluie

argaz (B) – homme

asserdoun (B) – mulet

assif (B) – cours d'eau, rivière

azaghar (B) – plaine, plateau (variante : *izwghar*)

azib (B) – estive

brhel (A) – mule

châba (B) – ravin

djebel (A) – montagne ou colline

iferd (B) – lac

ifri (B) – grotte

kerkour (B) – cairn

taddart (B) – maison

talat (B) – ravin ou cours d'eau asséché

tamada (B) – lac

tigm (B) – maison

tizi (B) – col

AVIS AUX PIEDS TENDRES

En randonnant dans les montagnes du Maroc, vous remarquerez que de nombreux Berbères portent des sandales. Gardez-vous de les imiter car ils ont derrière eux une vie entière de pratique ! Les ampoules, provoquées par des chaussures inadaptées, constituent le problème le plus fréquent chez les trekkeurs. Si vous allez au-delà d'une simple promenade dans la vallée, nous vous conseillons fortement de prévoir des chaussures de marche imperméables (Goretex de préférence) déjà faites à vos pieds. Et même ainsi, vous ne serez pas forcément à l'abri des ampoules. Dans ce cas, les pansements "seconde peau" (sous forme de pellicule plastique) vous empêcheront de souffrir. Rappelez-vous que des pieds à l'aise font un marcheur heureux.

Les membres du CAF et de Hostelling International (HI) ont droit aux tarifs les plus avantageux. Les membres d'autres clubs alpins affiliés ou reconnus (par exemple l'Alpine Club britannique) et les enfants de moins de 16 ans ont également droit à des réductions.

Ravitaillement

Le choix d'aliments lyophilisés reste limité dans la campagne. Ne vous attendez pas à trouver grand-chose d'autre que du lait en poudre, des fruits secs, de la soupe en sachet, des biscuits et quelques conserves de poisson. Les supermarchés des villes sont beaucoup mieux approvisionnés, et si vous prenez une mule, vous pourrez prévoir une cuisine plus variée.

Avec un peu de chance, vous trouverez du pain, des œufs, des légumes, ainsi que des provisions de base (thon en boîte, thé...) dans certains villages, mais ne comptez pas trop sur les ressources locales. Vous pourrez obtenir un repas (environ 30-50 Dh/pers) dans les gîtes et les refuges, à la condition d'en avoir fait la demande à l'avance. Encore une fois, à moins d'avoir tout organisé, ne comptez pas uniquement sur les provisions que vous pourrez acheter en route.

Changez vos devises dans les grandes villes les plus proches et prévoyez de la monnaie. Si vous vous retrouvez à court d'argent local, sachez que les euros en billets sont parfois acceptés.

Trekking responsable

Le potentiel du Maroc en matière de randonnée étant en cours de développement, les régions isolées sont extrêmement vulnérables aux effets du tourisme. De nombreux voyageurs rentrent chez eux enchantés par l'hospitalité berbère mais, au fur et à mesure que le nombre de touristes augmente, le comportement des habitants se modifie. En tant qu'étranger, veillez à vous conformer aux usages locaux.

Questions interculturelles

Au sujet de l'alcool, des photos et des cadeaux aux enfants, consultez l'encadré p. 42.

Habillement

Le code vestimentaire joue un rôle important, en particulier dans les sociétés profondément conservatrices des tribus montagnardes. Dans les villages, préférez une chemise boutonnée ou un T-shirt à un débardeur, considéré comme un sous-vêtement, et surtout un pantalon à un short (pour les femmes comme pour les hommes). On n'insistera jamais assez sur le respect de ces principes. Quel que soit votre avis à ce sujet, le respect des traditions locales vous vaudra davantage de contacts chaleureux avec la population.

Hospitalité

En montagne, on vous conviera souvent à prendre un thé ou à partager un repas. Un guide local a souvent des amis dans différents villages, ce qui présente un avantage considérable. Si vous êtes invité, c'est toujours gracieusement.

N'oubliez pas que l'économie de ces régions repose sur une agriculture de subsistance et que les villages peuvent manquer de nourriture. Aussi, le fait d'offrir à vos hôtes des cadeaux tels qu'une boîte de thé vert chinois "gunpowder", du sucre (de préférence en cône), des fruits secs ou d'autres denrées importées, ne manquera pas d'être apprécié. Prévoyez donc large en faisant votre stock de provisions.

Médecine

Dans les zones reculées, on vous demandera souvent certains articles : désinfectant, pansements, crème hydratante (de nombreux enfants ont la peau sèche), antalgiques et autres médicaments. Veillez toujours à ce que votre guide explique aux intéressés les conditions d'utilisation de ces produits.

Questions environnementales

Détritus

Transportez tous vos détritus, ne les enterrez pas et ne les brûlez pas (les emballages brûlent mal). Dissuadez votre guide de les jeter dans le ravin le plus proche, car de tels comportements nuisent à l'environnement, d'autant que le Maroc connaît un nombre croissant de randonneurs. Limitez la quantité de déchets en n'emportant que les emballages indispensables et en choisissant, dans la mesure du possible, des récipients réutilisables. Faites aussi l'effort de ramasser les déchets laissés par les autres.

Évitez de prendre des bouteilles d'eau en plastique, source de pollution importante au Maroc. Prévoyez plutôt des comprimés stérilisants.

Déchets d'origine humaine

L'eau contaminée par les matières fécales humaines peut transmettre l'hépatite, la typhoïde et des parasites intestinaux. Ce problème est particulièrement grave dans les régions de randonnée les plus habitées. Quand il y a des toilettes, il est préférable de les utiliser. S'il n'y en a pas, enterrez vos déchets.

En pratique, creusez un trou d'environ 15 cm de profondeur, à au moins 100 m d'un éventuel point d'eau – il s'agit d'un détail important dans la mesure où de nombreux itinéraires de trekking suivent des cours d'eau. Pensez à emporter une truelle légère, surtout si vous devez

Circuits de randonnée

PARTIR EN RANDONNÉE EN RESPECTANT LA CULTURE ET L'ENVIRONNEMENT

Le Maroc, même s'il est réputé pour son charme, ne fournit guère de moyens aux randonneurs pour une découverte responsable et respectueuse de l'environnement. Les quelques conseils rassemblés ici devraient vous y aider, de même que les indications plus détaillées fournies dans ce chapitre.

» Portez une tenue correcte respectant les usages locaux.

» Servez-vous de cartes topographiques récentes.

» Montrez si possible vos cartes à quelqu'un de la région, à même de pouvoir vérifier leur exactitude quant aux points d'eau et de vous indiquer les rivières désormais à sec.

» Ne campez que dans les endroits prévus à cet effet. Les champs appartiennent à des familles locales et sont leur source de revenus.

» Achetez ou ramassez le bois (ne le coupez pas) et utilisez avec parcimonie ce bien rare !

» Emportez vos détritus dans le bourg le plus proche. Ne les abandonnez pas sur place.

» Évitez de faire de l'auto-stop.

» Sachez que si vous faites signe à un grand taxi, vous n'êtes plus un auto-stoppeur mais un client et la course sera donc payante.

» Les scorpions se cachent sous les pierres et potentiellement dans les chaussures et les sacs de couchage. Vérifiez bien vos effets, tout en sachant que ces petites bêtes ne piquent pas, à moins d'être provoquées.

» Faire sa lessive ou se laver dans les rivières et ruisseaux pollue ce qui représente la première source d'eau pour un village.

» Certains villages considèrent les photos comme une injure alors que dans d'autres, un appareil photo fait de vous un roi. Il est très malvenu de photographier quelqu'un sans lui demander sa permission au préalable, en particulier les femmes, qui peuvent le vivre comme une véritable offense.

» Évitez de nourrir ou de toucher les animaux, y compris les singes magots, même s'ils sont très attirants !

» Réfléchissez aux impacts des 4x4 sur l'environnement avant de vous embarquer pour une excursion hors piste (voir l'encadré p. 483).

» Dans les zones rurales, souriez aux enfants et parlez-leur gentiment.

» Ne donnez pas d'argent, de bonbons ou de cadeaux aux enfants. Cela les incite à mendier et à harceler les touristes. À la place, si vous souhaitez les aider, faites plutôt un don à une association ou à une école locale.

» Ne buvez pas d'alcool dans les villages reculés, où cette pratique est souvent perçue comme une offense.

creuser le sol aride de l'Atlas. Sur un terrain enneigé, pensez que la neige finira par fondre.

N'utilisez que le minimum de papier toilette, brûlez-le si possible ou enterrez-le aussi. Rebouchez le trou avec de la terre et une pierre.

Lavage

Ne jetez ni détergent ni dentifrice dans les rivières (ou à proximité), même s'ils sont biodégradables. Pour votre toilette, utilisez un savon biodégradable à 50 m au moins des cours d'eau. Dispersez bien l'eau sale, afin que le sol puisse la filtrer totalement avant qu'elle ne rejoigne un oued. Faites votre vaisselle avec un tampon abrasif, du sable, ou encore de la neige, plutôt qu'avec un détergent. Encore une fois, vérifiez que vous êtes à plus de 50 m de tout cours d'eau.

Érosion

Les flancs des collines et des montagnes, en particulier à haute altitude, sont soumis à l'érosion. Il est donc important de suivre les pistes existantes et d'éviter de couper les virages en empruntant des raccourcis. En effet, en créant un nouveau chemin dans la pente, vous ouvrez la voie à un ruissellement dès la première pluie un peu forte, ce qui favorisera l'érosion du sol et marquera la montagne de manière irrémédiable.

Cuisine

Évitez de couper du bois pour préparer votre repas. Comme vous le verrez, la déforestation est importante au Maroc. L'idéal est de préparer ses repas sur un réchaud léger fonctionnant au kérosène ou à différents combustibles. Évitez ceux qui utilisent des recharges de gaz jetables. Assurez-vous de bien éteindre le feu après usage. Éparpillez les braises et arrosez-les d'eau. Un feu ne présente plus aucun danger à partir du moment où vous pouvez tranquillement poser la main dessus.

Camping

En altitude, la flore est très fragile. Lors d'un bivouac, si vous ne déplacez ni ne dérangez la végétation autour de votre camp, vous limiterez votre impact sur l'environnement. Les zones de pâturages se réduisent de plus en plus au Maroc. Ne lésinez pas sur la quantité de fourrage (orge) que vous achèterez pour chaque mulet et chaque âne. Renseignez-vous à ce sujet avant de partir.

Voyager avec ses enfants

Top des régions pour les enfants

Marrakech

La ville offre en permanence des distractions. La place Djemaa el-Fna est un carnaval ininterrompu : spectacles, théâtre de rue, balades en calèche ou à dos de dromadaire.

Côte atlantique

La côte atlantique est idéale pour les sports nautiques et de glisse. Après la longue plage de sable d'Agadir, découvrez celle d'Essaouira.

Vallée du Drâa

Visitez les studios de cinéma et la casbah de Ouarzazate, puis rejoignez la vallée pour les dunes et les promenades à dos de dromadaire.

Rabat

Avec ses souks, ses ruines et ses jardins, Rabat est une capitale détendue, à échelle humaine. Un zoo, un parc de loisirs et des balades à dos de poney font partie des distractions.

Moyen Atlas

Montagnes, cascades et promenades en forêt : le Moyen Atlas s'explore facilement à partir d'Azrou et de la périphérie de Marrakech.

Le Maroc possède d'innombrables atouts pour séduire les enfants. À Fès et à Marrakech, l'animation, les couleurs et les parfums des médinas et des souks offrent de multiples expériences fascinantes (mais parfois un peu oppressantes). Marrakech se distingue en matière de distractions citadines pour les familles. Une nuit autour d'un feu de camp ou une promenade à dos de dromadaire sur la plage laissera un souvenir impérissable, mais prévoyez un moment de détente dans la piscine de l'hôtel à la fin d'une chaude journée.

Le Maroc pour les enfants

Le Maroc est une destination idéale pour des parents qui ont jadis effectué des voyages aventureux, et ne souhaitent pas nécessairement passer leurs vacances au bord d'une piscine en compagnie de leurs petits. Le pays est facilement accessible d'Europe ; Marrakech n'est qu'à trois heures de vol de Paris. Dès votre arrivée, vous vous rendrez compte que les enfants ouvrent de nombreuses portes et vous rapprochent de l'essence d'une contrée qui privilégie la famille.

À la rencontre des habitants

Les Marocains aiment à ce point les enfants que ceux-ci peuvent se lasser d'être embrassés, choyés et adulés ; les plus petits seront parfois ravis de trouver refuge dans le porte-bébé ! Les enfants aident à briser la glace et les habitants, souvent issus de

PRÉPARATIFS

En cherchant bien, vous trouverez tout le nécessaire pour les enfants en bas âge au Maroc. Avant de partir, pensez à ce qu'il faut emporter en fonction des régions : des vêtements imperméables sont indispensables dans les montagnes, où le temps peut changer.

Vous trouverez d'autres astuces et conseils dans le guide Lonely Planet *Voyager avec ses enfants* (2010).

Hébergement

Certains hôtels accueillent plus volontiers les familles que d'autres. Assurez-vous que les enfants sont bien reçus avant de réserver.

À l'instar des compagnies aériennes, nombre d'hôtels ne font pas payer pour les enfants de moins de 2 ans. Entre 2 et 12 ans, ils bénéficient souvent d'une réduction de 50% en partageant la chambre des parents. Choisissez des établissements de catégorie moyenne pour disposer d'une salle de bains et de toilettes correctes.

Transports

Le nord du Maroc possède une excellente infrastructure ferroviaire et voyager en train constitue la meilleure option : les enfants peuvent bouger et baisser les tablettes pour jouer ou dessiner. Les voyageurs et les enfants peuvent obtenir des tarifs préférentiels et des cartes de réduction (voir p. 521).

Les grands taxis et les bus ne sont guère confortables avec de jeunes enfants, qui devront s'asseoir sur vos genoux. De plus, les accidents ne sont pas rares et les routes souvent en piètre état.

Louer un véhicule – un taxi à Marrakech ou un 4x4 vers les montagnes – se justifie amplement. Emportez un siège pour enfant car les compagnies de location de voitures n'en disposent pas habituellement et ils sont plus chers au Maroc qu'en Europe.

Santé et hygiène

Un gel antiseptique est indispensable car les enfants ont tendance à tout toucher. En dépit de leur impact sur l'environnement, les couches jetables sont pratiques en voyage ; vous trouverez les marques internationales. Les voyageurs accompagnés d'enfants doivent savoir soigner les problèmes mineurs et quand s'adresser à un médecin.

Assurez-vous que les enfants sont à jour de leurs vaccinations, et renseignez-vous sur les éventuels vaccins nécessaires longtemps avant le départ ; certains ne conviennent pas à des enfants de moins d'un an.

Les enfants étant particulièrement sujets aux problèmes gastriques pendant les voyages, faites attention à leur alimentation. En cas de vomissements ou de diarrhée, il faut compenser la perte de fluides et de sel. Les poudres de réhydratation à préparer avec de l'eau stérilisée peuvent être utiles ; renseignez-vous auprès de votre médecin.

En cas de chaleur torride, méfiez-vous des coups de soleil, des insolations et de la déshydratation, même par temps couvert. Emportez de l'écran solaire à fort indice de protection, et évitez de voyager dans l'arrière-pays en plein été, quand les températures grimpent jusqu'à 40°C.

Veillez à ce que vos enfants ne touchent pas les chiens ou d'autres mammifères en raison des risques de rage et d'autres maladies. Les dromadaires dans le désert ou les ânes et les mules qui circulent dans les médinas ne présentent pas de danger.

Pour davantage d'informations sur la santé, reportez-vous p. 528.

familles nombreuses, se montrent extrêmement gentils et protecteurs envers les familles.

À la campagne, il arrive que des femmes prennent leur propre enfant dans les bras et vous saluent du pas de leur porte. De tels moments laisseront à vos enfants le souvenir d'une population chaleureuse.

Cela ne signifie pas que les marchands des souks baissent leurs prix pour les parents, mais même le plus bourru des vendeurs accueille gentiment les femmes occidentales et leurs enfants. Leur présence donne l'image d'une boutique bienveillante envers les familles. Laisser votre enfant courir dans un magasin de tapis peut se révéler une excellente technique de marchandage !

Acclimatation

Les enfants mettent habituellement un ou deux jours pour s'adapter à ce nouvel environnement, et nombre de choses leur sembleront amusantes ou familières. Emma Catling, une voyageuse britannique partie à Marrakech avec Finlay, son fils de cinq ans, raconte : “C'était chaotique au début, avec les vélos et les chevaux qui nous frôlaient dans les ruelles étroites et les odeurs différentes, il n'avait aucun repère – mais les serpents sur la place Djemaa el-Fan l'ont littéralement fasciné”. À la campagne, des éléments simples comme les ruches et les diverses plantes ravissent les petits.

Prendre son temps

L'une des clés du succès d'un voyage en famille au Maroc est de prévoir suffisamment de temps, pour s'acclimater au début, puis pour se détendre et se reposer. Essayer de tout voir, comme si vous étiez seul, ne fera que les fatiguer et les rendre irritables. Les distances sont trompeuses en raison des mauvaises routes, et il faut toujours prévoir une solution de rechange au cas où les enfants tomberaient malades. Ajuster son rythme à celui des enfants, par exemple en restant tranquille pendant les heures les plus chaudes entre 12h et 16h, est aussi le moyen de se rapprocher de la population et de son mode de vie.

Repas à l'extérieur

Les tajines contiennent de nombreux ingrédients familiers comme les pommes de terre et les carottes. Si vous souhaitez que vos enfants goûtent la cuisine marocaine, vous aurez peut-être du mal s'ils n'aiment ni les pommes de terre ni le pain. Dans ce cas, vous trouverez des plats occidentaux comme les pâtes, les pizzas et les frites.

Dans les restaurants, évitez les salades et privilégiez les tajines, les couscous, les omelettes et les soupes comme la *harira* (soupe de lentilles). Les marchés vendent de délicieux fruits et légumes, mais assurez-vous de les laver ou de les peler.

Pour éviter les problèmes intestinaux, faites-leur boire uniquement de l'eau purifiée ou en bouteille. Le lait – UHT, pasteurisé et en poudre – est disponible partout.

À ne pas manquer

Les sites et les activités qui conviennent aux enfants sont décrits au fil de ce guide, avec des encadrés spécifiques dans les sections *Marrakech*, *Tanger*, *Casablanca* et *Rabat*.

Animaux

» Un trajet par la route jusqu'à un départ de randonnée dans le Haut Atlas comme Imlil, puis une marche d'une journée dans les montagnes avec un guide et une mule.

» Une promenade à dos de dromadaire ou à cheval sur les plages aux alentours d'Essaouira ou dans le Sahara, vers les dunes accessibles de la vallée du Drâa et de Merzouga.

» Une balade en calèche autour des remparts de Marrakech et de Taroudant.

Baignade

» Sports nautiques et de glisse aux alentours d'Essaouira et sur la plage d'Agadir pour les jeunes enfants.

» La lagune d'Oualidia, avec des eaux calmes et sûres et une large plage de sable.

» Le Parque Marítimo del Mediterráneo de Ceuta, ses bassins entourés de restaurants et de cafés.

Jeux et divertissements

» Le jardin Majorelle et la place Djemaa el-Fna, Marrakech ; sur la place, des stands proposent des jeux comme la “pêche à la ligne”.

» Les studios d'Atlas Film Corporation, Ouarzazate : les décors et les accessoires de films célèbres tournés sur place.

Les régions en un clin d'œil

Marrakech et centre du Maroc

Aventure ✓✓✓
Architecture ✓✓✓
Gastronomie ✓✓

Aventure

Des dunes, des montagnes, des souks, des caravansérails, des conditions extrêmes et des paysages imprévisibles, le centre du Maroc est une terre d'aventure. Avant même de quitter Marrakech, vous devrez braver la circulation et la foule sur la place Djemaa el-Fna. La magie de cette place, avec ses concerts improvisés et ses étals de grillades, plonge d'emblée le voyageur dans une humeur festive.

Architecture

La région possède une étonnante diversité d'architecture traditionnelle, aux matériaux adaptés à l'environnement. Marrakech compte plus de riads que toute autre cité, des casbahs émaillent la vallée du Drâa, et des ksour (forteresses) jalonnent la route de Rissani. Les cadres de fenêtre blancs et les portes bleues distinguent les villages en pierre, brique crue et chaume du Haut Atlas. Des adaptations inspirées marquent désormais l'architecture intérieure à Marrakech.

Gastronomie

Une succulente cuisine de rue, de somptueux repas dans les riads, des produits bio... et nous ne parlons que de Marrakech ! Le mouvement Slow Food gagne du terrain au Sahara : grâce aux méthodes de culture traditionnelle, des produits pleins de saveurs poussent dans les oasis, et les agriculteurs transforment des variétés locales en délicieuses spécialités – sirop de dattes, barres énergétiques aux dattes ou miel aux herbes médicinales berbères. Goûtez également les vins locaux, en particulier le rosé, le gris et le blanc, qui se boivent bien frais.

p. 52

Côte atlantique

Plages ✓✓✓
Architecture ✓✓
Observation des oiseaux ✓✓

Plages

La plage du Paradis, bien nommée, se situe à un trajet en calèche d'Asilah, et Sidi Kaouki est l'un des premiers spots de surf et de planche à voile. Entre les deux : les plages de Temara et de Haouzia, proches de Rabat et Casablanca, et la chic Oualidia, plus au sud.

Architecture

Essaouira et El-Jadida, villes balnéaires fortifiées, sont de vrais joyaux. De style hispano-mauresque, Larache a subi la domination espagnole, et des peintures murales ornent la médina d'Asilah. Outre sa gigantesque mosquée, Casablanca possède des merveilles mauresques, de même que Rabat.

Oiseaux

Les plages et les marais côtiers attirent des milliers d'oiseaux, notamment aux alentours de Moulay Bousselham, à la Lagune bleue. Le lac de Sidi Bourhaba est l'un des derniers sites où se rassemblent les sarcelles marbrées.

p. 166

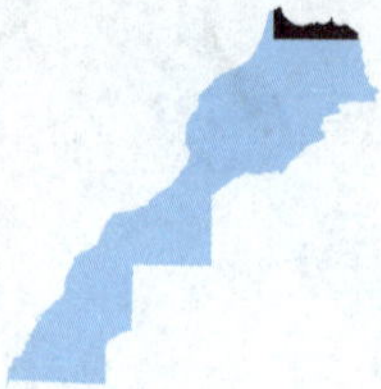

Côte méditerranéenne et Rif

Plages ✓✓✓
Parcs nationaux ✓✓
Trekking ✓✓

Plages
Depuis les plages proches de Tanger – comme la plage Robinson, où vous pourrez jouer les naufragés –, la côte méditerranéenne s'étire vers l'est. Parmi les plus belles plages figurent Oued Laou, Cala Iris, Al-Hoceima et Saídia.

Parcs nationaux
Deux superbes parcs nationaux protègent les plus beaux paysages de la région. Le parc national de Talassemtane compte des montagnes verdoyantes, des villages et le rocher du pont de Dieu. Le parc national d'Al-Hoceima a de superbes mesas, des gorges asséchées et des forêts de thuyas qui conduisent à des falaises de calcaire.

Trekking
Dans le parc national de Talassemtane, les superbes itinéraires de trekking de la chaîne du Rif sont souvent peu empruntés. De Chefchaouen, des treks de plusieurs jours traversent des forêts de cèdres, de chênes-lièges et de conifères.

p. 234

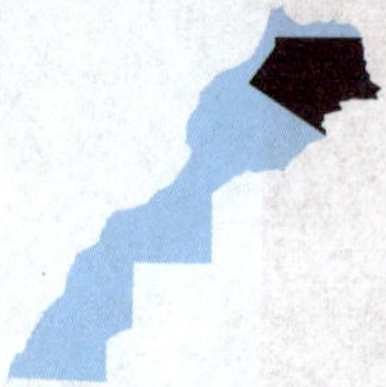

Cités impériales, Moyen Atlas et est du Maroc

Souks ✓✓✓
Histoire ✓✓✓
Gastronomie ✓✓

Souks
La médina de Fès abrite un souk au henné (et aussi des poteries bleues) et un souk des charpentiers. Meknès a des souks de tissus, de bijoux, de tapis et de broderies. Des tapis berbères remplissent les souks de tout le Moyen Atlas.

Histoire
La médina de Fès est la plus grande cité médiévale islamique au monde. Le Festival de Fès des musiques sacrées du monde met à l'honneur la musique soufie. Le glorieux passé de Meknès revit dans sa cité impériale. Volubilis était un avant-poste romain. Moulay Idriss porte le nom du sultan qui fonda la bourgade au VIIIe siècle.

Gastronomie
Le ragoût de chardons et d'artichauts fait partie des spécialités de Fès et un stand d'escargots se tient dans la médina. Le Moyen Atlas possède ses propres délices locaux, tels les desserts préparés lors de la fête des Cerises à Sefrou.

p. 297

Sud du Maroc et Sahara occidental

Balades côtières ✓✓✓
Oasis ✓✓✓
Sports et activités ✓✓

Balades côtières
Sur la route du Sahara, des plages désertes ont un charme suranné. Mirleft est prisé pour ses cafés et ses hôtels de charme. De style Art déco, Sidi Ifni ressemble à une photo sépia. Les ruines espagnols de Tarfaya s'écaillent entre les tourbillons de sable.

Oasis
Au pied de falaises ocre s'étendent les gorges d'Aït Mansour et la vallée des Ammeln, remplies de palmiers. Des palmeraies bordent également la route sinueuse qui traverse la vallée du Paradis, et rafraîchissent les voyageurs près de Tata et de Tighmert.

Sports et activités
Taghazout est le premier spot de surf du Maroc. Vous profiterez toute l'année de la plage et du soleil à Agadir. Les sports nautiques et de glisse se pratiquent à Mirleft et Sidi Ifni. L'Anti-Atlas est idéal pour des randonnées à pied ou à VTT. À Tata, on organise de plus en plus des excursions dans le désert.

p. 358

» (ci-dessus) Soufflets en bois artisanaux dans le souk d'une médina
» (à gauche) Des canons européens bordent la Skala de la Ville (p. 225) sur les remparts de la médina d'Essaouira

Les pictos pour se repérer :

- Les coups de cœur de l'auteur
- Adresses écoresponsables
- GRATUIT Des sites libres d'accès

Voir aussi l'index où figurent toutes les localités couvertes dans ce guide.

Sur la route

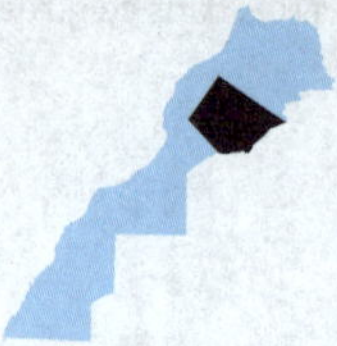

Marrakech et centre du Maroc

مراكش وسط المغرب

Dans ce chapitre »

Le top des restaurants

- Allée des méchouis (p. 80)
- Le Relais Saint-Exupéry (p. 128)
- Café Restaurant Al Jazeera (p. 94)
- Djemaa el-Fna (p. 80)
- Al-Fassia (p. 83)

Le top des hébergements

- Erg Chigaga (p. 138)
- Riad Al Massarah (p. 75)
- Chez Pauline (p. 157)
- Dar Raha (p. 135)
- Ksar Sania (p. 162)

Pourquoi y aller

Nulle carte ne saurait rendre justice au centre du Maroc : comment des images par satellites pourraient-elles donner une image fidèle des labyrinthiques souks couverts de Marrakech et de l'animation règnant sur la légendaire place Djemaa el-Fna ? Et si les cartes topographiques rendent compte de la présence du djebel Toubkal, elles ne disent rien de la fraîcheur de ses cimes enneigées par une journée torride.

De fait, une nature exubérante existe à la lisière du désert. Impossible de deviner à la lecture de coordonnées GPS qu'une rivière bouillonnante jaillit des parois rocheuses des gorges de Todra, ou que des rochers se fondent dans le tapis verdoyant des gorges du Dadès. Alors que les vallées du Ziz et du Drâa semblent austères et arides, l'eau se faufile à travers les fissures pour donner naissance à des oasis. Certes, la distance entre Marrakech et le Sahara se parcourt en une journée de voiture. Pourtant, on ne vous le conseille pas : le centre du Maroc est l'endroit où il convient d'oublier les cartes, et de prendre le temps de vivre.

Quand partir

Marrakech

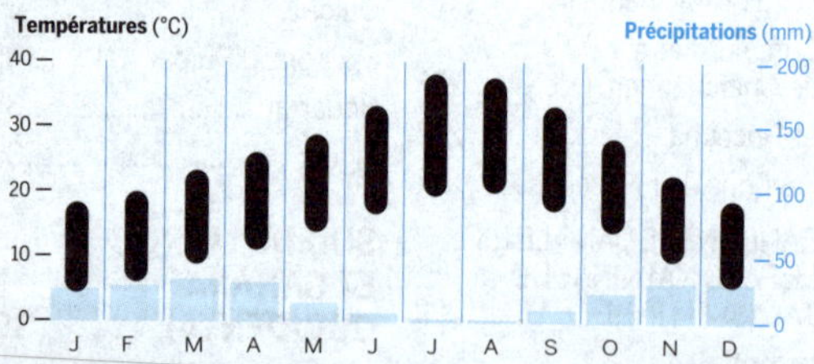

Mars-avril Le désert est en fleurs et les fruits sont frais. Les prix augmentent à Pâques.

Mai-juin Idéal pour randonner : chaud, mais pas trop. Hébergement et souks à bons prix.

Septembre-octobre Idéal pour apprécier le désert : douces brises et dattes à foison.

Histoire

Et si le centre du Maroc n'avait pas eu une telle influence au cours du dernier millénaire ? À quoi ressemblerait le monde d'aujourd'hui ?

Si les Almoravides n'avaient pas repoussé les frontières de leur empire de Marrakech à l'Europe, sans doute les arches mauresques n'orneraient-elles pas de nombreux édifices, de l'Espagne jusqu'en Californie. Sans le sucre des marchands saadiens et le sel des négociants juifs, la nourriture serait peut-être restée aussi fade qu'au Moyen Âge, et l'insatiable appétit de sucre n'aurait sans doute pas poussé les marchands coloniaux aussi loin qu'en République dominicaine. Sans les routes marchandes transsahariennes, les inflexions mélancoliques des gnaouas n'auraient pas imprégné les musiques du monde entier.

Certes, le monde aurait pu se passer de certains films tournés dans les studios de Ouarzazate (quoique *Sex and the City II*, *Alexandre* et *Ishtar* ont leur public), ou du retour en force des sarouels chez les marchands de Marrakech. Mais si l'on souhaite approcher une culture en pleine mutation, le centre du Maroc est à voir.

Sur les hauteurs enneigées du Haut Atlas, à Oukaïmeden, les alpinistes découvriront des pétroglyphes vieux de 1 500 ans. Marrakech a servi de capitale à trois dynasties distinctes – plus que les cités impériales de Fès et de Meknès. À l'instar des tours radio d'aujourd'hui, les tours de guet en brique crue des ksour (forteresses) constituaient de précieux points de repères : au Moyen Âge, c'est d'elles que se répandaient les nouvelles de la Mauritanie à l'Espagne en passant par Skoura, Zagora et Rissani. Dans les montagnes, les fortins glaoui jouèrent un rôle majeur dans l'histoire de la colonisation française en Afrique, et lors des premiers mouvements pour l'indépendance. Aujourd'hui, la région est le grand atout touristique du Maroc : elle bâtit son avenir tout en restant fidèle à sa longue histoire de carrefour des cultures.

Climat

Le printemps et l'automne sont les meilleures saisons pour explorer la région, avec des températures moyennes de 20°C à 25°C. Dans le Haut Atlas, l'hiver glacial peut commencer dès septembre et durer jusqu'en avril, tandis qu'une chaleur torride règne dans le désert dès le mois de mai. Avril est l'époque des tempêtes de sable, quand un vent léger soulève le sable et la poussière ; à cette période, prévoyez quelques jours de plus afin de voir les dunes plutôt qu'être entouré d'un brouillard grisâtre.

Langues

Dans le Haut Atlas, la langue prédominante est le dialecte berbère tachelhit (et, par endroits, le tamazight). Ailleurs, le darija (arabe marocain) et le français sont employés par tous.

ℹ Comment s'y rendre

Carrefour des transports de toute la région centrale, Marrakech est bien desservie par les trains, les bus et les avions – voir p. 90 et suivantes pour des détails. Des compagnies low cost comme EasyJet et Ryanair proposent des vols directs pour l'aéroport de Ménara, à Marrakech. Les liaisons aériennes et ferroviaires fréquentes avec Casablanca multiplient les possibilités. Depuis la France, Royal Air Maroc (RAM) propose des vols quotidiens pour Marrakech ou Ouarzazate (via Casablanca). Les vols Marrakech-Ouarzazate passent tous par Casablanca ; le trajet par la route est plus rapide.

Une ligne ferroviaire directe depuis/vers Casablanca (3 heures) connecte Marrakech à toutes les grandes villes du Nord. Les bus Supratours relient Marrakech au sud de la côte atlantique, d'Essaouira et Agadir à Laâyoune et Dakhla, et desservent aussi des oasis et des gorges du Sahara incontournables, dont Ouarzazate, Zagora, Boumalne du Dadès, Kelaâ M'Gouna et Merzouga. La CTM et des compagnies de bus locales offrent des services identiques, dans des véhicules souvent bondés et moins confortables.

ℹ Comment circuler

À l'exception de la ligne Casablanca-Marrakech, aucune liaison ferroviaire ne dessert le Centre. Le bus est le moyen le plus économique de se déplacer dans la région, même si les tarifs fluctuent en fonction du prix du pétrole. Selon les employés des compagnies de bus, les prix en vigueur devraient augmenter : prévoyez votre budget en conséquence.

La CTM propose des services corrects, mais Supratours et d'autres compagnies privées offrent des départs plus fréquents, des bus climatisés et des places réservées pour les destinations touristiques. Les grands taxis collectifs constituent une alternative depuis que de bonnes routes goudronnées desservent la plupart des destinations traitées dans ce chapitre. Dans les régions montagneuses, mieux vaut se déplacer à pied, à VTT, à dos de mulet ou en 4x4 (1 000-1 500 Dh par jour). Pour arpenter le désert et découvrir les dunes des ergs Chigaga et Chebbi, vous devrez louer un 4x4 ou des dromadaires (350-400 Dh/pers/jour).

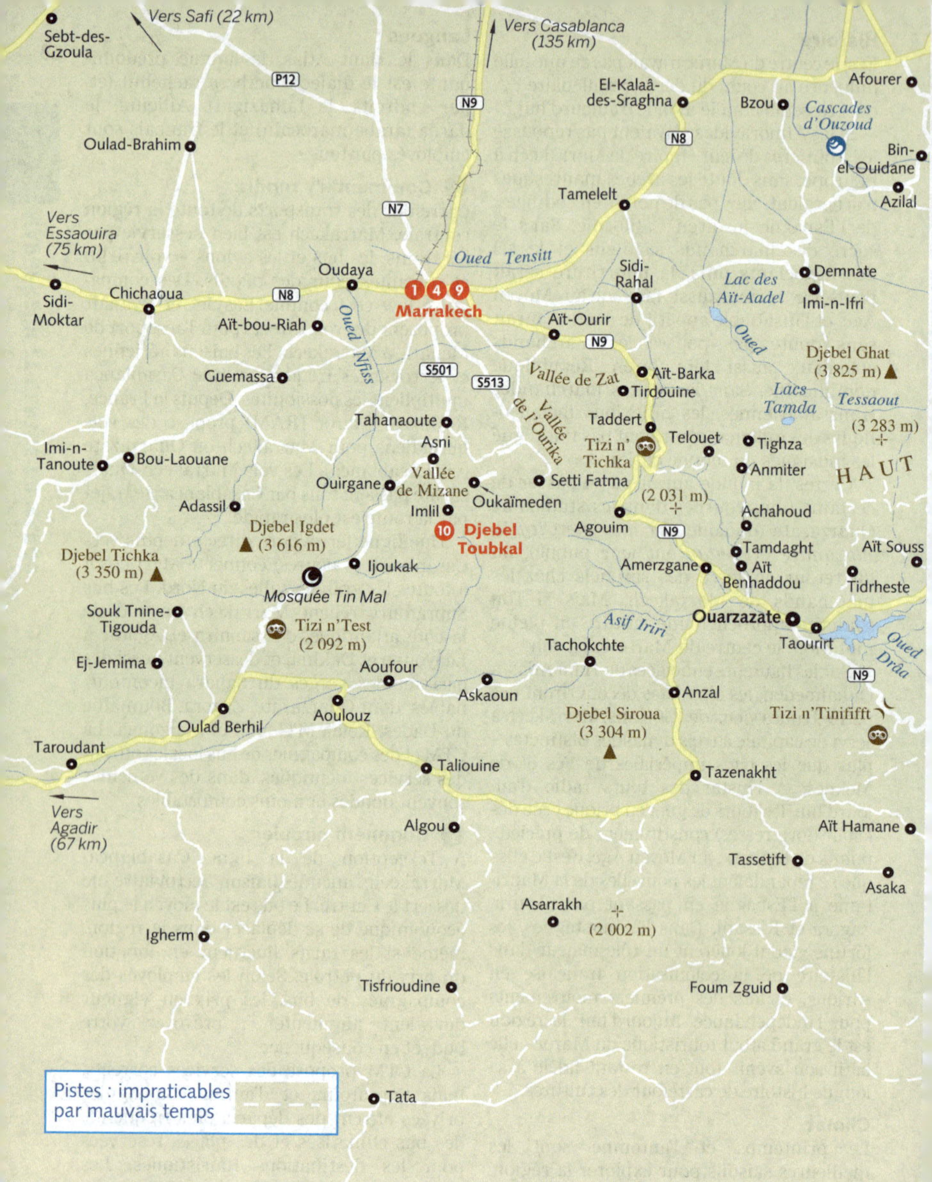

À ne pas manquer

1 Le spectacle, permanent depuis mille ans et qui n'a pas pris une ride, de la **place Djemaa el-Fna** (p. 59)

2 Une randonnée dans la magnifique **vallée des Aït Bougomez** (p. 95), splendide et loin de tout

3 Un itinéraire de casbah en casbah sur les routes caravanières de la **vallée du Drâa** (p. 130)

4 Les charmes d'un authentique **riad** marrakchi (p. 74)

5 La contemplation des étoiles dans les dunes de l'**erg Chigaga** (p. 138)

6 Les villages accrochés au sommet des falaises des **gorges du Dadès** (p. 148)

7 La tranquille **oasis de Skoura** (p. 142), classée au patrimoine mondial de l'Unesco

8 Le chant du vent dans le sable rose des magnifiques dunes de l'**erg Chebbi** (p. 160), près de Merzouga

9 Un aperçu de l'histoire tourmentée et de l'art splendide de la **casbah du Glaoui** (p. 131) de Télouet, tant qu'elle est encore debout

10 Une randonnée au **djebel Toubkal** (p. 113), point culminant de l'Afrique du Nord

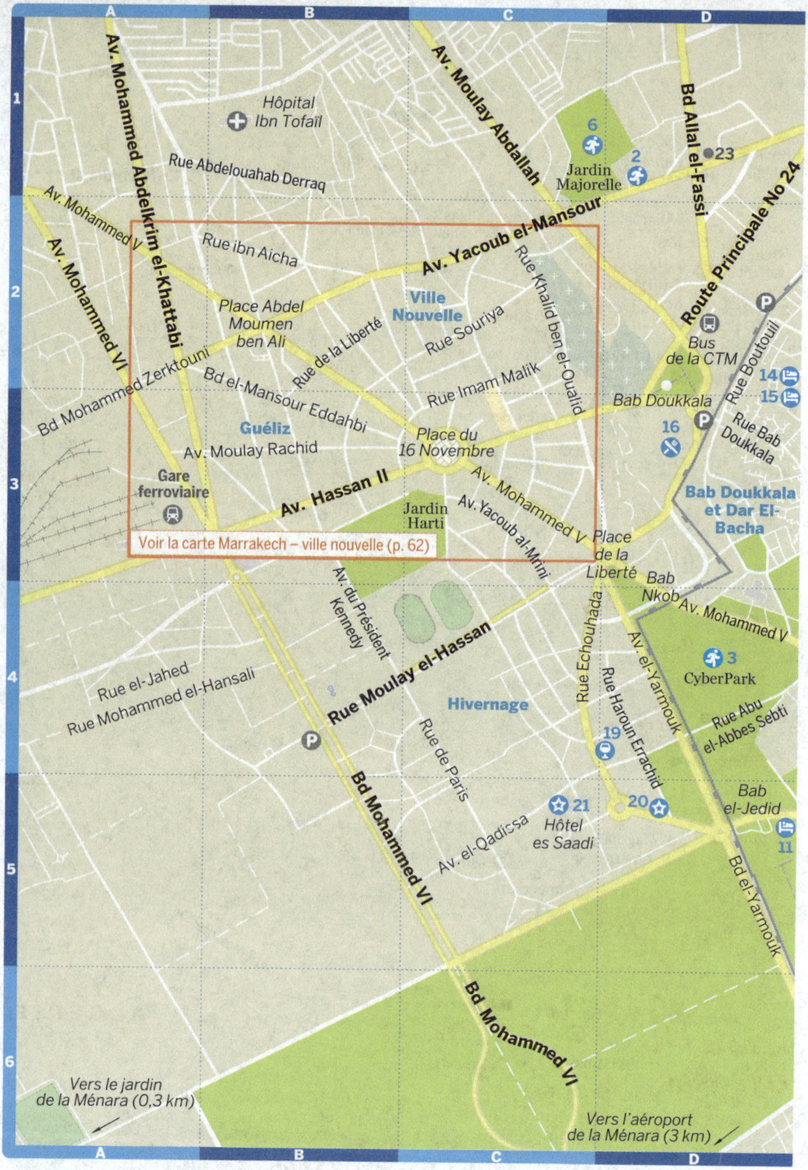

MARRAKECH مراكش

1 608 100 HABITANTS

En arrivant à Marrakech, attendez-vous à perdre tout sens de l'orientation et du prévisible. À quoi bon s'encombrer de telles contraintes lorsque les occasions de distraction se succèdent et que le dédale de ruelles semble échapper à toute logique ? Si vous avez une destination précise, vous en serez vite détourné par des charmeurs de serpents, des carrioles tirées par des ânes rétifs, la vue d'un splendide pouf en cuir argenté ou l'étalage de remèdes berbères traditionnels, capables de guérir les maux les plus improbables.

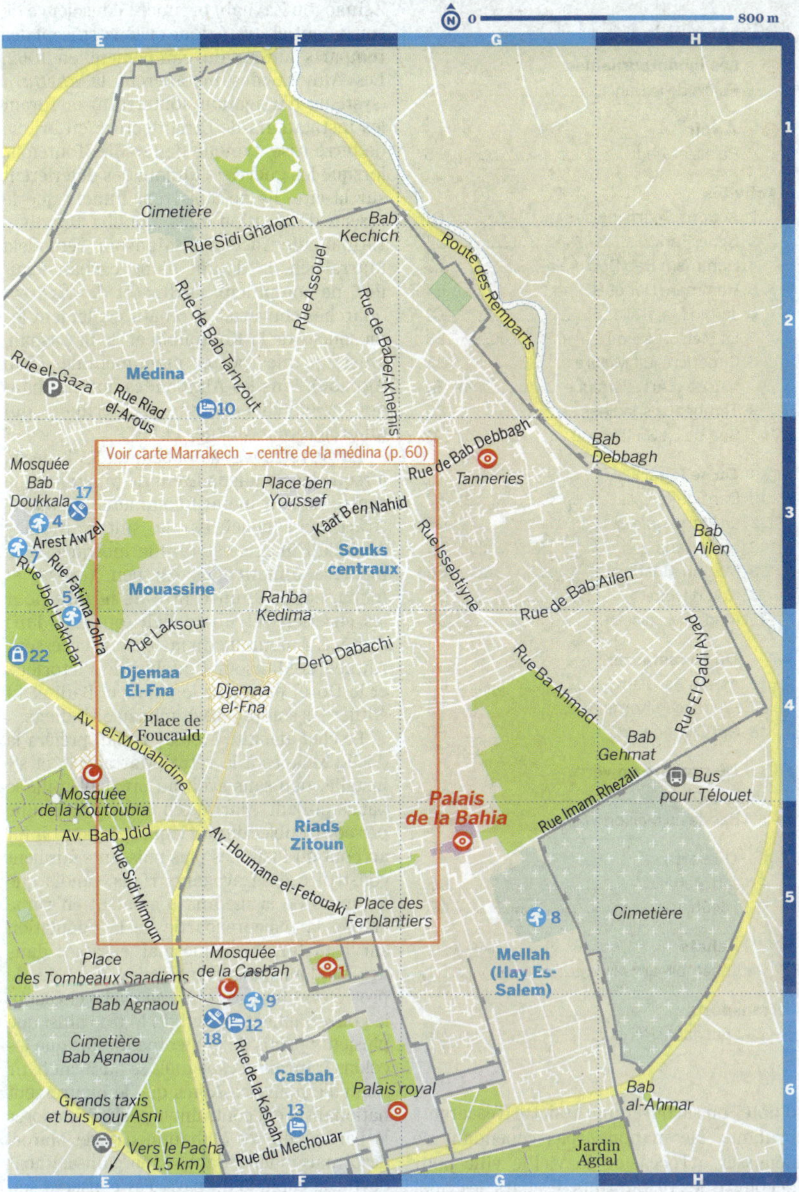

Commencez par la place Djemaa el-Fna et son activité bourdonnante. Si vous parvenez à vous arracher au spectacle des marchands d'eau et des vendeurs de potions enturbannés, entrez dans le labyrinthe des ruelles du marché couvert. Empruntez n'importe quelle rue au nord de Djemaa el-Fna pour pénétrer dans les souks et, avec un peu de chance, vous en ressortirez triomphant et heureux quelques heures plus tard, un tapis sous le bras.

Ici, au cœur de la médina de Marrakech, vous pourrez visiter un palais transformé en musée, séjourner dans un riad-maison

MARRAKECH

Les incontournables

Palais de la Bahia G5

À voir

1 Palais el-Badi F5

Activités

2 Actions Sports Loisirs D1
3 CyberPark D4
4 Hammam Bab Doukkala E3
5 Hammam Dar el-Bacha E4
6 Jardin Majorelle C1
7 La Maison Arabe E3
8 Cimetière juif Miaâra G5
Musée d'Art islamique .... (voir 6)
9 Tombeaux saadiens F6
Spa de La Sultana .... (voir 12)

Où se loger

10 Dar Soukaina F2
11 La Mamounia D5
12 La Sultana F6
13 Maison Mnabha F6
14 Noir d'Ivoire D2
15 Riad al Massarah D3

Où se restaurer

16 Aswak Assalam D3
17 Marrakesh Korner E3
18 Nid'Cigogne F6

Où prendre un verre

19 Comptoir D4
Bar de La Maison Arabe .... (voir 7)

Où sortir

20 Jad Mahal D5
21 Théâtro C5

Achats

22 Ensemble artisanal E4

Transports

23 Lhasnaoui Rent D1

d'hôtes ou savourer une assiette d'escargots brûlants. Ne manquez pas cependant de délaisser à l'occasion la vieille ville pour découvrir les restaurants, les bars, les galeries d'art et les boutiques de la ville nouvelle. Vivez au même rythme que les habitants et devenez un *bahja* (joyeux) Marrakchi.

Histoire

Nombre de caravanes du désert passèrent par cet avant-poste avant que le chef berbère almoravide Youssef ibn Tachfin et son épouse Zeinab (ou Zaynab) prennent conscience de son potentiel stratégique et construisent des remparts autour du campement en 1062. Les Almoravides installèrent la *khettara* (système d'irrigation souterrain) et furent les instigateurs de l'architecture en brique de terre rose, typique de la ville. Toutefois, lorsque les guerriers almohades déferlèrent sur la cité, ils ne laissèrent intacts que le réseau d'irrigation et la Koubba Ba'adiyn. L'Almohade Yacoub el-Mansour remodela Marrakech, la dotant d'une casbah fortifiée, de somptueux jardins et de *kissaria* (marchés couverts). Il rebâtit également les mosquées de la Koutoubia et de la Casbah, ainsi qu'une porte monumentale (Bab Agnaou). Puis les Almohades durent abandonner leur chef-d'œuvre aux Mérinides, qui lui préférèrent Meknès et Fès.

La vie retrouva sa douceur au XVIe siècle, lorsque les Saadiens firent de Marrakech le centre de leur lucratif commerce du sucre. Grâce aux bénéfices, le sultan Moulay Abdullah fit reconstruire la mosquée et la médersa almoravides Ali ben Youssef et fonda, en 1558, un centre de négoce pour les chrétiens et un mellah (quartier juif) protégé. Amoureux du faste, son successeur Ahmed el-Mansour Eddahbi (le Victorieux et le Doré) pava d'or le palais el-Badi et fit édifier les somptueux tombeaux saadiens.

Le chef alaouite Moulay Ismaïl préféra la docile Meknès à la rétive Marrakech, et s'y installa, non sans avoir au préalable pillé le palais el-Badi. Marrakech connut alors une période troublée durant laquelle le pouvoir fut au bout du fusil. Les plus puissants faisaient construire d'extravagants riads, tandis que les murs de la médina tombaient en ruine et que la majeure partie de la population survivait tant bien que mal, entassée dans des fondouks (caravansérails). En 1912, le protectorat français offrit au pacha el-Glaoui le gouvernement du sud du Maroc ainsi que plusieurs palais de la médina, tandis que les colons français et espagnols se faisaient bâtir une ville nouvelle. Après que le mouvement nationaliste eut contraint le pacha à implorer le pardon du roi Mohammed V, le Maroc, désormais indépendant, se réorganisa. Rabat devint la capitale du pays, Fès conserva son statut de centre spirituel et Casablanca demeura le haut lieu du commerce. Qu'allait-il advenir de Marrakech ?

Sans rôle clairement défini, Marrakech reprit sa fonction initiale de caravansérail, ce qui fit son succès. Dans les années 1960 et 1970, hippies et autres aventuriers en quête de spiritualité contribuèrent à bâtir le mythe de la cité, et les visites de stars comme les Rolling Stones, les Beatles et Led Zeppelin ajoutèrent à cette nouvelle gloire. Arriva ensuite l'élite de la mode avec Yves Saint Laurent, Jean-Paul Gaultier, des rédacteurs de *Vogue* et une nuée de top-modèles, tous à la recherche d'un hébergement chic. Dans les années 1990, les demeures privées de la médina furent transformées en Bed & Breakfast, alors que les compagnies aériennes à bas coût amenaient des touristes, désireux de passer le week-end dans un riad.

La ville, dont la taille a doublé, attend impatiemment votre arrivée – et ce malgré le choc de l'attentat à la bombe du 28 avril 2011 dans un café de la place Djemaa el-Fna. Marrakech, qui a été un millénaire durant un comptoir marchand où régnait la plus grande hospitalité, a déjà traversé des tragédies, connu des triomphes aussi. Elle sait comment réagir : après avoir séché ses larmes, elle s'est ressaisie.

À voir

MÉDINA

La plupart des monuments se situent à l'intérieur des remparts de la médina (un circuit de 19 km). Si vous vous égarez en explorant les souks et les palais, demandez le chemin de la place Djemaa el-Fna (de préférence à un commerçant ; les enfants s'amusent parfois à perdre les touristes) ou dirigez-vous vers le minaret de la Koutoubia, le plus élevé de la ville.

De petits hôtels bon marché bordent les rues étroites au sud de Djemaa el-Fna. Le minaret de la mosquée de la Koutoubia se dresse à l'ouest de la place. Les principaux souks, mosquées et zaouïas (tombeaux de saints) sont situés au nord de Djemaa el-Fna, tandis que la plupart des palais sont rassemblés au sud, le long de la rue Riad Zitoun el-Jedid, qui mène au mellah (quartier juif). Tournez à l'ouest au marché couvert du mellah, puis suivez les remparts vers le sud jusqu'à Bab Agnaou, l'arc de triomphe menant à la casbah royale. Celle-ci abrite les tombeaux dorés des princes saadiens, le palais royal (fermé au public) et un jardin royal de 6,50 ha datant de 1166.

Pendant le ramadan, les sites officiels ferment parfois une à 2 heures plus tôt ; les souks sont généralement ouverts de 9h à 19h, mais quantité de commerces ferment le vendredi après-midi.

Djemaa el-Fna PLACE HISTORIQUE
(carte p. 60 ; 9h-1h). Place principale de Marrakech, Djemaa el-Fna a des allures de théâtre en plein air aux spectacles permanents. Les animations et le *halqa* (théâtre de rue) n'y ont jamais cessé depuis les années 1050, quand la place était le lieu des exécutions publiques – d'où son nom, qui signifie "assemblée des morts".

Dès 10h, des charmeurs de serpents soufflent dans leurs flûtes pour apaiser les cobras, dérangés par les pétarades des scooters. Des tatoueurs au henné invitent les passants à s'approcher et des marchands d'eau, coiffés d'un chapeau à franges, entrechoquent leurs gobelets en cuivre afin d'attirer le chaland assoiffé.

Le spectacle atteint son apogée au crépuscule avec l'arrivée d'une multitude de cuisiniers qui installent leurs grils pour la soirée, préparant leurs ustensiles comme les musiciens accordent leurs instruments. À voir absolument, en faisant attention aux carrioles à cheval, aux pickpockets et aux mains baladeuses… Arrivez tôt afin d'être aux premières loges, sur des tabourets de fortune (priorité aux femmes et aux personnes âgées). Vers 19h30, on danse en famille au son du luth, et même les tout-petits bougent en cadence, en criant *Helwa !* (sucreries !).

Quant aux conteurs, ils font revivre d'anciennes légendes à côté d'astrologues, de guérisseurs, de danseuses orientales et de musiciens gnaouas. Pour cette renaissance quotidienne des légendes urbaines et de la tradition orale marocaine, l'Unesco a déclaré Djemaa el-Fna "chef-d'œuvre du patrimoine culturel immatériel mondial" en 2001. Si l'attentat perpétré dans un café de la place en avril 2011 a laissé le pays dans un état de profonde sidération, les artistes n'ont pas tardé à réinvestir les lieux. Par tous les temps et par tous les climats politiques, le spectacle se perpétue sur Djemaa el-Fna.

Médersa Ali ben Youssef MÉDERSA
(carte p. 60 ; 0524 44 18 93 ; pl. Ben Youssef ; 50 Dh, avec musée et koubba 60 Dh ; 9h-18h ;). "À toi qui franchis ce seuil, que tes plus grands souhaits soient exaucés" : depuis près de six siècles, cette inscription surmonte l'entrée de la médersa Ali ben Youssef. Fondée au XIVe siècle sous les Mérénides, cette école coranique était autrefois la plus grande d'Afrique du Nord, et reste l'une des plus belles.

Entrée et cour

Dans l'entrée, levez les yeux pour admirer les coupoles et les moucharabiehs en cèdre de l'Atlas finement ouvragés. La cour de la médersa s'orne de somptueux zelliges (carreaux de faïence) à cinq couleurs de style hispano-mauresque, de stucs de style

Marrakech – centre de la médina

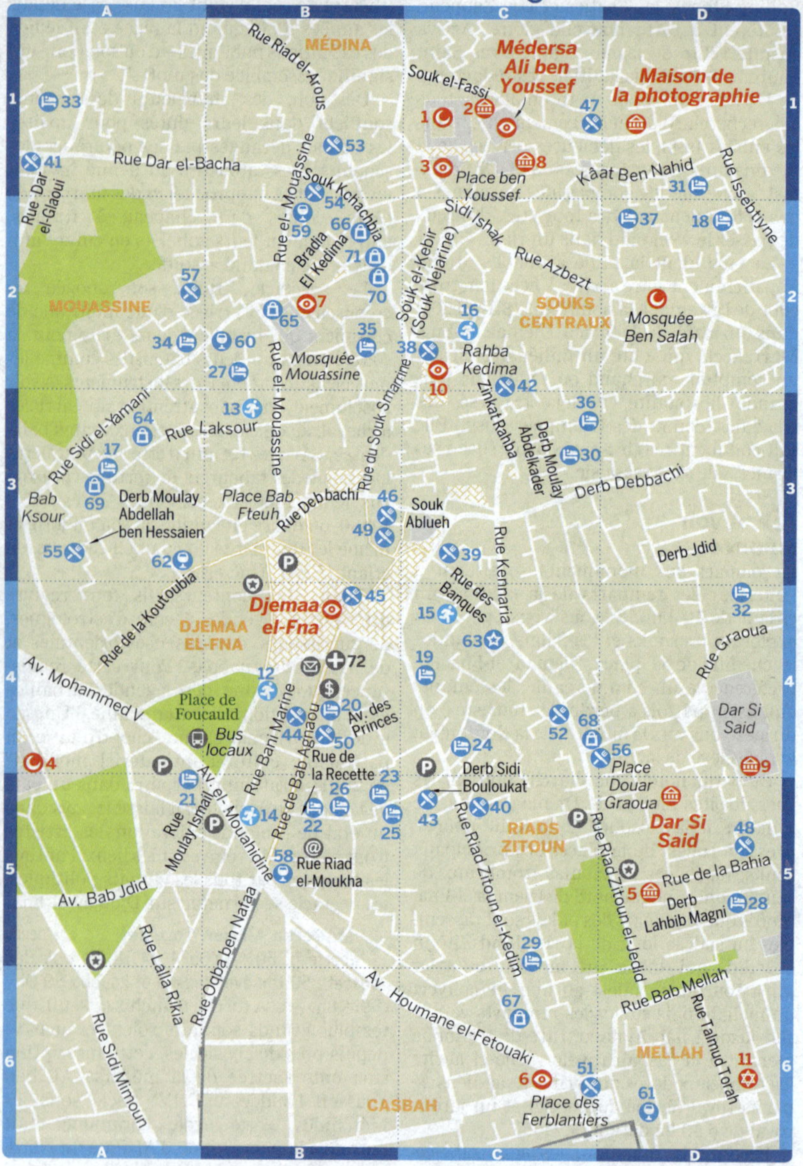

coufique irakien avec des lettres entrelacées de feuilles, de fenêtres en bois de cèdre sculptées de vignes abîmées par le temps, et d'un mihrab (niche indiquant la direction de La Mecque) en marbre de Carrare d'un blanc laiteux.

Quartiers des étudiants

La médersa est associée à la **mosquée Ali ben Youssef** (carte p. 60 ; fermée aux non-musulmans), qui se trouve juste à côté. Ses 132 dortoirs accueillaient jadis quelque 900 étudiants, qui apprenaient les textes

Marrakech – centre de la médina

Les incontournables

À voir

Activités

Où se loger

Où se restaurer

Où prendre un verre

Où sortir

Achats

Renseignements

juridiques et religieux. Malgré sa rénovation au XIXe siècle, l'école coranique déclina et perdit peu à peu ses étudiants au profit de sa rivale, la médersa Bou Inania à Fès.

Koutoubia MOSQUÉE
(carte p. 60 ; angle rue el-Koutoubia et av. Mohammed V ; ⏲mosquée et minaret fermés aux non-musulmans, jardins 8h-20h). Cinq fois par jour, l'*adhan* (appel à la prière), lancé

Marrakech – ville nouvelle

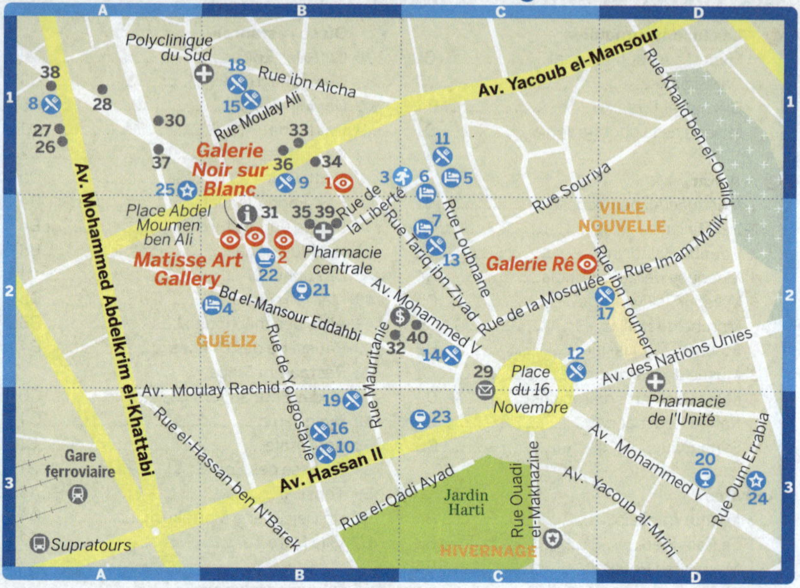

par le muezzin vers les quatre points cardinaux du haut du minaret de la mosquée de la Koutoubia, couvre le vacarme de Djemaa el-Fna.

Minaret

Si la Koutoubia est un lieu de culte, son minaret du XIIe siècle, haut de 70 m, s'avère aussi une référence sur le plan architectural. Il servit de modèle à la Giralda de Séville (Espagne) et à la tour Hassan, à Rabat. Monumentale illustration du décor mauresque, il se distingue par ses harmonieuses proportions, ses arches festonnées et ses merlons crénelés. Couvert à l'origine du plâtre rose typique de Marrakech, il a été restauré en 1990 et les spécialistes ont décidé de laisser les pierres apparentes.

Mosquée et jardin

Bien que la mosquée soit fermée aux non-musulmans, on peut se promener dans son jardin, récemment restauré. Là, des fouilles ont confirmé une ancienne légende marrakchie : la mosquée d'origine, bâtie par des architectes almoravides laxistes, n'était pas parfaitement alignée avec La Mecque – une erreur constatée par les pieux Almohades, qui la rasèrent et la reconstruisirent. Lors de l'achèvement de la mosquée actuelle et de son minaret, sous le règne du sultan almohade Yacoub el-Mansour, au XIIe siècle, une centaine de *kutubiyyin* (libraires) étaient installés alentour, d'où son nom de Koutoubia.

Palais de la Bahia MUSÉE

(carte p. 57 ; ✆0524 38 95 64 ; rue Riad Zitoun el-Jedid ; 10 Dh ; ⏲9h-16h30). Ce palais est le résultat de 14 années de travail des meilleurs artisans du pays. Commencée par le grand vizir Si Moussa dans les années 1860, puis embellie entre 1894 et 1900 par l'ancien esclave devenu vizir Abou "Bou" Ahmed, la Bahia ("la splendide") est entièrement décorée du sol au plafond.

Petite cour et cour d'honneur

Les plafonds en bois peint, doré et marqueté, autour de la cour d'honneur, continuent de fasciner les visiteurs, de même que les zelliges brûlés par le soleil de la petite cour éblouissaient les hauts dignitaires. Le palais de la Bahia était d'une trop grande beauté : en 1908, le pacha el-Glaoui décida de s'en servir pour accueillir ses hôtes français, lesquels l'en chassèrent en 1911 pour y installer les résidents généraux du protectorat.

Harem

Seule une partie de ce palais de 8 ha et de 150 pièces est ouverte au public. Vous découvrirez le harem richement ornementé, qui abritait jadis les quatre épouses et les vingt-quatre concubines de Bou Ahmed.

Marrakech – ville nouvelle

Les incontournables
Galerie Noir sur Blanc B2
Galerie Rê C2
Matisse Art Gallery B2

À voir
1 David Bloch Gallery B1
2 La Galerie 127 .... B2

Activités
3 Les Secrets de Marrakech C1

Où se loger
4 Bab Hotel B2
5 Le Caspien C1
6 Hôtel du Pacha C1
7 Hôtel Toulousain C2

Où se restaurer
8 Supermarché ACIMA A1
9 Al-Fassia B1
10 Azar B3
11 Beyrouth C1
12 Café 16 .... C2
Café du Livre .... (voir 7)
13 Catanzaro C2
14 Grand Café de la Poste C2
15 L'Annexe B1
16 Le Chat Qui Rit B3
17 Marché Ibn Toumert D2
18 Plats Haj Boujemaa B1
19 Samak al-Bahriya B3

Où prendre un verre
Bab Hotel Pool Lounge et SkyBab ... (voir 4)
20 Coffee Marrak'chic D3
21 Kechmara B2
22 Le Melting Pot B2
23 Yellow Submarine C3

Où sortir
24 Diamant Noir D3
25 Le Colisée A1

Achats
Marché Ibn Toumert .... (voir 17)

Renseignements
Café du Livre .... (voir 7)
26 DHL A1
27 FedEx A1
28 Instituto Cervantes A1
29 Poste principale C3
30 Mountain Voyage A1
31 Office national marocain du tourisme (ONMT) B2
32 Voyages Schwartz (AmEx) B2

Transports
33 Budget B1
34 Europcar B1
35 Hertz B2
36 KAT B1
37 La Plaza Car A1
38 Marrakesh Motos A1
39 National B2
40 Royal Air Maroc C2

Les appartements de sa favorite, Lalla Zineb, sont les plus splendides : ils s'ornent de paravents en soie d'époque, de vitraux, de délicates marqueteries et de plafonds peints de bouquets de roses.

Cours

Le harem est traversé d'un jardin fleuri qui communique avec l'austère et officielle cour d'honneur, où la foule stationnait des heures durant en plein soleil pour implorer la clémence du vizir. À la mort de ce dernier, ses ennemis et ses veuves dépouillèrent le palais de son luxueux mobilier avant même que le corps du despote ne soit froid !

Tombeaux saadiens SITE HISTORIQUE

(carte p. 56 ; rue de la Casbah ; 10 Dh ; ⏲9h-16h45). Non loin de la mosquée de la Casbah, les tombeaux saadiens font mentir l'adage selon lequel on n'emporte pas ses richesses dans la tombe ! Le sultan saadien Ahmed el-Mansour el-Dahbi ne lésina pas pour sa dernière demeure : il importa d'Italie du marbre de Carrare et fit couvrir d'or pur les *moukarna* (stucs) en nid-d'abeilles des voûtes de la salle des Douze Colonnes, où il repose dans toute sa gloire.

Passages secrets

El-Mansour mourut dans la splendeur en 1603, puis, quelques décennies plus tard, le sultan alaouite Moulay Ismaïl fit murer les tombeaux saadiens afin que ses prédécesseurs sombrent dans l'oubli. Seulement accessibles par un petit passage dans la mosquée de la Casbah, ils furent laissés à l'abandon jusqu'à ce qu'une photo aérienne en rappelle l'existence en 1917. Vous pouvez flâner seul sur place ou engager un guide à l'entrée, qui vous expliquera le site (pourboire usuel 15-20 Dh).

DÉPART : PALAIS DE LA BAHIA
ARRIVÉE : TERRASSE DES ÉPICES
DISTANCE : 4,5 KM
DURÉE : 4 HEURES

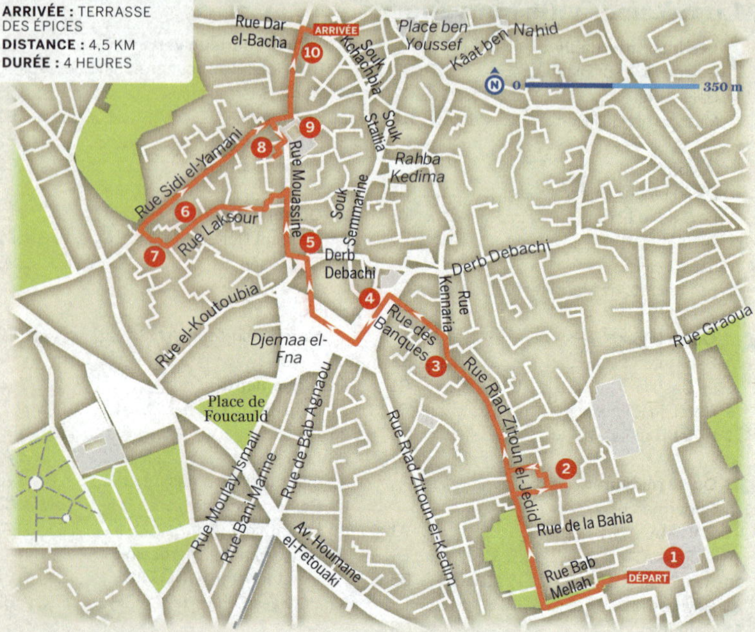

Promenade à pied : souks et fondouks de la médina

Vous pouvez découvrir les trésors cachés de la médina sans vous perdre dans les souks (une expérience à recommander néanmoins) et sans arpenter les *derb* (ruelles) dès l'aube. Après une matinée paresseuse dans votre riad ou un bain de soleil sur la terrasse de votre hôtel, débutez votre promenade de l'après-midi par le **palais de la Bahia** (1). Après avoir admiré ses plafonds finement peints, remontez la rue Riad Zitoun el-Jedid et suivez les panneaux sur la droite, dans le passage qui mène au **Dar Si Said** (2), où la coupole peinte de la chambre nuptiale finira de vous éblouir.

Rebroussez chemin jusqu'à la rue Riad Zitoun el-Jedid et suivez-la vers le nord en passant devant l'entrée du **Cinéma Eden** (3), sur la gauche, jusqu'à la place **Djemaa el-Fna** (4). Faites attention aux scooters et aux charrettes à âne en vous faufilant entre les charmeurs de serpents et les tatoueurs au henné désireux d'exercer leurs talents sur vos mains nues. Dirigez-vous vers les vendeurs de menthe dans l'angle nord-ouest, tournez à droite vers la place Bab Fteuh et traversez-la pour rejoindre l'entrée couverte de la rue el-Mouassine. Sur votre droite, le **fondouk Bab Fteuh** (5) abrite des ateliers d'artisans qui fabriquent bijoux et plateaux.

Suivez la rue el-Mouassine vers le nord jusqu'à l'intersection avec la rue Laksour (parfois indiquée el-Ksour) qui part à gauche sous une arcade. À cet endroit, vous pouvez faire un détour vers l'ouest pour des achats en suivant la rue Laksour jusqu'à **Al-Kawtar** (6) et **Kif-Kif** (7), puis en revenant à la rue el-Mouassine par la rue Sidi el-Yamani. Sinon, continuez vers le nord, passez devant l'entrée de la mosquée Mouassine sur votre droite, et repérez le panneau indiquant le **Dar Cherifa** (8) à la prochaine rue à gauche. Les panneaux vous conduisent à gauche, puis à droite sous un passage jusqu'à ce chef-d'œuvre du XVe siècle, où vous pourrez siroter un thé à la menthe en admirant la splendeur des stucs saadiens. Revenez dans la rue el-Mouassine, mettez le cap au nord et dépassez la **fontaine Mouassine** (9) pour aller déjeuner à la **Terrasse des Épices** (10). Là, grimpez au dernier étage et installez-vous sur un sofa pour admirer le soleil couchant.

À NE PAS MANQUER

DJEMAA EL-FNA : L'EXTRAORDINAIRE BANQUET

À la tombée du jour, des cuisiniers investissent une bonne partie de la place Djemaa el-Fna, montent leurs étals de nourriture, puis invitent les passants à remarquer la propreté des grils, la fraîcheur de la viande et des légumes et le parfum des épices, avant qu'ils ne s'attablent. De fait, ces stands ont un débit plus important que la plupart des restaurants chics et sont très bon marché. Lavez-vous les mains avant de manger, servez-vous du pain plutôt que des couverts et buvez seulement de l'eau en bouteille, et tout devrait se passer au mieux.

Installez-vous sur un banc et profitez de l'animation, qui se poursuit jusqu'après minuit sur "la Place". Tandis que des conteurs font le récit d'histoires anciennes à côté des échoppes de dentistes et de leurs bocaux remplis de dents, on peut, à deux pas, regarder des clowns ou un match de boxeurs amateurs. Certaines activités n'ont guère changé depuis les temps les plus anciens, et astrologues, vendeurs de potions et danseuses orientales semblent avoir toujours été là.

Tombeaux dans la cour-jardin

Le sultan saadien pratiqua le favoritisme jusque dans la mort, faisant enterrer les princes mâles dans la salle des Trois Niches et reléguant dans le jardin quelque 170 chanceliers et épouses. Toutefois, certains conseillers juifs de confiance ont acquis une place d'honneur, plus près du cœur du roi que ses épouses ou ses fils. Tous ces tombeaux se tiennent à l'ombre du grand mausolée de sa mère, sculpté de bénédictions poétiques.

Dar Si Saïd — MUSÉE

(carte p. 60 ; ☎0524 38 95 64 ; 30 Dh ; ⌚9h-16h30 mer-lun). Monument aux *maâlem* (maîtres-artisans) marocains, le Dar Si Saïd illustre la gracieuse architecture des riads marrakchis et l'artisanat local, bien que des artisans de Fès aient réalisé les spectaculaires boiseries peintes de la coupole de la chambre nuptiale, à l'étage. Le frère du grand vizir Bou Ahmed, Si Saïd, accorda à ses *maâlem* le temps nécessaire pour faire de cette demeure (signalée depuis la rue Riad Zitoun el-Jedid) un modèle d'élégance discrète de la fin du XIXe siècle.

Ce chef-d'œuvre de l'artisanat abrite désormais le **musée des Arts marocains**. Outre un bassin en marbre datant du XIe siècle, qui aurait appartenu à un chambellan du califat omeyyade d'Espagne, le visiteur découvre, lors d'un parcours fléché, d'anciens sacs pour Marrakchis, des tapis du Haut Atlas, de lourdes coiffes en soie portées par les berbères et des portes sculptées de talismans censés éloigner le mauvais œil.

À l'étage, les balcons des musiciens, peints de motifs floraux, flanquent la coupole de la chambre nuptiale. Tout au fond de la pièce, une petite chambre comporte d'étroits lits en bois et des caftans de cérémonie, dont un en soie et velours rouge ornés de fils d'or.

L'escalier du fond conduit, à l'étage supérieur, à une collection d'instruments de musique, ou redescend vers la sortie en passant devant un siège de balançoire en bois traditionnel pour enfant, doté de petits palanquins fixés sur un axe à actionner à la main.

Palais el-Badi — SITE HISTORIQUE

(carte p. 56 ; près de la pl. des Ferblantiers ; palais/palais et minbar de la Koutoubia 10/20 Dh ; ⌚9h-16h30). Lorsqu'au XVIe siècle le sultan Ahmed el-Mansour fit paver d'or, de turquoise et de cristal le palais el-Badi, son bouffon ironisa : "Cela fera une ruine splendide." Il n'avait pas tort : 75 ans plus tard, le palais était pillé. Difficile aujourd'hui d'imaginer la gloire passée d'el-Badi ("l'incomparable") à la vue de sa cour déserte.

Admirez la vue sur Marrakech du haut des remparts en pisé et renseignez-vous sur les concerts et les spectacles prévus. À l'occasion, le roi invite ici des hôtes de marque à assister à des spectacles, et le cadre imposant magnifie l'atmosphère du Festival des arts populaires en juillet. Pour rejoindre l'entrée du palais, franchissez la porte à l'arrière de la place des Ferblantiers et tournez à droite le long des remparts.

Minbar

Le principal attrait d'el-Badi (qui justifie amplement le billet combiné) est le minbar (chaire) de la Koutoubia. Ses marches en bois de cèdre délicatement sculptées, incrustées de marqueterie et de minutieuses calligraphies en or et en argent, ont été réalisées au XIIe siècle par des artisans de Cordoue et un *maâlem* nommé Aziz –"sa signature a été découverte sous les incrustations lors d'une restauration effectuée par le Metropolitan Museum of Art.

INTERVIEW

AHMAD NMEIS : MUEZZIN DE LA MOSQUÉE DE LA KOUTOUBIA

Conditions d'exercice

Le travail de base d'un muezzin n'a rien de difficile. L'essentiel consiste à lancer l'*adhan* (appel à la prière) à l'heure, cinq fois par jour. La première fois que j'ai lancé l'*adhan*, il n'y avait pas encore de mégaphones, et ça m'a demandé un bel effort. Le muezzin de la Koutoubia se faisait vieux. Un jour, trop fatigué pour monter les escaliers du minaret et lancer l'*adhan*, il m'a demandé de le faire à sa place. Ensuite, je me suis régulièrement porté volontaire et lorsque le muezzin a pris sa retraite, la Koutoubia m'a demandé de le remplacer.

Une poésie vivante

Aujourd'hui, même si l'appel est amplifié électriquement, la plupart des mosquées marocaines n'utilisent pas d'enregistrements tout prêts. Le muezzin doit donner tout son sens à chaque mot lors de chaque appel. Au début, je faisais ce qu'il fallait : j'étais à l'heure, je prononçais l'*adhan* correctement et je le lançais face aux quatre points cardinaux. J'ai dû apprendre ensuite à transmettre aussi l'esprit du message en prononçant chaque mot de sorte à en exprimer toute la poésie.

Le message

L'*adhan* commence : *Allah akbar* (prononcez : "Allahou akbar"), Dieu est le plus grand. Les mots sont très simples, mais chacun est riche de sens. Tout l'islam découle de cette seule phrase. Si nous parvenons à la garder à l'esprit, nous sommes alors naturellement plus conscients de nos actions les uns envers les autres. Je souhaite que les non-musulmans et ceux qui ne parlent pas arabe puissent tout de même comprendre l'intention que contiennent ces mots, et qu'ils les remplissent de beauté, de réconfort et d'une capacité de compréhension.

Maison de la Photographie GALERIE D'ART (carte p. 60 ; ☎0524 38 57 21 ; www.maison-delaphotographie.com ; 46 rue Fassi ; adulte/enfant 40 Dh/gratuit ; ⏲9h30-19h). Cette galerie, installée dans un ancien fondouk, est née de la rencontre entre le Breton Patrick Manac'h et le Marrakchi Hamid Mergani, qui collectionnaient tous deux des photographies marocaines anciennes, pour les exposer dans leur contexte d'origine.

À eux deux, ils ont "rapatrié" queques 4 500 photos, 2 000 négatifs sur plaque de verre et 80 documents datant de 1870 à 1950 ; l'ensemble d'œuvres choisies est exposé ici sur 3 niveaux, et classé par région et par thème. On remarquera notamment une vue de Djemaa el-Fna en 1907, une photo de la médersa Ali ben Youssef encore peuplée d'étudiants datant de 1920, ainsi qu'un rare documentaire en couleurs tourné en 1957 au Maroc. La plupart des œuvres sont des tirages effectués à partir des négatifs originaux, et sont disponibles à la vente.

Ne manquez pas de profiter de la terrasse panoramique (où prendre un café ou une formule déjeuner – tajine de poulet au citron confit pour 35 Dh). Si vous vous rendez dans la vallée de l'Ourika, conservez votre billet, qui vous donnera accès gratuitement à l'Écomusée berbère (p. 105).

Musée de Marrakech MUSÉE (carte p. 60 ; ☎0524 44 18 93 ; www.museedemarrakech.ma ; pl. ben Youssef ; 40 Dh, avec médersa Ali ben Youssef et koubba 60 Dh ; ⏲9h-18h30). Le musée de Marrakech occupe le palais Mnebhi qui, selon la rumeur, serait maudit. Ses murs bas et sa lumineuse cour intérieure à colonnade n'offrirent aucune protection à Mehdi Mnebhi, ministre de la Défense sous le règne troublé du sultan Moulay Abdelaziz, de 1894 à 1908. Alors qu'il était à l'étranger afin de recevoir une médaille des mains de la reine Victoria, la perfide Albion complotait avec la France et l'Espagne pour coloniser l'Afrique du Nord. En l'absence du ministre, le pacha el-Glaoui s'empara de son palais, qui fut réquisitionné par l'État après l'indépendance. Il devint la première école de filles de Marrakech en 1965, mais l'entretien laissait à désirer.

Le sort du palais changea en 1997, quand il fut restauré par la fondation Omar Benjelloun. Les collections d'arts traditionnels comprennent des broderies de Rabat, des dagues incrustées et des poteries de Fès, ainsi que des photos anciennes dans le hammam d'origine et des œuvres d'art contemporain dans l'ancienne cuisine. Le café de la cour présente des œuvres de jeunes artistes marocains et il y a aussi une librairie.

Koubba Ba'adiyn ÉDIFICE HISTORIQUE
(carte p. 60 ; avec la médersa 60 Dh ; ⌚9h-18h). Les Almohades détruisirent tous les bâtiments édifiés par leurs prédécesseurs almoravides à Marrakech, mais épargnèrent ce délicat *koubba* (sanctuaire) du XIIe siècle. Situé en face de la mosquée Ali ben Youssef, il servait probablement aux ablutions. Son architecture

HOSPITALITÉ MARRAKCHIE : COMMENT RENDRE LA PAREILLE

Marrakech est une grande ville. Vous serez pourtant surpris de constater que l'entraide et la prévenance qui marquent les rapports sociaux évoquent davantage l'ambiance d'une petite bourgade. Invitations à boire un thé à la menthe, aide aux plus âgés, petits cadeaux aux enfants, invitations à partager un repas sont autant de gestes courtois des plus banals ici. Proposer de l'argent pour rétribuer un geste généreux crée de ce fait un certain malaise. Seuls les faux guides et les garnements livrés à eux-mêmes acceptent de l'argent pour vous avoir indiqué la place Djemaa el-Fna. Un *shoukrane* (merci) sincère est une récompense suffisante ; toutefois, si vous avez envie de faire plus, c'est toujours possible.

Donner sa bénédiction

Pour remercier ou refuser poliment, il suffit de dire *Barakllafik* (ou barakallahoufik), ce qui signifie littéralement "Que Dieu soit avec toi". C'est considéré non pas comme une simple civilité, mais comme une véritable bénédiction, surtout lorsqu'on parle la main sur le cœur, en regardant son interlocuteur droit dans les yeux. Que cette bénédiction porte ou non ses fruits, seuls les vendeurs de sorts de la place Djemaa el-Fna peuvent l'assurer. Mais, en tout cas, cela réchauffe le cœur et permet d'établir instantanément de bonnes relations.

Agir pour l'éducation des filles

Les Marrakchis sont appelés dans tout le Maroc les *bahja* (les joyeux), et s'ils ont en effet un tempérament très festif, ils s'inquiètent aussi, à juste titre, du bien-être des générations futures. L'illettrisme demeure un problème de taille, surtout pour les filles issues de familles pauvres. Basée à Marrakech, l'ONG **Education for All** (www.efamorocco.org) a déjà construit trois internats en dehors de Marrakech, afin que les petites filles dont les résultats semblent prometteurs à l'école primaire puissent continuer leurs études. Les visiteurs peuvent faire du bénévolat sur place ou participer à une collecte de fonds via certaines manifestations, comme des randonnées à vélo dans le Haut Atlas ou le parrainage d'une élève (voir le site Internet pour plus de précisions).

S'occuper des enfants des rues

Les rues de Marrakech ont aussi une face sombre : les enfants qui n'ont nulle part où aller et pas grand-chose à faire. **Atfalouna** (www.atfalouna-marrakech.com ; don fortement recommandé ; ⌚17h-19h lun-jeu et sam) offre le gîte, le couvert, l'éducation et un avenir à 320 enfants de Marrakech de moins de 15 ans qui seraient autrement à la rue, livrés à eux-mêmes. On accueille volontiers les visiteurs dans le centre d'Atfalouna proche de la Bab Doukkala, à condition de prévenir deux jours à l'avance. Des petits groupes (3-6 pers) peuvent conjuguer bénévolement leurs efforts pour soutenir le travail du centre. Ainsi, des voyageurs ont déjà constitué une bibliothèque, peint une fresque murale sur la terrasse, mis en place une salle informatique, et même payé le loyer du centre pour un an. Les dons s'échelonnent comme suit : une somme de 400 à 800 Dh permet de nourrir un élève pendant un mois, ou d'envoyer un enfant qui n'est jamais parti en vacances au bord de la mer pour la première fois de sa vie. Les dons de vêtements chauds et propres sont également très appréciés. Vous pourrez en apporter sur rendez-vous. En remerciement, vous serez gratifié d'un chaleureux *barakllafik*.

révèle l'influence almoravide dans le style hispano-mauresque : clés de voûte, voûtes à nervure, arabesques sculptées entrelacées et une coupole sur une base crénelée.

GRATUIT **Dar Bellarj** GALERIE D'ART
(carte p. 60 ; ☎0524 44 45 55 ; 9 Toulalat Zaouiat Lahdar, à deux pas de la médersa Ali ben Youssef ; ⏲expositions 9h30-12h30 et 14h-17h30 lun-sam). Ancien hôpital pour cigognes (*bellarj* signifie cigogne en arabe), Dar Bellarj est devenu le premier centre artistique de Marrakech. Chaque année, la fondation Dar Bellarj choisit un thème pour ses programmes. Récemment, ce furent notamment la tradition féminine du tissage, les films et le récit de contes. Démonstrations de calligraphie arabe, vernissages et ateliers artistiques ou expositions d'artisanat attirent régulièrement les foules. Les événements sont généralement gratuits (à quelques exceptions près). Prendre un café (20 Dh) dans la bibliothèque d'art offre un délicieux répit à la cohue des souks.

Mellah QUARTIER HISTORIQUE
(carte p. 56). Au sud du palais de la Bahia, le mellah est l'ancien quartier juif de Marrakech. La plupart des familles juives l'ont quitté dans les années 1960, mais il se distingue toujours par ses hautes bâtisses en brique crue alignées le long de ruelles, où les habitants conversent depuis leurs balcons en fer forgé. Des guides locaux vous feront pénétrer dans la **synagogue** (carte p. 60 ; rue Talmud Torah ; don demandé 20-30 Dh/pers) et dans le **miaâra** (carte p. 56), le cimetière juif. Là, le gardien vous laissera entrer (prévoir un pourboire de 10 Dh) pour vous promener parmi les tombes chaulées, surmontées de pierres en signe de souvenir.

Vous pourrez aussi contribuer financièrement à la vie des habitants de ce quartier extrêmement pauvre, car un nouveau **centre culturel du mellah** est en construction près de la place des Ferblantiers (pour tout renseignement, adressez-vous au Riad Ifoulki, voir p. 76). Les recettes du restaurant et de la boutique du centre servent à financer certains projets de quartier. Ainsi, le bénéfice tiré de la vente d'adorables colombes fabriquées avec des cravates en soie récupérées aide au financement d'une école pour filles. Pour venir, empruntez la rue Riad Zitoun el-Jedid vers l'est.

À NE PAS MANQUER DANS LE JARDIN MAJORELLE

- **Musée d'Art islamique** La villa abrite les œuvres de Jacques Majorelle et la collection personnelle de Pierre Bergé et Yves Saint Laurent. Elle accueille aussi des expositions temporaires montrant, par exemple, des photos de voyage au Maroc d'époque et des croquis du célèbre couturier.
- **Plantes rares** La silhouette d'une immense euphorbe d'Afrique (*Euphorbia Tirucalli*) domine le jardin, ses rameaux semblant déterminés à pousser le visiteur hors de l'allée où il se promène.
- **Mémorial d'Yves Saint Laurent** Le monument en mémoire du couturier est un simple pilier en pierre au fond du jardin, où se rassemblent des espèces rares d'oiseaux africains.

Maison Tiskiwin MUSÉE
(carte p. 60 ; ☎0524 38 91 92 ; 8 rue de la Bahia ; www.tiskiwin.com ; adulte/enfant 20/10 Dh ; ⏲9h30-12h30 et 14h30-18h). La collection privée de l'anthropologue néerlandais Bert Flint, exposée dans la maison Tiskiwin, est l'occasion d'un voyage à travers l'art marocain. Chaque salle, dédiée à une étape caravanière entre le Sahara et Marrakech, contient des objets artisanaux représentatifs d'une région, des selles en cuir de chameau touaregs aux beaux tapis du Moyen Atlas. Les légendes sont souvent plus insolites qu'informatives mais tous ces objets offrent un aperçu envoûtant du passé de comptoir marchand de Marrakech.

Fontaine Mouassine SITE HISTORIQUE
(carte p. 60 ; rue Sidi el-Yamani). Au début du XXe siècle, la médina comptait 80 fontaines et chaque quartier possédait la sienne, fournissant l'eau pour la cuisine, les bains publics, les vergers et les jardins. La fontaine Mouassine, près de la rue el-Mouassine, en est un exemple magnifique, avec ses ornements en bois sculpté, et reste un endroit où l'on fait sécher la laine et où l'on bavarde.

VILLE NOUVELLE

Si l'agitation de la médina commence à vous lasser, réfugiez-vous dans le Guéliz pour visiter les galeries d'art de la rue de Yougoslavie, les boutiques à prix fixes de la rue de la Liberté, et le ravissant jardin Majorelle. La plupart des hôtels bon marché, restaurants, cafés, galeries d'art et boutiques sont rassemblés aux alentours de l'avenue Mohammed V. L'avenue el-Qadissia, dans le quartier de l'Hivernage, est célèbre pour ses discothèques. Moyennant une courte

TOP 5 DES GALERIES D'ART

Tandis que le marché touristique cultive le cliché (femmes des harems, hommes à mousquets et autres images orientalistes), ces galeries d'art du Guéliz offrent un aperçu de la créativité artistique du Maroc contemporain.

Galerie Rê GALERIE D'ART

(carte p. 62 ; ☎0524 43 22 58 ; www.galeriere.com ; résidence Al Andalous III, angle rue de la Mosquée et rue Ibn Toumert ; ⏲10h-13h et 15h-20h lun-sam). La vitrine de la génération montante des artistes marocains : poupées Barbie momifiées de Khadija Kabbaj, portraits pop de héros aux visages effacés de Hicham Benohoud, tableaux aux couleurs vives de M'barek Bouhchichi évoquant ceux de Rothko. Ne manquez pas les vernissages de cette galerie : toujours bondés, toujours fabuleux.

Galerie Noir sur Blanc GALERIE D'ART

(carte p. 62 ; ☎0524 42 24 16 ; 1er ét, 48 rue de Yougoslavie ; ⏲15h-19h lun-ven, 10h-13h et 15h-19h sam). Les œuvres des principaux talents marocains couvrent les murs et ornent le patio de cette galerie, des tableaux abstraits à la craie et à la cendre d'Hassan Bourkia aux délicates installations en fer forgé d'Hassan Echair.

Matisse Art Gallery GALERIE D'ART

(carte p. 62 ; ☎0524 44 83 26 ; www.matisseartgallery.com ; 43 passage Ghandouri ; ⏲9h30-12h et 15h-19h30 lun-sam). Proche de la rue de Yougoslavie, cette galerie à la façade de marbre noir donne à voir les personnages éthérés en cire d'abeille de Mahi Binebine, né à Marrakech et représentant du Maroc à la Biennale de Venise. Ces œuvres côtoient les peintures abstraites au henné évoquant la baraka (bénédiction) berbère de Farid Belkahia.

David Bloch Gallery GALERIE D'ART

(carte p. 62 ; ☎0524 45 75 95 ; 8 bis rue des Vieux Marrakchis ; www.davidblochgallery.com ; ⏲10h30-13h30 et 15h30-19h30 mar-sam, 15h30-19h30 lun). Des artistes des deux rives de la Méditerranée travaillent l'épure des lignes, entre calligraphie traditionnelle et graffitis urbains, comme en témoignent les motifs calligraphiques abstraits sur peau de chèvre du Marrakchi Larbi Cherkaoui, ou encore les cercles zen évoquant les graffitis des années 1980 du Parisien Tanc.

La Galerie 127 GALERIE D'ART

(carte p. 62 ; ☎0524 43 26 67 ; 2e ét, 127 bd Mohammed V ; www.galerienathalielocatelli.com ; ⏲11h-19h mar-sam). Une entrée peu reluisante, un escalier à peine éclairé et des murs de brique nue : tel est le décor qui sert d'écrin aux œuvres contemporaines et vintage de photographes du monde entier (vendues à des prix raisonnables). Première vitrine de l'art photographique au Maroc, la galerie reçoit la visite de collectionneurs en herbe, notamment le roi Mohammed VI en personne, qui y a déjà acheté de nombreux clichés.

escapade à 20 minutes du centre-ville, vous pourrez vous offrir un cours de cuisine, une séance de hammam, une journée à la piscine ou une nuit dans la Palmeraie.

Il faut compter 30 minutes à pied pour aller du centre de la ville nouvelle à la place Djemaa el-Fna. Le paysage urbain étant très monotone jusqu'à la médina, vous avez tout intérêt à prendre un bus ou un taxi.

♥ **Jardin Majorelle** PARC HISTORIQUE

(carte p. 56 ; ☎0524 30 18 52 ; www.jardin-majorelle.com ; angle av. Yacoub el-Mansour et av. Moulay Abdullah ; jardin 30 Dh, musée 15 Dh ; ⏲8h-18h été, 8h-17h30 hiver ; 🚭). Pour la remercier de l'avoir "adopté" en 1964, Yves Saint Laurent offrit à Marrakech le jardin Majorelle, créé en 1924 par le peintre Jacques Majorelle. En 1980, Yves Saint Laurent et son associé Pierre Bergé achetèrent la villa bleu électrique et son jardin afin de préserver le style de son propriétaire d'origine, et les ouvrirent au public après une restauration particulièrement réussie. Selon les souhaits du célèbre couturier, mort en juin 2008, ses cendres ont été dispersées dans le jardin.

Jardin

Grâce aux efforts conjugués de l'ethnobotaniste marrakchi Abderrazak Benchaâbane et du directeur Touriya Abd (et un mécénat discret de Bergé et Saint Laurent), le jardin Majorelle, planté en 1924, abrite aujourd'hui 300 espèces de plantes des cinq continents.

Tel un mirage psychédélique dans le désert, il marie à la perfection des couleurs éclatantes : les bougainvillées fuchsia poussent dans des pots jaune citron, les minces cactus se détachent sur le bleu cobalt des murs et des oiseaux aux couleurs vives passent à tire-d'aile sur le vert des bambous.

Musée d'Art islamique et autres installations

La villa Art déco de Majorelle accueille désormais la collection d'objets d'arts décoratifs marocains d'Yves Saint Laurent, des expositions temporaires, ainsi que des lithographies de Majorelle représentant les paysages du Sud marocain. Une boutique vend des souvenirs onéreux : des babouches bleu Majorelle, du parfum et des coussins brodés aux motifs des carte de vœux qu'YSL dessinait. Le café jouit d'une vue sublime (boissons et repas à prix “haute couture”).

CyberPark JARDIN

(carte p. 56 ; av. Mohammed V, près de la Bab Nkob ; ⏲9h-19h ; @📶). En allant consulter vos e-mails au CyberPark, faites une halte dans ce jardin royal de 8 ha, tracé au XVIIIe siècle, pour respirer le parfum des roses. Attendez, aux côtés des adolescents et des amoureux, que le terminal extérieur gratuit se libère ou pénétrez dans l'élégant cybercafé climatisé (10 Dh/h).

Jardin de la Ménara JARDIN

(hors carte p. 56 ; av. de la Ménara, Hivernage ; jardin gratuit, pavillon 20 Dh ; ⏲9h-17h). Selon une légende locale, un sultan séduisait ses hôtes au cours d'un dîner, puis les poussait gentiment dans les bassins du jardin de la Ménara pour les noyer. L'histoire ne semble guère perturber les couples enlacés parmi les plantations d'oliviers, ni les familles

TOP 5 DES ACTIVITÉS POUR LES ENFANTS

» **Achats de potions magiques sur la place Rahba Kedima** Cette ville de contes de fées est un paradis pour les enfants, qui pourront y laisser libre cours à leur imagination : nul doute que les étals d'apothicaires et de vendeurs de potions de cette place cachent quelques recettes magiques. Peu de scooters circulent ici, de sorte que les enfants peuvent à loisir s'arrêter devant les stands, tenter de marchander ou profiter du spectacle en buvant un jus d'orange au Café des Épices (p. 82).

» **Balades en calèche** Quand la fatigue se fait sentir, faites comme les parents marrakchis : prenez une calèche sur la place Djemaa el-Fna (p. 59) pour une courte promenade dans le Derb Debachi, ou un grand tour de la Bab Agnaou aux tombeaux saadiens et retour.

» **Moment de détente au café Flower Power** Rejoindre cet endroit tient du jeu de cache-cache : sortez de la ville, engagez-vous dans l'allée qui traverse une oliveraie et pénétrez dans la pépinière Casa Botanica pour parvenir au **Flower Power** (☎0524 48 40 87 ; pépinière Casa Botanica, route de Sidi Abdellah Ghiat ; www.flower-power-cafe.com ; ⏲10h-17h30 mer-dim). Ce café-bar alternatif (jus de fruits bio) et pays des merveilles pour les tout-petits est à 3,5 km après le golf royal. Les cris de joie vous guideront jusqu'à l'enclos des lapins, au paddock des poneys et des ânes, et aux installations pour les enfants, en l'occurrence une petite maison et une *hanout* (épicerie) miniature où les petits pourront jouer à la marchande.

» **Balades à dos de dromadaire dans la Palmeraie** Les circuits en calèche dans la Palmeraie s'arrêtent généralement au restaurant-salon de thé **Le Palmier d'Or** (circuit de la Palmeraie). Il y a une petite aire de jeux et des dromadaires. En marchandant un peu, vous devriez pouvoir faire une balade de 15-30 minutes pour 100 Dh, ce qui suffit généralement pour s'habituer aux mouvements du dromadaire et prendre une photo souvenir.

» **Parc d'activités Terres d'Amanar** Une excursion dans le parc d'activités nature **Terres d'Amanar** (☎0524 43 81 03 ; www.terresdamanar.com), aux marches du Haut Atlas (2 km de Tahanaoute), à 37 km de Marrakech, devrait combler les enfants. Au programme : descente en tyrolienne, rafting, BMX et polo à dos d'âne pour les plus actifs, ou cours de fabrication de zelliges, de cuisson de céramiques, de peinture sur verre et de travail du cuir pour les plus créatifs. L'hébergement pour une nuit s'effectue en lodge en brique crue, tente-lodge ou bivouac (double avec petit-déjeuner à partir de 1 000 Dh ; gratuit pour les moins de 11 ans).

qui pique-niquent dans un majestueux pavillon du XIXe siècle. Par beau temps, il est agréable de venir y faire une balade à dos de dromadaire ou prendre des photos avec, en arrière-plan, les montagnes de l'Atlas.

Activités

Baignade

Les riads de la médina ne peuvent se doter que de petits bassins, les fuites éventuelles d'une grande piscine pouvant détruire les fondations en brique crue. Les bassins de taille olympique et les parcs aquatiques sont installés en dehors de Marrakech, dans les régions desséchées du centre et du sud du pays. Les nageurs peuvent compenser leur "empreinte aquatique" par une visite et un don à une association caritative locale (voir p. 67). Voici une sélection d'agréables piscines proches de Marrakech.

Jnane Tamsna PISCINE
(☎0524 32 84 84 ; www.jnanetamsna.com ; Douar Abiad, palmeraie ; 400 Dh ; P). Si vous souhaitez faire quelques brasses en toute bonne conscience, allez vous rafraîchir à l'occasion d'un déjeuner (formule de 3 plats bio incluse dans le prix) dans cet établissement où l'eau du bassin est filtrée et ombragée par d'odorantes plantations biologiques. À 20 minutes en voiture de la médina.

La Mamounia PISCINE
(carte p. 56 ; ☎0524 38 86 00 ; www.mamounia.com ; av. Bab Jedid ; forfait à la journée en sem/forfait 2 jours le week-end 500/1 200 Dh ; P). D'un excellent rapport qualité/prix si l'on garde en tête le tarif classique d'une chambre (650 €), le forfait d'une journée à La Mamounia donne accès à la piscine chauffée à l'ozone, aux jardins, au centre de remise en forme, à 3 bars élégants et au spa orné de zelliges (soin de base hammam/gommage/gommage au miel 900 Dh). À 10 minutes à pied de Djemaa el-Fna.

Ferme berbère PISCINE
(☎0524 38 56 85 ; www.lafermeberbere.com ; Km 9, rte de l'Ourika ; à partir de 350 Dh/pers avec déj et hammam). Une agréable retraite rustique pour les familles, au milieu d'une oliveraie. Parmis les formules proposées : hammam, gommage, massage, déjeuner et accès à une petite piscine (à partir de 350 Dh). Les familles bénéficient des tarifs les plus avantageux : le hammam et gommage pour 2 adultes, la balade à dos de mulet pour 2 enfants, le déjeuner et l'accès à la piscine coûtent 600 Dh.

Riad Bledna PISCINE
(☎0661 18 20 90 ; www.riadbledna.com ; 2 km, rte de Ouarzazate ; 250 Dh/pers avec déj et transport). Un excellent rapport qualité/prix et l'établissement le plus écologique : le tarif à la journée couvre l'accès à la piscine filtrée et à ses transats, un déjeuner maison et le transport depuis/vers Djemaa el-Fna. Agréable pour les familles, ce riad est installé dans un jardin bio de près de 2 ha, dans un faubourg paisible de Marrakech. Les Deux Tours (p. 80), La Pause (p. 80) et L'Oliveraie de Marigha (p. 72), à une heure de route de Marrakech, proposent également un accès à la piscine à la journée.

Cyclotourisme

Les hôtels bon marché aux abords de Djemaa el-Fna, et les hôtels de l'avenue Mohammed Abdelkrim el-Khattabi, dans la ville nouvelle, louent des vélos pour 70-120 Dh par jour. Afin d'éviter la circulation urbaine, dirigez-vous vers la Palmeraie, à 5 km au nord-ouest, et promenez-vous parmi les palmiers et les villas des célébrités.

Marrakech Roues VÉLO
(carte p. 60 ; ☎0663 06 18 92 ; immeuble Roux, 3 rue Bani Marine ; www.marrakech-roues.com ; 50/80/120 Dh par heure/demi-journée/journée). Location de vélos dans la médina.

Actions Sports Loisirs VÉLO
(carte p. 56 ; ☎0661 24 01 45 ; www.marrakechbikeaction.com ; app 4, 2e ét, bd Yacoub el-Mansour, Guéliz ; 160 Dh/2h, 260-350 Dh/demi-journée, 620-925 Dh/journée). Organise des circuits dans la Palmeraie et les jardins de Marrakech (260 Dh/demi-journée, 4 pers minimum).

D&O VÉLO
(☎0524 42 19 96). Excursions d'une journée à Ouirgane au départ de Marrakech à partir de 1 250 Dh, avec déjeuner et transats au bord de la piscine.

Hammams publics

Les hammams de quartier permettent de vivre une expérience authentique à prix doux : l'entrée coûte environ 10 Dh, le gommage 15-30 Dh, et le massage 50 Dh-100 Dh. Prévoyez une natte en plastique, une serviette, des tongs et des sous-vêtements de rechange (vous devrez porter les vôtres). Plus écologiques que les hammams privés, les hammams publics consomment moins d'eau et d'énergie.

Hammam Dar el-Bacha HAMMAM
(carte p. 56 ; 20 rue Fatima Zohra ; 10 Dh ; ⏲hommes 7h-13h, femmes 13h-21h). Le plus

VAUT LE DÉTOUR

OUIRGANE : UNE ESCAPADE SECRÈTE DEPUIS MARRAKECH

Encadrée par les contreforts du Haut Atlas et le lac artificiel d'Ouirgane, la jolie bourgade du même nom, à 60 km au sud de Marrakech, est accessible en grand taxi (30 Dh) depuis la Bab er-Rob. En été, les randonneurs se donnent rendez-vous à Imlil, les amateurs de balades et de pique-niques dans la vallée de l'Ourika, ignorant qu'ils peuvent pratiquer leurs activités favorites à Ouirgane, la foule en moins – et avant le déjeuner, on peut découvrir le **marché du jeudi**.

Échappée belle l'après-midi

Savourez un déjeuner accompagné d'un verre de vin au bord de la piscine de **L'Oliveraie de Marigha** (☎0661 31 04 82 ; www.oliveraie-de-marigha.com ;) au cœur... d'une oliveraie centenaire. Admirez la vue sur les montagnes du Haut Atlas tout en barbotant dans la piscine (transferts depuis/vers Marrakech 200 Dh). À 59 km sur la route de Taroudant, à 100 m de l'artère principale dans le centre d'Ouirgane.

Nuits romantiques

L'ambiance rustique se marie à merveille avec le confort stylé de Marrakech **Chez Momo** (☎0524 48 57 04 ; www.aubergemomo.com ; d en demi-pension 680-890 Dh, ste 1 110-1 390 Dh ;). Le restaurant sert un couscous berbère (120-180 Dh) et possède une connexion Wi-Fi, mais la piscine du jardin et les circuits pédestres vous feront bien vite oublier Facebook. Les bungalows du jardin disposent de baignoires en *tadelakt*, de plafonds aux poutres en pin, de fauteuils garnis de kilims, et de patios avec vue. Les suites ont une cheminée et des lits d'appoint pour les enfants (320 Dh/demi-pension). À 61 km sur la route de Taroudant et à 150 m de l'artère principale du centre d'Ouirgane.

Éco-safaris

Les amoureux de la nature apprécient le **Dar Tassa** (☎0524 48 43 12 ; www.dartassa.com ; Douar Tassa, Ouirgane ; d demi-pension 605 Dh, avec sdb 775-990 Dh ; @), dans le hameau de Tassa Ouirgane (1 300 m), en lisière de la réserve naturelle de Takherkhort, accessible par une route de montagne au départ d'Ouirgane. On peut y prendre un thé dans la bibliothèque, suivre un cours de cuisine et profiter du hammam sur la terrasse. Renseignez-vous sur les excursions dans la réserve pour voir les mouflons à manchettes, les gazelles de cuvier (réserve d'Amassine) et d'autres espèces rares et menacées. Respectueux de l'environnement, cet établissement verse une partie de ses bénéfices à la Fondation du Haut Atlas pour le reboisement.

Sorties en famille

Ancienne demeure d'un ancien légionnaire français, **Au Sanglier qui fume** (☎0524 48 57 07 ; www.ausanglierquifume.com ; d demi-pension 605-700 Dh, ste 860 Dh ;) comporte 15 chambres et 10 suites aménagées autour d'une cour agrémentée d'un restaurant, d'un bar et d'une piscine. Les chambres vont de la double exiguë donnant sur le jardin à la suite (4 pers) sur plusieurs niveaux, avec cheminée et baignoire en *tadelakt*. Table de ping-pong, de billard et jeux de fléchettes. Excursion à cheval et circuits en VTT. À 61 km sur la route de Taroudant.

grand hammam traditionnel de la ville abrite, sous son vaste plafond à coupole, des paravents en forme d'étoile. L'endroit est propre, et l'atmosphère est aux joyeux bavardages, aussi bien du côté du personnel que des clientes, pendant les heures réservées aux femmes. C'est le hammam public de choix pour ces dernières car les horaires sont très agréables (après-midi et soirée).

Hammam Bab Doukkala HAMMAM
(carte p. 56 ; rue Bab Doukkala ; 10 Dh ; femmes 12h-19h, hommes à partir de 20h). Situé dans l'angle sud-est de la mosquée de la Bab Doukkala, ce hammam historique date du XVIIe siècle. Les sols en *tadelakt* (enduit lissé) chauffés sont en bon état. Aux heures réservées aux hommes, l'atmosphère est décontractée.

Hammams privés
Beaucoup de riads et d'hôtels ont leur hammam, de même que les spas de Marrakech ; certains sont conçus pour recevoir les couples. Réservez pour les hammams privés, car il faut 2-3 heures pour les chauffer.

Le Bain Bleu HAMMAM
(carte p. 60 ; ☎0524 42 69 99 ; www.lebainbleu.com ; 32 Derb Chorfa Lakbir ; ⏲sur rdv 10h-21h). Aménagé dans un riad double à l'abri des regards, ce nouveau spa-hammam offre un service haut de gamme d'un excellent rapport qualité/prix. Suivez les panneaux indiquant Dar Cherifa tout près de la rue el-Mouassine jusqu'au Derb Chorfa. Petits patios intimes, élégantes étuves souterraines et prestations professionnelles (massages 350 Dh/h, hammam/gommage 150 Dh, hammam/massage en couple 600 Dh/pers).

La Sultana HAMMAM
(carte p. 56 ; ☎0524 38 80 08 ; www.lasultanamarrakech.com ; rue de la Casbah ; Ⓟ). Opulent spa tout en marbre, près des tombeaux saadiens, proposant les prestations d'un hammam (200 Dh, gommage à la cannelle 350 Dh) et des soins de 3 heures "plaisir absolu" pour les couples : hammam/gommage, bain dans des eaux enrichies en minéraux, sauna et Jacuzzi (3 500 Dh).

Les Secrets de Marrakech HAMMAM
(carte p. 62 ; ☎0524 43 48 48 ; 62 rue de la Liberté ; ⏲10h-20h lun-sam). Soins haut de gamme dans une villa Art déco, à l'élégant hammam en *tadelakt* gris : hammam/gommage (200 Dh), enveloppements corporels à l'huile d'argan et au cèdre de l'Atlas (100 Dh) et massages aux pétales de rose (500 Dh/45 min).

La Maison Arabe HAMMAM
(carte p. 56 ; ☎0524 38 70 10 ; www.lamaisonarabe.com ; 1 Derb Assehbe, Bab Doukkala). Offrez-vous un bain aux herbes et aux minéraux, suivi d'un gommage et d'un masque de *ghassoul* (argile), de pétales de roses écrasés et d'épices, le tout pour 300 Dh ; avec massage de 30 minutes (en option), comptez 350 Dh. L'adresse idéale pour tenter l'épilation traditionnelle au fil (100-150 Dh la demi-jambe).

Medina Spa HAMMAM
(carte p. 60 ; ☎0524 38 50 59 ; www.medina-spa-marrakech.com ; 27 Derb Zaari ; ⏲9h30-21h). À deux pas de la poussière de Djemaa el-Fna et de la rue des Banques, profitez d'un gommage énergique et d'un massage régénérant à prix correct (hammam/gommage 30 min 100 Dh, massage 330 Dh/h). Ce spa aménagé dans un riad est très fréquenté. Il s'avère donc un peu bruyant, les peignoirs sont un peu humides (mais propres) et il faut faire la queue si l'on n'a pas réservé.

Cours

De nombreux riads de la médina organisent des cours avec leur cuisinier, mais des ateliers de cuisine sont aussi ouverts aux non-résidents dans plusieurs établissements.

Souk Cuisine CUISINE
(carte p. 60 ; ☎0673 80 49 55 ; www.soukcuisine.com ; Zniquat Rahba, 5 Derb Tahtah, médina ; 400 Dh/jour avec repas et vin). Pour connaître les secrets des *dada* (cuisinières), faites le marché dans le souk avec votre hôtesse, Gemma van de Burgt, puis mitonnez un repas de 4 plats avec deux Marocaines spécialisées dans les banquets de mariage et installez-vous pour le déguster. Cours pour 2 personnes au minimum, 12 participants au maximum ; cours de cuisine végétarienne.

Jnane Tamsna CUISINE
(☎0524 32 84 84 ; www.jnanetamsna.com ; Douar Abiad, palmeraie ; cours et repas 600 Dh). Préparez un authentique déjeuner marocain de salade, pastilla, tajine et dessert léger grâce aux instructions de la cuisinière Bahija, le tout avec des produits bio du jardin. Après quoi, offrez-vous un moment de farniente au bord de la piscine.

Bled Al-Fassia CUISINE
(☎0524 32 96 60 ; www.bledalfassia.com ; rte de Fès, Douar Sidi Mbarek). Découvrez les secrets des chefs qui sont aux fourneaux du restaurant Al-Fassia (p. 83), dans la cuisine en acier chromé d'une luxueuse villa en lisière de Marrakech. Tarifs sur demande.

Institut français LANGUES
(carte p. 60 ; ☎0524 44 69 30 ; www.ifm.ma ; rte de Targa, Guéliz ; ⏲10h-12h et 15h-18h lun-sam). Propose des cours privés d'arabe et de français (250 Dh/h), et des cours d'arabe marocain (1 800 Dh) et de français (1 000 Dh). Organise aussi des concerts, des projections de films et des spectacles de danse.

Study Arabic in Marrakech LANGUES
(www.arabicmarrakech.com). Les professeurs privés de cet organisme enseignent les bases d'une conversation en arabe, en 5 leçons.

Circuits organisés

Suivre un guide dans la médina peut ôter tout son sel à l'expérience, à moins de vouloir découvrir les sites et monuments emblématiques en une heure ou deux. Ne vous attendez pas à faire des économies dans les souks : les guides touchent des commissions sur tous vos achats, ce qui en augmente le prix. Les hôtels, riads et agences de voyages peuvent vous trouver des guides, à moins d'en engager un directement via l'office du tourisme (p. 89), pour 250/400 Dh la demi-journée/journée complète. Nombre d'agences de voyages ont des locaux au Guéliz. Demandez toujours à être accompagné d'un guide officiel, muni d'une licence et d'une assurance.

Inside Morocco Travel EXCURSIONS
(☎0661 18 20 90 ; Riad Bledna ; ⏲9h-12h et 15h-19h lun-sam). Découvrez le Maroc profond grâce aux circuits sur mesure de Mohamed Nour, spécialisé dans l'écotourisme, et de son équipe polyglotte : thé au couchant dans le Sahara, randonnées et repas maison dans des villages berbères de montagne, et ateliers d'artisanat avec des visites de coopératives artisanales de femmes. L'agence est à 2 km sur la route de Ouarzazate.

Mountain Voyage EXCURSIONS
(carte p. 62 ; ☎0524 42 19 96 ; www.mountain-voyage.com ; 2e ét, Immeuble El Batoul, 5 av. Mohammed V, Guéliz ; ⏲9h-12h30 et 15h30-19h lun-sam). Cette société britannique, basée à Marrakech, organise des visites sur mesure de Marrakech, du tourisme durable dans le Moyen Atlas, ainsi que dans le Haut Atlas avec séjour dans sa Kasbah du Toubkal (p. 111). Guides licenciés polyglottes.

Tawada Trekking EXCURSIONS
(☎0524 44 65 72 ; www.tawadatrekking.com). Les circuits trekking et immersion culturelle sont la spécialité de Hafida H'doubane – l'une des premières Marocaines à avoir obtenu sa licence de guide de montagne. Le guide Pascal Perron est quant à lui plus spécialisé dans l'immersion au sens propre : rafting, kayak et circuits en "eau vive".

Désir du Maroc EXCURSIONS
(☎0661 16 35 85 ; www.desirdumaroc.com). Fort de 30 ans d'expérience, le Marrakchi Abdelhay Sadouk initie les visiteurs à la culture marocaine : circuits historiques et culturels de Marrakech à la côte, en passant par le désert et les montagnes. Stages de yoga et de tai-chi également proposés.

Fêtes et festivals

Marathon de Marrakech COURSE À PIED
(www.marathon-marrakech.com ; semi-marathon 30 €, marathon 50 €). Près de 5 000 concurrents franchissent chaque année la ligne d'arrivée sur Djemaa el-Fna lors de cette course, en janvier.

Jardin'Art JARDIN
(www.jardinsdumaroc.com). Fêtez la floraison de Marrakech à la mi-avril en admirant des jardins éphémères, en assistant à des spectacles inspirés des jardins, à des conférences sur la botanique et à des expositions.

Festival des arts populaires THÉÂTRE DE RUE
(www.marrakechfestival.com). Ce festival, qui se déroule dans les rues de Marrakech en juillet, a été classé "chef-d'œuvre du patrimoine culturel" par l'Unesco car il présente les diverses traditions marocaines de la danse, de la musique et du conte. Le défilé de la soirée d'ouverture est une sorte d'immense concert gratuit, qui rassemble plus de 500 musiciens et artistes sur la place Djemaa el-Fna.

Marrakech Art Fair FOIRE DES ARTS
(www.marrakechartfair.com). Quarante vernissages en un, voilà ce qu'est cette foire internationale qui fait la part belle à l'art contemporain des quatre coins du Maroc et de la Méditerranée, en octobre.

Festival international du film FESTIVAL
(☎0524 42 02 00 ; www.festivalmarrakech.info/). Les stars, de Hollywood à Bollywood, se retrouvent ici en décembre pour ce festival d'une semaine, qui s'achève bien sûr par une remise des prix. Récemment, Emir Kusturica, Ben Kingsley, Michelle Yeoh et Harvey Keitel ont été récompensés.

Où se loger

Marrakech offre un éventail complet d'hébergements, des chambres les moins reluisantes aux plus somptueux palais orientaux. À vous de choisir : authentiques riads cachés au cœur des souks, hôtels bon marché à deux pas de la place Djemaa el-Fna, hôtels de toutes catégories de la ville nouvelle ou villas de la Palmeraie avec des piscines entourées de palmiers. Les complexes hôteliers de luxe, installés aux alentours de Marrakech, proposent de vastes chambres entre 600 € (La Mamounia) et 6 000 € ou plus (Royal Mansour). Toutefois, ils ne peuvent rivaliser avec le service attentionné que l'on trouve dans les riads de la médina et les maisons d'hôtes de la Palmeraie.

Quel que soit votre choix, sachez que les prix sont plus élevés à Marrakech que partout ailleurs au Maroc. Ils continuent de grimper au fil des variations du cours du dirham face à l'euro, du cours du pétrole et des taxes supplémentaires que prélève l'État sur les maisons d'hôtes. Cela n'empêche pas les touristes de revenir encore et encore, séduits par l'hospitalité marrakchie.

MEDINA

Riad Al Massarah RIAD €€€
(carte p. 56 ; ☎0524 38 32 06 ; www.riadalmassarah.com ; 26 Derb Jedid ; d avec petit-déj 1200-2000 Dh ;). Michel et Michael, les propriétaires français et britannique, ont réaménagé ce riad en privilégiant le confort et la lumière naturelle, tout en minimisant la consommation d'eau et d'électricité. Au programme : excellente cuisine marrakchie, hammam, massages, cours de cuisine et conseils pour faire ses emplettes, le tout en finançant un organisme qui recueille les enfants des rues, et en partageant équitablement les bénéfices avec les 5 employés.

Tchaikana RIAD €€
(carte p. 60 ; ☎0524 38 51 50 ; www.tchaikana.com ; 25 Derb el Ferrane, Azbest ; d avec petit-déj 1 000-1 800 Dh ;). Un lit à baldaquins de style tente touareg dans une chambre, une coque de bateau suspendue au plafond dans une autre : l'ambiance est ici à l'authenticité d'un caravansérail marrakchi. Les voyageurs mettent au point leurs expéditions dans les souks devant un somptueux petit-déjeuner en compagnie du propriétaire belge, et rentrent en fin d'après-midi pour comparer leurs trouvailles et programmer des sorties écologiques dans le Sahara. L'arrivée par le *derb* sinueux peut dérouter, mais le personnel peut vous accompagner à la nuit tombée. Il se charge aussi d'organiser la location de vélos et de réserver dans les restaurants du coin.

Riad Akka RIAD €€€
(carte p. 60 ; ☎0524 37 57 67 ; www.riadakka.com ; 65 Derb Lahbib Magni ; d avec petit-déj 1 200-1 500 Dh ;). Les dictons arabes prônant la compréhension entre les peuples peints autour du patio trouvent une authentique expression dans ce riad élégant, où l'hospitalité est reine. Des fleurs fraîches agrémentent les chambres en *tadelakt* gris, des tartes maison sont servies à l'heure du thé, et les propriétaires français et marocain aiment à discuter avec leurs hôtes. Luxueux équipements : piscine, *lounge* sur le toit-terrasse, hammam et connexion Wi-Fi. Les recettes vont aux 5 employés et financent une association marocaine de microcrédit pour femmes. Près de la rue Riad Zitoun el-Jedid.

Noir d'Ivoire RIAD €€€
(carte 56 ; ☎0524 38 09 75 ; www.noir-d-ivoire.com ; 31-33 Derb Jedid, Bab Doukkala ; d avec petit-déj 2 000 Dh, ste 3 290-5 140 Dh ;). Ici, l'opulence est reine, qu'il s'agisse du lustre de 4,5 m de la réception ou du piano à queue trônant dans la cour du bar à cocktails. On poursuit par des suites drapées de tentures en soie, des séances de shiatsu, des dégustations de chocolat près du feu de cheminée du spa, l'achat d'une tenue de soirée sur mesure dans la boutique de l'établissement, et un moment de détente dans la piscine à eau filtrée. Venez les mains dans les poches : le propriétaire et lanceur de tendances Jill Fechtmann vous procurera tout ce dont vous aurez besoin, des produits de beauté bio au téléphone portable spécial hôte.

Riad L'Orangeraie RIAD €€€
(carte p. 60 ; ☎0661 23 87 89 ; www.riadorangeraie.com ; 61 rue Sidi el-Yamani ; d avec petit-déj 1 450-1 890 Dh ;). Tout n'est que douceur et confort : splendides murs

LES RIADS : UNE SPÉCIALITÉ DE MARRAKECH

La médina de Marrakech compte 200 authentiques riads (demeures en brique aménagées autour d'une cour) reconvertis en maisons d'hôtes, soit plus que n'importe quelle autre ville d'Afrique du Nord. Il suffit de franchir les anciennes portes en bois d'un riad pour échapper au bruit des souks et se retrouver au calme, bercé par le chant des oiseaux, le cliquetis des glaçons dans un verre, avec, pour seule occupation, de laisser vagabonder sa pensée – un contraste saisissant qui fait aussi toute la saveur de Marrakech.

Les riads présentés dans ce chapitre possèdent tous une licence officielle ; ils ont été sélectionnés non seulement pour leur cadre, mais aussi pour leur emplacement, l'amabilité du personnel et leur cuisine maison. Parfaits pour la détente, ils permettent également une totale immersion dans la culture marrakchie.

Nous recommandons des adresses qui promeuvent le développement durable et les échanges culturels, assurent une juste rémunération et des jours de repos à leurs employés et offrent une hospitalité authentique. Aidez-nous en nous faisant part de vos remarques, dans la rubrique Contact du site www.lonelyplanet.fr.

RIADS À PETITS PRIX : QUELQUES ASTUCES

» **Évitez la haute saison et les vacances européennes** Bannissez si possible la période entre Noël et le Nouvel An, Pâques, et fin avril/ première semaine de mai. La basse saison correspond à l'été (mi-juin à août) et à l'hiver (mi-janvier à mi-mars). Dans ce chapitre, nous indiquons les tarifs de demi-saison, qui s'appliquent globalement au printemps et en automne.

» **Profitez des offres** En basse saison ou à la dernière minute, vous êtes en meilleure position pour marchander : la plupart des riads ont moins de 10 chambres, qu'ils doivent remplir s'ils veulent rentrer dans leurs frais.

» **Optez pour un long séjour** Si vous restez une semaine ou plus, vous pourrez parfois obtenir jusqu'à 30% de réduction ; ces offres figurent souvent sur les sites Internet des établissements.

» **Voyagez entre amis ou en famille** Louer un riad entier à plusieurs est une bonne affaire : les prix commencent autour de 5 000/8 000 Dh la nuit en basse/ haute saison pour 6 chambres et 15 personnes maximum. Consultez les offres de location de riads et de villas sur des sites comme www.terremaroc.com, www.marrakech-riads.com, www.habibihomes.com et www.marrakech-medina.com.

en *tadelakt*, douches à hydromassage, 7 chambres spacieuses, grande piscine à l'eau non chlorée (réutilisée pour arroser le jardin) et hamman aux soins relaxants. Cinq employés veillent au bien-être des hôtes et une voiture avec chauffeur est à disposition. L'établissement est une sorte de pionnier en matière de recyclage.

Riad Ifoulki RIAD €€

(carte p. 60 ; ☎0524 38 56 56 ; www.riadifoulki.com ; 11 Derb Maqadem, rue Arset Loghzail, Debbachi ; d 1 100-1 780 Dh, ste 1 670-3 680 Dh ; ❄). Un triple riad vieux de 300 ans, dans un quartier à l'est de Djemaa el-Fna où les touristes sont rares. Ses chambres s'appelleraient ailleurs des suites et les suites (74 m^2) logent aisément une famille entière. Hammam, massages à la lueur des bougies, ateliers sur les traditions de Marrakech (du soufisme à la danse orientale) et concerts impromptus par les stars du Metropolitan Opera, habituées des lieux. Installé à Marrakech depuis 35 ans, le propriétaire, polyglotte, est un défenseur passionné de cette ville et de ses habitants. Sa dernière initiative en date : la création d'un complexe culturel dans le mellah.

Maison Mnabha DAR €€

(carte p. 56 ; ☎0524 38 13 25 ; www.maisonmnabha.com ; 32-33 Derb Mnabha, casbah ; d avec petit-déj 830-1 150 Dh, tr 1 800 Dh ; ❄@). Les chasseurs de trésors dénicheront cette demeure du XVIIe siècle dans la casbah, et seront récompensés par son authenticité et son ambiance. Des pétales de roses et des bougies indiquent le chemin des salons illuminés de lustres et des toits en terrasse, où chefs renommés, auteurs réputés et autres voyageurs bavardent en dégustant des cocktails. Les frères anglais Peter et Lawrence, et le directeur Aziz, sont une mine d'informations sur les antiquités et sur la culture marocaine. Bienfaisantes séances de massage, soins de beauté traditionnels et circuits respectueux de l'environnement.

Riad el Borj RIAD €€

(carte p. 60 ; ☎0524 39 12 23 ; www.riadelborj.com ; 63 Derb Moulay Abdelkader ; d/ste 950/1 560 Dh ; ❄@🛜). Dans l'ancienne tour de guet du grand vizir Madani Glaoui, vous pourrez profiter de la vue sur les environs depuis la suite agrémentée de zelliges d'origine, de hauts plafonds et d'une baignoire éclairée par une lucarne, à moins de préférer la chambre dans la tour, avec terrasse privative. Plongez dans le bassin de l'"annexe berbère", profitez du hammam, regardez des DVD dans le salon ou faites une excursion dans les montagnes. Service de baby-sitting. Djemaa el-Fna est à deux pas.

Dar Attajmil RIAD €€

(carte p. 60 ; ☎0524 42 69 66 ; www.darattajmil.com ; 23 rue Laksour ; d avec petit-déj 880-1 100 Dh ; ❄🛜). Après quelques jours dans ce riad niché au cœur des souks, vous serez aussi rose que ses murs en *tadelakt* et aussi détendu que son ambiance. Accueil chaleureux de Lucrezia et de son personnel attentif, hammam sur le toit-terrasse, repas italo-marocains, cours de cuisine, ateliers de fabrication de *tadelakt*, concerts, cours de calligraphie arabe et excursions à Essaouira.

Riad Eden RIAD €

(carte p. 60 ; ☎0672 04 69 10 ; www.riadeden-marrakech.com ; 25 Derb Jdid ; d avec petit-déj 500-1000 Dh ; ❄@📶). Une cuisine généreuse, un salon cosy et de jeunes propriétaires français dynamiques font de l'Eden un endroit plaisant et convivial. Vous pourrez vous asseoir dans la cuisine climatisée pour regarder le chef à l'œuvre. En famille, rien ne vaut la spacieuse chambre Cannelle, en couple le confort de la chambre Orange, sur le toit-terrasse ; toutes sont climatisées, sauf la chambre Berbère, au rez-de-chaussée, naturellement fraîche. Près de la rue Riad Zitoun el-Kedim.

Riad Magellan RIAD €€

(carte p. 60 ; ☎0661 08 20 42 ; www.riadmagellan.com ; 62 Derb el Hammam, Mouassine ; d avec petit-déj 770-990 Dh). Un long *derb* sinueux mène au seuil de ce refuge tendance, situé derrière la fontaine Mouassine. Là, le propriétaire français a tout prévu pour satisfaire le moindre désir de ses hôtes : spa en *tadelakt* sur la terrasse, bibliothèque dans le salon où trône une cheminée, et massages relaxants. Globes terrestres anciens, malles de voyage et rocking-chairs confèrent une allure un peu rétro aux élégantes chambres en *tadelakt* jonchées de pétales de roses.

Dar Soukaina RIAD €€

(carte p. 56 ; ☎0661 24 52 38 ; www.darsoukaina.com ; 19 Derb el-Ferrane, Riad Laârouss ; s avec petit-déj 770-970 Dh, d 970-1 300 Dh, tr 1 115-1 400 Dh ; ❄🏊). À la maison d'origine (Dar I), tout en hauts plafonds, recoins douillets et arches gracieuses, s'ajoute une spacieuse annexe (Dar II et Dar III) de l'autre côté de la rue, avec grands lits, superbes patios, piscine et belles boiseries. Toutes deux sont impeccablement gérées par Omar, qui vous donnera de judicieux conseils sur la ville. À 20 minutes de marche de Djemaa el-Fna, non loin du parking de la rue Riad Laârouss.

Hôtel du Trésor RIAD €

(carte p. 60 ; ☎0524 37 51 13 ; www.hotel-du-tresor.com ; 77 Derb Sidi Bouloukat ; s avec petit-déj 425 Dh, d 390-525 Dh, ste 840 Dh ; ❄📶🏊). Un paisible riad ouvert dans les années 1950, entièrement renové dans un esprit design. Quatorze chambres entourent une cour chaulée à l'agréable fraîcheur, agrémentée d'un immense oranger et d'une piscine. Élisez domicile dans la chambre aux murs tapissés de miroirs d'époque récupérés à La Mamounia (d'où son nom "Les Miroirs"), à moins de préférer la suite Bleue, qui donne sur la terrasse et possède une baignoire et une cheminée en mosaïques dorées. Le propriétaire est italien et le personnel polyglotte.

Riad Hanane RIAD €€

(carte p. 60 ; ☎0524 37 77 37 ; www.dar-hanane.com ; 9 Derb Lalla Azzouna, Kaat ben Nahid ; d avec petit-déj 1 115-1 785 Dh ; ❄📶). La détente s'impose naturellement dans cet élégant riad au style marrakchi authentique. Les chambres d'hôtes, à l'architecture typique (lucarnes, niches pour les livres, sdb à coupole), offrent tout le confort moderne (clim, station d'iPod), en plus de petites attentions (articles de toilette "Sens de Marrakech", café et eau minérale gratuits). Patio, terrasse panoramique, bar en libre service et concierge qui peut s'occuper de louer une voiture, d'engager un guide ou de réserver dans un restaurant. Dans le quartier de la médersa Ali ben Youssef.

Les Jardins de Mouassine RIAD €

(carte p. 60 ; ☎0672 58 10 78 ; www.lesjardinsde-mouassine.com ; 20 Derb Chorfa el-Kebir ; d avec petit-déj 500-990 Dh ; 🏊❄📶). Caché derrière les souks en retrait de la rue el-Mouassine, à quelques pâtés de maisons de Djemaa el-Fna, un double riad haut de gamme. Salons, bibliothèque, bar, piscine, hammam et barbecue sur la grande terrasse. Le thème des chambres (il y en a 20, certaines avec terrasse) met en valeur l'artisanat marrakchi. Lits de bébés.

Dar Tayib RIAD €

(carte p. 60 ; ☎0524 38 30 10 ; www.riad-dartayib.com ; 19 Derb Lalla Azzouna ; d 500-850 Dh, ste 600-950 Dh ; ❄). Latifa, la propriétaire marrakchie, et son époux Vincent, un architecte français, ont décliné le charme berbère, des tapis aux motifs de la chance jusqu'aux lampes étamées des plafonds aux poutres en bois de palmier. La chambre Yasmina séduira les amoureux avec son lit à baldaquin, sa baignoire et son éclairage tamisé. La chambre Aïcha a des fenêtres donnant sur le *derb* ensoleillé et un lit surélevé.

Riad Magi RIAD €€

(carte p. 60 ; ☎053 634230 ; www.riad-magi.com ; 79 Derb Moulay Abdelkader, Derb Debbachi ; s/d avec petit-déj 650/980 Dh ; ❄📶). Bien qu'à deux pas des souks, ce riad semble loin du monde, avec son paisible patio à l'ombre des orangers et 6 chambres pimpantes dotées de baignoires en *tadelakt* et d'une bibliothèque bien fournie. Le gérant vous renseignera sur les cours de cuisine organisés sur place et sur les restaurants.

Hôtel Sherazade RIAD €

(carte p. 60 ; 0524 42 93 05 ; www.hotelsherazade.com ; 3 Derb Djemaa ; s/d 180/230 Dh, s/d avec sdb 220-500 Dh, ste 690 ;). Une ambiance conviviale règne au Sherazade, tenu par une famille germano-marocaine, en retrait de la rue Riad Zitoun el-Kedim. Charmante cour centrale, avec une fontaine et des coussins de sol, et terrasses ensoleillées. Les tarifs des 23 chambres varient en fonction de l'équipement (clim, sdb et, pour certaines, baignoire en *tadelakt*) et du décor. Les chambres de la terrasse sont une affaire, mais entre l'appel à la prière du muezzin et l'animation du petit-déjeuner (50 Dh en sus), les bouchons d'oreilles sont de rigueur. Sinon, demandez une chambre donnant sur la cour arrière, drapée de lierre.

Hôtel Belleville DAR €

(carte p. 60 ; 0524 42 64 81 ; 194 Riad Zitoun el-Kedim ; www.hotelbelleville.ma ; s/d/tr/qua avec petit-déj 250/350/500/600 Dh ;). Niché derrière la place Djemaa el-Fna, ce petit hôtel offre un cadre plus plaisant et un service plus attentif que les grands établissements plus chers. Le manque d'espace des 9 chambres est compensé par leur décoration : lits à baldaquin, sdb ornées de zelliges et il y a un patio, ainsi qu'une terrasse sur le toit. Les chambres du rez-de-chaussée ont des ventilateurs au lieu de la clim. Si vous redoutez le bruit, évitez celles qui donnent sur la rue animée.

Le Gallia RIAD €

(carte p. 60 ; 0524 44 59 13 ; fax 0524 44 48 53 ; www.ilove-marrakesh.com/hotelgallia ; 30 rue de la Recette ; s/d/tr 320/500/765 Dh ;). Le calme et le charme d'antan au cœur de la médina. Profitez du confort des 17 chambres (clim et chauffage) réparties autour de deux patios verdoyants, dégustez votre petit-déjeuner (40 Dh) dans un cadre Art déco et paressez au soleil sur le toit-terrasse. Tenu par la même famille française depuis 1929, Le Gallia affiche régulièrement complet. Réservez par fax.

Jnane Mogador RIAD €

(carte p. 60 ; 0524 42 63 24 ; www.jnanemogador.com ; 116 Derb Sidi Bouloukat ; s/d/tr/qua 360/480/580/660 Dh ; @). Un authentique riad du XIXe siècle avec les équipements d'une maison d'hôtes du XXIe siècle : emplacement idéal près de la rue Riad Zitoun el-Kedim, hammam, salon de thé, double toit-terrasse et hospitalité discrète du propriétaire, Mohammed. Adresse prisée des diplomates et des artistes de passage ; réservez bien à l'avance pour engager une conversation passionnante lors du petit-déjeuner (40 Dh). Demandez les chambres en étage, plus vastes et plus calmes.

Riad Julia RIAD €

(carte p. 60 ; 0524 37 60 22 ; www.riadjulia.com ; 14 Derb Halfaoui ; d avec petit-déj 600-800 Dh, tr 800 Dh ;). Chaque chambre met à l'honneur un artisanat marrakchi, de la marqueterie en nacre au cèdre sculpté. Cinq des 7 chambres disposent de la clim. Toutes sont confortables, avec peignoirs et couvertures de mariage berbères. Petite piscine, TV dans le salon. Ziad organise des excursions, des séances de tatouage au henné et des dîners aux chandelles. Service de baby-sitting.

Hôtel Essaouira HÔTEL €

(carte p. 60 ; 0524 44 38 05 ; www.jnanemogador.com/hotelessaouira-marrakech.htm ; 3 Derb Sidi Bouloukat ; s/d 50/100 Dh, ch avec sdb 400 Dh, matelas par terre 30 Dh). Une ancien maison familiale marocaine convertie en hôtel dans les années 1960. Les 28 chambres ont conservé leurs plafonds sculptés et leurs stucs polychromes. On prend le petit-déjeuner (22-40 Dh) sur le toit-terrasse qui donne sur la Koutoubia et la médina.

Hôtel Central Palace HÔTEL €

(carte p. 60 ; 0524 44 02 35 ; www.lecentralpalace.com ; 59 Derb Sidi Bouloukat ; d 155 Dh, avec sdb 255-305 Dh, ste 405 Dh ;). Très bel hôtel aux allures de palais, comportant 40 chambres réparties sur 4 étages autour d'une cour agrémentée d'une fontaine. Petit-déjeuner (25 Dh) sur le toit-terrasse. Les lits en fer forgé et les vitraux donnent de la gaieté aux chambres. En été, préférez celles du 1er étage, plus fraîches.

Hôtel de Foucauld HÔTEL €

(carte p. 60 ; 024 440806 ; av. el-Mouahidine ; s/d 215/280 Dh ;). À quelques pas de Djemaa el-Fna, cet hôtel abrite des chambres carrelées défraîchies (minuscules sdb), et un bon restaurant à prix raisonnables. Optez pour les chambres avec balcon donnant sur la place de Foucauld afin de ne pas être réveillé à l'aube par le muezzin de la Koutoubia. Les randonneurs et les cyclistes qui viennent savourer le buffet du petit-déjeuner (30 Dh) vous donneront des conseils pour des excursions dans le Haut Atlas.

VILLE NOUVELLE

La plupart des riads de la médina sont l'occasion d'une expérience typiquement marrakchie à des prix raisonnables, contrairement aux hôtels généralement sans caractère et trop chers de la ville nouvelle. Ceci dit, les établissements de ce quartier sont plus pratiques si vous vous contentez de passer rapidement par Marrakech, si vous souhaitez trouver des aménagements pour personnes à mobilité réduite, ou si vous visitez la ville en haute saison.

Plusieurs hôtels bon marché de la ville nouvelle sont indiqués par une enseigne au néon dans le Guéliz ; nous indiquons les meilleures adresses ci-après. Surfez sur Internet à la recherche des bonnes affaires, car les hôtels de catégorie moyenne peuvent offrir des tarifs très avantageux lorsqu'ils sont inclus dans une formule-séjour.

Pour goûter au luxe de Marrakech sans trop grever votre budget, offrez-vous un verre, un repas ou un forfait à la journée à La Mamounia (p. 73), la grande dame des hôtels d'Afrique du Nord, qui vient tout juste de s'offrir un lifting de plusieurs millions d'euros.

Bab Hotel HÔTEL DE CHARME €€€

(carte p. 62 ; ☎0524 43 52 50 ; www.babhotel-marrakech.com ; angle rue Mohammed el-Beqal et bd Mohamed ed-Dahbi ; d avec petit-déj 1 115-1 450 Dh, ste à partir de 2 010 Dh ;). Les hôtels de charme haut de gamme sont une nouveauté à Marrakech, et le Bab Hotel est le plus tendance et design. Premier du genre, il donne l'impression de loger dans un iPod, avec ses chambres minimalistes blanches et la pomme blanche géante à l'entrée. Les "deluxe" possèdent des baignoires, des machines à café Nespresso et des TV à écran plat. Les suites sont aménagées sur le même modèle. Nombreux équipements et prestations : spa, bibliothèque, parking, vélos, voitures avec chauffeur... Mention spéciale aux *lounges* (p. 84).

Hôtel Toulousain HÔTEL €

(carte p. 62 ; ☎0524 43 00 33 ; http://hoteltoulousain.com ; 44 rue Tariq ibn Ziyad ; s/d avec sdb commune 140/190 Dh, d 230-280 Dh, petit-déj inclus ;). Un hôtel bon marché plaisant au cœur du Guéliz, tenu par une famille américano-marocaine. À proximité : restaurants, boutiques, laverie, agence de voyages et café littéraire. Réservez tôt les chambres avec sdb privative. Celle, spacieuses, du 1er étage, peuvent être étouffantes en été et incitent à se réfugier dans les patios ombragés de bananiers.

Hôtel du Pacha HÔTEL €

(carte p. 62 ; ☎0524 43 13 27 ; www.hotelpacha.net ; 33 rue de la Liberté ; s/d 320/400 Dh ;). Avec ses balcons et ses portes-fenêtres, idéales pour laisser entrer la brise et les potins du quartier, cet hôtel colonial semble sorti d'un roman. Les chambres du rez-de-chaussée ont été élégamment rénovées (lavabos en marbre, boiseries sombres), mais à l'étage, elles ont conservé leur carrelage Art déco et leurs baignoires. Les stucs de l'entrée, le bar vieillot et la cour intérieure ajoutent encore à ce charme singulier.

Le Caspien HÔTEL €

(carte p. 62 ; ☎0524 42 22 82 ; www.lecaspien-hotel.com ; 12 rue Loubnane ; s/d 460/580 Dh ;). Dans un coin tranquille du Guéliz, proche de boutiques, de spas et de restaurants, un hôtel aussi douillet que coquet. Les arcades pointues, les zelliges au sol, les

OÙ SÉJOURNER AVEC DES ENFANTS

Sachez que dans les riads, les bassins et les escaliers raides ne sont pas sécurisés et que les bruits se répercutent dans les cours. La plupart des propriétaires et le personnel adorent les bébés, mais ce n'est pas nécessairement le cas de vos voisins privés de sommeil, qui vous regardent sans aménité au petit-déjeuner ! Pour autant, vous n'êtes pas condamné à loger dans un hôtel quelconque avec des enfants. Parmi les hébergements de choix que Marrakech a à offrir aux familles, citons :

» **Les Jardins de Mouassine** (p. 77). Emplacement central dans la médina, piscine, lits pour bébés.

» **Riad Bledna** (p. 80). Jouets, jeux de société, piscine et jardin entouré d'un mur d'enceinte, en dehors de Marrakech.

» **Hôtel Toulousain** (ci-contre). Poussettes, enfants vivant sur place, emplacement pratique : pizza, cafés, laverie, pharmacie et hammam sont à un pâté de maisons.

» **Riad Eden** (p. 77). Chambres familiales, emplacement central dans la médina, jeux de société, repas pour enfants à la demande.

» **Riad Julia** (p. 78). Service de baby-sitting, piscine, lits d'appoint, le tout dans la médina, près d'un arrêt de taxis.

» **Les Deux Tours** (p. 80). Piscine, hammam, suites avec chambres séparées pour les parents et les enfants, dans un luxueux complexe hôtelier de la Palmeraie.

lampes en cuivre ajouré et les balcons lui confèrent une ambiance toute marrakchie. Pour plus de calme, choisissez les chambres du dernier étage donnant sur la piscine.

PALMERAIE ET FAUBOURGS

Loin de l'effervescence de la médina, les villas de la Palmeraie constituent des havres de paix. Si l'animation vous manque, 30 minutes de voiture suffiront pour rejoindre le centre de Marrakech. Un taxi est le meilleur moyen de gagner le centre, mais reste assez coûteux (150-250 Dh) car vous devrez souvent payer l'aller-retour.

Jnane Tamsna COMPLEXE HÔTELIER €€€
(0524 32 94 23 ; www.jnanetamsna.com ; Douar Abiad, Palmeraie ; d avec petit-déj à partir de 2 730 Dh, ste à partir de 3 700 Dh ;). Nombre de célébrités fréquentent ce paradis nord-africain, ensemble d'élégantes villas, de patios et de terrasses intimes répartis sur 9 ha de jardins bio. Meryanne Loum-Martin privilégie le tourisme responsable avec des plantes conservant l'eau, des piscines filtrées, une cuisine bio, une boutique de commerce équitable et des excursions culturelles, via **Diversity Excursions** (www.diversity-excursions.co.uk), conduites par son mari Gary, ethnobotaniste anglais et créateur de la Global Diversity Foundation. Cours de cuisine, stages de yoga et salons littéraires (où se retrouvent les lauréats du Booker Prize) remportent aussi un grand succès.

La Pause COMPLEXE HÔTELIER €€
(0661 30 64 94 ; www.lapause-marrakech.com ; Douar Lmih Laroussiéne, désert d'Agafay ; d demi-pension à partir de 1 100 Dh ;). Évadez-vous dans le désert à 45 minutes de la ville (transport depuis/vers Marrakech inclus dans le prix). Faites une partie de cross-golf ou de frisbee en pleine nature (matériel fourni), ou paressez dans un hamac sous un olivier au bord de la piscine. Vous explorerez le désert en VTT, à cheval, à dos d'âne ou de dromadaire, et, le soir, vous vous régalerez d'un festin bio servi à la lueur des bougies. Vous dormirez ensuite sur un matelas de mousse dans une grande tente berbère agrémentée d'épais tapis, ou dans une chambre en pisé au chic minimaliste, alimentée en énergie solaire. Les douches en plein air surplombent le lit de l'oued.

Les Deux Tours COMPLEXE HÔTELIER €€€
(0524 32 95 25 ; www.les-deuxtours.com ; Douar Abiad, circuit de la Palmeraie ; d avec petit-déj à partir de 1 800 Dh, ste à partir de 2 320 Dh ;). L'opulent complexe hôtelier de l'architecte tunisien Charles Boccara lança la vogue des villas et des hôtels de charme dans la Palmeraie. Cependant, peu d'adresses de cette oasis parviennent à rivaliser avec les aménagements, le style moderne et la prévenance des nouveaux gérants des Deux Tours. Un jardin secret qui abrite un dédale de chambres avec terrasses privées et passages cachés, le légendaire hammam et la piscine traditionnelle donnent l'impression d'évoluer dans un rêve ! Les clients n'apparaissent que pour prendre des repas méditerranéens le soir à la lueur des bougies et siroter des cocktails au bord de la piscine.

Riad Bledna MAISON D'HÔTES €
(0661 18 20 90 ; www.riadbledna.com ; 2 km, rte de Ouarzazate ; d avec petit-déj 600-800 Dh ;). Tenu par une famille anglo-marocaine soucieuse de votre confort et de l'environnement, le Bledna compte 4 accueillantes chambres lumineuses, fonctionnant à l'énergie solaire, réparties dans un jardin bio de près de 2 ha, avec fabrication de compost et recyclage des eaux usées. Outre de délicieux repas, l'établissement offre un choix de cours d'artisanat marocain. Service de baby-sitting, excursions dans le désert et en montagne.

Où se restaurer

Agneau doucement mijoté dans les braises d'un hammam, caviar d'aubergines rôties, soupe de haricots blancs..., les spécialités traditionnelles de Marrakech mettent l'eau à la bouche. Toutefois, avec un maigre tajine de poulet affiché 65-80 Dh sur Djemaa el-Fna et un menu à 300 Dh minimum dans un restaurant, vous comprendrez pourquoi les Marrakchis dînent rarement dehors.

Il y a cependant des établissements d'un bon rapport qualité/prix, surtout dans la ville nouvelle, mais si vous séjournez dans un riad, la cuisine maison constituera une alléchante alternative. Nombre de riads emploient en effet des *dadas* (cuisinières) qui ont autrefois travaillé dans de riches familles marrakchies et mitonnent de véritables festins.

MÉDINA

Allée des méchouis LOCAL €
(carte p. 60 ; à l'est du souk Ablueh ; 250 g d'agneau avec du pain 30-50 Dh ; 11h-14h). Peu avant midi, les vendeurs de cette rangée d'étals commencent à découper les côtés d'un méchoui fumant. Désignez le morceau qui vous paraît le plus appétissant et demandez un *nuss* (demi) ou *rubb* (quart) de kilo. Le cuisinier tranchera la viande et vous la servira avec un morceau de pain frais, du cumin, du sel et des olives dans un

sac à emporter, ou bien sur du papier pour la consommer sur place.

Mama Ti Lee FUSION €€

(carte p. 60 ; 0524 38 17 52 ; www.mamatilee.blogspot.com ; 13 Derb Laarsa ; menu 3 plats 220 Dh ; 19h30-23h lun-sam). La table que tout cuisinier rêve d'ouvrir est à deux pas du Dar Si Saïd, en retrait de la rue Riad Zitoun el-Jedid. Ici, dans un riad à l'ambiance intime – 22 places réparties sur 3 niveaux –, la chef Cécile régale ses hôtes de mets concoctés avec des produits bio locaux. Entrée, plat ou dessert, on a chaque fois le choix entre deux, pas plus : gaspacho de mangues ou foie gras aux figues ; roulade de sole au citron ou steak aux herbes du Haut Atlas ; crème brûlée aux fruits de la passion ou macarons marocains menthe-chocolat. Paiement en espèces uniquement. Licence pour vendre de l'alcool en attente.

Villa Flore MÉDITERRANÉEN €€

(carte p. 60 ; 0524 39 17 00 ; www.villa-flore.com ; 4 Derb Azzouz, Mouassine ; plats 80-150 Dh ; 12h30-15h et 19h30-23h mer-lun). Au cœur des souks, dans un superbe riad au décor Art déco noir et blanc, on déguste des salades marocaines revisitées, de l'agneau et du canard qui fondent dans la bouche. Prenez place sur un canapé près des portes-fenêtres ou dans la cour ensoleillée et accompagnez votre repas d'un verre de vin. Service stylé.

Souk Kafé LOCAL €

(carte p. 60 ; 0662 61 02 29 ; 11 Derb souk Jedid, près de la rue Riad Laaroussa ; plats 65-80 Dh ; 9h-21h ;). Installez-vous sous les parasols de la terrasse et prenez tout votre temps pour savourer une cuisine authentique. Les mezze de 6 plats de légumes cuits rassasient aisément 2 convives au déjeuner, tout comme le couscous berbère végétarien. Mais rien ne vaut l'odorante *tanjia* marrakchie au bœuf longuement mijoté qui fond dans la bouche.

Dar Moha LOCAL, FUSION €€€

(carte p. 60 ; 0524 38 64 00 ; www.darmoha.ma ; 81 rue Dar el-Bacha ; menu déj 220 Dh, menu dîner 550 Dh ; 12h-15h et 19h30-24h mar-dim). Le chef Mohammed Fedal mitonne une cuisine inventive à partir de recettes marocaines classiques – caille dans un nid de pâte feuilletée, couscous au foie gras et à l'huile d'argan, couscous de melon avec du miel au thym. Le menu du déjeuner, au bord de la piscine, est un festin plus traditionnel où s'enchaînent les plats comme le concombre à la fleur d'oranger et les côtelettes d'agneau aux épices. On sert de l'alcool.

Un Déjeuner à Marrakech MÉDITERRANÉEN, SANDWICHERIE €

(carte p. 60 ; 0524 37 83 87 ; 2-4 rue Kennaria, angle rue Riad Zitoun el-Jedid ; plats à partir de 60 Dh ; 9h-17h ;). Venez tôt ou laissez les végétariens vous passer devant et se délecter de la quiche du jour aux asperges. Les omnivores, eux, raffolent du croque-monsieur au jambon de dinde accompagné d'une salade acidulée. Vous déjeunerez sur le pouce dans de confortables box, ou plus tranquillement dans la tente de la terrasse garnie de coussins, avec vue sur la Koutoubia.

Terrasse des Épices LOCAL, MÉDITERRANÉEN €€

(carte p. 60 ; 0524 37 59 04 ; 15 souk Cherifia ; www.terrassedesepices.com ; plats à partir de 75 Dh ; 12h-23h). À deux pas de la rue Dar el-Bacha, grimpez sur le toit pour déjeuner en surplomb des souks, installé dans un *bhou* (siège) en pisé. Faites votre choix parmi les menus du jour : salade au poulet, pastilla au pigeon ou pâtes végétariennes aux aubergines et au thym. Le dessert maison est une pastilla au chocolat – plusieurs couches de *warqa* (pâte feuilletée), des abricots, des pruneaux et des amandes, le tout nappé de chocolat. Réservation conseillée en haute saison. Cartes de crédit acceptées. On ne sert pas d'alcool.

Marrakech Korner LOCAL €

(carte p. 56 0524 38 99 27 ; 93 Arset Aouzal ; www.marrakechkorner.over-blog.com ; plats à partir de 55 Dh ; 11h-22h mar-dim ;). Enfin un menu à la carte aussi doux pour le porte-monnaie que pour les papilles. Sur le toit-terrasse, vous pourrez déguster un sandwich aux merguez ou une salade de courgettes à l'ail. Dans le salon, vous siroterez une verveine et naviguerez sur Internet grâce à la connexion Wi-Fi gratuite. À moins d'avoir une grand-mère marocaine, c'est l'adresse incontournable pour le couscous du vendredi, à la semoule moelleuse parfumée au *smen* (beurre salé à l'origan). L'établissement est près de la rue Dar el-Bacha.

Tobsil LOCAL €€€

(carte p. 60 ; 0524 44 40 52 ; 22 Derb Abdellah ben Hessaien ; menu 5 plats avec vin 600 Dh ; 19h30-23h mer-lun). Ce riad intime, proche de la Bab Ksour, ne peut accueillir que 50 convives, qui viennent y savourer le copieux menu de 5 plats, apéritifs et vin compris, alors que des musiciens gnaouas jouent dans le patio. Ici, pas de danseuses ni de paillettes pour vous distraire des 11 salades, de la pastilla, des tajines (il y en a plusieurs !) et du couscous, suivis d'un thé à la menthe, de fruits frais et de pâtisseries marocaines. Réservation impérative.

Dar Mimoun LOCAL €€
(carte p. 60 ; ☎0524 44 33 48 ; 1 Derb ben Amrane, angle rue Riad Zitoun el-Kedim ; plats à partir de 80 Dh ; 🕒12h-23h). Oubliée l'effervescence des souks une fois installé dans ce restaurant-patio entouré d'arcades, agrémenté de plantes vertes et mis en appétit par le fumet de tajine au poulet, aux pruneaux et aux amandes. Commandez-le à la carte ou comme plat du menu à 130 Dh avec salades, thé et douceurs, et dégustez-le dans le jardin ou dans les alcôves surmontées d'une coupole.

Chez Chegrouni LOCAL €
(carte p. 60 ; pl. Djemaa el-Fna ; tajine 60-70 Dh, omelette 25-35 Dh ; 🕒8h-23h ; ✍). Vous devrez écrire votre commande, mais le serveur la devinera sans doute d'un coup d'œil : vous êtes un gourmet à la recherche du classique tajine au poulet, olives et citrons confits (60 Dh), un végétarien tenté par le couscous aux sept légumes, ou un voyageur en quête d'une bonne omelette et d'excellentes frites. Près de la rue des Banques.

Haj Mustapha LOCAL €
(carte p. 60 ; à l'est de souk Ablueh ; tanjia avec pain et olives 35-50 Dh ; 🕒18h-22h). Au crépuscule, plusieurs stands proposent des pots de *tanjia* recouverts d'une feuille de papier. Ce "ragoût de célibataire" est un peu difficile à déguster, mais Haj Mustapha offre les tables les plus propres, dans un décor défraîchi. Servez-vous du pain comme d'une cuillère, saupoudrez votre *tanjia* de sel et de cumin et savourez-la avec des olives.

Café des Épices CAFÉ, SANDWICHERIE €
(carte p. 60 ; ☎0254 39 17 70 ; pl. Rahba Kedima ; petit-déj 25 Dh, sandwich ou salade 25-50 Dh ; 🕒8h-21h). Observez les vendeurs de potions de la place Rahba Kedima tout en sirotant un jus d'orange fraîchement pressé. Salades et sandwichs sont confectionnés sur commande – fameux sandwich au poulet assaisonné d'herbes, de noix de muscade et d'olives. Service très efficace étant donné la pente raide des escaliers.

Le Foundouk FUSION €€€
(carte p. 60 ; ☎0524 37 81 90 ; www.foundouk.com ; 55 souk el-Fassi ; plats 90-160 Dh ; 🕒12h-24h mar-dim). Un gigantesque lustre en fer forgé supportant des bougies donne le ton de ce restaurant à la carte originale – bœuf aux artichauts sauvages, soupe d'oranges et de carottes. La terrasse est plaisante et fraîche, et il faut réserver suffisamment à l'avance pour obtenir une table dans la salle, au cadre superbe. Sinon, optez pour le luxueux bar. Près de la médersa Ali ben Youssef.

Ryad Jama LOCAL €
(carte p. 60 ; ☎0524 42 98 72 ; 149 Toualat Kennaria ; plats 40-70 Dh ; 🕒11h-21h30). Le restaurant de ce riad familial propose des repas à la carte à prix corrects. Dans le jardin verdoyant (éclairé aux bougies le soir), vous dégusterez un tajine à l'agneau et au citron confit joliment présenté accompagné de pain français croustillant pour seulement quelques dirhams de plus que sur la place Djemaa el-Fna.

Dar TimTam LOCAL €€
(carte p. 60 ; ☎024 391446 ; Zinkat Rahba ; repas 95-250 Dh ; 🕒11h30-16h ; ✍). Traversez la boutique de tapis sous l'enseigne et prenez à droite pour rejoindre la dernière cour de ce riad du XVIIIe siècle, où vous attendent des recoins garnis de coussins et un menu à la carte. Si certains plats affichent des prix excessifs (200 Dh la *tanjia* par exemple), un thé à la menthe et un bel assortiment de 8 salades marocaines (95 Dh) composent un excellent déjeuner léger, bercé par le chant des oiseaux, à deux pas de la place Rahba Kedima.

Earth Café FUSION, VÉGÉTARIEN €
(carte p. 60 ; ☎0661 28 94 02 ; 2 Derb Zouak ; plats 60-80 Dh ; 🕒11h-23h ; ✍). L'Earth Café a une petite cour jaune mais de grandes ambitions culinaires végétariennes : rouleau de printemps aux épinards bio, potiron, fromage bleu et carottes râpées, accompagné d'une sauce au sésame ; salade tiède de betteraves au fromage de chèvre... le tout au cœur des souks, à deux pas de la rue Riad Zitoun el-Kedim.

Nid'Cigogne LOCAL, SANDWICHERIE €
(carte p. 56 ; ☎0524 38 20 92 ; 60 pl. des Tombeaux Saadiens ; repas 45-85 Dh ; 🕒9h-21h). Observez les cigognes perchées sur les tombeaux saadiens, en face de ce restaurant perché sur un toit. Sandwichs grillés aux *kefta* (boulettes de viande), salades et tajines de premier choix, et la vue est inoubliable.

Pâtisserie des Princes PÂTISSERIE €
(carte p. 60 ; ☎0524 44 30 33 ; 32 rue de Bab Agnaou ; 🕒9h-21h ; ❄). L'une des pâtisseries les plus renommées de la ville, offrant un très grand choix de pains au chocolat, gâteaux aux amandes et glaces. Le petit café à l'arrière est un refuge bienvenu pour les femmes ou pour quiconque souhaite siroter tranquillement une boisson.

Restaurant Place des Ferblantiers LOCAL €
(carte p. 60 ; entrée ouest pl. des Ferblantiers ; tajines 45-65 Dh ; 🕒déj). Installez-vous sur une chaise en plastique dans la cour et commandez le plat qui mijote sur le fourneau.

La viande et les légumes proviennent du marché du mellah, de l'autre côté de la rue, et le cuisinier les prépare devant vous.

Fast Food Alahbab SANDWICHERIE, RESTAURATION RAPIDE €

(carte p. 60 ; rue de Bab Agnaou ; salades 15-25 Dh, sandwichs 20-30 Dh ; ⏲7h-23h). Le panneau "recommandé par Lonely Planet" doit avoir plusieurs décennies, mais nous conseillons toujours le *chawarma* accompagné de quatre sauces et de frites (35 Dh), à savourer à des tables communes en terrasse.

VILLE NOUVELLE

Al-Fassia LOCAL €€

Guéliz (carte p. 62 ; ☎024 434060 ; 55 bd Mohammed Zerktouni, plats 120-180 Dh ; ⏲12h-22h30 mer-dim ; ❄) ; zone touristique de l'Aguedal (Al Fassia Aguedal ; ☎024 383839 ; www.alfassia-aguedal.com ; MH 9 bis, rte de l'Ourika). Les mezze de 9 entrées sont à eux seuls un festin, mais difficile de résister aux classiques que perfectionnent depuis plus de 10 ans les sœurs marrakchies qui tiennent l'établissement, et de laisser dans l'assiette le dernier morceau d'oignon caramélisé du tajine d'agneau et de potiron berbère ! Le personnel présente ces délices avec un chaleureux *b'saha !* (à votre santé !). Réservez tôt pour l'enseigne du Guéliz.

Plats Haj Boujemaa LOCAL €

(carte p. 60 ; ☎25 rue ibn Aicha ; 35-75 Dh ; ⏲12h-22h mar-dim). Installez-vous dans une petite alcôve ou dans la cour à l'arrière, et tâchez de garder quelques olives épicées et du pain chaud pour accompagner le défilé de viandes grillées à venir. C'est l'adresse idéale pour goûter aux abats, correctement nettoyés et préparés. Si les testicules de mouton, même dorés à point, sont à réserver aux amateurs, les frites sont fantastiques et la viande est marinée à la perfection.

Le Chat Qui Rit ITALIEN €€

(carte p. 62 ; ☎0524 43 43 11 ; 92 rue de Yougoslavie ; pizzas 50-80 Dh, menu 150 Dh ; ⏲19h30-23h mar-dim ; ❄). Les pâtes sont un régal : cuites *al dente*, assaisonnées de produits et d'herbes frais, ainsi que d'huile d'olive fruitée. En saison, essayez celles aux fruits de mer provenant chaque jour de la côte. Bernard, le chef et propriétaire corse, vient en salle s'enquérir de la satisfaction de ses clients.

L'Annexe FRANÇAIS €€

(carte p. 62 ; ☎0524 43 40 10 ; www.lannexemarrakech.com ; 14 rue Moulay Ali ; plats 100-140 Dh ; ⏲12h-15h30 dim-ven, 19h-23h lun-sam ; 📶). Miroirs aux murs et décor de bistrot pour cet établissement proche des boutiques de la ville nouvelle, qui sert une cuisine française aux saveurs subtiles : soupe de poisson à la provençale, confit de canard sur un lit de salade, et succulente crème brûlée.

Samak al-Bahriya LOCAL €

(carte p. 62 ; 75 av. Moulay Rachid, angle rue de Mauritanie ; produits de la mer et frites 30-80 Dh ; ⏲10h-24h). Le meilleur des étals de cette portion de rue. Poisson frais et calamars frits tendres à souhait, servis avec des quartiers de citron, du sel, du cumin et de la sauce piquante.

Azar MOYEN-ORIENTAL €€

(carte p. 62 ; ☎0524 43 09 20 ; www.azar-marrakech.com ; angle av. Hassan II et rue de Yougoslavie ; plats 120-170 Dh ; ⏲12h-15h et 19h-24h ; ❄🍷). Imaginez un *lounge* de Beyrouth téléporté à Marrakech via Mars, et vous aurez à peu près une idée de l'endroit. Les sièges de navette spatiale et les étoiles en stuc ornant les murs évoquent un autre univers. Côté cuisine, l'inspiration est libanaise : les amateurs apprécieront le *chich taouk* (morceaux de poulet mariné grillé) et les végétariens seront ravis de partager des mezze, accompagnés de vin (verre 50 Dh). Une bonne adresse pour manger sans se ruiner.

Grand Café de la Poste MÉDITERRANÉEN €€€

(carte p. 62 ; ☎0524 43 30 38 ; www.grand-cafedelaposte.com ; bd el-Mansour Eddahbi, angle av. Imam Malik ; entrées 75-120 Dh, plats 120-190 Dh ; ⏲8h-1h ; ❄). Derrière la poste principale et récemment restauré, le Grand Café de la Poste (1925) a retrouvé sa splendeur de l'époque coloniale et accueille des stars en cuisine aussi bien que dans la salle. Les chefs français et marocain, Cyril Lignac et Sana Gamas, mélangent à la perfection leurs influences respectives. Le poulet rôti aux olives et au thym berbère ou la salade de chèvre chaud en vinaigrette aux herbes et au citron vous laisseront des souvenirs mémorables. Farandole d'amuse-gueules pendant l'*happy hour* (18h-20h) , la carte des vins est l'une des meilleures de la ville.

Beyrouth MOYEN-ORIENTAL €

(carte p. 62 ; ☎0524 42 35 25 ; 9 rue Loubnane ; plats 80-160 Dh ; ☎12h-15h et 19h-23h ; ❄🍷). Pour découvrir les fraîches saveurs citronnées de la cuisine libanaise, commandez un assortiment de mezze, avec taboulé, tarte aux épinards et falafel, qui rassasiera 2 convives pour 160 Dh. Le *baba ghanoush* (purée d'aubergines), légèrement fumé, dame presque le pion à son homologue marocain.

Café du Livre CAFÉ €

(carte p. 62 ; ☎0524 43 21 49 ; 44 rue Tariq ibn Ziyad ; www.cafedulivre.com ; plats 55-90 Dh ; ⏰9h30-21h lun-sam ; ❄📶✍). Une oasis de rêve, aux murs couverts de livres en français et en anglais. Au programme : jeux de plateau, coins garnis de coussins douillets, soirées quiz, lectures de poèmes, Wi-Fi gratuit et savoureuses salades.

Café 16 PÂTISSERIE €

(carte p. 62 ; ☎0524 33 96 70 ; 18 pl. du 16 Novembre ; desserts 20-50 Dh ; ⏰9h-24h). Si le décor en bois blond et les prix semblent européens, l'accueil chaleureux est typiquement marrakchi, de même que les glaces au thé à la menthe et le *kaab el-gazelle* (biscuit aux amandes). Déjeuners légers, salades, gâteau maison au chocolat et au café avec une feuille d'or, ou celui à la mousse de framboise.

Catanzaro ITALIEN €

(carte p. 62 ; ☎0524 43 37 31 ; 42 rue Tariq ibn Ziyad ; pizzas ou pâtes 60-80 Dh, plats 80-120 Dh ; ⏰12h-14h30 et 19h15-23h lun-sam ; ❄). Les croustillantes pizzas au feu de bois rappellent l'Italie, le balcon en bois et la climatisation sibérienne évoquent les Alpes, mais les condiments épicés et la clientèle ramènent indubitablement à Marrakech. Si les viandes grillées sont délicieuses, la pizza napolitaine avec câpres, olives et anchois vient en tête de liste.

Faire son marché

Le **marché municipal ibn Toumert** (carte p. 62 ; rue ibn Toumert), proche de l'avenue Mohammed V, propose un grand choix de produits frais et de fruits secs. Les souks comptent également de nombreuses échoppes qui vendent des olives, des dattes et des confiseries, ainsi que des marchands ambulants de fruits et légumes ; les prix pratiqués sont habituellement moins élevés dans le souk de Bab Doukkala qu'à proximité de Djemaa el-Fna.

Quelques supermarchés de la ville nouvelle vendent des produits comme le fromage, les céréales et les alcools, souvent difficiles à trouver ailleurs, ainsi que des spécialités.

Supermarché ACIMA ALIMENTATION

Guéliz (carte p. 62 ; angle av. Mohammed V et av. Mohammed Abdelkrim el-Khattabi) ; jardin Majorelle (av. Yacoub el-Mansour)

Aswak Assalam ALIMENTATION

(carte p. 56 ; av. du 11 Janvier, Bab Doukkala)

Carrefour ALIMENTATION

(Al-Mazar Mall, rte de l'Ourika, Aguedal)

Marjane ALIMENTATION

(Km 4, rte de Casablanca, Palmeraie)

Où prendre un verre

Comme ailleurs au Maroc, les bars traditionnels de Marrakech sont essentiellement fréquentés par des hommes, et quelques personnages louches (hommes et femmes) en tenue moulante attendant le client au comptoir. Les bars-*lounge* tendance sont plus accueillants pour la clientèle féminine, de même que les restaurants-bars, qui se transforment en lieux de fête tard le soir, tel Le Foundouk et le Grand Café de la Poste. La plupart des cafés ne servent que du café, du thé et des pâtisseries. Si vous voulez prendre un verre, optez plutôt pour les bars, les restaurants ou les discothèques.

♥ **Dar Cherifa** CAFÉ

(carte p. 60 ; ☎0524 42 64 63 ; 8 Derb Chorfa Lakbir ; thé et café 20-25 Dh ; ⏰12h-19h). Dans ce paisible riad saadien de la fin du XVe siècle proche de la rue el-Mouassine, café et thé au safran sont servis au rez-de-chaussée, au milieu d'œuvres d'art contemporain et de livres, ou sur la terrasse avec vue, à l'étage.

♥ **Bab Hotel Pool Lounge et SkyBab** BAR

(carte p. 62 ; ☎0524 43 52 50 ; www.babhotel-marrakech.com ; rue Mohammed el-Beqal, angle bd el-Mansour Eddahbi). Impossible de ne pas apprécier les cocktails, originaux, servis dans un cadre très sélect. Le SkyBab, sur le toit-terrasse, offre une vue imprenable au couchant, des tapis rouges et l'excellent Red City (vodka, citron et grenade) ; le Pool Lounge propose quant à lui le rafraîchissant Jack Is Back, des œuvres d'art originales, une DJ marrakchie passant une musique cool et décontractée, et des poufs couleur fabriqués avec des sacs en plastique recyclés.

Bar Churchill BAR

(carte p. 56 ; ☎0524 38 86 00 ; www.mamounia.com ; av. Bab Jedid ; ⏰18h-1h ; ❄). L'opinion reste divisée quant à la récente rénovation de La Mamounia, estimée à 120 millions d'euros, mais tout le monde tombe d'accord pour dire que rien ne vaut le bar Churchill pour débattre d'un sujet aussi brûlant. Tenant son nom de son plus célèbre client, celui-ci a conservé son charme de bar rétro avec ses murs capitonnés de cuir fuchsia, ses boiseries et ses motifs léopard. Réservez par téléphone, mettez-vous sur votre trente et un (tenue correcte exigée) et plongez dans l'ambiance des années 1930 en dégustant un scotch 20 ans d'âge ou un Mamoune Lady (gin, citron et eau de fleur d'oranger). À environ 20 € le cocktail, mieux vaut laisser les chefs d'État payer la première tournée...

QUE BOIRE À MARRAKECH ?

Des cocktails pour l'originalité

Le Maroc étant un pays musulman, l'art du cocktail en est encore à ses balbutiements. Les plus pointilleux dans ce domaine fréquentent le Piano bar Ouarzazi (hôtel Les Jardins de la Koutoubia), où ils sont assurés de déguster des cocktails savamment dosés, garnis d'une rose à accrocher ensuite au revers de leur costume. Marrakech est spécialisée dans le détournement des recettes classiques – comme en témoignent les mojitos au bourbon et au champagne servis au Bar Churchill de La Mamounia – mais sait aussi mettre l'inventivité à l'honneur. Ainsi en est-il du Jack Is Back, à base de gin ou de vodka, de citron kaffir, de gingembre frais et de purée de figues, que l'on sert au Bab Hotel Pool Lounge & SkyBab.

De la bière pour les prix doux

Flag et Casablanca sont les deux marques de bières locales : la "Casa" est rafraîchissante et très peu alcoolisée, et la Flag a un arrière-goût de boisson à base de plantes. Une Heineken coûte à peu près le même prix qu'une Casa ou une Flag, soit environ 25-60 Dh – les moins chères sont servies au Bar du Grand Tazi. La bière pression n'existe pas, elle est toujours vendue en bouteille.

Du vin pour découvrir la production locale

Volubilis et Meknès sont les grandes régions de production de vin rouge au Maroc, mais, en raison des problèmes de respect de la température lors du transport, il est plus sûr d'opter pour le vin gris, le rosé et les vins blancs produits sur la côte, près d'Essaouira. Nombre de bars à Marrakech servent du vin au verre (50-80 Dh), ainsi que du vin en bouteille à prix corrects de la marque Ferme Rouge, produit dans les vignobles côtiers. On trouve aussi des vins français et espagnols bas de gamme (du type de ceux que l'on sert dans les avions) à des prix prohibitifs. Pour déguster du vin d'importation et du vin marocain à des prix réalistes, rendez-vous à **L'Atelier du Vin** (☎0524 45 71 12 ; 87 rue Mohamed el-Beqal ; ⏲9h30-13h et 15h30-20h mar-jeu et sam, 14h30-20h lun, 9h30-12h30 et 15h30-20h ven) ; la page Facebook de la boutique annonce les dates des dégustations.

Kosybar BAR

(carte p. 60 ; ☎0524 38 03 24 ; http://kozibar.tripod.com ; 47 pl. des Ferblantiers ; ⏲12h-1h ; ❄). Marrakech rencontre Kyoto dans ce bar rempli de somptueux recoins intimes. Grimpez cependant jusqu'aux fauteuils bas du toit-terrasse pour siroter du vin (40-60 Dh le verre), sous l'œil des cigognes nichées à proximité. Préférez les en-cas du bar aux sushis.

Piano bar Ouarzazi - Les Jardins de la Koutoubia BAR

(carte p. 60 ; ☎024 388800 ; www.lesjardinsdelakoutoubia.com ; hôtel Les Jardins de la Koutoubia, 26 rue de la Koutoubia ; entrée gratuite avec une consommation ; ⏲17h-1h). L'un des bars les plus chics de Marrakech où siroter de remarquables cocktails (70-90 Dh), installé dans un fauteuil-club, tandis que les standards de jazz résonnent sous les plafonds en cèdre sculpté. Un second lieu luxueusement aménagé derrière la piscine permet aux non-fumeurs (et à ceux à qui le jazz déplairait) de trouver refuge au calme. Le restaurant sur la terrasse sert un curry indien jusque tard.

Café Arabe CAFÉ/BAR

(carte p. 60 ; ☎0524 42 97 28 ; www.cafearabe.com ; 184 rue el-Mouassine ; ⏲10h-24h ; ❄). Après une journée d'emplettes dans les souks, offrez-vous un cocktail sur le toit au coucher du soleil ou un verre de vin à côté de la fontaine ornée de zelliges dans la cour. Aux pâtes, fades, préférez le savoureux tajine aux merguez ou la salade César garnie d'anchois et de parmesan, à accompagner de vin à prix très raisonnable pour un endroit aussi stylé.

Le Melting Pot CAFÉ

(carte p. 62 ; ☎0524 45 77 73 ; rue de Yougoslavie ; ⏲9h-21h ; ❄📶). Expositions temporaires d'art local, solide connexion Wi-Fi, murs en stuc ciselés à la main de motifs en forme de soleil et expresso corsé pour ce café moderne tendance, authentiquement marrakchi. Service attentif, crêpes fameuses. Près de l'office du tourisme.

Kechmara CAFÉ, BAR
(carte p. 62 ; ☎0524 42 25 32 ; 3 rue de La Liberté ; ⊙8h-24h ; ❄). Installez-vous sur une chaise-tulipe de Saarinen et attardez-vous en compagnie des Marrakchis branchés dans cet élégant café contemporain orné d'art local et bercé d'une bonne musique. Le bar à cocktails, sur la terrasse en *tadelakt* argenté, se distingue par son ambiance détendue. Après une matinée de courses, offrez-vous un déjeuner tardif, ou venez en début de soirée pour siroter des cocktails (65-90 Dh) et écouter des DJ ou des concerts.

Coffee Marrak'chic CAFÉ, BAR
(carte p. 62 ; ☎0644 49 79 91 ; résidence al-Morad, av. Mohammed V ; ⊙12h-24h ; ❄). Les toiles tendues au-dessus des tables en terrasse de ce café du centre-ville permettent de rester au frais tout en observant les allées et venues des passants. Les brunchs servis ici semblent tout droit sortis de *Sex in the City* (bagels, bacon, pancakes et cocktails au champagne), mais, en soirée, l'ambiance est authentiquement marrakchie grâce aux cocktails marocains maison et à l'éclairage dans les tons roses.

Bar du Grand Tazi PUB
(carte p. 60 ; ☎0524 44 27 87 ; angle av. el-Mouahidine et rue de Bab Agnaou ; ⊙19h-1h). Bruyant sans être louche, ce bar sert une bière locale à 25 Dh à des hordes de voyageurs et à des Marrakchis sortant des souks après une journée de travail. Faites comme la population locale et installez-vous sur une chaise en bois dans la réception défraîchie de l'hôtel, pour regarder des matchs de football sur écran géant.

Yellow Submarine BAR
(carte p. 62 ; ☎0672 56 98 64 ; www.yellowsub-marrakech.com ; 82 av. Hassan II ; ⊙19h-1h). En hommage à la chanson des Beatles et aux années "Flower Power", un bar-*lounge* qui entend ressusciter cet âge d'or avec des fresques murales aux couleurs psychédéliques qu'éclairent des lustres années 1970. Un portrait d'Al Pacino dans Scarface côtoie allègrement le slogan "All You Need Is Love" – mais après un deuxième Cuba libre, on n'y prête plus tellement attention...

☆ Où sortir

Discothèques

La vie nocturne commence aux alentours de minuit. La plupart des clubs les plus animés se trouvent dans l'Hivernage et dans le secteur en plein essor le long du boulevard Mohammed VI, appelé zone de l'Aguedal. Les prix d'entrée, première consommation comprise, s'échelonnent de 150 à 350 Dh. En arrivant tôt bien habillé en semaine, vous pourrez parfois entrer gratuitement (les femmes en particulier). Pour revenir d'un club hors de la ville, comme le Pacha, sachez que la course en taxi peut être très chère.

♥ **Comptoir** DISCOTHÈQUE, BAR
(carte p. 56 ; ☎0524 43 77 02 ; rue Echouhada ; www.comptoirdarna.com ; ⊙16h-2h ; ❄). Oubliez le restaurant du rez-de-chaussée et grimpez dans le rutilant salon-bar à l'étage pour côtoyer des diplomates, des créateurs de mode et des play-boys de Casablanca autour d'un cocktail ou d'une bouteille de vin. Les danseuses orientales viennent régulièrement interrompre les conversations et les flirts ébauchés.

Jad Mahal/Silver DISCOTHÈQUE, BAR
(carte p. 56 ; ☎0524 43 69 84 ; 10 rue Haroun Errachid, Hivernage ; www.jad-mahal.com ; entrée gratuite avec consommation/dîner ; ⊙19h30-2h). Derrière le restaurant, au fond de la cour, le bar du Jad Mahal est un endroit prisé des habitants pour s'attarder devant un cocktail. Plus tard dans la soirée, le personnel passe une musique entraînante, les musiciens de l'établissement commencent à jouer et les convives se mettent à danser sur des tubes des années 1980. Après minuit, entrez gratuitement au Silver par la porte du fond. Jouxtant le bar, cette discothèque comporte non pas une, mais 100 boules à facettes !

Pacha DISCOTHÈQUE /BAR
(hors carte p. 56 ; ☎0524 38 84 00 ; www.pacha-marrakech.com ; complexe Pacha Marrakech, bd Mohammed VI, zone de l'Aguedal, Hivernage ; lun-mer avant/après 22h gratuit/150 Dh, jeu hommes/femmes 150 Dh/gratuit, sam-dim 200-300 Dh ; ⊙20h-1h lun-jeu, 20h-2h ven-sam ; ❄). Le Pacha d'Ibiza a servi de modèle à ce complexe, aujourd'hui le plus vaste d'Afrique, où des DJ mixent des tubes internationaux et maghrébins pour une clientèle de Casablancais et de Rabatis le week-end. En semaine, le Pacha ne parvient pas à remplir sa salle de 3 000 places ; si vous venez en groupe, vous pourrez peut-être entrer gratuitement. La clientèle féminine afflue le jeudi pour bénéficier des consommations gratuites au Rose Bar ; venez tôt afin de paresser au bord de la piscine en attendant que la fête commence.

Diamant Noir DISCOTHÈQUE
(carte p. 62 ; ☎0524 44 63 91 ; Hôtel Marrakech, angle av. Mohammed V et rue Oum Errabia ; avec boisson à partir de 150 Dh ; ⊙22h-4h). Pour son accueil d'une clientèle gay en semaine et son ambiance un peu louche le week-end,

réhaussée par des gogo danseurs, "Le Dia" conserve un attrait indéniable. Autour de la piste de danse plongée dans l'obscurité, des miroirs renvoient l'image des corps bronzés bougeant au son du hip-hop, alors que des professionnelles se cachent au fond du bar à l'étage. Paiement en espèces uniquement.

Cinéma

Pour une sélection de films français et parfois marocains, consultez le programme de l'Institut français (voir p. 73).

Le Colisée CINÉMA

(carte p. 62 ; ☎0524 44 88 93 ; bd Mohammed Zerktouni ; orchestre/balcon lundi 25/35 Dh, mar-dim 25/35 Dh ; ⏰15h, 17h, 19h et 21h30). Cinéma le plus luxueux de la ville, Le Colisée, à deux pas de la rue Mohammed el-Beqal, est confortable, très bien sonorisé (son Dolby) et accueille une clientèle mixte de Marocains et d'expatriés. Des films sont parfois projetés en version originale et sous-titrés en français.

Cinéma Eden CINÉMA

carte p. 60 ; Derb Debachi ; billets 15 Dh ; 15h, 18h et 21h). Proche de la rue des Banques, cette salle classique comporte des murs en brique couverts d'éclats de céramique. Les spectateurs, exclusivement masculins et chahuteurs, apprécient les comédies musicales bollywoodiennes qui dominent la programmation. Les dialogues sont habituellement doublés en darija.

Achats

Médina

Une journée de shopping dans la médina vous fera maudire la limitation de poids dans les avions ! Montrez-vous sélectif, bavardez avec le commerçant avant de commencer à marchander un article qui vous intéresse réellement et ne faites affaire qu'avec un marchand agréable : vous garderez ainsi un bon souvenir des souks, à raconter au retour.

Vous trouverez également des échoppes qui soutiennent des actions caritatives, des boutiques qui vendent des articles fabriqués par des coopératives avec des matériaux recyclés ou qui pratiquent un commerce équitable en rétribuant correctement les artisans. Toutes proposent en outre des prix fixes honnêtes. Les enseignes répertoriées dans cette rubrique sont d'excellentes adresses de commerce équitable.

♥ Coopérative artisanale des femmes de Marrakech ARTISANAT

(carte p. 60 ; ☎0524 37 83 08 ; 67 souk Kchachbia ; ⏰10h-13h et 15h30-19h sam-jeu). Vitrine de la production des femmes *maâlem* (maîtres-artisans) de Marrakech, la coopérative vend des objets magnifiques à des prix défiant toute concurrence, notamment des *kissa* (gants de hammam) et des caftans blanc et noir avec liserés brodés de soie rouge. Renseignez-vous auprès de la directrice de la coopérative, Souad Boudeiry, sur les possibilités de faire confectionner des tuniques et des robes sur mesure.

VAUT LE DÉTOUR

QUARTIER INDUSTRIEL SIDI GHANEM

Les amateurs de design marocain contemporain louent un taxi le matin ou en fin d'après-midi pour explorer les magasins d'usine installés dans ce quartier d'entrepôts, à 4 km de Marrakech sur la route de Safi. Si la majorité des articles de créateurs sont destinés à l'exportation (tarifs en conséquence), les acheteurs les plus avisés remarqueront que certains articles fabriqués ici sont vendus beaucoup plus cher dans les boutiques de la ville nouvelle.

Négociez l'aller-retour en taxi depuis la médina pour 150-250 Dh, et procurez-vous un plan du quartier dans l'un des espaces d'expo-vente. Horaires très aléatoires mais beaucoup de magasins d'usine ouvrent de 9h à 18h du lundi au vendredi, et de 9h à 12h le samedi. Voici une petite sélection de bonnes adresses :

- » **Le Magasin Général/La Manufacture** Luxueux articles pour la maison de style rétro, fabriqués artisanalement.
- » **ZidZid Kids** Petits jouets en forme de dromadaire brodés à la main, inventés par une équipe de créateurs américano-marocaine primée.
- » **Sens de Marrakech** Produits de beauté à base de plantes.
- » **Atelier Nihal** Sacs en cuir et tapis de sol tressés à la main.
- » **16bis** Collectif de designers proposant un choix d'articles, des bougies de boudoir aux objets en verre soufflé.

Al-Kawtar ARTISANAT
(carte p. 60 ; 0524 37 82 93 ; www.alkawtar.org ; 57 rue Laksour ; 10h-18h). Cette superbe boutique à but non lucratif offre du linge de maison somptueux aux lisières finement brodées et de beaux vêtements modernes cousus main – tuniques, robes, chemises hommes, femmes et enfants – en prêt-à-porter ou sur mesure. Tous les articles sont fabriqués par des femmes handicapées et vos achats financent leurs salaires, leur formation et un centre de protection infantile.

Michi ARTISANAT
(carte p. 60 ; 0661 86 44 07 ; 21 souk Kchachbia). Une enseigne née de la rencontre entre une intrépide voyageuse japonaise et un designer marrakchi, partageant le même amour de l'artisanat, des matériaux recyclés et du *wabi-sabi* (pureté des formes). Hicham et Michiko, qui ont aussi fondé une famille, tiennent cette boutique originale, où l'on vend des babouches fabriquées avec d'anciens sacs de farine, des miroirs réalisés à partir de barils de pétrole et des cabas de hammam confectionnés avec des sacs en toile de jute.

L'Art du Bain Savonnerie artisanale ACCESSOIRES
(carte p. 60 ; 0668 44 59 42 ; www.lartdubain.net ; souk Lebbadine ; 10h-19h lun-sam). Faites du bien à votre peau et à la planète grâce aux savons biodégradables à base de plantes, fabriqués à Marrakech avec d'odorants mélanges d'herbes, de fleurs et d'épices. Comme Khadija vous l'expliquera, certains des ingrédients sont difficiles à dénicher, en particulier l'extrait de figuier de Barbarie et le lait d'ânesse. Près du souk Sebbaghine.

Kif-Kif ARTISANAT
(carte p. 60 ; 0661 08 20 41 ; www.kifkifbystef.com ; 8 rue Laksour ; 10h-20h). Cette boutique branchée, proche de la Bab Ksour, engage les artisans les plus créatifs de la ville pour fabriquer des cadeaux originaux – sacs à main en T-shirts recyclés, bagues ornées d'éléments en feutre interchangeables, adorables djellabas pour bébés brodées d'un "bonne nuit" en arabe. Sur les articles pour enfants, 15% du prix sont reversés à une association locale qui s'occupe d'enfants.

Coopérative d'argan Assouss ACCESSOIRES/ALIMENTATION
(carte p. 60 ; 0524 38 01 25 ; 94 rue el-Mouassine ; 9h-13h et 15h-19h sam-jeu, 9h-12h ven). Dans cette boutique d'une coopérative de femmes des environs d'Essaouira, les vendeuses vous donneront de nombreux échantillons et vous expliqueront les bienfaits de l'huile d'argan, utilisée aussi bien en cuisine que pour la fabrication de cosmétiques. Près de la fontaine Mouassine.

Jamade ARTISANAT
(carte p. 60 ; 0524 42 90 42 ; 1 pl. Douar Graoua, angle rue Riad Zitoun el-Jedid ; 10h-12h et 15h-19h30). Une superbe collection d'objets artisanaux à prix fixes : burettes à huile d'olive en céramique, tuniques aériennes en lin bleu, colliers de perles aux couleurs acidulées, beaux sous-verre cousus main par les femmes de la coopérative de Tigmi (p. 121).

Créations Pneumatiques ARTISANAT
(carte p. 60 ; 066 091746 ; 110 rue Riad Zitoun el-Kedim ; 10h-19h). De l'artisanat en matériaux recyclés (lanternes, bols et ceintures fabriqués avec des canettes et de vieux pneus) que l'on achète directement aux artisans. Parmi plusieurs adresses, celle-ci propose un bon choix de cadres de miroir en pneu, de boîtes à bijoux en chambres à air, de sacoches pour hommes (repérez l'affiche encadrée de Bob Marley).

VILLE NOUVELLE

D'élégantes boutiques de cadeaux, de mode et de linge de maison à prix fixes sont regroupées dans la rue de la Liberté et la rue des Vieux Marrakchis, qui la croise, dans Guéliz. Profitez-en pour faire un tour dans les galeries exposant les artistes marocains contemporains (p. 69). Enfin, pour trouver de quoi relooker votre intérieur à la mode marrackhie, prenez un taxi en centre-ville, direction les magasins de design du quartier de Sidi Ghanem.

Si vous êtes doué pour le marchandage, vous ferez de meilleures affaires en achetant de l'artisanat traditionnel dans la médina, mais pour un choix très varié, voici deux adresses d'artisanat incontournables dans la ville nouvelle.

Ensemble artisanal ARTISANAT
(carte p. 56 ; av. Mohammed V ; 9h30-12h30 et 15h-19h lun-sam). Avant de vous lancer dans les souks, faites un tour dans cet espace d'exposition financé par le gouvernement, en face du CyberPark, pour voir des artisans au travail, ainsi que l'éventail de l'offre et des prix. Les prix fixes sont plus élevés que dans les souks, mais on ne vous incite pas sans cesse à acheter et les artisans perçoivent directement le fruit de leur labeur.

Marché municipal Ibn Toumert ARTISANAT, ALIMENTATION
(carte p. 62 ; rue ibn Toumert ; 8h-19h). Après la boucherie et derrière les fleuristes tout proches de l'avenue Mohammed V, vous verrez des stands vendant des bijoux en argent, des

céramiques peintes à la main, du citron confit et autres denrées alimentaires à prix raisonnables – à condition de négocier un peu.

Renseignements

Accès Internet

De nombreux hôtels et riads offrent gratuitement l'accès Internet ou Wi-Fi. Le Café du Livre (p. 84) et Le Melting Pot (p. 85) proposent l'accès Wi-Fi gratuit à leurs clients. Les cybercafés qui bordent Djemaa el-Fna demandent 8-12 Dh l'heure ; repérez les panneaux indiquant "c@fe". Ils ouvrent pour la plupart de 10h à 22h.

Cyber Café du CyberPark (carte p. 56 ; av. Mohammed V ; www.arsatmoulayabdeslam.ma ; 10 Dh/h ; ⌚9h-18h). Quinze terminaux offrant des connexions rapides parmi les oliviers du CyberPark, près de l'entrée en face de l'Ensemble artisanal.

Hassan Internet (carte p. 60 ; ☎0524 44 19 89 ; Immeuble Tazi, 12 rue Riad el-Moukha ; 8 Dh/h ; ⌚7h-24h). Un endroit fréquenté doté de 12 terminaux, près de l'hôtel Tazi.

Argent

La plupart des banques changent les espèces ou les chèques de voyage, et les DAB (distributeurs automatiques de billets) sont omniprésents. Le dimanche, les DAB de la rue Bab Agnaou (près de Djemaa el-Fna) et de la place Rahba Kedima sont souvent à sec ; repliez-vous sur ceux de la rue Fatima Zohra près de la Bab Ksour, ou sur ceux de la ville nouvelle. Les bureaux de change privés pratiquent les taux officiels mais prélèvent parfois une commission.

Crédit du Maroc Ville nouvelle (carte p. 62 ; 215 av. Mohammed V) ; médina (carte p. 60 ; rue de Bab Agnaou). DAB et change.

Voyages Schwartz (carte p. 62 ; ☎0524 43 74 69 ; 22 rue Moulay Ali Cherif ; ⌚8h30-12h et 14h30-18h30 lun-ven, 8h30-12h sam). Représentant d'American Express.

Centre culturel

Institut français (carte p. 60 ; ☎024 446930 ; www.ifm.ma ; rte de Targa, Guéliz ;⌚10h-12h et 15h-18h lun-sam). Cours de français et d'arabe. Concerts, spectacles de danse, films, expositions.

Office du tourisme

Office national marocain du tourisme (ONMT ; carte p. 62 ; ☎0524 43 61 79; pl. Abdel Moumen ben Ali). Fournit d'élogieuses brochures et les numéros de téléphone des guides patentés.

Pharmacies

Pharmacie centrale (carte p. 62 ; ☎0524 43 01 58 ; 166 bd Mohammed V ; ⌚9h-19h). Emplacement pratique près de la rue de la Liberté. Pour se faire délivrer des médicaments sur ordonnance. Également : soins des petits bobos, et articles d'hygiène et de toilette pour les femmes.

Pharmacie de l'Unité (carte p. 62 ; ☎0524 43 59 82 ; av. des Nations Unies ; ⌚8h30-23h). Une gamme complète de médicaments importés et homéopathiques et de produits d'aromathérapie ; en retrait de la place de la Liberté.

Pharmacie de nuit (carte p. 60 ; ☎0524 39 02 38 ; pl. Djemaa el-Fna ; ⌚9h-24h). Emplacement central ; assure tous les services de base et ouvre tard le soir.

Poste et téléphone

Les téléphones publics à carte sont largement disponibles, notamment près de la rue de Bab Agnaou dans la médina et dans l'avenue Mohammed V au Guéliz. Les marchands de journaux et les "téléboutiques" vendent des cartes téléphoniques.

DHL (carte p. 62 ; ☎0524 43 76 47 ; www.dhl.com ; 113 av.Mohammed Abdelkrim el-Khattabi ; ⌚8h-18h lun-ven, 8h30-12h20 sam). Service de courrier international. Prévoir une surcharge pour l'assurance.

FedEx (carte p. 62 ; ☎0524 44 82 57 ; 113 av. Abdelkrim el-Khattabi ; ⌚8h-18h lun-ven, jusqu'à 12h15 sam). Service de courrier international.

Poste (carte p. 60 ; rue de Bab Agnaou ; ⌚8h-12h et 15h-18h lun-ven ; horaires variables). Bureau qui fait face à la place Djemaa el-Fna.

Poste principale (Barid al-Maghrib ; carte p. 62 ; ☎024 431963 ; pl. du 16 Novembre ; ⌚8h30-14h lun-sam). La poste restante occupe le guichet n°3 et le bureau des colis se situe au coin, dans l'av. Hassan II.

Sites Internet

Rendez-vous sur le site de **Lonely Planet** (www.lonelyplanet.fr) pour trouver des conseils sur les préparatifs, les recommandations des auteurs, les commentaires d'autres voyageurs et des astuces.

Toilettes

En cas d'envie pressante dans la médina, utilisez les toilettes des cafés bordant la place Djemaa el-Fna ou faites un saut au Café des Épices (p. 82). Le long de l'avenue Mohammed V au Guéliz, il existe des dizaines de cafés chics où vous pourrez vous faufiler aux toilettes.

Urgences

Ambulance (☎0524 43 30 30)

Brigade Touristique (carte p. 56 ; ☎0524 38 46 01 ; rue Sidi Mimoun; ⌚24h/24)

Police (carte p. 62 ; ☎19 ; rue Ouadi el-Makhazine)

Polyclinique du Sud (carte p. 62 ; ☎0524 44 79 99 ; angle rue de Yougoslavie et rue ibn Aicha ; ⌚24h/24). Clinique privée. En cas de problème sérieux et de soins dentaires urgents.

Pompiers (☎15)

Depuis/vers Marrakech

Avion

L'**aéroport de la Ménara** (☎0524 44 78 65 ; ⌚comptoir d'information 8h-18h), récemment agrandi, se situe à 6 km au sud-ouest de la ville. Il dispose d'un comptoir d'information dans le hall d'enregistrement et quelques banques changent les devises.

Plusieurs compagnies low cost européennes desservent Marrakech, dont : **EasyJet** (www.easyjet.com), qui assure des vols directs, notamment depuis Paris/Charles de Gaulle, Lyon et Genève, et **Ryanair** (www.ryanair.com) dessert directement Marrakech au départ de Paris (Beauvais), Bruxelles et Marseille. Pour d'autres détails, voir également p. 509.

De bonnes affaires de dernière minute sont souvent proposées par **Air France** (www.airfrance.com), qui assure un vol Paris-Marrakech au moins une fois par jour.

Royal Air Maroc (RAM ; carte p. 62 ; ☎centre d'appels 090 000800, 024 436205 ; www.royalairmaroc.com ; 197 av. Mohammed V ; ⌚8h30-12h20 et 14h30-19h) propose plusieurs vols quotidiens depuis/vers Casablanca (aller-retour à partir de 525 Dh, 40 min), où l'on peut prendre des correspondances (vols intérieurs et internationaux). Reconfirmez votre réservation auprès du centre d'appels de la compagnie (24h/24), et prévoyez du temps supplémentaire pour la correspondance à Casablanca (même si vous parvenez à prendre la vôtre, vos bagages ne suivront pas forcément). La RAM offre des vols internationaux directs vers de nombreuses villes européennes, y compris Paris, Bruxelles et Genève. Les vols en provenance de Montréal ou New York se rendent à Marrakech via Casablanca.

Bus

La plupart des bus de la CTM arrivent et partent de la nouvelle **gare routière principale CTM** (carte p. 56 ; ☎0524 43 44 02 ; rue Abou Bakr Seddik ; ⌚6h-22h), au sud-ouest de la gare ferroviaire (environ 15 min à pied), à un pâté de maisons au sud de l'avenue Mohammed VI. Pour un départ tôt le matin, achetez vos billets la veille (en particulier à destination d'Essaouira), car les bus du matin sont rapidement complets les jours fériés et le week-end. Hormis un café enfumé à la connexion Wi-Fi assez aléatoire, il n'y a guère de services et prestations à la gare routière.

La CTM assure les liaisons suivantes :

Agadir 95 Dh, 4 heures, 9/jour

Casablanca 85 Dh, 4 heures, 3/jour

Er-Rachidia 155 Dh, 8 heures, 1/jour

Essaouira 70 Dh, 3 heures

Fès 150 Dh, 8 heures 30, 1/jour

Laâyoune 310 Dh, 14 heures, 4/jour

Ouarzazate 80 Dh, 4 heures, 1/jour

Tan-Tan 200 Dh, 6 heures, 1/jour

Tiznit 125 Dh, 5 heures, 1/jour

Supratours (carte p. 62 ; ☎0524 43 55 25 ; av. Hassan II) se trouve à l'ouest de la nouvelle gare ferroviaire de Marrakech, dans le bâtiment de l'ancienne gare ferroviaire.

Les bus Supratours desservent les destinations suivantes :

Agadir 100 Dh, 4 heures, 12/jour

Dakhla 440 Dh, 25 heures, 1/jour

Essaouira 70 Dh, 2 heures 30, 6/jour

Laâyoune 300 Dh, 15 heures, 3/jour

Tan-Tan 180 Dh, 10 heures, 3/jour

Supratours assure également des correspondances avec les trains. La gare routière Supratours possède une salle de consigne (10 Dh/j, 6h-22h).

Le parking s'étendant devant le bureau de Supratours sert de point d'arrivée et de départ à la plupart des bus internationaux, y compris les bus de la CTM depuis/vers Paris (à partir de 1 040 Dh, 48 heures) et Madrid (à partir de 1 090 Dh, 36 heures), les mardis, mercredis et samedis.

Certains bus de la CTM s'arrêtent également à l'extérieur des remparts à la Bab Doukkala (soit 15 min à pied au nord-est de la place du 16 Novembre, ou 20 min à pied de Djemaa el-Fna). Plusieurs compagnies de transport locales assurent des liaisons pour Fès (à partir de 130 Dh, 8 heures 30, 6/j) et Meknès (à partir de 120 Dh, 6 heures, 3/j), au départ de la Bab Doukkala. Au moins un bus rallie quotidiennement Télouet (50 Dh, 4 heures) : il part dans l'après-midi de la Bab Gehmat, dans le mur sud-ouest de la médina.

Taxi

De grands taxis partent de l'extérieur de la Bab er-Rob, près du palais royal, vers des destinations du Haut Atlas, notamment Asni (30 Dh), Ouirgane (40 Dh) et Setti Fatma (40 Dh). Ceux qui desservent des destinations plus lointaines se rassemblent sur un terrain vague proche de la Bab Doukkala, y compris les grands taxis pour Agadir (120 Dh), Azilal (75 Dh), Beni Mellal (110 Dh), Demnate (60 Dh), Essaouira (130 Dh), Ouarzazate (90 Dh) et Taroudant (110 Dh).

Train

La nouvelle **gare ferroviaire** (carte p. 62 ; ☎0524 44 77 68, informations uniquement 0890 20 30 40 ; www.oncf.ma ; angle av. Hassan II et bd Mohammed VI) de Marrakech, juste à côté de la gare routière Supratours, est vaste, propre et pratique. Elle dispose de DAB, de cafés, d'établissements de restauration rapide, et les bureaux de Supratours se trouvent au bout des quais, dans l'ancienne gare. De la gare ferroviaire, on peut prendre un taxi ou les bus municipaux nos 3, 8 ou 10 (3 Dh) à destination du centre.

Casablanca 2e/1re classe 90/140 Dh, 3 heures, 9/jour

Fès 295/195 Dh, 7 heures, 8/jour

Meknès 265/174 Dh, 6 heures 30

Rabat 120/185 Dh, 4 heures, 9/jour

Safi 62 Dh (2e classe), 3 heures, 1/jour

Tanger 310/205 Dh, 10 heures 30, 1/jour

Le train pour Tanger est un train de nuit. Le billet couchette pour Tanger coûte 350 Dh l'unité pour une place dans un compartiment de wagon-couchettes ; réservez au moins 2 jours à l'avance.

Voiture

Les agences locales de location de voitures offrent souvent des tarifs plus intéressants que les compagnies internationales. Les prix commencent à 450 Dh par jour avec un kilométrage illimité, voire moins pour une location de 3 jours ou plus. Pour un 4x4, comptez 700-1 000 Dh par jour, assurance comprise. Toutefois, vous devriez pouvoir obtenir une réduction de 10 à 20%, et plus encore en basse saison (de fin octobre à mi-décembre et de mi-janvier à fin février). Si vous préférez admirer le paysage plutôt que conduire, la location d'une voiture avec chauffeur auprès d'une agence locale (voir p. 73) coûte au moins 1 250 Dh par jour tout compris pour un 4x4 ou un minibus, plus un pourboire.

AGENCES INTERNATIONALES

Avis (☎0524 43 31 69 ; www.avis.com ; aéroport)

Budget (www.budget.com) ; bd Mohammed Zerktouni (carte p. 62 ; ☎0524 43 11 80 ; 80 bd Mohammed Zerktouni) ; aéroport (☎0524 37 02 37)

Europcar (www.europcar.com) ; bd Mohammed Zerktouni (carte p. 62 ; ☎0524 43 12 28; 63 bd Mohammed Zerktouni) ; aéroport (☎0524 43 77 18)

Hertz (carte p. 62 ; ☎0524 43 99 84 ; www.hertz.com ; 154 bd Mohammed V)

National (carte p. 62 ; www.nationalcar.com). Installée dans les bureaux d'Europcar à Marrakech.

AGENCES LOCALES

KAT (carte p. 62 ; ☎0524 43 35 81 ; http://membres.lycos.fr/katcar ; 68 bd Mohammed Zerktouni)

La Plaza Car (carte p. 62 ; ☎0524 42 18 01 ; www.laplazacar.com ; immeuble 141, 23 rue Mohammed el-Beqal)

Lhasnaoui Rent (carte p. 56 ; ☎0524 31 24 15 ; www.lhasnaouirent.com ; angle bd Allal el-Fassi et Yacoub el-Mansour, 15 immeuble el-Omairi)

Comment circuler

Depuis/vers l'aéroport

Un petit taxi de l'aéroport à Marrakech (6 km) ne devrait pas coûter plus de 70 Dh en journée ou 100 Dh de nuit, mais vous aurez du mal à en convaincre le chauffeur. Les transferts de l'aéroport à la Palmeraie ou ceux organisés par les hôtels et riads de la médina ou de la ville nouvelle coûtent 150-250 Dh, transport des bagages par charrette à bras jusqu'à la porte du riad compris. Sinon, le bus de l'aéroport n°19 part toutes les 20 minutes du parking de l'aéroport pour se rendre aux abords de Djemaa el-Fna (20 Dh), et le bus local n°11 dessert irrégulièrement Djemaa el-Fna (3,50 Dh).

Bus

Les **bus locaux** (carte p. 60 ; billets 3,50 Dh) partent à intervalles irréguliers de la place de Foucauld, près de Djemaa el-Fna.

Parmi les lignes principales, citons :

No 1 médina-Guéliz (le long de l'av. Mohammed V)

Nos 3 ET 10 médina-gare routière

Nos 11 ET 18 médina-jardins de la Ménara

Nos 4 ET 12 jardin Majorelle-médina

Calèches

Des calèches vertes, tirées par des chevaux, stationnent sur la place de Foucauld, à côté de Djemaa el-Fna. Elles constituent un agréable moyen de se déplacer, à condition d'éviter les heures de pointe (8h, 12h et de 17h30 à 19h30). L'aller simple sur les itinéraires fixes de la médina via la rue Debachi coûte officiellement 20 Dh/pers ; sinon, le tarif fixe déterminé par l'État de 100 Dh/heure s'applique (tarifs affichés dans la calèche). Prévoyez 1 heure 30 pour faire le tour des remparts et 3 heures pour la Palmeraie. Dans l'Hivernage, les calèches attendent devant les grands hôtels dans l'avenue el-Qadissia et la rue Echouhada.

Taxi

Les petits taxis beiges qui circulent en ville demandent 8-20 Dh la course (supplément de 10 Dh la nuit). Les chauffeurs sont supposés mettre le compteur en marche, mais il faut parfois insister, surtout si vous venez de l'aéroport. Toutefois, au cas où le compteur serait mystérieusement cassé, sachez qu'aucune course en ville ne doit dépasser 20 Dh en journée, ou 30 Dh la nuit. Si vous êtes plus de trois, vous devrez emprunter un grand taxi et négocier le prix au préalable.

Voiture et moto

La marche constitue le meilleur moyen d'explorer la médina, dont la majeure partie est interdite à la circulation. Conduire à Marrakech s'apparente à un sport extrême avec les scooters zigzaguant en tous sens et les ronds-points dont on ne parvient pas à sortir !

Mieux vaut s'en remettre au savoir-faire des chauffeurs de taxi. De plus, avec une voiture se pose aussi le problème du stationnement – mieux vaut en louer une pour le strict nécessaire, par exemple des excursions hors de la ville.

Si vous êtes courageux et/ou téméraire, vous pouvez essayer de vous joindre à la cohorte des scooters ou des motos. Vous pourrez louer ces engins chez Action Sports Loisirs (p. 71) et **Marrakech Motos** (carte p. 62 ; ☎0524 44 83 59, 061 316413 ; 31 av. Mohammed Abdelkrim el-Khattabi ; location scooter et 125 cm³ à partir de 300 Dh/j ; ⌚9h-20h), à 2 km du centre-ville sur la route de Casablanca, juste après le garage Goodyear.

Si vous louez une voiture ou une moto, il existe des parkings publics près de la mosquée de la Koutoubia et juste au sud de la place de Foucauld, dans l'avenue el-Mouahidine ; comptez 20/40 Dh la journée/24 heures. Si vous trouvez une place dans la rue, un gardien s'attendra à un pourboire de 10 Dh pour surveiller votre voiture (à payer en la reprenant) ; vous le reconnaîtrez à son manteau bleu.

EST DE MARRAKECH

Après quelques jours de chaleur torride, vous aurez sans doute envie de vous éloigner un peu de Marrakech. Les villages berbères nichés dans les collines de la belle vallée des Aït Bouguemez et les étincelantes cascades d'Ouzoud vous procureront une fraîcheur bienvenue et vous feront découvrir des paysages totalement différents.

Demnate دمنات

À moins de 1 heure 30 de Marrakech, Demnate offre la découverte d'une culture et d'une cuisine berbères authentiques. Carrefour culturel depuis des siècles, la ville est souvent dédaignée par les bus des tour-opérateurs, qui foncent aux cascades d'Ouzoud, laissant aux voyageurs aventureux la chance de s'immerger dans les traditions locales.

Comme dans d'autres cités autrefois dirigées par le pacha el-Glaoui, la casbah du Glaoui, jadis grandiose, et les remparts de brique crue tombent en ruine. Cependant, le fascinant héritage interculturel de Demnate a survécu. Le cœur de la ville abrite un **mellah**, dont l'entrée se situe à 150 m sur la droite après la porte principale de la ville. Des centaines de familles juives du Maroc, de France, d'Israël, du Canada et des États-Unis y viennent chaque année en juillet pour le **moussem juif**, une fête religieuse d'une semaine à laquelle on attribue des guérisons miraculeuses. La ville possède également deux zaouïas (sanctuaires, congrégations religieuses), autour desquelles s'organise en septembre le **moussem Hamdouchi**. Chaque zaouïa suit le rythme de son propre tambour au cours d'une journée de musique et de danse dans le centre-ville, puis les groupes se séparent pour une procession de 3 heures vers leur zaouïa respective. Le *moussem* s'accompagne parfois de purification par le sang, les danseurs s'entaillant le cuir chevelu.

Les oliveraies centenaires qui poussent à flanc de colline autour de Demnate produisent la meilleure huile d'olive du pays. Des traces de sels minéraux lui donnent une couleur dorée et de subtiles variétés de saveurs boisées. Les amandes constituent un autre produit renommé de la région et les arbres en fleurs des vergers, au mois de mars, égaient la campagne. Les repas servis au restaurant Shems Al Jazeera, à la Kasbah Illy et à la Kasbah Timdaf vous donneront l'occasion de goûter aux délicieuses amandes et à l'huile d'olive de Demnate.

À voir et à faire

Association Attadamoun pour les handicapés CENTRE ASSOCIATIF
(☎0668 90 98 01 ; handicadem1@yahoo.fr ; Demnate). Cette association à but non lucratif fournit scolarisation, formation et insertion aux jeunes handicapés de la région. Son directeur, M. Hassan Khallaf, francophone, connaît parfaitement l'héritage judéo-musulman de Demnate. En prenant rendez-vous à l'avance (une semaine), il vous fera visiter le mellah de Demnate, ses souks et ses fondouks et organisera, pour un petit groupe (5-10 pers), un concert de musique de la confrérie des hamadcha avec des musiciens locaux.

Les dons (bienvenus), ainsi que les bénéfices tirés des visites guidées du mellah et des concerts, aident l'association à offrir éducation et services essentiels. Il y a aussi une boutique vendant des objets fabriqués par des artisans handicapés sur la route principale.

Imi-n-Ifri SITE NATUREL
À 6 km à l'est de Demnate, **Imi-n-Ifri** ("bouche de la grotte" en berbère) est un pont naturel sur une gorge qui ressemble à la gueule d'un monstre. Vous pouvez descendre seul dans la gorge et franchir la redoutable mâchoire – le sentier, signalé, a été récemment refait –, mais un guide local vous aidera, moyennant un pourboire (20-30 Dh), à franchir quelques rochers

VAUT LE DÉTOUR

D'AÏT BLEL À LA VALLÉE DES AÏT BOUGUEMEZ

Entre avril et novembre, il suffit d'avoir un temps sec et un 4x4 pour partir à la découverte de cette splendide vallée, porte des Aït Bouguemez. Tout au long de ce sinueux parcours dans les contreforts du Haut Atlas, des **chênes rouvres** centenaires ponctuent les **formations rocheuses** du triasique (soit 230 millions d'années), constituées de bandes sédimentaires verticales. Vous ne croiserez guère d'autres véhicules, en revanche, vous apercevrez des espèces rares d'oiseaux, comme le faucon crécerelle. Les villageois saluent souvent les voitures qui passent et, si vous faites halte, on vous invitera peut-être à boire un thé.

La route devient parfois si étroite qu'elle ne comporte plus qu'une seule voie, mais elle est goudronnée ou nivelée tout le long (attention tout de même : certains ponts sont emportés par l'eau en hiver). Les villages accrochés au bord des falaises méritent amplement les 2 heures supplémentaires nécessaires pour rejoindre la vallée des Aït Bouguemez en passant par le Tizi-n-Oubadou, au lieu d'emprunter l'itinéraire plus rapide via Aït Mohammed. Si vous passez par Aït Blel, faites le plein avant de partir : la plus grande bourgade, Khemis Aït Blel, accueille un marché le mardi, ainsi que des stands vendant des objets divers et, parfois, de l'essence.

Près du col, le **gîte Tizi-n-Oubadou** (☎0661 44 36 02 ; par pers avec petit-déj/demi-pension 50/120 Dh), maison gaie couleur lilas en haut du village, surplombe des terrasses méticuleusement plantées de caroubiers et d'amandiers. Si vous téléphonez en quittant Demnate le matin même, on pourra peut-être vous préparer à déjeuner (60-80 Dh).

escarpés et vous racontera la légende associée à ce pont calcaire, formé il y a près de 1,8 million d'années.

Les deux côtés du pont représenteraient deux amoureux de la région, dont les familles refusaient l'union ; désespérés, ils joignirent leurs mains et se transformèrent en pierre. À l'extrémité sud de la gorge jaillit une source riche en sels minéraux, où se déroulent des rites prénuptiaux berbères. En été, vous entendrez peut-être des femmes chanter et jouer du tambourin pour une future mariée. De l'autre côté de la gorge, une autre source censée guérir l'acné explique la présence de nombreux adolescents. Il suffit de passer sous le pont pour se retrouver dans un univers digne du *Seigneur des anneaux*, avec des nuées de corbeaux rasant d'imposantes stalactites.

Aït Blel SITE NATUREL

À Imi-n-Ifri, la route bifurquant à gauche dessert la splendide vallée des Aït Blel, qui rejoint la vallée des Aït Bouguemez via la vallée des Aït Bououli. Comme dans un tableau impressionniste, les champs de blé doré ondulent sous la brise, parsemés au printemps de coquelicots, et des paysannes en fichus à pois coupent les épis mûrs à la faux, saluant parfois les automobilistes qui passent.

La route étant assez récente, toute la vallée semble être restée hors du temps. Les montagnes striées d'or, d'orange et de pourpre, sont ponctuées du vert des cultures en terrasses ceintes de murets de pierre. Suivez cette route sur 6 km à partir d'Imi-n-Ifri pour découvrir le site préhistorique du village d'**Iouaridene**. Des dinosaures quadrupèdes et carnivores vivaient autrefois dans la région. Des panneaux indiquent d'ailleurs des **empreintes de dinosaures**, que des géologues datent du milieu du jurassique, il y a quelque 170 millions d'années.

Où se loger

♥ **Kasbah Timdaf** MAISON D'HÔTES €€

(☎0523 50 71 78 ; GPS : N 31°46,50 W 007°01,13 ; www.kasbah-timdaf.com ; s/d 495/660-880 Dh, 220/110 Dh par adulte/enfant supp). Un confortable écolodge-ferme en activité entouré de plantations d'amandiers et d'oliviers, à 15 minutes de Demnate sur la route d'Azilal. La demeure, en pierre et pisé, abrite de grandes chambres avec cheminée et sdb en *tadelakt*. Repas aux influences méditerranéenne et berbère. Les propriétaires, Jacqueline et Yannick, travaillent aussi pour **Assaphar** (www.assaphar.com), une association médicale de Demnate qui fournit des soins pré- et postnataux. Transferts depuis/vers Marrakech en voiture (500 Dh), excursions à vélo, randonnées et sorties de pêche.

Où se restaurer

Restaurant Shems Al Jazeera BERBÈRE €€

(0523 50 83 61 ; pl. de la gare routière, Demnate ; menus 3 plats à partir de 130 Dh ; 8h-20h ;). Appelez avant de venir pour réserver une table et savourer ensuite les délicieuses salades de saison qui précèdent la spécialité de Demnate, un couscous de fine semoule avec un filet d'huile d'olive locale, saupoudré d'amandes grillées. On peut piquer une tête dans la piscine de la cour et terminer le repas par un expresso dans le jardin.

Kasbah Illy BERBÈRE €€

(0523 50 89 53 ; formule déj 130 Dh ;). Luxueux hôtel-casbah, à 5 km de Demnate sur la route d'Imi-n-Ifri, qui sert le déjeuner au bord d'une piscine, avec vue imprenable sur la vallée. Réservez tôt et commandez le tajine maison, au poulet élevé en plein air et aux oignons caramélisés.

Nous recommandons également :

Snak Itrane LOCAL €

(¼ de poulet/poulet entier avec frites ou pain 20/65 Dh). À 300 m après la porte de la ville sur la gauche, restaurant ouvert sur la rue, où l'on déguste un délicieux poulet rôti.

Kasbah Timdaf LOCAL €€

(0523 50 71 78 ; GPS : N 31°46,50 W 007°01,13 ; www.kasbah-timdaf.com ; résident/non-résident 140/160 Dh). Déjeuners et dîners à prix fixes, sur réservation.

Achats

Le **marché** hebdomadaire du dimanche, à 10 minutes au sud de la ville, est l'occasion de goûter les produits locaux – olives, huile d'olive et amandes –, et de découvrir l'artisanat local : travail du bois, vêtements en laine et poteries vernissées jaunes ornées de symboles de chance berbères tracés au henné. Pour visiter les ateliers de **poterie**, rejoignez le village de Boughlou, à 2 km de Demnate, tournez à droite à la mosquée et parcourez 4 km de piste.

Les collines aux alentours de Demnate sont réputées pour leur production de miel. Repérez le panneau avec une abeille de la **hanout** (épicerie) dans la rue principale, sur la droite, environ 500 m avant la lisière est du bourg : le miel local y est vendu 100 Dh les 500 g. Le miel de fleurs sauvages et herbes des montagnes, à l'arôme de poivre et de thym, est particulièrement délicieux. Le miel de genièvre a des notes boisées et caramélisées classiques ; le miel de *zriga* (une fleur sauvage bleue) a un goût fruité évoquant la goyave ; enfin, le miel de caroubier ressemble au sirop d'érable.

Depuis/vers Demnate

Les grands taxis pour Marrakech (55 Dh) et Azilal (35 Dh) partent de la porte principale de Demnate. Les bus pour Marrakech (35 Dh, 2 heures) circulent de 6h à 21h, et ceux pour Azilal (20 Dh, 1 heure) de 7h à 12h ; départ de la gare routière (prenez la route à droite avant la porte de la ville).

Cascades d'Ouzoud

شالالت أزوض

À quelque 167 km au nord-est de Marrakech, les cascades d'Ouzoud constituent l'excursion la plus prisée des touristes et des Marrakchis. Là, l'oued Ouzoud se jette 110 m plus bas dans le canyon de l'oued el-Abid, formant des chutes sur trois niveaux, et la vue, impressionnante, l'est plus encore en descendant dans la fraîcheur du canyon jusqu'aux bassins au pied des chutes. Les cascades sont plus spectaculaires de mars à juin, quand l'eau est abondante. En été, de jeunes Marocains campent souvent sur les terrasses qui font face aux chutes. Pour rejoindre les cascades, continuez après les panneaux indiquant le riad Cascades d'Ouzoud en direction du précipice, où des sentiers sinueux descendent vers les chutes.

L'endroit est devenu très touristique. Le sentier qui part de la gauche de la place du village pour conduire au pied des chutes est bordé de stands de souvenirs, de cafés et d'emplacements de camping. Quant à ceux qui barbotent dans les bassins situés en contrebas des chutes, ils n'ont certainement pas envie de savoir par où s'écoulent les toilettes creusées à flanc de colline…

Deux organismes écologiques locaux travaillent à trouver des solutions. Deux toilettes portatives sont maintenant installées le long du sentier principal, et il y a une benne pour déposer les ordures. À vous de participer à la préservation du site en utilisant ces équipements.

À voir et à faire

Des habitants vous mèneront peut-être dans la gorge moyennant quelques dirhams, mais les sentiers sont clairement tracés. Une fois au fond, vous pouvez marcher le long de la rivière jusqu'à des piscines naturelles où vous baigner ou la traverser pour prendre un autre sentier. Là, des **singes magots** tentent d'attirer l'attention et réclament de la nourriture – un panneau recommande de ne pas les nourrir. Pour voir le joli village berbère de **Tanaghmelt**, prenez le chemin qui monte des bassins inférieurs, passe par une ferme et continue de grimper sur 1,5 km environ. Une randonnée plus longue en suivant la rivière conduit à des grottes (2 heures), puis aux **gorges de l'oued el-Abid** (2 heures de plus).

Où se loger et se restaurer

Riad Cascades d'Ouzoud MAISON D'HÔTES €

(☎0662 14 38 04 ; www.ouzoud.com ; s avec petit-déj 510-610 Dh, d 710-810 Dh, tr 950 Dh, ste 1050-1150 Dh ; ❄). Un élégant riad en brique, à 30 m du sommet des cascades, offrant un accueil chaleureux. Les chambres s'agrémentent de meubles et de portes en bois sculpté de style berbère ; les douches fonctionnent à l'énergie solaire. Sorties en kayak, descentes de rivière et visites de marchés ruraux. Vous pourrez aussi rencontrer des familles des alentours à l'occasion d'un thé.

Hôtel Chellal HÔTEL €

(☎0523 42 91 80 ; http://hotelchellal.weebly.com ; s/d avec petit-déj 220/350 Dh). Au sommet de la colline, à quelques pas du sentier qui part à gauche de la grand-place, agréable hôtel doté de chambres modestes avec sdb, d'agréables espaces pour se reposer après une randonnée, et d'un restaurant en terrasse. Paiement en espèces uniquement.

Depuis/vers les cascades d'Ouzoud

De Marrakech, mieux vaut prendre un transport direct pour Azilal, d'où de grands taxis partent pour Ouzoud une fois pleins (par pers/taxi 25/250 Dh aller-retour). Rentrez à Azilal avant 16h ; après, les taxis se font rares et le marchandage d'autant plus serré.

Azilal أزيلال

Pour les voyageurs, cette bourgade est surtout un carrefour des transports pratique entre Demnate, les cascades d'Ouzoud et la vallée des Aït Bouguemez. Le **marché** a lieu le jeudi et le **complexe artisanal** (⌚lun-sam), à droite en face de la mairie, accueille parfois des expositions d'art et d'artisanat régionaux.

Où se loger et se restaurer

Hôtel Souss HÔTEL €

(☎0672 32 84 95 ; s/d avec sdb commune 40/80 Dh, douches chaudes 10 Dh). Dans la diagonale opposée au restaurant Ibnou Ziad, un hôtel accueillant qui possède des chambres aux tons roses avec d'épaisses couvertures et de surprenants bureaux d'enfants. Une salle de jeux vidéo est installée juste à côté.

Restaurant Ibnou Ziad LOCAL €

(av. Hassan II). Bonne adresse pour un déjeuner composé de salade, de poulet rôti et de frites (40 Dh), à déguster en regardant un match de football à la TV.

Renseignements

DAB Attijariwafa (av. Hassan II). Les DAB et autres machines à carte sont rares dans la vallée des Aït Bouguemez, aussi pensez à utiliser celui-ci, à côté du poste de police.

Cyber Espace Bleu (av. Hassan II ; 8 Dh/h ; ⌚9h-22h lun-sam). L'un des derniers endroits connectés à Internet avant de pénétrer dans la vallée des Aït Bouguemez, à côté de l'Hôtel Assounfou.

Depuis/vers Azilal

Des bus circulent entre Azilal et Marrakech (50 Dh, 3/jour), et Azilal et Demnate (20 Dh, 3/jour). Du parking des taxis derrière la gare routière de Marrakech, des grands taxis desservent Azilal (70-100 Dh) ; ils sont moins fréquents entre Azilal et Demnate (35 Dh).

Vallée des Aït Bouguemez

وادي عيت بو غومز

Secret le mieux gardé du Maroc, la "vallée heureuse" était, jusqu'en 2001, isolée par la neige quatre mois de l'année et quasi inaccessible, sauf à pied. Bien que certaines routes ne soient praticables qu'à dos de mulet ou en 4x4, des chaussées goudronnées ont donné accès aux contreforts du Haut Atlas, parsemés de hautes tours en pisé et de typiques *ighremt* (maisons renforcées de pierre) en roche rouge, aux fenêtres soulignées de pierre blanche. Là, vous pouvez oublier le monde moderne et consacrer vos journées à observer les orchidées en fleur, de mystérieux pétroglyphes et les aigles royaux s'envolant vers les cimes enneigées du massif du M'Goun.

Au-delà de sa beauté naturelle, la vallée des Aït Bouguemez se distingue par l'ingéniosité de ses habitants. De minuscules parcelles de blé s'étagent en terrasses, à flanc de falaise. Les villages, construits avec les roches et l'argile extraits sur place, se fondent souvent dans leur spectaculaire environnement. Très haut dans les montagnes, les villageois cueillent des plantes qui serviront à concocter des remèdes et des teintures naturelles pour les tapis.

Escapade en voiture :

Circuit équitable dans la vallée heureuse

Voici 11 initiatives locales, à découvrir au cours d'un superbe circuit de 5 jours :

1er jour

Quittez Marrakech pour **Demnate**. Traversez Demnate vers l'est pour une balade jusqu'à un pont naturel formé il y a 1,8 million d'années à **Imi-n-Ifri**, puis rentrez à Demnate pour déjeuner au **Shems Al Jazeera**.

Sur rendez-vous, participez à la visite de l'ancien **mellah** de Demnate, organisée par l'**Association Attadamoun pour les handicapés**. En famille ou en petit groupe (5 -10 pers) réservez un dîner-concert de bienfaisance organisé par l'association.

Le soir, régalez-vous de produits du jardin et octroyez-vous une nuit dans le confort de la **Kasbah Timdaf**, qui œuvre pour un projet local de soins pré- et postnataux.

2e jour

Départ de Demnate pour déjeuner au **restaurant Ibnou Ziad** d'Azilal. Visitez ensuite la **coopérative féminine de tissage des Aït Bououli**, où vous pourrez admirer des tapis berbères en laine teinte avec des plantes de montagne et rencontrer les femmes *maâlem* (maîtres-artisans).

Découvrez aussi le travail des sculpteurs sur bois de l'**Association Ighrem Atelier de sculpture**, qui réalisent des cuillères et des bols dans du bois mort. Le bénéfice des ventes aide un programme de reboisement de la vallée.

Faites une halte dégustation de fromage de vache, de beurre de noix et de miel de montagne produits par la **coopérative Tikniouine**, une coopérative de femmes.

Pour finir, profitez de l'authentique hospitalité berbère en dînant ou en passant la nuit dans une vieille demeure familiale de **High Atlas Home**, qui reverse une partie de ses recettes à une association de villageoises centrée sur l'agriculture bio et l'artisanat.

3e jour

Le matin, randonnez jusqu'à la **zaouïa de Sidi Moussa** ; vous profiterez de la vue sur la vallée heureuse et pourrez demander la baraka (bénédiction) au marabout de la zaouïa. Déjeunez ensuite au **Café des Amis** à Tabant.

Passez déposer des livres de niveau débutant pour apprendre le français ou l'anglais au **pensionnat pour filles de Tabant** ; en vous organisant à l'avance, vous pourrez donner un cours de conversation après la classe.

Puis, direction **Zaouiat Ahansal** pour visiter l'**atelier de tissage de l'Association de Zaouiat Ahsal**, collectif destiné à former les femmes à la technique du tissage.

Dînez et passez la nuit au gîte **Sidi Ahmed Amahdar** – les tarifs comprennent un don à destination du dispensaire local.

4e jour

Rejoignez la **réserve naturelle de Tamga** pour randonner au milieu des fleurs sauvages, observer les oiseaux et faire de la varappe à la "**cathédrale des rochers**". Après quoi, déjeunez au **gîte La Cathédrale**.

En voiture, contournez le lac Ben Ouidane pour rejoindre Azilal et poursuivez jusqu'aux **cascades d'Ouzoud**. Là, dînez sur la terrasse du **Riad Cascades d'Ouzoud**, respectueux de l'environnement, en vous laissant bercer par le bruit de l'eau.

5e jour

Suivez les sentiers bien marqués qui mènent au pied de la **cascade** et continuez jusqu'aux villages berbères installés sur les berges. Soutenez le travail des associations environnementales locales en ramassant, le cas échéant, les bouteilles en plastique que vous trouverez en chemin.

Rentrez à Marrakech à temps pour la visite, organisée à l'avance, d'**Atfalouna**, centre qui s'occupe de 320 enfants des rues de Marrakech.

Enfin, offrez-vous un dîner de spécialités locales et un somptueux séjour au **Riad al-Massarah**, écocertifié, qui aide aussi Atfalouna.

La vallée des Aït Bouguemez est splendide mais très isolée. Ses habitants doivent travailler dur pour gagner leur vie et envoyer leurs enfants à l'école. Pour faciliter l'existence des générations futures, ils ont lancé d'ambitieuses initiatives : écoles pour filles, coopératives agricoles bio, collectifs de sculpteurs sur bois, écotourisme. Ils seront très heureux que vous vous arrêtiez et manifestiez votre intérêt, par exemple en participant au circuit équitable dans la vallée heureuse (p. 96).

VALLÉE DE L'AÏT BOUOULI

D'Azilal, vous arriverez à Aït Mohammed, où la route part vers le sud-ouest entre des collines aux diverses strates minérales rouges, violettes et blanches, déposées au fil des ères géologiques. Avant d'atteindre Agouti, les conducteurs de 4x4 aux nerfs d'acier feront un détour au sud dans une gorge escarpée d'argile rouge jusqu'à la vallée de l'Aït Bououli, encore inaccessible pendant des mois, même à dos de mulet, il y a seulement deux ou trois ans.

À voir

Sebt Aït Bououli SITE NATUREL

Dans l'avant-poste isolé de Sebt Aït Bououli, à 14 km de la grand-route, les randonneurs achètent des victuailles au **marché du samedi** en prévision de leur expédition dans le massif du M'Goun.

À 2,5 km après Sebt Aït Bououli, trois villages pittoresques, construits dans la falaise pourpre et ocre, se fondent dans les formations géologiques. Sur les terrasses verdoyantes gambadent les agneaux qui font la renommée de la vallée : en effet, Bououli signifie "ceux qui gardent les moutons".

Pétroglyphes SITE NATUREL

À 7 km à l'ouest de ce trio de villages, vous verrez le **djebel Ghat** (3 797 m) et le col appelé **Tizi n'Tirghist**. On trouve alentour des pétroglyphes, dont certains géologues pensent qu'ils sont vieux de 4 000 ans ; demandez à un guide de vous montrer ces énigmatiques symboles que la légende locale relie à des cérémonies censées faire tomber la pluie.

Coopérative féminine de tissage des Aït Bououli ARTISANAT, CENTRE ASSOCIATIF

(☎0671 41 91 06 ; 8h-12h). Juste au-dessous des trois villages des Aït Bououli se trouvent les locaux d'une association, entourés d'un mur de pierres, avec un panneau indiquant la direction de la coopérative de tissage de tapis. Ses 30 membres s'occupent de tout : élevage et tonte des moutons, cardage et filage de la laine, cueillette des plantes qui serviront à la teinture. Les femmes tiennent tour à tour la boutique, de sorte que l'on achète son tapis directement aux personnes qui l'ont fabriqué.

Si vous trouvez porte close à la coopérative, appelez sa directrice, Fatima, qui descendra du village pour ouvrir le petit entrepôt où sont remisés les tapis aux motifs étonnamment modernes. Fatima vous expliquera que le pigment pourpre vient de la racine de garance, que le henné donne un jaune doré, que le marron chocolat vient de la grenade et que le jaune vif provient du réséda des teinturiers. Les motifs vont des simples rayures et damiers à des dessins géométriques en passant par d'énigmatiques talismans berbères, le tout à un excellent prix fixe.

AGOUTI

Apprécié des randonneurs pour sa vue magnifique sur le M'Goun et la chaleureuse hospitalité berbère de ses gîtes d'étape, Agouti compte aussi une coopérative de sculpteurs sur bois novatrice.

À voir

Association Ighrem Atelier de sculpture ARTISANAT, CENTRE ASSOCIATIF

(☎0673753163 ; www.etsy.com/shop/AssociationIghrem ; 8h-18h). Dans ce centre, situé à 500 m de Flilou sur la gauche, des artisans sculptent des cuillères, des saladiers et autres objets dans du bois parfumé de noyer, de genévrier, et du buis. Le bois provient d'arbres morts. Avec les bénéfices des ventes, l'association aide au reboisement dans la vallée – du buis notamment, qui a le mérite de pousser vite, et du vétiver, qui servira ensuite à tresser des paniers.

Où se loger et se restaurer

Flilou GÎTE €

(☎0524 34 37 98 ; tamsilt@menara.ma ; s/d en demi-pension 120/150 Dh). C'est le premier gîte sur la gauche. Il abrite des dortoirs bien tenus, des doubles aux lits peints autour d'une cour arrière, ainsi que des sdb modernisées et propres, avec eau chaude. Savoureux repas. Agréable toit-terrasse où sont installées d'accueillantes tentes berbères, et des couvertures de mariage brodées.

Chez ben Ali GÎTE €

(☎0523 45 87 26 ; s/d/tr/qua avec sdb commune 70/120/170/210 Dh). Grand gîte de couleur rose, à l'extrémité nord-est d'Agouti, doté de bons équipements. Les chambres partagent des sdb propres, une machine à laver, une terrasse, trois cuisines en accès libre

À NE PAS MANQUER

LES ANIMAUX DU HAUT ATLAS

» **Mouflons** Ces ovins sauvages à grandes cornes et au pelage hirsute, vifs et habiles dans leurs déplacements, étaient presque en voie d'extinction dans la région. Ils sont désormais protégés grâce à la réserve qui leur est consacrée dans le parc national du Toubkal.

» **Tarentes de Maurétanie** Ces geckos à la peau parsemée de petites protubérances, aux gros yeux, et dont les pattes ont des doigts très écartés, sont parfois attirés par la lumière des lampes la nuit. On les voit aussi se faufiler à toute allure sur les chemins de montagne, de même que les minuscules lézards hispaniques rayés.

» **Rapaces** Vous apercevrez peut-être de splendides aigles royaux, des gypaètes barbus et des vautours percnoptères planer majestueusement dans le ciel.

» **Sangliers sauvages** Ces ongulés trapus, qui fouissent de leur groin la terre des sous-bois, sont rarissimes.

» **Gazelles** Ces gracieux bovidés (sous-famille des antilopinés) aux cornes en forme de spirale, sautant sur le terrain aride et rocailleux du Haut Atlas, offrent le plus charmant des spectacles.

» **Serpents en danger** La plupart des serpents du Haut Atlas sont petits et inoffensifs. Ils ont plus à craindre de l'homme que l'inverse. Les serpents de plus grande taille sont attrapés par les charmeurs de serpents que l'on retrouve sur la place Djemaa el-Fna.

» **Discoglosses peints** Ces grenouilles ont une peau tachetée de brun qui leur permet de se fondre dans l'environnement du Haut Atlas. Vous les entendrez peut-être coasser, ou les verrez à la saison des amours, entre janvier et novembre.

et un ordinateur avec connexion (lente) à Internet. Demandez une chambre avec vue sur le jardin ; si vous craignez la dureté des lits, optez pour les matelas en mousse posés par terre. Petit-déjeuner : 20 Dh, déjeuner ou dîner : 60 Dh, boissons en sus.

TIKNIOUINE

À 5 km sur la grand-route en provenance d'Agouti, le village de Tikniouine, est une étape clé pour le plaisir des papilles et une véritable immersion culturelle.

À voir

Coopérative Tikniouine PRODUITS DU TERROIR, CENTRE ASSOCIATIF

(☎0523 45 97 36 ; ⏲9h-16h lun-jeu et sam). De la route, suivez les panneaux et descendez 50 m jusqu'à cette coopérative. Fondée en 2005 par de courageuses jeunes femmes, elle a obtenu un financement de l'Union europénne pour produire des noix biologiques, du miel de montagne et du fromage au lait de vache. Vous pourrez goûter et acheter ces produits à la coopérative.

"Les sociétés d'emballage alimentaire font des bénéfices sur nos produits et nous voulions prouver que nous étions capables d'en fabriquer de meilleure qualité, à un prix équitable, en les produisant de manière artisanale", explique la jeune présidente du collectif, Malika el-Ouarkhoumi, qui a participé à sa fondation à l'âge de 19 ans. "Au début, certains refusaient de laisser leurs filles travailler avec nous, mais nous sommes aujourd'hui douze à travailler à plein temps et, depuis que nous avons été primées comme coopérative modèle du Maroc, chaque famille veut désormais participer."

Où se loger et se restaurer

High Atlas Home CHEZ L'HABITANT €

(☎0642 34 56 67 ; www.highatlashome.com ; dort 80 Dh, adulte/enfant en demi-pension 180/150 Dh). Dans une vallée émaillée de gîtes tous assez semblables, une maison berbère ancienne qui sort du lot : dortoirs douillets, parfaits en famille, et confortables doubles disposées autour de trois cours ensoleillées. La famille qui tient le gîte peut organiser des excursions d'observation des oiseaux, des treks jusqu'à des pétroglyphes et des randonnées pour cueillir des plantes médicinales. On mange assis sur des coussins dans le salon, sous un plafond peint il y a 50 ans soigneusement conservé. 20% des recettes de chaque séjour sont reversés à une association de microcrédit pour les femmes de Tikniouine, afin d'aider ces dernières à créer des coopératives agricoles bio et des collectifs d'artisanat.

TABANT

Cœur de la vallée, Tabant attire aussi bien les habitants de la région que les voyageurs grâce à son école de guides de montagne et à son **souk du dimanche** – les étals de produits frais s'installent le long de la rue principale, près du marché aux ânes.

L'association locale dirige l'**internat pour filles de Tabant**, école destinée aux enfants des villages des montagnes alentour. Vous pourrez le visiter en prenant rendez-vous à l'avance avec le professeur **Merzouk Farami** (0672 18 09 37 ; farami1982@hotmail.com ; 15h-18h jeu-dim).

À voir et à faire

Zaouïa de Sidi Moussa MONUMENT, SITE NATUREL

Parmi les excursions prisées figure la grimpée facile (20 min) de la colline conique jusqu'à la zaouïa du marabout Sidi Moussa, réputé guérir la stérilité. La zaouïa, édifice circulaire qui servait de grenier à grains collectif, a été restaurée par la communauté. Du sommet, une vue magnifique découvre la vallée en contrebas.

Maroc Profond RANDONNÉES

(0523 45 93 46 ; marocprofond@wanadoo.fr). Cette agence, basée à Tabant, organise des randonnées dans la vallée et les montagnes avec des guides licenciés – de la balade de 2-3 heures jusqu'aux formations géologiques de la vallée à des treks de 4 jours en montagne suivant les anciennes pistes des nomades.

Où se loger et se restaurer

Dar Itrane ÉCOLODGE €€

(010 086930 ; www.origins-lodge.com ; Imelghas ; 500 Dh/pers en demi-pension). Au sortir de Tabant, dans le village d'Imelghas, ce superbe lodge affilié à Origins, acteur de l'écotourisme et créateur de voyages, concilie écologie et confort, ruralité et modernité, gestion internationale et engagement local. Il compte 18 chambres chaulées, au mobilier berbère et aux sdb en *tadelakt*, avec douches chauffées à l'énergie solaire. On peut assister à la préparation des repas bio dans la cuisine. Hammam alimenté par hydroélectricité, bibliothèque contenant livres et vidéos sur la culture berbère, boutique vendant des produits locaux.

Tisami N'Ouayour GÎTE €

(0523 45 93 27 ; dort en demi-pension 120 Dh). Des trois gîtes situés dans le village voisin d'Ikhf-n-Ighir, il a notre préférence. Salon aux grandes baies vitrées, chambres bien tenues agrémentées de tapis fabriqués localement, et vue de choix sur les formations géologiques depuis les canapés de la salle commune. Vous pourrez consulter vos e-mails grâce à l'ordinateur (connexion à Internet assez chaotique). Le gîte se trouve après le Dar Itrane, sur la gauche en allant vers le nord ; repérez la porte jaune peinte d'une rose rouge.

Café des Amis CAFÉ

En face de la poste de Tabant, à 50 m en descendant la rue principale, ce café mitonne en 30 minutes un savoureux tajine avec légumes du jardin, viande tendre et herbes de montagne parfumées (20 Dh).

Depuis/vers Tabant

Près de la mosquée centrale d'Azilal, des minibus partent irrégulièrement le matin, lorsqu'ils sont pleins, pour Tabant (35 Dh, 3 heures). Un grand taxi effectue parfois le trajet (65 Dh/pers). On peut aussi monter dans les camions qui vont à Azilal le jeudi pour le marché.

RANDONNÉE : TRAVERSÉE DU MASSIF DU M'GOUN جبل المكون

Si nombre de randonneurs convergent vers le djebel Toubkal, les amoureux de la nature privilégient de plus en plus l'autre chaîne montagneuse du Haut Atlas proche de Marrakech : le massif du M'Goun, aux magnifiques paysages vierges.

Au printemps, prenez des bottes et habillez-vous chaudement : marcher dans les gorges où coulent les rivières est l'un des grands plaisirs qu'offre le M'Goun. La traversée du M'Goun détaillée ici remonte une rivière jusqu'à sa source, franchit le massif, puis suit une autre rivière pour redescendre dans la vallée.

Le massif du M'Goun a une réputation de gageure car il possède certains des sommets les plus hauts et les plus rudes du Maroc. Ce circuit s'adresse pourtant aux randonneurs de tous niveaux, y compris aux familles (les enfants adoreront grimper les pentes les plus raides et franchir les rivières à dos de mule). Le paysage est d'une incroyable diversité, alternant vallées luxuriantes et parois rocheuses dénudées dans la même journée.

L'architecture berbère que vous aurez l'occasion de voir se compose d'*ighremt*, des maisons en pierre et en argile typiques du Haut Atlas, qui ne connaissent d'équivalent qu'au Yémen et en Afghanistan. Elles se fondent si bien dans le paysage qu'on les distingue seulement à leurs encadrements de fenêtres en pierre blanche, leurs portes peintes en bleu et le chaume qui dépasse de leurs toits plats.

Jour d'arrivée

Pour vous mettre en jambes, vous pouvez descendre dans la vallée jusqu'à Agerssif. Il y a un site de camping en bord de rivière,

Traversée du massif du M'Goun

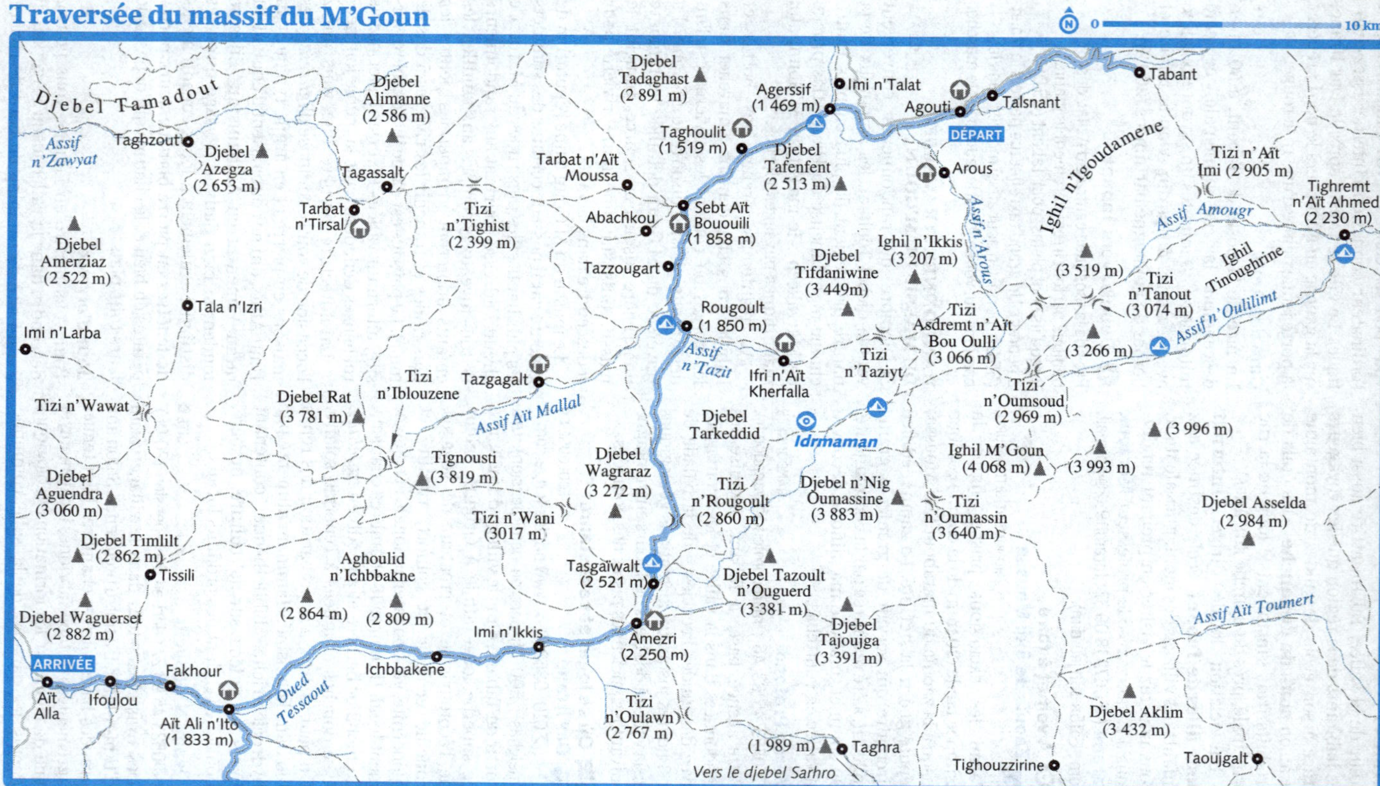

à l'ombre des noyers près du pont, où vous pourrez passer la nuit. Sinon, suivez pendant une heure la route d'Agouti à Tabant pour y faire des provisions et vous régaler d'un tajine au Café des Amis. Vous trouvez des hébergements aux abords de Tabant et juste à côté du départ du sentier à Agouti.

1er jour : d'Agouti à Rougoult

6-7 HEURES /17 KM /326 M DE MONTÉE ET DESCENTE

Au bout d'une heure et demie de marche à pas tranquilles, vers le sud le long de la route qui part d'Agouti, une route goudronnée descend sur la gauche. Continuez sur cette route ou empruntez un chemin plus court mais plus escarpé qui zigzague jusqu'au fond de la vallée, rejoignant la route goudronnée à **Agerssif** (1 469 m). Le trajet d'Agouti à Agerssif prend normalement moins de 3 heures. Agerssif se situe au confluent des rivières Lakhdar et Bouguemez, enjambé par un pont. Ce site au bord de l'eau se prête bien au repos et au bivouac.

La vallée du Lakhdar se rétrécit considérablement tandis que la route grimpe son flanc sud. Une demi-heure en amont, le pittoresque village de **Taghoulit** (1 519 m), entouré de genévriers, abrite un **gîte** (45 Dh/pers) sans prétention. La route continue à remonter la gorge et débouche sur la vallée supérieure, fertile et évasée, jusqu'à atteindre **Sebt Aït Bououili**, où se trouve le **gîte Hassan Benkoum** (40 Dh/pers) – nous conseillons toutefois de poursuivre jusqu'à Rougoult pour un départ très matinal le lendemain. Plusieurs vallées se rencontrent à Sebt Aït Bououili : après le village d'Abachkou, vous verrez le **djebel Rat** (3 781 m).

Une piste balisée part sur la gauche, vers le sud, et traverse une vallée couverte de champs de blé et d'orge, émaillés de genévriers, de figuiers et d'amandiers sauvages. Le village de **Tazouggart**, de l'autre côté de la vallée, marque plus que la mi-parcours entre Sebt Aït Bououili et la fin de l'itinéraire du jour, à Rougoult. Le paysage se fait encore plus magnifique jusqu'à **Rougoult** (1 850 m), que l'on atteint en 2 heures 30 de marche. Là, un site de camping se tient au bord de la Tifra. Il est aussi possible de loger chez l'habitant (30 Dh/pers) – renseignez-vous alentour.

2e jour : de Rougoult à Amezri

6-7 HEURES/14 KM/600 M DE DESCENTE/970 M DE MONTÉE

Pendant 2 heures, le parcours du matin emprunte un chemin pierreux au bord de la Tifra. Au fur et à mesure de l'ascension, le paysage se fait plus désolé et le sentier muletier, toujours bien repérable, grimpe par moments au-dessus des gorges. Il suit le cours de la rivière en direction du sud.

PRÉSENTATION DE LA RANDONNÉE

Durée : 4 jours

Distance : 57 km

Niveau : moyen

départ : Agouti

Arrivée : Aït Alla

Point culminant : Tizi n'Rougoult (2 860 m)

Hébergement : camping et gîtes

Transports publics : oui

Résumé : cet itinéraire contrasté au cœur du M'Goun convient à tous les trekkeurs, y compris les plus jeunes. Il inclut une longue journée de marche, mais traverse de superbes paysages montagneux, franchit des gorges, remonte une rivière et descend un autre cours d'eau pour rejoindre des vallées isolées.

La source de la Tifra, tout au plus un simple filet d'eau, coule juste en contrebas du col du **Tizi n'Rougoult** (2 860 m). De la large passe au-dessous du col, un sentier à gauche (est) monte vers une crête dépassant les 3 500 m. Le col de Rougoult est droit devant. Quand vous l'aurez rejoint, le sommet de l'**Ighil M'Goun** (4 068 m, soit à peine plus bas que le djebel Toubkal) se dresse plein est. Au premier plan, de l'autre côté de la **rivière Tessaout**, des pentes rocheuses portent d'impressionnantes balafres de couleur rouille, verte et grise.

À partir du col de Rougoult, le sentier muletier est clairement balisé et descend graduellement en serpentant (2 heures) jusqu'au village de **Tasgaïwalt**. Avec la rivière sur votre gauche et sans doute suivi d'un petit groupe d'enfants curieux, il ne vous reste plus alors que 40 minutes de marche tranquille pour rejoindre le village d'**Amezri** (2 250 m). Le **gîte d'étape Agnid Mohamed** (40 Dh/pers, petit-déj 20 Dh, repas 50 Dh) loue de grandes chambres, dont certaines donnent sur la vallée, et dispose d'une douche et de toilettes rudimentaires. On peut également y camper (20 Dh).

3e jour : d'Amezri à Aït Ali n'Ito

6 HEURES/18 KM/427 M DE DESCENTE/150 M DE MONTÉE

Le sentier suit la rivière Tessaout, passant doucement de 2 250 à 1 833 m. La vallée est encadrée d'imposantes falaises, en particulier

PRÉPARATION DE LA TRAVERSÉE DU M'GOUN

» **Cartes et guides** Les cartes au 1/100 000 *Azilal*, *Zawyat Ahannsal*, *Qalat M 'Gouna* et *Skoura* couvrent les principales zones de trekking. *Mgoun Massif* (1/100 000), de West Col Productions, parfois en vente au Maroc, est disponible sur le site Internet **Omnimap** (www.omnimap.com). Malgré l'absence de courbes de niveaux, cette carte constitue une bonne référence en matière d'itinéraires. La carte *Kultur Trekking im Zentralen Hohen Atlas*, en allemand, détaille la randonnée des Aït Bouguemez à Kelaâ M'Gouna ; elle indique et classe également les gîtes. Vous pourrez vous procurer assez aisément au Maroc le guide *Randonnées pédestres dans le massif du M'Goun*. Enfin, *Montagnes du Maroc* (éd. Olizane, 2007), d'Hervé Galley, décrit 22 treks de tous niveaux, dont plusieurs réalisables en famille, dans les massifs montagneux marocains.

» **Guide** Conséquence de la présence à Tabant du principal centre de formation des guides de montagne, on trouve de nombreux guides licenciés connaissant très bien le massif du M'Goun. Il y a aussi des guides d'Imlil, de Marrakech, du Dadès et du Sarhro entraînés à conduire des circuits dans le Haut Atlas. Ils possèdent en principe les connaissances et les contacts nécessaires pour conduire des randonnées dans le massif du M'Goun.

» **Ravitaillement** Vous trouverez les denrées de base à Tabant, et, parfois, à Abachkou.

» **Eau** L'eau en bouteille est disponible partout, mais en choisissant de purifier l'eau des sources, vous respecterez davantage l'environnement (voir p. 40).

» **Carburant** Pour les bonbonnes de gaz, le mieux est l'hypermarché de Marrakech. Pétrole, gazole et kérosène sont en vente à Azilal.

» **Matériel** Au printemps, ou après de fortes pluies ou chutes de neige, un bâton vous sera utile pour franchir les ruisseaux. Quand les eaux sont hautes, des sandales en plastique sont bienvenues pour franchir le lit des rivières.

» **Tente** Pas obligatoire, mais chercher un logis pour la nuit rallonge le temps de marche de chaque journée. À défaut de gîte, on trouve à Rougoult un excellent camping au bord de la rivière. Le guide devrait pouvoir se procurer des tentes, si besoin. Si vous n'avez pas de tente et ne voulez pas dormir à la belle étoile, il faudra passer la nuit à Sebt Aït Bououili, ce qui rallongera le parcours du lendemain.

» **Mules** Les guides se chargent de recruter des muletiers et leurs animaux.

près de l'escarpement d'Ichbbakene, qui s'élève à 600 m au-dessus du cours d'eau.

La rivière ne contient presque plus de poissons depuis des crues massives, il y a quelques années. Elle irrigue en revanche des cultures en terrasses particulièrement belles cultivées par les Berbères et les Aït Atta. Au printemps, la région se couvre de fleurs sauvages, au milieu des noyers et des arbres fruitiers en fleurs. Là, la Tessaout coule vers l'ouest, alimentée par des ruisseaux de neige fondue.

Aux endroits où le sentier franchit la rivière, on peut aussi passer en sautant de pierre en pierre. Au printemps, le niveau de l'eau peut en revanche vous obliger à patauger, notamment au village d'**Imi-n-Ikkis**, à 5 km d'Amezri. Au village, un commerce (sans enseigne) vend parfois de l'eau, des boissons, des conserves et des sandales en plastique pour traverser la rivière.

À une heure et demie de marche en aval, le sentier passe en contrebas de la bourgade d'**Ichbbakene**, adossée à un escarpement abrupt. Le sentier se transforme en piste et, en continuant avec la rivière sur votre gauche pendant 2 heures 30, la piste se faufile alors sous les rochers et les maisons de terre d'Aït Hamza. Au bout du village, le **moulin à eau** est utilisé pour moudre le blé. Une autre heure de marche conduit à **Aït Ali n'Ito**. Le **gîte d'étape Assounfou** (☎066 075060,024 385747 ; fax 024 385744 ; 50 Dh/pers ; petit- déj 25 Dh), qui offre une vue splendide, dispose de l'électricité, de douches chaudes (10 Dh), d'une boutique et d'un hammam.

4e jour : d'Aït Ali n'Ito à Aït Alla

2 HEURES 30-3 HEURES/8 KM/150 M DE DESCENTE

Une route de terre ponctuée de quelques petites montées suit la rivière jusqu'au joli village de **Fakhour**, avec ses maisons étagées à flanc de colline et son *agadir* (grenier fortifié), ouvert à la visite (il est d'usage de donner 10 Dh au gardien).

À moins d'une heure de Fakhour, le village d'**Ifoulou** se dresse dans une courbe de la rivière et de la route. Son souk du lundi draine les villageois depuis des kilomètres à la ronde. De là, une route goudronnée rejoint la principale route Demnate-Skoura à côté du pont qui enjambe la Tessaout, en contrebas du village d'**Aït Alla**. Là, vous n'aurez plus qu'à trouver un moyen de transport, à condition d'attendre un peu – mais après la traversée du M'Goun, vous avez bien mérité de vous reposer !

Zaouiat Ahansal زاأحنصال

Vous aurez besoin d'un 4x4 pour franchir le Tizi 'Tirghist (2 629 m) et les 40 km de la piste qui mène à Zaouiat Ahansal. Celle-ci part sur la gauche à l'extrémité nord d'Imelghas, puis, à 15 km environ, elle bifurque à un panneau au sommet d'une colline rocheuse, indiquant Zaouiat Ahansal sur la droite. Des portions de cette piste sont goudronnées, mais on circule lentement sur cette route de montagne étroite et sinueuse, surtout le lundi, lorsque les gens du coin se rendent au marché à Zaouiat Ahansal.

En arrivant à Zaouiat Ahansal, traversez le pont vers le splendide douar (village) en pisé juché sur une colline escarpée, qui abritait jadis les 300 villageois. Vous pourrez y loger dans un gîte. Sinon, d'autres gîtes sont installés dans les villages environnants d'Agoudim, Amezrai et Taghia (à 2 heures de marche en amont). Au nord, Ouaouizarht possède un hôtel et le marché a lieu le mercredi.

À voir

Atelier de tissages de l'association de Zaouiat Ahsal

ART ET ARTISANAT, CENTRE ASSOCIATIF

(13h-18h mar-dim). Ce centre de tissage et de formation de femmes se tient juste après l'ancien douar. Vous y verrez des apprenties manier avec dextérité d'antiques outils à dents pour confectionner des tapis. Vous susciterez l'hilarité générale en essayant de les imiter et ne vous vexez pas si elles défont ensuite votre nœud. Les tapis sont en vente et une partie des bénéfices finance la formation et le dispensaire de l'association ; le reste revient directement aux femmes qui les fabriquent.

Où se loger

Sidi Ahmed Amahdar GÎTE €

(0678 53 88 82 ; dort avec/sans petit-déj 30/50 Dh, demi-pension 120 Dh). Au programme : douches chaudes, sdb communes propres, et accueil chaleureux et sonore de la part des femmes qui tiennent ce gîte. Pour chaque nuitée, 10 Dh sont reversés au dispensaire du village et à l'école de tissage pour femmes.

Depuis/vers Zaouiat Ahansal

Mieux vaut louer un 4x4. Sinon, des camions circulent le dimanche entre Tabant et Zaouiat Ahansal, et des minibus relient Zaouiat Ahansal et Aït Mohammed (40 Dh), et desservent moins fréquemment Ouaouizarht via Tilougguite.

Cathédrale des rochers et réserve naturelle de Tamga

En suivant vers le nord la route principale depuis Zaouiat Ahansal, on arrive à la "cathédrale des rochers", paradis de la varappe avec ses abruptes falaises de pierre, et à la vaste réserve naturelle de Tamga, composée de huit parcs distincts. Les amoureux des oiseaux pourront en observer 107 espèces, dont certaines rares et menacées. À 3 km du panneau signalant l'entrée de la réserve, un **jardin botanique** offre un microcosme des diverses plantes du parc, dont des plantes médicinales censées guérir les rhumatismes.

On peut se restaurer et passer la nuit au **gîte La Cathédrale** (0523 44 20 23 ; demi-pension 150 Dh ; déj/dîner 50/60 Dh), à 2 km après le panneau indiquant la cathédrale.

Bin el-Ouidane

De la "cathédrale des rochers", vous pouvez revenir à Azilal par la route goudronnée qui mène à Bin el-Ouidane. Le même nom désigne un lac, le barrage auquel il doit son existence et la localité sur la rive. Le barrage fournit la majeure partie de l'électricité de la région et, bien qu'on ne puisse guère parler de plages sur ses berges accidentées, le lac reste une vision reposante. La partie du rivage la plus agréable se trouve au sud-ouest du barrage, et est principalement occupée par des villas privées.

Où se loger et se restaurer

Dar Samy CHEZ L'HABITANT €€

(s/d demi-pension 500/800 Dh). Une agréable maison de vacances d'une famille casablancaise, qui fait office de maison d'hôtes. Jardins, accès au lac par une volée de marches, table de ping-pong, barbecue et tente caïdale installée sur le toit-terrasse, à la vue panoramique. Les 12 chambres, décorées sur un thème précis, sont inspirées de villes marocaines : Zagora compte un lit à baldaquin touareg, Volubilis s'orne de fresques murales gréco-romaines, Ourika est agrémentée de mobilier en bois *beldi*. L'une est accessible aux fauteuils roulants, toutes ont une sdb. La maison est sur le côté ouest de la route de Ben el-Ouidane.

SUD DE MARRAKECH

Si vous voulez faire une rapide escapade hors de Marrakech, vous êtes dans la bonne direction. Parmi les destinations de choix figurent les cascades de Setti Fatma, la bourgade en terrasses d'Imlil, comme coincée dans une crevasse au pied du djebel Toubkal, et la station de ski d'Oukaïmeden (haute saison de décembre à février). Mais la région a bien plus à offrir : à proximité de la route de la vallée de l'Ourika, vous découvrirez des sites archéologiques, des bains aux vertus curatives pour les pieds, des jardins de plantes médicinales et d'antiques pétroglyphes. Autour des lacs artificiels de Lalla Takerkoust (voir p. 110) et Ouirgane (voir p. 72), retraites montagnardes et fermes bio permettent d'échapper à la chaleur et à l'agitation de Marrakech. Plus loin, le cœur du Haut Atlas cache des vallées, des villages à flanc de falaise, des plateaux lunaires et des sanctuaires de marabouts où l'on vient chercher la chance.

Vallée de l'Ourika وادة اوريكة

À seulement 45 minutes de Marrakech en voiture ou en grand taxi, cette vallée bucolique permet d'échapper à la touffeur de la ville. L'ombre des sommets enneigés du Haut Atlas rafraîchit la température et, tel un tapis de verdure, un patchwork de champs se déroule en direction de Marrakech, offrant des endroits où camper, pique-niquer ou se détendre. La vallée est particulièrement séduisante de février à avril, quand elle se couvre de fleurs sauvages et que fleurissent les vergers d'amandiers et de cerisiers.

Depuis/vers la vallée de l'Ourika

Des grands taxis partent fréquemment de Bab er-Rob, à Marrakech, pour Setti Fatma (35 Dh). Des minibus, moins fréquents, desservent aussi les destinations de la vallée de l'Ourika (15-25 Dh). La plupart des grands taxis vous déposeront où vous voudrez sur la route de l'Ourika, mais au retour, il est plus facile de trouver taxis et minibus à Setti Fatma, Tnine et Aghbalou. Les transports retour partent une fois au complet.

AGHMAT

Les conducteurs qui passent sans s'arrêter par Aghmat (aussi appelée Rhmat, Ghmat ou Jemaa Rhmat), à 31 km de Marrakech sur la route de Setti Fatma, manquent un site majeur de l'histoire marocaine – lié à une grande figure berbère. La cité fut une capitale de la dynastie des Idrissides de 828 à 1058, année de sa conquête par les Almoravides. L'émir d'Aghmat fut tué au cours de la bataille, et Zaynab (Zeinab) Nefzaouia, sa riche et brillante veuve, se remaria avec le chef almoravide Abou Bakr. Lorsque ce dernier fut rappelé au Sahara pour régler des conflits internes, il divorça de Zaynab afin qu'elle puisse se remarier avec Youssef ibn Tachfin, lui-même cousin d'Abou Bakr. Grâce aux conseils et aux finances de Zaynab, personne ne put plus arrêter Youssef ibn Tachfin, qui fonda Marrakech et étendit l'Empire almoravide jusqu'aux portes de Barcelone.

Une fois les Almoravides établis à Marrakech, Aghmat devint un lieu de relégation pour les dissidents politiques, notamment le prince et poète andalou Al-Mouatamid ibn Abbad. Pour finir, la poésie l'emporta sur la politique, et Al-Mouatamid eut droit à une sépulture honorable, inhumé aux côtés de son épouse et de ses enfants. Les arts sont aujourd'hui encore à l'honneur à Aghmat : en juin, pour **Awaln'art** (www.awalnart.com), festival international consacré aux arts de la rue, la ville accueille des artistes du monde entier, de la Belgique au Burkina Faso.

À voir et à faire

Les visiteurs auront un aperçu de la splendeur passée d'Aghmat juste derrière la principale place du marché, où se tient le **marché du vendredi**.

Fondations de la cité SITE HISTORIQUE

Un chantier de fouilles se trouve à 200 m sur la gauche de la rue principale. Ces excavations entreprises en 2010, cofinancées par l'État, ont permis de mettre au jour d'anciennes fondations, ainsi que les ruines d'un hammam, d'une mosquée, d'une place du marché et d'un système d'irrigation. Les sites archéologiques ne sont pas encore interdits d'accès par des barrières de sécurité : que les passionnés d'histoire se hâtent d'en profiter.

Mausolée ÉDIFICE HISTORIQUE

Le mausolée d'Al-Mouatamid ibn Abbad se distingue par sa coupole de style almoravide. Indiqué juste à côté de la route principale, après le bâtiment commun, il se trouve 200 m plus loin, dans un jardin. En 1950, la tombe du prince exilé fut le lieu d'une manifestation contre l'occupation française, qui fut violemment réprimée par le pacha el-Glaoui – un événement déclencheur, parmi d'autres, du mouvement d'indépendance marocain. Ainsi que l'écrivait Al-Mouatamid dans son poème "Mort" :

Morts sont les princes et les potentats
Et nul ne les réveillera.
Qu'ils sachent, ceux qui triomphent à
l'heure de ma mort, que la Mort
Les emportera.

TNINE

Après l'embranchement pour Aghmat et à 33 km de Marrakech sur la route de l'Ourika se trouve la localité de Tnine (aussi appelée Tnine-de-l'Ourika), où un marché a lieu le lundi. Toutefois, ce sont les remarquables jardins et écomusées consacrés à la culture berbère, dans la ville et alentour, qui ont fait sa réputation.

À voir et à faire

Dar Taliba JARDIN BOTANIQUE, CENTRE ASSOCIATIF

(0524 48 26 90 ; www.globaldiversity.org.uk/north-africa-community-and-conservation ; El Hanchane). Une école secondaire pour filles, à 7 km à l'ouest de Tnine, où les élèves ont établi, grâce au programme de sciences naturelles, une encyclopédie des herbes endémiques, en collaboration avec des ethnobotanistes de l'université de Marrakech. Elles terminent un deuxième ouvrage sur la tradition orale berbère traitant de l'utilisation des plantes médicinales de montagne.

"Les élèves de Dar Taliba viennent de lointains villages du Haut Atlas. Avant cela, elles n'avaient pas l'opportunité d'aller à l'école", explique Rachida Mouch, conseillère du club de botanique de l'établissement et directrice de l'Association de bienfaisance et de développement du bassin de l'Ourika (ABDBO), l'ONG locale qui gère l'école. Et de poursuivre : "Nous avons tant à apprendre de ces montagnes. Plus on les regarde de près, plus on élargit son horizon."

LES JOURS DE MARCHÉ

Dans la vallée de l'Ourika, aux alentours du djebel Toubkal et vers le col de Tizi n'Tichka, ont lieu des marchés hebdomadaires où trouver des produits frais, de l'artisanant local et des ânes. Citons notamment :

- **Lundi :** Tnine
- **Mardi :** Tahanaoute, Aït Ourir
- **Mercredi :** Tighdouine
- **Jeudi :** El-Khemis
- **Vendredi :** Aghmat
- **Samedi :** Asni
- **Dimanche :** Setti Fatma

À leur arrivée, les visiteurs se voient offrir de rafraîchissantes tisanes aux huit plantes sauvages cultivées avec succès sur le site : verveine, menthe, romarin, marjolaine, géranium, sauge, thym et absinthe. Grâce à des aides internationales, les élèves ont pu agrandir leur jardin pédagogique. La visite peut s'organiser en prévenant quelques jours à l'avance – un don entre 250 et 500 Dh est recommandé, afin de fournir le petit-déjeuner ou le déjeuner aux 84 élèves issues de milieux défavorisés. Les visites ont lieu de 15h à 17h du lundi au jeudi, et le samedi.

Écomusée berbère MUSÉE

(0524 38 57 21 ; Km 37, rte de l'Ourika, Tafza ; www.ecomuseeberbere.com ; 40 Dh ; 10h-17h). Quatre kilomètres après Tnine, un panneau discret indique un chemin de terre qui mène au village berbère de Tafza : là, le ksar en brique crue où résidait jadis le caïd local a été transformé en musée. Les visites guidées couvrent en détail la vie quotidienne, des symboles sculptés sur les encadrements des portes aux bijoux en argent constituant la dot des femmes. Entrée gratuite sur présentation du talon du billet de la Maison de la photographie de Marrakech. Téléphonez pour réserver un repas sur la terrasse, organiser un hébergement chez l'habitant dans le village, ou visiter les ateliers de poterie de Tafza et vous essayer à cette technique. Avant de partir, demandez à vos hôtes de vous indiquer le **sanctuaire du marabout de Tafza** – contrairement à ses homologues, habituellement chaulés et coiffés d'une coupole, celui-ci a été construit avec la pierre rouge que l'on trouve sur place, et comporte un toit de chaume.

Safranière de l'Ourika JARDIN

(☎0522 48 44 76 ; www.safran-ourika.com ; Km 34, rte de l'Ourika, Tnine ; visites du jardin 10 Dh ; ⏰7h30-17h30). Tout pousse ou presque dans les riches sols de l'Ourika, et notamment le safran (*Crocus sativus*) bio cultivé ici à partir des bulbes de crocus cultivés près de Talouine. Les crocus réclament des soins de tous les instants, et les fleurs sont cueillies juste avant l'aube pour que le safran dégage ses plus puissants arômes. Les visites guidées sont conduites par un personnel un peu blasé qui redit les explications figurant sur des panneaux avant de vous emmener dans le fascinant jardin. Elles s'achèvent à la Safranière, où l'on vous vend du safran, mais la véritable affaire, ce sont les tisanes cultivées sur le domaine (20-40 Dh). Il règne une grande effervescence à la saison de la cueillette du safran (20 octobre à fin novembre) ; le reste du temps, on peut se détendre dans le patio en dégustant un thé offert par la maison.

Nectarôme JARDIN

(☎0524 31 38 00 ; www.nectarome.com ; Km 34, rte de l'Ourika, Tnine ; visites du jardin 10 Dh ; ⏰10h-17h). Dans le centre de Tnine, des panneaux sur l'artère principale indiquent vers l'ouest les jardins botaniques bio d'une société franco-marocaine de produits de bain naturels, associant les herbes médicinales berbères à l'aromathérapie moderne. Le jardin sent délicieusement bon. Un bain et un massage des pieds aux huiles essentielles (100-200 Dh) sont un bonheur après une longue marche.

La Clé des Huiles MUSÉE DE L'OLIVE, MAISONS D'HÔTES

(☎0524 48 20 30 ; Km 35, rte de l'Ourika ; www.lacledeshuiles.com ; avec dégustation 25 Dh ; ⏰8h-17h). Quelques kilomètres après Tnine, cette ferme et écomusée est dédiée à la culture de l'olivier. Le musée donne à voir, entre autres, un pressoir à olives traditionnel et une meule, et les panneaux explicatifs en français détaillent le processus de fabrication de l'huile. Dégustation d'huiles produites sur le domaine et de confiture. Table d'hôtes à la ferme. Hébergement de charme (d/qua 880/1 100 Dh) dans des maisons traditionnelles berbères sur le domaine de l'oliveraie, de 10 ha, agrémenté de 2 piscines.

Où se loger et se restaurer

♥ Jardin de Timalizene DAR €

(demi-pension 440 Dh/adulte, 330 Dh/enfant 12-18 ans). Suivez le chemin verdoyant qui mène à l'établissement jumeau du Café des Arts : une maison de campagne en brique crue comportant 5 chambres douillettes avec sdb, plafonds aux poutres apparentes, vue sur le jardin, et coins lecture. Les hôtes, Mustapha et Rémi, se sont établis dans ce *dar* depuis 1996 – remettez-vous-en à eux pour organiser des randonnées botaniques, des excursions à dos de dromadaire ou de mulet, et des marches jusqu'aux endroits où l'on trouve le sel gemme du Haut Atlas. Réductions proposées en ligne.

Café des Arts FUSION €

(☎0524 48 40 59 ; www.timalizene.com ; Km 41 rte de l'Ourika, Timalizene). Au programme : déjeuner, hamacs et lapins courant partout pour cette retraite nichée au cœur d'un jardin, environ 8 km après Tnine – repérez les banderoles rouges à l'est, de l'autre côté du pont. En prévenant à l'avance, on vous concoctera des repas originaux (150 Dh) tirant le meilleur parti des herbes sauvages et produits du potager bio, tel le fenouil braisé au miel de montagne. Des œuvres d'artistes marocains contemporains sont exposées dans la galerie.

Renseignements

Centre d'information touristique de l'Ourika (☎0668 46 55 45 ; ⏰8h30-19h lun-sam, 8h30-13h dim). Au sortir de Tnine, ce centre d'information, géré par une ONG locale, fournit des cartes des principaux sites panoramiques de la vallée, ainsi que des renseignements sur les conditions de trekking. De décembre à mars, les crues soudaines peuvent constituer un danger pour les randonneurs et rendent inaccessible certaines parties de la vallée de l'Ourika. En 1995, les inondations hivernales ont pratiquement effacé de la carte le village d'Oulmes.

AGHBALOU

La **mosquée en pierre rouge**, avec son **minaret**, est le monument phare d'Aghbalou, petite localité située à 47 km de Marrakech sur la route de l'Ourika. Alentour, on trouve des coins très agréables pour pique-niquer au bord d'une rivière, et des retraites de campagne idéales pour dormir paisiblement, loin de l'agitation de Setti Fatma.

Où se loger

Auberge Le Maquis AUBERGE €

(☎0524 48 45 31 ; www.le-maquis.com ; Km 45, rte de l'Ourika ; s/d demi-pension 450/840 Dh). Une accueillante auberge familiale de 8 chambres, qui sert de point de départ ou d'arrivée pour des randonnées à pied ou à vélo. Les gérants servent des repas conviviaux et proposent des treks jusqu'aux pétroglyphes du plateau de Yaggour, ainsi que des promenades à dos de mulet pour les enfants. Il y a un terrain de jeux. Les non-résidents ont accès à la piscine (80 Dh).

Ourika Garden HÔTEL €€
(☎0524 48 44 41 ; www.ourika-garden.com ; Km 49,5, rte de l'Ourika, en dehors d'Aghbalou ; s avec petit-déj 660-880 Dh, d 760-1 280 Dh ; ❄📶🏊). Une charmante demeure aux murs de pierre entourée d'un rêve de jardinier : des chemins dallés et des passerelles sinuent à travers les plantations d'herbes aromatiques et de légumes. Les chambres comportent une cheminée, des coins repos, du mobilier en bois sculpté, et des sdb (eau chaude aléatoire). On prend le petit-déjeuner sur la terrasse, on se régale de miel et d'huile d'olive produits localement, et l'on profite de la connexion Wi-Fi dans le bar-patio.

Où se restaurer

Des cafés sont installés sur les berges de la rivière entre Aghbalou et Oulmes. Ils servent des kebabs et de la salade (50 Dh) ou des tajines assez copieux pour deux (60 Dh). Quand il fait beau, des tapis sont étendus à l'ombre des arbres.

Auberge Le Maquis RESTAURANT €€
(☎0524 48 45 31 ; www.le-maquis.com ; Km 45, rte de l'Ourika ; repas 70-120 Dh). Si vous ne faites que passer par Aghbalou, pensez à réserver par téléphone pour savourer un bon repas berbère à prix raisonnable, attablé devant une table couverte d'une nappe.

Ikalimo Ourika RESTAURANT €€
(☎0524 38 54 46 ; Km 46, rte de l'Ourika ; déj 90-150 Dh). Au sortir d'Aghbalou, une auberge-restaurant située de l'autre côté de la rivière. Pour la rejoindre, il faut franchir un pont suspendu à l'équilibre précaire, et suivre les flèches le long d'un chemin en montée qui traverse un village accroché à flanc de colline. Prévenez 2-3 heures avant par téléphone pour vous assurer un bon tajine berbère et une place au coin du feu, ou des brochettes et de la salade sur la terrasse ensoleillée donnant sur la vallée.

RANDONNÉE D'IMLIL À SETTI FATMA

Ce circuit relativement facile de trois jours permet de découvrir de magnifiques paysages de montagne. Il passe par un col d'altitude rocailleux et se poursuit par une longue descente dans la vallée supérieure de l'Ourika, où cultures en terrasses et plantations de noyers s'étagent au flanc de montagnes escarpées. L'itinéraire traverse une douzaine de villages berbères, certains sans électricité – on a peine à croire que le point de départ du sentier d'Imlil n'est qu'à 2 heures de Marrakech par les transports publics.

1er jour : d'Imlil à Ouaneskra

3 HEURES / 7 KM / 560 M DE MONTÉE

La première étape de cette randonnée est presque identique à la première journée du circuit du Toubkal, le sentier progressant rapidement en montagne. Une fois franchi le **Tizi n'Tamatert** (2 279 m), il vous reste 45 minutes de marche facile jusqu'au village d'**Ouaneskra** avec, en prime, une vue superbe sur la vallée.

Ouaneskra possède maintenant trois **gîtes** (50 Dh/pers, repas 20-50 Dh, douche chaude 10 Dh) bien tenus. Le premier, impeccable, est juste avant la rivière, les deux autres, à 5 minutes de là, marquent l'entrée et la sortie du village.

Si vous avez rejoint Ouaneskra le matin, vous pourrez passer l'après-midi dans la vallée d'Imenane, qui s'étend d'Ouaneskra et de Tacheddirt vers Asni, au nord-ouest. La terre y est cultivée avec soin, et l'on peut visiter les sept villages berbères isolés qui bordent la vallée.

Sinon, prenez de l'avance sur le trajet du lendemain en parcourant les 2 km (30 min) qui restent jusqu'à **Tacheddirt** (2 300 m). Pour cela, suivez la route pavée qui part sur la droite avant Ouaneskra et traversez le plateau d'Amagdoul, lieu de bivouac apprécié en été. À Tacheddirt, vous pouvez passer la nuit au **refuge du CAF** (dort membres CAF/HI/non-membres 30/45/60 Dh) ou chez un membre du personnel du refuge (40 Dh), mais la meilleure solution reste le gîte **Tigmmi n' Tacheddirt** (☎062 10 51 69 ; à partir de 50 Dh/pers), offrant une vue splendide et de bonnes installations.

PRÉPARATION DE LA RANDONNÉE D'IMLIL À SETTI FATMA

» **Carte** Procurez-vous la carte au 1/100 000 *Oukaïmeden-Toubkal* établie par le gouvernement.

» **Guides** Setti Fatma possède un **bureau des guides** (☎/fax 0524 42 61 13).

» **Transports** Des bus et des grands taxis (30 Dh) circulent entre Setti Fatma et la Bab er-Rob à Marrakech (67 km).

» **Prévisions météo** Le Tizi n'Tacheddirt, un col montagneux, est fermé de décembre à février, ainsi qu'en novembre et en mars. Assurez-vous qu'il est ouvert avant de vous lancer.

Randonnée d'Imlil à Setti Fatma

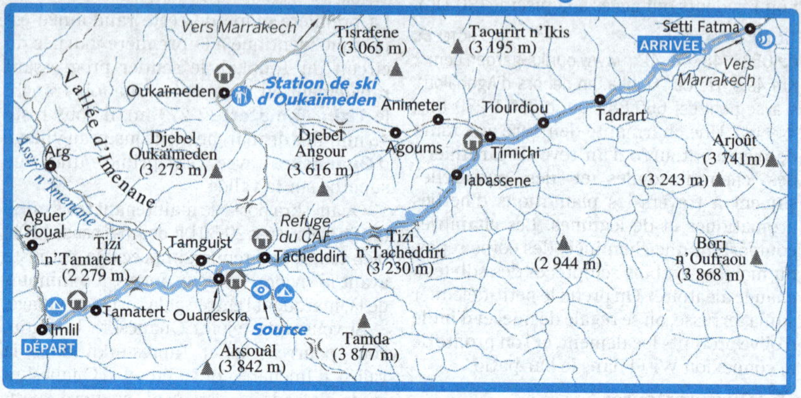

2e jour : d'Ouaneskra à Timichi

6-7 HEURES / 12 KM / 900 M DE MONTÉE / 1 300 M DE DESCENTE

Suivez le sentier muletier bien marqué qui mène d'Ouaneskra à Tacheddirt, en traversant une contrée de cultures en terrasses. À la sortie du village, le sentier entame une montée régulière d'environ 870 m jusqu'au **Tizi n'Tacheddirt** (3 230 m), visible tout au long du parcours.

Le sentier rocailleux suit la berge gauche du cours d'eau, puis s'élève en lacets pendant une demi-heure en direction de la face sud du djebel Angour (3 616 m). Balayé par les vents, le col offre un panorama fabuleux.

PRÉSENTATION DE LA RANDONNÉE

Durée : 3 jours (voire 2 jours pour les randonneurs confirmés)

Distance : 30 km

Niveau : facile à moyen

départ : village d'Imlil

Arrivée : Setti Fatma

Point culminant : Tizi n'Tacheddirt (3 230 m)

Hébergement : camping et gîtes

Transports publics : oui

Résumé : cette magnifique randonnée de trois jours, sans grande difficulté, traverse les régions les plus spectaculaires du Haut Atlas. Le parcours ne compte qu'un col rocheux de haute altitude, suivi d'une descente vers la haute vallée de l'Ourika.

Comptez 3 heures au moins pour l'exaltante descente vers Timichi. Vous tomberez sur un endroit idéal pour déjeuner, à l'abri du vent, 30 minutes après le Tizi n'Tacheddirt.

Le sentier poursuit sa descente entre des genévriers noueux et contourne le versant est du djebel Angour, où moutons et chèvres paissent dès le début du printemps. Quoique bien visible, la voie est très caillouteuse et, par moments, semble quelque peu suspendue au flanc de la montagne. Avancez très prudemment s'il pleut, le terrain étant alors dangereusement glissant.

Les tons du paysage passent progressivement du brun pâle au rouge, puis au vert. En fin de parcours, vous apercevrez les cultures en terrasses de Labassene. Dirigez-vous vers le vieux noyer à l'entrée du village et suivez le chemin qui longe les maisons avant d'obliquer vers le nord-est. Timichi n'est plus qu'à 2 km.

Deux gîtes, **Chez Ali Ouhya** (dort 30 Dh, douche chaude 10 Dh), à Labassene, et **Chez Oussalem Brahim** (dort avec douche chaude 40 Dh), à Timichi, vous attendent pour faire étape. Le second est installé sur la berge sud de la rivière, en face du village, et sa terrasse domine le village. Il est possible de commander des repas simples dans l'un ou l'autre gîte.

3e jour : de Timichi à Setti Fatma

3 HEURES 30-4 HEURES / 12 KM / 370 M DE DESCENTE

Traversez le lit de la rivière et tournez à droite pour emprunter un sentier facile qui se dirige vers l'est au-dessus de champs de maïs et de noyers. Vous traverserez Tiourdiou et d'autres petits villages, dont Tiourdiou, Anfli et Tadrart. On jouit en chemin d'une vue plongeante sur l'enchevêtrement des terrasses et des canaux d'irrigation. Fin mai et début juin, juste avant la récolte, l'or des champs d'orge offre un magnifique spectacle. À mesure que la vallée s'épanouit, le sentier monte le long des flancs dénudés de la montagne.

La voie devenant de plus en plus caillouteuse, vous pouvez décider de suivre, à partir de Tadrart, la mauvaise route qui conduit à Setti Fatma en 1 heure 30 de marche. Autrement, pour rester à l'écart de la circulation, il est aussi possible de suivre le cours de la rivière de Tiourdiou jusqu'à la fin du sentier à Setti Fatma, où vous pourrez vous régaler d'un tajine dans l'un des cafés installés au bord de l'eau.

SETTI FATMA ستي فتما

Village très touristique depuis une dizaine d'années, Setti Fatma est un endroit plaisant pour déjeuner au bord de la rivière ou pour une randonnée vers sept cascades. Le village se blottit dans une gorge au pied des montagnes du Haut Atlas, à l'extrémité sud de la vallée de l'Ourika, à 24 km au sud de l'embranchement pour Oukaïmeden à Aghbalou. Les randonnées jusqu'aux chutes vont de la promenade facile de 20 minutes aux marches ardues dans les cours d'eau. Ignorez les faux guides et adressez-vous au bureau des guides (ci-contre) pour trouver un guide officiel qui vous accompagnera à pied ou à dos de mulet.

Venez début mars, quand les amandiers et les cerisiers sont en fleurs, ou en août pour le *moussem* de 4 jours, avec une foire et un marché à la koubba (sanctuaire, mausolée) de Setti Fatma. En été, le village se remplit de visiteurs venus de Marrakech chercher un peu de fraîcheur. Pour échapper à la foule, rendez-vous plutôt dans la vallée du Zat (p. 122), bien préservée et superbe.

Où se loger et se restaurer

Hôtel-Restaurant La Perle de l'Ourika MAISON D'HÔTES, RESTAURANT €
(0666 34 95 99 ; d avec petit-déj 200-450 Dh ; menu 100-120 Dh). Une maison d'hôtes aux couleurs pimpantes, en bord de falaise, efficacement tenue par Ammaria, qui vous régalera de ses légendaires couscous de saison, aux champignons sauvages notamment. Chambres sans prétention, chaulées et lumineuses, avec couvre-lits colorés ; sdb communes.

Hôtel Asgaour HÔTEL, RESTAURANT €
(0666 41 64 19 ; ch jusqu'à 3 pers sans/avec sdb 100/150 Dh). L'Asgaour possède des chambres simples, propres et spacieuses, et des douches communes avec eau chaude (5 Dh). Les tajines (50-60 Dh) du restaurant sont fameux.

D'Oulmes à Setti Fatma, des deux côtés de la rivière, des cafés-restaurants rustiques proposent des tajines à prix doux. Certains de ceux de la rive orientale sont accessibles par des ponts instables en planches et en corde. Deux des meilleures adresses de Setti Fatma sont le **café-restaurant Imlil** (sur la rive gauche, près du parking, au bout du village), et le **café-restaurant Azrrabzou** (en face de la rivière), de l'autre côté d'un pont en planches branlant, parmi des amandiers. Tous deux servent des menus – salade, tajine/kebab et bouteille d'eau – pour 50-60 Dh, ou des tajines (50 Dh) assez copieux pour deux.

Renseignements

Bureau des guides (/fax 0524 42 61 13). À 200 m de l'Hôtel Asgaour. On vous y fournira des renseignements sur les treks jusqu'à Imlil (p. 107), à l'est vers Tourcht, au nord vers Imi-n-Taddert, vers Anammer et Tizi n'Oucheg dans la vallée des Aït Oucheg, et du plateau de Yaggour à la vallée du Zat.

Pharmacie Asgaour (10h-20h). Pharmacien serviable, bon choix de produits de premiers secours, de médicaments et d'articles de toilette et d'hygiène pour femmes.

OUKAÏMEDEN اوكيمدين

Connue comme l'unique station de ski du Maroc, Oukaïmeden (2 650 m), à 75 km de Marrakech, constitue également une bonne base de trekking pour découvrir des paysages lunaires, d'antiques pétroglyphes, et des **fleurs sauvages de montagne** au printemps ; le Club alpin français (CAF) vous indiquera les sentiers.

En hiver, les skieurs profitent de **7 pistes** de tous niveaux, de débutant à noire, de 6 remonte-pentes et du plus haut télésiège d'Afrique (3 243 m). Équipement, forfaits et leçons sont proposés à des prix étonnamment bas, comparés à ceux pratiqués en Europe. La saison s'étendait autrefois de fin janvier à mars, mais ces dernières années la neige devient rare en mars. Quand les pentes ne sont pas assez enneigées, les skieurs optent pour le **ski de fond** alentour, ou pour le "snowboard" sur les dunes de Merzouga (p. 160).

Bien avant l'arrivée des amateurs de sports d'hiver, une civilisation de haute altitude vivait à Oukaïmeden. En entrant dans le bourg, un panneau à droite de la route indique des **pétroglyphes**. Contre un modeste pourboire (10 Dh), un guide vous aidera à repérer six de ces énigmatiques symboles sculptés dans la paroi rocheuse : un chasseur, un taureau, un couteau, une silhouette humaine, un mystérieux cercle

VAUT LE DÉTOUR

JOURS PAISIBLES PRÈS DU LAC DE LALLA TAKERKOUST

Marrakech a beau être une ville envoûtante, on l'oublie aisément en seulement une heure de trajet sur la route d'Amizmiz, bourgade proche du barrage de Lalla Takerkoust et de son superbe lac artificiel. Là, des lieux dépaysants offrent un séjour de rêve, à deux pas d'oliveraies et de villages berbères.

Jnane Tihihit RIAD, FERME D'HÔTES €€

(☎0668 46 55 45 ; Douar Makhfamane ; www.riad-t.com/jnane-tihihit ; d 500-720 Dh ;). Octroyez-vous un moment de détente dans cette ferme d'hôtes alimentée en énergie solaire, dont les bungalows en pisé chaulé sont installés au milieu des grenadiers. Les gourmets pourront s'occuper des jardins de safran et apprendre à faire le couscous, pendant que les enfants aideront à nourrir les ânes et les poules de la basse-cour. Paressez au bord de la piscine ou sur la plage au bord du lac, faites-vous dorloter au hammam ou blottissez-vous près de la cheminée dans la bibliothèque. Le Jnane est sur la droite, à 500 m de la borne du Km 40 sur la route d'Amizmiz, à Douar Makhfamane.

Tigmi HÔTEL DE CHARME €€€

(☎0524 48 40 20 ; Km 24, route d'Amizmiz, Douar Tagadert ; www.tigmi.com ; s/d demi-pension 1 750/2 250 Dh, ste 2 100 Dh ;). Les transats au bord de la piscine surplombent l'oasis de palmiers qui se déploie au pied de ce village berbère. L'architecte tunisien Charles Boccara a conçu cet hôtel de charme en utilisant des matériaux locaux, sans sacrifier au confort : les chambres ont des cheminées en briques, des couvre-lits en sabra posés sur d'épaisses couettes, de hauts plafonds aux poutres en bois de palmier et d'épais tapis rouges de Chichaoua. Après une balade dans l'oasis, rentrez vous détendre au hammam et offrez-vous un massage à l'huile d'argan.

Dar Zitoune DAR DE CAMPAGNE €€

(☎0662 40 83 80 ; Douar Zii ; www.dar-zitoune.com ; s avec petit-déj 480-530 Dh, d 660-810 Dh). Fuyez l'agitation citadine dans cette demeure campagnarde en pierre, avec piscine dans le jardin et spacieuses chambres aux meubles berbères. Au petit-déjeuner, attardez-vous dans le patio surplombant un patchwork de terres cultivées. Au hammam, on peut préférer les nombreux loisirs proposés (équitation, excursion à dos de dromadaire, en quad, pêche, chasse, plongée,etc.). Le Dar Zitoune est en retrait de la route d'Amizmiz.

dont on pense qu'il représente la puissance féminine, et un animal ressemblant à un daim mais qui est plus probablement un éléphant.

Où se loger et se restaurer

Refuge du CAF AUBERGE DE JEUNESSE €

(☎0524 31 90 36 ; www.caf-maroc.com ; dort membres/non-membresCAFouHI69/110Dh,douche chaude 5 Dh ;). Il abrite des lits en dortoirs chauffés (4-8 places), un bar-restaurant (petit-déj/plat/repas 22/60/80 Dh, bière 15-32 Dh, vin 65-120 Dh), une cuisine bien équipée, une bibliothèque, et offre une connexion Wi-Fi. Vous devrez apporter un sac de couchage. On vient au besoin chercher les groupes à Marrakech (400 Dh/1-4 pers en grand taxi, ou 700-900 Dh/9-12 pers en minibus ou 4x4). À la vente : des guides de randonnée en français. Réductions sur les repas et l'hébergement pour les moins de 16 ans.

Hôtel Chez Juju HÔTEL €€€

(☎0524 31 90 05 ; www.hotelchezjuju.com ; d en demi-pension 1 330-1 580 Dh). Un restaurant fiable, avec bar (whisky et vin 60-120 Dh), et des chambres modestes de style alpin, avec sdb. Les doubles rénovées, plus agréables, sont lambrissées de pin et ont vue sur la montagne. Les chambres du fond, plus lugubres, ont une sdb en angle protégée par un simple rideau.

Hôtel-club Louka HÔTEL €€€

(☎0524 31 90 41 ; www.clublouka.com ; s/d 850/1100 Dh, chalet 3 900 Dh ;). Reconnaissable à sa haute façade pentue qui se détache sur les sommets enneigés en hiver, un hôtel de 101 chambres sans grand caractère, avec un restaurant-*lounge* international tout aussi quelconque (petit-déj/dîner 110/240 Dh). Il présente néanmoins l'avantage d'avoir une grande piscine intérieure et un hammam, et propose aussi de nouveaux chalets alpins en bois logeant 4 personnes (baies vitrées et cheminée au rez-de-chaussée, chambres en mezzanine et saunas finlandais à l'étage). Téléphoner : hors saison, l'hôtel ferme souvent pour travaux d'entretien.

Depuis/vers Oukaïmeden

Si vous n'avez pas de voiture, vous avez tout intérêt à opter pour les transports du Club alpin français. Sinon, louez un grand taxi au départ de la Bab er-Rob à Marrakech (400-600 Dh).

Djebel Toubkal et Haut Atlas

Bienvenue dans la plus haute chaîne montagneuse d'Afrique du Nord, surnommée par les Berbères "Idraren Draren" ("montagnes des montagnes"), et paradis des randonneurs du printemps à l'automne. Le Haut Atlas traverse le Maroc en diagonale sur près de 1 000 km, mais c'est dans la région du Toubkal que se trouvent les plus hauts sommets. Et comme ces montagnes ne sont qu'à 2 heures 30 de Marrakech, c'est aussi la région du Haut Atlas la plus visitée.

La toute première route fut ouverte dans cette région reculée au début du XXe siècle pour franchir le col de Tizi n'Test. Avant cela, l'unique moyen de se déplacer dans ces montagnes était d'emprunter les sentiers muletiers entre le Sahara et les plaines du Nord. On peut encore suivre à pied ces anciennes pistes, et marcher sur les pas des intrépides pèlerins et marchands du désert, sous le bleu limpide du ciel africain.

Pour un étourdissant bol d'air pur, grimpez au sommet enneigé du djebel Toubkal, le point culminant d'Afrique du Nord. Des sentiers sillonnent le Haut Atlas (voir p. 113) au départ des camps de base d'Imlil. En route vers Imlil, il est possible de faire étape à **Asni**, à 47 km au sud de Marrakech, pour manger un tajine au bord de la route et flâner dans le **souk du samedi**, où l'on voit parfois des stands de tapis et de bijoux en argent berbères au milieu des étals de fruits et des ânes vendus aux enchères. Tout le reste du chemin peut s'effectuer ensuite à pied en 6 heures environ. D'Asni, un ancien chemin muletier traverse la **vallée de Mizane** et passe par de petits hameaux berbères avant de rejoindre Imlil.

Depuis/vers le djebel Toubkal et le Haut Atlas

De Bab er-Rob à Marrakech, des bus locaux (15 Dh, 1 heure 30) et des grands taxis (30 Dh, 1 heure) partent fréquemment pour Asni. Des minibus locaux et de rares taxis relient Asni et Imlil (17 km, 15-20 Dh, 1 heure). En voiture, comptez au moins 2 heures 30 entre Marrakech et Imlil.

IMLIL إمليل

Destination favorite des randonneurs et des Marrakchis cherchant à fuir la chaleur, Imlil (1 740 m d'altitude) n'est qu'à 5 heures de marche du pied du djebel Toubkal. Si vous venez de Marrakech pour la journée, vous pouvez randonner d'Imlil jusqu'à la localité voisine d'Aroumd, mais, au printemps, il serait sacrilège de ne pas passer la nuit sur place pour se réveiller dans les contreforts couverts de fleurs du Haut Atlas.

Où se loger et se restaurer

Les prix des gîtes augmentent d'au moins 15% en haute saison, d'avril à octobre ; certaines adresses ferment de novembre à février. Vous trouverez d'autres gîtes non loin à Aroumd.

Douar Samra DAR, MAISON D'HÔTES €€
(☎0524 37 86 05 ; www.douar-samra.com ; village de Tamartet ; 480-645 Dh/pers demi-pension ; Wi-Fi). À l'extrémité est de la vallée qui fait face à Imlil, un sentier zigzague entre des maisons basses en pisé. Celle à trois niveaux est la pension Douar Samra. Un mouton parqué sur un toit-terrasse voisin bêle pour saluer les arrivants, et des marches taillées dans la pierre mènent aux chambres aux poutres apparentes éclairées de bougies. Des ânes transportent les bagages, mais il y a une connexion Wi-Fi dans le jardin bio. Au coucher du soleil, on prend l'apéritif sur la terrasse. Les chambres donnant sur le jardin peuvent accueillir les familles. On peut aussi loger dans une cabane en rondins.

Kasbah du Toubkal CASBAH €€€
(☎0524 48 56 11, 33 0549 050135 ; www.kasbahdutoubkal.com ; dort avec petit-déj 1 440-1 780 Dh, d 1 780-2 780 Dh, ste 3 440-4 890 Dh ; Wi-Fi). Cette ancienne casbah (1 800 m d'altitude) domine Imlil et jouit d'une vue panoramique sur les pics enneigés et les vallées verdoyantes. Elle compte 11 chambres joliment décorées et des "salons berbères" où familles et groupes peuvent dormir dans des lits superposés. Hammam traditionnel, guides de montagne, jeux de société, Wi-Fi et savoureux repas (160-390 Dh). Il faut rester 2 nuitées minimum ; la commission de 5% prélevée sur les séjours a contribué à la construction d'une école de filles et à l'achat d'une ambulance.

Atlas Gîte Imlil AUBERGE €
(Chez Jean Habib ; ☎0524 48 56 01 ; http://toubkal-maroc.voila.net ; Imlil ; d demi-pension 350-550 Dh ; ⏲mars-oct ; Wi-Fi). Il faut franchir une pergola pour rejoindre cette retraite de montagne aux équipements inattendus :

un jardin à l'ombre d'un marronnier, des transats, une connexion Wi-Fi à la réception, ainsi qu'un hammam (60 Dh) coiffé d'une coupole. Les chambres ont des sdb communes et certaines doubles profitent d'une belle vue. Le bar-restaurant sert des plats marocains avec un soupçon de vin de Bourgogne.

Riad Ouassaggou DAR, MAISON D'HÔTES €
(☎0667 49 13 52 ; www.guesthouseouassaggou.com ; Douar Aït Soukka ; d avec petit-déj 320-400 Dh ; ❄@). Un verger planté de noyers profile son ombre sur le sentier de vallée, à l'est d'Imlil, qui mène à cette maison d'hôtes de 8 chambres, où vous serez reçu par Houssein, guide de montagne, et sa famille. Les confortables chambres possèdent une sdb (douches), dont une avec une baignoire en *tadelakt*. Terrasse ensoleillée, Internet et machines à laver (10 Dh). Les repas maison se composent d'une soupe, d'un tajine et d'un dessert (100 Dh).

Hôtel Étoile de Toubkal HÔTEL €
(☎0524 48 56 18 ; s/d avec petit-déj 120/180 Dh, d avec sdb 250-300 Dh). La vue sur le parking à l'entrée du village n'a rien d'excitant, mais les 10 chambres disposent toutes d'un balcon, de portes en bois sculpté, de poutres apparentes, et certaines ont une sdb avec douche en *tadelakt*. Tables dans le jardin. Possibilité de laver son linge, cartes de crédit acceptées.

Riad Imlil MAISON D'HÔTES €€
(☎0524 48 54 85 ; www.riadimlil.com ; s/d avec petit-déj 500/770 Dh ; ❄Wi-Fi). Une maison d'hôtes en pierre au style marrakchi, comportant 20 confortables chambres climatisées – mobilier artisanal, fenêtres en fer forgé et sdb modernes. Connexion Wi-Fi, repas dans le salon agrémenté d'une cheminée.

Hôtel el-Aïne HÔTEL €
(☎0524 48 56 25 ; d avec petit-déj sans/avec sdb 300/350 Dh ; Wi-Fi). Lumineuses et plaisantes, les chambres, à l'étage, entourent une cour paisible où pousse un vieux noyer. Douches chaudes, repas copieux (70 Dh à 90 Dh) et toilettes communes.

Café-Hôtel Soleil HÔTEL €
(☎0524 48 56 22 ; www.hotelsoleil.com ; d avec petit-déj sans/avec sdb 300/350 Dh ; Wi-Fi). Adresse conviviale abritant 5 chambres spartiates de style dortoir et 8 chambres rénovées avec sdb. On prend les repas (70-90 Dh) dans le restaurant en bord de rivière. En face du bureau des guides, de l'autre côté du parking du centre.

Refuge du CAF AUBERGE DE JEUNESSE €
(☎0524 48 56 12 ; www.caf-maroc.com ; dort membres/non-membres CAF et HI 45/60 Dh, camping avec douche par pers/tente 30/20 Dh). Ce refuge d'alpinistes offre des emplacements de camping, des lits superposés, une cuisine et des douches chaudes. Pique-niques (50 Dh), repas chauds (80 Dh) et consigne à bagages (10 Dh/j).

Renseignements

Le **bureau des guides** (☎/fax 0524 48 56 26) d'Imlil, très pratique, permet de se documenter et d'engager un guide. Les agences de voyages de Marrakech organisent aussi des treks dans le Toubkal accompagnés de guides.

AROUMD

Pour profiter de l'hospitalité berbère en s'éloignant de tous les randonneurs stationnés à Imlil, il faut grimper 3 km jusqu'au village d'Aroumd (aussi appelé Armed), situé à 1 960 m d'altitude. On peut aussi emprunter la piste carrossable qui part d'Imlil, mais le sentier passe devant un joli cours d'eau, des maisons de pierre et des vergers ombragés. Suivez le chemin en montée (direction sud-ouest) qui traverse Aroumd jusqu'au **numéro 106** (repérez la porte ocre). Les femmes de la maison invitent les marcheurs à prendre le thé au milieu des moutons et des tapis fabriqués avec des T-shirts découpés en lanières, le tout en profitant de la vue sur les vergers et les montagnes (pourboire de 20 Dh grandement apprécié).

Où se loger et se restaurer

Les Roches Armed/Chez Lahcen DAR, MAISON D'HÔTES €
(☎067 644915 ; dort 40 Dh, d demi-pension 150 Dh/pers). Tout en haut d'Aroumd, les hôtes profitent ici d'une vue à 360° sur les montagnes, admirent les cours-jardins et bavardent au coin du feu dans le salon, avant de se retirer dans leurs chambres aux plafonds en *tataoui* (palme tressée) ou dans les dortoirs très propres. Sdb communes bien tenues comportant des douches chaudes. La cuisine concoctée avec des produits du Haut Atlas est servie dans de la vaisselle décorée de motifs berbères.

Dar Warawt/Chez Omar Jellah DAR, MAISON D'HÔTES €
(☎0667 41 46 23 ; omarjellah@yahoo.co.uk ; 50 Dh/pers). Idéale pour qui randonne en famille ou en groupe, cette maison d'hôtes se compose d'un appartement neuf tout équipé, aménagé au rez-de-chaussée de la maison d'Omar Jellah, un guide

anglophone. Au-delà des portes en forme d'arche s'étendent un salon avec vue sur le djebel Toubkal, des chambres ornées de stucs, et une belle cuisine garnie d'appareils neufs. Vous pouvez l'utiliser ou commander des repas (100 Dh).

Dar Adrar DAR, MAISON D'HÔTES €
(☎070 726809 ; www.daradrar.com ; s/d avec petit-déj 130/200 Dh, avec sdb à partir de 250/300 Dh). Haut perché en face d'Aroumd, le Dar Adrar loue des chambres modestes avec vue sur les montagnes. Il dispose d'un hammam (40 Dh). Mohamed Aztat, le propriétaire et guide de montagne, est une mine d'informations et de conseils.

Hôtel Armed HÔTEL €
(☎0524 48 57 45 ; s/d avec petit-déj 150/300 Dh). En face d'Aroumd, de l'autre côté de la vallée, cet hôtel-restaurant propose des chambres sans chichis avec lits durs, des douches chaudes, une terrasse panoramique et une délicieuse cuisine berbère (les guides locaux se restaurant ici). Au besoin, on vous aidera à organiser une randonnée.

Camping-Auberge Atlas Toubkal/Chez Omar le Rouge CAMPING, AUBERGE €
(☎0524 48 57 50 ; s/d 50/100 Dh, camping 15 Dh/pers ; Ⓟ). Camping à flanc de montagne avec parking (10 Dh) ou chambres sommaires équipées de matelas durs. Il y a des parties communes, notamment les douches chaudes (10 Dh) et la salle à manger (petit-déj/tajine 20/40 Dh).

ASCENSION DU DJEBEL TOUBKAL
تساق جبل توبقال

Point culminant de l'Afrique du Nord, le djebel Toubkal (4 167 m) ne nécessite pas d'être un alpiniste chevronné. En été, toute personne en bonne forme physique peut rejoindre le sommet. Début octobre, les participants au **marathon du Toubkal** (www.toubkaltrail.com) parcourent 42 km (montée et descente) sur le djebel Toubkal. Le record est actuellement détenu par une Italienne chez les femmes (7 heures et 23 min), et par un Marocain originaire d'Imlil chez les hommes (5 heures et 39 min). Pour les ultra-marathoniens, les organisateurs ont ajouté au marathon un itinéraire de 106 km dans le Haut Atlas, appelé l'**Ultra trail du Toubkal**.

Même si les 3 313 m de montée au départ d'Imlil ne présentent pas de difficultés techniques particulières, il faut savoir que le Toubkal est réputé pour son climat changeant très rapidement, ses pentes escarpées d'éboulis volcaniques, et le mal des montagnes généré par l'altitude. Les randonneurs prévoiront suffisamment de temps pour monter à un rythme lent et régulier, de sorte à s'acclimater. Pour une ascension encore plus tranquille, vous pouvez camper en chemin à Sidi Chamharouch. L'ascension du Toubkal peut se combiner avec celle de sommets voisins. Les randonneurs en excellente condition physique profitent même de l'occasion pour gravir le djebel Ouanoukrim (4 088 m).

PRÉSENTATION DE LA RANDONNÉE

Durée : 2 jours

Distance : 22 km

Niveau : moyen à difficile

Départ/arrivée : village d'Imlil

Point culminant : Djebel Toubkal (4 167 m)

Hébergement : camping et refuges

Transports publics : oui

Résumé : c'est la randonnée la plus appréciée du Haut Atlas, avec des vues du sommet imprenables. L'itinéraire est assez facile, mais l'ascension au milieu de pierriers n'a rien d'aisé et peut être éprouvante. Par ailleurs, certaines personnes peuvent souffrir du mal des montagnes. Mieux vaut effectuer cette randonnée en été ou en automne, et bien se renseigner sur les conditions météorologiques avant de partir – il peut y avoir de la neige, même en juin.

1er jour : d'Imlil au refuge du Toubkal
5-6 HEURES / 10 KM / 1 467 M DE MONTÉE

Le Toubkal se dresse au-dessus de vous dès que vous vous engagez sur le sentier de randonnée, à Imlil. Dans l'idéal, il faut se mettre en route très tôt le matin pour monter vers le refuge du Toubkal, car le sentier grimpe sans discontinuer et il n'y a pas beaucoup d'ombre après Aroumd. Suivez la piste qui mène à **Aroumd** (Armed) et passe devant la **Kasbah du Toubkal** (voir p. 111). Au-delà, l'ascension continue en zigzag pour rejoindre la route à Aroumd, où d'impressionnantes pentes semblent se refermer sur vous.

Après Aroumd, traversez la plaine rocheuse et empruntez le sentier muletier bien tracé qui monte en direction d'un très gros rocher surplombant la rive est de l'Assif Reraya, et mène ensuite au hameau

PRÉPARATION DE L'ASCENSION DU TOUBKAL

» **Cartes** Nous recommandons les mêmes cartes que pour le circuit du Toubkal (p. 117).

» **Eau** Purifier l'eau de source est une solution plus écologique que d'emporter de l'eau en bouteille (voir p. 40), mais vous ne trouverez pas de sources en chemin. De juin à octobre, emportez de l'eau en quantité suffisante.

» **Guides** Bien que l'itinéraire soit indiqué, il est recommandé de faire l'ascension avec un guide, d'autant plus si l'on est un alpiniste inexpérimenté et lorsque les conditions météorologiques sont variables, d'octobre à juin. Les guides licenciés et dotés d'une solide expérience sont répertoriés au **bureau des guides** (☎/fax 0524 48 56 26) d'Imlil.

» **Provisions** Repas et en-cas sont disponibles au refuge du Toubkal et au refuge du Mouflon. Vous pourrez aussi trouver de quoi déjeuner à Imlil, ainsi qu'un grand choix d'en-cas à emporter dans les supermarchés de Marrakech.

» **Mules** Pour ce trek de deux jours requérant le strict minimum de matériel, la plupart des randonneurs expérimentés n'auront pas besoin de mule. Toutefois, les guides peuvent se charger de recruter des muletiers et leurs animaux.

» **Matériel** Emportez un sac de couchage. Vous n'aurez pas besoin de tente, à moins de préférer camper plutôt que de loger dans les refuges. Le cas échéant, demandez à votre guide d'en prévoir une.

de **Sidi Chamharouch** (2 310 m), du nom du marabout de la localité. Selon la légende, Sidi Chamharouch serait le roi des djinns (génies), ce qui explique peut-être pourquoi son mausolée (interdit aux non-musulmans) ne renferme aucune dépouille.

L'afflux de pèlerins et de randonneurs a fait surgir, presque à mi-chemin entre Imlil et le refuge du Toubkal, quelques échoppes qui vendent des boissons, de la nourriture et des souvenirs. Après le sanctuaire du marabout, à gauche du sentier, se trouvent des cascades, des piscines naturelles et un superbe emplacement à l'ombre des rochers, parfait pour pique-niquer.

Après le pont de Sidi Chamharouch, le sentier caillouteux s'éloigne de la rivière pendant quelques kilomètres pour zigzaguer au-dessus de la vallée. Il s'aplanit ensuite et rejoint le cours d'eau. Lorsqu'on aperçoit le **refuge du Toubkal**, juste au pied du versant ouest du djebel Toubkal, on n'est plus qu'à 1 heure de marche du but.

2e jour : l'ascension

9 HEURES / 12 KM / 960 M DE MONTÉE ET DE DESCENTE

Mieux vaut partir tôt pour éviter les morsures du soleil – il n'y a pas pas d'ombre, seulement des rochers. Prévoyez de l'eau, des en-cas et des vêtements chauds. Si vous arrivez directement d'Imlil, vous n'aurez pas eu le temps de vous acclimater à l'altitude : adoptez un pas lent et régulier de sorte à éviter le mal des montagnes. Si les symptômes se traduisent par de violents maux de tête ou des vomissements, redescendez au plus vite. Ne cédez pas à la tentation de vous allonger pour dormir.

Deux cirques glaciaires dévalent le flanc ouest du Toubkal, séparés par la crête ouest/nord-ouest qui descend du sommet. Le cirque du sud, itinéraire le plus emprunté, commence immédiatement derrière le refuge, à gauche, où il faut franchir la rivière et prendre la direction de l'est vers la pente d'éboulis.

Commencez l'ascension sur le sentier, bien tracé, qui part à gauche de la pente. Traversez un champ de gros rochers, puis grimpez le chemin qui monte en lacets jusqu'au **Tizi n'Toubkal** (3 940 m), situé à l'aplomb. Ensuite, le sentier tourne vers la gauche (direction nord-est) et suit la crête jusqu'au sommet (4 167 m). Comptez jusqu'à 4 heures (selon votre forme et la météo) jusqu'au sommet.

Redescendez par le même chemin, et obliquez à gauche quand vous arrivez en vue du refuge. Cette descente ne devrait prendre que 2 heures 30, après quoi, vous pouvez regagner directement Aroumd ou Imlil. Si vous prévoyez de passer une deuxième nuit au refuge, vous pouvez descendre par l'itinéraire plus long appelé Ihibi sud, ou circuit sud. C'est une marche facile qui permet de rejoindre le refuge en 4 heures. À l'arrivée, vous pourrez vous régaler d'un chocolat chaud.

CIRCUIT DU TOUBKAL جولة جبل توبقال

Outre la découverte de majestueux sommets et de vues splendides sur le djebel Toubkal, ce circuit permet de se familiariser avec le mode de vie berbère dans de lointains villages du Haut Atlas. Emportez du matériel de camping, même s'il est possible, au prix de petits détours, de passer de temps à autre la nuit dans des gîtes villageois rudimentaires ou des refuges de montagne.

Niveau de difficulté

Cet itinéraire étant assez éprouvant, prévoyez un jour supplémentaire pour vous reposer. L'ascension du djebel Toubkal a lieu le sixième jour, ce qui en laisse cinq pour s'acclimater à l'altitude. Presque tout le parcours se déroule au-dessus de 2 000 m, avec plusieurs cols à plus de 3 000 m.

Quand partir

La période idéale s'étend de fin avril à fin juin : en avril-mai, vous profiterez de la floraison, et en juin, quand Marrakech est déjà écrasée de chaleur, les journées sont tout simplement agréablement chaudes. Les températures tombent souvent au-dessous de 0°C de novembre à mai. La neige tapisse alors les sommets et les cols les plus hauts. À cette saison, seules les basses vallées sont praticables, à moins d'avoir prévu cordes et crampons.

Au cœur de l'été, les journées sont longues et la neige inexistante (pas toujours du côté du Toubkal) mais, dans les vallées les plus basses, la chaleur devient parfois insupportable et l'eau fait cruellement défaut. C'est en juillet-août que le Haut Atlas connaît sa plus forte fréquentation. Pratiquer le trekking à cette période peut être formidable, à condition de marcher très tôt le matin et tard l'après-midi, ce qui laisse pas mal de temps pour déjeuner et se reposer à l'ombre, en milieu de journée.

Avant de partir, renseignez-vous sur les conditions météorologiques. En été, des crues soudaines peuvent se produire suite à d'impressionnants orages (il faut s'en souvenir avant de décider d'un emplacement

Circuit du Toubkal

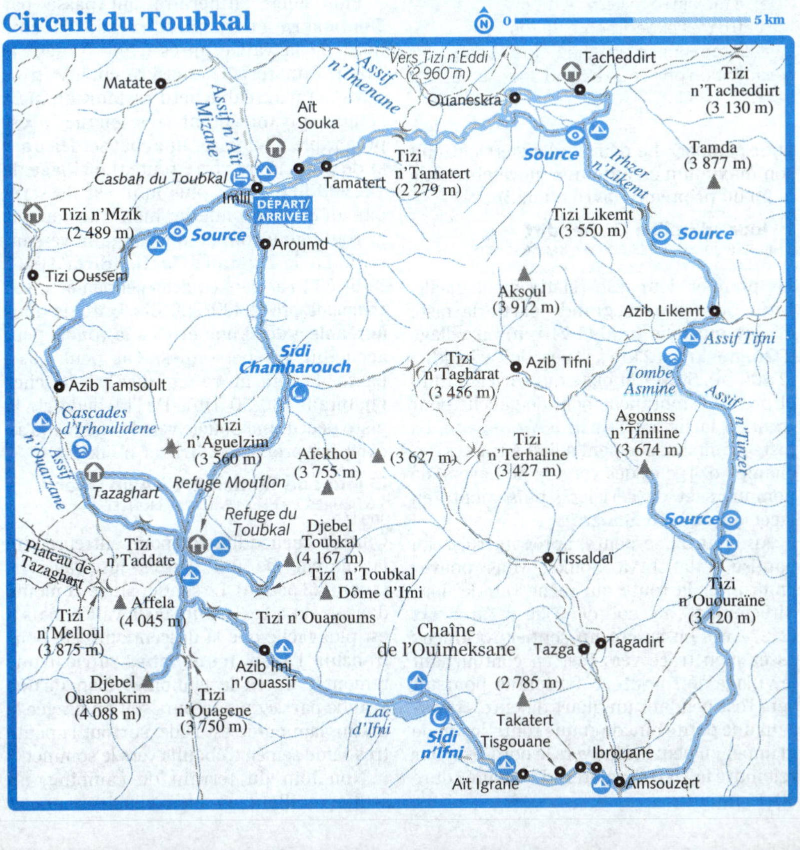

PRÉSENTATION DE LA RANDONNÉE

Durée : 7-10 jours

Distance : 60,2 km

Niveau : moyen à difficile

Départ/arrivée : village d'Imlil

Point culminant : djebel Toubkal (4 167 m)

Hébergement : camping, gîtes et refuges de montagne

Transports publics : oui

Résumé : facilement accessible depuis Marrakech, ce circuit autour du djebel Toubkal (dont on peut entreprendre l'ascension) traverse des paysages variés alternant vallées verdoyantes, villages berbères, sommets impressionnants et cols désolés. Cette randonnée est éprouvante, car les ascensions sont longues et pénibles, et le terrain rocailleux. À moins d'être très expérimenté, faites-vous accompagner d'un guide. Une bonne condition physique est indispensable.

pour camper). Le débit des rivières atteint son maximum en automne (novembre) et à la fin du printemps (avril ou mai).

1er jour : d'Imlil à Tacheddirt

3 HEURES 30-4 HEURES 30 / 9,5 KM / 560 M DE MONTÉE

Le premier jour est relativement facile. L'itinéraire suit en grande partie la piste de 4x4 qui relie **Imlil** (1 740 m) au village d'**Ouaneskra**, à 2 km à l'ouest de Tacheddirt (2 300 m). Suivez la piste qui traverse Imlil et prenez l'embranchement de gauche pour franchir la rivière, l'**Assif n'Aït Mizane**. La piste grimpe doucement à l'est à travers des champs d'orge et des vergers de noyers, de pommiers et de cerisiers, puis monte en lacets jusqu'à **Aït Souka**.

Au bout d'une heure, après un ruisseau baptisé Talat n'Aït Souka, vous pouvez emprunter la route qui mène vers le nord directement au col de **Tizi n'Tamatert** (2 279 m), ou suivre un sentier rocailleux assez bien tracé vers l'est en contournant le village de **Tamatert**. Ce sentier poursuit vers l'est pendant un quart d'heure, traversant une petite pinède et une route, avant de grimper en pente raide vers le nord-est pour rejoindre le Tizi n'Tamatert. La montée dure 30-45 minutes.

Au col, le **Bivi Thé**, un abri en tôle abîmé par les intempéries, propose à la vente sodas et thé à la menthe (seulement lorsqu'il y a assez de passage). Vers le nord-est, vous admirerez le **Tizi n'Eddi** (2 960 m), le col qui mène à Oukaïmeden, ainsi que le **Tizi n'Tacheddirt** (3 130 m), au nord-est duquel se déploie la magnifique **vallée de l'Ourika**.

La piste et la route goudronnée se rejoignent au Tizi n'Tamatert. De là, une marche facile de 45 minutes conduit à Ouaneskra. En chemin, vous profiterez de belles vues sur la vallée, les jolies maisons berbères et les terrasses luxuriantes de Talate n'Chaoute, de Tamguist et d'Ouaneskra.

Peu avant Ouaneskra, le chemin se scinde en deux. Le chemin muletier sur la droite traverse le côté sud de la vallée pour rejoindre un emplacement de camping idyllique, proche de la piste et de l'**Irhzer n'Likemt**, un cours d'eau. C'est aussi le point de départ de l'étape du lendemain.

Plus long, l'itinéraire qui passe par **Ouaneskra** et **Tacheddirt** suit le côté nord de la vallée après avoir franchi le Tizi n'Tamatert. Ouaneskra compte trois gîtes et un agréable petit restaurant, mais l'étape suivante étant très longue, il est préférable d'y faire une pause-déjeuner et de poursuivre votre route. Le village de **Tacheddirt**, 2 km plus loin, est desservi par un chemin muletier bien tracé ou par la route goudronnée qui longe le versant nord. Là, le **Tigmmi n'Tacheddirt** (☎0662 10 51 69 ; par pers en demi-pension avec sdb commune/privée 130/200 Dh), gîte le plus agréable à des kilomètres à la ronde, peut accueillir 50 personnes. On peut aussi passer la nuit au refuge du CAF ou chez l'habitant (30-50 Dh). De Tacheddirt, la piste décrit une boucle vers le sud jusqu'au camping proche de l'Irhzer n'Likemt.

2e jour : de Tacheddirt à Azib Likemt

5-6 HEURES / 9 KM / 1 200 M DE MONTÉE / 900 M DE DESCENTE

Quittez Tacheddirt tôt pour entreprendre la marche de 2-3 heures jusqu'au **Tizi Likemt** (3 550 m). Le sentier sinueux monte doucement à l'extrémité de la vallée mais il est plus facile que la descente directe pour franchir l'**Assif n'Imenane**, suivie d'une remontée après le camping. Bien qu'une grande partie du parcours soit ombragée le matin, la montée est rude, surtout la pente très raide semée d'éboulis vers le sommet.

Non loin du terrain de camping, un sentier caillouteux bien visible remonte,

PRÉPARATION DU CIRCUIT DU TOUBKAL

» **Cartes** La carte au 1/50 000 intitulée *Djebel Toubkal* couvre l'ensemble du circuit du Toubkal. Le **bureau des guides** (☎/fax 0524 48 56 26), à Imlil, en possède parfois quelques exemplaires. Si vous le pouvez, procurez-vous l'édition de 1994, claire et précise. La carte topographique au 1/100 000 intitulée *Carte des randonnées dans le massif du Toubkal* couvre aussi ce circuit. Ces deux cartes sont éditées par la Direction de la cartographie et sont disponibles dans les bureaux de l'organisme à Rabat, ou à l'Hôtel Ali, place Djemaa el-Fna à Marrakech (70 Dh/150 Dh). La *Carte des randonnées dans le massif du Toubkal* (1/100 000), éditée par le gouvernement marocain, indique les itinéraires de randonnée, mais manque de précision sur le plan topographique. Publiée par Orientazion, la carte *Toubkal and Marrakech* (1/50 000) est claire et résistante à l'eau, mais certains couloirs et certaines parois ne sont pas indiqués.

» **Guides** Le bureau des guides d'Imlil est le meilleur endroit où engager un guide licencié et expérimenté. Prévoyez au moins une journée pour trouver un guide et organiser la randonnée (si vous avez des exigences particulières, cela peut prendre plus de temps). Sur les 60 guides officiels basés dans la région du Toubkal, seulement une dizaine peuvent se trouver à Imlil en même temps. En haute saison, vous devrez peut-être engager un guide ayant l'expérience du Toubkal via une agence réputée de Marrakech (p. 73).

» **Mules** Les guides de montagne se chargent de recruter des muletiers et leurs animaux. Il faut savoir que les mules ont des difficultés à franchir le Tizi n'Ouanoums, à l'est du lac d'Ifni, et que de novembre à mai, certains secteurs sont impraticables avec ces animaux. Si ceux-ci sont contraints à de longs détours, vous devrez peut-être porter l'équivalent d'une journée de provisions et de matériel. Mettez bien les choses au clair au préalable avec le guide et le muletier.

» **Provisions** On peut se procurer des provisions de base (viande, fruits, légumes et pain) à Imlil, ainsi que des en-cas, des soupes et autres aliments pour la randonnée dans les supermarchés de Marrakech.

» **Eau** Purifier l'eau de source est une solution plus écologique que d'emporter de l'eau en bouteille (voir p. 40), mais vous ne trouverez pas de sources en chemin. Vous devrez donc emporter suffisamment d'eau.

» **Matériel** Après des chutes de pluie ou de neige, un bâton est utile pour marcher. Vous pourrez acheter de l'essence, du gazole et du kérosène à Marrakech ou à Asni.

» **Tente** Votre guide pourra vous trouver une tente. Le circuit décrit ici nécessite de camper en certains endroits, mais vous pouvez faire un détour jusqu'à un refuge, ou éventuellement vous passer de tente en été.

au cœur du ravin, sur la rive est du lit de la rivière (que vous traverserez cependant à deux reprises), ce qui vous prendra environ 50 minutes. Ensuite, le sentier bifurque à gauche (vers le sud-est) pour atteindre le col. Depuis le sommet du Tizi Likemt, on jouit d'une vue superbe sur les vallées verdoyantes et les pics déchiquetés. Par beau temps, on aperçoit même Oukaïmeden et le djebel Toubkal au loin.

Le sentier caillouteux qui redescend sur l'autre versant (vers le sud-est) passe au bout de 30 minutes devant une source semi-permanente, sur la gauche. Environ une heure plus tard, on atteint les pâturages irrigués au-dessus d'**Azib Likemt**. Un *azib* est une estive (pâturage d'été), et les bêtes paissent à Azib Likemt (2 650 m) de mai à octobre, tandis que les gens du coin cultivent des céréales sur les terrasses irriguées.

Vous trouverez peut-être à loger chez l'habitant ou à planter votre tente à Azib Likemt. Sinon, redescendez par les terrasses jusqu'à l'**Assif Tifni**. Franchissez-le, tournez à droite et remontez le courant jusqu'à de gros rochers ; là, un terrain plat proche de l'eau vous permettra de planter votre tente.

3e jour : d'Azib Likemt à Amsouzert

6 HEURES-6 HEURES 30 / 15,2 KM / 470 M DE MONTÉE / 1 380 M DE DESCENTE

Moins éprouvant que celui de la veille, le parcours qui conduit directement à Amsouzert, au sud, donne l'occasion d'emprunter de beaux chemins de crête. À **Azib Likemt**, le sentier bien marqué part à l'arrière du terrain de camping vers le sud, gravit le flanc de la montagne et s'engage dans les impressionnantes gorges creusées par l'**Assif n'Tinzer**. Surplombant la berge est de la rivière, il sinue au-dessus de la **cascade de Tombe Asmine** avant de redescendre vers la rive. Il faut ensuite longer la rivière pendant environ 2 heures entre d'étonnantes falaises et de vastes pâturages. Ensuite, un sentier bien visible remonte la vallée jusqu'au **Tizi n'Ououraïne** (3 120 m ; aussi appelé Tizi n'Ouaraï). Ce col offre une vue superbe sur la face est du Toubkal, le **dôme d'Ifni** (3 876 m) et le reste de ce massif tourmenté, auxquel s'opposent, au nord-ouest, les formes arrondies de l'**Agounss n'Tiniline** (3 674 m), à 1 heure 30 de marche, ainsi que d'autres sommets aux contours moins accidentés, à l'est.

Au-delà du col, le chemin traverse l'embouchure de la vallée pour atteindre un éperon où se rejoignent plusieurs sentiers. L'un d'eux part au sud-ouest pour descendre la crête jusqu'à **Tagadirt** (après 50 m, admirez la vue sur le **djebel Siroua**), mais prenez à gauche (vers le sud-est) et suivez le chemin muletier en direction du sud. Traversez le début d'une autre vallée et longez un éperon pour atteindre la crête après 1 heure 30 de marche. Le **lac d'Ifni** se dessine à l'ouest. Un quart d'heure plus tard, juste avant deux affleurements pointus, le sentier se scinde en deux. Prenez à droite et poursuivez tranquillement la descente vers le sud jusqu'à un grand cairn. Descendez vers le sud-ouest, puis vers l'ouest jusqu'au bout de l'éperon rocheux, et vous atteindrez **Amsouzert** (1 797 m) en 30 minutes.

Village prospère (si l'on en juge par sa mosquée et sa demi-douzaine de paraboles), Amsouzert s'étend de part et d'autre de la rivière. Si vous envisagez une journée de repos, voilà l'endroit rêvé. Près de l'école, un salon de thé est aménagé en plein air, à l'ombre d'un immense noyer, où il est possible de **camper** (20 Dh/tente). Sinon, vous pouvez loger au **gîte Himmi Omar** (dort 40 Dh, tajine 30 Dh).

Le village compte quelques petites échoppes et plusieurs cafés situés à l'ouest de la rivière. Tôt le matin, des transports collectifs rejoignent la N10 qui relie Marrakech à Ouarzazate. À 3 km au sud d'Amsouzert, un autre village appelé Imlil (à ne pas confondre avec le point de départ du sentier, à Imlil, sur le versant nord de la chaîne) s'anime lors de son **marché du mercredi**, où l'on vend des herbes sauvages, de vieux outils ou des mules.

4e jour : d'Amsouzert à Azib Imi n'Ouassif

5 HEURES 30-6 HEURES/10,5 KM/1 100 M DE MONTÉE

Entre novembre et juin, les mules ne pourront pas continuer au-delà du lac d'Ifni, le plus grand lac du Haut Atlas. Les muletiers doivent les conduire au refuge du Toubkal via Sidi Chamharouch, et vous devrez porter vous-même le nécessaire jusqu'à **Azib Imi n'Ouassif**, puis au-delà du **Tizi n'Ouanoums** (3 600 m), jusqu'au refuge du Toubkal.

On quitte **Amsouzert** par la piste nivelée et bien marquée des 4x4 en direction du nord-ouest et du lac d'Ifni, en surplombant la berge nord de la rivière. Vous passerez par les villages d'**Ibrouane**, **Takatert** et **Tisgouane** avant de rejoindre **Aït Igrane**, doté de quelques cafés et du **gîte Belaïde** (dort 40 Dh). Il y a aussi un **camping** (30 Dh) ombragé sur un terrain plat pierreux, juste après le Café Toubkal, qui dispose d'une douche froide et de toilettes.

En quittant Aït Igrane, poursuivez votre chemin sur la piste des 4x4 qui longe la rivière vers le nord-ouest, prenez l'étroit sentier muletier à l'endroit où la piste des 4x4 franchit la rivière, puis tournez à gauche toute. Le sentier muletier contourne la rive nord du **lac d'Ifni** (2 295 m), traversant un paysage rocailleux, austère et inhospitalier. Le sentier, d'abord très escarpé, redescend ensuite jusqu'à la pointe nord-est du lac d'Ifni, vaste étendue verte où l'on pêche la truite. La marche jusqu'au lac devrait durer 3 heures. Avant d'atteindre le rivage, vous passerez devant une sorte de **cabane** indiquée "café", où l'on ne peut en fait acheter que de l'eau, des rafraîchissements et commander un tajine – à condition qu'il y ait quelqu'un.

Sur la petite plage de la rive nord, des **abris en pierre** offrent ombre et repos. Le sol pierreux est dépourvu de végétation, mais vous pouvez vous baigner dans les eaux fraîches du lac. S'il pleut, camper à proximité du col suivant peut se révéler dangereux, et vous avez tout intérêt à dénicher un emplacement en surplomb du lac.

Chaque année, un *moussem* réunit, 3 jours durant en octobre, les habitants des villages des environs. Ils se rassemblent autour du lac d'Ifni pour célébrer le marabout dont la **tombe** trône dans un bel isolement au-dessus de la pointe sud-est du lac. Un sentier y mène depuis la berge nord-est.

Au départ de la berge nord-ouest, le sentier traverse la vaste partie asséchée du lac d'Ifni. Ensuite s'amorce la montée très raide qui mène au **Tizi n'Ouanoums** (3 600 m). Le sentier grimpe au cœur d'une gorge rocheuse, en restant sur la berge sud du cours d'eau. À 3,5 km du lac, **Azib Imi n'Ouassif** (2 841 m) se trouve au croisement de gorges spectaculaires. Au-delà de ce site, le chemin grimpe sans relâche jusqu'au Tizi n'Ouanoums. À l'approche du sommet, le vent se met à souffler et il y a quelques petites cascades à l'eau très froide. Vous trouverez aussi plusieurs zones plates (mais rocailleuses) où planter votre tente, ainsi que des abris naturels dans les falaises alentour, utilisés par les bergers depuis des lustres.

5e jour : d'Azib Imi n'Ouassif au refuge du Toubkal

4 HEURES/4 KM/759 M DE MONTÉE/393 M DE DESCENTE

Le sentier qui conduit au Tizi n'Ouanoums part immédiatement au nord-ouest de l'emplacement de camping. Il grimpe à travers un paysage particulièrement rocailleux et accidenté. La montée est raide et éreintante, mais vous serez largement récompensé par la vue sur l'**Assif n'Moursaïne**, bordé par les crêtes dentelées de l'**Adrar bou Ouzzal** et de l'**Ouimeksane**. Le sentier traverse le cours d'eau à plusieurs reprises, pour atteindre le col en quelque 2 heures (on peut faire halte au bout d'une heure sous un abri en pierre proche d'une source). Même en plein été, il fait souvent très frais au sommet, avec un vent violent, et la neige subsiste dans des crevasses qui ne voient pas le soleil.

Sur l'autre versant du col, la descente est parsemée de rochers assez traîtres et de passages enneigés jusqu'en juillet. De là, le djebel Toubkal s'offre au regard. À l'ouest, un chemin conduit au **Tizi n'Melloul** (3 875 m). Une fois en bas, le parcours, plus facile, s'oriente vers le nord jusqu'au refuge du Toubkal (3 207 m), à environ 2 heures de marche du Tizi n'Ouanoums.

Anciennement connu sous le nom de Neltner, le **refuge du Toubkal** (☎064 071838 ; dort membres CAF/HI/non-membres 46/69/92 Dh), géré par le CAF, a été entièrement refait dans les années 1990. Il pâtit cependant de problèmes d'humidité, d'une insuffisance d'équipements et d'une fréquentation trop élevée. En période d'affluence, les files d'attente pour accéder aux

À NE PAS MANQUER

BOTANIQUE BERBÈRE DANS LE HAUT ATLAS

Malgré des hivers très froids et des étés torrides, les montagnes du Haut Atlas sont extrêmement fertiles. Le surpâturage, l'agriculture et la collecte de bois de chauffage ont cependant un impact néfaste puisque l'essentiel de la végétation endémique a disparu. Heureusement, grâce à un reboisement minutieux et aux cultures en terrasses irriguées par des systèmes de *targa* (canaux), ces montagnes ont une flore variée. Pour une introduction à la botanique berbère, visitez le jardin botanique de Dar Taliba (p. 105), puis dégustez sur place une tisane composée de huit plantes du Haut Atlas.

» **Vallées** Les vallées s'égaient au printemps, avec la floraison des amandiers, des cerisiers et des abricotiers. En été, vous pourrez profiter de l'ombre des caroubiers, des cognassiers, des grenadiers, des pommiers et des figuiers. Des cultures en terrasses s'étagent sur les versants des hautes vallées, et les agriculteurs font pousser des céréales et des légumes sur leurs minuscules parcelles : de l'orge d'octobre à mai, ainsi que des pommes de terre, des carottes, des navets, des oignons, des lentilles et des haricots du printemps à l'automne. La cueillette des noix, une culture majeure dans les villages, a lieu fin septembre.

» **Zone subalpine** (2 400 m à 3 200 m) Le vent donne des formes extraordinaires aux fourrés de genévriers thurifères (*Juniperus thurifera*), dont les racines exposées semblent s'accrocher à la roche, pareilles à des doigts noueux. On plante des cèdres pour prévenir l'érosion des sols, et remplacer l'odorant cèdre de l'Atlas utilisé par les sculpteurs sur bois.

» **Haute altitude** La plante la plus facile à repérer est le "cactus hérisson", sorte de petit buisson arrondi épineux dont la brève floraison se produit au printemps. Et, même si vous n'en apercevez pas, vous sentirez le parfum de la lavande, du romarin et du thym sauvage.

douches (10 Dh) et aux toilettes sont interminables. On peut y prendre des repas et acheter chocolat, sodas, biscuits et quelques autres denrées à la petite boutique. Le plus récent **refuge du Mouflon** (☎061 213345 ; afoud@wanadoo.net.ma ; dort 75 Dh), à côté du refuge du Toubkal, constitue finalement la meilleure option, en dépit de son salon plutôt froid. Il comporte plus de douches (10 Dh), une boutique mieux approvisionnée et sert de bons repas (50 Dh). Il est aussi possible de camper en aval du refuge, ou de planter sa tente sur un pâturage à 20 minutes au sud.

En partant du principe que vous atteindrez le refuge avant le déjeuner, plusieurs randonnées s'offrent à vous l'après-midi. Ainsi, si vous ne voulez pas faire l'ascension du djebel Toubkal, vous pourrez notamment rejoindre **Imlil** (voir p. 113), votre point de départ (une descente de 3-4 heures tout droit vers le nord). Vous pouvez aussi gravir le **djebel Ouanoukrim** (4 088 m, 5-6 heures aller-retour), deuxième plus haute montagne de la région. Toutefois, il est plus sage de consacrer cet après-midi au repos, en prévision de l'ascension du djebel Toubkal le lendemain matin.

6e jour : du refuge du Toubkal à Azib Tamsoult

5 HEURES/8 KM/493 M DE MONTÉE/1 300 M DE DESCENTE

Un sentier muletier part du **refuge du Toubkal** en direction du nord-ouest, puis gravit tranquillement la pente vers le nord pendant une quinzaine minutes. Une fois parvenu à la fourche proche d'un petit muret circulaire servant d'enclos à moutons, tournez à gauche vers l'ouest, et poursuivez sur le sentier qui monte en zigzaguant jusqu'au **Tizi n'Aguelzim** (3 560 m), à 2 heures de marche. C'est un itinéraire plus long mais plus sûr que l'itinéraire sud, qui passe par le Tizi n'Taddert, souvent fermé sans préambule pour des questions de sécurité.

Le Tizi n'Aguelzim offre une vue panoramique étonnante : à l'est sur le sommet du Toubkal, au nord-est sur la vallée d'Imlil, au nord-ouest sur Azzadene et à l'ouest sur le plateau de Tazaghart. À partir de là, le chemin descend en décrivant quelque 92 virages en épingle à cheveux, soit environ une heure. Arrivé en bas, il franchit un cours d'eau. Vingt minutes plus loin, prenez l'embranchement sur la gauche et tournez à nouveau à gauche au bout de 15 minutes. À partir de là, le sentier grimpe pendant 10 minutes pour rejoindre l'agréable **refuge du CAF de Tazaghart** (☎067 852754, Oukaïmeden 024 319036 ; dort membres CAF/HI/non-membres 42/63/83 Dh), installé à côté d'une splendide cascade. Le refuge possède des matelas pour 22 personnes, des lampes à gaz et une cuisine sommaire.

Vous trouverez probablement porte close si vous n'avez pas réservé. Le gardien habitant à Tizi Oussem, il faut lui téléphoner au préalable, ou lui faire parvenir un message par l'intermédiaire d'un muletier ou d'un berger, qui fera peut-être tout le trajet jusqu'à Tizi Oussem pour aller le chercher. Il est possible de planter sa tente à côté du refuge ou sur les terrains plats au-dessus de la cascade.

Au sud-est du refuge de Tazaghart, le **Tizi n'Melloul** (3 875 m) est une voie d'accès plus difficile pour parvenir au refuge du Toubkal, mais il donne aussi accès à l'**Afella** (4 045 m), au sud-est, ainsi qu'au chemin de crête menant à Biginoussen, au nord.

La descente sur **Azib Tamsoult** (2 400 m) passe devant les impressionnantes **cascades d'Irhoulidene**, où la végétation s'épaissit et la forêt devient plus dense. À 5 minutes à pied des chutes, une zone boisée très agréable fera le bonheur des campeurs. Le village se trouve à 10-15 minutes à pied au nord.

7e jour : d'Azib Tamsoult à Imlil

4-5 HEURES/7 KM/89 M DE MONTÉE/749 M DE DESCENTE

Si vous êtes dans les temps et que vos jambes vous le permettent, vous pouvez entamer la descente vers Imlil à la fin de la sixième journée. En partant des potagers d'**Azib Tamsoult**, avec l'**Assif n'Ouarzane** en contrebas sur la gauche, vous verrez au nord un sentier muletier bien marqué qui parcourt la vallée boisée. Traversez le village et le cours d'eau pour l'atteindre, et suivez-le en évitant les chemins qui partent vers la gauche, en direction de la vallée.

Une montée douce régulière en direction du nord-est (avec la forêt de genévriers et le **Tizi Oussem** plein ouest) vous conduira au **Tizi n'Mzik** (2 489 m), où vous pourrez vous abriter dans une bergerie. Imlil est à 1 heure 30 de marche en descente par un sentier muletier bien tracé. Au bout de 40 minutes de marche, vous verrez une source à droite du sentier. Des lits confortables et de bons tajines bien chauds vous attendront à **Imlil** – après une semaine complète sur le chemin de randonnée le plus haut du Haut Atlas, vous les aurez bien mérités.

Vers le Tizi n'Test

Une route superbe et vertigineuse serpente à travers le Haut Atlas jusqu'au col du Tizi n'Test (2 092 m), avant de plonger vers la plaine du Sous et Taroudant. De brusques changements de temps ajoutent à la difficulté du parcours sur la route à une voie : d'épais nuages et du brouillard bouchent souvent la visibilité à hauteur du col et la neige bloque parfois le passage. Renseignez-vous sur les conditions météorologiques avant de partir.

À voir et à faire

Mosquée de Tin Mal MOSQUÉE

En allant vers le sud et le Tizi n'Test au départ de Marrakech, vous verrez le village de Tin Mal à droite de la route, juste après une casbah perchée sur un promontoire rocheux sur la gauche. Datant de l'époque des Almohades, la mosquée du village, bâtie en 1156 en l'honneur de l'austère chef spirituel de la dynastie, Mohammed ibn Tumart, est une merveille architecturale. Elle est toujours utilisée pour la prière du vendredi ; les autres jours, le gardien vous laissera passer à travers les lourdes portes et les arcades roses pour admirer la paisible salle de prière (prévoyez un pourboire de 10-20 Dh). Les délicats motifs géométriques sculptés dans les plafonds en cèdre ont été conservés grâce à une restauration minutieuse. Quant aux immenses arches en trou de serrure, elles dégagent une impression de solidité et de grâce.

Café Dar Issouga RANDONNÉE

(☎0670 10 65 21). Sur le versant nord du col, vous apercevrez une réserve naturelle où vivent des mouflons à manchettes, une espèce menacée. À l'approche du col, il arrive parfois que l'on sorte soudainement du brouillard pour découvrir un ciel limpide et une vue à couper le souffle sur des bancs de nuages. Sur le versant sud du col, la camionnette encastrée dans le flanc de la montagne vous indiquera qu'il est temps de faire une halte au café installé là. Le balcon jouit d'une vue époustouflante sur la vallée, ses terrasses verdoyantes et ses forêts de cyprès s'étageant à flanc de montagne – l'endroit idéal pour se régaler d'un tajine berbère au bœuf ou au mouton (70-90 Dh). Après quoi, le propriétaire, Larbi, pourra vous emmener en excursion de 2-3 heures, à pied ou à dos d'âne, pour aller prendre le thé dans un village en montagne.

Vers le Tizi n'Tichka

Plus haut que le Tizi n'Test à l'ouest et desservi par une route moins accidentée, le Tizi n'Tichka relie Marrakech et les oasis présahariennes. En hiver, demandez à la **gendarmerie du col du Tichka** (☎0524 89 06 15) si la route est ouverte. En 2005, plusieurs touristes coincés au col ont péri dans leur voiture.

Sur le chemin du col, quelques endroits méritent le détour, notamment **Aït Ourir** et la **vallée du Zat**. Si vous êtes pressé de rejoindre le désert, vous pouvez partir de

VAUT LE DÉTOUR

LA COOPÉRATIVE TIGMI

Avec du fil et une aiguille, les 30 femmes *maâlem* (maîtres artisans) de la **coopérative Tigmi** (☎0524 48 08 19 ; http://cooperative-tigmi.spaces.live.com ; Km 37, route de Ouarzazate, n°110, lotissement Tafoukt Hay el-Massira, Aït Ourir ; ⌚14h30-17h30 lun-ven), à 35 km de Marrakech, lancent des tendances du Maroc jusqu'à Paris, tout en ouvrant de nouvelles perspectives à leur communauté rurale. Les motifs caractéristiques – et très imités – qu'exécutent les femmes de Tigmi, d'une beauté sobre (astérisques, talismans berbères, etc.), sont brodés sur du coton dans des tons chauds.

Vous aurez l'embarras du choix à l'atelier de la coopérative (indiqué 250 m à droite de la route principale, avant la mosquée d'Aït Ourir) : taies d'oreillers chocolat ornées de pervenches, chemins de table aubergine brodés avec du fil couleur safran de motifs berbères pareils à ceux des casbahs, petite bourse couleur mandarine décorée du motif berbère du bélier (symbole de la puissance physique) en bleu pastel...

Les recettes des ventes financent des programmes d'alphabétisation et de soins mère/enfant. La coopérative s'est assuré le soutien d'Oxfam et d'ONG espagnoles, afin de diversifier sa production (housses de téléphone, objets en verre peints à la main, linge de lit brodé), tout en fournissant à cette entreprenante communauté rurale de meilleures perspectives d'avenir.

Marrakech et franchir le Tizi n'Tichka en 3 heures. Peu après Aït Ourir, la route grimpe parmi les chênes, les noyers et les bosquets de lauriers-roses – un paysage magnifique. Elle devient plus raide après le village de **Taddert** alors que disparaissent les couleurs, hormis quelques fleurs sauvages et les géodes teintes en rouge que vendent les enfants.

Au col du Tizi n'Tichka, faites une pause pour siroter un expresso, profiter de l'air pur et de la vue étourdissante au **café Assanfou** (061132130 ; 9h-19h). De l'autre côté du col, la route descend peu à peu dans le paysage lunaire de l'Anti-Atlas avant d'aboutir au désert. Si vous vous hâtez sur la route de Ouarzazate, vous manquerez des destinations parmi les plus fascinantes du pays : la splendide **casbah du Glaoui** de **Télouet**, presque en ruine, ainsi que les anciens douar (villages) en brique crue longeant l'**oued Ounila**, notamment **Anmiter** et **Tamdaght**. La route goudronnée qui part de la route de Télouet comporte des nids-de-poule. En revanche, l'ancienne piste reliant Télouet à Aït Benhaddou via l'oued Ounila a récemment été nivelée – soit un beau parcours relativement peu accidenté de 36 km, en 4x4 ou en VTT, jusqu'à **Aït Benhaddou**. Les hôtels de Télouet peuvent trouver guides et mules pour cette randonnée jusqu'à Aït Benhaddou, moyennant environ 300 Dh par jour.

Vallée du Zat

Pendant des décennies, les randonneurs ont jalousement gardé le secret de cette vallée cachée, l'une des mieux préservées du Haut Atlas, à 50 km au sud-est de Marrakech. Alors que la fournaise s'abat sur la ville, la brise fait onduler les champs d'orge et bruire les peupliers de cette vallée fluviale enchantée.

Pour la rejoindre, suivez la N9 en direction de Ouarzazate jusqu'à ce qu'elle traverse l'oued Zat à Aït Ourir, puis dirigez-vous au sud vers **Tighdouine**, un carrefour de transports à l'entrée de la vallée. Des restaurants en bord de route servent de savoureux tajines dans la bourgade, dernière étape avant la vallée, féerique : des jardins creusés dans les falaises, des maisons de pierre aux portes bleu vif et aux fenêtres encadrées de blanc, avec des familles souriantes se penchant pour saluer les voyageurs. Vous apprécierez mieux le paysage à pied ou à dos de mulet. Une piste serpente sur les flancs de la vallée, mais son étroitesse la rend dangereuse.

Le temps semble avoir oublié la vallée du Zat, une bénédiction mitigée : des petits villages ne disposent pas d'eau courante ou d'équipements médicaux et les enfants doivent parcourir jusqu'à 8 km pour rejoindre l'école la plus proche. Soucieuses du respect de l'environnement, des structures d'entraide locale organisent des randonnées. Ainsi, des randonnées de 1 à 5 jours sont organisées par Inside Morocco Travel (p. 74) ; les recettes sont partagées avec l'Association Ajlal pour garantir des projets d'alphabétisation et de soins dans le Zat.

Les villageois vivent chichement d'un petit lopin de terre, mais n'hésitent pas à vous inviter à partager du pain maison et du beurre, quelques noix et une tisane de sauge sauvage. Dans ce cas, offrez une modeste contribution pour les remercier de leur chaleureux accueil, mais n'insistez pas si vos hôtes la refusent. Faites plutôt un don généreux aux associations locales, qui l'utiliseront à bon escient pour des projets communautaires – construction de ponts, reboisement, alphabétisation ou dispensaire.

À voir et à faire

Collectif d'apiculteurs Isafarne MIEL
(077 787548). Sur la gauche, à 13 km après l'embranchement qui part de la route de Ouarzazate, à hauteur de Aït Ourir (2 km avant Tighdouine), vous verrez un bâtiment rose avec une enseigne représentant une abeille. Là, un collectif emploie 120 habitants du Zat à la production d'un miel rare : sombre, il a le goût épicé des plantes médicinales berbères qui s'épanouissent dans la vallée du Zat. Vous pourrez en déguster (250/500 g : 80/150 Dh), en compagnie du président du collectif, M. Ahmed Zaki. Il vous aidera à identifier les saveurs de ce miel complexe qui, selon l'époque de l'année, peut avoir un goût de verveine, de sauge sauvage, de lavande, de fleur de caroubier, de menthe sauvage, de noix et de thym des montagnes. M. Zaki est là en semaine, et on le croise aussi parfois le week-end, sur place ou marchant sur la route en provenance du Zat.

L'Association des Amis du Zat RANDONNÉE
(0670 21 92 51). Cette structure d'entraide locale organise, pour des groupes de 6 personnes ou plus, des randonnées à dos de mulet dans la vallée et des hébergements en gîtes construits par les villageois grâce aux dons des nombreux marcheurs qui aiment cette vallée.

Télouet تلوات

Avant 1928, quiconque franchissait le Tizi n'Tichka payait un droit de passage aux seigneurs de guerre locaux. Télouet, ancienne étape sur la route caravanière transsaharienne, perdit ce privilège en 1953, lorsque le mouvement d'indépendance marocain chassa le pacha el-Glaoui, natif de la ville et profrançais. Selon la légende, lorsque s'ouvrirent les portes imposantes de la casbah du Glaoui à Télouet, des villageois qui avaient mystérieusement disparu depuis des années émergèrent éblouis des caves où ils dépérissaient.

Télouet comptait aussi autrefois une communauté juive prospère, qui avait toute la confiance du Glaoui pour gérer le négoce du sel. Des **mines de sel** sont encore exploitées dans les environs, et le sel rose très précieux des bords de l'**oued Mellah** (fleuve du sel) servait jadis de monnaie. Près de la casbah du Glaoui se trouvent les ruines d'un ancien **village d'esclaves**, élément très important dans l'histoire du commerce local et mondial, qu'il faudrait préserver. Mais, en raison de l'ambivalence du gouvernement marocain envers la ville du clan el-Glaoui, de la pénurie d'investissements extérieurs et d'une route contournant la ville, Télouet semble vivre cent ans en arrière. Au-delà de Télouet, au fil des oasis qui ponctuent l'étroite vallée fluviale, on découvre d'autres casbahs du Glaoui en ruine, des gorges pleines de grottes et d'anciens villages fortifiés, tel **Anmiter** (à 11 km de Télouet), qui compte deux casbahs rouges bien préservées, ainsi qu'un ancien **mellah**. Homestays Morocco (voir p. 124) organise des circuits à pied, des sorties de spéléologie, des visites des mines de sel et des thés dans la casbah d'Anmiter.

À voir et à faire

Casbah du Glaoui ÉDIFICE HISTORIQUE
(don apprécié 20 Dh). Autrefois grandiose, cette forteresse est à l'abandon et seule la **salle de réception** du 2e étage donne une idée de l'ancien prestige de Télouet, centre d'un empire marchand transsaharien. Quelque 300 artisans furent recrutés, de gré ou de force, pour décorer les salons de stucs, de zelliges et de plafonds en cèdre peints, qui surpassent le palais royal de la Bahia à Marrakech. Mais la casbah de Télouet ne fut pas qu'un palais des plaisirs. C'est là que vécut, en exil, le pacha el-Glaoui, après avoir été chassé du palais de la Bahia au moment de l'indépendance. Il y mourut peu après d'un cancer.

Les descendants du Glaoui ont récemment réclamé la propriété de l'édifice, splendeur architecturale et symbole politique. Cependant, sans subsides de l'État pour financer le coût considérable des travaux de renforcement et de restauration, la famille pourrait être contrainte de transformer la casbah en restaurant ou en complexe hôtelier, à seule fin de l'empêcher de s'effondrer. Hâtez-vous d'admirer ce chef-d'œuvre d'artisanat tant qu'il existe ; des plafonds se sont déjà effondrés dans les pièces marquées d'un X rouge. Les associations locales travaillent de leur côté à préserver la forteresse, et vous pouvez agir du vôtre en vous abstenant de toucher les zelliges (qui s'effritent facilement), en ne vous appuyant pas sur les rebords des fenêtres, les chambranles des portes et autres structures du même type, et en ramassant les détritus si vous en voyez.

VAUT LE DÉTOUR

HORS DES SENTIERS BATTUS : DANS LA VALLÉE DE L'OUNILA

Les voyageurs qui possèdent un 4x4, un VTT ou de bonnes chaussures de marche, et sont accompagnés d'un guide de chez Homestays Morocco peuvent suivre les anciennes routes caravanières entre Télouet et Aït Benhaddou à travers la splendide **vallée de l'Ounila**. Sur une piste récemment nivelée, cet itinéraire hors des sentiers battus suit le cours de l'oued Mellah et passe par Anmiter, Assaka, Tizgui et d'autres villages pittoresques émaillant les **gorges d'Assaka**. À Tizgui, vous pourrez faire étape **Chez Abdellah Nbarda** (☎0676 52 73 42 ; Tizgui ; repas 90-120 Dh) pour prendre des photos des gorges, boire un thé (10 Dh) sur la terrasse ensoleillée, vous offrir une séance de hammam traditionnel (20 Dh) et savourer une cuisine familiale. En quittant la vallée de l'Ounila vers le sud, vous apercevrez des **terrasses en calcaire servant au battage** s'étageant au flanc d'une colline qui se dresse face à l'est. À la saison des récoltes, les villageois battent les céréales sur ces plate-formes de pierre, comme ils le font depuis des siècles.

Baraka Community Partnerships CENTRE ASSOCIATIF, BÉNÉVOLAT (www.barakacommunity.com). Association britannique qui engage des bénévoles pour bâtir des écoles, reboiser, fournir des soins médicaux de base et travailler à des programmes d'amélioration des normes sanitaires locales dans la région de Télouet.

Où se restaurer

Les maisons d'hôtes locales proposent la demi-pension. Les restaurants autour de la place centrale de Télouet servent des tajines (40 Dh) et des omelettes berbères (avec tomates, olives et herbes aromatiques) à 30 Dh.

Café Restaurant Palace/ Chez Mohamed FUSION, BERBÈRE €€ (☎0524 88 57 30 ; www.palacedetelouet.com ; centre de Télouet ; plats 85-160 Dh). Excellent choix de tajines, parmi lesquels : poulet aux amandes et aux pêches, agneau aux dattes, lapin au thym et au gingembre frais.

Où se loger

Homestays Morocco CHEZ L'HABITANT € (☎0677 84 04 87 ; www.homestaysmorocco.net ; Tighza). Les séjours dans des familles du village de Tighza fournissent un complément de revenu à cette communauté paysanne isolée, à 21 km de piste de Télouet. Attendez-vous à un accueil enthousiaste, à de copieux repas à base de produits fermiers et à un ciel étoilé une fois la nuit tombée. Hébergement chez l'habitant, en demi-pension, en contrepartie de dons (300-500 Dh/pers) qui aident à acheter des médicaments et articles médicaux de base. Programme géré par Mohamed El Qasemy, natif de Tighza, et son épouse britannique, qui ont ouvert une nouvelle pension alimentée en énergie solaire et éolienne, la **Kasbah Tighza** (☎0668 44 30 40).

I Rocha MAISON D'HÔTES €€ (☎0667 73 70 02 ; www.irocha.com ; Tisseldi, Ighrem N'Oudal ; d demi-pension 450-550 Dh/pers ;). À mi-chemin entre l'embranchement vers Télouet et Aït Benhaddou, sur la route Marrakech-Ouarzazate, une maison d'hôtes en pierre accrochée à la falaise, en surplomb de la vallée. Elle abrite 10 chambres charmantes de style berbère, avec poutres, tapis locaux et sdb carrelées. Grande chambre à deux niveaux à côté de la piscine, parfaite en famille. Les propriétaires, Ahmed et Catherine, mitonnent de succulents plats franco-marocains, parfumés aux herbes provenant du jardin en terrasses ; les hôtes peuvent apprendre à les préparer moyennant 350 Dh. Après une randonnée guidée jusqu'à l'oasis Fint et des sources naturelles, vous pourrez vous délasser au hammam (90 Dh), vous offrir un soin au henné de Tazzarine, ou plonger dans la piscine.

Dar Aissa MAISON D'HÔTES € (☎0670 22 22 47 ; www.maisondhotesdaraissatelouet.com ; Télouet ; par pers avec petit-déj/demi-pension 120/200 Dh). Dans le centre de Télouet, près de la casbah du Glaoui, nouvelle maison d'hôtes offrant un hébergement propre sur des matelas au sol dans des chambres roses et jaunes, avec sdb communes modernes.

Depuis/vers Télouet

L'embranchement vers Télouet (signalé) part de la N9 Marrakech-Ouarzazate à quelques kilomètres après le col. De Bab Gehmat à Marrakech, un bus quotidien dessert Télouet (55 Dh) et revient à 7h. Un bus part de Ouarzazate pour Télouet à 12h et y retourne à 7h (40-50 Dh). De grands taxis rallient également Télouet (50-70 Dh/place), mais vous devrez peut-être louer les 6 places.

Aït Benhaddou آيت بنحدو

Cette casbah classée au patrimoine mondial de l'Unesco paraît un peu figée dans le temps et, grâce aux retouches d'Hollywood, elle conserve son allure de caravansérail almoravide du XIe siècle. De fait, les cinéphiles reconnaîtront cette casbah en brique crue de couleur rouge, à 32 km de Ouarzazate, qui a servi de cadre à des films tels *Laurence d'Arabie*, *Jésus de Nazareth* (pour lequel la majeure partie d'Aït Benhaddou a été reconstruite), *Le Diamant du Nil* (remarquez les tours d'entrée aux allures égyptiennes) et *Gladiator*.

Si vous vous rendez dans le désert, Aït Benhaddou vaut le détour pour savourer un délicieux déjeuner et flâner dans la casbah. De l'hôtel La Kasbah, descendez devant les stands de souvenirs pour rejoindre la casbah de l'autre côté de l'oued Ounila, asséché. Ces dernières années, la population d'Aït Benhaddou a beaucoup diminué. Les quelques habitants restants gagnent quelques dirhams en faisant traverser leur maison pour rejoindre la **casbah** (habituellement 10 Dh de pourboire). Grimpez jusqu'au sommet pour découvrir un **agadir** (grenier fortifié) en ruine et une vue superbe sur la palmeraie et l'implacable *hammada* (désert de pierre).

À 7 km au nord d'Aït Benhaddou le long de la route goudronnée, la **casbah de Tamdaght** (10 Dh de pourboire au gardien), plus authentique, est une autre fortification en ruine du Glaoui, coiffée de nids de cigognes. Pour voir à quoi Aït Benhaddou a pu ressembler à l'origine, suivez la piste en direction de Télouet, au nord de Tamdaght, jusqu'à la casbah à tour rouge d'Anmiter.

Où se loger

Kasbah Ellouze CASBAH €€€
(☎0524 89 04 59 ; www.kasbahellouze.com ; Tamdaght ; en demi-pension s 528-755 Dh, d 704-1 054 Dh, ste 1 054 Dh ;). Cette maison d'hôtes en pisé se marie parfaitement avec la casbah, juste à côté, et surplombe des vergers d'amandiers (*louz* signie "amande"). Les plus belles chambres donnent sur les vergers, notamment les élégantes doubles au bord de la piscine chauffée. Les hôtes se rassemblent dans la cuisine pour apprendre à faire du pain, dans le salon pour prendre l'apéritif et profiter de la connexion Wi-Fi, et partent en excursion peindre des aquarelles dans les vallées d'Ouinilla et du Drâa – mais lorsque les chamelles de la maison, Ella et Maryline, pointent leur museau dans la cour, on oublie tout aussitôt, au profit d'une méharée.

Fibule d'Or CASBAH €
(☎0524 88 76 82 ; www.lafibule-dor.com ; d avec petit-déj 360 Dh, demi-pension 250 Dh/pers). Maison d'hôtes en pisé qui pourrait voler la vedette à la casbah rénovée située en face, de l'autre côté de la vallée. Il y a 9 chambres : les n°s 6, 5 et 7 sont pimpantes et hautes de plafond, la n°8 offre la plus belle vue sur la casbah. Les prix sont corrects, sachant que les chambres ont une sdb et d'épais murs en brique crue qui les gardent naturellement fraîches.

Étoile Filante d'Or MAISON D'HÔTES €€
(☎024 890322 ; www.etoilefilantedor.com ; d avec petit-déj/demi-pension 385/550 Dh ;). Ici, on admire le désert au clair de lune depuis le toit-terrasse, et les 19 spacieuses chambres récemment rénovées ont une vue superbe sur la casbah. Toutes allient tradition (plafonds en *tataoui*, couvertures berbères) et modernité (sdb, clim). Connexion Wi-Fi et déjeuners à la carte (repas 60-90 Dh). Les propriétaires franco-marocains, Hind et Aurélien, organisent des circuits à dos de dromadaire et à vélo.

Où se restaurer

Hôtel-Restaurant La Baraka BERBÈRE, LOCAL €€
(☎0524 89 03 05 ; www.hotellabaraka.com ; repas 70-90 Dh). Le couscous au poulet, légumes et épices est copieux, mais le *kalia*, tajine local dont la viande a lentement mijoté dans du *smen* (beurre clarifié assaisonné) et des oignons caramélisés, le tout servi avec un œuf poché, est à se damner. Chambres basiques défraîchies à l'étage (doubles avec/sans clim 200/150 Dh).

Auberge La Goulade MÉDITERRANÉEN/BERBÈRE €€
(☎0524 88 48 72 ; www.lagoulade.net ; repas 70-100 Dh). Petit restaurant confortable tenu par un couple franco-marocain, Michel et Sami. Au menu : salades fraîches à base de produits locaux pleins de saveur, pizzas aux herbes aromatiques berbères, fameux tajines aux *kefta*. Il y a un bar.

Chez Brahim LOCAL €
(☎0671 81 63 12 ; repas 70 Dh). Certes, il y a d'autres restaurants de tajines dans le coin, mais seul Brahim possède une lettre d'Hilary Clinton, datant de l'époque où celle-ci était la première dame des États-Unis, dans laquelle elle le remercie pour le repas. La formule comprend des salades, un tajine et un dessert, à savourer dans un salon aux murs en pisé avec vue sur la casbah.

Auberge Café-Restaurant Bilal LOCAL €
(☎0668 24 83 70). Pour déjeuner en admirant la vue sur Aït Benhaddou, installez-vous dans le patio et commandez un plat à la carte : omelette (35 Dh), couscous (50 Dh) ou kebab (60 Dh).

Depuis/vers Aït Benhaddou

De Ouarzazate, suivez la grand-route vers Marrakech jusqu'à l'embranchement signalé, à 22 km ; Aït Benhaddou se situe à 9 km par une route asphaltée. À vélo de Ouarzazate, comptez environ 3 heures.

Des grands taxis partent quand ils sont pleins devant la gare routière de Ouarzazate (20 Dh/pers) et de l'embranchement (120 Dh l'aller ou 250-350 Dh l'aller-retour dans la demi-journée). Des minibus relient Tamdaght à Ouarzazate le matin dès qu'ils sont pleins.

Ouarzazate ورزازات

79 000 HABITANTS

Occupant un emplacement stratégique, Ouarzazate a toujours plus séduit par son tempérament que par son aspect. Pendant des siècles, les habitants de l'Atlas, des

Ouarzazate

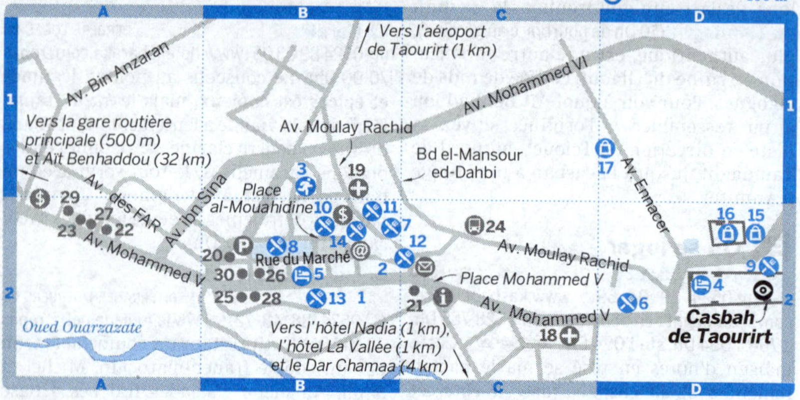

Ouarzazate

Les incontournables
Casbah de Taourirt D2

Activités
1 Daya Travels B2
2 Saïd Mountain Bike B2
3 Wilderness Wheels B1

Où se loger
4 Dar Kamar D2
5 Hôtel Royal B2

Où se restaurer
6 Akabar D2
7 Aux Délices B2
8 Souk central B2
9 Douyria D2
10 Pâtisserie-Glacier des Habouss B2
11 Pizzeria Veneziano B2
12 Restaurant 3 Thés C2
13 Supermarché B2
14 Supermarché B2

Achats
15 Coopérative de tissage D2
16 Ensemble artisanal D2
17 Horizon Artisanat D1

Renseignements
18 Hôpital Bougafer C2
19 Kabinet Kabir B1
Ksour Voyages .... (voir 29)
20 Lavanderie B2
21 Pharmacie de nuit C2

Transports
22 Avis A2
23 Budget A2
24 Gare routière CTM C2
25 Desert Evasion B2
26 Dune Car B2
27 Europcar/InterRent A2
28 Hertz B2
29 National Car Rental A2
30 Royal Air Maroc B2

vallées du Drâa et du Dadès ont convergé vers la vaste casbah de Taourirt pour des échanges commerciaux. Une ville de garnison moderne fut construite à Ouarzazate par les Français dans les années 1920 pour surveiller leurs intérêts. Depuis la fin du protectorat, dans les années 1950, l'industrie cinématographique s'est progressivement développée et les studios de "Ouallywood" ont fourni le décor de films censés se dérouler au Tibet, dans la Rome antique, en Somalie ou encore en Égypte.

Depuis que le roi Mohammed VI vient séjourner à Ouarzazate et veille à l'amélioration des routes, la ville se développe rapidement, comme en témoignent ses nouveaux complexes hôteliers et sa spacieuse place piétonne, dans le centre. Ouarzazate est une métropole animée, avec des supermarchés bien fournis où vous trouverez tout le nécessaire pour une expédition dans le désert. Ses nombreuses agences proposant des vélos, des motos ou des dromadaires en font une base idéale pour explorer les montagnes, les gorges et le désert. De novembre à mars, attendez-vous à des bourrasques glacées provenant des montagnes du Haut Atlas.

À voir

Casbah de Taourirt CASBAH

(20 Dh ; 8h-18h30). Contrairement à d'autres casbahs glaoui, celle de Taourirt a échappé à la ruine en servant de décor à des films hollywoodiens (*Un thé au Sahara*, *Gladiator*, *Prince of Persia*), attirant du même coup l'attention de l'Unesco, qui a soigneusement restauré des parties du sanctuaire des Glaoui. Vous pourrez visiter la casbah avec un guide (50 Dh/groupe), ou y flâner à votre guise afin de fixer sur la pellicule la lumière passant à travers les arches ou la vue sur les oasis à travers des meurtrières. Suivez le dédale de salons et de cages d'escalier jusqu'au dernier étage, où vous verrez des arches en trou de serrure ouvrant sur une salle de prière, des vestiges de stucs polychromes et un plafond d'origine en *tataoui*. En vous promenant dans le village fortifié, vous ferez peut-être de bonnes affaires dans les boutiques d'artisanat des petites ruelles.

Atlas Film Corporation Studios STUDIOS DE CINÉMA

(0524 88 22 12/23 ; www.atlastudios.com ; adulte/enfant 50/35 Dh ; 8h30-17h15). Vous y découvrirez les décors et les accessoires de films célèbres tournés dans le premier studio "Ouallywood", tels *Le Diamant du Nil* et *Kundun*. Sur place, des metteurs en scène recrutent parfois des figurants, mais la rétribution, de 40 à 100 Dh par jour, n'a rien de mirifique ! À 5 km à l'ouest de la ville sur la route de Marrakech, les studios sont facilement accessibles avec le bus jaune STUDID (voir p. 130). Visites guidées toutes les 20 à 40 minutes.

Activités

Bien que de nombreux hôtels et agences continuent de les proposer, les quads endommagent gravement le fragile écosystème désertique et nous les déconseillons. Ceux qui roulent à moto ou à vélo sont invités à rester sur les sentiers déjà balisés, de sorte à minimiser l'impact sur la qualité de l'air ainsi que le déplacement forcé des espèces locales.

Saïd Mountain Bike VÉLO

(062 869324 ; www.saidmountainbike.com ; angle av. Moulay Rachid et rue de la Poste ; par jour/sem 220/990 Dh). Outre 43 VVT à la location, cette agence offre des circuits pédestres guidés et des expéditions dans le désert en VTT, à dos de mulet ou de dromadaire.

Wilderness Wheels SPORTS D'AVENTURE

(0524 88 81 28, à Marrakech 024 330443 ; www.wildernesswheels.com ; 61 Hay al-Qods ; excursions 3 jours/2 nuits à partir de 8 470 Dh). Pour des circuits à moto avec des guides professionnels, adressez-vous à cette agence britannique installée tout près de l'avenue Mohammed V. Les prix comprennent l'hébergement, l'équipement de motard complet et une voiture-balai pour un maximum de 20 motos.

Daya Travels VÉLO

(0524 88 77 07 ; www.dayatravels.com ; av. Mohammed V). Les propriétaires néerlandais et marocain de cette agence organisent des excursions dans le désert, louent des VTT et fournissent des cartes gratuites d'itinéraires à parcourir à vélo.

Fêtes et festivals

Le **moussem de Sidi Daoud** a lieu à Ouarzazate en août. Le **marathon des Sables** (www.darbaroud.com), ultramarathon épuisant de 6 jours et 243 km dans le désert, se déroule en mars-avril ; les participants ne disposent que de ce qu'ils peuvent porter dans leur sac à dos, mais les organisateurs fournissent l'eau, 3 200 comprimés antidiarrhéiques et environ 1,8 km de pansements ! Le parcours n'est révélé qu'au moment du départ à Ouarzazate.

Où se loger

Dar Chamaa HÔTEL DE CHARME €€€

(0524 85 49 54 ; www.darchamaa.com ; Tajdar, palmeraie de Ouarzazate ; s/d demi-pension 633/955 Dh ;). En lisière de l'oasis de Ouarzazate, ce nouvel hôtel de charme abrite des chambres d'hôtes au style marocain minimaliste, aménagées autour d'une cour centrale faisant office de galerie d'exposition de photos. Les chambres spacieuses, conçues par un architecte, signalent un grand souci du détail, des lavabos en pierre fossilisée aux niches en *tadelakt* servant de garde-robe. Des chambres avec balcon donnent sur la piscine du jardin ombragé de palmiers. Connexion Wi-Fi, bar. Pour venir, suivez les panneaux indiquant Dar Daïff à gauche de la route de Zagora ; le Dar Chamaa est à 3 km de piste, sur la gauche.

Dar Kamar CASBAH €€€

(0524888733 ; www.darkamar.com ; 45 casbah de Taourirt ; avec petit-déj s 1 020-1 275 Dh, d 1 200-1 500 Dh, ste 2 400-3 000 Dh ; fermé juil ;). Installée dans un ancien tribunal glaoui du XVIIe siècle, cette confortable maison d'hôtes en pisé cultive l'humour jusque dans les moindres détails : des tajines renversés servent de lavabos et des bâtis de machines à coudre sont reconvertis en bureaux. Les ferronniers locaux ont laissé libre cours à leur imagination dans les sdb des chambres. Hammam et salle de massage. Les doubles en étage, aussi belles que les suites en un peu plus petit, coûtent moitié prix.

Dar Daïf CASBAH €€€
(☎0524 85 42 32 ; www.dardaif.ma ; Douar Talmasla ; s/d demi-pension 710/1143 Dh ; ❄). En lisière de la palmeraie, une maison en pisé alimentée en énergie solaire offrant un dédale de cours, de chambres et de terrasses privatives, en plus d'une piscine. Vous devrez ôter vos chaussures à l'entrée et dîner sur place. Personnel aux petits soins, hammam en accès libre. L'établissement organise des circuits dans le désert et des visites de villages à pied, à dos d'âne ou de chameau. Prenez la route de Zagora sur 1,5 km, tournez à gauche après l'hôtel La Vallée et suivez les panneaux sur 5 km de piste.

Hôtel La Vallée HÔTEL €
(☎0524 85 40 34 ; www.hotellavaleemaroc.com ; 200 Dh/pers demi-pension ; ❄). Prisé des randonneurs et des familles, cet hôtel compte 41 chambres, des plafonds ornés de stucs, des peintures murales représentant le désert et de bonnes douches chaudes. Des musiciens accompagnent les repas, servis en buffet (petit-déj 20 Dh) au bord de la piscine.

Hôtel Royal HÔTEL €
(☎0524 88 22 58 ; 24 av. Mohammed V ; s/d/tr 70/130/175 Dh, avec sdb 115/170/235 Dh ; ❄). Central et bien plus plaisant que ne le laissent supposer les prix, bien que bruyant. Certaines chambres rénovées ont des plafonds en stuc, des portes sculptées, des sdb carrelées et la clim (à vérifier lors de la réservation). Les voyageurs se retrouvent sur la terrasse et dans le patio. Le café du rez-de-chaussée sert des jus de fruits frais, un café corsé et des tajines (40 Dh).

Hôtel Nadia HÔTEL €
(☎0524 85 49 40 ; www.hotelnadiaozt.com ; s/d/tr avec petit-déj 200/305/385 Dh ; ❄@). Avec ses chambres et ses sdb neuves au carrelage rutilant, ses plafonds en stuc, ses portes peintes à la main, son personnel enjoué et sa petite cour avec piscine, le Nadia change agréablement des hôtels bon marché poussiéreux. À 1 km sur la route de Zagora.

Où se restaurer

Le Relais Saint-Exupéry FUSION €€€
(☎0524 88 77 79 ; www.relaissaintexupery.com ; 13 bd Moulay Abdallah ; menu 90-260 Dh, plats dîner 99-336 Dh ; ⏲déj et dîner, fermé déj mer et juil). Les plats originaux, à base d'ingrédients locaux (safran de Talouine, sel saharien…) ont remporté un vif succès lors de la conférence de Terra Madre, réseau mondial créée par Slow Food. Délicieuse pastilla au poisson et spécialité de viande de dromadaire. On peut s'étonner de découvrir une gastronomie aussi fameuse près de l'aéroport de Ouarzazate, mais il faut savoir que ce dernier a inspiré l'auteur du *Petit Prince*, le pilote Antoine de Saint-Exupéry.

Douyria LOCAL €€
(☎0524 88 42 62 ; 72 av. Mohammed V ; plats 70-90 Dh ; ⏲petit déj, déj et dîner). Pour un dîner romantique à la lueur des bougies, installez-vous dans l'un des recoins garnis de coussins de la terrasse surplombant la casbah de Taourirt. Commandez le tajine maison (viande de dromadaire, raisins secs et figues), le savoureux tajine au lapin, citron confit et olives, ou de classiques brochettes de bœuf au thym sauvage.

Aux Délices PÂTISSERIE, CAFÉ €
(☎0524 88 28 29 ; av. Moulay Rachid ; ⏲6h-24h). Une pâtisserie célèbre pour son *chnek* (tortillon à la crème pâtissière à la cannelle et aux raisins secs), ses pains au chocolat, ses oreilles d'éléphant (biscuits plats au sucre) et ses croissants.

Restaurant 3 Thés SANDWICHERIE, LOCAL €
(☎0524 88 63 63 ; angle av. Moulay Rachid et rue de la Poste ; plats 25-55 Dh ; ⏲déj et dîner). Si les tables en terrasse et la salle cosy évoquent un café parisien, la carte comporte de délicieux tajines végétariens (30 Dh), des tajines à la viande avec figues, pruneaux et amandes (55 Dh) et… des cheeseburgers (35 Dh).

Pizzeria Veneziano ITALIEN €
(☎0524 88 76 76 ; av. Moulay Rachid ; pizzas 39-43 Dh, ⏲12h-21h30). Agréable établissement central aux prix corrects, qui sert des pizzas à pâte fine et croustillante avec garnitures locales, comme les herbes du désert et le fromage de chèvre, ainsi qu'un véritable expresso italien.

Pâtisserie-Glacier des Habouss PÂTISSERIE, CAFÉ €
(rue du Marché ; ⏲6h-21h). En soirée, les promeneurs viennent se régaler d'un éclair (7 Dh), d'une pâtisserie marocaine ou d'une glace l'été. Le matin, les habitants et les randonneurs font la queue pour une baguette fraîche (10 Dh), un croissant (2,5 Dh) et un café.

Akabar CAFÉ €

(☎0524 88 66 44 ; www.restaurant-akabar.com ; av. Mohammed V ; plats 40-80 Dh, ⏲9h-22h ; 📶). Café en terrasse moderne et rutilant, dans l'avenue Mohammed V sur le chemin de la casbah de Taourirt. C'est aussi un point Wi-Fi. Ouvert du matin au soir, il permet de satisfaire les petits creux et les envies de café. Pâtes et pizzas quelconques. Préférez-leur les sandwichs ou les tajines de poulet *beldi* aux petits pois.

Faire son marché

Le **supermarché** (av. Mohammed V) offre tout le nécessaire pour une expédition dans le désert : eau, soupes en sachet, biscuits, alcools, pellicules, produits de beauté, etc. Un autre **supermarché** (av. Moulay Rachid), plus grand, propose des produits alimentaires européens. Tous les jours, vous pourrez acheter du fromage frais, de la viande et des légumes au **souk central** (rue du Marché).

Achats

Coopérative de tissage ART ET ARTISANAT

(☎0662 61 05 83 ; av. Mohammed V). Elle est située en face de la casbah. Vous y verrez des femmes tisser des *hanbels* (tapis de laine) ou broder des nattes ; les prix sont fixes, de 550 à 1 100 Dh le m^2.

♥ **Horizon Artisanat** ARTISANAT

(☎0524 88 69 38 ; 181 av. Ennacer ; ⏲9h-18h lun-ven). Les poteries peintes au henné, les verres à thé peints à la main et les bagues en filigrane d'argent fabriqués par l'association locale Horizon sont vendus à des prix fixes raisonnables. Les recettes aident à financer des programmes de formation et d'intégration des handicapés.

Ensemble artisanal ARTISANAT

(⏲9h-12h30 et 13h30-18h). Géré par l'État, vend des sculptures en pierre, des poteries, des poignards ouvragés et des tissus brodés.

Renseignements

Accès Internet

Cyber Ouarzazate (av. Mohammed V ; 10 Dh/h ; ⏲9h-22h). Emplacement central, accueillant pour les familles et relativement propre.

Agences de voyages

Desert Dream (☎0524 88 53 43 ; www.sahara-desert-dream.com; 4 bd Al-Mansour ed-Dahbi).Cette sympathique agence s'adresse aux voyageurs à petit budget, avec des circuits tout compris dans le désert ou les gorges, à pied, à dos de dromadaire ou en 4x4.

Désert et Montagne (☎0524 85 49 49 ; www.desert-montagne.ma). La première femme-guide de montagne du pays et son équipe organisent des circuits à la rencontre de familles berbères dans les montagnes, des marches et des excursions en 4x4 dans le désert et le Haut Atlas, ainsi que des expéditions plus longues sur les routes caravanières. L'agence mère est installée au Dar Daïf (voir *Où se loger*).

Ksour Voyages (☎0524 88 28 40 ; www.ksour-voyages.com ; 11 pl. du 3 Mars). Réservation de vols, location de VTT et divers circuits, des randonnées en montagne aux excursions en 4x4 dans le désert.

Argent

De nombreuses banques, toutes avec DAB, se regroupent à l'extrémité nord de l'avenue Mohammed V.

Banque Populaire (av. Moulay Rachid ; ⏲8h30-11h30 et 14h30-16h30 lun-ven, 15h-18h sam, 9h-13h dim)

Crédit du Maroc (angle av. Mohammed V et av. Bir Anzaran)

Laverie

Lavanderie (rue du Marché ; ⏲9h-12h et 14h-20h). Machines et sèche-linge modernes (machine/séchage 30/18 Dh) ; propose aussi un service de pressing (par article lavage/séchage/repassage 4/2/3 Dh).

Office du tourisme

Délégation régionale du tourisme (ONMT ; ☎0524 88 24 85 ; av. Mohammed V ; ⏲8h30-16h30). Office du tourisme bien informé et efficace.

Poste et téléphone

De nombreuses téléboutiques sont installées dans le centre.

Poste principale (av. Mohammed V ; ⏲8h30-16h30 lun-ven)

Services médicaux

Hôpital Bougafer (☎0524 88 24 44 ; av. Mohammed V). Hôpital public à l'est de l'office du tourisme.

Kabinet Kabir (☎0524 88 52 76). Clinique privée fiable.

Pharmacie de nuit (☎0524 88 24 90 ; av. Mohammed V ; ⏲8h-13h et 15h30-23h)

Urgences

Police (☎19 ; av. Mohammed V)

Depuis/vers Ouarzazate

AVION L'**aéroport de Taourirt** (☎0524 88 23 83) est à 2 km au nord de la ville.

Royal Air Maroc (RAM ; ☎0524 88 51 02 ; 1 av. Mohammed V) assure chaque jour des vols pour Casablanca (directs ou via Marrakech), qui poursuivent ensuite vers Paris.

Des vols charters réguliers desservent également de grandes villes européennes.

BUS Le plus pratique consiste à emprunter les bus de la **CTM** (☎0524 88 24 27 ; av. Moulay Rachid ; ⏲7h-22h). La compagnie dessert Marrakech (80-100 Dh, 4 heures 30, 4/j), Casablanca (160 Dh, 7 heures 30, 3/j), Agadir (130 Dh, 6 heures 30, 2/j), Er-Rachidia (90 Dh, 4 heures 30, 1/j), M'Hamid (60 Dh, 5 heures, 1/j) et Zagora (40 Dh, 2 heures, 2/j).

Depuis la gare routière principale, à 1,5 km au nord-ouest du centre-ville, des bus rallient Marrakech (65 Dh, 4-5 heures, 6/j), Er-Rachidia (75 Dh, 6 heures), Agadir (115 Dh, 4-5 heures, 6/j), Boumalne du Dadès (25 Dh, 5/j) et Taroudant (75 Dh, 5 heures, 5/j) ; l'un d'eux passe par Tazenakht (20 Dh), Foum Zguid (45 Dh, 4 heures), Tata (60 Dh, 5 heures). Des bus rallient également M'Hamid (70 Dh, 7 heures, 4/j) via Zagora (45 Dh, 4 heures).

TAXI Devant la gare routière principale, des taxis partent pour Agdz (40 Dh), Aït Benhaddou (30 Dh), Boumalne du Dadès (40 Dh), Marrakech (90-110 Dh), Skoura (25 Dh), Tinerhir (60 Dh) et Zagora (70 Dh).

VOITURE Pour vous arrêter à loisir dans les splendides ksour qui ponctuent la vallée du Drâa en direction du désert, vous préférerez peut-être louer une voiture (à partir de 350 Dh/j). Comptez de 900 Dh (voiture) à 1 250 Dh (4x4) pour une location avec chauffeur.

Avis (☎0524 88 80 00 ; www.avis.com ; angle av. Mohammed V et pl. du 3 Mars, et aéroport)

Budget (☎0524 88 42 02; www.budget.com ; av. Mohammed V et aéroport)

Désert Evasion (☎0524 88 86 82 ; www.desert-evasion.net ; Imm El Ghifari, av. Mohammed V). Paiement à la remise des clés.

Dune Car (☎0524 88 73 91 ; fax 024 884901 ; av. Mohammed V). Fiable et meilleur marché que les compagnies internationales ; loue aussi des 4x4.

Europcar/InterRent (☎0524 88 20 35 ; www.europcar.com ; pl. du 3 Mars)

Hertz (☎024 882084 ; www.hertz.com ; 33 bd Mohammed V et aéroport). Sièges pour enfants disponibles.

National Car Rental (☎024 882035 ; www.nationalcar.com ; pl. du 3 Mars et aéroport)

ℹ Comment circuler

Des petits taxis collectifs font la navette le long de l'avenue Mohammed V et demandent 5 Dh par personne (sur la base de 3 passagers). Le bus jaune STUDID (5 Dh) effectue le même trajet toutes les demi-heures. La course en taxi de l'aéroport jusqu'en ville coûte 35-60 Dh.

VALLÉE DU DRÂA وادة درعة

La découverte de cette vallée désolée aide à comprendre l'exploit que constitue la création du Maroc. Avant que les Almoravides n'étendent leur territoire jusqu'à Barcelone et que les Saadiens ne monopolisent le commerce saharien du sucre, ils durent d'abord franchir des gorges imprenables, des tours de guet en pisé et des oasis farouchement indépendantes. Bien qu'une bonne route asphaltée et des hôtels confortables facilitent aujourd'hui sa traversée, ce paysage désertique conserve un côté indéniablement sauvage.

De Ouarzazate, la N9 plonge au sud-est dans la vallée du Drâa, formée par un étroit cours d'eau du Haut Atlas qui émerge parfois dans une luxuriante oasis. La partie la plus verdoyante et la plus belle de la vallée s'étend sur 95 km, entre Agdz et Zagora. Le trajet en voiture d'Agdz à Zagora dure 3-4 heures, mais l'itinéraire le plus beau est celui que suit la piste qui traverse l'oasis (voir *Circuits touristiques*, p. 133). Au-delà, la route continue vers le sud sur 96 km jusqu'à M'Hamid, une bourgade à 40 km de la frontière algérienne, récemment devenue une destination touristique majeure tout en gardant une ambiance de no man's land.

Agdz اكدز

9 400 HABITANTS

Les voyageurs qui filent directement de Ouarzazate à Zagora manquent Agdz (prononcez ag-dèz), une oasis caravanière typique avec une palmeraie préservée, d'anciennes casbahs en brique crue, d'ingénieux jardins communautaires et une prison secrète dans le désert.

À l'approche d'Agdz se dessine à l'horizon la silhouette du djebel Kissane, en forme de plat à tajine. On voit aussi des cyclistes en VTT partir d'Agdz à l'assaut du Tizi n'Tinififft, col situé à 1 660 m d'altitude et à 20 km de là. La montagne semble scintiller à cause de la neige mais c'est un mirage : en réalité, ce sont les dépôts de mica qui réfléchissent les rayons du soleil. La sculpture, la poterie et la vannerie font partie de l'artisanat traditionnel d'Agdz, dont vous verrez quelques beaux exemplaires devant les commerces, dans le centre du bourg, ou lors du **marché du jeudi** (en octobre et novembre).

Ceci dit, aucune des curiosités phares d'Agdz n'est visible depuis la route. Le centre historique du village se trouvant à l'est de la N9, au bout d'une piste poussiéreuse d'environ 1,5 km, il a été en grande partie négligé par le développement d'infrastructures

VAUT LE DÉTOUR

LA BONNE DATTE

Dans la vallée du Drâa, à la saison de la cueillette des dattes (octobre-novembre), même les hommes âgés grimpent aux palmiers avec une sangle, une besace et un couteau pour récolter la spécialité locale, les dattes de la variété Boufeggous. Une datte inoubliable : caramélisée par le soleil du désert à l'extérieur, fondante et délicieusement sucrée à l'intérieur. La peau ne doit pas être trop dure afin que le fruit se détache facilement du noyau.

Pour des dattes de premier choix, rendez-vous à **Tinzouline**, à 36 km au nord de Zagora. Vous saurez que vous êtes tout près lorsque vous apercevrez au bord de la route de Zagora des vendeurs et leurs paniers en palmes tressées débordant de dattes. Si c'est un lundi, jour de souk, vous risquez de vous retrouver au coude à coude avec les grands-mères du coin venues dénicher les meilleurs fruits. Et bien sûr, à ce petit jeu-là, ce sont les habituées qui gagnent, mais vous pouvez toujours leur demander conseil pour bien choisir.

Si vous visitez la vallée en dehors de l'automne, allez à **Timidarte**, où les dattes servent à la réalisation d'excellents desserts chez **Timarine Tijara** (☎0664 93 22 42 ; Timidarte ; ⏲sur rdv), à 1 km à l'est de la route de Zagora, et à 15 km au sud d'Agdz. Dépassez les anciennes casbahs en brique, traversez le jardin d'une maison traditionnelle, puis pénétrez dans une cuisine impeccablement carrelée de blanc abritant un unique chaudron industriel. Sur un comptoir trônent quelques dizaines de bocaux de confiture de dattes et de *tahalout* (sirop de dattes), les spécialités de la maison. C'est tout ce qui reste après la récente razzia engendrée par la conférence Slow Food de Terra Madre organisée à Turin, en Italie, au cours de laquelle ces produits ont été encensés.

"Bien sûr, la confiture et le sirop sont délicieux sur des *beghrir* [crêpes marocaines], mais les gens aiment surtout manger le sirop avec des aliments salés", explique le propriétaire et gourmet inventif, Abderrahim Ouagarane. "Essayez d'en mettre quelques gouttes sur du fromage de chèvre chaud ou sur du foie gras poêlé – cela fait ressortir le goût de noix et les saveurs fruitées de nos dattes." Un conseil à suivre impérativement !

destinées au tourisme de masse. D'où un nombre assez inhabituel d'authentiques casbahs en brique qui ont été préservées, au lieu d'être démolies et remplacées par des hôtels imitant leur style.

Ainsi, la vie continue tranquillement à Agdz, mais jamais elle n'a été aussi prospère à Hart Chaou, village doté de jardins communautaires. Les visiteurs passant une nuit sur place pourront se promener le matin dans la vaste **palmeraie d'Agdz** et passer le reste de la journée à aller d'oasis en oasis entre Hart Chaou et Zagora.

À voir

Casbah du caïd CASBAH

(adulte/enfant 40/20 Dh). Vieille de 170 ans, cette casbah s'étendant sur un terrain de 6 ha, qui appartenait autrefois au caïd d'Agdz, est classée monument historique au patrimoine marocain depuis 1996. Les descendants du caïd, qui y vivent toujours, ont redonné au riad de la casbah sa fonction d'origine : l'accueil des hôtes. Pour une visite commentée de la casbah et de son dédale de salles réparties sur trois étages, adressez-vous à la réception du riad Casbah Caïd Ali (voir *Où se loger*). À l'occasion, des expositions temporaires offrent un aperçu de la vie de la casbah au XIXe siècle. Mais rien ne vaut la vue sur l'oasis voisine depuis le toit-terrasse.

Casbah du Glaoui ÉDIFICE HISTORIQUE

Les gens qui vivent depuis longtemps à Agdz font volontiers état du choc qu'ils ont ressenti en découvrant que la casbah fortifiée du Glaoui, à Agdz (porte marquée du n°307, du côté sud de la piste, près de la maison d'hôtes Rose du Sable) servait de centre de détention secret. Les purges menées par Hassan II pour éliminer ses opposants politiques ont conduit à la création de ce genre de prisons, des faits dévoilés par l'instance Équité et Réconciliation mise en place récemment au Maroc. Le gouvernement envisagerait de transformer cette casbah en ruine en un mémorial en hommage aux "années de

À NE PAS MANQUER

JARDIN COMMUNAUTAIRE À HART CHAOU

Bien que le tourisme dans le désert soit en plein essor, jusque récemment, le petit village de Hart Chaou, à 1 km au sud d'Agdz, faisait figure de grand oublié. Plusieurs sécheresses ayant privé des familles de terres arables et d'eau, le village a décidé de faire d'un terrain vacant proche d'un puits un jardin communautaire. Les villageois ont pu à tour de rôle utiliser l'eau et le compost communal et, deux ans plus tard, ce **jardin biologique communautaire** (☎0662 84 04 55 ; khalah10@yahoo.fr ; Hart Chaou ; dons 200-800 Dh ; ⏲sur rdv 15h30-18h lun-ven) produisait trois récoltes par an, couvrant 80% des besoins alimentaires des 114 familles de Hart Chaou.

Pour visiter cette étonnante oasis gérée par l'association de développement du village, appelez au moins 2 heures à l'avance, afin qu'on vienne à votre rencontre sur la grand-route. Vous pourrez goûter des fèves ou des tomates juste cueillies, échanger des astuces de jardinage et prendre le thé dans l'école voisine. Les dons aident à acheter les semences pour l'année suivante (200 Dh permettent de planter un carré d'oignons ou de fèves et 800 Dh, des tomates).

"Nous n'aurions jamais imaginé que tant de gens de pays si différents s'intéresseraient à notre jardin" commente le directeur du projet, Lahcen Khallouki. Grâce aux visiteurs venus des États-Unis, du Bangladesh, d'Allemagne ou de France, nous avons compris qu'il y avait de par le monde des jardiniers qui partageaient le même idéal : transformer des terres abandonnées en jardins biologiques destinés à nourrir la communauté. Aujourd'hui, nous nous efforçons d'être un modèle du genre, afin de pouvoir dire à nos enfants et à quiconque songerait à faire la même chose : 'Voilà ce qu'on peut faire avec un petit lopin de terre et de nombreuses mains pour le travailler.'"

plomb" sous le règne d'Hassan II – un geste qui mettrait un point final à ce chapitre douloureux de l'histoire marocaine.

Si vous croisez le voisin qui veille sur la casbah, vous pouvez lui demander de vous laisser entrer pour la visiter (pourboire usuel de 20 Dh). Les salles des étages sont en équilibre précaire, mais si vous traversez la cour écrasée de soleil et tournez à droite, vous découvrirez des cellules sans fenêtres. Ces dernières années, elles ont servi à entreposer les récoltes des villageois. Si l'endroit est transformé en musée, on peut imaginer que d'autres pays à l'histoire similaire emboîteront le pas au Maroc sur le chemin de la vérité.

Où se loger

Dar Qamar DAR, MAISON D'HÔTES €€
(☎0524 84 37 84 ; www.locsudmaroc.com ; s 610 Dh, d 720-1 100 Dh, tr 1 055-1 280 Dh ;). Murs en pisé rouge, allées en carrelage de Tamegroute et poissons dans la fontaine pour dévorer les moustiques, tout a été soigneusement pensé dans cette élégante maison d'hôtes écologique – une ancienne demeure familiale qui a conservé son authenticité. Vous pourrez louer un vélo pour faire le tour des casbahs, explorer la palmeraie, profiter du hammam, et vous détendre au bord de la piscine en dégustant un verre de Larroque (vin blanc local).

La Kasbah Azul MAISON D'HÔTES €€
(☎0524 84 39 31 ; www.kasbahazul.com ; Agdz ; d avec petit-déj 833-1 000 Dh, tr 1 165 Dh, qua 1 387-1 997 Dh, ste 1 330 Dh ;). Cachée dans un jardin à l'extrémité est du centre historique, cette casbah abrite 7 chambres avec sdb en *tadelakt*. La propriétaire est l'auteur des lampes en collages et des peintures qui ornent les lieux. Piscine. Copieux petits-déjeuners.

Casbah Caïd Ali HÔTEL-RIAD €
(☎0524 84 36 40 ; www.casbah-caidali.net ; rue Hassan II ; d avec/sans petit-déj 220/190 Dh, matelas sur le toit 35 Dh, tente 10-25 Dh ;). Les descendants de l'ancien caïd accueillent leurs hôtes dans le riad restauré de l'unique casbah classée monument historique de la vallée. Les salons autour de la cour sont devenus de spacieuses chambres avec des motifs berbères d'origine, de simples meubles en bois et fer forgé et des sdb communes. Les repas (en demi-pension 170 Dh) sont servis dans des tentes berbères, à côté de la piscine alimentée en eau de source, par un personnel polyglotte (français/darija/anglais/allemand). Emplacements de camping dans le jardin, à l'ombre des palmiers.

Rose du Sable MAISON D'HÔTES €€
(☎0524 88 64 52 ; www.rosedusable.com ; s/d/tr avec petit-déj 466/633/800 Dh ; P❄≋). Perle dans le désert, cette maison d'hôtes de 8 chambres se distingue par ses fenêtres aux vitraux colorés et ses murs en granit. Deux chambres accessibles en fauteuil roulant.

Où se restaurer

À l'entrée du village sur la gauche, une station-service avec épicerie et café, la **Kasbah Total** (8h-21h), sert un bon café et vend des en-cas sous emballage. Elle est parfois fermée en été et en hiver. Des cafés bordent la place du Marché Vert dans le centre d'Agdz, notamment le **Sable d'Or**, qui sert un poulet rôti-frites parfumé au safran sensationnel (35 Dh).

Depuis/vers Agdz

Des bus de la CTM et d'autres bus s'arrêtent à Agdz entre Ouarzazate et Zagora, et des grands taxis rallient parfois Ouarzazate (25 Dh) et Zagora (28 Dh).

D'Agdz à Zagora

TAMNOUGALT

Tout près d'Agdz se trouve l'attraction phare de la vallée du Drâa : un village fortifié du XVIe siècle qui est l'un des plus anciens ksour encore debout, et donc une étape incontournable pour qui s'intéresse à l'architecture marocaine.

À voir

♥ **Ksar de Tamnougalt** KSAR
(10 Dh ; guide obligatoire 50 Dh). Le dédale de salles du ksar de Tamnougalt passe par un vaste mellah, plonge sous terre avec des lucarnes et des niches à chandelles judicieusement disposées, puis émerge dans une cour d'écuries ensoleillée, bordée d'arcades en fer à cheval. Tentez de discerner les motifs arabes, andalous et juifs berbères qui se confondent – ou de repérer le décor où ont été tournées des scènes des films *Babel* et *Le Patient anglais*.

Où se loger et se restaurer

♥ **Bab el Oued** MAISON D'HÔTES €€
(☎0524 88 53 95 ; www.babelouedmaroc.com ; d 660-825 Dh, tr 990 Dh, ste 935 Dh ; ❄≋). Installées à l'ombre de palmiers-dattiers dans un vaste jardin biologique entouré d'un mur d'enceinte, ces charmantes chambres indépendantes s'ornent de portes en bois sculptées, de tapis provenant de Tazenakht, non loin, de plafonds en bois de palmier et de sdb en *tadelakt*. Les propriétaires de l'établissement (normes écotouristiques), qui parlent français et anglais, cultivent quelque 60 espèces de plantes, dont des herbes aromatiques et des légumes servant à concocter les repas d'influence marocaine et méditerranéenne. Les non-résidents peuvent téléphoner pour réserver un déjeuner bio, puis faire la sieste dans un hamac à côté des bassins à poissons rouges. À 1 km à l'est de la route de Zagora, et à 5 km au sud d'Agdz.

Chez Yacob CASBAH €€
(☎0524 84 33 94 ; www.lavalleedudraa.com ; 300 Dh/pers demi-pension ; ❄). À côté de l'ancien mellah de Tamnougalt, une casbah restaurée de 8 chambres avec sdb, aménagées autour d'une cour éclairée de torches. Jolie terrasse dominant la palmeraie. Menus (80-90 Dh) copieux. À 2 km de la route de Zagora ; l'embranchement est à 4 km au sud d'Agdz.

Depuis/vers Tamnougalt

Quittez la route principale en prenant à gauche 4 km après Agdz, puis poursuivez vers l'est en grimpant une piste sur 2 km.

CIRCUITS TOURISTIQUES

Ceux qui circulent en 4x4 ne doivent absolument pas manquer la piste, moins rapide mais magnifique, qui court parallèlement à la N9 entre Tamnougalt et le nord de Zagora, sur le côté nord de la vallée. Elle passe par des oasis, des villages, des champs, et offre une vue splendide sur la rivière jusqu'à Zagora. Pour des excursions plus courtes sur la rive nord du Drâa, suivez les panneaux indiquant "circuits touristiques", au bord de la N9, qui rejoignent la **casbah Saïd Arabi**, à Ouled Atman, puis la **casbah de Tinzouline**. À Tansikht, environ 30 km avant Zagora, repérez l'ancienne **tour de guet** qui garde la palmeraie indiquée "Oasis du Drâa".

TIMIDARTE

Pour aller de casbah en casbah, quittez la N9 en direction de l'ouest et du village de Timidarte, qui en compte de superbes. La plus belle, datant du XVIIe siècle, a récemment été convertie par l'association de tourisme responsable de Timidarte en maison d'hôtes authentique, la Kasbah Timidarte.

Où se loger et se restaurer

Kasbah Timidarte CASBAH €
(☎0668 68 00 47 ; www.kasbahtimidarte.com ; d avec petit-déj/demi-pension 200/350 Dh, d avec sdb et petit-déj/demi-pension 300/540 Dh). Le temps d'une nuit, vous pourrez vivre comme les habitants de la casbah l'ont fait pendant des siècles : les 7 chambres traditionnelles sont disposées autour d'un puits de lumière

central, on bavarde le soir sur le toit-terrasse, à côté d'un four à pain berbère, et les épais murs en pisé d'origine vous protègent aussi bien du bruit de la rue que de la chaleur. Les membres de l'association cuisinent pour les hôtes, avec un réel enthousiasme, des repas maison de style berbère. Les non-résidents peuvent commander à l'avance un tajine (75 Dh). À 1 km à l'est de la route de Zagora, et à 15 km au sud d'Agdz.

Timarine Tijara LOCAL
(☎0664 93 22 42 ; Timidarte ; ⏲sur rdv). Un artisan-producteur de confiture et de sirop de dattes, chez qui faire une halte, en vous organisant à l'avance, pour faire une dégustation et acheter des produits du terroir (15-40 Dh).

Zagora زاكورة

35 000 HABITANTS

Le mythique panneau "Tombouctou, 52 jours", figurant un nomade et un dromadaire, a été ôté dans le cadre d'un inexplicable projet d'embellissement, et remplacé par un nouveau panneau. Toutefois, la réputation d'avant-poste du désert de Zagora ne s'en est pas trouvée entamée. Les Saadiens lancèrent leur expédition pour conquérir Tombouctou de cette ville en 1591 et les nombreuses caravanes qui passaient par cette oasis isolée lui ont donné son ambiance détendue et cosmopolite.

Zagora demeure un grand centre de commerce, avec un grand **marché régional** de produits frais, d'ustensiles, d'artisanat et de bétail, le mercredi et le dimanche. La ville déborde d'animation lors du **moussem de Moulay Abdelkader Jilali**, un soufi, qui a lieu en même temps que le Moulid an-Nabi (voir p. 133). Les membres de la confrérie soufie des Jilala viennent en pèlerinage à Zagora, et vous aurez peut-être l'occasion d'entendre leur musique de louange accompagnée au bendir (tambourin).

Quand on pénètre dans le centre de Zagora, la palmeraie dessine un arrière-plan de verdure sur lequel se détachent les bâtiments administratifs datant de l'époque où la ville était un avant-poste colonial français.

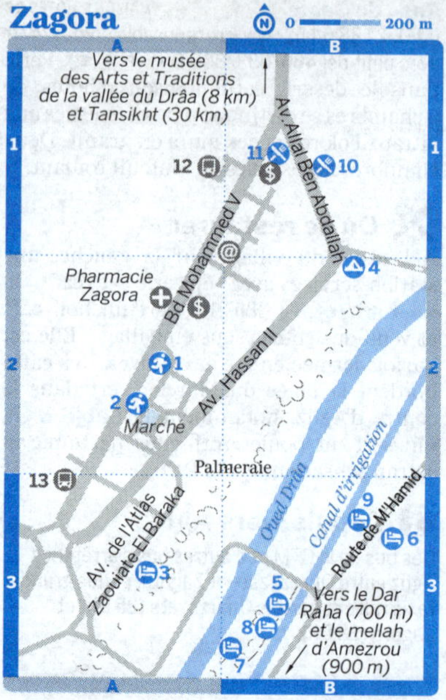

Zagora

Activités
1 Caravane Désert et Montagne A2
2 Caravane Hamada Drâa A2
Irahalen .... (voir 6)

Où se loger
3 Auberge-Restaurant Chez Ali A3
4 Camping Les Jardins de Zagora B2
5 Hôtel la Fibule du Drâa B3
6 Hôtel Zagour B3
7 Les Jardins du Drâa B3
8 Riad Lamane B3
9 Villa Zagora B3

Où se restaurer
10 Hôtel-Restaurant La Rose des Sables B1
11 Supermarché B1

Transports
12 Gare routière A1
13 Gare routière CTM A3
Grands taxis .... (voir 12)

À voir

Musée des Arts et Traditions de la vallée du Drâa MUSÉE
(☎0661 34 83 88 ; casbah de Tissergat ; 20 Dh). En partant du parking, suivez le panneau indiquant "Musée", puis engouffrez-vous dans la fraîcheur des sombres couloirs de l'ancien ksar (village fortifié), et dans la maison en brique à trois étages abritant ce fascinant musée sur la culture du désert, à 8 km au nord de Zagora. Les légendes, en français et en anglais, donnent des explications sur l'origine et la fonction des articles

exposés – objets servant au tatouage, robes de mariage de tribus différentes.

Dans le salon de thé est rassemblé le matériel indispensable à passer du bon temps dans le désert dans les années 1930 : un poste radio d'époque, un gramophone, et des verres à thé supposés se briser au contact du poison. La visite s'achève dans la cuisine traditionnelle, sur le toit, où, après cette plongée dans le passé, on ressent un certain choc en apercevant au loin des antennes paraboliques.

Djebel Zagora SITE NATUREL

Si vous avez assez d'énergie (d'eau et de crème solaire), grimpez de bon matin au sommet de cette spectaculaire montagne qui domine l'oued Drâa et admirez la vue. À pied, comptez environ 3 heures aller-retour, ou 45 minutes en voiture par la piste qui part sur la droite après le camping de la Montagne. À mi-chemin, vous verrez les ruines d'une **forteresse almoravide** du XIe siècle. Les installations militaires au sommet sont interdites au public.

Amezrou VILLAGE

L'identité de carrefour multiculturel aux portes du désert de Zagora se remarque aussi dans le village voisin d'Amezrou (à 1,5 km au sud du centre de Zagora, de l'autre côté de l'oued Drâa). Dans son ancien **mellah**, des artisans fabriquent des porte-bonheur aux motifs traditionnels africains, berbères, juifs et musulmans – indispensables pour traverser le désert en 52 jours ! Dans les années 1930, Amezrou comptait quelque 400 familles juives, qui sont presque toutes parties dans les années 1960. Demandez à une personne âgée de vous indiquer la minuscule **ancienne synagogue** actuellement restaurée par les habitants du village. La famille qui habite juste à côté vous laissera entrer dans la salle de prière (pourboire de 20 Dh). Les arches et la niche de la Torah sont noircies par la fumée car, après l'abandon de la synagogue, la salle a servi de cuisine. Pour autant, les arches qui soutiennent l'ensemble ont bien résisté, et le plafond en poutres de palmier est actuellement restauré avec l'aide des voisins et du Dar Raha.

Activités

La promenade à dos de dromadaire – si ce n'est une méharée – est quasiment une obligation à Zagora. Comparez les prix des agences (à partir de 300 Dh/pers/jour), et renseignez-vous sur l'eau, le couchage, les toilettes et le nombre de participants.

Caravane Désert et Montagne (☎0524 84 68 98 ; www.caravanedesertetmontagne.com ; 112 bd Mohammed V). Élabore, en partenariat avec des nomades, des circuits hors des sentiers battus pour voyageurs en solo ou petits groupes.

Caravane Hamada Drâa (☎0524 84 69 30 ; www.hamadadraa.com ; bd Mohammed V). Treks jusqu'à des campements nomades, conduits par Youssef M'hidi, guide licencié et nomade lui-même.

Discovering South Morocco (☎0524 84 61 15 ; www.discoveringsouthmorocco.com). Agence tenue par Mohamad Sirirou, natif de Zagora.

Excursions Casbah Tifawte (☎0524 84 88 43 ; www.tifawte.com). Dirigée par l'un des premiers guides officiels du Sud.

Irahalen (☎0524 84 86 27 ; www.irahalen.com ; Hôtel Zagour, rte de M'Hamid). Organise des excursions de 2 à 14 jours dans le désert et les oasis.

Où se loger

Dar Raha DAR, MAISON D'HÔTES €€

(☎0524 84 69 93 ; www.darraha.com ; Amezrou ; par pers avec petit-déj/demi-pension 235/310 Dh). Des dattes offertes en guise de bienvenue aux détails adaptés aux oasis, tels les nattes en palmes, les paniers en sacs plastique recyclés et les épais murs en pisé garantissant la fraîcheur, tout a été bien pensé. Confortables chambres aux murs en brique nue, garnies de gandouras (tenues des plus agréables), sans sdb. Repas maison, exposition d'artisanat dans la cour. Consultez le site Internet pour connaître les dates des soirées littéraires consacrées aux auteurs du Moyen-Orient. Votre hôte, Antoine, organisera volontiers des visites de l'ancienne synagogue d'Amezrou, de son ksar du XVIIIe siècle et des associations d'entraide du village.

Villa Zagora MAISON D'HÔTES €€

(☎0524 84 60 93 ; www.mavillaausahara.com ; d demi-pension sans/avec sdb 860/1 030 Dh, ste 1 322 Dh ; ❄≋). Lumineuse, aérée et charmante, cette villa donne l'impression que la vie dans le désert est facile. Les portes-fenêtres s'ouvrent sur de magnifiques tapis marocains, de hauts plafonds et une collection d'art éclectique, dont des œuvres abstraites inspirées de Zagora. Le personnel s'attache à dorloter les clients, et les longs repas sont concoctés avec des produits frais de l'oasis. L'eau de la piscine est judicieusement utilisée pour arroser le jardin de plantes aromatiques. Oubliez les dromadaires, et passez la journée à lire sur la véranda.

VAUT LE DÉTOUR

BRÈVE ESCAPADE : LES DUNES DE TINFOU

Comparées aux infinies successions de dunes de Merzouga ou de l'erg Chebbi, les deux ou trois hautes dunes de Tinfou peuvent sembler dérisoires. Elles constituent néanmoins un bon aperçu des sables du Sahara, immédiatement au sud de Zagora, s'élevant sur la gauche, à 8 km au sud de Tamegroute. Bien qu'elles ressemblent à un terrain de jeu les jours d'affluence, grimper au sommet et descendre en courant reste amusant. Mieux encore, on peut y faire l'aller-retour dans la journée à la manière ancestrale (et écologique) : à dos de dromadaire depuis Zagora ou Tamegroute.

Riad Lamane COMPLEXE HÔTELIER €€€
(☎0524 84 83 88 ; www.riadlamane.com ; d avec petit-déj 900-1 200 Dh, demi-pension 1200-1800 Dh ;). Des bungalows ronds à deux niveaux et de luxueuses "tentes" aux murs en *tadelakt* sont répartis dans un jardin, avec connexion Wi-Fi et bar de style africain. Le style touareg domine dans les chambres de la maison principale, des têtes de lit en piquets de tente aux interrupteurs électriques gainés de cuir.

Les Jardins du Drâa MAISON D'HÔTES €€€
(☎0524 84 67 66 ; www.riad-zagora.com ; d avec petit-déj/demi-pension 880/1 100 Dh, ste 945/1 220 Dh ;). Ancienne maison dans la palmeraie d'Amezrou offrant un mélange pimpant de stucs, de coussins et d'escaliers carrelés. Les chambres au style contemporain, avec lits à baldaquin et murs couleur sable, dégagent une ambiance apaisante. Les familles apprécient les chambres standards, assez grandes pour trois, les couples optent pour la chambre Sahara, avec balcon privatif. Suivez les repères bleu clair à 300 m de l'hôtel La Fibule du Drâa.

Auberge-Restaurant Chez Ali AUBERGE €
(☎0524 84 62 58 ; www.chez-ali.com ; av. de l'Atlas Zaouiate El Baraka ; tentes dans le jardin 40 Dh/pers, d demi-pension 360-400 Dh, douches 10 Dh). Il ne faut pas déranger les paons qui évoluent dans le jardin, mais ceci mis à part, l'accueil est des plus chaleureux. À l'étage, les chambres à lucarne ont de simples meubles en pin, des sdb et la clim. Les tentes aux murs en pisé (4-5 pers), dans le jardin, se partagent des sdb. Enfin, les chambres "traditionnelles" ont des matelas posés sur des tapis et des sdb communes (la chambre n°14 a une terrasse). Savourez les repas berbères et profitez des excursions de 2 jours conduites par les sympathiques guides Mohamed et Yousouf.

Hôtel La Fibule du Drâa HÔTEL €
(☎0524 84 73 18 ; s/d/tr avec petit-déj 480/550/700 Dh ;). Au carrefour d'Amezrou, le calme règne dans cet établissement agrémenté d'une piscine à l'ombre des palmiers, d'un bar dans le jardin et d'un hammam (à partir de 100 Dh ; massages à partir de 330 Dh). Les 24 chambres sans prétention ont des murs en pisé, une sdb, un réfrigérateur et une clim plus ou moins fiable. Préférez celles avec vue sur le jardin, et profitez du buffet au petit-déjeuner. À 50 m à droite de la route de M'Hamid, à Amezrou.

Hôtel Zagour HÔTEL €
(☎0524 84 61 78 ; www.zagour.com ; rte de M'Hamid ; d avec petit-déj/demi-pension 250/400 Dh ;). Une équipe efficace, une piscine en terrasse, des chambres climatisées à la décoration locale, tout est réuni pour un séjour confortable et bon marché. Les rênes de dromadaire utilisés comme porte-serviettes et les lanternes de caravane en vitraux rappellent le désert. Le restaurant orné de stucs sert le tajine typique de Zagora : au bœuf avec des abricots, des prunes, des raisins secs, des oignons et des amandes grillées. À 600 m avant le pont.

Camping Les Jardins de Zagora CAMPING €
(☎0524 84 69 71 ; tente berbère 40 Dh, camping 20 Dh/pers, 10 Dh/tente, 10 Dh/voiture, ch avec sdb commune 50 Dh/pers). Ce camping fleuri, à côté de l'hôtel Ksar Tinzouline, donne sur le djebel Zagora. Les tentes berbères avec murs en dur ont l'électricité. Les tajines sont préparés à la demande (menu 80 Dh).

Où se restaurer et prendre un verre

Les restaurants des hôtels servent des menus (100-150 Dh) sur réservation, aux résidents comme aux non-résidents. Le long du boulevard Mohammed V, des tables populaires bon marché proposent une cuisine marocaine plus simple. Pour faire des courses en vue d'un pique-nique, rendez-vous au marché, au supermarché situé à l'extrémité nord de la ville (pas d'alcool) et à la boulangerie. Pour prendre un verre, optez pour le bar dans le jardin de La Fibule du Drâa, ou pour le bar africain du Riad Lamane.

Hôtel-Restaurant La Rose des Sables LOCAL €
(☎0524 84 72 74 ; av. Allal Ben Abdallah ; repas 40-60 Dh). Joignez-vous aux guides du désert tandis qu'ils prennent une pause en savourant un délicieux tajine au bœuf ou au poulet.

ℹ Renseignements

Banque Populaire et BMCE (bd Mohammed V). Ces banques disposent des deux derniers DAB avant le Sahara (aucun ne fonctionne à M'Hamid). Faites suffisamment de réserves.

Pharmacy Zagora (☎0524 84 71 95 ; bd Mohammed V ; ⊙8h30-13h et 15h-20h lun-ven, 8h30-13h sam)

Placenet Cyber Center (95 bd Mohammed V ; 10 Dh/h). Accès à Internet.

ℹ Depuis/vers Zagora

AVION Il est question d'ouvrir le nouvel aéroport de Zagora aux vols nationaux et internationaux, mais l'envolée des prix du carburant et la viabilité commerciale restreignent son usage aux vols charters.

BUS La **gare routière CTM** (☎0524 84 73 27 ; bd Mohammed V) se situe à l'extrémité sud-ouest du boulevard Mohammed V, la **gare routière** et le parking des grands taxis, à son extrémité nord. Un bus **Supratours** (☎0524 84 76 88 ; bd Mohamed V) part chaque jour à 6h pour Marrakech (180 Dh, 8 heures) via Agdz (40 Dh) et Ouarzazate (40 Dh). Il y a également un bus CTM quotidien pour Ouarzazate (50 Dh, 4 heures), qui poursuit jusqu'à Marrakech (120 Dh, 9 heures 30) et Casablanca (190 Dh, 12 heures 30).

D'autres compagnies proposent au moins un service quotidien pour Boulmane du Dadès (75 Dh), Tinerhir (70 Dh), Er-Rachidia (125 Dh), Marrakech (100 Dh) et Ouarzazate (50 Dh). Des bus desservent Rissani (80 Dh) via N'Kob (20 Dh) et Tazzarine (30 Dh) trois fois par semaine. Un bus à destination de M'Hamid (20 Dh, 2 heures) passe par Zagora le matin. Des minibus plus fréquents partent pour M'Hamid (25 Dh) dans la journée, dès qu'ils sont pleins.

TAXI Les grands taxis, plus réguliers en début de matinée, se rendent notamment à Tamegroute (7 Dh, 15 min) Agdz (30 Dh, 1 heure 30), Ouarzazate (65 Dh, 3 heures), M'Hamid (35 Dh, 1 heure 30), Tazzarine (50 Dh, 2 heures 30) et N'Kob (40 Dh, 1 heure 30).

Sud de Zagora

TAMEGROUTE تامكروت

Réputée guérir l'anxiété et l'hypertension, la zaouïa Nassiriya de Tamegroute devrait ce pouvoir à l'influence apaisante de Sidi Mohammed ben Nassir, le fondateur de la fraternité studieuse des Nassiri au XVIIe siècle. Entre deux excursions dans le désert, les bibliophiles pourront visiter la bibliothèque de la zaouïa, qui recèle d'anciens textes enluminés.

Tamegroute est également connue pour son labyrinthe de ksour reliés par de sombres passages, que vous pouvez explorer seul ou avec un guide local. Un **marché** se tient à Tamegroute le samedi.

👁 À voir

♥ **Zaouïa Nassiriyya** MÉDERSA
(contribution suggérée 20 Dh ; ⊙matin et fin d'après-midi sam-jeu). Si les non-musulmans ne peuvent visiter le mausolée au toit vert de Sidi ben Nassir, tout le monde a accès à la bibliothèque destinée aux étudiants de la médersa attenante. Parmi les 4 000 ouvrages conservés dans des rayonnages vitrés figurent d'anciens textes sur la médecine, les mathématiques, l'algèbre et les lois, ainsi que de splendides corans du XIIIe siècle, écrits sur des peaux de gazelle.

♥ **Coopérative des potiers** ATELIER DE POTERIE
(⊙8h-18h lun-ven). Le vert-de-gris donne le "vert de Tamegroute" typique des poteries de la ville – saladiers, carreaux à motifs, élégantes assiettes – fabriquées par ce collectif de potiers.

☞ Circuits organisés

Travel Tamegroute DÉSERT
(☎0662 20 09 75 ; www.traveltamegroute.com). Pour de courtes promenades à dos de dromadaire jusqu'aux dunes voisines de Tinfou (ou des excursions plus longues d'oasis en oasis jusqu'aux dunes), cette agence offre des prestations de qualité et de bonnes affaires (500 Dh/jour avec le déjeuner, 550 Dh nuit comprise).

Où se loger et se restaurer

Auberge-Restaurant-Camping-Jnane Dar Diafa PENSION €
(☎0524 84 06 22 ; www.jnanedar.ch ; s/d 125/170 Dh ; s/d/tr/ste avec sdb à partir de 200/300/400/600 Dh). Dans un pavillon aéré au milieu du jardin, attardez-vous devant un déjeuner concocté avec les légumes du potager. Des chambres défraîchies mais charmantes, en pisé, surplombent le jardin. Certaines ont la clim, des lits protégés de moustiquaires et des murs décorés de motifs en étoiles.

DE TAMEGROUTE À M'HAMID

Si les dunes de Tinfou vous ont laissé sur votre faim, allez vers l'est jusqu'aux imposantes dunes de sable rose de Merzouga, l'erg Chebbi (voir p. 160) ou découvrez le désert à l'erg Chigaga en passant par M'Hamid. La route sud disparaît dans le sable à M'Hamid, à 96 km au sud de Zagora et à 40 km de l'Algérie (la frontière sud est toujours un sujet de contestation entre les deux pays). Le trajet jusqu'à M'Hamid passe d'abord par un paysage désolé de cailloux brûlés par le soleil, puis la route grimpe vers le col de **Tizi Beni Selmane**. Le village de **Tagounite** compte une station-service et plusieurs cafés, en plus du **ksar d'Ouled Driss**, qui comporte un petit **musée d'Ethnographie** (20 Dh). Les objets traditionnels du quotidien, exposés dans une ravissante cour en brique crue, justifient une halte avant les cinq derniers kilomètres jusqu'à M'Hamid.

M'Hamid المحاميد

3 000 HABITANTS

Les tensions frontalières entre l'Algérie, le Maroc et le Front Polisario ont isolé cette étape caravanière prospère jusque dans les années 1990, quand des accords ont permis à M'Hamid d'accueillir à nouveau des visiteurs. Le principal attrait de M'Hamid commence là où s'arrêtent les bâtiments et où le désert gagne du terrain, malgré les barrières de palmes tissées.

Si, de là, il ne faut guère de temps pour rejoindre les dunes – certaines viennent déjà se pelotonner contre les maison d'hôtes dans la partie ouest de la bourgade –, pour vous retrouver en plein milieu de grandes dunes, vous devrez randonner à travers le reg, un désert de pierre. Destination phare à 56 km de M'Hamid, l'**erg Chigaga** est une fabuleuse étendue de dunes de sable doré s'étirant sur 40 km et pouvant atteindre 300 m de haut. En 4x4, et si les conditions climatiques sont bonnes dans le reg, comptez 2 heures 30-3 heures pour l'atteindre. En revanche, si les conditions sont mauvaises, n'importe quel guide expérimenté suggérera de remettre le trajet au lendemain, et vous ferez bien de suivre ce précieux conseil. Quand la lumière métallique des tempêtes de sable enveloppe M'Hamid, les routes semblent disparaître.

Au départ de M'Hamid, quantité de méharées, avec nuit incluse (à partir de 300 Dh/pers), vont à 10 km au nord, dans l'**erg Lehoudi** ("dunes des Juifs"), dont les dunes hautes de 100 m sont parsemées de bivouacs semi-permanents qui auraient bien besoin des services de collecte d'ordures récemment mis en place à M'Hamid. Avec un 4x4, vous pouvez le rejoindre par une piste qui part de la grand-route 18 km avant M'Hamid, mais mieux vaut engager un guide. Parmi les autres destinations du désert à proximité, citons l'**erg Ezahar**, haute dune qui "gémit" étrangement sous le vent, le mirage de l'**oasis Iriki** (voir p. 140), et les plus petites dunes de **Mesouria**, à 8 km de M'Hamid.

M'Hamid en elle-même désigne en fait deux localités où vivent cinq groupes ethniques : des Harratines, des Berbères, des Chorfas, des Beni M'Hamid et les célèbres "hommes bleus" nomades. M'Hamid Jdid, la ville "nouvelle" prématurément vieillie, possède une mosquée, des cafés-restaurants en bord de route, de petits hôtels sans grand attrait, quelques boutiques d'artisanat et accueille un **marché le lundi**. Il règne ici une ambiance de ville frontière ; dans les cafés poussiéreux de M'Hamid Jdid, des hommes au visage buriné, portant turban et lunettes noires, racontent des histoires de touristes perdus dans le désert après avoir refusé les services d'un guide local.

La vieille ville, M'Hamid Bali, à 3 km de l'autre côté de l'oued Drâa, abrite une casbah bien conservée. Après une dévastatrice épidémie de bayoud dans la région, les palmiers réapparaissent peu à peu dans l'oasis en lisière de la ville, offrant une résistance à l'avancée du Sahara.

Activités

Le meilleur moyen de rallier l'erg Chigaga reste la méharée classique, qui dure de 5 jours à 1 semaine aller-retour (à partir de 400 Dh/j). Une fois habitué à monter un dromadaire, vous pouvez envisager une expédition plus audacieuse de 12 jours jusqu'à Foum Zguid via l'erg Chigaga. Les méharées plus courtes à destination de dunes plus petites dans le Sahara sont également recommandées, mais il faut savoir que l'erg Chigaga possède les plus hautes de ce côté de Merzouga.

Pour rejoindre l'erg Chigaga en quelques heures, il faudra louer un 4x4 – comptez 1 000-1 300 Dh, assurance comprise, plus 250 Dh pour le campement. De nombreuses agences proposent guides *et* chauffeurs, une bonne formule car même des chauffeurs locaux peuvent quitter la piste ou s'ensabler.

Si les stratagèmes ne manquent pas pour appâter le client, ne vous laissez pas berner par les faux guides. Des treks à l'erg Chigaga, à pied, à dos de dromadaire ou en 4x4, avec des guides licenciés et fiables, peuvent s'organiser à Marrakech, Zagora ou M'Hamid. N'oubliez pas que nombre d'agences organisant des circuits dans le désert n'acceptent que le paiement en espèces. Il n'y a pas de banques à M'Hamid, vous devrez donc retirer du liquide

CONSEILS POUR UNE EXCURSION DANS L'ERG CHIGAGA

» **Ne comptez pas marchander à M'Hamid** Une fois sur place, vous aurez peu de marge de manœuvre pour négocier : les guides savent que vous avez effectué un long trajet, et que vous ne repartirez pas sans voir les dunes, aussi les prix des excursions sont-ils calculés en conséquence. Les meilleurs tour-opérateurs étant réservés bien à l'avance via des agences de Marrakech (p. 73), vous devrez peut-être vous contenter de guides moins expérimentés et de véhicules en plus ou moins bon état – or, tomber en panne dans le désert n'est pas une partie de plaisir. Localité plus grande et bénéficiant d'une plus longue expérience dans le domaine que M'Hamid, Zagora offre davantage de choix en matière d'excursions de dernière minute dans le désert, pour les voyageurs à petit budget (p. 135).

» **Optez pour une excursion courte la première fois** N'importe quel mystique soufi peut en témoigner : être seul avec ses pensées dans le désert est propre à des révélations ou expériences quasi hallucinatoires, mais ceux qui n'ont pas l'habitude d'un tel isolement peuvent aussi s'ennuyer ferme rapidement. Il arrive parfois que certains aient un accès de "panique du désert" : tout ce qui fait l'étrangeté des paysages sahariens, du gémissement des dunes aux cancrelats des sables, leur semble alors particulièrement angoissant. Selon les tour-opérateurs locaux, dans ce cas-là, certains voyageurs demandent à rentrer, avant même d'avoir atteint les dunes. À l'inverse, beaucoup de touristes affirment que le Sahara les a aidés à laisser derrière eux leurs soucis. Essayez-vous à une excursion de 2 jours et voyez comment vous réagissez face à l'immensité du désert.

» **Pour une longue excursion, procurez-vous le nom du guide** Le guide peut faire de cette expérience un enchantement ou une vraie mésaventure, notamment lors des expéditions de plusieurs jours. Même dans les agences recommandées où officient des guides licenciés, demandez le nom de celui qui vous accompagnera, et tâchez de trouver des commentaires le concernant sur Internet, par exemple sur le **forum des voyageurs de Lonely Planet** (www.lonelyplanet.fr).

dans un DAB à Zagora, avant de vous lancer dans les dunes.

Sahara Services TREKKING
(☎061 776766 ; www.saharaservices.info ; Kasbah Sahara Services, M'Hamid). Circuits dans le désert tout compris, avec dromadaires et 4x4, notamment jusqu'à un campement de tentes berbères aux murs en pisé dans l'erg Chigaga, où passer la nuit. Dîner en musique autour d'un feu de camp dans les dunes, promenades à dos de dromadaire depuis le campement, toilettes, repas chauds et douches font partie des prestations. À 300 m à droite en entrant dans M'Hamid.

Zbar Travel TREKKING
(☎068 517280 ; www.zbartravel.com). Propose des excursions dans l'erg Chigaga, avec nuit sous la tente ou à la belle étoile, sandboarding, treks à pied ou à dos de dromadaire, et découverte de la culture et de la botanique saharouies.

Dar Azawad TREKKING
(☎0524 84 87 30 ; www.darazawad.com ; Douar Ouled Driss). Pour une somptueuse lune de miel dans le désert, adressez-vous à cette pension de M'Hamid qui travaille en partenariat avec La Mamounia de Marrakech et propose du "camping" de luxe dans le Sahara : champagne au coucher du soleil, lits immenses, barbier, masseur, et tatoueur au henné à disposition. Le plus impressionnant, ce sont peut-être les toilettes au compost dans chaque tente.

Où se loger et se restaurer

♥ **Dar Sidi Bounou** DAR, MAISON D'HÔTES €
(☎0524 84 63 30 ; www.darsidibounou.com ; par pers pension complète en tente/hutte/ch 330/420/540 Dh). Une expérience de rêve : dunes en arrière-plan, hammams, concerts de musique saharouie et méchouis sur les terrasses. Vous aurez le choix entre les tentes berbères et les huttes en brique crue (6-8 pers), le toit-terrasse, à moins de vous glisser entre les draps blancs et frais d'une chambre de la maison principale. Le Dar Sidi Bounou propose des expériences d'immersion dans la culture du désert : expéditions de peinture de paysage à dos de dromadaire,

cours de danse orientale, et même d'authentiques mariages berbères. Réservez tôt ; paiement en espèces ou chèques de voyage uniquement. À 4 km d'Ouled Driss.

Dar Azawad HÔTEL DE CHARME €€€
(☎0524 84 87 30 ; www.darazawad.com ; Douar Ouled Driss ; d demi-pension 1 600-1 800 Dh, ste 2 200-2 500 Dh ;). Pour les aventuriers en quête de confort, il y a des bungalows de designer aménagés dans les jardins (murs en *tadelakt*, hauts plafonds à poutres de palmier), et de magnifiques suites (cheminée, lits immenses, machines à café Nespresso, stations d'iPod, TV à écran plat et Jacuzzi)... À moins de préférer un campement de luxe dans les dunes (à partir de 1 350 Dh/pers). On profite d'un hammam-spa et de savoureux repas – cours de cuisine. Également : bar, boutique d'artisanat et piscine.

Kasbah Sahara Services HÔTEL-MAISON D'HÔTES €€
(☎0524 84 80 33 ; www.hotelmhamid.com ; tente/d/ste demi-pension 200/300/350 Dh par pers). Lorsque souffle le sirocco, réfugiez-vous dans votre chambre (il y en a 6, avec clim et sdb) aux couleurs acidulées, ou sous votre tente berbère. Il y a aussi une suite familiale avec plafond en *tataoui* et sdb en *tadelakt*. Le menu se compose de salades fraîches, de kebabs et de frites (80 Dh) ; vous pourrez aussi apprendre quelques recettes saharouies. À 300 m sur la droite en entrant dans M'Hamid.

Depuis/vers M'Hamid

Tous les jours, des bus Supratours desservent Marrakech (180 Dh, 8 heures) via Zagora (20 Dh), Agdz (40 Dh) et Ouarzazate (60 Dh). Un bus de la CTM part l'après-midi pour Zagora (25 Dh, 2 heures), Ouarzazate (60 Dh, 6 heures), Marrakech (155 Dh, 6 heures) et Casablanca (220 Dh, 15 heures).

De l'erg Chigaga à Tizi n'Tichka

En sortant du désert en 4x4 à l'erg Chigaga, allez au nord vers Marrakech, via Foum Zguid. En traversant le *sahel* et le reg (désert de pierre) vous passerez par l'**oasis Iriki**, au pied d'un imposant plateau sur la droite, où un café solitaire offre des boissons fraîches sous des parasols. De là, vous verrez un grand lac où viennent s'abreuver des oiseaux et des gazelles assoiffés. Regardez mieux : le "lac Iriki" est en fait un mirage, bordé de bosquets de pommiers de Sodome (*Calotropis procera*) – attention ! cet arbre est vénéneux.

À 30 km environ du Café Iriki, vous tournerez vers le nord et, à l'approche d'un plateau, ce qui ressemble à un hôtel (une autre illusion du désert) est en réalité le poste de garde de **Foum Zguid**, où vous devrez présenter votre passeport. Foum Zguid est une base militaire stratégique et la ville elle-même est un carrefour offrant tout le nécessaire : eau, carburant, un téléphone public et du café.

En suivant la piste à l'est de la maison d'hôtes Hiba sur 2,5 km, vous rejoindrez la coopérative de tapis Ahilal (voir p. 141). Admirez les tapis tissés dans des ateliers impeccables et bien équipés, les paniers en forme de plats à tajine et les *lugnâa*, des châles typiques de la région avec des motifs floraux abstraits aux couleurs vives sur un tissu noir et blanc. Prochaine étape sur la route du Tizi n'Tichka, **Tazenakht** fait une halte pratique pour un repas rapide, un café, du carburant ou la recherche de tapis.

Vous trouverez d'autres tapis de qualité 26 km plus haut sur la N10 à la coopérative Jemaite Tifawin (voir p. 141). Cette association de tisserandes organise des ateliers le dimanche, pendant lesquels les visiteurs peuvent apprendre à tisser un marque-page ou à filer de la laine brute grâce aux conseils des expertes qui travaillent sur place. Les dons (200-500 Dh), reversés à l'association, servent à payer le loyer, des métiers à tisser et de la laine. La charismatique directrice, Khadija Ighilnasaf, vous fournira un reçu accompagné d'un sincère *Barakllafik* (Que la chance soit avec toi). Repérez le panneau en bord de route dans le village d'Anezal, à 30 minutes au nord de Tazenakht sur la N10.

Où se loger et se restaurer

Maison d'hôtes Hiba MAISON D'HÔTES €
(☎0615 72 72 82 ; 8 km de Foum Zguid ; 220 Dh/pers demi-pension ;). Maison d'hôtes et restaurant servant un excellent menu avec tajine, salade et fruits (80 Dh), à déguster sur une jolie terrasse ou assis dans les canapés du salon climatisé. Les chambres douillettes (sdb neuves) font de cette adresse une étape bienvenue pour passer la nuit après une équipée dans le désert. Allez à 8 km au nord de Foum Zguid en direction de Marrakech ; repérez l'embranchement de la piste Zagora-Amezrou sur la droite.

Restaurant La Liberté RESTAURANT €€
(Foum Ziguid ; repas 70-80 Dh ; 7h-22h). Pratique pour ses petits-déjeuners chauds et ses kebabs. Sur le côté ouest de la place, à droite après le grand et unique croisement.

À NE PAS MANQUER

EN TAPIS “VOLANT” DE FOUM ZGUID À ANZAL

Au cours de cet itinéraire de 2 heures en voiture, vous découvrirez de merveilleux tapis et pourrez siroter du thé en compagnie des talentueuses Marocaines qui les ont fabriqués. En achetant leur production directement aux tisserandes, vous ferez de bonnes affaires tout en permettant d'améliorer le sort des familles vivant dans cet environnement aride et caillouteux.

Coopérative de tapis Ahilal TAPIS

Cet atelier ensoleillé renferme des tapis aux styles et aux couleurs qui contrastent étonnamment avec la tradition, par exemple un moelleux tapis aubergine, ou encore un tapis rouge digne d'une rock-star alternant les bandes de laine écarlate et les bandes de poil de chèvre noir et broussailleux. Lors d'une récente visite, nous avons vu sur un métier à tisser une sorte de “Picasso berbère” avec des montagnes dentelées indigo et des polygones couleur safran.

Les prix sont fixes. Un petit pourcentage est reversé à l'association pour financer l'équipement, la formation et les soins aux enfants. Le reste revient directement aux femmes qui fabriquent les tapis – ce revenu apporte une aide indispensable aux familles qui vivent dans cet endroit semi-désertique. La coopérative est à 8 km de Foum Zguid, au bout de 2,5 km d'une piste nivelée.

Ensemhô de Tazenakht TAPIS

Localité-carrefour, Tazenakht compte plusieurs magasins de tapis qui fournissent essentiellement les marchands, mais vous pouvez vous passer d'intermédiaire et acheter des tapis de qualité, à prix fixes, dans cette salle d'exposition-vente gérée par le gouvernement. Le plus épineux consiste à dénicher l'Ensemble artisanal dans le centre-ville de Tazenakht, où peu de rues sont indiquées. En entrant en ville par le sud, tournez à droite, puis à gauche en direction de la poste. À l'approche du parking de la poste, tournez à droite. Au prochain carrefour en T, prenez à gauche : voici enfin l'Ensemble artisanal, qui ouvre généralement de 10h à 17h.

Coopérative de tapis Jemaite Tifawin ARTISANAT

(Association de la Lumière ; ☎0674 74 48 30 ; village d'Anezal, ⏲salle d'exposition 9h-12h et 14h-18h lun-jeu, atelier 9h-17h dim). Les femmes du village d'Anzal impressionnent par la multiplicité de leurs talents : outre le travail dans les champs, les tâches ménagères et la cueillette de plantes dans les montagnes, 88 d'entre elles tissent également des tapis, en faisant preuve d'une créativité des plus audacieuses. Là où d'autres tisserandes respectent le modèle traditionnel du tapis tufté jaune de style glaoui, orné de classiques motifs en diamant, elles expérimentent des teintures fabriquées avec des plantes de l'Anti-Atlas et inventent des motifs d'une grande originalité.

Dans la salle d'expo-vente, un peut voir un kilim carmin bordé de motifs graphiques en zigzag noir et blanc. Un peu plus loin, un tapis pourpre teint avec de la racine de garance s'orne de tortillons jaunes (teinte obtenue avec du henné) inspirés de la calligraphie coufique symbole de la baraka. Les prix sont fixes, et le produit de la vente revient à la personne qui a fabriqué le tapis, à l'exception d'un petit pourcentage servant à acheter le matériel pour la coopérative. On trouve également en vente des chemins de table, des housses pour les coussins et des housses d'ordinateur portable. De toutes les coopératives de tisserandes du sud du Maroc, c'est sans doute la plus tendance. Elle est à 26 km de Tazenakht sur la N10.

VALLÉE ET GORGES DU DADÈS سهول داداس و المضايق

Carrefours nomades, vallées de roses et casbahs bicolores : sur le papier, la vallée du Dadès semble irréelle. Du Haut Atlas, au nord, à la chaîne déchiquetée du djebel Sarhro, au sud, la vallée est ponctuée d'oasis et de palais en brique crue qui lui valent son surnom de vallée aux Mille Casbahs. Certaines des plus belles vues ne se découvrent qu'à pied, le long de passages cachés entres les gorges du Dadès et celles de Todra, et sur des pistes nomades traversant le djebel Sarhro.

Skoura سكورة

2 800 HABITANTS

Même les dromadaires et les chameaux des caravanes chargées d'or et d'épices devaient s'émerveiller en arrivant à Skoura. Au terme d'une expédition de deux mois dans le Sahara, les marchands touaregs en djellaba bleue déchargeaient leur cargaison caravanière à Skoura, immense oasis où les montagnards du Moyen Atlas la chargeaient à leur tour sur des mules, puis prenaient la route de Fès. Ouarzazate, à 39 km à l'ouest, est aujourd'hui le centre marchand de la région. Pour autant, l'ancienne forteresse en brique crue de Skoura demeure, et les marchands du désert convergent vers son marché, le lundi et le jeudi, pour vendre mille et un produits pleins de saveurs. Une fois le marché terminé, quand les ombres des palmiers se profilent sur la route, personne ne semble pressé de partir, car la vie à Skoura a une saveur tout à fait particulière.

À voir et à faire

Palmeraie SITE NATUREL

Skoura se distingue essentiellement par ses casbahs en brique crue et sa vaste palmeraie, classée par l'Unesco, qui lui valent le surnom d'"oasis aux Mille Palmiers". Sous cette verte canopée s'étend un patchwork long de près de 25 km composé de jardins soigneusement entretenus, irrigués par un ingénieux système de *khettara*, ensemble de canalisations et écluses vieilles de plusieurs siècles. Des oiseaux piaillent dans les arbres ; ils sont plus d'une centaine d'espèces à prospérer ici. Pour découvrir les splendeurs de Skoura de l'intérieur, passez la nuit dans une maison d'hôtes en pisé et explorez la palmeraie à pied ou à vélo (la plupart des maisons d'hôtes en louent).

Casbah Amridil CASBAH

(visite sans/avec guide 10/50 Dh). La casbah la plus convoitée du Maroc est cette merveille du XVIIe siècle, représentée sur les billets de 50 dirhams. Indiqué à quelques centaines de mètres de la route principale, ce musée vivant arbore notamment des serrures de portes sculptées à la main, un pressoir à olives et des fours à pain qui fonctionnent toujours. Des chèvres vivent en semi-liberté dans la cour.

Centre culturel de Skoura CENTRE CULTUREL

(☎0524 85 23 92 ; N10 ; ⏲9h-12h et 14h30-17h30 dim-jeu). ONG dynamique, qui expose, en semaine, un artisanat authentique, et propose des circuits guidés à pied ou à vélo le dimanche (réservation 5 jours avant), moyennant des dons (200-500 Dh/pers). Les bénéfices servent à la conservation de l'eau du centre, ainsi qu'à des programmes d'alphabétisation et de conservation des palmiers (voir p. 143). À 300 m à gauche après le carrefour de Skoura.

Où se loger et se restaurer

Attention : il n'y a pas de DAB à Skoura, or la plupart des maisons d'hôtes n'acceptent pas les cartes de crédit. Vous devrez donc vous approvisionner en espèces à Ouarzazate.

Sawadi MAISON D'HÔTES €€

(☎0524 85 23 41 ; www.sawadi.ma ; palmeraie de Skoura ; s/d avec petit-déj 615/725 Dh, s/d ste 715/860 Dh, villa 6-10 pers 2 570 Dh ; ❄≋). Oasis dans l'oasis, ces jardins de près de 4 ha entourés de murs offrent un splendide cadre aux bungalows en pisé, et fournissent les produits nécessaires à la préparation de repas bio. Après une visite chez les artisans du coin ou une excursion guidée à vélo pour découvrir l'architecture des casbahs, détendez-vous dans la vapeur du hammam, ou au bord de la piscine filtrée au sel. Depuis la route, suivez les marques en forme de triangle vert menant dans l'extrémité nord de l'oasis. Paiement en espèces uniquement.

Jardins de Skoura MAISON D'HÔTES €€

(☎0524 85 23 24 ; www.lesjardinsdeskoura.com ; palmeraie de Skoura ; ch/ste avec petit-déj 770/1 120 Dh ; ❄≋). Un style sobre et romantique, typique de Skoura, caractérise les recoins intimes taillés dans les murs en pisé, tendus de tapis. Jardin biologique (agrémenté d'une piscine et d'une boutique d'artisanat) où sont servis les repas (130-180 Dh), avec plats marocains et desserts français. De la route, suivez les marques en forme de triangle orange ; paiement en espèces uniquement.

Chez Talout AUBERGE €€

(☎0662 49 82 83 ; www.talout.com ; 370-420 Dh/pers demi-pension ; ❄≋). Sur une colline surplombant l'oasis de Skoura, deux auberges en brique jumelles : l'une avec des chambres modestes ensoleillées, l'autre dotée d'une piscine et de la clim. Participez aux excursions dans l'oasis (à pied, à cheval ou en VTT), et profitez des déjeuners sur le toit-terrasse accompagnés de *tannour* (pain plat). À 7 km au nord-ouest de Skoura.

Kasbah Aït ben Moro CASBAH €€€

(☎0524 85 21 16 ; www.aitbenmoro.com ; s/d demi-pension 450 Dh, d avec sdb 1 000-1 200 Dh ; ❄). Élégamment restaurée en 2000, cette casbah du XVIIIe siècle a conservé son

DANS L'OASIS, CHAQUE PALMIER A BESOIN D'ATTENTION

En se promenant dans l'oasis de Skoura, on est séduit par le rythme nonchalant des palmes qui se balancent au moindre souffle d'air. En plus de leur allure majestueuse, les palmiers procurent de l'ombre, fournissent des dattes, alors que leurs frondaisons servent à tresser des revêtements pour les plafonds, les sols, ainsi que des barrières pour les enclos des ânes.

Pour autant, dans cette "oasis aux Mille Palmiers", les palmiers sont fragilisés en raison du bayoud (ou fusariose), maladie contagieuse provoquée par un champignon. L'Unesco travaille à la protection des oasis, d'Aït Benhaddou à Figuig, en les classant comme réserves de biosphère, tandis que le gouvernement marocain plante des espèces de palmiers dont on estime qu'elles sont résistantes au bayoud.

"Les palmiers de Skoura doivent affronter une autre menace", explique Mohamed Elkasbaoui, directeur du programme de conservation des palmiers lancé par le centre culturel de Skoura. "Quand les récoltes viennent à manquer, pour faire vivre leur famille, certaines personnes vendent illégalement du bois de palmier, qui sert à décorer les complexes hôteliers des grandes villes."

Afin de traiter ce problème, le centre a récemment ouvert une salle d'exposition en lisière de la ville pour présenter l'artisanat de l'oasis. Là, les habitants de Skoura vendent des objets fabriqués avec des feuilles de palmier, qui ont été cueillies sans porter atteinte aux arbres. Tout voyageur qui a eu l'occasion d'admirer les splendides palmeraies marocaines verra dans ces chapeaux, corbeilles à pain, nattes et autres lanternes garnies de verre des souvenirs particuliers, dont l'achat permet en outre de soutenir les efforts du centre en faveur de la conservation des palmiers.

"La salle d'expo-vente procure un revenu aux gens entre deux récoltes, c'est-à-dire au moment où ils en ont le plus besoin", explique Mohamed Elkasbaoui. "Si nous prenons soin de ces arbres, en retour, ils seront une ressource pour nous, ainsi que pour nos enfants, et les enfants de nos enfants."

charme d'origine : poutres en palmier au plafond, passages faiblement éclairés, et jardins de cactus pour absorber et stocker l'eau (expliquant l'absence de piscine). Les 3 chambres de la tour (sdb commune), avec vue sur l'oasis, offrent le meilleur rapport qualité/prix. À 2 km du centre de Skoura.

Espace Kasbah Amridil CASBAH €€
(☎0524 85 22 79 ; www.espaceamridil.com ; s 200 Dh, d 400-500 Dh, demi-pension 650 Dh). Choisissez une chambre dans la tour pour bénéficier de la vue sur la casbah voisine et évitez celles du rez-de-chaussée, sombres. La TV à écran plasma dans le salon attire les fans de sports. À côté de la casbah Amridil ; paiement en espèces uniquement.

Kasbah Aït Abou CASBAH €
(☎0524852234 ; www.chez.com/kasbahaitabou ; palmeraie de Skoura ; 180 Dh/pers demi-pension). Dormez comme un pacha dans cette casbah érigée en 1825 par le caïd local. Haute de 25 m, la tour en pisé est une prouesse architecturale. Chambres spacieuses et naturellement fraîches. Nouvelles chambres en tentes dans le jardin. Suivez les flèches rouges depuis la route principale ; paiement en espèces uniquement.

ℹ Depuis/vers Skoura

Des bus réguliers peu fréquents partent de Ouarzazate et Tinerhir (40 Dh). De Ouarzazate, prenez plutôt un grand taxi (25 Dh).

Kelaâ M'Gouna قلعة مكونة

Si elle doit son nom au proche mont M'Goun, la petite ville de Kelaâ M'Gouna est renommée pour ses roses et ses poignards. À 50 km de Skoura, des fleurs commencent à poindre au-dessus des haies en bord de route et, dans la localité, tous les commerces vendent des bouteilles d'eau de rose. Durant la récolte des roses en mai, et plus encore lors de la **fête de la Rose** (le premier week-end de mai), des guirlandes de roses ornent toute la ville. Au **marché, le mercredi**, vous pourrez acheter des roses séchées comestibles.

Pour une randonnée aux alentours parmi les roses, téléphonez au **bureau des guides** (☎0661 79 61 01, 0662 13 21 92), ou louez les services d'un guide officiel par l'intermédiaire des hôtels. Au carrefour situé dans le centre de Kelaâ se trouvent rassemblés les services et équipements dont vous aurez besoin avant le départ : un DAB, des pharmacies et des cybercafés.

Où se loger et se restaurer

Kasbah Itran CASBAH €
(☎0524 83 71 03 ; www.kasbahitran.com ; d demi-pension sans/avec sdb 350/500 Dh ; ❄). Un dédale de terrasses privées et 9 chambres douillettes avec cheminée et, pour la plupart, vue sur l'oued M'Goun. Les marcheurs apprécient l'endroit pour ses randonnées. Les autres optent pour les balades en calèche au couchant. À 2 km au nord-ouest de Kelaâ M'Gouna ; de la ville, des minibus à destination du village de Torbis (5 Dh) passent devant la casbah.

Kasbah Assafar CASBAH €
(☎0524 83 65 77 ; www.kasbahassafar.com ; d demi-pension sans/avec sdb 350/500 Dh). Une casbah très authentique que cette demeure familiale reconvertie, où il faut baisser la tête pour franchir la porte de confortables chambres aux murs en pisé donnant sur les gorges. Le propriétaire, guide de montagne licencié, vous donnera des conseils et vous mitonnera une cuisine berbère maison. À 4 km au nord-ouest de Kelaâ M'Gouna ; après la casbah Itran, empruntez la route de Kelaâ en direction du nord-ouest, et suivez les panneaux sur 1 km à travers le village.

Café-Restaurant Rendez-Vous des Amis RESTAURANT €
(☎0661 87 14 43 ; http://rendezvousdesamis.webobo.biz ; av. Mohammed V). Une adresse du centre de Kelaâ M'Gouna réputée pour ses tajines parfumés à la cannelle (35-50 Dh) et ses délicieuses tisanes à l'absinthe sauvage.

Achats

Unité de distillation de rose SOUVENIRS
(☎0661 34 81 77 ; ⌚8h-17h30). Un collectif de cinq fermes qui se partage une distillerie d'eau de rose, à 500 m avant le centre du bourg, sur la droite. On y trouve une gamme complète de produits pour le bain et la toilette, dont de l'eau de rose incolore, non traitée, utilisée localement comme après-rasage et pour faire baisser la fièvre.

Coopérative Azlag des artisans du poignard ARTISANAT
(⌚9h-17h). Kelaâ M'Gouna est également connue pour la fabrication de poignards. Cette coopérative, qui pratique des tarifs fixes (poignards de cérémonie 250-1 200 Dh), se trouve sur la route principale, à la lisière est de la ville. Au mur est exposée une collection de poignards, du poignard touareg (manche gainé de cuir, lame droite) aux poignards des Aït Aitta (garde ciselée, lame incurvée). Le lieu ferme parfois au déjeuner.

Depuis/vers Kelaâ M'Gouna

Les bus qui circulent entre Ouarzazate et Tinerhir via Kelaâ sont souvent pleins. Des grands taxis desservent Ouarzazate (30 Dh), Skoura (10 Dh), Boulmane du Dadès (7 Dh) et Tinerhir (6 Dh).

Boumalne du Dadès بو ملنه داده

11 200 HABITANTS

Au croisement des gorges du Dadès, Boumalne offre une vue sur l'oued et divers services très pratiques pour les randonneurs se rendant dans les gorges. De Kelaâ M'Gouna, parcourez 24 km en direction du nord-est jusqu'à une bifurcation : la route principale franchit la rivière et rejoint Boulmane du Dadès, construite à flanc de montagne, tandis que la route à main gauche mène aux splendides gorges du Dadès. Le marché a lieu le mercredi.

La *hamada* et les plaines herbeuses au sud de la ville raviront les amoureux des oiseaux. À la sortie de Boulmane, suivez la piste qui part de la grand-route vers le sud et rejoint le village de Tagdilt et la vallée des Oiseaux. Vous pourrez observer des alouettes, des traquets, des lagopèdes des sables, des buses et des grands ducs.

Activités

Hamou Aït Lhou CIRCUITS ORGANISÉS ET VÉLO
(☎0667 59 32 92 ; hamou57@voila.fr ; av. Mohammed V). Guide officiel très compétent qui accompagne des randonnées à pied ou à vélo, et loue des VTT (120 Dh/jour).

Hammam Warda HAMMAM
(8 Dh, plus pourboire ; ⌚8h-20h). De l'autre côté de l'entrée du souk, au bout de la place, ce hammam public accueille hommes et femmes à des horaires distincts.

Où se loger

Hôtel Xaluca Dadès HÔTEL €€€
(☎0635 57 84 50 ; s/d/ste demi-pension 1 056/1 533/2 033 Dh ; P❄📶@🏊). Perché au sommet de la colline dans l'avenue Mohammed V, ce fabuleux hôtel des années 1970 mérite à lui seul le détour : artisanat africain et torches, corridor conçu comme un puits de mine, murs en pierre et couvre-lits en bogolan (tissu malien) dans les 110 belles chambres, chacune avec balcon et vue sur la vallée. Parmi les équipements :

hammam (100 Dh), bar avec des tables de billard, terrasse panoramique avec piscine et Jacuzzi, salle de gymnastique.

Hôtel Almanader AUBERGE €
(☎0524 83 01 72 ; av. Mohammed V ; s/d/tr demi-pension 250/400/500 Dh ; ❄). Haut perché au-dessus de la vallée, l'Almanader impressionne par ses fresques murales et ses 12 chambres originales, aux plafonds en stuc aux couleurs acidulées et balcon. Le personnel, efficace, prépare des expressos et des repas de cuisine familiale berbère (repas 70-100 Dh).

Où se restaurer

Restaurant Oussikis LOCAL €
(☎0666 64 14 21 ; pl. du Souk ; plats 50-90 Dh). Sur la gauche après l'entrée du souk, le chef Fadil Faska mitonne de savoureux tajines dans son impeccable cuisine ouverte. Sur commande, il vous préparera une délicieuse pastilla, croquante et légère.

Hôtel-Restaurant Adrar LOCAL €
(☎024 830765 ; av. Mohammed V ; repas 35 Dh-70 Dh ; ❄). Pratique, à deux pas de la gare routière, l'Adrar sert de copieux repas de salades et brochettes, ainsi que la spécialité locale : le tajine au *gallia* (poulet).

Renseignements

Dans l'avenue Mohammed V, vous trouverez un **DAB Attijariwafa**, quatre pharmacies, et l'accès à Internet chez **Taziri Net** (10 Dh/h ; 9h-22h).

Depuis/vers Boumalne du Dadès

BUS Des bus partent tous les jours pour Ouarzazate (40 Dh), Zagora (60 Dh), Tinerhir (25 Dh), Fès (135 Dh ou 160 Dh), Casablanca (120 Dh à 160 Dh) et Rabat (140 Dh ou 195 Dh), et plusieurs fois par jour pour Er-Rachidia (40 Dh), Erfoud (60 Dh) et Marrakech (70 à 104 Dh).

TAXI, CAMION ET MINIBUS Vous devrez attendre un certain temps qu'un grand taxi ou un minibus se remplisse ; les tarifs s'élèvent à 35 Dh pour Ouarzazate, 20 Dh pour Tinerhir et 15 Dh pour Aït Oudinar (dans les gorges du Dadès).

Randonnée dans le djebel Sarhro

Massif à la beauté austère, le djebel Sarhro (aussi appelé djebel Saghro ou djebel Sahro) se déploie entre le Haut Atlas et la vallée du Dadès. Peu de touristes s'aventurent jusqu'ici : la plupart des mesas plates, des aiguilles volcaniques et des gorges encaissées émaillées de palmeraies ne sont accessibles qu'à pied. Cette contrée aride et isolée est le bastion des Aït Atta, guerriers semi-nomades célèbres pour avoir résisté aux Français en 1933 sur le djebel Bou Gafer.

Le djebel Sarhro est accessible depuis trois centres de randonnée : Kelaâ M'Gouna et Boumalne du Dadès sur le versant nord, et le village de N'Kob (p. 164), au sud. Les itinéraires les plus beaux passent par le cœur du massif, entre Igli et Bab n'Ali.

Ce circuit présente un avantage de taille par rapport à la classique traversée nord-sud du Sarhro : il commence et s'achève sur le versant nord des montagnes, permettant ainsi de poursuivre vers les gorges du Dadès, Merzouga et les dunes. Rien ne vous empêche de prévoir une tente, mais les gîtes et logements chez l'habitant sont préférables en hiver, saison où il arrive qu'un mètre de neige tombe en une nuit.

Quand partir

Alors que de nombreux sentiers du Haut Atlas sont impraticables entre novembre et février, le djebel Sarhro est une destination phare de la randonnée en hiver. Les températures peuvent descendre au-dessous de 0°C, et il neige parfois dès 1 400 m, mais même avec la neige, la randonnée reste en principe faisable. En automne et au printemps, les températures nocturnes tombent rarement au-dessous de 0°C. L'été, quand la chaleur est intenable (au-dessus de 40°C), les sources se tarissent et même les scorpions se faufilent sous les rochers pour trouver de l'ombre.

Depuis/vers le djebel Sarhro

Des minibus circulent entre Boumalne du Dadès et Iknioun (25 Dh), au nord de la chaîne, vers midi, et effectuent le trajet en sens inverse tôt le lendemain matin. Il y a parfois des bus supplémentaires le mercredi, jour de marché à Iknioun.

1er jour : de Tagdilt à la vallée d'Assif Ouarg

4 HEURES / 17 KM / 200 M DE MONTÉE

Avec ses trois gîtes et la camionnette qui le relie chaque jour à Boumalne, le village de **Tagdilt** constitue un point de départ très pratique. On peut suivre pendant au moins 2 heures 30 la piste empruntée par les camionnettes qui se rendent à N'Kob ou le sentier qui s'écarte par endroits de cette piste pour la rejoindre plus haut.

À **Imi n'Ouarg**, le troisième village en amont de Tagdilt, le sentier quitte la route

Djebel Sarhro

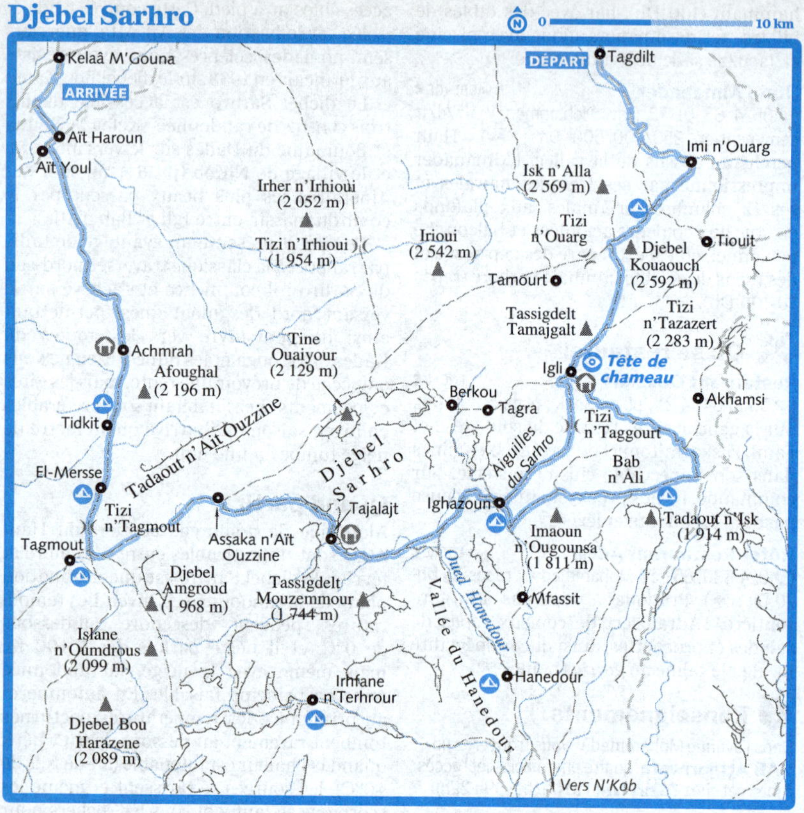

(celle-ci continue le long des câbles électriques jusqu'aux mines voisines de Tiouit) et tourne à droite (au sud-ouest) près de l'école surmontée du drapeau marocain. Une aire agréable pour déjeuner vous attend juste après le village, sur la droite du sentier.

Le chemin suit le côté droit de la vallée sinueuse d'Assif Ouarg, sous le sommet du **djebel Kouaouch** (2 592 m). Au bout d'une heure et à peine plus de 3 km, vous atteindrez une ferme coquette surplombant des cultures en terrasses. Il est ici possible de loger **chez l'habitant** (☎0661 08 23 21 ; 30-50 Dh/pers) et de prendre un repas. Les fils de la famille peuvent être engagés comme muletiers.

2e jour : de la vallée d'Assif Ouarg à Igli

6-7 HEURES / 19 KM / 620 M DE MONTÉE / 860 M DE DESCENTE

Après la première demi-heure de marche, la portion ardue de cette journée, par ailleurs inoubliable, commence par une montée vers des maisons de pierre éparpillées, et les rochers de ce qui semble être le haut de la vallée. De là, un sentier conduit sur la gauche (au sud). Le **djebel Kouaouch** est le point culminant d'une série de sommets. Serpentant au-dessus d'un ruisseau, le sentier monte vers Kouaouch et un genévrier solitaire (un bon endroit pour souffler). En fonction de votre forme physique et du temps, il peut falloir encore une heure pour se hisser jusqu'au col. On aperçoit d'abord une belle échappée en direction de Tagdilt puis, une fois sur la crête, le Haut Atlas et le djebel Sarhro.

À partir de là, un chemin descend en pente abrupte, mais la piste que vous devez emprunter oblique à droite (au sud-ouest), franchit l'épaulement de la vallée puis une autre crête. La vue, magnifique en direction du sud, embrasse tout le massif jusqu'aux palmiers et à la casbah de **N'Kob**. **Igli** se trouve vers le sud, après une succession de pentes, et les impressionnantes falaises dénudées de la "**tête de chameau**" apparaissent à mesure que vous vous en rapprochez. Igli dispose d'un **gîte** (30 Dh/pers), composé de trois bâtiments bas renfermant dortoir, toilettes et douche chauffée au bois (10 Dh). Ces abris spartiates ne comportent ni électricité ni matelas, mais le sympathique gardien tient une boutique qui vend des articles de première nécessité, y compris des fers pour les mules. Si vous apportez de la farine, il vous fera du pain dans le four.

Ici, le panorama sur la montagne au coucher du soleil est à couper le souffle. Vous pouvez aussi effectuer l'aller-retour à **Bab n'Ali**, une des formations rocheuses les plus spectaculaires du Sarhro, et passer une seconde nuit à Igli ou bien pousser jusqu'au **gîte d'Irhazzoun n'Imlas** (30 Dh/pers).

3e jour : d'Igli à Tajalajt

7 HEURES-7 HEURES 30 / 24 KM / 350 M DE MONTÉE / 400 M DE DESCENTE

Sur la droite lors de votre marche s'élève le **djebel Amlal**, pic sacré de la puissante confédération de tribus berbères des Aït Atta, qui s'y rassemble chaque mois d'août. La randonnée du matin, plus douce que celle de la veille, conduit à travers de larges vallées rocheuses. Au bout de 1 heure 30, en contrebas du village de **Taouginte**, le sentier contourne les tumulus de pierres du **cimetière des Aït Atta**. Vous avancerez ensuite sous les **aiguilles du Sarhro**. Cette longue falaise impressionnante que vous longerez encore pendant une heure et demie rejoint la rivière Amguis. Point de rencontre de plusieurs vallées, ce superbe site planté de palmiers et de lauriers-roses compose un cadre idéal pour camper. En descendant la vallée vers le sud pendant 30 minutes, vous arriverez à **Ighazoun**, localité surplombant des champs bien entretenus et une aire pour déjeuner au bord de la rivière.

À Ighazoun, le sentier rejoint une piste qui se dirige à gauche vers N'Kob, à droite vers le Dadès. Prenez à droite (au nord-ouest) en direction de la falaise sur la gauche ; le sentier rocheux conduit en contrebas de celle-ci et grimpe jusqu'à une vallée qui s'évase. La piste contourne le versant nord du **djebel Tassigdelt Si el-Haj** (1 722 m) et part ensuite au sud vers **Tiguiza**, où vous attend un **gîte** (☎0671 72 80 06 ; 30 Dh) sommaire. Avant Tiguiza, une autre piste mène à droite (à l'ouest) au **village d'Akerkour** et à une vallée qui va en se rétrécissant, puis gravit une pente raide jusqu'au village de **Tajalajt** où vous pourrez loger **chez l'habitant** (30 Dh/pers), et prendre peut-être un repas sommaire.

> **PRÉSENTATION DE LA RANDONNÉE**
>
> **Durée :** 5-7 jours
>
> **Distance :** 56 km
>
> **Niveau :** moyen
>
> **départ :** Tagdilt
>
> **Arrivée :** Kelaâ M'Gouna
>
> **Point culminant :** Tizi n'Ouarg (environ 2 300 m)
>
> **Hébergement :** camping et gîtes/chez l'habitant
>
> **Transports publics :** oui
>
> **Résumé :** cette excellente alternative à la classique traversée du Sarhro donne un aperçu de la beauté et de la diversité du massif. Elle comporte de longues journées de marche et quelques rudes montées, mais il est possible d'inclure une nuit supplémentaire dans le parcours.

4e jour : de Tajalajt à Achmrah

8 HEURES-8 HEURES 30 / 26 KM / 200 M DE MONTÉE / 300 M DE DESCENTE

Empruntez la piste qui monte la vallée depuis Tajalajt, au-dessus de champs de maïs, de palmeraies et de vergers d'amandiers. À moins de 90 minutes, **Assaka n'Aït Ouzzine** (1 584 m) et sa grande casbah surplombent la splendide vallée. La piste quitte ensuite la vallée pour déboucher sur un paysage de steppe rocheuse qui rappelle l'Asie centrale.

À 1 heure 30 d'Assaka, en avançant entre des crêtes de 2 000 m, vous parviendrez à **Tagmout**, parfois appelé Amgroud, du nom de la montagne qui domine le secteur. Son **gîte** (30 Dh/pers ; petit-déj 25 Dh) bien tenu, avec électricité, matelas et couvertures, propose parfois un déjeuner sans prétention (25-30 Dh).

De Tagmout, la piste mène au nord-ouest à Kelaâ M'Gouna et au sud à N'Kob ; des moyens de transport circulent pour se rendre au **marché du dimanche** de N'Kob. Le trek met alors le cap plein nord, grimpant en un peu plus d'une heure jusqu'au **Tizi n'Tagmout** (1 754 m), d'où la vue sur le massif du M'Goun est somptueuse. Au moins une heure plus loin, la piste rejoint **El-Mersse**, où l'ombre et une source alimentée toute l'année facilitent le camping.

La piste descend alors progressivement plein nord, avec une montée de temps

PRÉPARATION DE LA TRAVERSÉE DU DJEBEL SARHRO

» **Cartes** Les cartes *Boumalne* et *Tazzarine* (1/100 000) couvrent la région, mais *Randonnée culturelle dans le Djebel Sarhro* (1/100 000), de Mohamed Aït Hamza et Herbert Popp (écrite en français, éditée en Allemagne et disponible au Maroc), se révélera beaucoup plus utile. Elle est plus détaillée, comporte des indications historiques et donne aussi des informations pratiques, dont des adresses d'hôtels à Boumalne et N'Kob. Elle coûte 150 Dh.

» **Guides** Plusieurs tour-opérateurs étrangers (dont Explore, Exodus et Walks Worldwide) organisent des circuits d'un bon rapport qualité/prix, mais beaucoup font appel à des guides locaux en sous-traitance. Vous pourrez engager directement un guide licencié au **bureau des guides** (Kelaâ 0661 79 61 01, 0662 13 21 92, Boumalne 0667 59 32 92, N'Kob 0667 48 75 09) de n'importe laquelle des trois localités qui sont des centres de randonnée pour le Sarhro. Comptez 300 Dh/jour pour le guide et 100 Dh pour une mule.

» **Eau** La déshydratation peut survenir à tout moment de l'année. Emportez de l'eau en quantité suffisante.

» **Provisions** Achetez vos provisions à Ouarzazate ou à Marrakech. Dans les trois localités de départ pour le Sarhro, vous trouverez du thé, des conserves de poisson, des biscuits et du pain. En chemin, vous trouverez aussi peut-être des œufs, des dattes, des amandes, du pain et des conserves de poisson dans certains villages.

» **Mules** Étant donné la quantité d'eau qu'il faut emporter pour randonner dans un environnement aussi aride, la location d'une mule est recommandée. Votre guide peut se charger de recruter des muletiers et leurs animaux.

» **Matériel** Emportez un sac de couchage. Vous n'aurez pas besoin de tente, à moins de préférer camper plutôt que de loger dans les refuges.

à autre. Moins de 90 minutes après El-Mersse, une autre aire de bivouac s'offre à vous à **Tidkit**, au bord d'une rivière et à l'ombre des arbres. Il est possible de loger chez l'habitant ici ou à **Achmrah**, à 1 heure de marche en aval. Sachez cependant que les Berbères semi-nomades de ce côté du djebel Sarhro s'absentent à l'occasion. Si les maisons sont désertées, les abris destinés aux animaux feront quand même l'affaire.

5e jour : d'Achmrah à Kelaâ M'Gouna

4 HEURES / 14 KM / 150 M DE MONTÉE / 450 M DE DESCENTE

Le début et la fin de cette matinée de randonnée en constituent les meilleurs moments. La piste au nord d'Achmrah monte brièvement, dévoilant soudain le M'Goun et le Siroua à vos yeux éblouis. Elle croise moins de 30 minutes plus tard une piste qui dessert une mine d'anthracite. Ignorez-la et poursuivez vers le nord, parfois le nord-ouest, sur une piste bien marquée qui descend un ravin en direction de la vallée du Dadès. À l'approche de celle-ci, vous apercevrez sur votre gauche le village d'**Aït Youl**, sur votre droite celui d'Aït Haroun. La vallée est émaillée de vieilles casbahs. Prenez le chemin d'**Aït Haroun**, où un pont enjambe le Dadès. La route Boumalne-Kelaâ M'Gouna se situe à proximité, mais même après avoir regagné depuis longtemps le monde moderne, le souvenir de votre périple dans le djebel Sarhro continue de vous accompagner.

Gorges du Dadès

مخنف ا مفيق ا دادس

Omniprésentes dans tout le pays, les affiches touristiques représentant une casbah rose et blanche dans une oasis rocheuse ne mentent pas : à 6,5 km de l'entrée des gorges à **Aït Youl**, amandiers et figuiers forment un fond verdoyant pour les casbahs et les ksour bicolores.

À 2 km après Aït Youl, la route franchit un oued et cette vallée fluviale permet de revenir à pied à Kelaâ M'Gouna. Cinq kilomètres plus loin, après un petit col, la **gorge de Miguirne** (ou gorge de Sidi Boubar) s'embranche sur la droite. Ponctuée de sources et de bassins rocheux, elle peut s'explorer en une demi-journée de marche dans l'eau.

En continuant sur 4 km, on arrive aux extraordinaires **formations de roche rouge** qui semblent se fondre dans le tapis vert de la palmeraie d'**Aït Arbi** en contrebas. Plus loin, là où la gorge s'étrécit brusquement, la ptite localité d'**Aït Oudinar** compte une coopérative de tisserandes, quelques échoppes et un **marché du dimanche**.

Puis, 2 km après Aït Oudinar, la route tourne et entame la grimpée en lacets. Lorsqu'elle redevient plate, vous pouvez faire demi-tour car vous aurez vu les plus beaux paysages que l'on peut découvrir sans avoir de 4x4. Un bon **sentier de randonnée** allant vers le nord-ouest débute de l'autre côté de la rivière, à 28 km de Boumalne du Dadès.

La route est asphaltée jusqu'à Msemrir (63 km) ; au-delà, vous aurez besoin d'un 4x4, surtout pour la piste qui court au sud-est jusqu'aux gorges de Todra. Si l'aventure vous tente, vous pouvez partir de Msemrir en direction du nord, pour traverser le Haut Atlas jusqu'à Imilchil. Le samedi est jour de marché àMsemrir.

À voir

Coopérative de tisserandes d'Aït Oudinar ARTISANAT
(0666 39 69 49, 0677909670 ; Km 24, Aït Oudinar ; 9h-12h lun-jeu, jusqu'à 15h sam et dim). Cette coopérative, gérée par une association de village, est spécialisée dans les tapis tuftés et, surtout, les couvertures très douces confectionnées avec une laine d'agneau non teinte particulièrement duveteuse. Les femmes qui travaillent ici utilisent des teintures naturelles – coquilles de noix pour obtenir du marron, pelures d'oignon pour obtenir du jaune, et pavots pour obtenir du noir. Les articles sont vendus à prix fixe. La tisserande perçoit la somme, et un petit pourcentage sert à financer les initiatives de l'association, notamment la rénovation d'une mosquée abandonnée qui devrait, à terme, abriter cette coopérative en pleine expansion. Dons (100-300 Dh) bienvenus. Au départ du panneau au bord de la route, suivez les flèches indiquant la berge occidentale, où se trouve l'ancienne écurie qui abrite actuellement la coopérative.

Activités

La plupart des hôtels dans les gorges et à Boumalne du Dadès organisent des **randonnées guidées** (180-250 Dh/j), des **excursions en 4x4** dans les gorges de Todra et louent des **vélos** (75-100 Dh/j).

Où se loger

La majorité des hébergements cités ci-dessous se situent à moins de 28 km de Boumalne du Dadès ; l'indication kilométrique correspond à la distance depuis Boumalne. Presque tous vous laisseront passer la nuit dans le salon ou sur la terrasse (même en été, prévoyez un sac de couchage) moyennant 30 Dh environ, ou camper près de la rivière (10-30 Dh).

Kasbah de Mimi MAISON D'HÔTES €€
(0524 83 05 05 ; mimi.kasbah@laposte.net ; Km 12, Aït Ibrine ; 500 Dh/pers demi-pension ;). Accrochée à la falaise, cette maison de 4 chambres a été soigneusement restaurée et décorée avec un goût sans faille. Tout est parfait : le salon aux murs peints de symboles berbères, le délicieux pâté servi en hors-d'œuvre, le jardin en terrasses économisant l'eau et le piano à queue dans la bibliothèque bien fournie. La voie d'accès est très escarpée mais vous serez accueilli dans la joie à l'arrivée par les enfants du village.

Riad des Vieilles Charrues MAISON D'HÔTES €€
(0524 83 06 52 ; http://riadv.ifrance.com ; Km 24, Aït Oudinar ; 250 Dh/pers demi-pension). Le soleil inonde cette ancienne maison familiale en pisé grâce à un puits de lumière central, et illumine les spacieuses chambres. Le propriétaire, Said Naïm, a fait preuve d'astuce dans la décoration, de style berbère : les paniers sont devenus des abat-jour et les plats à couscous des lavabos. Accueil chaleureux, au propre et au figuré – les chambres ont une cheminée et le chauffage électrique pour les nuits fraîches.

Les 5 Lunes MAISON D'HÔTES €
(0524 83 07 23 ; Km 23, Aït Oudinar ; d et tr demi-pension 200 Dh/pers). Une maison d'hôtes en pierre, abritant 6 chambres (5 avec sdb) aux allures de grotte, sur une falaise surplombant la cime des arbres de la vallée. Daoud, le propriétaire, est un musicien de jazz/musique berbère/flamenco accompli, et si vous réussissez à le convaincre, il organisera des concerts et des ateliers de musique berbère. Réservez pour un pique-nique de produits du jardin ou un dîner au coin du feu.

Auberge des Gorges du Dadès AUBERGE €
(0524 83 02 21 ; www.aubergeaitoudinar.com ; Km 24 ; camping 15 Dh/pers, ch/pers avec petit-déj/demi-pension 120/200 Dh). Surplombant la rivière, cette belle auberge compte 15 chambres avec sdb, décorées de motifs amazighs. La moitié possèdent la clim, et 10 sont dotées d'un balcon.

Auberge Tissadrine HÔTEL €
(0524 83 17 45 ; Km 27 ; 200 Dh/pers demi-pension, matelas sur le toit 40 Dh). Niché

dans une faille rocheuse sur un méandre de la rivière, cet hôtel en pisé comporte 14 chambres modestes de style berbère, avec plafonds en *tataoui*, tapis du Moyen Atlas, et petite sdb. En été, n'hésitez pas à dormir sur la terrasse pour contempler le spectacle des étoiles, à côté des bâches sur lesquelles sèchent des figues.

Hôtel Le Vieux Château du Dadès HÔTEL €
(☎0524 83 12 61 ; Km 25 ; par pers demi-pension d 200-300 Dh, ste 350 Dh). Vue sur la rivière, restaurant en terrasse où l'on entend chanter les oiseaux, et 30 chambres. Celles du rez-de-chaussée, standards, aux murs en pisé sculptés de symboles amazighs, ont plus de charme que les nouvelles suites (baignoire) de la terrasse.

Auberge Chez Pierre HÔTEL €
(☎0524 83 02 67 ; http://chezpierre.ifrance.com ; 27 km, Aït Ouffi ; s/d avec petit-déj 470/615 Dh, tr et qua 895 Dh ; ⊙avr-oct ; ✉). Cet hôtel à flanc de rocher possède 8 chambres spacieuses et un appartement qui semblent suspendus au-dessus des gorges. La simplicité du décor met en valeur les principaux atouts : la vue sur la vallée depuis les terrasses fleuries et le solarium en bord de piscine. Pique-niques et randonnées avec des guides officiels peuvent être organisés.

Hôtel El-Ouarda HÔTEL €
(☎0524 83 16 09 ; ch 70 Dh/pers). À Msemrir, un hôtel sommaire tout à fait pimpant.

Où se restaurer

Restaurant Riad Bleu Afriqua BERBÈRE €
(☎0666 39 69 49 ; Km 29 ; menu 50-100 Dh). En guise de récompense pour avoir rejoint l'extrémité de la gorge, on vous servira un généreux déjeuner de spécialités locales : salades aux herbes aromatiques, tajines berbères à la viande, aux noix et aux figues cultivées localement, et assiettes de fruits de la vallée.

Le Jardin de la Source LOCAL €
(☎0524 83 04 83 ; Km 11, Aït Ibrirne ; plats 55-60 Dh). Les déjeuners rapides servis dans ce restaurant entouré d'un jardin, près de l'embouchure des gorges, comprennent de savoureux mets végétariens, des omelettes (30 Dh) et des kebabs à la dinde marinée ; les menus incluent les salades et le thé (70 Dh).

Restaurant Isabelle LOCAL €
(Km 15 ; menu 70 Dh). Dégustez votre repas sur la terrasse en admirant les étonnantes formations rocheuses de l'autre côté de la vallée. Une grosse omelette ou un tajine s'accompagnent d'une salade et d'une boisson.

DES GORGES DE TODRA AUX GORGES DU DADÈS

Les 42 km qui séparent Tamtattouchte des gorges du Dadès ne sont praticables qu'en 4x4 durant les mois d'été (mai-septembre) et il est recommandé de se faire accompagner par un guide. Ce trajet de 5 heures, difficile et très cahoteux, traverse un stupéfiant paysage de reliefs tourmentés et la vallée de Tizgui n'Ouadda, jonchée de rochers.

La piste commence juste après Tamtattouchte, en contrebas de l'auberge perchée sur la colline. Les crues brutales sont fréquentes et il est indispensable de vous renseigner sur l'état de la piste avant de partir. À mi-chemin, vous franchirez le **Tizi n'Uguent Zegsaoun** (2 639 m), avant de redescendre en cahotant jusqu'à Msemrir.

En mai, de nombreux nomades berbères qui possèdent une maison à Aït Haini viennent planter leurs tentes dans la vallée de Tizgui n'Ouadda pour y faire paître leurs moutons. Si vous vous arrêtez, ils vous inviteront sans doute à boire un thé sous la tente et à bavarder un peu.

Depuis/vers les gorges du Dadès

Des grands taxis et des minibus remontent les gorges à partir de Boumalne ; ils demandent 15 Dh par personne jusqu'aux hôtels à mi-chemin (près du Vieux Château) et 30 Dh jusqu'à Msemrir. Au retour, faites signe au chauffeur. Louer un taxi pour une excursion d'une demi-journée dans les gorges coûte environ 200 Dh. Des minibus desservent fréquemment Msemrir. Le dernier repart pour Boulmane vers 16h.

Les plus sportifs pourront couvrir la distance entre les gorges du Dadès et de Todra en marchant (2 à 3 jours). Sinon, vous aurez besoin d'un 4x4.

Tinerhir تنرهير

36 000 HABITANTS

Cité minière poussiéreuse et carrefour des transports plein d'agitation, Tinerhir (aussi appelée Tinghir) ne présente guère d'intérêt, alors que les gorges de Todra ne sont qu'à 12 km. Toutefois, si vous souhaitez y faire étape après les 51 km de route depuis Boumalne du Dadès, vous y découvrirez quelques curiosités.

À la lisière est de la ville, la palmeraie abrite des casbahs en ruine, la **médersa Ikelane**, école coranique du XIXe siècle abandonnée (repérez la coupole en brique blanchie à la chaux), et, au nord de la ville, se dressent les ruines du **ksar Asfalou**, où musulmans et juifs étudiaient jadis sous le même toit. Un immense marché se tient le lundi à 2,5 km à l'ouest du centre, et un **marché aux bestiaux** s'installe en ville le samedi.

Activités

Vous pourrez louer des vélos et engager un guide à l'hôtel Tomboctou.

Hôtel de l'Avenir ÉQUITATION
(☎0672 52 13 89 ; www.avenir.tineghir.net ; 27 rue Zaid Ouhmed). Le personnel organise des randonnées équestres dans l'oasis et les gorges.

Où se loger

Retour au Calme DAR, MAISON D'HÔTES €
(☎0524 83 49 24 ; www.retouraucalme.com ; palmeraie de Tinerhir ; d 70-120 Dh, avec sdb 150-180 Dh, tr/qua 200-250 Dh). Les couleurs de la région sont à l'honneur dans ce *dar*, peint de tons vifs. Les propriétaires, Mohamed et Alexandra, ont préservé l'architecture en pisé, en y ajoutant des détails inattendus : couvre-lits "robe de dalmatien" dans une chambre bleue, souvenirs de la Coupe du monde dans une double rose vif. Les repas (50 Dh) et la table de ping-pong sur la terrasse surplombant l'oasis de Tinerhrir sont accessibles aux non-résidents. Quittez l'avenue Mohammed V à l'extrémité est de la ville en tournant vers le sud, et suivez les panneaux sur 150 m de piste.

Hôtel Tomboctou CASBAH €€€
(☎0524 83 51 91 ; www.hoteltomboctou.com ; 126 av. Bir Anzarane ; avec petit-déj s 480-680 Dh, d 560-760 Dh ; ❄≋). Cette casbah rénovée, construite en 1944 pour le caïd local, renferme de confortables chambres originales, avec sdb. Pour avoir plus d'espace, choisissez la chambre aménagée dans l'ancienne cuisine, aux hauts plafonds avec poutres en bois de palmier. Cour ensoleillée agrémentée d'une piscine et d'un bar. Promenades guidées à pied et excursions à vélo dans l'oasis organisées sur place.

Où se restaurer

Hôtel L'Oasis LOCAL €€
(☎024 833670 ; av. Mohammed V ; repas 80-100 Dh). L'Oasis possède des chambres propres et sert d'excellents repas sur la terrasse du dernier étage – brochettes de dinde marinée et spécialité de tajine au *gallia* (poulet)

Supermarché Chez Michelle SUPERMARCHÉ €
(☎0524 83 46 68 ; av. Mohammed V ; ⏲9h-21h sam-jeu). Excellent choix de provisions pour la randonnée, d'en-cas et de confitures maison.

Plusieurs restaurants de grillades bordent l'avenue Mohammed V et l'avenue Hassan II, dont le **Café des Amis** (av. Hassan II), le **Café Central** (av. Hassan II) et le **Restaurant Essaada** (av. Hassan II).

Renseignements

Les banques avec DAB, notamment la BMCE et le Crédit du Maroc, se trouvent dans l'avenue Mohammed V.

Tichka Internet (rue Zaid Ouhmed ; 6 Dh/h ; ⏲7h-21h30). À côté de l'Hôtel de l'Avenir.

Depuis/vers Tinerhir

BUS Les bus partent de la place principale, près de l'avenue Mohammed V. Les bus Supratours s'arrêtent à Tinerhir avant de poursuivre jusqu'à Marrakech (120 Dh), Ouarzazate (50 Dh), Casablanca (210 Dh), Erfoud (55 Dh), Er-Rachidia (30 Dh), Merzouga (80 Dh) et Boumalne du Dadès (25 Dh). Sur les autres lignes, il y a de fréquentes liaisons entre Tinerhir et Marrakech (100-110 Dh) via Ouarzazate (40 Dh), ainsi qu'à destination de Casablanca (175 Dh), Erfoud (30-45 Dh, 4/j), Meknès (110 Dh), Zagora (70 Dh) et Boumalne du Dadès (15 Dh).

TAXI ET MINIBUS Les grands taxis à destination de Ouarzazate (50 Dh) et Er-Rachidia (50 Dh) partent de l'extrémité est des jardins. Au même endroit, vous pourrez trouver un transport (taxi, camion ou pick-up) vers les gorges de Todra (7 Dh) et au-delà jusqu'à Tamtattouchte (7-15 Dh). Un minibus part à 8h pour Tamtattouchte (15 Dh), Aït Haini (20 Dh) et Imilchil (40 Dh).

Gorges de Todra

مخنف ا مفيق ا تودرغة

Les gorges de Todra forment une gigantesque faille qui divise le Haut Atlas à partir du djebel Sarhro, par endroit juste assez large pour laisser passer une rivière cristalline ou des randonneurs en file indienne. De Tinerhir, la route traverse des palmeraies verdoyantes et des villages berbères sur 15 km puis, soudainement, de hautes parois rocheuses grises et roses l'enserrent, telles les portes d'un paradis perdu.

Randonnée dans les gorges de Todra

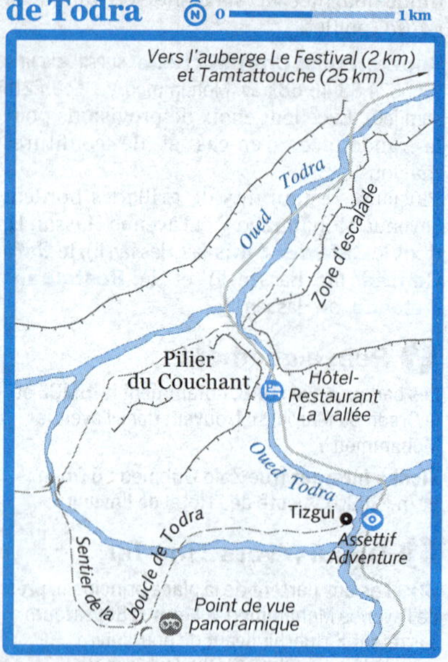

Outre les randonnées d'une journée dans les gorges et aux alentours (voir l'encadré p. 153), il y a de superbes photos à faire dans les palmeraies et les casbahs en ruine qui bordent les gorges. Si vous souhaitez continuer la marche, vous pouvez rentrer à pied à Tinerhir par les palmeraies en 3-4 heures. Avec un 4x4 (ou 2-3 jours de marche), vous pouvez parcourir la piste accidentée à l'ouest de Todra, jusqu'aux gorges du Dadès.

Mieux vaut arriver à l'oued Todra le matin, lorsque le soleil éclaire brièvement le fond des gorges et leur donne un éclat doré. Dans l'après-midi, elles deviennent très sombres, et glaciales en hiver. Si vous suivez la route au-delà des gorges, vous arriverez au superbe village berbère de Tamtattouchte, à la fin de la portion goudronnée.

Vendeurs de souvenirs et bus touristiques envahissent l'entrée des gorges l'après-midi, jusqu'à ce que la nuit et le froid mordant tombent brutalement. En traversant la gorge, après 18 km de route, se trouve le village berbère de Tamtattouchte. Imilchil se situe environ 95 km plus loin.

Activités

La paroi verticale de la gorge offre de superbes voies d'escalade (de niveau 5), dont certaines dotées de pitons. Le **pilier du Couchant**, près de l'entrée des gorges, offre de longues grimpées classiques ; la **Petite Gorge**, avec des voies plus courtes, convient mieux aux débutants. La plupart des hôtels vous renseigneront.

Assettif Aventure TREKKING, SPORTS D'AVENTURE
(☎0668 35 77 92 ; www.assettif.org ; Km 14). Organise des treks et des randonnées équestres (150/500 Dh par heure/jour), et loue des vélos (100 Dh/jour) et du matériel d'alpinisme. Réservation recommandée, en particulier pour les randonnées équestres de 2 jours avec guide et provisions (800 Dh).

Où se loger et se restaurer

Auberge Le Festival AUBERGE €€
(☎0661 26 72 51 ; www.auberge-lefestival.com ; maison demi-pension s/d 300/460 Dh, ch troglodytique d/tr 700/900 Dh). Retrouvez vos instincts primitifs dans une chambre troglodytique creusée dans la roche, à moins de préférer une chambre du bâtiment principal (alimenté en énergie solaire) aux murs en pierre, dominant la Petite Gorge. Après un trek ou une escalade, organisés par le propriétaire polyglotte, détendez-vous dans le spa ou aidez à cueillir les légumes pour le dîner dans le jardin.

Dar Ayour MAISON D'HÔTES €€
(☎0524 89 52 71 ; www.darayour.com ; Km 13, gorges de Todra ; par pers demi-pension sans/avec sdb 150/250 Dh). Avec ses tapis du Moyen Atlas, ses couvertures et ses coussins ornés de miroirs et ses peintures abstraites colorées, cette accueillante maison d'hôtes de 5 étages évoque irrésistiblement les riads. Le petit-déjeuner est servi sur le toit-terrasse avec vue sur la vallée.

Auberge Les Amis CASBAH, CAMPING €
(☎0670 23 43 74 ; www.amistamtt.wg.vu ; Km 34, Tamtattouchte ; par pers demi-pension s 130 Dh, d et tr 200 Dh, camping par pers/voiture 30/30 Dh). Si vous vous aventurez au-delà de la partie inférieure des gorges de Todra, très touristique, vous serez récompensé par cette "auberge" de style casbah, où tout est fait pour le confort des hôtes : généreuse cuisine familiale, vastes sdb (la plupart attenantes à une chambre), plafonds en *tataoui*, tapis, et cruches reconverties en lavabos. Emplacements de camping à l'arrière, alimentés en électricité (10 Dh) et laverie (15 Dh/machine).

Hôtel Amazir HÔTEL €
(☎0524 89 51 09 ; Km 16, Todra ; s/d/tr avec petit-déj 300/400/600 Dh, demi-pension 500/600/800 Dh ; ❄☒). L'austère façade en pierre cache de charmantes chambres simples, avec sdb. Piscine sur la terrasse entourée de palmiers, alors que la rivière coule en contrebas.

Auberge Baddou AUBERGE, CAMPING €
(☎0672 52 13 89 ; www.aubergebaddou.com ; Km 36, Tamtattouchte ; d avec sdb et petit-déj 200 Dh, camping 30 Dh/pers). Au calme, à Tamtattouchte, vous trouverez ici, dans une ambiance éminemment rustique, des tentes berbères, des bungalows aux murs peints de couleurs vives, du chauffage, des douches chaudes et des lits confortables.

Hôtel-Restaurant La Vallée HÔTEL €
(☎0524 89 51 26 ; Todra ; d avec petit-déj 120 Dh, d avec sdb et petit-déj/demi-pension 150/300 Dh). Surplombant la rivière d'un côté et face à la gorge de l'autre, cet hôtel simple se distingue par la vue dont bénéficient les chambres en étage. Sur ses 12 chambres claires, 9 disposent d'une sdb, avec la douche curieusement fixée au-dessus des toilettes.

Camping

Le long de la route menant aux gorges, à 9 km de Tinerhir, plusieurs campings sont installés dans une ravissante palmeraie.

Camping Le Soleil CAMPING €
(☎0524 89 51 11 ; www.hotelcampinglesoleil.com ; camping 15 Dh/pers, plus 18/18/28/25 Dh par tente/voiture/camping-car/électricité, d 240 Dh). Le premier camping est aussi l'un des meilleurs. Il comprend un bon restaurant, des douches propres et chaudes, des emplacements ombragés et une machine à laver (29 Dh/machine). Chambres sommaires avec sdb.

Camping Poisson Sacré CAMPING €
(☎0613 68 38 74 ; 25-35 Dh/pers). Camping aménagé dans un jardin dont les poissons sacrés, d'eau douce, survivraient miraculeusement dans une source d'eau salée ! Vous pouvez camper dans des tentes berbères (30 Dh/pers) près du restaurant du jardin (repas 60-90 Dh), dormir sur les canapés du salon (70 Dh/place) ou sur des matelas sur la terrasse (25 Dh/pers).

Hôtel-Camping Atlas CAMPING €
(☎0524 89 50 46 ; par pers/tente/voiture 15/20/30 Dh). Emplacements de camping entourés de palmiers, repas chauds (petit-déj 25 Dh, dîner 60-70 Dh), douches équipées de pommeaux neufs, et laverie (30 Dh/machine).

ℹ Depuis/vers les gorges de Todra

Pour les moyens de transport vers les gorges, voir p. 151. Des minibus se rendant de Tinerhir à Aït Haini (marché le jeudi), vers le nord, puis ensuite à Imilchil, passent par les gorges.

> **BOUCLE DE TODRA**
>
> Pour une marche sportive en matinée, tentez la boucle de 3 heures qui part du nord de la gorge et va jusqu'à Tizgui, au sud (carte p. 152). À 30 minutes à pied de la gorge principale, la **Petite Gorge** est le point de départ d'un sentier, près de l'auberge Le Festival. Prenez le chemin qui grimpe sur la gauche (sud-ouest). Régulièrement emprunté par des ânes et des mules, il est bien tracé. Dirigez-vous vers le col, puis montez vers le sud-est jusqu'au col suivant, un endroit idéal pour sortir du chemin et contempler les gorges en contrebas – soyez prudent car le vent peut souffler en rafales. Du second col, descendez vers le village berbère de Tizgui et traversez les palmeraies pour revenir dans la gorge.

Tinejdad

7 500 HABITANTS

À l'époque où les caravanes arrivaient chargées d'or après des mois de trajet sous le torride soleil saharien, les caravaniers faisaient étape à Tinejdad ("nomade" en tamazight) pour prendre du repos. Cinq tribus berbères et sahariennes passaient par cette cité, étanchant leur soif aux **sources de Lalla Mimouna**, dormant dans les ksour fortifiés de l'**oasis de Ferkla** et faisant du négoce au **ksar Asir**, centre marchand médiéval vieux de 1 000 ans qui abritait une mosquée almoravide et une importante communauté juive. De l'eau, un abri, de quoi faire des affaires et obtenir la baraka (bénédiction) : tout était réuni pour les besoins des nomades.

Carrefour culturel proche de la N10 sur laquelle on file sans s'arrêter, Tinejdad est resté remarquablement intact. Les sources sont indiquées sur la gauche (au nord) 3 km avant la localité, et la ligne verdoyante de l'oasis de Ferkla apparaît à sa lisière sud-ouest, où vous apercevrez l'imposant ksar Asir.

Dans le ksar el-Khorbat, restauré, le **musée de l'Oasis** (20 Dh), retrace, à travers une collection d'objets du quotidien de la vie semi-nomade, les déplacements des tribus : selles, contrats gravés sur des tablettes de bois en arabe et en hébreu, jarres de Tinejdad pour transporter l'eau et le beurre, lourds bijoux en argent, mousquets et menottes ouvragés. Pour voir les trésors que transportent les commerçants du désert, faites

VAUT LE DÉTOUR

LE CÉLÈBRE MOUSSEM DES FIANÇAILLES D'IMILCHIL

Autre superbe village berbère du Moyen Atlas, Imilchil est envahi de visiteurs en septembre, durant les trois jours de son **moussem des fiançailles**. Lors de cette grande fête, qui se double d'un vaste marché, les Berbères de la région s'approvisionnent pour les longs mois d'isolement de l'hiver et les jeunes gens de la région viennent s'y marier collectivement, une coutume unique au Maroc. Les femmes portent des capes de laine rayées et des bijoux très travaillés, tandis que les hommes arborent des djellabas blanches.

La fête dure habituellement du vendredi au dimanche la troisième ou quatrième semaine de septembre ; les dates sont affichées dans les offices du tourisme du pays. Des circuits organisés partent alors des grandes villes du Maroc et les nouvelles routes goudronnées depuis Rich et Aït Haini jusqu'à Imilchil sont sillonnées de bus de touristes venus observer les futurs époux. Entre les filous, les faux guides et les marchands de souvenirs guettant le chaland, les curieux sont rapidement plus nombreux que les amoureux, mais l'événement vaut indéniablement le coup d'œil.

Hébergement

Pendant la fête, de multiples tentes sont dressées pour loger les visiteurs. Le village compte également trois hôtels sommaires, aux prestations et au confort relatifs :

Chez Bassou HÔTEL €
(☎0523 44 24 02 ; www.chezbassou.com ; s/d demi-pension 260/400 Dh). Quinze chambres avec sdb.

Hôtel Izlane HÔTEL €
(www.hotelizlane.com ; s/d demi-pension 195/360 Dh). Quatorze chambres, dont 4 avec sdb.

Hôtel-Restaurant Aït Yaselmane HÔTEL €
(☎0523 42 66 88 ; d demi-pension 150 Dh/pers). Quatre chambres et des repas chauds (60 Dh).

Depuis/vers Imilchil

Pour rejoindre Imilchil à partir de Marrakech, prenez un bus en direction du nord-est ou des grands taxis jusqu'à Kasba Tadla, puis un autre grand taxi pour El-Ksiba. Là, un bus quotidien dessert Aghbala. L'embranchement pour Imilchil, une route goudronnée de 61 km partant vers le sud, se situe près de Tizi n'Isly, à 10 km environ avant Aghbala. Vous devriez aussi pouvoir trouver des grands taxis locaux ou des camions ralliant Imilchil le vendredi et le dimanche, jour de marché.

Si vous disposez de plus de temps, vous pouvez aussi partir de Boumalne du Dadès ou de Tinerhir pour rallier Imilchil, un trajet époustouflant de 160 km, à faire en 4x4 ou en camion en route pour le marché. Des minibus partent d'Imilchil pour Tinerhir (50-55 Dh) le samedi.

un tour sur le **marché du dimanche et du mercredi**, dans la partie ouest de la ville.

Où se loger et se restaurer

Ksar el-Khorbat KSAR €
(☎0535 88 03 55 ; www.elkhorbat.com ; oasis de Ferkla, Tinejdad ; s/d demi-pension 600/800 Dh ; ❄). Ici, dans ce ksar (village fortifié) en terre crue bâti au XIXe siècle, où les nomades Aït Merghad faisaient halte, les repas de saison – à base de soupe de potiron du jardin et de tajines sahariens au bœuf et aux dattes (80-100 Dh) – sont servis dans le jardin ceint de murs. Le ksar est encore habité, et vous pourrez aussi y passer la nuit. Les 10 chambres, assez grandes pour loger sa petite tribu à soi, ont des sdb, la clim, des lits équipés de moustiquaires et des pots en terre de Tinejdad en guise d'abat-jour.

Achats

Galerie d'art Chez Zaid ARTISANAT
(☎0661 35 16 74 ; ⏲9h-13h et 15h30-18h). Un petit tour dans l'ancienne maison d'un calligraphe local vous permettra de découvrir de la vaisselle de Tinejdad dans la cour, des bracelets rongés par le sable dans le salon, et de superbes théières en maillechort (ou alpaca)

dans la cuisine. Dans le centre de Tinejdad, 200 m après la station Shell, sur la droite.

Renseignements

Vous trouverez un DAB Attijariwafa du côté gauche de la rue, en face du bâtiment de la municipalité de Tinejdad.

Depuis/vers Tinejdad

Des grands taxis partent, une fois pleins, pour Goulimime et Tinerhir.

Goulmima غولميما

16 600 HABITANTS

Important centre de la culture berbère, Goulmima (à ne pas confondre avc Goulimime, au sud d'Agadir) mérite une visite. Outre sa palmeraie – qui traverse la ville selon un axe nord-sud– bordée d'imposants **ksour**, vous y découvrirez aussi une **nécropole préislamique**, au nord-est (indiquée sur la N10). Au **marché**, qui a lieu les mardis, jeudis et samedis, vous pourrez dénicher des plats à couscous typiques de la région. La plupart des services, y compris les DAB, les cybercafés et les cafés, se situent dans l'artère principale.

La principale curiosité est le **ksar Aït Goulmima**. Contrairement à nombre de ksour et de casbahs de la région, ce village fortifié et labyrinthique abrite toujours des centaines d'habitants. Un guide vous conduira à travers ce dédale de ruelles jusqu'à la mosquée, vieille de 500 ans, au **mellah** et à la palmeraie. Pour rejoindre le ksar, traversez la majeure partie de la ville et tournez à droite au rond-point de la route d'Er-Rachidia. Le ksar est indiqué droit devant.

Où se loger et se restaurer

Pour loger dans une ferme d'hôtes originale, allez Chez Pauline (p. 157), gîte rural au nord-est de Boulmima, dans le village de Tadighoust.

Maison d'hôtes Les Palmiers MAISON D'HÔTES €€

(☎/fax 0535 78 40 04 ; www.palmiersgoulmima.com ; palmeraie de Goulmima ; s/d/tr/qua 220/350/450/524 Dh ; P). Tenue par un couple franco-marocain, cette demeure familiale est située dans un cadre de verdure, ponctué de palmiers et d'arbres fruitiers. Elle comporte une tente berbère et une impressionnante collection de jarres à eau anciennes. Spacieuses chambres (2 avec clim), impeccables, avec sdb carrelées, dans la maison ou le jardin. La cuisine, essentiellement berbère, est remarquable (dîner 95 Dh). Renseignements sur les treks et guides pour le ksar à disposition.

Chez Michèle CAMPING €

(☎0535 88 54 13 ; av. Hassan II ; camping d 60 Dh, 15 Dh/pers supp, électricité 20 Dh ; wifi, piscine). Un camping tout confort, avec douches chaudes, laverie (50 Dh/machine), café dans le jardin et piscine.

Depuis/vers Goulmima

De grands taxis partent, quand ils sont au complet, pour Er-Rachidia et Tinerhir via Tinejdad.

VALLÉE DU ZIZ ET TAFILALET

وادة زيز و تافلالت

L'oued Ziz apporte la vie à ce paysage aride, creusant une vallée qui continue au sud au-delà de Merzouga. Le Tafilalet fut l'une des dernières régions à tomber dans le giron du protectorat français, et des tribus opposèrent une résistance sporadique jusqu'en 1932. Deux ans plus tard, le Maroc était officiellement considéré "pacifié", mais pour plus de sûreté, Erfoud fut construite pour servir de centre administratif et de garnison afin de surveiller les tribus du Tafilalet.

Sur la route d'Er-Rachidia, les gorges du Ziz commencent au tunnel du Légionnaire (construit par les Français), à 20 km au sud de la petite ville de Rich. Les strates de ces spectaculaires formations jurassiques témoignent de millénaires géologiques. Après Er-Rachidia, la route passe par des oasis et la fertile Source bleue de Meski, avant de plonger dans le désert et les dunes de Merzouga.

Er-Rachidia الراشيدية

76 800 HABITANTS

Les villes de garnison ne sont pas habituellement réputées pour leur hospitalité ou leur culture. Er-Rachidia tente de se distinguer grâce à son immense théâtre qui accueille, en mai, le **Festival des musiques du désert** (www.festivaldudesert.ma), rassemblant des artistes de tout le Sahara. Le **marché** a lieu les mardis, jeudis et dimanches.

Où se loger

Hôtel Le Riad HÔTEL DE CHARME €€

(☎0535 79 10 06 ; www.hotelleriad.com ; rte de Goulimime, Er-Rachidia ; s 600 Dh, d et tr 700 Dh ; clim, @, wifi, piscine). Un bel hôtel de charme dont les

Er-Rachidia

Er-Rachidia

Où se loger

1 Hôtel Errachidia B2

Où se restaurer

2 Café-Restaurant Snak Fiesta B2
3 Restaurant Imilchil B2

Transports

4 Gare routière A2
5 Grands taxis B2

30 suites gigantesques sont équipées de baignoires en marbre. L'hôtel-riad possède un nouveau spa, une immense piscine, un centre de congrès et deux restaurans. Extrêmement confortable et à des prix très raisonnables, compte tenu des prestations. Nombreuses activités possibles dans les environs.

Hôtel Errachidia HÔTEL €
(☎0535 57 04 53 ; 31 rue Ibn Battuta ; s/d/tr 250/320/410 Dh ; ❄). Derrière la gare routière (pratique pour une arrivée tardive ou un départ tôt le matin), cet hôtel à l'aspect peu avenant possède 26 chambres très confortables, avec sdb. Café au rez-de-chaussée.

Où se restaurer

Restaurant Imilchil RESTAURANT €
(☎0535 57 21 23 ; av. Moulay Ali Cherif ; menu 70 Dh). De bons tajines servis sur une grande terrasse. Retransmission de matchs pour ceux que cela intéresse.

Café-Restaurant Snak Fiesta CAFÉ €
(rue el-Mesjia ; ⌚déj et dîner). Salades marocaines (15 Dh) et sandwichs (20 Dh).

Renseignements

Les DAB de la Banque Populaire et d'Attajariwafa sont dans l'avenue Mohamed V.

Depuis/vers Er-Rachidia

AVION Royal Air Maroc assure des vols internationaux à destination d'Er-Rachidia depuis Barcelone, Madrid, Paris et Lyon, ainsi que des vols intérieurs depuis/vers Casablanca.

BUS Les bus partent de la **gare routière** (rue M'Daghra) centrale. La **CTM** (☎0535 57 20 24) dessert Rabat/Casablanca (155/150 Dh, 10/11 heures), Fès (130 Dh, 8 heures 30) et Meknès (110 Dh, 7 heures).

Des bus privés rejoignent Fès (85 Dh, 5/j), Marrakech (125 Dh, 11 heures, 3/j), Ouarzazate (65 Dh, 6 heures, 3/j) et Rissani (25 Dh, 2 heures, 9/j) via Erfoud (20 Dh).

TAXI Les grands taxis partent à trois rues au nord-est de la gare routière. Parmi les destinations figurent Azrou (90 Dh, 5 heures), Erfoud (20 Dh, 1 heure), Fès (120 Dh, 5 heures), Meknès (110 Dh, 5 heures), Tinerhir (40 Dh, 1 heure 30), Rissani (25 Dh, 1 heure 30) et Merzouga via Rissani (50 Dh, 1 heure 30).

Environs d'Er-Rachidia

En allant vers le sud et Erfoud, on rejoint la Source bleue de Meski, puis la route s'engage sur un plateau désertique au nord d'Aufous, avec une gorge verdoyante en contrebas. Après 15 km, on atteint la petite localité d'**Aufous**. Outre des services pratiques – café, carburant, téléphone, bus de la CTM et agence Supratours –, elle comporte de superbes édifices en pisé et une imposante casbah en ruine.

À voir

Source bleue de Meski SITE NATUREL
Cette source naturelle, qui se déverse dans un bassin à 17 km au sud-est d'Er-Rachidia, est devenue la destination de week-end favorite des habitants lorsque la chaleur accable la ville. En semaine, l'endroit est agréable pour un plongeon (5 Dh) et une randonnée jusqu'au **ksar Meski**, abandonné, de l'autre côté de l'oued. La source est indiquée à 1 km à l'ouest de la route principale.

Coopérative Al Ouaha CENTRE ASSOCIATIF
(☎0662 22 58 33 ; ⌚10h-16h tlj oct-nov, mar, jeu et sam toute l'année). Sept variétés différentes de dattes sont cultivées dans l'oasis d'Aufous, et l'on peut toutes les goûter ici. À la saison des dattes (octobre-novembre), les femmes de la coopérative vous emmènent en dégustation dans l'oasis (20 Dh). Sinon, les jours de marché (mardi, jeudi et dimanche), elles

À NE PAS MANQUER

UN ÉDEN AU MAROC : CHEZ PAULINE

Au cœur de la palmeraie de Tadighoust, **Chez Pauline** (☎0535 88 54 25 ; www.gitechezpauline.com ; Tadighoust ; GPS : N31°48,954, W004°584,064 ; s et d 350 Dh, ste 1-5 pers 550 Dh, d camping avec voiture 60 Dh ; 📶) est une ferme berbère restaurée d'un hectare, dont 5 000 m² réservés à l'agriculture biologique et à l'élevage (moutons, poules, canards, lapins, gorets...).

Les propriétaires, un couple de Français catalans, ont été hôteliers en Guinée et au Sierra Leone pendant dix ans. La collection rare de masques de cérémonie et de statues qu'ils y ont rassemblée orne désormais le salon africain et les 5 chambres de la ferme. Côté cuisine, les ingrédients bio produits sur place sont de rigueur. En matière de respect de l'environnement, là où d'autres hôteliers auraient creusé une piscine, les Boyer ont gardé la prairie couverte de fleurs sauvages et aménagé quatre emplacements de camping à l'ombre des palmiers.

L'établissement est tout près de la route de Rich, à 18 km au nord de Goulmima. La route est goudronnée ; au départ du rond-point de Goulmima en direction du nord, on voit à droite le splendide ksar d'Aït Yahia, et à gauche, des palmeraies. Droit devant s'étend une portion de *hammada* (désert de pierres) avec, en toile de fond, le Haut Atlas, au pied duquel se blottit l'oasis de Tadighoust (aussi appelée Tadirhoust). Une fois là, suivez le fléchage, à gauche à l'entrée du bourg ; il reste 1 600 m à parcourir.

vous font goûter (20 Dh) du *tahalout* (sirop de dattes) et des barres énergétiques naturelles à base de dattes. Les bénéfices aident à financer le microcrédit, afin que des femmes puissent créer de nouvelles spécialités à base de dattes. La coopérative est indiquée sur la route principale, après la mosquée sur la gauche.

Où se loger et se restaurer

Maison d'hôtes Zouala MAISON D'HÔTES €
(☎0555 57 81 82 ; http://labrisenet.free.fr/maison_zouala ; demi-pension 250 Dh/pers). Demeure ancestrale du propriétaire, cette maison en pisé a été agrandie pour recevoir des hôtes et dotée de sdb communes et privées. La décoration fait la part belle à l'artisanat local – châles brodés en guise de rideaux, jarres transformées en pied de lampes. La cuisine et le pain maison ajoutent au charme de l'endroit. Location de vélos (demi-journée/journée complète 50/80 Dh), randonnées vers des sources secrètes et visite de fermes durant la récolte des dattes et des olives. Une partie des bénéfices contribue au financement du programme d'alphabétisation de l'association du village. À 30 km sur la route Er-Rachidia-Erfoud, dans le centre du douar Irgroum.

Camping Tissirt CAMPING, MAISON D'HÔTES €
(☎0662 14 13 78 ; tissirtziz@yahoo.fr ; par pers/voiture/camping-car/caravane 15/15/20/30 Dh, d demi-pension 150 Dh). Au bord de la palmeraie, juste avant Aufous, camping ombragé de palmiers comportant deux jolis bungalows en pisé et servant du *kalia* (mouton haché épicé), une spécialité locale.

Depuis/vers la Source bleue de Meski

Des bus publics se rendent d'Er-Rachidia à un arrêt situé au-dessus de la source entre 7h et 21h (3,5 Dh). Sinon, n'importe quel bus ou grand taxi à destination d'Erfoud ou d'Aufous vous déposera à la bifurcation. Au retour, hélez un grand taxi sur la route principale.

Erfoud ارفود

24 000 HABITANTS

Renommée pour ses dattes sucrées et ses baignoires en marbre fossilisé, Erfoud (ou Arfoud) était jusqu'à récemment le bout de la route. Depuis que la route goudronnée s'étire jusqu'au pied des dunes de Merzouga, on peut maintenant s'installer à la terrasse d'un café et regarder passer les 4x4 qui filent vers les hôtels proches du désert. Erfoud mérite une halte le temps de déguster une *madfouna* (chausson berbère) au feu de bois, d'admirer quelques fossiles et de faire un détour par l'imposant **ksar M'Aadid** (à 5 km au nord).

En septembre ou en octobre, Erfoud organise une **fête des Dattes** qui rencontre un succès croissant et s'accompagne de musique et de danses. Le souk, à l'extrémité sud de la ville, vend des produits frais et les fameuses dattes d'Erfoud.

Où se loger

Riad Nour AUBERGE €
(☎0535 57 77 48 ; http://riad-nour.ifrance.com ; s/d/tr 310/380/460 Dh ; ❄✉). Le Nour privilégie

la tranquillité. Il possède 12 chambres blanchies à la chaux réparties dans un jardin, avec sols en carreaux bleus, lits en fer forgé et calligraphies encadrées. Piscine à l'ombre des palmiers, bar et cour-jardin. À 5 km avant Erfoud sur la droite.

Kasbah Hôtel Xaluca Arfoud

COMPLEXE HÔTELIER €€€

(☎0535 57 84 50 ; www.xaluca.com ; s/d 700/900 Dh, ste junior/royale 1 200/2 900 Dh ; ❄≋). Un établissement haut de gamme de 134 chambres, à l'architecture traditionnelle en pisé. Les suites junior ont notre préférence, avec leurs beaux tissus, leurs têtes de lit en pierre fossilisée et leurs lampes minérales. Les voyageurs qui parcourent le désert apprécient le spa, les enfants préfèrent la piscine et le minigolf. À 5 km avant Erfoud sur la droite.

Où se restaurer

Pizzeria-Restaurant des Dunes

BERBÈRE, ITALIEN €

(☎0535 57 67 93 ; www.restaurantdesdunes.com ; av. Moulay Ismail ; pizza 40 Dh, menu 80-100 Dh). En plein désert, régalez-vous d'une pizza cuite au feu de bois ! La margherita, avec anchois, olives et origan, est délicieuse. Sinon, commandez la succulente *madfouna*, un chausson doré, farci d'oignons émincés et d'agneau aux herbes.

Hôtel-Restaurant Benhama CAFÉ, SANDWICHS €

(☎0661 82 64 57 ; av. Moulay Ismail ; sandwichs 20-25 Dh). Poulet rôti, sandwichs au fromage, hamburgers, smoothies aux fruits et expressos sont servis aux jolies tables en terrasse donnant sur l'artère principale. Salle climatisée installée dans l'élégant hall.

Achats

Musée des Fossiles et des Minéraux

MUSÉE, SOUVENIRS

(☎0535 57 68 74 ; brahimtahiri@hotmail.com ; ⊙8h-19h). Admirez la collection de fossiles rares de ce musée et achetez en souvenir un petit poisson fossilisé dans la jolie boutique, ou des tasses à café en marbre noir incrusté d'ammonites fossilisées. À 5 km sur la route de Rissani.

Manar Marbre SOUVENIRS

(☎0535 57 81 26 ; www.manarmarble.com ; rte de Jorf ; ⊙8h-18h). Regardez les artisans façonner des lavabos en marbre fossilisé et achetez des souvenirs dans la salle d'exposition, tels des serre-livres ou des boucles d'oreilles en trilobites.

Renseignements

La **Banque Populaire** (av. Moulay Ismail) et la **BMCE** (av. Moulay Ismail) ont des DAB. Vous pourrez vous connecter à Internet chez **Internet Moulay el Hassane** (av. Moulay el-Hassan ; 8 Dh/h ; ⊙10h-23h).

Depuis/vers Erfoud

BUS Deux bus partent tous les jours de la **gare CTM** (☎0535 57 68 86 ; av. Mohammed V) à destination de Fès (135 Dh, 7 heures) via Er-Rachidia (25 Dh, 1 heure 15), Marrakech (175 Dh, 1 heure 30), Meknès (125 Dh, 6 heures 30) et Rissani (20 Dh, 20 min).

Les bus Supratours et d'autres compagnies partent de la place des FAR pour Tinerhir (55 Dh, 2/j), Ouarzazate (105 Dh, 3/j) et Fès (135 Dh, 3/j).

TAXI Des grands taxis et des minibus partent de la place des FAR, et en face de la poste, pour Merzouga (30 Dh, 1 heure), Rissani (7 Dh, 20 min), Er-Rachidia (20 Dh, 1 heure) et Tinerhir (60 Dh, 5 heures).

L'**Association Tamounte** (☎0535 57 75 23 ; 5 av. Moulay Ismail) loue des voitures avec chauffeur moyennant 450-550 Dh/jour, carburant en plus.

Rissani الريصاني

20 500 HABITANTS

Nombre de visiteurs en route pour les dunes sont tentés de traverser Rissani sans s'arrêter, mais les photographes, les passionnés d'histoire et d'architecture pourraient passer des jours à déambuler dans ses ksour anciens et vétustes, sa zaouïa, ses casbahs dégradées mais non dépourvues de charme et les vestiges de Sijilmassa, légendaire cité du désert. D'autres ksour en brique bordent la route de Merzouga, notamment le ksar al-Beidha et le ksar Haroun ; repérez les panneaux sur la gauche au sortir de la ville.

Rissani, où l'oued Ziz coule faiblement, était autrefois une capitale du désert tirant sa richesse des caravanes qui traversaient le Sahel. Elle avait une telle importance stratégique que les Filali (ancêtres de l'actuelle dynastie alaouite) y livrèrent leur épique combat pour supplanter les Saadiens et diriger le pays. Aujourd'hui, le **souk** s'anime le dimanche, le mardi et le jeudi.

À voir

Un circuit de 21 km – le "circuit des monuments" – au sud de la ville permet de découvrir ses splendeurs architecturales, sa célèbre palmeraie et donne un aperçu de la vie à l'orée du désert. De Rissani, dirigez-vous vers le nord en partant du souk et suivez la route principale vers l'ouest.

Zaouïa de Moulay Ali ach-Charif MONUMENT

(entrée libre ; ⏲8h-18h). À 2 km au sud-est de Rissani se dresse ce sanctuaire aux murs jaunes, ouvert aux non-musulmans, et construit en l'honneur du fondateur de la dynastie alaouite.

Ksar Aber SITE HISTORIQUE

Le long d'une piste derrière la zaouïa, vous verrez les superbes tours en ruine de cette forteresse (XIXe siècle), qui accueillait autrefois les membres indésirables de la dynastie et qui, comme ces moutons noirs, a été abandonnée à sa décrépitude.

Ksar Oulad Abdelhalim KSAR

À environ 1 km de la zaouïa, sur la droite, le **ksar Oulad Abdelhalim** fut édifié vers 1900 pour le frère aîné du sultan Moulay Hassan. Passez la porte de bois pour pénétrer dans l'enceinte fortifiée, allez vers la droite, puis à gauche et de nouveau à droite dans les ruines de ce palais jadis appelé l'"Alhambra du Tafilalet". À l'exception de quelques poutres peintes et de fenêtres aux stucs sculptés, il reste peu d'éléments préservés ; l'ensemble demeure néanmoins fascinant.

Ksar Tinheras KSAR

La route longe ensuite un autre groupe de ksour, dont certains encore habités par des Filali. De ce ksar, vous découvrirez une belle vue.

Sijilmassa SITE HISTORIQUE

Les ruines de **Sijilmassa** apparaissent juste avant Rissani. Cette cité était la capitale d'une principauté islamique virtuellement indépendante, acquise à l'"hérésie" chiite au début de la conquête arabe de l'Afrique du Nord. Si la fondation de Sijilmassa reste incertaine – certains la situent en 757 –, on sait que la ville était un relais essentiel pour le commerce transsaharien à la fin du VIIIe siècle. Des caravanes pouvant compter jusqu'à 20 000 dromadaires traversaient les sables jusqu'aux lointaines mines de sel de Taodeni et de Tagahaza (dans l'actuel Mali), puis continuaient vers le Niger et le Ghana, où une livre de sel s'échangeait contre une once d'or.

Comme toujours, l'or suscita des problèmes et les inévitables luttes intestines provoquèrent l'effondrement de la cité légendaire au XIVe siècle. Le sultan alaouite Moulay Ismail fit reconstruire Sijilmassa au XVIIIe siècle, mais celle-ci fut alors conquise et détruite par les Aït Atta, des guerriers nomades. Sijilmassa est aujourd'hui en ruine et seules deux portes décorées et quelques structures partiellement épargnées témoignent de sa splendeur passée. Ces vestiges inspireront certainement les amateurs de photographie.

Musée du Ksar El Fida MUSÉE

(☎0661 84 78 17 ; Rissani ; 10 Dh avec un guide). À 2,5 km au sud de la ville, des panneaux indiquent cette gigantesque casbah alaouite (1854-1872) restaurée. Le musée donne un aperçu de la vie que l'on menait dans la casbah au XIXe siècle, des costumes raffinés à la boîte à outils d'époque.

Où se loger et se restaurer

Auberge Kasbah Derkaoua RESTAURANT, AUBERGE €€€

(☎/fax 0535 57 71 40 ; www.aubergederkaoua.com ; repas 150-300 Dh ; ⏲fermé jan, à certaines périodes juin-août ; ❄🏊). Indiqué à côté de la route principale au sud de Rissani, cet ancien centre soufi offre une tranquillité bienvenue. Au programme : somptueux déjeuners de cuisine fusion franco-marocaine et baignade dans la piscine du jardin.

Hôtel Sijilmassa HÔTEL €

(☎/ fax 0535 57 50 42 ; pl. al-Massira al-Khadra ; s 80 Dh, d 140-160 Dh ; ❄). Proche de la gare routière et de la station des grands taxis, cet hôtel offre des chambres propres climatisées aux sdb exiguës, ainsi qu'un restaurant au rez-de-chaussée servant une copieuse *kalia*.

Chez M'Barek LOCAL €

(☎0667 50 16 58 ; 7 rue Moulay Ali Chrif, Rissani ; petit-déj 15 Dh, menu 40 Dh). Si vous passez à l'heure du déjeuner, commandez par téléphone une *kalia* ou une *madfouna* épicée (80 Dh), à déguster dans la fraîche salle en sous-sol ou sur la terrasse aérée.

Renseignements

Un bureau de poste et de téléphone est installé à l'extrémité nord des murs de la médina. Une Banque populaire avec un DAB fait face au souk.

Depuis/vers Rissani

La gare routière se situe à 400 m de la place, sur la route d'Erfoud. Des bus desservent Fès (130 Dh, 13 heures, 2/j) via Meknès (140 Dh, 9 heures) et Marrakech (180 Dh, 10 heures, 1/j), ainsi qu'un bus de nuit pour Casablanca (200 Dh, 15 heures, 1/j). Des bus se rendent irrégulièrement à Zagora (90 Dh, 5 heures) et Tinerhir (50 Dh, 6 heures) ; renseignez-vous sur les horaires à la gare. Chaque jour, 6 bus partent pour Er-Rachidia (20 Dh, 3 heures) via Erfoud.

La **CTM** (☎0666 36 70 06 ; place de la Marche Verte) possède un bureau dans le centre-ville et propose un bus quotidien pour Fès/Meknès (145 Dh, 8-9 heures, départ à 20h), via Er-Rachidia (30 Dh, 1 heure 30).

Rissani et Merzouga

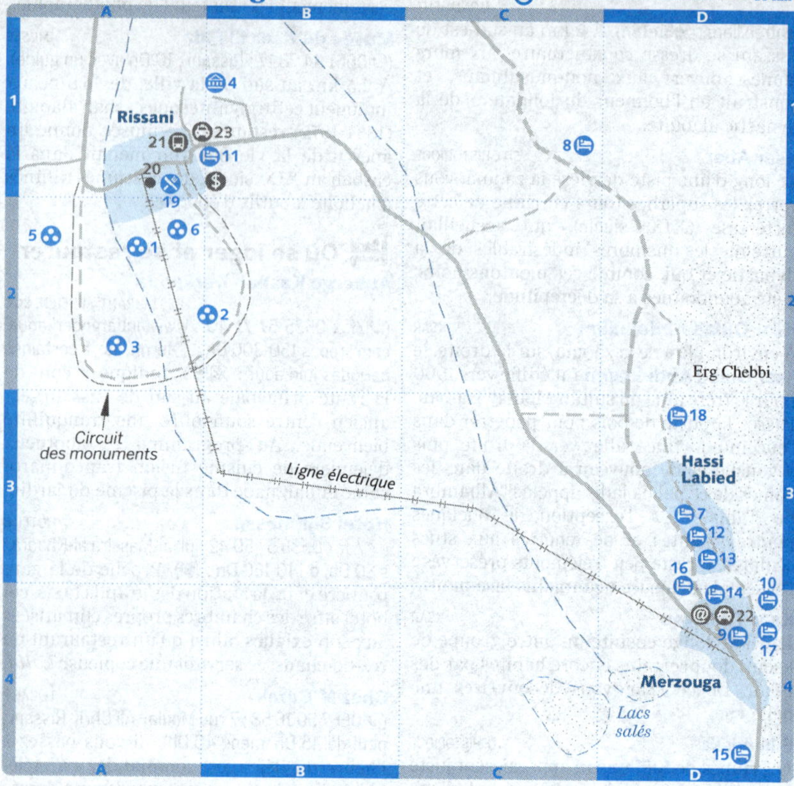

En face de l'Hôtel Sijilmassa, des grands taxis partent fréquemment pour Erfoud (7 Dh), Er-Rachidia (25 Dh), Tinerhir (70 Dh), Merzouga (12 Dh), et de temps à autre Taouz (30 Dh).

Des camionnettes desservent également Merzouga (10 Dh) et partent toutes les heures devant Chez M'Barek.

Merzouga

Lorsqu'une riche famille refusa l'hospitalité à une femme pauvre et à son fils, Dieu en fut offensé et l'ensevelit sous les dunes de sable aujourd'hui appelées **erg Chebbi**. Telle est la légende des dunes qui dominent majestueusement les localités jumelles de **Merzouga** et **Hassi Labied** – mais la réalité est plus incroyable encore. Le lever et le coucher du soleil ne permettent en effet pas d'apprécier le mouvement permanent de l'erg, qui change constamment de forme et atteint une hauteur de 160 m. Un étonnant reflet rose doré luit dans la lumière écrasante de la mi-journée. La moindre variation de lumière teinte les dunes d'orange, de jaune, de rose ou de pourpre, et elles semblent encore plus imposantes au clair de lune.

La région est sans doute le meilleur endroit du pays pour observer des **oiseaux du désert**, tels le moineau du désert, l'engoulevent d'Égypte, la fauvette du désert, la pie fauve et le guêpier à joues bleues. Au printemps, en fonction des précipitations, un lac peu profond se forme au nord-ouest de Merzouga et attire des nuées de **flamants roses** et d'autres oiseaux aquatiques.

Au grand dam des puristes, une rangée d'hôtels flanque désormais le versant ouest de l'erg Chebbi, de Merzouga jusqu'au nord du village de Hassi Labied, dans l'oasis – il faut pourtant bien reconnaître que les chambres et les terrasses de ces établissements offrent une vue spectaculaire sur les dunes. Sandboard, skis, vélos, etc., sont disponibles gratuitement dans de nombreux hôtels.

Rissani et Merzouga

À voir
1 Ksar Aber A2
2 Ksar Oulad Abdelhalim B2
3 Ksar Tinheras A2
4 Musée du Ksar El Fida B1
5 Sijilmassa A2
6 Zaouïya de Moulay Ali ach-Charif A2

Où se loger
7 Auberge Camping Sahara D3
8 Auberge Kasbah Derkaoua C1
9 Chez Julia D4
10 Dar el Janoub D4
11 Hôtel Sijilmassa B1
12 Kasbah Mohayut D3
13 Kasbah Sable d'Or D3
14 Kasbah Tombouctou D4
15 Ksar Sania D4
16 Maison Merzouga D3
17 Riad Totmaroc D4
18 Ryad Amazir D3

Où se restaurer
19 Chez M'Barek A1

Renseignements
Banque Populaire B1
Cyber Shop Les Amis D4

Transports
20 Camionnettes vers Merzouga A1
21 CTM A1
22 Grands taxis A1
23 Grands taxis D4

Activités

La plupart des hôtels proposent des excursions dans les dunes ; les prix vont de 80 à 250 Dh pour une promenade de 2 heures à dos de dromadaire au lever ou au coucher du soleil. La nuit dans le désert, avec lit dans une tente berbère, dîner et petit-déjeuner, coûte 300-650 Dh par personne. Les circuits en 4x4 sont plus chers, jusqu'à 1 200 Dh par jour pour un véhicule pouvant transporter 5 passagers. Mieux vaut opter pour les dromadaires plutôt que pour les 4x4 – bien qu'ils soient parfois récalcitrants, ils sont nettement plus écologiques.

On ne peut pas en dire autant des quads, aussi bruyants qu'envahissants. Ainsi, ces dernières années, l'incessant va-et-vient des quads aplanissait les dunes et leurs vibrations commençaient à perturber animaux, touristes et habitants. La municipalité s'est enfin mobilisée et a affiché un panneau interdisant les quads dans l'erg. Mieux encore, la demande de quads semble baisser car les voyageurs se rendent compte des problèmes – et de la poussière – que provoquent ces engins.

Autre désagrément : les incessantes propositions de prestations – préparez-vous à en être assailli si vous arrivez à Merzouga sans guide ni dromadaire. Efforcez-vous de garder votre calme car, de fait, il est très difficile de se débrouiller seul dans le désert. Mais, si vous avez l'impression qu'on vous force la main, éloignez-vous.

Où se loger et se restaurer

Beaucoup d'hôtels sont desservis par des pistes qui partent de la route asphaltée et courent vers l'est sur 1 km ou plus. Comme ils ne sont pas tous regroupés – Hassi Labied se situe à 5 km de Merzouga –, mieux vaut téléphoner au préalable pour se renseigner sur les disponibilités. La plupart des hôtels proposent la demi-pension, ainsi que la possibilité de dormir sur un matelas sur le toit-terrasse ou dans une tente berbère moyennant 30-50 Dh par personne.

En mai 2006, de fortes pluies ont provoqué une inondation soudaine à Merzouga, faisant 6 morts et détruisant 300 habitations et une dizaine d'hôtels. Tous sauf un (le Riad Maria) sont aujourd'hui reconstruits. Si un chauffeur de taxi vous affirme que l'hôtel de votre choix est fermé, alors qu'il figure dans ce guide, il vous raconte probablement des sornettes. Si vous disposez d'un téléphone portable, appelez l'hôtel et demandez au réceptionniste d'indiquer le chemin au chauffeur.

HASSI LABIED

Dar el Janoub COMPLEXE HÔTELIER €€€
(☎0535 57 78 52 ; www.dareljanoub.com ; d standard/grande/ste par pers 580/725/800 Dh ; ❄🏊). Loin du faste oriental des hôtels voisins, le Dar el Janoub ressemble à un haïku berbère. Les motifs graphiques qui ornent les murs de la réception déclinent l'alphabet berbère et l'architecture sobre laisse tout loisir d'admirer les dunes. La vue exceptionnelle, la demi-pension, la piscine purifiée au chlore et le charme justifient les tarifs.

Maison Merzouga MAISON D'HÔTES €€
(☎0535 57 72 99 ; www.merzouga-guesthouse.com ; demi-pension 350-450 Dh/pers ; ❄🏊). Contrairement aux établissements plus proches des dunes, cette maison d'hôtes de 14 chambres met l'accent sur l'hospitalité berbère plutôt que sur le désert. Ne vous attardez pas trop dans le hammam ; rejoignez les propriétaires dans la cuisine pour

POUR UNE MÉHARÉE RÉUSSIE

» Avant de vous engager pour une méharée, posez les questions suivantes au guide :

» **Quelle est la taille du campement et combien de gens doivent y passer la nuit ?** Les excursions les moins chères convergent souvent au même endroit. Si vous souhaitez passer une nuit solitaire dans les dunes, vous devrez trouver un prestataire possédant son propre campement, ou effectuer un trek plus long.

» **À quelle distance se trouve le campement ?** Au cours d'un long trajet, le balancement des dromadaires peut donner le mal de mer et mettre les postérieurs à rude épreuve. Prévoyez des comprimés contre le mal des transports, du talc et des onguents.

» **Le guide parle-t-il français, ou une autre langue que je comprends ?** Ceci est important en cas de problèmes dans le désert – et pour éviter le langage des signes quand vous avez besoin d'utiliser des toilettes.

» **Ce dromadaire a-t-il quelque chose contre moi ?** Rien de personnel, mais assurez-vous tout de même que l'animal est bien reposé. On sait que les dromadaires épuisés et grincheux sont sujets à des mouvements brusques, des arrêts brutaux et sont même capables de cracher. Les animaux bien reposés sont plus dociles et se déplacent lentement. En outre, ils posent gentiment pour la photo !

apprendre à faire du pain ou suivez-les dans la palmeraie pour découvrir comment fonctionnent les anciens systèmes d'irrigation. La chambre la plus plaisante est la moins chère, dans la tour avec vue sur les dunes.

Ryad Amazir AUBERGE €€
(☎0535 57 72 03 ; http://amazir.merzouga.free.fr ; demi-pension 200-300 Dh/pers ; ❄). Une auberge traditionnelle en pisé splendidement située, de façon isolée, à deux pas des dunes. Jardin biologique et vue… sur les dunes depuis la terrasse de 7 chambres (sur les 16 que compte l'Amazir). Ici, ni la lumière ni les phares des voitures ne perturbent la contemplation du ciel étoilé.

Kasbah Mohayut COMPLEXE HÔTELIER €€€
(☎0666 03 91 85 ; www.mohayut.com ; d/ste demi-pension par pers 350/450 Dh ; ≋). Installez-vous dans une chambre en *tadelakt* sculpté, à l'ombre près de la piscine, ou sur le toit dominant les dunes. Les lits à baldaquin, les tapis berbères et les plafonds en *tataoui* ajoutent au charme du lieu ; tâchez d'obtenir une double avec salon et cheminée. Quatre suites donnent sur les dunes, notamment la chambre familiale avec mezzanine et terrasse privative.

Auberge Camping Sahara AUBERGE, CAMPING €
(☎0535 57 70 39 ; www.aubergesahara.com ; d demi-pension 200-300 Dh/pers, camping sur la terrasse 25 Dh/pers ; P❄≋). Tenue par des Touaregs, cette auberge sympathique s'adosse aux dunes, à l'extrémité sud du village. Elle abrite 20 chambres spartiates impeccables avec sdb – 4 ont la clim et vue sur les dunes.

Kasbah Sable d'Or AUBERGE €
(Chez Isabelle et Rachid ; ☎0535 57 78 59 ; http://kasbah-sable-dor.com ; ch demi-pension sans/avec sdb 150/180 Dh par pers). Rachid et Isabelle louent 4 chambres dans leur maison, rafraîchie par des ventilateurs, et servent de savoureux repas dans le salon familial. Vous pouvez aussi camper dans une tente bédouine (par pers sans/avec demi-pension 40/120 Dh). Devant la maison, une chèvre bêle en signe de bienvenue.

MERZOUGA

♥ **Ksar Sania** COMPLEXE HÔTELIER €€
(☎0535 57 74 14 ; www.ksarsaniahotelmerzouga.com ; demi-pension s/d/tr 500/600/810 Dh, demi-pension hutte s/d 300/460 Dh, camping 25 Dh/pers ; P). Lorsque cet établissement de l'oasis située au pied d'une dune de 150 m fut emporté par la crue de 2006, la propriétaire, Françoise, fit reconstruire, un peu plus haut, une nouvelle éco-retraite : des bungalows hexagonaux en brique crue et sable avec sdb, et clim naturelle (technique du puits provençal). Les huttes chaulées renforcées par des poutres de palmiers protègent du sable et de la chaleur, alors que de l'eau chauffée à l'énergie solaire alimente les sdb communes. Après un dîner sous les étoiles dans le restaurant en plein air, dans la cour, profitez d'une balade dans les dunes. À 1 km au sud-est du centre de Merzouga.

Chez Julia MAISON D'HÔTES €
(☎0535 57 31 82 ; centre de Merzouga ; s/d/tr/qua 160/400/600/800 Dh). Charmante adresse au cœur de Merzouga, derrière la mosquée.

QUEL DÉSERT CHOISIR ?

Admirer le coucher du soleil sur les dunes du Sahara est une expérience inoubliable que l'on peut vivre dans deux sites au Maroc : l'erg Chebbi, près de Merzouga, et l'erg Chigaga, à proximité de M'Hamid. Ces destinations sont ici comparées selon plusieurs critères, suggérés par des avis de lecteurs.

» **Beauté naturelle** Les deux sites. Les dunes rose doré de Merzouga se détachent sur le sombre reg (désert de pierre) environnant, brûlé par le soleil. Les dunes jaune doré de l'erg Chigaga sont entourées d'un reg blanchi par le soleil et d'un *sahel* (mélange de sable souple et compact) parsemé de pommiers de Sodome (*Calotropis procera*), jolis mais vénéneux !

» **Méharées** Merzouga. Une demi-heure de chevauchée depuis le centre-ville vous amène au milieu des dunes, alors qu'il faut compter 2 heures en 4x4 pour les atteindre à partir de M'Hamid.

» **Calme** L'erg Chigaga est plus isolé et éloigné des bruits de la ville. Merzouga a fini par limiter l'usage des quads sur les dunes, le bruit et les ravages causés ayant exaspéré les habitants et fait fuir les touristes (et les animaux). Les deux régions doivent encore restreindre l'accès des 4x4 aux dunes : les dromadaires perdent de leur magie quand des voitures les dépassent en trombe et l'arrivée des 4x4 à la nuit tombée trouble la contemplation des étoiles.

» **Romantisme et observation des étoiles** L'erg Chigaga l'emporte, avec des feux de camp et des bougies qui n'altèrent pas la visibilité nocturne. À Merzouga, des campements établis de longue date ont un éclairage urbain qui nuit à l'observation des étoiles et ôte tout romantisme.**Confort** : Merzouga offre des hôtels confortables, avec vue fabuleuse sur les dunes, que l'on rejoint en 2 heures à dos de dromadaire. De Marrakech, on arrive plus rapidement à l'erg Chigaga, mais à M'Hamid, il faut encore compter 2 heures 30 en 4x4 avec un guide.

» **Respect de l'environnement** Aucun. M'Hamid fournit depuis peu des efforts pour la collecte d'ordures et le recyclage des bouteilles d'eau, ce qui est un bon début. Les agences doivent également veiller au traitement des déchets de leurs campements – les toilettes à chasse d'eau posent particulièrement problème, car les usines de traitement des eaux usées sont bien loin ! Le Maroc est en train de procéder à l'interdiction des sacs en plastique non biodégradables, mais si chaque visiteur emportait ses détritus et ramassait quelques bouteilles en plastique qui traînent çà et là, les couchers de soleil et l'environnement du Sahara retrouveraient toute leur splendeur.

» **Accueil des enfants** Tous les deux. Pour préserver la tranquillité des dunes, pensez à éteindre les jeux électroniques et tout ce qui produit des "bips" stridents car les sons traversent le désert. La nature est un immense terrain de jeu, où les enfants peuvent courir et se défouler en oubliant tous les gadgets du monde moderne. Après un tel bol d'air, ils dormiront tout au long du trajet de retour jusqu'à Marrakech.

Il y a 9 chambres aux couleurs douces, simplement meublées, et d'impeccables sdb communes, plus un appartement familial équipé (400-800 Dh) Tout ici témoigne d'une harmonieuse coexistence avec une nature souvent impitoyable : les portes blanchies par le soleil, les murs rugueux en pisé et les cheminées patinées par le temps. Réservez tôt pour déguster des spécialités, telle la *kalia* et la *madfouna* ou un repas végétarien (repas 60-120 Dh, petit-déj 36-50 Dh). Renseignez-vous sur les circuits d'observation des oiseaux, les concerts de musique saharienne, et les expéditions géologiques à la découverte des fossiles et des roses des sables.

Riad Totmaroc MAISON D'HÔTES €€
(☎0670 62 41 36 ; www.totmarroc.com ; demi-pension 330 Dh/pers ; P ❄). Après la lumière blanche et brûlante du désert, cette casbah contemporaine apaise le regard avec ses 5 chambres aux tons bleu et vert et ses patios ombragés qui font face aux dunes. Savoureux repas préparés dans une cuisine ouverte. Un guide officiel expérimenté accompagne les excursions de nuit à dos de dromadaire.

LE BOUT DE LA ROUTE... OU PRESQUE

Au lieu de rebrousser chemin à Taouz, vous pouvez emprunter en 4x4 la piste située à environ 1 heure/30 km au sud-ouest, en direction d'**Ouzina**. Seuls ceux qui connaissent très bien le Sahara savent l'existence de ces dunes longues de 2 km, rarement explorées par le touriste lambda. Vous pourrez faire halte à la **Kasbah Ouzina** (☎0668 98 65 00 ; demi-pension 250 Dh/pers), petite auberge soignée. À Ouzina, la piste bifurque vers l'ouest et la vallée du Drâa, et parcourt 45 km jusqu'au **village de Mhaje**. Là, vous pourrez prendre la direction du nord via une piste bien nivelée pour rejoindre **Alnif**, où la piste croise la route goudronnée allant à Zagora. Sinon, il est possible d'emprunter une piste accidentée au départ de Taouz vers l'ouest et la vallée du Drâa au sud de Zagora. Dans un cas comme dans l'autre, le trajet Taouz-Zagora, qui dure au moins 7 heures, nécessite une bonne préparation (beaucoup d'eau, du carburant, des provisions, une roue de secours, un téléphone portable) et l'aide d'un guide connaissant bien le Sahara. En effet, si vous prenez la mauvaise direction trop loin au sud, vous pourriez vous retrouver en Algérie. Or, c'est d'un tout autre guide (de voyage cette fois) dont vous aurez alors besoin !

ℹ Renseignements

Merzouga compte des téléboutiques, des épiceries, un garage, quelques boutiques de tapis et le **Cyber Shop Les Amis** (5 Dh/heure ; ⏲9h-22h).

ℹ Depuis/vers Merzouga et l'erg Chebbi

Les pistes peuvent être difficiles, et le risque d'ensablement existe. Emportez de l'eau et un téléphone portable au cas où.

Les grands taxis partent du centre de Merzouga, en face du restaurant Dakar, en direction du nord et de Rissani (12 Dh) ; des minibus vont au sud à Taouz (15 Dh).

Les minibus vous prendront ou vous déposeront à Hassi Labied – votre hôtel pourra organiser le transport. En haute saison, les minibus partent de Merzouga entre 7h30 et 9h30.

Il y a un bus Supratours chaque jour à 8h de Merzouga à Marrakech (185 Dh), et un bus à 19h pour Fès (165 Dh).

Taouz تاوز

Venez à Taouz pour apercevoir des formations minérales, voire peut-être des restes de dinosaures, là où le désert avale la route. Entre Merzouga et Taouz, le village de **Khamlia** serait peuplé de descendants d'esclaves amenés du sud du Sahara, qui réussirent à s'échapper et s'installèrent ici. De cet endroit, qui ressemble à un bout du monde, viennent plusieurs musiciens gnaouas, dont Les Pigeons du Sable, connus en Europe. Ils jouent parfois dans le village et participent au Festival des musiques du désert (voir p. 155) d'Er-Rachidia. Renseignez-vous à leur maison, signalée par un drapeau.

Située un peu après le village, la **Casa Taouz** sert du thé et parfois à manger. Aux alentours de Taouz, plusieurs hébergements sont installés dans le désert et accessibles en 4x4. En bord de route, des panneaux indiquent leurs coordonnées GPS.

DE RISSANI À ZAGORA

Les voyageurs qui ont exploré le désert rentrent souvent à Marrakech par la N10. Toutefois, la route Rissani-Zagora, bien plus belle, court à l'ouest, passant par Alnif (riche en fossiles), l'oasis de Tazzarine et le village de N'Kob, aux ksour particulièrement photogéniques, avant de bifurquer vers le nord et de traverser Zagora, à 98 km en direction de Ouarzazate.

N'Kob, Tazzarine et Alnif
نيكو ب تزارين و النيف

Encore méconnue, l'oasis berbère de N'Kob mérite une halte pour ses 45 **ksour en pisé**, dont quelques-uns ont été convertis en maisons d'hôtes (voir p. 165). Sur la place principale, à la lisière est du village, vous apercevrez peut-être un membre des légendaires guerriers Aït Atta entrer dans la poste de N'Kob un cimeterre à la main – sans doute très pratique pour décacheter le courrier.

De l'autre côté de la rue, en face de la poste, dans l'échoppe **Aït Atta Chaussures**, un cordonnier fabrique des sandales traditionnelles en cuir, corde et chape de pneu usé. Très confortables, ces chaussures s'ornent de motifs berbères (80-120 Dh). Parcourez 500 m dans la petite ruelle ponctuée de panneaux indiquant la Kasbah Baha Baha et franchissez la porte ornée de pots bosselés pour pénétrer chez le dinandier de N'Kob, qui croule sous le travail le dimanche, jour de marché.

Pour rejoindre N'Kob, quittez Rissani et filez sur 100 km à travers la *hammada* jusqu'à Alnif et au bassin de Maidir, l'un des endroits les plus riches en fossiles du pays. La prochaine étape avant N'Kob est Tazzarine, cité sans attrait à 150 km de Rissani, au croisement des routes de Zagora et Agdz. Les conducteurs s'y arrêtent pour aller au cybercafé, déjeuner, s'approvisionner en carburant et éventuellement faire un tour au marché (mardi).

À voir et à faire

Bureau des guides de N'Kob TREKKING
(0667 48 75 09 ; N'Kob). Dans l'artère principale, ce bureau organise des treks dans le djebel Sarhro (voir p. 145) et des randonnées à la découvertes des ksour de N'Kob, de sa grande palmeraie et des formations géologiques.

Ihmadi Trilobites Centre TREKKING, BOUTIQUE
(066 22 15 93 ; trilobites@caramail.com ; Alnif). Vend d'authentiques fossiles à prix fixes. Son propriétaire, un géologue, organise de courtes excursions sur les sites à fossiles alentour (180 Dh l'après-midi).

Où se loger

Kasbah Baha Baha CASBAH €€
(0524 83 97 63 ; N'Kob ; tentes berbères s/d/tr 80/150/210 Dh, avec sdb 200/300/400 Dh). Somptueusement restaurée, cette casbah possède un grand jardin, un four à pain, un musée ethnographique et offre une vue panoramique sur l'oasis et les ksour voisins. Délicieux repas berbères, à savourer en bord de piscine (petit-déj/dîner 30/100 Dh). Le personnel prend le temps de plaisanter et bavarder avec les hôtes.

Kasbah Imdoukal CASBAH €€
(0524 83 97 98 ; www.kasbahimdoukal.com ; N'Kob ; d/tr/ste 700/900/1 000 Dh ;). Meubles berbères en bois sculpté et coussins luxueux, frises amazigh sur les murs en *tadelakt* des chambres, excursion dans le village avant de se détendre au bord de la piscine, puis dîner d'une *madfouna*, une sorte de chausson fourré berbère, en sirotant un verre de vin.

Auberge Restaurant Ennakhil MAISON D'HÔTES €€
(0524 83 97 19 ; N'Kob ; demi-pension sans/avec sdb 160/300 Dh).
La baraka berbère imprègne l'endroit : les jolies chambres dotées de couvertures de mariage, les symboles de chance gravés sur les plafonds en palmes, les ingénieux lavabos faits de jarres renversées et les sièges en souche de palmier sur la terrasse avec vue sur le village et le djebel Sarhro.

Ksar Jenna MAISON D'HÔTES €€€
(0524 83 97 90 ; www.ksarjenna.com ; d demi-pension 1 100 Dh ;). Cet établissement italo-marocain peut rivaliser avec les plus beaux riads de Marrakech, tout en pratiquant des prix infiniment plus doux. Il compte 7 chambres au décor somptueux, sert de succulents repas dans une salle à manger au splendide plafond peint, et des apéritifs ou un excellent expresso au bar du jardin.

Ouadjou CAMPING, AUBERGE €
(0524 83 93 14 ; www.ouadjou.com ; tente sans/avec demi-pension 50/150 Dh, ch 225 Dh ; P). On dort ici dans des chambres fraîches en pisé (sdb aux douches chaudes) donnant sur une cour, ou de tout aussi séduisantes tentes berbères dans le jardin, avec tables et lampes de chevet, ainsi que draps et couvertures. Les non-résidents qui déjeunent sur place (90-120 Dh) ont aussi accès à la piscine. À 2 km avant N'kob.

Camp Amasstou CAMPING €
(0524 83 90 78 ; Tazzarine ; demi-pension 150 Dh/pers ; P). Suivez les panneaux indiquant le sud dans l'oasis de Tazzarine pour rejoindre la paisible palmeraie. Là, un ravissant jardin clos abrite 4 grandes tentes berbères en laine et une petite piscine. Assis sur un banc en peau de chèvre, vous échangerez vos expériences avec d'autres voyageurs avant de dormir dans un lit de camp aux draps propres.

Où se restaurer

Kasbah Riad Du Sud BERBÈRE €€
(024 886453 ; www.hotelriaddusud.com ; Tamsahlte via Tazzarine ; menu déj 100 Dh). Si vous quittez Merzouga le matin, appelez pour réserver une table dans cette oasis gastronomique et savourer un inoubliable couscous de millet ou un tajine de chèvre ou de dromadaire. Le Riad du Sud possède également des chambres, chères.

Kasbah Météorites LOCAL €
(0535 78 38 09 ; www.kasbahmeteorites.com ; Alnif ; repas 70-80 Dh ;). Une halte plaisante pour un déjeuner copieux et un plongeon dans la grande piscine. Offre également l'hébergement.

Depuis/vers N'Kob, Tazzarine et Alnif

Des grands taxis circulent entre Rissani et Alnif (30 Dh), Alnif et Tazzarine (30 Dh), ainsi que Tazzarine et Ouarzazate (70 Dh) ; il est donc facile de combiner les transports. Un bus circule entre Rissani et Zagora via Alnif, Tazzarine et N'Kob les mardis, vendredis et dimanches.

Côte atlantique

شاطئ الأطلنطي

Dans ce chapitre »

Le top des restaurants

» Grills de poisson (p. 228)
» Restaurant du Port de Pêche (p. 178)
» Le Petit Beur – Dar Tajine (p. 195)

Le top des hébergements

» Dar el-Manar (p. 215)
» La Sultana (p. 218)
» Riad Oudaya (p. 193)

Pourquoi y aller

Des plages ponctuées de villages de pêcheurs, des ports historiques et des villes fortifiées bordent cette côte balayée par les vents. Appelée le "Maroc utile" par les Français, elle abrite Rabat, la capitale de la nation, et Casablanca, le carrefour économique. Toutes deux se distinguent par leur architecture mauresque, leurs élégants cafés et restaurants et un mode de vie libéral, très loin du Maroc traditionnel.

À travers les âges, le contrôle de cette côte fut un enjeu crucial pour les envahisseurs et les tribus locales désireuses d'agrandir leurs territoires. Les Phéniciens, les Romains, les Portugais, les Espagnols et les Français combattirent tous pour la dominer, laissant en héritage des cités entourées de remparts, de larges avenues et une ambiance détendue.

La campagne vallonnée descend doucement vers l'océan et les réserves marécageuses accueillent une riche avifaune. Malheureusement, les gigantesques complexes balnéaires prévues par les promoteurs risquent de transformer cette partie du littoral déjà bien pourvue en sites d'intérêt.

Quand partir

Casablanca

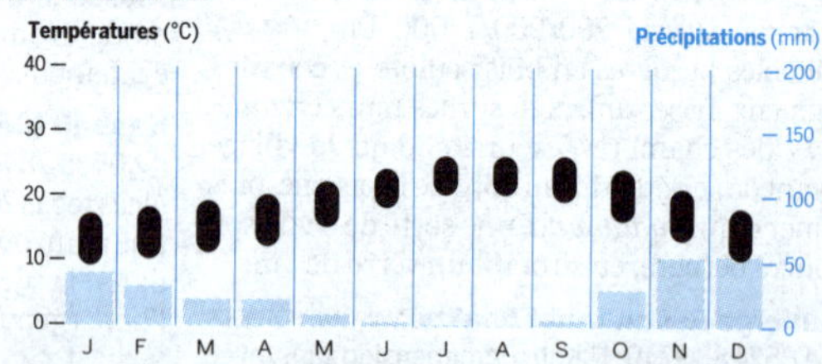

Mai et juin Le Festival Mawazine de musique a lieu à Rabat en mai et le Festival gnaoua d'Essaouira en juin.

Septembre Profitez des plages après le départ des touristes, quand le climat est encore agréable.

Décembre-mars D'immenses volées d'oiseaux arrivent dans les marais et les lagunes.

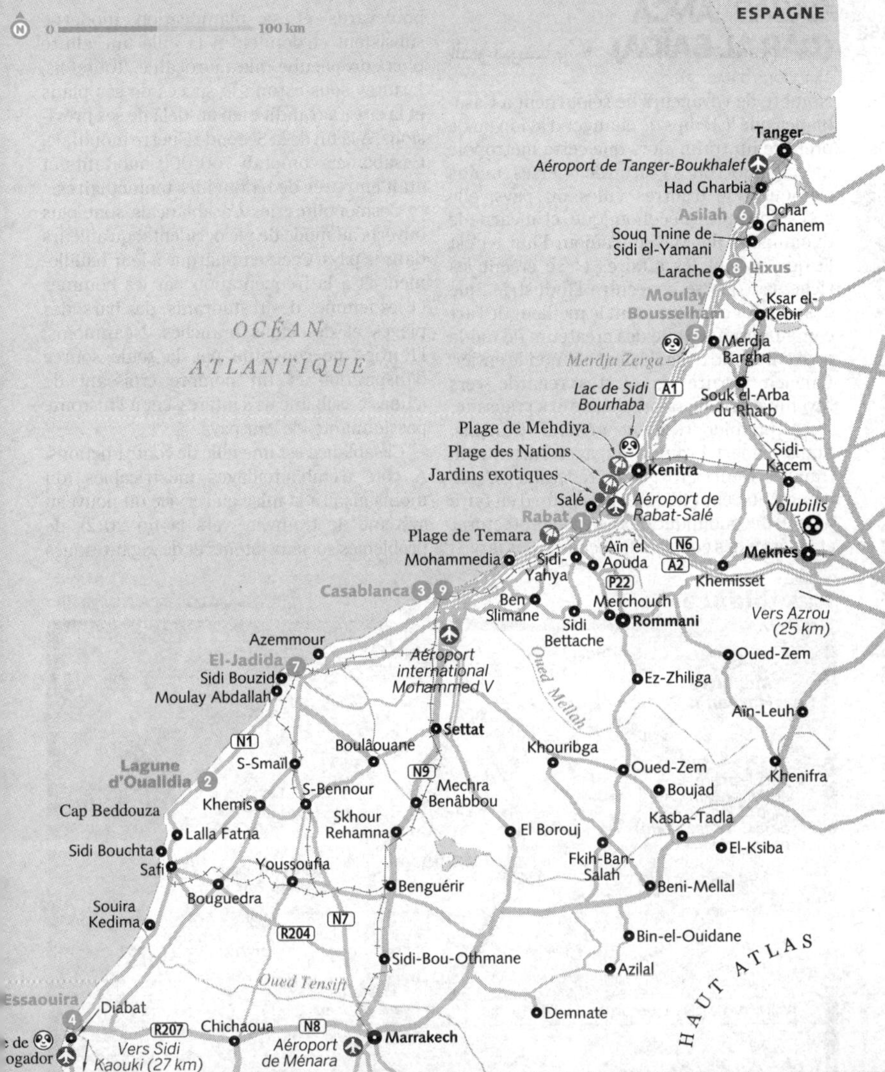

À ne pas manquer

1. Un thé dans les jardins andalous de la **casbah des Oudaïas** (p. 194) à Rabat
2. Une plongée dans les eaux chaudes de la **lagune d'Oualidia** (p. 217), puis un déjeuner d'huîtres locales
3. Les élégants **cafés** (p. 181) en terrasse de Casablanca, prisés des habitants branchés
4. Le kitesurf sur la **plage** (p. 225) venteuse d'Essaouira
5. L'ambiance détendue de **Moulay Bousselham** (p. 203)
6. Les peintures murales de la **médina** (p. 209) d'Asilah
7. L'extraordinaire citerne dans la **Cité portugaise** (p. 214) d'El-Jadida
8. Un aperçu de l'Empire romain dans le site antique de **Lixus** (p. 207)
9. Les glorieux **édifices mauresques** (p. 174) de Casablanca

CASABLANCA (DAR AL-BAÏDA) الدار البيضاء

4 MILLIONS D'HABITANTS

Nombre de voyageurs ne séjournent à Casablanca que le temps de changer d'avion ou de prendre un train, alors que cette métropole mérite que l'on s'y attarde. Certes moins exotique que d'autres villes du pays, elle en est la capitale économique, et incarne le dynamisme du Maroc d'aujourd'hui : c'est là que se font les affaires et se créent les richesses, que se concentre l'industrie, que des galeries d'art exposent le meilleur de l'art contemporain et que des créateurs de mode peuvent montrer leur talent au monde entier. L'ancien repaire de pirates regarde vers l'avenir et affiche sa prospérité et sa réussite.

Le premier résident général français, Louis Hubert Lyautey, engagea l'architecte français Henri Prost pour redessiner Casablanca, au début du XXe siècle, afin d'en faire le centre économique du nouveau protectorat et le joyau des colonies françaises. Ses larges boulevards et sa planification moderne subsistent et donnent à la ville une allure plus européenne que marocaine. Toutefois, Lyautey sous-estima le succès de ses plans et la cité s'agrandit bien au-delà de ses prévisions. À la fin de la Seconde Guerre mondiale, Casablanca comptait 700 000 habitants et était entourée de bidonvilles tentaculaires.

Cosmopolites, les Casablancais sont plus ouverts au mode de vie occidental qu'ailleurs dans le pays. Ceci se remarque à leur habillement et à la fréquentation par les hommes et les femmes des restaurants, des bars, des plages et des clubs branchés. Néanmoins, l'Europe ne constitue pas la seule source d'inspiration et un nombre croissant de jeunes Casablancais s'intéressent à l'histoire, passionnante, de leur pays.

Casablanca est une ville de contradictions. À côté d'embouteillages inextricables (du moins jusqu'à la mise en service du nouveau système de tramway vers la fin 2012), de problèmes sociaux latents et de gigantesques

Casablanca

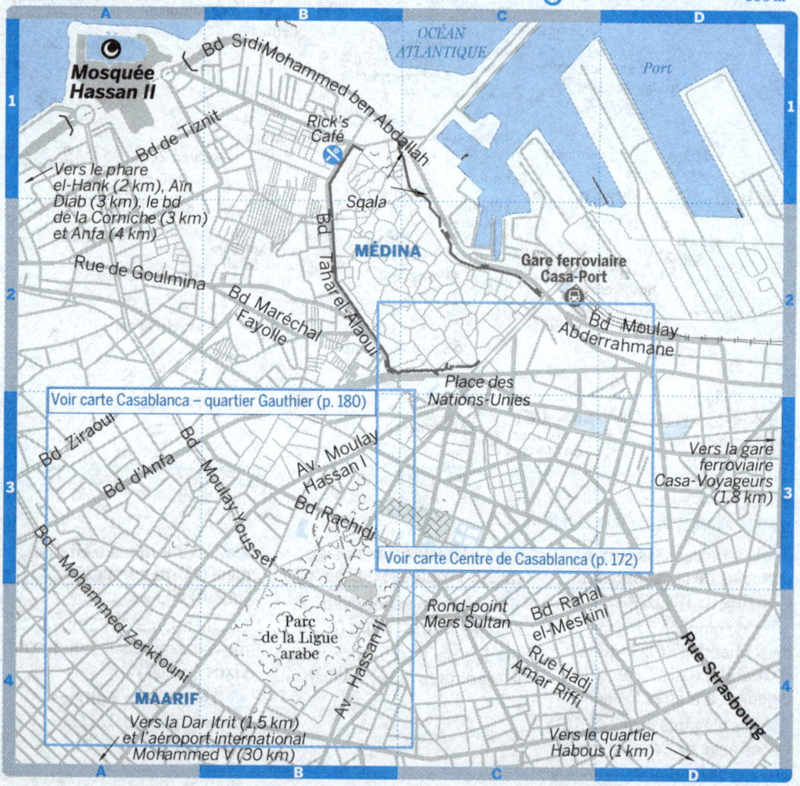

bidonvilles, elle possède de belles avenues, des jardins publics bien entretenus, des fontaines et une superbe architecture coloniale.

Les façades mornes des faubourgs offrent un contraste saisissant avec les joyaux d'architecture mauresque, Art déco et moderniste du centre-ville et le monument emblématique de Casablanca : l'immense et somptueuse mosquée Hassan II.

La petite médina, le plus vieux quartier de la ville, se situe au nord, près du port. Au sud de la médina, la place des Nations-Unies forme le cœur de la cité. De ce vaste rond-point partent les principales artères : l'avenue des Forces Armées Royales (avenue des FAR), l'avenue Moulay Hassan Ier, le boulevard Mohammed V et le boulevard Houphouët-Boigny.

Casablanca

Les incontournables

Mosquée Hassan II A1

À voir

1 Twin Center A4
2 Villa des Arts A4

Activités

3 Bain turc Gauthier B3
4 Institut français B4
5 Parc d'attractions Yasmina B4

Où se loger

6 East-West Hotel A3

Où se restaurer

7 La Maison du Gourmet A3
8 Le Rouget de l'Isle B3
Paul .... (voir 17)
9 Rick's Café B1
Restaurant de la Skala .... (voir 11)

Où prendre un verre

Blue Parrot .... (voir 9)
10 Le Trica A3
11 Café maure de la Skala C2

Où sortir

12 Cinéma Lynx C4
Sky 28 .... (voir 1)

Renseignements

13 Consulat belge B3
14 Consulat britannique B3
15 Polyclinique Atlas A3
16 Consulat espagnole B3
17 Consulat américain B3

L'avenue Hassan II conduit à la place Mohammed V, reconnaissable à ses majestueux bâtiments administratifs Art déco. Les quartiers Gauthier et Maarif, à l'ouest et au sud-ouest du parc de la Ligue arabe, concentrent l'essentiel de l'animation, avec des boutiques, des bars et des restaurants.

Au sud-est s'étend le quartier des Habbous, ou nouvelle médina, et à l'ouest Aïn Diab, le faubourg en bordure de mer avec hôtels et discothèques haut de gamme.

Casablanca est actuellement en plein développement, dû cette fois au dynamisme marocain et non pas à une puissance coloniale. Le long de la route côtière à Anfa, d'énormes projets sont en construction. Sur le point d'ouvrir lors de nos recherches, le Morocco Mall, un centre commercial respectueux de l'environnement et primé, le plus grand d'Afrique du Nord (200 000 m^2), abrite des boutiques, des bureaux, un vaste aquarium et un cinéma Imax de 400 places. Sur la côte à l'est de la mosquée Hassan II, la marina de Casablanca sera achevée d'ici quelques années.

Histoire

À partir du VIe siècle av. J.-C., les Phéniciens fondèrent un petit comptoir marchand sur le site de l'actuelle banlieue huppée d'Anfa. Au VIIe siècle, Anfa devint une capitale régionale sous les Berghouata, une confédération de tribus berbères. Les Almohades la détruisirent en 1188 et les Mérinides s'en emparèrent 70 ans plus tard.

Au début du XVe siècle, le port d'Anfa était un repaire sûr pour les pirates et les brigands. Plus tard dans le siècle, les pirates d'Anfa constituèrent une menace si sérieuse que les Portugais envoyèrent 50 navires et 10 000 hommes pour les soumettre. Ils laissèrent Anfa en ruine. Les tribus locales continuèrent cependant à semer la terreur sur les routes commerciales, provoquant l'envoi d'une seconde expédition portugaise en 1515. Soixante ans plus tard, les Portugais parvinrent à s'installer dans le port, qu'ils fortifièrent et renommèrent Casa Branca (Maison blanche).

Ils abandonnèrent la colonie en 1755, après le séisme qui détruisit Lisbonne et endommagea gravement les remparts de Casa Branca. Par la suite, le sultan Sidi Mohammed ben Abdallah repeupla et fortifia la cité, mais elle ne retrouva pas son importance passée. En 1830, elle ne comptait que 600 habitants environ.

Au milieu du XIXe siècle, l'Europe, en plein essor, se tourna vers le Maroc pour ses besoins accrus en laine et en céréales.

Alors que les plaines fertiles autour de Casablanca fournissaient les marchés européens, des agents et des marchands affluèrent dans la ville, que des négociants espagnols rebaptisèrent Casablanca. Au début du XXe siècle, les Français obtinrent l'autorisation d'y construire un port artificiel.

Si l'accroissement du commerce apporta la prospérité, les activités et l'influence des Européens suscitèrent des ressentiments. Des violences éclatèrent en 1907, quand des Européens profanèrent un cimetière musulman. Les Français, partisans de la colonisation, saisirent l'occasion pour envoyer l'armée réprimer les troubles : un navire de guerre et des artilleurs arrivèrent bientôt et bombardèrent la ville. En 1912, celle-ci faisait partie du nouveau protectorat français.

À voir

Carrefour commercial du pays, Casablanca est plus intéressée par les affaires internationales que par le tourisme. Cette ville active compte peu de sites touristiques traditionnels, hormis la grandiose mosquée Hassan II. Le plus plaisant consiste à flâner dans ses quartiers pour en découvrir les charmes : la superbe architecture mauresque du centre-ville, le calme du parc de la Ligue arabe, l'animation bourgeoise du quartier des Habbous et les plages de la Corniche. Comme les Casablancais, profitez pleinement des plaisirs cosmopolites de la cité en dînant au restaurant, en visitant des galeries d'art, en faisant des achats au Morocco Mall d'Anfa ou en glissant en rollers devant la mosquée Hassan II, sans oublier de participer à la vie nocturne.

CENTRE-VILLE

Le centre-ville, construit par les Français, compte de somptueux édifices coloniaux, dont certains en cours de restauration. Pour les découvrir, explorez les alentours du **marché central**, ou effectuez la promenade à pied (voir p. 174). Le quartier délabré du marché central est lentement restauré, notamment autour de la rue Prince Moulay Abdallah, une artère piétonne.

Place Mohammed V QUARTIER

(carte p. 172). C'est ici que l'architecte Henri Prost a laissé son empreinte la plus forte. La place est entourée de bâtiments publics, tels le palais de justice, la splendide wilaya (ancien siège de la police, aujourd'hui préfecture), la banque al-Maghrib, la poste et le ministère de la Défense, dont l'architecture a été par la suite copiée dans tout le pays. Plusieurs grands boulevards bordés de superbes édifices partent de cette place. Au sud, le **parc de la Ligue arabe**, conçu en 1918, s'agrémente d'une majestueuse promenade ombragée de palmiers.

GRATUIT **Villa des Arts** GALERIE D'ART

(carte p. 180 ; ☎0522 29 50 87 ; 30 bd Brahim Roudani ; 10h-19h mar-sam). Installée dans un bâtiment Art déco près du parc de la Ligue arabe, cette belle galerie des années 1930 présente des expositions d'art contemporain marocain et international.

CASABLANCA EN...

Un jour

Commencez la journée par un copieux petit-déjeuner à la **Haute Pâtisserie Frédéric Cassel** à Anfa, puis prenez un taxi jusqu'à la **mosquée Hassan II** et suivez une visite guidée. Déjeunez ensuite dans le jardin du **Restaurant de la Skala**, niché dans les remparts. Explorez les boutiques d'artisanat du **quartier des Habbous** pour acheter des souvenirs, en faisant une halte pour un thé et des gâteaux à la **Pâtisserie Bennis Habous**. Contemplez l'océan en dînant dans l'un des **restaurants perchés sur la falaise** près du phare el-Hank, puis rejoignez la jeunesse dorée dans les bars et les discothèques du **boulevard de la Corniche**.

Deux jours

Le deuxième jour, offrez-vous un petit-déjeuner chez **Paul** dans la superbe villa Zevaco. Effectuez la **promenade** proposée dans ce guide pour découvrir les plus beaux édifices mauresques de Casablanca. Après le déjeuner, faites le tour des boutiques branchées ou allez voir un film au **Morocco Mall** avant un bain de vapeur et un massage au **Bain turc Gauthier**. Régalez-vous de poisson au **Restaurant du Port de Pêche** avant de prendre un dernier verre à **La Bodega**.

ANCIENNE MÉDINA

La petite médina délabrée (carte p. 172) donne une idée de la taille réduite de la cité avant le grand programme d'urbanisme lancé par les Français. La plupart des bâtiments datent du XIXe siècle et n'ont pas le cachet médiéval qui fait le charme des autres médinas. Des projets de restauration sont envisagés.

Entrez dans la médina de l'angle nord-est de la place des Nations-Unies, près du **clocher** (carte p. 172) restauré, et remarquez en face l'**Excelsior Hotel** décrépit. Les ruelles étroites à l'est sont bordées d'échoppes bon marché de chaussures, de sous-vêtements et d'ustensiles ménagers. Le reste de la médina demeure surtout résidentiel. Principale mosquée du vendredi de la vieille ville, la **Jama Ech-Chleuh** se tient dans la rue Jama Ech-Chleuh Arsalane.

Du côté nord de la médina, face au port, subsistent les derniers vestiges des fortifications du XVIIIe siècle. Appelé la **skala** (forteresse), le bastion offre une vue panoramique sur l'océan.

MAARIF

Au sud-ouest du parc de la Ligue arabe s'étendent le centre des affaires et le quartier des boutiques de créateurs internationaux.

Twin Center VÊTEMENTS

(carte p. 180 ; angle bd Mohammed Zerktouni et Al-Massira al-Khadra). Le Twin Center, temple du luxe, comprend une galerie marchande, un hôtel haut de gamme et des bureaux. Les petites boutiques des rues voisines et autour du marché Maarif sont plus attrayantes et moins chères.

Musée juif MUSÉE

(☎0522 99 49 40 ; 81 rue Chasseur Jules Gros, quartier Oasis ; 20 Dh, avec guide 30 Dh). Au sud de Maarif dans le faubourg d'Oasis se tient le seul musée de Casablanca. Il ouvre rarement depuis les attentats qui ont visé les institutions juives en 2003, aussi faut-il téléphoner avant de se déplacer. Aménagé dans une belle villa entourée d'un jardin luxuriant, c'est l'unique musée juif du monde musulman. Il retrace l'histoire de la communauté juive jadis prospère et son influence dans la société marocaine contemporaine à travers plus de 1 500 objets anciens – documents, vêtements traditionnels, objets de culte, etc. –, et une vaste collection de photos. Oasis se situe à 15 minutes en taxi du centre-ville (30 Dh).

NOMS DES RUES

Les noms français des rues de Casablanca sont progressivement remplacés par des noms marocains. Tenez-en compte quand vous demandez votre chemin car de nombreux habitants, y compris des chauffeurs de taxi (et quelques plans de ville), utilisent toujours les anciens noms. Vous verrez souvent plusieurs noms pour une même rue.

QUARTIER DES HABBOUS (NOUVELLE MÉDINA)

Construit par les Français dans les années 1930, le quartier des Habbous, ou nouvelle médina, représentait à l'époque un projet expérimental unique : une médina bâtie selon les standards occidentaux afin de loger les arrivants du premier exode rural des années 1920, mêlant architecture marocaine et éléments de confort à la française. Il en résulte une version stéréotypée mais plaisante de la médina traditionnelle, avec des rues bien ordonnées et une mosquée agrémentée d'une pelouse verdoyante.

Bien qu'aseptisé et plus paisible que la plupart des souks, Habbous constitue un bon endroit pour des achats de dernière minute, avec une honnête sélection de bazars, de boutiques d'artisanat, de boulangeries et de cafés.

Au nord du quartier se dresse le **palais royal** (fermé au public), et au sud l'ancienne **Mahakma du Pacha** (tribunal et salles de réception ; entrée libre ; ⏲8h-12h et 14h-18h lun-sam), qui compte plus de 60 salles dotées de plafonds en bois sculpté, de stucs, de sols en terre cuite et de grilles en fer forgé ; elle n'est pas toujours ouverte au public.

Le quartier des Habbous se situe à 1 km au sud-est du centre-ville. Prenez le bus n°81 dans le boulevard de Paris, en face de la poste principale.

AÏN DIAB ET ANFA

Dans ces banlieues huppées de l'ouest de Casablanca, le **boulevard de la Corniche** longe le littoral. Bordé de clubs de plage, d'hôtels, de restaurants, de bars et de discothèques haut de gamme, c'est le cœur de l'animation et le rendez-vous des jeunes cadres branchés.

Néanmoins, entre les clubs de plage animés qui jalonnent la promenade, la vue est gâchée par des terrains à l'abandon et des piscines en béton remplies de gravats.

Centre de Casablanca

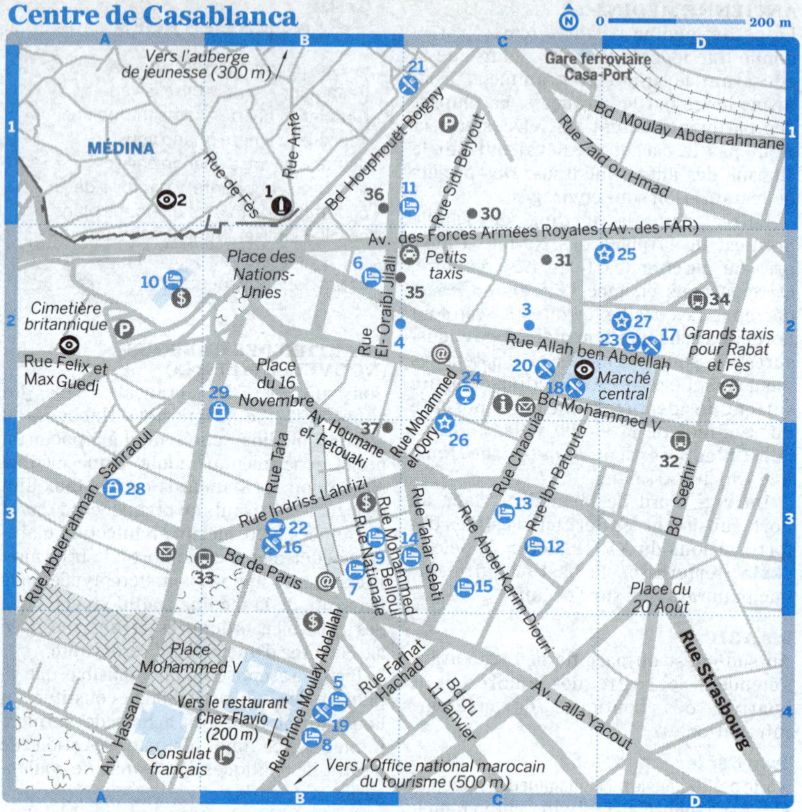

La plage reste extrêmement populaire et, pour dénicher un espace libre, mieux vaut aller dans l'un des clubs. Parmi les meilleurs, citons le **Miami Plage** (80-150 Dh/jour) et le **Tahiti** (80-150 Dh/jour), qui offrent des parasols, une piscine, un restaurant et un bar.

Le bus n°9 part de la place Oued al-Makhazine pour Aïn Diab. En taxi, comptez 30 Dh du centre-ville (70 Dh la nuit).

Le nouveau **Morocco Mall** à Anfa, à 4 km à l'ouest du centre-ville, était sur le point d'ouvrir lors de notre passage et comprend un grand **aquarium**.

Activités

Hammams

Hammam Ziani HAMMAM

(☎0522 31 96 95 ; 59 rue Abou Rakrak ; 45 Dh ; 🕗7h-22h). D'une propreté étincelante, et résolument moderne, ce hammam haut de gamme propose les traditionnels bains de vapeur et gommages pour 50 Dh, des massages, un Jacuzzi et une salle de gymnastique. Il se situe à deux pas de la rue Verdin. Comme pour toute visite d'un lieu public, mieux vaut laisser vos objets de valeur à l'hôtel.

Bain turc Gauthier HAMMAM

(carte p. 180 ; ☎0661 14 59 26 ; 25 rue Jean-Jaurès ; lun-ven 50 Dh, sam-dim 60 Dh ; 🕗7h-22h). Ce hammam ultramoderne offre des prestations similaires ; il facture 15 Dh le gommage et 100 Dh le massage de 30 minutes.

Spa 5 Mondes HAMMAM

(☎0522 99 66 08 ; 18 rue Ibrahim En-Nakhai, Maarif ; 🕗10h-20h). Pour un hammam traditionnel, un bain japonais, un massage balinais ou un traitement ayurvédique, rendez-vous dans ce spa branché.

Cours

Casablanca compte d'innombrables écoles de langues.

Centre de Casablanca

À voir

1 Tour de l'horloge B1
2 Médina A1

Activités

3 École Assimil-Formation C2
4 Olive Branch Tours B2

Où se loger

5 Hôtel Astrid B4
6 Hôtel de Foucauld B2
7 Hôtel de Paris B3
8 Hôtel du Palais B4
9 Hôtel Guynemer B3
10 Hôtel Hyatt Regency A2
11 Hôtel les Saisons C1
12 Hôtel Maamoura C3
13 Hôtel Mon Rêve C3
14 Hôtel Oued-Dahab C3
15 Hôtel Transatlantique C3

Où se restaurer

16 Ifrane B3
17 La Brasserie la Bavaroise D2
18 Marché central C2
19 Restaurant al-Mounia B4
20 Rôtisseries C2
Snack Amine Adam .... (voir 20)
21 Taverne du Dauphin C1

Où prendre un verre

22 Café Alba B3
23 La Bodéga D2
24 Petit Poucet C2

Où sortir

Black House .... (voir 10)
25 Caesar D2
26 Cinéma Rialto C3
27 Complexe culturel Sidi Belyout D2
Hôtel Transatlantique .... (voir 15)

Achats

28 Disques GAM A3
29 Exposition nationale d'artisanat B2

Transports

30 Avis C1
31 Budget C2
32 Bus n°s 10 et 36 vers la gare routière Ouled Ziane D3
33 Bus n°81 vers la nouvelle médina B3
34 Gare routière CTM D2
35 Hertz B2
36 National B1
37 President Car B3

Institut Français FRANÇAIS
(carte p. 180 ; ☎0522 77 98 70 ; www.ambafrance-ma.org ; 121-123 bd Mohammed Zerktouni ; ⏲9h-14h30 mar-sam). Cours d'un semestre uniquement. Propose une bonne bibliothèque, des films, des conférences, des expositions et d'autres événements.

École Assimil-Formation ARABE
(carte p. 172 ; ☎0522 31 25 67 ; 71 rue Allah ben Abdellah). Offre des cours particuliers d'arabe.

Circuits organisés

Les deux offices du tourisme (p. 184) proposent une promenade à pied de 3 heures dans la ville (450 Dh, jusqu'à 3 pers), modulable selon les intérêts des participants.

Olive Branch Tours CIRCUITS
(carte p. 172 ; ☎0522 22 03 54 ; www.olivebranchtours.com ; 35 rue el-Oraïbi Jilali). Ce tour-opérateur propose une visite de Casablanca qui comprend les principales places du centre-ville, la médina, le quartier des Habbous et une promenade le long de la Corniche.

Festival

Festival L'Boulevard de Casablanca MUSIQUE LIVE
(www.boulevard.ma). Ce festival de musique urbaine se déroule pendant trois jours en juin – hip-hop, électro, rock, métal et fusion joués par des groupes marocains, français, américains et britanniques.

Où se loger

La plupart des hôtels se regroupent dans le centre, à l'exception de l'auberge de jeunesse, située dans la médina, et des hôtels luxueux qui jalonnent le boulevard de la Corniche. Ils se remplissent vite en été, surtout en août, aussi vaut-il mieux réserver.

Les hôtels pour petits budgets sont plutôt rudimentaires, et ceux de la médina invariablement négligés et trop chers. Des établissements de catégorie moyenne s'éparpillent dans le centre-ville et le long du boulevard de la Corniche, avec vue sur la mer et accès facile à la plage. La ville compte de nombreux hôtels de catégorie supérieure, avec toutes les enseignes des

DÉPART : CATHÉDRALE DU SACRÉ-CŒUR, BD RACHIDI
ARRIVÉE : RUE PRINCE MOULAY ABDELLAH
DISTANCE : 3 KM
DURÉE : 50 MINUTES

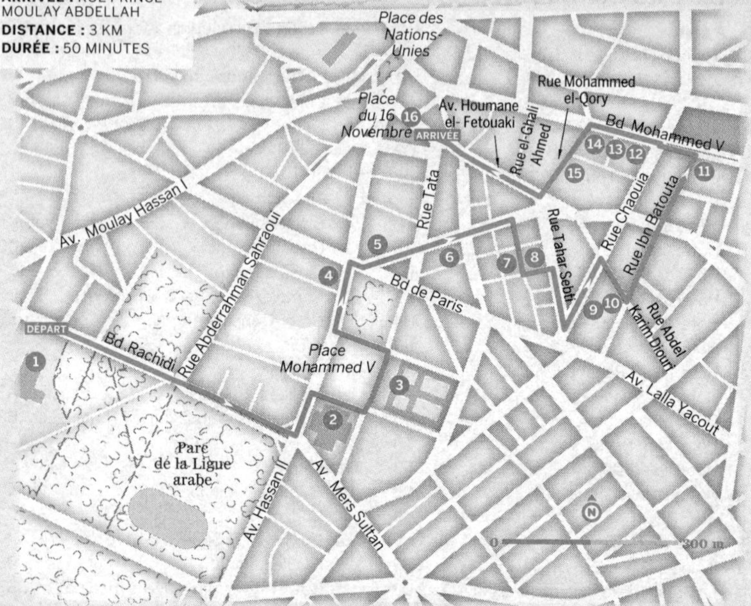

Promenade à pied : **dans le centre de Casablanca**

Le centre de Casablanca possède un riche patrimoine architectural comprenant de nombreux bâtiments mauresques, un style colonial apparu lorsque Lyautey était résident général du Maroc, entre 1912 et 1924.

Ce style mêlait des éléments marocains traditionnels, comme les arches, les colonnes, les volutes et les carrelages, et des tendances plus audacieuses de l'Europe du début du XXe siècle. Dans les années 1930, l'architecture mauresque commença à refléter le style Art déco, avec des balcons, des escaliers et des fenêtres en fer forgé, des façades et des frises sculptées, et des angles extérieurs arrondis. Certains de ces édifices, restaurés ou bien conservés, rappellent la période du protectorat ; d'autres sont en piteux état.

Le général Lyautey, alors gouverneur du Maroc, décida de faire de Casablanca le carrefour économique du pays et engagea l'architecte et urbaniste français Henri Prost (1874-1959) pour concevoir une ville modèle. Prost avait déjà montré son talent à Anvers, et travaillé à des projets pour Meknès, Fès et Rabat, ainsi que Paris et Istanbul. Enchanté de créer une nouvelle cité, Prost l'imagina depuis les airs. La première ville dessinée d'un avion fut considérée comme la plus belle réussite des colonies françaises.

Où que vous soyez dans le centre de Casablanca, levez les yeux ! Le bâtiment le plus modeste peut comporter des frises fleuries, des carrelages travaillés et des balcons arrondis, même s'il est malheureusement négligé.

Cet itinéraire passe par les plus beaux édifices mauresques et quelques autres trésors.

Partez de la lisière nord-ouest du parc de la Ligue arabe, où vous ne pourrez manquer la blanche 1 **cathédrale du Sacré-Cœur**, une belle église conçue par Paul Tournon et bâtie en 1930. De style Art déco avec des influences gothiques, la cathédrale a été désacralisée en 1956 et sert à l'occasion de centre culturel malgré l'intérieur délabré.

De là, parcourez deux pâtés de maisons à l'est jusqu'à la place Mohammed V, le joyau du plan d'urbanisme français. La grande place, très prisée des Casablancais qui s'y retrouvent le soir et le week-end, est entourée d'imposants bâtiments administratifs, conçus pour la plupart par Robert Marrast et Henri Prost. La 2 **wilaya** (ancien siège de la police et aujourd'hui préfecture), date de 1930 ; coiffée d'un clocher moderniste, elle domine le côté sud de la place.

Non loin, le 3 **palais de justice** fut construit en 1925. La porte et l'entrée monumentales s'inspirent de l'iwan perse, une salle voûtée qui donne généralement dans la cour centrale de la médersa (école coranique) d'une mosquée.

Traversez la place pour admirer la 4 **poste principale**, un superbe bâtiment de 1918 à la façade ornée d'arcades et de colonnes en pierre et décoré de mosaïques de couleurs vives. D'une architecture marocaine plus traditionnelle, la 5 **banque al-Maghrib**, dans le boulevard de Paris, qui se distingue par sa maçonnerie décorative, fut le dernier bâtiment édifié sur la place.

Suivez ensuite vers l'est la rue Indriss Lahrizi, bordée de part et d'autre de façades remarquables, dont celle du 6 **salon de thé La Princière**, reconnaissable à l'énorme couronne en pierre sur le toit. Tournez à droite dans la rue Mohammed Belloul pour voir 7 l'**Hôtel Guynemer** et ses panneaux Art déco soigneusement restaurés, et presque en face 8 l'**Hôtel Oued Dahab**, à peine moins impressionnant. Parcourez un pâté de maisons vers l'est et tournez à droite dans la rue Tahar Sebti, flanquée de bâtiments coloniaux aujourd'hui transformés en appartements et en bureaux

Tournez à gauche dans la rue Chaouia où 9 l'**Hôtel Transatlantique**, de 1922, a été superbement restauré. À quelques pas, 10 l'**Hôtel Volubilis**, un autre joyau rénové, possède une façade splendide.

Prenez à gauche la rue Ibn Batouta et suivez-la jusqu'au boulevard Mohammed V. Sur votre droite se dresse l'énorme carcasse abandonnée de 11 l'**Hôtel Lincoln**, un chef-d'œuvre mauresque de 1916. Sa restauration, trop chère pour le propriétaire, est suspendue et les autorités ne permettent pas la destruction d'un tel bâtiment.

Tournez à gauche dans le boulevard Mohammed V et ne manquez pas les merveilleuses façades du côté sud du boulevard, notamment celle de la 12 **poste** du marché central, avec ses délicats motifs sculptés, et celle du journal 13 **Le Matin/ Maroc Soir**, de style classique. Il est prévu de restaurer tout le quartier.

Au bout de ce pâté de maisons, au coin de la rue Mohammed el-Qory, le café-bar 14 **Petit Poucet** fut fréquenté par Antoine de Saint-Exupéry dans les années 1920, et plus tard par Édith Piaf et Albert Camus ; entrez pour admirer le comptoir d'origine. Tournez à gauche dans la rue Mohammed el-Qory pour voir le 15 **Cinéma Rialto**, un édifice Art déco classique avec des détails éblouissants et de belles peintures. Continuez vers le sud jusqu'à l'avenue Houmane el-Fetouaki et tournez à droite pour rejoindre la 16 **place du 16 Novembre**, entourée de bâtiments Art déco.

Pour des informations sur le patrimoine architectural de Casablanca, procurez-vous *Casablanca, mythes et figures d'une aventure urbaine*, de Jean-Louis Cohen et Monique Eleb (Hazan, 1998), et *Casablanca – Portrait d'une ville*, de Jean-Michel Zurfluh (Actes Sud, 2001).

À NE PAS MANQUER

MOSQUÉE HASSAN II

Construite par feu le roi Hassan II pour son 60e anniversaire, cette gigantesque **mosquée** (carte p. 168 ; ☎0522 22 25 63 ; visites guidées adulte/enfant/étudiant 120/30/60 Dh ; ⏲9h, 10h, 11h et 14h sam-jeu, 9h, 10h et 14h ven) a été financée par une souscription publique. Elle a été achevée en 1993 et c'est l'un des principaux monuments de Casablanca. Elle comprend une **médiathèque-bibliothèque islamique** (entrée libre ; ⏲8h-18h lun-ven).

Conçue par l'architecte français Michel Pinseau, la mosquée s'élève sur un promontoire rocheux artificiel construit sur l'océan – rappel d'un verset du Coran qui dit que le trône d'Allah repose sur les flots. Au sommet du minaret de 210 m, la plus haute tour du pays, un rayon laser brille en direction de La Mecque. Troisième plus grande mosquée du monde, elle peut accueillir 25 000 fidèles à l'intérieur, et 80 000 autres dans les cours et les places qui l'entourent. Les croyants prient sur un sol chauffé, peuvent admirer les vagues qui battent les rochers à travers le plancher vitré du sous-sol et profiter de la lumière du soleil qui passe par le toit ouvrant.

La taille et la décoration élaborée de la **salle de prière** constituent les éléments les plus impressionnants. Assez grande pour contenir Notre-Dame de Paris ou la basilique Saint-Pierre de Rome, elle est tapissée de boiseries sculptées, de zelliges (céramiques) et de stucs. Plus de 6 000 artisans talentueux ont travaillé au décor de la mosquée, sculptant de délicats motifs dans du cèdre du Moyen Atlas, du marbre d'Agadir et du granit de Tafraoute.

Pour voir l'intérieur, les visiteurs doivent être correctement vêtus et ôter leurs chaussures. Des visites guidées de 1 heure (en français, anglais, allemand et espagnol) permettent de découvrir la salle de prière, les salles d'ablutions et le hammam.

chaînes internationales. Ils bordent pour la plupart l'avenue des FAR et le boulevard de la Corniche. Voici quelques adresses plus originales :

Hôtel Guynemer HÔTEL €
(carte p. 172 ; ☎0522 27 57 64 ; www.guynemerhotel.com ; 2 rue Mohammed Belloul ; s/d/tr 372/538/626 Dh ; ❄📶). Recommandé par des lecteurs, cet établissement accueillant et tenu par une famille charmante occupe un superbe bâtiment mauresque. Les 29 chambres, bien équipées et régulièrement rénovées, s'agrémentent de couleurs plaisantes, de lits confortables, de TV à écran plat et de l'accès Wi-Fi. Le service est bien supérieur à la moyenne avec un personnel attentif. Transferts de l'aéroport (400 Dh) et visites de la ville sont proposés. Un poste d'information interactif est aménagé à la réception, ainsi qu'un PC réservé aux hôtes et un téléphone pour appeler gratuitement à l'étranger (ces services ne fonctionnent pas toujours). L'hôtel loue également deux appartements équipés dans la même rue, parfaits pour les familles ou les longs séjours.

Hôtel Astrid HÔTEL €
(carte p. 172 ; ☎0522 27 78 03 ; hotelastrid@hotmail.com ; 12 rue du 6 Novembre ; s/d/tr 324/386/486 Dh ; 📶). Niché dans une rue tranquille au sud du centre-ville, l'Astrid offre le plaisir – rare dans cette catégorie – d'une bonne nuit de sommeil. Les chambres spacieuses et bien tenues comportent toutes sdb, TV, téléphone et fanfreluches. Un café sympathique est installé au rez-de-chaussée. Accès Wi-Fi à la réception.

Hôtel de Paris HÔTEL €
(carte p. 172 ; ☎0522 27 42 75 ; fax 0522 29 80 69 ; angle rues Ech-Cherif Amziane et Prince Moulay Abdallah ; s/d/tr 350/450/550 Dh ; 📶). Récemment rénové, ce petit hôtel central propose de grandes chambres propres et relativement calmes, avec de bons matelas, des meubles en bois sombre, TV sat et téléphone direct. Au rez-de-chaussée, un joli café chic donne sur l'agréable rue piétonne.

Hôtel les Saisons HÔTEL €€€
(carte p. 172 ; ☎0522 49 09 01 ; www.hotellessaisonsmaroc.ma ; 19 rue el Oraïbi Jilali ; s/d 1 100/1 400 Dh ; ❄📶). Très bien situé et d'un bon rapport qualité/prix, il possède des chambres extrêmement confortables et bien équipées, avec coffre-fort, minibar, TV sat et téléphone. Ce petit établissement se révèle plus chaleureux que les grands hôtels internationaux.

Auberge de jeunesse AUBERGE DE JEUNESSE €
(hors carte p. 172 ; ☎0522 22 05 51 ; lesauberges@menara.ma ; 6 pl. Ahmed el-Bidaoui ; ⌚8h-10h et 12h-24h ; s/d/tr 60/135/190 Dh, tr avec sdb 200 Dh ; @). Groupées autour d'un lumineux salon central, les chambres sont sommaires mais tranquilles et bien tenues, avec de hauts plafonds et une odeur d'humidité en hiver. Le personnel est aimable et les douches bien chaudes. L'auberge se tient sur une place arborée. Les cartes IYHF ou YHA ne sont pas requises.

Hôtel Maamoura HÔTEL €
(carte p. 172 ; ☎0522 45 29 67 ; www.hotel-maamoura.com ; 59 rue Ibn Batouta ; s/d/ste 430/570/800 Dh ;). Autre adresse prisée des lecteurs, cet hôtel moderne offre un excellent rapport qualité/prix. Les vastes chambres soignées sont très calmes vu l'emplacement central, joliment décorées de couleurs sourdes et dotées de sdb impeccables. Le personnel est serviable et amical.

East-West Hotel HÔTEL €€
(carte p. 180 ; ☎0522 20 02 10 ; www.eastwest-hotel.com ; 10 av. Hassan Souktani, angle rue Washington, quartier Gauthier ; s/d avec petit-déj 450/600 Dh ;). Des lecteurs recommandent ce trois-étoiles gai et lumineux. Toutes les chambres disposent de sdb propres et modernes, de l'accès Internet gratuit et d'un coffre-fort. Situé dans un quartier résidentiel en plein essor, cet hôtel paisible comprend un bon restaurant et un pub irlandais.

Hôtel du Palais HÔTEL €
(carte p. 172 ; ☎0522 27 61 91 ; 68 rue Farhat Hachad ; s/d 90/130 Dh, d/tr avec sdb 140/240 Dh). Dans la catégorie petits budgets, cet hôtel sommaire constitue un bon choix, avec des chambres propres et spacieuses, dotées de grandes fenêtres. Récemment rénové, l'établissement demeure spartiate et parfois bruyant. Une douche chaude revient à 10 Dh.

Hôtel de Foucauld HÔTEL €
(carte p. 172 ; ☎0522 22 26 66 ; 52 rue el-Oraïbi Jilali ; s/d 100/150 Dh, s/d/tr avec sdb 150/180/220 Dh). Dans le centre-ville, cet hôtel sans prétention se distingue par une réception ornée de stucs. Moins impressionnantes, les chambres sont plus grandes que la moyenne et possèdent un charme désuet. Évitez celles donnant sur la rue bruyante.

Hôtel Mon Rêve HÔTEL €
(carte p. 172 ; ☎0522 41 14 39 ; 7 rue Chaouia ; s/d/tr 90/130/170 Dh, avec sdb 150/200/250 Dh). Prisé des baroudeurs depuis des années, ce charmant hôtel à l'ancienne se tient près du marché central et peut être bruyant. Peintes en bleu, les chambres sont spartiates et propres. Préférez les étages supérieurs pour éviter le bruit. La rue Chaouia est parfois appelée rue Colbert, son ancien nom.

LES BIDONVILLES

En mai 2003, 13 terroristes ont commis des attentats-suicides dans des lieux publics à Casablanca, tuant 32 autres personnes. Ils appartenaient au Salafia Jihadia, un groupe islamique radical dont les fondateurs ont été formés en Afghanistan. Les porteurs de bombes étaient tous de jeunes Marocains vivant dans les pires bidonvilles de Casablanca, à moins d'une demi-heure du centre-ville.

En 2007, 24 islamistes ont été arrêtés alors qu'ils planifiaient une autre vague d'attentats, après que leur chef se fut fait sauter dans un cybercafé. Beaucoup venaient des mêmes bidonvilles.

La plupart des Casablancais condamnent ouvertement ces actes, et affirment que leur ville est la plus tolérante du pays. Cependant un quart, voire un tiers, de la population vit dans des bidonvilles misérables aux baraques en carton et plastique, sans eau courante, ni tout-à-l'égout, ni électricité. Faute d'écoles ou de travail, nombre de jeunes n'ont aucun espoir et pensent qu'ils n'ont rien à perdre.

Après les attentats, des organisations caritatives ont été créées pour améliorer la vie dans ces quartiers, et le gouvernement s'est intéressé au problème. Le ministère du Logement prévoit de raser tous les bidonvilles de Casablanca d'ici à 2012 et plusieurs ont déjà été détruits et leurs habitants relogés. Si des dizaines de milliers de maisons sont en construction, leurs prix sont trop élevés pour les résidents des bidonvilles et elles sont trop exiguës pour des familles nombreuses. Si la situation s'améliore, beaucoup estiment que cela ne suffit pas. Rien ne sera résolu tant que le pouvoir ne s'attaquera pas aux problèmes sous-jacents. Reste à espérer qu'il le fera avant que la colère et la frustration ne s'expriment dans la violence.

Hôtel Transatlantique HÔTEL €€
(carte p. 172 ; ☎0522 29 45 51 ; www.transatcasa.com ; 79 rue Chaouia ; s/d/tr 770/925/1 025 Dh ; ❄📶). Aménagé dans l'un des joyaux architecturaux de Casa, cet hôtel de 1922 au décor un peu chargé est apprécié des groupes. Il comporte un snack-bar, une confortable terrasse ombragée, des chambres plutôt banales et plusieurs suites fraîchement rénovées. Évitez le 1er étage, qui souffre du bruit du piano-bar et de la discothèque. Le personnel vous dira certainement qu'Édith Piaf a séjourné ici, de même que Telly Savalas (Kojak).

Hôtel Riad Salam HÔTEL €€€
(☎0522 39 13 13 ; fax 0522 39 13 45 ; bd de la Corniche, Aïn Diab ; d avec petit-déj 2 700 Dh ; ❄📶). Plus bel hôtel en bord de mer, le Riad Salam offre des chambres (non-fumeurs) avec canapés bas, tapis tissés et carrelages décoratifs, réparties autour des trois piscines de l'hôtel et de la terrasse paysagée. Un centre de thalassothérapie, un club de remise en forme et des courts de tennis sont à disposition. Réductions substantielles hors saison. Il se situe sur la Corniche, à 3 km au sud du centre de Casablanca.

Hôtel Bellerive HÔTEL €€
(☎0522 79 75 04 ; www.belleriv.com ; 38 bd de la Corniche, Aïn Diab ; s/d/tr avec petit-déj 550/750/1 050 Dh ; ❄). La charmante terrasse, la piscine et le jardin compensent les chambres standards datées de ce petit hôtel tenu par une famille. Beaucoup ont vue sur la mer, et les prix sont moins élevés que dans la plupart des hôtels voisins. L'espace et une aire de jeux en font une bonne adresse si vous voyagez avec des enfants.

Hôtel le Littoral HÔTEL €€€
(☎0522 79 73 73 ; fax 0522 79 73 74 ; bd de l'Océan Atlantique, Aïn Diab ; s/d avec petit-déj 990/1 380 Dh ; ❄📶). Assez sombre, ce grand hôtel bien tenu rénovait ses chambres lors de notre passage. Les vastes balcons offrent une très belle vue sur la plage. L'établissement comprend deux restaurants, une discothèque et loue des parasols.

Dar Itrit B&B €€
(☎0522 36 02 58 ; www.daritrit.ma ; 9 rue Restinga ; s/d 870/980 Dh ; 📶). Un peu excentré, ce charmant B&B ne compte que 3 doubles, chacune décorée dans un style marocain différent : Marrakech, berbère et Mogador. Le délicieux petit-déjeuner est servi dans un salon lumineux ou sur la terrasse.

Hôtel Oued-Dahab HÔTEL €
(carte p. 172 ; ☎0522 22 38 66 ; 17 rue Mohamed Belloul ; s/d/tr 120/160/220 Dh, avec sdb 150/220/295 Dh). Tenu par les propriétaires du Guynemer, cet hôtel propre et bon marché propose des chambres spacieuses, avec ou sans sdb. Celles qui donnent sur l'intérieur sont plus calmes et un peu plus sombres. Bon rapport qualité/prix.

Hôtel Hyatt Regency HÔTEL €€€
(carte p. 172 ; ☎0522 43 12 34 ; www.casablanca.hyatt.com ; pl. des Nations-Unies ; ch 1 900 Dh ; P❄📶). Le meilleur et le plus central des cinq-étoiles, le Hyatt est un endroit prisé des Casablancais pour un repas dans l'un des nombreux restaurants ou un verre au bar. Les vastes chambres, décorées dans un élégant style contemporain et dotées d'équipements modernes, bénéficient d'une vue splendide sur Casablanca, la vieille médina, l'océan et la mosquée Hassan II. Discothèque et spa sur place.

Où se restaurer

Casablanca offre un grand choix de restaurants et vous pourrez déguster toutes sortes de plats, de l'excellent tajine au pâté français et au curry thaïlandais. Comme ailleurs le long de l'océan, le poisson et les fruits de mer constituent les spécialités locales, à savourer dans les restaurants du port ou sur la route d'Aïn Diab.

La rue Chaouia, en face du marché central, est le meilleur endroit pour un repas rapide, avec ses rôtisseries, ses stands et ses restaurants qui servent du poulet rôti, des brochettes et des sandwichs (20-30 Dh). Ils ouvrent jusque vers 2 heures.

CENTRE-VILLE

Restaurant du Port de Pêche POISSON €€
(☎0522 31 85 61 ; port de pêche ; plats 140 Dh ; ⏲déj et dîner). Au milieu du port, cet authentique et rustique restaurant de poisson ne désemplit pas midi et soir. Vous y dégusterez du poisson fraîchement pêché et cuisiné à la perfection ou une succulente paella relevée. Le décor évoque les années 1970, avec des nappes en papier, et le service est professionnel et rapide. Réservez car les tables sont prises d'assaut par des Casablancais de toutes classes sociales.

Le Rouget de l'Isle FRANÇAIS €€€
(carte p. 180 ; ☎0522 29 47 40 ; 16 rue Rouget de l'Isle, près bd Moulay Hassan I ; plats 160 Dh ; ⏲déj lun-ven, dîner lun-sam). L'un des meilleurs restaurants de Casablanca, il est aménagé dans une superbe villa des années 1930 avec

INTERVIEW

TAHIR SHAH, ÉCRIVAIN CASABLANCAIS

J'adore le dynamisme sauvage de Casablanca. C'est le berceau du melting-pot marocain. Je vis ici depuis sept ans et j'aime de plus en plus cette ville – elle est toujours passionnante. Il y a si peu de touristes que l'on regarde à deux fois quand on en croise un.

Mes lieux préférés ? Cela dépend de mon humeur. Le vieux centre-ville Art déco autour de la place Mohammed V en est un. Quel joyau, quel trésor ! Il est négligé et sale, mais sa grandeur fanée laisse pantois. La plupart des Casablancais ne veulent pas y mettre les pieds !

Autre bâtiment Art déco, le Stade vélodrome organise des courses de lévriers toutes les semaines. Voir courir des chiens à Casablanca, c'est très canaille et j'aime ça.

Je pense que la médina de Casablanca est l'une des plus authentiques du pays. Il n'y a absolument rien pour les touristes ; elle est entièrement pour les habitants.

Mon endroit secret est le souk du Socco de Moina dans le quartier de classe moyenne d'Hay Hassani. C'est un grand secret. On y trouve toutes les antiquités laissées par les Français, de superbes éléments architecturaux, d'énormes lustres, de beaux pianos, des baignoires aux bords incurvés et des gramophones. J'ai meublé ma maison avec des trésors dénichés à cet endroit.

un jardin qui embaume le jasmin en soirée. Chic, stylé et charmant, il est renommé pour sa cuisine française simple et délicieuse à des prix raisonnables. Des œuvres d'art contemporaines ornent les murs. Réservation conseillée.

Rick's Café MÉDITERRANÉEN €€
(carte p. 168 ; ✆0522 27 42 07 ; www.rickscafe.ma ; 248 bd Sour Jdid ; plats 160 Dh ; ⏲déj et dîner). Remarquable pour son ambiance et sa décoration, le Rick's Cafe est tenu par un ancien diplomate américain. Le bar, le salon et le restaurant comportent des meubles et des éléments inspirés du film *Casablanca*, projeté en boucle au 1er étage. Issam, le pianiste, joue *As time goes by*, et une jam-session a lieu le dimanche. La carte propose d'excellentes spécialités françaises et marocaines, essentiellement à base de poisson. À midi, vous pouvez commander un chili con carne. Le bar de l'étage, le Blue Parrot (p. 182) – évidemment ! – est parfait pour un verre en fin de soirée. Accès Wi-Fi et inévitables T-shirts souvenirs.

Restaurant de la Skala LOCAL €€
(✆0522 26 09 60 ; bd des Almohades ; plats 90-160 Dh ; ⏲déj et dîner mar-dim, tlj l'été). Niché dans les murs ocre de la *skala*, un bastion fortifié du XVIIIe siècle au nord du centre, ce charmant restaurant permet d'échapper à l'agitation de la ville. Le café, avec un intérieur rustique et un joli jardin entouré de treilles fleuries, ne sert pas d'alcool mais un choix de thés et de jus de fruits frais. L'endroit est idéal pour un petit-déjeuner marocain ou une salade au déjeuner. Si les tajines sont la spécialité, de nombreux plats de poisson et des brochettes de viande figurent également sur la carte.

Taverne du Dauphin POISSON €€
(carte p. 172 ; ✆0522 22 12 00 ; 115 bd Houphouët Boigny ; plats 140 Dh ; ⏲déj et dîner lun-sam). Institution de Casablanca, ce bar-restaurant provençal traditionnel sert des fruits de mer depuis son ouverture en 1958. Dans cet établissement à l'ancienne, tenu par une famille, les succulents poissons grillés, calamars frits et crevettes royales ne vous laisseront pas un grand souvenir.

Ostréa POISSON €€
(✆0522 44 13 90 ; port de pêche ; plats 150 Dh ; ⏲déj et dîner). En face du Restaurant du Port de Pêche, ce restaurant de poisson plus haut de gamme se spécialise dans les huîtres et les homards d'Oualidia.

Restaurant al-Mounia LOCAL €€
(carte p. 172 ; ✆0522 22 26 69 ; 95 rue Prince Moulay Abdallah ; plats 150 Dh ; ⏲dîner). Un merveilleux restaurant traditionnel du centre où vous dégusterez une exquise cuisine marocaine dans l'élégant salon décoré de zelliges et de bois sculpté, ou sous les arbres du jardin verdoyant. Faites votre choix parmi les nombreuses salades (avis aux végétariens) ou des plats plus exotiques, comme la pastilla au pigeon et le tajine à la tomate.

La Brasserie la Bavaroise FRANÇAIS €€€
(carte p. 172 ; ✆0522 31 17 60 ; 129 rue Allah ben Abdellah ; plats 150-200 Dh ; ⏲dîner). Casablancais et expatriés aiment se retrouver dans cette brasserie chic, derrière le marché central, pour sa cuisine française et aussi

Casablanca – quartier Gauthier

pour se montrer. Elle propose un bon choix de poisson ainsi que des classiques français comme le veau, les steaks et le faisan cuisinés à la perfection. La viande est grillée au feu de bois. L'ambiance est agréable et l'accueil chaleureux. Chaque mois, la carte offre des spécialités de différentes régions françaises. Les propriétaires gèrent aussi La Bodéga (p. 182), un excellent bar à tapas voisin.

La Maison du Gourmet FRANÇAIS, LOCAL €€€

(carte p. 180 ; ☎0522 48 48 46 ; rue Taha Houcine, Maarif ; repas 400-500 Dh ; ⏱déj lun-ven, dîner lun-sam). Tenu par un couple franco-marocain formé par Paul Bocuse, ce restaurant gastronomique haut de gamme offre une carte inventive, inspirée du meilleur des cuisines française et marocaine. Parmi les spécialités figure une divine pastilla au confit de canard et foie gras. Le cadre élégant, le service irréprochable et la cuisine exceptionnelle en font une adresse parfaite pour une occasion particulière. Réservation conseillée.

Paul MÉDITERRANÉEN €€

(carte p. 180 ; angle bd d'Anfa et bd Moulay Rachid ; ⏱7h-21h). Cette chaîne française de boulangerie-pâtisserie s'est installée à Casablanca dans la magnifique villa Zevaco Art déco, jadis occupée par Édith Piaf. Un flot constant de clients vient autant pour la nourriture et le cadre que pour le plaisir de s'afficher dans un lieu branché. Les petits-déjeuners sont excellents, tout comme les salades, les en-cas et divers petits plats méditerranéens.

Pâtisserie Bennis Habous PÂTISSERIE €

(2 rue Fkih el-Gabbas). L'une des pâtisseries les plus renommées de la ville se situe dans le quartier des Habbous. C'est le meilleur endroit pour des délices marocains traditionnels, dont les cornes de gazelle et les pastillas, préparées sur commande.

Ifrane LOCAL €

(carte p. 172 ; angle rues Tata et Mouftakar ; plats 40-65 Dh). Presque toujours bondé et doté d'une terrasse, ce café accueillant sert des grillades

Casablanca – quartier Gauthier

À voir

Activités

Où se loger

Où se restaurer

Où prendre un verre

Renseignements

et des brochettes à prix doux. L'ambiance est détendue, la clientèle diverse et les femmes peuvent y manger sans être importunées.

Chez Flavio ITALIEN €€
(☎0522 29 45 29 ; 3 bd Mohamed Abdou ; pizzas 80 Dh, plats 120 Dh ; ⌚déj et dîner). Flavio, l'un des restaurants italiens les plus populaires, est particulièrement apprécié pour ses pizzas.

Snack Amine Adam POISSON €
(carte p. 172 ; rue Chaouia ; plats 70 Dh). Niché parmi les rôtisseries de poulet du marché central, le Snack Amine Adam sert de grandes assiettes de savoureux poisson frit et de fruits de mer frais.

AÏN DIAB ET ANFA

Les meilleurs restaurants de ce quartier se regroupent au sommet d'une falaise qui domine l'océan, près du phare el-Hank.

La Fibule LOCAL, MÉDITERRANÉEN €€€
(☎0522 36 06 41 ; bd de la Corniche, phare el-Hank ; repas 300-500 Dh ; ⌚déj et dîner). L'éclairage subtil, les couleurs chaudes et le décor élégant donnent à La Fibule une ambiance attrayante. La cuisine, mélange bien préparé de saveurs marocaines et libanaises, est servie sur des tables basses qui donnent sur l'océan à travers des baies vitrées.

La Mer POISSON €€€
(☎0522 36 33 15 ; bd de la Corniche, phare el-Hank ; repas 400 Dh ; ⌚déj et dîner). À côté de La Fibule et tenu par la même direction, ce restaurant de poisson plus raffiné, avec nappes blanches et porcelaine, propose une carte et un service très français, presque guindés, et une cuisine somptueuse.

À Ma Bretagne POISSON, FRANÇAIS €€€
(☎0522 36 21 12 ; Sidi Abderrahman, bd de la Corniche ; repas 500 Dh ; ⌚dîner). Localement promu comme le meilleur restaurant d'Afrique, cet établissement moderne et détendu, à 5 km de la ville, offre une cuisine exceptionnelle. Si les produits de la mer prédominent, vous pouvez choisir d'autres spécialités françaises, concoctées par le chef André Halbert.

Haute Pâtisserie Frédéric Cassel PÂTISSERIE €€
(8 bd Moulay Rachid, Anfa). Le dernier café branché d'Anfa sert d'alléchants petits-déjeuners et repas légers, des glaces et des gâteaux qui sont de véritables œuvres d'art.

Hédiard PÂTISSERIE €€
(résidence jardin d'Anfa, bd Lido rte Côterie, Aïn Diab). Très élégant et prisé de la jeunesse aisée, ce café propose une gamme de gâteaux somptueux, des repas légers et des sandwichs de traiteur (50-90 Dh).

FAIRE SES COURSES

Marché central MARCHÉ €
(carte p. 172). Si vous prévoyez un pique-nique sur la plage, rendez-vous au marché central, entre le boulevard Mohammed V et la rue Allah ben Abdellah. Outre le plaisir d'y flâner, il offre un grand choix de produits frais et abrite quelques bons traiteurs.

Où prendre un verre

Les nombreux cafés à la française du centre-ville sont essentiellement fréquentés par des hommes. Les bars, souvent peu reluisants, accueillent également une clientèle masculine (et des prostituées). Ceux des grands hôtels sont des endroits plus raffinés, surtout pour les femmes.

Café Alba CAFÉ €
(carte p. 172 ; 59-61 rue Indriss Lahrizi). De hauts plafonds, un élégant mobilier moderne,

CASABLANCA AVEC DES ENFANTS

Dans cette grande cité négligée, mieux vaut fuir le bruit et la circulation du centre-ville si vous voyagez avec des enfants. Préférez les plages et les clubs de plage d'**Aïn Diab**, où ils pourront profiter des piscines, des toboggans, des terrains de jeux et d'innombrables équipements. Si vous logez dans un hôtel le long du boulevard de la Corniche, vous disposerez sans doute d'une piscine et ne serez pas loin des distractions.

À l'ouest d'Aïn Diab, le quartier chic d'**Anfa** abrite l'énorme **Morocco Mall**, qui comprend un aquarium et un cinéma Imax en plus des nombreuses boutiques.

En ville, le **parc de la Ligue arabe** est le plus grand espace vert. Bon endroit pour jouer et gambader, il compte quelques cafés et le **parc d'attractions Yasmina** (carte p. 180 ; 150 Dh ; ⏲10h-19h), avec des manèges et une ambiance de fête foraine.

un éclairage subtil et une touche de "chic colonial" le distinguent des autres cafés traditionnels enfumés. Les femmes n'y sont pas importunées et peuvent s'y attarder pour observer l'animation.

Café maure de la Skala CAFÉ €
(bd des Almohades). Également fréquenté par les deux sexes, ce joli café se tient derrière la *skala* dans l'enceinte de la médina. Paisible tout au long de l'après-midi, le jardin fleuri est idéal pour siroter un café ou un délicieux jus de fruits.

Blue Parrot BAR
(248 bd Sour Jdid). À l'étage du Rick's Cafe (p. 179), ce bar de style caribéen, avec terrasse, offre une vue magnifique sur le port. Parfait pour un verre (et plaisant pour les femmes), il propose aussi des grillades de poisson et de viande (plats 75-160 Dh).

La Bodéga BAR À TAPAS
(carte p. 172 ; 129 rue Allah ben Abdellah). Branché, animé et fréquenté par des Casablancais aisés de tout âge, ce bar à tapas séduit par son ambiance joyeuse. La musique (de la salsa au raï) tend à couvrir le bruit des conversations, le rioja (vin espagnol) coule à flots et la piste de danse est bondée après 22h.

Petit Poucet BAR
(carte p. 172 ; angle bd Mohammed V et rue Mohammed el-Qory). Relique de la France des années 1920, ce bar discret, réservé aux hommes, constitue un legs authentique de la Casa coloniale, quand Saint-Exupéry venait y boire un verre entre deux vols à travers le Sahara. Remarquez les vieilles réclames d'époque.

Le Trica BAR
(carte p. 180 ; 5 rue el-Moutanabi, quartier Gauthier ; ⏲fermé déj sam-dim). Ce salon-bar sur deux niveaux, avec murs en brique et mobilier des années 1960, donne le pouls du Maroc d'aujourd'hui. Atmosphère turbulente et branchée en soirée, entretenue par la techno, les bières et les mojitos, et bien plus sage au déjeuner.

☆ Où sortir

Clubs et discothèques

Aïn Diab, la banlieue chic en bord de mer, est l'endroit où les Casablancais fortunés vont danser ou boire un dernier verre. Attendez-vous à payer au moins 150 Dh à l'entrée et autant pour les consommations. Des videurs filtrent l'accès et refoulent sans ménagement ceux qui n'ont pas le look voulu. Nombre de ces clubs accueillent de riches clients du Moyen-Orient (un prince saoudien possède un palais sur la Corniche), et des artistes égyptiens ou libanais.

Balcon 33 CLUB
(33 bd de la Corniche). Bar-restaurant de style cabaret, qui évoque Fellini.

Le Carré Rouge CLUB
(Hôtel Villa Blanca, bd de la Corniche ; ⏲23h30-4h). Pop ultramoderne.

VIP club CLUB
(rue des Dunes). Accueille volontiers les gays.

Le Village CLUB
(11 bd de la Corniche). Fait aussi preuve de tolérance envers les gays.

Armstrong Legend CLUB
(41 bd de la Corniche). Bondé à l'extrême et l'un des rares endroits à offrir de la musique funky live.

En dehors d'Aïn Diab, les discothèques des grands hôtels internationaux, dont celles mentionnées ci-dessous, constituent les seules possibilités. Des prostituées les fréquentent toutes, les hommes sont toujours censés payer les consommations et les femmes y seront immanquablement importunées.

Hôtel Transatlantique DISCOTHÈQUE D'HÔTEL
(carte p. 172 ; www.transatcasa.com ; 79 rue Chaouia). Le night-club un peu louche

est intéressant pour une soirée "couleur locale", quand les danseuses orientales aguichent les hommes afin qu'ils leur lancent de l'argent.

Sky 28 DISCOTHÈQUE D'HÔTEL
(Kenzi Tower Hotel, Twin Centre, Maarif). Cocktails et musique live sans originalité.

Caesar DISCOTHÈQUE D'HÔTEL
(carte p. 172 ; Hôtel Sheraton, 100 av. des FAR).

Black House DISCOTHÈQUE D'HÔTEL
(carte p. 172 ; Hôtel Hyatt Regency, pl. des Nations-Unies).

Théâtres

Complexe culturel Sidi Belyout THÉÂTRE
(carte p. 172 ; 28 rue Léon l'Africain ; spectacles 21h). Ce théâtre de 200 places propose des pièces (généralement en arabe) et, parfois, des récitals ou des spectacles de danse.

Les Abattoirs de Casablanca CENTRE CULTUREL
(0537 73 26 50 ; www.abattoirs-casablanca.net ; quartier Hay Mohammadi). Les abattoirs de la vieille ville, construits en 1922, ont été transformés en un imposant centre culturel, surnommé la Fabrique de Culture. Proche de la gare ferroviaire Casa-Voyageurs, le centre propose expositions, spectacles, représentations théâtrales, concerts et ateliers divers, de la création de masques au roller, dont certains pour les enfants. Consultez www.casa-pocket.com pour les derniers événements.

Cinémas

Megarama CINÉMA
(0522 79 88 88 ; www.megarama.info ; bd de la Corniche ; après-midi/soir 40/50 Dh). Cinéma le plus luxueux de la ville, cet immense multiplexe d'Aïn Diab comporte quatre salles confortables, généralement bondées.

Cinéma Lynx CINÉMA
(150 av. Mers Sultan ; orchestre/balcon/club 30/40/50 Dh). Spacieux, confortable et doté d'un excellent système de son, il constitue un bon choix près du centre-ville.

Cinéma Rialto CINÉMA
(carte p. 172 ; 0522 26 26 32 ; rue Mohammed el-Qory ; orchestre/balcon/club 30/40/50 Dh). Vaste cinéma Art déco classique, avec une seule salle.

Théâtre Imax CINÉMA
(Morocco Mall, rte Azemmour, Anfa). Presque achevé lors de notre passage, ce cinéma comptera 400 places.

Achats

Casablanca offre un bon choix d'artisanat traditionnel de tout le pays. Le quartier des Habbous (p. 171), au sud du centre, est l'endroit le plus plaisant pour faire ses emplettes ; les marchands ne se montrent pas trop pressants. Vérifiez la qualité et marchandez fermement.

Exposition nationale d'artisanat ART ET ARTISANAT
(carte p. 172 ; 0522 26 70 64 ; 3 av. Hassan II ; 8h30-12h30 et 14h30-20h). Un magasin d'artisanat de 3 étages, avec des prix fixes.

Disques GAM MUSIQUE
(carte p. 172 ; 0522 26 89 54 ; 99 rue Abderrahman Sehraoui). Une bonne sélection de musique traditionnelle arabe et berbère.

Renseignements

Accès Internet

EuroNet (51 rue Tata ; 10 Dh/h ; 8h30-23h)

G@.net (29 rue Abdelkader al-Moftaker ; 8 Dh/h ; 9h-24h). Très propre et moderne, avec des connexions rapides.

Gig@net (140 bd Mohammed Zerktouni ; 10 Dh/h ; 24h/24)

LGnet (81 bd Mohammed V ; 8 Dh/h ; 9h-24h)

Agences de voyages

Carlson Wagonlit (0522 20 30 51 ; www.carlsonwagonlit.com/en/countries/ma ; 60-62 rue Araibi Jilali). Chaîne internationale réputée.

Supratours (0522 24 81 72 ; www.supratourstravel.com ; gare ferroviaire Casa-Voyageurs). Billets de trains et de bus.

Voyages Wasteels (0522 54 10 10 ; www.wasteels.fr ; 26 rue Léon l'Africain). Une bonne adresse pour des billets ferroviaires intercontinentaux à petits prix.

Argent

Des banques – pour la plupart avec DAB et service de change – sont installées à chaque coin de rue dans le centre-ville.

BMCE (Hôtel Hyatt Regency, pl. des Nations-Unis ; 9h-21h). Pratique en soirée et le week-end.

Crédit du Maroc (48 bd Mohammed V). Très central, ce bureau change gratuitement les chèques de voyage American Express (Amex).

Voyages Schwartz (rue Prince Moulay Abdallah). Représentant Amex ; ne vend ni ne change les chèques de voyage.

Wafa Cash (15 rue Indriss Lahrizi ; 8h-20h lun-sam). Dispose d'un DAB et change les chèques de voyage.

Offices du tourisme

Malgré un personnel courtois, les offices du tourisme n'ont guère d'utilité. Consultez **Visit Casablanca** (www.visitcasablanca.ma) avant votre départ ou renseignez-vous auprès du réceptionniste de votre hôtel.

Toujours précieux, **Casa Pocket** (www.casa-pocket.com) répertorie les événements.

Office national marocain du tourisme (ONMT ; hors carte p. 172 ; ☎0522 27 95 33 ; 55 rue Omar Slaoui)

Syndicat d'initiative (carte p. 172 ; ☎0522 22 15 24 ; 98 bd Mohammed V)

Poste

FedEx (☎0522 54 12 12 ; 313 bd Mohammed V)

Poste de la médina (pl. Ahmed el-Bidaoui) Près de l'auberge de jeunesse.

Poste du marché central (angle bd Mohammed V et rue Chaouia)

Poste principale (angle bd de Paris et av. Hassan II)

Services médicaux

Polyclinique Atlas (carte p. 180 ; ☎0522 27 40 39 ; 27 rue Mohammed ben Ali, quartier Gauthier ; ⏲24h/24). Près de la rue Jean-Jaurès.

Urgences

Police (☎19 ; ⏲24h/24)

Pompiers/ambulance (☎15 ; ⏲24h/24)

Service d'aide médicale urgente (SAMU ; ☎0522 25 25 25 ; ⏲24h/24). Service privé d'ambulance.

SOS Médecins (☎0522 44 44 44, 0522 25 30 49 ; visite à domicile 400 Dh ; ⏲24h/24). Consultations à domicile.

Depuis/vers Casablanca

Avion

L'**aéroport international Mohammed V** (☎0522 53 90 40 ; www.onda.ma) se situe à 30 km au sud-est de la ville sur la route de Marrakech. Des vols réguliers desservent la plupart des pays d'Europe occidentale, l'Afrique de l'Ouest, l'Algérie, la Tunisie, l'Égypte, le Moyen-Orient et l'Amérique du Nord. Reportez-vous p. 509 pour une liste des compagnies aériennes qui offrent des vols depuis/vers Casablanca.

La grande majorité des vols intérieurs de Royal Air Maroc (RAM) font escale à Casablanca et vous pourrez rejoindre directement toute autre destination dans le pays. Regional Air Lines rallie une douzaine de villes marocaines, principalement sur la côte sud.

Bus

Moderne, bien organisée et dotée d'un café, la **gare routière CTM** (carte p. 172 ; ☎0522 54 10 10 ; www.ctm.ma ; 23 rue Léon l'Africain) avoisine l'avenue des FAR. Des bus de la CTM en partent quotidiennement. Quelques services de nuit :

DESTINATION	TARIF	DURÉE
Al-Hoceima	200 Dh	11 heures
Dakhla	530 Dh	28 heures
Er-Rachidia, via Tinerhir	190 Dh	14 heures
Nador	190 Dh	13 heures
Ouarzazate	170 Dh	7 heures 30
Oujda	190 Dh	11 heures
Taroudant	190 Dh	10 heures

La CTM propose également des bus internationaux pour l'Allemagne, la Belgique, l'Espagne, la France et l'Italie au départ de Casablanca (voir p. 512).

À 4 km au sud-est du centre et tout aussi moderne, la **gare routière Ouled Ziane** dessert la plupart des bus autres que CTM, dont certains rallient d'autres destinations. Un taxi jusqu'à la gare revient à 20 Dh environ ; vous pouvez aussi prendre les bus n[os]10 ou 36 dans le boulevard Mohammed V près du marché.

Sur la même route d'Ouled Ziane, à 3 km du centre-ville, la gare routière SAT offre des services nationaux et internationaux d'un standard similaire à celui de la CTM, vers moins de destinations et à des prix un peu moins élevés.

Taxi

Les grands taxis collectifs pour Rabat (30 Dh) et Fès (120 Dh) partent du boulevard Mohammed V, en face du vieil Hôtel Lincoln. Toutefois, le train est plus pratique et confortable.

Train

Si votre destination se trouve sur une ligne ferroviaire, le train est la meilleure manière de voyager. Sur les cinq gares ferroviaires de Casablanca, deux présentent un intérêt pour les voyageurs.

Tous les trains grande distance et ceux qui rallient l'aéroport international Mohammed V partent de la gare Casa-Voyageurs, à 4 km à l'est du centre-ville. Prenez le bus n°30 dans le boulevard Mohammed V (4 Dh) ou un taxi (15 Dh).

La **gare ferroviaire Casa-Port** (carte p. 172) se situe à quelques centaines de mètres au nord-est de la place des Nations-Unies. Plus pratique, elle n'offre que des trains à destination de Rabat (35 Dh, 1 heure, toutes les 30 min) et Kenitra (48 Dh, 1 heure 30, toutes les 30 min).

Quelques destinations :

Azemmour 31 Dh, 7/jour

El-Jadida 35 Dh, 1 heure 30, 7/jour

Fès 110 Dh, 3 heures 30-4 heures 30, 18/jour

Marrakech 90 Dh, 3 heures, 9/jour

Meknès 90 Dh, 3 heures 30, 18/jour

Nador 185 Dh, 11 heures, 5/jour

Oujda 205 Dh, 10 heures, 3/jour

Tanger 125 Dh, 5 heures, 8/jour

Voiture

Parmi les nombreuses agences de location de voitures, beaucoup possèdent un bureau dans l'avenue des FAR, le boulevard Mohammed V et à l'aéroport.

Avis Casablanca (carte p. 172 ; ☎0522 31 24 24 ; 19 av. des FAR) ; aéroport international Mohammed V (☎0522 53 90 72).

Budget Casablanca (carte p. 172 ; ☎0522 31 31 24 ; tour des Habbous, av. des FAR) ; aéroport international Mohammed V (☎0522 33 91 57).

Hertz Casablanca (carte p. 172 ; ☎0522 48 47 10 ; 25 rue el-Oraïbi Jilali) ; aéroport international Mohammed V (☎0522 53 91 81).

National Casablanca (carte p. 172 ; ☎0522 27 71 41 ; 12 rue el-Oraïbi Jilali) ; aéroport international Mohammed V (☎0522 53 97 16).

President Car (carte p. 172 ; ☎0522 26 07 90, 0661 21 03 94 ; presidentcar@menara.ma ; 27 rue el-Ghali Ahmed). Chaudement recommandée par les expatriés, une agence locale fiable avec des voitures bien entretenues et des tarifs très compétitifs. Les frères Bouayad, très serviables, peuvent livrer une voiture à l'aéroport ou à Marrakech sur demande. L'agence se tient près du boulevard Mohammed V.

Les parcmètres (2 Dh l'heure, 2 heures au maximum) fonctionnent de 8h à 12h et de 14h à 19h tous les jours, sauf le dimanche et les jours fériés. Ne pas payer expose à une amende ou à l'immobilisation du véhicule. Vous trouverez un parking surveillé à côté du cimetière britannique (20 Dh par jour/nuit) et un autre près de la rue Tata (5 Dh l'heure). Partout ailleurs, un "gardien" surveillera votre véhicule moyennant un pourboire (5 Dh habituellement).

ℹ Comment circuler

Depuis/vers l'aéroport

Le train constitue le moyen de transport le plus pratique entre l'aéroport international Mohammed V et Casablance (2e classe 40 Dh, 35 min). Confortables et sûrs, les trains partent toutes les heures de 6h à 22h et à minuit, au sous-sol du terminal 1 de l'aéroport. Vous pouvez aussi continuer jusqu'à Rabat (75 Dh) ou Kenitra (88 Dh) en changeant à Casa-Voyageurs ou à Aïn Sebaa.

De la gare de Casa-Voyageurs à l'aéroport, le premier train part à 4h40, puis toutes les heures de 6h07 à 22h07. D'autres trains partent de Casa-Port, avec un changement à Aïn Sebaa.

En grand taxi, comptez 300 Dh entre l'aéroport et le centre-ville, et parfois 350 Dh à des heures indues. Certains chauffeurs perçoivent des commissions en amenant des clients dans des hôtels.

BUS DE JOUR AU DÉPART DE CASABLANCA

DESTINATION	TARIF	DURÉE	FRÉQUENCE
Agadir	200 Dh	6 heures 30	6/jour
Chefchaouen	125 Dh	7 heures	1/jour
El-Jadida	40 Dh	2 heures	6/jour
Essaouira	145 Dh	6 heures	2/jour CTM ; 1/heure compagnies privées
Fès	100 Dh	4 heures	8/jour
Laâyoune	410 Dh	20 heures	2/jour
Marrakech	90 Dh	3 heures 30	8/jour
Meknès	90 Dh	3 heures 30	6/jour
Ouezzane	80 Dh	4 heures	1/jour
Tanger	145 Dh	5 heures 30	5/jour CTM ; départs réguliers compagnies privées
Taza	155 Dh	7 heures	4/jour
Tétouan	145 Dh	6 heures	5/jour

Bus

Si le réseau de bus locaux a été amélioré, à moins de voyager seul avec un budget très restreint, mieux vaut prendre un petit taxi. Le billet coûte 4 Dh et les bus font halte à des arrêts précis. Les lignes indiquées ci-dessous sont pratiques, mais les numéros et les itinéraires risquent de changer avec la mise en service du tramway.

BUS N°2 Du boulevard Mohammed V à la gare ferroviaire Casa-Voyageurs.

BUS N°4 Longe le boulevard de Paris puis l'avenue Lalla Yacout jusqu'à la nouvelle médina.

BUS N°9 Du boulevard d'Anfa à Aïn Diab et aux plages.

BUS N°10 De la place de la Concorde à la gare routière Ouled Ziane via le boulevard Mohammed V.

BUS N°11 De l'avenue des FAR à la gare routière.

BUS N°15 En direction du nord, de la place Oued al-Makhazine à la mosquée Hassan II.

Taxi

Peu chers, les petits taxis rouges de Casa sont plus rapides que les bus. Vous trouverez une station dans l'avenue des FAR et vous pouvez les héler n'importe où. Le prix minimal s'élève à 7 Dh ; comptez 15 Dh pour une course dans le centre-ville. La plupart des chauffeurs utilisent le compteur ; en cas de refus, prenez un autre taxi. Une majoration de 50% s'applique à partir de 20h. Prévoyez beaucoup de petites pièces et vérifiez la monnaie.

Tramway

Le système de tramway de Casablanca devrait fonctionner fin 2012.

RABAT الرباط

2,5 MILLIONS D'HABITANTS

Capitale politique et administrative du Maroc depuis l'indépendance en 1956, Rabat ne se présente pas comme destination touristique, bien que la ville soit un vrai joyau. Elle possède une superbe architecture coloniale, d'élégantes avenues bordées de palmiers et une ambiance tout aussi cosmopolite que sa grande voisine, sans la circulation frénétique. Si, pour les Casablancais, Rabat et ses bureaucrates incarnent l'ennui, il s'agit plutôt d'une nonchalance provinciale, agréable et policée.

Dans les rues et les souks, nulle trace des incessantes sollicitations, ce qui laisse le visiteur libre de musarder dans la médina et la casbah aux ruelles étroites, de faire halte dans les galeries d'art, et de profiter des vues sublimes sur l'océan.

La longue et riche histoire de la ville se découvre au gré de monuments des époques phénicienne, romaine, almohade et mérinide. Le pouvoir a parfois fluctué entre Rabat et Salé, la cité aux bâtisses chaulées sur l'autre rive de l'oued Bou Regreg, où le temps semble avoir suspendu son vol.

La capitale se distingue également par ses nombreux restaurants excellents. Si la vie nocturne n'égale pas celle de Casablanca, une balade en début d'après-midi dans les principales avenues du faubourg d'Agdal, où se rassemble la jeunesse branchée, ne manquera pas de vous divertir. Enfin, les plages plus au nord permettent d'échapper facilement à l'environnement urbain.

Le grand projet de relier Rabat et Salé en développant les berges des deux côtés du fleuve et en construisant des lignes de tramway entre les deux cités a été inauguré en mai 2011.

Histoire

Les plaines fertiles de l'arrière-pays attirèrent des colons dans la région dès le VIIIe siècle av. J.-C. Les Phéniciens et les Romains établirent des comptoirs marchands dans l'estuaire de l'oued Bou Regreg à Sala, l'actuelle Chellah. La colonie romaine de Sala Colonia perdura après la chute de l'Empire romain, puis devint le siège d'un royaume berbère indépendant. Les Zénètes (ou Zenata ; groupe de populations berbères) édifièrent un ribat, un monastère fortifié auquel la ville doit son nom, sur le site de l'actuelle casbah de Rabat. Tandis que la nouvelle ville de Salé, fondée au Xe siècle, commençait à prospérer sur la rive nord du fleuve, la cité de Chellah entama son déclin.

Au XIIe siècle, les Almohades érigèrent une casbah sur le site du ribat pour en faire la base arrière de leurs campagnes en Espagne, visant à restaurer la domination musulmane sur l'Andalousie. Sous Yacoub el-Mansour (le Victorieux), Rabat connut un bref âge d'or en tant que capitale impériale, Ribat el-Fatah (forteresse de la Victoire). El-Mansour fit édifier de longues murailles, percer la porte Bab Oudaïa dans les remparts de la casbah et entama la construction de la mosquée Hassan, qui devait être la plus grande de l'Ouest musulman, voire du monde islamique.

Sa mort en 1199 mit un terme à ce projet grandiose, laissant la grande mosquée Hassan inachevée. Peu après, la ville déclina pour ne retrouver son essor qu'à partir du XVIIe siècle.

À cette époque, l'arrivée de réfugiés musulmans fuyant l'Espagne s'accompagna de celle de renégats chrétiens, de pirates maures, de flibustiers et d'aventuriers de diverses nationalités qui vinrent grossir la population de Rabat et de Salé. Les deux cités devinrent un repaire de corsaires, qui créèrent même leur propre État, la république de Bou Regreg. Les corsaires s'aventurèrent jusqu'aux côtes nord-américaines pour s'emparer de l'or espagnol, et jusqu'en Cornouailles, dans le sud de l'Angleterre, afin de capturer des chrétiens qu'ils réduisaient en esclavage. Les premiers sultans alaouites tentèrent de réduire leurs pillages, mais aucun ne réussit à les contrôler et les corsaires continuèrent à attaquer les navires européens jusqu'à une période avancée du XIXe siècle.

Le sultan Mohammed ben Abdallah fit brièvement de Rabat sa capitale à la fin du XVIIIe siècle, puis la ville retomba bientôt dans l'oubli. En 1912, la France décida de transférer la capitale du protectorat de Fès à Rabat. Cité côtière, la nouvelle capitale était facile à ravitailler et à défendre, tout en étant à l'abri des intrigues politiques et de l'instabilité potentielle de Fès et de Marrakech. Depuis lors, Rabat demeure le siège du gouvernement et de la monarchie.

À voir

MÉDINA

Lors de l'arrivée des Français au début du XXe siècle, Rabat (carte p. 192) se résumait à la médina fortifiée, construite en damier au XVIIe siècle. Moins exotique que les médinas plus anciennes de l'arrière-pays, elle reste cependant séduisante avec d'innombrables échoppes d'épices, de tapis, d'artisanat, de chaussures bon marché et de DVD piratés. Flâner dans ses rues étroites est un plaisir, d'autant que les marchands ne se montrent pas insistants.

La rue Souika, la principale artère commerçante, est bordée de boutiques d'alimentation et d'épices à l'extrémité ouest, puis de magasins de tissus et d'argenterie vers l'est. Le **souk as-Sebbat** (souk des bijoutiers ; carte p. 192), spécialisé dans les bijoux en or, commence près de la rue Bab Chellah. La **Grande Mosquée** (carte p. 192), un édifice mérinide du XIVe siècle reconstruit, se dresse au bout de cette rue sur la droite.

En continuant après la rue des Consuls (appelée ainsi car des diplomates y résidaient jusqu'en 1912), vous arriverez au mellah (quartier juif), où un **marché aux puces** intéressant s'étire jusqu'à Bab el-Bhar et le fleuve. En suivant la rue des Consuls vers le nord, vous rejoindrez l'un des secteurs les plus intéressants de la médina, avec des boutiques d'artisanat et quelques majestueuses résidences diplomatiques. Après le **souk des tapis** (carte p. 188), la rue débouche sur une esplanade bordée de boutiques d'artisanat, l'ancien marché des esclaves à l'époque des pirates barbaresques. De là, vous pouvez grimper la colline jusqu'à la casbah.

EST DU CENTRE

Tour Hassan SITE HISTORIQUE

(carte p. 188). Dominant l'oued Bou Regreg et entourée de jardins soignés, la tour Hassan est le monument le plus connu de Rabat. L'ambitieux projet des Almohades devait aboutir à l'édification de la deuxième plus grande mosquée du monde après celle de Samarra en Irak, mais le sultan Yacoub el-Mansour mourut avant son achèvement. Le minaret, qui devait culminer à 60 m, n'atteignit que 44 m. La mosquée fut détruite par un séisme en 1755 et, aujourd'hui, seule une forêt de piliers brisés témoigne du projet grandiose d'Al-Mansour. La tour est construite selon le même plan que la Giralda de Séville et la Koutoubia de Marrakech.

Mausolée de Mohammed V MONUMENT

(carte p. 188 ; entrée libre ; ⌚aube-crépuscule). Près de la tour, ce mausolée en marbre de style marocain traditionnel abrite les dépouilles du père (Hassan II) et du grand-père du roi actuel. Malgré l'exubérance des zelliges et des stucs, il en émane une atmosphère de tranquillité. D'une galerie, les visiteurs peuvent voir les tombeaux en contrebas. Une tenue décente est exigée.

Chellah SITE HISTORIQUE

(carte p. 188 ; angle av. Yacoub al-Mansour et bd Moussa ibn Nassair ; 10 Dh ; ⌚9h-17h30). Délaissées, délabrées et envahies par la végétation, l'ancienne cité romaine de **Sala Colonia** et la nécropole mérinide de Chellah constituent l'un des sites les plus évocateurs de Rabat. Si les Phéniciens furent les premiers à s'établir sur les pentes herbeuses au-dessus du fleuve, la ville se développa quand les Romains la dominèrent vers l'an 40. Elle fut abandonnée en 1154 au profit de Salé, mais le sultan mérinide Abou el-Hassan Ali fit bâtir une nécropole sur le site romain au XIVe siècle et l'entoura de tours et de murailles, toujours debout.

Envahi d'arbres fruitiers et de fleurs sauvages, c'est un endroit plaisant où flâner. De l'entrée principale, un chemin bordé de

Rabat

0
1 km
A
B
C
D
E
F
G
1
2
3
4
Agrandissement
Plateforme du Sémaphore
11
4
3
Rue Jerrada
Casbah des Oudaïas
Rue Bazzo
Plage
18
1
Musée des Oudaïas
Bd Tariq al-Marsa
Jardins andalous
0
100 m
OCÉAN ATLANTIQUE
Voir l'agrandissement
13
7
9
Phare
Cimetière
6
10
17
Plage
20
2
Bd Tariq al-Marsa
SALÉ MÉDINA
Rue Bab Sebta
Av. Mohammed V
Gare ferroviaire
Plage
MELLAH
Place Hassan II
Av. Hassan II
SALÉ
Voir la carte Salé (p. 201)
Av. de Fès
Oued Bou Regreg
MÉDINA
Av. Mohammed V
OCÉAN
Bd Mokhtar Gazoulit
Av. Abdelkrim al-Khattabi
Av. al-Moukaouama
Place al Mellah
Av. Hassan II
Jardins Triangle de Vue
Rue al-Mansour-Dahbi
Place Melilia
VILLE NOUVELLE
Rue Abdel Moumen
Bd Arrabah
Tour Hassan
Mausolée de Mohammed V
23
27
Rue Idriss el-Azhar
Bd Abi Radraq
Vers l'hypermarché Marjane (50 m), le Magic Park (250 m), Salé (1,25 km) et l'aéroport (12 km)

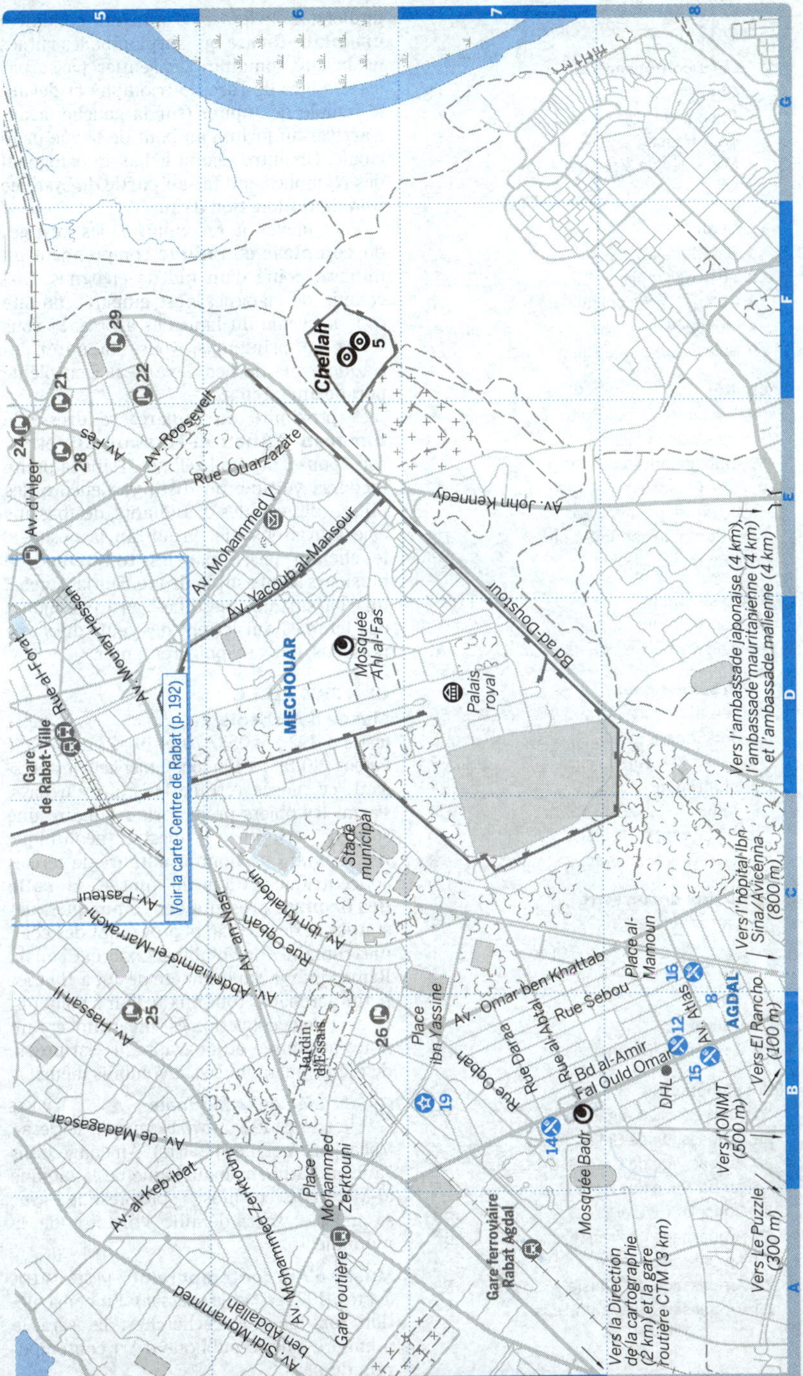
Gare de Rabat-Ville
Rue al-Forat
Av. Moulay Hassan
Av. d'Alger
24
28
21
Av. Fès
29
22
Av. Roosevelt
Rue Ouarzazate
Av. Mohammed V
Av. Yacoub al-Mansour
Chellah
5
Av. John Kennedy
Bd ad-Doustour
MECHOUAR
Mosquée Ahl al-Fas
Palais royal
Voir la carte Centre de Rabat (p. 192)
Av. Pasteur
Stade municipal
Av. Ibn Khaldoun
Rue Oqbah
Av. Abdelhamid el-Marrakchi
Av. an-Nasr
Av. Hassan II
25
26
Jardin d'Essais
Place Ibn Yassine
Av. Omar ben Khattab
Rue Sebou
Place al-Mamoun
16
Rue Oqbah
Rue Daraa
Rue al-Abtal
Bd al-Amir Fal Ould Omar
12
Av. Atlas
8
AGDAL
15
DHL
19
14
Mosquée Badr
Av. de Madagascar
Av. al-Keb ibat
Place Mohammed Zerktouni
Av. Mohammed Zerktouni
Gare routière
Av. Sidi Mohammed ben Abdallah
Gare ferroviaire Rabat Agdal
Vers la Direction de la cartographie (2 km) et la gare routière CTM (3 km)
Vers l'ONMT (500 m)
Vers Le Puzzle (300 m)
Vers El Rancho (100 m)
Vers l'hôpital Ibn Sina/Avicenna (800 m)
Vers l'ambassade japonaise (4 km), l'ambassade mauritanienne (4 km) et l'ambassade malienne (4 km)
A
B
C
D
E
F
G
5
6
7
8

Rabat

Les incontournables

Chellah ... F6
Casbah des Oudaïas ... A2
Tour Hassan ... F4
Mausolée de Mohammed V ... F4
Musée des Oudaïas ... A2

À voir

1 Bab Oudaïa ... A2
2 Souk des tapis ... D3
3 Galerie d'art Nouiga ... B1
4 Mosquée el-Atiqa ... A1
5 Sala Colonia ... F6

Activités

6 Center for Cross-Cultural Learning ... C3
7 Club nautique de la plage de Rabat ... C2
8 Institute for Language & Communication Studies ... B8
9 Oudayas Surf Club ... C2

Où se loger

10 Dar Al Batoul ... C3
11 Riad Kasbah ... A1

Où se restaurer

12 Bert's ... B8
13 Borj Eddar ... C2
14 Galapagos Café ... B7
15 L'Entrecôte ... B8
16 Paul ... C8
Restaurant de la Plage ... (voir 13)
17 Restaurant Dinarjat ... C3

Où prendre un verre

18 Café Maure ... B2

Où sortir

19 5th Avenue ... B7

Achats

20 Ensemble artisanal ... D3

Renseignements

21 Ambassade d'Algérie ... F5
22 Ambassade de Belgique ... F5
23 Ambassade de Grande-Bretagne ... E4
24 Ambassade des Pays-Bas ... E5
25 Consulat français ... B5
26 Ambassade de France ... B6
27 Ambassade d'Italie ... F4
28 Ambassade de Tunisie ... E5
29 Ambassade des États-Unis ... F5

figuiers, d'oliviers et d'orangers conduit à une **plate-forme** qui surplombe les ruines de la cité romaine. Un sentier passe par les vestiges de l'arc de triomphe et devant le temple de Jupiter (sur la gauche) avant d'arriver au forum, au bout de la rue principale. Un autre rejoint le bassin octogonal des Nymphes, qui faisait partie du système romain d'adduction d'eau.

Plus faciles à reconnaître, les vestiges du **complexe islamique** comprennent un minaret coiffé d'un nid de cigognes. Une colonie de cigognes s'est emparée du site et le surveille du haut des arbres. Si vous venez au printemps, vous entendrez les claquements de bec des oiseaux en pleine parade amoureuse.

À proximité du minaret se dresse le **tombeau d'Abou el-Hassan Ali** et de son épouse, orné de zelliges. Dans la petite médersa voisine, on distingue encore des piliers, des cellules d'étudiants, des bassins et le mihrab obstrué. En quittant la mosquée, le chemin passe par les **tombeaux** de plusieurs saints sur la droite. Sur la gauche, un "bassin aux anguilles" attire toujours des femmes qui jettent des œufs durs aux poissons, dans l'espoir d'enfanter.

CENTRE-VILLE

Musée d'Archéologie MUSÉE

(carte p. 192 ; ☎0537 70 19 19 ; 23 rue al-Brihi Parent ; 10 Dh ; 9h-16h30 mer-lun). Intéressant, ce musée retrace l'histoire du pays. Parmi les objets préhistoriques figure une superbe sculpture rupestre néolithique représentant un homme entouré de cercles concentriques. Clou du musée, la **salle des bronzes** présente des céramiques, des statues et des artefacts provenant des colonies romaines de Volubilis, Lixus et Chellah. Remarquez la superbe tête de Juba II et les petits acrobates, tous mis au jour à Volubilis. Le sort de la collection est incertain, car un nouveau musée ethnographique est prévu, de même qu'un musée, à Volubilis même.

GRATUIT **Musée de la Monnaie** MUSÉE

(carte p. 192 ; www.bkam.ma ; angle av. Mohammed V et rue Al-Qahira). Aménagé dans l'ancien bâtiment mauresque de la banque al-Maghrib, ce musée pittoresque, avec sa galerie d'art, détaille l'histoire de la monnaie.

Musée d'Art contemporain MUSÉE, GALERIE

(carte p. 192 ; av. Moulay Hassan). En construction lors de nos recherches, ce sera la première galerie publique d'Art contemporain du pays.

RABAT EN...

Un jour

Après un délicieux petit-déjeuner à la **Pâtisserie Majestic**, écumez les **librairies** de l'avenue Mohammed V, puis flânez dans la **médina** avant de vous offrir un excellent déjeuner au **Riad Oudaya.** Traversez le boulevard Tariq al-Marsa et entrez dans la **casbah des Oudaïas** par la Bab Oudaïa, une porte spectaculaire. Grimpez au sommet pour profiter de la vue magnifique, puis dirigez-vous vers la **Galerie d'art Nouiga**. Arrêtez-vous pour un thé au **Café Maure**, qui surplombe l'oued Bou Regreg, et prenez un taxi jusqu'au **musée d'Archéologie** pour admirer les fameux bronzes de Volubilis. Détendez-vous devant un verre à la terrasse de l'**Hôtel Balima**, avant de dîner à l'élégant **Grand Comptoir.**

Deux jours

Prenez le tramway jusqu'à **Salé** et régalez-vous d'un petit-déjeuner marocain dans un café de la **place Bab Khebaz.** Pénétrez dans la médina pour découvrir la superbe **Grande Mosquée et les zaouïas** (sanctuaires). Rejoignez le fleuve et traversez-le en bateau jusqu'à Rabat pour un déjeuner de poisson de **Borj Eddar** en contemplant l'océan. Prenez ensuite un taxi pour visiter la **tour Hassan** et le **mausolée de Mohammed V**. Un autre court trajet en taxi vous conduira au **Chellah**, idéal pour une promenade dans l'après-midi. Dînez à **L'Entrecôte**, dans le quartier chic d'Agdal, puis dansez toute la nuit à l'**Amnesia**.

Activités

Oudayas Surf Club SPORTS NAUTIQUES
(carte p. 188 ; ☎0537 26 06 83 ; plage des Oudaïas ; cours 1 heure 30 surfboard/bodyboard 250/180 Dh). Le roi Mohammed VI est un membre fondateur de ce club.

Club nautique de la plage de Rabat SPORTS NAUTIQUES
(carte p. 188 ; ☎0537 26 16 09 ; www.cnpr@menara.ma ; plage des Oudaïas). En dessous de la casbah, ce club offre des services similaires et loue des équipements.

Cours

De nombreuses écoles de langues proposent des sessions d'une année ; les suivantes offrent des cours de brève durée :

Center for Cross-Cultural Learning LANGUES
(CCCL ; carte p. 188 ; ☎0537 20 23 65 ; www.cccl-ma.com ; av. Laalou, 11 Zankat Hassani). Cours intensifs d'arabe moderne standard et marocain.

Institute for Leadership Communication Studies LANGUES
(carte p. 188 ; ☎0537 67 59 68 ; www.ilcs.ac.ma ; 29 rue Oukaimeden, Agdal). Cours intensifs ou particuliers d'arabe moderne standard et marocain, et d'amazigh.

Festivals

Rabat accueille chaque année plusieurs festivals et événements.

Festival Mawazine MUSIQUE LIVE
(www.mawazine.ma). En mai, ce festival attire des grands noms de la musique du monde.

Festival International de Rabat MUSIQUE LIVE, FILM
(www.rabatfilmfestival.org). Plus grand événement de l'année, ce festival se déroule durant deux semaines fin juin et début juillet et séduit d'innombrables amateurs de musique et passionnés de cinéma.

Où se loger

La plupart des bons hôtels de Rabat se regroupent dans la ville nouvelle, entre les avenues Mohammed V et Abderrahman. La médina et la casbah comptent de nombreux hébergements sommaires et bon marché, sans grand confort, et quelques riads (maisons de ville avec un jardin intérieur) haut de gamme. L'importance de la clientèle d'affaires explique la multiplicité d'hôtels de catégorie supérieure, notamment de toutes les grandes chaînes internationales.

VILLE NOUVELLE

Le Piétri Urban Hotel HÔTEL €€
(carte p. 192 ; ☎0537 70 78 20 ; www.lepietri.com ; 4 rue Tobrouk ; s/d 720/790 Dh ; ❄🛜). Hôtel de charme moderne et chic, récompensé par la Clef Verte pour ses pratiques durables, il se tient dans une rue tranquille d'un quartier central et résidentiel. Il offre 36 chambres spacieuses et bien équipées,

Centre de Rabat

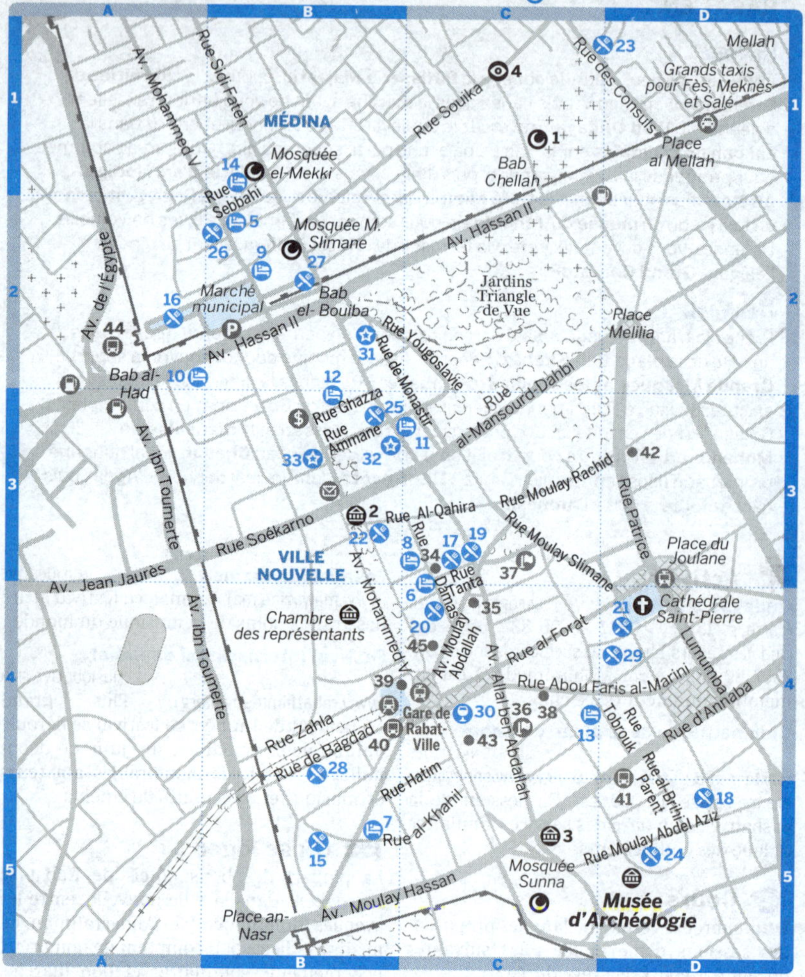

avec parquet et décorées de couleurs chaudes dans un style contemporain. Celles du 5e étage bénéficient d'immenses balcons. L'hôtel possède un excellent restaurant, Les Sessions du Piétri (voir p. 196).

Hôtel Balima HÔTEL €€

(carte p. 192 ; ☎0537 70 77 55 ; www.hotel-balima.net ; av. Mohammed V ; s/d avec petit-déj 543/716 Dh ; ❄). Si la grande dame des hôtels de Rabat montre son âge, ses chambres avec sdb, récemment rénovées, sont parfaitement tenues et jouissent d'une belle vue sur la ville. Le Balima comprend un restaurant correct et un night-club. La superbe terrasse ombragée, face à l'avenue Mohammed V, reste un lieu de rendez-vous prisé.

Hôtel Royal HÔTEL €€

(carte p. 192 ; ☎0537 72 11 71 ; www.mtds.com/royalhotel ; 1 rue Ammane ; s/d 528/748 Dh). Très central, le Royal propose des chambres très confortables et joliment rénovées, avec des meubles en bois, des matelas neufs et des sdb étincelantes. Celles du 4e étage, plus calmes et dotées d'une grande terrasse, donnent sur le parc et la ville. Le restaurant, au rez-de-chaussée, sert un bon petit-déjeuner.

Centre de Rabat

Les incontournables
Musée d'Archéologie D5

À voir
1 Grande Mosquée C1
2 Musée de la Monnaie B3
3 Musée d'Art contemporain C5
4 Souk as-Sebbat C1

Où se loger
5 Hôtel al-Maghrib al-Jadid B2
6 Hôtel Balima C3
7 Hôtel Bélère B5
8 Hôtel Central C3
9 Hôtel Dorhmi B2
10 Hôtel Majestic A2
11 Hôtel Royal C3
12 Hôtel Splendid B3
13 Le Piétri Urban Hotel C4
14 Riad Oudaya B1

Où se restaurer
15 Café Weimar B5
16 Marché aux fruits et légumes A2
17 La Dolce Vita C3
18 La Koutoubia D5
19 La Mamma C3
20 La Petit Beur – Dar Tajine C4
21 La Véranda D4
22 Le Grand Comptoir B3
23 Le Ziryab C1
Les Sessions du Piétri .... (voir 13)
24 L'R du Gout D5
25 Pâtisserie Majestic B3
26 Restaurant de la Libération B2
27 Restaurant el-Bahia B2
Riad Oudaya .... (voir 14)
28 Tajine wa Tanja B4
29 Ty Potes D4

Où prendre un verre
Cafétéria du 7ème Art .... (voir 32)
30 Henry's Bar C4
Hôtel Balima .... (voir 6)

Où sortir
31 Amnesia B2
32 Cinéma du 7ème Art B3
33 Cinéma Renaissance B3

Renseignements
34 CAP Tours C3
35 Carlson Wagonlit C4
36 Consulat général français C4
37 Ambassade d'Allemagne C3
Ambassade d'Espagne .... (voir 37)

Transports
38 Avis C4
39 Budget C4
40 40 Bus n°3 pour Agdal B4
41 Station de bus (nos 16 et 28) D4
42 Europcar D3
43 Hertz C4
44 Bus Intercity A2
45 Royal Air Maroc C4

Hôtel Central HÔTEL €
(carte p. 192 ; ☎0537 70 73 56 ; 2 rue Al-Basra ; s/d 100/150 Dh, avec sdb 150/200 Dh, douche chaude 10 Dh). Face à l'imposant Balima, en plein cœur de la ville, l'Hôtel Central dispose d'un bon choix de chambres sans prétention. Un peu défraîchi, il demeure accueillant et pratique en raison de son emplacement.

Hôtel Majestic HÔTEL €
(carte p. 192 ; ☎0537 72 29 97 ; www.hotelmajestic.ma ; 121 av. Hassan II ; s/d 284/348 Dh). Autre excellent choix, cet hôtel moderne, recommandé par des lecteurs, comporte des petites chambres aux meubles et équipements élégants, sans grand caractère. Elles peuvent être bruyantes malgré le double vitrage, aussi vaut-il mieux oublier la vue sur la médina et en choisir une à l'arrière.

Hôtel Bélère HÔTEL €€
(carte p. 192 ; ☎0537 20 33 01/2 ; www.belerehotels.com ; 33 av. Moulay Youssef ; s/d 677/888 Dh ;). Ce quatre-étoiles, un cran au-dessus de la concurrence, possède des petites chambres très confortables, non-fumeurs, agréablement décorées dans le style années 1970, ainsi qu'un bar-restaurant. Il se situe à proximité de la gare ferroviaire.

MÉDINA ET CASBAH

Riad Oudaya RIAD €€€
(carte p. 192 ; ☎0537 70 23 92 ; www.riadrabat.com ; 46 rue Sidi Fateh ; d/ste 1 300/1 650 Dh). Nichée dans une ruelle de la médina, cette superbe pension est un joyau caché. Les chambres, réparties autour d'une cour splendide, sont décorées dans le style marocain et équipées du confort occidental. L'éclairage subtil, les cheminées, les balcons

À NE PAS MANQUER

LA CASBAH DES OUDAÏAS

Perchée sur une falaise qui domine l'oued Bou Regreg et l'Atlantique, la **casbah** (carte p. 188) occupe l'emplacement du ribat d'origine, la partie la plus ancienne de la ville. Essentiellement résidentielle avec ses ruelles paisibles et ses maisons chaulées – construites pour la plupart par des réfugiés musulmans venus d'Espagne –, la casbah invite à la promenade. De nombreux étrangers, séduits par l'endroit, y achètent des maisons. Des "guides" proposent leurs services, totalement inutiles.

Bab Oudaïa, une porte almohade du XIIe siècle, est la plus belle entrée avec ses décorations élaborées et ses arches sculptées. Après la porte, la rue Jamaa, l'artère principale, traverse la casbah. À quelque 200 m sur la gauche, la **mosquée el-Atika** (carte p. 188), la plus vieille de Rabat, fut construite au XIIe siècle et restaurée au XVIIIe siècle. Quelques boutiques pour touristes et deux galeries d'art, dont la **galerie d'art Nouiga** (carte p. 188), jalonnent cette rue.

Au bout de la rue Jamaa, la **plateforme du Sémaphore** offre une vue panoramique sur l'estuaire et Salé. Cette situation élevée constituait une excellente défense contre les attaquants qui arrivaient par la mer et devaient louvoyer parmi les bancs de sable.

En quittant la plateforme, tournez à gauche dans la rue Bazzo, une ruelle sinueuse qui descend vers le populaire **Café Maure** (p. 197) et une entrée latérale des **Jardins andalous** (⌚aube-crépuscule). Créés par les Français pendant la période coloniale, ces jardins ombragés occupent le terrain du palais et incitent à s'attarder.

Le palais, un somptueux édifice du XVIIe siècle érigé par Moulay Ismaïl, abrite aujourd'hui le **musée des Oudaïas** (carte p. 188 ; 10 Dh ; ⌚9h-17h), le musée national des bijoux, qui possède une fascinante collection de joyaux préhistoriques, romains et musulmans découverts dans diverses régions du pays.

et le doux gargouillis de la fontaine dans la cour carrelée ajoutent au romantisme de l'endroit. Les repas, excellents, doivent se commander à l'avance (voir p. 196).

Hôtel Dorhmi HÔTEL €
(carte p. 192 ; ☎0537 72 38 98 ; 313 av. Mohammed V ; s/d/tr 80/130/195 Dh, douche chaude 10 Dh). Parfaitement entretenu, très accueillant et avantageux, le Dorhmi (ou Doghmi), tenu par une famille, est le meilleur des établissements bon marché de la médina. Les chambres, simples et lumineuses, entourent une cour centrale au 1er étage de la Banque Populaire. Bien qu'au cœur de l'animation, l'hôtel ne souffre pas du bruit.

Hôtel al-Maghrib al-Jadid HÔTEL €
(carte p. 192 ; ☎0537 73 22 07 ; 2 rue Sebbahi ; s/d 80/120 Dh, douche chaude 10 Dh). Petites et spartiates, les chambres sont d'une propreté irréprochable et bien éclairées par des fenêtres avec volets. Les murs peints en rose vif ajoutent au pittoresque de l'hôtel.

Hôtel Splendid HÔTEL €
(carte p. 192 ; ☎0537 72 32 83 ; 8 rue Ghazza ; s/d 125/160 Dh, avec sdb 190/230 Dh). Au cœur de la médina, les chambres vastes et claires, avec de hauts plafonds, de grandes fenêtres, des couleurs gaies et des meubles en bois, entourent une jolie cour. Elles s'accompagnent de sdb modernes ou d'un lavabo avec eau chaude.

Dar Al Batoul RIAD €€€
(carte p. 188 ; ☎0537 72 72 50, 0661 40 11 81 ; www.riadbatoul.com ; 7 Derb Jirari ; d/ste 870/1 400 Dh ; wifi). La grande demeure d'un négociant du XVIIIe siècle a été transformée en un somptueux hôtel, avec 8 chambres de style marocain traditionnel. Autour d'une jolie cour à colonnade, chacune est différente, ornée d'une superbe association de tissus, vitraux et carrelages.

Riad Kasbah RIAD €€
(carte p. 188 ; ☎0537 70 52 47 ; www.riadrabat.com ; 49 rue Zirara ; s/d 700/770 Dh). Au centre de la casbah, à l'écart de l'agitation urbaine, cette pension paisible, associée au Riad Oudaya, offre 5 chambres à la décoration plus sobre, réparties autour d'un jardin.

Où se restaurer

Rabat propose une palette complète de restaurants, des petites gargotes bon marché aux établissements gastronomiques qui accueillent les innombrables politiciens et diplomates de la capitale.

Dans l'avenue Mohammed V, juste après la porte de la médina, de nombreux petits restaurants servent tajines, brochettes, salades et frites à petits prix. Vous reconnaîtrez les meilleurs à la longueur de la file d'attente.

Autre bon endroit pour des repas rapides à prix doux, la rue Tanta, dans la ville nouvelle, abrite divers fast-foods de burgers, de brochettes, de pizzas ou de paninis.

VILLE NOUVELLE

Le Petit Beur – Dar Tajine LOCAL €€
(carte p. 192 ; ☎0537 73 13 22 ; 8 rue Damas ; plats 100 Dh ; ⌚déj et dîner lun-sam ;). Cet établissement modeste est réputé pour son excellente cuisine marocaine, des succulents tajines aux couscous divins et à la délicieuse pastilla, et sert de l'alcool. Plus calme à midi, il s'anime en soirée quand les serveurs se transforment en musiciens et jouent de l'oud pour accompagner votre repas. Réservez ou arrivez tôt.

La Véranda MÉDITERRANÉEN €€
(carte p. 192 ; ☎0674 84 12 44 ; Institut français, 1 rue Abou Inane ; plats 80-130 Dh ; ⌚déj et dîner lun-sam). Appartenant au propriétaire du Grand Comptoir, ce restaurant de style loft est installé dans une villa moderniste, agrémentée d'un jardin ombragé de palmiers, juste derrière l'église de l'Institut français. Parfait au déjeuner, il sert une bonne cuisine de bistrot franco-méditerranéen. La carte, inscrite sur un tableau noir, change régulièrement. Le personnel est jeune et branché.

Le Grand Comptoir FRANÇAIS €€€
(carte p. 192 ; ☎0537 20 15 14 ; www.legrandcomptoir.ma ; 279 av. Mohammed V ; plats 100-160 Dh ; ⌚déj et dîner ;). Chic et stylé, ce salon-bar et restaurant a le charme d'une brasserie parisienne et propose une carte typiquement française. Candélabres, palmiers géants et art contemporain ornent le grand salon, où un pianiste joue en sourdine. Optez pour le poisson frais, l'andouillette ou les rognons de veau. L'endroit est également idéal pour le petit-déjeuner, un café ou un apéritif.

Tajine wa Tanja LOCAL €€
(carte p. 192 ; ☎0537 72 97 97 ; 9 rue de Bagdad ; plats 80 Dh ; ⌚déj et dîner lun-sam ;). Des plats marocains simples constituent la spécialité de ce petit restaurant accueillant, proche de la gare routière. Faites votre choix parmi les diverses grillades cuites au feu de bois ou les tajines traditionnels, ou venez le vendredi pour le somptueux couscous. Paisible, l'établissement convient pour les femmes seules.

Pâtisserie Majestic PÂTISSERIE €
(carte p. 192 ; angle rue Ammane et av. Allal ben Abdallah). Excellente et très prisée, cette pâtisserie est parfaite pour un petit-déjeuner ou un gâteau et un délicieux café, en plein centre-ville.

Ty Potes MÉDITERRANÉEN €€
(carte p. 192 ; ☎0537 70 79 65 ; 11 rue Ghafsa ; menu 100 Dh ; ⌚déj mar-dim, dîner jeu-dim). Plaisant et accueillant, ce restaurant-salon de thé propose des crêpes sucrées et salées, des salades et des sandwichs. Apprécié des habitants aisés, et doté d'un petit jardin à l'arrière, il offre une ambiance européenne et fait le plein pour le brunch du dimanche.

La Mamma ITALIEN €€
(carte p. 192 ; ☎0537 70 73 29 ; 6 rue Tanta ; plats à partir de 80 Dh ; ⌚déj et dîner). S'il semble sombre de l'extérieur, ce restaurant, tenu par un Italien, est depuis longtemps réputé pour ses pâtes, ses pizzas et ses grillades

RABAT AVEC DES ENFANTS

Les souks détendus, la séduisante **casbah** et le vaste espace du **Chellah** font de Rabat une destination plaisante avec des enfants. Cependant, la ville offre peu de distractions destinées aux plus jeunes. Mieux vaut en sortir pour rejoindre la plage ou les **Jardins exotiques**.

D'une superficie de 52 ha, le **jardin zoologique de Rabat**, au nord-ouest de Temara, était en cours de rénovation lors de notre passage. Jadis négligé, avec des enclos en béton pour les animaux, il devrait plus ressembler à un parc lors de sa réouverture (prévue fin 2011), avec un aquarium, des safaris nocturnes et des activités pour les enfants ; les travaux sont partiellement financés par les Émirats.

Le **Poney Club de Rabat** (☎0537 66 63 63 ; www.poneyclubderabat.ifrance.com ; cours particulier 45 min 150 Dh), à l'ouest de la ville, propose des cours d'équitation et des animations pour les petits.

De l'autre côté de l'oued à Salé, le **Magic Park** (hors carte p. 201 ; ☎0535 88 59 90 ; rte N6 ; 10 Dh ; ⌚12h30-23h lun-ven, 16h30-23h sam-dim), doté de manèges et de cafés, promet un après-midi de loisirs.

au feu de bois. Une bonne carte de vins complète l'offre. Les poutres apparentes et les bougies sur les tables ajoutent une touche romantique des années 1970. Les femmes n'y sont pas importunées.

Café Weimar CAFÉ €
(carte p. 192 ; 7 rue Sana'a ; pizzas 80 Dh). La jeunesse branchée apprécie l'élégant café du Goethe Institut pour y savourer un gâteau et un café ou un déjeuner. Il propose un menu méditerranéen simple ainsi qu'un brunch le dimanche. Réservation conseillée (non acceptée le vendredi et le samedi).

La Koutoubia LOCAL €€
(carte p. 192 ; ☎0537 70 10 75 ; 10 rue Pierre Parent ; plats 80 Dh ; déj et dîner). Ce restaurant marocain à l'ancienne, orné de zelliges traditionnels et de panneaux peints, offre tous les classiques de la cuisine marocaine, dont les tajines et les couscous ; les spécialités longues à préparer, comme la pastilla au pigeon ou le méchoui, doivent se commander à l'avance. Bonne carte des vins.

L'R du Goût FRANÇAIS €€
(carte p. 192 ; ☎0537 76 06 10 ; 8 rue Moulay Abd el-Aziz ; menu déj 160 Dh ; déj et dîner). Tenu par de jeunes Français, ce grand restaurant possède une salle pittoresque, mélange de bistrot français et d'éléments marocains. La carte comporte des plats de brasserie traditionnels, tels le foie gras, les rognons de veau et le steak au poivre.

La Dolce Vita GLACIER €
(carte p. 192 ; 8 rue Tanta). À côté du restaurant italien La Mamma, de délicieuses glaces italiennes maison dans une dizaine de parfums.

MÉDINA ET CASBAH

Riad Oudaya LOCAL €€€
(carte p. 192 ; ☎0537 70 23 92 ; 46 rue Sidi Fateh ; menu déj/dîner 220/330 Dh). Ce charmant restaurant se cache derrière la porte en bois d'un somptueux riad, dans les profondeurs de la médina. Il propose des menus gastronomiques de 5 plats, comprenant notamment tajines, pastilla ou calamars farcis.

Restaurant el-Bahia LOCAL €
(carte p. 192 ; av. Hassan II ; plats 60 Dh ; déj et dîner). À l'extérieur des murs de la médina et idéal pour regarder l'animation, ce restaurant détendu est prisé des habitants pour ses plats copieux. Installez-vous en terrasse, dans la cour ombragée, ou à l'étage dans le salon traditionnel.

Restaurant Dinarjat LOCAL €€€
(carte p. 188 ; ☎0537 72 42 39 ; 6 rue Belgnaoui ; repas 300-400 Dh ; déj et dîner). Stylé et élégant, le Dinarjat séduit les habitants fortunés et les visiteurs. Il occupe une superbe maison de style andalou du XVIIe siècle au cœur de la médina, soigneusement restaurée et décorée dans un style contemporain tout en respectant les traditions. Le restaurant constitue un hymne à l'art de vivre arabo-andalou, avec sa somptueuse architecture, sa cuisine traditionnelle raffinée et l'oud en fond sonore. Les tajines, les couscous et les salades, préparés avec des ingrédients très frais et peu de matière grasse, sont étonnamment légers. Réservation conseillée.

Les Sessions du Piétri FUSION €€
(carte p. 192 ; ☎0537 70 91 30 ; Le Piétri Urban Hotel, 4 rue Tobrouk ; plats à partir de 80 Dh ; déj et dîner). Récemment rénové, ce restaurant est prisé des jeunes cadres qui viennent y prendre un verre en fin de journée et restent dîner. Des concerts ont lieu les mardi, vendredis et samedis. La carte éclectique propose des saveurs variées, du curry de poulet au steak et de la truite de l'Atlas aux moules, sans oublier la fondue au chocolat pour le dessert.

Le Ziryab LOCAL €€€
(carte p. 192 ; ☎0537 73 36 36 ; 10 Zankat Ennajar ; menu à partir de 400 Dh ; déj et dîner). Ce restaurant chic est installé dans un bâtiment splendide, près de la rue des Consuls. Le mélange de charme ancien et de design contemporain se reflète dans l'excellente carte, qui offre d'intéressantes variantes de tajine, couscous ou pastilla, ainsi que des viandes et des poissons grillés.

Restaurant de la Libération LOCAL €
(carte p. 192 ; 256 av. Mohammed V ; plats 60 Dh ; déj et dîner). Bon marché, chaleureux et un peu plus élégant que la rangée de gargotes qui borde la rue, ce restaurant simple (avec menus plastifiés et nappes) propose un choix régulier de plats classiques, tel le couscous le vendredi.

Borj Eddar POISSON €€
(carte p. 188 ; ☎0537 70 15 00 ; plats 120 Dh ; déj et dîner). Juste à l'extérieur de la casbah du côté plage, ce restaurant surplombe la mer et offre d'excellents poissons et fruits de mer. À côté, le **Restaurant de la Plage** possède une carte similaire et jouit de la même vue. Tous deux disposent d'une terrasse vitrée face à l'océan.

AGDAL

Bert's CAFÉ €€

(carte p. 188 ; ☎0802 00 07 07 ; angle av. de France et rue Melouya). Café très chic de ce quartier sélect, Bert's propose une carte saisonnière de salades et de sandwichs, des desserts exceptionnels et des jus de fruits frais. Livraison à domicile de 8h à 22h du lundi au samedi.

L'Entrecôte FRANÇAIS €€€

(carte p. 188 ; ☎0537 67 11 08 ; 74 bd al-Amir Fal Ould Omar ; plats 180 Dh ; ⏲déj et dîner). Si la cuisine et l'ambiance de ce restaurant haut de gamme sont très françaises, les boiseries sombres et le crépi évoque plutôt la Bavière. Viandes grillées, gibier et poisson prédominent sur la carte classique. En soirée, jazz ou musique espagnole traditionnelle réchauffent l'ambiance.

Paul MÉDITERRANÉEN €€

(carte p. 188 ; 2 av. al-Oumam al-Muttahida). Cette boulangerie-pâtisserie française sert de délicieux croissants, de bons sandwichs, des salades un peu défraîchies et un menu léger toute la journée. Asseyez-vous dans la salle élégante ou en terrasse, plaisante mais bruyante.

Galapagos Café CAFÉ €

(carte p. 188 ; 14 bd al-Amir Fal Ould Omar). Boiseries sombres, meubles contemporains et baies vitrées, ce café chic avec terrasse est prisé des jeunes cadres pour déguster une glace, une pizza ou un panini en regardant les passants.

FAIRE SES COURSES

La médina est le meilleur endroit pour acheter des provisions.

Marché de fruits et légumes MARCHÉ

(carte p. 192 ; av. Hassan II). Le marché couvert offre un choix infini de produits frais et de fruits secs. Vous trouverez tout ce dont vous avez besoin (y compris de l'alcool) sur ses étals, ou dans la rue Souika et près de Bab el-Bouiba.

Hypermarché Marjane SUPERMARCHÉ

(hors carte p. 188 ; ⏲7h-19h). Sur la route de Salé, ce grand supermarché vend des produits occidentaux.

Où prendre un verre

La plupart des bars de Rabat sont peu engageants pour les femmes. Les plus modernes et les plus fréquentés sont aussi les plus sûrs.

Café Maure CAFÉ

(carte p. 188 ; casbah des Oudaïas). Goûtez un moment de détente en contemplant l'estuaire jusqu'à Salé, dans ce café installé sur plusieurs terrasses dans les Jardins andalous. Sirotez un thé à la menthe, servi avec des biscuits aux amandes sur un plateau d'argent, tout en écrivant vos cartes postales. Une bonne adresse pour les femmes.

Cafétéria du 7ème Art CAFÉ

(carte p. 192 ; av. Allal ben Abdallah). Dans le jardin ombragé d'un cinéma, ce café en plein air séduit une clientèle d'étudiants et de cadres. L'ambiance est détendue et il sert des en-cas comme les pizzas et les paninis.

El Rancho BAR

(hors carte p. 188 ; ☎0667 33 00 30 ; 30 rue Mischliffen, Agdal). Dans ce bar-restaurant tex mex, une clientèle aisée vient dîner et boire un verre avant de sortir en boîte. L'atmosphère est survoltée le week-end, quand la world music passe à plein volume.

Le Puzzle BAR

(hors carte p. 188 ; ☎0537 67 00 30 ; 79 av. ibn Sina, Agdal ; ⏲fermé déj dim). Ce bar-restaurant branché d'Agdal, l'un des repaires favoris des citadins sophistiqués, marie curieusement style traditionnel et design contemporain. Le karaoké (mercredi et dimanche soir), la musique live (les autres soirs) et la bière à moitié prix lui valent une clientèle fidèle.

Hôtel Balima BAR

(carte p. 192 ; ☎0537 70 77 55 ; av. Mohammed V). Moins guindée que les bars huppés du centre-ville, la terrasse verdoyante du Balima offre une vue imprenable sur l'animation de la rue. C'est un endroit détendu, plaisant pour les femmes et agréablement frais les soirs d'été, où l'on vient pour voir et être vu. Bière servie uniquement sur la terrasse.

Henry's Bar BAR

(carte p. 192 ; pl. des Alaouites). Autour de la place des Alaouites, plusieurs bars à l'ancienne offrent une ambiance typiquement marocaine. Réservé aux hommes et prisé de longue date, Henry's est envahi d'un épais nuage de fumée et sert de l'alcool fort ; ouvert toute la journée, il ferme vers 22h.

Où sortir

La jeunesse, l'aisance et le niveau d'instruction d'une bonne partie de la population, ainsi que l'importante présence étrangère, expliquent le nombre de distractions qu'offre la ville. Vous en trouverez la liste dans les journaux en langue française.

Clubs et discothèques

Même si la vie nocturne est beaucoup plus limitée et sage qu'à Casablanca, Rabat possède un bon choix de discothèques. Si tous les grands hôtels en ont une, généralement assez standard, quelques clubs à thème font de louables efforts de décoration. Comptez environ 150-200 Dh pour l'entrée, autant pour les consommations, et soignez votre tenue afin d'être admis.

Amnesia DISCOTHÈQUE
(carte p. 192 ; 18 rue de Monastir). Boîte la plus en vogue du centre de Rabat, ce club de style américain (avec une arrière-salle de style "diner") est animé presque tous les soirs de la semaine et privilégie les succès internationaux, qui séduisent la jeune clientèle.

5th Avenue DISCOTHÈQUE
(carte p. 188 ; 5 rue Bin al-Widane, Agdal). Autre boîte sur le thème des États-Unis, celle-ci privilégie une vision marocaine de New York et offre un meilleur choix de musique, du hip-hop au raï et à la techno.

Cinéma

La plupart des films sont doublés en français, sauf s'il est indiqué qu'ils passent en version originale.

Cinéma Renaissance CINÉMA
(carte p. 192 ; 360 av. Mohammed V ; orchestre/balcon 40/50 Dh). Ce grand multiplexe dans l'artère principale passe les succès hollywoodiens.

Cinéma du 7ème Art CINÉMA
(carte p. 192 ; av. Allal ben Abdallah ; 35 Dh). Intéressant pour des productions locales et d'art et d'essai, il propose essentiellement des films marocains, moyen-orientaux et européens.

Achats

L'absence de pression de la part des commerçants constitue l'un des plaisirs de Rabat ; vous pouvez flâner paisiblement parmi les étals et vous n'avez pas besoin de marchander âprement. Les souks offrent toujours de l'artisanat de qualité, notamment rue des Consuls et alentour dans la médina, et dans le boulevard Tariq al-Marsa vers la casbah. Vous y trouverez de tout, bijoux, soieries, poteries, zelliges, meubles en bois sculpté, etc.

Le tissage est l'un des principaux artisanats de Rabat et privilégie le style islamique le plus formel (voir p. 461). Les mardis et jeudis matin, des femmes viennent des villages pour vendre leurs tapis aux commerçants dans le souk des tapis, près de la rue des Consuls ; les touristes ne sont pas autorisés à assister aux enchères.

L'**Ensemble artisanal** (carte p. 188 ; bd Tariq al-Marsa) vend un bon sélection d'artisanat à prix fixes. Pour des poteries, mieux vaut vous rendre au Complexe des potiers (p. 202) à Salé.

Renseignements

Accès Internet

Internet (rue Tanta ; 8 Dh/h ; ⏲9h-19h30). Près de La Mamma.

Agences de voyages

CAP Tours (carte p. 192 ; ☎0537 73 35 71 ; www.captours.ma ; 7 rue Damas). Une bonne adresse pour des vols bon marché vers des destinations africaines ; vend également des billets de bateau.

Carlson Wagonlit (carte p. 192 ; ☎0537 70 96 25 ; www.carlsonwagonlit.com ; 1 av. Moulay Abdallah)

Argent

De nombreuses banques (avec DAB), dont la Banque Populaire, bordent les avenues Mohammed V et Allal ben Abdallah, parallèles.

BMCE (av. Mohammed V).

Office du tourisme

Office national marocain du tourisme (ONMT ; hors carte p. 188 ; ☎0537 67 40 13 ; visitmorocco@onmt.org.ma ; angle rues Oued el-Makhazine et Zalaka, Agdal). Attendez-vous à des sourires et à des regards vides. Prenez le bus n°3 à la gare ferroviaire ou un taxi.

Poste

DHL (☎0537 77 99 34 ; av. de France, Agdal).

Poste principale (angle rue Soékarno et av. Mohammed V).

Services médicaux

Les pharmacies de la ville ouvrent la nuit et le week-end à tour de rôle. Consultez la liste en français, affichée sur la devanture de toutes les officines.

Hôpital Ibn Sina/Avicennes (Hors carte p. 188 ; ☎0537 67 28 71, urgences 0537 67 44 50 ; pl. Ibn Sina, Agdal)

Urgences

SAMU (☎0537 73 73 73). Service privé d'ambulances.

SOS Médecins (☎0537 20 21 23 ; visite à domicile 400 Dh ; ⏲24h/24). Consultations à domicile.

Depuis/vers Rabat

AVION Le petit aéroport de Rabat-Salé, à 10 km au nord-est de la ville, ne propose que des vols directs pour Paris avec **Royal Air Maroc** (RAM ; carte p. 192 ; ☎0537 70 97 66 ; www.royalairmaroc.com ; av. Mohammed V) et **Jet4You** (www.jet4you.

com). Un grand taxi jusqu'à l'aéroport revient à 250 Dh. Aucun bus ne le dessert.

BUS Rabat compte deux gares routières, la **gare routière** principale (carte p. 188 ; pl. Mohammed Zerktouni), d'où partent la plupart des bus, et la **gare CTM** (hors carte p. 188), moins chaotique, à 3 km au sud-ouest du centre sur la route de Casablanca. La gare principale possède une **consigne** (5 Dh/bagage/jour ; 6h-23h). Pour rejoindre le centre de l'une ou l'autre gare, prenez le bus n°30 (5 Dh), le tramway ou un petit taxi (30 Dh).En arrivant en bus du Nord, vous traverserez peut-être le centre de Rabat ; demandez au chauffeur s'il peut vous y déposer. Autrement, vous gagnerez du temps en descendant à Salé et en prenant le tramway jusqu'au centre de Rabat. Les bus desservent, entre autres, les destinations suivantes :

Agadir 220 Dh, 10 heures, 3/jour

Casablanca 35 Dh, 1 heure 30, 1/heure

Er-Rachidia 155 Dh, 10 heures, 1/jour

Fès 70 Dh, 3 heures 30, 9/jour

Laâyoune 420 Dh, 22 heures 30, 1/jour

Marrakech 130 Dh, 5 heures, 10/jour

Nador 155 Dh, 9 heures 30, 1/jour

Oujda 155 Dh, 9 heures 30, 1/jour

Tanger 100 Dh, 4 heures 30, 5/jour

Tétouan 100 Dh, 5 heures, 1/jour

Des services internationaux rallient Barcelone (1 220 Dh), Madrid (940 Dh) et Paris (1 380 Dh).

TAXI Des grands taxis partent pour Casablanca (40 Dh) devant la gare routière interurbaine. Les grands taxis pour Fès (60 Dh), Meknès (45 Dh) et Salé (5 Dh) stationnent derrière l'Hôtel Bou Regreg, près de l'avenue Hassan II.

TRAIN Le train constitue le moyen le plus pratique de rejoindre Rabat, car la toute nouvelle **gare ferroviaire de Rabat-Ville** (carte p. 192) se situe dans le centre-ville (à ne pas confondre avec la gare ferroviaire de Rabat-Agdal, à l'ouest de la ville). La gare abrite un espace de restauration, des agences Budget et Supratours et offre l'accès Wi-Fi.

Des trains circulent toutes les 30 minutes, de 6h à 22h30, entre les gares de Rabat-Ville et de Casa-Port (35 Dh) et Kenitra (15 Dh, 30 min). Si vous prenez le train pour l'aéroport Mohammed V (75 Dh, 1 heure 30) à Casablanca, vous devrez changer à Casa-Voyageurs ou à Aïn Sebaa.

Sur tous les trajets longue distance, il existe des services rapides et un train de nuit ordinaire (voir p. 520 les informations sur les classes des trains). Des services rapides de 2e classe desservent, entre autres, Fès (80 Dh, 3 heures, toutes les heures), Marrakech (120 Dh, 4 heures 30, 9/jour), Meknès (65 Dh, 2 heures), Oudja (180 Dh, 9 heures, 3/jour), Tanger (95 Dh, 4 heures, 8/jour) et Taza (111 Dh, 5 heures).

CARTES

Rabat est l'un des rares endroits au Maroc où vous pouvez obtenir des cartes topographiques du pays et des plans de villes. À la **Direction de la cartographie** (hors carte p. 188 ; 0537 23 08 30 ; www.ancfcc.gov.ma ; av. Hassan II Km 4 ; 9h-15h30), le personnel peut se montrer réticent pour vendre certaines cartes topographiques ; munissez-vous de votre passeport. Il faut en général les commander pour les récupérer 48 heures plus tard.

VOITURE Rabat compte de nombreuses agences locales de location de voitures ; la plupart d'entre elles offrent des tarifs moins élevés que les agences internationales.

Avis (carte p. 192 ; 0537 72 18 18 ; 7 rue Abou Faris al-Marini)

Budget (carte p. 192 ; 0530 20 05 20 ; gare ferroviaire Rabat-Ville, av. Mohammed V)

Europcar (carte p. 192 ; 0537 72 23 28 ; 25 rue Patrice Lumumba)

Hertz (carte p. 192 ; 0537 70 73 66 ; 467 av. Mohammed V)

Les restrictions de stationnement dans le centre-ville s'appliquent du lundi au samedi, de 8h à 12h et de 14h à 19h. Les parcmètres coûtent 3 Dh l'heure. Un parking pratique se tient près du croisement des avenues Hassan II et Mohammed V.

Comment circuler

BUS Quelques itinéraires de bus utiles (4 Dh) :

Bus nos 2 et 4 De l'avenue Moulay Hassan à Bab Zaer, pour Chellah.

Bus n°3 De la gare ferroviaire Rabat-Ville à Agdal.

Bus nos 12 et 13 De la place Melilla à Salé.

Bus nos 17 et 30 Des abords de Bab al-Had à la gare routière de Rabat, via la Direction de la cartographie ; le n°17 passe par le zoo et Témara Plage.

Bus n°33 De Bab al-Had à Témara Plage.

TAXI Les petits taxis bleus de Rabat sont nombreux, rapides et bon marché. Une course dans le centre-ville coûte de 15 à 20 Dh. Une station de petits taxis se tient près de l'entrée de la médina dans l'avenue Hassan II, et à la gare ferroviaire.

TRAMWAY Le tramway relie Rabat et Salé, avec des arrêts dans la ville. Un ticket coûte 7 Dh.

NORD DE RABAT

Salé سلا

500 000 HABITANTS

Toujours éloignée de sa vieille rivale animée sur l'autre rive de l'oued Bou Regreg, Salé est une paisible ville traditionnelle où le temps semble s'être arrêté. Tout cela va sans doute changer avec l'achèvement du projet colossal qui doit propulser la cité dans le XXIe siècle : un nouveau tramway, un nouveau pont et un nouveau complexe immobilier d'appartements et de galeries marchandes.

Le centre de Salé ressemble plutôt à un village traditionnel, avec ses ruelles étroites, les vieilles maisons de la médina et de superbes monuments. Au-delà s'étend une vaste cité-dortoir aux immeubles sans charme, où vivent les banlieusards qui travaillent à Rabat. Les habitants sont nettement plus conservateurs que dans la capitale, et le code vestimentaire bien plus strict.

Habitée depuis le Xe siècle, Salé s'agrandit à mesure que les habitants de l'antique Sala Colonia traversèrent le fleuve pour s'installer dans cette nouvelle cité. Au XIIe siècle, les Almohades prirent le contrôle de la région en mettant fin aux conflits locaux, et firent de Rabat la base de leurs expéditions contre l'Espagne.

Après une attaque de flibustiers espagnols en 1260, les Mérinides fortifièrent Salé en l'entourant de remparts et creusèrent un canal jusqu'à Bab Mrisa pour sécuriser l'accès des navires. La ville commença alors à prospérer et noua de profitables liens commerciaux avec Venise, Gênes, Londres et les Pays-Bas.

L'essor du commerce s'accompagna de celui de la piraterie et, au XVIe siècle, les deux villes s'enrichirent grâce aux activités des corsaires.

Au XIXe siècle, les pirates étaient enfin sous contrôle, Rabat était devenue la capitale du pays et Salé sombrait dans l'oubli.

À voir

Salé mérite une excursion d'une journée depuis Rabat. Bab Bou Haja, la principale porte de la médina, se situe dans le mur sud-ouest et donne sur la place Bab Khebaz. De là, marchez vers le nord jusqu'aux souks, puis rejoignez la Grande Mosquée, à 500 m au nord-ouest dans la rue Ras ash-Shajara (ou rue de la Grande Mosquée). Sinon, pour une approche plus directe, suivez la rue qui longe l'intérieur des remparts en passant par Bab Bou Haja et Bab Malka.

Grande Mosquée et médersa MOSQUÉE, MÉDERSA

Cœur de Salé la pieuse, la Grande Mosquée et la médersa comptent parmi les plus anciens édifices religieux du pays et constituent de superbes exemples de l'art mérinide. Elles furent construites en 1333 par le sultan almohade Abou el-Hassan Ali. Les non-musulmans n'ont pas accès à la mosquée, contrairement à la splendide **médersa** (10 Dh) transformée en musée. Semblable à celles de Fès et de Meknès, elle se compose d'une petite cour entourée d'une galerie. Les murs sont couverts de décorations élaborées, des zelliges à la base aux stucs et aux éléments en bois de cèdre finement ouvragés.

Des cellules d'étudiants entourent la galerie du dernier étage, d'où l'on peut grimper sur le toit pour admirer la vue sur Salé et Rabat. Le gardien qui vous guidera s'attend à un petit pourboire.

Sanctuaires BÂTIMENTS D'INTÉRÊT

La **zaouïa de Sidi Abdallah ibn Hassoun**, le saint patron de Salé, se dresse derrière la Grande Mosquée. Vénéré par les voyageurs (à l'instar de saint Christophe), ce soufi respecté mourut en 1604. Un pèlerinage a lieu chaque année en son honneur et une procession se déroule dans les rues de Salé la veille du Mouloud (anniversaire du Prophète). À cette occasion, des pêcheurs revêtent des costumes de corsaires, et d'autres portent des sculptures en cire et marchent en procession jusqu'au tombeau du marabout (saint de l'islam).

Salé compte deux autres sanctuaires : la **zaouïa de Sidi Ahmed at-Tijani**, dans la ruelle entre la mosquée et la médersa, et la blanche **koubba de Sidi ben Ashir at-Taleb**, dans le cimetière au nord-ouest de la mosquée.

Souks SOUKS

De la Grande Mosquée, revenez vers les souks par la rue Ras ash-Shajara, qui devient la rue Mellah el Kadim, bordée de maisons de marchands fortunés. Ombragé d'arbres et immuable depuis des siècles, le **souk el-Ghezel** (souk de la laine) mérite une halte pour voir la vieille balance suspendue à un grand trépied : on y pèse la laine brute tout en discutant de sa qualité et de son prix.

Non loin, le **souk el-Merzouk** produit et vend des tissus, des paniers et des bijoux, ainsi que les nattes tissées pour les mosquées qui ont fait la réputation de Salé. Moins intéressant pour les voyageurs, le **souk el-Kebir** propose des vêtements d'occasion et des ustensiles ménagers.

Où se loger et se restaurer

Depuis que le tramway a rendu Salé plus accessible, des pensions ouvrent dans la médina. D'innombrables petits cafés parsèment les souks et les rues alentour, ainsi que le quartier au sud de la place Bab Khebaz.

The Repose RIAD €€
(0537 88 29 58 ; www.therepose.com ; 17 Zankat Talaa, Ras Chejra ; ste 650-850 Dh ;). Cette maison de médina traditionnelle a été soigneusement rénovée pour abriter 4 chambres charmantes et différentes. Le toit-terrasse constitue un havre de paix privé. Les propriétaires vous renseigneront sur les circuits et les cours de cuisine. Ils servent des repas exclusivement végétariens.

Renseignements

Quelques banques jalonnent la rue Fondouk Abd el-Handi.

Perfect Computer (Bab al-Jedid ; 4 Dh/heure ; 9h-22h). Accès Internet.

Pharmacie (pl. Bab Khebaz)

Depuis/vers Salé

BUS La principale gare routière de Salé se situe à 1 km à l'est de la médina ; les bus en provenance de Rabat s'arrêtent aussi devant Bab Mrissa. À Rabat, prenez les bus n^os^12, 13, 14, 16 ou 34 (5 Dh) sur la place al-Mellah, près de l'avenue Hassan II, et descendez à Bab Khebaz. Au retour, prenez le bus à cet endroit.

TAXI Prenez un taxi à Rabat près de l'Hôtel Bou Regreg, dans l'avenue Hassan II, et demandez au chauffeur de vous déposer à Bab Bou Haja ou Bab Mrisa. De Salé, des taxis partent de Bab el-Jedid et de Bab Mrisa (4 Dh l'aller).

Salé

Les incontournables
Médersa B1

À voir
1 Grande Mosquée B1
2 Koubba de Sidi ben Ashir at-Tale A1
3 Souk el-Ghezel B2
4 Souk el-Kebir C2
5 Souk el-Merzouk B2
6 Zaouïa de Sidi Abdallah ibn Hassoun B1
7 Zaouïa de Sidi Ahmed at-Tijani B2

Où se loger
8 The Repose B1

Salé

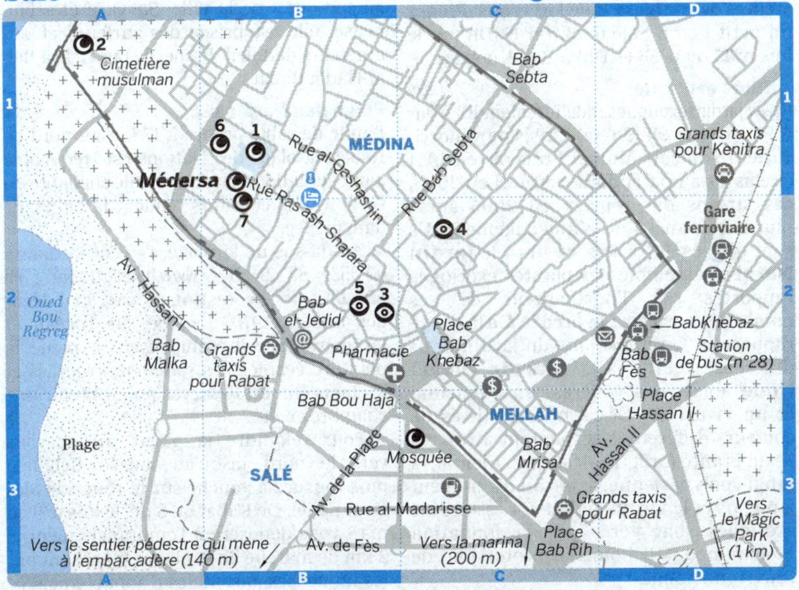

Sachez que les petits taxis ne sont pas autorisés à circuler entre Rabat et Salé. Les grands taxis pour Kenitra partent juste au nord de la gare ferroviaire (15 Dh).

TRAIN Des trains circulent depuis/vers Rabat, mais le tramway ou les grands taxis sont plus pratiques. Des trains desservent Kenitra au nord toutes les 30 minutes (15 Dh).

TRAMWAY Le tramway constitue le moyen de transport le plus pratique entre Rabat et Salé (7 Dh).

Environs de Rabat et Salé

Complexe des potiers — ART ET ARTISANAT

(Coopérative de potiers ; ⏲aube-crépuscule). Dans le village d'Oulja, à 3 km au sud-est de Salé, le Complexe des potiers produit une grande variété de céramiques. Les artisans travaillent à l'arrière du complexe et façonnent l'argile extraite des collines alentour (à gauche en arrivant) sur des tours actionnés au pied. Après avoir verni les pièces, ils les font cuire dans d'énormes fours, durant 15 heures, à une température de 900°C. Les poteries les plus rustiques sont cuites dans des fours alimentés avec des feuilles et des branches des forêts d'eucalyptus voisines, tandis que des fours à gaz sont utilisés pour les pièces plus fines afin de réduire l'impact sur l'environnement.

Le centre comprend un café et quelques ateliers de vanniers et de forgerons. Prenez un petit taxi à Salé (environ 18 Dh) ou le bus n°35 ou n°53 (4 Dh) à Bab Khebaz.

Jardins exotiques — JARDIN

(www.jardinsexotiques ; adulte/enfant 10/5 Dh ; ⏲9h-17h hiver, 9h-19h été). Créés par l'horticulteur français Marcel François en 1951 et classés au patrimoine naturel en 2003, ces jardins ont rouvert en 2005 après plusieurs années de réaménagement. Ils sont divisés en trois secteurs : le **jardin Nature** rassemble des plantes exotiques rapportés par l'horticulteur de ses nombreux voyages ; le **jardin Culture** se rapporte à la philosophie du jardin dans différentes cultures ; le **jardin Didactique** abrite des volières, un aquarium et un vivarium. Des sentiers balisés de couleurs différentes serpentent à travers l'exubérante forêt tropicale brésilienne, la jungle polynésienne, le jardin d'agrément japonais et le jardin andalou. Les Jardins exotiques sont gérés par la fondation Mohammed VI pour la protection de l'environnement.

Paisibles le week-end, les jardins séduiront les enfants. Ils se situent à 13 km au nord de Rabat sur la route de Kenitra. Prenez le bus n°28 dans l'avenue Moulay Hassan à Rabat, ou à Bab Fès, la porte principale de la médina de Salé.

Musée Belghazi — MUSÉE

(☎0537 82 21 78 ; www.museebelghazi.com ; collection principale 50 Dh, salles privées sur réservation 100 Dh ; ⏲9h-19h30). Le premier musée du Maroc possède une vaste collection d'art et d'artisanat andalous, juifs marocains et islamiques, rassemblée par la famille Belghazi.

Parmi les pièces exposées figurent des instruments de mesure (l'un des premiers ancêtres de la famille Belghazi était astrologue à la cour Karaouine à Fès), des tapis du XVIIe siècle, des minbars (chaires de mosquée) en bois délicatement sculpté, des portes et des plafonds du Xe siècle, des bijoux en or et en argent finement ouvragés, des poteries et des broderies exceptionnelles de Fès, et des copies miniatures du Coran. Le musée comporte une boutique de souvenirs et un restaurant.

Il se situe à 17 km de Salé sur la route de Kenitra. Prenez le bus n°28 dans l'avenue Moulay Hassan à Rabat ou à la porte principale de la médina de Salé.

Témara Plage — PLAGE

De très belles plages s'étendent à proximité de Rabat, comme celle de Témara, à 13 km au sud-ouest de la ville. Sauvage et sabloneuse, elle est prisée des surfeurs et des amateurs de soleil. Prenez le bus n°17 à Bab al-Had à Rabat.

Plage des Nations — PLAGE

Bande de sable propre à 17 km au nord de Rabat, la plage des Nations est fréquentée par les citadins. Si la forte houle enchante les surfeurs, les courants rendent la baignade dangereuse.

Au-dessus de la plage, l'**Hôtel Firdaous** (☎0537 82 21 31 ; www.hotelfird.com ; ch 600 Dh ; ▣) se distingue par son décor des années 1970. La vue sur l'océan et les nouvelles sdb compensent à peine la peinture écaillée, les radiateurs rouillés et les tapis élimés. Réservez pour obtenir une chambre en été.

Pour rejoindre la plage, dirigez-vous vers le nord jusqu'au musée Belghazi puis tournez à gauche sur la route de Sidi Bouknadel. De Rabat ou Salé, le bus n°9 ou n°48 vous déposera à l'embranchement, à 2 km de marche de la plage en passant par les immenses ensembles d'appartements.

Plage de Mehdiya PLAGE

Plus au nord, à 50 km de Rabat, une autre plage est bordée de résidences de vacances et de bars, mais les courants y sont également dangereux pour les nageurs. Très fréquentée en été, elle est déserte le reste de l'année. Des trains circulent régulièrement de Rabat à Kenitra, où vous pouvez prendre le bus n°9 ou n°15 jusqu'à Mehdiya. Ces deux bus (6 Dh) et des grands taxis (10 Dh) partent de l'angle de la rue du Souk el-Baladia et de l'avenue Mohammed Diouri à Kenitra.

Lac de Sidi Bourhaba RÉSERVE NATURELLE

À l'intérieur des terres derrière Mehdiya, le superbe lac d'eau douce de Sidi Bourhaba fait partie d'une réserve protégée de marécages. Escale pour des milliers d'oiseaux migrateurs entre l'Europe et l'Afrique subsaharienne, c'est l'un des sites les plus propices à leur observation, particulièrement d'octobre à mars. L'endroit est idéal pour la promenade, grâce à des chemins bien entretenus dans les collines boisées alentour.

Plus de 200 espèces d'oiseaux y ont été répertoriées et nombre d'entre elles, dont des espèces rares ou en voie de disparition, y viennent hiverner ou nidifier. Le lac est l'un des derniers sites au monde où l'on peut observer un grand nombre de sarcelles marbrées (reconnaissables aux taches sombres autour des yeux). Parmi les aures oiseaux figurent des hibous du Cap (que l'on observe souvent au crépuscule), des foulques à crête, des élanions d'Australie et des flamants roses.

Sur la rive nord, le **centre d'information** (☎0537 74 72 09 ; ⌚12h-16h sam-dim) vous renseignera, mais il ouvre selon des horaires limités.

Pour rejoindre le lac, suivez les panneaux depuis la route de Mehdiya Plage, 300 m après le café-restaurant Belle Vue. À pied, le lac se situe à 3,3 km de l'embranchement.

Moulay Bousselham مولاي بوسلهام

Le ravissant village de pêcheurs de Moulay Bousselham est un lieu paisible, protégé par les sanctuaires de deux saints locaux. Cependant, il se développe lentement depuis que des retraités européens y achètent des maisons. Il comprend une longue plage (déserte presque toute l'année), de bons restaurants de poisson, une réserve ornithologique de réputation internationale et une population accueillante. Sauf en été, c'est l'endroit idéal pour passer quelques jours à observer les oiseaux, pêcher, ou se promener le long de la plage. Les vagues séduisent les surfeurs, mais les courants rendent la baignade dangereuse. Pendant les mois d'été, le village se transforme en station balnéaire et la population passe de 1 000 à 65 000 âmes.

Moulay Bousselham doit son nom à un saint égyptien du Xe siècle, commémoré dans l'un des koubba (sanctuaires) sur la pente qui dévale vers la mer, et garde l'embouchure du fleuve. Des Marocains souffrant de problèmes psychologiques se font enfermer dans le tombeau pendant 24 heures pour se soigner. De l'autre côté du fleuve, le sanctuaire de Sidi Abd el-Galil est réputé guérir les femmes stériles. L'artère principale du village regroupe tous les services, dont une banque, une poste, une pharmacie et quelques cybercafés (8 Dh l'heure). Aucun établissement ne vend de l'alcool.

À voir et à faire

Parc national de Merja Zerga PARC NATIONAL

L'un des grands plaisirs de Moulay Bousselham, même pour les moins férus d'ornithologie, consiste à se promener en bateau sur la Merja Zerga (Lagune bleue), de préférence avec un guide ornithologue qui vous fera découvrir toutes ses merveilles. Le parc national de Merja Zerga, d'une superficie de 73 km^2 (4 km^2 d'eau, le reste de marais), est protégé par la convention de Ramsar et attire des milliers d'oiseaux migrateurs, dont d'innombrables oiseaux aquatiques,échassiers et flamants, ce qui en fait l'un des principaux sites d'observation ornithologique du pays. Selon la marée, la profondeur de la lagune varie de 50 cm à 4 m ; l'eau provient à 90% de l'océan et à 10% de l'oued Dredr, au sud de la lagune. Lors de nos recherches, le nouvel office du tourisme n'avait pas encore ouvert.

Si les plus grandes volées arrivent en décembre et janvier, vous verrez des hérons, des flamants, des ibis, des spatules blanches, des pluviers et des aigrettes jusqu'en mars ou avril, et une centaine d'espèces tout au long de l'année. La lagune accueille également des goélands railleurs et d'Audouin, et des hiboux du Cap. Le tadorne de Belon, la sarcelle d'hiver et l'hirondelle de mer font de fréquentes apparitions, de même que le busard des roseaux et le faucon pèlerin.

Des six villages qui entourent la lagune, quatre vivent de l'agriculture et deux de la pêche – les hommes pêchent dans la lagune et l'océan tandis que les femmes ramassent des coquillages.

La plupart des pêcheurs promènent les touristes sur la lagune en complément de leur activité. Les excursions en bateau avec des bateliers locaux, qui ont l'expérience des circuits guidées, s'organisent facilement : il suffit de se promener sur la petite plage où sont amarrés les bateaux. Comptez environ 100 Dh l'heure pour le bateau. Le seul guide officiellement reconnu (et de loin le meilleur) est **Hassan Dalil** (☎0668 43 41 10 ; guide demi-journée 200 Dh, plus bateau à moteur 100 Dh/h) ; appelez-le ou adressez-vous au Café Milano (sur la route principale menant au bourg), qui conserve le registre de l'observation des oiseaux. Évitez de demander à d'autres villageois car certains se font passer pour Hassan. Le Villanora programme également des excursions. Les bateliers peuvent aussi proposer des sorties de pêche (100 Dh/ heure, matériel compris).

Les passionnés d'oiseaux pourront explorer **Merja Khaloufa**, un joli lac du parc national à quelque 8 km à l'est de Moulay Bousselham, où se regroupent divers oiseaux aquatiques en hiver.

Où se loger et se restaurer

Le sympathique propriétaire du restaurant l'Océan peut vous aider à trouver **une maison de location** (sept-mai 500 Dh, juin-août 700-1 000 Dh) qui accueille jusqu'à 6 personnes. Ces maisons se remplissent vite en été, aussi vaut-il mieux réserver tôt.

Villanora B&B €€
(☎0537 43 20 71, 0664 87 20 08 ; http://villanoramorocco.ifrance.com ; s/d avec petit-déj 300/400 Dh, avec vue mer 400/500 Dh ; 📶). Maison de vacances d'une famille anglaise tombée amoureuse de ce coin paisible, ce B&B est perché sur une haute dune face à l'océan. Il est géré par Mohammed, un ami de la famille, et ne compte que quelques chambre douillettes (certaines avec sdb commune), bercées par le bruit des vagues. Le petit-déjeuner est servi sur la terrasse et on peut commander un dîner à l'avance : demandez du poisson. Le Villanora se tient au nord du village, à 2 km de l'artère principale, et il est essentiel de réserver. Mohammed peut organiser des excursions en bateau sur la lagune. La famille vient d'ouvrir la **Farm Nora** (☎0537 43 20 71, 0664 87 20 08 ; http://villanoramorocco.ifrance.com ; s/d 300/400 Dh), le seul hébergement du lac voisin de Merja Bargha, parfait pour l'observation des oiseaux.

Hôtel Le Lagon HÔTEL €
(☎0537 43 26 50 ; fax 0537 43 26 49 ; d 300 Dh ; 🏊). Le superbe emplacement en surplomb de la lagune constitue le principal atout de cet hôtel défraîchi des années 1970. Bien que récemment repeintes, les grandes chambres propres ont bien besoin d'une rénovation. La vaste terrasse est plaisante et le restaurant, médiocre. La piscine et la discothèque n'ouvrent qu'en juillet et août.

La Maison des Oiseaux B&B €€
(☎0537 43 25 43, 061 301067 ; http://moulay.bousselham.free.fr ; demi-pension 350 Dh/ pers). Autre pension accueillante dans un charmant jardin, elle offre 9 jolies chambres de style traditionnel, ainsi qu'une salle de séminaire à l'étage pour les groupes scolaires de passage. Elle organise des excursions d'observation des oiseaux de 2 heures 30 pour 200 à 300 Dh. Elle se cache dans un labyrinthe de sentiers sablonneux, sur la gauche en arrivant au village. Demandez votre chemin ou appelez pour qu'on vous l'indique.

Camping Caravaning International CAMPING €
(☎0537 43 24 77 ; www.atlantisgatemb@yahoo.fr ; tente/camping/voiture 2 pers 60/70/30 Dh, 13 Dh/pers supp ; 🏊). Un excellent camping superbement situé, ouvert toute l'année.

Restaurant l'Océan RESTAURANT
(☎0678 31 09 54, 0669 43 42 45 ; plats 50 Dh ; 🕒déj et dîner). Le long de la route qui mène au front de mer, des cafés et des restaurants servent du poisson grillé et des tajines. Celui-ci, avec terrasse et salle à manger, compte parmi les meilleurs et propose de succulents poissons, couscous, tajines et paellas.

Depuis/vers Moulay Bousselham

Moulay Bousselham se situe à environ 40 km au sud de Larache. En transports publics, rejoignez d'abord la bourgade de Souk el-Arba du Rharb, puis prenez l'un des grands taxis (20 Dh, 45 min) fréquents ou l'un des rares bus (12 Dh, 45 min) pour Moulay Bousselham. Des grands taxis rallient également Souk el-Arba du Rharb de Kenitra ou de Larache (35 Dh, 1 heure) et de Rabat (40 Dh, 1 heure 30). Souk el-Arba du Rharb possède aussi une gare ferroviaire, avec des trains quotidiens dans les deux sens. Le Villanora peut vous réserver un taxi privé de Larache à Moulay Bousselham (150 Dh, 1 heure).

Larache العرائش

Comme les autres villes de cette partie de la côte, Larache somnole presque toute l'année et s'anime en été, avec l'afflux des vacanciers marocains. Cette ville charmante reste largement ignorée des touristes étrangers, malgré la belle architecture espagnole de la ville nouvelle, notamment autour de la place de la Libération (ancienne Plaza de España), et l'attrait de la petite médina décrépite. Au nord du fleuve Loukos, à la lisière de la ville, s'étendent les ruines envahies par la végétation de Lixus, le site légendaire du jardin des Hespérides.

Larache fut occupée par les Espagnols pendant la majeure partie du XVIIe siècle. Les activités portuaires étaient alors limitées en raison de dangereux bancs de sable au large, et les habitants construisaient des bateaux pour les corsaires, installés plus au sud. Larache devint cependant le principal port du protectorat espagnol en 1911. Les maisons chaulées aux portes bleues, l'église, le marché, les hôtels et les bars témoignent encore de la forte influence espagnole. Aussi pittoresque qu'Asilah, Larache demeure bien moins touristique, à l'abri de toute agitation.

Tous les habitants semblent sortir pour le *paseo* (promenade du soir) dans le centre-ville. Ils s'installent dans les cafés et les restaurants pour boire un café, jouer aux cartes ou parler des derniers événements puis, vers 22h, les rues sont de nouveau désertes.

L'écrivain Jean Genet adorait la baie de Larache. Il est enterré ici.

À voir

Vieille ville — SITE HISTORIQUE

Perchées sur une falaise qui domine l'océan, les ruines de la **casbah** (Qebibat), une forteresse édifiée par les Portugais au XVIe siècle, sont en piteux état et fermées au public. De là, dirigez-vous vers le sud jusqu'à la vieille **médina** pavée en passant par **Bab al-Khemis**, une grande arche hispano-mauresque sur la place de la Libération. Elle débouche sur une place à colonnades animée, le **Zoco de la Alcaiceria**, construit par les Espagnols durant leur première occupation de Larache au XVIIe siècle. Le Musée archéologique était fermé lors de notre passage.

Casbah de la Cigogne — MONUMENT

Au sud de la place en venant de la médina, cette forteresse du XVIIe siècle fut érigée par les Espagnols sous le règne de Philippe III d'Espagne. Elle n'est malheureusement pas ouverte au public.

Tombe de Jean Genet — MONUMENT

Dans le vieux cimetière espagnol, à l'ouest de la ville, repose Jean Genet (1910-1986). Si le portail est fermé, sonnez à droite. Le gardien vous ouvrira et vous montrera la tombe contre un petit pourboire.

Galerie Afnar — GALERIE D'ART

(www.lafnargalerie.blogspot.com ; 58 Assadr Alaadam ; ⌚10h-14h et 16h-21h). Cette galerie, installée dans un ancien fondouk à blé, présente d'intéressantes œuvres locales. À l'extérieur, une plaque indique que c'était la maison d'Abu al-Walid ibn Ruchd (ou Averroès), le célèbre philosophe andalou qui vécut de 1126 à 1198.

Conservatoire de musique — BÂTIMENT D'INTÉRÊT

Sur la place, au nord-est de la casbah de la Cigogne et en face du Musée archéologique, un grand bâtiment superbement décoré possède son propre minaret. Il abrite aujourd'hui le conservatoire de musique et mérite le coup d'œil.

Plages — PLAGE

Une petite bande de sable s'étend en contrebas de la ville, mais la plage la plus plaisante se situe à 7 km au nord, de l'autre côté de l'estuaire du Loukos ; elle abrite un immense complexe balnéaire, Port Lixus, avec un golf, plusieurs hôtels, des villas et une luxueuse marina. Prenez le bus n°4 (5 Dh, toutes les heures juin-août). Hors saison, le bus n°5 vous dépose à l'embranchement juste avant Lixus (5 Dh), à 3 km de marche de la plage. Les deux bus partent en face de la casbah de la Cigogne.

Où se loger

Larache offre un choix limité d'hébergements corrects, pour la plupart dans les rues au sud de la place de la Libération.

♥ La Maison Haute — RIAD €€

(☎0665 34 48 88 ; www.lamaisonhaute.com ; 6 Derb ben Thami ; ch 440-550 Dh, app 700-924 Dh). Hébergement le plus séduisant de Larache, cette maison hispano-mauresque superbement restaurée se situe dans la médina et compte 6 chambres charmantes avec des sdb modernes. Le décor éclectique, les couleurs vives, les vitraux et les carrelages espagnols lui donnent une ambiance simple et chaleureuse. Le toit-terrasse, idéal pour lire ou bronzer, offre une vue fabuleuse sur l'océan et la place du marché. Dîner sur demande.

Larache

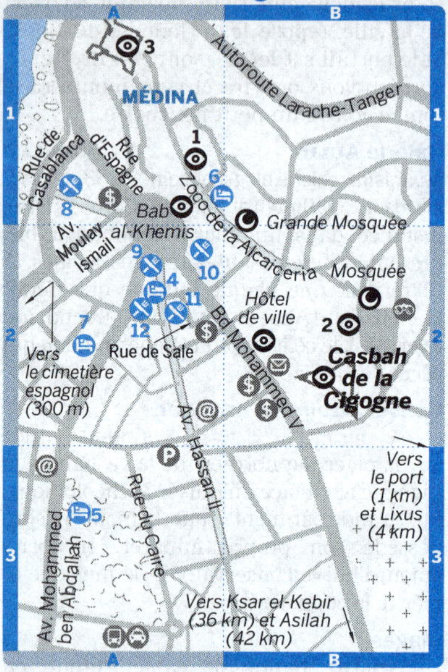

Larache

Les incontournables
Casbah de la Cigogne B2

À voir
1 Galerie Afnar A1
2 Conservatoire de musique B2
3 Ruines de la casbah A1

Où se loger
4 Hôtel España A2
5 Hôtel Riad A3
6 La Maison Haute A1
7 Pension Amal A2

Où se restaurer
8 Balcón Atlantico A1
9 Le Sourire Salon de thé A2
10 Restaurant Commercial A2
11 Restaurant Puerta Del Sol A2
12 Salon de thé Triana A2

Hôtel España HÔTEL €
(☎0539 91 31 95 ; hotelespana2@yahoo.fr ; 6 av. Hassan II ; s/d/tr 260/300/380 Dh ; ❄📶). Relique de l'époque coloniale, cet hôtel est une excellente adresse, avec un personnel sympathique. Le décor est à l'ancienne, avec des meubles en bois sombre, mais les chambres sont impeccables, les lits confortables et les sdb modernisées. Préférez les étages supérieurs pour éviter le bruit de la place. Il ne sert pas le petit-déjeuner, mais les cafés ne manquent pas à proximité.

Pension Amal HÔTEL €
(☎0539 91 27 88 ; 10 rue Abdallah ben Yassine ; s/d/tr 50/100/150 Dh, douche chaude 10 Dh). Très bon marché, parfaitement tenue et accueillante, cette petite pension offre des chambres carrelées avec sdb communes, des matelas renouvelés chaque année et des lits très confortables. Le fils du propriétaire aime échanger des idées avec les hôtes et sort volontiers sa guitare pour un concert improvisé.

Hôtel Riad HÔTEL €€€
(☎0539 91 26 26 ; av. Mohammed ben Abdallah ; 🏊). Au sud du centre-ville, cette majestueuse demeure du XIXe siècle entourée d'un jardin paysager appartenait jadis à la duchesse de Guise, exilée de France. En rénovation lors de notre passage, elle devrait rouvrir sous forme d'hôtel de charme avec suites et spa.

Où se restaurer

Autour de la place de la Libération et du Zoco de la Alcaiceria, de nombreux petits restaurants servent des repas simples et copieux à prix doux. La paella, proposée presque partout, et le stand de *churros* (beignets) sur la place centrale témoignent de l'influence espagnole.

Restaurant Commercial LOCAL €
(pl. de la Libération ; plats 40 Dh ; ⏲déj et dîner). Prisé des habitants, ce restaurant sans prétention doit son succès à ses soupes, ses brochettes et ses poissons frits. Très bon marché et accueillant, il se tient sur la place principale et ne désemplit pas.

Restaurant du Port POISSON €€
(☎0539 41 74 63 ; port de Larache ; ⏲été). En dehors de la ville près du port, ce restaurant élégant mérite le détour pour ses poissons et ses fruits de mer préparés simplement, à la perfection. Il n'ouvre qu'en été ; appelez avant de vous déplacer.

Restaurant Puerta Del Sol LOCAL €
(5 rue Ahmed Chaouki ; plats 40 Dh ; ⏲déj et dîner). Populaire mais un peu plus calme que le Restaurant Commercial, le Puerta del Sol est une bonne adresse pour des poissons, des fruits de mer et des plats marocains.

Balcón Atlantico CAFÉ €
(angle rue de Casablanca et rue Tarik Ibnou Ziad). Surplombant la plage et agrémenté d'une vaste terrasse, ce café animé est l'endroit le plus plaisant pour un petit-déjeuner détendu

ou un déjeuner simple malgré la lenteur du service ; les pizzas sont acceptables.

Pour un petit-déjeuner rapide ou une glace, préférez le **Salon de thé Triana** (av. Mohammed ben Abdallah), qui sert des pizzas correctes en été (à partir de 40 Dh), ou **Le Sourire Salon de thé** (av. Hassan II), à côté de la place.

Renseignements

Les banques se regroupent à l'extrémité nord du boulevard Mohammed V ; la plupart changent les espèces et les chèques de voyage, et disposent de DAB.

Cyber Space (rue du 2 Mars ; 6 Dh/h ; ⏲10h-24h). Accès Internet.

Marnet (av. Mohammed ben Abdallah ; 6 Dh/h ; ⏲10h30-24h sam-jeu, 15h-24h ven). Accès Internet.

Depuis/vers Larache

La gare routière se tient au sud du centre-ville, dans la rue du Caire. Des bus de la CTM desservent, entre autres, Agadir (260 Dh, 12 heures), Casablanca (100 Dh, 4 heures, 3/jour), Fès (80 Dh, 4 heures, 3/jour), Marrakech (190 Dh, 8 heures), Meknès (65 Dh, 3 heures, 3/jour), Rabat (70 Dh, 3 heures, 3/jour) et Tanger (40 Dh, 2 heures 30, 3/jour).

D'autres bus, moins chers et généralement plus fréquents que les bus de la CTM, rallient les mêmes destinations, ainsi que Ouezzane (30 Dh), Tétouan (25 Dh) et Kenitra (35 Dh).

Des grands taxis partent devant la gare routière pour Ksar el-Kebir (13 Dh) et parfois Asilah (15 Dh), Souk el-Arba (25 Dh) et Tanger (30 Dh).

Lixus الاوكوس

Perchées sur une colline qui domine l'estuaire du Loukos, les ruines carthaginoises et romaines de **Lixus** (entrée libre), mystérieuses et négligées, constituent l'un des plus anciens sites de peuplement du pays. Seul un quart de l'ancienne cité a été mis au jour, mais les vestiges visibles, malgré leur mauvais état et la végétation, restent impressionnants. Moins vaste et moins exploré que Volubilis, Lixus séduit par son emplacement, ses dimensions et sa sérénité, et il suffit d'un peu d'imagination pour réaliser la taille et la splendeur de la cité.

Lors de notre passage, le site n'était pas enclos et un centre d'information était en construction. Peu de visiteurs s'y rendent en dehors de l'été ; en hiver, seuls le vent et quelques chèvres vous tiendront compagnie. El Mokhtar el Hannach, le gardien bien informé, vous le fera visiter pour environ 50 Dh par personne.

Histoire

Des mégalithes découverts à proximité de Lixus suggèrent que le site était occupé à l'origine par un peuple adorant le soleil et possédant des notions d'astronomie et de mathématiques. On n'en sait guère plus sur la préhistoire dans la région, jusqu'à l'établissement de la colonie phénicienne de Liks vers 1000 av. J.-C. Selon Pline l'Ancien, Hercule aurait volé ici les pommes d'or du jardin des Hespérides, le onzième de ses 12 travaux.

Au VIe siècle av. J.-C., les Carthaginois s'emparèrent des colonies phéniciennes de l'Atlantique. Lixus demeura un comptoir de commerce, principalement pour l'or, l'ivoire et les esclaves et fut intégré à l'Empire romain dès 42. Ses exportations devinrent le sel, les olives, le vin et le *garum* (un condiment à base de poisson), et ses marchands s'enrichirent grâce aux animaux sauvages destinés aux arènes de l'Empire.

Lixus déclina rapidement lorsque les Romains se retirèrent d'Afrique du Nord et fut complètement abandonné au Ve siècle, après la chute de l'Empire romain. Plus tard, le site fut appelé Tuchummus par les musulmans.

À voir

Ruines SITE HISTORIQUE

L'entrée principale de Lixus se situe dans les grilles vertes qui bordent la route Larache-Tanger. À gauche se dressent les vestiges des fabriques de *garum*, où l'on salait le poisson pour produire ce condiment prisé à Rome. Un sentier gravillonné grimpe à flanc de colline et passe par plusieurs ruines mineures avant de rejoindre les **thermes** et l'**amphithéâtre**, qui offre une vue splendide sur la campagne environnante.

La plupart des mosaïques du site sont exposées au Musée archéologique de Tétouan, dont celles du Grand Temple représentant Hélios, Mars et Rhéa, les trois Grâces, Vénus et Adonis. Seule demeure à Lixus celle d'**Océanos**, malheureusement très endommagée par les intempéries et les vandales.

Continuez jusqu'au principal ensemble de bâtiments qui coiffe la crête. De là, la vue s'étend sur l'estuaire du Loukos et les marais salants.

Les édifices publics, des thermes et les remparts de la cité se dressent à cet endroit, tandis qu'au sud s'élève la citadelle,

INTERVIEW

EL MOKHTAR EL HANNACH, GUIDE DE LIXUS

Je suis né ici, à Lixus. Ma maison se trouvait à l'endroit où on construit un centre d'information ; mon père a planté ces figuiers. Maintenant, je vis à la campagne et je prends un bus pour aller travailler. Mon père fut le premier guide ici, à partir de 1923. Il m'a tout appris et j'ai pris le relais ; je suis là depuis 40 ans.

Dans les temps anciens, quand le site était habité, la mer arrivait jusqu'à Lixus ; aujourd'hui, elle est à 4 km. C'est ce qui en faisait un lieu aussi important. Vous pouvez voir les vestiges des édifices carthaginois – ce sont les grands blocs de pierre des sections inférieures des murs, de l'amphithéâtre et des temples. Les Romains étaient plus précis et utilisaient des blocs plus petits. Ils abandonnèrent les citernes d'eau de pluie construites par les Carthaginois, ce qui ne fut pas une bonne idée. Outre le *garum* de poisson, Lixus exportait surtout des olives. Aujourd'hui, les oliviers sont devenus sauvages et seuls les oiseaux picorent les olives.

Si j'avais le choix, je préférerais être carthaginois plutôt que romain.

un amas de ruines qui se détache contre le ciel. Malgré leur mauvais état, on parvient à discerner le temple principal et ses sanctuaires, un oratoire, d'autres bains publics et les vestiges des murailles.

Depuis/vers Lixus

Lixus se situe à quelque 4,5 km au nord de Larache sur la route de Tanger. Prenez le bus n°9 devant la casbah de la Cigogne (5 Dh) ou un petit taxi (25 Dh aller).

Asilah أصيلا

Ravissante cité balnéaire aux maisons chaulées, Asilah pourrait évoquer les îles grecques si les ferronneries des fenêtres, ainsi que les tapas et les paellas proposées par les restaurants, ne rappelaient la longue domination espagnole. Avec un bon choix d'hôtels et de restaurants à petits prix et une scène artistique dynamique, la ville constitue une plaisante introduction au pays et est devenue une étape prisée des voyageurs sur la côte atlantique nord.

Le maire vit dans la jolie médina et s'efforce de la rendre aussi propre que la Suisse. Elle s'est beaucoup embourgeoisée ces dernières années, depuis l'achat croissant de maisons par de riches Marocains et Européens, principalement espagnols. Somnolente la majeure partie de l'année, la ville voit passer sa population de 12 000 à 110 000 âmes en été avec l'arrivée des vacanciers marocains. Comme ailleurs sur la côte, la cité est alors envahie, les plages bondées et les rabatteurs en pleine action. Pour bénéficier d'un climat agréable et éviter les foules, venez plutôt au printemps et en automne.

Petit port stratégique, Asilah a connu une histoire tumultueuse depuis sa fondation par les Carthaginois sous le nom de Zilis. La population prit le parti de Carthage durant les guerres puniques et, après la victoire des Romains, fut déportée en Espagne et remplacée par des Ibères. À partir de là, Asilah fut indéfectiblement liée à l'Espagne et à ses nombreuses batailles territoriales.

Elle subit les contrecoups des victoires chrétiennes contre l'islam dans la péninsule Ibérique aux XIVe et XVe siècles. En 1471, les Portugais envoyèrent 477 vaisseaux et 30 000 hommes qui s'emparèrent du port, construisirent les murs qui entourent actuellement la médina et établirent un comptoir marchand sur leur route de l'or à travers l'Afrique. En 1578, Sébastien, roi du Portugal, partit d'Asilah pour une croisade funeste. Il fut tué et le Portugal (et ses possessions marocaines) passa sous contrôle espagnol pour une longue période.

Asilah fut reprise par Moulay Ismaïl en 1691. Au XIXe siècle, les attaques permanentes des pirates poussèrent l'Autriche puis l'Espagne à envoyer leurs navires bombarder la ville. Au début du XXe siècle, elle servait de repaire à Er-Raissouli (voir p. 210), célèbre hors-la-loi et l'un des plus redoutables bandits du Rif, qui devint la bête noire des puissances européennes. L'Espagne intégra Asilah dans son protectorat de 1911 à 1956.

À voir et à faire

Avec plus de 50 artistes résidents, 5 galeries d'art et plusieurs ateliers et espaces d'exposition, Asilah est devenue une cité des arts. Tout a commencé en 1978, lorsque

Asilah

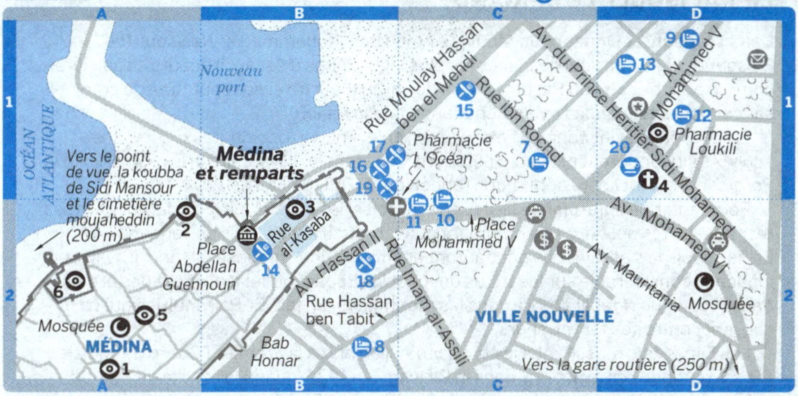

des artistes marocains furent invités à animer des ateliers pour les enfants de la ville et à peindre des murs de la médina à l'occasion du *moussem* (fête d'un saint). Plusieurs artistes zaïlachis (habitants d'Asilah) et quelques-uns de ces enfants se sont aujourd'hui fait un nom dans le monde de l'art contemporain, tels feu Abdelilah Bououd, Brahim Jbari, Elina Atencio, Mohamed Lhaloui et plusieurs membres de la famille Mesnani.

Remparts et médina ÉDIFICE HISTORIQUE, MÉDINA
Largement résidentielle, la médina d'Asilah est entourée de puissants remparts en pierre construits par les Portugais au XVe siècle. Flanquées de palmiers, ces fortifications sont devenues l'emblème de la ville.

La médina et les remparts ont été restaurés ces dernières années et les paisibles ruelles, bordées de maisons chaulées, invitent à la promenade. Bien que les restaurations aient donné à l'ensemble une allure aseptisée, les ferronneries des fenêtres, les jalousies vert pâle et les peintures murales colorées (réalisées chaque année pendant le Festival d'Asilah) le rendent très photogénique. Des artisans et des artistes ont ouvert des ateliers dans les rues principales et invitent les passants à découvrir leurs œuvres.

L'accès aux remparts est limité. Fréquenté au coucher du soleil, le bastion sud-ouest offre la meilleure vue sur l'océan et surplombe la **koubba de Sidi Mansour** (fermée aux non-musulmans) et le **cimetière moujaheddin**.

La porte sud de la médina, **Bab Homar** (av. Hassan II), est surmontée des armoiries royales portugaises, très érodées. Quelques **vieux canons** subsistent sur le mur qui fait face à l'océan, mais le chemin passe en contrebas et on ne les voit que de loin. **Bab al-Kasaba** conduit à la **Grande Mosquée** (fermée aux non-musulmans) et au Centre

Asilah

Les incontournables
- Médina et remparts B2

À voir
- 1 Galerie Aplanos A2
- 2 Canons A2
- 3 Centre Hassan II des Rencontres internationales B2
- 4 Église de San-Bartolome D1
- 5 Galerie Hakim A2
- 6 Palais de Raissouli A2

Où se loger
- 7 Hôtel Azayla C1
- 8 Hôtel Belle Vue B2
- 9 Hôtel Mansour D1
- 10 Hôtel Marhaba C2
- 11 Hôtel Patio de la Luna C2
- 12 Hôtel Sahara D1
- 13 Hôtel Zelis D1

Où se restaurer
- 14 Al-Madina B2
- 15 Casa García C1
- 16 La Symphonie II des Douceurs B1
- 17 Restaurant la Place B1
- 18 Restaurant Yali B2
- 19 Restaurante Oceano Casa Pepe B1

Où prendre un verre
- 20 Café Tanger D1

ER-RAISSOULI, LE BRIGAND

Bandit redouté et kidnappeur, Moulay Ahmed ben Mohammed er-Raissouli (ou Raisouni) fut l'un des personnages les plus légendaires d'Asilah. Il débuta sa carrière comme petit brigand du Rif, puis passa du vol au meurtre et sa réputation de criminel sanguinaire se répandit rapidement dans toute la région.

Er-Raissouli devint connu à l'étranger en enlevant des Occidentaux. Lui et ses acolytes kidnappèrent plusieurs personnalités, dont le milliardaire gréco-américain Ion Perdicaris, qui fut libéré contre une rançon de 70 000 dollars en 1904.

Pour tenter de contrôler ce fauteur de troubles, les sultans lui accordèrent diverses responsabilités politiques, le nommant gouverneur d'Asilah, puis de Tanger. Er-Raissouli ne s'assagit pas pour autant et amassa une immense fortune. Il avait une influence considérable sur les tribus du Rif et les Espagnols lui fournirent des armes dans l'espoir de rétablir l'ordre dans les montagnes. En fait, Er-Raissouli les utilisa souvent contre ses fournisseurs.

Les Espagnols réussirent à le chasser d'Asilah après la Première Guerre mondiale, mais il continua ses exactions dans le Rif jusqu'en 1925, quand le rebelle du Rif Abd al-Krim l'arrêta et l'accusa de liens trop étroits avec l'Espagne.

Hassan II des Rencontres internationales. L'activité bat son plein dans la médina le jeudi, jour du marché principal.

Palais de Raissouli BÂTIMENT HISTORIQUE

Également appelé palais de la Culture, il se dresse du côté océan de la médina. Construit en 1909 par Er-Raissouli, il témoigne de son opulence au faîte de sa puissance. Superbement restauré, il n'ouvre au public que pendant le Festival d'Asilah ou pour des expositions temporaires. Si vous trouvez le gardien, vous réussirez peut-être à le convaincre de vous laisser entrer. Ce palais magnifique comporte une salle de réception principale avec une terrasse vitrée qui surplombe la mer. De là, Er-Raissouli contraignait les assassins condamnés à se jeter sur les rochers, 30 m plus bas.

GRATUIT **Centre Hassan II des Rencontres internationales** GALERIE D'ART

(☎0539 41 70 65 ; foundationdassilah@yahoo.fr ; ⏲8h30-12h30 et 14h30-17h, jusqu'à 20h été). Le principal espace d'exposition de la ville occupe une superbe maison de la médina. Il présente une exposition cyclique de peintures et de sculptures internationales dans sa galerie et, parfois, dans la proche **tour El-Khamra**, un bastion portugais rénové sur la place Abdellah Guennoun.

Galerie Aplanos GALERIE D'ART

(☎0661 99 80 30 ; rue Tijara). L'artiste peintre belge Anne-Judith Van Loock a créé cette galerie avec son époux marocain Ahmed Benraadiya, et expose des artistes locaux et étrangers.

Galerie Hakim GALERIE D'ART

(☎0539 41 88 96, 061 799535 ; hakimghailan@yahoo.fr ; 14 pl. Sidi ben Issa). Hakim Ghaïlan, un artiste zaïlachi, a ouvert cette galerie et accueille principalement de jeunes artistes marocains.

Ville nouvelle MONUMENT

La place Mohammed V constitue le centre de la petite ville nouvelle. Au nord-ouest de la place, l'**église de San-Bartolome** fut construite par des franciscains espagnols dans le style mauresque typique de l'époque coloniale. C'est l'une des rares églises du pays autorisée à sonner les cloches pour la messe dominicale. Le **marché central** se tient à proximité.

Plages PLAGE

La principale plage d'Asilah, bordée de campings et d'hôtels, s'étend au nord de la ville. Cette large bande de sable doré est plaisante hors saison, mais bondée et bruyante en été. Pour plus de calme, rejoignez la superbe **plage du Paradis**, à 3 km au sud d'Asilah, guère entretenue hors saison. Pour la rejoindre, suivez la côte à pied, une agréable promenade, ou empruntez l'une des calèches qui sillonnent la route côtière en été.

À l'instar de nombreux projets immobiliers, l'achèvement de l'Asilah Marina Golf, un nouveau complexe balnéaire au sud de la ville, a été différé. Il comprendra une marina, un parcours de golf, un hôtel de luxe et des appartements. Plus au nord, à 23 km au sud de Tanger, un autre ensemble, Al Houara, est en construction le long de cette côte splendide ; le chantier est actuellement à l'arrêt.

Festival

Festival d'Asilah FESTIVAL CULTUREL

(www.c-assilah.com). Le Centre Hassan II des Rencontres internationales constitue le centre de ce festival, qui dure trois semaines en juillet. Artistes, musiciens, interprètes et quelque 200 000 spectateurs investissent alors la ville. Depuis plus de 30 ans, cet événement culturel propose de nombreux ateliers et représentations artistiques, des concerts, des expositions et des manifestations avec des participants venus du monde entier. Un festival équestre de trois jours, avec fantasia (charge de cavalerie et tirs de mousquets), a lieu vers la fin du festival. Téléchargez l'application iPhone à l'Apple App Store.

Où se loger

Asilah offre un choix d'hôtels corrects et banals dans la ville nouvelle, mais il est plus plaisant de louer une maison dans la médina. Nombre de propriétés de la médina ont été achetées par des étrangers et des Marocains fortunés et transformées en résidences secondaires. L'agence **House in Asilah** (www.houseinasilah.com) loue toute l'année des maisons dans la médina ou près de la plage, certaines avec 2, 3 ou 4 chambres, superbement décorées et parfaitement équipées. Les prix varient de 600 à 3 000 Dh la nuit. À la semaine, comptez de 4 000 Dh hors saison jusqu'à 15 000 Dh en haute saison.

En pleine saison (la semaine de Pâques et de juillet à septembre), mieux vaut réserver bien à l'avance. La ville compte peu d'hôtels pour petits budgets.

Hôtel Patio de la Luna HÔTEL €€

(☎0539 41 60 74 ; 12 pl. Zellaka ; s/d 350/450 Dh ; 📶). Seul hôtel d'Asilah doté de caractère, cet établissement intime, tenu par des Espagnols, se cache derrière une porte quelconque dans l'artère principale. Les chambres, rustiques et simples, s'agrémentent de meubles en bois, de couvertures tissées et de sdb carrelées, et donnent sur un patio verdoyant. Le personnel est sympathique et l'endroit très prisé. Réservez.

Hôtel Belle Vue HÔTEL €

(☎0539 41 77 47 ; rue Hassan ben Tabit ; d 200 Dh, basse saison 100 Dh). Dans une rue paisible, ce petit hôtel est tenu par de jeunes Marocains très accueillants et bien informés sur la vie de la cité. D'une propreté irréprochable, il offre des chambres équipées de bons matelas, certaines avec sdb et balcon (50 Dh de plus) et quelques-unes décorées par des artistes locaux. Il compte également 4 appartements plaisants avec 2 chambres doubles et un salon (100 Dh/pers). Le toit-terrasse est idéal pour prendre un verre en soirée ou se détendre. L'endroit est particulièrement apprécié des voyageurs espagnols.

Hôtel Azayla HÔTEL €€

(☎0539 41 67 17 ; www.hotel-azayla.com ; 20 rue ibn Rochd ; s/d 326/386 Dh, juil-août 350/486 Dh). D'un bon rapport qualité/prix, il propose de vastes chambres lumineuses et bien équipées, joliment décorées de belles photos du Maroc prises par le propriétaire, avec baies vitrées et sdb moderne. Les plus grandes comprennent un salon spacieux où peuvent dormir 3 personnes. Si l'établissement manque un peu de caractère, le personnel est accueillant, serviable et fiable.

Hôtel Sahara HÔTEL €

(☎0539 41 71 85 ; 9 rue de Tarfaya ; s/d/tr 98/150/240 Dh, douche chaude 5 Dh). De loin le meilleur choix dans la catégorie petits budgets, ce petit hôtel impeccable possède des chambres sans prétention et confortables, réparties autour d'une cour. Certaines ont des fenêtres minuscules ;

ATTENTION AUX RABATTEURS

Hébergement Les rabatteurs qui attendent à l'arrivée des bus ou des trains proposent un hébergement sommaire dans la médina pour environ 75 Dh. Il s'agit habituellement d'une grande chambre qui peut accueilllir jusqu'à 7 personnes, avec de minces matelas posés sur le sol. Certains offrent des chambres dans des B&B officieux à des prix bien plus élevés. Sachez toutefois que les arnaques sont fréquentes.

Drogue L'augmentation du tourisme et de la consommation de kif (cannabis) ces dernières années a provoqué l'inflation du nombre de dealers à Asilah. Dans une ville au taux de chômage élevé, le kif tient une place importante ; les touristes sont de plus en plus sollicités et l'offre se transforme souvent en escroquerie (voir p. 493).

VAUT LE DÉTOUR

MONOLITHES DE M'SOURA

Les énigmatiques monolithes de M'Soura constituent une belle excursion d'une demi-journée à partir d'Asilah. Ce site préhistorique comprend 175 pierres disposées en cercle (ou plutôt en ellipse), qui auraient à l'origine entouré un tumulus. Bien que la plupart des pierres aient été renversées ou brisées, le site reste impressionnant et l'emplacement désolé renforce son étrangeté. La plus haute pierre, appelée El-Uted (Celle qui pointe), atteint 5,50 m.

Les monolithes se situent à 25 km au sud-est d'Asilah ; vous aurez besoin d'un véhicule robuste pour parcourir cette route. Rejoignez le village de Souq Tnine de Sidi el-Yamani par la R417, qui bifurque vers l'est de la grand-route Tanger-Rabat. Tournez à gauche dans le village, et suivez une mauvaise piste sur 6 km en direction du nord jusqu'au site. Demandez votre chemin dans le village ou louez les services d'un guide.

Le marché du dimanche dans le village de **Had Gharbia**, à 16 km au nord-est d'Asilah près de la route de Tanger, est une autre excursion intéressante.

visitez-en plusieurs. Les toilettes et les douches communes sont neuves, étincelantes de propreté. Des carrelages à motifs et des plantes ornent l'entrée de cet établissement à l'ambiance très marocaine.

Hôtel Marhaba HÔTEL €

(☎0539 41 71 44 ; rue Zellaka ; s/d 100/200 Dh, douche chaude 5 Dh). Central et bien situé près de la place Zellaka, cet hôtel accueillant comprend des chambres défraîchies, mais très bien tenues, et des sdb communes qui datent. Préférez les chambres en façade, plus grandes, plus claires et un peu plus bruyantes. Un joli toit-terrasse surplombe la médina.

Hôtel Mansour HÔTEL €€

(☎0539 41 73 90 ; www.hotelmansour.cabanova.fr ; 56 av. Mohammed V ; s/d avec petit-déj 350/420 Dh). Au nord-est du centre, cet hôtel offre une touche de style traditionnel dans ses espaces publics carrelés, mais les chambres sont quelconques, avec un décor fané et des sdb minuscules ; demandez-en une plus grande, avec balcon et vue sur la mer. L'adresse reste néanmoins avantageuse, avec le petit-déjeuner compris.

Hôtel Zelis HÔTEL €€

(☎0539 41 70 69 ; fax 0539 41 70 98 ; 10 av. Mansour Eddahabi ; s/d/tr 300/400/550 Dh, juil-août 400/550/650 Dh ; ❄@≋). Bondé en été et désert le reste de l'année, ce grand hôtel touristique compte 65 chambres modernes et confortables, ornées de textiles bleu et blanc, avec TV et réfrigérateur. Outre un restaurant marocain traditionnel avec tables basses, il comporte une cafétéria banale. Une piscine agréable, une salle de jeux pour les enfants et un cybercafé (10 Dh l'heure) sont à disposition.

Où se restaurer et prendre un verre

Plusieurs restaurants se regroupent autour de Bab Kasaba et le long des murs de la médina dans l'avenue Hassan II. Quelques gargotes jalonnent la rue Ahmed M'dem, près des banques de la place Mohammed V.

Casa García POISSON €€

(☎0539 41 74 65 ; 51 rue Moulay Hassan ben el-Mehdi ; plats à partir de 80 Dh ; ⊙déj et dîner). Des plats et des tapas de poisson à l'espagnole sont les spécialités de ce petit restaurant, en face de la plage. Régalez-vous d'un succulent poisson grillé ou d'une assiette de poulpe, d'anguille, de crevettes et de bernacles, servie avec un verre de vin gris marocain sur la grande terrasse aérée. La paella est également délicieuse.

Restaurante Oceano Casa Pepe POISSON €€

(☎0539 41 73 95 ; 8 pl. Zellaka ; plats 80-120 Dh ; ⊙déj et dîner). Des serveurs avec cravate noire tentent d'attirer les passants dans ce restaurant un peu plus formel, où le poisson domine la carte. Des vins marocains et espagnols, un éclairage tamisé et la musique douce contribuent à l'atmosphère raffinée.

Restaurant la Place LOCAL, POISSON €€

(☎0539 41 73 26 ; 7 av. Moulay Hassan ben el-Mehdi ; plats 75 Dh ; ⊙déj et dîner). Accueillant et plus détendu que ses voisins, ce restaurant propose une carte plus variée, avec un choix de plats marocains traditionnels en plus des fruits de mer et des poissons. Le succulent tajine de poisson concilie les deux tendances.

Restaurant Yali LOCAL €

(av. Hassan II ; plats 50 Dh ; ⊙déj et dîner). L'un des restaurants les plus fréquentés le long des murs de la médina, il offre un bon choix de poissons, de fruits de mer et de plats marocains classiques, ainsi que des pizzas.

La Symphonie II des Douceurs CAFÉ €
(26 pl. Zellaka). Excellente adresse pour le petit-déjeuner ou une douceur, ce café sert des pâtisseries et des glaces (uniquement en été) dans un cadre élégant.

Al-Madina CAFÉ €
(pl.Abdellah Guennoun). Le principal attrait de ce petit café de la médina est sa terrasse ensoleillée devant la tour El-Khamra, idéale pour siroter un café en regardant les passants.

Café Tanger CAFÉ €
(52 av. Mohammed V). Pour une expérience plus authentique, rendez-vous dans ce café au nord de la place, où une clientèle essentiellement masculine s'attarde devant un café en observant l'animation.

Renseignements

Parmi les nombreuses banques qui bordent la place Mohammed V, la BMCE et la Banque Populaire changent les espèces et les chèques de voyage et disposent de DAB.

Cyber Haytam (197 av. Hassan II ; 6 Dh/h ; 9h-24h). Accès Internet.

Pharmacie l'Océan (pl. Zellaka)

Pharmacie Loukili (av. Mohammed V)

Depuis/vers Asilah

BUS Asilah se situe à 46 km au sud de Tanger et des bus la relient à la plupart des villes. La petite gare routière se tient au coin de l'avenue Mohamed VI et de la route Tanger-Rabat. Depuis la construction de la nationale, les bus de la CTM ne s'arrêtent plus à Asilah. Plusieurs compagnies de bus privées desservent diverses destinations, dont Casablanca (80 Dh, 4 heures 30, 8/jour), Fès (60 Dh, 4 heures 30, 4/jour), Marrakech (120 Dh, 9 heures, 3/jour), Rabat (60 Dh, 3 heures 30, 8/jour) et Tanger (15 Dh, 1 heure).

Mieux vaut réserver bien à l'avance sur les bus longue distance car ils se remplissent souvent à Tanger. Des bus partent environ toutes les 30 minutes de 6h30 à 20h pour Tanger et Casablanca. Attendez le prochain en espérant trouver une place libre.

TAXI Les grands taxis pour Tanger (20 Dh) et Larache (15 Dh) partent quand ils sont pleins de la rue du 2 Mars, près de l'avenue Mohammed VI, en face de la mosquée. L'aéroport de Tanger n'est qu'à 26 km au nord d'Asilah et le rejoindre en taxi (250 DH) vous épargnera une perte de temps et d'énergie à Tanger. La station des petits taxis est installée sur la place Mohammed V.

TRAIN La gare ferroviaire se situe à 2 km au nord d'Asilah. Un bus (6 Dh) attend généralement à l'arrivée des trains et dépose les voyageurs sur la place Mohammed V ou à Bab Homar. Parmi les destinations desservies par les trains figurent Casablanca (109 Dh, 4 heures), Fès (87 Dh, 4 heures, 5/jour), Meknès (70 Dh, 3 heures, 5/jour), Rabat (83 Dh, 3 heures, 9/jour) et Tanger (16 Dh, 45 min, 10/jour). Un train de nuit se rend directement à Marrakech (186 Dh, 9 heures 30), mais il part (souvent plein) de Tanger et mieux vaut acheter son billet à l'avance.

VOITURE Un parking gardé (10 Dh les 24 heures) se trouve devant Bab al-Baha (porte de la Mer), près du port.

SUD DE CASABLANCA

El-Jadida الجديدة

148 000 HABITANTS

En 1506, les Portugais bâtirent une forteresse à cet endroit pour protéger leurs bateaux et l'appelèrent Mazagan ; elle devint rapidement le comptoir marchand le plus important du pays. En 1769, le sultan Sidi Mohammed ben Abdallah assiègea Mazagan et la reprit aux Portugais, qui dynamitèrent la majeure partie du fort avant de partir. Les nouveaux arrivants préféraient vivre dans la ville nouvelle et la citadelle fut laissée en ruine jusqu'au début du XIXe siècle, quand le sultan Abd er-Rahman installa des juifs d'Azemmour dans la vieille Mazagan et la rebaptisa El-Jadida, "la Nouvelle" en arabe.

L'importante et influente communauté juive s'enrichit rapidement grâce au commerce avec l'arrière-pays. Contrairement à la plupart des autres villes marocaines, El-Jadida ne comprenait pas de mellah (quartier juif) ; les juifs se mêlaient à la population et un climat de tolérance régnait dans la cité. Durant le protectorat français, elle devint un centre administratif et une station balnéaire, mais son port déclina progressivement au profit de Safi et de Casablanca.

La vieille ville portugaise, aujourd'hui appelée Cité portugaise, est une séduisante médina à l'ambiance alanguie, classée au patrimoine mondial de l'Unesco en 2004. L'absence d'investissement a contribué à préserver son dédale de ruelles et ses remparts. Paisible la majeure partie de l'année, El-Jadida s'anime en juillet et août,

El-Jadida

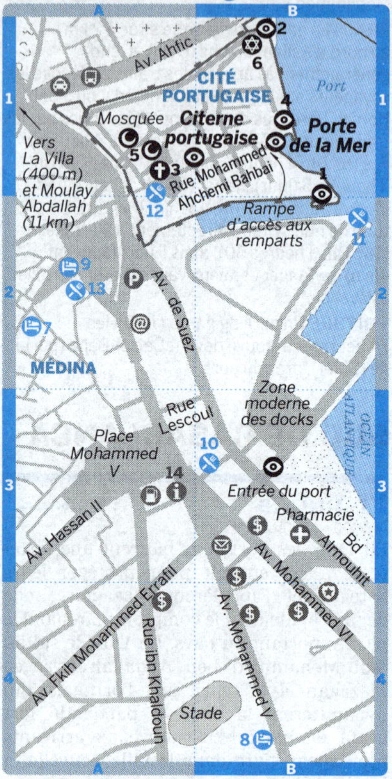

El-Jadida

Les incontournables

Citerne portugaise A1
Porte de la Mer B1

À voir

1 Bastion de l'Ange B1
2 Bastion de Saint-Sébastien B1
3 Église de l'Assomption A1
4 Boulangerie publique B1
5 Grande Mosquée A1
6 Synagogue B1

Où se loger

7 Hôtel de Bordeaux A2
8 Hôtel Royal B4
9 Riad Le Mazagao A2

Où se restaurer

10 Pâtisserie Royale B3
11 Restaurant du Port B2
12 Restaurant La Portugaise A1
13 Restaurant Tchikito A2

Renseignements

14 Syndicat d'initiative A3

quand les vacanciers marocains affluent sur ses plages superbes et flânent dans ses boulevards.

Ce tableau va rapidement changer. Au cours des dernières années, des Marocains et des étrangers ont commencé à acheter des propriétés dans la vieille ville fortifiée, y compris l'ancienne église coloniale, et les maisons décrépites sont rénovées. Juste au nord de la ville, le long d'une plage somptueuse, le tout nouveau complexe touristique de **Mazagan** comprend un parcours de golf, un casino, un spa et un grand hôtel. La Cité portugaise, en plein renouveau, offrira une atmosphère totalement différente d'ici quelques années.

À voir et à faire

Cité portugaise SITE HISTORIQUE

Principal site d'El-Jadida, la Cité portugaise est un dédale de rues sinueuses, entouré de remparts ocre. L'entrée principale se situe près de la place Mohammed ben Abdallah et conduit à la rue Mohammed Achemi Bahbai. Immédiatement à gauche se dresse l'**église de l'Assomption**, bâtie par les Portugais et en cours de restauration lors de notre visite, qui doit devenir un hôtel haut de gamme. À deux pas, la **Grande Mosquée** comporte un minaret pentagonal unique, qui servait de phare à l'origine.

Citerne portugaise BÂTIMENT HISTORIQUE

(rue Mohammed Achemi Bahbai ; avec accès aux remparts 10 Dh ; 9h-13h et 15h-18h30). Dans l'artère principale, après les boutiques de souvenirs, une vaste citerne voûtée est éclairée par un seul puits de lumière. Dans cet endroit au calme souverain, le plafond voûté et les élégants piliers se reflètent sur la mince pellicule d'eau qui couvre le sol. La citerne a servi de cadre à la scène d'émeute du film *Othello* (1954) d'Orson Welles.

Porte de la Mer MONUMENT

(remparts 9h-18h). Plus loin dans la même rue se dressent les remparts et la porte de la Mer, où les navires débarquaient jadis leur cargaison et par laquelle les Portugais quittèrent la ville. À gauche de la porte, de l'autre côté de l'arche, se trouve l'une des **boulangeries publiques** où les femmes font cuire leur pain.

À droite de la porte, une rampe conduit au sommet des remparts venteux et au **bastion de l'Ange** (angle sud-est), qui offre la vue sur la mer, la nouvelle ville et le port. Longez les remparts vers la gauche pour rejoindre le **bastion de Saint-Sébastien** (angle nord-est), d'où l'on peut voir le vieux cimetière juif. À côté du bastion, la **synagogue** (l'ancienne prison) abandonnée est ornée d'une étoile de David.

Plages PLAGE

Les plages au nord et au sud de la ville sont propres et sûres, plaisantes hors saison et bondées en juillet et août. La charmante plage de **Haouzia**, au nord-est de la ville, abrite le complexe balnéaire de Mazagan. **Sidi Bouzid**, à 5 km au sud-ouest d'El-Jadida, est prisé des amateurs de soleil et des surfeurs. **Le Requin Blue** (0523 34 80 67 ; plats environ 80 Dh ; déj et dîner) surplombe la plage de Sidi Bouzid et sert d'excellents poissons.

Le bus local n°2 relie El-Jadida et Sidi Bouzid (3,50 Dh) toutes les heures.

Où se loger

El-Jadida compte quelques hôtels plaisants près de la Cité portugaise. Ceux de la ville nouvelle, plus modernes et confortables, ont moins de caractère.

Dar el-Manar B&B €€

(0523 23 35 16 45, 061 495411 ; www.dar-al-manar.com ; ch 800-1 000 Dh ;). Fatima a découvert ce champ de blé donnant sur l'océan et la ville lors d'une balade à vélo et a décidé d'y construire une jolie maison avec un grand jardin, où il ferait bon vivre et accueillir des hôtes. Tout est prévu pour le bien-être des clients dans les 5 chambres sobres et spacieuses, décorées dans un style marocain contemporain. Le jardin et la salle à manger lumineuse ajoutent au charme de l'endroit. Les dîners, à commander à l'avance, sont préparés avec des légumes bio du potager. Fatima et son mari français Pascal, un masseur professionnel (massage 300 Dh), vous accueillent chaleureusement. Appelez pour que l'on vous indique le chemin. Proche du phare de Sidi Mesbah, l'établissement est signalé sur la route d'El-Jadida à Azemmour au nord.

Riad Le Mazagao RIAD €€

(0523 35 01 37 ; www.lemazagao.com ; 6 Derb el-Hajjar ; d 550-825 Dh ;). Dans la médina, cette charmante pension du XIXe siècle possède de grandes chambres douillettes de style marocain, avec carreaux de faïence et textiles locaux, installées autour de la cour et sur le toit-terrasse. Les sdb communes sont impeccables. La demi-pension est obligatoire pour un séjour de plus d'une semaine.

La Villa RIAD €€€

(0523 34 44 23, 0661 41 86 81 ; www.la-villa-david.com ; 4 av. Moulay Abdelhafid ; ch/ste 1100/1540 Dh ;). Juste à l'extérieur de la vieille ville et tenu par deux Français, ce ravissant hôtel contemporain a été aménagé dans une villa ancienne en utilisant des matériaux locaux et la végétation. Réparties autour d'une cour blanche, les chambres sont dotées d'écrans plasma, de l'accès Wi-Fi et de sols et sdb en *tadelakt* (enduit de chaux à l'eau). Un petit bar avoisine la piscine sur le toit, et la terrasse comprend un solarium qui domine la vieille ville. Le restaurant, le meilleur de la ville, propose une cuisine franco-marocaine inventive (dîner 350 Dh).

Hôtel de Bordeaux HÔTEL €

(0523 37 39 21 ; 47 rue Moulay Ahmed Tahiri ; s/d 80/130 Dh, avec sdb 150/180 Dh). Meilleure adresse dans la catégorie petits budgets, cet hôtel sympathique, dans une maison traditionnelle de la médina, propose des chambres compactes et confortables autour d'une cour couverte. Seules celles du 1er étage disposent d'une sdb et les prix baissent au fil des étages. Pour une douche chaude, vous devrez utiliser la sdb commune du rez-de-chaussée. L'hôtel est bien indiqué depuis la rue ben Tachfine.

Hôtel Royal HÔTEL €

(0523 34 11 00 ; 108 av. Mohammed V ; s/d 125/140 Dh, avec sdb 198/245 Dh). Ce grand hôtel possède de vastes chambres claires aux meubles bon marché et une douche séparée par une paroi en verre. La qualité et le confort varient ; visitez avant de vous décider. Des carrelages colorés ornent les espaces communs et la jolie cour se transforme en bar animé en soirée.

Où se restaurer

El-Jadida compte quelques restaurants abordables et un nombre croissant de cafés.

Restaurante La Portugaise LOCAL €

(rue Mohammed Achchemi Bahbai ; plats à partir de 40 Dh ; déj et dîner). Juste à l'intérieur des murs de la vieille ville, ce petit restaurant accueillant, avec des nappes à carreaux rouges, propose des plats de poisson, de poulet et des tajines d'un bon rapport qualité/prix.

Restaurant du Port POISSON €€
(☎0523 34 25 79 ; port du Jadida ; plats 80 Dh ; ⏲déj et dîner lun-sam, déj dim). Montez à l'étage pour profiter de la vue sur le port et les remparts. L'un des meilleurs restaurants d'El-Jadida offre principalement du poisson et des fruits de mer, simplement et bien préparés. L'ambiance détendue en fait un endroit plaisant pour les femmes et il sert de l'alcool.

Restaurant Tchikito POISSON €
(4 rue Mohammed Smiha ; assortiment de poissons 40 Dh). Près de la place Hansali, ce petit restaurant est recommandé par des lecteurs pour son délicieux poisson frit servi avec une sauce relevée, et ses prix modérés.

Pâtisserie Royale PÂTISSERIE €
(pl. Mohammed V). Dans cette pâtisserie à l'ancienne, vous pourrez vous attarder devant un délicieux café et papoter avec les autres clients sans que l'on vous pousse à commander une autre consommation.

Renseignements

Dans le centre-ville, de nombreuses banques disposent de DAB. Plusieurs cybercafés bordent l'avenue Mohammed VI.

@Kiltec (1er ét, 62 pl. Hansali ; 6 Dh/h ; ⏲9h-23h, fermé déj ven)

Clinique Les Palmiers (☎0523 39 39 39 ; rte de Casablanca). Possède un service d'urgences ouvert 24h/24.

Poste principale (pl. Mohammed V)

Syndicat d'initiative (pl. Mohammed V ; ⏲fermé mer). Rareté au Maroc, cet office du tourisme est bien informé et serviable.

Depuis/vers El-Jadida

BUS La **gare routière** (av. Mohammed V) se situe à 10 minutes de marche du centre. Des bus desservent notamment Casablanca (27 Dh, 1 heure 30, 4/jour), Essaouira (80 Dh, 4 heures 30, 1/jour), Oualidia (30 Dh, 1 heure 30, 3/jour) et Safi (60 Dh, 2 heures 30, 6/jour). Des bus locaux moins chers rallient les mêmes destinations ainsi qu'Azemmour (5 Dh), Rabat (40 Dh, 4 heures, 12/jour) et Marrakech (40 Dh, 4 heures, toutes les heures). En été, réservez au moins la veille pour Casablanca (23 Dh) et Marrakech. Le bus n°2 pour Sidi Bouzid (3,50 Dh) et le bus n°6 pour Moulay Abdallah (4,50 Dh) partent d'un arrêt juste au nord de la Cité portugaise.

TAXI Des grands taxis à destination d'Azemmour (6 Dh) et de Casablanca (35 Dh) stationnent dans une rue proche de la gare routière longue distance. Des taxis pour Oualidia (25 Dh) et Safi (55 Dh) partent d'un carrefour sur la route de Sidi Bouzid ; prenez un petit taxi (5 Dh) pour le rejoindre. La station des grands taxis pour Sidi Bouzid (5 Dh) et Moulay Abdallah (6 Dh) se tient à côté de la gare routière locale, au nord de la Cité portugaise.

TRAIN La gare ferroviaire se situe à 4 km au sud d'El-Jadida. Chaque jour, 5 trains circulent depuis/vers Casablanca (30 Dh, 1 heure). Un petit taxi jusqu'au centre revient à 10 Dh environ. Pour les horaires, renseignez-vous à l'office du tourisme ou consultez le site www.oncf.ma.

Azemmour

El-Amine, l'un des peintres les plus connus d'Azemmour, a souvent représenté son sujet favori : la vue, depuis son toit-terrasse, sur la médina et ses remparts, nichés entre l'Oum er-Rbia ("mère du printemps") et l'océan, avec les champs au-delà.

Cette jolie ville a inspiré de nombreux artistes, qui sont venus s'y installer. Proche du marché de l'art de Casablanca, la vie y reste simple ; les fermiers et les pêcheurs font toujours du porte-à-porte pour vendre leurs produits. Bourgade somnolente au charme langoureux, sa médina portugaise fortifiée et quelques superbes hébergements en font un endroit parfait pour se détendre quelques jours près de la rivière.

Les Portugais construisirent en 1513 la cité qui devint un de leurs comptoirs marchands le long de la côte. Capturé et réduit en esclavage, Estevanico le Noir (ou le Maure), son habitant le plus célèbre, devint l'un des quatre premiers explorateurs à traverser entièrement le continent nord-américain de la Floride au Pacifique.

À voir

La médina, avec ses remparts ocre, ses ruelles sinueuses et ses maisons chaulées, constitue le principal attrait de la ville. Contrairement à celle d'Asilah au nord, elle a conservé son authenticité et offre un aperçu de la vie réelle dans le Maroc moderne. Vous pouvez grimper sur les **remparts** près de la place du Souk ou par un escalier au coin nord-est de la médina. Marchez le long des murs pour découvrir **Dar el Baroud**, la poudrière portugaise dont ne subsiste que la tour. Au nord de la médina, le mellah précède de superbes points de vue sur le fleuve. Un peu partout dans la médina, vous verrez des murs peints par des artistes locaux, des ateliers d'artistes dont celui d'**Ahmed el-Amine** (☎0523 35 89 02 ; 6 Derb el-Hantati), et quelques boutiques qui vendent des broderies d'Azemmour.

Où se loger et se restaurer

De nombreux petits restaurants sont installés en dehors des remparts, dans la ville nouvelle.

L'Oum Errebia HÔTEL €€€
(☎0523 34 7071 ; www.azemmour-hotel.com ; 25 impasse Chtouka ; s/d/tr avec petit-déj 750/900/1 250 Dh, avec vue fleuve 900/1 200/1 650 Dh ;). Mêlant style marocain traditionnel et design contemporain chic, les chambres sans prétention sont charmantes, et le salon spacieux, avec cheminée et piano, fait office de galerie d'art moderne. Le hammam propose divers soins (gommage 150 Dh, massage 250 Dh). La vaste terrasse surplombe le fleuve, et les repas (250 Dh) sont servis à la grande table commune de la salle à manger.

Riad Azama RIAD €€
(☎0523 34 75 16, 0648 24 14 85 ; www.riadazama.com ; 17 impasse Ben Tahar ; s/d avec petit-déj 500/800 Dh). Cette splendide demeure du XIXe siècle conserve des boiseries sculptées d'origine et offre des chambres un peu sombres autour d'une cour verdoyante. Les plafonds ouvragés et peints sont magnifiques et le toit-terrasse domine la médina. Les dîners (200 Dh), préparés sur demande, peuvent décevoir.

Mazagan Beach Resort COMPLEXE BALNÉAIRE €€€
(☎0523 38 80 00 ; www.mazaganbeachresort.com ; ch à partir de 2 900 Dh ;). À 3 km au sud d'Azemmour, ce complexe balnéaire borde un lagon près de la superbe plage d'Haouzia, longue de 7 km. Il comprend plusieurs restaurants et bars ; une discothèque, un casino, un golf, un spa et un centre équestre vous y attendent. Deux clubs de golf haut de gamme sont installés entre El-Jadida et Azemmour.

Renseignements

Azemmour compte plusieurs banques, une pharmacie et un cybercafé, le **Capsys** (près pl. du Souk ; 7 Dh/h).

Depuis/vers Azemmour

Les trains s'arrêtent désormais à Azemmour-Halte, reliant la ville à El-Jadida (15 Dh, 20 min, 7/jour) et Casablanca (31 Dh, 1 heure 15, 7/jour).

Un grand taxi depuis/vers El-Jadida revient à 10 Dh et le trajet en bus à 5 Dh.

Oualidia الوالدية

4 200 HABITANTS

La route côtière entre El-Jadida et Oualidia longe les champs qui descendent vers le rivage découpé et offre une vue encore plus plaisante à l'arrivée : la délicieuse petite cité balnéaire d'Oualidia s'étend au bord d'une splendide lagune en forme de croissant, frangée de sable doré et protégée de la houle de l'Atlantique par un brise-lames rocheux. Bourgade paisible pendant des années, avec un bon choix d'hébergements et d'excellents restaurants de poisson, Oualidia devient une cité balnéaire chic, destination de week-end prisée des Marrakchis et des Casablancais.

Bondée en été, elle retrouve son calme hors saison, quand les distractions se résument à la détente, le surf, la natation et les bons repas. De nombreux projets immobiliers menacent la quiétude de cet endroit charmant.

À voir et à faire

La ville doit son nom au sultan saadien el-Oualid qui, en 1634, édifia la casbah, aujourd'hui en ruine, sur le promontoire dominant la lagune. L'emplacement séduisit également la famille royale marocaine : la belle villa qui se dresse au bord de l'eau était le palais d'été de Mohammed V. La plupart des hôtels et des restaurants jalonnent la route vers la plage (1 km) ; suivez les panneaux à côté de la poste. Aucun taxi ne circule sur cet itinéraire, mais les hôtels organisent le transport.

Lagune LAGUNE
Les eaux calmes de la lagune sont idéales pour la **baignade**, la **voile** et la **pêche**. La large plage de sable, de part et d'autre du brise-lames, convient pour la **planche à voile** et le **surf**.

Surfland SPORTS NAUTIQUES
(☎0523 36 61 10 ; avr à mi-nov). Indiquée à gauche sur la route de la plage, cette école de surf bien organisée est dirigée par le champion de surf marocain Noureddine Joubir. Les cours de 1 heure 30 pour adulte/enfant coûtent 250/200 Dh.

Dream Surf Oualidia SPORTS NAUTIQUES
(☎0661 81 78 17 ; toute l'année). Sur la plage en ville, cet opérateur propose des cours de surf et de kitesurf, des sorties de pêche et loue des équipements ainsi que des quads et des scooters (400 Dh la demi-journée).

Maison de l'Ostréa II SITE D'INTÉRÊT
(☎0523 36 63 24 ; www.ilove-casablanca.com/ostrea). Oualidia est renommée pour

ses huîtrières, qui produisent environ 200 tonnes d'huîtres par an. La visite de l'huîtrière n°7 à la maison de l'Ostréa II vous fera découvrir le processus. Son excellent restaurant sert des huîtres (180 Dh la douzaine) et d'autres fruits de mer. L'Ostréa II loue également des chambres doubles à 700 Dh. Il se situe à l'entrée d'Oualidia, sur la route de Casablanca.

Où se loger et se restaurer

Tous les hôtels cités possèdent un restaurant. Quelques établissements un peu moins chers bordent la route de la plage, et les nombreuses agences de la ville louent des appartements et des villas. Plusieurs gargotes bon marché jalonnent l'artère principale.

Hôtel-Restaurant L'Initiale B&B €€
(0523 36 62 46 ; initialhotel@menara.ma ; ch avec petit-déj 500 Dh). Dans une petite villa blanche, peinte en orange à l'intérieur, il compte 6 jolies chambres confortables et bien équipées, avec des sdb immaculées et de minuscules balcons. Fréquenté, le restaurant (plats à partir de 80 Dh) est l'un des meilleurs de la ville ; il offre un grand choix de plats de poisson et de pizzas, et sert de l'alcool.

Motel À l'Araignée Gourmande HÔTEL €
(0523 36 64 47 ; fax 0523 36 61 44 ; s/d 250/300 Dh ;). Cet hôtel accueillant possède des chambres spacieuses et confortables, un peu vieillottes. Celles au-dessus du restaurant bénéficient de balcons donnant sur le lagon, contrairement à celles du nouveau bâtiment, moins plaisantes. Le restaurant propose de succulents poissons et fruits de mer, bien préparés (plats à partir de 80 Dh).

L'Hippocampe HÔTEL €€€
(0523 36 61 08 ; d demi-pension 1 600 Dh, basse saison 1 200 Dh, ste vue mer 3 200 Dh, basse saison 2 600 Dh). Dans un ravissant jardin fleuri qui domine la lagune, cet hôtel sympathique comporte des chambres parfaitement tenues, un excellent restaurant de poisson (plats 120 Dh environ), et des marches qui descendent vers la plage. Il accueille volontiers les familles.

La Sultana HÔTEL €€€
(0524 38 80 08 ; www.lasultanaoualidia.com ; parc à huîtres n°3 ; ch à partir de 4 100 Dh ;). Particulièrement luxueux, cet hôtel compte uniquement 11 chambres, chacune avec cheminée, Jacuzzi et terrasse donnant sur la lagune. Dans le superbe jardin paysager se tiennent trois restaurants, une piscine couverte, une piscine à débordement et un spa. L'établissement, bâti avec des matériaux locaux et une technologie permettant d'économiser l'eau, est conçu pour avoir un impact minimal sur l'environnement.

Villa La Diouana MAISON DE LOCATION €€€
(0666 55 16 46 ; www.ladiouana.com ; quartier Moulay Abdelsalam ; jusqu'à 10 pers à partir de 1 875 €/sem, cottage/app 2 pers à partir de 91 €/nuit ;). Perchée sur une falaise au-dessus de l'océan, cette somptueuse villa des années 1930, merveilleusement décorée d'éléments marocains traditionnels et contemporains, n'est bercée en soirée que par le bruit du ressac et du vent. Outre la villa de 3 chambres, l'établissement comprend un charmant cottage d'une chambre, un studio avec toit-terrasse et un jardin de 2 323 m² planté de palmiers. Location à la semaine, femme de chambre et petit-déjeuner compris.

Hôtel Thalassa HÔTEL €
(0523 36 60 50 ; s/d 150/200 Dh, basse saison 100/150 Dh). Un peu désuet, le seul hôtel de l'artère principale offre de grandes chambres chaulées, dotées d'impeccables sdb à l'ancienne. D'un bon rapport qualité/prix, il se situe loin de la plage.

Renseignements

La ville compte une banque, un bureau de la CTM et un **cybercafé** (10 Dh/h). Le samedi, les fermiers des villages alentour viennent vendre leurs produits au souk.

Depuis/vers Oualidia

Des bus locaux et des grands taxis desservent irrégulièrement El-Jadida (bus ou taxi 25 Dh) et Safi (bus ou taxi 25 Dh). Ils partent près de la poste dans l'artère principale. La CTM possède un bureau en ville et propose un bus quotidien (34 Dh) dans chaque direction.

Safi آسفي

285 000 HABITANTS

Centre industriel et port prospère grâce à l'exportation de phosphates, Safi est bien moins pittoresque que les villes voisines du littoral, mais offre un aperçu de la vie quotidienne d'une cité marocaine. La plupart des touristes s'y arrêtent sur la route d'Essaouira pour visiter le quartier des potiers, qui produisent les poteries colorées typiques de Safi.

Si la nouvelle ville est plaisante avec ses boulevards arborés et ses maisons blanchies à la chaux, les ruelles de la médina fortifiée ont plus de charme et restent ignorées des touristes. Les plages sont réputées pour leur forte houle. La grève sablonneuse au nord de la ville a accueilli le Billabong Challenge 2006 et offrirait des vagues parmi les plus belles au monde. Au sud, le paysage industriel n'a aucun intérêt pour le visiteur.

Le port naturel de Safi était déjà connu des Phéniciens et des Romains. Au XIe siècle, il prospérait grâce au commerce trans-saharien – entre Marrakech et la Guinée – d'or, d'esclaves et d'ivoire. Avec l'édification d'un ribat (monastère fortifié) par les Mérinides au XIVe siècle, la cité devint un important centre religieux et culturel. Les Portugais l'occupèrent brièvement de 1508 à 1541, l'agrandirent et construisirent l'imposante forteresse Qasr al-Bahr ainsi qu'une cathédrale. Puis ils détruisirent la plupart des monuments lors de leur départ, quand la ville fut reprise par les Saadiens.

Au XVIe siècle, Safi s'enrichit grâce au commerce du cuivre et du sucre, provoquant l'afflux de marchands et d'agents européens. Cependant, après la reconstruction du port d'Essaouira au XVIIIe siècle, la ville perdit le commerce extérieur et sombra dans l'oubli.

Elle dut attendre le XXe siècle pour connaître un véritable renouveau, quand sa flotte de pêche se développa et que furent construites d'immenses conserveries pour traiter les 30 000 tonnes de sardines pêchées chaque année. Une énorme usine de phosphate fut implantée au sud de la ville et contribua à sa croissance rapide. Aujourd'hui, Safi est l'un des plus grands ports du pays.

Safi

Les incontournables

Colline des Potiers C1

À voir

1 Cathédrale portugaise B2
Kechla .... (voir 2)
2 Musée national de la Céramique D1
3 Tour de la prison A2
4 Qasr al-Bahr A2

Où se loger

5 Hôtel Farah C3
6 Hôtel Majestic B2

Où se restaurer

7 Restaurant Gégène B3

Achats

8 Magasin de poteries à prix fixes B2
9 Souk des poteries C1

Safi

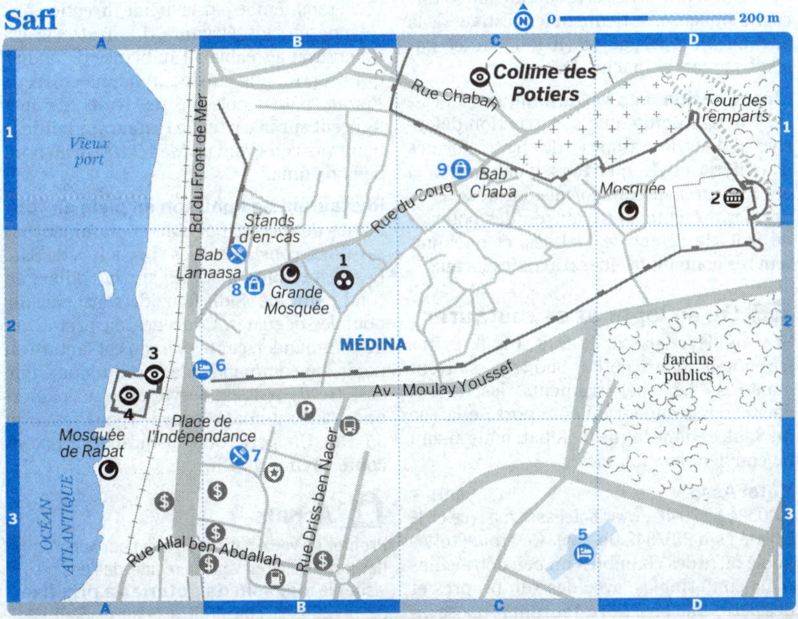

À voir

Colline des Potiers SITE D'INTÉRÊT
Au-delà de Bab Chaba, sur la colline qui fait face à la porte de la médina, se profilent les fours en terre et les cheminées de la colline des Potiers. Vous pouvez visiter les coopératives et découvrir les techniques traditionnelles des artisans. Si un potier vous invite dans son atelier pour une démonstration, il s'attend à ce que vous laissiez un pourboire ou achetiez un ou deux objets.

Qasr al-Bahr BÂTIMENT HISTORIQUE
(château de la Mer ; 10 Dh). L'imposant château domine les vagues de l'Atlantique qui s'écrasent sur le front rocheux. La forteresse fut érigée par les Portugais pour asseoir leur autorité, loger le gouverneur et protéger le port. La rampe dans la cour mène au bastion sud-ouest, qui offre une vue superbe. Les prisonniers étaient enfermés au sous-sol de la **tour de la prison**, à droite de l'entrée, avant d'être exécutés ou déportés en esclavage. Grimpez au sommet pour le panorama sur la médina.

Médina MÉDINA
La médina fortifiée s'étend en face du Qasr al-Bahr. La rue du Souk, son artère principale, court au nord-est de Bab Lamaasa. La plupart des souks de bijoux, de vêtements et de produits alimentaires se trouvent dans ce quartier. À droite de cette rue, au bout d'une ruelle sinueuse, se tiennent les vestiges de la **cathédrale portugaise** (10 Dh), édifiée par les Portugais et inachevée.

Musée national de la Céramique MUSÉE
(10 Dh). La **Kechla**, une construction défensive dotée de rampes, de plates-formes d'artillerie et de quartiers d'habitation, a été restaurée et transformée en musée. Ce dernier présente, entre autres, des poteries de Safi, de Fès et de Meknès, et quelques œuvres contemporaines d'artistes locaux.

Où se loger et se restaurer

Si vous devez passer la nuit à Safi, évitez les hôtels pour petits budgets, souvent sinistres. Les hébergements les moins chers se regroupent du côté port de la rue du Souk et dans la rue de R'bat, mais aucun ne convient aux femmes.

Hôtel Assif HÔTEL €
(☎0524 62 29 40 ; www.hotel-assif.ma ; rue de la Liberté ; s/d 276/342 Dh ; ❄). Ce trois-étoiles fiable offre des chambres un peu défraîchies mais confortables, avec des sdb propres et des petits balcons. Le restaurant propose un menu à 140 Dh. Il se situe près de la place Mohammed V, dans le centre de la ville nouvelle.

Hôtel Farah HÔTEL €€€
(☎0524 46 42 99 ; www.goldentulipfarahsafi.com ; av. Zerktouni ; s/d/ste 615/880/1 828 Dh ; ❄📶🏊). Rénové et d'un bon rapport qualité/prix, le meilleur hôtel de Safi possède des grandes chambres stylées aux tons neutres, avec des couettes hypoallergéniques, un minibar et une sdb rutilante. La terrasse de la piscine bénéficie d'une jolie vue et l'établissement comprend une salle de remise en forme, un hammam, un restaurant et une discothèque.

Hôtel Majestic HÔTEL €
(☎0524 46 40 11 ; pl. de l'Indépendance ; s/d/tr 50/100/150 Dh, douche chaude 10 Dh). Meilleure adresse de la médina, le Majestic dispose de grandes chambres propres, dont certaines avec vue sur l'océan, et de sdb communes bien tenues. L'hôtel peut être bruyant.

Restaurant Gégène LOCAL €€
(☎0524 46 33 69 ; 11 rue de la Marne ; plats 80 Dh ; 🕒lun-sam). Un service à l'ancienne, un cadre plaisant et une carte excellente avec un grand choix de plats marocains et méditerranéens, tajine d'agneau, pizza et huîtres d'Oualidia, tous servis avec un verre de vin.

Restaurant La Trattoria ITALIEN €€
(☎0524 62 09 59 ; 2 rue l'Aouinate ; repas 200 Dh ; 🕒lun-sam). Tenue par la même direction que Gégène et plus élégante, La Trattoria est un endroit agréable à l'ambiance détendue, qui propose une cuisine italienne correcte. Pizzas, pâtes, poissons et fruits de mer figurent sur la carte. Le restaurant borde le boulevard du Front de Mer, à 400 m au nord de la médina.

Restaurants de poisson en plein air LOCAL
Fruits de mer et poissons, notamment les sardines, constituent les spécialités de Safi. Les restaurants installés sur la colline, au rond-point de Sidi Bouzid, sont parfaits pour les déguster. Convenez du prix avant de commander, car le poisson est facturé au poids, ou commandez le plat du jour – une assiette de poisson servie avec du pain et une sauce tomate relevée pour environ 35 Dh. Un petit taxi jusqu'au rond-point coûte environ 10 Dh.

Achats

Profitez de votre passage à Safi pour acheter des poteries. Pour vous faire une idée des prix, visitez le **magasin de poteries à prix fixes** (🕒 9h-20h), du côté droit de la rue du Souk en venant de Bab Lamaasa. Sur la gauche, vers la fin de la rue, se tient le pittoresque **souk des poteries**.

Renseignements

De nombreux DAB et banques se regroupent autour de la place de l'Indépendance et de la place Driss Ben Nacer. Consultez le site www.safi-ville.com pour des informations touristiques.

Cyber Club Lascala (av. Sidi Mohammed Abdallah ; 5 Dh/h ; ⌚8h-24h). Jeux vidéo, tables de billard (5 Dh la partie) et clientèle estudiantine.

Poste principale (av. Sidi Mohammed Abdallah)

Syndicat d'initiative (rue de la Liberté ; ⌚9h-12h et 15h-19h). Centre d'information touristique, guère efficace.

Depuis/vers Safi

BUS La plupart des bus de la **CTM** qui font halte à Safi viennent d'une autre ville, aussi vaut-il mieux réserver au moins la veille. Parmi les destinations desservies figurent Agadir (110 Dh, 5 heures, 1/jour), Casablanca (85 Dh, 4 heures, 15/jour), El-Jadida (50 Dh, 2 heures, 4/jour) et Essaouira (50 Dh, 2 heures, 9/jour). D'autres compagnies offrent des départs quotidiens pour ces destinations, ainsi que pour Oualidia (25 Dh, 1 heure, 1/jour) et Tiznit (90 Dh, 6 heures, 1/jour).

TAXI Les grands taxis pour Marrakech (65 Dh) et Essaouira (50 Dh), entre autres destinations, partent du parking qui jouxte la gare routière. Ceux pour Oualidia (27 Dh) et El-Jadida (45 Dh) stationnent à un bon kilomètre au nord de Safi, sur la route d'El-Jadida.

TRAIN De la **gare ferroviaire** (rue de R'bat) de Safi, 2 trains partent chaque jour à 5h50 et 15h50, avec changement à Benguérir, pour Casablanca (84 Dh, 4 heures 30), Rabat (110 Dh, 5 heures 30) et Fès (185 Dh, 8 heures).

Comment circuler

La **gare routière** (av. du Président Kennedy) et la **gare ferroviaire** (rue de R'bat) sont assez loin du centre, au sud de la ville. Du centre-ville, comptez environ 12 Dh en petit taxi pour l'une ou l'autre. Des bus locaux partent au nord de la place Driss ben Nacer.

Environs de Safi

Au nord de Safi, la route suit un superbe littoral sauvage, avec des falaises abruptes et de somptueuses criques de sable. Première halte, le cap de Sidi Bouzid offre une belle vue sur la ville et un restaurant de poisson prisé, **Le Refuge** (☎0524 46 43 54 ; rte de Sidi Bouzid ; plats 100 Dh ; ⌚mar-dim).

Plus loin, des plages désertes deviennent des spots de surf courus, avec l'une des plus longues droites tubulaires au monde. Des professionnels comme Gary Elkerton, Tom Carroll ou Jeff Hackman viennent s'y entraîner et c'est ici que s'est déroulé le Billabong Challenge 2006. À 12 km de Safi, **Lalla Fatna**, une plage abritée, est l'une des plus belles de cette portion de côte ; tournez à gauche au café Lalla Fatna, et descendez les lacets jusqu'au sable, au pied des falaises. Plus loin, la route rejoint le **cap Beddouza** (23 km), son phare et sa large plage de sable.

En été (mai-septembre), le bus n°15 effectue ce trajet depuis la rue Driss ben Nacer à Safi.

ESSAOUIRA الصويرة

70 000 HABITANTS

Avec ses remparts, son port de pêche et les mouettes qui tournoient dans le ciel, Essaouira semble d'emblée familière. De prime abord, on pourrait presque se croire en Bretagne, ce qui n'a rien d'étonnant puisque la cité a été conçue par l'architecte français qui a dessiné Saint-Malo. Pourtant, dès que l'on franchit les murs, on découvre une atmosphère typiquement marocaine : des ruelles étroites, un vent réputé rendre fou, des effluves de poisson et d'iode mélangés au parfum des épices et du bois de thuya, des femmes en *haik* (voile) blanc, l'ombre des palmiers sur les murailles rouges à la mi-journée, et le son des tambours et des chants gnaouas qui monte des échoppes et des maisons.

L'alizé (*taros* en berbère), un vent marin, souffle ici presque toute l'année et fait d'Essaouira – surnommée "la cité africaine du vent" – l'éden marocain des surfeurs. Grâce à lui, la ville a conservé son caractère car les touristes amateurs de plage la délaissent au profit d'Agadir, plus au sud, et de son climat tempéré. Le port de pêche conserve son animation, les menuisiers réalisent des merveilles et la médina demeure aussi importante pour les habitants que prisée des touristes.

Essaouira se situe à la croisée des chemins de deux tribus : les Chiadma arabes au nord et les Haha berbères au sud. Ajoutez les Gnaouas, venus d'Afrique subsaharienne, et les Européens pour

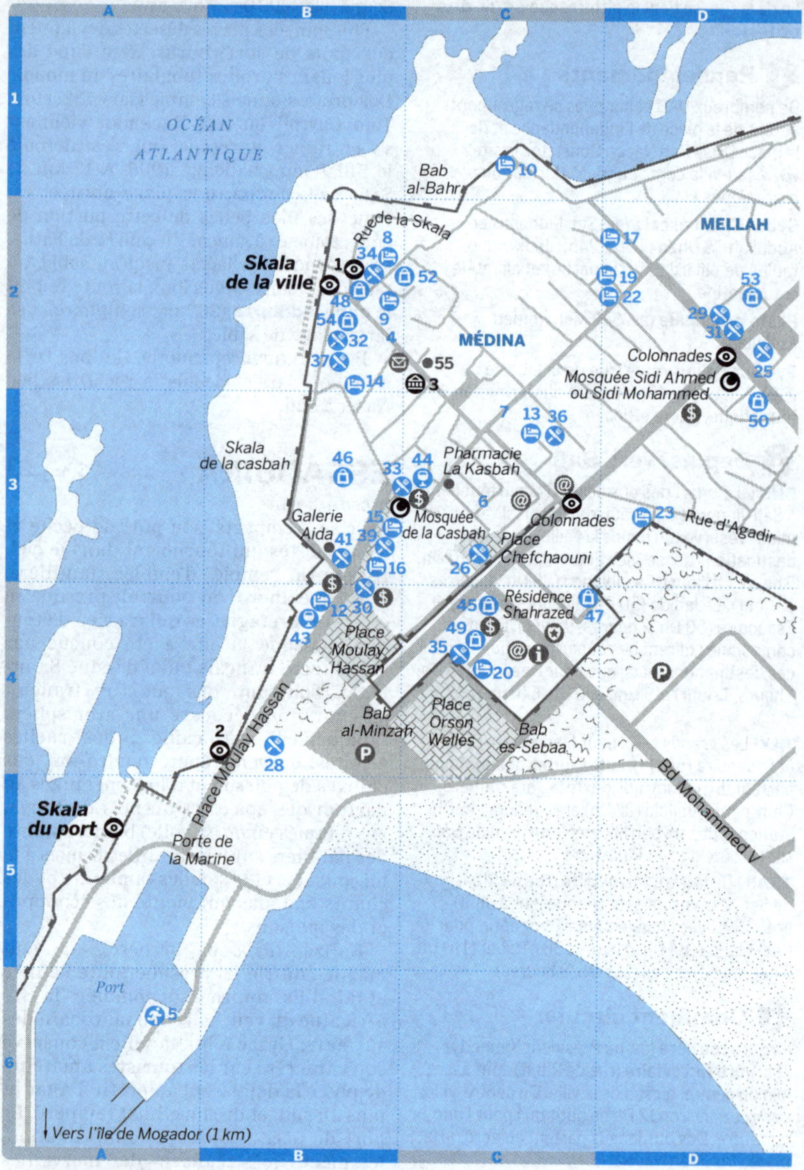

obtenir un riche mélange culturel. La lumière et la beauté de la ville ont de tout temps séduit les artistes et Essaouira possède une scène artistique florissante. Le sculpteur Boujemaa Lakhdar a créé le musée local dans les années 1950, et inspiré une génération d'artistes. Depuis, les peintres naïfs autodidactes, qui représentent leurs rêves dans une palette de couleurs vives, ont obtenu une réputation internationale, principalement grâce aux efforts de la galerie Frédéric Damgaard.

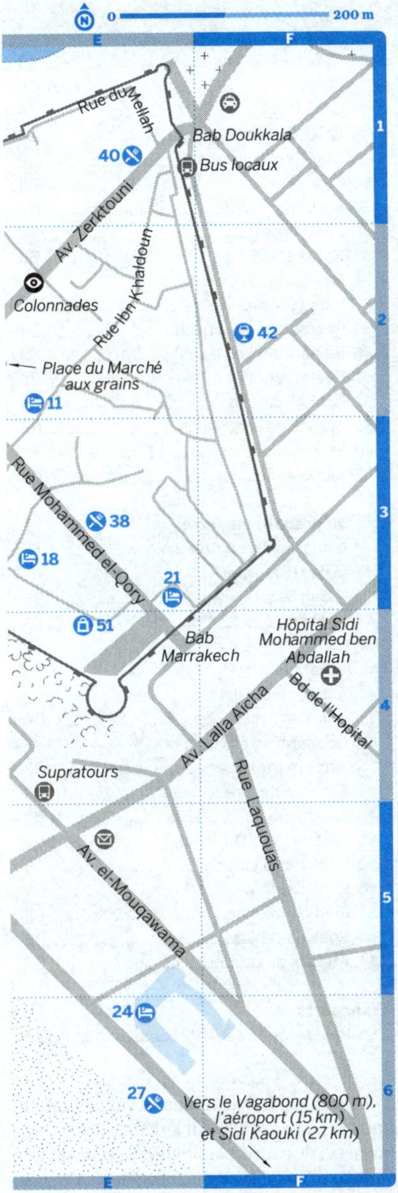

L'hiver, quand le vent hurle et que les vagues s'écrasent sur les remparts, est la saison la plus propice pour découvrir la véritable Essaouira. En été, la cité est envahie de vacanciers marocains, la plage bondée et les hôtels affichent complet.

Histoire

Si l'essentiel de la vieille ville et des fortifications date du XVIIIe siècle, l'histoire d'Essaouira remonte bien plus loin, à l'époque des Phéniciens. Des siècles durant, la cité fut dominée par des étrangers et, bien qu'elle soit redevenue marocaine, leur influence se fait encore sentir dans son aspect et son ambiance.

Vers la fin du XVe siècle, les Portugais, mesurant les avantages de la baie, y établirent un comptoir marchand et militaire qu'ils appelèrent Mogador. La communauté juive locale servait alors d'intermédiaire entre le sultan et les puissances étrangères ; elle avait par ailleurs le monopole de la vente du blé aux chrétiens. En 1541, les Portugais abandonnèrent le port aux Saadiens et il déclina, éclipsé par Agadir. Mogador reprit de l'importance lorsque le pouvoir politique passa aux mains des Alaouites, mais ne recouvra jamais son ancien rayonnement.

En 1764, le sultan Sidi Mohammed ben Abdallah s'installa à Essaouira, d'où ses corsaires pouvaient attaquer les habitants d'Agadir en révolte contre son autorité. Il engagea l'architecte français Théodore Cornut afin de créer une cité au milieu du sable et du vent. La combinaison de styles marocain et européen plut au sultan, qui nomma la ville Essaouira ("la bien conçue"). Le port devint rapidement un carrefour marchand essentiel entre Tombouctou et l'Europe ; le commerce de l'or, du sel, de l'ivoire et des plumes d'autruche était contrôlé et taxé par une garnison de 2 000 soldats du sultanat.

Lorsque les Français instaurèrent leur protectorat en 1912, ils renommèrent la ville Mogador et firent de Casablanca, Tanger et Agadir les principaux ports de commerce. Ce n'est qu'à l'Indépendance en 1956 que la bourgade somnolente redevint Essaouira. Orson Welles y filma *Othello*, puis, après une visite éclair de Jimi Hendrix, les hippies en firent l'un de leurs repaires. Depuis, Essaouira attire un flot régulier de visiteurs, des artistes, des écrivains et des surfeurs aux touristes européens fuyant la foule de Marrakech.

À voir

Si Essaouira possède peu de sites à proprement parler, la médina, les souks, les remparts, le port et la plage invitent à flâner en faisant une pause pour un déjeuner, un café ou un jus de fruits.

Essaouira

Les incontournables

Skala de la ville B2
Skala du port A5

À voir

1 Entrée des remparts B2
2 Criée B4
3 Musée Sidi Mohammed ben Abdallah C2

Activités

4 Alliance franco-marocaine B2
5 Essaouira Resort A6
6 Hammam de la casbah C3
Hammam Lalla Mira ..... (voir 18)
7 Hammam Riad el-Madina C3
L'Atelier Madada ..... (voir 20)
Sofitel Mogador ..... (voir 24)

Où se loger

8 Dar Adul B2
9 Dar Afram B2
10 Dar Al-Bahar C1
11 Dar Beida E2
12 Hôtel Beau Rivage B4
13 Hôtel Les Matins Bleus C3
14 Hôtel Smara B2
15 Jack's Appartments B3
16 Karimo B3
17 La Casa del Mar D2
18 Lalla Mira E3
19 Le Grand Large D2
20 Madada C4
21 Palais Heure Bleue E3
22 Riad Etoile d'Essaouira D2
23 Riad Nakhla D3
24 Sofitel Mogador E6

Où se restaurer

After 5 ..... (voir 20)
25 Au Bonheur des Dames D2
26 Café de l'Horloge C3
Café Faid ..... (voir 41)
27 Côté Plage E6
28 Grills de poissons B4
29 Souk aux poissons D2
30 Gelateria Dolce Freddo B4
31 Grills en plein air D2
32 La Licorne B2
33 Pâtisserie Driss B3
34 Restaurant d'Orient et d'Ailleurs B2
35 Restaurant El-Minzah C4
36 Restaurant Ferdaous C3
37 Restaurant Les Alizés B2
38 Riad Al-Baraka E3
39 Stands de sandwichs B3
40 Stands d'en-cas E1
41 Taros B3

Où prendre un verre

42 Magasins de spiritueux F2
43 Café-restaurant Bab Laachour B4
44 Le Patio C3

Achats

45 Association Tilal des arts plastiques C4
46 Coopérative artisanale des marqueteurs B3
47 Espace Othello C4
48 Galerie Sadiqi B2
49 Galerie Damgaard C4
50 Souk des bijoutiers D3
51 Rafia Craft E4
52 Riad al-Khansaa C2
53 Souk des épices D2
54 Ateliers de sculpture sur bois B2

Transports

55 Résidence Hôtel Al-Arboussas C2

Médina

MÉDINA

La médina fortifiée d'Essaouira a été inscrite au patrimoine mondial de l'Unesco en 2001. Ses remparts bien conservés de la fin du XVIIIe siècle constituent un brillant exemple d'architecture militaire européenne en Afrique du Nord. L'ambiance détendue, les ruelles sinueuses bordées de boutiques pittoresques, les maisons chaulées et les portes en bois massif en font un endroit merveilleux pour une promenade.

Les remparts, battus par les vagues, offrent une vue panoramique sur le dédale des rues. Ils ont servi de cadre à la première scène du film *Othello* d'Orson Welles, où l'on découvre Iago enfermé dans une cage, suspendue au-dessus des rochers et de l'océan. Pour les rejoindre, le plus simple consiste à passer par la **skala de la ville**, l'impressionnant bastion contruit le long des falaises. Des canons européens en cuivre des XVIIIe et XIXe siècles jalonnent le chemin de ronde, d'où l'on contemple les flots, sublimes au coucher du soleil.

Skala du Port BÂTIMENT HISTORIQUE

(adulte/enfant 10/3 Dh ; 9h-17h30). Près du port, la *skala* compte d'autres canons et jouit de la vue sur le port de pêche et l'île de Mogador. Retournez-vous pour admirer la médina fortifiée à travers une volée de mouettes, photo qui illustre la majorité des brochures touristiques.

Le port connaît une activité incessante toute la journée. Outre le va-et-vient des bateaux, les pêcheurs qui reprisent leurs filets ou déchargent leurs prises, vous verrez la construction d'embarcations traditionnelles en bois, vendues sur toute la côte marocaine et jusqu'en France car réputées pour leur navigabilité. La **criée** (15h-17h lun-sam), dans la halle à la sortie du port, mérite aussi le coup d'œil.

Île de Mogador SITE D'INTÉRÊT

Connue à l'époque phénicienne et romaine pour la production de pourpre à partir de coquillages locaux, l'île de Mogador se compose en fait de deux îles et de plusieurs îlots, jadis appelés îles Purpuraires. De robustes fortifications, une mosquée et une prison abandonnée constituent les seuls vestiges d'une colonie autrefois prospère. Désormais inhabitées et interdites d'accès, les îles sont devenues un réserve pour les **faucons d'Éléonore** (*Falco eleonorae*).

Ces élégants rapaces viennent y nicher d'avril à octobre avant leur incroyable périple de retour jusqu'à Madagascar. Les faucons peuvent être observés à la jumelle de la plage d'Essaouira, surtout en début de soirée. Un autre point d'observation (déconseillé en soirée si vous êtes seul) se situe au sud de la ville, à 1 km environ après le phare, au bord de l'embouchure du fleuve.

Musée Sidi Mohammed ben Abdallah MUSÉE

(0524 47 53 00 ; rue Laâlouj ; adulte/enfant 10/3 Dh). Installé dans un vieux riad superbement rénové, ce musée possède une petite collection intéressante de bijoux, de costumes, d'armes, d'instruments de musique et de tapis de la région. Une section explique les signes et les symboles utilisés par les artisans locaux. Il présente aussi des photos de la ville au début du XXe siècle, ainsi que des objets romains et phéniciens trouvés dans la baie.

Activités

Aux alentours d'Essaouira, plusieurs établissements proposent des promenades à cheval ou à dos de chameau (voir p. 232).

Plage PLAGE

La large plage de sable d'Essaouira est idéale pour une promenade, mais les vents violents et les courants rendent la baignade dangereuse. Footballeurs, véliplanchistes et amateurs de kitesurf en occupent l'extrémité côté ville, et laissent plus loin la place aux propriétaires de chevaux et de dromadaires. Ces derniers peuvent se montrer insistants ; refusez clairement leurs services ou marchandez ferme si vous les utilisez.

À pied, vous pouvez continuer vers le sud et traverser l'oued Ksob (impossible à marée haute) jusqu'aux ruines de **Borj el-Berod**, une forteresse et un pavillon partiellement ensablés. Selon la légende locale, l'endroit aurait inspiré la chanson *Castles Made of Sand* à Jimi Hendrix ; en réalité, elle fut enregistrée un an avant son voyage. De là, vous pouvez marcher jusqu'au village de Diabat dans l'arrière-pays, ou continuer le long du rivage jusqu'aux dunes de sable du cap Sim.

Union nationale des centres sportifs de plein air SPORTS NAUTIQUES

(UCPA ; 0661 24 98 01 ; ucpam_essaouira@yahoo.fr). L'UCPA loue des planches de surf (3 jours 420 Dh), des bodyboards (3 jours 220 Dh) et des planches à voile (demi-journée/3 jours 350/1 450 Dh). Un cours de planche à voile de 2 heures coûte 440 Dh, un stage de kitesurf avec trois cours de 2 heures revient à 1 600 Dh, et des cours de surf de 2 heures pour les enfants à 250 Dh.

Océan Vagabond SPORTS NAUTIQUES

(0524 78 39 34 ; www.oceanvagabond.com ; 9h-18h). Cet établissement loue des planches de surf (3 jours 750 Dh), des kitesurfs (3 jours 1 600 Dh) et des planches à voile (2 heures 440 Dh) et propose des cours de surf (adulte/enfant 2 heures 440/340 Dh), de kitesurf (6 heures 2 310 Dh) et de planche à voile (2/6 heures 825/1 750 Dh). Il possède un agréable café-restaurant avec terrasse sur la plage.

Hammam Lalla Mira HAMMAM

(0524 47 59 07 ; www.lallamira.ma ; 14 rue d'Algérie ; hammam et gommage 75 Dh ; femmes 9h30-19h, hommes 19h-22h). Ce vieux hammam restauré, chauffé à l'énergie solaire, possède un intérieur traditionnel splendide. Visant la clientèle touristique, il offre des massages à l'huile d'argan avantageux. Si vous ne séjournez pas dans la pension du même nom, vous devrez réserver pour le hammam.

JIMI HENDRIX : LA LÉGENDE MAROCAINE

À Essaouira, on vous racontera diverses histoires : Jimi Hendrix y vécut dans les années 1960. Il possédait un riad où vous pouvez séjourner, ou un restaurant où vous devriez déjeuner. Il aurait vécu dans d'autres riads, dans un camping-car, ou dans une tente. Il essaya d'acheter l'île de Mogador. Il composa ici *Castles Made of Sand*. Il dédicaça une photo qui orne aujourd'hui les murs d'un restaurant local. Il voulut adopter un garçon marocain. Il engendra de nombreux enfants. Il partagea une chambre avec Timothy Leary.

Toutes ces histoires ne sont que des balivernes. Hendrix ne passa qu'une semaine au Maroc, en juillet 1969, avec sa petite amie Collette Mimram, et séjourna deux ou trois jours à Essaouira, sans apporter sa guitare. L'album qui comprend *Castles Made of Sand* était sorti depuis 18 mois.

La photo signée *"A mon ami Sam, 63"* est tout simplement un faux !

Hammam de la Casbah HAMMAM
(7 rue de Marrakech ; 10 Dh). Pour une expérience locale plus traditionnelle, réservée aux femmes.

Hammam Riad el-Madina HAMMAM
(☎0524 47 59 07 ; 9 rue el-Attarine ; 70 Dh, massage à partir de 300 Dh ; ⊙femmes 9h-10h et 15-16h, mixte 10h-12h30 et 16h-19h). Une autre bonne adresse.

Sofitel Mogador HAMMAM, SPA
(☎0524 47 90 00 ; bd Mohammed V ; à partir de 200 Dh ; ⊙mixte 8h30-14h et 18h30-22h30, femmes 14h30-18h). Un hammam traditionnel qui offre également hydrothérapie, aquagym et massages. Excellent service.

Cours

L'Atelier Madada CUISINE
(☎0524 47 55 12 ; 5bis rue Youssef el-Fassi ; www.lateliermadada.com ; ⊙10h30-14h30 et 15h-17h). Joliment aménagée dans un ancien entrepôt, cette école de cuisine organise des cours pour 8 élèves en français et en anglais. Vous apprendrez les secrets des tajines et du couscous le matin (450 Dh, déjeuner compris), et ceux de la pâtisserie marocaine l'après-midi (200 Dh).

Alliance franco-marocaine LANGUE
(☎0524 47 61 97 ; www.ambafrance-ma.org/institut/afm-essaouira/index.cfm ; Derb Lâalaouj, 9 rue Mohammed Diouri ; ⊙9h-12h30 et 14h30-18h30 lun-ven). Cours d'arabe de 8 semaines, films, expositions et événements culturels.

Circuits organisés

Essaouira Resort VOILE
(☎0661 62 63 13 ; www.essaouira-resort.com ; port). Ce complexe balnéaire propose des excursions de 2 heures en voilier (adulte/enfant 250/125 Dh, 10h et 14h30) dans la baie et autour des îles de Mogador, ainsi qu'une sortie au coucher du soleil en été (adulte/enfant 300/150 Dh, 1 heure 30).

Festivals

Essaouira organise deux festivals majeurs qui attirent d'innombrables artistes et spectateurs.

Festival gnaoua et de musique du monde MUSIQUE LIVE
(www.festival-gnaoua.net). Le troisième week-end de juin, quatre jours d'extravagance musicale avec des artistes locaux, nationaux et internationaux, ainsi que des expositions artistiques.

Festival des Andalousies atlantiques MUSIQUE LIVE
(www.festivaldesandalousiesatlantiques.com). Un mélange éclectique de musique, d'art et de danse andalous par des artistes locaux et internationaux, fin octobre.

Où se loger

Essaouira offre un grand choix d'hébergements de toutes catégories, à des prix relativement élevés. La plupart des hôtels et des riads se situent dans la médina. En été, réservez ou arrivez en début de journée pour trouver une chambre. Faute de place dans la médina, de nouveaux hôtels sont construits le long de la côte plus au sud et sur le front de mer.

Les établissements pour petits budgets sont généralement supérieurs à la moyenne, souvent avec des chambres plaisantes, des terrasses et des sdb correctes. Dans la catégorie moyenne, chaque établissement semble plus charmant que le précédent.

À cela s'ajoutent de nombreux appartements et riads, pour la plupart superbement aménagés. Abordables et pratiques pour les familles et les groupes, leurs prix s'échelonnent de 600 Dh la nuit pour un appartement avec une chambre à 3 000 Dh la nuit pour l'ancien consulat britannique, doté de trois chambres.

Dar Adul PENSION €€
(☎0524 47 39 10 ; www.dar-adul.com ; 63 rue Touahen ; d 600-880 Dh ; 📶). Cette maison soigneusement restaurée comprend quelques chambres à l'éclairage subtil, avec de beaux meubles, des couleurs sourdes et des détails qui évoquent une demeure plutôt qu'un hôtel. Des toiles colorées du propriétaire ornent les murs. L'extrême gentillesse du personnel renforce l'ambiance chaleureuse. Dîner (165 Dh) préparé sur demande.

Hôtel Beau Rivage HÔTEL €
(☎0524 47 59 25 ; www.essaouiranet.com/beaurivage ; 14 pl. Moulay Hassan ; s/d/tr avec petit-déj 270/390/510 Dh ; 📶). Des lecteurs recommandent cet hôtel accueillant, idéalement situé sur la place principale. Un peu bruyantes, les chambres claires et gaies, avec des meubles modernes et des sdb immaculées, permettent de contempler l'animation de la place. Le petit-déjeuner est servi sur le paisible toit-terrasse, qui donne sur le port et la ville. Un restaurant est à disposition.

Lalla Mira PENSION €€
(☎0524 47 50 46 ; 14 rue d'Algérie ; www.lallamira.net ; s/d/tr avec petit-déj et hammam 436/692/860 Dh ; 📶✓). Premier éco-hôtel de la ville, cette pension séduisante propose des chambres sans prétention avec des murs en *tadelakt* ocre, des lits hypoallergéniques, des meubles en fer forgé, des tissus naturels et un chauffage solaire au sol. Elle possède également un excellent hammam et un bon restaurant qui sert des plats bio, comme le lapin aux pêches et noix ou la chèvre à l'huile d'argan, ainsi que divers plats végétariens.

Riad Nakhla RIAD €
(☎/fax 0524 47 49 40 ; www.essaouiranet.com/riad-nakhla ; 2 rue d'Agadir ; s/d/ste avec petit-déj 230/360/500 Dh ; 📶). Derrière une façade quelconque, vous découvrirez une réception accueillante dans une jolie cour à colonnade, agrémentée d'une fontaine. Bien équipées et confortables, les chambres, d'une propreté irréprochable, comportent des fenêtres avec volets, des dessus-de-lit colorés, une TV et de belles sdb en *tadelakt*. Le petit-déjeuner est servi sur le toit-terrasse avec vue sur l'océan et la ville. Une véritable aubaine à ces prix !

Dar Afram B&B €€
(☎0524 78 56 57 ; www.dar-afram.com ; 10 rue Sidi Magdoul ; s 250 Dh, d 400-600 Dh). Outre un accueil très chaleureux, cette pension offre des chambres sans prétention et impeccables, des sdb communes et une ambiance joyeuse. Les propriétaires australo-marocains sont musiciens et bœuf impromptu suit souvent le dîner, servi à une table commune.

Hôtel Les Matins Bleus RIAD €€
(☎0524 78 53 63 ; www.les-matins-bleus.com ; 22 rue de Drâa ; s/d/tr avec petit-déj 310/470/940 Dh). Caché dans une impasse, cet hôtel charmant loue des chambres traditionnelles, avec murs blancs, textiles locaux et sdb impeccables, réparties autour d'une cour centrale colorée. Le petit-déjeuner est servi sur la terrasse abritée, qui domine la médina.

Riad Etoile d'Essaouira PENSION €€
(☎0524 47 20 07 ; www.riadetoiledessaouira.com ; 2 rue Kadissiya, av. Sidi Mohammed ben Abdellah ; s/d/tr/ste 385/495/660/990 Dh ; 📶). Dans le mellah de la médina, cette pension récemment ouverte et confortable est joliment décorée de textiles locaux. Toutes les chambres disposent d'une TV et certaines peuvent accueillir des familles.

Le Grand Large PENSION €€
(☎0524 47 28 66 ; www.riadlegrandlarge.com ; 2 rue Oum-Rabia ; s/d/tr avec petit-déj 440/550/660 Dh). Accueillant et gai, Le Grand Large se distingue par ses murs peints en rose, en vert et en bleu, ses couvre-lits colorés sur des lits en fer forgé, et beaucoup de caractère.

Dar Al-Bahar PENSION €€
(☎0524 47 68 31 ; www.daralbahar.com ; 1 rue Touahen ; d sans/avec vue mer 550/660 Dh, ste 880 Dh). Des lecteurs recommandent cette charmante pension de la médina. Les chambres, d'une élégante simplicité avec leurs murs blancs, comportent des meubles en fer forgé, égayés par des jetés de lit et des rideaux colorés. Des œuvres d'art locales ornent les murs et la terrasse surplombe l'océan.

La Casa del Mar PENSION €€
(☎0524 47 50 91 ; www.lacasa-delmar.com ; 35 rue d'Oujda ; d avec petit-déj 825 Dh). Dans cette ravissante pension, le mélange réussi de design contemporain et de style traditionnel crée une ambiance propice à la détente. Profitez de votre chambre, joignez-vous aux

autres hôtes pour un repas marocain ou une paella (sur réservation), organisez la visite d'un masseur ou d'un artiste du henné, ou contemplez le coucher du soleil sur la terrasse en bord de mer.

Madada PENSION €€€
(☎0524 47 55 12 ; www.madada.com ; 5 rue Youssef el-Fassi ; d 1 265-1 700 Dh, ste 1 870 Dh ; ❄📶). Raffinée, stylée et très élégante, cette pension offre de luxueuses chambres contemporaines dans une maison traditionnelle. *Tadelakt* ivoire et sable, minimalisme, meubles de créateurs et couleurs neutres donnent une ambiance zen à l'ensemble. Vastes et lumineuses, les chambres au décor subtil s'agrémentent de meubles en bois de rose, de lavabos de cuivre et de terrasses privées. Celles en étage disposent d'une grande terrasse avec vue sur la baie. L'école de cuisine L'Atelier Madada (p. 226) et le bar-restaurant After 5 (p. 229) font partie de l'établissement.

Hôtel Smara HÔTEL €
(☎0524 47 56 55 ; 26 rue de la Skala ; s/d/tr 76/104/174 Dh, d/tr avec vue 196/236 Dh). Cet hôtel chaulé compte 4 chambres qui donnent sur la mer – les meilleures se trouvent sur le toit-terrasse, où le petit-déjeuner est servi. Les autres chambres ouvrent sur l'intérieur et peuvent être humides en hiver. Carrelées, les sdb communes sont propres. L'adresse est prisée pour son bon rapport qualité/prix, notamment pour les chambres quadruples. Réservez ou arrivez tôt.

Palais Heure Bleue RIAD €€€
(☎0524 47 42 22 ; www.heure-bleue.com ; 2 rue Ibn Batouta ; d/ste 3 300/5 830 Dh ; ❄📶🏊). Meilleur hôtel d'Essaouira, cet élégant riad conjugue tous les atouts, de la piscine sur le toit au cinéma et à la salle de billard. Chic européen et charme colonial se mêlent dans le salon, où trône un grand piano sous des trophées de chasse, et dans les chambres avec imprimés zèbre, bois sombres et marbre.

Dar Beida MAISON DE LOCATION €€€
(☎0667 96 53 86 ; www.castlesinthesand.com ; à partir de 3 300 Dh/pers par semaine). Splendide demeure marocaine traditionnelle du XVIIIe siècle, la "Maison blanche", au centre d'Essaouira, a été amoureusement restaurée par la décoratrice londonienne Emma Wilson et son mari avec des meubles des années 1950 et 1960 chinés dans des marchés locaux. Elle compte plusieurs chambres, les meilleures sur le toit-terrasse, deux salons avec de nombreux livres et CD, et une grande terrasse. La location comprend l'entretien, le bois pour la cheminée et une paire de babouches pour chaque hôte. Emma loue également la Dar Emma, plus traditionnelle mais tout aussi confortable et plaisante.

Jack's Apartments (☎0524 47 55 38 ; www.essaouira.com/apartments ; 1 pl. Moulay Hassan) et **Karimo** (☎0524 47 45 00 ; www.karimo.net ; pl. Moulay Hassan) proposent un bon choix de locations. Réservez bien à l'avance pour la haute saison.

Où se restaurer

Riad Al-Baraka LOCAL €€
(☎0524 47 35 61 ; 113 rue Mohammed el-Qory ; plats 110 Dh ; ⏲déj et dîner). Installé dans une ancienne école juive, cet établissement branché comprend plusieurs salles et un bar dans une grande cour ombragée par un énorme figuier. La cuisine est principalement marocaine, avec des influences moyen-orientales et juives, le cadre détendu et des musiciens locaux se produisent le week-end.

Taros MÉDITERRANÉEN €€
(☎0524 47 64 07 ; 2 rue de la Skala ; plats 120 Dh ; ⏲déj et dîner). Vous pourrez dîner aux chandelles dans la salle ou sur l'agréable terrasse, qui donne sur la place et le port. Des musiciens ou un magicien animent souvent la soirée. La carte privilégie le poisson. Vous pouvez aussi vous contenter d'un verre au bar ou venir l'après-midi pour un thé.

Grills de poisson en plein air LOCAL
Si la ville compte de nombreux cafés et restaurants, la qualité varie grandement. Les gargotes de poisson grillé qui bordent la place Moulay Hassan côté port ne vous décevront pas. Faites votre choix parmi les poissons et les fruits de mer présentés, convenez du prix (environ 60 Dh pour un déjeuner) et attendez qu'ils soient préparés.

Restaurant El-Minzah LOCAL, POISSON €€
(☎0524 47 53 08 ; 3 av. Oqba ben Nafii ; plats 85-130 Dh, menu à partir de 95 Dh ; ⏲déj et dîner). Installez-vous en terrasse ou dans la salle élégante de ce restaurant fréquenté, face aux remparts. La carte propose une bonne sélection de plats internationaux, avec des spécialités, comme le requin bleu et d'autres poissons. Musique gnaoua le samedi soir.

Restaurant d'Orient et d'Ailleurs
FRANÇAIS, LOCAL €€
(☎0524 45 59 77 ; 67bis rue Touahen ; menu 90-130 Dh ; plats 90-160 Dh ; ⏲déj et dîner ; 🖉). Ce restaurant à l'éclairage romantique et au

décor éclectique offre un vaste choix de poissons locaux, de plats français et marocains, et divers plats végétariens.

After 5 MEDITERRANÉEN €€€
(☎0524 78 47 26 ; 5 rue Youssef el-Fassi ; plats 200 Dh ; ⏲19h-23h mer-lun, 12h-15h sam-dim). Des sièges violets, des arches en pierre et de gigantesques abat-jour ornent ce restaurant branché, qui sert des plats marocains et méditerranéens originaux et bien cuisinés. L'une des adresses favorites pour un dîner.

Restaurant Ferdaous LOCAL €€
(☎0524 47 36 55 ; 27 rue Abdesslam Lebadi ; plats 60-80 Dh, menu 105 Dh ; ⏲déj et dîner mar-dim). Ce charmant restaurant marocain est l'un des rares à proposer une vraie cuisine maison. La carte, qui change selon les saisons, offre une interprétation créative des recettes traditionnelles. Les serveurs sont très sympathiques et les tables basses renforcent l'authenticité.

Restaurante Les Alizés LOCAL €€
(☎0524 47 68 19 ; 26bis rue de la Skala ; plats 120 Dh ; ⏲déj et dîner). Ce restaurant prisé, tenu par un couple charmant, occupe une maison du XIXe siècle au-dessus de l'Hôtel Smara. Outre un accueil chaleureux, il propose de délicieux plats marocains, comme le couscous de poisson et le tajine aux boulettes de sardines. Réservation recommandée.

La Licorne LOCAL €€
(☎0524 47 36 26 ; 26 rue de la Skala ; menu 160 Dh ; ⏲dîner). Cet établissement douillet ressemble à un pavillon de chasse, avec ses poutres apparentes et ses sièges massifs. Le menu standard de tajine est servi par un personnel plaisant.

Café de l'Horloge CAFÉ €
(pl. Chefchaouni). Sur la jolie place au pied du clocher, ce café fréquenté est une bonne adresse pour un petit-déjeuner (25 Dh) de crêpes ou de pain et d'*amlou* (pâte à tartiner à base d'huile d'argan, d'amandes et de miel). Loin de la foule de l'artère principale, c'est aussi un endroit paisible pour un café ou un en-cas.

Gelateria Dolce Freddo GLACIER €
(pl. Moulay Hassan). Avec plus de 20 parfums de glace italienne authentique (10 Dh la boule), comment résister aux tentations de ce petit et excellent glacier sur la place principale !

Au Bonheur des Dames CAFÉ €
(pl. du Marché aux Grains). Élégante terrasse sur cette place pittoresque qui serait l'ancien marché aux esclaves ; elle sert un bon choix de thés, de cafés, de jus de fruits et un succulent petit-déjeuner (35 Dh).

Ocean Vagabond CAFÉ €
(près bd Mohammed V ; plats 60-90 Dh ; ⏲déj et dîner). Loin du centre-ville, ce café sans prétention est le plus plaisant en bord de plage. Il offre un choix restreint et correct de sandwichs, pizzas, pâtes et salades et des tables sur le sable où les enfants peuvent jouer.

Côté Plage MÉDITERRANÉEN €€
(bd Mohammed V ; plats 150 Dh ; ⏲déj et dîner). Appartenant au Sofitel de l'autre côté de la rue, ce café de plage possède une agréable terrasse avec de grands parasols blancs. Vous pourrez y grignoter des tapas (35 Dh)

À NE PAS MANQUER

L'ART NAÏF D'ESSAOUIRA

Partout à Essaouira, vous verrez des artistes au travail, et presque toutes les boutiques vendent leurs œuvres. Influencés par l'afflux d'Occidentaux dans les années 1970, les artistes locaux ont développé leur propre style naïf teinté d'art moderne et utilisent principalement des peintures acryliques. Autodidactes, ils produisent des toiles très colorées, souvent inspirées du mouvement gnaoua. Elles représentent fréquemment des musiciens ou des groupes de chanteurs.

Latifa Boumazzourh est l'une de ces peintres. Née dans une famille d'artistes, elle fut encouragée par son défunt mari, lui-même artiste. Elle a d'abord exposé au palais des Congrès de Marrakech en 1996, et depuis en Allemagne, en Suisse et en France. Latifa est présidente de l'Association des femmes artistes et peintres et présente ses œuvres à la galerie Sadiqi et au Riad al-Khansaa.

Des membres de sa famille ont toujours fait partie de la confrérie soufie des Hamadcha. Ses tableaux représentent des femmes en transe de cette confrérie (hadra) ou des musiciennes ; les prix débutent à 2 000 Dh.

en regardant l'océan ou savourer le barbecue du dimanche.

Souk aux poissons LOCAL
(près av. de l'Istiqlal). Après avoir acheté du poisson au marché, faites-le griller dans l'un des stands du coin sud. On vous le servira avec du pain et de la salade pour 30 Dh.

Pour un croissant ou une pâtisserie, rendez-vous à la **Pâtisserie Driss**, qui possède une salle au fond, ou au **Café Faid**, tous deux proches de la place Moulay Hassan. De nombreux **stands d'en-cas** et gargotes jalonnent l'avenue Sidi Mohammed ben Abdallah, l'avenue Zerktouni et les alentours de Bab Doukkala.

Où prendre un verre

Bien que destination touristique, Essaouira ne se distingue pas par sa vie nocturne. Vous pourrez acheter de l'alcool dans les **magasins de spiritueux** (9h-12h30 et 15h-18h) à l'extérieur de la médina, près de Bab Doukkala, et boire un verre sur la terrasse de votre hôtel en admirant le coucher du soleil. Sinon, essayez l'un des bars suivants :

Le Patio BAR
(28 rue Moulay Rachid ; dîner mar-dim). Dans ce bar-restaurant branché éclairé aux chandelles, avec meubles rouge sang et boule à facettes, vous devrez commander des tapas (35 Dh) pour accompagner un verre, à moins de vous laisser tenter par les effluves de poisson grillé émanant du restaurant (plats à partir de 90 Dh).

Taros BAR
(2 rue de la Skala). Une terrasse parfaite pour un verre au crépuscule.

Café-restaurant Bab Laachour CAFÉ
(pl. Moulay Hassan). Installez-vous en terrasse pour siroter une bière (servie uniquement en soirée).

Achats

Riad al-Khansaa ART ET ARTISANAT
(60-62 rue Touahen ;). Le rez-de-chaussée de cette superbe maison est rempli de trésors, des vêtements originaux aux splendides lampes, peintures, sculptures et objets d'art. Vous pouvez même louer une chambre à l'étage (400 Dh).

Ateliers de sculpture sur bois ART ET ARTISANAT
Essaouira est renommée pour ses artisans qui travaillent le bois et plusieurs boutiques sont regroupées près de la Skala de la ville. Les ouvrages de marqueterie sont réalisés en thuya, une espèce menacée. Même s'ils sont ravissants et bon marché, les acheter encourage l'abattage frauduleux des derniers bosquets qui subsistent. Choisissez des objets confectionnés avec d'autres essences.

Coopérative artisanale des marqueteurs ART ET ARTISANAT
(6 rue Khalid ibn Oualid). Une bonne adresse pour des achats à prix fixes.

Rafia Craft ART ET ARTISANAT
(82 rue d'Agadir). Autre artisanat d'Essaouira, le raphia est fabriqué avec des fibres de palmier doum. La plupart des produits sont vendus à des magasins européens.

Souk des épices ALIMENTATION
Vous y trouverez du Viagra naturel, du rouge à lèvres berbère, des traitements de la calvitie et des épices exotiques, ainsi que des produits à l'huile d'argan et de l'*amlou* traditionnel (environ 40 Dh la bouteille).

Souk des bijoutiers BIJOUX
Un petit groupe d'échoppes qui offrent toutes sortes de bijoux, des lourdes perles berbères aux parures en or.h.

Carrefour artistique, Essaouira compte plusieurs galeries qui vendent les œuvres de peintres locaux, plus ou moins talentueux.

Galerie Damgaard ART ET ARTISANAT
(www.galeriedamgaard.com ; rue Oqba ben Nafi). La plus ancienne et la meilleure, cette galerie présente les œuvres d'artistes locaux.

Association Tilal des arts plastiques ART ET ARTISANAT
(4 rue du Caire). Artistes en plein essor.

Espace Othello ART ET ARTISANAT
(9 rue Mohammed Layachi ; 9h-13h et 15h-20h). Artistes prometteurs.

Galerie Sadiqi ART ET ARTISANAT
(angle rue Laalouj et rue Touahen). Latifa Boumazzourh expose ses peintures naïves dans cette petite galerie.

Galerie Aida LIVRES
(2 rue de la Skala). Cette galerie propose une sélection de livres, notamment en anglais, et diverses babioles originales.

Renseignements

Accès Internet

Des cybercafés sont installés dans toute la ville ; ils ouvrent pour la plupart de 9h à 23h et facturent de 8 à 10 DH l'heure.

Cyber Les Remparts (12 rue du Rif)
Espace Internet (8bis rue du Caire)
Mogador Informatique (5 av. de l'Istiqlal)

Argent

Plusieurs banques avec DAB entourent la place Moulay Hassan et jalonnent l'artère principale qui conduit à Bab Doukkala au nord-est. La plupart disposent d'un service de change et délivrent des avances sur les cartes de crédit.

Cartes

L'office du tourisme vend une bonne carte de la ville (25 Dh) et un guide intéressant, *Essaouira la séductrice* (40 Dh), avec toutes sortes d'informations sur l'histoire locale, les arts, la musique traditionnelle, les festivals et l'architecture. Autre ouvrage utile (parfois indisponible sur place), *Essaouira de bab en bab* (Publiday-Multidia, 2002), de Hammad Berrada, décrit en détail huit promenades et comprend des photos et des plans complets de la médina.

Désagréments et dangers

Si Essaouira demeure une ville touristique essentiellement sûre et détendue, restez prudent le soir dans les ruelles du mellah. Bien que la cité et le mellah aient été sécurisés ces dernières années, des problèmes liés à la drogue et à l'alcool perdurent. Dealers et toxicomanes fréquentent les petites rues au nord de l'avenue Zerktouni et à l'est de l'avenue Sidi Mohammed ben Abdallah, faisant de ce quartier la partie la plus dangereuse de la ville.

Office du tourisme

Délégation du Tourisme (☎0524 78 35 32 ; www.essaouira.com ; 10 rue du Caire). Serviable, elle fournit de multiples informations et conseils aux voyageurs et ses panneaux d'affichage répertorient les événements et les activités de la ville.

Poste

Poste (rue Laâlouj ; ⏱lun-ven)

Poste principale (av. el-Mouqawama ; ⏱8h30-16h15 lun-ven, 8h-12h sam)

Services médicaux

Hôpital Sidi Mohammed ben Abdallah (☎0524 47 57 16 ; bd de l'Hôpital). Pour les urgences.

Pharmacie la Kasbah (☎0524 47 51 51 ; 12-14 rue Allal ben Abdellah)

Urgences

Police (☎19, 0524 78 48 80 ; rue du Caire). En face de l'office du tourisme.

Urgences médicales (☎0524 47 57 16)

ℹ Depuis/vers Essaouira

AVION De l'**aéroport de Mogador** (rte d'Agadir), à 15 km au sud de la ville, deux vols directs partent tous les jours pour Casablanca. Des vols desservent Paris en été, à des horaires irréguliers.

BUS La **gare routière** se situe à 400 m au nord-est de la médina ; vous pouvez facilement la rejoindre à pied dans la journée, mais prenez plutôt un petit taxi en soirée (10 Dh). La **consigne** (7 Dh par bagage) ouvre 24h/24.

La CTM offre plusieurs bus quotidiens pour les destinations suivantes :

DESTINATION	TARIF	DURÉE
Agadir	60 Dh	3 heures
Casablanca	135 Dh	6 heures
El-Jadida	95 Dh	4 heures
Inezgane	60 Dh	3 heures 30
Marrakech	75 Dh	2 heures 30
Safi	50 Dh	2 heures 30

Mieux vaut réserver la veille pour les bus longue distance.

D'autres compagnies proposent des bus moins chers et plus fréquents pour les mêmes destinations, ainsi que Taroudant (70 Dh, 6 heures), Tan-Tan (130 Dh, 6 heures) et Rabat (90 Dh, 6 heures).

Supratours, la compagnie de l'ONCF, dessert la gare ferroviaire de Marrakech (70 Dh, 2 heures 30, 5/jour) en correspondance avec les trains qui rallient Casablanca à partir de la gare proche de Bab Marrakech. Réservez plusieurs jours à l'avance, surtout en été.

Le bus local n°5 pour Diabat (5 Dh) et Sidi Kaouki (6 Dh) part du boulevard Moulay Youssef, devant Bab Doukkala, environ 8 fois par jour.

TAXI La station de grands taxis se tient juste à l'ouest de la gare routière. Comptez 75 Dh pour Agadir ou Inezgane.

ℹ Comment circuler

Pour rejoindre l'aéroport, prenez le bus n°5 (10 Dh, 15 min) ou un grand taxi (200 Dh). Les petits taxis bleus sont pratiques depuis/vers la gare routière (10 Dh), mais ne peuvent pas entrer dans la médina. Si vous préférez marcher sans porter vos bagages, des porteurs avec des carrioles les transporteront à votre hôtel (environ 20 Dh).

Vous pourrez louer des vélos à la **Résidence Shahrazed** (☎0524 47 29 77 ; 1 rue Youssef el-Fassi ; 100 Dh/j) et à la **Résidence Hôtel Al-Arboussas** (☎0524 47 26 10 ; 24 impasse Laâlouj ; 100 Dh/j).

L'HUILE D'ARGAN

L'huile d'argan, la "nouvelle huile d'olive", est de plus en plus utilisée dans les restaurants chics du monde entier pour assaisonner les salades. L'arganier ne pousse que dans cette partie du monde, aussi les forêts d'arganiers de la vallée du Sous et de la côte Haha au sud d'Essaouira ont-elles récemment été classées réserves de biosphère par l'Unesco.

L'*Argania spinosa* résiste à la chaleur et peut survivre jusqu'à une température de 50°C. Essentiel dans la lutte contre la désertification du sud du pays, il est devenu vital pour l'économie locale, fournissant du bois de chauffage, du fourrage pour les chèvres et de l'huile. Les femmes berbères récoltent les fruits au printemps. Elles en nourrissent les chèvres, dont les sucs digestifs dissolvent l'épaisse couche élastique de la coquille. Les noix sont ensuite récupérées dans le crottin, les amandes fendues et légèrement grillées, puis pressées.

Produire un litre d'huile nécessite 30 kg de noix et 15 heures de travail, réservé aux femmes. Récent changement de cette tradition, des coopératives ont décidé de se passer des chèvres et de cueillir les fruits sur les arbres pour obtenir une huile au goût plus subtil. Vous pourrez découvrir tout le processus au cours d'une visite guidée de la **coopérative Amal** (☎0524 78 81 41; www.targanine.com ; Tamanar ; entrée libre ; ⏲8h-19h lun-ven), à 80 km au nord d'Agadir ; son huile bio a remporté le prix Slow Food en 2001.

Les Berbères utilisent depuis longtemps l'huile d'argan pour se soigner. Des recherches récentes tendent à prouver qu'elle aide à réduire le taux de cholestérol et prévient l'artériosclérose. En cuisine, sa saveur de noix se marie parfaitement aux salades, légumes grillés et tajines. Les Berbères la mélangent avec des amandes pilées et du miel pour préparer l'*amlou*, une gourmandise qui aurait des propriétés aphrodisiaques.

L'huile pressée à froid à partir d'amandes non torréfiées est reconnue pour ses vertus cosmétiques, particulièrement pour les cheveux. Sa forte concentration en vitamine E en fait un complément prisé pour les crèmes antirides.

Wind Car (☎/fax 0524 47 28 04 ; rue Princesse Lalla Amina) loue des voitures pour environ 450 Dh par jour. **Avis** (☎0524 47 49 26) possède également un comptoir à l'aéroport.

Environs d'Essaouira

Si vous disposez d'un moyen de transport, ne manquez pas de visiter l'une des petites coopératives de femmes aux alentours d'Essaouira, qui vendent des produits à base d'argan, des cosmétiques et des aliments naturels. Citons l'**Assafar Imitaghant** (☎0661 55 35 86), à 8 km de la ville sur la route de Marrakech, et la **coopérative Tiguemine** (☎0524 79 0110), 7 kilomètres plus loin. L'office du tourisme en possède une liste exhaustive. Mieux encore, rejoignez le village de Tamanar au sud pour découvrir la fabrication de l'huile d'argan à la coopérative Amal (ci-dessus).

DIABAT ديابات

Village berbère somnolent juste au sud d'Essaouira, Diabat fut jadis un repaire de hippies. Il abrite aujourd'hui un grand complexe touristique, le Golf Mogador, inachevé lors de notre passage. Outre trois hôtels de luxe et des villas, il comprend un parcours de golf conçu par Gary Player. Les eaux usées du complexe serviront à arroser le golf.

Activités

Plusieurs compagnies proposent des treks à travers champs et des randonnées à cheval de plusieurs jours dans la campagne autour d'Essaouira. Les tour-opérateurs suivants organisent aussi des circuits à cheval sur mesure.

Zouina Cheval ÉQUITATION

(☎0669 80 71 01 ; www.zouina-cheval.com ; 1 heure 155 Dh, journée avec pique-nique 600 Dh, trek 2/5 jours 1 760/6 600 Dh). Recommandée par plusieurs lecteurs, cette agence est gérée par Najib et Sophie, des moniteurs qualifiés et expérimentés, et convient pour tous les niveaux, enfants et débutants compris.

Maison du Chameau RANDONNÉES CHAMELIÈRES

(☎0661 34 71 08 ; maisonduchameau@yahoo.fr ; Douar Al Arab ; 160 Dh/h, 400 Dh/j déj compris). À 7 km sur la route de Marrakech, cette pension isolée possède huit méharis (dromadaires de course soudanais blancs) et propose des cours d'une semaine et des excursions plus courtes. Elle loue des chambres paisibles, aux couleurs fuchsia et bleu électrique.

Ranch de Diabat ÉQUITATION
(☎0662 29 72 03 ; www.ranchdediabat.com ; cours 1 heure 165 Dh, trek 7 jours hébergement compris 7 700 Dh). Cours d'équitation pour adultes et enfants, promenades d'une journée et treks plus longs.

Abouda Safar ÉQUITATION
(☎0528 31 45 70, 0662 74 34 97 ; www.abouda-safar.com ; excursion 8 jours 9 000 Dh). Treks de 8 jours dans diverses régions du Sud marocain.

Où se loger

Auberge Tangaro PENSION €€
(☎0524 78 47 84 ; www.aubergetangaro.com ; s/d avec petit-déj 500/770 Dh, ste 880-1 100 Dh ;). Meilleure adresse de Diabat, cette vieille maison rustique se tient dans un endroit paisible, près du nouveau golf. Les chambres chics et récemment rénovées disposent toutes d'une cheminée. Toute la maison est éclairée à la bougie (l'électricité ne sert qu'à recharger les batteries). Elle comprend un hammam et sert le dîner.

Depuis/vers Diabat

Pour rejoindre Diabat, suivez la route côtière vers le sud en direction d'Agadir et tournez à droite juste après le pont à environ 7 km d'Essaouira. Vous pouvez aussi prendre le bus local n°5 devant Bab Marrakech (5 Dh, toutes les 2 heures).

SIDI KAOUKI سيدي كاوكي

Le vent incessant, la plage sauvage et les hébergements corrects transforment rapidement Sidi Kaouki en l'un des premiers spots de surf et de planche à voile du Maroc. Un parc d'éoliennes est installé juste au nord du village. Sachez que les eaux peuvent être dangereuses pour les surfeurs inexpérimentés.

Le grand bâtiment sur les rochers, lavés par le ressac, est la sépulture du saint soufi Sidi Kaouki, renommé pour ses talents de guérisseur et toujours vénéré. Vous pouvez louer un cheval (70/120 Dh la demi-heure/heure) ou un dromadaire (100 Dh l'heure) pour une promenade sur la longue plage. Les surfeurs se rassemblent à la **Station Sidi Kaouki** (☎0672 04 40 16 ; www.sidi-kaouki.com), un café-restaurant détendu en bord de mer. Il loue des planches de surf (275/660 Dh pour 1/3 jours), des kitesurfs et des planches à voile (1 430 Dh les 3 jours), et organise des excursions vers des plages lointaines.

Quelques pensions sont installées en retrait de la plage et toutes servent des repas.

Où se loger

Auberge de la Plage PENSION €€
(☎0524 47 66 00, 0661 10 26 64 ; www.kaouki.com ; s/d/tr avec petit-déj 350/550/650 Dh). Cette charmante maison rustique offre des chambres confortables avec vue sur la mer et d'autres moins chères avec sdb commune. Les dîners, à commander à l'avance, sont excellents et changent selon les prises des pêcheurs locaux. Le jardin ombragé invite à la détente, et le toit-terrasse est idéal au coucher du soleil. Le propriétaire connaît parfaitement la région.

Hôtel Le Kaouki PENSION €€
(☎0524 78 32 06 ; www.sidikaouki.com ; s/d/tr demi pension 330/550/730 Dh). Joliment décorée de tissus bleu vif locaux, une autre adresse plaisante avec un personnel sympathique et accueillant. Électricité uniquement au rez-de-chaussée.

Windy Kaouki APPARTEMENT €€€
(☎0524 47 22 79 ; www.windy-kaouki.com ; app 750-1 100 Dh ;). Parfaits pour des familles, ces spacieux appartements équipés sont décorés avec goût et dotés de cheminées. Les balcons offrent une vue superbe sur la mer. Le personnel organise des sorties de planche à voile, de quad et d'équitation.

Depuis/vers Sidi Kaouki

Sidi Kaouki se situe à environ 27 km au sud d'Essaouira. Prenez les bus n[os]2 ou 5 (6 Dh, toutes les 2 heures) devant Bab Marrakech ou un grand taxi (environ 150 Dh, 1 heure).

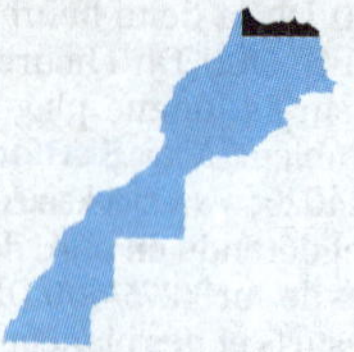

Côte méditerranéenne et Rif شاطئ البحر المتوسط والريف البحري

Dans ce chapitre »

Le top des restaurants

» Populaire Saveur de Poisson (p. 246)
» Blanco Riad (p. 263)
» Auberge Dardara (p. 272)

Le top des hébergements

» Dar Nour (p. 243)
» Dar Ech-Chaouen (p. 271)
» Gîte Tagma (p. 296)

Pourquoi y aller

Le nord du Maroc est riche d'un front de mer splendide, d'un arrière-pays montagneux et d'une seule grande ville : Tanger, fascinante porte d'entrée de l'Afrique. À l'est se déroulent les dernières étendues intactes de littoral méditerranéen, ponctuées de hautes falaises et de baies de sable.

Les traces de l'ancien protectorat espagnol sont visibles dans l'architecture et la gastronomie de Tétouan et d'Al-Hoceima, et plus flagrantes encore dans les enclaves espagnoles de Ceuta et Melilla, avec leurs fortifications médiévales et leurs trésors architecturaux. Dans les montagnes s'étendent de magnifiques parcs naturels, depuis Al-Hoceima, au bord de la mer, au lointain massif des Beni-Snassen, qui ne demande qu'à être découvert.

Ne tardez pas : une autoroute longeant la côte est pratiquement achevée et des complexes touristiques surgissent à Martil, M'Diq et Saïdia. Si la récession économique a ralenti les travaux, ces développements n'en changeront pas moins pour toujours l'aspect du littoral.

Quand partir

Tanger

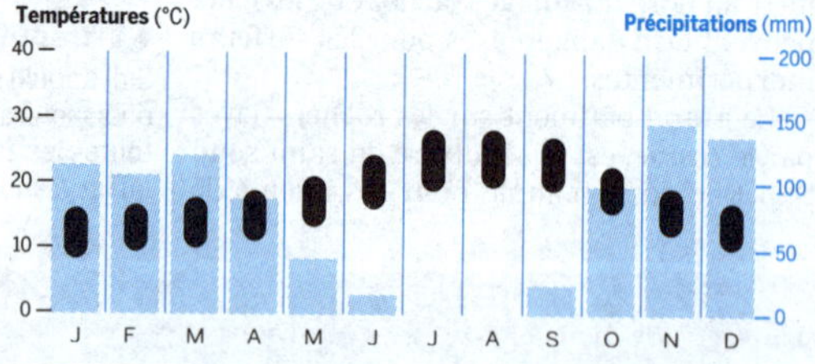

Avril
Le printemps est la saison idéale pour explorer le Rif ou les parcs naturels.

Juillet
Direction Chefchaouen et son festival artistique.

Septembre
Les plages méditerranéennes vous attendent, la foule en moins.

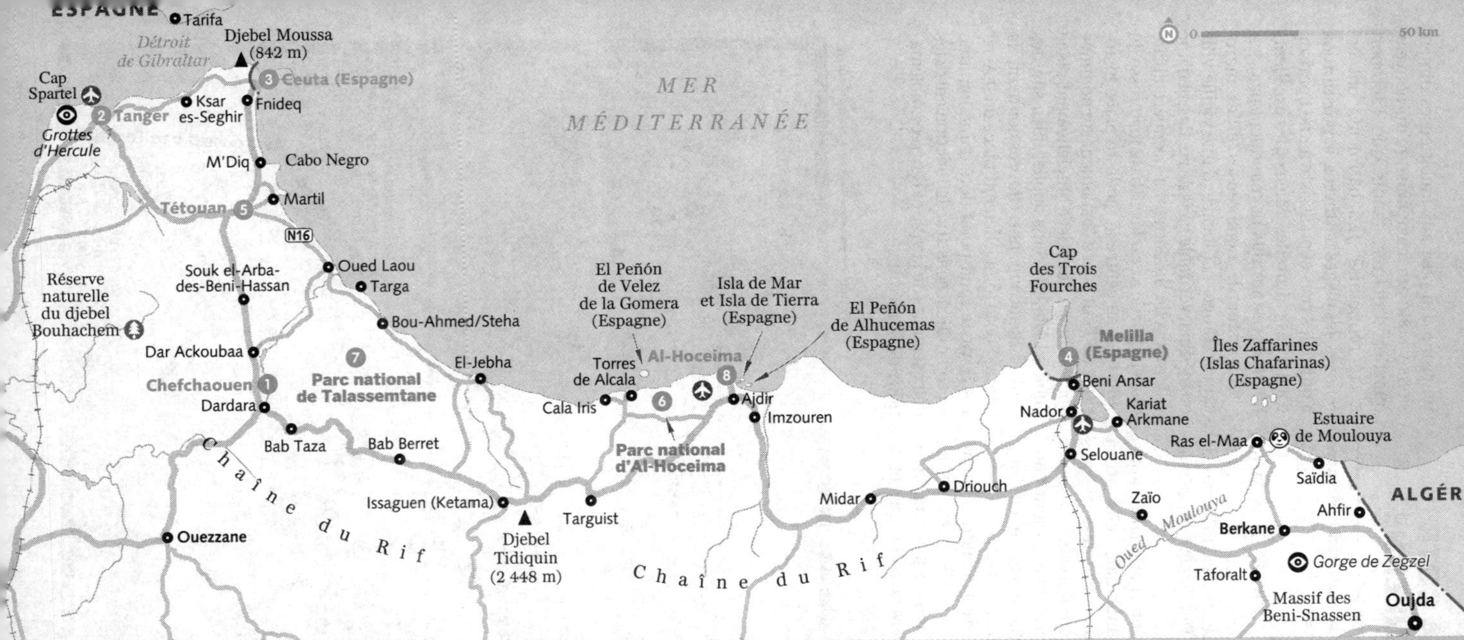

À ne pas manquer

1. Un café en terrasse derrière la casbah sur la **Plaza Uta el-Hammam** de **Chefchaouen** (p. 268)
2. Les boutiques remplies de trésors de la médina de **Tanger** (p. 238) et un café au **Petit Socco**, repaire des poètes de la Beat generation
3. La magnifcience de la maison des Dragons à **Ceuta** (p. 255)
4. Les rues de **Melilla** (p. 287), ses bâtiments modernistes et ses tapas
5. Les mosaïques romaines de Lixus au musée d'Archéologie de **Tétouan** (p. 261)
6. Les plages isolées du parc national d'**Al-Hoceima** (p. 278)
7. La superbe vue à la faveur d'une randonnée dans les villages berbères du parc national de **Talassemtane** (p. 286), dans le Rif
8. Une assiette de poisson au **Club Nautique** (p. 279) d'Al-Hoceima

OUEST DE LA CÔTE MÉDITERRANÉENNE

شاطىء البحر المتوسط

Tanger طنجة

700 000 HABITANTS

Forte de sa situation à l'orée de la Méditerranée, Tanger tient lieu d'exaltante introduction à une culture très différente de celle qui prévaut de l'autre côté du détroit de Gibraltar.

Devenue zone internationale après la Seconde Guerre mondiale, elle attira étrangers excentriques, artistes, espions et autres hippies, ce qui lui valut de passer pour interlope et corrompue. Aujourd'hui, la ville blanche a tourné la page, et envisage l'avenir avec optimisme.

La communauté s'est rendu compte du potentiel de la ville avec l'arrivée, en 1999, d'un nouveau monarque aux idées progressistes en matière de commerce et de tourisme. Un port aux ambitieuses dimensions y a été aménagé ainsi qu'un nouveau quartier d'affaires, tandis que l'aéroport a été réorganisé. Les bâtiments ont été rénovés, les plages nettoyées, la prostitution a quitté les rues et on assiste à une floraison d'activités culturelles. Mieux : les excellents hôtels et restaurants ne manquent pas.

À l'instar de nombreuses villes marocaines, Tanger est formée d'une vieille ville ou médina, véritable lacis de ruelles, et d'une ville nouvelle moderne. La première abrite dans sa partie ouest la casbah, forteresse du sultan, et au centre la modeste place historique du Petit Socco (également surnommée Socco Chico et baptisée officiellement place Souq ad-Dakhil). Sans oublier, bien sûr, des souks. Beaucoup plus impressionnant, le Grand Socco (officiellement place du 9 Avril 1947), vaste rond-point doté d'une fontaine en son milieu, constitue la jonction entre les deux secteurs de la ville et l'entrée emblématique de la médina.

Tanger

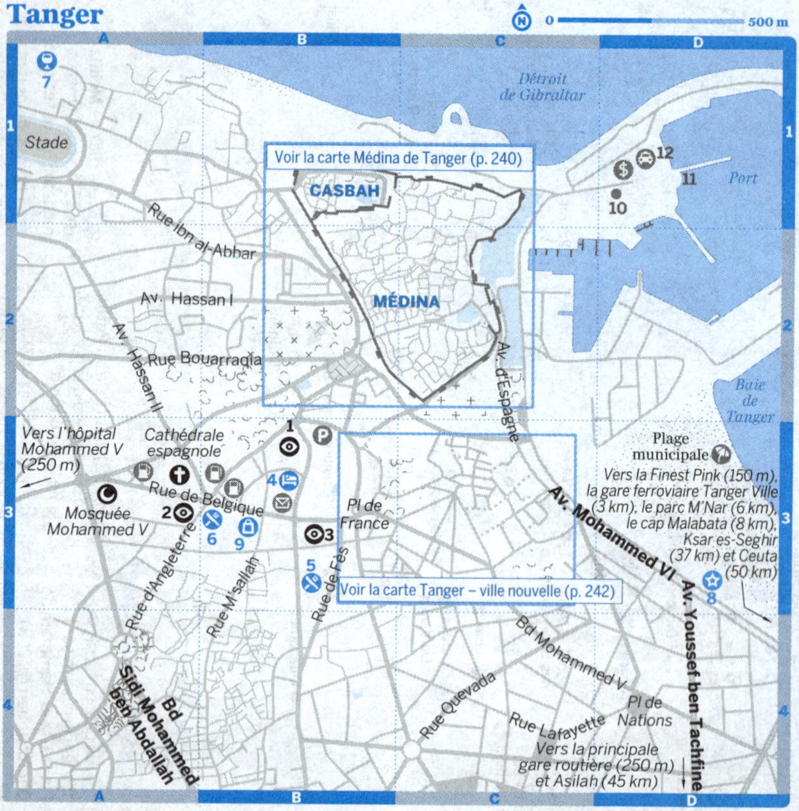

Histoire

Emplacement stratégique commandant l'accès au détroit de Gibraltar, le site de Tanger fut convoité pendant des millénaires. Les Phéniciens et les Grecs y établirent un comptoir commercial. Ses origines se perdent dans les mythes. Le paradis terrestre, le jardin des Hespérides, est censé se trouver à proximité. C'est là, d'après la légende, qu'Hercule aurait étouffé le géant Antée et conçu un enfant, Sophax, avec sa veuve Tinga, qui donna à la ville son nom originel de Tingis. Celle-ci fut un temps la capitale de la province romaine de Maurétanie, avant d'être attaquée, en 429, par les Vandales venus d'Espagne, puis par les Byzantins. Les Arabes arrivèrent en 705 et établirent leur suprématie sur les tribus berbères. Tanger passa ensuite de main en main pour tomber, en 1149, dans celle des Almohades. En 1471, après un premier échec, les Portugais s'emparèrent de la ville, qu'ils cédèrent aux Britanniques près de 200 ans plus tard comme cadeau de mariage à Charles II.

Le sultan Moulay Ismaïl assiégea la cité en 1679 et la reprit aux Britanniques, non sans l'avoir au préalable en grande partie détruite. Les Marocains en gardèrent le contrôle jusqu'au milieu du XIXe siècle.

Tanger

À voir

1 Grand Hotel Villa de France ... B3
2 Galerie de l'Instituto Cervantes ... A3
3 Galerie d'Art contemporain Mohamed Drissi ... B3

Où se loger

4 Pension Hollande ... B3

Où se restaurer

5 Marché de Fès ... B3
6 La Fabrique ... B3

Où prendre un verre

7 Café Hafa ... A1

Où sortir

8 Beach Club 555 ... D3

Achats

9 Ensemble artisanal ... B3

Transports

10 Billeterie de la compagnie de ferry ... D1
11 Terminal des ferries ... D1
12 Grands taxis ... D1

Tandis que la France et l'Espagne se partageaient le reste du Maroc, Tanger fut déclarée "zone internationale" et divisée en plusieurs secteurs à l'image de Berlin Ouest durant la guerre froide. Officiellement gouvernée par un représentant du sultan du Maroc, la ville était en fait dirigée par des représentations diplomatiques de France, d'Espagne, d'Angleterre, du Portugal, de Suède, de Hollande, de Belgique, d'Italie et des États-Unis. Cette situation perdura de 1912 à 1956, un peu après l'indépendance du pays. Elle se traduisit par un afflux d'expatriés en tout genre, attirés par l'espoir d'une vie facile et par l'essor d'une vie culturelle interlope. Peuplée de nombreux étrangers – mondains, artistes, spéculateurs, espions, aventuriers ou exilés excentriques –, dont les motivations n'étaient pas toujours nobles, Tanger gagna alors une réputation sulfureuse.

La fin de la "période internationale" marqua le début d'un lent déclin sur le plan économique et culturel. Prenant en aversion ce port miné par la criminalité, le roi Mohammed V lui coupa les crédits. L'expansion de la prostitution découragea les touristes et les expatriés, dont le nombre se réduisit à quelques milliers.

Depuis 1999, Tanger a connu de nombreux grands chantiers, notamment celui de son nouveau port, Tanger Med. La région dont elle est le cœur bénéficie du reste d'une politique favorable au tourisme.

À voir

Grand Socco SITE D'INTÉRÊT

(carte p. 240). Le pittoresque **Grand Socco** constitue l'entrée de la médina. Cette vaste esplanade en pente bordée de palmiers s'orne d'une fontaine centrale devant une porte en forme de trou de serrure appelée Bab Fass. Ancien lieu de marché important, elle marque la fin de la file de taxis, là où s'achèvent les rues de la ville moderne. Grimpez les escaliers au point le plus élevé de la place, à travers le grand bâtiment brun clair du commissariat de police, pour atteindre la "terrasse" et profiter d'une vue digne d'un décor de film.

Le Grand Socco recèle plusieurs sites d'intérêt, dont la Cinémathèque de Tanger appelée aussi Cinéma Rif, fleuron de la scène culturelle tangéroise. Fréquentée par la jeunesse locale, qui y profite du Wi-Fi gratuit, elle regroupe une salle d'art et d'essai, un café et des archives.

TANGER EN...

Un jour

Après un petit-déjeuner au **Salon Bleu** dans la **casbah**, arpentez le **palais du Sultan** et déambulez dans les rues de la **médina**. Ne manquez pas de faire un tour à **Majid**, véritable coffre aux trésors, avant de déjeuner au **Nabab**. Le **Grand Socco** est idéal pour un thé à la menthe. Allez ensuite à l'**église St Andrew** pour lire les épitaphes sur les tombes, puis visitez la dernière exposition de la **galerie Ibn Khaldoun** avant de vous rendre au **Spa de l'El-Minzah** pour une séance de hammam. Un verre au **Caid's Bar** sera suivi d'un dîner aux **Passagers de Tangier**, avant une incursion au **Tangier Inn** sur les traces des poètes de la Beat generation.

Deux jours

Découvrez l'ambiance dynamique de la Ville Nouvelle en prenant le petit-déjeuner à la somptueuse **Giralda**, d'où vous profiterez de la vue sur l'Espagne depuis la **terrasse des Paresseux.** À **DARNA,** allez voir la boutique d'artisanat avant de vous régaler au **Populaire Saveur de Poisson**. Une promenade digestive dans les **jardins Mendoubia** s'impose, suivie par une visite au **marché de produits frais**. À deux pas, le **musée de la Légation américaine** vous fera découvrir la Mona Lisa marocaine. Après un dîner à la **Casa de España**, dansez jusqu'au bout de la nuit au **Beach Club 555.**

DARNA, l'association des femmes de Tanger ART ET ARTISANAT

(carte p. 240). Situé en face de la "terrasse", ce bâtiment jaune abrite un restaurant économique et une boutique d'artisanat et de vêtements féminins ; il s'agrémente en outre d'une cour ensoleillée parfaite pour déjeuner ou se détendre. Depuis 2002, ce complexe comprend aussi un foyer destiné aux femmes victimes des conséquences d'un divorce.

Jardin de Mendoubia PARC

(carte p. 240). À l'opposé du Cinéma Rif, s'étend un grand parc où se plaisent à venir promeneurs et footballeurs en herbe. Il est bordé d'une rangée de bâtiments coloniaux, sans doute parmi les plus beaux de la ville. Au sommet de la butte centrale, un monument encadré de canons renferme le discours prononcé par Mohammed V pour demander l'indépendance du Maroc.

Église St Andrew ÉGLISE

(carte p. 240). En descendant brièvement la rue d'Angleterre, on arrive à l'une des plus charmantes curiosités de Tanger. Construite entre 1894 et 1905 sur un terrain concédé par la reine Victoria, ce lieu de culte anglican possède un intérieur de style mauresque dépourvu d'images sculptées et comportant le Notre Père en arabe. On peut voir derrière l'autel une niche indiquant la direction de La Mecque et des inscriptions tirées du Coran. Le peintre Henri Matisse a immortalisé le clocher de l'église dans *Paysage vu d'une fenêtre*.

Dans le cimetière de l'église se trouvent plusieurs pierres tombales intéressantes datant de la guerre, dont les stèles de tout un équipage dressées côte à côte. Les gardiens, Ali et son fils Yassine, toujours sur place, vous feront entrer.

Médina MÉDINA

Site emblématique de Tanger, la médina présente un labyrinthe de ruelles commerciales et résidentielles contenues dans l'enceinte d'une forteresse portugaise du XVe siècle. Propre et bien éclairée, elle recèle des trésors du passé et des souks prompts à séduire le voyageur. Le mieux consiste à se perdre pendant plusieurs heures, tout en prenant soin de visiter les sites incontournables. Approchez-vous le plus possible de votre destination, puis demandez votre route en cas de difficulté. Des jeunes gens se feront un plaisir de vous conduire moyennant quelques dirhams.

Du Grand Socco, on accède à la médina en face du jardin de Mendoubia par la rue as-Siaghin qui s'élargit au niveau du Café Central, sur la gauche, pour former le **Petit Socco** (carte p. 240). Cette petite place désormais discrète était jadis le haut lieu du trafic de drogue et de la prostitution en tout genre. Aujourd'hui les façades sont fraîchement repeintes, les touristes abondent et c'est l'endroit idéal pour siroter un thé à la menthe en regardant les gens passer.

Du Petit Socco, la rue Jemaa el-Kebir (ancienne rue de la Marine) se dirige vers l'est au-delà de la **Grande Mosquée** (carte p. 240) qui abritait autrefois une église portugaise. Un peu plus loin se trouve un **point de vue panoramique** (carte p. 240) qui embrasse le port.

Pour éviter de vous égarer, sortez un instant de la médina, contournez-la jusqu'à son extrémité sud, puis pénétrez de nouveau à l'intérieur par l'étroite porte qui mène à la rue de l'Amérique/Zankat America. Un coude débouche ensuite sur une porte dans un passage couvert à gauche. C'est là que se tient l'incontournable **musée de la Légation américaine de Tanger** (carte p. 240 ; ☎0539 935317 ; www.legation.org ; 8 rue d'Amérique ; entrée libre mais don apprécié ; ⏱10h-13h et 15h-17h lun-ven, sur rendez-vous le week-end). Le Maroc fut curieusement l'une des premières nations à reconnaître les États-Unis naissants et ce lieu est la première propriété immobilière du pays à l'étranger (notez la lettre de remerciement de George Washington au sultan Moulay Suleyman). Il s'agit également du seul monument historique américain hors du territoire national. Cette élégante demeure de cinq étages contient une collection hétéroclite qui résiste à toute classification. Un ensemble impressionnant de peintures et de gravures illustre le passé de Tanger vu par ses artistes, en particulier l'Écossais James McBey. L'envoûtant portrait que celui-ci fit de sa servante Zohra a été surnommé la Mona Lisa marocaine, car le regard de la jeune fille suit dans toute la pièce la personne qui la contemple. Le nouveau directeur de la Légation, Gerald Loftus (voir l'encadré p. 245) y a aménagé une librairie bien pourvue et une aile consacrée à Paul Bowles. Les murs de la salle des cartes, à l'étage, sont tapissés de vieux parchemins et de documents diplomatiques.

Tout proche du Petit Socco, le **musée de la Fondation Lorin** (carte p. 240 ; fondation-lorin@gmail.com ; 44 rue Touahine ; entrée libre mais don apprécié ; ⏱11h-13h et 15h30-19h30 dim-ven) est une ancienne synagogue, où une salle ouverte sur deux étages expose une collection de photos en noir et blanc représentant la ville aux XIXe et XXe siècles. Une animation théâtrale se déroule souvent au centre car la fondation organise des activités culturelles pour les enfants défavorisés.

Longez la rue Touahine qui débouche sur la rue as-Siaghin et sortez de la médina par où vous êtes entré. Suivez le périmètre jusqu'à l'extrémité ouest, point culminant de la ville, et franchissez la porte de la Kasbah pour rejoindre le **musée de la Casbah** (carte p. 240 ; pl. de la Casbah ; adulte/enfant 10/3 Dh ; ⏱9-11h30 et 13h30-16h mer-lun). Aménagé dans le Dar el-Makhzen, ancien palais du sultan (les gouverneurs portugais et britanniques y résidèrent aussi), il a été entièrement refait et met désormais l'accent sur le passé de la région de la préhistoire au XIXe siècle. Ses sept salles disposées autour d'un patio central comportent des explications en français et en arabe. Notez les outils préromains, la sculpture présentant des scènes de bacchanales, des bijoux du XVIe siècle, une extraordinaire mosaïque de sol venant de Volubilis et une fascinante carte murale des routes commerciales passées et présentes. Avant de partir, ne manquez pas l'exotique jardin du sultan jouxtant la cour principale, en face de l'entrée, en restauration lors de notre passage.

VILLE NOUVELLE

Les environs de la place de France et du boulevard Pasteur conservent encore des bribes du Tanger chic des années 1930. Vous pouvez vous y promener en début de soirée et admirer l'architecture Art déco, puis vous offrir un thé à la menthe à l'une des terrasses qui bordent la rue, telle celle du Café de Paris (p. 248) connu pour sa façade rétro.

La bien nommée **terrasse des Paresseux** (carte p. 242), à l'est de la place de France, donne sur le port et, par beau temps, sur Gibraltar et l'Espagne. Une série d'anciens canons postés face à la baie décourage symboliquement les envahisseurs.

À côté se dresse la **Librairie des Colonnes** (carte p. 242 ; 54 bd Pasteur ; ⏱9h30-13h et 16h-19h lun-sam). Cette indéboulonnable institution de Tanger fut autrefois fréquentée par Paul Bowles, Jean Genêt, Samuel Becket et William Burroughs. Elle a rouvert

GALERIES D'ART

Galerie d'art contemporain Mohamed Drissi

(carte p. 236 ; 52 rue d'Angleterre). Dans l'ancien consulat britannique.

Galerie Delacroix

(carte p. 242 ; 86 rue de la Liberté ; ⏱mar-dim). La galerie de l'Institut français.

Centre culturel Ibn Khaldoun

(carte p. 242 ; rue de la Liberté). Art contemporain.

Galerie de l'Instituto Cervantes

(carte p. 236 ; rue Belgique). Expositions contemporaines.

Médina de Tanger

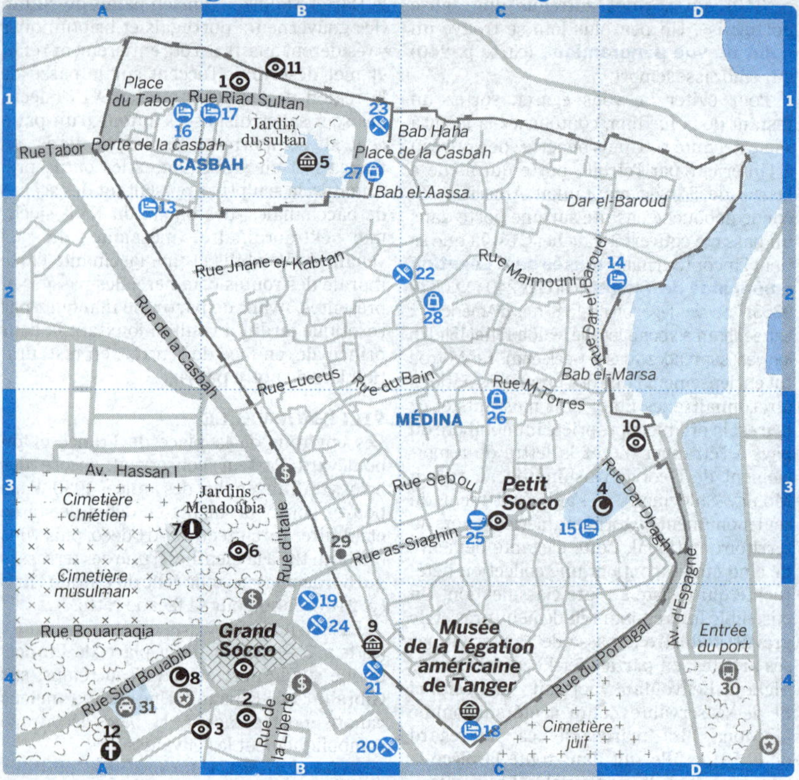

récemment après avoir été restaurée, et on peut y croiser Tahar Ben Jelloun ou Bernard Henri-Lévy.

Plage municipale PLAGE

La vaste **plage municipale** (carte p. 236) a certes été améliorée ces dernières années, mais son entretien laisse à désirer hors saison. Les habitants disent que l'eau n'est pas assez propre pour la baignade, surtout près du port. On peut en revanche se promener le long de la nouvelle corniche qui borde le rivage. Évitez toutefois de fréquenter les lieux le soir car des cas d'agressions ont été recensés. De toute façon, il existe quantité de plages plus jolies sur la côte atlantique voisine.

Activités

Spas et hammams

El-Minzah Wellness HAMMAM

(carte p. 242 ; ☎0539 93 58 85 ; www.elminzah.com ; 85 rue de la Liberté ; salle de sport 200 Dh) Cet établissement thermal de luxe propose une salle de gym entièrement équipée avec vue splendide sur la mer, un sauna et un Jacuzzi, ainsi que divers massages et soins thérapeutiques.

Serenity Day Spa HAMMAM

(☎0539 37 28 28 ; serenity@serenityspa.ma ; rue Adolfo Fessere, quartier California ; hammam et gommage 400 Dh). Ce lieu accorde aux femmes l'occasion d'échapper pendant quelques heures à l'univers masculin qui domine au Maroc en se faisant dorloter dans un cadre somptueux. Très prisé de la clientèle locale, ce hammam exclusivement féminin se situe à l'ouest de la place de Koweit, sur la route du terrain de golf. Prenez un taxi.

Juan Guilleri BARBIER

(carte p. 242 ; près de Casa Pepe, rue Ibn Rochd). Recommandé par Jean-Olivier et Philippe de Dar Nour, cet artisan vous fait la barbe pour la modique somme de 25 Dh. Sans rendez-vous.

Médina de Tanger

Les incontournables

Grand Socco B4
Petit Socco C3
Musée de la Légation américaine de Tanger C4

À voir

1 1001 Nights B1
2 Cinémathèque de Tanger/Cinéma Rif B4
3 DARNA, l'association des femmes de Tanger B4
4 Grande Mosquée D3
5 Musée de la Casbah B1
6 Jardins de Mendoubia B3
7 Monument A3
8 Mosquée A4
9 Musée de la Fondation Lorin B4
10 Point de vue panoramique D3
11 Point de vue panoramique B1
12 Église St Andrew A4

Où se loger

13 Dar Nour A2
14 Hôtel Continental D2
15 Hôtel Mamora C3
16 La Tangerina A1
17 Nord Pinus Tanger B1
18 Riad Tanja C4

Où se restaurer

19 Marchés couverts B4
20 Marchés couverts B4
21 Marchés couverts B4
22 Le Nabab C2
23 Le Salon Bleu B1
24 Les Passagers de Tanger B4
Restaurant Riad Tanja .... (voir 18)

Où prendre un verre

25 Café Central C3
Nord Pinus Tanger .... (voir 17)

Où sortir

Cinémathèque de Tanger/Cinéma Rif .... (voir 2)

Achats

26 Boutique Majid C3
27 Laura Wefling B1
28 N°5 Rue Ben Raissoull C2

Renseignements

29 Pharmacie Anegay B3

Transports

30 Gare routière CTM D4
31 Grands taxis vers le cap Spartel A4

Équitation

Royal Club équestre ÉQUITATION
(☎0539 93 43 84 ; rte de Boubana ; 30 min 75 Dh, 1h 150 Dh ; ⏲8h-12h et 14h-18h, mar-dim). Sur la route menant au cap Spartel, le club s'étend au milieu de collines boisées qu'il fait bon explorer à cheval. Les cavaliers doivent tous être accompagnés d'un guide (ses services sont inclus dans le prix de location d'un cheval).

Circuits organisés

Si vous souhaitez vous organiser avant votre venue, **Saïd Nacir** (☎0671 04 57 06 ; www.d-destination.com) constitue un excellent choix. Ce guide de plus de 20 ans d'expérience est spécialisé en visite de Tanger pour petits groupes, individuels ou familles, pour 350 Dh par jour, transports et tickets d'entrée compris. L'excursion d'une journée depuis l'Espagne coûte la modique somme de 800 Dh, billets de ferry, transfert, entrées, déjeuner et guide inclus. L'itinéraire peut être adapté en fonction de vos centres d'intérêt.

Fêtes et festivals

Tanger Pocket, une brochure en français disponible dans la plupart des hôtels et en ligne (www.tangerpocket.com), répertorie les sorties et manifestations locales.

Salon international de Tanger des livres et des arts LIVRES
(☎0539 94 10 54 ; Institut Français, 41 rue Hassan ibn Ouazzane ; www.amba-france-ma.org). Festival annuel d'une semaine sur des thèmes variés, en avril.

Festival international de théâtre amateur THEÂTRE
(☎039 930306 ; Fondation Lorin, 44 rue Touahine). Une semaine de théâtre en langue arabe et française organisée en mai par la Fondation Lorin.

TANJAzz CONCERTS
(www.tanjazz.org). Des musiciens de jazz marocains et étrangers, dont quelques grandes pointures, se produisent la dernière semaine de mai à l'occasion de ce festival populaire.

Tanger – ville nouvelle

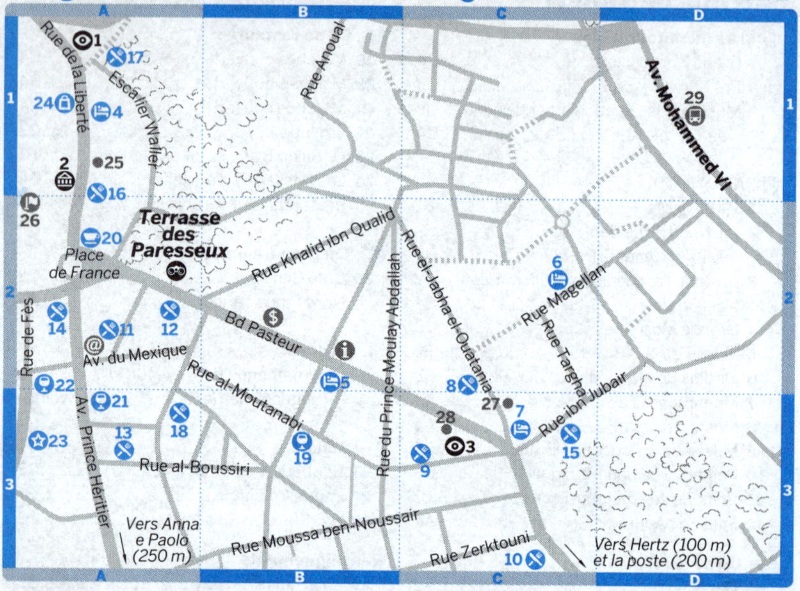

Tanger – ville nouvelle

Les incontournables
Terrasse des Paresseux A2

À voir
1 Centre culturel Ibn Khaldoun A1
2 Galerie Delacroix A1
Gran Café de Paris .... (voir 20)

Activités
El-Minzah Wellness .... (voir 4)
3 Barbier Juan Guilleri C3

Où se loger
4 El-Minzah A1
5 Hôtel de Paris B2
6 Hôtel El-Muniria C2
7 Hôtel Rembrandt C3

Où se restaurer
8 Casa de España C2
9 Casa Pepé C3
10 Champs Élysées C3
11 Fast Food Brahim A2
12 La Giralda A2
13 Le Pagode A3
14 Mix Max A2
15 Number One C3
16 Pâtisserie La Española A1
17 Populaire Saveur de Poisson A1
Restaurant el-Korsan .... (voir 4)
18 San Remo A3

Où prendre un verre
19 Americain's Pub B3
Caid's Bar .... (voir 4)
20 Gran Café de Paris A2
21 Hole in the Wall Bar A3
22 Pilo A2
Tanger Inn .... (voir 6)

Où sortir
23 Cinéma Paris A3

Achats
24 Bazar Tindouf A1

Renseignements
25 Carlson Wagonlit A1
26 Consulat français A2
27 Hispamaroc C3

Transports
28 Avis C3
29 Bus vers la gare ferroviaire D1

Festival du court métrage méditerranéen COURTS MÉTRAGES
(www.ccm.ma). Il a lieu en octobre durant une semaine et permet de voir des courts métrages de cinéastes du pourtour méditerranéen.

Tanja Latina CONCERTS
(☎0539 93 03 06 ; Fondation Lorin). En novembre, Tanger tente de marcher dans les traces de Rio.

Où se loger

Vous aurez l'embarras du choix. La plupart des établissements à petits prix sont regroupés autour de la médina et près de l'entrée du port. Visitez-en plusieurs avant de choisir car si tous sont peu chers, certains sont plus accueillants que d'autres. Outre les adresses mentionnées ci-dessous, vous en trouverez beaucoup d'autres autour de l'avenue Mokhtar Ahardan et de la rue Magellan. Hors saison, les hôtels pratiquent généralement des tarifs inférieurs négociables à la baisse. Avant d'accepter la chambre, assurez-vous qu'elle ne sent pas le moisi du fait de l'humidité marine.

MÉDINA

♥ **Dar Nour** PENSION €€
(carte p. 240; ☎0662 11 27 24 ; www.darnour.com ; 20 rue Gourna, Casbah ; d/ste avec petit-déj à partir de 720/1 300 Dh ; 📶). En l'absence de cour centrale, l'espace s'organise ici autour de deux escaliers qui tournent, créant un labyrinthe de chambres et de salons plus romantiques les uns que les autres. Les chambres sont joliment décorées d'objets d'art et remplies de livres qui créent une ambiance chaleureuse, tandis que les sdb sont couvertes de *tadelakt*. Certaines chambres ont une terrasse privée. Du sommet de la maison, la vue sur les toits de la médina est impressionnante. Les copieux petits-déjeuners sont généralement servis sur la terrasse.

La Tangerina PENSION €€
(carte p. 240; ☎0539 94 77 31 19 ; www.latangerina.com ; rue Sultan, Casbah ; d avec petit-déj 600-1 620 Dh ; 📶). Un riad parfaitement rénové tout en haut de la casbah, louant 10 chambres différentes, facilement accessibles en voiture (une rareté), aux gérants très attentionnés. Baigné de lumière et doté de rampes en corde, il ressemble à quelque paquebot parant la médina. La terrasse du toit donne sur les remparts crénelés de la casbah, tandis qu'en contrebas, le linge du quartier sèche sur des canons abandonnés, témoignant du passage de l'histoire. Réservez longtemps à l'avance. Dîner sur commande.

Nord Pinus Tanger PENSION €€€
(carte p. 240; ☎0661 22 81 40 ; www.nord-pinus-tanger.com ; rue Sultan, Casbah ; d/junior ste/"deluxe" avec petit-déj 220/310/340 € ; ❄📶). Maison majestueuse aux colonnes de pierre de style néogothique, dont l'escalier est la réplique de celui de son homologue d'Arles. Les chambres sont charmantes, avec décoration éclectique et tout le confort. D'excellents repas sont servis sur demande (déj/dîner 240/300 Dh) dans l'opulente salle à manger ou sur le toit-terrasse. Le bar de la terrasse donnant sur la mer est très prisé pour un apéritif.

Hôtel Continental HÔTEL €€
(carte p. 240; ☎0539 93 10 24 ; www.continental-tanger.com ; 36 rue Dar el-Baroud ; s/d avec petit-déj 595/735 Dh ; ❄📶). Rien ne semble avoir bougé depuis des décennies dans ce lieu à la splendeur fanée qui fait figure de véritable monument historique. Les chambres sont spartiates, certaines ont été rénovées. L'immense terrasse donnant sur le port et la mer est superbe. L'hôtel compte une grande boutique d'artisanat.

Hôtel Mamora HÔTEL €
(carte p. 240; ☎0539 93 41 05 ; 19 Mokhtar Ahardan ; s/d avec douche 60/120 Dh, d avec toilettes 200-260 Dh). Cet hôtel bien situé près du Petit Socco, apprécié des lecteurs,

TANGER AVEC DES ENFANTS

Paradis pour les enfants et seul terrain de jeux de la ville, le **parc M'Nar** (☎0539 343829 ; www.mnarparktanger.com ; cap Malabata ; parc aquatique adulte/enfant 100/50 Dh ; ⏲8h-18h, piscine 15 juin-15 sept) est installé à flanc de rocher au sud du cap Malabata, d'où l'on a une vue splendide sur la baie de Tanger. Le complexe comprend un parc aquatique, des jeux électroniques, un karting, un petit train, un mini-terrain de football, des restaurants, un café ainsi que 38 bungalows destinés aux familles.

En ville, près du Grand Socco, les **jardins Mendoubia** sont un parc où l'on peut jouer au foot sur l'herbe et faire de la balançoire.

TANGER ET LA BEAT GENERATION

La Beat generation, mouvement de contre-culture américain né dans l'après-guerre, s'épanouit en Californie mais aussi à Tanger. Si certains membres de ce mouvement, comme l'écrivain Jack Kerouac et les poètes Allen Ginsberg et Gregory Corso, se contentèrent d'y séjourner, d'autres auteurs, à l'instar de William Burroughs, Paul Bowles ou Brion Gysin y passèrent une grande partie de leur vie, inspirant un cénacle d'artistes locaux. Certains lieux tangérois évoquent encore ce passé de grande créativité littéraire :

Hôtel el-Muniria, où William Burroughs écrivit *Le Festin nu*, satire sociale caustique de l'Amérique moderne – décrivant l'"Interzone", micronation sortie de son imagination, l'œuvre fut composée selon la technique du cut-up développée par Brion Gysin. Ginsberg et Kerouac logèrent également dans cet hôtel en 1957.

Tanger Inn Des photos de clients beatniks tapissent les murs de ce bar situé en bas de l'hôtel el-Muniria.

Café Central Le repaire de Burroughs sur le Petit Socco.

1001 Nights Un café mythique de la casbah ("fermé pour travaux" depuis des années"), très apprécié par Brion Gysin, également connu pour sa machine à rêves (Dreamachine) provoquant des visions hallucinatoires. Le café accueillait les Master Musicians of Jajouka, un groupe de musique de trance, qui a enregistré un disque produit par Brian Jones, alors leader des Rolling Stones.

Musée de l'ancienne Légation américaine Une aile est consacrée à Paul Bowles et aux artistes de la Beat generation à Tanger. Parmi ces derniers figure le talentueux John Hopkins dont *Adieu, Alice* mérite d'être redécouvert.

Hôtel Continental Des scènes du film *Un thé au Sahara*, d'après le roman homonyme de Paul Bowles, ont été tournées ici.

Café Hafa où Bowles et les Rolling Stones venaient fumer du haschisch. Un cadre magnifique.

Café de Paris Le principal salon littéraire de cette époque, fréquenté aussi par Tennessee Williams et Truman Capote.

loue plusieurs chambres à des prix variés. Malgré son allure d'internat, il est propre, bien tenu et d'un bon rapport qualité/prix. Les chambres qui donnent sur le toit en tuiles vertes de la Grande Mosquée (la 39 par exemple, à partir de 200 Dh) sont les meilleures, pour peu que l'appel du muezzin ne vous dérange pas. Les prix sont toujours négociables. La rue est parfois désignée par son ancien nom, rue des Postes.

Riad Tanja PENSION €€
(carte p. 240 ; ☎0539 33 35 38 ; www.riadtanja.com ; rue du Portugal, escalier américain ; d 800-1 000 Dh ; ❄📶). Près de la légation américaine, le Tanja est l'élégante reconstitution d'une maison traditionnelle. Les chambres sont extrêmement confortables, pourvues de TV, de grandes sdb, de sols en brique et de décorations issues de l'héritage artistique tangérois. La petite terrasse de la salle à manger, où l'on sert sans doute la meilleure cuisine de la ville, donne sur la médina. Hélas, l'apparente indifférence des gestionnaires rend le lieu assez impersonnel.

VILLE NOUVELLE

Nombre des petits hôtels anonymes et des *pensiones* de la rue Salah Eddine el-Ayoubi et de l'avenue d'Espagne ne valent guère mieux que les moins chers de la médina. Ce quartier Salah/Espagne peut être mal fréquenté le soir, et peu recommandable pour les femmes seules. Voici quelques alternatives. Des hôtels plus agréables bordent l'avenue Mohammed VI, offrant une vue magnifique sur la baie de Tanger et une proximité avec les curiosités de la ville, et quelques adresses vous attendent en plein centre.

Hôtel de Paris HÔTEL €
(carte p. 242 ; ☎0539 93 18 77 ; 42 bd Pasteur ; s/d avec petit-déj pleine saison 350/450 Dh). Une adresse fiable au cœur de la ville nouvelle. Si le hall est très chic, la salle de petit-déjeuner se révèle plutôt sombre. Les chambres et les tarifs varient en fonction des sdb et des balcons. Toutes sont propres et modernes, mais celles qui donnent sur le boulevard Pasteur sont parfois bruyantes. L'accueil serviable compense le manque de service à l'office du tourisme d'en face.

Marco Polo HÔTEL €
(☎0539 94 11 24 ; www.marco-polo.ma ; 2 rue al-Antaki ; s/d 462/616 Dh, petit-déj 40 Dh). Les lecteurs recommandent cet hôtel lumineux aux sols de marbre et murs pastel. Sa situation centrale, en face de la plage, permet un accès facile à la ville nouvelle comme à la médina. Il s'accompagne en outre d'un restaurant aussi apprécié que commode. Les 35 chambres ont été repeintes. Grand centre de fitness, hammam et bar.

Hôtel El-Muniria HÔTEL €€
(carte p. 242 ; ☎0539 93 53 37 ; 1 rue Magellan ; s/d 200/250 Dh, terrasse 250/300 Dh ; 📶). La meilleure adresse pour voyageurs à petit budget de la ville nouvelle, bien au-dessus de la moyenne dans cette catégorie, offre un aperçu de la Beat generation (voir l'encadré p. 244). Fenêtres à la française et tissus fleuris révèlent la touche soignée d'une entreprise familiale. La chambre 4 est un merveilleux repaire, tranquille et lumineux, tout comme la 8, sur la terrasse, une double paisible avec vue sur le port. Le bruit du Tangier Inn en contrebas est le seul inconvénient.

Hôtel El Djenina HÔTEL €
(☎0539 92 22 44 ; eldjenina@menara.ma ; 8 rue al-Antaki ; s/d I 351/451 Dh ; ❄). Situé au-dessus du Marco Polo, mais d'une qualité légèrement inférieure. Les chambres sont lumineuses et modernes mais plus petites, et les installations moins imposantes, quoique le confortable bar-restaurant avec vue sur la mer soit agréable. Ne vous attendez pas à être servi s'il y a du foot à la TV !

Pension Hollande HÔTEL €
(carte p. 236 ; ☎0539 93 78 38 ; 139 rue de Hollande ; s/d 200/350 Dh). Niché dans une rue tranquille non loin de la place de France, cet ancien hôpital loue des chambres blanches aux hauts plafonds, mais aux sdb parfois minuscules. Toutes ont des lavabos ; les doubles, une douche. Eau chaude sur demande. La 22 et la 8 sont les meilleures, mais les voyageurs à petit budget pourront s'offrir les chambres style loft au sommet de l'escalier en colimaçon (simple/double 100/150 Dh, sdb commune).

Hôtel Rembrandt HÔTEL €€
(carte p. 242 ; ☎0539 33 33 14 ; www.hotel-rembrandt.com ; av. Mohammed V ; s/d 650/790 Dh, vue sur la mer sup 100 Dh, petit-déj 80 Dh ; ❄📶🏊). Des chambres plutôt standards, en contraste avec un hall pourvu d'un ascenseur d'époque et d'un escalier incurvé. Le restaurant vitré (menu 150 Dh, sert de l'alcool) est un ajout bienvenu, le café du jardin est idéal pour se détendre, et l'épatant Blue Pub, avec ses drôles de canapés violets, est très apprécié le soir venu (bière à partir de 20 Dh, vin à partir de 80 Dh).

El-Minzah HÔTEL €€€
(carte p. 242 ; ☎0539 93 58 85 ; www.elminzah.com ; 85 rue de la Liberté ; d/ste à partir de

INTERVIEW

GERALD LOFTUS, DIRECTEUR DU MUSÉE DE LA LÉGATION AMÉRICAINE

Après une carrière dans les services diplomatiques, j'ai pris ma retraite à Bruxelles. Puis cet emploi s'est présenté et comme j'adore les aspects culturels de la vie en Afrique du Nord, je n'ai pu y résister. J'aime particulièrement la partie ancienne de la maison de la Légation, laquelle tient de l'essence même d'une demeure de la médina.

Je poursuis des aménagements afin de mettre en valeur le côté historique du musée. Ainsi, dans la salle James McBey se trouve la célèbre peinture de Zohra. Elle vit encore – elle n'avait que 15 ans quand son portrait fut réalisé en 1952. Ses fils vivent aux États-Unis et sa fille travaille à l'ambassade américaine de Rabat.

Nous avons désormais une aile entièrement consacrée à Paul Bowles, ainsi qu'une librairie très bien fournie. Bowles n'était pas seulement un écrivain, il a aussi passé de nombreuses années à enregistrer de la musique traditionnelle au Maroc, ce qui représente un travail ethnographique très conséquent. Les enregistrements sont restés longtemps inaccessibles, mais pour le centenaire de Paul Bowles en 2010, j'ai demandé à la Library of Congress de numériser la musique, désormais disponible à l'écoute.

Notre bibliothèque est ouverte aux écrivains et aux chercheurs, et nous continuons à dispenser des cours d'alphabétisation, de cuisine, de couture, d'art et de langues étrangères aux femmes de la médina. L'une de nos étudiantes est devenue artiste et a gagné assez d'argent pour raccorder son foyer au réseau électrique. Notre élève la plus âgée a 81 ans.

CHERCHEZ LA STAR

Glissez discrètement devant le portier de l'El-Minzah Hotel et descendez les marches jusqu'à la magnifique cour andalouse où sont affichées les photographies de dizaines de célébrités. La plupart datent des années 1950 et 1960. Un Rock Hudson tout sourire, Aristote Onassis dans une voiture blanche, sa femme Jackie, Winston Churchill et son cigare, la somptueuse Rita Hayworth et même Errol Flynn n'en sont que quelques exemples. Puis rendez-vous au Caid's Bar pour siroter un cocktail tout en décidant de l'emplacement de votre future photo.

1 725/2 450 Dh ; ❄📶🏊). Le cinq-étoiles le plus chic de Tanger, véritable institution locale, occupe un magnifique bâtiment des années 1930, et comprend trois excellents restaurants, trois bars de qualité, un centre de remise en forme, un spa, de beaux jardins et même un service de garde d'enfants. Il est doté d'une magnifique cour intérieure hispano-mauresque et l'on sent que ses murs ont une histoire. Les chambres côté port, à la vue splendide, peuvent se révéler bruyantes les jours de grand vent. Le propriétaire est en train de restaurer le Grand Hôtel Villa de France.

Où se restaurer

Tanger compte plus de 800 cafés qui sont un reflet de la culture locale. Les établissements anciens contrastent avec les plus récents. Les premiers sont presque exclusivement fréquentés par des hommes, et sont souvent peu reluisants, tandis que les seconds (tels ceux mentionnés ci-après) sont clairs et modernes, décorés avec goût et proposent une cuisine légère. Les amateurs de café ne manqueront pas la rubrique *Où prendre un verre* (p. 248).

La médina renferme pléthore de restaurant bon marché autour du Petit Socco et de l'avenue Mokhtar Ahardan adjacente, lesquels vendent des poulets rôtis, des sandwichs et des brochettes. Dans la ville nouvelle, essayez les rues immédiatement au sud de la place de France, où abondent les fast-foods, les sandwicheries-bars et autres étals de poissons.

MÉDINA

Populaire Saveur de Poisson FRUITS DE MER €€

(carte p. 242 ; ☎0539 33 63 26 ; 2 escalier Waller ; prix fixe 150 Dh ; 🕐déj et dîner, fermé ven ; 🚭). Ce charmant petit restaurant de fruits de mer affiche des menus copieux, servis dans un cadre rustique. Le propriétaire mitonne un repas de 4 plats : une soupe de poisson suivie de la prise du jour, le tout accompagné de légumes frais et arrosé d'un cocktail maison élaboré à partir de 15 fruits différents (jetez un coup d'œil au bar à l'arrière). Plus qu'un repas : une véritable expérience.

Restaurant Riad Tanja LOCAL €€€

(carte p. 240; ☎0539 33 35 38 ; www.riadtanja.com ; rue du Portugal ; menu 250-450 Dh ; 🕐dîner). Cet établissement, idéal pour faire une folie, tire avantage de sa réputation gastronomique et d'une vue romantique sur la ville nouvelle. La salle à manger sur 2 étages ressemble à un salon bien conçu, avec une dizaine de tables, de hauts plafonds, un personnel discret et de savoureux plats marocains.

Les Passagers de Tanger MÉDITERRANÉEN €€€

(carte p. 240 ; Grand Socco ; plats à partir de 80 Dh ; 🕐déj et dîner). Idéalement situé devant le Grand Socco, ce restaurant arbore une décoration aussi stylée qu'éclectique. Le menu sur l'ardoise propose du poisson frais et des magrets de canard. La carte des vins est à la hauteur, et la terrasse extérieure parfaite les soirs d'été.

Le Nabab LOCAL €€

(carte p. 240; ☎0661 44 22 20 ; 2 rue al Kadiria ; plats 80 Dh, menu 170 Dh ; 🕐déj et dîner). Un fondouk magnifiquement restauré, tout en *tadelakt* gris, tissus roses et sièges confortables. On dîne autour de l'immense cheminée ou dans une alcôve privée. Menu marocain, accueil chaleureux et alcool à la carte.

Le Salon Bleu LOCAL €€

(carte p. 240; pl. de la Casbah, entrée 71 rue Amrah ; menu 100 Dh ; 🕐déj et dîner). Les propriétaires de la pension Dar Nour viennent d'ouvrir ce charmant salon de thé-restaurant au bord de la mer. La vue depuis la terrasse du toit est magnifique.

VILLE NOUVELLE

Anna e Paolo ITALIEN €€

(carte p. 242 ; ☎0539 94 46 17 ; 77 rue Prince Héritier ; plats à partir de 80 Dh ; 🕐déj et dîner, fermé dim). Meilleur bistrot italien de la ville, ce restaurant tenu par des Vénitiens offre un cadre très chaleureux. La clientèle est internationale. Les conversations se croisent entre les tables et l'on y sert des plats copieux, notamment une excellente charcuterie et des pizzas. Attention à votre tête en montant les marches.

La Fabrique FRANÇAIS €€€
(carte p. 242 ; ☎0539 37 40 57 ; résidence Salima, 7 rue d'Angleterre ; repas 200-350 Dh ; ⏲déj et dîner, fermé lun). Nouveau restaurant aux allures de hangar. Très tendance. Bonne cuisine française.

Casa de España ESPAGNOL, FRUITS DE MER €€
(carte p. 242 ; ☎0539 94 73 59 ; 11 rue el-Jabha el-Ouatania). Ce bar–restaurant est une valeur sûre. En travaux lors de notre passage, il devrait proposer des classiques espagnols, notamment de l'agneau aux fruits d'été. Tapas gratuites avec les boissons.

Number One LOCAL, FRANÇAIS €€
(carte p. 242 ; ☎0539 94 16 74 ; 1 av. Mohammed V ; plats à partir de 75 Dh ; ⏲déj et dîner). Les murs roses et les fenêtres blanches de cet appartement récemment rénové évoquent une maison de vacances, tandis que la lumière rouge, le jazz en fond sonore et les souvenirs exotiques favorisent l'intimité. La cuisine franco-marocaine est très appréciée des habitants, qui le fréquentent depuis près de 50 ans.

Restaurant el-Korsan LOCAL €€€
(carte p. 242 ; ☎0539 93 58 85 ; El-Minzah Hotel, 85 rue de la Liberté ; plats env 160 Dh ; ⏲déj et dîner). L'une des meilleures adresses de Tanger et aussi l'une des plus chics, dans l'hôtel El-Minzah, constitue une variante intimiste des "palais-restaurants". Des classiques marocains bien présentés y sont servis au son des musiciens, et souvent agrémentés de danses traditionnelles. Réservation obligatoire, au moins la veille pour le déjeuner. Tenue correcte.

San Remo ITALIEN, LOCAL €€
(carte p. 242 ; ☎0539 93 84 51 ; 15 rue Ahmed Chaouki ; pizzas env 50 Dh, plats à partir de 150 Dh ; ⏲déj et dîner). Une carte internationale qui met l'accent sur les plats italiens et le poisson, des tables avec des nappes de couleurs vives face à la rue, de la musique marocaine et une clientèle mélangée d'expatriés, de touristes et d'hommes d'affaires locaux. En bref, un endroit animé et cosmopolite.

Le Pagode CHINOIS €€
(carte p. 242 ; ☎0539 93 80 86 ; rue al-Boussiri ; plats à partir de 80 Dh ; ⏲mar-dim). Si vous êtes las des tajines et des pâtes, ce petit bout d'Asie est pour vous. Salle à manger classique et intime, aux meubles laqués, nappes blanches et lumière tamisée. Menu chinois classique.

Eric Kayser PÂTISSERIE, FRANÇAIS €€
(angle rue des Amoureux et rue Granada ; plats 140 Dh, plat du jour 100 Dh ; ⏲7h-22h30). Cette boulangerie française renommée a récemment ouvert une enseigne de restauration à Tanger. Tendance et chic, la cuisine y est très courue.

Pâtisserie La Española PÂTISSERIE €
(carte p. 242 ; 97 rue de la Liberté ; ⏲7h-22h30 l'hiver, 7h-12h30 l'été). Un salon de thé largement tapissé de miroirs dont les pâtisseries joliment arrangées en vitrine attirent tous les gourmands, des Tangérois aux touristes et des hommes d'affaires aux couples d'amoureux.

La Giralda CAFÉ €
(carte p. 242 ; 1er ét, 5 bd Pasteur ; petit-déj à partir de 20 Dh ; ⏲7h-24h ; ❄). La jeunesse dorée raffole de ce café très chic donnant sur la terrasse des Paresseux, avec ses meubles somptueux et son plafond sculpté. Ses immenses fenêtres donnent sur la mer. Un menu léger de crêpes et de paninis en fait une bonne halte pour le déjeuner.

Champs Élysées CAFÉ €
(carte p. 242 ; 6 av. Mohammed V ; petit-déj à partir de 25 Dh ; ⏲6h-22h). Immense café orné d'un gigantesque lustre central et tapissé de velours rouge. Excellentes pâtisseries.

Fast Food Brahim RESTAURATION RAPIDE €
(carte p. 242 ; 16 av. Mexique ; sandwichs 18-25 Dh ; ⏲11h-24h). D'excellents sandwichs sur commande. La demi-baguette *kefta* (boulettes d'agneau) avec salade est recommandée.

Mix Max RESTAURATION RAPIDE €
(carte p. 242 ; 6 av. du Prince Héritier ; repas 25-45 Dh ; ⏲12h-2h). Fast-food populaire et branché, proposant de très bons paninis, des kebabs et autres délices à manger sur le pouce.

FAIRE SES COURSES

Il n'y a pas mieux que les marchés couverts (carte p. 240) près du Grand Socco pour les produits frais, surtout les jeudis et dimanches quand les femmes du Rif en chapeau traditionnel et jupe rayée viennent vendre leurs fruits et légumes. À l'ouest de la ville, le **marché de Fès** (carte p. 236) propose, entre autres, des fromages importés.

Casa Pepé ÉPICERIE

(carte p. 242 ; 39 rue ibn Rochd ; ⌚9h-22h30). L'une des nombreuses épiceries du quartier vous permettant de faire provision de spécialités locales, ainsi que d'acheter des produits importés et de l'alcool.

Où prendre un verre

Le statut international de Tanger a laissé des traces, que révèle la présence de nombreux bars. Ils servent une clientèle masculine, à l'exception de quelques établissements plus occidentalisés où les femmes sont les bienvenues. Beaucoup ne s'animent qu'après minuit. Les puristes du café y trouveront trois grandes adresses.

Grand Café de Paris CAFÉ

(carte p. 242 ; pl. de France ; ⌚6h-22h30). Véritable institution donnant sur la place de France depuis 1927, cet ancien lieu de rendez-vous des intellectuels tangérois est le plus célèbre des établissements du boulevard Pasteur. Il a récemment figuré dans le film de Paul Greengrass *La Vengeance dans la peau* (2007).

Café Hafa CAFÉ

(carte p. 236 ; Av. Hadi Mohammed Tazi ; ⌚8h30-23h lun-ven, 8h30-2h sam-dim). Par beau temps, difficile de quitter les terrasses du Café Hafa dont la vue embrasse le détroit. Les Tangérois viennent jouer ici au jacquet (backgammon). Pas de menu, mais on y sert des œufs brouillés, du *b'sara* et des olives.

Café Central CAFÉ

(carte p. 240; Petit Socco ; ⌚6h-23h30). Le meilleur endroit de la médina pour regarder l'animation de la rue, depuis les tables installées sur le trottoir.

Tanger Inn BAR

(carte p. 240 ; Hôtel El-Muniria, 1 rue Magellan ; ⌚22h-2h). Ce petit établissement sombre, à l'ambiance authentique et pourvu d'un majestueux piano, vaut le détour. Des photos dédicacées par Jack Kerouac ornent les murs. Une bière Flag vous coûtera 25 Dh.

Nord Pinus Tanger BAR

(carte p. 240 ; rue Sultan, Casbah). Le bar-terrasse aménagé au sommet de cette pension dans la casbah offre une vue magnifique sur l'Espagne. Sirotez un cocktail dans le salon rétro-chic aux chaises excentriques et coussins marocains, et orné de photographies contemporaines.

Caid's Bar BAR

(carte p. 242 ; El-Minzah, 85 rue de la Liberté ; vin à partir de 50 Dh ; ⌚10h-24h). Longtemps le bar privilégié de l'establishment, cette institution d'el-Minzah est une relique classique des jours glorieux du Tanger international. Quand le pianiste s'interrompt, ce sont souvent les Bee Gees qui prennent le relais. Les femmes sont plus que bienvenues, et le restaurant-bar à vins voisin est tout aussi bon.

Pilo BAR

(carte p. 242 ; angle av. Mexique et rue de Fès). Une ambiance de fête baigne les 2 étages de ce bar couleur locale, soulignée par de la musique et un éclairage énergiques. Les murs rouges arborent toute l'année des décorations de Noël. Les femmes peuvent s'y sentir à l'aise, même si des entraîneuses officient à l'étage.

Americain's Pub BAR

(carte p. 242 ; rue al-Moutanabi ; ⌚12h-2h). Ne vous laissez pas abuser par le nom de ce pub dont le décor reproduit en réalité celui du métro londonien : carreaux blancs, détails rouges et panneaux authentiques. Une retraite idéale : il n'y a pas de numéro de rue et le téléphone ne marche pas.

Hole in the Wall Bar BAR

(carte p. 242 ; rue du Prince Héritier ; bière à partir de 18 Dh ; ⌚11h-24h). Juste pour rire, remontez la rue du Prince Héritier sur un pâté de maisons et demi depuis la terrasse des Paresseux et poussez la porte noire de type saloon du plus petit bar de Tanger, voire du monde, à ne servir que de la bière.

Où sortir

Clubs et discothèques

La vie nocturne à Tanger s'anime essentiellement pendant l'été, lorsque débarquent les touristes européens. Concentrées près de la place de France et le long de la plage, les discothèques s'adressent à une clientèle très diverse. Le droit d'entrée variable est parfois compris dans le prix (élevé) des boissons. Si vous partez tard, demandez au videur d'appeler un taxi pour vous.

Loft DISCOTHÈQUE

(☎0673 28 09 27 ; www.loftclub-tanger.com ; rte de Boubana ; ⌚22h-4h, jeu et sam). C'est de loin le lieu le plus couru de Tanger par les noctambules. Cette boîte dernier cri, de classe internationale, peut accueillir jusqu'à 2 000 personnes. Elle évoque un imposant vaisseau de croisière argenté, avec des balcons à l'étage supérieur, des garde-fous en métal étincelants, des rideaux comme des voiles gonflées par le vent, sans oublier les spots qui percent le brouillard artificiel ! Pas de droit d'entrée. DJ Spicy joue de la house et du R&B. Venez après minuit.

Beach Club 555 DISCOTHÈQUE

(carte p. 236 ; av. Mohammed VI ;). Ce club de plage avec piscine, pizzeria, bar et un écran sportif (entrée 60 Dh) se transforme le soir venu en l'une des meilleures discothèques de la ville. Des DJ résidents et invités font vibrer les danseurs.

Regine Club DISCOTHÈQUE

(8 rue al-Mansour Dahabi ; 22h-3h lun-sam). Bienvenue dans les années 1980. Cette discothèque est figée dans le temps et arbore boule à facettes et canapés de velours violet. L'ambiance se met à chauffer vraiment à partir de 1h30, surtout le week-end.

Finest Pink DISCOTHÈQUE

(hors carte p. 236 ; av. Mohammed VI ; 23h-tard). Ce restaurant-bar à tapas "gay-friendly", en face de l'Hôtel Shahrazad, possède une discothèque populaire arborant de jolis murs roses.

Cinémas

Les films sont généralement en arabe ou doublés en français.

Cinéma Rif CINÉMA

(cinémathèque de Tanger ; carte p. 240 ; Grand Socco). Dans un joli bâtiment Art déco bien restauré, sont projetés des films commerciaux et indépendants, principalement américains, marocains, espagnols ou français (les films espagnols et américains sont généralement doublés en arabe).

Cinéma Paris CINÉMA

(carte p. 242 ; rue de Fès ; parterre 15 Dh, balcon 25 Dh). Programme des films français, américains ou indiens, doublés en français ou en arabe.

PAUL BOWLES À TANGER

Paul Bowles est certainement le plus célèbre des auteurs étrangers à avoir habité au Maroc et à l'avoir décrit. Américain d'origine, cet écrivain, musicien, dandy et grand voyageur est mort à Tanger en 1999 à l'âge de 88 ans. Plus que quiconque, il a contribué à faire connaître les écrivains marocains aux lecteurs anglophones.

Né à New York en 1910, Bowles quitte l'école sans projet particulier. Il commence par voyager en Europe où il rencontre des artistes et des intellectuels influents. En 1931, il séjourne brièvement à Tanger – voyage dont l'impact s'avérera considérable par la suite. De retour au pays, Bowles consacre les quinze années suivantes à la composition musicale et à la critique. En 1938, il épouse Jane Sydney Auer, avec qui il ne formera jamais un couple conventionnel – lui bisexuel, elle, lesbienne militante. Après la Seconde Guerre mondiale, Paul retourne avec Jane à Tanger, qu'il appellera désormais sa maison. Peu à peu, il se retrouve au centre d'un cercle de créateurs actifs, dont Allen Ginsberg et William Burroughs.

Pendant les années 1950, Bowles entreprend d'enregistrer, de transcrire et de traduire des écrivains marocains, en particulier Driss ben Hamed Charhaki (également connu sous le pseudonyme de Larbi Layachi) et Mohammed Mrabet. Très tôt, il enregistre également de la musique traditionnelle marocaine. Jusqu'à très récemment, on ne pouvait trouver celle-ci que sur des 78 tours, à la Library of Congress des États-Unis.

Porté à l'écran par Bernardo Bertolucci en 1990, son roman le plus célèbre, *Un thé au Sahara* (1949), raconte l'histoire émouvante d'un couple d'Américains à la dérive qui débarque en Afrique du Nord à la fin de la Seconde Guerre mondiale et tente de se réconcilier. Parmi ses autres œuvres, *Après toi le déluge* (1952) prend Tanger pour décor ; *La Maison de l'araignée* se déroule à Fès dans les années 1950 ; quant à *Leurs mains sont bleues* (1963) et *Des aires du temps* (1982), ils rassemblent d'intéressants récits de voyage. L'écriture de Bowles prend souvent une tournure sombre, parfois même brutale. Son autobiographie, *Journal tangérois*, fait la lumière sur certains épisodes obscurs de sa vie.

De fait, il existe un courant sombre et nihiliste dans l'écriture de Bowles. Certains analystes ont tenté de lier des aspects de la vie de Bowles à son œuvre. Son autobiographie, *Sans arrêt* (1972), éclaire très peu le sujet.

Le site officiel de Paul Bowles peut être consulté sur www.paulbowles.org (en anglais).

Achats

VILLE NOUVELLE

Bazar Tindouf ANTIQUITÉS, LOCAL
(carte p. 242 ; 72 rue de la Liberté). Boutique en face de l'hôtel El-Minzah débordant d'antiquités, d'objets en verre, en cuivre, de céramiques, de lampes, de bijoux, de vêtements et bien d'autres choses encore. Vaut définitivement le coup d'œil.

El Tapisero TAPIS
(www.eltapisero.com ; 31 rue el Hassan el Youssi Aziz Bou Charf). Comme Madonna, commandez un tapis fait main à El Tapisero. L'équipe très créative de cet atelier de tissage travaille avec de grands décorateurs européens. Comptez de 50 à 250 € le m².

La Casa Barata MARCHÉ AUX PUCES
(av. Abou Kacem Sebti, à hauteur de l'av. Fayçal Ben Abdel Aziz, ⏲9h-20h jeu et dim). Ce vaste espace commercial (littéralement "La maison économique") vend tout ce qu'on peut imaginer, des légumes à l'électronique en passant par les tapis. C'est une expérience en soi, et le meilleur endroit où dénicher de vrais trésors.

Ensemble artisanal SOUVENIRS
(carte p. 236 ; angle rue de Belgique et rue M'sallah ; ⏲9h-13h et 15h-19h sam-jeu). Dans ce centre d'art et d'artisanat financé par l'État, vous pourrez admirer la production locale et voir les artisans à l'œuvre. Les prix, fixes, se révèlent beaucoup plus élevés que dans les souks, et pas moyen de marchander.

MÉDINA

On pourrait passer des heures à parcourir les souks de la médina, même si de nombreuses boutiques vendent des articles de qualité douteuse. Voici quelques adresses sortant du lot.

Boutique Majid ANTIQUITÉS, JOAILLERIE
(carte p. 240 ; rue Les Almohades). Dans ce pittoresque magasin d'antiquités, la véritable pièce maîtresse est Majid lui-même. Caricatural jusqu'au fez rouge qu'il porte sur la tête, il vous racontera de sa voix rauque des histoires sur les Rolling Stones et autres célébrités en vous montrant son incroyable collection de portes marocaines, de bijoux, d'artisanat, de vêtements, tissus et autres tapis.

Laura Wefling ART ET ARTISANAT, VÊTEMENTS
(carte p. 240; pl. de la Casbah). À côté du musée de la Casbah, une magnifique boutique proposant des vêtements, sacs, objets décoratifs et céramiques uniques. Ne manquez pas le lustre en forme de bateau.

Bazaar des bijoux en argent JOAILLERIE
(13 rue Jamaa Jadida). Deux étages de vitrines remplies de beaux bijoux en argent, anciens et nouveaux, provenant de tout le pays. Dans une ruelle obscure proche du Café Centra, dans le Petit Socco.

N°5 Rue Ben Raissoull VÊTEMENTS
(carte p. 240). Cette minuscule fabrique d'habillement anonyme est connue pour combiner robes marocaines traditionnelles et vêtements féminins occidentaux. Il est impressionnant de voir ses employés embobiner les fils, dans la rue, à l'aide d'un moteur de pêche à la ligne reconverti.

Renseignements

Accès Internet

Le secteur du boulevard Pasteur compte plusieurs cybercafés.

Espace Net (carte p. 242 ; 16 av. du Mexique ; 5 Dh/h ; ⏲9h30-1h)

Agences de voyages

Ces agences vendent toutes deux des billets de ferry ou d'avion.

Carlson Wagonlit (carte p. 242 ; ☎0539 33 10 24 ; 91 rue de la Liberté)

Hispamaroc (carte p. 242 ; ☎0539 93 21 78 ; hispamaroc@mamnet.net.ma ; 2 rue el-Jabha el-Ouatania)

Argent

Quantité de banques avec DAB et bureaux de change jalonnent les boulevards Pasteur et Mohammed V. En dehors des heures d'ouverture, essayez les bureaux de change des grands hôtels.

BMCE (Banque marocaine du commerce extérieur ; carte p. 242 ; bd Pasteur). Une parmi beaucoup d'autres sur cette partie du boulevard.

Désagréments et dangers

Étant donné le nombre d'hommes jeunes qui arpentent les rues en groupe, mieux vaut ne pas sortir des sentiers battus, quelle que soit l'heure, et circuler en taxi le soir. Les femmes seules se font parfois importuner après 22h et doivent éviter le quartier du port après le coucher du soleil. En cas de problème, contactez la **brigade touristique** (carte p. 240 ; ☎177 ; av. Mohammed VI, port de Tanger).

Offices du tourisme

ONMT (Délégation régionale du tourisme ; carte p. 242 ; ☎0539 94 80 50 ; 29 bd Pasteur ; ⏲fermé sam et dim). Les investissements récents dans les infrastructures touristiques ne se font pas sentir ici. On vous renseignera oralement, mais il n'y a pratiquement pas de brochures. L'Hôtel de Paris, en face, fournit de nombreux fascicules et emploie un personnel serviable.

Poste

Bureau de poste principal (hors carte p. 242 ; angle rue Quevada et av. Mohammed V). Adressez-vous au guichet le plus à droite pour la poste restante. L'entrée du service des colis est située sur le côté sud du bâtiment.

Services médicaux

Clinique du Croissant Rouge (carte p. 242 ; ☎0539 94 25 17, 0539 94 69 76 ; 6 rue al-Mansour Dahabi)

Hôpital Mohammed V (☎0539 93 08 56 ; rue du Val Fleuri). Sur la route de l'aéroport.

Pharmacie Anegay (carte p. 240 ; rue as-Siaghin)

Urgences

Service des urgences (☎177 ; ⏲24h/24)

Depuis/vers Tanger

Essayez d'arriver tôt dans la journée à Tanger, car se retrouver dans un lieu inconnu après la nuit tombée est toujours plus déstabilisant. Pensez aussi à changer de l'argent pour payer le taxi.

Avion

L'aéroport international d'Ibn Batouta (TNG) s'étend à 15 km au sud-ouest du centre-ville. Plusieurs compagnies low cost y opèrent (notamment easyJet depuis Madrid et Paris, Jet4you de Barcelone et Bruxelles et Ryanair de Paris, Bruxelles, Madrid et Milan), ainsi qu'Iberia et Royal Air Maroc. Consultez Internet pour connaître les horaires et les compagnies aériennes, qui changent souvent.

Bateau

Deux choix s'offrent à qui souhaite traverser le détroit de Gibraltar : les ferries rapides de FRS et Balearia (pour Tarifa 350 Dh, 35 min) ou les plus lents (pour Algésiras 350 Dh). Les premiers sont plus vulnérables aux intempéries qui peuvent faire fermer le port plusieurs jours, mais ils conviennent mieux aux voyageurs souffrant de mal de mer.

Les ferries desservant Tarifa partent du port de Tanger (carte p. 236) ; toutes les autres destinations sont desservies par Tanger Med, le nouveau terminal au nord de la ville. Un service de navettes gratuites quitte Tanger Med toutes les heures en direction de la gare routière de la CTM au port de Tanger.

Les billets s'achètent aux guichets de la compagnie à l'extérieur du terminal du port de Tanger, dans le terminal lui-même ou dans n'importe quelle agence de voyages en ville. Veillez à prendre le formulaire de sortie afin d'éviter des tracasseries ultérieures. La principale destination est le port espagnol d'Algésiras, des bateaux moins fréquents desservant aussi Tarifa et Málaga (Espagne), Gibraltar et Sète (réservation nécessaire). Le service pour Tarifa comprend un transfert gratuit en bus pour Algésiras (50 min) sur présentation de votre billet de ferry. Réservez bien à l'avance en période de pointe (particulièrement à Pâques, la dernière semaine d'août et la dernière semaine d'octobre), prévoyez 1 heure 30 avant le départ pour obtenir les billets et passer le contrôle des passeports, et rappelez-vous qu'il y a un décalage horaire avec l'Espagne (le Maroc a 1 heure de retard sur l'Espagne, 2 l'été (voir p. 500).

Faites tamponner votre passeport sur le ferry avant d'arriver au Maroc.

Bus

La **gare routière CTM** (carte p. 240) est commodément située près de l'entrée du port. Les bus de la CTM s'arrêtent aussi à la principale gare routière en partant de la ville. Quelques destinations :

DESTINATION	PRIX	DURÉE
Agadir	320 Dh	14 heures
Casablanca	130 Dh	6 heures
Chefchaouen	40 Dh	3 heures
Fès	110 Dh	6 heures
Marrakech	230 Dh	10 heures
Meknès	90 Dh	5 heures
Rabat	100 Dh	4 heures 30
Tétouan	20 Dh	1 heure

Bagages : 5 Dh de 4 à 10 kg.

Les bus des autres compagnies reviennent moins cher. Ils partent de la **principale gare routière** (pl. Jamia el-Arabia), à quelque 2 km au sud du centre-ville : vous la repérerez aux minarets voisins de la mosquée syrienne, lesquels détonnent d'avec le style local. Des bus partent régulièrement pour les villes mentionnées ci-dessus ainsi que pour Al-Hoceima (97 Dh, 10 heures), quelques villes des environs et Fnideq (19 Dh, 1 heure 30), petite ville à 3 km de l'enclave de Ceuta. Du fait de la présence d'un bureau de police, on vous importunera rarement à la gare routière, plutôt animée. Elle possède une **consigne** (7 Dh/jour pour chaque bagage ; ⏲5h-1h). Un petit taxi depuis/vers le centre-ville revient à environ 8 Dh.

Taxi

Les grands taxis, des Mercedes beiges, partent d'un parking jouxtant la principale gare routière. Ils desservent pour l'essentiel Tétouan (30 Dh, 1 heure) et Larache (30 Dh, 1 heure 30).

Pour Ceuta, gagnez Fnideq (40 Dh, 1 heure), à 3 km de la frontière. Aucun taxi ne rejoint directement la frontière (Bab Sebta) depuis Tanger. Des grands taxis à destination de Tétouan attendent fréquemment à l'arrivée des trains à la gare Tanger Ville. Pour les destinations à la périphérie de Tanger, comme les grottes d'Hercule ou le cap Malabata, rendez-vous à la station des grands taxis sur le Grand Socco.

Train

Tanger Ville, la gare récente de style néomauresque, est très pratique. Cinq trains partent chaque jour pour Sidi Kacem, Meknès, Fès, Rabat (Ville), Casablanca (Casa Voyageurs) et Marrakech, dont un service de nuit avec couchettes, et le célèbre *Marrakech Express*, qu'il faut réserver un jour à l'avance (1re/2e classe 310/205 Dh, couchette 350 Dh). Si vous rentrez en Espagne, ce train arrive à temps pour le ferry du matin. De Sidi Kacem, des correspondances conduisent au sud jusqu'à Marrakech, à l'est jusqu'à Oujda. Vérifiez les horaires sur www.oncf.ma. Sachez que la **consigne** (10 Dh/article ; ⏲7h-13h et 14h-21h30) n'accepte que les bagages fermés avec un cadenas. Un petit taxi depuis/vers le centre de Tanger coûte autour de 10 Dh.

Voiture

Les principales agences de location se trouvent à l'aéroport. Les suivantes ont une adresse en ville :

Avis (carte p. 242 ; ☎0539 93 46 46 ; fax 0539 33 06 24 ; 54 bd Pasteur ; ⏲8h-12h et 14h-19h lun-sam, 9h-12h dim)

Budget (carte p. 242 ; ☎0531 06 09 50 ; gare Tanger Ville; ⏲8h30-12h et 16h30-20h30 lun-ven, 9h-12h et 15h-18h sam, 9h-12h dim)

Hertz (hors carte p. 242 ; ☎0539 32 22 10 ; fax 0539 32 21 65 ; 36 av. Mohammed V ; ⏲8h-12h et 14h30-18h30 lun-ven, 9h-12h et 15h-18h sam, 9h-12h dim)

Un **parking** (carte p. 236 ; 42 rue de Hollande ; 2 Dh/h, 15 Dh/nuit, 25 Dh/24h), relativement sûr et commode, se trouve près de l'Hôtel Dawliz.

Comment circuler

Depuis/vers l'aéroport

Du port, un grand taxi entier revient à 200 Dh et couvre le trajet en 30 à 40 minutes. Hors de l'enceinte du port, le prix descend à 150 Dh. De l'aéroport, les bus nos 17 et 70 rallient le Grand Socco, mais il faut marcher pendant 2 km pour rejoindre la route principale.

Depuis/vers Tanger Med

Une liaison ferroviaire était prévue entre le nouveau terminal de Tanger Med et la ville de Tanger, mais lors de notre passage, elle n'était pas encore opérationnelle. Une navette gratuite part toutes les heures de Tanger Med à la gare routière de la CTM près du port de Tanger (40 min). Le chauffeur vous dépose près de la gare ferroviaire sur demande.

Bus

Pour l'essentiel, il n'est pas nécessaire d'emprunter le bus dans Tanger, mais deux lignes peuvent se révéler utiles. Le bus n°13 part de la gare et rejoint l'entrée du port via l'avenue Mohammed VI. Le bus n°17 relie la gare ferroviaire et la principale gare routière. Un ticket coûte 5 Dh.

Taxi

Les petits taxis se distinguent par leur couleur bleu marine et par leur bande latérale jaune. Un trajet moyen dans la ville coûte de 7 à 10 Dh. Les tarifs augmentent de 50% la nuit.

Environs de Tanger

CAP SPARTEL رأس سبارطيل

À 14 km à l'ouest de Tanger, le cap Spartel marque l'extrémité nord-ouest du littoral atlantique de l'Afrique. Cette excursion à la journée rencontre un égal succès auprès des Tangérois et des touristes. La route depuis Tanger, spectaculaire, traverse La Montagne, banlieue huppée ponctuée de palais royaux et de villas, puis surplombe les pinèdes qui couvrent le cap et mène au **phare de cap Spartel**. L'édifice est normalement fermé au public, mais son gardien pourrait consentir à vous ouvrir moyennant quelques dirhams. Les plages qui s'étendent au sud sont propres et calmes en dehors de la période estivale.

Au pied du cap Spartel, la **plage Robinson** qui s'étend vers le sud, offre l'occasion d'une promenade vivifiante. Cinq kilomètres plus loin apparaissent les **grottes d'Hercule** (5 Dh ; ⏲8h-crépuscule), séjour mythique du demi-dieu, tout proche de l'hôtel Le Mirage. Ces grottes furent exploitées dès les années 1920 comme carrière de pierres à meule. Elles furent aussi utilisées par les prostituées, puis par les célébrités de Tanger, qui y organisaient des soirées. De l'intérieur, vous pourrez profiter d'une vue très photogénique évoquant une carte de l'Afrique. Des promenades à dos de dromadaire, notamment le long de la plage, sont proposées juste avant l'entrée des grottes, sur la droite.

Où se loger et se restaurer

Camping Achakkar CAMPING €
(☎0612 24 97 27 ; camping 20 Dh/pers, plus 20/20/45 Dh par tente/voiture/camping-car, bungalow 500 Dh ; douche chaude 20 Dh).

En retrait de la grotte et face à l'hôtel Mirage, ce site ombragé propose des équipements propres avec eau chaude (électricité 30 Dh). La boutique vend des denrées de base, et le café propose des repas simples. Un nouveau restaurant était en construction lors de notre passage.

Le Mirage HÔTEL €€€
(☎0539 33 33 32 ; www.lemirage-tanger.com ; d à partir de 2 400 Dh ; ❄📶🏊). L'un des meilleurs hôtels de la région de Tanger, fort d'un emplacement spectaculaire sur la falaise à côté de la grotte, avec vue sur des kilomètres de plage. Les bungalows sont exquis, mais leurs tarifs à l'avenant. Spa et parcours de golf. Les non-résidents peuvent accéder au restaurant (repas à partir de 300 Dh), impeccable, ou simplement s'arrêter prendre un verre sous la pergola. De la terrasse ensoleillée, on voit les ruines romaines de Cotta, où l'on fabriquait jadis de l'huile de poisson.

Restaurant Cap Spartel FRUITS DE MER €€
(Rte Cap Spartel ; salades 50-70 Dh, plats à partir de 80 Dh). Restaurant de fruits de mer assez correct, près du phare et très fréquenté le week-end.

ℹ Depuis/vers le cap Spartel

Les grands taxis constituent le meilleur moyen de se rendre au cap Spartel. Un trajet coûte environ 60 Dh pour l'aller simple ; compter un peu plus du double pour un aller-retour, attente comprise. Les taxis stationnent devant l'église St Andrew à Tanger. Les petits taxis rechignent à faire l'aller simple, et le tarif est similaire à celui d'un grand taxi.

Route de Ceuta

L'itinéraire pittoresque qui relie Tanger à Ceuta vaut de s'y engager. Il alterne patchwork de champs verts, charmantes routes de montagne, paysages vallonnés, caps rocheux et plages enclavées, dévoilant un Maroc différent désormais assiégé par les projets immobiliers. Un grand taxi complet pour Fnideq, la ville avant la frontière, coûte 220 Dh.

La route commence au **cap Malabata**, le promontoire en face de Tanger à 8 km de la ville. Vous y trouverez le grand **parc M'nar** (☎0539 34 38 29 ; www.mnarparktanger.com ; app familial à partir de 1 400 Dh ; 🏊), un rêve pour les enfants. Toboggans, bateaux et un restaurant avec une vue superbe sur Tanger.

Ksar es-Seghir, 25 km plus loin sur la côte, est un petit port de pêche dominé par les vestiges d'un fort portugais.

> **PLUS D'INFORMATIONS ?**
>
> Pour des conseils, des recommandations et des critiques, direction www.lonelyplanet.fr (rubrique Pick & Mix) pour vous procurer des chapitres en PDF téléchargeables, de Cadix et de Gibraltar du guide *Andalousie* de Lonely Planet.

La plage est très appréciée des habitants l'été, et le sera encore davantage quand la nouvelle corniche sera achevée. Parmi les bons restaurants de fruits de mer, citons **Laachiri** (☎0539 39 00 06 ; assiette de poisson 90 Dh ; ⏲déj et dîner), donnant sur le détroit de Gibraltar. Juste derrière, c'est **Tanger Med**, immense et nouveau port de ferries et de porte-conteneurs à 45 km de Tanger.

À une dizaine de kilomètres de là se dresse le site-phare du parcours, le **djebel Moussa**, qui forme avec le rocher de Gibraltar les antiques colonnes d'Hercule.

Ceuta (Sebta) سبتة

78 700 HABITANTS

Ceuta fait partie des quelques possessions espagnoles ponctuant les côtes marocaines (voir l'encadré p. 258). Situé sur une presqu'île qui s'élance dans la Méditerranée, ce petit bijou possède bien des atouts : architecture et musées dignes d'intérêt, cuisine excellente, parc maritime reposant, promenades tonifiantes dans la nature et services touristiques de qualité. Avec ses monuments illuminés et ses palmiers touffus, la ville est encore plus belle de nuit.

Le site servit de base à l'Empire romain. Le nom arabe de la cité, Sebta, vient d'ailleurs du latin *Septem* (ce nom lui viendrait de "sept éminences"). Après un bref épisode de domination byzantine, en 931, la cité fut conquise par les Arabes Omeyyades, qui régnaient alors sur l'Espagne musulmane – d'où la revendication par l'Espagne de droits historiques sur ce territoire. Pendant les cinq siècles qui suivirent, cette ville à l'extrémité de l'Afrique fut une possession convoitée, conquise et dominée successivement par des princes espagnols, des sultans marocains et des rois portugais. Les choses commencèrent à se calmer quand le Portugal et l'Espagne se réunirent sous la même Couronne, en 1580.

Lors de la séparation des deux pays, en 1640, Ceuta resta espagnole et ce, jusqu'à aujourd'hui.

Si vous arrivez du Maroc, vous serez sans doute surpris par le contraste qu'offre Ceuta. Le visiteur franchit une zone frontalière sinistre, 100 m de no man's land hérissé d'un fouillis de barricades (l'UE a investi 30 millions d'euros pour empêcher l'immigration clandestine), pour se retrouver plongé dans la culture espagnole : places soignées, jolis édifices et bars à tapas animés jusqu'au petit matin.

Le caractère enclavé de Ceuta explique l'omniprésence de l'armée espagnole, des immigrants marocains, des magasins duty free, des trafics transfrontaliers. Et au tourisme roi fait pendant la circonspection des habitants envers les étrangers. Nombre de voyageurs se contentent de passer par là pour éviter les désagréments de Tanger, mais ce bout d'Espagne a son charme propre pour une plaisante échappée le temps d'un week-end. À ne pas manquer.

À voir et à faire

Pour découvrir l'histoire de Ceuta, repérez les explications de la *ruta monumenta*, série de panneaux d'information bien faits, en anglais et en espagnol, placés à l'extérieur des édifices et monuments.

Plaza de Africa SITE D'INTÉRÊT

Ornée d'une végétation tropicale soignée, cette place bordée de rues pavées et d'une belle architecture forme le charmant centre de Ceuta. En circulant dans le sens des aiguilles d'une montre depuis la longue **Commandancia General**, QG militaire interdit au public, on arrive d'abord devant le **Santuario de Nuestra Señora de Africa** (9h-13h et 17h-21h lun-sam, 9h-13h et 18h30-21h dim et fêtes), une église jaune de style andalou datant du XVIIIe siècle. Viennent ensuite le **Palacio de la Asamblea** (XIXe siècle), l'hôtel de ville doté d'une horloge et d'une belle coupole, puis la **cathédrale Santa Maria de la Asuncion** (10h-13h mar-sam), du XVIIe siècle, hérissée de deux flèches. Le musée de cette dernière était en travaux lors de notre enquête. Au milieu de la place se tient un mémorial en hommage aux soldats morts pendant la guerre d'Afrique de 1860 qui opposa l'Espagne au Maroc sur le tracé des frontières de Ceuta.

GRATUIT **Murailles royales** MONUMENT HISTORIQUE

Les **remparts de la cité** (av. González Tablas ; 10h-14h et 17h-21h), qui remontent à l'époque médiévale constituent le monument le plus impressionnant de Ceuta. Ces fortifications d'une grande complexité stratégique ont été superbement restaurées et pourvues de panneaux explicatifs en anglais.

Ceuta

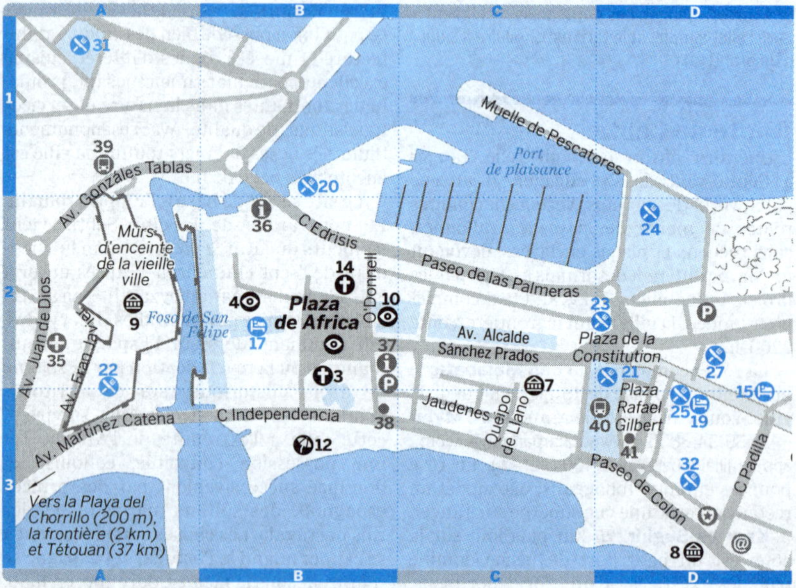

Le **Museo de los Muralles Reales**, à la scénographie admirablement conçue, accueille des expositions temporaires d'art, mais il mérite à lui seul la visite. Vous aurez peut-être la chance d'y voir des œuvres de l'artiste local Diego Canca.

Plages PLAGES

Souvent négligées, les deux plages municipales – la **Playa del Chorillo** et la **Playa de la Ribera** – s'étendent au sud de l'isthme, sous l'Avenida Martinez Catena. Elles sont bien situées et correctement entretenues mais recouvertes d'un sable gris terne.

Museo de la Legión MUSÉE

(Paseo de Colón ; entrée libre, dons bienvenus ; ⏲10h-13h30 lun-sam). Ce musée singulier est consacré à la Légion espagnole, et administré par celle-ci. Cette unité de l'armée, créée en 1920, joua un rôle central dans l'armée de Franco, au début de la guerre civile espagnole, mais aussi dans la guerre du Rif qui opposa Espagnols et Français aux Berbères. Empli de souvenirs glorieux, d'armes et d'uniformes, l'endroit donne un aperçu de la culture et du faste militaires. Vous en apprendrez notamment davantage sur Millan Astray, le fondateur de la Légion espagnole, et sur la manière dont ce corps fut représenté au cinéma (notamment par Julien Duvivier, qui a mis en scène Jean Gabin dans *La Bandera*, en 1935). Pour en savoir plus, consulter le site http://lalegion.es. Contrôle des passeports à l'entrée et visites guidées en anglais.

Museo de Ceuta MUSÉE

(30 Paseo del Revellín ; entrée libre ; ⏲10h-14h et 17h-20h lun-sam, 10h-14h dim et jours fériés). Ce musée municipal vieillissant expose une petite collection sur l'histoire préhispanique de la péninsule (légendes en espagnol). Les expositions temporaires sont plus intéressantes.

Plaza de los Reyes SITE D'INTÉRÊT

Avec sa fontaine et son arc de triomphe vert portant l'inscription "monument à la coexistence", cette place borde la **Iglesia de San Francisco** reconnaissable à sa couleur jaune et à ses deux clochers. Mais le véritable fleuron du lieu, la **Casa de los Dragones** (maison des Dragons), se tient de l'autre côté de la rue. Restaurée à la perfection depuis peu, cette demeure présente une remarquable architecture composite associant arches mauresques, façades en brique polie, toitures mansardées, balcons superbes et, surtout, quatre énormes dragons sombres bondissant du toit. L'anagramme complexe des frères Cerni Gonzalez, les bâtisseurs de la maison, apparaît dans un blason à l'angle.

Museo de la Basilica Tardorromana MUSÉE

(⏲10h-13h30 et 17h-19h30 lun-sam, 10h-13h30 dim). Ce musée souterrain, très bien fait, explore différents aspects de l'histoire locale. Il est intégré aux ruines d'une basilique antique découverte dans les années 1980 à l'occasion de travaux de voirie. Une passerelle enjambe des tombes ouvertes, où gisent encore des squelettes. Les explications sont entièrement en espagnol. Entrée par c/Queipo de Llano.

Parque Marítimo del Mediterráneo PARC

(1 € ; ⏲10h-19h, piscine avr-sept, fermé jeu). Ce parc maritime original fait partie d'une série imaginée par le brillant artiste et architecte des Canaries Cesar Manrique. Celui-ci s'est inspiré des remparts de Ceuta pour construire sur le front de mer un lac artificiel et deux piscines d'eau salée, entourés de dix bars, pubs, restaurants et cafés. Une île centrale abrite même un **casino** (⏲à partir de 22h). Une exposition d'œuvres de Manrique se tient 50 m après l'entrée, sur la droite. Idéal en famille, l'endroit remporte un franc succès l'été. Au moment de notre passage, une discothèque était en construction.

Ceuta

Les incontournables

Casa de los Dragones E3
Plaza de Africa B2

À voir

1 Baños Arabes F2
2 Casino F1
3 Cathédrale Santa Maria de la Asuncion B2
4 Commandancia General B2
5 Iglesia de San Francisco E3
6 Museo de Ceuta E3
7 Museo de la Basilica Tardorromana C2
8 Museo de la Legión D3
9 Museo de los Muralles Reales A2
10 Palacio de Asamblea B2
11 Parque Marítimo del Mediterráneo F1
12 Playa de la Ribera B3
13 Plaza de los Reyes E3
14 Santuario de Nuestra Señora de Africa B2

Où se loger

15 Hostal Central D3
16 Hostal Plaza Ruiz E3
17 Parador Hotel La Muralla B2
18 Pensión Charito F2
19 Pensión La Bohemia D3

Où se restaurer

20 Cala Carlota B1
21 Marché central D2
22 El Angulo A2
23 El Puente Cafeteria D2
24 El Refectorio D2
25 Gran Muralla D3
26 La Jota E2
27 La Marina D2
28 Mesón el Bache E3
29 Mesón el Cortijo E3
30 Mucha Kanã F2
31 Supersol A1
32 Supersol D3

Où prendre un verre

33 Café Central E3
34 Dublin E2

Renseignements

35 Instituto Gestión Sanitario (Ingesa) A2
36 Principal office du tourisme B2
37 Kiosque sur la Plaza de Africa B2
38 Viajes Flandria B3

Transports

Bus vers la frontière .... (voir 40)
39 Bus vers la frontière A1
40 Gare routière locale D3
41 Bureau de la Renfe D3

Baños Arabes MONUMENT HISTORIQUE
(Calle Arrabal 16 ; ⌚11h30-13h30 et 18h30-20h30). Mis au jour fortuitement lors de travaux, ces deux anciens hammams au toit voûté initialement recouvert de marbre, offrent une image surprenante sur la route principale.

Monte Hacho PAYSAGE
Par beau temps, le Monte Hacho constitue un agréable but de promenade. Des cartes sont disponibles à l'office du tourisme, mais on peut se repérer seul en suivant la côte. Comme le trajet monte depuis la ville, le mieux consiste à rejoindre en taxi (10 €) le **Mirador de San Antonio**, aux deux tiers du parcours, qui permet d'admirer une magnifique perspective sur Ceuta et sur Gibraltar au nord. La massive Fortaleza de Hacho, une forteresse byzantine qui abrite toujours des installations militaires (accès interdit), couronne le sommet de la péninsule.

Redescendu sur la route principale, continuez dans le sens des aiguilles d'une montre jusqu'au **Castillo del Desnarigado** (entrée libre ; ⌚11h-14h sam-dim), un petit fort à la pointe sud-est de la péninsule, qui renferme un musée militaire. Un phare se dresse au-dessus et une plage retirée, la **Playa Torrecilla**, se déploie en contrebas.

García Aldave PAYSAGE
S'il ne vous reste plus rien à voir, García Aldave peut être traversé d'une côte à l'autre en voiture ou à pied (procurez-vous une carte de randonnée à l'office du tourisme) via la N354. Une série de tours de guet rondes néomédiévales, fermées à la visite, bordent le parcours. Plusieurs d'entre elles sont visibles depuis le **Mirador de Isabel II** dont la vue magnifique embrasse l'isthme jusqu'au Monte Hacho. Le 1er novembre, jour des Morts, un grand pèlerinage a lieu ici en l'honneur des défunts.

La route se termine à Benzú, une petite ville du littoral nord qui fait face au majestueux djebel Moussa de l'autre côté de la frontière. On surnomme cette montagne "la Femme morte" car elle évoque un corps allongé sur le dos. Vous pourrez l'admirer en sirotant un verre de thé à la menthe.

Où se loger

Les hôtels ne sont guère nombreux à Ceuta ; si vous devez arriver tard, mieux vaut avoir réservé. Les *pensiones,* dont certaines ne sont identifiables que par leur grande plaque bleue et blanche marquée "CH", sont ce qu'il y a de moins cher.

Hostal Central HÔTEL €€
(956 51 67 16 ; www.hostalesceuta.com ; Paseo del Revellín ; s/d/tr 45/66/76 € ;). Deux-étoiles avantageux, parfaitement situé, à la décoration ultramoderne et très chaleureuse. De petites chambres claires et impeccables, avec sdb et réfrigérateur. Réductions hors saison.

Parador Hôtel La Muralla HÔTEL €€€
(956 51 49 40 ; ceuta@parador.es ; 15 Plaza de Africa ; s/d à partir de 80/100 € ;). La meilleure adresse de Ceuta. Ce vaste quatre-étoiles est parfaitement situé sur la Plaza de Africa. Les chambres aux portes massives et aux carreaux de céramique sont confortables sans être luxueuses. Les balcons donnent sur un jardin agréable, débordant de palmiers. Bar-café, et un excellent rapport qualité/prix.

Hostal Plaza Ruiz HÔTEL €€
(956 51 67 33 ; www.hostalesceuta.com ; 3 Plaza Ruiz ; s/d/tr 45/66/76 € ;). Dans le même style chaleureux et aussi bien situé que le Central, cet hôtel loue de vastes chambres aux jolis meubles en pin ; les meilleures ont des balcons en fer forgé donnant sur les cafés de la place. Sdb et réfrigérateurs dans les chambres.

Pensión La Bohemia HÔTEL €
(956 51 06 15 ; 16 Paseo del Revellín ; s/d 25/35 €). Hôtel bien tenu, au-dessus d'une galerie marchande, offrant un ensemble de chambres claires et immaculées autour d'une cour centrale, avec plantes en pots et sols carrelés et luisants. Les sdb sont partagées, avec beaucoup d'eau chaude et des douches communes. Petites TV et ventil dans les chambres.

Pensión Charito AUBERGE DE JEUNESSE €
(956 51 39 82 ; pcharito@terra.es ; 1er ét, 5 Calle Arrabal ; s/d 15/20 €). Le seul signe distinctif de l'établissement est un panneau CH usé facile à manquer – cherchez le bâtiment vert et blanc cassé au-dessus du bar-café Limité. Propre et accueillante bien qu'un peu défraîchie, cette pension comporte des douches chaudes et une petite cuisine bien équipée. Si elle affiche complet, vous risquez de ne trouver personne.

Où se restaurer et prendre un verre

Outre les établissements cités ici, le Poblado Marinero (village des pêcheurs) à côté du port des yachts compte plusieurs bons restaurants, le meilleur étant **El Refectorio** (956 51 38 84 ; plats à partir de 15 € ; déj et dîner). Les meilleurs bars à tapas sont dans les rues derrière la poste et autour de la Calle Millán Astray au nord de la Calle Camoens. Outre les tapas, ils servent tous de plus substantielles *raciones* et des *bocadillos* (sandwichs).

QUELQUES MOTS D'ESPAGNOL

Bonjour/Au revoir	*¡Hola!/¡Adios!*
Oui/Non	*Sí/No*
S'il vous plaît/ Merci	*Por favor/ Gracias*
Où est...?	*¿Dónde está...?*
hôtel	*hotel*
pension	*pensíon*
camping	*camping*
Avez-vous des chambres ?	*¿Tiene habitaciones libres?*
une chambre simple	*una habitación individual*
une chambre double	*una habitación doble*
Combien ça coûte ?	*¿Cuánto cuesta?*
À quelle heure part le prochain... ?	*¿ A qué hora sale llega el próximo...?*
bateau	*barca*
bus	*autobús*
J'aimerais...	*Quisiera un (una)...*
un billet aller simple	*billete sencillo*
un billet aller-retour	*billete de ida y vuelta*
une bière	*cerveza*
un sandwich	*bocadillo*

POUSSIÈRES D'EMPIRE

Certains sites parmi les plus intéressants du nord du Maroc sont en réalité espagnols. Lorsque l'Espagne reconnut l'indépendance du pays en 1956, elle conserva en effet quelques territoires historiques antérieurs à la mise en place du protectorat. Appelés par euphémisme *plazas de soberanía* (territoires de souveraineté), ces derniers comptent 145 000 habitants et se divisent en deux groupes.

Les *plazas mayores* (territoires d'importance majeure), c'est-à-dire les villes côtières de Ceuta et de Melilla, regroupent presque toute la population. Dotées d'une autonomie politique, elles possèdent un statut à mi-chemin entre celui d'une ville et d'une région espagnole.

Les *plazas menores* (territoires de moindre importance) n'abritent qu'une poignée de légionnaires espagnols. Il s'agit des trois îles de la baie d'Al-Hoceima : Isla de Mar, Isla de Tierra (inhabitées) et Peñón de Alhucemas, une impressionnante forteresse blanche tenue par une soixantaine de soldats. El Peñón de Velez de la Gomera, au bout d'une longue gorge dans le parc national d'Al-Hoceima, est un autre bastion rocheux relié à la terre ferme par une étroite langue de sable (un curieux poste de garde marque la frontière). Les îles Zaffarines (Islas Chafarinas) – Isla del Congreso, Isla del Rey et Isla Isabel II – sont à 3 km de Ras el-Mar. La dernière accueille une garnison de 190 hommes. Ces îles étaient connues pour abriter une communauté de phoques moines de Méditerranée, dont le dernier représentant a disparu dans les années 1990. L'Espagne possède aussi la minuscule Isla Perejil, près de Ceuta, qui fut la cause d'une petite escarmouche en 2002, quand des soldats marocains tentèrent de s'en emparer. Citons enfin l'Isla de Alborán, à 75 km au nord de Melilla, où quelques marins sont cantonnés.

Si les deux forteresses méritent vraiment une visite, toutes les *plazas menores* sont des sites militaires interdits d'accès, défendus contre les revendications territoriales du Maroc.

L'histoire récente a surtout concerné les problèmes avec l'Espagne au sujet de l'immigration et de la souveraineté. En 2002, un curieux conflit éclata sur l'îlot voisin de Perejil après qu'une demi-douzaine de soldats marocains eurent tenté de reprendre ce minuscule morceau de territoire à l'Espagne. En 2006, des jeunes ont incendié plusieurs mosquées de Ceuta suite à l'arrestation en Espagne de musulmans locaux soupçonnés d'être impliqués dans les attentats de Madrid. En 2007, la ville a reçu la visite du roi d'Espagne pour la première fois depuis 80 ans, déclenchant ainsi les protestations du gouvernement marocain. Fin 2010, de jeunes Marocains confrontés à la pénurie d'emplois sont descendus dans la rue à Ceuta et Melilla pour réclamer la souveraineté des villes.

Mucha Kaña BAR À TAPAS €
(7 Sargento Mena ; tapas à partir de 0,85 €, plats à partir de 6 € ; déj et dîner). Cette *cervecería* très sympathique, pour tous les âges, sert aussi des vins espagnols. On s'y assoit autour de tonneaux ou de tables classiques. Bonne musique d'ambiance, tapas, *raciones,* pâtes et plats de viande.

Mesón el Bache BAR À TAPAS €
(Sargento Mena Algeciras ; tapas 1,50 €, raciones à partir de 7,50 € ; 9h-15h et 20h30-24h, fermé dim). Les habitants de Ceuta raffolent de ce pavillon de chasse rustique, d'autant que chaque boisson est accompagnée d'une tapa gratuite. En contrebas de la Plaza Real, en regardant le port.

El Angulo LOCAL €€
(1 Muralles Reales ; plats à partir de 15 € ; déj et dîner, fermé dim). Voici l'occasion de dîner à l'intérieur des remparts de la cité. Les viandes et les fruits de mer du cru n'ont rien à envier au cadre unique. Prenez place près des douves ou des fortifications de pierre.

Cala Carlota LOCAL €€
(Calle Edrisis ; menu à partir de 7 € ; déj et dîner). Restaurant simple, merveilleusement situé dans le Club Nautico donnant sur le port de plaisance. Tables dehors l'été. Le *menú del diá* de 3 plats est très prisé, et les succulents plats de poisson ne vous décevront pas.

Mesón el Cortijo BAR À TAPAS €
(14 Calle Cervantes ; tapas à partir de 1,50 € ; déj et dîner, fermé dim). Une sympathique adresse

de quartier pour pratiquer l'espagnol et parler football devant des tapas et de la *cerveza* (bière).

La Marina FRUITS DE MER, LOCAL €€
(☎956 51 40 07 ; 1 Alférez Bayton ; ⏲déj et dîner, fermé dim, fermé fév). Cette bonne adresse était fermée pour rénovation lors de notre passage. Elle continuera sans doute à proposer ses spécialités de poisson et son menu avantageux de 3 plats (dont du poulet/poisson frites).

Gran Muralla CHINOIS €
(Plaza de la Constitution ; plats à partir de 5 € ; ⏲déj et dîner). Pour changer de la cuisine locale, essayez ce chinois aux portions copieuses. Les tables près de la fenêtre donnent sur la place et sur la mer.

Café Central CAFÉ, BAR €
(3 Calle Millán Astray ; ⏲15h30-4h). Derrière l'entrée Art déco, la convivialité est le maître mot dans ce café-bar sophistiqué à la musique douce. Une pompe à bière originale – bras en bronze levant une chope – surmonte le comptoir. Excellente adresse pour un café, un cognac, une glace, voire les trois, à tout moment.

La Jota PÂTISSERIE, GLACIER €
(6 Calle Méndez Nuñez ; petit-déj 2 €, glaces à partir de 2 €). Un délicieux choix de gâteaux et de glaces comprenant toutes sortes de parfums. Une bonne adresse pour commencer ou finir une journée d'exploration de la ville.

El Puente Cafeteria CAFÉ €
(Plaza de la Constitution ; sandwichs à partir de 3,50 €). Donnant sur une place, ce café-bar moderne et branché vend de délicieux sandwichs. L'affluence est parfois telle qu'il faut se démener pour attirer l'attention des serveurs.

Dublin PUB €
(Delgado Serrano ; pintes 3,50 € ; ⏲15h30-3h lun-sam). Un pub irlandais comme tous les autres, salvateur en cas de besoin urgent de Guinness (un tantinet diluée semble-t-il). Si le son est trop fort, il y a des tables dehors. Descendez les marches à l'endroit où la Calle Delgado Serrano décrit un virage à angle droit.

FAIRE SES COURSES

Le **supermarché Supersol** (Avenida Muelle Cañonero Dato) vend de l'alimentation de base et des friandises. Autre enseigne plus petite dans le centre, le long de Dean Navarro Acuña.

Pour la viande et les produits frais, rendez-vous au vaste **marché central** (⏲8h-15h lun-sam), très vivant.

Renseignements

Pour appeler Ceuta depuis un autre pays que l'Espagne, composez le ☎0034. Ceuta présente un décalage horaire avec le reste du Maroc, +2 heures l'été et +1 heure le reste de l'année (voir p. 500). La plupart des commerces ferment le dimanche.

Accès Internet

Cyber Ceuta (Paseo de Colón ; 2,50 €/h ; ⏲11h-14h et 17h-22h lun-sam, 17h-22h dim)

Agences de voyages

L'Avenida Muelle Cañonero Dato et le début de l'estación marítima sont bordées d'agences qui vendent des billets de ferry pour Algésiras.

Viajes Flandria (☎956 51 20 74 ; fax 956 51 45 59 ; ventas@viajesflandria.com ; 1 av. Independencia)

Argent

En dehors des heures ouvrables des banques, beaucoup d'agences de voyages et d'hôtels haut de gamme changent de l'argent. De chaque côté de la frontière, les changeurs non officiels se révèlent utiles s'il vous reste quelques dirhams ou euros. Sinon, du côté marocain, la banque BMCE et la Banque Populaire acceptent uniquement les espèces. Sachez qu'il est interdit de faire sortir des dirhams du Maroc. À Ceuta, la monnaie utilisée est l'euro.

Offices du tourisme

Office du tourisme (☎856 20 05 60 ; www.ceuta.es, en espagnol ; Baluarte de los Mallorquines ; ⏲8h30-20h30 lun-ven, 9h-20h sam et dim). Accueillant et efficace, avec de bonnes cartes et brochures.

Kiosque sur la Plaza de Africa (☎956 52 81 46 ; ⏲10h-13h et 17h-20h15 sept-31 mai, 10h30-13h30 et 18h-21h 1er juin-14 sept). Petite annexe de l'office du tourisme. **Kiosque de la Estacion Marítima** (☎956 50 62 75 ; ⏲9h-21h). Autre annexe de l'office du tourisme.

Poste

Correos (bureau de poste ; 59 Calle Real ; ⏲8h30-20h30 lun-ven, 9h30-14h sam)

Services médicaux

Instituto Gestión Sanitario (Ingesa) (☎956 52 84 00 ; ⏲24h/24). Deux adresses, l'une à côté des remparts de la cité, l'autre à l'est du port de pêche.

Depuis/vers Ceuta

Maroc

Les bus et les grands taxis à destination de Ceuta achèvent souvent leur parcours à Fnideq plutôt qu'à la frontière (Bab Sebta). Cette dernière se situe à 1 km de marche, à moins de prendre un taxi (3 Dh). Bien qu'elle reste ouverte 24h/24, les transports publics se font rares entre 19h et 5h.

Du côté marocain de la frontière, il faut, pour les piétons, remplir une carte jaune au guichet des passeports. Si vous circulez en voiture, il faut également présenter une carte verte au guichet de l'immatriculation (ignorez les escrocs qui tentent de vous vendre ces cartes, elles sont gratuites). S'il s'agit d'une voiture de location, il faudra fournir une autorisation de sortie du territoire. Les 100 m de traversée sont le théâtre d'un singulier chaos, avec une noria de fonctionnaires visant votre passeport et des piétons parfois astreints à prendre les voies où circulent les voitures.

Dans le sens inverse, vous trouverez une station de grands taxis près du poste-frontière marocain. Les départs pour Tétouan (30 Dh, 40 min), où des correspondances sont assurées, sont réguliers. Les taxis pour Chefchaouen ou Tanger sont rares, et il faudra sans doute négocier ferme pour louer les services d'un véhicule (Chefchaouen 300 Dh, 90 min ; Tanger 200 Dh, 1 heure). Une meilleure solution consiste à emprunter un grand taxi pour Fnideq (5 Dh, 10 min), au sud après la frontière, d'où vous gagnerez plus facilement Tanger (30 Dh, 1 heure).

Espagne continentale

L'**estación Marítima** (gare maritime ; Calle Muelle Cañonero Dato), immanquable, se situe à l'ouest du centre-ville. De là, des ferries rapides partent régulièrement pour Algésiras (p. 484). Des guichets de vente de billets se trouvent au coin de la rue. Autre possibilité, bien plus voyante (et plus chère) : faire le trajet en hélicoptère avec **Inaer** (www.inaer.com) de Ceuta à Algésiras (7 min) ou l'aéroport de Málaga (30 min).

On peut acheter des billets de train pour des destinations européennes à l'**agence Renfe** (☎956 51 13 17 ; 17 Plaza Rafael Gilbert ; ⏲9h30-13h, 16h30-20h30 lun-ven, 9h30-13h sam) ou en agence de voyages. Certaines au sein de la gare maritime vendent également des billets de bus Enatcar (la principale compagnie de bus espagnole).

ℹ Comment circuler

Le bus n°7 dessert la frontière (*frontera*) toutes les 10 min environ depuis la Plaza de la Constitución (0,70 €). Si vous arrivez en ferry et souhaitez rallier directement la frontière, un arrêt de bus se tient sur l'Avenida González Tablas, en face de l'entrée des remparts. Vous verrez aussi une station de taxis devant le bâtiment du terminal.

Si vous êtes en voiture, n'oubliez pas que, dans la journée, vous ne pouvez vous garer dans la rue que deux heures (1 €) au maximum. Si vous restez plus longtemps, utilisez le commode **parking** (0,50 €/h, 4 €/12h) de la Calle O'Donnell ou celui à proximité du Poblado Marinero.

CHAÎNE DU RIF جبل اريف

Tétouan تطوان

330 000 HABITANTS

Tétouan occupe un site d'une grande beauté au pied des montagnes du Rif, à quelques kilomètres seulement de la mer. Elle diffère de Tanger et des cités royales dans la mesure où elle ne reçoit pas beaucoup de touristes étrangers. Son air d'authenticité ajoute donc un attrait supplémentaire à la visite. La vieille médina classée au patrimoine mondial de l'Unesco semble inchangée depuis des siècles. Des améliorations ont certes été apportées récemment – nouvelle gare routière, restauration des remparts, création de jardins publics – mais rien à voir avec le développement des villes de la côte. Il faut dire que la ville a été longtemps mal administrée et laissée à l'écart du monde. Une aubaine pour le voyageur.

De 1912 à 1956, elle fut la capitale du protectorat espagnol qui englobait presque tout le nord du Maroc. Cet épisode et sa longue relation avec l'Andalousie lui ont donné un caractère hispano-mauresque unique dans le pays. En témoigne le quartier espagnol appelé Ensanche ("extension"), dont les bâtiments blancs et les larges boulevards ont retrouvé depuis peu leur aspect d'origine.

L'Ensanche s'étend autour de la place Moulay el-Mehdi et du tronçon piétonnier de l'avenue Mohammed V, qui part vers l'est jusqu'à la grande place al-Jala. Dans ce secteur, vous trouverez hôtels, banques et restaurants. On accède à la médina non loin de la grande place Hassan II, flanquée du palais royal au nord. Le reste de la ville n'a guère à offrir au visiteur.

Histoire

L'histoire de Tétouan se confond en grande partie avec celle de ses longues relations avec l'Espagne. À partir du VIIIe siècle, la ville constitua le principal point de contact entre le Maroc et l'Andalousie. Au XIVe siècle, les Mérinides bâtirent la cité pour contrôler les tribus rebelles du Rif et attaquer Ceuta, mais elle fut détruite par Henri III de Castille en 1399. Après la Reconquista, achevée en 1492, des réfugiés musulmans et juifs andalous entreprirent sa reconstruction. Elle prospéra ensuite grâce aux techniques apportées par les nouveaux arrivants et à l'activité des pirates.

Protégée par les remparts édifiés par Moulay Ismaïl au XVIIe siècle, Tétouan renforça ses liens commerciaux avec l'Espagne. À la tête des troupes espagnoles, Leopoldo O'Donnell s'empara de la ville en 1860, mais celle-ci fut reprise deux ans plus tard par les Marocains qui la débarrassèrent de toute trace d'européanisation.

Au tournant du XXe siècle, les forces espagnoles occupèrent Tétouan pendant trois ans, lors d'une expédition punitive contre les tribus du Rif, visant, disait-on, à protéger Ceuta. En 1913, les Espagnols firent de Tétouan la capitale de leur protectorat, ce qu'elle resta jusqu'à l'indépendance du Maroc, en 1956. Plus récemment, le gouvernement de la province d'Andalousie aida à l'essor culturel de la ville en contribuant à la restauration de l'Ensanche.

À voir

MÉDINA

Véritable machine à remonter le temps, la blanche médina de Tétouan fait bon accueil aux voyageurs avec ses larges rues sans cyclomoteurs et son absence générale d'encombrements, surtout dans les vastes quartiers résidentiels. Qui plus est, sa population est très aimable. Dans les lieux commerçant, la vie traditionnelle bat son plein : les artisans travaillent l'or, les marchands de soieries déroulent des mètres de tissus multicolores et les boulangers s'occupent des fours publics. On dénombre quelque 35 mosquées, dont les plus impressionnantes sont la **Grande Mosquée** et la **mosquée Saïda** (interdites d'accès aux non-musulmans), au nord-est de la place Hassan II. Si vous vous égarez, quelques dirhams vous conduiront à destination.

La médina est bordée au sud par la plaisante enclave du joli **parc des Amoureux**. Lors de notre passage, la vieille gare routière juste au sud était transformée en **musée d'Art contemporain**, pas encore ouvert.

Musée d'Ethnographie MUSÉE

(10 Dh ; 9h-16h lun-sam). Sis à l'intérieur de la porte est, la pittoresque Bab el-Okla, ce musée mérite le détour pour sa terrasse avec vue sur le Rif (demandez au gardien de l'ouvrir pour vous si nécessaire), son agréable jardin parsemé de vieux canons et sa collection de robes de mariées en soie.

École d'artisanat ÉDIFICE D'INTÉRÊT

(10 Dh ; 8h30-14h30 sam-jeu, 8h30-11h30 ven). Juste à l'extérieur de Bab el-Okla, la meilleure école d'artisanat de tout le nord du Maroc offre l'occasion d'observer les enfants qui apprennent la sculpture sur bois, l'art du stuc et des zelliges, la confection de vêtements en soie ou la fabrication de fusils décoratifs. Une salle au centre, ouverte à la demande, expose les travaux les plus réussis ; ne manquez pas son superbe plafond. Organisé autour d'une grande cour et orné de belles portes à l'étage, le bâtiment lui-même présente un certain intérêt.

ENSANCHE

Partez à la découverte de l'Ensanche en longeant l'avenue Mohammed V de la **place al-Jala** à la **place Moulay el-Mehdi**. Cette large artère est bordée d'immeubles blancs de style colonial espagnol, rehaussés de quelques éléments Art déco, qui rappellent d'autres styles (tels ceux de Casablanca ou de Larache). Ils ont été restaurés récemment par le gouvernement régional d'Andalousie.

Musée d'Archéologie MUSÉE

(av. al-Jazaer ; 10 Dh ; 10h-18h lun-sam). À quelques pâtés de maisons de la place al-Jala, ce grand musée expose, à l'intérieur et dans les jardins, une belle collection d'objets mis au jour dans les ruines romaines de Lixus. Légendes en français, espagnol et arabe.

Iglesia de Bacturia ÉGLISE

(pl. Moulay el-Mehdi ; messe dominicale 11h, messe quotidienne 19h). Église construite en 1926, où la messe demeure célébrée.

Où se loger

En raison du développement rapide de la côte voisine, on peut s'interroger sur la pertinence de loger en ville. Le port de Tétouan, Martil, n'est qu'à 15 minutes en taxi ; M'Diq, le choix le plus chic, deux fois plus loin. Le contraste ne pourrait être plus grand entre l'ancienne médina et ces complexes modernes aux impressionnantes corniches. Le front de mer est calme en dehors de juillet et août.

Si vous choisissez la ville, vous pourrez séjourner dans la médina. Une ou deux nuits à l'intérieur des vieux murs est l'occasion de découvrir l'architecture et l'ameublement typiques de Tétouan, généralement marqueté de nacre.

Si vous décidez finalement de résider en ville, faut-il ou non opter pour la médina ? Passer une nuit ou deux à l'intérieur des vieux remparts vous donnera à découvrir l'architecture locale, mais aussi l'ameublement typique de Tétouan, avec ses marqueteries de nacre.

Blanco Riad RIAD €€€

(0539 70 42 02 ; www.blancoriad.com ; 25 rue Zawiya Kadiria ; d avec petit-déj 880 Dh, ste

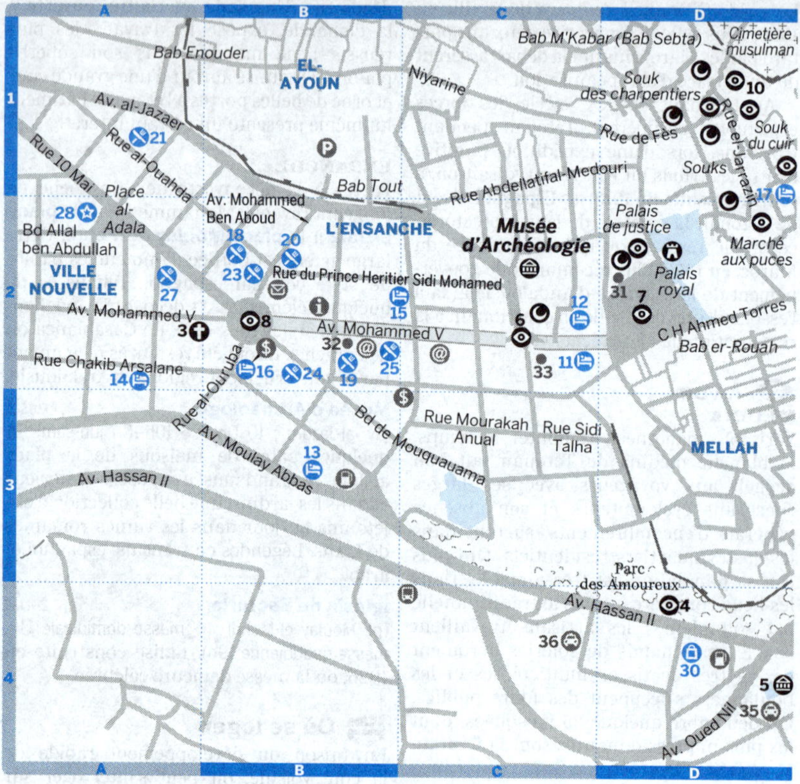

à partir de 1 320 Dh ; ❄📶). Cette magnifique maison de la médina à l'architecture caractéristique a été soigneusement restaurée et meublée en mêlant moderne et ancien. Elle propose des chambres vastes et confortables et un jardin zen. L'un des salons compte un grand hammam, et un autre un excellent restaurant ouvert aux non-résidents. L'accueil est chaleureux, et l'on peut vous aider à découvrir la médina.

El Reducto RIAD €€€
(☎0539 96 81 20 ; www.riadtetouan.com ; 38 Zanqat Zawiya ; avec petit-déj s 400-600 Dh, d 550-850 Dh). Cette superbe maison vaut une visite juste pour ses carreaux de mosaïque traditionnelle à l'éclat cuivré. Les chambres, impeccables, sont véritablement fantastiques et pourvues de vastes sdb (l'une a un Jacuzzi pour 2 pers), de magnifiques antiquités et de jetés de lit de soie. Le restaurant de qualité sert des plats d'inspiration espagnole et de l'alcool.

Pension Iberia HÔTEL €
(☎0539 96 36 79 ; 5 pl. Moulay el-Mehdi ; s/d/tr 60/100/150 Dh). La meilleure adresse pour les voyageurs à petit budget loue des chambres classiques à hauts plafonds et balcons donnant sur la place Moulay el-Mehdi – demandez la chambre 11. La vue sur la ville blanche, les collines et la fontaine de la place, plus jolie que depuis la rue, ajoute une touche de romantisme. Les sdb sont communes et les douches chaudes coûtent 10 Dh. Au 3e étage au-dessus d'une banque, à 100 m d'un parking public (parking Hammadi ; av. Al-Jazaer).

Hôtel Regina HÔTEL €
(☎0539 96 21 13 ; 8 rue Sidi Mandri ; s/d/tr 90/123/160 Dh). Cet hôtel petit budget (l'un des plus vastes de la ville) a un air fatigué, mais ses murs blanchis à la chaux et ses tissus colorés provenant du Rif le réveillent un peu. Les sdb sont parfois usées mais tout est propre, ce qui en fait

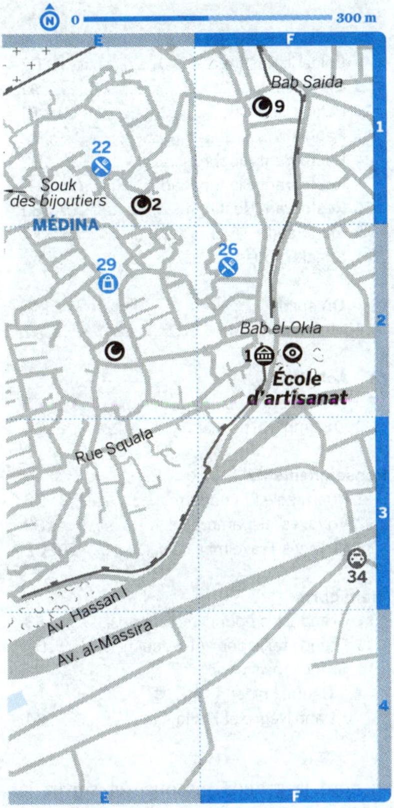

une adresse d'un bon rapport qualité/prix. Au rez-de-chaussée, le café vous sert le petit-déjeuner.

Hôtel Paris HÔTEL €

(☎0539 96 67 50 ; 31 rue Chakib Arsalane ; s/d 257/309 Dh, petit-déj 40 Dh). Sans charme mais efficace. Les chambres sont sobres et propres, les sdb petites. Les couloirs sans âme ne donnent guère envie de s'attarder.

Riad Dalia RIAD €€

(☎0539 96 43 18 ; www.riad-dalia.com ; 25 rue Ouessaa ; s sans sdb 150 Dh, d avec petit-déj 400 Dh, ste 600 Dh). Premier hôtel-riad de la médina, cette adresse tenue en famille aurait bien besoin d'une rénovation. Il s'agit de l'ancienne maison du consul néerlandais, vieille de trois siècles, convertie en hôtel moyennant peu de changements. Le propriétaire possède même les lettres du consul à voir à la réception, sans oublier sa collection de timbres. La suite est immense mais tout sent un peu le renfermé.

Hôtel Panorama Vista HÔTEL €€

(☎0539 96 49 70 ; www.panoramavista.com ; av. Moulay Abbas ; s/d avec petit-déj 307/404 Dh ; ❄📶). Le meilleur hôtel à l'extérieur de la médina. Si les chambres de type chaîne ne brillent guère par la couleur locale, elles sont propres et donnent sur le Rif. Le café populaire, au 1er étage, orné d'un mur de verre, sert un copieux petit-déjeuner marocain. La direction favorise les douches, mais vous pouvez demander une bonde pour la baignoire.

Où se restaurer

Tétouan n'est pas réputée pour ses restaurants, mais la situation semble s'arranger à mesure que le tourisme y est encouragé. Quelques belles adresses sont disponibles (privilégiées par les groupes, pensez à réserver), mais les meilleures sont celles des pensions de la médina. À défaut, vous pourrez jeter votre dévolu sur les grillades et les sandwichs.

Restaurant Blanco Riad LOCAL €€€

(☎0539 70 42 02 ; 25 rue Zawiya Kadiria ; repas 400 Dh). Dans la pension du même nom, le chef donne avec talent une touche de modernité à la cuisine marocaine. Une pastilla traditionnelle peut mêler foie gras et pigeon, les calmars farcis s'accompagner de sabayon safrané, tandis que les desserts sont extra. Décoration sobre, banquettes marocaines et tables classiques. Réservez.

Snack Taouss RESTAURATION RAPIDE €

(3 rue 10 Mai ; plats à partir de 25 Dh ; ⊙déj et dîner). Connu pour ses burgers et ses frites, ce petit snack-bar d'influence syrienne propose de bons falafels et de délicieux kebabs, ainsi que des pizzas, des salades, de l'*harira* (soupe de tomate et pois chiches), des tajines et autres plats bon marché. Petit salon à l'étage (pratique si vous attendez votre pizza) ou vente à emporter. S'il affiche complet, vous trouverez le même à côté, le 10 Mai.

Restaurant Restinga LOCAL €

(21 av. Mohammed V ; plats à partir de 50 Dh, bière 15 Dh ; ⊙déj et dîner). La cour extérieure ombragée par un énorme ficus est le principal attrait de ce charmant restaurant – qui sert aussi de l'alcool. Parfait pour déguster tranquillement des fruits de mer accompagnés d'une bière.

Restaurant Albahr RESTAURATION RAPIDE €

(21 rue Almoukawama ; plats à partir de 30 Dh ; ⊙déj et dîner). Rien de très exotique – fritures, burgers et *fish and chips* –, mais tout est

Tétouan

Les incontournables
Musée d'Archéologie ... C2
École d'artisanat ... F2

À voir
1 Musée d'Ethnographie ... F2
2 Grande Mosquée ... E1
3 Iglesia de Bacturia ... A2
4 Parc des Amoureux ... D4
5 Musée d'Art moderne ... D4
6 Place al-Jala ... C2
7 Place Hassan II ... D2
8 Place Moulay el-Mehdi ... B2
9 Mosquée Saidi ... F1
10 Tannerie ... D1

Où se loger
11 Blanco Riad ... C2
12 El Reducto ... C2
13 Hôtel Panorama Vista ... B3
14 Hôtel Paris ... A2
15 Hôtel Regina ... B2
16 Pension Iberia ... B2
17 Riad Dalia ... D1

Où se restaurer
18 Cafétéria Emirates ... B2
19 Dallas ... B2
20 Épicerie Restinga ... B2
21 Oahda ... A1
22 Palace Bouhlal ... E1
23 Pannini ... B2
24 Restaurant Albahr ... B2
Restaurant Blanco Riad ... (voir 11)
25 Restaurant Restinga ... B2
26 Riad Saada ... F2
27 Snack Taouss ... A2

Où sortir
28 Cinéma Avenida ... A2

Achats
29 Dar Lebadi ... E2
30 Ensemble artisanal ... D4

Renseignements
31 Pharmacie El-Feddan ... D2
32 Voyages Hispamaroc ... B2
33 Voyages Travelmar ... C2

Transports
34 Grand taxis pour Oued Laou ... F3
35 Grands taxis pour Al-Hoceima ... D4
36 Grands taxis pour Ceuta, Fnideq, Cabo Negro et M'diq ... C4

bon et raisonnablement tarifé. Les salades sont un plus, et le vendredi est le jour du couscous (50 Dh).

Riad Saada LOCAL €€
(☎0661 46 71 29 ; 18 rue Jenoui ; menu 100 Dh ; ⏰déj et dîner). Une expérience marocaine typique : une foule d'assiettes bien remplies (soupe, couscous, tajines, salades, kebabs), des divertissements (danse du ventre, musiciens traditionnels) et un cadre superbe dans une maison de calife du XVIe siècle. On y trouve même deux trônes en or pour les mariages et des moulures en stuc aux murs. Franchissez Bab el-Okla, tournez immédiatement à droite, prenez la deuxième à gauche au niveau d'Optique Seffar et suivez le très long couloir carrelé de l'entrée.

Palace Bouhlal LOCAL €€
(☎0670 85 95 63 ; 48 Jamaa Kebir ; menu 100 Dh ; ⏰déj). Un autre palais avec des canapés luxueux, des tentures, des espaces plus intimes (à l'étage), des fontaines et une majestueuse voûte mauresque. Le repas classique marocain est constitué de quatre plats. Empruntez la rue qui contourne au nord la grande mosquée et suivez les panneaux qui mènent dans une allée minuscule. Passez d'abord par la boutique Les Secrets des Plantes, à droite juste avant l'entrée, où vous découvrirez 670 épices.

Cafétéria Emirates CAFÉ €
(5 av. Ouahda ; ⏰6h-22h). Grand établissement à la décoration noire et chromée, le plus branché de la ville. Une bonne adresse pour les femmes voyageant en solo. Le café est bon et les jus de fruits délicieux (15 Dh).

Oahda CAFÉ €
(16 rue al-Ouahda ; ⏰7h-21h, fermé ven aprèsmidi). Autre café convenant bien aux femmes, un cran en dessous de l'Emirates mais tout aussi prisé des habitants. Les pâtisseries bien sucrées sont sa spécialité. On se sent un peu à l'étroit à l'étage.

Dallas PÂTISSERIE €
(11 rue Youssef ben Tachfine ; ⏰6h-22h). L'univers de ce Dallas n'a rien d'impitoyable ; c'est ici que les habitants viennent faire le plein de pâtisseries. À un pâté de maisons de l'avenue Mohammed V.

Pannini RESTAURATION RAPIDE €
(5-6 av. Mohammed Ben Aboud ; panini à partir de 20 Dh ; midi-23h). Sandwichs sur commande. Sont proposés des ingrédients standards et d'autres plus exotiques.

FAIRE SES COURSES
Vous trouverez quantité de légumes et de fruits frais dans la médina, sur la route qui conduit vers l'est à Bab el-Okla. Le marché central (fermé vendredi), à l'angle du parc des Amoureux, offre un bon choix de produits, notamment des poissons pêchés sur la côte. L'**épicerie Restinga** (angle rue du Prince Héritier Sidi Mohamed et rue Ben Aboud ; 9h-22h). Vend de l'alcool.

Où prendre un verre

Comme le plus souvent au Maroc, les bars de Tétouan s'adressent essentiellement à la clientèle masculine. Si vous souhaitez découvrir ces lieux sombres et enfumés, plusieurs jalonnent la rue du 10 Mai, au nord-ouest de la place Moulay el-Mehdi. Les cafés les plus accueillants figurent dans la rubrique *Où se restaurer*. Pour simplement boire une bière, rendez-vous au Restaurant Restinga.

Où sortir

Hormis dîner dans un restaurant au décor de palais, la seule distraction consiste à aller au **Cinéma Avenida** (pl. al-Adala ; 20-35 Dh ; séances 15h30, 18h30 et 21h30). Les films sont souvent projetés en français ou en arabe, plus rarement en espagnol.

Achats

Le travail du bois et la maroquinerie sont les deux traditions artisanales de Tétouan. Pour la seconde, rendez-vous directement à la petite **tannerie** (Bab M'Kabar) au nord de la médina.

Dar Lebadi ART ET ARTISANAT, TAPIS
(Jenoui section). Ce haut lieu du shopping dans la médina sert de comptoir aux artisans berbères et aux tisserands de Rabat. Il occupe l'ancienne résidence du gouverneur, un palais deux fois centenaire, restauré avec soin, qui mérite à lui seul la visite. Vous risquez toutefois d'y rester des heures, d'autant que le personnel se montre accueillant.

Ensemble artisanal ART ET ARTISANAT
(av. Hassan II ; 8h-20h lun-sam). Bourdonnante d'activité, cette coopérative d'État regroupe tisserands, maroquiniers, bijoutiers et menuisiers au travail. Prix fixes.

Renseignements

Accès Internet

Imex Media (19 av. Mohammed V ; 5 Dh/h)

Remote Studios (13 av. Mohammed V ; 9 Dh/h ; 9h-24h)

Agences de voyages

Voyages Travelmar (0539 71 42 37 ; 5 av. Mohammed V ; 9h-12h et 14h30-18h30 lun-sam)

Voyages Hispamaroc (/fax 0539 71 33 38 ; 23 av. Mohammed V ; 8h30-12h30 et 15h-19h lun-ven, 9h-12h30 sam)

Argent

Plusieurs banques avec DAB bordent l'avenue Mohammed V.

BMCE (pl. Moulay el-Mehdi). Cette agence accepte le liquide et les chèques de voyage et reste ouverte en dehors des heures habituelles.

Office du tourisme

ONMT (Délégation régionale du tourisme ; 0539 96 19 15 ; fax 0539 96 19 14 ; 30 av. Mohammed V). Un personnel serviable propose de nombreuses brochures et cartes. Les fresques de 1951 représentant le nord du Maroc valent le coup d'œil.

Poste

Bureau de poste (pl. Moulay el-Mehdi)

Services médicaux

Clinique du Croissant Rouge (0539 96 20 20 ; pl. al-Hammama, Quartier Scolaire)

Hôpital principal (0539 97 24 30 ; rte de Martil). À environ 2 km de la ville.

Pharmacie El-Feddan (0539 96 80 51 ; pl. Hassan II ; 9h-13h, 15h30-20h). Pharmacie de la médina.

Depuis/vers Tétouan

Avion

L'aéroport de Tétouan ouvre à l'occasion pour des vols charters en provenance de Paris (pour le Club Med, par exemple) et Bruxelles, mais il n'y a pas de services réguliers. Les rumeurs persistantes sur la création d'un véritable aéroport pourraient bien être motivées par la volonté de vendre des biens immobiliers aux étrangers.

Bus

Tétouan possède une **gare routière** moderne, pourvue d'un tableau d'affichage électronique qui ne décourage pourtant pas les rabatteurs – ignorez-les et renseignez-vous par vous-même. Toutes les villes du Nord sont desservies. Une consigne est proposée (6/10 Dh le sac moyen/grand).

La **CTM** possède sa propre gare, à 5 minutes en taxi de la gare routière principale. C'est le meilleur choix en termes de qualité et pour les longs trajets.

Fès 90 Dh, 5 heures
Rabat 100 Dh, 4 à 5 heures
Marrakech 235 Dh, 11 heures
Quelques destinations locales :
Martil 4 Dh, 25 minutes
M'Diq 8 Dh, 1 heure
Fnideq 10 Dh, 1 heure 15
La consigne coûte 5 Dh par kilo de bagages et par jour.

Taxi

Les grands taxis à destination de Fnideq (et donc Ceuta ; 15 Dh, 30 min), Martil (5 Dh, 15 min), Cabo Negro et M'diq (10 Dh, 20 min) stationnent dans l'avenue Hassan II, au sud-est de la gare routière. Les quelques grands taxis pour Al-Hoceima (150 Dh, 8 heures) attendent sur une aire poussiéreuse, 100 m plus à l'est, derrière le bâtiment du nouveau musée d'Art moderne.

La station de la place al-Hamama, à 2 km à l'ouest du centre-ville, regroupe les grands taxis pour Chefchaouen (30 Dh, 1 heure) et Tanger (25 Dh, 1 heure 15). Si vous arrivez de l'une ou l'autre de ces deux localités, le chauffeur peut éventuellement vous déposer plus près du centre-ville.

Les grands taxis pour Oued Laou stationnent sous l'autopont de l'avenue al-Massira, qui passe facilement inaperçu.

Comment circuler

Les petits taxis jaune canari n'ont pas de compteur, mais une course en ville tourne autour de 10 Dh. Si vous êtes motorisé, vous pourrez garer votre voiture dans le **Parking Hammadi** (av. Al Jazaer ; 10 Dh pour 4 heures en journée, 10 Dh la nuit), surveillé.

Environs de Tétouan

Si peu d'étrangers viennent à Tétouan, l'été, les Marocains d'ici et d'Europe investissent ses plages dorées si proches de la ville. D'immenses projets urbains sont en cours, de Fnideq, près de Ceuta au sud jusqu'à M'Diq, Cabo Negro et Martil. De grands parcours de golf et des complexes d'appartements devraient voir le jour le long de nouvelles corniches. La plupart de ces projets sont à moitié achevés, victimes du tarissement des subsides, imputable à la dernière crise économique.

MARTIL مارتيل

Dans cet environnement montagneux, Martil est une station balnéaire moderne qui se développe rapidement. De nombreux cafés, restaurants et glaciers bordent les rues parallèles à sa corniche. Fréquentée les week-ends à l'année et surpeuplée en été, cette station en vogue est désertée aux jours ouvrés hors saison. C'est pourtant un bon point de chute pour les voyageurs de passage, car elle est à 10 minutes (8 km) en taxi de Tétouan.

Où se loger et se restaurer

Hôtel Étoile de la Mer HÔTEL €
(☎0539 97 90 58 ; av. Hassan II ; s/d avec petit-déj 177/231 Dh ;). La décoration originale – un atrium central rempli de plantes et traversé d'escaliers – et sa proximité de la plage font de cet hôtel la meilleure adresse du moment. Des tissus du Rif et de la peinture verte confèrent un air joyeux à l'ensemble. Les meilleures chambres ont un balcon donnant sur la mer ; le restaurant sert de l'alcool.

Camping al-Boustane CAMPING €
(☎/fax 0539 68 88 22 ; corniche ; camping 20 Dh/pers, 30/20/35 par tente/voiture/camping-car, électricité 30 Dh ; accueil 7h30-12h, 19h-23h ;). Un camping sûr, à quelques rues de la plage, sis dans un joli jardin. Les équipements sont vieillissants, mais le restaurant est raisonnable (plats à partir de 55 Dh) et on peut profiter de la piscine l'été. Il souffre par contre de sérieux problèmes de drainage quand il pleut. Sur la corniche, bifurquez à hauteur de la fontaine.

Ras Tarf Restaurant LOCAL €€
(☎0539 68 83 00 ; corniche ; pizza à partir de 70 Dh ; déj et dîner). Parmi les nombreux restaurants du front de mer, un établissement agréable servant une gamme correcte de pizzas, burgers et kebabs. En semaine hors saison, vous y serez seul.

Depuis/vers Martil

Les bus locaux à destination de Tétouan (5 Dh, 15 min) partent de la gare routière près du château d'eau à l'extrémité sud de la plage. De grands taxis desservent Tétouan (5 Dh, 10 min), près de la Grande Mosquée.

CABO NEGRO ET M'DIQ

الرأس الاسود و مضيق

Le promontoire de Cabo Negro (ou Ras Aswad en arabe), visible depuis Martil dont il est distant de 5 km, s'avance dans la Méditerranée. Le petit port de M'diq, niché à l'abri de sa côte nord, a de quoi étonner. Jadis petit port de pêche, il a connu un essor rapide au point de devenir la villégiature la plus huppée de la côte. Malgré son côté balnéaire un peu impersonnel, le lieu constitue une bonne évasion à 20 minutes de Tétouan.

Où se loger et se restaurer

À M'Diq, les hôtels ont tendance à se consacrer à l'industrie touristique estivale et à ignorer les visiteurs au budget serré. N'hésitez pas à demander une réduction en dehors des mois d'été. Vu le nombre de nouveaux appartements, il vaut la peine de se renseigner sur les tarifs des locations. Cafés et restaurants bon marché bordent le front de mer.

Golden Beach Hotel HÔTEL €€
(☎0539 97 50 77 ; www.goldenbeachhotel.com ; 84 rte de Sebta ; s/d avec petit-déj 478/709 Dh ;). Ce 4-étoiles sur la plage mérite de faire une petite folie. Bien dirigé et entretenu, il compense son manque de charme par de superbes installations, notamment une piscine près de la corniche, une discothèque et un piano-bar dont le comptoir en marbre imite des touches de clavier.

Hôtel Narijiss HÔTEL €
(☎0539 66 37 70 ; av. Lalla Nezha ; s/d 150/250 Dh ;). Hôtel correct à 200 m en amont du front de mer vers la route de Tétouan. Un peu quelconque, mais ses chambres ont des sdb et la TV sat. Café juste à côté.

Las Olas Restaurant et Café LOCAL €
(☎0539 66 44 33 ; corniche ; plats à partir de 50 Dh ; déj et dîner ;). Impossible de rater cet incontournable du front de mer aux allures de phare, comportant un café très animé en bas et un restaurant de fruits de mer à l'étage. Le décor est gai, la vue du toit superbe, et le poisson n'a pas beaucoup de chemin à faire jusqu'à votre assiette. Sur le parking de la corniche.

Royal Yachting Club de M'Diq RESTAURANT
(Port de M'Diq). Tout le port était en reconstruction lors de notre passage, et une nouvelle marina était prévue. Le yacht-club privé ne manquera pas de rouvrir son très chic restaurant de fruits de mer une fois les travaux terminés.

Depuis/vers M'Diq

Les grands taxis et les bus reliant Tétouan et Fnideq (à 3 km de la frontière avec Ceuta) traversent le bourg. Les grands taxis pour Tétouan (5 Dh, 15 min) partent d'une station près de l'Hôtel Narijiss. Les véhicules desservant la frontière (10 Dh) se tiennent du côté nord de la ville, aux abords de la Banque Populaire.

Chefchaouen شفشاون

45 000 HABITANTS

Dominée par les sommets du Rif, Chefchaouen compte parmi les plus jolies villes du Maroc et jouit d'une atmosphère unique. Si le tourisme a résolument pris son essor, l'authenticité demeure. Sa médina splendide, avec ses toits de tuiles rouges, ses bâtiments bleu vif et ses ruelles étroites qui convergent vers l'animation de la place Uta el-Hammam et la casbah restaurée, mêle influences marocaines et andalouses. Connue depuis longtemps des voyageurs indépendants, Chefchaouen s'est embourgeoisée et offre désormais des hébergements de qualité, de bons restaurants et quantité de choses à faire. Elle se prête bien à un séjour de détente et à des excursions dans les vertes montagnes environnantes, notamment en famille. Chefchaouen comprend une médina dans sa moitié est et une ville nouvelle (*ciudad nueva*) à l'ouest. Le cœur de la première est la Plaza Uta el-Hammam où se dresse la casbah. Les murs de la médina ont été rénovés récemment, sur financement espagnol. La route principale de la ville nouvelle est l'avenue Hassan II, qui part de la Plaza Mohammed V, une place verdoyante conçue par l'artiste Juan Miró, passe par la porte ouest Bab el-Ain, longe le mur de la médina et rentre dans la médina elle-même. Elle se termine sur la place el-Majzen. La gare routière se situe à 1,5 km de rude marche à pied au sud-ouest du centre. Les cascades de Ras-el-Maa coulent juste à l'extérieur des murailles, au nord-est.

Histoire

Les habitudes ont la vie dure, aussi, les résidents appellent souvent Chefchaouen par son nom d'origine : Chaouen, qui signifie "sommets", en référence aux montagnes du Rif qui l'encerclent. Sous l'occupation espagnole, l'orthographe fut transformée en Xauen, avant que le nom Chefchaouen ("regarde les pics") soit adopté en 1975. Aujourd'hui, les deux noms ont cours.

Fondée en 1471 par Moulay Ali ben Rachid, comme base des tribus berbères du Rif, pour lancer des attaques contre les Portugais de Ceuta, Chefchaouen prit son essor à l'arrivée des réfugiés musulmans et juifs fuyant Grenade et les persécutions, après 1494. Ils bâtirent des maisons blanchies à la chaux, qui donnent au bourg son allure espagnole, avec leurs minuscules balcons, leurs toits de tuiles et leurs patios, au milieu desquels pousse généralement un citronnier. Le bleu pâle recouvrant les

Chefchaouen

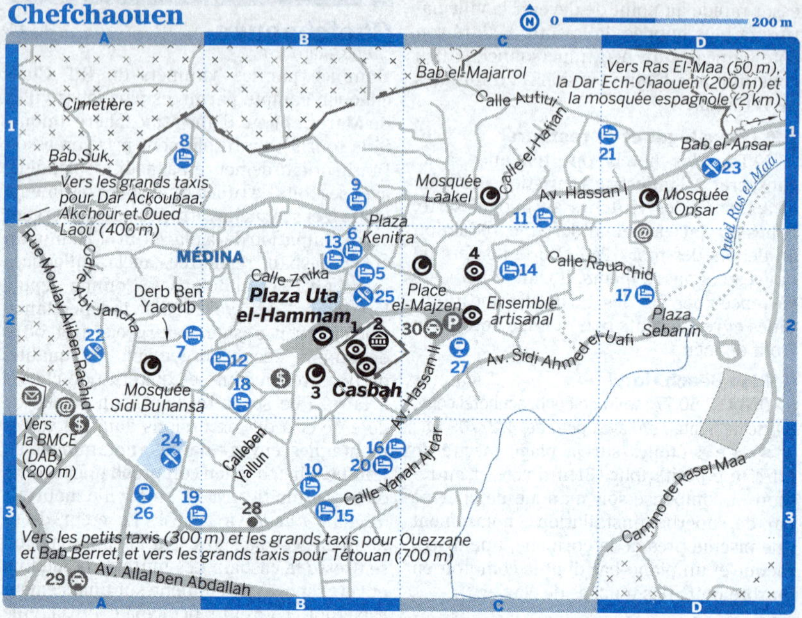

habitations, si typique aujourd'hui, fut introduit dans les années 1930 par la population juive. Cette couche devait remplacer le vert des fenêtres et des portes, couleur traditionnelle de l'islam.

La petite ville vécut recluse jusqu'à son occupation par les troupes espagnoles en 1920. Auparavant, les chrétiens étaient interdits d'accès, sous peine de mort. À leur arrivée, les Espagnols furent surpris d'entendre les habitants juifs parler une variante du castillan médiéval. Ils furent un temps chassés de Chefchaouen par Abd el-Krim, durant la rébellion rifaine des années 1920, puis y revinrent jusqu'à l'indépendance, en 1956.

À voir

Médina MÉDINA

La médina de Chefchaouen compte parmi les plus jolies du Maroc : petite et peu fréquentée, elle est parcourue de passages tortueux qui vous permettent de l'explorer, sans vraiment vous perdre. Le rez-de-chaussée des édifices est peint d'un bleu lumineux, ce qui crée une atmosphère propre et fraîche, à laquelle les tuiles en terre cuite ajoutent une touche andalouse.

La place principale de la médina, la **Plaza Uta el-Hammam**, est bordée de cafés et de restaurants. C'est le lieu idéal pour marquer une pause, surtout au terme d'une journée d'exploration. Ombragée et pavée, la place est dominée par les remparts rouges de la **casbah** et par l'étonnante Grande Mosquée. Remarquable par sa tour octogonale, la **Grande Mosquée** fut construite au XVe siècle par le fils du fondateur de la cité, Ali ben Rachid. Les non-musulmans n'y ont pas accès.

La **casbah** (entrée musée et galerie compris 10 Dh ; 9h-13h et 15h-18h30 mer-lun, 9h-12h et 15h-18h30 ven), une forteresse lourdement restaurée ceinte de remparts, renferme un ravissant jardin, un modeste **musée d'Ethnographie** et une petite **galerie d'art**. Le partie ethnographique montre d'intéressantes vues du vieux Chefchaouen, en particulier de la Plaza Utal el-Hammam et de la casbah. La galerie expose des œuvres d'artistes locaux.

Activités

Spas et hammams

Centre Viva Form SPA

(0539 98 61 65 ; Atlas Chaouen Hotel ; 12h-21h). Spa sophistiqué dans l'Atlas Chaouen Hotel. Des tarifs variés, de la réflexologie (100 Dh) au massage amincissant de 50 minutes qui vous soulagera de 500 Dh.

Chefchaouen

Les incontournables
Casbah B2
Plaza Uta el-Hammam B2

À voir
1 Galerie d'art B2
2 Musée d'Ethnographie B2
3 Grande Mosquée B2

Activités
4 Douches Barakat C2

Où se loger
5 Casa Hassan B2
6 Dar Baibou B2
7 Dar Baraka A2
8 Dar Meziana A1
9 Dar Terrae B1
10 Dar Zman B3
11 Hostal Guernika C1
12 Hostal Yasmina B2
13 Hôtel Barcelona B2
14 Hôtel Koutoubia C2
15 Hôtel Madrid B3
16 Hôtel Marrakech B3
17 Hôtel Molino D2
18 Hôtel Mouritania B2
19 Hôtel Rif A3
20 Hôtel Salam B3
21 John's House D1

Où se restaurer
22 Assaada A2
23 Bab el-Ansar Café D1
24 Chez Aziz A3
25 La Lampe Magique B2

Où prendre un verre
26 Bar Oum-Rabiá A3
27 Hôtel Parador Bar C2

Renseignements
28 Preference Voyages Agency B3

Transports
29 Grands taxis pour Bab Taza A3
30 Petits taxis C2

Douches Barakat HAMMAM
(Hammam 10 Dh ; hommes 8h-12h, femmes 12h-20h). Le hammam local : une option traditionnelle et bien moins chère que le spa.

Randonnée
Une foule de randonnées de diverses durées sont réalisables dans les 580 km² du **parc national de Talassemtane**, qui débute à la sortie de la ville. Son nom signifie "source froide" en berbère. Parmi les destinations phares, citons les petits villages de Kalaa et d'Akchour, ainsi que le pont de Dieu, un rocher en forme d'arche. La durée de ces excursions varie selon le trajet que vous décidez de parcourir en voiture.

L'**éco-musée** (près du camping Azilane) à l'entrée du parc national de Talassemtane vaut le coup d'œil. On y trouve des renseignements sur le parc, des cartes de randonnée et une grande exposition sur sa faune et sa flore. Inscrivez-vous ici si vous avez l'intention de camper.

Le Caiat (0666 28 87 15 ; www.caiat.com ; à partir de 160-300 Dh/pers ; repas 100 Dh) est un merveilleux refuge à 12 km de Chefchaouen sur la route d'Oued Laou. On y propose diverses randonnées guidées de 2 heures à 2 jours, et il dispose de plusieurs hébergements et d'un restaurant dont la vue sur la vallée est à couper le souffle.

Circuits organisés

L'Association des guides du tourisme de Chefchaouen RANDONNÉE
(0662 11 39 17 ; mouddenabdeslam@yahoo.fr ; visite de la ville 120 Dh/demi-journée, randonnée de montagne 250/400 Dh/demi-journée/j). Cette ONG vous renseigne sur les randonnées et forme des guides. Son président, Abdeslam Mouden, très expérimenté, connaît parfaitement la région.

Fêtes et festivals

L'association culturelle très active **Rif el-Andalus** (0539 98 68 00) organise deux événements en juillet : une grande exposition en plein air et un festival musical international appelé l'Alegria.

Où se loger

Les hébergements ne manquent pas à Chefchaouen. Le mieux est de séjourner dans la médina, même si on trouve aussi de bonnes adresses hors des murs. Peu d'hôtels sont chauffés. Les froides nuits d'hiver, vous dormirez sous une pile de couvertures.

À NE PAS MANQUER

LA MOSQUÉE ESPAGNOLE

En regardant vers l'ouest, vous repérerez facilement la "mosquée espagnole" juchée sur une colline non loin de la médina. La promenade pour s'y rendre est agréable et en vaut la chandelle. Commencez à la cascade **Ras el-Maa**, juste après la porte du nord-est de la médina. C'est là, où l'eau sort du flanc de la montagne, que les femmes viennent laver leur linge. Le son de l'eau et la colline verdoyante derrière les murs de la médina participent d'un sentiment d'immersion dans la nature.

Empruntez le pont et marchez jusqu'à la mosquée espagnole en suivant le sentier de la colline. La mosquée, bâtie par les Espagnols pour les habitants dans les années 1920, n'a jamais été utilisée. Tombant en ruine, elle a été restaurée (par les Espagnols de nouveau) et lors de notre passage, devait être transformée en centre culturel. Ce site fréquenté offre un magnifique panorama sur la ville en contrebas. Les voyageuses seules risquent toutefois de s'y sentir mal à l'aise.

MÉDINA

Hostal Guernika PENSION €
(☎0539 98 74 34 ; hostalgernika@hotmail.com ; 49 Onssar ; d/tr 200/300 Dh ; 📶). Un établissement accueillant et charmant au propriétaire des plus attentionnés, près de la Plaza Uta el-Hammam. Les chambres sur rue, agréables, sont vastes et claires et donnent sur la montagne. Les autres se révèlent parfois sombres. Toutes ont une douche. Vue spectaculaire de la terrasse. Réservez l'été, à Pâques et en décembre.

Dar Terrae PENSION €€
(☎0539 98 75 98 ; www.darterrae.com ; av. Hassan I ; s/d/tr avec petit-déj 290/390/600 Dh ; 📶). Des chambres gaies et toutes différentes, avec sdb et cheminée, nichées dans les recoins d'un escalier. Les propriétaires italiens dressent un fantastique buffet de petit-déjeuner, et préparent les autres repas sur demande. L'adresse est mal indiquée ; demandez l'"Hôtel Italiano".

Dar Baraka PENSION €
(☎0614 68 24 80 ; www.riad-baraka.com ; Derb Ben Yacoub ; d sdb commune avec petit-déj 240 Dh, qua 120 Dh/pers, d sdb 280 Dh ; 📶). Autre pension toute neuve tenue par des Anglais, Dar Baraka loue des chambres confortables aux sdb communes impeccables. Mention très bien pour la terrasse, à la fois ensoleillée et ombragée. Dîner sur demande – barbecue ou rôti du dimanche.

John's House MAISON DE LOCATION €€
(17 Calle Autiui ; www.johndirkwilkinson@gmail.com ; 715/3 850 dh/3 pers/nuit/sem; ❄@). La plus douillette des maisons de la médina n'a que 2 chambres, une sdb chauffée et une terrasse fabuleuse avec une fontaine où l'on peut tremper les orteils. Elle appartient au gardien du consulat britannique de Chefchaouen, ce qui explique le drapeau anglais. Un piano trône près de la cheminée.

Dar Meziana PENSION €€
(☎0539 98 78 06 ; www.darmezianahotel.com ; rue Zagdud ; s/d/tr à partir de 475/650/950 Dh ; ❄📶). Cet établissement superbement décoré tient d'une œuvre d'art, avec sa cour anguleuse, moult plantes, une belle luminosité, des meubles de qualité et d'extraordinaires plafonds. En lisière de la médina, il n'a pas d'enseigne. Tout simplement parfait.

Hôtel Mouritania PENSION €
(☎0539 98 61 84 ; 15 rue Qadi Alami ; s/d 60/120 Dh ; 📶). Des chambres sobres mais un personnel serviable. Le patio-salon est idéal pour rencontrer d'autres voyageurs. Excellents petits-déjeuners (20 Dh).

Hostal Yasmina PENSION €
(☎0539 88 31 18 ; yasmina45@hotmail.com ; 12 Zaida Al-Horra ; ch 75 Dh/pers). Un joyau dans cette catégorie de prix. Des chambres claires et nettes, à deux pas de la Plaza Uta el-Hammam, et une terrasse sur le toit des plus accueillantes. Il n'a que peu de chambres et affiche rapidement complet.

Hôtel Koutoubia PENSION €
(☎0668 11 53 58 ; Calle Andalouse ; s/d 150/200 Dh). Hôtel idéal pour les voyageurs à petit budget. Direction sympathique et attentionnée, situation centrale, décoration traditionnelle, chambres impeccables et terrasse fermée pour les petits-déjeuners des matinées hivernales (15 Dh).

Dar Baiboo PENSION €€€
(☎0539 98 61 53 ; www.casahassan.com ; rue Targhi ; ❄). En face de la Casa Hassan, sous la même direction, cette pension ouverte depuis peu est claire et aérée. Les grandes chambres, confortables, donnent sur la cour centrale.

Casa Hassan PENSION €€€

(☎0539 98 61 53 ; www.casahassan.com ; 22 rue Targhi ; s/d demi-pension à partir de 850/1 000 Dh ; ❄). Grande pension au 2e étage au-dessus de son restaurant, cette adresse haut de gamme commence à montrer des signes de vieillissement. Elle propose néanmoins de vastes chambres aux détails charmants, notamment des lits nichés dans des alcôves et des cheminées, et un hammam. La terrasse fait office d'élégant salon, et le confortable Restaurant Tissemlal arbore une chaleureuse cheminée.

Hôtel Barcelona PENSION €

(☎0539 98 85 06 ; 12 rue Targhi ; ch sdb commune 70 Dh/pers, s/d sdb privée 300 Dh). Adresse petits budgets, accueillante, tout en bleu de Chefchaouen. Les équipements sont rudimentaires, mais l'hôtel a été repeint. Merveilleuse terrasse sur le toit.

Hôtel Molino PENSION €€

(☎0539 98 74 23 ; Plaza Seloannine ; www.hotelchefchaouen.com ; s/d sdb commune avec petit-déj 250/350 Dh, d/qua sdb 550/750 Dh ; wifi). Autre pension récente, l'Hôtel Molino propose un choix de chambres à la page garnies d'une variété de tissus locaux. Les enfants de la ville viennent apprendre à jardiner dans son remarquable jardin. Le propriétaire américain envisage d'aménager un spa et un restaurant libanais. On peut dîner sur commande ou préparer son propre repas à la cuisine.

HORS DE LA MÉDINA

La plupart des autres hôtels sont regroupés sur l'avenue Hassan II, au sud de la médina, le long des vieux remparts.

Dar Ech-Chaouen PENSION €€€

(☎0539 98 78 24 ; www.darechchaouen.ma ; 18 rte Ras el-Mar ; s/d avec petit-déj 490/690 Dh, ste s/d 600/890 Dh ; ❄ wifi). Pension récemment ouverte proposant un hébergement de grande qualité à Chaouen, près de Ras el-Maa, hors des murs de la médina. Bien conçue, elle est dotée d'escaliers réguliers, de chambres confortables et spacieuses et d'une terrasse verdoyante ombragée. L'établissement comprend une piscine jouissant d'une jolie vue, ainsi qu'un restaurant. Cinq cottages familiaux étaient en cours de construction autour de la piscine lors de notre passage.

Dar Zman PENSION €€

(☎0539 98 93 46 ; darzmanguesthouse@gmail.com ; Bab el Hammar, av. Hassan II ; s/d avec petit-déj 450/600 Dh ; wifi). Cette pension joliment restaurée, imaginée par de jeunes hôteliers ambitieux, compte 8 chambres aux couleurs vives. Agréable salle de petit-déjeuner sur le toit. Les faux objets dans les murs lui procurent une touche d'originalité.

Hôtel Salam HÔTEL €

(☎0539 98 62 39 ; 39 av. Hassan II ; s/d/tr 60/120/180 Dh). Autre adresse hors des murs de la médina, repeinte de frais et louant des chambres sur cour rénovées. Les sdb communes sont correctes, et les lavabos dans les chambres sont un plus. En pleine saison, une machine à expresso est installée dans le salon, en bas.

Hôtel Marrakech HÔTEL €

(☎0539 98 77 74 ; Hotel.Marrakech1@hotmail.com ; 41 av. Hassan II ; s/d avec petit-déj 150/240 Dh, d/tr avec douche 300/360 Dh ; wifi). En contrebas, un hôtel doté d'une vraie personnalité. Les chambres pastel sont lumineuses et aérées, et les douches ont des jets puissants. Salon pourvu d'une cheminée centrale et d'un plafond en stuc, terrasse sur le toit offrant une belle vue sur la vallée.

Hôtel Rif HÔTEL €

(☎0539 98 69 82 ; hotelrif@hotmail.com ; 29 av. Hassan II ; s/d avec petit-déj 150/180 Dh, avec sdb et petit-déj 180/240 Dh ; ❄). Juste sous les murs de la médina, de bonnes chambres avec une jolie vue et d'autres correctes, sans la vue.

MOSTAPHA EL-HABTI, GUIDE DE MONTAGNE

Les randonnées dans le Rif conviennent à tous les âges, pourvu que l'on soit en forme. Nous organisons des randonnées d'une demi-journée à plusieurs jours. Je suis très à cheval sur le respect de l'environnement, et je dis toujours dès le début : on ne jette rien ! Ramenez vos détritus avec vous.

» **La meilleure randonnée :** d'Akchour à Oued Laou sur la côte, en deux jours.

» **À voir :** des genévriers, de la lavande, du romarin et du *fliou* (menthe pouliot) utilisés pour leurs vertus médicinales ; des cèdres, des thuyas et des conifères, des macaques berbères, des renards, des lézards, des vipères ; des aigles royaux et autres rapaces.

» **Les expériences inoubliables :** prendre un thé avec une famille locale, visiter des coopératives de tisserands ou des fromageries.

Malgré son cadre sombre et fouillis, il a la faveur des groupes de touristes (réservation conseillée). Restaurant. Possibilité de randonnées dans la montagne.

Hôtel Madrid HÔTEL €€
(☎0539 98 74 97 ; www.moroccanhousehotels.com ; av. Hassan II ; s/d/tr avec petit-déj 327/428/605 Dh ;). Passé le sympathique hall vous attendent des chambres douillettes, avec lits en fer forgé et baldaquins à fanfreluches. Sdb bien équipées. Attention au tapis des marches mal fixé.

Camping Azilane CAMPING €
(☎0539 98 69 79 ; Hay Ouatman ; camping 25 Dh/adulte, plus 20/20/35 Dh/ par tente/voiture/camping-car, électricité 15 Dh ;). Un cadre ombragé et une belle vue expliquent la popularité d'un site à 20 minutes à pied en amont de la médina. Petit restaurant, et une boutique pour les denrées de base, mais les autres équipements sont plutôt rudimentaires (douches chaudes 10 Dh).

Auberge de jeunesse de Chaouen AUBERGE DE JEUNESSE €
(☎0666 90 84 42 ; Hay Ouatman ; avec petit-déj 40 Dh/pers, en groupe 30 Dh/pers). Auberge de jeunesse claire et propre à côté du camping. Les douches chaudes coûtent 20 Dh, et il y a un lave-linge. Carte de membre nécessaire en pleine saison.

Atlas Chaouen HÔTEL €€€
(☎0539 98 60 02 ; www.hotelsatlas.com ; s/d/tr avec petit-déj 612/774/1 161 Dh ;). Juché sur une colline dominant la ville, cet hôtel, qui fait aussi musée d'art, expose de fantastiques œuvres de l'artiste local Zaidi Mohammed, notamment une fresque de la médina. Vous y disposerez de tout le confort d'un 4-étoiles, notamment un immense hall, un spa et une piscine avec vue sublime sur la montagne, la seule discothèque de la région, un restaurant (moyen) et un bar. Piscine ouverte aux non-résidents (adulte/enfant 100/70 Dh).

Auberge Dardara AUBERGE €€
(☎0539 70 70 07, 0661 15 05 03 ; www.dardara.ma ; rte nationale 2 ; d/tr/qua demi-pension 790/1 200/1 500 Dh ;). Auberge française authentique dans la campagne marocaine, proposant de grandes suites rustiques avec TV et cheminées. Le complexe de 10 hectares comprend une ferme en activité, un jardin, une piscine, un atelier d'artisanat, un hammam, un centre de fitness, des chevaux et la cuisine la plus élaborée de la région de Chefchaouen. Les résidents peuvent participer aux ateliers, artisanat, jardinage et autre. À 10 minutes en taxi (5 Dh) de Bab Taza.

Où se restaurer

Pour un jus de fruits ou un thé à la menthe, les cafés de la Plaza Uta el-Hammam sont incontournables. Dès le milieu de l'après-midi, des vendeurs écument les cafés, chargés de plateaux de pâtisseries. Les femmes ne sont pas particulièrement bienvenues dans les arrière-salles, où les habitants jouent aux cartes et fument du kif.

Auberge Dardara Restaurant LOCAL €€
(☎0539 70 70 07, 0661 15 05 03 ; rte nationale 2 ; repas env 90 Dh ; déj et dîner). La meilleure cuisine des environs vaut bien les 10 minutes de route qui y mènent depuis la ville (jusqu'à Bab Taza, 5 Dh). Le propriétaire tangérois n'utilise que les ingrédients du jardin, cuit son pain et fabrique ses fromages de chèvre. Essayez le délicieux gibier aux figues sèches ou le succulent lapin aux coings.

Cafés-restaurants de la place LOCAL €
(Plaza Uta el-Hamman ; petit-déjeuner à partir de 20 Dh, plats à partir de 30 Dh). Faites votre choix parmi la douzaine d'établissements de la place principale. Ils servent quasiment tous les mêmes menus : petit-déjeuner continental, soupes et salades, tajines et fruits de mer, mais la cuisine est assez bonne et l'ambiance joyeuse.

Lala Mesouda LOCAL €€
(Calle Znika ; menu 120 Dh ; déj et dîner). Nouveau restaurant proposant des plats que l'on ne trouve pas ailleurs en ville. Nous recommandons le steak au roquefort et le poulet aux champignons. On y sert aussi du poisson. L'intérieur est confortable et intime, et l'accueil chaleureux.

La Lampe Magique LOCAL €
(rue Targhi ; plats à partir de 45 Dh, menu 75 Dh ; déj et dîner). Ce restaurant délicieux donnant sur la Plaza Uta el-Hammam propose de savoureuses spécialités marocaines dans un décor grandiose. Trois étages bleu vif comprennent un salon décontracté, une salle à manger plus formelle et une terrasse sur le toit. La carte, forte de classiques comme un tajine d'agneau aux pruneaux et quelques délicieuses salades, est bien meilleure que la moyenne et l'ambiance est décontractée.

Chez Hicham LOCAL €€
(rue Targhi ; plats env 80 Dh ; déj et dîner). Autre nouveau restaurant près de La Lampe Magique, Chez Hicham vous accueille dans un cadre douillet. Sièges confortables et vue sur la casbah depuis la terrasse. Menu classique.

L'ASCENSION DU DJEBEL EL-KELAÂ

Dominant Chefchaouen du haut de ses 1 616 m, le djebel el-Kelaâ semble démesurément haut. Vous pouvez pourtant en faire l'ascension en une journée si vous prenez certaines précautions : partez accompagné de préférence (il ne faut pas marcher seul en montagne), soyez en bonne condition physique, prévoyez un équipement de marche correct (chaussures, vêtements de pluie, etc.) ainsi que des cartes à jour, sans oublier des provisions de bouche et de l'eau. Renseignez-vous sur place sur les conditions climatiques et l'état du terrain avant de partir et signalez votre départ.

La marche débute derrière le camping Azilane et emprunte le sentier de 4x4 qui mène au hameau d'Aïn Tissimlane. Les bandes peintes en jaune et blanc sur les rochers vous indiquent que vous êtes sur la bonne route. La première heure de marche est difficile. Elle vous mène au-dessus des arbres, d'où vous aurez une première vue sur Chefchaouen. Vous vous engagez alors sur une piste montagneuse. Vous atteindrez Aïn Tissimlane 2 heures après votre départ. De là, le sentier serpente entre de gros blocs rocheux pendant presque 1 heure, jusqu'à un col. Suivez le chemin vers l'ouest jusqu'à la crête de la montagne, d'où une dernière ascension vous permettra de gagner le sommet. Un sentier est vaguement dessiné, mais il faudra vous aider de vos mains à certains endroits. Le pic apparaît bientôt, et vos efforts sont récompensés par la vue sublime sur cette partie du Rif.

Vous pouvez redescendre directement au village par le même chemin, ou obliquer au nord en arrivant à la crête, d'où un sentier conduit à des hameaux de l'autre côté de la montagne. L'un d'eux, El-Kelaâ, possède des silos à grain du XVIe siècle et une mosquée au minaret penché. De là, de nombreux sentiers vous ramènent à Chefchaouen en quelques heures.

Assaada LOCAL €
(Bab el-Ain ; menu 40 Dh ; ⏲déj et dîner). Un restaurant bon marché fiable, faisant bonne impression. Des deux côtés de l'allée juste avant Bab el-Ain, il propose le menu complet classique et recommande son *kefta* de chèvre sans cholestérol. La terrasse branchée couverte de graffitis a un charme très urbain, mais l'escalier se révèle un peu périlleux.

Bab el-Ansar Café CAFÉ €
(Bab el-Ansar). Dans le mur extérieur de la médina, ce café aux trois terrasses dévalant la colline donne sur la cascade de Ras el Maa. La vue est particulièrement charmante en fin d'après-midi, quand le soleil caresse la montagne.

Chez Aziz PÂTISSERIE €
(av. Hassan II). Venez ici faire votre choix parmi une somptueuse sélection de pâtisseries. Propose aussi des pizzas et des paninis. Jus pressé et café de qualité pour un petit-déjeuner sur le pouce.

FAIRE SON MARCHÉ

Le marché donnant sur l'avenue Hassan II est l'endroit idéal pour acheter du poisson, de la viande, des fruits et des légumes frais, et devient particulièrement animé le lundi et le jeudi, quand des vendeurs viennent de l'extérieur de Chefchaouen.

Plusieurs spécialités locales valent le déplacement, notamment le miel des montagnes parfumé, et le fromage de brebis très doux, que vous pourrez goûter au petit-déjeuner. Ajoutez-y du *dial makla* frais (un type de pain) et vous aurez votre pique-nique.

Où prendre un verre

Il est difficile de trouver de la bière à Chefchaouen.

Bar Oum-Rabiá BAR
(av. Hassan II, ⏲10h-22h). Très masculin.

Hôtel Parador BAR
(pl. el-Majzen ; bière 23 Dh ; ⏲14h-23h). Le bar sans âme est correct mais on ne peut boire de vin qu'en mangeant dans le restaurant, plutôt douteux.

Atlas Chaouen BAR
(bière 20 Dh ; ⏲14h-tard). Ce bar jazzy est le plus agréable de tous, mais est un peu excentré.

Où sortir

Atlas Chaouen DISCOTHÈQUE
(⏲23h-3h). L'unique discothèque de la région. Les clients de l'hôtel la fréquentent en semaine, rejoints par les habitants le week-end.

Achats

Chefchaouen a toujours été un centre artisanal, et l'endroit idéal où acheter, entre autres, des tapis et des couvertures tissées de couleur vive. Dans les boutiques, vous verrez fréquemment des tisserands au travail. Autrefois, la soie fournissait un matériau de choix : les mûriers de la Plaza Uta el-Hammam sont un héritage de cette époque. Aujourd'hui, les tisserands travaillent principalement avec de la laine, l'une des principales productions de la région.

De nombreuses boutiques pour touristes sont installées sur les lieux stratégiques que sont les places Uta el-Hammam et el-Majzen.

Visitez l'**Ensemble artisanal** (pl. el-Majzen ; ⌚10h-14h et 16h-18h), en face de l'Hôtel Parador. C'est l'un des meilleurs que nous ayons vus au Maroc. Les tableaux informatifs ne sont qu'en espagnol et en arabe. On y voit des tisseurs à leur métier, des cordonniers, des artistes, des tricoteuses et des tréfileurs.

Renseignements

Accès Internet

Cyber-Net (Zanqat Sbâa ; 5 Dh/h ; ⌚10h-24h)

IRIC (Institut Raouachid pour l'information et le commerce ; av. Hassan II ; 5 Dh/h ; ⌚8h-24h). À côté de la Librairie Al-Nahj.

Agence de voyages

Preference Voyages Agency (☎0539 98 79 13 ; www.preferencevoyages.com ; 39 av. Hassan II ; ⌚9h-12h30 et 15h-18h30 lun-ven, 9h-12h30 sam). Cette agence de voyages très utile – la première de Chefchaouen – renseigne les touristes et organise des randonnées dans la montagne avec des guides certifiés.

Argent

Banque Populaire Médina (Plaza Uta el-Hammam) ; ville nouvelle (av. Hassan II). Un DAB est installé dans la médina.

BMCE (av. Hassan II). DAB.

Poste

Poste (av. Hassan II)

Services médicaux

Hôpital Mohammed V (☎0539 98 62 28 ; av. al-Massira al-Khadra)

Pharmacie Chefchaouen (☎0539 98 61 58 ; av. Moulay Driss ; ⌚9h-13h et 15h-20h)

Depuis/vers Chefchaouen

Bus

De nombreux bus ont déjà fait le plein de passagers dans d'autres localités avant de desservir Chefchaouen. Aussi mieux vaut acheter son billet pour la suite du voyage dès l'arrivée sur place, histoire de s'assurer un siège. La gare routière se trouve à environ 1 km au sud-ouest de la ville, tout à fait au bout de l'avenue Mohammed V (10 Dh en petit taxi depuis la place el-Majzen). Les bus de la CTM et autres partent de là.

La **CTM** (☎0539 98 76 69) dessert les destinations suivantes :

DESTINATION	PRIX	DURÉE
Al-Hoceima	80 Dh	6 heures
Casablanca	115 Dh	8 heures
Fès	70 Dh	4 heures 30
Nador	135 Dh	9 heures
Ouezzane	20 Dh	1 heure 30
Rabat	85 Dh	5 heures
Tanger	40 Dh	3 heures
Tétouan	20 Dh	1 heure 30

D'autres compagnies moins chères couvrent les mêmes destinations et assurent un départ quotidien pour Oued Laou (30 Dh, 1 heure 30).

Taxi

Comptez 600 Dh pour un grand taxi de l'aéroport de Tanger à Chefchaouen, et 500 Dh depuis Tanger Med. À moins de partager la course à plusieurs, il est beaucoup moins coûteux de rallier d'abord Tanger puis Chefchaouen via Tétouan. Même en achetant deux places, vous économiserez quelque 500 Dh et mettrez moins d'une heure de plus.

Les grands taxis à destination du Nord attendent juste en dessous de la place Mohammed V. La plupart se rendent à Tétouan (30 Dh, 1 heure), où vous pouvez prendre une correspondance pour Tanger ou Ceuta ; les taxis directs sont rares. Depuis l'avenue Allal ben Abdallah, les grands taxis rejoignent Dar Ackoubaa (6 Dh, 20 min), l'embranchement pour Oued Laou.

Les grands taxis en direction du Sud attendent en bas du marché central. Prenez-en un pour Ouezzane (30 Dh, 1 heure), d'où vous pourrez continuer sur Fès et Meknès. Les transports sont rares en direction de la côte est. Mieux vaut prendre un grand taxi jusqu'au carrefour de Dardara (8 Dh, 15 min) ou Bab Taza (15 Dh, 30 min) et se débrouiller après.

Comment circuler

De petits taxis bleus sans compteur se regroupent place el-Majzen et près du marché (la flotte comprend 37 véhicules). Une course coûte généralement moins de 10 Dh. Sûr et commode, le **parking de l'Hôtel Parador** (pl. el-Majzen ; 10 Dh/nuit) n'est pas réservé aux seuls clients de l'hôtel.

Chaouen Car (☎0539 98 62 04 ; av. Hassan II). À quelques portes de Preference Voyages, une agence de location de voitures qui organise aussi des expéditions en 4X4 et en quad.

Ouezzane وزان

53 000 HABITANTS

Ouezzane est une ville industrielle peu reluisante qui n'a pas grand-chose à offrir au voyageur, bien que la médina ait connu des améliorations. C'est la ville de l'ordre populaire soufi Ouazzania, et le centre de fabrication des djellabas rifaines, ces vêtements de laine épaisse, à rayures et sans manches, arborant des pompons colorés à l'épaule.

La place de l'Indépendance, vaste aire triangulaire, forme le centre-ville. Quelques restaurants et hôtels sommaires se tiennent en face, avec derrière eux la médina. En amont, de nombreux étals bordent les rues de la zone commerçante. La mosquée verte qui s'y trouve possède un intéressant minaret octogonal.

Il n'y a aucune raison de s'attarder ici, à moins de manquer d'essence. Les barrages de police sont courants à l'entrée et à la sortie d'Ouezzane. Pas d'alcool en ville.

Où se loger et se restaurer

Si vous restez bloqué à Ouezzane pour une raison ou une autre, deux possibilités d'hébergement acceptables s'offrent à vous :

Hôtel Bouhlal HÔTEL €

(☎0537 90 71 54 ; rue 1, Hay el-Haddadine Echaouen ; s/d/tr 80/120/150 Dh, clim 40 Dh/2 h ; ❄). Le meilleur choix des voyageurs à petit budget, dans une ruelle éloignée de tout. Les chambres sont propres, et la terrasse du toit est une agréable oasis. Les sdb ont l'eau chaude et les toilettes sont occidentales ou à la turque. Le personnel, aimable, sert un petit-déjeuner sur commande. Pour tout autre repas, il vous faudra aller au Motel Rif.

Motel Rif COMPLEXE HÔTELIER €

(☎0537 90 71 72 ; www.motel-rif.ma ; ch 250 Dh, app 700 Dh/5 pers ; ❄). Ce curieux complexe tentaculaire bleu et blanc à la lisière de la ville, sur la route de Chefchaouen et à 3 km avant la route de Fès, est doté de parasols à côté de la piscine, d'un parking pour camping-cars (70 Dh/2 pers) avec électricité et douches chaudes, d'un immense restaurant (menu 100 Dh) et d'une ferme de 35 hectares pour l'approvisionner. Les vastes dimensions de ses bâtiments en parpaings font penser à une usine reconvertie.

On recense de nombreux autres hôtels petits budgets de l'autre côté de la place de l'Indépendance, tous plus navrants les uns que les autres. Le **Restaurant des Négociants** (pl. de l'Indépendance) est le plus fréquenté.

Depuis/vers Ouezzane

Bus

Dans la rue de la Marche Verte, à 50 m au nord-ouest de la place centrale, deux parkings poussiéreux, voisins, font office de gare routière et de station de grands taxis. Si vous quittez Ouezzane, mieux vaut arriver de bonne heure, car les bus se font rares après 17h.

La CTM assure deux liaisons quotidiennes avec Fès (50 Dh, 2 heures) et une avec Tétouan (40 Dh, 2 heures ; 1/jour) via Chefchaouen (20 Dh, 1 heure 30).

Avant 17h, d'autres compagnies desservent plusieurs destinations, dont :

Casablanca 65 Dh, 5 heures

Chefchaouen 20 Dh

Fès 40 Dh

Kenitra 25 Dh, 2 heures 30

Meknès 40 Dh

Tanger 50 DH, 4 heures

Tétouan 35 Dh

Hormis ceux de la CTM, la plupart des bus à destination de Chefchaouen s'arrêtent en réalité à Dardara, sur la route principale. Il faut prendre un grand taxi (10 Dh) pour parcourir les 10 km restants.

Taxi

Les grands taxis se rendent régulièrement à Chefchaouen (30 Dh, 1 heure 15) et Fès (60 Dh, 2 heures). Pour les longues distances (comme Rabat ou Tanger), prenez un taxi pour Souk el-Arba-du-Rharb (20 Dh, 45 min) ou Ksar el-Kebir (25 Dh, 1 heure), et changez.

Est de Chefchaouen

ISSAGUEN

5 000 HABITANTS

En partant de Chefchaouen vers le sud-est, la N2 pénètre au cœur du Rif, et continue sur 150 km le long de la chaîne de montagnes. Attention : les routes sont cahoteuses, et il n'y a que peu de stations-service.

La petite et rude ville de Bab Berret marque la frontière officieuse du pays du kif (cannabis) – sur les marchés sont vendus de nombreux produits destinés à sa culture. De fait, la production locale est la première mondiale. Les champs de marijuana s'étendent tout autour, hors de vue de la route. D'immenses tas d'engrais sont à vendre dans les marchés.

Issaguen apparaît brusquement au milieu des bois. Ville frontière peu reluisante, c'est un des centres commerciaux du kif et de la contrebande (l'autre est Ketama, à 20 km. Les deux villes sont parfois confondues sur les cartes). Issaguen, que les habitants (et certaines cartes) appellent Ketama,

ISSAGUEN ET KETAMA

Issaguen et Ketama ont une réputation de villes hors la loi, où se réfugient des individus recherchés ailleurs dans le pays. Les gens se demanderont ce que vous venez faire ici et considéreront naturellement que vous êtes là pour acheter du haschisch. En cas de problème, vous ne pourrez compter sur aucun secours. Nous déconseillons fermement aux voyageurs d'y passer la nuit.

surgit soudain au milieu d'une forêt de pins. Là aussi les trafiquants se donnent champ libre, et le regard du touriste égaré surprend leur manège malgré lui.

Au sud-est, se dresse le djebel Tiquidim, qui, avec 2 448 m, est le plus haut sommet de la chaîne rifaine.

Côte nord et est de Chefchaouen

OUED LAOU واد لاو

Cette bourgade en expansion dotée d'une artère principale poussiéreuse aux constructions hâtives évoque une ville du Far West au bord de la Méditerranée. Grâce à ses chambres bon marché sur le front de mer, ses restaurants économiques, ses cybercafés et sa longue plage déserte, il s'agit toutefois d'un paradis pour les voyageurs sac au dos, surtout l'été. Mais hormis contempler les pêcheurs qui traînent leurs bateaux le matin, vous n'aurez pas grand-chose à y faire.

La route de Chefchaouen à Oued Laou vient d'être rénovée et le trajet est désormais réduit à une heure.

Où se loger et se restaurer

Hôtel Oued Laou PENSION €
(☎0655 21 37 89/0650 18 43 38 ; bd Massira ; s/d à partir de 150/200 Dh). Le meilleur des nouveaux hôtels pour voyageurs à petit budget. Aménagé sur la plage, il dispose d'une salle de billard, de l'un des meilleurs cafés-restaurants et son gérant est jeune et énergique. Demandez une chambre avec vue sur la mer.

Mare Nostrum HÔTEL €€€
(☎0664 37 60 57 ; www.marenostrumhotel.net ; bungalow familial avec petit-déj 1 500 Dh ;). Un refuge parfait, merveilleusement situé au bord de la falaise. À 4 km de la ville sur la route de Tétouan, ce petit complexe indépendant compte une série de bungalows, une piscine, un restaurant (plats 150 Dh), un charmant salon et sa petite plage privée en contrebas. Les vastes bungalows viennent de recevoir un petit coup de jeune. Ils offrent une vue magnifique sur le promontoire rocheux. Réserver l'été.

Restaurant La Plage FRUITS DE MER €
(corniche ; plats à partir de 20 Dh). Devant les bateaux de pêcheurs, dégustez des sardines fraîches et de copieux plats de poulet, des frites et des tajines.

Renseignements

Cyber Costa (5 Dh/h ; 9h-24h). Devant le Restaurant La Plage, mais probablement fermé hors saison.

Depuis/vers Oued Laou

En voiture depuis Chefchaouen, quittez la route principale de Tétouan à Dar Ackoubaa, 11 km au nord de Chefchaouen. Vous passerez à côté d'un barrage hydroélectrique et traverserez de douces collines ainsi que l'étonnante gorge du Laou. Depuis Tétouan, la N16 améliorée longe la côte, spectaculaire, sur 140 km jusqu'à El-Jebha.

Trois bus relient chaque jour Tétouan et Oued Laou (25 Dh, 2 heures). Un autre arrive de Chefchaouen (20 Dh, 1 heure 30), et continue par la côte jusqu'à El-Jebha (35 Dh, 5 heures) ; le véhicule du retour quitte El-Jebha tôt le matin. À Oued Laou, les bus vous déposent près du souk, à 45 minutes de marche de la ville (5 Dh en grand taxi).

Les grands taxis qui stationnent à côté de la mosquée d'Oued Laou vont à Tétouan (30 Dh, 1 heure) via Dar Ackoubaa (15 Dh, 20 min), d'où un taxi de passage vous conduira à Chefchaouen.

DE TARGA À EL-JEBHA من ترگ إلى الجبهة

Cette étendue de côte est très spectaculaire et encore assez isolée. Les collines couvertes de pins sont émaillées de vallées dont les champs se déroulent jusqu'à la mer aux plages de galets gris. La route de la côte reliant Tétouan à El-Jebha, en construction lors de notre passage, devrait être achevée en 2012. D'immenses projets urbains sont prévus, comme le Golf Paradise Resort et la Marina Playa Vista, qui proposeront hôtels et appartements de luxe.

À 17 km au sud-est d'Oued Laou, **Targa** est un modeste village qui s'illustra autrefois comme repaire de pirates. Surplombant un escarpement de roche noire, un fort édifié sous le protectorat espagnol domine le village. La mosquée du XIIIe siècle,

L'INDUSTRIE DU CANNABIS

Le Rif concentre la plus grande surface agricole dévolue au cannabis, soit quelque 134 000 hectares correspondant à 42% de la production mondiale. La culture de cette plante a connu une augmentation rapide depuis les années 1980, en partie à cause de la demande européenne croissante. On estime que ce commerce, désormais l'activité économique majeure de la région, emploie 800 000 personnes. Il s'agit probablement de la principale source de devises étrangères du Maroc, bien que les agriculteurs locaux en tirent eux-mêmes peu de bénéfices. Le revenu annuel par personne généré par le cannabis était évalué à 267 $US en 2002.

L'exploitation du cannabis débuta au XVe siècle autour de Ketama. En 1912, l'Espagne accorda à quelques tribus du Rif le droit de le cultiver. À l'indépendance du Maroc (1956), le roi Mohammed V l'interdit avant de faire marche arrière face aux conflits qui éclatèrent dans la région à ce sujet.

La plupart des grosses cargaisons de haschisch marocain (une forme concentrée de marijuana) sont acheminées en Europe par bateau, notamment à bord de petites vedettes rapides qui peuvent effectuer l'aller-retour en Espagne en une heure. Martil, Oued Laou et Bou Ahmed constituent les principaux points de départ, les ports plus importants de Nador, Tétouan, Tanger et Larache étant également utilisés. Les trafiquants passent aussi la drogue dans des camions ou des voitures qui embarquent sur les ferries en partance de Ceuta, Melilla ou Tanger.

Rien d'étonnant donc si la moitié des saisies est réalisée en Espagne. On estime que des groupes terroristes sont entrés sur le marché pour financer leurs opérations. Les trafiquants se sont aussi mis au trafic d'être humains, faisant entrer en même temps migrants et haschisch en Europe.

Pour combattre ce commerce illégal, le gouvernement, encouragé par l'Union européenne, promeut activement le tourisme rural en soutenant la création de gîtes et de programmes de formation de guides, ce qui commence à fournir une source de revenus alternative aux habitants.

consacrée à un saint local, témoigne de traditions plus anciennes.

Environ 18 km plus au sud-est, dans la grande vallée de l'oued Bouchia, se trouvent les deux villages de **Steha** (centre administratif) et de **Bou-Ahmed**. En retrait de la côte, ce dernier constitue le point d'arrivée d'une longue randonnée au départ de Chefchaouen (voir p. 286). Un souk intéressant s'y tient chaque mardi, et on y trouve, l'été venu, des emplacements de camping rudimentaires.

De là, la route longe le rivage et traverse de superbes paysages en montagnes russes jusqu'à la ville bleue et blanche d'**El-Jebha**, à 52 km au sud-est. La côte accidentée est ponctuée de quantité de baies de toute beauté que vous pouvez explorer à condition d'être motorisé.

Tant que la route sera en travaux, aucun bus n'empruntera cet itinéraire et peu de taxis s'y aventureront. Chaque mardi, le souk local attire les fermiers rifains des villages alentour. À El-Jebha, prenez au sud dans le Rif vers Issaguen, ou continuez sur la nouvelle route de la côte jusqu'à Al-Hoceima.

Al-Hoceima الحسيمة

103 000 HABITANTS

Al-Hoceima est parfaite pour passer quelques jours, voire davantage. Calme, sûre et reposante, cette station balnéaire moderne, dont la population est avenante, pourrait prétendre au titre de capitale berbère du Nord. On y parle davantage le tarifit (rifain) que l'espagnol.

Fondée par les Espagnols et baptisée Villa Sanjuro, la ville servit de garnison durant la guerre du Rif au début du XXe siècle. C'est d'ailleurs dans ses environs qu'opérait Abd el-Krim. Si elle a pris le nom d'Al-Hoceima après l'indépendance du Maroc, la ville a conservé une forte influence espagnole dans la langue, l'architecture et le commerce.

Ces dernières années, nombre d'émigrés sont revenus et ont investi sur place, en particulier dans l'industrie du tourisme en plein essor. La ville connaît une rénovation de grande ampleur : de nouvelles fontaines ornent la grande **place Mohammed VI**, une vaste corniche se construit le long de la côte et des hôtels vont ouvrir. La jolie **place du Rif**, avec ses bâtiments mauresques, doit

Al-Hoceima

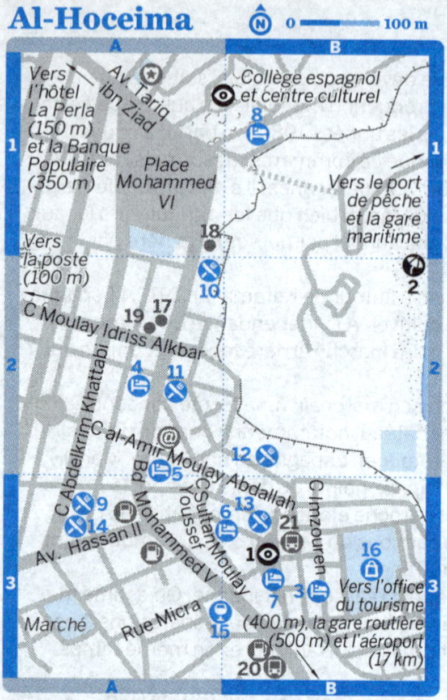

Al-Hoceima

À voir
1 Place du Rif B3
2 Plage Quemado B2

Où se loger
3 Hôtel al-Hana B3
4 Hôtel al-Khouzama A2
5 Hôtel Maghreb Jadid A2
6 Hôtel Rif B3
7 Hôtel Villa Florido B3
8 Suites Hôtel Mohammed V B1

Où se restaurer
9 Boulangerie Pâtisserie Azir A3
10 Café La Belle Vue A2
11 Épicerie Hassouni A2
12 Espace Miramar B2
13 La Dolce Pizza B3
14 Supermarché el-Bouayadi A3

Où prendre un verre
15 Bougamar A3
Suites Hôtel Mohammed V .... (voir 8)

Achats
16 Souk B3

Renseignements
17 Chafarinas Tours A2
18 Ketama Voyages A1
19 Pharmacie Nouvelle A2

Transports
20 Gare routière et grands taxis B3
21 Gare routière CTM B3

devenir une zone piétonne. Mieux encore, le magnifique **parc national d'Al-Hoceima** accueille désormais des initiatives de tourisme rural à ne pas manquer.

Al-Hoceima se tient au sommet de hautes falaises qui surplombent deux baies : la **plage Quemado** et un port marchand. Le boulevard Mohammed V, parallèle au front de mer, va du Collège espagnol à la place du Rif. La plupart des banques, des hôtels et des restaurants jalonnent cette artère, tandis que les établissements bon marché se concentrent autour de la place du Rif. Le relief plat et le plan des rues en damier facilitent l'orientation à pied. Les trois autres plages de la ville se trouvent plus au sud, de même que le Peñón de Alhucemas, l'un des derniers vestiges du protectorat espagnol.

À voir et à faire

PLAGES

Plage Quemado PLAGE

Cette plage est nichée dans une jolie baie, bordée de falaises. Elle est assez propre, mais la présence du port au nord et la proximité d'un nouvel hôtel en construction ne permettent pas de l'apprécier.

Cala Bonita, plage Isly et plage Asfiha PLAGES

En été, mieux vaut s'orienter sur l'une des trois plages de sable mieux préservées s'étendent à 5 km au sud de la ville. Hors saison, elles ont tendance à servir de dépotoir. Celle d'Asfiha comprend quelques stands de nourriture (frites ou sardines grillées). Le moyen le plus pratique pour s'y rendre consiste à prendre un grand taxi. Si vous louez tout le taxi, comptez environ 50 Dh jusqu'à Cala Bonita et 75 Dh jusqu'à Asfiha. Les bus locaux pour Ajdir et Imzouren passent non loin de ces plages (4-5 Dh). Ils attendent près de la station-service Mobil, à l'extrémité sud du bd Mohammed V.

EL PEÑÓN DE ALHUCEMAS

L'une des *plazas de soberanía* (voir p. 258), cette étonnante forteresse blanche se profile à quelques centaines de mètres au large de la Playa Asfiha, à côté de deux îlots inhabités, la Isla de Mar et la Isla de Tierra, où flotte le drapeau espagnol. Ce bout de territoire appartient à l'Espagne depuis 1559, date à laquelle la dynastie Saadi le céda en échange d'une aide militaire. En 1673, les Espagnols établirent ici une garnison et n'en partirent jamais. Actuellement, la forteresse abrite 60 soldats et ne se visite pas. La souveraineté espagnole est contestée par le Maroc depuis son indépendance, en 1956.

PORT

Le port sert essentiellement à l'industrie de la pêche. On peut assister au déchargement des bateaux et acheter du poisson pour le faire cuisiner au Club Nautique.

Où se loger

Les hôtels très bon marché abondent dans les rues entre la place du Rif et le souk. Certains sont assez douteux, regardez bien avant de choisir.

Hôtel Villa Florido HÔTEL €€
(0539 84 08 47 ; http://florido.alhoceima.com ; pl. du Rif ; s/d/tr 386/492/638 Dh ;). Cet hôtel Art déco bien conçu datant de 1920, en contraste avec les autres édifices de la place du Rif, a été superbement rénové. Les chambres impeccables ont des sdb et la TV sat, et la plupart un balcon. Un beau café est aménagé en bas (petit-déj 10 Dh), et l'hôtel pourrait difficilement être mieux situé pour trouver un taxi.

Hôtel al-Khouzama HÔTEL €€
(/fax 0539 98 56 69 ; Calle al-Andalous ; s/d/tr 286/372/468 Dh ;). Un 2-étoiles donnant sur le boulevard Mohammed V, prisé de longue date par les voyageurs d'affaires, assez confortable et louant des chambres spacieuses (celles ne donnant pas sur la rue sont un peu sombres). Toutes ont une sdb et la TV sat, et le personnel de la réception est accueillant et serviable.

Hôtel al-Hana HÔTEL €
(0666 90 32 00 ; 17 Calle Imzouren ; s/d/tr 50/80/120 Dh). Un hôtel simple et très peu onéreux niché dans l'une des petites rues à l'est de la place du Rif. Tous les équipements sont communs, y compris les toilettes à la turques, propres (douche chaude 10 Dh). Bien tenu. Le café du rez-de-chaussée est peuplé d'hommes jouant aux dés.

Hôtel Maghreb Jadid HÔTEL €
(0539 98 25 04 ; fax 0539 98 25 05 ; 56 bd Mohammed V ; s/d/tr 280/360/474 Dh). Une bonne solution de secours si les autres hôtels de cette catégorie affichent complet. Les chambres sont vastes, la plupart ont balcon et TV. On y trouve un café et un restaurant servant de l'alcool.

Suites Hôtel Mohammed V HÔTEL €€€
(0539 98 22 33 ; fax 039 983314 ; pl. Mohammed VI ; ste 2 200-5 000 Dh ;). L'adresse la plus chic d'Al-Hoceima a été entièrement rénovée. Ultramoderne et assez aseptisée, elle est perchée au-dessus de la plage Quemado. Les chambres sont vastes et confortables, avec des balcons donnant sur la baie. Restaurant, bar et salle de gym viennent couronner le tout.

La Perla HÔTEL €€
(0539 98 45 13 ; hotel.perla@gmail.com ; av. Tariq ibn Zaid ; s/d 650/750 Dh ;). Hôtel d'affaires à plusieurs étages, louant des chambres confortable mais ternes, avec TV sat et grandes sdb. Les sols carrelés, les cloisons fines et sa situation à un carrefour fréquenté en font un établissement bruyant. Café au rez-de-chaussée et restaurant en haut.

Hôtel Rif HÔTEL €
(0539 98 22 68 ; 13 Calle Sultan Moulay Youssef ; s/d/tr 97/170/225 Dh, douche chaude 10 Dh). Si votre budget a atteint ses limites, vous choisirez ce long couloir bordé de chambres simples. Les sdb avec toilettes à la turque sont communes, mais vous disposez d'un lavabo. Verrouillez votre porte : le personnel dort pendant la journée.

Où se restaurer

Les restaurants bon marché sont regroupés autour de la place du Rif, et servent de copieux tajines, des brochettes et quelques fruits de mer aux voyageurs de la gare routière pour environ 25 Dh par personne. Plusieurs snacks sont aménagés en ville.

Club Nautique FRUITS DE MER €€
(porte 2, port d'Al-Hoceima ; plats 60-120 Dh ; déj et dîner). Le principal restaurant du port vaut une petite halte. Après 18h, ramenez-leur votre poisson fraîchement débarqué, acheté à un pêcheur du port, pour qu'ils vous le grillent. Le 2e étage donne sur tout le port, l'idéal pour se détendre et savourer une bière.

Espace Miramar RESTAURATION RAPIDE €
(rue Moulay Ismail ; plats à partir de 35 Dh ; déj et dîner). Difficile de se tromper dans cet énorme complexe de 5 000 m² pourvu d'une pizzeria, de deux cafés, d'un grill et d'un restaurant, sans oublier l'aire de jeux pour enfants, le tout perché sur les falaises donnant sur la mer. Des musiciens s'y produisent parfois. La vue est gâchée par les carrières de la colline et le port en face.

QUELQUES MOTS DE TARAFIT (RIFAIN)

Bonjour/Au revoir	*salam/beslama*
Oui/Non	*naam/alla*
S'il vous plaît/ Merci	*minfadlak/ shoukran*
Où est...?	*fin...?*
hôtel	*hotel*
camping	*el moukhayam*
Avez-vous des chambres libres ?	*wash kayan shi bit khawi?*
une simple	*bit dyal wahad*
une double	*bit dyad jouje danass*
Combien ça coûte ?	*beshhal?*
À quelle heure part le prochain... ?	*foukash yamshi...?*
bateau	*en babour*
bus	*el car*
Je voudrais...	*bghit*
un billet aller simple	*warga aller*
un billet aller-retour	*warga aller-retour*
une bière	*bira*
un sandwich	*cascrout*

La Dolce Pizza RESTAURATION RAPIDE €
(pl. du Rif ; pizza à partir de 30 Dh ; déj et dîner). Surnommé "DP", un charmant bistrot italien de quatre tables au milieu du chaos de la place du Rif. Malgré un service d'une lenteur consternante et des plats réchauffés au four à micro-ondes, il dégage un charme certain et offre un cadre agréable pour manger une pizza, un hamburger ou une salade.

Café La Belle Vue CAFÉ €
(131 bd Mohammed V ; petit-déj 12 Dh). Ce café tient son nom de la vue sur la baie qu'offre sa terrasse. De nombreux cafés du même genre sont installés sur cette partie du boulevard Mohammed V.

Boulangerie Pâtisserie Azir PÂTISSERIE €
(14 rue Youseff Beni Tachafine ; 5h-20h30). Cette pâtisserie, la plus prisée de la ville, sert de délicieux pains et diverses douceurs.

FAIRE SES COURSES

La ville compte de nombreux petits magasins d'alimentation, dont l'**épicerie Hassouni** (bd Mohammed V) et le **supermarché el-Bouayadi** (Calle Abdelkrim Khattabi).

Bougamar (près de l'angle de la rue Micra), la boutique de spiritueux, vend ses bouteilles d'alcool derrière un comptoir, comme dans une pharmacie.

Où prendre un verre

Club Nautique BAR
(porte 2, port d'Al-Hoceima ; bière 18 Dh). Une bonne ambiance règne dans ce bar où afflue une clientèle nombreuse.

Suites Hôtel Mohammed V BAR
(pl. Mohammed VI). Le bar est agréable et la terrasse donne sur la plage Quemado.

Où sortir

Calypso DISCOTHÈQUE
(plage Tala Youssef ; 100 Dh ; 24h-4h). Située dans le complexe balnéaire de Chafarina, cette discothèque est la seule de la ville. Elle s'anime l'été, en partie grâce aux prostituées et entraîneuses qui opèrent sur place.

Achats

Un marché se tient les lundis et mardis dans le **souk**.

Renseignements

Accès Internet

Cyber Bades (Calle Al Amir Moulay Abdallah ; 5 Dh/h ; 8h-21h30)

Agences de voyages

Toutes ces agences vendent des tickets pour les ferries au départ d'Al-Hoceima en saison, et de Nador toute l'année.

Chafarinas Tours (0539 84 13 23 ; www.charafinas@menara.ma ; 109 bd Mohammed V)

Ketama Voyages (0539 98 51 20 ; www.ktmahu@menara.ma ; 146 bd Mohammed V)

Argent

Parmi les banques qui bordent le boulevard Mohammed V, on trouve la BMCE, la BMCI et la Banque Populaire.

Office du tourisme

Office du tourisme (Délégation du ministère du Tourisme ; 0539 98 11 85 ; Zanqat Al Hamra, Cala Bonita)

Poste

Bureau de poste (Calle Moulay Idriss Alkbar)

Services médicaux

Pharmacie Nouvelle (Calle Moulay Idriss Alkbar ; 8h30-12h30 et 15h-19h30 lun-jeu, 8h30-12h ven, 8h-12h30 sam)

Depuis/vers Al Hoceima

Avion

De juin à septembre, Royal Air Maroc effectue deux liaisons hebdomadaires au départ d'Amsterdam et de Bruxelles avec le petit aéroport local, situé à 12 km de la ville (taxi 120 Dh). Royal Air Maroc assure des vols depuis Paris et différentes villes d'Espagne, ainsi que de Casablanca. À défaut, prenez l'avion à destination de Nador, 150 km à l'est.

Bateau

Lors de notre passage, aucun ferry ne desservait l'Espagne.

Bus

Toutes les compagnies de bus ont des agences autour de la place du Rif et dans la jolie gare routière neuve. La **CTM** propose les services suivants :

Chefchaouen (75 Dh, 6 heures, 3/j)

Oujda via Nador (60 Dh, 3 heures 30, 1/j)

Nador direct (55 Dh, 3 heures, 2/j)

Tétouan (80 Dh, 7 heures, 3/j) via Chefchaouen (65 DH, 6 heures)

Casablanca (170 Dh, 11 heures 30, 1/j) via Taza (60 Dh, 4 heures)

Fès (90 Dh, 6 heures)

Meknès (105 Dh, 7 heures 30)

Rabat (140 Dh, 10 heures). Ce bus arrive à Taza à temps pour la correspondance avec le train de nuit en direction de Marrakech.

Plusieurs petites compagnies desservent également ces destinations. Au moins trois bus relient chaque jour Tétouan et Tanger (80 à 90 Dh, 9 heures). Ils ne s'arrêtent à Chefchaouen que s'il y a suffisamment de demandes. Sinon, ils vous déposeront sur la route principale de Dardara, d'où un grand taxi vous conduira à Chefchaouen (10 Dh, 15 min). En direction de l'est, deux bus se rendent chaque jour à Nador (35 Dh, 2 heures) et Oujda (120 Dh, 6 heures).

Taxi

Une file de grands taxis attend le long de la route à l'extrémité sud du bd Mohammed V et une autre sur la place du Rif. Parmi les destinations les plus fréquentes figurent Taza (70 Dh, 2 heures 30) et Nador (55 Dh, 2 heures 30), mais quelques taxis se rendent parfois à Fès (120 Dh). D'autres couvrent le trajet direct de Nador à Melilla.

Environs d'Al-Hoceima

PARC NATIONAL D'AL-HOCEIMA

المنتزه الوطني للحسيمة

Ce parc national méconnu de 310 km² est le trésor caché de la région. Ses plateaux et ses gorges arides spectaculaires rappellent le sud-ouest des États-Unis, sauf qu'il borde la mer dont les falaises calcaires font penser à Majorque. Son isolement a permis la préservation de plusieurs espèces menacées, notamment de forêts de thuyas et d'une importante colonie d'aigles pêcheurs. Le parc s'étend sur 485 km² (dont 190 km² en mer).

Le territoire est parsemé de villages berbères et sillonné de pistes de terre propices à la randonnée et au cyclotourisme. Un 4x4 ouvre davantage de possibilités, mais une berline suffit pour parcourir les axes principaux. Le parc chevauche deux régions : le Rif central bordé par la N16 au sud et à l'ouest, et la côte.

Région du Rif central : la majorité des 15 000 habitants du parc appartiennent à la tribu Bokkoya et vivent dans des communautés rurales et des villages autour de points d'eau. Les femmes utilisent leurs connaissances approfondies des herbes locales comme la lavande et le thym.

Plusieurs arbres rares poussent par ici, comme le caroubier sauvage (disparu dans la plus grande partie du Maroc) et le thuya, menacé, dont le bois est très prisé. Notons aussi l'olivier sauvage, le houx, le grenadier, la bruyère et des orchidées. Parmi les animaux figurent des chacals, des sangliers, des lapins et des lièvres.

Région côtière : cette partie, qui s'étend jusqu'à la mer, possède une riche biodiversité. On y recense 86 espèces de poissons et trois types de dauphins. De nombreuses espèces représentées ici sont rares en Méditerranée, comme le corail rouge, ainsi que différentes sortes de mollusques et d'algues. Chez les oiseaux, citons la considérable population de balbuzards (*Pandion haliaetus*).

Si le parc compte plusieurs plages retirées, le fabuleux Peñón de Velez de la Gomera, une des *plazas de soberanía* (voir l'encadré p. 258), en est le site phare. Au bout d'un long trek dans un canyon, la forteresse surgit au bord d'une plage saisissante, sous de hautes murailles rocheuses. Attaché à une langue de sable qui se termine par un poste de garde, ce petit morceau d'Espagne fait partie des frontières nationales les plus singulières au monde. Les quelques murs de pierre à proximité sont tout ce qu'il reste de Bades, une ville antique balayée par une montée des eaux. Il s'agit d'une destination passionnante, chargée d'histoire.

Lors de notre passage, le parc ne disposait pas de bureaux, mais l'office du tourisme d'Al-Hoceima fournit brochures informatives et cartes, tandis que des guides sont en cours de formation. Un excellent moyen de visiter le parc consiste à rallier **RODPAL** (réseau des ONG de développement du parc national d'Al-Hoceima ; ☎0539 98 18 33 ; www.rodpal.org ; riftourisme@yahoo.fr ; 19 Calle Ajdir), un ensemble d'ONG locales visant à en développer le potentiel touristique. Pour l'instant 30 km de sentiers et 3 perchoirs d'observation des oiseaux ont été aménagés. Ce groupe énergique et serviable vous concocte un itinéraire comprenant un séjour raisonnable dans l'un des 4 gîtes (2 à 12 pers), pourvus d'une cuisine avec eau chaude, ou chez une famille locale. Des mules peuvent transporter vos bagages. Les prix varient de 242 à 308 Dh/personne, demi-pension comprise, en fonction de la taille du groupe et de la longueur du séjour. Les visites aux artisans locaux sont encouragées – les femmes font de la poterie et de la vannerie, des cosmétiques et des huiles essentielles, du miel, de la confiture et autres produits tirés du figuier de barbarie.

Sinon, vous pouvez gagner El Peñón de Velez de la Gomera le long de la côte depuis Cala Iris en 1 heure 30 de marche. Si vous n'êtes pas motorisé, vous devrez vous y rendre en grand taxi. L'été, vous trouverez peut-être assez de personnes pour partager la course. Autrement, comptez 130 Dh l'aller simple.

CALA IRIS ET TORRES DE ALCALA

كالا إيريس و نهر الكالا

Cala Iris est un petit village de pêcheurs sur le point de changer à jamais. Lors de notre passage, un immense complexe d'appartements et d'hôtels, avec une marina et un parcours de golf, était prévu. Il devait être achevé en 2012 mais comme tant d'autres, il a subi des retards. Si l'ancien terrain de camping a été fermé, le port subsiste, en piètre état ; il accueille des sardiniers qui pêchent la nuit au lamparo. Derrière la Coopérative des marins pêcheurs, un restaurant sans nom d'aspect sommaire sert des plats berbères typiques. De jolies plages flanquent le port : Yellich se déploie à l'est, face à une île que l'on peut gagner à pied, Oued Sahfa à l'ouest et Mestaza à une heure de marche de l'autre côté de la colline.

On trouve quelques magasins très rudimentaires à Torres de Alcala, à 5 km à l'est. Trois tours espagnoles à demi en ruine montent la garde au-dessus de ce village, à côté d'une plage de galets encadrée de deux promontoires rocheux. Torres est aujourd'hui à l'intérieur du parc national d'Al-Hoceima. Cherchez le **Café Méditerranée** (☎0660 35 75 01), une halte agréable, qui dispose d'un appartement à louer.

RANDONNÉE DANS LE RIF : LE PARC NATIONAL DE TALASSEMTANE

De Chefchaouen à Bab Taza

شفشاون إلى باب تازة

Cette randonnée dans le **parc national de Talassemtane** (www.talassemtane.com), au départ de Chefchaouen, vous fera découvrir quelques-uns des paysages les plus spectaculaires du Rif, dont le pont de Dieu, grande arche naturelle creusée par l'oued Farda. Les magots du Maroc, qui vivent dans le parc, attirent également les visiteurs.

Le parcours décrit ici s'étale sur 5 jours, mais rien n'empêche d'en réduire la longueur ou la durée. Si vous manquez de temps, vous trouverez aisément un moyen de transport à Akchour pour retourner à Chefchaouen au bout du deuxième jour. Vous pouvez aussi demander à un grand taxi de Chefchaouen de venir vous chercher à un moment précis. Sinon, il suffit simplement de revenir à pied par un autre itinéraire.

Le parc national de Talassemtane est l'un des deux de la chaine du Rif (l'autre est Bouhachem). C'est une région peu connue, dont les montagnes sont pourtant parfaites pour la randonnée, avec leurs gorges et leurs vallées couvertes de forêts de cèdres, de chênes-lièges et de sapins. Soumise à un climat méditerranéen, mais bien arrosée, cette zone de montagnes est la plus verdoyante du pays. Elle se couvre au printemps d'un véritable tapis de fleurs des champs qui crée l'émerveillement de tous ceux qui ont la chance de s'y promener.

Même si la culture du kif occupe les trois quarts des terres cultivables à l'est de Chefchaouen, il y a peu de raisons de se sentir menacé, en particulier si vous êtes accompagné d'un guide. Surpris de vous voir, les villageois vous marqueront même un intérêt sincère. L'itinéraire que nous recommandons au départ de Chefchaouen ne pose aucun problème de sécurité. Pour tenter de réduire la dépendance à l'industrie du cannabis, des organisations locales, soutenues par le gouvernement, mettent en place des installations touristiques comme des gîtes et des pensions qui organisent des itinéraires et forment des guides.

Les sommets du Rif dépassent rarement les 2 500 m, et la plupart des randonnées restent en deçà de 2 000 m. Vous n'avez donc pas à craindre le mal des montagnes.

Faune et flore

Le Rif jouit d'un climat méditerranéen et ressemble beaucoup aux sierras du sud de l'Espagne. Une espèce rare de cèdre, vestige d'une période plus froide, l'*Abies maroccana* (voisine de l'*Abies pinsapo* espagnol) pousse au-dessus de 1 200 m. Par ailleurs, des chênes-lièges, des chênes verts, des oliviers sauvages, des genévriers et le rare caroubier parsèment les montagnes calcaires. La terre rocailleuse ne se laisse pas facilement cultiver, et elle est pauvre en nutriments ; la déforestation est un problème ici comme ailleurs au Maroc. Diverses herbes comme la lavande et le thym poussent en abondance et sont utilisées par les habitants pour leurs vertus médicinales.

Les habitants vous diront peut-être que des loups vivent dans les montagnes, mais en réalité, il s'agit de renards. Bien présents, les sangliers sont difficiles à apercevoir car ils préfèrent s'isoler. Les mammifères les plus célèbres du Rif sont incontestablement les magots du Maroc (*mgou*, en dialecte local), qui vivent également dans le Moyen Atlas.

Parmi les oiseaux, vous observerez des rapaces comme l'élanion d'Australie, l'aigle royal et la buse féroce qui tournoient dans les courants ascendants. Des corbeaux se perchent parfois sur les falaises calcaires.

Chaîne du Rif

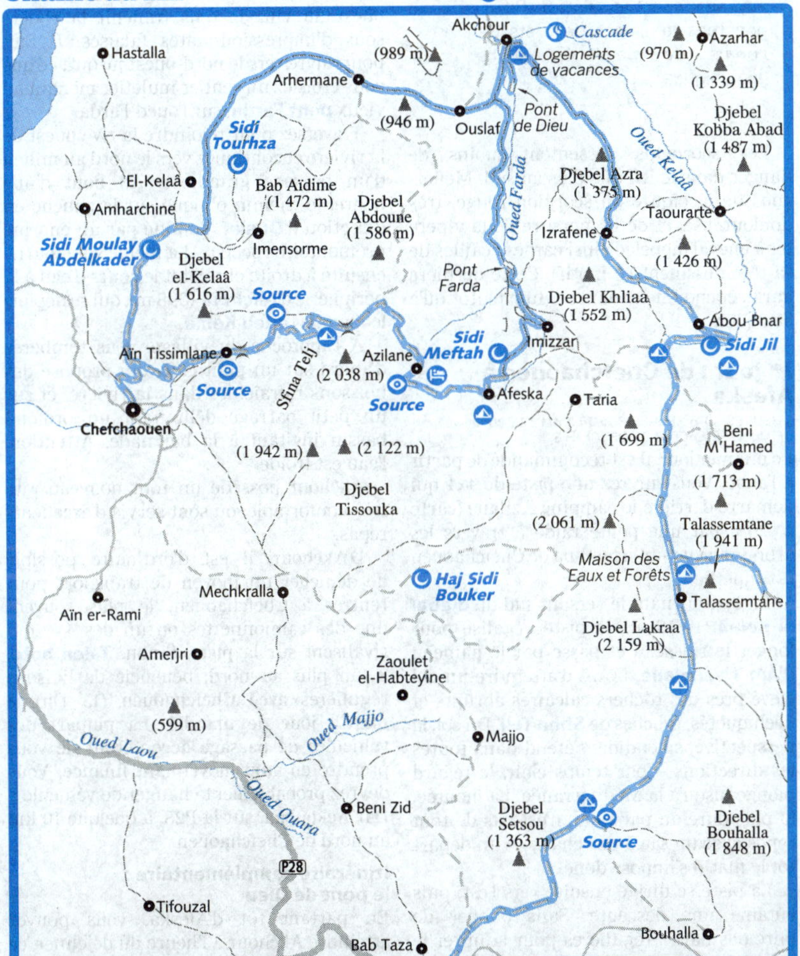

PRÉSENTATION DE LA RANDONNÉE

Durée : 4-5 jours

Distance : 56 km

Niveau : moyen

Départ : Chefchaouen

Arrivée : Bab Taza

Point culminant : col de Sfiha Telj (environ 1 700 m)

Hébergement : camping et gîtes

Transports publics : oui

Résumé : cette randonnée relativement aisée englobe des paysages spectaculaires du Rif, ponctués de villages, de forêts, de gorges et de curieuses formations géologiques.

Les scorpions présentent moins de danger dans le Rif que plus au sud. Méfiez-vous de la piqûre du scorpion rouge, très douloureuse, et de la morsure de la vipère fer à cheval (appelée ainsi car les écailles de sa tête dessinent ce motif). Cette dernière aura cependant tendance à fuir plutôt qu'à attaquer.

1er jour : de Chefchaouen à Afeska

5 HEURES 30-6 HEURES 30 / 14,5 KM / 1 200 M DE MONTÉE / 600 M DE DESCENTE

Le premier jour, il est recommandé de partir à l'aube. Vous suivrez une piste de 4x4 qui démarre derrière le camping Azilane (carte p. 268) par une pente raide à travers les arbres. La vue sur la médina de Chefchaouen est superbe.

En contournant le versant sud du **djebel el-Kelaâ** (1 616 m), la piste s'égalise pour longer le ruisseau et passe par le hameau d'**Aïn Tissimlane**, avant d'atteindre un col élevé près des rochers calcaires abrupts et déchiquetés, proches de **Sfiha Telj**. Du col, la perspective, splendide, s'étend dans toutes les directions – par temps clair, le regard plonge jusqu'à la Méditerranée. La montée, la plus dure du parcours, n'est pas de tout repos avec un sac à dos chargé – un départ tôt le matin s'impose donc.

La piste se dirige ensuite vers l'est, puis entame une descente. Sans oublier de faire des haltes régulières pour admirer le paysage, prenez l'embranchement de droite (au sud) à la bifurcation. Vous atteindrez ainsi en une heure environ le gîte du village d'**Azilane**. Si vous ne souhaitez pas y loger, marchez encore une heure en terrain presque plat jusqu'à **Afeska**, où se trouve également un gîte.

2e jour : d'Afeska à Akchour

3 HEURES 30-4 HEURES 30 / 10 KM / 860 M DE DESCENTE

D'Afeska, la large piste empruntée jusque-là cède la place à un modeste sentier. En allant vers le nord, vous traversez une forêt de pins et de chênes jusqu'à **Sidi Meftah**, doté d'un marabout et d'une source. Une descente part en zigzaguant vers **Imizzar**, au bord de l'**oued Farda**. Arrivé près de la rivière, le sentier à gauche vous éloigne vers le nord-ouest du village, puis franchit la rivière sous d'impressionnantes falaises. Il faut poursuivre vers le nord-ouest jusqu'à ce que vous croisiez un sentier muletier menant au vieux **pont Farda**, sur l'oued Farda.

Traversez pour rejoindre la rive ouest de la rivière et continuez vers le nord au milieu d'un paysage grandiose. Au bout d'une heure, le chemin oblique sur la gauche en direction d'**Ouslaf**, dominé par un énorme promontoire rocheux. La même voie tourne ensuite à droite et rejoint le cours d'eau à la périphérie d'**Akchour** (398 m), qui se déploie le long de l'**oued Kelaâ**.

À l'approche du village, vous tomberez d'abord sur un petit café, qui propose des boissons rafraîchies dans la rivière, et sur un petit barrage délimitant un profond bassin invitant à la baignade. Attention, l'eau est froide.

Akchour possède un tout nouveau gîte très confortable, où sont servis d'excellents repas.

D'Akchour, il est d'ordinaire possible de dénicher un moyen de transport pour rentrer à Chefchaouen, le plus souvent une des camionnettes ou un des 4x4 qui rivalisent sur la piste. Sinon, **Talembote**, 2 km plus au nord, bénéficie de liaisons régulières avec Chefchaouen (15 Dh) le mardi, jour de marché. La plupart des véhicules de passage accepteront de vous prendre en stop moyennant finance. Vous devrez probablement changer de véhicule à Dar Ackoubaa, sur la P28, à quelque 10 km au nord de Chefchaouen.

Itinéraire complémentaire : le pont de Dieu

En partant tôt d'Afeska, vous pouvez atteindre Akchour à l'heure du déjeuner, ce qui vous laisse le temps d'entreprendre une courte randonnée (1 heure 30, 3 km aller-retour) jusqu'au **pont de Dieu**, une curieuse formation géologique à ne pas manquer.

Le sentier qui remonte l'oued Farda vers le sud depuis Akchour est difficile par endroits, mais vos efforts seront récompensés. Vous devrez traverser la rivière deux fois, ce qui ne pose pas de problème vu la faible profondeur (au printemps, vérifiez toutefois à Afeska que l'oued n'a pas été rendu infranchissable par la fonte des neiges). Le pont de Dieu se dresse à 45 minutes d'Akchour. Cette immense arche de 25 m de haut a été creusée au cours des millénaires par le cours d'eau, jadis souterrain.

3e jour : d'Akchour aux pâturages d'Abou Bnar

4 HEURES 30-6 HEURES / 12 KM / 977 M DE MONTÉE

Partez de bon matin, avec une gourde remplie (jusqu'à Izrafene, vous ne croiserez pas de source). Dirigez-vous vers le nord, puis empruntez le pont sur l'oued Kelaâ et suivez à droite (au sud-est) le chemin qui mène à Izrafene. Le tronçon qui grimpe le **djebel Azra** (1 375 m) est particulièrement pittoresque. Le regard passe des gorges abruptes déjà parcourues aux paysages d'altitude qu'il s'agit d'atteindre. Si vous êtes en forme, ajoutez une demi-heure de montée pour

PRÉPARER SA RANDONNÉE

Climat

La randonnée est envisageable toute l'année, mais il peut faire très froid entre novembre et mars, voire neiger. Il pleut fréquemment de fin septembre à juin. Et il fait très chaud l'été, au point que certaines sources s'assèchent.

Guides

Engagez des guides par le biais d'Abdeslam Moudden, président de l'**Association des guides de tourisme de Chaouen** (☎0662 11 39 17 ; mouddenabdeslam@yahoo.fr ; circuit 1 jour 400 Dh) à Chefchaouen. Il n'y a pas d'agence, appelez directement. Les guides facturent 350 Dh la journée.

Mustapha El-Habti (☎0671 25 31 55 ; aventure_akchor@hotmail.com) est un excellent guide, il est le secrétaire de l'Association Akchour pour le développement et pour préserver l'environnement.

Hébergement

De nombreux villages disposent de gîtes simples à partir de 200 Dh par personne, dîner et petit-déjeuner compris. Il est possible de réserver un gîte lorsque vous effectuez la randonnée, mais vous courez le risque que le gardien soit absent et le gîte fermé.

Le camping n'est pas encouragé car il ne profite pas aux habitants. Pourtant, dans les rares cas où il n'y a pas de gîte, c'est la seule solution. Un camping officiel est aménagé dans le village de Talassemtane. L'autorisation de camper (gratuite) doit être demandée à l'avance à l'éco-musée de Chefchaouen. Il n'est pas encore autorisé de séjourner dans des familles locales, mais il est possible de s'arrêter prendre un thé et de visiter des coopératives de tisserands et des fromageries.

Cartes

Les cartes topographiques officielles au 1/50 000 *Chaouen* et *Bab Taza* couvrent l'itinéraire de Chefchaouen à Bab Taza.

L'éco-musée à l'entrée du parc fournit des cartes des divers itinéraires.

Équipement

En l'absence de gîte, une tente est nécessaire. Il est essentiel d'avoir un bon sac de couchage et une veste imperméable légère – les averses sont courantes. Vous pouvez faire provision de nourriture et de combustible à Chefchaouen.

Une mule pour porter vos bagages coûte à partir de 250 Dh/jour, muletier compris. D'août à octobre, elles sont parfois difficiles à trouver car elles sont employées à récolter le kif et les prix augmentent.

rejoindre le sommet, où vous attend un autre panorama grandiose.

Le chemin continue ensuite vers le sud au milieu de collines ondoyantes. **Izrafene** marque la moitié du parcours de la journée. Juste avant le village, un sentier part vers l'est au niveau d'un col ; les plus aventureux peuvent laisser de côté la randonnée de Bab Taza et pousser jusqu'à Taourarte (où il y a un gîte) et **Bou-Ahmed**, sur la côte, à 2 jours de marche.

Après Izrafene, le sentier se transforme en piste de 4x4, la première depuis Afeska. Vous longerez une étroite vallée, montant progressivement vers l'est sur une crête découvrant un joli panorama.

Au premier embranchement, prenez à gauche. Faites 25 m, puis obliquez sur un sentier à droite en direction du sud-est. Après avoir franchi un col ombragé de chênes verts, vous atteindrez **Abou Bnar** où rien n'est susceptible de vous retenir. Poursuivez le long de la rivière (pas sur la piste de 4x4) à travers une zone de pâturages jusqu'au marabout de **Sidi Jil**. L'endroit est agréable pour camper, mais une prairie plus idyllique encore, près d'une source (dite d'El-Ma Souka), vous accueillera pour la nuit à 30 minutes de là.

Variante : retour à Chefchaouen

Il est possible de retourner à Chefchaouen depuis Akchour en un seul jour par un itinéraire alternatif. Ce parcours traverse les villages d'**Ouslaf, d'Arhermane** et d'**El-Kelaâ**, où vous découvrirez la splendide **mosquée Srifiyenne**, à l'étonnante tour penchée. Ce circuit prend environ 6 heures sans montée ou descente difficiles.

4e jour : des pâturages d'Abou Bnar au parc national de Talassemtane

2 HEURES-2 HEURES 30 / 6 KM / 352 M DE MONTÉE

En quittant l'aire de bivouac au sud-ouest d'Abou Bnar, rebroussez chemin et reprenez la piste. Allez à gauche, afin de traverser la rivière, et pénétrez dans une forêt de pins.

Arrivé au croisement en T, prenez à droite (l'embranchement de gauche descend vers Beni M'Hamed) le sentier qui recommence à monter.

Poursuivez votre route, en ignorant les diverses intersections et chemins latéraux. En franchissant plusieurs petits cols, vous profiterez à nouveau de la vue avec, à l'ouest, le majestueux **djebel Lakraa** (2 159 m). En fin de matinée, vous atteindrez la lisière du **village de Talassemtane**. Un petit panneau sur la piste de 4x4 indique à gauche la maison du gardien des Eaux et Forêts. Un camping officiel est aménagé ici.

Autres excursions

Il vous restera assez de temps pour explorer les environs et contempler la faune, notamment les magots.

Suivez la piste pour 4x4 vers le nord, au-dessus de la maison du garde, jusqu'à une clairière, puis un embranchement où la voie de droite, vers l'est, vous conduira au pays des singes magots, qu'on appelle ici les *mgou*. Ces singes sans queue se réfugient vite dans les arbres si l'on s'approche trop. Le sentier qui s'incurve vers le sud découvre largement la vallée. Il suit la longue crête du **djebel Taloussisse** (2 005 m), avant de s'infléchir brièvement vers l'est. À ce niveau, un sentier part sur la droite en direction du sud, longe l'éperon de **Talassemtane** (1 941 m) avant d'arriver sur un terrain de football (!) aménagé en terrain plat. De là, il est possible de traverser une zone pierreuse pour revenir au bivouac.

Autre suggestion pour les mordus de trekking : l'ascension du **djebel Lakraa**. La meilleure voie passe par le versant nord. Empruntez la crête, puis redescendez en suivant le lit d'un torrent, au sud-est du sommet. En raison de l'absence de sentier, la progression s'avère difficile par endroits. Ce parcours vous prendra environ 3 heures 30 aller-retour.

5e jour : du parc national de Talassemtane à Bab Taza

2 HEURES 30 À 3 HEURES 30 / 13,5 KM / 825 M DE DESCENTE

Cette dernière étape consiste en une descente rapide, le long d'une piste de 4x4, jusqu'à Bab Taza, haut lieu de la culture du kif. Le sentier traverse une vaste prairie et la forêt de chênes-lièges du **djebel Setsou** (1 363 m), avant d'atteindre **Bab Taza**.

La bourgade compte un certain nombre de cafés et deux hôtels peu engageants le long de la route principale. Son activité majeure semble être le commerce de gros sacs d'engrais destinés aux champs de kif. Les grands taxis qui desservent régulièrement Chefchaouen (12 Dh, 30 minutes) stationnent à la sortie ouest de la localité.

EST DE LA CÔTE MÉDITERRANÉENNE

Melilla مليلية

75 000 HABITANTS

Qui pourrait s'attendre à voir, en Afrique du Nord, 900 bâtiments modernistes, soit le deuxième ensemble du genre après Barcelone ? C'est pourtant ce qui caractérise Mellila, aux côtés d'une forteresse médiévale parfaitement conservée, de plusieurs musées intéressants et d'une cinquantaine de bars à tapas. Ainsi, la ville ne manquera pas de séduire les amateurs d'architecture et d'histoire le temps d'un week-end.

Melilla fait partie avec Ceuta des deux enclaves espagnoles de la côte marocaine appelées *plazas majores* (voir l'encadré p. 258). Ces îlots culturels ont beaucoup de choses en commun : économie basée sur le commerce transfrontalier, société multiculturelle et présence militaire significative. La population comprend une moitié de chrétiens et une moitié de musulmans, ces derniers étant en majorité berbères. Plusieurs facteurs – immigration clandestine, revendications du Maroc sur le territoire, chômage – ont provoqué des troubles dans le passé. En 2005, des milliers d'immigrants subsahariens ont tenté de pénétrer à Mellila et six d'entre eux sont morts. L'événement a entraîné l'édification d'une barrière de 33 millions d'euros d'un bout à l'autre de l'enclave et, en 2007, la première visite des souverains espagnols depuis 80 ans, grandement saluée localement, mais mal perçue par les Marocains.

Or Melilla se prête bien au tourisme, notamment grâce à ses excellentes infrastructures. Et si les ferries font débarquer un flot de visiteurs en été, il n'y a pas grand monde hors saison.

Si le site de Melilla est peuplé depuis plus de 2 000 ans, la construction de la vieille ville en quatre étapes ne débuta qu'après la conquête espagnole en 1496. Jusqu'à la fin du XIXe siècle, presque toute l'agglomération était enclose dans une forteresse imprenable. Plusieurs traités signés avec le Maroc entre 1859 et 1894, le dernier suite au siège entrepris sans succès par les rebelles berbères du Rif, fixèrent ses limites actuelles. D'autres affrontements avec les Berbères se produisirent jusqu'à ce que le protectorat espagnol consolide son emprise en 1927. C'est de Melilla que Franco lança la guerre civile espagnole en 1936. Depuis, la politique locale reste résolument ancrée à droite.

Melilla forme un demi-cercle de 12 km² découpé dans le littoral marocain. La vieille ville, Melilla la Vieja, est une forteresse complexe sur plusieurs niveaux qui s'avance dans la mer. Elle renferme de nombreux musées, ainsi que de petits quartiers résidentiels. Le port et les principales plages s'étendent au sud, le terminal des ferries juste à l'est.

La ville nouvelle au plan un peu irrégulier possède une jolie zone commerçante riche en bâtiments modernistes. Bien que compacte, elle souffre d'un manque de signalisation. Le centre correspond au long Parque Hernandez triangulaire qui rejoint le cercle de la Plaza de España, composant ainsi un énorme point d'exclamation. La plupart des hôtels, des banques et des restaurants se trouvent au nord. Comme au Maroc, 4 km vers le sud, le port du short ne fait pas vraiment partie des mœurs locales.

À voir et à faire

MELILLA LA VIEJA (VIEILLE VILLE)

La forteresse du vieux Melilla a été restaurée à la perfection. De la **Puerta de la Marina**, l'entrée principale devant laquelle se dresse une statue de Franco, on accède tout en haut en passant devant plusieurs petits musées. L'ascenseur ne fonctionnait pas lors de notre passage. Tout est très bien légendé, notamment en français.

Museo de Arqueología e Historia MUSÉE
(Plaza Pedro de Estopiñán). Ce musée était fermé pour rénovation lors de notre passage. Quand il rouvrira, vous pourrez admirer sa sympathique collection de dessins d'architecture, ses céramiques et pièces antiques, de nombreuses maquettes et des trouvailles archéologiques.

GRATUIT **Aljibes de las Peñuelas** MONUMENT HISTORIQUE
(10h-14h et 17h-21h30 mar-sam, 10h-14h dim avr-sept). La petite porte dans la cour mène à une étrange citerne souterraine encore en service.

Iglesia de la Purísima Conception ÉGLISE
(Paroisse de l'Immaculée-Conception ; 10h-15h et 16h-21h mar-sam, 10h-12h30 dim). La resplendissante nef de cette église du XVIIe siècle vaut un petit coup d'œil.

Cuevas del Conventico ÉDIFICE HISTORIQUE
(grottes du couvent ; 1,20 € ; 10h30-13h30 et 16h30-20h mar-dim, 10h30-14h dim). Ce vaste réseau de grottes et de galeries, bien remis en état, servit de refuge pendant des siècles.

Melilla

Les incontournables

- Melilla La Vieja D1
- Plaza de España B2

À voir

1 Aljibes de las Peñuelas D1
2 Banco de España C1
3 Casino Militar C2
4 Cuevas del Conventico D1
5 Museo de Arqueologia e Historia D1
6 Museo Militar D1
7 Palacia de la Asamblea C2
8 Playa de la Ensanada de los Galápagos C1
9 Puerta de la Marina D1
10 Trasmediterránea B2

Où se loger

11 Hostal La Rosa Blanca A1
12 Hostal Residencia Cazaza A1
13 Hôtel Anfora B1
14 Hôtel Nacional A1
15 Hôtel Rusadir B1

Où se restaurer

16 Antony Pizza Factory A2
17 Café Rossy B1
18 Casa Marta B2
19 La Cervecería A1
20 La Pérgola C1
21 La Vinacoteca C1
22 Real Club Marítimo C2

Renseignements

23 Oficina del Turismo (kiosque) C2
24 Office du tourisme C1
25 Viajes Melilla A2

Transports

26 Bus vers la frontière B2
27 Estación Marítima D1

Il débouche sur une petite plage au pied des falaises. Excellente visite guidée en espagnol.

GRATUIT **Museo Militar** MUSÉE
(⏲10h-14h mar-dim). Occupant le sommet de la forteresse, ce musée illustre la présence militaire espagnole à Melilla sur fond de musique martiale. Ne manquez pas la salle des photos anciennes où les biplans côtoient les légionnaires et les cavaliers berbères comme dans un roman d'aventures et le panneau cocasse “Ne pas toucher aux boulets de canon”.

VILLE NOUVELLE

Au tournant du XXe siècle, Melilla était l'unique carrefour commercial entre Tétouan et la frontière algérienne. En prenant de l'ampleur, elle adopta le style moderniste, version catalane de l'Art nouveau (à ne pas confondre avec le modernisme en tant que mouvement culturel) alors en vogue. Dessinée par Enrique Nieto, un disciple de Gaudí, la ville perpétua ce style même après sa disparition ailleurs. Il en résulte un musée vivant de l'architecture qui compte quelque 900 bâtiments modernistes et

Art déco. Contrairement à ceux de Ceuta, moins nombreux, beaucoup de ces trésors attendent encore d'être restaurés.

La meilleure façon d'apprécier le patrimoine de Melilla consiste à se promener dans la zone au nord du Parque Hernandez surnommée le "triangle d'or".

Plaza de España SITE D'INTÉRÊT

Plusieurs beaux monuments de Nieto bordent la **Plaza de España**, parmi lesquels le **Palacio de Asamblea** Art déco dont le plan forme une couronne ducale, le **Casino Militar** doté d'une façade représentant un blason républicain et le **Banco de España**. Pour en savoir plus sur l'architecture, reportez-vous à la rubrique *Offices du tourisme* (p. 291).

Le Palacio abrite l'hôtel de ville, mais le personnel à l'entrée le fait volontiers visiter à la demande. À l'étage supérieur, deux salles valent le coup d'œil : le Salon Dorado, qui recèle une grande peinture montrant l'arrivée des Espagnols à Melilla en 1497, et la Sala de Plenos où l'assemblée locale se réunit.

La Plaza ornée d'une fontaine centrale invite à s'asseoir. Au milieu s'élève un monument militaire Art déco qui commémore les campagnes militaires au Maroc. Au loin se détache le bâtiment contemporain le plus frappant de la ville, le nouveau palais de justice, dont le toit paraît surmonté d'une soucoupe volante. Cette plate-forme d'observation est désormais fermée au public.

Parque Hernández PARC

De la Plaza, on peut ordinairement faire une agréable promenade dans le long Parque Hernández bordé de palmiers, fermé pour rénovation lors de notre passage. Tout au bout, prenez à gauche dans la Calle Sotomayor. La **Plaza De Toros**, unique arène en activité d'Afrique, est juste devant vous.

GRATUIT **Musée Gaselec** MUSÉE

(18h-21h lun-ven, 11h30-13h30 et 18h-21h sam-dim). De l'autre côté du parc, ce curieux musée est le fruit de la passion du président de la compagnie locale de gaz et d'électricité pour l'Égypte ancienne. Il n'expose que des reproductions, notamment le masque et le sarcophage de Toutankhamon, et devrait accueillir dans le futur des expositions sur d'autres sujets selon le même concept original. Si beaucoup d'objets ont clairement l'air faux, l'idée fonctionne néanmoins et pourrait bien être imitée.

PLAGES

Le littoral de Melilla, jonché de bouteilles et de sacs en plastique, offre un spectacle lamentable. Bien que des efforts soient entrepris pour nettoyer certaines plages, difficile d'échapper au problème, surtout hors saison, et l'on peut craindre pour le devenir de la Méditerranée.

Une grande plage divisée en quatre parties s'étend au sud du port. Lors de notre séjour, on pouvait voir un sac en plastique dans l'eau en moyenne tous les 10 m. L'immonde Rio de Oro se déverse également à cet endroit. Seul le bain de soleil est donc de circonstance.

Mieux vaut se rendre à la **Playa de la Ensanada de los Galápagos** plus isolée, ouverte de mai à septembre et accessible par un tunnel sous le fort.

Où se loger

Les hôtels ne sont pas si nombreux à Melilla, ils ont donc tendance à vite afficher complet, même hors saison.

Hôtel Nacional HÔTEL €€

(956 68 45 40 ; fax 956 68 45 41 ; 10 Calle Primo de Rivera ; s/d 35/55 € ;). Des chambres compactes, avec minibar, meubles désuets et sdb modernes. Celles donnant sur l'intérieur sont un peu sombres, prenez-en une sur la rue. Le personnel est sympathique, et il y a un ascenseur. La chambre 104 dans l'angle est un bon choix, et la 103 est très vaste.

Hôtel Anfora HÔTEL €€

(956 68 33 40 ; fax 956 68 33 44 ; 8 Calle Pablo Vallescá ; s/d avec petit-déj 46/73 € ;). Un 3-étoiles à l'allure vaguement industrielle, très bien situé et proposant des chambres standards avec TV, réfrigérateurs et balcons. Ne manquez surtout pas, sur le toit, le café et le restaurant de la terrasse, d'où l'on peut admirer Melilla La Vieja jusqu'à la mer.

Hôtel Rusadir HÔTEL €€€

(956 68 12 40 ; 5 Calle Pablo Vallescá ; s/d avec petit-déj 91/102 € ;). Un 4-étoiles rénové de manière très intelligente, pourvu d'une réception impressionnante et de chambres à la décoration soignée avec TV, minibar et balcon. Le restaurant propose un vaste choix au buffet au petit-déjeuner.

Hostal La Rosa Blanca HÔTEL €

(952 68 27 38 ; 7 Calle Gran Capitán ; s 20-24 €, d 30-35 €, tr 45 €). Adresse très basique, aux chambres propres mais à la qualité variable ; visitez avant de choisir. Lavabos individuels et sdb communes.

MELILLA ET LE MODERNISME

À l'instar des mouvements dont il s'inspira (l'Arts & Crafts anglo-saxon, par exemple), le modernisme fut une réaction aux valeurs matérialistes de l'ère industrielle qui imprégnaient alors la culture. Version catalane de l'Art nouveau, l'architecture moderniste née à Barcelone se caractérise par une esthétique à fois dynamique et raffinée qui utilise des courbes sur des structures droites, des motifs naturels (en particulier végétaux), des éléments décoratifs vivants et riches de détails et des formes asymétriques. Son chef de file fut Antoni Gaudí, auteur de la Sagrada Familia à Barcelone.

Élève du précédent, Enrique Nieto collabora notamment à la Casa Milá, toujours à Barcelone. Désireux d'échapper à l'ombre du maître, il s'installa en 1909 à Melilla, alors en plein essor, et y vécut le reste de sa vie. Devenu l'architecte de la ville en 1931, il prit sa retraite en 1949 et mourut quatre ans plus tard. Au cours de sa longue carrière, il participa à plus de mille projets et en acheva 457 qui changèrent à jamais la physionomie de l'enclave espagnole. Ses travaux encouragèrent en particulier l'éclosion du style Art déco. Beaucoup des façades qu'il dessina comportent des décorations en sgraffito (grattage ou incision sur mortier). Parmi ses œuvres figurent la Grande Synagogue, la Grande Mosquée et plusieurs bâtiments pour l'Église catholique représentant la diversité culturelle de Melilla. Malgré cela, cet architecte de talent reste assez méconnu.

Residencia de Estudiantes y Deportistas AUBERGE DE JEUNESSE €
(Résidence d'étudiants et d'athlètes ; ☎952 67 00 08 ; Calle Alfonso X ; 20 €/pers petit-déj inclus, demi-pension 26 €, pension complète 32 € ;). Le meilleur choix pour voyageurs à petit budget si vous ne tenez pas à loger dans le centre. Imaginez un internat bien tenu : 87 chambres impeccables, accès Internet, cafétéria, bibliothèque et salon de TV. Les chambres au-dessus du 2e étage ont des balcons. Prenez le bus n°3, qui s'arrête près de Plaza España sur Calle Marina toutes les 10 minutes, moins fréquemment le week-end. Comptez 10 à 15 minutes de trajet.

Hostal Residencia Cazaza HÔTEL €
(☎956 68 46 48 ; 6 Calle Primo de Rivera ; s/d 26/36 €). Ses chambres sont peut-être usées, mais ce vieil édifice, avec ses hauts plafonds et ses petits balcons, reste charmant. Bien situé, dans le triangle d'or. Personnel accueillant.

Parador de Melilla HÔTEL €€€
(☎956 68 49 40 ; www.parador.es ; av. Cándido Lobera ; s/d 99/121 € ;). Il faut un véhicule pour accéder à cette adresse très chic disposant de grandes et fastueuses chambres aux boiseries omniprésentes. De jolis meubles et des balcons avec belle vue sur la mer. La salle à manger circulaire donnant sur la ville ajoute une touche d'élégance. Le Parque Lobera voisin est parfait pour les enfants.

Où se restaurer

Beaucoup des restaurants de Melilla sont associés à des hôtels (comme le Rusadir ou le Parador), mais beaucoup d'autres sont ouverts autour de l'avenue de Juan Carlos I Rey.

La Pérgola FRUITS DE MER €€
(☎952 68 56 28 ; Calle General Marcías ; menu 10 € ; déj et dîner). Terrasse en front de mer, nappes blanches et musique font de cette élégante adresse un lieu des plus plaisants pour se restaurer ou prendre un verre en début de soirée. Spécialisé en fruits de mer, il propose un menu imbattable à 10 €.

La Vinacoteca CAFÉ, BAR À TAPAS €
(Plaza de la Culturas ; tapas à partir de 1,20 €, raciones 5 €). Cet établissement animé déborde sur la grande Plaza de la Culturas et attire des clients de tous âges. Regardez le football autour d'une bière ou d'un café tandis que les enfants font du roller sur la place.

Casa Marta BAR À TAPAS €
(Calle Justo Sancho Miñano ; déj et dîner). Bar à tapas très animé, à la clientèle d'âges variés, à l'intérieur comme sous la tente installée dans la rue. Chaque bière est accompagnée de tapas gratuites – au bout de trois vous aurez dîné ! Ne manquez pas le *filetillo*, de minces filets de bœuf en sauce.

Los Salazones LOCAL €€
(☎952 67 36 52 ; 15 Calle Conde de Alcaudete ; plats à partir de 12 € ; déj et dîner). Autre adresse

appréciée des habitants, ce restaurant servant viande et fruits de mer est à un pâté de maisons de la plage, l'idéal pour terminer la journée. Dégustez un poisson grillé devant les tonneaux recouverts de marbre.

Café Rossy CAFÉ €
(5 Calle General Prim ; sandwichs à partir de 2 € ; ⏲déj et dîner). Encore un havre fiable pour manger un morceau sur le pouce ou traîner une petite heure avec un livre, devant un café. Les *bocadillos* (sandwichs) sont parfaits pour le déjeuner.

La Cervecería BAR À TAPAS €
(23 Calle de General O'Donnell ; tapas à partir de 1,50 € ; ⏲déj et dîner). Une véritable explosion décorative de carrelages verts sur toutes les surfaces, y compris les meubles.

Antony Pizza Factory ITALIEN €
(av. de la Democracia ; pizza à partir de 5 €, pâtes à partir de 6 € ; ⏲dîner). Confortable brasserie où le personnel sert des pizzas bien garnies et des pâtes aux sauces très riches. Prisée des jeunes de Melilla, elle compte un petit espace douillet où dîner tranquillement.

Real Club Marítimo CAFÉ €
(port de plaisance). Yacht-club privé qui accueille les voyageurs en quête d'un café-croissant devant la mer.

FAIRE SES COURSES

Les rues autour du Parque Hernández comptent beaucoup de petites épiceries. Un véritable supermarché, **Supersol** (Calle General Polavieja ; ⏲10h-22h, fermé dim), se trouve sur la route de la frontière.

Où prendre un verre

Puerto Deportivo Noray BARS
Ce secteur regroupe une douzaine de bars côte à côte sur le front de mer. Entrez en traversant le parking qui jouxte le palais de justice.

Renseignements

L'indicatif de Melilla est le ☎0034. Melilla a 1 heure d'avance sur le Maroc, 2 l'été (voir p. 500). La plupart des boutiques et des entreprises ferment le dimanche.

Accès Internet

Il existe de nombreux cybercafés dans le centre-ville.

Locutoria Dosmil (14-25 Calle Ejercito España ; 2 €/h ; ⏲9h-14h et 16h-21h)

Agence de voyages

Viajes Melilla (☎952 679352 ; 1 av. Duquesa de la Victoria)

Argent

Comme en Espagne continentale, Melilla utilise l'euro. Si vous souhaitez retirer de l'argent, vous trouverez plusieurs banques (avec DAB) sur (ou à proximité de) l'Avenida de Juan Carlos I Rey. L'achat et la vente de dirhams sont proposés à un taux légèrement inférieur à celui pratiqué au Maroc – mais vous pouvez tout aussi bien recourir à l'un des changeurs marocains qui hantent la gare maritime.

Du côté marocain, vous pouvez changer de l'argent au Crédit du Maroc. La Banque Populaire, 200 m plus loin, dispose d'un DAB (marchez tout droit jusqu'au carrefour ; l'agence se tient sur la gauche, sur la route du port).

Offices du tourisme

Fundación Melilla Ciudad Monumental (☎952 976201 ; www.melillamonumental.org, en anglais ; C/Miguel Acosta, 13). Informations détaillées sur l'architecture locale.

Oficina del Turismo (bureau principal) (☎952 97 61 89 ; www.melillaturismo.com ; Plaza de la Culturas ; ⏲10h-14h et 16h30-20h30 lun-sam, 10h-14h dim). Beaucoup de cartes et de brochures, et un personnel serviable. Circuits spéciaux couvrant les sites religieux. Le site Web comprend un itinéraire historique et architectural complet.

Oficina del Turismo (kiosque) (☎952 976151 ; www.melillaturismo.com ; Plaza de España ; ⏲10h-14h et 16h-20h lun-ven). Face au Palacio de Asamblea.

Poste

Bureau de poste principal (Correos y telégrafos ; Calle Pablo Vallescá ; ⏲8h30-20h30 lun-ven, 9h30-13h sam)

Services médicaux

Hospital Comarcal (☎956 67 00 00). Au sud de Río de Oro.

Urgencias Sanitarias (☎956 67 44 00 ; 40 Alvaro de Bazan ; ⏲17h-9h lun-sam, 24h/24 dim et jours fériés). Pharmacie de nuit.

Depuis/vers Melilla

Avion

Air Nostrum (Iberia) (www.airnostrum.com ; aéroport de Melilla) assure 12 liaisons quotidiennes avec Málaga, deux avec Almería, Valence et Madrid, une avec Grenade. L'aéroport se situe à 10 minutes (5 €) de taxi et n'a pas de DAB.

Ferry

Melisur (☎956 68 66 13 ; 8 Calle de General Marina ; ⏲9h-13h et 17h-19h lun-ven, 9h-12h sam) vend des billets de ferry Acciona (Trasmediterránea) pour Málaga et Almería.

Les billets sont disponibles à la **estación marítima** (port des ferries ; ☎956 68 16 33). Services des ferries pour Malaga :

Lundi 12h, arrivée à 19h35, et 24h, arrivée à 8h le mardi

Mardi à samedi minuit

Les ferries de Málaga à Melilla partent le **lundi** (23h, arrivée à 8h le mardi) et du **mardi au samedi** (14h arrivée à 21h30). Les prix débutent à 30,70 €.

Les services de ferry pour Almería partent le **lundi** (9h) et le **dimanche** (14h30).

Les ferries d'Almería à Melilla partent le **lundi** (16h30) et du **mardi au dimanche** à minuit.

Voiture

Melilla étant une zone exempte de taxes, autant faire le plein de carburant. Son prix (environ 10 Dh/litre) est inférieur d'un tiers à celui pratiqué au Maroc ou en Espagne.

Passage de la frontière

Pour traverser la frontière, il vous faudra prendre, soit un taxi (6 €), soit le bus local n°2 (marqué "Aforos") qui circule toutes les demi-heures entre la Plaza de España et le poste-frontière de Beni-Enzar (0,60 €), de 7h30 à 23h. Depuis l'arrêt du bus, il reste 150 m à parcourir pour atteindre la douane espagnole et 200 m de plus pour la douane marocaine.

Avant d'entrer au Maroc, remplissez le formulaire blanc et faites tamponner votre passeport au guichet. Ne vous laissez pas impressionner par les escrocs qui essaieront de vous faire payer ces formulaires. Si vous entrez au Maroc avec votre véhicule, conservez votre carte de douane verte, que vous présenterez lorsque vous quitterez le pays. À l'entrée, attendez-vous à de longues files d'attente en voiture ; la procédure est rapide et sans difficulté pour les piétons.

Du côté marocain, le bus n°19 (généralement sans indication de destination) part toutes les heures pour Nador (25 Dh, 25 min). Les grands taxis (5 Dh, 15 min), fréquents à destination de Nador, stationnent sur un parking à droite de ce carrefour.

En venant à Melilla depuis le Maroc, remplissez le formulaire jaune, et faites tamponner votre passeport. Si vous n'êtes pas contrôlé ici, vous le serez certainement pour entrer en Espagne continentale. Le bus n°43 se rend à la Plaza de España (0,60 €).

ℹ Comment circuler

Il est aisé de se déplacer à pied dans le centre de Melilla. Des bus relient la Plaza de España à la frontière. Les **taxis locaux** (☎956 683621) sont pratiques.

Nador الناظور

180 000 HABITANTS

La nouvelle route qui relie Al-Hoceima à Nador (130 km) réserve un trajet agréable, même si l'on est entassé à bord d'un grand taxi. Elle croise des falaises rouges, traverse des gorges verdoyantes et, à mi-parcours, un paysage de montagnes sculptées par l'érosion. Un nouveau complexe, Atalayoun Golf, était en construction lors de notre passage.

Les quelques cafés de bric et de broc perchés sur la falaise dans un périmètre de 60 km autour de Nador sont parfaits pour déguster un thé à la menthe en contemplant la mer. Ne regardez toutefois pas de trop près les plages désertes, jonchées de détritus.

Hélas, étendue sans fin d'immeubles en béton, la ville elle-même déçoit. Hormis la jolie lagune de Marchika, elle ne recèle en effet ni site à visiter ni points d'intérêt. Son grand aéroport, son port de ferries et sa nouvelle gare ferroviaire (liaison avec Fès prévue) en font surtout un nœud de transports. Comme sur le reste de la côte, la situation évolue toutefois. Or les choses changent peu à peu, et une corniche ainsi que des boulevards plantés de palmiers ont récemment été aménagés. Malgré tout, le développement d'hôtels, de restaurants et de marina s'est ralenti, comme partout ailleurs sur la côte. Mieux vaut donc ne pas s'attarder à Nador.

Où se loger

Les hôtels de toutes catégories sont légion à Nador, mais beaucoup préfèrent louer à l'heure. Les établissements les moins chers se situent près de la gare routière et des grands taxis.

Hôtel Annakhil HÔTEL €€

(☎0536 33 58 67 ; 185 bd de Tanger ; s/d/ste 420/520/800 Dh ; ❄). Le décor de l'Annakhil est spécial : couloirs orange, plantes en plastique et chambres bleu vif, mais c'est la meilleure adresse de catégorie moyenne. La literie est de qualité, les lits confortables, on y trouve des TV et des réfrigérateurs. Le café d'à côté sert le petit-déjeuner. Le bar s'anime le soir – seule une femme très courageuse s'y aventurerait seule.

Hôtel Méditerranée HÔTEL €

(☎0536 60 64 95 ; hotel.mediterranee@gmail.com ; 2-4 av. Youssef ibn Tachfine ; s/d 252/326 Dh ; ❄📶). La vue dont jouissait cet hôtel est désormais gâtée par le nouvel Hôtel Rif, en construction lors de notre passage. Il n'en est pas moins à quelques rues de la corniche et de la lagune. Les chambres d'angle sont très lumineuses, et toutes ont la TV. La clim est facturée 50 Dh. Le terne restaurant (plats à partir de 60 Dh) du rez-de-chaussée sert des petits-déjeuners, des omelettes et du poisson.

Hôtel Geranio HÔTEL €
(☎0536 60 28 28 ; 16 rue n°20 ; s/d 160/188 Dh). À côté du chaos de la gare routière, les chambres sur rue peuvent être bruyantes mais les prix modestes en font une excellente adresse petits budgets. Les chambres propres ont de minuscules sdb. Cafétéria au rez-de-chaussée.

Hôtel Ryad HÔTEL €€€
(☎0536 60 77 17 ; hotelryad@hotmail.com ; av. Mohammed V ; s/d avec petit-déj 700/950 Dh ; ❄). Autrefois somptueux, aujourd'hui un peu décati et onéreux, le Ryad est un grand hôtel comprenant deux bars et une discothèque qui rendent les chambres des 2e et 4e étages très bruyantes jusqu'à minuit. Les chambres sont standards et celles des étages supérieurs donnent sur la lagune.

Où se restaurer et prendre un verre

Les restaurants bon marché ne manquent pas autour de la gare routière CTM. Ils servent des brochettes, des sandwichs et des tajines sur le pouce. L'avenue Mohammed V, bordée de cafés à l'ombre des orangers, est le lieu incontournable pour un petit café tranquille.

Restaurant Marhaba FRUITS DE MER €€
(☎0536 60 33 11 ; Calle Ibn Rochd ; plats à partir de 60 Dh ; ⏲déj et dîner). Le restaurant le plus chic de la ville a pour spécialité le poisson, qu'il cuisine parfaitement. La salle à manger est très vaste, mais la terrasse à l'arrière, orné de filets de pêche et de homards en plastique, est plus confortable encore. Pas d'alcool.

Café Club CAFÉ, LOCAL €
(av. Mohammed Zerktouni). Tout au bout de Mohammed V, avancé dans la lagune, ce café insulaire est une agréable surprise dans une forêt de béton. Idéal pour un petit café, il sert aussi un tajine du jour (environ 40 Dh).

Café Antalya CAFÉ €
(bd Prince Héritier Sidi Mohammed ; pizzas à partir de 50 Dh). Tout de verre et de chrome, débordant sur le trottoir, ce café stylé exhibe une nouvelle facette de Nador. La pizzeria à l'étage est fréquentée par les jeunes à la page.

Renseignements

Crédit Maroc (64 av. Mohammed V). L'une des nombreuses banques sur Mohammed V changeant les devises et disposant d'un DAB.

Cyber Milano (bd el Massira ; 5 Dh/h ; ⏲8h-20h). Cybercafé.

Ketama Voyages (☎0536 60 61 91 ; ketamavoyage@hotmail.fr ; 55 av. Mohammed V). Vend des billets de ferry pour Almería.

Pharmacie al-Farabi (☎0536 60 60 11 ; av. Mohammed V)

Poste À côté de la Grande Mosquée.

Royal Air Maroc (av. Mohammed V ; ⏲8h30-12h15 et 14h30-19h lun-ven, 9h-12h et 15h-18h sam)

Depuis/vers Nador

Avion

L'aéroport est à 23 km au sud de Nador. Atlas Blue et Ryanair proposent de nombreux vols pour l'Europe. Iberia relie Nador et l'Espagne.

Bateau

Acciona vient de lancer un nouveau service de ferry rapide pour Almería. Il quitte Almería. du dimanche au mardi, jeudi et vendredi à 10h et arrive à Nador à 15h, avant de revenir et de repartir à 22h, arrivée le lendemain à Almería à 6h. Comanav propose un service pour Sète, en France, le lundi.

Le port de Beni Enzar se trouve à 7 km de la ville, mais la distance semble bien supérieure à cause de la circulation. Un grand taxi sera le moyen le plus rapide pour s'y rendre (8 Dh, 15 min).

Bus

Depuis l'**agence de la CTM** (rue du Général Meziane), des bus partent pour les habituelles destinations : Casablanca, Rabat, Meknès, Fès, Tanger, Larache, Sidi Kacem, Al-Hoceima, Chefchaouen et d'autres encore. Dans la soirée, plusieurs bus de compagnies meilleur marché rallient Casablanca depuis le même endroit. La CTM dispose aussi d'une petite agence à la principale gare routière en plus de son agence principale.

La gare routière principale est au sud-est du centre. Les départs sont fréquents :

Tétouan (110 Dh, 9 heures) parfois via Chefchaouen (100 Dh, 6 heures).

Oujda (25 Dh, 2 heures 30) via Berkane (15 Dh, 1 heure 30)

Al-Hoceima (30 Dh, 3 heures)

Fès (60 Dh, 5 heures 30)

Ras el-Maa (10 Dh, 1 heure)

Beni Enzar (frontière de Melilla ; 3 DH, 25 min)

Taxi

Les nombreux grands taxis près de la gare routière principale desservent un grand nombre de destinations.

DESTINATION	PRIX	DURÉE
Al-Hoceima	56 Dh	3 heures
Beni Enzar (frontière de Melilla)	5 Dh	15 minutes
Berkane	40 Dh	1 heure
Fès	110 Dh	5 heures
Oujda	50 Dh	3 heures
Taza	60 Dh	

Train

La nouvelle gare ferroviaire de Nador (Nador Ville) dessert les destinations suivantes :

Beni Enzar/frontière de Melilla (10 Dh, 12 min)

Port de Beni Enzar (10 Dh, 25 min)

Fès (98 Dh, 6 heures, 4/jour).

Deux de ces trains passent par Taourirt, où l'on peut changer pour Casablanca.

Est de Nador

À l'est de Nador, à l'extrémité de la lagune, la côte est une succession de marais salants et de dunes de sable, qui attirent une grande variété d'oiseaux, dont des flamants. Deux villes guère attrayantes, **Kariat Arekmane** et **Ras el-Maa**, sont desservies par la nouvelle route (N16) qui part à l'est vers Saïdia, de laquelle la vue sur les îles Zaffarines, dernier petit bout d'Espagne sur la côte nord (lire l'encadré p. 258), est superbe. Arekmane est en plein développement : la corniche est faite, les appartements restent à construire. Mais la jolie plage, avec ses bateaux de pêcheurs, est jonchée de détritus, et les marécages en retrait de la corniche sont menacés de disparition.

Ras el-Maa, aussi appelé Cap de l'Eau, s'en sort mieux. La corniche piétonne compte quelques petits restaurants et une belle plage. Les marécages autour de l'embouchure de la Moulouya, à l'ouest de la petite ville, sont protégés par la convention de Ramsar, ce qui en fait un lieu privilégié pour observer les oiseaux. Les oiseaux migrateurs d'Europe comprennent le rougequeue de Moussier (*Phoenicurus moussieri*), la sarcelle marbrée (*Marmaronetta angustirostris*) et le goéland d'Audouin (*Larus audouinii*). Certains rares poissons endémiques vivent dans ces marécages.

De la rive est de l'estuaire de la Moulouya, la très vantée station balnéaire se déroule sur 5 km jusqu'à Saídia, le long d'une plage absolument magnifique. Hélas, l'ensemble fait peine à voir. Des centaines d'immeubles d'appartements y ont été construits. Ceux de la corniche sont terminés et quelques lots ont trouvé des acquéreurs, mais derrière, sur au moins 1 km, d'autres sont vides ou inachevés. Même vendus, les appartements ne sont occupés qu'en pleine saison (juillet et août) ce qui donne à l'ensemble un air de ville fantôme.

Si le Maroc a largement échappé à la crise financière mondiale, c'est ici et dans les autres développements touristiques de la côte que l'on en ressent le plus les effets. On peut y voir les tracés de deux parcours de golf, et d'autres encore à venir. Sur ces 5 km de côte, le meilleur endroit est la **Mediterreanéa Saídia**, où la marina est inachevée mais le centre commercial terminé. Lors de notre passage, un seul hôtel y était ouvert, le **Barceló Mediterranéa Saídia** (☎ d'Espagne 00 34 9021 01 10 01 ; www.barcelo.com ; ch à partir de 160 € ; ❄📶🏊), proposant un spa, des équipements sportifs et plusieurs bars et restaurants.

Saídia السعيدية

18 000 HABITANTS

Lors de notre passage, Saídia était encore une petite ville balnéaire endormie, mais elle demeure en sursis, dans l'expectative de futurs développements touristiques. La crise financière a comme ailleurs entravé son élan.

Saídia compte une jolie plage et une nouvelle corniche, bordée de restaurants et de discothèques. Les établissements achevés sont fermés hors saison. À un pâté de maisons de la plage, le boulevard Hassan II compte quelques hôtels, des banques, des cafés et des connexions Internet.

La frontière avec l'Algérie reste fermée malgré l'insistance du Maroc auprès de son voisin. Il n'y a cependant pas de conflit déclaré entre les deux pays à ce sujet.

Berkane بركان

80 000 HABITANTS

Berkane est une grande ville moderne, à environ 80 km au sud-est de Nador, sur la route d'Oujda. Si son nom signifie "noir" en berbère, Berkane est pourtant réputée pour ses oranges et c'est du reste la couleur dominante en ville. Les taxis, les bâtiments et la magnifique statue d'agrume à l'entrée de la ville donnent le ton. Elle est un point de transit fort utile, y compris pour les trafiquants d'essence qui repartent nuitamment pour l'Algérie. Ainsi des vendeurs à la sauvette, installés au bord de la route un peu partout, proposent-ils au chaland de l'essence contenue dans des bouteilles en plastique. Ce carburant est dans la plupart des cas frelaté, et son usage est à proscrire. Pour le voyageur, Berkane tient surtout lieu de base pour des excursions d'une journée dans les montagnes de Beni-Snassen.

On se repère facilement dans la ville. Elle s'étend le long du boulevard Mohammed V, qui aboutit à la grande mosquée orange à l'ouest, après un grand rond-point (identifiable à son oranger stylisé au centre), près de 1 km plus loin, avec en son centre un grand bâtiment municipal également "couleur locale". Vous trouverez dans ce quartier la poste et quantité de DAB. À mi-chemin, la grand-place accueille l'agréable Café du Jardin, une gare CTM au sud, et une station-service CMH en face.

À voir et à faire

Église française ÉGLISE

(8h30-12h et 14h30-18h lun-sam, fermé mer après-midi). Seul site digne d'intérêt à Berkane, cette église fut construite en 1909 à l'initiative d'un prêtre particulièrement ouvert d'esprit : l'intérieur recèle un curieux mélange de symboles alchimiques, de signes du zodiaque et de scènes bibliques transposées au Maroc que le curé peignit lui-même. De la Grande Mosquée, descendez le boulevard Mohammed V et tournez à gauche au niveau de Maroc Telecom ; l'église se dresse droit devant.

L'église accueille aujourd'hui l'**Association homme et environnement** (www.hee.ouvaton.org), groupe qui relève d'une initiative encore rare au Maroc et se consacre avec sérieux à l'écologie locale. Son président, Najib Bachiri (0661 10 53 73), aime guider les visites. L'entrée est gratuite, mais les donations à l'association sont bienvenues.

Où se loger et se restaurer

Les principaux hôtels et restaurants de Berkane bordent ou jouxtent le boulevard Mohammed V.

Hôtel Rosalina HÔTEL €€

(0536 61 89 92 ; 82 bd Mohammed V ; rosalina_hotel@hotmail.fr ; s/d/ste 400/460/1 000 Dh ;). Nouvel hôtel agréable, proposant de nombreuses chambres propres et confortables, avec TV, tenues par un personnel accueillant.

Hôtel Zaki HÔTEL €€

(0536 61 37 43 ; 27 rte d'Oujda ; s/d avec petit-déj 360/420 Dh ;). Hôtel 3 étoiles, à 400 m à l'est du principal rond-point près d'un restaurant chinois. Le 2e étage ressemble à un showroom de créateur, et chaque chambre est soigneusement décorée dans un style distinct. Attention aux vieux tapis posés sur les marches.

Café du Jardin CAFÉ €

(bd Mohammed V). Dans un jardin face à la place principale, c'est l'établissement à l'ambiance la plus agréable que vous pourrez trouver à Berkane. Clientèle très masculine.

Café Royal RESTAURATION RAPIDE €

(bd Mohammed V). Près de la place, c'est ici que l'on vient pour déguster une pizza.

Depuis/vers Berkane

Les stations de bus et de taxis sont éparpillées à travers la ville. L'**agence de la CTM** jouxte le Café Laetizia, du côté ouest de la place principale. Il n'existe qu'un seul bus de la CTM en début de soirée pour Fès (110 Dh, 6 heures), Meknès (125 Dh, 7 heures 30), Rabat (160 Dh, 10 heures) et Casablanca (185 Dh, 11 heures). Les long-courriers pour l'Espagne partent également d'ici.

La plupart des autres bus longue distance se concentrent dans les rues derrière la station-service CMH, et desservent les destinations mentionnées plus haut. Des bus à destination de Nador (20 Dh, 1 heure) démarrent toutes les heures jusqu'au milieu de l'après-midi, juste derrière la station-service.

Des bus locaux pour Taforalt (9 Dh, 30 min) quittent le boulevard Mohammed V deux fois par jour. Les grands taxis pour Taforalt (10 Dh, 25 min) et Nador (25 Dh, 1 heure) attendent sur le parking, de l'autre côté de la route, entre la station-service Shell et le pont.

Les grands taxis pour Oujda (18 Dh, 1 heure) stationnent autour de la principale gare routière. Si vous allez à Saïdia (8 Dh) ou à Ras el-Ma (10 Dh), rendez-vous à la station située devant le bâtiment municipal, sur la place à l'extrémité est du bd Mohammed V. Pour Nador, les départs ont lieu en face de la Grande Mosquée.

Monts des Beni-Snassen

جبال بني سناسن

Bien plus séduisants que Berkane, les superbes monts des Beni-Snassen qui bordent la ville au sud ont théoriquement le statut de "site biologique et écologique d'intérêt", mais il s'agit en réalité d'une sorte de parc national. On ne s'attend guère à voir au Maroc un tel cadre verdoyant émaillé de gorges. L'endroit reçoit d'ailleurs très peu de visiteurs.

De Berkane, empruntez la route nationale en direction de **Taforalt** (Tafoughalt), qui traverse un beau paysage montagneux. Taforalt est une ville de bric et de broc, qui était à l'origine une ville de garnison militaire française. On y arrive par l'extrémité nord, qui compte une série d'agréables cafés et restaurants. Notons le **Rotana Club Touristique** (☎0648 91 92 22/0673 58 97 40 ; http://taforaltclub.com ; ⌚avr-oct ; ✖), doté d'un restaurant basique et d'une piscine (50 Dh) dans un joli jardin.

Peu après être entré dans Taforalt en provenance de Berkane, tournez à gauche au niveau de la poste, puis immédiatement à gauche et suivez les panneaux jusqu'à l'Infokiosk. Celui-ci présente une petite exposition bien conçue sur l'écosystème du parc et comporte une plate-forme d'observation offrant une perspective splendide sur un plateau au loin. Avec un peu de chance, vous apercevrez peut-être des mouflons à manchettes de la réserve voisine. Ces animaux aux cornes impressionnantes arrivent généralement vers 16h, quand il fait plus frais.

Environ 2 km plus loin sur la nationale, un embranchement indiqué à droite conduit vers deux grottes. Les **grottes des Pigeons** (1 km), fouillées par l'université d'Oxford, ont révélé des restes humains du pléistocène, ainsi que des bijoux parmi les plus anciens jamais découverts (80 000 ans). Encore 5 km et vous atteindrez les **grottes du Chameau**, un réseau de cavernes sur plusieurs niveaux dont les trois entrées sont fermées depuis des années en raison d'inondations. À 3 km vous attendent la jolie **gorge de Zegzel** et un beau parcours en lacets. Profitez de l'occasion pour goûter les kumquats, déjà cultivés dans le secteur à l'époque romaine.

Poursuivez votre descente dans la gorge. La source du **Charaâ** mérite le détour. Suivez les indications jusqu'au minuscule hameau de Zegzel, à 2 km en remontant une petite route. Au bout, un lieu de pique-nique populaire jouxte l'endroit où le cours d'eau jaillit des rochers. Non loin, une impressionnante route de crête se dirige vers l'est jusqu'à Oujda. Elle nécessite un 4x4, une bonne carte et un départ aux aurores.

Une délicieuse adresse, le **Gîte Tagma** (☎0666 79 29 49 ; www.gitetagma.com ; ch pension complète 300 Dh/pers ; @) est à environ 30 minutes de route après Taforalt. Difficile de faire plus authentique et tranquille que ce gîte rural, vieux de 300 ans, qui se double d'une ferme en activité. Ses cinq petites chambres sans prétention entourent un espace commun qui donne sur des gorges magnifiques, couvertes de pins. De là, on peut aisément rejoindre à pied la pittoresque mosquée Sidi Ali Oussaidi, qui se détache sur fond de montagne, et la ville romantique de Tagma, nichée dans la vallée en contrebas. Projet conjoint entre un propriétaire privé et l'association Homme et Environnement, le gîte Tagma sert d'expérience pilote pour le développement du tourisme rural dans la région. Il est signalé à une quinzaine de kilomètres sur la route nationale qui relie Berkane à Taforalt.

Il faut un 4x4 pour accéder à la maison, mais si vous appelez avant de venir on viendra vous chercher au village et vous serez escorté sur le chemin de montagne. La couverture de téléphonie mobile est loin d'être excellente en montagne.

Si vous n'avez pas de véhicule, la meilleure manière d'accéder au parc consiste à prendre un taxi partagé depuis Berkane (10 Dh). Vous pouvez sinon prendre votre propre taxi ; comptez au moins 200 Dh pour deux heures. Une solution plus économique consiste à s'y rendre à pied. Montez dans un bus ou un grand taxi à destination de Taforalt, et demandez à ce qu'on vous dépose à l'embranchement qui y conduit. Chaque matin, deux bus relient Berkane à Taforalt (10 Dh, 30 min) et reviennent l'après-midi. Les grands taxis, plus fréquents les jours de marché (mercredi et dimanche), coûtent 10 Dh.

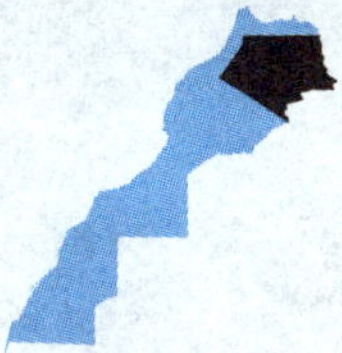

Cités impériales, Moyen Atlas et est du Maroc

الامبراطوري المدن و الأطلس المتوسط و الشرق

Dans ce chapitre »

Le top des hébergements

» Ziyarates Fès (p. 312)
» Dar Bensouda (p. 313)
» Ryad Bahia (p. 329)
» Walila (p. 337)
» Dar Zerhoune (p. 339)
» Auberge Oasis (p. 357)

Le top des restaurants

» Fès et Gestes (p. 317)
» Tours Around Fez (p. 311)
» Restaurant Marhaba (p. 333)
» Échoppes de b'sara (p. 317)
» Restaurants de Bou Jeloud (p. 317)
» Maison Blanche (p. 318)

Pourquoi y aller

Avec ses cités impériales au patrimoine inestimable, ses vestiges antiques, ses montagnes boisées et ses oasis en plein désert, cette région offre une extraordinaire diversité de paysages.

Au nord s'étendent des plaines fertiles, dont le pays a tiré subsistance durant des siècles. Et si les vestiges de Volubilis témoignent de la présence des Romains, les dynasties musulmanes ont donné naissance à Fès, la plus somptueuse des cités impériales.

Les rues étroites de sa médina mettent en éveil tous les sens des voyageurs. Meknès, autre ancienne capitale impériale, possède également son lot de merveilles.

Plus au sud, le Moyen Atlas, où viendront vous saluer les singes magots, est une région propice à la randonnée.

De l'autre côté des montagnes, les casbahs typiques du Sud annoncent le désert. Lorsqu'on arrive à l'oasis de Figuig, près de la frontière algérienne, les oliviers ont depuis longtemps cédé la place aux palmiers dattiers.

Quand partir

Fès

Juin Participez au Festival de Fès des musiques sacrées du monde.

Septembre La chaleur écrasante de l'été et le ramadan sont derrière vous.

Décembre et janvier Il fait froid à Fès et à Meknès, allez dans le désert jusqu'à Figuig.

À ne pas manquer

1 Une longue promenade dans le labyrinthe des ruelles et des souks de la **médina** de Fès (p. 301)

2 Un bond dans le passé à la découverte des mosaïques des **ruines romaines** (p. 335) de Volubilis

3 La grandiose **architecture impériale** de Meknès (p. 325)

4 Un pèlerinage à la ville sainte de **Moulay Idriss** (p. 338)

5 Une randonnée sur les pentes boisées du **Moyen Atlas** (p. 343), près d'Azrou

6 La sublime musique lors du **Festival de Fès des musiques sacrées du monde** (p. 310)

7 Un repos bien mérité au milieu des palmiers et des casbahs de la ville oasis de **Figuig** (p. 356)

8 Une descente dans les étranges grottes du **gouffre du Friouato** (p. 350)

Comment s'y rendre
Une ligne ferroviaire relie les principales villes de la région et la côte, avec des liaisons directes depuis Tanger, Rabat et Casablanca. Des vols directs partent d'Europe, principalement de France, pour Fès et Oujda. Des vols intérieurs de la Royal Air Maroc desservent ces deux villes via Casablanca.

Comment circuler
De Marrakech et de Casablanca, une ligne ferroviaire court vers l'est via Meknès, Fès et Taza jusqu'à Oujda. Vous devrez malgré tout prendre des bus ou des grands taxis pour explorer la région montagneuse du Moyen Atlas.

CITÉS IMPÉRIALES

Fès فاس

1 MILLION D'HABITANTS

Ces dernières années, Fès est devenue une destination touristique courue. L'argent a afflué, depuis les riads de la médina vendus à des étrangers jusqu'aux nouveaux parcs aménagés et aux fontaines installées dans la ville nouvelle. Selon les luxueuses publicités des magazines occidentaux, Fès serait la nouvelle Marrakech.

Une telle affirmation donne à sourire aux Fassis, qui savent pertinemment que cette ancienne cité sûre d'elle-même n'a rien à prouver. Berceau de grandes dynasties, elle a traversé 1 200 ans d'histoire, connu des fortunes diverses et sera toujours là quand l'engouement actuel aura disparu.

L'influence de la ville est telle que tout souverain du royaume a toujours veillé à son allégeance, ou au moins à sa soumission. Le mouvement pour l'indépendance est né ici et les grèves ou les manifestations y sont toujours plus suivies qu'ailleurs.

Pour le visiteur, la médina de Fès el-Bali (le vieux Fès) constitue, non sans raison, le principal atout de la ville. Festival des sens, ce dédale de ruelles et de bazars couverts est rempli à craquer d'échoppes et de petites tables aux alléchants fumets, d'ateliers d'artisan, de mosquées et de passants. Tradition et modernité s'entremêlent : un homme à dos d'âne ou de mulet – toujours les principaux moyens de transport – peut ainsi bavarder sur son téléphone portable, tandis que la ligne d'horizon est aujourd'hui ponctuée d'autant d'antennes satellites que de minarets.

Malheureusement, la médina a énormément souffert des années de négligence. Les autorités se sont récemment intéressées au problème et d'importants travaux sont en cours pour restaurer les bâtiments et ravaler les façades. Les échafaudages ont envahi les rues. Malgré le charme indéniable de la médina, de nombreux habitants ont été ravis de vendre leur maison à des étrangers pour échapper à des conditions de vie parfois d'un autre temps et emménager dans un appartement moderne de la ville nouvelle.

Le mieux consiste à plonger directement dans la médina, quitte à se sentir submergé au début. Une fois adapté à son rythme, on en découvre les attraits de mille façons inattendues. Ce qui semble une impasse conduit à des places ornées de ravissantes fontaines, ou emplies du martèlement rythmé des dinandiers. Se perdre à Fès est le début du plaisir.

Histoire
En 789, Idriss Ier, qui fonda la première dynastie impériale du Maroc, estima Oualili (Volubilis) trop petite et dessina les plans d'une nouvelle grande capitale. Il mourut avant sa mise en œuvre et l'on attribue souvent la création de Fès à son fils, Idriss II, qui exécuta les volontés de son père. La mémoire d'Idriss II est perpétuée dans sa zaouïa (tombeau, ou sanctuaire religieux), au cœur de Fès el-Bali.

La cité fut d'abord une modeste bourgade berbère, puis 8 000 familles fuyant Al-Andalus vinrent s'installer sur la rive est de l'oued Fès. Elles furent rejointes plus tard par des familles arabes de Kairouan (Qairaouan), dans l'actuelle Tunisie, qui investirent la rive ouest et créèrent le quartier Karaouine. Les traditions de ces deux populations formèrent un socle solide pour la future richesse religieuse, culturelle et architecturale. Les héritiers d'Idriss II divisèrent le royaume, mais Fès continua de prospérer pacifiquement jusqu'au Xe siècle.

Durant les siècles suivants, la ville se développa ou déclina au fil des dynasties. La guerre civile et la famine, provoquées par des invasions berbères, cessèrent avec l'essor des Almoravides. Lorsqu'ils perdirent le pouvoir vers 1154, ceux-ci s'enfuirent de Fès après en avoir détruit les remparts. La nouvelle dynastie des Almohades ne les fit reconstruire qu'une fois certaine de la loyauté des Fassis ; de larges pans datent encore de cette époque.

Fès demeura un carrefour stratégique, exerçant une importante influence culturelle plutôt que politique. La mosquée

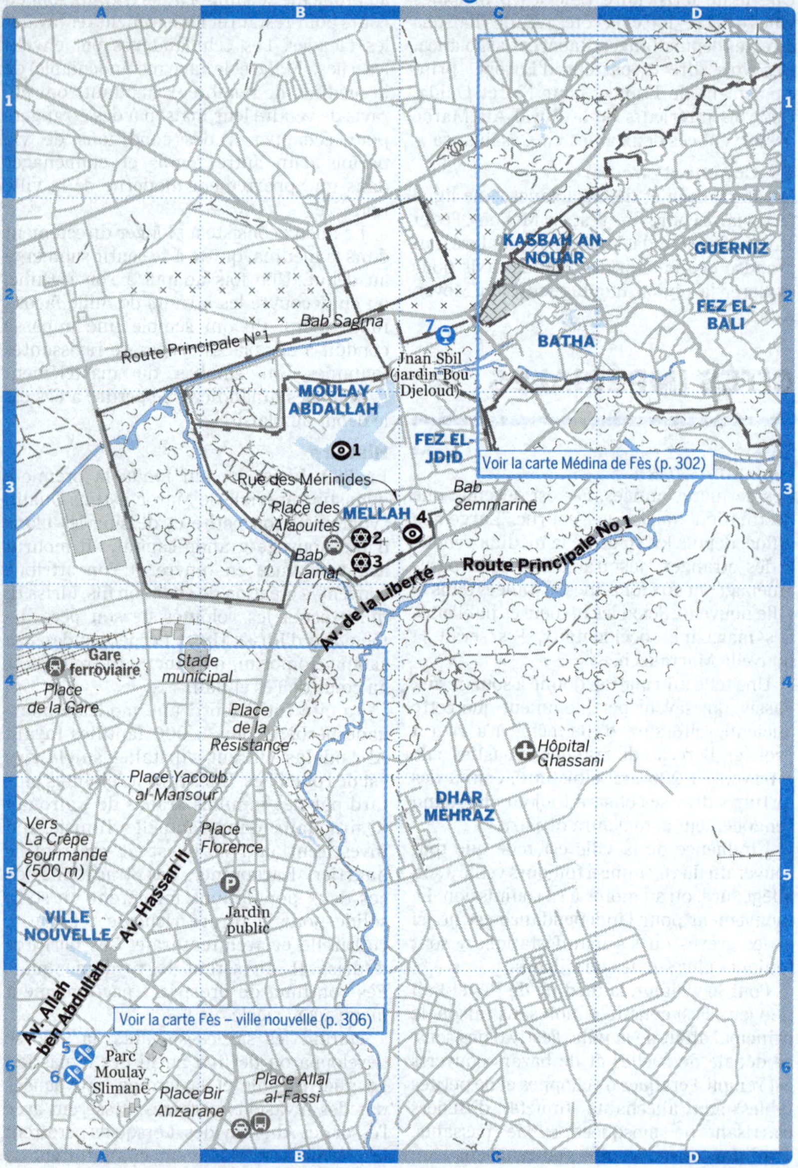

et l'université Karaouine en faisaient le centre éducatif et culturel d'un empire qui s'étendait de l'Espagne au Sénégal. Cependant, la ville ne retrouva son importance politique qu'à l'avènement de la dynastie des Mérinides, vers 1250.

Au XIXe siècle, alors que le pouvoir central s'effondrait et que l'ingérence européenne se renforçait, la distinction entre Fès et Marrakech s'estompa, toutes deux tenant le rôle de capitale dans un pays divisé. Fès conserva son statut de

Fès

À voir

Où se restaurer

Où prendre un verre

capitale "morale" et c'est ici que fut signé le traité instaurant les protectorats français et espagnol sur le Maroc, le 30 mars 1912. Moins de trois semaines plus tard, des émeutes contre les nouveaux maîtres rappelèrent l'esprit rebelle de la ville.

Bien que les Français aient déplacé la capitale politique à Rabat, Fès est restée une circonscription majeure jusqu'à nos jours.

C'est l'une des cités les plus traditionnelles du Maroc : elle inspire du respect, teinté malgré tout d'une pointe de jalousie, dans le reste du pays. De fait, la majeure partie de l'élite intellectuelle et économique du Maroc vient de cette ville et il est largement admis (surtout par les Fassis) que toute personne native de la médina de Fès est plus pieuse, plus cultivée, plus raffinée et plus douée pour les arts... du reste, que l'épouse du souverain, la princesse Lalla Salma, soit originaire de Fès et que la famille royale y passe énormément de temps sont de grands motifs de fierté pour la ville.

À voir

MÉDINA (FÈS EL-BALI)

Passer de la ville nouvelle à Fès el-Bali équivaut à un bond en arrière dans le temps. En près d'un millénaire, le caractère essentiel de la médina n'a pas changé car les collines environnantes ont empêché son expansion – le dernier agrandissement d'importance date du XIIIe siècle, avec la construction de Fès el-Jdid, la ville nouvelle. Aujourd'hui, quelque 150 000 Fassis vivent dans ce labyrinthe de ruelles tortueuses, d'impasses et de souks, dans lequel les touristes se perdent invariablement.

Bab Bou Djeloud, à l'ouest, est la principale entrée dans la vieille ville, d'où deux rues principales descendent vers le centre de la médina. Après l'entrée, Talaa Kebira ("grande pente"), sur la gauche, et Talaa Seghira ("petite pente"), sur la droite, convergent près de la place an-Nejjarine, puis continuent jusqu'à la mosquée Karaouine et la zaouïa de Moulay Idriss II, le cœur de la cité. De là, il faut monter pour rejoindre les portes nord, Bab Guissa et Bab Djamaï, ou aller vers le sud en direction de Bab R'cif, l'un des rares endroits où les voitures entrent dans la vieille ville. Le secteur de R'cif était en pleine restauration (notamment la place) lors de notre dernière visite, et il est à augurer qu'il soit promis à devenir l'un des quartiers les plus en vue de la médina.

Les principaux sites répertoriés ci-après ne constituent qu'un échantillon des trésors de la médina. Prenez le temps d'y flâner au hasard, suivez votre nez ou vos oreilles pour en découvrir les charmes inattendus : des femmes avec des bottes d'herbes fraîchement cueillies, des enfants portant un plateau de miches de pain pour les faire cuire à la boulangerie voisine, un café offrant des verres de café berbère épicé. Au prochain coin de rue vous attend une fontaine aux superbes zelliges, un atelier qui fabrique des seaux de hammam en bois, une tête de dromadaire signalant un boucher spécialisé, ou une bande d'enfants jouant au football. Partout, vous entendrez l'appel à la prière ou un muletier criant *Balek !* (Attention !) pour frayer un chemin à son animal lourdement chargé.

S'orienter n'est pas facile, mais se perdre fait partie de l'aventure. Un bon moyen consiste à repérer les rues "principales" qui aboutissent à une porte ou à un point de repère ; suivez le mouvement général des passants. Demandez votre chemin à des commerçants ou laissez-vous guider par des enfants, ravis de sauver des étrangers perdus moyennant un ou deux dirhams.

Mosquée et université Karaouine MOSQUÉE
(carte p. 302). À la fois mosquée parmi les plus grandes d'Afrique et université la plus ancienne au monde, ce complexe est le centre spirituel de la ville et du pays. Édifiée en 859 par des réfugiés tunisiens et agrandie par les Almoravides au XIIe siècle, la mosquée peut accueillir 20 000 fidèles. Elle est tellement vaste qu'il est difficile de la voir ; au fil des siècles, les rues et les maisons du quartier ont empiété sur le bâtiment et en dissimulent la forme. Récemment restaurée, la mosquée est interdite aux non-musulmans. Vous devrez vous

Médina de Fès

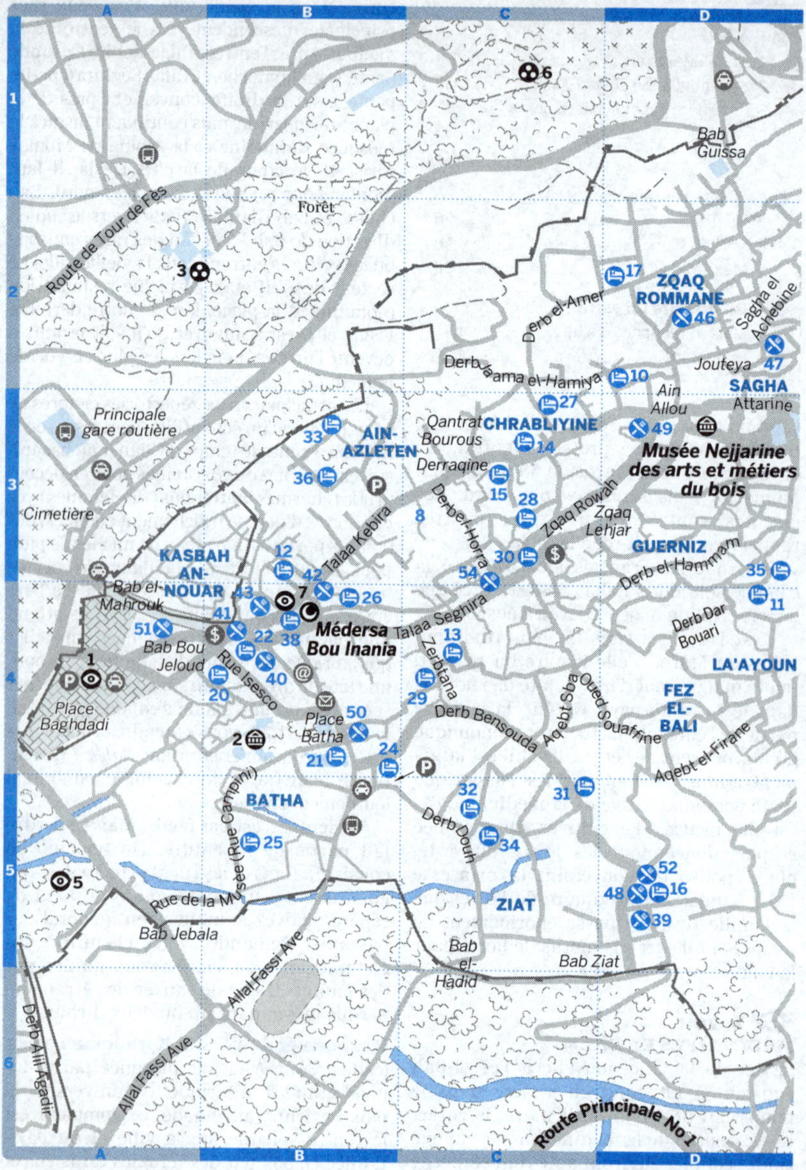

contenter d'un aperçu de ses interminables colonnades depuis les portes donnant dans Talaa Kebira et sur la place as-Seffarine. D'un des points de vue qui dominent la médina, vous repérerez son immense toit vert pyramidal et son minaret.

Médersa el-Attarine UNIVERSITÉ ISLAMIQUE

(carte ci-dessus ; 10 Dh ; ⏲9h-18h, fermée durant les prières). Fondé en 1325 par Abou Saïd au cœur de la médina, ce lieu fut conçu comme une annexe de la mosquée Karaouine. Des salles de cours et une modeste *masjid*

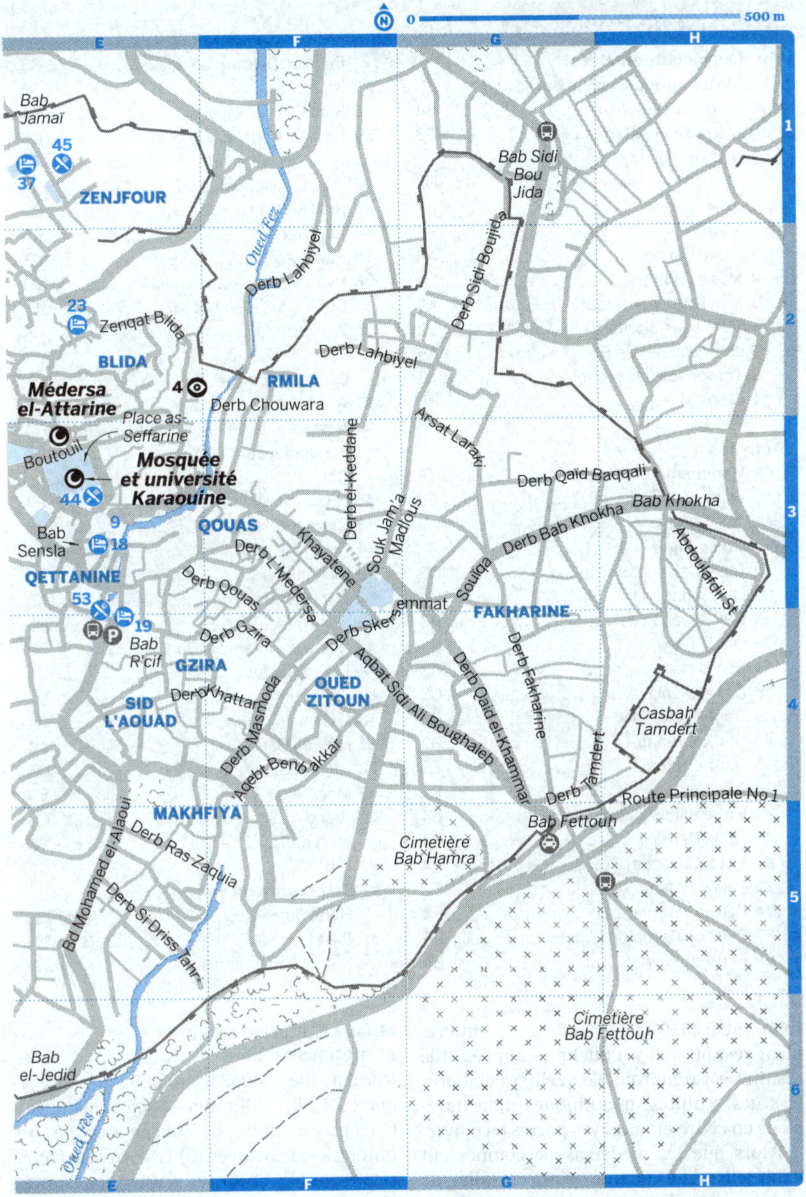

(mosquée) bordent la cour intérieure. Reprenant les motifs traditionnels de l'artisanat mérinide, les zelliges, les stucs et les sculptures en cèdre des murs et du plafond sont tout aussi superbes que ceux de la médersa Bou Inania.

Médersa Bou Inania UNIVERSITÉ ISLAMIQUE

(carte p. 302 ; 10 Dh ; ⏲9h-18h, fermée pendant les prières). De Bab Bou Djeloud, une courte marche dans Talaa Kebira conduit à cette médersa, la plus belle école coranique de Fès. Édifiée par le sultan mérinide Bou

Médina de Fès

Les incontournables

Mosquée et université Karaouine E3
Médersa Bou Inania B4
Médersa el-Attarine E3
Musée Nejjarine des arts et métiers du bois D3

À voir

1 Place Baghdadi A4
2 Musée Batha B4
3 Borj Nord A2
4 Tanneries Chouara E2
5 Jnan Sbil (jardin Bou Djeloud) A5
6 Tombeaux des Mérinides C1
7 Clepsydre B4

Activités

8 Hammam Ain Azleten C3
9 Hammam Seffarine E3

Où se loger

10 Dar Attajalli D2
11 Dar Bensouda D4
12 Dar Bouânania B3
13 Dar Dmana C4
14 Dar El Hana C3
15 Dar el Menia C3
16 Dar Fès Médina D5
17 Dar Roumana D2
18 Dar Seffarine E3
19 Dar Victoria E4
20 Hôtel Bab Boujloud B4
21 Hôtel Batha B4
22 Hôtel Cascade B4
23 Palais Amani E2
24 Pension Batha B4
25 Pension Campini B5
26 Pension Kawtar B4
27 Pension Sekaya C3
28 Riad 9 .... C3
29 Riad Fès C4
30 Riad Laaroussa C3
31 Riad Les Oudayas C5
32 Riad Lune et Soleil C5
33 Riad Maison Bleue B3
34 Riad Verus C5
35 Riad Zitouna D3
36 Ryad Mabrouka B3
37 Sofitel Palais Jamaï E1
38 Ziyarates Fès B4

Où se restaurer

39 Aji Chouf D5
40 Restaurants de Bou Djeloud B4
41 Échoppes de b'sara B4
Café Clock .... (voir 43)
42 Chameau Bleu B4
43 Clock Kitchen B4
44 Crèmerie La Place E3
45 Dar Anebar E1
Dar Roumana .... (voir 17)
46 Dar Touria D2
47 Restaurant familial Berrada D2
48 Fès et Gestes D5
49 Fez Lounge D3
50 La Maison Bleue B4
51 Médina Café A4
52 Najmat Souafine D5
53 Marché de R'cif E3
54 Stand d'escargots C3
Marché Talaa Kebira .... (voir 41)

Où prendre un verre

Hôtel Batha .... (voir 21)
Riad Fès .... (voir 29)
Sofitel Palais Jamaï .... (voir 37)

Inan entre 1350 et 1357, elle a été entièrement restaurée il y a quelques années et le résultat est remarquable : zelliges élaborés et stucs sculptés, magnifiques moucharabiehs en cèdre et massives portes en cuivre.

Alors que les médersas ne comportent habituellement qu'une simple salle de prière, celle-ci comprend une mosquée, complétée d'un splendide minaret carrelé de vert. Le mihrab (niche faisant face à La Mecque) se distingue par son beau plafond et ses colonnes en onyx. On pense que la présence de la mosquée est due à l'absence de toute autre mosquée aux alentours lors de la construction de la médersa.

Musée Nejjarine des arts et métiers du bois MUSÉE

(carte p. 302 ; ☎0535 74 05 80 ; pl. an-Nejjarine ; 20 Dh ; ⏲10h-19h ; photos interdites). Ouvert en 1998, ce musée occupe un fondouk (caravansérail) restauré de façon remarquable. Autour d'une cour intérieure, les salles renferment des objets traditionnels – outils d'artisans, chapelets de prière, ferronneries berbères, coffres, instruments de musique, meubles, etc. Les collections sont très joliment présentées et le bâtiment lui-même ajoute au plaisir de la visite. Sur le toit, un café offre une belle vue sur la médina.

Musée Batha MUSÉE
(carte p. 302 ; ☎0535 63 41 16 ; rue du Musée, Batha ; 10 Dh ; ⏲8h30-12h et 14h30-18h mer-lun). Installé dans un superbe palais d'été du XIXe siècle depuis 1916, ce musée possède une excellente collection d'art et d'artisanat marocains. Parmi les objets anciens figurent de belles sculptures sur bois, des zelliges et des stucs ciselés provenant de médersas en ruine ou délabrées. De jolies broderies fassies, des tapis berbères colorés et d'antiques instruments sont également exposés.

Le clou du musée reste sa superbe collection de céramiques datant du XIVe siècle à nos jours, dont de fabuleux exemples de la célèbre poterie bleue de Fès. Leur vernis bleu cobalt est obtenu par un procédé spécial, découvert au Xe siècle.

Le jardin, de style andalou, offre un calme bienvenu après l'agitation de la médina, et les chênes verts forment un cadre séduisant pour les concerts en plein air du Festival des Musiques sacrées du monde et celui de la culture soufie.

Tanneries Chouara ARTISANAT
(carte p. 302 ; Derb Chouara, Blida). Ces tanneries font partie des sites les plus emblématiques (et odoriférants) de la ville. De la place as-Seffarine, dirigez-vous vers l'est ou le nord-est et prenez l'embranchement de gauche après 50 m environ ; les puissantes odeurs de peau et de teinture vous guideront au cœur du quartier des tanneurs (les rabatteurs proposant de vous guider vous confirmeront que vous êtes dans la bonne direction).

S'il n'est pas possible de circuler parmi les cuves de tannage, les boutiques de cuir qui jalonnent les rues alentour possèdent toutes une terrasse qui offre la vue sur les cuves. Venez plutôt le matin, quand les cuves sont remplies de teintures colorées. Les vendeurs vous expliqueront volontiers le processus en échange d'un petit pourboire, ou mieux encore d'un achat. Malgré l'orientation commerciale, vous ne trouverez pas un meilleur choix d'articles en cuir au Maroc et les prix restent raisonnables (à condition de marchander).

Ces dernières années, il a été question de transférer la tannerie hors de la médina et de transformer le site en espace vert. Toutefois, les conséquences économiques et culturelles des projets pour cette partie de la médina demeurant incertaines, il n'est pas sûr qu'ils seront mis en œuvre un jour.

FÈS EL-JDID (NOUVELLE FÈS)

Seule une cité aussi ancienne que Fès peut appeler “ville nouvelle” un quartier vieux de 700 ans. Le sultan mérinide Abou Youssef Yacoub (1258-1286) le construisit pour y vivre avec ses mercenaires syriens, à l'écart de ses sujets. Quasiment la moitié de sa superficie fait encore partie du palais royal. L'autre intérêt du quartier est le patrimoine architectural légué par les premiers habitants juifs.

LA TANNERIE : UNE TRADITION MULTISÉCULAIRE

Les tanneries illustrent peut-être mieux que tout autre artisanat la persistance de traditions remontant à l'époque médiévale. Le cuir marocain, et en particulier le cuir fassi, est depuis des siècles considéré comme l'un des plus beaux au monde. La fine peau de chèvre tannée, utilisée en reliure, porte ainsi le nom de maroquin.

Au Maroc, les techniques de tannage n'ont guère changé au fil des siècles. Les ânes continuent de transporter les peaux à travers les étroites ruelles jusqu'aux cuves de teinture, toujours construites selon les méthodes traditionnelles (avec l'ajout de carreaux de céramiques modernes). Les tanneurs sont organisés selon les principes des guildes d'antan et le métier se transmet de père en fils. Malheureusement, l'hygiène et la sécurité n'ont pas évolué, et les tanneurs, plongés jusqu'aux genoux dans des produits chimiques, ont souvent des problèmes de santé.

Pour combattre les odeurs pestilentielles (particulièrement fortes par temps de pluie), on offre souvent aux touristes de passage une branche de menthe à presser contre leur nez. Les principaux produits utilisés pour tanner les peaux sont la fiente de pigeon et l'urine de vache (pour le potassium) mélangées à de la cendre ; d'autres ingrédients plus délicats, tels l'indigo, le safran ou le pavot, sont ajoutés ultérieurement pour la teinture.

Les tanneries fassies modernes – étonnamment, Fès en compte plus d'une cinquantaine – ont tendance à utiliser des produits chimiques synthétiques, rejetant des polluants dans l'oued Sebou, même si la station de récupération du chrome de la ville supprime une grande part, si ce n'est tout, des pires polluants.

Fès – ville nouvelle

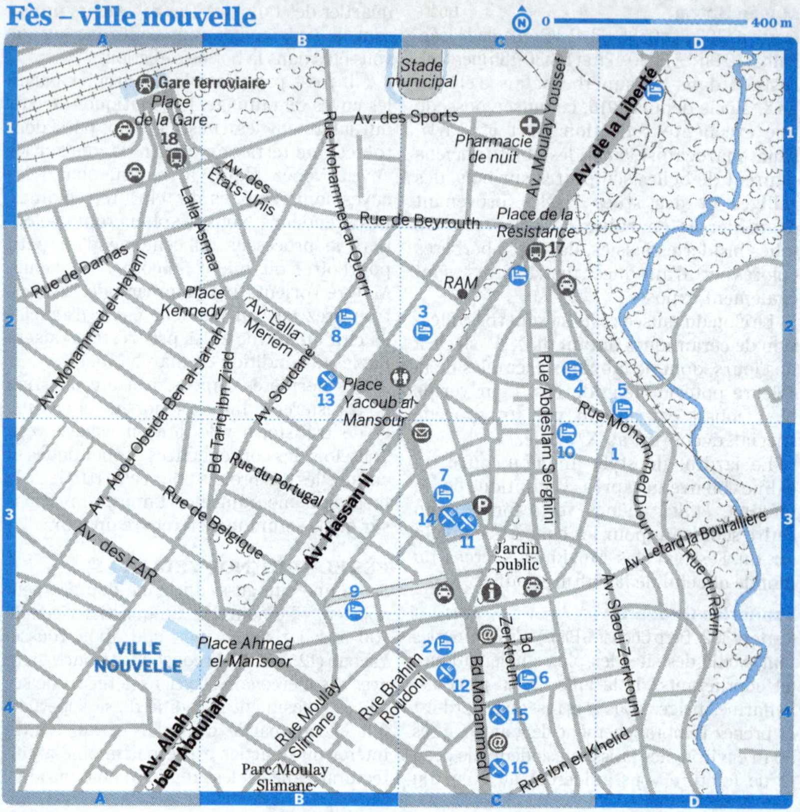

Dar el-Makhzen

PALAIS

(palais royal ; carte p. 300 ; pl. des Alaouites). L'entrée du Dar el-Makhzen offre un exemple impressionnant de restauration moderne, mais ce domaine de 80 ha est fermé au public. Vous ne verrez que les imposantes portes en cuivre, entourées de beaux zelliges et de panneaux en cèdre sculpté.

Mellah

QUARTIER JUIF

(carte p. 300). Au XIVe siècle, Fès el-Jdid devint un refuge pour les juifs, créant ainsi un mellah (quartier juif). Selon les documents, ce déplacement fut organisé pour offrir aux juifs une plus grande protection. Ils apprécièrent cette décision du sultan et le récompensèrent en lui restant loyaux durant les conflits. Quelque 200 juifs vivent actuellement à Fès, mais ils ont tous déménagé dans la ville nouvelle. Seules demeurent leurs anciennes maisons, dont les balcons ouvrant sur la rue les différencient des demeures musulmanes.

Cimetière juif et synagogue Habarim

CIMETIÈRE

(carte p. 300 ; dons bienvenus ; ⌚7h-19h). Le coin sud-ouest du mellah est occupé par un lieu de dernier repos, dont les tombeaux d'un blanc éclatant jalonnent la colline ; ceux des rabbins sont entourés d'un enclos. L'un des plus anciens, adossé au mur nord, est celui du rabbin Vidal Hasserfaty, mort en 1600. Plus bas sur la pente, la grande tombe aux ornementations vertes est celle de Solica, une jeune fille de 14 ans qui eut la gorge tranchée en 1834 pour avoir refusé de se convertir à l'islam et pour avoir repoussé les avances du gouverneur de Tanger.

Au bout du cimetière, la synagogue Habarim abrite un musée. Parmi les objets hétéroclites laissés par les juifs au moment de leur départ, figurent d'émouvantes photos et cartes postales. Le gardien vous ouvrira le musée s'il est fermé.

Fès – ville nouvelle

Synagogue Ibn Danan SYNAGOGUE
(carte p. 300 ; dons bienvenus). Près du cimetière, cette synagogue fut restaurée en 1999 avec le concours de l'Unesco. Il n'y a pas d'horaires d'ouverture fixes, mais quelqu'un est habituellement présent pour vous ouvrir et vous montrer les principaux éléments, dont un *mikva* (bain rituel) au sous-sol.

Jnan Sbil (jardin Bou Jelou) JARDIN
(carte p. 302 ; av. Moulay Hassan). Ce jardin constitue un espace vert bienvenu depuis plus d'un siècle. Pause appréciable à mi-chemin entre le mellah et Bab Bou Djeloud, il était en cours de rénovation lors de notre passage.

Rue des Mérinides BÂTIMENTS
(carte p. 300). Cette rue est bordée de maisons qui se distinguent par leurs balcons en bois et en fer forgé et par leurs stucs.

Place Baghdadi MARCHÉ
(carte p. 302). C'est un marché en plein air situé à la lisière de la médina.

NORD DE LA MÉDINA

Vus des collines environnantes, les bâtiments en grès de Fès forment une mer d'un blanc tacheté, ponctuée çà et là des toits verts des mosquées et des médersas.

Borj Nord POINT DE VUE
(carte p. 302). Gravir la colline pour atteindre ce lieu permet de découvrir un beau panorama de la cité. Comme le Borj Sud, perché sur les hauteurs sud, le Borj Nord fut construit par le sultan Ahmed el-Mansour à la fin du XVIe siècle afin de surveiller une population prompte à la révolte.

Tombeaux des Mérinides RUINES
(carte p. 302). Situés plus haut, ces tombeaux restent spectaculaires malgré leur décrépitude et la quasi-disparition des beaux ornements d'origine. La vue splendide sur Fès justifie la grimpée. La fumée noire qui s'élève au sud de la ville indique le quartier des potiers. Venez plutôt au crépuscule quand s'allument les lumières et que les appels des muezzins résonnent dans la vallée. Mieux vaut toutefois ne pas y aller seul : des lecteurs nous ont raconté qu'ils y avaient été agressés en soirée. De Bab Bou Djeloud, la course en taxi revient à 7 Dh ; au retour, une marche de 10 minutes vous ramènera à la médina.

Activités

HAMMAMS

Pour un moment de détente haut de gamme, plusieurs pensions proposent des séances de hammam. Le Riad Laaroussa (p. 314), le Riad Maison Bleue (p. 314) et le Riad Zitouna (p. 313) possèdent chacun d'excellents spas, avec des soins à partir de 300 Dh environ.

Hammam Ain Azleten HAMMAM
(carte p. 302 ; Talaa Kebira, Ain Azleten ; ⏲hommes 6h-12h et 20h30-23h, femmes 12h-20h30). Bien situé, accueillant et récemment rénové, ce hammam est une bonne adresse pour qui souhaite essayer un hammam public. La séance coûte environ 40 Dh et des employés sont à disposition pour un gommage ou des massages.

Hammam Seffarine HAMMAM
(carte p. 302 ; place as-Seffarine ; ⏲hommes 6h-24h, femmes 8h-22h). Merveille architecturale, ce lieu a été restauré avec l'aide d'organismes internationaux. Comptez 40 Dh la séance.

Nausikaa SPA
(www.nausikaaspa.com ; av. Bahnini, rte Ain Smen ; ⏲7h-21h). Dans la ville nouvelle, Nausikaa est l'un des établissements les plus complets de Fès, alliant les traditions du hammam aux soins d'un spa moderne. Il propose un grand choix d'excellents massages et soins, ainsi qu'une salle de sport et une piscine.

DÉPART : **BAB BOU DJELOUD**
ARRIVÉE : **SOFITEL PALAIS JAMAÏ**
DISTANCE : **3 KM**
DURÉE : **2-3 HEURES**

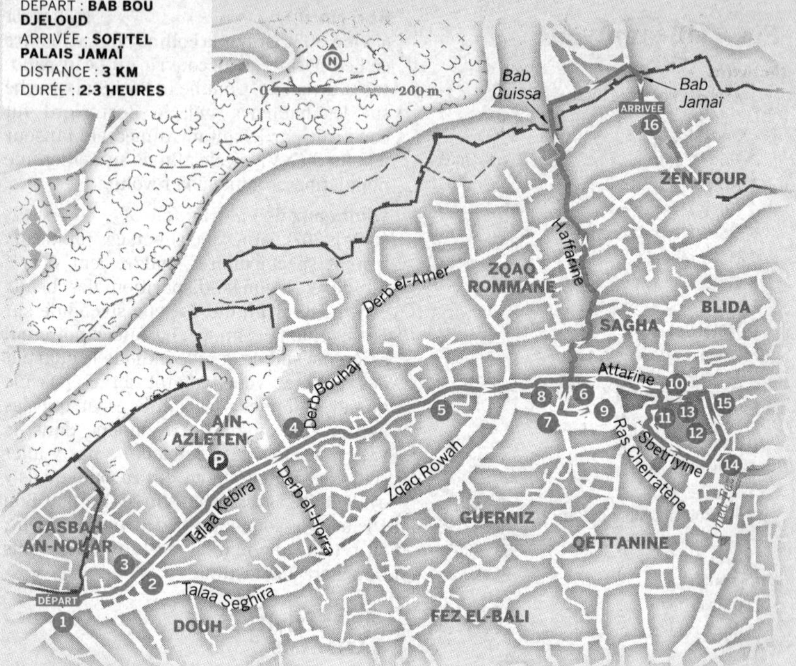

Promenade à pied : **au cœur de la médina**

› Cet itinéraire conduit de Bab Bou Djeloud à la mosquée Karaouine, puis au nord jusqu'au Sofitel Palais Jamaï. Selon les haltes et les détours, la promenade peut durer de quelques heures à une journée entière.

Contrairement au reste des remparts et aux autres portes de la cité, 1 **Bab Bou Djeloud**, l'entrée principale est un ajout récent de 1913. Dès la porte franchie, on découvre une activité trépidante. Les rabatteurs et les faux guides qui harcelaient les visiteurs ont presque tous disparu. Si vous souhaitez un moment de répit, faites halte dans l'un des cafés qui bordent la rue au tournant vers Talaa Seghira.

Pour la promenade, prenez la première à gauche et descendez le long de Talaa Kebira. Ce tronçon est un marché d'alimentation ; repérez les têtes de dromadaires signalant les bouchers spécialisés. Au bout du marché, la 2 **médersa Bou Inania** illustre à la perfection le style architectural mérinide.

En face de l'entrée de la médersa, une célèbre 3 **clepsydre** du XIVe siècle fut conçue par un horloger, magicien à ses heures. Des poutres sculptées supportent des bols en cuivre dans lesquels l'eau s'écoule pour marquer les heures, mais le secret du mécanisme semble avoir disparu avec son créateur.

Continuez de descendre et quittez un peu l'artère principale pour admirer les nombreux anciens fondouks (caravansérails) sur la gauche de Talaa Kebira. Ils accueillaient autrefois les marchands et leurs caravanes. Les salles, installées sur plusieurs niveaux autour d'une large cour, étaient assez vastes pour abriter les animaux et les biens vendus. L'un des plus intéressants est le 4 **fondouk Kaat Smen**, spécialisé dans les miels de toutes sortes et le *smen*, le beurre rance utilisé en cuisine, vendu dans des cuves. Goûtez à une tartine de *smen* et de miel : c'est une expérience particulière, mais délicieuse.

À 400 m environ de la médersa Bou Inania, un virage en lacet offre la vue sur le joli minaret au carrelage vert de la 5 **mosquée Chrabliyine** (du nom des fabricants de babouches des alentours), droit devant vous.

Continuez à descendre, passez devant des marchands de chaussures et quelques ateliers de maroquinerie, puis à 230 m de la mosquée Gazleane, repérez sur la droite le *derb* Fkahrine et un panneau indiquant l'entrée du 6 **souk au henné**, une petite place arborée ; si vous arrivez au restaurant Dar Saada, vous êtes allé trop loin. Aujourd'hui, le souk compte plus de stands de poteries bleues de Fès que de henné, utilisé par les Marocaines pour décorer leurs mains et leurs pieds lors d'événements tels que les mariages.

Sortez du souk au henné en revenant sur vos pas et continuez vers le sud en tournant le dos au Dar Saada. Après 50 m, tournez à droite pour rejoindre la 7 **place an-Nejjarine**, dominée par l'une des plus belles fontaines de la ville et par un imposant fondouk, superbement restauré et occupé par le musée Nejjarine des arts et métiers du bois. Les ruelles immédiatement au nord du musée forment le 8 **souk an-Nejjarine** (souk des charpentiers), où vous verrez des artisans fignoler des trônes scintillants utilisés pour les mariages.

De la place an-Nejjarine, continuez vers le sud et tournez presque immédiatement à gauche dans une ruelle, en passant sous la barre qui empêche le passage des mules et des ânes. Bordée d'échoppes de bougies et d'autres offrandes, la ruelle conduit à l'entrée de la 9 **zaouïa de Moulay Idriss II**, dont vous distinguerez le bel intérieur carrelé, bien que l'entrée soit interdite aux non-musulmans. Hautement révéré, le sanctuaire est le cœur de la cité pour les Fassis.

Le plus simple consiste ensuite à revenir sur vos pas jusqu'au Dar Saada, dans Talaa Kebira. Suivez la rue vers l'est – en passant par une petite butte et des stands de mercerie –, jusqu'à un croisement en T à 100 m, où se dresse la 10 **médersa el-Attarine**.

En sortant de la médersa, tournez à gauche (sud). Après la 11 **Pâtisserie Kortouba**– idéale pour une pause –, les boutiques laissent place aux murs de la grandiose 12 **mosquée et université Karaouine**. Cette université, peut-être la plus ancienne au monde, est le premier centre d'enseignement musulman après Al-Azhar au Caire. Parmi les nombreux savants qui l'ont fréquentée figure le grand historien Ibn Khaldoun (1332-1406).

Longez les murs de l'université dans le sens inverse des aiguilles d'une montre et laissez-vous guider par le martèlement des dinandiers pour découvrir la jolie 13 **place as-Seffarine** (place des dinandiers). Remarquez les énormes casseroles et plats loués pour les banquets de mariage. Les murs de l'université et l'entrée de la bibliothèque étant sur votre gauche, vous verrez sur le côté est de la place la porte en cèdre cloutée de la petite 14 **médersa as-Seffarine**. Construite en 1280, c'est la plus ancienne de la ville, malheureusement en piètre état.

Continuez à suivre l'enceinte de la mosquée Karaouine dans le même sens (maintenant vers le nord), repérez sur la droite le 15 **fondouk tétouanien** du XIVe siècle et ses galeries en bois branlantes. À l'origine réservé aux commerçants de Tétouan, il a servi d'hôtel et d'entrepôt pendant des siècles aux marchands en voyage.

Si vous poursuivez le long de la mosquée, vous passerez par sa belle porte nord avant de revenir à votre point de départ, près de la pâtisserie. De là, vous pouvez remonter Talaa Kebira jusqu'à Bab Bou Djeloud, ou tourner au sud dans Ain Allou, qui devient Talaa Seghira, l'autre artère principale de la médina.

Sinon, revenez sur vos pas jusqu'à Dar Saada, puis tournez au nord pour rejoindre Bab Guissa, dans le nord de la médina. Restez dans les rues les plus larges et vous arriverez à une petite place, avec un cinéma à l'abandon du côté nord. Prenez la ruelle en direction du nord-ouest et continuez à monter ; vous croiserez de nombreux ânes portant des sacs de ciment du marchand local.

Aux abords de Bab Guissa, vous verrez le 16 **Sofitel Palais Jamaï**, un hôtel de luxe installé dans un palais du XIXe siècle construit par Sidi Mohammed ben Arib al-Jamaï, le grand vizir de Moulay el-Hassan Ier. Entouré d'un jardin luxuriant, c'est un endroit merveilleux pour se reposer et admirer la vue. De Bab Guissa, vous pouvez prendre un petit taxi.

FESTIVAL DE FÈS DES MUSIQUES SACRÉES DU MONDE

Chaque année, en juin, le **Festival de Fès des musiques sacrées du monde** (0535 74 06 91 ; www.fesfestival.com) réunit des artistes venus des quatre coins de la planète. Au fil des ans, il est devenu l'un des principaux festivals de musiques du monde. S'inspirant du pluralisme du soufisme marocain, il attire des stars internationales telles que Ravi Shankar, Youssou N'Dour et Salif Keita.

Les concerts se déroulent dans divers lieux, dont le musée Batha et la place devant Bab Bou Djeloud. Outre les artistes célèbres, des concerts plus intimes et tout aussi passionnants sont organisés par divers *turuk* (ordres soufis ; *tarika* au singulier) marocains. Expositions artistiques, projections de films et débats dans les cafés littéraires font partie des autres manifestations. En 2001, les Nations unies ont déclaré que ce festival était un événement majeur pour la promotion du dialogue entre les civilisations. Les billets se vendent rapidement et les hôtels (qui attirent souvent de grands amateurs du festival) sont réservés longtemps à l'avance ; prenez vos dispositions le plus tôt possible.

Cours

Clock Kitchen CUISINE
(carte p. 302 ; 0655324082 ; www.fez-food.com, Derb El Magana, Talaa Kebira ; cours d'une journée 600 Dh). Proposés par le Café Clock (voir p. 316), ces ateliers se révèlent idéaux pour apprendre à cuisiner tajines et couscous. Après avoir choisi votre menu et acheté les ingrédients au souk, vous passerez la journée à affiner votre savoir-faire culinaire et la terminerez en dégustant les plats que vous aurez préparés. L'école peut aussi vous apprendre à réaliser des pâtisseries, du pain et des *tanjia* (ragoûts à cuisson lente), et à rouler le couscous à la main.

Subul Assalam LANGUE
(0535 63 18 62 ; www.sacal-fez.com ; cours 4 semaines 400 Dh, leçons à l'heure à partir de 180 Dh). Une nouvelle école de langue qui propose ses services en insistant sur l'importance de la compréhension interculturelle. Subul Assalam ("chemins vers la paix") peut organiser des séjours chez l'habitant pour les personnes inscrites à de longs stages, donnés en darija (arabe marocain), en arabe standard moderne et en arabe classique, ainsi qu'en tamazight (berbère).

DMG Arabophon LANGUE
(0535 60 34 75 ; www.arabicstudy.com ; cours à partir de 2 500 Dh). On trouve ici des cours intensifs de darija et d'arabe moderne, ainsi que des sessions plus courtes pour les voyageurs : la demi-journée "Curious Explorer" (500 Dh) ou la semaine "Serious Explorer" (1 500 Dh). DMG organise aussi des cours de tamazight (berbère). Des cours sont donnés en français.

Arabic Language Institute LANGUE
(carte p. 306 ; 0535 62 48 50 ; www.alif-fes.com ; 2 rue Ahmed Hiba ; cours 3/6 semaines 5 600/9 900 Dh). Cet institut propose des cours de plus longue durée pour les étrangers et peut aider les étudiants à se loger en appartement ou chez l'habitant. Les cours ont lieu à l'American Language Center.

Circuits organisés

Consciente des difficultés rencontrées par les touristes pour s'orienter dans la médina, la municipalité de Fès a instauré cinq itinéraires bien signalés dans la vieille ville, chacun montrant différents aspects de la cité traditionnelle :

Bleu foncé : Monuments et souks

Vert : Palais et jardins andalous

Orange : Fès el-Jdid

Bleu pâle : Quartier andalou

Violet : Circuit des artisans

Les indications, à hauteur des yeux, sont faciles à suivre et montrent la direction du prochain point de repère. D'excellents panneaux explicatifs en anglais sont placés à intervalles réguliers, mais certains sont en très mauvais état. *Fès : guide des circuits touristiques thématiques* est conçu pour accompagner les promeneurs qui suivent ces itinéraires dans la médina, tandis que l'excellent *Fès de Bab en Bab : promenades dans la médina* d'Hammad Berrada décrit plus en détails 11 promenades et permet au lecteur de découvrir des cours et des coins secrets de la médina.

Une autre solution consiste à louer les services d'un guide. Il vous montrera des détails architecturaux et des endroits méconnus, répondra à vos questions sur la culture locale, vous servira d'interprète et vous protégera des faux guides. Un circuit d'une journée avec un guide officiel revient à 250 Dh ; demandez toujours à voir son permis.

La qualité des guides varie considérablement et il est important de préciser ce que vous attendez. Si le shopping ne vous intéresse pas, dites-le fermement dès le début, sachant que vous devrez peut-être prévoir un supplément de 50 à 100 Dh. Si possible, choisissez un guide recommandé par d'autres voyageurs. Sinon, adressez-vous au syndicat d'initiative ou à un grand hôtel. Si vous souhaitez découvrir la médina d'un autre œil, **Fez Food** (www.fez-food.com) propose d'excellentes promenades culinaires. **Tours Around Fez** (www.toursaroundfez.com) organise d'intéressants circuits dans la ville et à l'extérieur, dont une promenade à pied autour du mont Zalagh, qui permet de visiter des fermes et des villages berbères et de goûter des produits locaux.

Le syndicat d'initiative organise des circuits panoramiques qui passent par les plus beaux points de vue, dont le Borj Nord et le Borj Sud, et les ateliers de poterie. Un circuit de 45 minutes revient à 200 Dh.

Tours Around Fez PIQUE-NIQUE€€
(☎0649 42 29 51 ; www.toursaroundfez.com ; circuit dîner en montagne 495 Dh, min 2 pers). Si vous souhaitez découvrir Fès depuis les hauteurs, ce prestataire a de quoi vous séduire. Une fois hors de la ville, sur les pentes du mont Zalagh entouré de paysages vallonnés et d'oliveraies, vos hôtes vous installeront sur des tapis et vous régaleront d'un dîner de trois plats – servis au coucher du soleil pour une expérience encore plus exceptionnelle. Groupes de 8 personnes maximum (comptez alors 350 Dh/pers). Réservation par téléphone ou Internet uniquement.

Fêtes et festivals

Plusieurs festivals méritent que l'on planifie un voyage à Fès pour y assister. Si le Festival de Fès des musiques sacrées du monde reste le plus connu au niveau international, deux autres, plus récents, valent aussi le détour (voir p. 324).

Festival de la culture soufie MUSIQUE
(www.par-chemins.org). Lancé en 2007, ce festival s'accompagne d'une série d'événements en avril : films, conférences et de somptueux concerts dans le jardin du musée Batha avec des musiciens soufis du monde entier.

Festival national de la culture berbère MUSIQUE
En juillet, ce festival, organisé avec l'Institut royal de la culture amazigh, vise à promouvoir et à protéger la culture amazigh (berbère) ; concerts, conférences et ateliers font partie du programme.

Moussem de Moulay Idriss FÊTE RELIGIEUSE
La plus grande fête religieuse de Fès est aussi l'une des plus importantes du pays. Elle a actuellement lieu en septembre, mais la date change en fonction du calendrier musulman. Le *moussem* (fête en l'honneur d'un saint) du fondateur de la cité, Moulay Idriss, attire des foules immenses. Des artisans locaux créent des objets particuliers et une gigantesque procession traverse la médina au son de la musique traditionnelle ; les participants dansent et aspergent musiciens et spectateurs d'eau de fleur d'oranger ou d'eau de rose.

Où se loger

Fès offre une gamme complète d'hébergements, des pensions sans prétention aux riads de charme. La principale question est le choix du quartier : la pittoresque et bruyante médina, ou la ville nouvelle, à courte distance en petit taxi et plus fréquentée par les voyageurs à petit budget ? Les prix des chambres sont dans le haut de la fourchette (voir p. 498). Mieux vaut réserver en haute saison, notamment durant le Festival de Fès des musiques sacrées du monde en juin, quand les prix ont tendance à grimper. Nous indiquons les prix en dirhams, mais de nombreux riads les affichent (et facturent) en euros. Mieux vaut se tenir au courant des taux de change.

L'agence **Fez Riads** (☎0572 51 33 57 ; www.fez-riads.com) est une bonne adresse pour trouver un hébergement dans la médina. Elle reverse une partie de ses bénéfices à des projets locaux de restauration.

MÉDINA

La plupart des établissements les moins chers se situent à deux pas de Bab Bou Djeloud, au cœur de l'action. Sauf mention contraire, les adresses de catégorie petits budgets ne disposent que de sdb communes. N'espérez pas d'eau chaude aux tarifs les plus bas. Dans la médina, de nombreux hôtels de catégorie moyenne, notamment les riads et les *dars* (maison citadine traditionnelle), pratiquent des prix proches de la catégorie supérieure. Quelques-uns offrent des chambres plus simples à des prix raisonnables. Sauf mention contraire, les tarifs indiqués ici comprennent le petit-déjeuner.

Ziyarates Fès CHEZ L'HABITANT €
(carte p. 302 ; ☎0535 63 46 67 ; www.ziyaratesfes.com, en français ; 35 Sidi Kjih, Talaa Seghira ; s/d à partir de 200/300 Dh). Ce réseau d'hébergement chez l'habitant est ce qu'il y a de mieux pour découvrir la vie de la médina. Des familles fassies louent des chambres de leur maison à des étrangers, tout en recevant un soutien des autorités touristiques locales qui garantit la qualité des logements des inscrits. Lors de cet échange culturel, vous pourrez parler arabe, apprendre à cuisiner ou aider les enfants à faire leurs devoirs. Les tarifs varient, mais les maisons sont répertoriées (avec photos) sur le site Internet de l'organisation.

Pension Sekaya PENSION €
(carte p. 302 ; ☎0535 63 73 03 ; psekaya@hotmail.fr ; 16 Sekayit Dymnati, Zqaq Roumane ; d/tr 300/400 Dh). Au cœur de la médina (plus facile d'accès depuis Ain Azleten), cette pension est une excellente option bon marché pour les voyageurs recherchant une maison traditionnelle et un accueil chaleureux. Elle est petite, mais au 1er étage, le balcon qui ceint la cour agrandit les lieux. Belle terrasse sur le toit.

Riad Verus PENSION €€
(carte p. 302 ; ☎0535 57 49 41 www.riadverus.com ; 1 Derb Arset Bennis, Batha ; dort/d/qua 280/890/1 100 Dh ; ❄📶). Adresse assez récente parmi les adresses peu chères. Les chambres semblent aménagées de manière à donner une flexibilité maximale au meilleur prix. À l'intérieur, tout est ouvert et spacieux, et les jeunes propriétaires savent plaire aux hôtes de leur génération en proposant des docks iPod dans les chambres et des concerts réguliers.

Hôtel Cascade HÔTEL €
(carte p. 302 ; ☎0535 63 84 42 ; 26 rue Serrajine, Bab Bou Djeloud ; dort 80 Dh, ch 160 Dh, petit-déj 20 Dh). L'un des plus anciens hôtels de routards du pays, le Cascade continue de les séduire. Attendez-vous à un confort sommaire et à croiser de nombreux voyageurs soucieux de leur budget.

Pension Kawtar PENSION €
(carte p. 302 ; ☎0535 74 01 72 ; pension_kaw@yahoo.fr ; Derb Taryana, Talaa Seghira ; s/d 150/250 Dh, d avec sdb 300 Dh ; 📶). Relativement récente et bien indiquée dans une ruelle proche de Talaa Seghira, cette pension est tenue par une accueillante famille marocaine. Elle comporte 10 chambres, un peu sombres au rez-de-chaussée et plus plaisantes à mesure qu'on approche du toit-terrasse. Excellent rapport qualité/prix.

Pension Batha PENSION €
(carte p. 302 ; ☎0535 74 11 50 ; 8 Sidi L'Khayat, Batha ; ch 250 Dh). Un peu en dessous de la principale station de taxis à Batha, cette agréable pension occupe une haute et étroite bâtisse, où une succession d'escaliers mène à une jolie terrasse. Les chambres sont simples et l'ambiance, chaleureuse. À ne pas confondre avec l'hôtel Batha voisin.

Pension Campini HÔTEL €
(carte p. 302 ; ☎0535 63 73 42 ; pensioncampini@gmail.com ; rue Campini, Batha ; s/d 200/300 Dh). À une courte distance à pied du musée Batha, cet endroit plus tranquille se situe légèrement en dehors de la médina. Il compte des chambres spacieuses avec sdb, repeintes de frais au moment de notre passage. La petite terrasse s'agrémente de la vue sur le Jnan Sbil (jardin Bou Djeloud).

Dar Bouânania PENSION €
(carte p. 302 ; ☎0535 63 72 82 ; darbouanania@gmail.com ; 21 Derb Bensalem, Talaa Kebira ; s/d 200/300 Dh, avec douche 300/400 Dh, qua 600 Dh, petit-déj 30 Dh). Apprécié des voyageurs sac au dos, ce riad à prix doux est installé dans une maison traditionnelle dotée d'une cour, de zelliges et de boiseries peintes. Réparties sur plusieurs niveaux, les chambres, de bonne taille, donnent toutes sur l'intérieur et sont parfois un peu sombres. Sdb communes bien tenues et toit-terrasse.

Dar Victoria PENSION €€
(carte p. 302 ; ☎0535 63 00 03 ; wwwdarvictoria.com ; 31 rue Makhfia, R'cif ; ch 890-1 600 Dh ; 📶). Dans une ruelle calme de R'cif, le Dar Victoria est une charmante maison ancienne restaurée. Elle abrite sept chambres portant le nom de pierres précieuses et décorées dans un style marocain chic, aux couleurs douces. Les sdb sont impeccables. La maison arbore beaucoup de plâtre sculpté, riche de symbolisme soufi. C'est un véritable refuge où l'on vous accueille avec un cordial maison, réalisé suivant une recette familiale.

Hôtel Batha HÔTEL €€
(carte p. 302 ; ☎0535 74 10 77 ; hotelbatha@menara.ma ; pl. Batha ; s/d 495/629 Dh ; ❄🏊). Un emplacement privilégié, des chambres correctes et une piscine expliquent le succès de cet hôtel. Raisonnablement moderne, il comprend des endroits paisibles où se reposer du tohu-bohu de la médina. D'un bon rapport qualité/prix.

Hôtel Bab Boujloud HÔTEL €
(carte p. 302 ; ☎0535 63 31 18 ; www.hotelbabboujloud.com ; 49 pl. Isesco, Bab Bou Djeloud ; s/d

200/350 Dh ; ❄). Magnifiquement situé à la périphérie de Bab Bou Djeloud et à deux pas de l'animation de la médina, cet hôtel dispose de chambres toutes simples, comme en témoignent les tarifs, mais assez confortables et d'un excellent rapport qualité/prix.

Dar el Menia PENSION €€
(carte p. 302 ; ☎0535 63 31 64 ; www.medinafes.com ; 7 Derb el Menia, Talaa Kebira ; ch à partir de 780 Dh, maison entière à partir de 1 600 Dh ; 📶). Dar el Menia est une maison compacte de 4 chambres située en retrait de l'artère principale. Joliment restaurée, elle tire avantage d'un cadre sobre, qui lui confère une ambiance calme. La cuisine mise à disposition des clients est un excellent plus, notamment pour les voyageurs souhaitant louer la maison entière.

Riad Zitouna PENSION €€
(carte p. 302 ; ☎0535 63 30 02 ; www.riadzitounafes.com ; 5 Derb Rami, Zqaq Labghal, Qettanine ; ch 880-990 Dh ; ❄📶🏊). Un nouveau venu sur la scène des riads de Fès, le Riad Zitouna ("maison des olives") se démarque de ses concurrents. Le décor est fait de zelliges aux couleurs vives rarement utilisées au Maroc, et les chambres sont décorées dans un style panafricain. La piscine avec fontaine et le hammam complètent agréablement l'ensemble.

Dar Bensouda PENSION €€
(carte p. 302 ; ☎0535 63 89 39 ; www.riaddarbensouda.com ; 14 Zqaq Labghal, Qettanine ; ch 850-1 700 Dh ; 📶). Palais reconverti, le Dar Bensouda est l'un des édifices restaurés les plus impressionnants de la médina. La cour flanquée de colonnes est ornée de fins détails, tout comme les chambres immaculées. La taille de l'édifice ne rend pas l'ambiance pesante pour autant, et le service est excellent. Ne manquez pas de jeter un œil à l'album photo et à l'histoire du palais pour vous approprier les lieux.

Palais Amani PALACE HÔTEL €€€
(carte p. 302 ; ☎0535 63 32 09 ; www.palaisamani.com ; 12 Derb el Miter, Oued Zerhoune ; ch à partir de 2 000 Dh, ste à partir de 3 000 Dh ; ❄📶). À la limite est de la médina, ce palais à peine centenaire a été superbement converti en un magnifique havre de paix, doté de chambres luxueuses, d'un bar en terrasse et d'un jardin très arboré où l'on peut dîner. Les clients se voient offrir des babouches et une djellaba.

Dar Fès Médina PENSION €€
(carte p. 302 ; ☎0535638392 ; www.darfesmedina.com ; Derb Mokri, Ziat ; s/d/tr 550/660/880 Dh ; ❄). Construit très récemment, ce *dar* vous réserve une étonnante surprise : une fois les portes passées, vous aurez l'impression d'être dans une vieille maison restaurée de la médina. Et si les chambres sont plus modernes et légèrement plus spacieuses, l'ensemble offre un aspect agréablement traditionnel. Son emplacement, près de Bab Ziat, offre un autre avantage rare dans la médina : les taxis peuvent vous déposer juste devant l'établissement.

Dar El Hana PENSION €€
(carte p. 302 ; ☎0535 63 58 54 ; www.moroccangetaway.com ; 22 rue Ferrance Couicha, Chrabliyine ; ch à partir de 800 Dh ; 📶). S'il existe à Fès une pension plus agréable et intime que ce *dar*, merci de nous l'indiquer. Elle ne peut accueillir plus de 8 personnes et ne compte que 3 chambres, toutes charmantes et joliment aménagées. Nous avons adoré les fenêtres "secrètes", qui permettent d'espionner la rue, et la douche en plein air sur la terrasse. L'ambiance est familiale et l'on peut même louer la maison entière et s'imaginer habitant de la médina.

Riad Lune et Soleil PENSION €€
(carte p. 302 ; ☎0535 63 45 23 ; www.riadluneetsoleil.com ; 3 Derb Skalia, Batha ; ch 800-1 200 Dh ; ❄📶). L'hospitalité est le maître mot de ce riad. Passé la cour plantée de citronniers, on pénètre dans les chambres, chacune ornée d'objets chargés d'histoire, depuis les cartes postales anciennes et les broderies aux sculptures et aux ferronneries. Pour autant, l'endroit n'a rien d'un musée, aucun élément de confort n'a été oublié et certaines chambres disposent même d'un Jacuzzi. Au rez-de-chaussée, vous savourerez l'une des meilleures cuisines de la médina.

Dar Seffarine PENSION €€
(carte p. 302 ; ☎0671 11 35 28 ; www.darseffarine.com ; 14 Derb Sbaalouyat, R'cif ; ch à partir de 780 Dh ; ❄📶). Si vous descendez au Dar Seffarine, demandez à voir l'album photo de sa restauration ; c'est le seul moyen de réaliser que ce fabuleux bâtiment était totalement en ruine. La cour centrale est somptueuse, avec ses colonnes et ses stucs peints jusqu'à des hauteurs vertigineuses, alors que les chambres restent sobres, ornées de simples boiseries et de tentures. Seule la suite, avec son plafond voûté peint, fait exception. Une agréable terrasse et une petite cour intime, près de la cuisine, invitent à la détente. Le *dar* est à une courte distance à pied de Bab R'cif.

Dar Dmana PENSION €€
(carte p. 302 ; ☎0535740917 ; www.riaddardmana.net ; 21 rue Sournas ; ch/ste 1 200/1 800 Dh ; ❄).

Avec 14 chambres, ce *dar* se situe entre la maison marocaine traditionnelle et l'hôtel. Une haute cour couverte, avec une balustrade en cèdre finement ouvragée, allège le somptueux décor du rez-de-chaussée. Les chambres, sobres et plus modernes, comportent suffisamment d'éléments traditionnels pour évoquer le pays.

Dar Attajali PENSION €€
(carte p. 302 ; ☎0535 63 77 28 ; www.attajalli.com ; Derb Qettana, Zqaq Rommane ; ch 990-1 430 Dh ; ❄📶). Le Dar Attajali est un chef-d'œuvre de restauration. Tout a été fait pour conserver l'intégrité du bâtiment d'origine, avec un minimum de techniques et de matériaux modernes, afin de créer une pension extrêmement confortable. Des tissus fassis aux couleurs douces, qui reflètent celles des plantes du toit-terrasse, composent le décor et tout l'aménagement invite à la détente. L'excellent petit-déjeuner bio, à base de produits locaux, permet de commencer la journée du bon pied.

Dar Roumana PENSION €€
(carte p. 302 ; ☎0535 74 16 37 ; www.darroumana.com ; 30 Derb el-Amer, Zqaq Roumane ; ch 950-1 620 Dh ; ❄📶). Autre maison se révélant plus vaste que l'extérieur ne le laisse imaginer, le Dar Roumana séduit par son intérieur superbement restauré et son splendide toit-terrasse, parfait pour le petit-déjeuner ou un délicieux dîner, qui jouit d'une vue sublime sur la médina. Les chambres, quant à elles, sont de parfaits refuges romantiques. Ici, l'on veille au moindre détail : des articles de toilette personnalisés sont à disposition dans les sdb.

Riad 9 PENSION €€€
(carte p. 302 ; ☎0535 94 76 10 ; www.riad9.com ; 9 Derb Lamsside, Zqaq el-Maa ; ch 1 100-2 200 Dh ; 📶). Ce merveilleux petit riad, dont le propriétaire est designer et historien de mode, arbore une décoration insolite et amusante, tels les fauteuils de dentiste et un mur orné d'anciens bagages. À la nuit tombée, les nombreuses fenêtres donnant sur la cour sont éclairées aux bougies, donnant à l'ensemble une allure d'écrin scintillant. Nous sommes impatients de découvrir le restaurant du Riad 9, qui devrait ouvrir ses portes dans la rue voisine, peu de temps après la sortie de ce guide.

Riad Maison Bleue PENSION €€€
(carte p. 302 ; ☎0535 74 18 73 ; www.maisonbleue.com ; 33 Derb el Mitter, Ain-Azleten ; s/d à partir de 1 700/1 900 Dh ; P❄📶🏊). Ne vous perdez pas dans ce riad, qui se compose de 4 maisons reliées entre elles et s'étend même de l'autre côté de la rue. Du patio de style arabo-andalou planté d'orangers, trouvez votre chemin vers l'une des 13 chambres et faites éventuellement halte au spa, au bar, dans la salle à manger ou au sombre et luxueux "salon bleu", qui sert également repas et boissons. Détendez-vous ensuite sur la terrasse, qui donne sur le Borj Nord.

Riad Fès PENSION €€€
(carte p. 302 ; ☎0535 94 76 10 ; www.riadfes.com ; Derb ibn Slimane, Zerbtana ; ch/ste à partir de 1 700/3 000 Dh ; ❄📶🏊). Ce vaste riad allie le moderne et l'ancien avec un talent indéniable. Le meilleur de la décoration traditionnelle orne la partie la plus ancienne, tandis que les chambres plus récentes ne dépareraient dans un hôtel de charme parisien tout en restant authentiquement marocaines. À cela s'ajoutent un bar branché dans le patio, un restaurant, un hammam et de nombreuses terrasses.

Riad Laaroussa PENSION €€€
(carte p. 302 ; ☎0674 18 76 39 ; www.riad-laaroussa.com ; 3 Derb Bechara, Talaa Seghira ; ch 1 400-2 800 Dh ; ❄📶). Bien qu'un jardin soit un attribut caractéristique d'un riad, celui que l'on découvre après l'entrée sombre surprend par sa taille, ses beaux orangers et sa fontaine au doux murmure. Ornées d'art contemporain et de meubles inhabituels, les chambres sont belles et font preuve d'un sens original de la décoration. Le nouveau hammam est ouvert à tous.

Riad Les Oudayas PENSION €€€
(carte p. 302 ; ☎0535 63 63 03 ; www.lesoudayas.com ; 4 Derb el Hamiya, Ziat ; ch à partir de 1 400 Dh ; ❄📶🏊). Le propriétaire de ce riad, un styliste marocain installé à Paris, mêle à la perfection les styles traditionnels et le design moderne, des salons du rez-de-chaussée aux chambres chics et confortables. De la rue, des marches descendent dans la cour-jardin avec piscine et vers le hammam. Outre le grand toit-terrasse, 2 des 5 chambres disposent d'une terrasse privée.

Ryad Mabrouka PENSION €€
(carte p. 302 ; ☎0535 63 63 45 ; www.ryadmabrouka.com ; 25 Derb el-Mitter, Ain-Azleten ; ch 1 150-1 450 Dh, ste 1 600-2 000 Dh ; ❄📶🏊). Prisé de longue date, le Mabrouka – l'un des premiers riads de Fès – est une maison arabo-andalouse méticuleusement restaurée. La cour, ornée d'une fontaine, de stucs, de mosaïques et de magnifiques portes en cèdre, ouvre sur un joli jardin planté d'arbres et de fleurs. Les 7 chambres

LES FONTAINES DE FÈS

Les Fassis ont toujours aimé les fontaines publiques (*seqqâya*) et on en trouve quasiment à chaque coin de rue dans la médina. Les dynasties almoravide (1061-1147) et almohade (1147-1248) furent les plus grands architectes des systèmes d'irrigation, détournant des rivières, créant des lacs et construisant de grands réseaux de canaux dans tout le pays. La Fès impériale fut richement dotée en fontaines.

La médina compterait plus de 60 fontaines publiques, habituellement situées près des mosquées, comme les hammams. Beaucoup furent financées par des princes et des marchands aisés. Si certaines ne sont que de simples bassins fixés sur un mur, la plupart sont de splendides constructions en faïence colorée, souvent surmontées d'une voûte en bois ouvragée. La fontaine an-Nejjarine, l'une des plus belles, date du XVIIIe siècle ; ses zelliges et ses stucs forment des motifs aussi délicats qu'une dentelle.

Nombre de fontaines servent encore de point d'eau et de lavoir pour le quartier environnant. Beaucoup sont directement alimentées par des sources et celles à l'abandon sont sans doute asséchées à cause d'une rupture dans les canalisations souterraines. L'agence de réservation **Fez Riads** (www.fez-riads.com) reverse un pourcentage de ses profits dans la restauration et l'entretien des fontaines les plus mal entretenues de la médina.

Cette passion pour les fontaines ne se limite pas à la médina, comme en témoignent les rutilantes fontaines ultramodernes récemment installées le long de l'avenue Hassan II dans la ville nouvelle.

s'agrémentent de sols carrelés et de tissus berbères. Dégustez un petit-déjeuner ou un somptueux repas marocain dans la véranda qui surplombe la médina.

Sofitel Palais Jamaï PENSION €€€
(carte p. 302 ; ☎0535 63 43 31 ; www.sofitel.com ; Bab Guissa ; s/d à partir de 1 950/2 600 Dh ; ❄@≋). Ancien palais d'un vizir du sultan à la fin du XIXe siècle, ce grand hôtel est installé dans un jardin arabo-andalou qui surplombe la médina. Ses chambres ont été récemment rénovées pour retrouver un style marocain, mais certaines parties conservent un décor international sans charme. Les non-résidents peuvent boire un verre sur la terrasse et profiter du coucher du soleil.

VILLE NOUVELLE

Les prix sont ici nettement plus bas et vous pourrez bénéficier de prestations de catégorie moyenne à des prix équivalant aux hôtels petits budgets de la médina. La scène hôtelière de la ville nouvelle connaît actuellement un petit essor, plusieurs nouveaux hôtels devant ouvrir leurs portes entre la place de la Résistance (Fiat) et la médina, notamment l'Atlas Fès cinq étoiles (auquel sera attaché un centre commercial moderne) et le Barceló, établissement quatre étoiles.

Hôtel Splendid HÔTEL €
(carte p. 306 ; ☎0535 62 21 48 ; splendid@iam.net.ma ; 9 rue Abdelkarim el-Khattabi ; s/d 350/450 Dh ; ❄≋). Bien que dans la catégorie petits budgets, cet hôtel a tout d'un trois-étoiles. Moderne et bien tenu, avec de belles sdb et des lits confortables, il possède une piscine, un bar et une salle à manger. Le petit-déjeuner n'est pas inclus dans le prix. Excellent rapport qualité/prix.

Hôtel Central HÔTEL €
(carte p. 306 ; ☎0535 62 23 33 ; 50 rue Brahim Roudani ; s/d 140/180 Dh). Un hôtel pimpant et spacieux à deux pas du boulevard Mohammed V. Les toilettes sont invariablement sur le palier, mais toutes les chambres possèdent au moins un lavabo. D'un bon rapport qualité/prix, le Central affiche parfois complet.

Hôtel Olympic HÔTEL €
(carte p. 306 ; ☎0535 93 26 82 ; fax 055 932665 ; angle bd Mohammed V et rue 3 ; s/d avec petit-déj 275/350 Dh ; ❄). Proche du marché central, il loue des chambres banales et confortables, avec sdb, TV, téléphone et beaux lits en cuivre. Apprécié des groupes en raison de son emplacement privilégié, il est souvent complet. Téléphonez avant de venir.

Hôtel de la Paix HÔTEL €
(carte p. 306 ; ☎0535 62 50 72 ; www.hotellapaixfes.com, en français ; 44 av. Hassan II ; s/d 320/425 Dh ; ❄). Hôtel touristique sans cachet, il offre néanmoins des prestations d'un bon rapport qualité/prix, des chambres confortables avec sdb et TV, un bar et un restaurant correct.

Hôtel Mounia HÔTEL €

(carte p. 306 ; ☎0535 62 48 38 ; www.hotelmouniafes.ma, en français ; 60 bd Zerktouni ; s/d avec petit-déj à partir de 351/462 Dh ; ❄). Une réception ornée de zelliges vous accueille dans cet hôtel moderne et stylé, prisé des groupes. Les chambres sont lumineuses et soignées, avec TV sat, et le restaurant est correct. De nombreux narguilés sont à disposition dans le bar animé (les chambres dans les couloirs proches peuvent pâtir du bruit) et le personnel se montre serviable. Des réductions substantielles sont souvent offertes.

Hôtel Royal HÔTEL €

(carte p. 306 ; ☎0535 62 46 56 ; 36 av. Soudan ; s/d avec sdb 120/150 Dh, avec douche uniquement 100/140 Dh). Bien situé près de la place de Florence, le Royal est l'une des adresses les plus fiables – bien qu'un peu rétro – de la catégorie petits budgets. Certaines sdb sont un peu délabrées (eau chaude le matin seulement), mais les chambres sont grandes et beaucoup s'agrémentent d'un balcon.

Auberge de jeunesse AUBERGE DE JEUNESSE €

(carte p. 306 ; ☎0535 62 40 85 ; 18 rue Abdeslam Serghini ; dort 50 Dh ; ⊙ouverture des portes 8h-10h, 12h-15h et 18h-22h). L'une des meilleures auberges de jeunesse du pays, elle est bien gérée et se situe dans le centre de la ville nouvelle. Les chambres et les sanitaires sont d'une propreté irréprochable. Les douches froides vous inciteront à fréquenter les hammams, surtout en hiver. Supplément de 5 Dh pour les non-membres YHI (Youth Hostelling International).

Hôtel Menzeh Zalagh HÔTEL €€€

(carte p. 306 ; ☎0535 62 55 31 ; menzeh.zalagh@fesnet.net.ma ; 10 rue Mohammed Diouri ; s/d avec petit-déj 950/1 300 Dh ; ❄). Ce quatre-étoiles superbement situé s'étend le long d'une corniche sinueuse avec une vue splendide sur Fès el-Bali, non loin du centre. Les chambres, pour la plupart avec balcon, allient décor traditionnel et confort moderne.

Hôtel Menzeh Fes HÔTEL €€€

(carte p. 306 ; ☎0535 94 38 49 ; menzeh.zalagh@fesnet.net.ma ; 28 rue Abdeslam Serghini ; s/d avec petit-déj 950/1 300 Dh ; ❄). Jumeau du Menzah Zalagh un peu plus loin dans la rue, il propose des prestations quasi identiques et des chambres un peu plus petites.

Où se restaurer

La cuisine fassie est renommée dans tout le pays et vous pourrez la découvrir dans les innombrables restaurants de la médina. Prisés des groupes et de leurs guides, les "restaurants-palais" proposent des dîners-spectacles dans un cadre somptueux, avec un menu souvent quelconque et des prix très élevés. Pour un repas plus intime, choisissez plutôt un riad ; beaucoup sont ouverts aux non-résidents et préparent une excellente cuisine. Les alentours de Bab Bou Djeloud offrent un bon choix de restaurants à prix raisonnables. La ville nouvelle compte également de nombreux restaurants, y compris internationaux.

MÉDINA

Quiconque souhaite manger sur le pouce trouvera, dans la médina, d'innombrables échoppes alimentaires proposant brochettes, soupes ou sandwichs et des marchands ambulants vendant des en-cas. Le haut de Talaa Kebira compte plusieurs options, mais vous pouvez aussi tenter votre chance au détour d'une rue.

♥ **Café Clock** CAFÉ €

(carte p. 302 ; ☎0535 63 78 55 ; www.cafe-clock.com ; Derb el-Mergana, Talaa Kebira ; plats 55-80 Dh ; ⊙9h-22h ; 📶). Bonne adresse pour changer un peu de la cuisine marocaine, le Café Clock séduit au premier coup d'œil. Installé dans une maison restaurée, cet endroit original offre une carte différente, qui comprend notamment des falafels, des sandwichs grillés, des plats végétariens, un gigantesque burger à la viande de dromadaire, et de délicieux gâteaux et tartes. De plus, son programme "Clock Culture" comporte des cours de calligraphie et de conversation, des conférences et des concerts le dimanche au crépuscule (environ 20 Dh), attirant une clientèle mélangée d'habitants, d'expatriés et de touristes.

Dar Touria MAROCAIN €€€

(carte p. 302 ; ☎0663 03 71 02 ; Derb el Kateb, Zqaq Roumane ; menu 200 Dh). Nichée au cœur de la médina, cette maison traditionnelle convertie en restaurant mérite les efforts nécessaires pour la trouver. Optez pour le menu et venez avec votre appétit : il est rare de voir autant de plats succulents pour un prix aussi doux. Cette table se trouve à proximité de nombreuses pensions, et le personnel sera ravi de vous raccompagner si vous avez peur de vous perdre dans le labyrinthe des ruelles.

Chameau Bleu MAROCAIN €€

(carte p. 302 ; ☎0535 63 89 91 ; 1 Derb Tariana ; plats 55-130 Dh ; ⊙déj et dîner). Bien indiqué depuis Talaa Kebira, le Chameau Bleu est une maison de plusieurs étages transformée, avec des tables partout, jusque sur le toit-terrasse. Les tajines ont la part belle, mais certains plats de viande et de poisson remportent un grand succès et nous avons reçu de bons échos sur les plats de pâtes.

Restaurants de Bou Djeloud LOCAL €
(carte p. 302 ; rue Serrajine ; plats 30-70 Dh ; ⏲8h-23h). En allant de Bab Bou Djeloud vers le haut de Talaa Seghira, on passe devant une série de restaurants avec rabatteurs. À peu près tous du même acabit, ils servent quantité de tajines, couscous, viandes grillées, etc. Ils se révèlent également agréables pour se reposer et observer le mouvement de la foule en sirotant un thé à la menthe pendant une heure ou deux. Si vous voulez avoir une belle vue, essayez **Le Kasbah** doté d'un toit-terrasse, mais sachez que le prix des boissons double lorsque l'on ne mange pas sur place.

Échoppes de b'sara LOCAL €
(carte p. 302 ; Talaa Kebira ; soupe 4 Dh). Ne manquez pas de goûter la *b'sara* (soupe de haricots blancs à l'ail), une spécialité fassie. Dans toute la médina, de minuscules échoppes en préparent dans d'énormes chaudrons et nos favorites se tiennent dans le haut de Talaa Kebira (on trouve aussi de bonnes options dans Acherbine). Revigorante, la b'sara est servie à la louche dans des bols grossiers avec un filet d'huile d'olive et un morceau de pain.

Dar Anebar MAROCAIN €€€
(carte p. 302 ; ☎0535 63 57 87 ; 25 Derb el-Miter, Zqaq Roumane ; plats à partir de 120 Dh ; ⏲à partir de 19h30). Autre riad plaisant pour un repas dans la cour splendide ou dans l'un des salons confortables. La carte, strictement marocaine, est d'excellente qualité et vous pouvez accompagner votre dîner d'une bouteille de vin.

Fès et Gestes CAFÉ €€
(carte p. 302 ; ☎0535 63 85 32 ; 39 Arsat el Hamoumi, Ziat ; repas environ 90 Dh ; ⏲12h-21h30, fermé mer). Dans un quartier animé de la médina, cette maison coloniale reconvertie est une véritable oasis : une fois les portes passées, le jardin verdoyant orné d'une jolie fontaine vous fait oublier tous les tracas de la journée. Idéal pour un repas léger, un dîner de tajines ou tout simplement un thé ou un jus de fruits pour reprendre des forces à l'ombre des arbres.

Dar Roumana MÉDITERRANÉEN €€€
(carte p. 302 ; ☎0535 74 16 37 ; 30 Derb el Amer, Zqaq Roumane ; menu 300 Dh ; ⏲19h30-21h30 mar-sam). Cette pension tenue par un cordon-bleu propose une cuisine excellente. La carte, méditerranéenne avec des influences marocaines, s'inspire souvent du nom de l'établissement : "maison des grenades". Installez-vous dans la cour ou, par beau temps, sur la superbe terrasse. L'établissement sert de l'alcool, mais les clients n'ayant pas de réservation ne pourront pas être servis. Pensez à réserver tôt.

La Maison Bleue MAROCAIN €€€
(carte p. 302 ; ☎0535 63 60 52 ; 2 pl. de l'Istiqlal ; menu avec vin 550 Dh ; ⏲dîner à partir de 19h30). L'élégant restaurant de ce riad offre un cadre intime et romantique pour un dîner au son de l'oud, puis accompagné de chants et de danses gnaouas plus tard dans la soirée. Le menu comprend diverses entrées, tajine, couscous, pastilla sucrée et autres desserts, tous joliment présentés. L'atmosphère est excellente. Réservation indispensable.

Aji Chouf PIZZA €
(carte p. 302 ; ☎0535 63 51 78 ; 17 Derb Mokri, Ziat ; pizzas 35-65 Dh). Au cœur de la médina, Aji Chouf est une pizzeria qui livre à domicile. Il est d'ailleurs préférable de ne pas se rendre sur place. Leurs pizzas sont, à Fès, celles qui se rapprochent le plus des pizzas italiennes. La carte affiche d'autres surprises intéressantes, telles les bonnes salades et terrines.

Stand d'escargots LOCAL €
(carte p. 302 ; angle Talaa Seghira et Derb el-Horra ; escargots 5 Dh). Ce stand permanent vend de délicieux escargots, cuits dans un bouillon parfumé.

Najmat Souafine MAROCAIN €€€
(carte p. 302 ; ☎0662 34 88 19 ; Oued Souafine, Ziat ; déjeuner/dîner 120/150 Dh). Ce restaurant moderne et élégant, au nom audacieux (il signifie Étoile Souafine) ne déçoit pas. Ses plats marocains sont frais et inventifs, mêlant saveurs traditionnelles et contemporaines. La carte n'est pas fixe et dépend des produits frais trouvés sur le souk le jour même. Une table digne d'intérêt.

Restaurant familial Berrada MAROCAIN €
(carte p. 302 ; ☎0662 34 88 19 ; 57 Sagha el Achebine ; plats environ 40 Dh ; ⏲sam-jeu). Petit restaurant familial tenu dans la bonne humeur et où la tradition règne en maître. La carte change rapidement et les clients sont invités dans les cuisines pour goûter aux plats du jour avant de passer leur commande. Très apprécié des touristes et des habitants.

Crèmerie La Place CAFÉ €
(carte p. 302 ; pl. as-Seffarine ; ⌚7h30-20h). Dans l'un des coins les plus vivants de la médina, La Place sert jus de fruits, thé, café et pâtisseries, à savourer en regardant les passants, au son du martèlement des dinandiers.

Fez Lounge LOUNGE €€
(carte p. 300 ; ☎0535 63 30 97 ; www.fezlounge.com ; 95 Zqaq Rowah, Chrabliyine ; plats 50-80 Dh ; ⌚11h-22h). Un magnifique *lounge*, que l'on pourrait retrouver à Londres ou à Barcelone. On y vient pour ses repas légers de tartes salées, de pastilla et de *briouates* (rouleau en feuille de brick fourré), ou pour se détendre sur des banquettes basses en fumant le narguilé.

Mezzanine BAR À TAPAS €€
(carte p. 300 ; ☎0535 63 34 30 ; 17 Kasbah Chams ; choix de tapas à partir de 100 Dh, 30 Dh par plat environ ; ⌚12h-1h). Face à l'entrée du jardin Jnane Sbil, à proximité de la place Bou Djeloud, ce bar à tapas au décor branché est décoré de meubles marocains et de murs en *tadelakt*. Bon choix de tapas de style méditerranéen et marocain à faire suivre par d'un savoureux dessert sur le joli toit-terrasse. On y sert de l'alcool.

Médina Café MAROCAIN €€
(carte p. 302 ; ☎0535 63 34 30 ; 6 Derb Mernissi, Bab Bou Djeloud ; plats 70-100 Dh ; ⌚8h-22h). À côté de Bab Bou Djeloud, ce petit restaurant est une oasis de sérénité aux murs en *tadelakt*. Parfait pour un en-cas ou un jus de fruits dans la journée, il sert le soir un choix plus intéressant de tajines et de couscous que la plupart des autres établissements.

Marché Talaa Kebira FAIRE SON MARCHÉ €
(carte p. 302). Niché dans Bab Bou Djeloud, voici un bon second choix, idéalement situé.

Marché R'cif FAIRE SON MARCHÉ €
(carte p. 302 ; dans Bab R'cif ; ⌚sam-jeu). Quiconque achète ses produits frais dans la médina sait que ce marché est le meilleur : les vendeurs y proposent toujours fruits, légumes et viandes de première fraîcheur.

VILLE NOUVELLE

Plusieurs restaurants bon marché regroupés sur le boulevard Mohammed V et alentour, notamment près du marché central, proposent des repas copieux et rapides. Les environs de la place Yacoub al-Mansour sont également un bon endroit pour acheter un sandwich.

Chicken Mac LOCAL €
(carte p. 306 ; av. Lalla Meriem ; plats environ 30 Dh ; ⌚9h-23h). Plusieurs snacks semblent s'entremêler le long de cette avenue et leurs terrasses ne désemplissent pas. Chicken Mac, la dernière en venant de l'avenue Hassan II, sert promptement de copieuses assiettes de poulet rôti, des bols de *harira* (soupe de lentilles) et d'autres plats roboratifs et bon marché.

Restaurant Marrakech MAROCAIN €
(carte p. 306 ; ☎0535 93 08 76 ; 11 rue Omar el-Mokhtar ; plats à partir de 55 Dh ; ❄). Charmant restaurant aux massives portes en bois, il compte de nombreux atouts : des murs en *tadelakt* rouge, un mobilier sombre et un salon garni de coussins à l'arrière, une carte alléchante avec des plats tels que le tajine de poulet aux pommes et aux olives, ou l'agneau aux aubergines et aux poivrons (ainsi qu'un menu de 3 plats).

Maison Blanche FRANÇAIS €€€
(carte p. 300 ; ☎0535 94 40 73 ; 12 rue Ahmed Chaouki ; plats 140-220 Dh). Désireux de devenir le restaurant le plus chic de Fès, le Maison Blanche offre un décor minimaliste : avec ses meubles modernes et ses murs en pierres mal dégrossies, l'endroit évoque quelque repaire de bandit dans *James Bond*. La cuisine aux influences françaises et le service sont excellents (de même que la carte des vins). Testez le bar de l'étage en fin de soirée ou venez le midi pour déguster le menu déjeuner à 200 Dh.

Fez Café FRANÇAIS €
(☎0664 64 76 79 ; 13 Akbat Sbaa, Douh ; plats environ 80 Dh ; ⌚mar-dim). Un ravissant nouveau restaurant de la médina installé dans un splendide jardin. Le décor de style bistrot est paisible, et les plats mêlent merveilleusement les influences françaises, italiennes et marocaines. Le dimanche soir, délicieuses pizzas au four à bois.

Kaï Taï JAPONAIS, THAÏLANDAIS €€
(carte p. 300 ; ☎0535 65 17 00 ; 12 rue Ahmed Chaouki ; sushis 50-105 Dh, makis 20-25 Dh ; ⌚déj et dîner ; ❄). Ce restaurant japonais au décor minimaliste propose un grand choix de sushis et de tempuras (beignets de fruits de mer ou de légumes) ainsi que des menus. La belle carte thaïlandaise apporte également un peu de changement aux palais lassés de la cuisine marocaine.

Chez Vittorio ITALIEN €€
(carte p. 306 ; ☎0535 62 47 30 ; 21 rue Brahim Roudani ; plats à partir de 80 Dh, pizza ou pâtes à partir de 56 Dh). Toujours couru et fiable, ce restaurant italien au charme rustique, avec nappes à carreaux et bougies, offre une cuisine d'un bon rapport qualité/prix. Si le

service est un peu lent au départ, les plats arrivent rapidement après la commande. Optez plutôt pour les pizzas ou les grillades, les pâtes se révélant souvent décevantes. Vous pourrez accompagner votre repas d'un verre de vin.

Restaurant Zagora MAROCAIN, INTERNATIONAL €€

(carte p. 306 ; ☎0535940686 ; 5 bd Mohammed V ; plats 80-100 Dh). Près de l'extrémité sud du boulevard Mohammed V, ce très ancien restaurant est prisé tant des groupes de voyageurs que de la population locale. La carte des vins est aussi longue que celle des plats. Le cadre plaisant, avec un musicien qui joue de l'oud, explique les prix élevés.

Crèmerie Skali CAFÉ €

(carte p. 306 ; bd Mohammed V ; petit-déj environ 20 Dh ; ⏲6h-22h). Bien située dans un angle et prisée des employés et des familles pour le petit-déjeuner, cette crèmerie sert des pâtisseries, des jus de fruits et d'excellents œufs brouillés.

Marché central FAIRE SON MARCHÉ €

(carte p. 306 ; bd Mohammed V ; ⏲8h30-14h30). Pour les fruits, légumes, épices, olives, fruits secs ou dattes, rien ne vaut le marché central. Il dispose aussi de quelques bons étals de fromages et des magasins de spiritueux sont installés aux alentours.

Où prendre un verre

Les nombreux cafés de la ville nouvelle ne désemplissent pas. Si beaucoup sont installés le long du boulevard Mohammed V et de l'avenue Hassan II, on trouve un peu partout des tables en terrasse. Dans la médina, les restaurants proches de Bab Bou Djeloud se doublent souvent d'un café tandis que des snacks jalonnent les ruelles.

Hôtel Batha BAR

(carte p. 302 ; pl. Batha). Cet hôtel de la médina compte plusieurs endroits où boire un verre. Dans l'hôtel même, le bar de la piscine accueille le trop-plein du Churchill Bar et, en hiver, un feu de bois permet de se réchauffer. À l'arrière de l'hôtel (entrée par le côté), le Consul Bar est plus détendu pour un verre tardif et sa discothèque ouvre jusqu'à minuit (fermé le lundi).

Riad Fès BAR

(carte p. 302 ; 5 Derb ibn Slimane). Le ravissant bar du patio est l'endroit le plus séduisant de la ville : les colonnes en stuc captent la lumière reflétée par le bassin central et une musique douce compose le fond sonore tandis que vous vous installez au comptoir ou sur les coussins. Outre un bon choix de bières et d'alcools, le bar sert du vin au verre. Comme il est en extérieur, il est un peu froid l'hiver, mais agréablement frais en été.

Maison Blanche BAR

(carte p. 300 ; 12 rue Ahmed Chaouki). Fauteuils en cuir sombre, mur en pierres mal taillées et bar bien fourni font de ce bar le parfait lieu de rendez-vous pour un verre dans un cadre chic.

Mezzanine BAR

(carte p. 300 ; 17 casbah Chams ; ⏲12h-1h). Très apprécié pour son côté branché et sa fermeture tardive, ce bar évoque, toutes proportions gardées, l'ambiance d'Ibiza. Il est prisé de la jeunesse branchée fassie. La terrasse qui surplombe le jardin Jnan Sbil est idéale pour siroter une bière ou un cocktail en grignotant des tapas.

Sofitel Palais Jamaï BAR

(carte p. 302 ; Bab Guissa). La superbe terrasse qui domine le vieux Fès est parfaite pour prendre un verre au coucher du soleil, après une journée dans la médina. Les boissons sont un peu plus chères avant le dîner, mais on peut picorer à volonté les en-cas gratuits du bar.

☆ Où sortir

Les amateurs de concerts savent que la meilleure période pour visiter Fès est celle des festivals. Le Café Clock (p. 316) organise des concerts tous les dimanches au crépuscule.

Institut français (☎0535 62 39 21 ; www.institutfrancaisfes.com ; 33 rue Loukili). Propose des films, des concerts, des expositions et des pièces de théâtre.

Achats

Capitale de l'artisanat marocain, Fès offre un vaste choix, une excellente qualité et des prix intéressants. Prenez le temps de comparer. Comme toujours, les petites boutiques à l'écart des principaux circuits touristiques (Talaa Kebira et Talaa Seghira dans la médina) offrent de meilleures affaires. Pour les articles en cuir, rendez-vous dans le quartier des tanneries.

Dans la médina, de nombreux riads et fondouks joliment restaurés ont été transformés en magasins de tapis. S'ils offrent l'occasion de siroter un thé à la menthe dans un cadre superbe en regardant de fabuleux tapis, vous aurez du mal à sortir sans rien acheter. Vous pourrez aussi bien y trouver des articles exceptionnels que payer à prix fort un produit d'usine quelconque.

QU'EST-CE QUI MIJOTE ?

Vous voulez apprendre à cuisiner comme un véritable chef marocain ? Nous avons interrogé Souad Maidja de Clock Kitchen (p. 310), à Fès, pour avoir plus de détails.

Quelle est la première chose que vous ayez apprise à cuisiner ? Du poisson frit avec une salade toute simple. Je viens de Nador, sur la côte. Là-bas, nous mangeons beaucoup de poisson. Du poisson frit et des tajines de poisson.

Qui vous a appris à cuisiner ? Ma mère. Quand je me suis mariée, j'ai déménagé à Fès et j'ai vécu dans la famille de mon mari pendant six mois. Ma belle-mère m'a appris la cuisine fassie, la meilleure cuisine marocaine qui soit.

Quels sont les premiers plats qu'elle vous a enseignés ? La *harira*, une soupe traditionnelle. C'est un plat tellement important, que j'étais gênée de ne pas savoir déjà le préparer ! Puis la pastilla, une tourte sucrée-salée au pigeon ou au poulet. J'étais ravie d'apprendre à la faire, car c'est également un plat majeur.

Les mélanges sucré-salé semblent prisés dans la cuisine marocaine. Oui. Nous servons toujours un premier plat sucré à nos invités en signe d'hospitalité, pour qu'ils reviennent ! Ensuite, le plat principal est salé.

Que préférez-vous préparer ? Je ne me lasse pas de cuisiner le tajine de poulet aux olives et citrons confits.

Quand vous enseignez la cuisine marocaine à des étrangers, vous partez du marché. J'aime montrer nos produits locaux. Comme il y en a beaucoup qu'ils ne connaissent pas, j'explique tout. Les produits comme l'eau de fleur d'oranger, que nous utilisons souvent, et des herbes dont nous nous servons aussi bien en cosmétique qu'en cuisine. On apprend également beaucoup en discutant avec les marchands ; arpenter le souk, c'est comme voyager dans tout le Maroc.

Qu'est-ce que les gens aiment tout particulièrement préparer ? Le couscous roulé à la main est très prisé. C'est très long car il faut faire cuire la semoule à la vapeur plusieurs fois. C'est très différent du couscous qu'ils peuvent manger chez eux.

Qu'est-ce qui les surprend le plus ? Les gens demandent toujours pourquoi nous ne cuisinons pas les tajines dans un plat à tajine. Ça demande tellement de temps et il faut le faire cuire sur du bois ou du charbon... Nous sommes modernes : un autocuiseur est bien plus pratique ! Les plats à tajine ne servent souvent que pour le service.

Des problèmes ? Les gens sont parfois agacés quand je leur fais tout faire à la marocaine et qu'ils doivent couper et peler les légumes à la main, comme moi, sans utiliser de planche, mais juste un couteau ! Mais ils finissent par en rire et à y arriver.

Quand vous n'enseignez pas la cuisine, qu'aimez-vous manger ? Sans doute le couscous, car c'est toujours pour les grandes fêtes familiales. Mais je préfère quand c'est quelqu'un d'autre qui le prépare ! À la maison, j'aime les plats légers et simples : il n'y a rien de meilleur qu'un bon bol de *harira* !

ℹ Renseignements

Désagréments et dangers

Bien que Fès soit aussi sûre qu'une ville occidentale de même taille, il n'est pas prudent de se promener seul la nuit dans la médina, en particulier pour les femmes. Les vols à main armée font partie des risques. Les hôtels et de nombreux restaurants fournissent volontiers une escorte sur demande aux heures tardives.

Fès a longtemps été réputée pour ses faux guides et ses marchands de tapis malhonnêtes. Les faux guides se rassemblent essentiellement autour de Bab Bou Djeloud, principale entrée occidentale de la médina, mais le contrôle des autorités a grandement réduit leur nombre.

Nombre de guides officiels poussent les visiteurs à transformer leur circuit en séance de shopping et la pression pour acheter peut être énorme. Les marchands de tapis fassis sont de redoutables vendeurs et mieux vaut ne pas entrer dans leur boutique si vous ne voulez pas faire d'achat : dès qu'ils commencent à dérouler leurs tapis, ils sont capables de convaincre le plus réticent des touristes. Souvenez-vous aussi que les prix seront augmentés de la commission que les boutiques reversent au guide qui vous accompagne.

POTERIE FASSIE

La céramique est reine à Fès, qu'il s'agisse des poteries bleues typiques de la ville ou des superbes mosaïques des fontaines et des riads. **Art Naji** (☎0535 66 91 66 ; www.artnaji.net ; Ain Nokbi ; ⏲8h-18h) vend de très belles pièces et l'on peut assister à tout le processus de fabrication, du tour à la décoration minutieuse au pinceau et à l'assemblage des zelliges. Les ateliers de poterie se situent à 500 m à l'est de Bab el-Ftouh, un court trajet en petit taxi. Repérez les volutes de fumée noire qui s'échappent des fours où l'on cuit l'argile. Vous pouvez même commander une mosaïque et vous la faire expédier par bateau.

Les rabatteurs qui attendaient les voyageurs autour de la gare ferroviaire préfèrent maintenant monter dans les trains à destination de Fès, souvent à la jonction de Sidi Kacem. Montrez-vous circonspect envers les jeunes gens particulièrement amicaux qui se prétendent étudiants ou professeurs de retour à Fès ; ils ont souvent un "frère" qui possède un hôtel, une boutique de tapis ou un autre commerce !

Accès Internet

Le Wi-Fi est une option courante dans la plupart des hébergements de catégories moyenne et supérieure.

Cyber Batha (carte p. 302 ; Derb Douh ; 10 Dh/h ; ⏲9h-22h). Claviers azerty et qwerty.

Cyber Club (carte p. 306 ; bd Mohammed V ; 6 Dh/h ; ⏲9h-22h)

Téléboutique Cyber Club (carte p. 306 ; bd Mohammed V ; 7 Dh/h ; ⏲9h-23h). Au-dessus de la téléboutique, à l'angle.

Agence de voyages

Carlson Wagonlit (carte p. 306 ; ☎0535 62 29 58 ; fax 035 624436). Derrière le marché central ; utile pour les billets d'avion ou de ferry.

Argent

Dans la ville nouvelle, de nombreuses banques (avec DAB) jalonnent le boulevard Mohammed V et presque toutes disposent d'un service de change. Dans la médina, l'offre se limite aux établissements suivants :

Banque Populaire (carte p. 302 ; Bab Bou Jeloud ; ⏲8h45-12h et 14h45-18h lun-jeu, 8h45-12h sam). DAB et service de change.

Société Générale (carte p. 302 ; Talaa Seghira ; ⏲8h45-12h et 14h45-18h lun-jeu, 8h45-11h ven, 8h45-12h sam). DAB et service de change.

Médias

L'Agenda. Bimensuel gratuit de l'office du tourisme régional. Disponible à l'office du tourisme et dans quelques riads et restaurants.

Office du tourisme

Aucun service d'information touristique n'est installé dans la médina.

Syndicat d'initiative (carte p. 306 ; ☎0535 62 34 60 ; pl. Mohammed V). N'est pas toujours ouvert, ni toujours utile.

Poste

Poste (carte p. 302 ; pl. Batha). Dans la médina ; dotée d'un DAB.

Poste principale (carte p. 306 ; angle av. Hassan II et bd Mohammed V). La poste restante est à l'extrême gauche. Le service des colis est accessible par une porte séparée.

Services médicaux

Hôpital Ghassani (carte p. 300 ; ☎0535 62 27 77). L'un des plus grands hôpitaux de Fès. À l'est de la ville nouvelle, dans le quartier de Dhar Mehraz.

Pharmacie de nuit (carte p. 306 ; ☎0535 62 34 93 ; bd Moulay Youssef ; ⏲21h-6h). Au nord de la ville nouvelle ; un médecin est disponible sur place.

Site Internet

Culture Vultures (http://culturevulturesfez.wordpress.com). Listes des événements artistiques et musicaux.

ℹ Depuis/vers Fès

Avion

L'**aéroport de Fès** (☎0535 67 47 12) se situe à Saïss, à 15 km au sud de la ville.

RAM (carte p. 306 ; ☎0535 62 55 16 ; 54 av. Hassan II) offre des vols quotidiens pour Casablanca. Pour les liaisons internationales (principalement la France), reportez-vous p. 509 et suivantes.

Bus

La principale gare des **bus CTM** (☎0535 73 29 92) avoisine la place Atlas, dans le sud de la ville nouvelle (carte p. 300). En haute saison, achetez vos billets à l'avance, notamment pour Tanger, Marrakech et Chefchaouen.

La CTM propose 7 bus par jour pour Casablanca (105 Dh, 5 heures) via Rabat (70 Dh, 3 heures 30) entre 6h30 et 16h30, et 6 bus pour Meknès (25 Dh, 1 heure) entre 8h30 et 20h30. Des bus partent pour Marrakech (150 Dh, 9 heures) deux fois par jour, le matin et le soir.

En direction du nord et de l'est, des bus desservent Tanger (115 Dh, 6 heures, 3/jour), Chefchaouen (45 Dh, 4 heures, 3/jour), Tétouan (100 Dh, 5 heures, 2/jour), Al-Hoceima (90 Dh, 6 heures, 1/jour), Nador (74 Dh, 7 heures, 2/jour) et Oujda (110 Dh, 6 heures, 1/jour).

Les services internationaux Eurolines pour l'Espagne et la France partent aussi de la gare CTM.

Des bus d'autres compagnies partent de la **gare routière principale** (carte p. 302 ; ☎0535 63 60 32) devant Bab el-Mahrouk, à la limite de la médina. Les tarifs sont légèrement inférieurs à ceux de la CTM et on peut réserver sur les itinéraires les plus empruntés. La gare comprend une **consigne** (5 Dh/bagage, ⏲6h-24h).

Chaque jour, au moins 6 bus se rendent à Casablanca, Chefchaouen, Er-Rachidia, Marrakech, Meknès, Oujda, Rabat, Tanger et Tétouan. Des bus moins fréquents rallient Rissani (120 Dh, 10 heures), Ouarzazate (142 Dh, 14 heures) et Tinerhir (108 Dh, 10 heures).

Localement, des bus fréquents partent pour Azrou (18 Dh, 2 heures), Ifrane (16 Dh, 1 heure 30), Moulay Yacoub (8 Dh, 30 min), Sefrou (8 Dh, 40 min), Taza (34 Dh, 3 heures, toutes les heures) et Ouezzane (34 Dh, 3 heures, 2/jour).

Taxi

La ville compte plusieurs stations de grands taxis. Les taxis pour Meknès (18 Dh, 1 heure) et Rabat (60 Dh) stationnent devant la gare routière principale (carte p. 302 ; devant Bab el-Mahrouk) et près de la gare ferroviaire (carte p. 306). Les taxis pour Taza (50 Dh, 2 heures 30) partent près de Bab Fettouh (carte p. 302), la porte sud-est de la médina. Ceux qui rallient Moulay Yacoub (9 Dh, 20 min) attendent sur un terrain vague à l'ouest de Bab Bou Djeloud (carte p. 302). La station des taxis pour Sefrou (12 Dh, 30 min) se situe juste en dessous de la place de la Résistance, dans la ville nouvelle (carte p. 306). Les taxis à destination d'Azrou (28 Dh, 1 heure) et d'Ifrane (20 Dh, 45 min) stationnent sur un parking à l'ouest de la gare routière CTM, dans le sud de la ville nouvelle (carte p. 300).

Train

La **gare ferroviaire** (carte p. 306 ; ☎0535 93 03 33 ; 📶) se tient dans la ville nouvelle, à 10 minutes de marche au nord-ouest de la place de Florence. La **consigne** (10 Dh/bagage ; ⏲6h-20h) n'accepte que les bagages fermés à clé ou par un cadenas.

Des trains partent toutes les deux heures entre 7h et 17h pour Casablanca (110 Dh, 4 heures 15), via Rabat (80 Dh, 3 heures 30) et Meknès (20 Dh, 45 min). À cela s'ajoutent deux trains de nuit. Huit trains se rendent à Marrakech (195 Dh, 8 heures) et un train direct dessert Tanger (105 Dh, 5 heures), plus 4 via Sidi Kacem. Des trains directs partent 3 fois par jour pour Oujda (108 Dh, 6 heures) via Taza (40 Dh, 2 heures).

Voiture

Plusieurs parkings sont installés près de la médina : juste au sud de la place de l'Istiqlal, dans l'avenue des Français devant Bab Bou Djeloud, et dans le rempart nord de Talaa Kebira, à Ain Azleen. Dans la ville nouvelle, un parking gardé fait face au marché central. **Transport Touristique** (☎0615 450128 ; chriftrans@gmail.com) est une agence de location de voitures et de transports fiable, offrant divers services, des transferts depuis l'aéroport aux excursions partant de Fès ou aux locations plus longues.

ℹ Comment circuler

Depuis/vers l'aéroport

Un service régulier (bus n°16) circule entre l'aéroport et la gare ferroviaire (3 Dh, 25 min), avec des départs toutes les demi-heures environ. Les grands taxis demandent 120 Dh, quelle que soit la station de départ.

Bus

Fès possède un service fiable de bus urbains, bondés aux heures de pointe et fréquentés par les pickpockets. Le tarif standard s'élève à 2,50 Dh. Quelques lignes utiles :

N°9 : De la place Atlas via le boulevard Abdallah Chefchaouni (ville nouvelle) jusqu'à

QUOI DE NEUF DANS LA VILLE NOUVELLE ?

Comparée aux innombrables sollicitations de la médina, la ville nouvelle peut sembler ennuyeuse, car très moderne et sans grande animation. Cependant, beaucoup de Fassis la jugent bien plus intéressante et progressiste que la vieille Fès el-Bali. Ces dernières années, elle a bénéficié d'énormes financements, visibles notamment dans la longue avenue Hassan II, jalonnée de pelouses soignées, de palmiers, de massifs de fleurs et de fontaines. Lieu de promenade favori en soirée, on y croise des familles avec enfants, des adolescents branchés et des couples d'amoureux. Arrêtez-vous pour déguster une glace ou asseyez-vous sur un banc pour regarder les passants : cette autre facette de la ville est tout aussi authentique que les ruelles bondées de la médina.

proximité du musée Batha (Fès el-Bali). Retour par la place de la Résistance, l'avenue Hassan II et l'avenue des FAR.

N°10 : De la gare ferroviaire via Bab Guissa (nord de Fès el-Bali) jusqu'à Bab Sidi Bou Jida (nord-est de Fès el-Bali).

N°19 : De la gare ferroviaire via l'avenue Hassan II (ville nouvelle) et de Bab el-Jdid (sud de Fès el-Bali) jusqu'à la place R'cif (centre de Fès el-Bali).

N°47 : De la gare ferroviaire à Bab Bou Djeloud (Fès el-Bali).

Taxi

Les chauffeurs des petits taxis rouges utilisent généralement leur compteur. Comptez environ 9 Dh de la gare ferroviaire ou de la gare CTM à Bab Bou Djeloud. Prévoyez un supplément de 50% après 20h. Vous trouverez des stations de taxis devant les portes de la médina. Seuls les grands taxis desservent l'aéroport.

Environs de Fès

SEFROU صفرو

Sefrou, à 30 km au sud-est de Fès, est une jolie bourgade berbère à la lisière du Moyen Atlas. Son intéressante petite médina abritait jadis l'une des plus importantes communautés juives du pays (8 000 personnes selon certaines sources) et Moulay Idriss II vécut ici durant la construction de Fès. Elle constitue une agréable excursion d'une journée, idéale pour échapper à l'agitation urbaine de Fès.

À voir et à faire

Médina CENTRE FORTIFIÉ

Comparée à la médina de Fès, celle de Sefrou vous semblera facile à explorer. L'oued Aggaï en traverse le centre, donnant un sentiment d'espace peu commun dans les médinas. Le meilleur point d'entrée est **Bab el-Maqam**, au nord. Suivez les passants qui descendent vers le sud-est en passant devant deux mosquées. Traversez la rivière et remontez la principale rue commerçante jusqu'à une fourche :

Sefrou

À voir

1 Médina C1
2 Mellah B2
3 Synagogue C2

Où se loger

4 Dar Attamani B1
5 Hôtel Sidi Lahcen el-Youssi A3
6 Riad Derb el Miter D2

Où se restaurer

7 Restaurant Café Oumnia B3

Achats

8 Ensemble artisanal B1

Sefrou

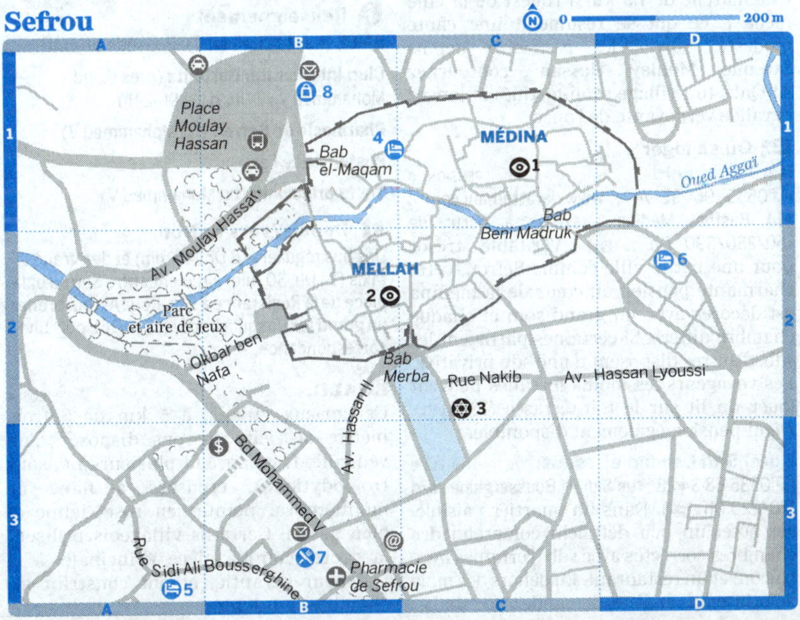

LA FÊTE DES CERISES

Ville assoupie, Sefrou s'anime début juin à la faveur de la **fête des Cerises** (www.festival-cerises-sefrou.com), quatre jours de célébration de la cueillette de ces fruits. Au programme : musique folklorique, expositions d'artistes locaux, défilés, fantasias (divertissements équestres) et compétitions sportives, ainsi que le couronnement de la reine des cerises. Sefrou s'enorgueillit d'accueillir la fête la plus ancienne du Maroc : elle a fêté sa 90e édition en 2010.

en continuant tout droit, vous arriverez à Bab Merba, dans le mur sud de la médina, à côté d'une autre mosquée ; l'embranchement de droite conduit au mellah (quartier juif),

Mellah QUARTIER JUIF

Le mellah s'étend vers le nord-ouest le long de l'oued. Bien que la population juive soit partie, le quartier conserve quelques maisons caractéristiques aux galeries en bois et des ruelles si étroites que l'on peut à peine s'y croiser. Autrefois, le mellah était si sombre et si peuplé que ses rues étaient éclairées même en plein jour.

Synagogue SYNAGOGUE

Juste au sud de Bab Merba se dresse un lieu de culte, aujourd'hui fermé. Lors de notre passage, le roi venait d'annoncer le financement pour la restauration des remparts, mais les avis étaient mitigés sur le projet d'asphalter les rives de l'oued dans la médina.

Cascades CHUTE D'EAU

Une marche de 1,5 km à l'ouest de la ville mène à ce qui se résume à une chute modeste. Suivez les panneaux depuis l'avenue Moulay Hassan, contournez Al-Qala' (un village semi-fortifié) et longez la vallée verdoyante de l'oued.

Où se loger

Dar Attamani PENSION €

(☎0535 96 91 74 ; www.darattamani.com ; 414 Bastna, Médina ; s/d/tr à partir de 150/280/390 Dh ; 📶). Véritable trésor pour une petite ville comme Sefrou, cette charmante pension au cœur de la médina est décorée avec un grand soin et chaque chambre diffère. Si certaines partagent les sdb, d'autres disposent d'une sdb privative. Les voyageurs les moins fortunés peuvent louer un lit sur le toit-terrasse (100 Dh). Demi-pension également disponible.

Hôtel Sidi Lahcen el-Youssi HÔTEL €

(☎0535 68 34 28 ; rue Sidi Ali Bousserghine ; s/d 170/220 Dh ; ❄). Dans un quartier paisible, cet hôtel un peu défraîchi comprend des chambres correctes avec sdb (certaines avec balcon) et un restaurant. En dehors des mois de printemps et d'été, demandez un rabais.

Où se restaurer

Plusieurs cafés et un bar, essentiellement fréquentés par des hommes, jalonnent le boulevard Mohammed V. La médina recèle quelques échoppes bon marché qui servent soupes, kebabs, poulet rôti et autres plats classiques.

Restaurant Café Oumnia MAROCAIN €

(☎0535 66 06 79 ; av. Massira al-Khadka ; menu 65 Dh ; ⌚8h-21h). Proche de la poste, le seul vrai restaurant de Sefrou s'étend sur 2 niveaux. Le cadre est propre et pimpant, et le menu du jour (3 plats 65 Dh), d'un bon rapport qualité/prix. Le bar vend de l'alcool.

Achats

Vous ferez peut-être une affaire au marché du jeudi.

Ensemble artisanal ARTISANAT

(rte de Fès). L'habituel choix de tapis, poteries, vêtements et articles en cuir à prix fixes.

Renseignements

BMCE (bd Mohammed V). Possède un DAB.

Club Internet Ibn Battouta (près du bd Mohammed V ; 7 Dh/h ; ⌚9h-24h)

Pharmacie de Sefrou (bd Mohammed V)

Poste (rte de Fès)

Poste principale (bd Mohammed V)

Depuis/vers Sefrou

Des bus réguliers (8 Dh, 40 min) et des grands taxis (12 Dh, 30 min) circulent entre Sefrou et la place de la Résistance à Fès. Pour Azrou, prenez un grand taxi jusqu'à Imouzer (12 Dh), puis une correspondance.

BHALIL بهاليل

Ce curieux village, à 5 km de Sefrou, mérite la visite si vous disposez d'un véhicule. Il comprend plusieurs maisons troglodytiques, creusées à flanc de montagne et peintes en rose, jaune et bleu pastel. Certains villageois utilisent la grotte comme pièce principale, à la fraîcheur garantie, et ont construit les chambres au-dessus.

Meknès مكناس

700 000 HABITANTS

La plus modeste des quatre cités impériales, Meknès n'est ni une capitale comme Rabat, ni un rendez-vous touristique branché, comme Marrakech, et ne possède pas de médina renommée, comme Fès. De fait, éclipsée par cette dernière ville en raison de sa proximité, elle reçoit bien moins de visiteurs qu'elle ne le devrait. Plus petite et plus calme que sa grande voisine, Meknès est aussi beaucoup plus détendue, tout en offrant l'attrait d'une médina aux étroites rues tortueuses et de majestueux édifices rappelant son ancien statut de siège du sultanat marocain. Cette discrétion, qui décevrait peut-être le sultan Moulay Ismaïl, architecte de la Meknès impériale, contribue à enchanter les voyageurs.

Entourée des plaines fertiles qui s'étirent au pied du Moyen Atlas, la ville prospère grâce aux abondantes récoltes de céréales, d'olives, de raisin, d'agrumes et d'autres produits agricoles de la campagne environnante. Parmi les champs cultivés, les ruines romaines de Volubilis et le tombeau de Moulay Idriss comptent parmi les sites historiques les plus importants du pays. Vous pourrez passer plusieurs jours à Meknès sans en épuiser les charmes. Le lit de l'oued Bou Fekrane (habituellement à sec) sépare la médina, à l'ouest, de la ville nouvelle bâtie par les Français à l'est. Le tombeau de Moulay Ismaïl et la cité impériale se situent au sud de la médina.

Histoire

La tribu berbère des Meknassa (dont la ville tire son nom) s'installa ici au Xe siècle. Sous les Almohades et les Mérinides, la médina fut agrandie et certains des plus anciens monuments de la cité datent de cette époque.

Meknès n'acquit une réelle importance qu'au XVIIe siècle, après la mort en 1672 de Moulay er-Rachid, le fondateur de la dynastie alaouite. Son frère et successeur, Moulay Ismaïl, fit de la ville sa capitale, d'où il régna pendant 55 ans.

Moulay Ismaïl dota la cité de 25 km d'imposants remparts, percés de portes monumentales, et d'un immense palais jamais achevé. Il disposa du temps et des moyens nécessaires à cet effort architectural en contenant toute opposition interne et en tenant à distance les puissances étrangères, essentiellement grâce à sa redoutable Garde noire (voir p. 332).

Sa mort en 1727 sonna le glas de Meknès, qui redevint une cité insignifiante après le départ de son petit-fils Mohammed III (1757-1790) pour Marrakech. Le séisme de 1755, qui dévasta Lisbonne, frappa également Meknès. Des matériaux furent prélevés sur ses monuments pour être utilisés ailleurs. Ce n'est que durant les dernières décennies, avec l'essor du tourisme, qu'une restauration sérieuse de son patrimoine architectural a été entreprise.

Le début du protectorat, en 1912, dynamisa la ville, qui devint le quartier général de l'armée française. Des colons français s'installèrent sur les terres fertiles des alentours. Après l'indépendance (1956), elles furent récupérées par le gouvernement marocain et louées à des agriculteurs locaux.

À voir

MÉDINA

Cœur de la médina, la place el-Hedim fait face à Bab el-Mansour. Édifiée par Moulay Ismaïl et utilisée à l'origine pour les annonces royales et les exécutions publiques, cette place est un bon endroit où s'asseoir et regarder les enfants jouer au ballon, les camelots vendre des remèdes miracles et les familles en promenade. Il s'y passe toujours quelque chose, et l'on sent que la municipalité aimerait en faire un équivalent local de la place Djemaa el-Fna de Marrakech. Sur un côté, la place est bordée de cafés et restaurants. Un excellent marché alimentaire couvert est installé derrière.

Au sud, la porte monumentale de Bab el-Mansour mène à la cité impériale de Moulay Ismaïl. Les ruelles de l'ancien mellah se regroupent dans l'ouest de la médina ; remarquez les anciennes maisons avec balcons, typiques du quartier juif. L'accès le plus simple vers les souks est l'arche à gauche du musée Dar Jamaï, au nord de la place el-Hedim. Dirigez-vous vers le nord et vous vous retrouverez bientôt parmi les stands de souvenirs et les boutiques de tapis.

Marchés MARCHÉS

(carte p. 328). La ville compte de nombreux *kisaria* (marchés couverts). Certains sont consacrés aux textiles, qui sont vendus aux enchères le dimanche matin. Le **marché Okchen** est spécialisé dans les belles broderies. Dans la rue Najjarine, vous passerez devant les échoppes de babouches colorées et la **kisaria ad-Dahab,** le souk des bijoux. Derrière les remparts, vous trouverez un souk pittoresque, vendant des épices, des herbes et des fruits secs, ainsi qu'un **marché aux puces** animé.

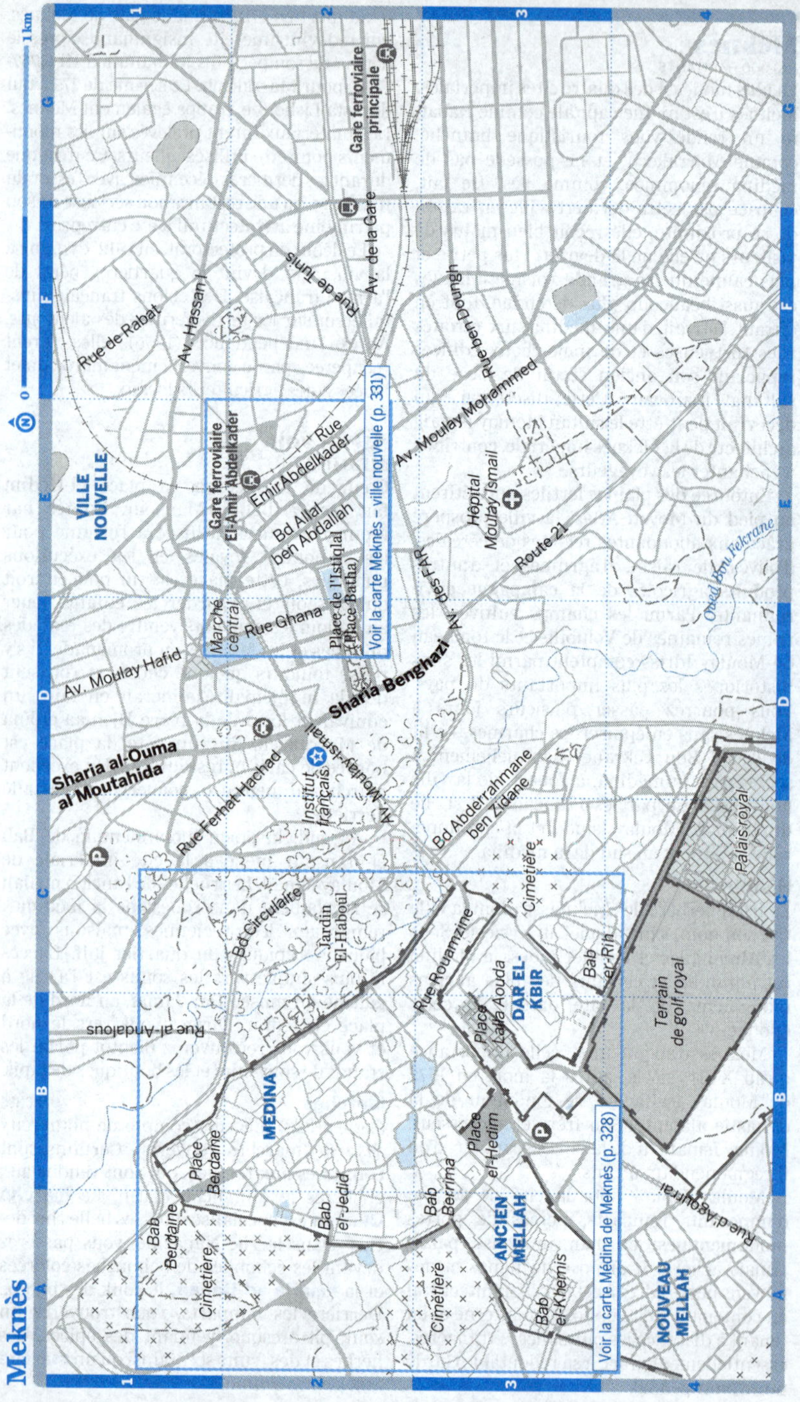
Meknès
0
1 km
Rue de Rabat
Av. Hassan I
Rue de Tunis
Av. de la Gare
Gare ferroviaire principale
VILLE NOUVELLE
Gare ferroviaire El-Amir Abdelkader
Rue Emir Abdelkader
Bd Allal ben Abdallah
Av. Moulay Mohammed
Rue ben Dough
Hôpital Moulay Ismail
Route 21
Oued Bou Fekrane
Marché central
Rue Ghana
Place de l'Istiqlal (Place Batha)
Voir la carte Meknès – ville nouvelle (p. 331)
Av. Moulay Hafid
Sharia al-Ouma al Moutahida
Sharia Benghazi
Av. des FAR
Rue Ferhat Hachad
Institut français
Av. Moulay Ismail
Bd Abderrahmane ben Zidane
Palais royal
Bd Circulaire
Jardin El-Haboul
Cimetière
Rue Rouamzine
Place Lalla Aouda
DAR EL-KBIR
Bab er-Rih
Terrain de golf royal
Rue al-Andalous
MÉDINA
Place Berdaine
Bab Berdaine
Cimetière
Bab el-Jedid
Bab Berrima
Place el-Hedim
ANCIEN MELLAH
Bab el-Khemis
Cimetière
NOUVEAU MELLAH
Rue d'Agourrai
Voir la carte Médina de Meknès (p. 328)

Musée Dar Jamaï MUSÉE

(carte p. 328 ; ☎0555 53 08 63 ; pl. el-Hedim ; 10 Dh ; ⏲9h-12h et 15h-18h30 mer-lun). Dominant la place el-Hedim, Dar Jamaï est un palais construit en 1882 par la puissante famille Jamaï, dont deux représentants furent vizirs du sultan Moulay el-Hassan Ier. À la mort du sultan en 1894, la famille tomba en disgrâce et perdit tous ses biens, y compris ce palais qui passa aux mains de la puissante famille al-Glaoui. Les Français le transformèrent en hôpital militaire en 1912.

Depuis 1920, le palais abrite l'administration des Beaux-Arts et l'un des plus beaux musées du pays. Les collections comprennent des céramiques, des bijoux, des tapis traditionnels, ainsi que de superbes tissus et broderies. Remarquez les selles en brocart et de ravissantes broderies meknassies (dont d'extraordinaires kaftans brodés d'or et d'argent). À l'étage, la koubba (sanctuaire coiffé d'une coupole) abrite un salon classique, avec tapis et coussins luxueux. Le musée présente également une belle collection de tapis anciens, de différents styles régionaux.

Bien conçues, les expositions comportent des explications en français et en arabe. Un paisible jardin andalou et une cour ombragée d'orangers invitent à la détente après la visite.

Médersa Bou Inania ÉCOLE RELIGIEUSE

(carte p. 328 ; rue Najjarine ; 10 Dh ; ⏲9h-12h et 15h-18h). Sise face à la grande mosquée, cette école se distingue par le raffinement de sa décoration intérieure, typique des monuments mérinides. Achevée en 1358 par Bou Inan (dont une médersa de Fès plus somptueuse porte le nom), cette médersa comprend tous les éléments des styles décoratifs classiques : zelliges à la base, stucs ouvragés au-dessus et plafond en olivier sculpté.

Les élèves de huit à dix ans vivaient à deux dans les cellules du rez-de-chaussée, tandis que les étudiants plus âgés et les enseignants occupaient le premier étage. Vous pouvez grimper sur le toit pour admirer les tuiles vertes du toit et du minaret de la grande mosquée voisine ; le reste de la médersa est fermé aux non-musulmans.

Mausolée de Sidi ben Aïssa MAUSOLÉE

(carte p. 328). Ce mausolée, restauré il y a peu, est fermé aux non-musulmans. Sidi ben Aïssa fonda une étrange confrérie religieuse, pratiquant l'automutilation et prônant l'insensibilité aux morsures de serpent ! Ses adeptes viennent du monde entier en avril et en juillet.

CITÉ IMPÉRIALE

Bab el-Mansour PORTE

(carte p. 328). Dominant la place el-Hedim, Bab el-Mansour est la plus imposante des portes impériales marocaines. Bien conservée, elle est ornée de somptueux zelliges (un peu délavés) et surmontée d'inscriptions. Elle fut achevée en 1732 par le fils de Moulay Ismaïl, Moulay Abdallah. On ne passe pas par la *bab* elle-même (parfois ouverte pour des expositions), mais par une porte latérale, sur la gauche.

Mausolée de Moulay Ismaïl MAUSOLÉE

(carte p. 328 ; dons bienvenus ; ⏲8h30-12h et 14h-18h sam-jeu). La sépulture du sultan qui fit de Meknès sa capitale au XVIIe siècle se tient à la diagonale de la koubba as-Soufara'. L'importance de Moulay Ismaïl dans l'histoire marocaine fait que le sanctuaire est ouvert aux non-musulmans. On entre par une série de cours paisibles et austères, censées favoriser le calme et l'humilité des visiteurs, un but difficile à atteindre avec les bus remplis de touristes. La somptueuse salle funéraire offre un contraste saisissant et illustre le meilleur de l'artisanat marocain. Les photos sont autorisées, mais les non-musulmans ne peuvent pas approcher le tombeau.

Koubbat as-Soufara' MONUMENT

(carte p. 328 ; 10 Dh ; ⏲9h-12h et 15h-18h). Au sud de Bab el-Mansour s'étend le *mechouar* (place d'armes), aujourd'hui appelé place Lalla Aouda, où Moulay Ismaïl passait en revue sa fameuse Garde noire. Ayant fait venir 16 000 esclaves d'Afrique noire, Moulay Ismaïl en fit une troupe d'élite, procurant des femmes à ces soldats dont les enfants étaient élevés pour servir dans cette garde. À la mort du sultan, la Garde noire avait décuplé ses effectifs. Elle s'était illustrée dans de nombreux combats, réussissant à réprimer les rébellions internes, à chasser les puissances européennes du nord du pays et à repousser la menace ottomane venue d'Algérie.

En suivant la rue qui contourne la place sur la droite, vous arriverez à une pelouse et à un petit édifice, la koubba as-Soufara', l'ancienne salle de réception des ambassadeurs étrangers. À côté de l'entrée, une rampe descend dans une vaste crypte. Contrairement à la légende que colportent les guides, ce sombre et sinistre réseau de salles servait d'entrepôt pour les réserves de nourriture et non pas de prison pour des esclaves chrétiens au service de Moulay Ismaïl. Munissez-vous d'une lampe torche.

Médina de Meknès

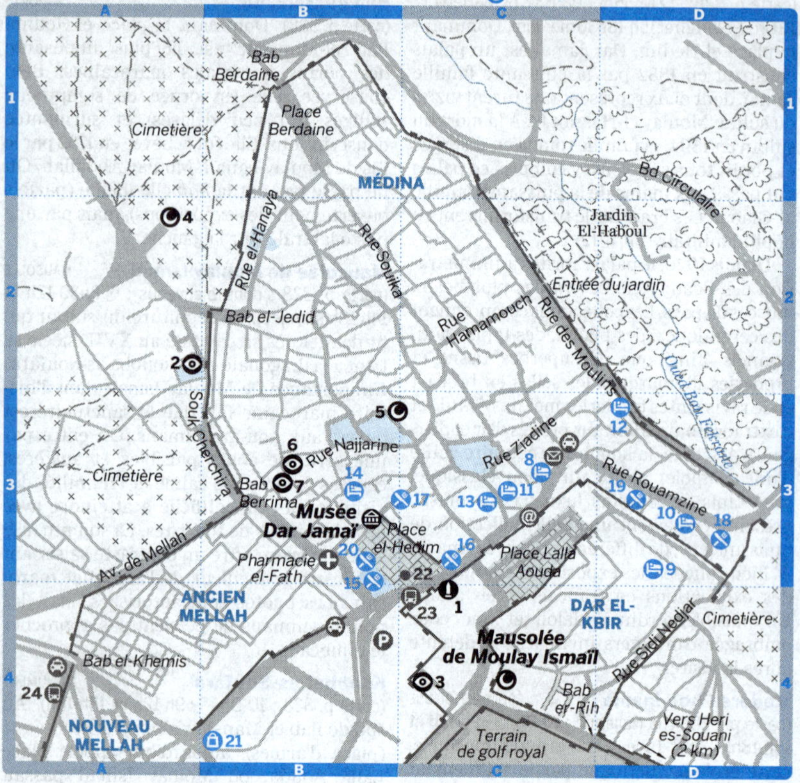

Heri es-Souani

RUINES

(10 Dh ; ⌚9h-12h et 15h-18h30). À près de 2 km au sud-ouest du mausolée, les immenses greniers et étables de Moulay Ismaïl, Heri es-Souani, ont été ingénieusement conçus. Les petites fenêtres, les murs épais et des conduits d'eau souterrains conservaient une température fraîche et une ventilation permanente. Le bâtiment pouvait accueillir 12 000 chevaux et leur nourriture, et Moulay Ismaïl les considérait comme l'une de ses plus belles réussites architecturales.

Le toit s'est effondré depuis longtemps, mais les premières voûtes ont été restaurées. Bien qu'impressionnantes, elles sont trop éclairées et mieux vaut explorer les coins plus sombres pour retrouver l'ambiance d'origine. Au-delà, des rangées de voûtes plus ou moins en ruine se succèdent sur une immense superficie.

En été, une longue marche en plein soleil conduit du mausolée de Moulay Ismaïl à Heri es-Souani et mieux vaut prendre un taxi ou une calèche. Si vous préférez marcher, suivez la route au sud du mausolée entre les hauts murs, passez devant l'entrée principale du palais royal (fermé au public) et un terrain de camping, et continuez tout droit jusqu'à l'entrée du site.

Bassin d'Agdal

LAC

Au nord du Heri es-Souani s'étend un gigantesque lac bordé de pierre, le bassin de l'Agdal. Alimenté par un complexe système de canaux de quelque 25 km de long, il servait à la fois de réservoir pour les jardins du sultan et de pièce d'eau d'agrément. Autour, de nombreux bancs permettent de se reposer et une immense statue d'un marchand d'eau évoque celles de Giacometti.

☞ Circuits organisés

Comparée à celles de Fès et de Marrakech, la médina de Meknès s'explore facilement. Si vous manquez de temps ou si vous

Médina de Meknès

Les incontournables

Musée Dar Jamaï ... B3
Mausolée de Moulay Ismaïl ... C4

À voir

1 Bab el-Mansour ... C4
2 Marché aux puces ... A2
3 Koubbat as-Soufara' ... C4
4 Mausolée de Sidi ben Aïssa ... A2
5 Médersa Bou Inania ... B3
6 Marché Okchen ... B3
7 Qissariat ad-Dahab ... B3

Où se loger

8 Hôtel Regina ... C3
9 Maison d'Hôtes Riad ... D3
10 Maroc Hôtel ... D3
11 Riad d'Or ... C3
12 Riad Lahboul ... D3
13 Riad Safir ... C3
14 Ryad Bahia ... B3

Où se restaurer

15 Marché couvert ... B3
Dar Sultana ... (voir 14)
16 Pavillon des Idrissides ... C3
17 Restaurant Mille et Une Nuits ... C3
18 Restaurant Oumnia ... D3
Restaurant Riad ... (voir 9)
19 Snacks de la rue Rouamzine ... D3
Ryad Bahia ... (voir 14)
20 Stands de sandwichs ... B3

Achats

21 Centre artisanal ... B4
Pavillon des Idrissides ... (voir 16)
Stands de poteries ... (voir 15)

Transports

22 Calèches ... C3
23 Bus urbains ... C4
24 Principale gare routière ... A4

souhaitez en avoir un aperçu plus local, louez les services d'un guide officiel auprès de l'office du tourisme pour 250 Dh par jour. Aux abords du mausolée de Moulay Ismaïl, des circuits guidés de la cité impériale en calèche reviennent à 150 Dh les 2 heures.

Fêtes et festivals

L'un des plus grands *moussem* du pays a lieu la veille du Moulid (vers février pour ce qui est de la présente édition de ce guide) au mausolée de Sidi ben Aïssa, en dehors des remparts de la médina. Les membres de cette confrérie soufie sont connus pour les transes qui les rendent insensibles à la douleur ; les démonstrations publiques d'ingestion de verre, de morsures de serpent et de percements rituels sont désormais interdites (vous en verrez des photos dans la ville). Cette fête religieuse demeure animée et populaire et s'accompagne de fantasias (charges de cavaliers tirant au mousquet), de foires, de chants et de danses.

Où se loger

La plupart des hébergements se situent dans la ville nouvelle, à l'exception d'une poignée d'établissements très bon marché et de quelques riads charmants.

MÉDINA

La plupart des hôtels bon marché de la vieille ville sont installés dans les rues Dar Smen et Rouamzine. En haute saison et lors des grandes fêtes, ils se remplissent rapidement ; mieux vaut arriver tôt le matin ou réserver.

Ryad Bahia RIAD €€
(carte p. 328 ; ☎0535 55 45 41 ; www.ryad-bahia.com ; Derb Sekkaya, Tiberbarine ; ch avec petit-déj 670 Dh, ste 950-1 200 Dh ; ❄📶). Ce charmant riad, à deux pas de la place el-Hedim, appartient à la même famille depuis qu'un de ses ancêtres devint juge pour Moulay Ismaïl, au XVIIe siècle : vous pourrez même dormir dans la chambre où est né l'actuel propriétaire, ou dans celle du toit-terrasse, qui ressemble à la grotte d'Aladin. L'entrée principale débouche sur une cour et un excellent restaurant, et l'ensemble donne une impression d'espace. Les chambres sont jolies, restaurées avec soin, et les propriétaires, grands voyageurs eux-mêmes, adorent parler voyage ou guider leurs clients dans la médina.

Riad Safir PENSION €€
(carte p. 328 ; ☎0535 53 47 85 ; www.riadsafir.com ; 1 Derb Lalla Alamia ; ch 550-750 Dh, ste 770-1 430 Dh ; ❄📶). Plaisante et intime, cette pension se divise en deux parties. Le riad d'origine est un lieu accueillant où l'on préfère, aux zelliges et aux stucs, les tissus et les tapis dans de subtils tons crème et orangé, ainsi que les boiseries. La nouvelle partie, qui occupe la maison voisine récemment acquise par l'établissement, arbore un chic ultramoderne, aux couleurs sobres et à la déco stylée. Un contraste inattendu, mais très plaisant.

Maroc Hôtel HÔTEL €
(carte p. 328 ; ☎0535 53 00 75 ; 7 rue Rouamzine ; s/d/tr 100/200/270 Dh). Apprécié de longue date des voyageurs au budget serré, le Maroc améliore son standing au fil des ans et de nos visites. Accueillantes et paisibles, les chambres (avec lavabo) sont simples, et les sdb communes, propres. Une belle terrasse et une cour plantée d'orangers ajoutent à son agrément.

Riad Lahboul PENSION €€
(carte p. 328 ; ☎0535 55 98 78 ; www.riadlahboul.com ; 6 Derb Ain Sefli, Rouamzine ; s/d à partir de 610/780 Dh ; ❄📶). Une pension idéale pour les familles, tenue par un couple anglo-marocain. L'entrée se fait par un salon au style marocain. À l'étage, les 7 chambres sont confortables (bien que quelques-unes soient un peu exiguës). La cuisine y est excellente et son emplacement, à la limite de la médina et en face du jardin el Haboul, permet d'échapper au tohu-bohu de la ville.

Maison d'Hôtes Riad RIAD €€
(carte p. 328 ; ☎0535 53 05 42 ; www.riad-meknes.com ; 79 Ksar Chaacha, Dar el-Kabir ; ch avec petit-déj 650-750 Dh ; ❄📶🏊). Installé dans une partie du ksar Chaacha, l'ancien palais de Moulay Ismaïl du XVIIe siècle, ce riad comporte 6 chambres au décor raffiné, mêlant tradition et modernité, ainsi que des éléments insolites, comme une collection de masques africains ou un mur couvert de vieux postes de radio et d'horloges. Ce riad est également renommé pour sa cuisine, servie dans différents salons. Vous pourrez aussi vous détendre près de la belle piscine et du jardin de cactus.

Riad d'Or PENSION €€
(carte p. 328 ; ☎0641 07 86 25 ; www.riaddor.com ; 17 Derb el Anboub ; ch 550-900 Dh ; ❄📶🏊). Véritable labyrinthe, cette maison ancienne reconvertie compte 14 chambres installées autour de cours et d'escaliers cachés. Certaines, pouvant accueillir 4 personnes ou plus, sont d'un très bon rapport qualité/prix ; pensez à vous renseigner avant de réserver. Autre surprise de taille : la piscine nichée sur l'un des toits-terrasses du riad.

Hôtel Regina HÔTEL €
(carte p. 328 ; ☎0535 53 02 80 ; 19 rue Dar Smen ; s/d/tr 70/100/130 Dh, douche 5 Dh). Très bon marché, cet hôtel défraîchi n'est pas exempt de charme. Les chambres spartiates donnent sur une cour centrale, qui procure un peu d'espace. L'eau chaude n'est pas garantie dans les douches.

VILLE NOUVELLE

La ville nouvelle possède quelques adresses bon marché convenables, ainsi que des établissements plus coûteux.

♥ **Hôtel Majestic** HÔTEL €
(carte p. 331 ; ☎0535 52 20 35 ; 19 av. Mohammed V ; s/d 159/210 Dh, avec douche 231/322 Dh). Ouvert depuis 1937, le Majestic est l'un des plus beaux édifices Art déco de Meknès. Ses boiseries sombres et son éclairage d'origine lui confèrent beaucoup de cachet. Il offre un bon choix de chambres (toutes avec lavabo), une cour paisible, un toit-terrasse et un accueil chaleureux. Difficile de trouver mieux dans cette catégorie.

Hôtel Palace HÔTEL €
(carte p. 331 ; ☎0535 40 04 68 ; fax 055 40 14 31 ; 11 rue Ghana ; s/d 180/230 Dh). Derrière une façade austère se cache un hôtel d'un très bon rapport qualité/prix, aux chambres claires et spacieuses avec sdb, dont beaucoup dotées d'un balcon. Les canapés en mezzanine invitent à la détente. Il affiche souvent complet et mieux vaut téléphoner avant de venir.

Hôtel Ouislane HÔTEL €
(carte p. 331 ; ☎0535 52 48 28 ; 54 rue Allal ben Abdallah ; s/d 205/242 Dh). Autre adresse correcte et propre dans le haut de la catégorie petits budgets, l'Ouislane possède de grandes chambres lumineuses, avec sdb. S'il n'a rien d'exceptionnel, il présente un bon rapport qualité/prix.

Hôtel Volubilis HÔTEL €
(carte p. 331 ; ☎0535 52 50 82 ; av. des FAR ; s/d 228/270 Dh). Cet hôtel propose des chambres convenables avec sdb. Évitez celles en façade donnant sur l'artère principale, bruyante toute la nuit.

Hôtel Bab Mansour HÔTEL €
(carte p. 331 ; ☎0535 52 52 39 ; hotel_bab_mansour@menara/ma ; 38 rue Emir Abdelkader ; s/d 397/521 Dh ; ❄📶). Confortable mais sans grand caractère, le Bab Mansour est bien tenu et offre toutes les prestations attendues d'un hôtel touristique. La célèbre porte est reproduite sur les carrelages des sdb, qui n'ont pas la grâce des fameux zelliges.

Hôtel Akouas HÔTEL €
(carte p. 331 ; ☎0535 51 59 67 ; 27 rue Emir Abdelkader ; s/d 341/422 Dh ; ❄🏊). Tenu par une famille, cet accueillant trois-étoiles est un peu plus "couleur locale" que ses concurrents. Il pratique des prix justifiés pour ses chambres de taille moyenne, modernes et bien aménagées, et comprend un restaurant correct et une discothèque.

Hôtel de Nice HÔTEL €

(carte p. 331 ; ☎0535 52 03 18 ; www.hoteldenice-meknes.com ; angle rue Accra et rue Antserapé ; s/d 405/505 Dh, petit-déj 48 Dh ; ❄). Moderne et efficace, cet établissement continue de se distinguer par sa qualité, son service et des prix raisonnables compte tenu des prestations. Les chambres, de bonnes dimensions, sont joliment décorées. L'hôtel possède également un bar et un restaurant.

Hôtel Rif HÔTEL €€

(carte p. 331 ; ☎0535 52 25 91 ; hotel_rif@menara.ma ; rue Accra ; s/d 650/750 Dh ; ❄📶≋). Le Rif est un hôtel fiable dans la catégorie moyenne. Un ton légèrement moderniste préside au cadre intérieur et la façade en béton chocolat n'a pas changé. Le bar surplombe la piscine dans la cour, ce qui n'incite pas les femmes à s'y baigner.

Hôtel Malta HÔTEL €€

(carte p. 331 ; ☎0535 51 50 20 ; www.hotel-malta.ma ; 3 rue Charif Idrissi ; s/d 650/850 Dh ; ❄📶). Le Malta offre un service d'une qualité un peu plus haute que la plupart des établissements de catégorie moyenne de Meknès. Les chambres, spacieuses, ne présentent pas un design très original, mais elles sont confortables. On y trouve aussi la TV sat et un magnifique piano-bar.

Meknès – ville nouvelle

Où se loger

1 Hôtel Akouas D3
2 Hôtel Bab Mansour D3
3 Hôtel de Nice A2
4 Hôtel Majestic C2
5 Hôtel Malta A1
6 Hôtel Ouislane C3
7 Hôtel Palace A2
8 Hôtel Rif A2
9 Hôtel Volubilis D3

Où se restaurer

10 Marché central A1
11 Le Dauphin B1
12 Le Pub B2
13 Restaurant Marhaba C2
14 Palais de Poulet A2
15 Pizzeria le Four C2
16 Restaurant Gambrinus A1
17 Restaurant Pizza Roma B2

Où prendre un verre

18 Café Opéra B1
19 Café Tulipe C1
20 Les Palmiers d'Aziza B1

Renseignements

21 Carlson Wagonlit A2
22 RAM B1

Meknès – ville nouvelle

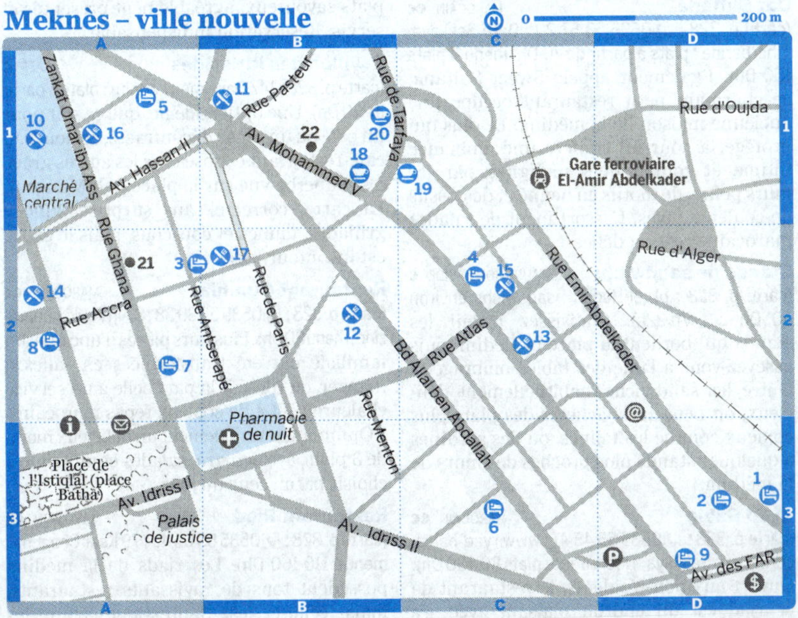

MOULAY ISMAÏL

Peu d'hommes ont autant marqué l'histoire d'un pays que le sultan Moulay Ismaïl (1672-1727). Originaire des plaines de la région de Tafilalet, il appartenait à une famille de chérifs (descendants de Mahomet), un apanage dont continue de se prévaloir la monarchie actuelle.

La rudesse autant que l'ascendance noble étaient indispensables pour devenir sultan. Succédant sur le trône à son frère Moulay er-Rashid, Moulay Ismaïl entreprit de mettre un terme aux revendications de ses 83 frères et demi-frères en faisant assassiner, le jour de son intronisation, tous ceux qui refusaient de reconnaître son pouvoir. Il poursuivit cette politique sanguinaire par des expéditions militaires dans le Sud, les montagnes du Rif et l'arrière-pays algérien, soumettant la majeure partie du pays. Il parvint même à contrôler les pirates de Salé, taxant fortement leur butin pour remplir les coffres de l'empire.

La paix assurée, Moulay Ismaïl se retira dans sa capitale, Meknès, et commença à construire son grandiose palais impérial, pillant le pays pour récupérer les plus beaux matériaux. Il fit également édifier des citadelles, des casbahs et de nombreuses villes nouvelles. Cet épanouissement culturel fut le dernier âge d'or du Maroc.

Se considérant comme un grand amoureux, Moulay Ismaïl demanda la main de la fille de Louis XIV. Le refus du roi de France ne l'empêcha pas d'avoir des centaines d'enfants, mais il n'eut pas la sagesse d'organiser sa succession. À sa mort, le sultanat fut en proie à une série de luttes intestines, dont les Alaouites ne parvinrent jamais à se remettre.

Toutefois, l'héritage de Moulay Ismaïl constitua les fondations du royaume chérifien. Il chassa les Britanniques de Tanger, soumit les tribus berbères et reprit aux Espagnols la majeure partie de leurs possessions marocaines. Il sema les graines de l'actuelle monarchie et, sous sa férule, naquit l'entité cohérente qui allait devenir le Maroc moderne.

Où se restaurer

MÉDINA

Dar Sultana MAROCAIN €€
(carte p. 328 ; ☎0535 53 57 20 ; Derb Sekkaya, Tiberbarine ; plats à partir de 70 Dh, menu 3 plats 150 Dh). Également appelé Sweet Sultana, ce charmant petit restaurant occupe une ancienne maison de la médina. Le dais qui protège la cour lui confère une ambiance intime et romantique, soulignée par les murs peints de motifs au henné et des tissus de couleurs vives. L'assortiment de salades marocaines est un délice.

Stands de sandwichs RESTAURATION RAPIDE €
(carte p. 328 ; pl. el-Hedim ; sandwichs environ 30 Dh ; ⌚7h-22h). Choisissez parmi les stands qui bordent la place el-Hedim, puis asseyez-vous à l'une des tables ombragées. Outre les sandwichs, habituellement délicieux, on peut aussi acheter des plats plus copieux comme les tajines, ou des sardines à quelques stands plus proches des murs de la médina.

Ryad Bahia MAROCAIN €€
(carte p. 328 ; ☎0535 55 45 41 ; www.ryad-bahia.com ; Derb Sekkaya, Tiberbarine ; plats 80-100 Dh). Ouvert aux non-résidents, le restaurant de ce riad est un endroit plaisant avec ses tables disposées dans la cour. La carte, typiquement marocaine, comporte des plats savoureux, agréablement présentés et servis. Réservation indispensable.

Pavillon des Idrissides CAFÉ €
(carte p. 328 ; 147 Dar Smen Lahdim ; plats à partir de 50 Dh). Une option idéale, que ce soit pour un café ou un repas décontracté, ce nouveau café-restaurant éclipse tous les autres grâce à sa superbe vue sur la place Bab Mansour. La carte, correcte sans surprise, affiche grillades, tajines et couscous, mais le cadre est incontournable.

Restaurant Oumnia MAROCAIN €€
(carte p. 328 ; ☎0535 53 39 38 ; 8 Ain Fouki Rouamzine ; menu 80 Dh). Plusieurs pièces d'une maison familiale ont été transformées en salles à manger, où l'on fait la part belle à un service chaleureux et à de copieux repas marocains. L'Oumnia sert uniquement un délicieux menu de 3 plats, avec *harira*, salades et un tajine à choisir parmi ceux du jour.

Restaurant Riad MAROCAIN €€
(carte p. 328 ; ☎0535 53 05 42 ; 79 Ksar Chaacha ; menus 110-160 Dh). Les riads de la médina possèdent tous de ravissants restaurants, mais celui-ci est fantastique pour les

non-résidents. Installé dans une cour verdoyante, il invite à la détente en dégustant salades, tajines ou couscous, simples et excellents. Le service attentif constitue un atout supplémentaire.

Snacks de la rue Rouamzine RESTAURATION RAPIDE €
(carte p. 328 ; rue Rouamzine ; repas 30-50 Dh ; 11h-22h). Proche des hôtels bon marché à la lisière de la médina, cette rue est bordée de petits établissements qui servent sandwichs, kebabs, tajines, poulet grillé, jus de fruits et glaces.

Restaurant Mille et Une Nuits MAROCAIN €
(carte p. 328 ; 0535 55 90 02 ; près pl. el-Hedim ; plats 45-85 Dh). Facile à repérer près de la place el-Hedim, cette ancienne maison ressemble à un "restaurant-palais" et propose tous les grands classiques de la cuisine marocaine à des prix raisonnables.

Marché couvert FAIRE SON MARCHÉ €
(carte p. 328 ; pl. el-Hedim). Meilleur endroit pour les produits frais de qualité, le marché couvert mérite la visite pour ses étals couverts de pyramides de pâtisseries, de dattes, de fruits secs, d'olives et de citrons confits. Les plus sensibles éviteront la machine à plumer les volailles, au fond de la halle.

VILLE NOUVELLE

Restaurant Marhaba MAROCAIN €
(carte p. 331 ; 23 av. Mohammed V ; tajine 25 Dh ; 12h-22h). De style cantine, ce restaurant chaleureux et bon marché ne désemplit pas en soirée. Choisissez un tajine, ou contentez-vous d'un bol de *harira* et d'une assiette de *makoda* (beignets de pommes de terre), avec du pain et des œufs durs, pour moins de 15 Dh. Nous vous mettons au défi de trouver mieux pour moins cher !

Restaurant Gambrinus MAROCAIN €
(carte p. 331 ; 0535 52 02 58 ; Zankat Omar ibn Ass ; plat environ 50 Dh, menu 70 Dh). Un restaurant au décor pittoresque, réputé pour sa cuisine marocaine, bien qu'il ait été fondé par un immigrant tchèque en 1914. Les habitants l'apprécient de longue date pour son excellent choix de tajines.

Le Dauphin EUROPÉEN €€
(carte p. 331 ; 0535 52 34 23 ; 5 av. Mohammed V ; plats 75-120 Dh, menu 150 Dh). Derrière une façade quelconque se cachent une salle à manger française et un charmant jardin qui font de ce restaurant l'un des plus séduisants de la ville. La carte occidentale comprend d'excellents plats de viande et de poisson. L'établissement sert de l'alcool.

Le Pub FUSION €€
(carte p. 331 ; 0535 52 42 47 ; 20 bd Allal ben Abdallah ; plats 75-150 Dh ; 11h-24h). Si les fenêtres aux vitres sombres et les videurs à l'entrée surprennent, Le Pub offre une alternative bienvenue aux sempiternels tajines. La carte comporte deux parties, l'une proposant des plats occidentaux, l'autre des plats chinois et thaïs avec une touche marocaine. Nous avons préféré les seconds, bien que les grillades soient également bonnes. L'établissement sert de l'alcool.

Palais du Poulet RESTAURATION RAPIDE €
(carte p. 331 ; rue Tétouan ; plats à partir de 25 Dh, salades 15 Dh). Entre l'Hôtel Rif et l'avenue Hassan II, plusieurs rôtisseries bon marché, dont celle-ci, servent rapidement poulet-frites avec salade et pain. Passez commande à table et payez à la caisse, à l'intérieur.

Restaurant Pizza Roma PIZZA €
(carte p. 331 ; rue Accra ; plats à partir de 20 Dh). Comme son nom ne le suggère pas, ce restaurant sans prétention, apprécié d'une clientèle féminine, propose de copieuses assiettes de poulet rôti avec riz et frites.

Pizzeria le Four ITALIEN €
(carte p. 331 ; 0535 52 08 57 ; 1 rue Atlas ; pizzas 40-60 Dh, plats 65-85 Dh). Bonne adresse pour une pizza. Le bois sombre et les briques évoquent irrésistiblement l'Italie. L'établissement sert de l'alcool et, en fin de soirée, des clients éméchés perturbent parfois l'ambiance. Une taxe de service élevée s'ajoute à l'addition.

Marché central FAIRE SON MARCHÉ €
(carte p. 331 ; av. Hassan II). Bonne adresse pour faire ses courses dans la ville nouvelle, avec des stands de produits frais, des boutiques de spiritueux et des denrées importées.

Où prendre un verre

Un adage populaire affirme que Meknès compte plus de bars que n'importe quelle autre ville marocaine. Si vous souhaitez boire rapidement une bière Flag, vous aurez l'embarras du choix, du moins dans la ville nouvelle. De nombreux bars sont regroupés autour du boulevard Allal ben Abdallah, mais ils sont généralement peu engageants, enfumés et plus que déconseillés aux femmes.

Les bars des hôtels cités dans la rubrique *Où se loger* sont plus fréquentables, de même que les restaurants répertoriés ci-dessus et servant de l'alcool. Le Pub (ci-dessus) est l'un des endroits les plus plaisants pour prendre un verre : installez-vous dans un fauteuil confortable ou au bar, ou bien descendez au sous-sol pour fumer une chicha en écoutant de la musique live le week-end.

Spécialité de Meknès, la *marakchia* est une sorte d'éclair, garni de crème et couvert de chocolat. Pour vous détendre dans un café, rendez-vous dans la ville nouvelle, notamment dans l'avenue Mohammed V et alentour, ou dans la zone piétonne autour du cinéma Caméra. Les femmes peuvent fréquenter les établissements suivants :

Les Palmiers d'Aziza CAFÉ
(carte p. 331 ; 9 rue de Tarfaya). Reconnaissable à sa façade rose vif, ce café fréquenté offre plusieurs options : un jardin ensoleillé, des tables près d'un appétissant comptoir de pâtisseries et une terrasse couverte à l'étage, à l'abri des regards et prisée des jeunes couples. Les glaces et les jus de fruits mixés sont excellents.

Café Tulipe CAFÉ
(carte p. 331 ; rue de Tarfaya). Près de l'artère principale, il comporte une grande terrasse ombragée et une salle moderne. C'est l'un des cafés les plus plaisants pour s'attarder une heure ou deux.

Café Opéra CAFÉ
(carte p. 331 ; 7 av. Mohammed V). Spacieux et désuet, ce grand café est une institution où les hommes viennent siroter un thé à la menthe. La terrasse est idéale pour un petit-déjeuner en regardant l'animation de la rue.

☆ Où sortir

Institut français (carte p. 326 ; ☎0535 51 58 51 ; inst.fr.mek@aim.net.ma ; rue Ferhat Hachad ; ⏲8h30-12h et 14h30-18h30 lun-sam). Centre de la vie culturelle à Meknès, avec des films, des pièces de théâtre, des concerts et des expositions.

Achats

Moins vastes que ceux de Fès ou de Marrakech, les souks de Meknès sont bien plus détendus et l'on peut y flâner paisiblement à la recherche de souvenirs. Le damasquinage à l'argent est une spécialité de la ville. Vous y trouverez donc beaucoup d'objets en métal incrusté de filets d'argent.

Centre artisanal ART ET ARTISANAT
(carte p. 328 ; av. Zine el-Abidine Riad ; ⏲9h-13h et 15h-19h lun-sam). L'endroit est idéal pour se faire une idée des objets proposés et des tarifs. On y vend en effet de l'artisanat de qualité à prix fixes.

Stands de poteries ART ET ARTISANAT
(carte p. 328). Sur le côté ouest de la place el-Hedim.

Pavillon des Idrissides ART ET ARTISANAT
(carte p. 328). Le rez-de-chaussée, à visiter, est consacré à des expositions d'artisanat.

ℹ Renseignements

Accès Internet

Cyber Bab Mansour (carte p. 328 ; Zankat Accra ; 6 Dh/h ; ⏲9h-24h)

Quick Net (carte p. 331 ; 28 rue Emir Abdelkader ; 6 Dh/h ; ⏲9h-22h)

Agences de voyages

Carlson Wagonlit (carte p. 331 ; ☎0535 52 19 95 ; 1 rue du Ghana). Pour les billets de bus, d'avion et de ferry.

RAM (carte p. 331 ; ☎0535 52 09 63 ; 7 av. Mohammed V). Vend des billets de toutes les grandes compagnies aériennes.

Argent

De nombreuses banques, dotées de DAB, sont installées dans la ville nouvelle (en particulier dans les avenues Hassan II et Mohammed V) et dans la médina (rue Sekkakine).

BMCE (carte p. 331 ; 98 av. des FAR ; ⏲10h-13h et 16h-19h). Un bureau de change aux horaires étendus dans le sud-est de la ville nouvelle.

Office du tourisme

Délégation régionale du tourisme (carte p. 331 ; ☎0535 52 44 26 ; pl. de l'Istiqlal ; ⏲8h30-12h et 14h30-18h30 lun-jeu, 8h-11h30 et 15h-18h30 ven). Des informations touristiques limitées et quelques brochures.

Poste

Poste (carte p. 328 ; rue Dar Smen). Dans la médina.

Poste principale (carte p. 331 ; pl. de l'Istiqlal). Le bureau des colis est dans le même bâtiment, à l'angle dans la rue de Tétouan.

Services médicaux

Hôpital Moulay Ismaïl (carte p. 326 ; ☎0535 52 28 05 ; près de l'av. des FAR)

Pharmacie de nuit (carte p. 331 ; rue de Paris)

Pharmacie el-Fath (carte p. 328 ; pl. el-Hedim)

ℹ Depuis/vers Meknès

Bus

La **gare routière CTM** (carte p. 326 ; ☎0535 52 25 85 ; av. des FAR) se situe à 500 m à l'est du croisement de l'avenue Mohammed V. La gare routière principale (carte p. 328) se tient devant Bab el-Khemis, à l'ouest de la médina ; elle abrite une consigne et les habituels stands d'en-cas.

Parmi les destinations desservies par la CTM figurent Casablanca (90 Dh, 4 heures, 6/jour) via Rabat (55 Dh, 2 heures 30), Fès et Marrakech (160 Dh, 8 heures, 1/jour), Tanger (100 Dh, 5 heures, 3/jour), Oujda (130 Dh, 6 heures, 2/jour) via Taza (70 Dh, 3 heures), Er-Rachidia (130 Dh, 6 heures, 1/jour) et Nador (125 Dh, 6 heures, 3/jour).

Des bus d'autres compagnies, un peu moins chères, partent de la gare routière principale. Achetez les billets aux guichets suivants :

N°5 Rabat et Casablanca (toutes les heures de 6h à 15h)

N°6 Tanger (toutes les heures de 5h à 16h), Tétouan (4/jour), Chefchaouen (3/jour), Ouezzane (5/jour)

N°7 Fès (toutes les heures de 5h à 18h), Taza (4/jour), Oujda (toutes les heures de 4h à 23h30), Nador (5/jour)

N°8 Moulay Idriss (toutes les heures de 8h à 18h)

N°9 Marrakech (7/jour, essentiellement le matin)

Taxi

La principale station de grands taxis (carte p. 328) occupe un terrain vague près de la gare routière, à Bab el-Khemis. Des taxis partent régulièrement pour Fès (18 Dh, 1 heure), Ifrane (24 Dh, 1 heure), Azrou (33 Dh, 1 heure) et Rabat (45 Dh, 1 heure 30), et moins fréquemment pour Taza (70 Dh, 2 heures 30). Les grands taxis à destination de Moulay Idriss (10 Dh, 20 min) stationnent en face de l'Institut français (carte p. 326) ; c'est aussi le bon endroit pour organiser une excursion à Volubilis.

Train

Meknès possède deux gares ferroviaires, la plus pratique étant El-Amir Abdelkader (carte p. 331), à deux pâtés de maisons à l'est de l'avenue Mohammed V. Chaque jour, une douzaine de trains desservent Fès (20 Dh, 45 min). Trois continuent jusqu'à Taza (56 Dh, 3 heures 30) et 2 jusqu'à Oujda (130 Dh, 6 heures 30). Dix trains relient Casablanca (90 Dh, 3 heures 30) via Rabat (65 Dh, 2 heures 15), et 7 trains directs se rendent à Marrakech (174 Dh, 7 heures). Deux trains directs rallient Tanger (80 Dh, 4 heures), mais vous pouvez aussi prendre un train en direction de l'ouest et changer à Sidi Kacem.

Comment circuler

Bus

Des bus urbains, bondés, font la navette entre la médina et la ville nouvelle. Les lignes les plus utiles sont la n°2 (de Bab el-Mansour au boulevard Allal ben Abdallah et retour à la médina par l'avenue Mohammed V) et la n°7 (de Bab el-Mansour à la gare routière de la CTM). Les billets valent 2 Dh.

Taxi

Des grands taxis urbains (des Mercedes gris métallisé au toit noir) relient la ville nouvelle et la médina (2,50 Dh la place ou 15 Dh pour le véhicule). Les petits taxis bleu pâle utilisent leur compteur ; de la gare ferroviaire El-Amir Abdelkader à Bab el-Mansour, comptez environ 8 Dh.

Les calèches constituent un moyen plus touristique d'explorer la médina ; elles attendent place el-Hedim et devant le mausolée de Moulay Ismaïl et demandent environ 70 Dh l'heure.

Environs de Meknès

VOLUBILIS (OUALILI) وليلي

Les ruines romaines de Volubilis se situent au centre d'une plaine fertile, à 33 km au nord de Meknès. Site archéologique le mieux préservé du pays, la cité a été inscrite au patrimoine mondial de l'Unesco en 1997. Ses splendides mosaïques en sont les éléments les plus remarquables.

De Meknès, Volubilis peut facilement se combiner avec Moulay Idriss au cours d'une superbe excursion d'une journée. Les guides qui attendent près de l'entrée proposent de bonnes visites d'une heure pour 140 Dh environ. De nombreux guides officiels de Fès et de Meknès connaissent également le site.

En été, il peut faire terriblement chaud : apportez un chapeau et beaucoup d'eau. Le printemps est idéal, quand les fleurs sauvages s'épanouissent parmi les ruines et que verdoient les champs alentour. Venez tôt le matin ou au coucher du soleil pour profiter du site avec pour seule compagnie l'âne du gardien broutant parmi les ruines. Au crépuscule, les derniers rayons du soleil illuminent les anciennes colonnes, conférant aux lieux une ambiance féerique.

HISTOIRE

Des fouilles ont révélé que le site fut d'abord occupé par des marchands carthaginois au IIIe siècle av. J.-C. L'un des avant-postes les plus lointains de l'Empire romain, Volubilis fut annexée vers l'an 40. Selon certains historiens, Rome imposait un contrôle strict sur ce qui devait ou ne devait pas être produit dans ses possessions nord-africaines, selon les besoins de l'Empire. Il en résulta un déboisement massif et la culture du blé à grande échelle autour de Volubilis. On estime que la cité comptait plus de 20 000 habitants à son apogée. Ses monuments les plus imposants, tels l'arc de triomphe, le capitole, les thermes et la basilique, datent des IIe et IIIe siècles.

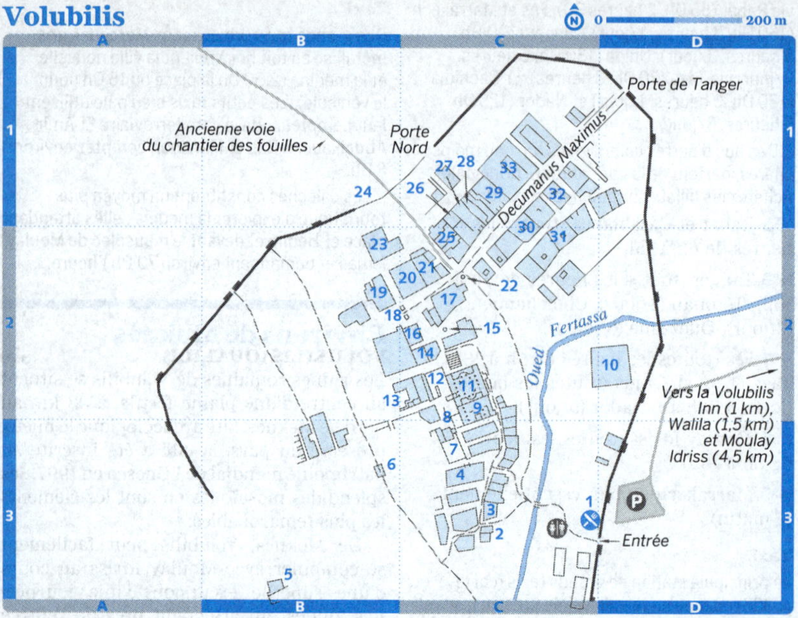

Alors que les tribus berbères voisines commençaient à se rebeller, les Romains abandonnèrent Volubilis vers 280. Cependant, la population de la cité, composée de Berbères, de Grecs, de juifs et de Syriens, continua à parler le latin jusqu'à l'arrivée de l'islam. Au VIIIe siècle, Moulay Idriss y fonda un sanctuaire avant de transférer sa capitale à Fès. Volubilis fut habitée jusqu'au XVIIIe siècle, quand son marbre fut pillé pour construire les palais de Moulay Ismaïl à Meknès et que ses édifices s'effondrèrent à la suite du séisme de Lisbonne en 1755.

À voir

Vestiges romains RUINES

(20 Dh, parking 5 Dh ; 8h-coucher du soleil). Moins de la moitié des 40 ha du site ont été fouillés. Sur place, un important musée présentant les plus beaux objets trouvés à Volubilis est en cours de construction depuis plusieurs années. Malgré les retards qui s'accumulent, il devrait ouvrir ses portes peu de temps après la sortie de ce guide. Jusque-là, les objets mis au jour (notamment quelques beaux bronzes) sont exposés au musée d'Archéologie de Rabat (voir p. 190).

Hormis les bâtiments protégés par des cordes, on peut se promener librement sur le site. À part quelques panneaux, il ne comporte aucune explication et mieux vaut louer les services d'un guide, surtout si vous êtes pressé. Sinon, prévoyez au moins deux heures pour voir l'essentiel et une journée entière pour une découverte approfondie.

Les monuments les plus connus se situent dans la partie nord, mais il est plus pratique de commencer par le sud. Une fois passé l'oued Fertassa, le chemin suit la corniche et passe par le quartier résidentiel.

Volubilis d'autrefois

Bien que cette partie soit la moins intéressante, les **pressoirs à olives** indiquent la principale ressource de l'antique cité, de même que les innombrables oliveraies alentour. Près des pressoirs, les restes d'un **squelette de femme** (supposée musulmane car enterrée face à La Mecque) sont encastrés dans l'un des murs et protégés par une plaque de fer.

Bâtiments

Près de la maison d'Orphée subsistent les vestiges des **thermes de Gallien**. Bien que très détériorés, ils montrent encore le système élaboré de chauffage par le sol des bains romains. En face de la salle d'étuve se trouvent les latrines communes, où les citoyens se soulageaient en bavardant.

La basilique, le capitole et le forum, vaste de 1 300 m², sont, comme toujours, bâtis sur une hauteur. Le **capitole**, dédié à la triade Jupiter, Pluton et Minerve, date de 218. La **basilique** et le **forum** se tiennent juste au nord.

Volubilis

À voir

1	Café	C3
2	Pressoir à olives	C3
3	Squelette de femme	C3
4	Maison d'Orphée	C3
5	Thermes extérieurs	B3
6	Temples jumeaux	B3
7	Thermes de Gallien	C3
8	Pressoir à olives restauré	C2
9	Capitole	C2
10	Temple de Saturne	D2
11	Basilique	C2
12	Forum	C2
13	Boulangerie	C2
14	Maison à l'acrobate	C2
15	Fontaines	C2
16	Maison au chien	C2
17	Thermes du nord	C2
18	Arc de triomphe	C2
19	Maison à l'Éphèbe	C2
20	Maison des Colonnes	C2
21	Maison au Cavalier	C2
22	Fontaines	C2
23	Citerne	B2
24	Mur de Marc-Aurèle	B1
25	Maison des Travaux d'Hercule	C2
26	Maison de Flavius Germanus	C1
27	Maison de Dionysos et des Quatre Saisons	C1
28	Maison du Bain des Nymphes	C1
29	Maison avec une mosaïque d'animaux sauvages	C1
30	Maison des Néréides	C1
31	Maison à Vénus	C2
32	Maison du Bacchus de marbre	C1
33	Palais de Gordien	C1

Les colonnes restaurées de la basilique sont habituellement surmontées de nids de cigognes, une image emblématique de Volubilis. Autour du forum, une série de socles gravés d'inscriptions latines supportaient des statues de personnages illustres. Remarquez aussi la plaque d'égout en pierre sculptée, bel exemple du génie civil romain.

L'**arc de triomphe** en marbre fut érigé en 217 en l'honneur de l'empereur Caracalla et de sa mère, Julia Domna. Surmonté à l'origine d'un char de bronze, il fut reconstruit dans les années 1930, puis les erreurs commises durent être rectifiées dans les années 1960. La butte à l'est offre une vue splendide sur le site.

Maisons à mosaïques

Plus au nord, sur la gauche avant l'arc de triomphe, deux **mosaïques** sont protégées par une corde. L'une d'elles, dans la **maison à l'acrobate** (*desultor*) représente un athlète portant un trophée gagné pour une course acrobatique, au cours de laquelle le cavalier devait sauter de son cheval et remonter sur son dos.

De l'arc de triomphe, la voie cérémonielle, le **Decumanus Maximus**, grimpe la pente vers le nord-est. Les maisons qui la bordent abritent les plus belles mosaïques. La première après l'arc de triomphe, appelée **maison à l'Éphèbe**, recèle une mosaïque de Bacchus dans un char traîné par des panthères.

Vient ensuite la **maison des Colonnes**, ainsi nommée pour les colonnes de sa cour intérieure, de styles différents et certaines en spirale. À côté, la **maison au Cavalier** contient une mosaïque incomplète de Bacchus et Ariane. Ariane, dénudée, a souffert de l'intérêt de ses admirateurs ou des dégradations des puritains.

Les deux maisons suivantes ont été baptisées d'après leurs superbes mosaïques : la **maison des Travaux d'Hercule** et la **maison du Bain des Nymphes**. La première décrit, telle une bande dessinée circulaire, les douze exploits d'Hercule, dont certains auraient eu lieu au Maroc, faisant alors du demi-dieu une figure populaire.

Les plus belles mosaïques sont les dernières. Traversez le Decumanus Maximus, puis dirigez-vous vers un cyprès solitaire qui indique la **maison de Vénus**. Elle renferme deux mosaïques particulièrement belles : l'**Enlèvement d'Hylas par les Nymphes**, une composition érotique représentant l'amant d'Hercule enlevé par deux nymphes superbes, et le **Bain de Diane**, où la déesse, fâchée d'être épiée par le chasseur Actéon, le change en cerf ; la scène montre les bois qui poussent sur la tête d'Actéon avant qu'il ne soit déchiqueté par les chiens de sa propre meute. Une troisième mosaïque provenant de cette maison, *Vénus dans les vagues*, est exposée au musée de la Casbah, à Tanger (p. 239).

Où se loger et se restaurer

Walila — À LA FERME €

(☎0662 52 81 05 ; www.walila.com ; Oualili ; demi-pension 450 Dh ; P). Les séjours à la ferme sont encore méconnus au Maroc, mais cette adresse innove avec succès, en proposant un petit nombre de chambres simples mais agréables. Jouissant d'un cadre magnifique, cette ferme bio possède un verger, un potager et divers animaux. Vous pourrez aider les propriétaires, vous promener à cheval dans la campagne environnante et savourer les fruits et légumes de la ferme au dîner. Cours de cuisine possibles.

Volubilis Inn HÔTEL €€€
(☎0535 54 44 05 ; hotelvolubilisinn@gmail.com ; rte de Meknès ; s/d à partir de 856/996 Dh ; P❄≋). Dominant le site romain, cet immense quatre-étoiles loue des chambres avec vue sur Volubilis et la campagne environnante. Il compte plusieurs terrasses, deux restaurants (plats à partir de 70 Dh) et un bar bruyant. Les parties communes ont plus de cachet que les chambres, un peu aseptisées, et l'ambiance peut laisser à désirer.

Depuis/vers Volubilis

De Meknès, le plus simple et le plus rapide consiste à louer un grand taxi pour l'aller-retour. Une excursion d'une demi-journée revient à 350 Dh, avec 2 heures d'attente sur place et une halte à Moulay Idriss (qui mérite 1 ou 2 jours à lui seul).

Sinon, prenez un grand taxi près de l'Institut français de Meknès jusqu'à Moulay Idriss (10 Dh), puis louez un grand taxi pour rejoindre Volubilis (40 Dh le véhicule). S'il ne fait pas trop chaud, une marche plaisante de 45 minutes conduit de Moulay Idriss à Volubilis.

Aucun bus ne dessert Volubilis.

MOULAY IDRISS مولاي ادريس

Jolie bourgade aux maisons chaulées, Moulay Idriss est perchée sur deux collines verdoyantes, à moins de 5 km de Volubilis. C'est l'un des principaux lieux de pèlerinage du pays ; elle doit son nom à Moulay Idriss, un arrière-petit-fils du prophète Mahomet, le fondateur de la première dynastie chérifienne et le saint le plus vénéré du pays.

Moulay Idriss quitta La Mecque à la fin du VIIIe siècle, fuyant les persécutions du nouveau califat abbasside, basé à Bagdad. Idriss s'installa à Volubilis, dont il convertit les habitants à l'islam et devint le chef, fondant la dynastie idrisside.

Son statut sacré explique que la bourgade soit restée fermée aux non-musulmans jusqu'au milieu du XXe siècle et sa réputation de piété continue de décourager certains voyageurs. L'interdiction aux non-musulmans d'y passer la nuit en ville a été levée depuis longtemps et des maisons d'hôtes familiales ont commencé à accueillir des visiteurs. Ceux qui séjournent sur place tombent invariablement sous le charme, séduits par l'ambiance détendue de cette jolie petite ville, sans boutiques de tapis ni circulation dans le centre, qui offre l'opportunité de découvrir un Maroc plus authentique.

À voir

Mausolée de Moulay Idriss MAUSOLÉE
Bien que la ville, étagée sur deux collines jumelles, soit un véritable labyrinthe de venelles et d'impasses, on repère facilement les quelques sites intéressants. Le premier est le **mausolée de Moulay Idriss**, objet de vénération et but du plus grand *moussem* du pays, fin août. Important pèlerinage pour beaucoup, y compris la famille royale, il s'accompagne de fantasias, de marchés et de musique. On affirme localement que cinq pèlerinages à Moulay Idriss durant le *moussem* équivalent à un hadj (pèlerinage) à La Mecque.

De l'artère principale (où arrivent les bus et les grands taxis), montez et prenez à droite à la bifurcation. Vous arriverez bientôt à la grande place Mohammed VI, bordée de cafés et de stands de restauration, parfaite pour une pause et regarder l'animation. Au bout de la place, une volée de marches conduit à la porte à trois arches du mausolée. Alentour, des boutiques vendent des articles religieux aux pèlerins. Peu après la porte, une barrière marque la limite pour les non-musulmans. Moulay Ismaïl créa ce lieu de pèlerinage en construisant le mausolée et en y transférant le corps de Moulay Idriss, se ralliant ainsi le soutien des croyants.

De là, grimpez sur la gauche dans le dédale de ruelles pour trouver les points de vue donnant sur le mausolée, la ville et la campagne environnante. Des guides vous proposeront leurs services pour 30 Dh à peine.

Si vous préférez rester seul, revenez à la bifurcation et prenez la rue qui grimpe, indiquée "vers la municipalité". Près du sommet de la colline, juste avant le magasin de photos Agfa, prenez la rue pavée sur la droite. Vous découvrirez l'unique **minaret cylindrique** du pays, construit en 1939. Les faïences vertes épellent en lettres stylisées : *la illah illa Allah* (Il n'y a d'autre Dieu qu'Allah). En haut de la colline, demandez le chemin de la **grande** ou de la **petite terrasse**, qui offrent une vue panoramique sur le mausolée et la majeure partie de la ville.

Où se loger et se restaurer

Les chambres sont prises d'assaut pendant le *moussem*. Réservez bien à l'avance. Les stands de restauration de la place principale sont parfaits pour un repas rapide à prix doux. Le poulet grillé avec salade semble être une spécialité locale.

Dar Zerhoune PENSION €
(☎0535 54 43 71 ; www.buttonsinn.com ; 42 Derb Zouak Tazgha ; dort/s/d avec petit-déj 200/300/500 Dh ; wifi). À droite et au-dessus du mausolée principal, cette pension accueillante tenue en famille est un véritable bijou. Elle abrite des chambres diverses et deux terrasses (dont une avec vue sur Volubilis), où l'on peut prendre tranquillement le petit-déjeuner et un délicieux repas maison. Circuits, location de vélo et cours de cuisine sont également proposés.

Maison d'hôte Slimani MAISON D'HÔTE €
(☎0535 54 47 93 ; www.maisondhote-slimani.tk ; 39 rue Drazat ; s/d 150/250 Dh, petit-déj 30 Dh). À gauche du sanctuaire principal, suivez les panneaux indiquant la vue panoramique pour dénicher cet établissement bon marché et chaleureux. Simple et d'un bon rapport qualité/prix, il offre quelques chambres avec sdb, réparties sur plusieurs niveaux autour d'une cour.

La Colombe Blanche MAISON D'HÔTE €
(☎0535 54 45 96 ; www.maisondhote-zerhoune.ma ; 21 Derb Zouak Tazgha ; s/d avec petit-déj 220/330 Dh). Cette pension occupe une demeure traditionnelle reconvertie, où les propriétaires habitent le rez-de-chaussée et louent les chambres à l'étage. Le restaurant prépare des repas maison sur commande. Par beau temps, installez-vous sur la terrasse et profitez de la vue sur Volubilis. Au mausolée, tournez à droite et montez en suivant les panneaux.

Hotel Diyar Timnay HÔTEL €
(☎0535 54 44 00 ; amzday@menara.ma ; 7 Aïn Rjal ; s/d/tr avec petit déj 160/240/300 Dh ; clim). Près de la station des grands taxis, le seul véritable hôtel de la ville se révèle étonnamment spacieux, avec de nombreuses chambres plaisantes et sans prétention. La plupart sont dotées de sdb, mais quelques-unes en ont une privative, mais séparée. Au déjeuner, des groupes de touristes visitant Volubilis investissent le restaurant (plats 50-60 Dh), qui jouit d'une vue superbe sur le site archéologique.

Dar Al Andaloussiya Diyafa PENSION €€
(☎0535 54 47 49 ; www.maisondhote-volubilis.com ; Derb Zouak Tazgha ; s/d avec petit-déj 450/900 Dh ; clim). Près de La Colombe Blanche, ce grand bâtiment d'angle blanc piqueté de vert tente d'apporter un peu du chic traditionnel marocain à Moulay Idriss. Les chambres sont confortables, les équipements correspondent aux attentes et des tissus chatoyants égayent l'ensemble.

ℹ Depuis/vers Moulay Idriss

Devant l'Institut français à Meknès, des grands taxis (12 Dh, 20 min) desservent fréquemment Moulay Idriss et des bus (6 Dh) démarrent toutes les heures de la gare routière de Meknès entre 8h et 18h. À Moulay Idriss, des taxis partent d'une station en bas de la ville, sur la grand-route.

Si vous disposez d'un véhicule, vous pourrez continuer vers Fès via Nzala-des-Béni-Ammar, ou vers Meknès via le village d'El-Merhasiyne. Ces deux itinéraires traversent des paysages splendides et rejoignent les routes principales. À moins de circuler en 4x4, ils ne sont praticables qu'en été à cause du mauvais état de la chaussée.

MOYEN ATLAS

Ifrane

Alors que les touristes étrangers explorent les médinas pour découvrir le Maroc "authentique", les touristes marocains préfèrent des endroits comme Ifrane. Propre, ordonnée et moderne, la ville ressemble plus à un coin de Suisse transplanté dans le Moyen Atlas qu'à une bourgade d'Afrique du Nord.

Les Français construisirent Ifrane dans les années 1930, cherchant à recréer une station de style alpin. Les maisons pimpantes aux toits rouges, les massifs de fleurs et les parcs parsemés de lacs sont impeccablement entretenus. De nombreuses entreprises et administrations y possèdent des immeubles résidentiels pour leurs salariés en vacances et des pique-niqueurs viennent y passer la journée en été. En hiver, les Marocains aisés s'y pressent pour skier tandis que les moins fortunés se contentent de batailles de boules de neige. En dehors des périodes de vacances, Ifrane conserve une importante population grâce aux riches étudiants de la prestigieuse université Al-Akhaouaïn.

La route de Meknès devient le boulevard Mohammed V en traversant Ifrane d'ouest en est. La gare ferroviaire borde ce boulevard, à l'ouest du centre, de même que l'office du tourisme, au carrefour de l'avenue des Tilleuls. La plupart des cafés et des hôtels se regroupent dans le centre-ville le long de deux rues parallèles, à 10 minutes de marche au sud : la rue de la Cascade et l'avenue de la Poste.

À voir

Université Al-Akhaouaïn
UNIVERSITÉ

À l'extrémité nord de la ville s'étend le campus de l'université Al-Akhaouaïn, fondée en 1995 par le roi Hassan II et le roi Fahd d'Arabie saoudite. L'un de ses buts est la promotion de la tolérance religieuse. Actuellement, seuls les enfants de l'élite la fréquentent, comme en témoignent les parkings remplis de voitures de luxe et les sonneries des téléphones portables dernier modèle. Les cours, en anglais, suivent le système américain et une partie du personnel et des étudiants vient des États-Unis. Vous pourrez vous promener dans le parc bien entretenu et l'après-midi en semaine des étudiants vous montreront volontiers les lieux.

Lion de pierre
MONUMENT

Autre curiosité d'Ifrane, un **lion de pierre** se dresse sur un carré d'herbe près de l'Hôtel Chamonix. Il fut sculpté par un soldat allemand durant la Seconde Guerre mondiale, quand Ifrane servit brièvement de camp de prisonniers de guerre, et commémore le dernier lion de l'Atlas, abattu près d'ici au début des années 1920. Se faire photographier à côté du lion est un rituel pour les touristes de passage.

Où se loger

Les prix des hôtels reflètent le standing de la ville et sa popularité entraîne une demande forte tout au long de l'année.

Hôtel Mischliffen
HÔTEL DE LUXE €€€

(☎0535 56 66 07 ; ch à partir de 2 500 Dh ; P❄📶🏊). Surplombant le nord de la ville, cet immense hôtel a enfin rouvert ses portes après plusieurs années de travaux de rénovation, qui en ont fait l'un des établissements les plus luxueux du pays. L'utilisation du cèdre de l'Atlas pour la décoration confère aux chambres des allures de chalet haut de gamme, tout comme les œuvres d'art qui ornent les murs, choisies avec soin. L'endroit compte 2 piscines – une sur la terrasse, pour l'été, et l'autre à l'intérieur, pour l'hiver – ouvertes aux non-résidents moyennant 450 Dh (buffet pour le déjeuner inclus).

Hôtel les Tilleuls
HÔTEL €

(☎0535 56 66 58 ; fax 0535 56 60 79 ; angle av. des Tilleuls et rue de la Cascade ; s/d à partir de 260/320 Dh). Hôtel le moins cher d'Ifrane, cette confortable et vénérable institution se situe à l'angle de la place principale.

Hôtel Chamonix
HÔTEL €€

(☎0535 56 60 28 ; av. de la Marche Verte ; s/d 360/410 Dh ; ❄). Trois-étoiles bien tenu et central aux chambres sans grand caractère, mais claires et propres, avec sdb. Son bar-restaurant se transforme en discothèque le week-end. L'hôtel loue du matériel de ski.

Hôtel Perce-Neige
HÔTEL €€

(☎0535 56 64 04 ; fax 035 567116 ; rue des Asphodèles ; s/d 400/490 Dh). Un bel hôtel situé à 200 m au sud-est du centre. Les chambres, un peu petites mais très confortables, disposent d'une sdb et de la TV sat. Le bon restaurant sert de l'alcool (menu 120 Dh) et une boutique dans le hall vend des peintures d'artistes locaux.

Camping
CAMPING

(bd Mohammed V ; 7 Dh/pers, plus voiture/tente/camping-car 8/15/30 Dh ; ⏲fermé hiver). Camping verdoyant à l'ouest de la gare routière.

Où se restaurer

Plusieurs cafés et restaurants bon marché sont établis autour de la gare routière, près du marché.

Café Restaurant la Rose
MAROCAIN €

(☎0555 56 62 15 ; 7 rue de la Cascade ; plats environ 45 Dh, menu 70 Dh). Prisé de longue date pour ses truites du Moyen Atlas et sa cuisine marocaine traditionnelle, ce petit restaurant est encore plus attrayant depuis sa récente rénovation.

Le Pain
MAROCAIN €

(av. de la Marche Verte ; plats environ 60 Dh ; ⏲9h-22h). Juste après l'Hôtel Chamonix, cet établissement est doté d'une grande baie vitrée et comprend diverses salles, selon que l'on boive un café, que l'on grignote un en-cas ou que l'on commande un repas complet. De bonnes pizzas figurent sur la carte.

Complexe touristique Aguelman
CAFÉ, MAROCAIN €

(av. Hassan II ; repas 30-50 Dh ; ⏲9h-22h). Surplombant le lac artificiel dans l'artère principale, ce complexe offre plusieurs options sous un même toit : un restaurant marocain classique, un bar et une cafétéria qui sert pizzas, pâtes, omelettes et sandwichs. Par beau temps, installez-vous sur la terrasse qui domine l'eau.

Le Croustillant
CAFÉ €

(rue de la Cascade ; ⏲7h-22h). Dans l'angle qui fait face à la place, un café agréable le temps d'une boisson et d'une pâtisserie.

Renseignements

BMCE (av. de la Marche Verte). L'une des banques avec DAB le long de cette avenue.

Pharmacie Mischliffen (rue de la Cascade)

Poste (av. de la Poste)

Office du tourisme (☎0535 56 68 21 ; av. Prince Moulay Abdallah ; ⌚8h30-12h et 14h30-18h30 lun-ven)

Depuis/vers Ifrane

La gare routière principale et la station des grands taxis se situent près du marché, à l'ouest du centre-ville.

Tous les matins, des bus de la CTM partent pour Marrakech (140 Dh, 8 heures) via Beni Mellal et pour Casablanca (110 Dh, 4 heures 30) via Meknès (28 Dh, 1 heure) et Rabat (70 Dh, 3 heures 30).

Des bus d'autres compagnies partent toutes les heures pour Fès (16 Dh, 1 heure) et Azrou (7 Dh, 25 min). Des services moins fréquents rallient Beni Mellal (55 Dh, 4 heures), Marrakech (110 Dh, 8 heures) et Midelt (42 Dh, 3 heures 30).

Nombre de grands taxis desservent Fès (20 Dh), Meknès (24 Dh), Midelt (55 Dh) et Azrou (7 Dh).

Route des Lacs

Charmant détour au nord d'Ifrane, la route des Lacs fait le tour du Dayet Aoua. Signalé sur la route de Fès à 17 km au nord d'Ifrane, l'itinéraire serpente autour du lac sur 60 km, entre la P24 et la P20. Si vous n'êtes pas motorisé, louer un grand taxi à Ifrane pour un circuit de 2 heures vous reviendra à 250 Dh environ. Toutefois, l'agrément de cette excursion consiste à s'arrêter pour marcher le long du lac en appréciant le calme des alentours. La région est idéale pour la randonnée à pied ou à VTT. S'agissant des longs treks et du camping, lisez l'encadré *Randonnées dans la région d'Azrou* (p. 343).

Des bois entourent le Dayet Aoua et la région est riche en avifaune. Vous avez des chances d'apercevoir des rapaces, notamment des aigles, des milans noir et rouge et des busards. Le lac lui-même attire canards et échassiers, foulques à crête, pics, sittelles et grimpereaux, qui volent parmi les arbres à la pointe sud-est.

Destination prisée des familles le week-end, le lac retrouve sa tranquillité en semaine. Au-delà, la route tourne vers l'est puis vers le sud, longeant le Dayet Ifrah et le Dayet Hachlat, plus petit. En bon état, elle peut être bloquée par la neige en hiver. Si vous souhaitez vous attarder, deux bons hébergements sont installés près du Dayet Aoua.

Azrou

Ville berbère, Azrou est un important centre marchand au carrefour des routes de Fès, Meknès, Midelt et Khenifra. Nichée au cœur du Moyen Atlas, elle est entourée d'un paysage splendide, avec une vue dégagée sur des forêts de pins et de cèdres, et sur des prairies d'altitude couvertes de fleurs au printemps. La vie s'y déroule au ralenti, permettant d'oublier l'agitation des grandes villes.

Azrou ("grand rocher") doit son nom à l'affleurement marquant la limite ouest de la ville. La grande mosquée Ennour, aux magnifiques finitions en cèdre de l'Atlas, constitue un autre point de repère pratique.

Azrou accueille le mardi l'un des plus grands souks de la région, particulièrement renommé pour ses tapis berbères. Un musée du Moyen Atlas, en construction depuis plusieurs années, voit sa date d'ouverture constamment repoussée. Mieux vaut se promener dans la campagne environnante, profiter du grand air, de la vue magnifique et tenter d'apercevoir quelques singes magots.

Où se loger

Azrou compte de nombreux hébergements pour une ville de cette taille, et d'autres s'ajoutent à la périphérie, le long de la route de Fès (remarquez le "château" en construction pour attirer les touristes arabes du Golfe).

Hôtel Salame HÔTEL €

(☎0535 56 25 62 ; salame_hotel@yahoo.fr ; pl. Moulay Hachem ben Salah ; s/d 70/140 Dh). Un petit hôtel très plaisant qui comporte des chambres charmantes, au joli décor berbère, et des sdb communes soigneusement entretenues, avec douches chaudes 24h/24 (10 Dh). Le personnel sympathique vous fera bon accueil.

Auberge du Dernier Lion de l'Atlas PENSION €

(☎0535 56 18 68 ; www.dernierlionatlas.ma ; 16 rte de Meknès ; s/d 225/300 Dh, petit-déj 25 Dh ; 📶). Un peu excentrée, cette excellente option fait florès de ses chambres agréables et de son atmosphère chaleureuse. Si vous souhaitez séjourner un peu dans le Moyen Atlas, le propriétaire vous inondera de renseignements sur la région. Sert des dîners.

Hôtel Le Panorama HÔTEL €

(☎0535 56 20 10 ; www.hotelpanorama.ma ; Hay Ajelabe ; s/d/tr 274/330/435 Dh). Construit dans le style d'un grand chalet alpin, l'hôtel le plus confortable d'Azrou se situe dans un paisible endroit boisé, à courte distance au nord-est de la ville. Entouré d'un agréable jardin, il comprend des chambres modernes avec balcon et un bon restaurant. Le personnel est sympathique et efficace.

Hôtel Azrou HÔTEL €

(☎0535 56 21 16 ; rte de Khenifra ; s/d avec douche 109/142 Dh, avec douche et toilettes 138/163 Dh). Bon établissement de catégorie moyenne dans le sud de la ville, l'Azrou possède des chambres confortables, un bar, un restaurant et une terrasse couverte de lierre (l'ambiance peut être un peu louche en soirée). Le personnel est l'équipe championne locale de pétanque.

Azrou

Où se loger

1 Hôtel Beau-Séjour C3
2 Hôtel des Cèdres C2
3 Hôtel Salame D3

Où se restaurer

4 Café Boulangerie Bilal C3
Hôtel des Cèdres .... (voir 2)

Azrou

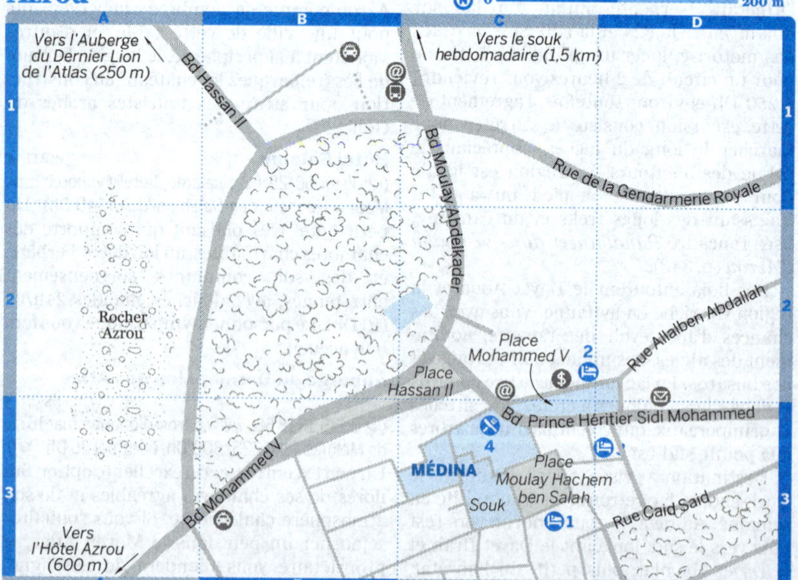

Hôtel des Cèdres HÔTEL €

(☎0535 56 23 26 ; pl. Mohammed V ; s/d/tr 75/105/160 Dh). Construit en 1925, cet hôtel conserve de nombreux éléments d'origine et quelques équipements Art déco. D'un bon rapport qualité/prix, les chambres disposent toutes d'un lavabo, avec douches et toilettes séparées.

Hôtel Beau-Séjour HÔTEL €

(☎0535 56 06 92 ; beau-sejour-hotel@yahoo.fr ; 45 pl. Moulay Hachem ben Salah ; s/d/tr 70/100/180 Dh, douches froides/chaudes 5/10 Dh). Autre adresse bon marché correcte, cet hôtel offre des chambres sans prétention et une belle vue sur Azrou depuis le toit-terrasse.

Où se restaurer

Le long du boulevard Moulay Abdelkader au sud de la gare routière, autour des places Hassan II et Moulay Hachem ben Salah, vous trouverez les meilleurs snacks bon marché et leurs plats habituels : poulet rôti, brochettes et bols fumants de *harira*.

Café Boulangerie Bilal CAFÉ €

(pl. Mohammed V ; sandwichs 20 Dh). Un café invariablement bondé, avec une salle à l'étage, qui sert de bons sandwichs et pâtisseries, des jus de fruits et des glaces en été.

RANDONNÉES DANS LA RÉGION D'AZROU

Azrou se situe en lisière d'un des plus beaux secteurs du Moyen Atlas, idéal pour de belles randonnées. La région est renommée pour ses singes magots, que vous apercevrez sans doute dans les forêts. Si vous pouvez gagner les montagnes à pied, vous aurez besoin d'une voiture pour rejoindre le début de certains des plus beaux itinéraires.

Une route traverse une épaisse forêt de cèdres, où l'on peut s'arrêter et emprunter un sentier, et conduit à **'Ain Leuh**, un joli village à 25 km au sud-ouest d'Azrou. Venez de préférence le mardi, quand le grand souk hebdomadaire (le meilleur jour pour les transports publics) attire les villageois des alentours, en particulier les Berbères Beni M'Guild. Une belle montée sur des chemins bordés de maisons à toit plat mène à une cascade dans les collines.

À 20 km au sud de 'Ain Leuh, une marche encore plus pittoresque conduit aux **sources de l'Oum-er-Rbia**. Quittez la route au lac Ouiouane et suivez le chemin qui descend vers plusieurs fermes et une petite vallée, où un pont franchit la Rbia. De là, une marche de 15 minutes permet d'accéder aux gorges où des dizaines de sources jaillissent des rochers et forment une série de cascades. Deux cafés se trouvent sur place.

Ces randonnées peuvent faire partie d'un trek plus long (jusqu'à 6 jours) à partir de 'Ain Leuh. Pour plus de renseignements, contactez le guide local officiel **Moulay Abdellah Lahrizi** (☎0663 77 26 87 ; www.tourisme-vert-ifrane.com) de l'Association des guides de montagnes du Moyen Atlas.

Hôtel des Cèdres MAROCAIN €
(☎0535 56 23 26 ; place Mohammed V ; plats environ 50 Dh). Avec son cadre des années 1920 et sa cheminée, le restaurant de cet hôtel est notre adresse favorite à Azrou. La truite est toujours délicieuse, et l'on peut goûter des plats inhabituels, comme le tajine de lapin.

Hôtel Le Panorama MAROCAIN, EUROPÉEN €
(☎0535 56 20 10 ; menu 130 Dh). Autre plaisant restaurant d'hôtel, Le Panorama est plus agréable en soirée, quand on peut accompagner son repas d'un verre de vin ou de bière. La carte comprend des tajines corrects et quelques plats occidentaux.

Achats

Le souk hebdomadaire se tient le mardi à 1,5 km au nord-est de la ville. À côté des étals de produits frais et autres marchandises, des femmes berbères des villages environnants marchandent leurs tapis avec des revendeurs. Par temps de pluie, la place du marché se transforme en bourbier. Les autres jours, vous trouverez des tapis et de l'artisanat dans les boutiques de la place Hassan II et dans la médina.

Renseignements

BMCE (pl. Mohammed V). Bureau de change et l'un des nombreux DAB de la place.

Cyber Abridnet (pl. Mohammed V ; 6 Dh/h ; ⏲9h-24h). Accès Internet.

Cyber Kawtar (gare routière ; 6 Dh/h ; ⏲9h-24h). Accès Internet.

Poste (bd Prince Héritier Sidi Mohammed)

Depuis/vers Azrou

Azrou se situe au carrefour des routes de Meknès à Er-Rachidia (nord-ouest/sud-est) et de Fès à Marrakech (nord-est/sud-ouest).

Bus

De la gare routière, boulevard Moulay Abdelkader, la CTM assure des départs quotidiens pour Beni Mellal (55 Dh, 3 heures), Casablanca (110 Dh, 6 heures), Fès (30 Dh, 2 heures), Marrakech (145 Dh, 7 heures) et Meknès (30 Dh, 1 heure 30).

D'autres compagnies un peu moins chères desservent fréquemment Fès (18 Dh), Meknès (16 Dh), Ifrane (7 Dh), Midelt (30 Dh) et Er-Rachidia (70 Dh).

Taxi

La station des grands taxis se situe au bout d'un chemin escarpé, en contrebas de la gare routière. Des taxis rallient régulièrement Fès (28 Dh, 1 heure), Meknès (30 Dh, 1 heure), Khenifra (25 Dh, 1 heure), Ifrane (7 Dh, 10 min) et moins fréquemment Midelt (50 Dh, 1 heure 30). Les taxis pour 'Ain Leuh (14 Dh, 20 min) attendent à côté de la station-service Shell, au bord de la grand-route vers le sud-ouest.

Midelt ميدلت

35 000 HABITANTS

Midelt se tient dans un no man's land entre le Moyen et le Haut Atlas. En venant du nord, le paysage semble sec et désolé, mais il offre des vues fabuleuses sur l'est du Haut Atlas, qui semble émerger de nulle part.

Si les voyageurs se contentent habituellement de la traverser, Midelt peut constituer une étape pratique entre Fès et le désert. Bon endroit pour acheter des tapis, c'est aussi une excellente base pour explorer les hauteurs, notamment le djebel Ayachi (voir l'encadré ci-dessous), qui n'exige aucune expérience technique.

Midelt se résume à une rue principale (l'avenue Mohammed V au nord, qui devient l'avenue Hassan II au sud), un petit souk (mercredi et dimanche) et quelques vastes restaurants, où s'arrêtent les bus touristiques filant vers le sud.

À voir

Casbah Myriem ATELIER

(☎0535 58 24 43 ; 8h-12h et 14h-17h30 lun-jeu et sam). Pour quiconque souhaite ramener un tapis de son voyage, cet atelier, situé à 1,5 km de la ville, mérite la visite. Dirigé par des sœurs franciscaines, il aide les femmes berbères à développer la broderie et le tissage. L'atelier fournit les métiers à tisser, les matières premières et un endroit où travailler. Les jeunes filles des environs viennent apprendre le métier en profitant de l'expérience de leurs aînées. Des cours d'alphabétisation sont également dispensés. Suivez les panneaux depuis la route principale, puis entrez derrière le dispensaire.

Vous pouvez aussi visiter le **couvent** (offices 7h15 tlj et 10h dim), où vivent cinq religieuses, et apprécier la quiétude de sa chapelle. Sonnez à la porte, à droite de l'atelier.

Casbah des Noyers CASBAH

Le village de **Berrem**, à 6 km à l'ouest de Midelt, est également appelé casbah des Noyers à cause des arbres vénérables qui ombragent les alentours. S'il n'a rien d'extraordinaire, ce village pittoresque, avec sa mosquée colorée et ses anciens murs en terre, constitue un agréable but de promenade à partir de Midelt. Suivez le chemin principal qui traverse la casbah jusqu'au beau point de vue sur les **gorges de Berrem**. Louer un grand taxi à Midelt revient à 40 Dh environ.

Où se loger

Hôtel Taddart HÔTEL €€

(☎0535 58 02 28 ; www.hotel-taddart.com ; rte de Meknès ; s/d demi-pension à partir de 450/600 Dh ;). Ce tout nouvel établissement situé hors de la ville a énormément amélioré la scène hôtelière de Midelt. Les chambres sont dotées d'un balcon donnant sur le djebel Ayachi et, pour certaines, d'une cheminée pour combattre les hivers du Moyen Atlas. Vous pourrez faire des excursions, visiter le petit musée de l'hôtel (artisanat local et fossiles) ou aller au hammam.

Complexe touristique Timnay Inter-Cultures CAMPING €

(☎0535 36 01 88 ; http://timnay-tourisme.com ; rte de Zaïda ; 20 Dh/pers, plus tente/voiture/camping-car 15/15/25 Dh, bungalows à partir de 200 Dh, tente berbère 25 Dh/pers ;). À environ 15 km au nord de Midelt, ce complexe belgo-marocain s'efforce de développer le tourisme local. L'hébergement est simple – mieux vaut disposer d'une tente ou d'un camping-car – et l'on peut passer la soirée

L'ASCENSION DU DJEBEL AYACHI

Point culminant du Haut Atlas oriental, le djebel Ayachi (3 737 m) est un massif qui s'étire sur 45 km au sud-ouest de Midelt. Il offre de multiples possibilités de randonnée, dont l'ascension de l'Ichichi n'Boukhlib, le plus haut sommet.

Avril-mai et septembre-novembre sont les meilleures périodes pour explorer le djebel Ayachi, sachant que la neige peut persister au-dessus de 3 400 m jusqu'en juillet. De Midelt, prenez un grand taxi jusqu'au village de Tattiouine, point de départ de l'ascension. Fatigante mais sans difficulté technique, elle peut se faire dans la journée. Un bivouac simple est installé au sommet, mais vous devrez apporter équipement et provisions.

Mieux vaut effectuer cette ascension avec un guide (environ 300 Dh/jour). Adressez-vous de préférence au Complexe touristique Timnay Inter-Cultures (ci-dessus), au nord de Midelt. Vous pouvez aussi louer une mule et son conducteur à Tattiouine.

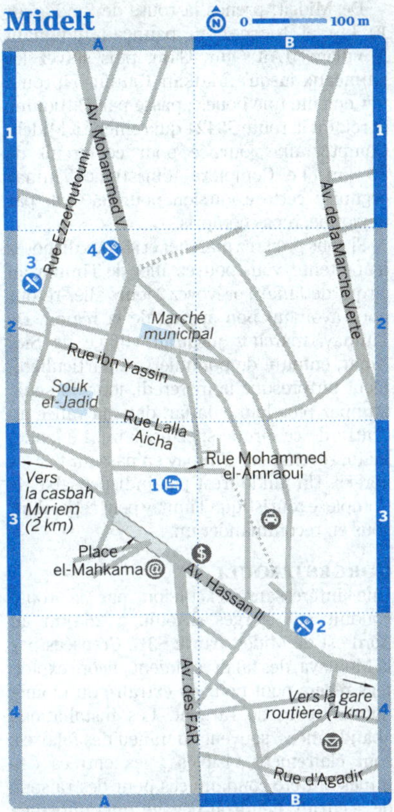

Midelt

Où se loger

1 Hôtel Atlas A3

Où se restaurer

2 Complexe touristique Le Pin B4
3 Fast Food A2
4 Sandwich Atlas A2

dans le bar-restaurant. Le camping Timnay (comme on l'appelle localement) est une bonne base pour explorer la région ; on peut organiser des treks et trouver des guides sur place. Prenez un grand taxi à destination de Zaïda (10 Dh) et demandez au chauffeur de vous déposer à Timnay.

Auberge Jaafar HÔTEL €
(☎0535 58 34 15 ; Berrem ; ch en demi-pension 300 Dh/pers ; 🏊). Ce paisible complexe de style casbah se situe à 6 km à l'ouest de Midelt, juste après le village de Berrem. Les chambres, de toutes formes et dimensions, sont réparties autour de terrasses et de cours fleuries. Les sanitaires, tous communs, sont impeccables (mais la piscine est parfois verdâtre et ne donne pas envie de se baigner). Commandez le repas dans la journée si vous souhaitez dîner sur place.

Hôtel Kasbah Asmaa HÔTEL €
(☎0535 58 04 05 ; s/d demi-pension 300/600 Dh ; ❄🏊). À 3 km au sud de Midelt, cet hôtel aux allures de casbah annonce le Sud. Fréquenté par les groupes, il possède de belles chambres et une piscine séduisante, au fond de la propriété, à l'abri des regards. Le restaurant, qui se compose de plusieurs salons au décor traditionnel et sert de l'alcool, mérite le détour, même pour les non-résidents. Des spectacles de musique gnaoua y sont souvent donnés.

Hôtel Atlas HÔTEL €
(☎0535 58 29 38 ; 3 rue Mohammed el-Amraoui ; s/d 70/100 Dh). Correct et bon marché, ce petit hôtel offre des chambres sans prétention et propres, des sdb communes bien tenues avec WC à la turque (douches chaudes 10 Dh) et des repas maison sur commande. Toutefois, quelques lecteurs se sont plaints des pressions exercées sur les voyageurs pour leur vendre des tapis.

Où se restaurer

Comme toujours, on trouve des petits restaurants bon marché autour de la gare routière, où se tient également un marché.

Complexe touristique Le Pin MAROCAIN €€
(☎0535 58 35 50 ; av. Hassan II ; plats 50-60 Dh, buffet 70 Dh ; ⏲12h-17h toute l'année, plus 19h-22h avr-août). Ce vaste restaurant est souvent envahi de groupes à l'heure du déjeuner. Pour échapper au brouhaha, installez-vous dans le jardin. Le grand nombre de repas servis est un gage de fraîcheur des mets et les portions sont généreuses. L'établissement sert de l'alcool.

Fast Food RESTAURATION RAPIDE €
(rue Ezzerqutouni). Ne vous fiez pas à son nom : cet établissement sert le meilleur poulet de Midelt (25 Dh pour un quart de poulet avec salade).

Sandwich Atlas RESTAURATION RAPIDE €
(av. Mohammed V ; sandwich 10 Dh, quart de poulet et frites 20 Dh). Nous avons aimé ce point de chute, proche de la vieille gare routière.

Renseignements

BMCI (av. Hassan II). L'une des banques avec DAB dans cette avenue.

Complexe touristique Timnay Inter-Cultures (☎0535 36 01 88 ; http://timnay-tourisme.com ; rte de Zaidia). À environ 15 km au nord de Midelt, voici la meilleure source d'information dans l'est du Haut Atlas, avec guides de randonnée et location de 4x4.

Cybernet (av. Hassan II ; 6 Dh/h ; ⌚8h-24h). Accès Internet.

Poste (près av. Hassan II). Au sud du centre-ville.

Depuis/vers Midelt

La gare routière de Midelt se situe près de l'avenue Mohammed V. Les bus CTM circulent essentiellement la nuit. Des bus partent le soir pour Casablanca (145 Dh, 7 heures) via Rabat (110 Dh, 6 heures 30), et vers Rissani (80 Dh, 5 heures) via Er-Rachidia (45 Dh, 2 heures 30) et Erfoud (70 Dh, 4 heures 30). Des bus de nuit desservent également Azrou (55 Dh, 1 heure 30), Meknès (60 Dh, 4 heures) et Fès (70 Dh, 5 heures).

D'autres bus effectuent les mêmes trajets à des horaires plus pratiques. Ainsi, 6 bus se rendent-ils à Fès (50 Dh, 5 heures) dans la journée.

Des grands taxis relient Azrou (40 Dh, 1 heure 30) et Er-Rachidia (55 Dh, 2 heures).

Environs de Midelt

L'emplacement de Midelt, à la pointe du Haut Atlas oriental, en fait une excellente base pour explorer la région. En dehors des grands axes, les routes deviennent des pistes accidentées, pour la plupart uniquement praticables de mai à octobre et seulement en 4x4. Paradis pour le VTT, la région se prête aussi à la randonnée pédestre. Le Complexe touristique Timnay Inter-Cultures à Midelt loue des 4x4 (avec chauffeur) pour 1 000 Dh environ – une formule intéressante à plusieurs.

CIRQUE DE JAFFAR

Le circuit du cirque de Jaffar serpente à travers les contreforts du djebel Ayachi, à 25 km au sud-ouest de Midelt. Les voitures classiques auront du mal à circuler sur cette piste accidentée, sauf au plus fort de l'été. Le paysage est splendide : les crêtes vertigineuses de l'Atlas, tapissées par endroits de forêts de cèdres et parsemées de hameaux berbères.

De Midelt, prenez la route de Zaïdia sur 10 km et tournez au panneau indiquant le village d'Aït Oum Gam, puis suivez les panneaux jusqu'à Matkan Tounfit. La route fait ensuite une boucle, passe par Tattiouine et rejoint la route S3424 qui ramène à Midelt. Comptez une journée pour ce circuit de 80 km. Le Complexe touristique Timnay organise cette excursion pour 350 Dh par personne, repas compris.

Si vous préférez marcher et si vous disposez d'une tente, vous pouvez aller de Timnay au cirque de Jaffar ; prévoyez 2 jours aller-retour pour avoir un bon aperçu de la région. De Timnay, marchez jusqu'au village de Sidi Amar, entouré de pommiers et particulièrement pittoresque le mercredi, jour du souk. Campez plus loin à Jaffar, dans la vallée au centre de ce cirque spectaculaire. Le lendemain, revenez sur Timnay en passant par les gorges. Un guide n'est pas indispensable, le Complexe touristique Timnay peut cependant vous en recommander un.

GORGES D'AOULI

Une intéressante excursion par la route conduit aux gorges d'Aouli, à 25 km au nord-est de Midelt par la S317. Creusées par la Moulaya, des falaises étaient encore exploitées récemment pour en extraire du plomb, du cuivre et de l'argent. Les installations abandonnées, souvent au milieu des falaises, sont clairement visibles ; les entrées des mines ont été condamnées pour des raisons de sécurité. L'endroit dégage une ambiance un peu angoissante de ville fantôme, surtout à la tombée du jour. Plus loin sur la route, le petit village d'**Aouli** se détache devant les gorges spectaculaires. Ce parcours est superbe à VTT ; il dure environ 2 heures au départ de Midelt, si vous avez le courage de faire l'ascension épuisante au retour. La route se transforme en mauvaise piste par endroits. De Midelt, l'aller-retour en grand taxi ne devrait pas coûter plus de 250 Dh.

EST DU MAROC

Taza

Au premier coup d'œil, Taza semble une ville provinciale assoupie, sans l'effervescence habituelle des villes marocaines de taille similaire. De plus, son plan étendu lui donne des allures de cité désertée. Elle constitue néanmoins une étape intéressante : escaladez les fortifications croulantes de la ville haute pour découvrir une vue fabuleuse sur le Rif au nord et le Moyen Atlas au sud. Taza est aussi une base pratique pour explorer l'est du Moyen Atlas, notamment le gouffre du Friouato – l'une des plus incroyables cavités à ciel ouvert au monde – et le parc national de Tazzeka.

Taza se divise en deux parties distinctes : la ville nouvelle (également appelée Taza Bas), au centre de laquelle s'étire la place de l'Indépendance, et la médina fortifiée (Taza Haute), qui s'étend sur une colline à 2 km au sud. Des bus locaux et des petits taxis bleu ciel (6 Dh) font régulièrement la navette entre les deux quartiers.

Histoire

La citadelle de Taza, construite au bord d'un escarpement qui surplombe le seul col accessible entre les montagnes du Rif et le Moyen Atlas, a joué un rôle important tout au long de l'histoire du Maroc, servant de ville de garnison pour contrôler les confins orientaux du pays.

Le col de Tizi n'Touahar était le point de passage traditionnel des envahisseurs se dirigeant vers l'ouest à partir de la Tunisie et de l'Algérie. Ce fut par là que les Romains et les Arabes pénétrèrent au Maroc. La ville elle-même fut la base d'où les Almohades, les Mérinides et les Alaouites déferlèrent pour conquérir les plaines marocaines et établir leurs dynasties respectives.

Tous les sultans du Maroc ont participé à la fortification de Taza. Cependant, leur contrôle de la région a toujours été menacé par les tribus locales, rebelles et farouchement indépendantes, et enclines à profiter de la moindre faiblesse du pouvoir central pour s'emparer de la cité. Ainsi, au début du XXe siècle, "El-Rogui" (prétendant au trône du sultan) Bou Hamra régna-t-il sur la majeure partie du Nord-Est marocain.

Les Français occupèrent Taza en 1914 et en firent leur base principale pour combattre la longue rébellion des tribus du Rif et du Moyen Atlas.

À voir et à faire

Murs de la médina REMPARTS

(carte p. 348). Partiellement en ruine, ces remparts, longs de 3 km, datent de la brève période durant laquelle Taza fut la capitale des Almohades, au XIIe siècle. Le **bastion**, qui fait saillie à l'est de la médina, fut ajouté quatre siècles plus tard par les Saadiens. La section la plus intéressante des remparts se situe autour de **Bab er-Rih** ("porte du vent"), qui offre une vue superbe sur la campagne environnante. En découvrant les pentes boisées du djebel Tazzeka dans le Moyen Atlas, au sud-ouest, et le Rif, au nord, on comprend l'importance stratégique de Taza.

Taza

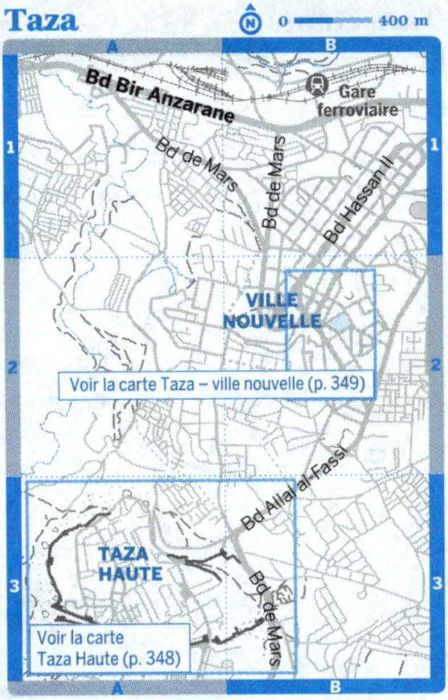

Grande Mosquée MOSQUÉE

(carte p. 348). Non loin de Bab er-Rih, la Grande Mosquée fut construite par les Almohades en 1135, puis agrandie par les Mérinides au XIIIe siècle. Elle est fermée aux non-musulmans et il est difficile de se faire une impression de l'extérieur. De là, l'artère principale part vers le sud-est jusqu'au bout de la médina. Remarquez au passage les porches richement décorés et les hautes fenêtres aux anciens moucharabiehs en cèdre.

Souks MARCHÉS

(carte p. 348). Les **souks** et les **kisaria** (marchés couverts) commencent près de la mosquée du Marché. Ils vendent nattes et tapis tissés par la tribu montagnarde des Beni Ouarain. C'est l'occasion rêvée d'observer la vie d'un marché berbère.

Mosquée des Andalous MOSQUÉE

(carte p. 348). Au bout de la rue principale, près du *mechouar*, se dresse cette mosquée, construite au XIIe siècle.

Hammam HAMMAM

(carte p. 347 ; pl. Aharrach ; 10 Dh ; ⏲hommes 5h-12h et 19h-24h, femmes 12h-19h). Un bon hammam où les massages vous feront oublier les cahots de la route.

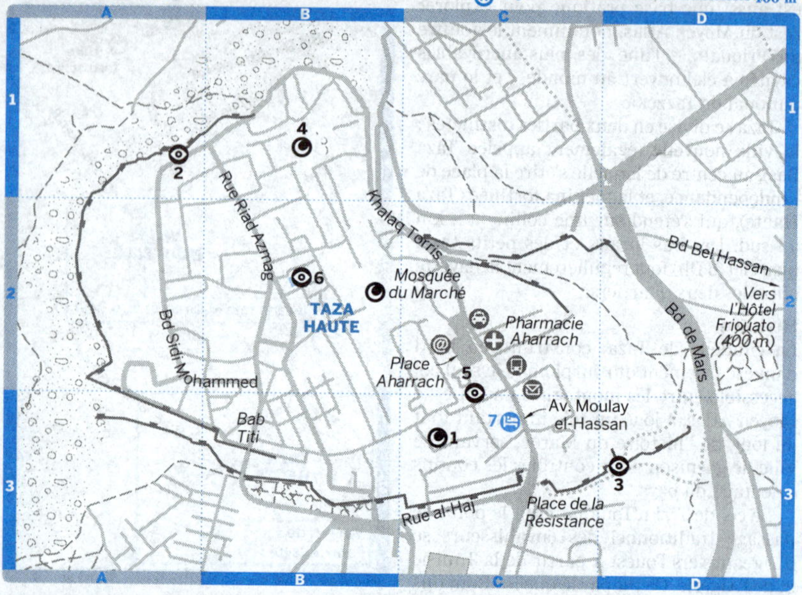

Taza Haute

À voir

1 Mosquée des Andalous C3
2 Bab er-Rih A1
3 Bastion D3
4 Grande Mosquée B1
5 Hammam C2
6 Souks et kisaria B2

Où se loger

7 Hôtel de l'Étoile C3

Où se loger

Taza ne compte que quelques hôtels, généralement disposés à accorder des réductions allant jusqu'à 25% pour un séjour de plus d'une nuit.

Hôtel de l'Étoile HÔTEL €

(carte p. 348 ; 0535 27 01 79 ; 39 av. Moulay el-Hassan ; s/d 40/50 Dh). Tenu par des Espagnols, cet établissement bon marché, proche de la place Aharrach, se manque facilement (l'enseigne est cachée sous l'arcade en façade). Par contre, vous remarquerez immanquablement la peinture rose à l'intérieur. Plutôt accueillant, il offre des chambres sommaires, toutes avec lavabo, et des toilettes à la turque communes. Faute de sdb, vous devrez vous rendre dans le hammam voisin.

Hôtel Dauphiné HÔTEL €

(carte p. 349 ; 0535 67 35 67 ; pl. de l'Indépendance ; s/d 130/165 Dh). Bien situé sur la place principale, cet hôtel petits budgets est d'un bon rapport qualité/prix. Les chambres sans grand charme sont vastes pour la plupart. Celles en façade s'agrémentent d'un petit balcon. Un bar-restaurant occupe le rez-de-chaussée.

Hôtel Friouato HÔTEL €

(carte p. 347 ; 0535 67 25 93 ; bd Bel Hassan ; s/d 275/315 Dh ; P). À mi-chemin entre Taza Haute et Taza Bas, le Friouato constitue un bon choix si vous recherchez un peu de confort et une piscine, en particulier si vous êtes motorisé. Le décor est un peu défraîchi, mais l'hôtel comporte tous les équipements d'un trois-étoiles et un bar-restaurant.

Hôtel Tour Eiffel HÔTEL €€

(carte p. 347 ; 0535 67 15 62 ; tourazhar@hotmail.com ; bd Bir Anzarane ; s/d 320/410 Dh ;). Sur la route qui sort de la ville, cet hôtel porte bien son nom : une fois franchie la réception exiguë, un ascenseur conduit à des chambres spacieuses et confortables avec, pour beaucoup, une vue magnifique sur les montagnes. Le restaurant, réputé pour son poisson, sert également de bons jus de fruits.

Où se restaurer

Si la médina ne compte aucun restaurant classique, de nombreux stands vendent des kebabs et autres en-cas, et les souks abondent en produits frais. Dans la ville nouvelle, le marché proche de la place de l'Indépendance vend également des produits frais et quantité de stands de restauration s'animent dans la soirée. De nombreuses épiceries jalonnent l'avenue Mohammed V. Dans le boulevard Bir Anzarane (route Fès-Oujda), une rangée de fast-foods avoisine l'arrêt des bus.

Les Deux Rives MAROCAIN, EUROPÉEN €
(carte p. 349 ; ☎0535 67 12 27 ; 20 av. d'Oujda ; plats 30-60 Dh). Pimpant et confortable, ce petit restaurant propose une carte variée de plats marocains et continentaux : tajines, couscous et bonnes pastillas côtoient des pizzas et des viandes grillées.

Pizzeria du Jardin PIZZA €
(carte p. 349 ; 44 rue Sultan Abou el-Hassan ; plats 35-40 Dh). Orné de photos de Bogart et Garbo, cet établissement sympathique sert des tajines, des pizzas, d'énormes salades et des plats de fast-food. Animé le soir, il est désert l'après-midi.

Hôtel Dauphiné MAROCAIN €€
(carte p. 349 ; ☎0535 67 35 67 ; pl. de l'Indépendance ; repas 80 Dh). Au rez-de-chaussée de l'hôtel, ce restaurant offre le choix habituel de spécialités marocaines (dont de bons poissons) et quelques plats occidentaux. La cuisine est excellente et le service attentif, mais la grande salle manque un peu de cachet.

Mou Mou RESTAURATION RAPIDE €
(carte p. 349 ; av. Moulay Youssef ; pizzas et chawarma à partir de 30 Dh). Dans cette ville endormie, cet endroit surprend par son animation ; il ne désemplit pas et sa joyeuse clientèle déborde sur le trottoir. Sur la carte figurent, entre autres, de délicieux *chawarma*, paninis, pizzas et jus de fruits.

Café Amsterdam PETIT-DÉJEUNER €
(carte p. 349 ; av. Moulay Youssef ; pâtisseries à partir de 8 Dh). Idéal pour le petit-déjeuner, ce café joliment décoré possède sa propre pâtisserie. Seule lui manque une terrasse.

Café La Joconda CAFÉ €
(carte p. 349 ; av. d'Oujda). Agréable café moderne doté d'une grande terrasse, il accueille volontiers une clientèle féminine.

Renseignements

Banque Attajariwafa (carte p. 349 ; av. Moulay Youseff). Dispose d'un DAB.

BMCI (carte p. 349 ; place de l'Indépendance). Dispose d'un DAB.

Cyber Attoraya (carte p. 349 ; rue Allal ben Abdallah ; 5 Dh/h ; ⏲24h/24). Accès Internet.

Cyber Friwato (carte p. 349 ; angle av. d'Oujda ; 4 Dh/h ; ⏲8h-24h). Accès Internet.

Cyber Taza Net (carte p. 348 ; place Aharrach, Taza Haute ; 4 Dh/h ; ⏲8h-23h). Accès Internet.

Hammam (carte p. 348 ; place Aharrach ; 10 Dh ; ⏲hommes 5h-12h et 19h-24h, femmes 12h-19h).

Taza – ville nouvelle

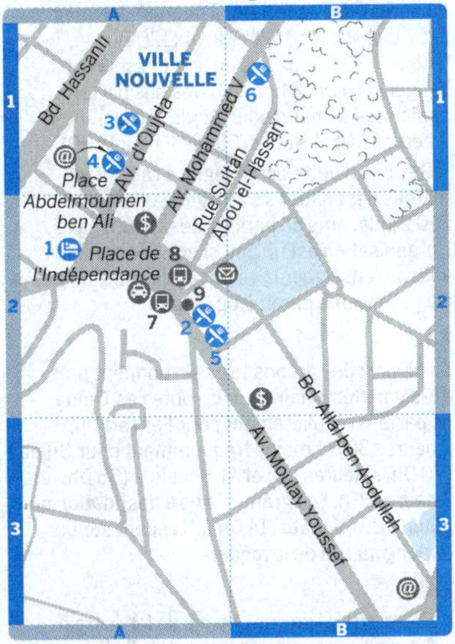

Taza – ville nouvelle

Où se loger
1 Hôtel Dauphiné ...A2

Où se restaurer
2 Café Amsterdam ...A2
3 Café La Joconda ...A1
Hôtel Dauphiné ...(voir 1)
4 Les Deux Rives ...A1
5 Mou Mou ...A2
6 Pizzeria du Jardin ...B1

Transports
7 Bus et petits taxis pour la médina ...A2
8 Bus pour la médina ...A2
9 Bureau de la CTM ...A2

Pharmacie Aharrach (carte p. 348 ; pl. Aharrach)

Poste (carte p. 348 ; av. Moulay el-Hassan). En face de la grand-place.

Poste principale (carte p. 349 ; près de la rue du Marché)

Depuis/vers Taza

Bus

Quelques bus partent de Taza et beaucoup y font halte entre Oujda et des villes comme Fès, Tanger et Casablanca, ou la côte.

Le **bureau de la CTM** (carte p. 349 ; pl. de l'Indépendance) se situe dans la ville nouvelle. Un bus part le matin pour Casablanca (150 Dh, 8 heures) via Fès (55 Dh, 2 heures), Meknès (75 Dh, 2 heures 30) et Rabat (120 Dh, 6 heures 30). Deux bus de nuit desservent Tanger (170 Dh, 8 heures). Des bus partent également le matin pour Oujda (60 Dh, 3 heures 30) et Nador (55 Dh, 2 heures 30).

Des bus d'autres compagnies ralliant les mêmes destinations s'arrêtent sur la route Fès-Oujda, près du parking des grands taxis. L'organisation est un peu chaotique et mieux vaut se renseigner la veille ; empruntez un grand taxi si l'attente paraît trop longue.

Taxi

La plupart des grands taxis stationnent près de la gare ferroviaire, sur la route Fès-Oujda. Ils partent régulièrement pour Fès (50 Dh, 2 heures 30) et moins fréquemment pour Oujda (70 Dh, 3 heures 30) et Al-Hoceima (65 Dh, 2 heures 30). Les grands taxis à destination du gouffre du Friouato (14 Dh) attendent sur un parking au sud de la médina.

Train

De Taza, sur la ligne de chemin de fer, le train est le meilleur moyen de transport. Trois trains rallient Fès (40 Dh, 2 heures) et continuent jusqu'à Meknès (56 Dh, 3 heures), Rabat (111 Dh, 6 heures) et Casablanca (136 Dh, 7 heures). Deux trains desservent Tanger (140 Dh, 8 heures), avec changement à Sidi Kacem. En sens inverse, 2 trains se rendent à Oujda (74 Dh, 3 heures).

Environs de Taza

CIRCUIT DU DJEBEL TAZZEKA

Belle excursion d'une journée au sud-ouest de Taza, le circuit du djebel Tazzeka passe par les cascades de Ras el-Oued, à la lisière du parc national de Tazzeka, les grottes du gouffre du Friouato et les gorges du Zireg. Si le paysage est superbe, la route, très étroite et sinueuse par endroits, comporte de nombreux virages sans visibilité d'où peuvent déboucher des grands taxis roulant à toute vitesse.

Le peu de circulation rend le stop quasi impossible. Si vous n'êtes pas motorisé, comptez 500 Dh la journée pour la location d'un grand taxi à Taza. Près de la médina, quelques grands taxis desservent parfois directement le gouffre du Friouato.

Première étape

Site de pique-nique prisé, les **cascades de Ras el-Oued** se situent à 10 km de Taza. Particulièrement belles au début du printemps, alimentées par les pluies et la fonte des neiges, elles se réduisent à un filet d'eau à la fin de l'été. Juste au-dessus des cascades, le village de **Ras el-Mar** abrite un petit café avec une vue superbe sur les montagnes. L'entrée du **parc national de Tazzeka** se trouve à proximité et vous pouvez facilement passer une journée à marcher parmi les bosquets de chênes-lièges.

Après les cascades, prenez à droite à la bifurcation pour atteindre le plateau et franchir un petit col. Sur la gauche, vous verrez l'étrange dépression asséchée de la **Daïa Chiker**. Au début du printemps, un lac peu profond se forme souvent en raison d'un phénomène géologique lié aux failles de la structure rocheuse.

Gouffre du Friouato

Plus loin, à 25 km de Taza, le **gouffre du Friouato** (☎0567 64 06 26 ; 3 Dh, guide 100 Dh, lampe torche 100 Dh ; ⏲8h-18h) , découvert en 1935, est bien indiqué au bout d'une route escarpée. Il est la principale curiosité du circuit. Avec plus de 20 m de large et 230 m de profondeur, ce serait la caverne la plus profonde d'Afrique du Nord et le réseau de grottes le plus étendu.

Un escalier raide de 520 marches, doté de rampes, conduit au fond du gouffre (la remontée est épuisante). Vous pouvez ensuite vous faufiler dans un trou et descendre encore 200 marches pour explorer des grottes fascinantes, sombres et d'une beauté surnaturelle. Les plus spectaculaires, la **salle de Lixus** et la **salle des Draperies**, renferment d'extraordinaires formations. La seconde, la plus fantastique, semble drapée de tentures calcifiées. Comptez au moins 3 heures aller-retour. Des spéléologues ont exploré le gouffre jusqu'à une profondeur de 300 m et pensent qu'il existe d'autres grottes 500 m plus bas.

Le droit d'entrée permet d'accéder à l'orifice du gouffre. Au-delà, vous devrez louer les services d'un guide pour descendre jusqu'aux grottes. Préparez-vous à un peu d'escalade et à quelques passages étroits, déconseillés aux claustrophobes. Prévoyez une lampe torche (disponible à l'entrée), de bonnes chaussures et des vêtements chauds.

Retour à Taza

Après le gouffre du Friouato, la route grimpe à nouveau dans des forêts de conifères après **Bab Bou-Idir**. Abandonné la majeure partie de l'année, ce village s'anime en été, quand les vacanciers envahissent son camping et ses chalets. Bonne base pour des randonnées dans la région, il abrite un centre d'information du parc national, ouvert en été. Des chemins balisés partent du village.

À 8 km après Bab Bou-Idir, une piste accidentée part sur la droite et grimpe vers le **djebel Tazzeka** (1 980 m), à 9 km. Une piste très pentue conduit au sommet, où se dresse un relais de télévision ; la vue sur le Rif et le Moyen Atlas est magnifique.

La route principale continue sur 38 km avant de rejoindre la route Fès-Taza à Sidi Abdallah de Rhiata. En chemin, des virages en lacets traversent une région fortement boisée, puis la route descend à travers les belles gorges de l'**oued Zireg**. À Sidi Abdallah de Rhiata, vous pouvez prendre la nationale vers l'est jusqu'à Taza en faisant halte à **Tizi n'Touahar** pour la vue.

Oujda

880 000 HABITANTS

Oujda, la plus grande ville de l'est du Maroc, est vieille de dix siècles, ce que semblent démentir ses façades modernes. Cette localité détendue semble souvent surprise à la vue de voyageurs étrangers, mais il n'en a pas toujours été ainsi. Terminus de la ligne ferroviaire, elle est bien reliée au reste du pays et prospérait autrefois grâce à la proximité de la frontière algérienne, qui en faisait un centre prisé des commerçants et des touristes. Lors de la fermeture de la frontière en 1995, l'économie d'Oujda s'est effondrée et peine encore à se rétablir. Il faut espérer que les projets de développement du tourisme le long de la côte méditerranéenne voisine auront des retombées positives pour la ville. Actuellement, son importante université reste le principal moteur de l'économie et de la vie intellectuelle.

Bien qu'elle compte peu de sites à visiter, Oujda est une étape plaisante pour se reposer en venant des montagnes du Rif ou avant d'emprunter la longue route vers le sud jusqu'à Figuig et le Sahara.

Histoire

Sur l'axe principal reliant le Maroc au reste de l'Afrique du Nord, le site d'Oujda a longtemps eu une importance cruciale ; une route romaine le traversait. Comme Taza, il occupait une position clé pour le contrôle de l'Est et fut souvent considéré comme une étape indispensable pour s'emparer du territoire qui l'environne.

Fondée au Xe siècle par la tribu Meghraoua, Oujda demeura indépendante jusqu'à ce que les Almohades s'en emparent au XIe siècle. Plus tard, sous les Mérinides, les seigneurs algériens de Tlemcen l'envahirent à plusieurs reprises. Au XVIIe siècle, elle tomba sous la férule de l'administration ottomane installée à Alger.

Moulay Ismaïl la reprit en 1687. Oujda resta aux mains des Marocains jusqu'en 1907, quand des forces françaises venues d'Algérie franchirent la frontière et l'occupèrent. Le protectorat ne devait commencer que cinq ans plus tard, mais le sultan ne parvint pas à s'y opposer.

Les Français agrandirent la ville, qui par la suite se développa en tant que capitale provinciale et de principale centre de commerce avec l'Algérie. Son activité industrielle repose sur l'extraction minière, notamment le zinc, que l'on trouve plus au sud.

À voir

Médina MÉDINA

La médina d'Oujda n'est pas très étendue mais ses remparts et plusieurs places alentour ont récemment été rénovés. Entrez par la porte est, appelée **Bab el-Ouahab** (porte des Têtes) car on y suspendait les têtes des criminels exécutés, une tradition perpétuée jusqu'au protectorat français. Cette partie de la médina est remplie de stands de restauration (les olives d'Oujda sont très réputées) et de cafés. Animée et plaisante, elle mêle agréablement tradition et modernité. De la **place el-Attarine**, traversez les souks en direction du nord en passant devant la **Grande Mosquée**, construite au XIVe siècle par les Mérinides, pour déboucher près de la place du 16 Août, le centre de la ville nouvelle. Sur la place se dressent une tour d'horloge des années 1930 et une jolie **mosquée** en grès.

Centre d'Oujda BÂTIMENTS

Malgré de nombreux bâtiments neufs, les rues du centre conservent beaucoup d'édifices de style colonial et Art déco, souvent délabrés. En longeant le boulevard Mohammed V vers le sud, remarquez la belle **banque al-Maghrib**, de style néo-mauresque colonial, avant d'arriver

Oujda

0
500 m
Av. Moulay Hassan
Rue du Ras Astour
Lt Rue du Belhoucine
Bd al-Maghrib al-Arabi
Rue de Casablanca
Rue de Fès
Rue de Figuig
Place du Maroc
Souks
Place el-Attarine
CASBAH
MÉDINA
Hôpital el-Farabi
Place Jeddah
Pharmacie Mouslim
Place du 16 Août
Place Echcharif el-Idrissi
Rue al-Morabitine
Vers les grands taxis pour Nador (250 m)
Cimetière
Bd Mohammed Derfoufi
Bd Mohammed V
Bd Zerktouni
Av. Idriss el-Akbar
Bd Allal ben Abdallah
Bd Abdella Chefchaouni
Place de l'Unité Africaine
Gare ferroviaire
Consulat algérien
Bd Bir Anzarane
Bd Hassan el-Oukili
Oued Nachef
Mosquée Mohammed VI
1
2
3
4
5
6
7
8
9
10
11
12
13
14
15
16
17
18
19
20
21
22
23
A
B
C
D
E
F
G

Oujda

À voir

1 Bab el-Ouahab F2
2 Banque al-Maghrib E2
3 Cathédrale Saint-Louis E3
4 Grande Mosquée F3
5 Mosquée E1

Où se loger

6 Atlas Terminus C2
7 Hôtel Al Manar D2
8 Hôtel Angad E2
9 Hôtel Atrah E2
10 Hôtel Ibis Moussafir C2
11 Hôtel la Concorde E2
12 Hôtel Orient Oujda E4
13 Hôtel Oujda D3
14 Hôtel Tlemcen E2

Où se restaurer

15 Café La Défense D2
16 Café Pâtisserie Colombe E2
17 Pizza Providence D3
18 Restaurant Le Comme Chez Soi D2
19 Restaurant Le Dauphin E1
20 Restaurant Miami Inn D2
21 Restaurant Nacional D3

Transports

22 Gare routière A4
23 Bus urbains G3

à la **cathédrale Saint-Louis**, aux flèches invariablement occupées par des nids de cigogne.

Où se loger

Bien que la frontière algérienne soit toujours fermée, les hôtels affichent régulièrement complet. La plupart d'entre eux réduisent leurs prix sur demande.

Hôtel Angad HÔTEL €
(✆0536 69 14 51 ; hotelangad@hotmail.fr ; rue Ramdane el-Gadhi ; s/d 180/224 Dh, avec clim 232/274 Dh). Meilleure adresse de la catégorie petits budgets, ce deux-étoiles à prix raisonnables propose des chambres rudimentaires avec grande sdb et TV. Évitez celles donnant sur la rue, assez bruyantes. Le café du rez-de-chaussée sert le petit-déjeuner et des pizzas.

Hôtel Tlemcen HÔTEL €
(✆0536 70 03 84 ; 26 rue Ramdane el-Gadhi ; ch 60 Dh/pers). Accueillant et d'un excellent rapport qualité/prix, cet hôtel possède une réception somptueuse et des petites chambres pimpantes, avec sdb et TV.

Hôtel Atrah HÔTEL €
(✆0536 68 65 33 ; près rue Ramdane el-Gadhi ; s/d 113/178 Dh). Les céramiques et les stucs donnent une touche traditionnelle à la réception. Bien que les chambres indépendantes soient un peu petites, l'hôtel se révèle un bon choix pour les voyageurs à petit budget.

Hôtel la Concorde HÔTEL €
(✆0536 68 23 28 ; 57 bd Mohammed V ; s/d 177/206 Dh). La réception est certes basse de plafond, avec son bar en mezzanine, mais les chambres sont plus engageantes. Si l'hôtel semble glisser vers la décrépitude, il demeure correct en regard des prix et de l'emplacement.

Hôtel Oujda HÔTEL €
(✆0536 68 40 93 ; fax 036 685064 ; bd Mohammed V ; s/d 278/352 Dh ; ❄☒). La décoration semble dater des années 1970 : réception "futuriste" et carrelage funky des sdb. Cependant tout fonctionne, l'hôtel est confortable et le personnel, aux petits soins. Le restaurant offre une belle vue sur la place voisine et la cathédrale Saint-Louis.

Hotel Al Manar HÔTEL €€
(✆0536 68 88 55 ; hotelalmanara@menara.ma ; 50 bd Zerktouni ; s/d 360/420 Dh ; ❄). Central et fonctionnel, ce grand hôtel privilégie le côté pratique et loue des chambres d'un excellent rapport qualité/prix. Évitez celles donnant sur l'intérieur, sombres et dotées de petites fenêtres.

Hôtel Orient Oujda HÔTEL €€
(✆0536 70 06 06 ; www.hotelsatlas.com ; pl. Syrte, av. Idriss el-Akbar ; s/d 512/624 Dh, ste à partir de 1 200 Dh ; P❄☒). Cet hôtel d'affaires chic, très bien géré, est l'un des deux hôtels Atlas d'Oujda. Ses chambres somptueuses donnent sur la médina ou sur le ravissant jardin. Il comprend deux restaurants, une discothèque et une piscine.

Hôtel Ibis Moussafir HÔTEL €€
(✆0536 68 82 02 ; www.ibishotel.com ; bd Abdella Chefchaouni ; ch avec petit-déj 555 Dh ; ❄☒). En face de la gare ferroviaire, l'Ibis possède des chambres confortables et tous les équipements attendus d'une chaîne internationale. Il ressemble à n'importe quel hôtel du même genre dans le monde.

Atlas Terminus HÔTEL €€€
(✆0536 71 10 10 ; www.hotelsatlas.com ; pl. de la Gare ; s/d à partir de 800/1100 Dh ; ❄☒). Édifice majestueux, l'Atlas Terminus doit être l'hôtel le plus somptueux à avoir vu le jour depuis des années dans cette partie du Maroc.

Les chambres et le service sont de très haute volée, et l'établissement abrite un bon restaurant, un bar, une piscine et une salle de gym.

Où se restaurer

Nous avons demandé à un habitant ce qu'il préférait dans sa ville. "Ses nombreux cafés", a-t-il répondu. De fait, s'attarder en terrasse devant un café ou un thé à la menthe semble être l'occupation favorite (des hommes, bien évidemment). Les cafés les plus fréquentés bordent le boulevard Mohammed V au sud de la place du 16 Août. En flânant, vous en trouverez qui vous plaira.

Dans la ville nouvelle, la rue de Marrakech et la zone piétonne au sud de la place du 16 Août abritent des échoppes d'en-cas, kebabs, sandwichs et jus de fruits. Dans la médina, les stands de Bab el-Ouahab proposent des spécialités plus traditionnelles, comme les *kefta* (boulettes de viande épicées), les bols de *harira* et les escargots bouillis.

Restaurant Nacional MAROCAIN €
(0536 70 32 57 ; 107 bd Allal ben Abdallah ; repas à partir de 25 Dh). Une véritable institution à Oujda : à midi, les clients font la queue pour avoir une table (sa grande salle à l'étage est toujours bondée). Les salades sont délicieuses, et les serveurs courent avec des assiettes de viandes grillées, de poissons frits et de tajines.

Restaurant Le Comme Chez Soi FRANÇAIS €€
(0536 68 60 79 ; 8 rue Sijilmassa ; plats à partir de 85 Dh). Ce restaurant – le plus sophistiqué d'Oujda – propose une carte aux influences françaises, avec de succulents plats de viande et de poisson, et quelques pâtes. L'établissement sert de l'alcool.

Restaurant Le Dauphin CONTINENTAL €€
(0535 68 61 45 ; 38 rue de Berkane ; plats 75-100 Dh). Réputé pour le poisson, Le Dauphin profite de la proximité de la Méditerranée et modifie sa carte en fonction des arrivages quotidiens. Une bouteille de vin accompagnera agréablement votre repas.

Restaurant Miami Inn RESTAURATION RAPIDE €
(67 bd Mohammed V ; repas environ 30 Dh). Bon marché et prisé pour son poulet rôti, ses frites et ses copieuses salades.

Pizza Providence PIZZA €
(bd Mohammed V ; pizzas 30-60 Dh). Près de la cathédrale, le Providence sert des pizzas, paninis, burgers, salades et autres en-cas corrects.

Café Pâtisserie Colombe CAFÉ €
(bd Mohammed V). Un café prisé et animé, parfait pour un petit-déjeuner en observant la foule.

Café La Défense CAFÉ €
(bd Mohammed V). Autre bon café pour se prélasser devant une boisson.

Renseignements

Accès Internet

K@ramoss Internet (bd Mohammed V ; 5 Dh/h ; 24h/24). Au-dessus d'un café.

Internet (bd Mohammed V ; 5 Dh/h ; 9h-24h). Au-dessus de la téléboutique.

Agence de voyages

Maroc Voyages (0536 68 39 93 ; 110 bd Allal ben Abdallah). Pour vos billets d'avion et de ferry.

Argent

La plupart des banques, avec DAB et service de change, se trouvent le long du boulevard Mohammed V dans la médina et autour de la place du 16 Août, près de l'hôtel de ville.

Western Union (bd Mohammed V ; 8h-12h et 14h-18h lun-jeu, 8h-11h30 et 14h30-18h30 ven, 9h-12h30 sam). Possède un bureau de change (espèces uniquement), ouvert en dehors des horaires habituels.

Poste

Poste principale (bd Mohammed V)

Services médicaux

Hôpital el-Farabi (carte p. 352 ; 0536 68 27 05 ; av. Idriss el-Akbar)

Pharmacie Mouslime (bd Mohammed V)

Depuis/vers Oujda

Passer la frontière

Il semble peu probable que la frontière algérienne rouvre dans un avenir proche. Espérons tout de même qu'un jour ou l'autre, les bus et grands taxis qui circulaient à longueur de journée jusqu'à la frontière, puis Tlemcen, reprendront du service.

Avion

L'**aéroport Angad** (0536 68 32 61) se situe à 15 km au nord d'Oujda, près de la route de Saïdia. Le trajet en grand taxi revient à 120 Dh. N'importe quel bus desservant Nador, Berkane, Saïdia, etc. vous déposera sur la route pour quelques dirhams. **RAM** (carte p. 352 ; 0536 68 39 09 ; 45 bd Mohammed V) propose 2 ou 3 vols quotidiens pour Casablanca, ainsi que des vols directs pour la France (voir p. 509).

Bus

La principale gare routière se trouve à l'ombre de l'immense nouvelle mosquée Mohammed VI. Le **bureau de la CTM** (☎0536 68 20 47 ; rue Sidi Brahim) a un deuxième bureau près de la place du 16 Août qui vend des billets pour Casablanca (190 Dh, 11 heures) via Taza (55 Dh, 3 heures 30), Fès (110 Dh, 4 heures 30), Meknès (120 Dh, 5 heures) et Rabat (170 Dh, 9 heures 30), ainsi que pour Tanger (165 Dh, 12 heures 30) également via Taza, Fès et Meknès. Un bus dessert Figuig (95 Dh, 7 heures) tous les deux jours.

Trans Ghazala propose plusieurs bus quotidiens à destination de Casablanca via Fès, Meknès et Rabat. Vous pouvez aussi acheter les billets à la **billetterie de la Trans Ghazala** (☎0536 68 53 87 ; rue Sidi Brahim).

Quantité d'autres compagnies possèdent des billetteries à la gare routière et desservent fréquemment Taza, Fès, Meknès, ainsi que Berkane (12 Dh, 1 heure) et Nador (30 Dh, 3 heures). Chaque jour, deux bus de la compagnie Champion Bus partent en matinée pour Bouarfa (55 Dh, 5 heures) et Figuig (70 Dh, 7 heures). Plusieurs bus rallient également Saídia (15 Dh, 1 heure 30) et Al-Hoceima (58 Dh, 5 heures). Deux bus quotidiens desservent Tanger (140 Dh, 14 heures) via Chefchaouen et Tétouan.

Taxi

Devant la gare routière principale, des grands taxis partent régulièrement pour Taza (70 Dh, 3 heures 30), où vous trouverez des correspondances. Au nord de la ville, près du croisement de la rue ibn Abdelmalek et du boulevard Mohammed Derfoufi, des grands taxis se dirigent vers le nord et desservent Nador (55 Dh, 3 heures), Saïdia (25 Dh, 1 heure) et Berkane (18 Dh, 1 heure).

Train

La gare ferroviaire d'Oujda, un beau bâtiment français de style néo-mauresque, se situe à l'extrémité ouest du boulevard Zerktouni. Deux trains quotidiens directs desservent Casablanca (205 Dh, 10 heures) et un se rend à Tanger (via Sidi Kacem, 210 Dh, 11 heures). Tous s'arrêtent à Taza (74 Dh, 3 heures), Fès (108 Dh, 6 heures) et Meknès (130 Dh, 6 heures 30).

Environs d'Oujda

OASIS DE SIDI YAHIA واحة سيدي يحيى

À 6 km au sud d'Oujda, l'oasis de Sidi Yahia est vénérée par les musulmans, les chrétiens et les juifs comme dernier lieu de repos de Sidi Yahia Ben Younes qui, selon la tradition locale, serait saint Jean-Baptiste.

Ville de banlieue mal entretenue la majeure partie de l'année, l'oasis voit affluer des milliers de pèlerins en septembre, lors du *moussem* qui se prolonge durant une semaine (la date varie en fonction du calendrier lunaire). Ces festivités, parmi les plus importantes du pays, s'accompagnent d'une fantasia et méritent le détour. Les arbres qui entourent le sanctuaire (fermé aux non-musulmans) sont couverts de bouts d'étoffe destinés à s'attirer des bénédictions, une tradition qui remonte aux rites de fertilité préislamiques.

Pour rejoindre Sidi Yahia, prenez le bus n°1 (4 Dh) devant Bab el-Ouahab à Oujda. En petit taxi, comptez environ 20 Dh.

Bouarfa

Le long trajet vers le sud en direction de Bouarfa et Figuig n'a rien d'attrayant. Seuls quelques dromadaires et des postes de contrôle tenus par des gendarmes maussades interrompent de loin en loin la monotonie du désert broussailleux. Plus on approche de Figuig, plus on frôle la zone sensible de la frontière algérienne.

Ville administrative et de garnison, Bouarfa est également un carrefour de transports pour cette partie du Maroc, au croisement des routes pour Figuig et Er-Rachidia.

Hôtel Climat du Maroc (☎0536 79 63 82 ; bd Hassan II ; d/ste 380/500 Dh ; ❄🍴). Le meilleur de la ville. Il se repère facilement à son entrée coiffée d'un dôme et est proche du carrefour pour Figuig. Il loue des chambres étonnamment confortables dans cette localité reculée. Commandez vos repas bien à l'avance si vous souhaitez dîner sur place. L'**Hôtel Tamlalt** (☎0536 79 87 99 ; bd Massira ; d 60 Dh), au sud de l'arrêt de bus, est très spartiate, mais correct pour le prix.

Près de la gare routière, vous trouverez les habituels petits restaurants de brochettes, de poulet rôti et autres en-cas. Le **Restaurant Elwafa** (bd Hassan II ; repas 30 Dh), près de l'Hôtel Climat du Maroc, sert tajines et couscous. Le **Café Amsterdam** (angle bd Mohammed V et bd Hassan II) est une bonne adresse pour le petit-déjeuner et les pâtisseries.

Quelques bus partent tous les jours pour Oujda (55 Dh, 5 heures), essentiellement le matin. Plusieurs bus desservent également Figuig (25 Dh, 2 heures). Deux bus rallient Er-Rachidia (58 Dh, 5 heures), très tôt le matin et dans l'après-midi. Un grand taxi pour Figuig coûte environ 300 Dh.

Figuig فجيج

15 000 HABITANTS

Lorsque la frontière était ouverte, Figuig était une destination prisée des voyageurs. Aujourd'hui, peu de touristes font le détour, bien qu'il s'agisse de l'une des plus belles villes oasis du Maroc. Conglomérat de sept villages traditionnels, elle est entourée de quelque 200 000 palmiers dattiers, alimentés par des puits artésiens. Ancienne étape des pèlerins en route vers La Mecque, elle ne sort aujourd'hui de sa torpeur qu'en automne, pour la cueillette des dattes.

Figuig se divise en ville haute et ville basse. La route principale, le boulevard Hassan II, traverse la ville haute (ville nouvelle), où se trouvent les distributeurs automatiques, la poste et un agréable jardin municipal.

Après l'Hôtel Figuig, la rue descend vers la "ville basse", la cuvette couverte de palmiers et les ksour (châteaux en pisé) qui forment la partie la plus ancienne de Figuig. Point de repère pratique, cette corniche s'ouvre sur la palmeraie et sur l'Algérie. Vous profiterez des vues les plus belles depuis Azrou, d'où le chemin part vers le Ksar Zenaga, ou depuis la terrasse de l'hôtel Figuig.

À voir

Les sept ksour VIEILLE VILLE

Sept ksour (forteresses), de la même couleur ocre que la terre, constituent la ville de Figuig. Chacun contrôle une partie de la palmeraie et de son importante réserve d'eau. Dans le passé, des familles rivales détournaient le cours des canaux pour saper les fondations des casbahs de leurs ennemis.

Zenaga, le ksar le plus grand et le plus beau, s'étend au sud de la corniche qui coupe l'oasis. De nombreux sentiers suivent les canaux d'irrigation à travers les palmiers et des potagers soigneusement cultivés. Puis l'on se retrouve dans un dédale de passages couverts, où de splendides portes anciennes en bois ornent certaines maisons.

Le délabrement de nombreux ksour permet de comprendre leur construction ingénieuse : des troncs de palmiers recouverts de pisé et des plafonds faits de palmes. Sombres et fraîches, les rues sont étrangement calmes et vous croiserez de temps à autre des femmes entièrement vêtues de blanc, ne laissant apparaître qu'un œil. On se perd facilement dans ce labyrinthe, où des enfants vous guideront volontiers pour quelques dirhams. L'hôtel Figuig propose également des visites guidées d'une demi-journée.

Plus près du haut de la ville, à l'ouest de la rue principale, le **ksar el-Oudahir** abrite un charmant minaret octogonal du XIe siècle appelé *sawmann al-hajaria* (tour de pierre), dont l'architecture ne ressemble à aucune autre au Maroc et rappelle plutôt les minarets de Mauritanie et du Sahel.

ÉNERGIE SOLAIRE AU SAHARA

Une chose dont le désert ne manque pas (outre le sable), c'est de soleil. De fait, en novembre 2009, le Maroc a annoncé un projet d'investissement de neuf milliards de dollars américains voué à lui permettre de produire 20% de son énergie grâce à l'énergie solaire dès 2020. Une grande partie de cette électricité va être produite dans l'est du Maroc, région qui longe la frontière algérienne de la Méditerranée à Figuig. L'amélioration des infrastructures sur la route nationale au sud d'Oujda (comme l'indiquent les dizaines de panneaux d'affichage au bord de la route) témoigne des sommes investies dans la région.

Parallèlement, la Desertec Industrial Initiative, un consortium allemand, a élaboré un projet pansaharien de production d'énergie solaire et éolienne, s'étendant du Maroc à l'Égypte, afin d'exporter de l'électricité en Europe. Cette initiative nécessite des investissements s'élevant à 400 milliards d'euros avant 2050. Les premiers projets pilotes doivent être construits au Maroc, seul pays africain à posséder actuellement un câble destiné au transport de l'énergie vers l'Europe (relié à l'Espagne). Si le but du projet est de fournir 15% des besoins en électricité de l'Europe, certains lui reprochent d'être trop ambitieux – une des principales pierres d'achoppement étant sans doute la coopération transfrontalière entre le Maroc et l'Algérie : c'est une des raisons pour lesquelles l'est du Maroc a stagné sur le plan économique et a été obligé de fermer la frontière pendant plus de 15 ans.

À côté du minaret se tiennent deux anciennes citernes, l'une couverte, mais où les enfants peuvent désormais se baigner.

Ensemble Artisanal ART ET ARTISANAT
(bd Hassan II ; 16h-20h). Vend d'excellents tapis de la région et des paniers en feuilles de palmier.

Où se loger et se restaurer

La **Caid's House** (bd Hassan II), l'ancienne maison du gouverneur français, a été restaurée et reconvertie en pension. Tarifs de catégorie moyenne.

Auberge Oasis PENSION €
(0536 89 92 20 ; www.auberge-oasis.com ; rue Jamaa, Ksar Zenaga ; s/d 100/170 Dh, en demi-pension 300/600 Dh ; @). Maison familiale en pisé située dans un ksar, cette auberge permet d'expérimenter la vie traditionnelle à Figuig. Les chambres avec sdb arborent une décoration traditionnelle, et vous pouvez vous détendre dans une tente berbère sur le toit. Les repas maison sont excellents.

Hôtel Figuig HÔTEL €
(0536 89 93 09 ; bd Mohammed V ; s 140-230 Dh, d 230-340 Dh, camping 15 Dh/pers, tente 40 Dh, voiture 40 Dh ; P). En plein désert, le principal hôtel de Figuig est doté de chambres relativement confortables, dont certaines, situées dans la palmeraie, ont vue sur l'Algérie. Il abrite un restaurant, mais il est indispensable de commander à l'avance afin que le personnel puisse se rendre au marché. Les non-résidents peuvent profiter de la terrasse du café, qui jouit de la meilleure vue de Figuig, notamment à l'heure du coucher du soleil.

Café des Palmeraies CAFÉ €
(bd Hassan II). En face de la gare routière, ce café sert des plats simples : omelettes, brochettes et frites.

Cafés de Tachraft CAFÉ €
(pl. Tachraft, Zenaga). Plusieurs cafés donnent sur la place Tachraft. Ils sont parfaits pour déguster un café et une pâtisserie en regardant passer les gens.

Renseignements

Banque Populaire, (bd Hassan II). DAB et service de change. **Figuig Net** (10 Dh/h) offre l'accès à Internet. Le bureau de poste fait face à l'Ensemble artisanal.

Depuis/vers Figuig

Passer la frontière

La frontière avec l'Algérie est fermée. Si elle rouvrait, il faudrait parcourir 3 km pour atteindre les douanes marocaines, puis 4 km supplémentaires pour atteindre la première ville algérienne de Beni Ounif.

Bus

À Figuig, les bus s'arrêtent à la "gare routière", laquelle se résume à un carrefour et trois billetteries, à l'extrémité nord de la ville. Ils continuent ensuite vers la ville basse et s'arrêtent place Tachraft, à Zenaga. Si vous séjournez à l'Hôtel Figuig, demandez au chauffeur de vous y déposer.

Essayez toujours de vous renseigner sur les transports la veille du départ. Deux bus de la compagnie Champion Buses desservent Oujda (70 Dh, 7 heures). La CTM en propose un (95 Dh). Tous s'arrêtent à Bouarfa, où vous pouvez faire une correspondance pour Er-Rachidia.

Sud du Maroc et Sahara occidental

جنوب المغرب والصحراء الغربية

Dans ce chapitre »

Le top des hébergements

» Dar Najmat (p. 389)
» Les 3 Chameaux (p. 389)
» Naturally Morocco Guest House (p. 372)
» Hôtel Salama (p. 378)
» Auberge Sahnoun (p. 380)
» Xanadu (p. 391)

Le top des restaurants

» Café-Restaurant Nomad (p. 391)
» L'Agence (p. 373)
» L'Arganier d'Ammelne (p. 381)
» Mezzo Mezzo (p. 364)

Pourquoi y aller

La vallée du Sous, où les chèvres broutent les feuilles des arganiers au pied de l'Anti-Atlas, dessine une ligne à travers le Maroc. Au sud de cette vallée fertile, les villages de montagne et les portes du Sahara vivent toujours à un rythme paisible, épargnés par l'effervescence du tourisme de masse et de la vie moderne.

La région dégage un parfum d'ailleurs et d'inconnu qui séduit immanquablement le voyageur. Le long du front de mer accidenté, sirotez un thé à la menthe en contemplant la côte atlantique sauvage. Lors de périples à pied, à VTT ou en voiture dans les contreforts plissés de l'Anti-Atlas, arrêtez-vous avant le prochain village et laissez le silence vous envelopper.

La population, des Berbères chleuhs du Sous aux Sahraouis du Sahara occidental, complète à merveille les paysages. Leurs robes légères voltigent sous le ciel du désert, et leurs sombres troupeaux émaillent les versants rocheux.

Explorez le Sud ; il vous surprendra !

Quand partir

Agadir

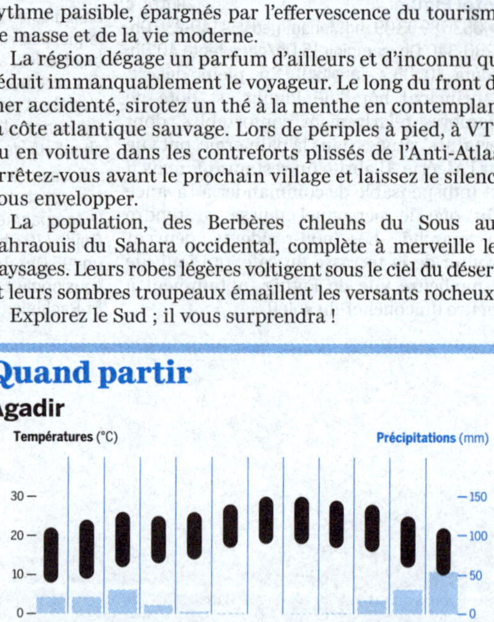

Février Une randonnée dans l'Anti-Atlas avant le soleil hivernal au sud de la côte atlantique.

Mars Les amandiers en fleur et la fête de la cueillette des amandes à Tafraoute.

Novembre La fête du safran à Taliouine, la récolte des olives à Immouzzer des Ida Outanane.

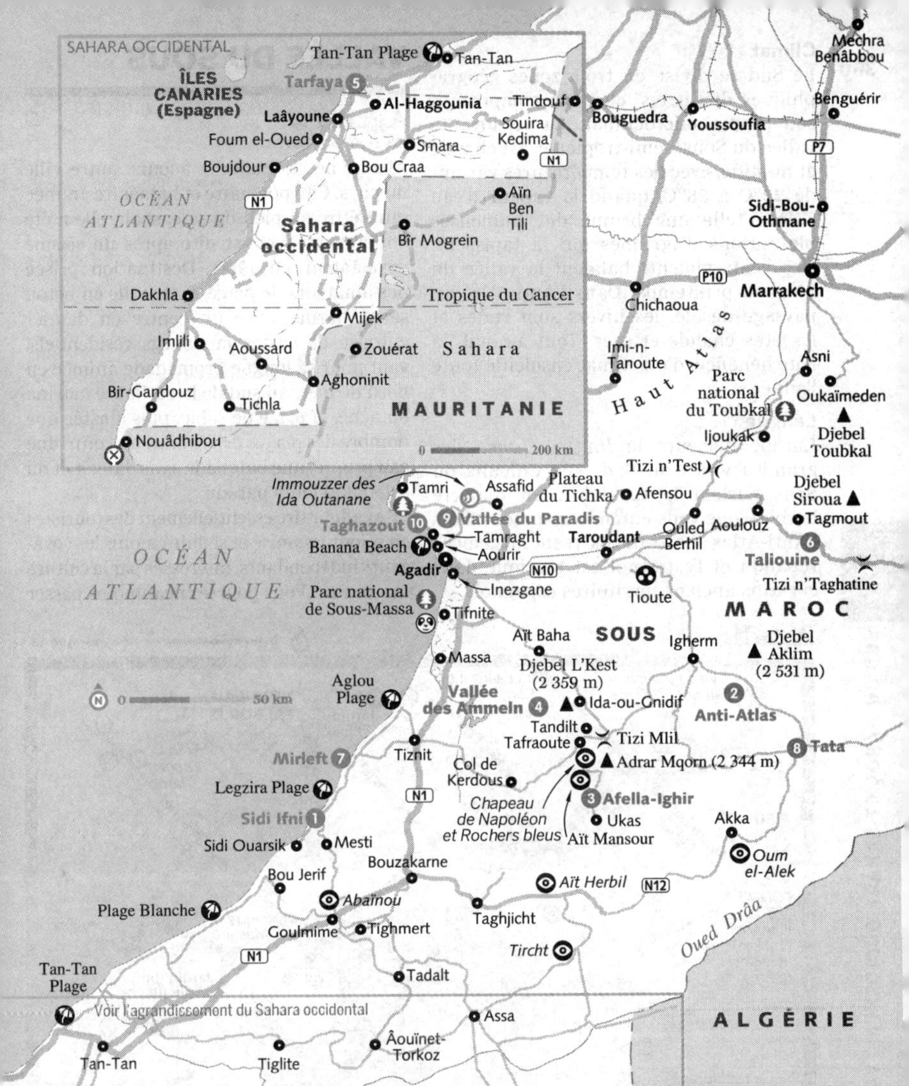

À ne pas manquer

1. Les bâtiments Art déco de **Sidi Ifni** (p. 390) au coucher du soleil
2. Une excursion dans les contreforts tourmentés de l'**Anti-Atlas** (p. 376)
3. Les palmeraies verdoyantes au pied des falaises ocre de l'**oasis d'Afella-Ighir** (p. 379)
4. Une maison berbère de la **vallée des Ammeln** (p. 380)
5. Sur les traces du *Petit Prince* de Saint-Exupéry à **Tarfaya** (p. 398)
6. Le safran et l'huile d'argan à **Taliouine** (p. 375)
7. Les plages fabuleuses et les bons hôtels de **Mirleft** (p. 388), la ville la plus détendue du Sud
8. Les gravures rupestres préhistoriques aux alentours de **Tata** (p. 381)
9. La **vallée du Paradis** (p. 369), une partie accessible du Haut Atlas
10. Les vagues rageuses et les surfeurs à **Taghazout** (p. 369)

Climat

Le Sud se divise en trois zones géographiques distinctes, chacune comportant son propre microclimat. La verdoyante vallée du Sous, semi-tropicale, est chaude et humide, avec des températures variant de 22°C à 38°C, quand la vapeur d'eau s'élève telle une brume des immenses plantations d'agrumes qui la tapissent. Des vents violents balaient la vallée du Sous au printemps. Dans l'Anti-Atlas au paysage désolé, les hivers sont rudes et les étés chauds et secs. Tout au sud, la côte bénéficie d'un climat ensoleillé toute l'année.

Langue

L'arabe demeure la *lingua franca* des grandes villes du Sud. Les Chleuhs du Sous parlent le tachlahit, un dialecte berbère que vous entendrez surtout dans l'Anti-Atlas. Le français reste largement répandu et l'espagnol est pratiqué dans certains anciens territoires espagnols.

VALLÉE DU SOUS

Agadir اكادير

679 000 HABITANTS

Agadir ne ressemble à aucune autre ville du pays. Cité portuaire et balnéaire animée qui s'étire au pied de sa casbah, elle a été entièrement reconstruite après un séisme dévastateur en 1960. Destination prisée des amateurs de plage, cette ville en béton sans charme, avec un centre en damier entouré de vastes faubourgs résidentiels, vaut pour sa longue promenade animée en bord de mer. Au sud de la rutilante marina blanche, la plage de sable, plus abritée que nombre des plages de l'Atlantique, offre une eau propre, une baignade sans danger et du soleil 300 jours par an.

Agadir attire essentiellement des touristes en séjour organisé et séduira moins les voyageurs indépendants, intéressés par la culture marocaine. Vous pourrez néanmoins passer

Agadir

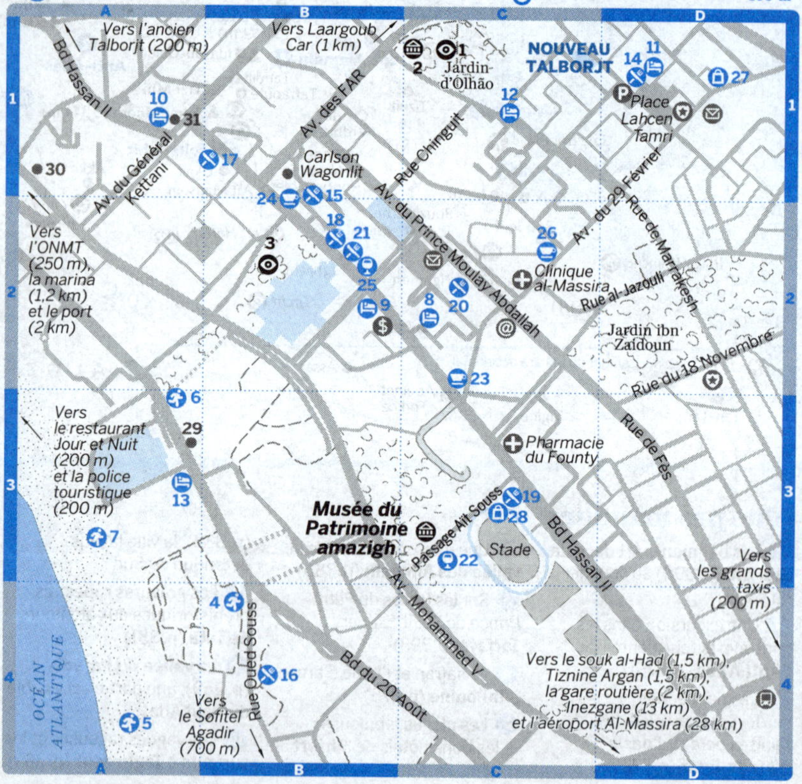

quelques jours agréables à vous détendre sur la plage et explorer les quelques curiosités.

La ville, très étendue, s'étire le long de la côte et dans les terres. De l'extrémité nord de la plage, près de la marina et du port, trois artères parallèles – le boulevard du 20 Août, le plus proche de l'océan, l'avenue Mohammed V et le boulevard Hassan II – traversent le principal quartier touristique. Nombre des meilleurs hôtels bordent la plage, au sud du centre. Au nord-est, dans l'intérieur des terres, Nouveau Talborjt abrite la plupart des hôtels et restaurants pour petits budgets.

Histoire

La ville, qui tire son nom de l'*agadir* (grenier fortifié) de la tribu Irir, a connu une longue histoire en dents de scie. Elle fut fondée au XVe siècle par des marchands portugais afin de développer les échanges avec les caravanes sahariennes. À partir du milieu du XVIe siècle, alors que s'agrandissait l'Empire saadien, le port prospéra grâce à l'exportation du sucre, du coton et du salpêtre locaux, ainsi que des produits du commerce saharien que contrôlaient alors les Marocains. Cette prospérité prit fin dans les années 1760, quand le sultan alaouite Sidi Mohammed ben Abdallah déplaça le commerce à Essaouira, au nord.

Les colons français relancèrent quelque peu l'économie d'Agadir au XXe siècle, mais le tremblement de terre du 29 février 1960, qui fit 18 000 victimes (environ la moitié de la population), détruisit complètement la ville. Les autorités, incapables de faire face aux conséquences sanitaires du désastre, aspergèrent les ruines de chaux vive et de DDT en y laissant les morts. Le tumulus ainsi créé est appelé Ancienne Talborjt.

Depuis sa reconstruction, Agadir est devenue un important port de pêche, qui contribue largement à faire du Maroc le premier exportateur mondial de sardines en boîtes. Elle est aussi la première station balnéaire du pays et la luxueuse marina indique une volonté de privilégier le haut de gamme.

À voir

Musée du Patrimoine amazigh MUSÉE
(☎0528 82 16 32 ; passage Aït Sous ; adulte/enfant 20/10 Dh ; ⏲9h30-12h30 et 14h-17h30

Agadir

Les incontournables
Musée du Patrimoine amazigh ... C3

À voir
1 Jardin d'Olhão ... C1
2 Mémoire d'Agadir ... C1
3 Vallée des Oiseaux ... B2

Activités
4 Club Med ... B4
5 Palm Beach ... A4
6 Petit Train d'Agadir ... A3
Royal Atlas ... (voir 13)
7 Sunset Beach ... A3

Où se loger
8 Hôtel Atlantic ... C2
9 Hôtel Kamal ... B2
10 Hôtel La Petite Suède ... A1
11 Hôtel Sindibad ... D1
12 Hôtel Tamri ... C1
13 Royal Atlas ... A3

Où se restaurer
14 1001 Nights ... D1
15 Marché central ... B1
16 La Scala ... B4
17 La Tour de Paris ... B1
18 Little Italy ... B2
19 Mezzo Mezzo ... C3
20 SOS Poulet et Pizza ... C2
21 Uniprix ... B2

Où prendre un verre
22 La Truite Irish Bar ... C3
23 La Véranda ... C2
24 Pâtisserie Hassan ... B2
25 Uniprix Café ... B2
26 Yacout ... C2

Où sortir
Club Med ... (voir 4)

Achats
Marché central ... (voir 15)
27 Ensemble artisanal ... D1
28 Librairie-Papeterie ... C3
Uniprix ... (voir 21)

Transports
29 Hôtel Kenzi Europa ... A3
30 Budget ... A1
31 Royal Air Maroc ... A1

À NE PAS MANQUER

SOUK AL-HAD

Quittez le front de mer pour faire du shopping avec les habitants au **souk al-Had** (bd Abderrahim Bouabid ; ⌚mar-sam), où l'ambiance typiquement marocaine fait oublier le béton d'Agadir. Sur la gauche en entrant, parmi les étals de fruits et légumes, des apothicaires berbères vendent de l'encens, du rouge à lèvres et toutes sortes de potions. Sur la droite, entre les éventaires qui proposent divers articles, des djellabas aux poissons, vous découvrirez de beaux objets artisanaux, dont de la maroquinerie et des lanternes.

lun-sam). Ce petit musée possède une excellente collection d'objets berbères, notamment de bijoux. Inspiré par la maison Tiskiwin (p. 68) de Marrakech, c'est un endroit idéal pour découvrir les traditions et la culture des Berbères de la région.

Marina QUARTIER
(☎0661 21 57 46 ; près av. Mohammed V). Ajout récent, ce fastueux port de plaisance se situe entre la plage et le port de commerce. Outre des mouillages pour des palaces flottants, l'ensemble de fausses casbahs blanches offre des appartements, des boutiques (principalement de marques internationales), des cafés, des restaurants et des circuits en bateau pour les groupes.

Mémoire d'Agadir MUSÉE
(☎0528 82 16 32 ; angle av. du Président Kennedy et av. des FAR ; adulte/enfant 20/10 Dh ; ⌚9h30-12h30 et 15h-18h mar-sam). Dans le coin sud-ouest du jardin d'Olhão, ce musée est consacré au séisme de 1960. Il présente d'intéressantes photos d'Agadir depuis les années 1920, dont certaines du tremblement de terre. L'entrée se trouve en dehors du jardin.

Jardin d'Olhão PARC
(av. du Président Kennedy ; ⌚14h30-18h30 mar-dim). Ce jardin plaisant a été créé en 1992 à l'occasion du jumelage d'Agadir avec la ville portugaise d'Olhão.

Vallée des Oiseaux PARC
(⌚11h-18h). Cette oasis de verdure du centre-ville, avec une aire de jeux ombragée pour les enfants, une volière et un zoo, occupe le lit asséché d'une rivière entre le boulevard Hassan II et le boulevard du 20 Août.

Casbah CASBAH
(près av. al-Moun). Sur une colline à 7 km au nord-ouest du centre et visible de la majeure partie de la ville, la casbah est l'un des rares rescapés du tremblement de terre. De là, la vue sur le port, la marina et Agadir est fabuleuse.

Construite en 1541 par le sultan saadien Mohammed ech-Cheikh, elle fut restaurée dans les années 1740. L'inscription en hollandais et en arabe au-dessus de la porte d'entrée ("Croyez en Dieu et respectez le roi") date des débuts du commerce avec les Pays-Bas. Cet essor fut de courte durée : dans les années 1750, Agadir prit part à une révolte locale contre le sultan alaouite Moulay Abdallah. En représailles, le sultan transforma la casbah en garnison, y interdit toute activité marchande et déplaça la communauté juive à Essaouira. Plus tard abandonnée par l'armée, la casbah abrita quelque 300 habitants. Seule subsiste l'enceinte extérieure, et l'on peut discerner des traces de maisons.

La grimpée jusqu'à la casbah est longue et fatigante ; prenez un taxi (environ 25 Dh) et redescendez à pied.

Ancienne Talborjt SITE HISTORIQUE
(près av. al-Moun). Le secteur verdoyant au pied de la casbah couvre les vestiges de l'ancienne Agadir et constitue une fosse commune pour les victimes du séisme de 1960.

Port QUARTIER
(près av. Mohammed V). Le port de commerce permet d'échapper à l'ambiance touristique et de découvrir la vie quotidienne, la construction des bateaux et la vente des poissons. Plutôt que de l'explorer à pied, visitez-le en voiture ou demandez à votre taxi de faire le détour entre la casbah et le centre. La police viendra peut-être voir votre passeport ou carte d'identité à l'entrée.

Activités

PLAGES

Le joyau d'Agadir est sa plage en forme de croissant, habituellement protégée quand les vents de l'Atlantique balaient le reste de la côte. Propre, bien entretenue et éclairée la nuit, elle est surveillée par des maîtres nageurs et des policiers en haute saison (mi-juin à mi-septembre). Attention au fort courant sous-marin.

Vous ne risquez guère d'être importuné, mais les femmes seules et les familles se sentiront plus à l'aise sur les plages privées proches de la marina, ou devant les grands hôtels sur **Sunset Beach** et **Palm Beach**.

Douches, toilettes et aires de jeux pour enfants font partie des équipements, avec location de chaises longues et de parasols.

Les boutiques de la promenade, au sud de la marina, vendent des bodyboards (130 Dh environ). La plupart des grands hôtels et des clubs de surf louent des planches à voile, des jet-skis, des body-boards et des planches de surf.

Si vous préférez marcher, la **promenade** court sur plusieurs kilomètres entre la marina et le palais royal.

AUTRES ACTIVITÉS

Petit train d'Agadir CIRCUIT
(bd du 20 Août ; adulte/enfant 18/12 Dh ; toutes les 40 min à partir de 9h15). Ce petit train sillonne le centre-ville pendant 35 minutes.

Club Med COMPLEXE BALNÉAIRE
(0528 82 95 00 ; rue oued Sous). Les forfaits d'une journée tout compris, avec déjeuner, dîner, boissons et spectacle, valent à partir de 900 Dh par personne.

Tiznine Argan HAMMAM, SPA
(0528 23 27 23 ; Lot 14, Immeuble 10, Amsernat). Près du souk al-Had, il vend de l'huile d'argan et des cosmétiques, et propose des massages (300 Dh), un hammam (150 Dh), des manucures, des pédicures et des soins du visage.

Plusieurs grands hôtels possèdent des spas avec hammam, massages et divers soins. Ceux du Royal Atlas et du **Sofitel Agadir** (0528 82 00 88 ; baie des Palmiers, Ben Sergao) comptent parmi les meilleurs.

Où se loger

La ville offre principalement des établissements de catégories moyenne et supérieure, mais vous trouverez un bon choix d'hébergements bon marché (moins de 600 Dh la nuit) en vous éloignant de la plage. Pâques, l'été et Noël correspondent à la haute saison, quand les vacanciers européens affluent en forfait-séjour. Mieux vaut réserver bien à l'avance pour ces périodes.

Les hôtels de catégories moyenne (600-1 200 Dh la nuit) et supérieure (plus de 1 200 Dh) proposent souvent des réductions en basse saison. Les prix varient moins dans la catégorie petits budgets, mais des promotions sont offertes sur Internet. La plupart des hôtels de luxe qui longent le front de mer visent la clientèle des voyages organisés, mais consentent parfois des réductions aux voyageurs indépendants.

De luxueux riads et casbahs se situent à la périphérie d'Agadir, dans les collines de l'arrière-pays ou au sud sur la route d'Inezgane.

CENTRE ET FRONT DE MER

Hôtel Atlantic HÔTEL €
(0528 84 36 61 ; www.atlantichotelagadir.com ; près bd Hassan II ; s/d avec petit-déj 298/393 Dh). Ce trois-étoiles est l'une des meilleures affaires d'Agadir avec des chambres confortables, une réception aérée, un service professionnel, un spa et une jolie petite piscine. Des circuits sont également proposés.

Royal Atlas HÔTEL €€€
(0528 29 40 40 ; www.hotelsatlas.com ; bd du 20 Août ; s/d 1 429/1 658 Dh). En bord de plage, cet immense hôtel allie toutes les prestations d'un cinq-étoiles au charme marocain. Tapis et antiquités ornent les corridors carrelés qui mènent au bar et à la piscine entourés de palmiers, ainsi que les 338 chambres et suites. Une discothèque, une salle de gymnastique, un spa Daniel Jouvance, des restaurants italien et marocain font partie de tous les équipements attendus.

Hôtel Riu Tikida Beach COMPLEXE HÔTELIER €€€
(0528 84 54 00 ; www.agadirtikida.com ; chemin des Dunes ; s/d 1 266/1 832 Dh). En face de l'Atlantic Palace dans le secteur des établissements haut de gamme, cet hôtel dispose d'une piscine et d'un golf en front de mer, d'un restaurant et d'un spa. Les chambres sont équipées de 2 toilettes et penderies, d'une TV sat et d'un coffre. Pour les longs séjours, réserver par l'intermédiaire d'une agence revient moins cher.

Hôtel Kamal HÔTEL €
(0528 84 28 17 ; www.hotel-kamal.com ; bd Hassan II ; s/d/tr 404/465/569 Dh). Prisé et bien tenu, cet hôtel du centre-ville, dans un bâtiment blanc qui surplombe la place de l'Espérance, séduit aussi bien les groupes organisés que les voyageurs marocains. Les chambres sont propres et claires, le personnel sympathique et la piscine assez grande pour faire des longueurs. Les chambres côté rue peuvent être bruyantes, et le petit-déjeuner (36 Dh) cher et décevant. Réductions sur Internet.

Hôtel La Petite Suède HÔTEL €
(0528 84 07 79 ; www.petitesuede.com ; angle bd Hassan II et av. du Général Kettani ; s/d/tr avec petit-déj 215/350/465 Dh). Simple et parfaitement situé, à 5 minutes de marche de la plage, cet hôtel de style marocain offre

un bon service et un intérieur plaisant, parsemé de tapis. Les chambres du côté rue disposent d'un grand balcon, mais celles qui donnent sur l'intérieur sont plus calmes.

NOUVEAU TALBORJT

Meilleur quartier pour les hôtels bon marché, Nouveau Talborjt se situe loin de l'océan et compte trois établissements sur la place Lahcen Tamri. En raison des bus qui circulent toute la nuit et de la prostitution, leur réception est généralement ouverte 24h/24.

Hôtel Sindibad HÔTEL €
(☎0528 82 34 77 ; sinhot@menara.ma ; pl. Lahcen Tamri ; s/d 257/315 Dh ; ❄≋). Ce bâtiment bleu et blanc qui domine les cafés de la place possède des petites chambres avec sdb. Son principal atout est la petite piscine sur le toit.

Hôtel Tamri HÔTEL €
(☎0528 82 18 80 ; av. du Président Kennedy ; s/d 70/100 Dh). Conseillé par des lecteurs, ce riad moderne s'agrémente de balcons turquoise qui donnent sur les palmiers de la cour carrelée. Les chambres sont équipées de lavabo, et les sdb communes de toilettes à la turque. À la réception, des cartes jaunies aident à préparer un itinéraire.

Où se restaurer

CENTRE ET NOUVEAU TALBORJT

Mezzo Mezzo ITALIEN €€
(☎0528 84 88 19 ; bd Hassan II ; repas 200 Dh). Bonne adresse parmi les pizzerias quelconques d'Agadir, le Mezzo Mezzo sert des pizzas originales comme la "Bollywood" épicée, des pâtes et des plats de poisson, préparés par un chef italien. Un raffinement européen imprègne le cadre et le service.

La Scala POISSON €€
(☎0528 84 67 73 ; rue Oued Souss ; repas 150-250 Dh). Derrière une façade en brique sans grâce, La Scala est un excellent restaurant de poisson, avec deux pages de la carte consacrées aux produits de la mer. Il propose également des pâtes et des plats de viande. Tout est frais et superbement présenté. Transport gratuit si l'on réserve par téléphone.

La Tour de Paris RÉGIONAL, POISSON €
(☎0528 84 09 06 ; bd Hassan II ; repas 110 Dh). Dotée d'une agréable terrasse, La Tour de Paris offre couscous, pastilla, tajines, poissons, viandes et pâtes. La TV branchée sur le foot et la musique au synthétiseur gâchent un peu le charme de la salle Art nouveau.

LES MEILLEURES TABLES

» **Passage Aït Sous.** En face du musée dans ce passage piétonnier, des cafés servent des plats marocains et des pizzas.

» **Souk al-Had.** À midi, des effluves de tajines s'échappent des nombreux cafés bon marché.

» **Nouveau Talborjt.** Les snack-bars à prix doux de ce quartier restent ouverts tard.

» **Port.** À l'entrée du port, près de l'avenue Mohammed V, vous pourrez vous régaler de poisson frais à partir de 50 Dh. Les prix varient selon les espèces ; renseignez-vous avant de commander. En hiver, les stands ferment tôt en soirée.

1001 Nights RÉGIONAL, RESTAURATION RAPIDE €
(pl. Lahcen Tamri ; menu 45 Dh). Conseillée par des lecteurs, cette nouvelle institution de Nouveau Talborjt, à la véranda donnant sur la place, est l'un des meilleurs établissements à petits prix. Tajines (35 Dh) et plats occidentaux.

Little Italy ITALIEN €
(☎0528 82 00 39 ; bd Hassan II ; plats 50-75 Dh). Ce vaste restaurant, décoré d'affiches de films, est l'un des plus plaisants parmi la rangée de pizzerias entre Uniprix et le marché central. Si la "Bingo", une curieuse pizza aux crevettes et jambon de dinde, laisse perplexe, il offre un bon choix de pizzas végétariennes et de pâtes.

SOS Poulet et Pizza RESTAURATION RAPIDE €
(☎0528 84 30 47 ; av. du Prince Moulay Abdallah ; demi-poulet 54 Dh, pizzas 40-60 Dh). Ces deux snack-bars voisins sont prisés pour leurs savoureux poulets rôtis et pizzas.

MARINA

À l'extrémité nord de la promenade du front de mer, la marina haut de gamme regroupe des restaurants de catégories moyenne et supérieure, qui proposent une cuisine internationale et un cadre élégant.

Les Blancs POISSON, ESPAGNOL €€
(☎0528 82 83 68 ; repas 200-300 Dh). Superbement situé, il occupe une série de beaux bâtiments blancs au bord de la plage à l'entrée de la marina. Notre poisson grillé était

caoutchouteux, mais les plats marocains et andalous étaient réussis. La paella, servie pour 2 personnes au moins, est la spécialité de la maison. En saison, réservez pour obtenir une table en terrasse.

La Madrague POISSON, MÉDITERRANÉEN €€€
(☎0528 84 24 24 ; plats 120-250 Dh). Ce restaurant stylé se tient dans un coin paisible de la marina, avec une vue sur la casbah au-delà des bateaux. Il se spécialise dans les plats méditerranéens comme les tapas, le risotto, les poissons et les fruits de mer.

Captain Tapas Bar ALLEMAND, POISSON €€
(☎0528 84 17 06 ; repas 175 Dh ; ⏲petit-déj, déj et dîner). Ce bar-restaurant typique d'Agadir, au décor marin et germanique, ne sert pas de tapas mais des escalopes viennoises, des petits-déjeuners marocains, du poisson et des pizzas.

Sud Ice PETIT-DÉJEUNER, GLACE €
(☎0528 84 07 75 ; sandwichs 45 Dh ; ⏲petit-déj, déj et dîner ; wifi). Cette filiale de la chaîne Venezia Ice est un endroit prisé pour le petit-déjeuner.

FAIRE SES COURSES

Souk al-Had MARCHÉ
(bd Abderrahim Bouabid ; ⏲mar-sam). L'endroit idéal pour acheter des dattes, des olives, des escargots, des pois chiches et des piments, ainsi que des fruits, des légumes et des œufs de la vallée du Sous.

Uniprix SUPERMARCHÉ
(bd Hassan II). Vous y trouverez toutes sortes de produits, des fromages et des biscuits aux bières, vins et alcools.

Marché central MARCHÉ
(près bd Hassan II). Des produits frais parmi les bibelots pour touristes.

Où prendre un verre

Agadir offre un grand choix de cafés, où prendre un café et une pâtisserie le matin ou se rafraîchir en quittant la plage. Beaucoup ouvrent en milieu de matinée et se remplissent en fin d'après-midi, quand les habitants sortent de leur torpeur et y retrouvent leurs amis.

Le boulevard du 20 Août, derrière Sunset Beach, est un bon endroit pour les bars et les discothèques, surtout près du sommet de la rue Oued Sous. La marina et la promenade sont également bordées de cafés et de bars. La plupart des bars proposent un *happy-hour* entre 17h et 20h, un karaoké ou des chanteurs de charme.

Les restaurants d'Agadir servent généralement de l'alcool.

Uniprix Café BAR, CAFÉ
(bd Hassan II). Les tables en terrasse sont idéales pour observer les passants.

Jour et Nuit CAFÉ
(promenade ; ⏲24h/24). En bord de mer, un café fréquenté au coucher du soleil. La plus récente des deux enseignes voisines accueille une clientèle plus mixte et possède une terrasse panoramique.

Pâtisserie Hassan PÂTISSERIE, CAFÉ
(bd Hassan II). Cette pâtisserie, à la diagonale de la vallée des Oiseaux, sert un excellent café et un bon choix de douceurs.

Yacout PÂTISSERIE, CAFÉ
(av. du 29 Février). Avec un jardin ombragé, des perroquets et de délicieuses pâtisseries marocaines et occidentales, le Yacout est un refuge prisé pour oublier les boulevards en béton.

La Véranda CAFÉ
(immeuble Oumlil, bd Hassan II). En face du Royal Tennis Club, ce lieu de rendez-vous propose un café fort et divers en-cas, dont des sandwichs et des omelettes, à déguster dans la véranda.

La Truite Irish Bar PUB, CAFÉ
(passage Aït Sous ; wifi). Comme son nom en témoigne, cet établissement mêle un peu tous les genres, avec plus de photos du roi Mohammed VI que de trèfles. Il offre cependant des tables en terrasse, de la bière à la pression, des petits-déjeuners anglais et des matchs de football à la TV.

☆ Où sortir

La ville possède un choix correct de discothèques, pour la plupart dans le boulevard du 20 Août et rattachées aux grands hôtels. Le prix d'entrée s'échelonne de 50 à 250 Dh, une boisson comprise. En basse saison, les touristes sont parfois admis gratuitement. Les clubs ferment vers 2h.

So DISCOTHÈQUE
(☎0528 82 00 88 ; Sofitel Agadir, baie des Palmiers, Ben Sergao). Le club le plus branché et l'un des plus chers s'étend sur plusieurs niveaux et comprend des bars à champagne et à vodka, une scène pour les concerts et un restaurant. La clientèle locale apprécie l'ambiance des soirées.

Papa Gayo DISCOTHÈQUE
(☎0661 99 97 68 ; Hôtel Riu Tikida Beach, chemin des Dunes). L'une des discothèques

les plus fréquentées d'Agadir, prisée des DJ internationaux, où danser toute la nuit et se rafraîchir sur la plage.

Festival Timatar FESTIVAL
(http://festival-timitar-agadir.blogspot.com). En juillet, le festival de musique de la ville attire des musiciens marocains et africains.

Club Med DÎNER-SPECTACLE
(☎0528 82 95 00 ; rue Oued Sous). Les forfaits pour la soirée (21h-2h) dans ce complexe balnéaire comprennent dîner, boissons et spectacle et coûtent 330 Dh par personne.

Achats

La plupart des souvenirs vendus à Agadir viennent d'autres régions et sont souvent de piètre qualité ; toutefois, des commerçants marrakchis ont commencé à fabriquer sur place. Les boutiques du centre manquent de caractère, mais l'absence d'insistance des vendeurs rend les achats plaisants.

Souk al-Had ART ET ARTISANAT, ALIMENTATION
(bd Abderrahim Bouabid ; mar-sam). L'endroit le plus pittoresque et amusant pour l'artisanat.

Ensemble artisanal ART ET ARTISANAT
(av. du 29 Février). Une bonne adresse pour de l'artisanat de qualité.

Marché central ART ET ARTISANAT
(près bd Hassan II). Vous trouverez toutes sortes de souvenirs, des échiquiers à la maroquinerie, dans cette halle en béton et aux alentours.

Uniprix SUPERMARCHÉ
(bd Hassan II). Vend des maillots de bain, des produits indispensables aux vacanciers et un peu d'artisanat.

Librairie-Papeterie LIBRAIRIE
(passage Aït Souss). Offre une sélection correcte de livres de poche et de guides de voyage en français et en anglais.

Librairie Al Mouggar LIBRAIRIE
(angle av. du Prince Moulay Abdallah et av. du 29 Février). Grand choix d'ouvrages en français et quelques livres de poche en anglais.

Renseignements

Accès Internet

Agadir compte des dizaines de cybercafés, qui facturent de 5 à 10 Dh l'heure.

Adrar Net (av. du Prince Moulay Abdallah ; 5 Dh/h ; 9h-22h)

Agences de voyages

De nombreuses agences de voyages se regroupent autour du croisement du boulevard Hassan II et de l'avenue des FAR.

Carlson Wagonlit (☎0528 84 15 28 ; 26 av. des FAR). Représente les grandes compagnies aériennes.

Complete Tours (☎0528 82 34 01 ; www.complete-tours.com ; immeuble Oumlil, 26 bd Hassan II). Propose des circuits à Taroudant, Tafraoute et ailleurs dans la région.

Argent

La plupart des banques disposent de DAB. Des guichets de change et des DAB sont installés à l'aéroport. Les grands hôtels changent les espèces et les chèques de voyage. Des banques jalonnent le boulevard Hassan II.

Banque Populaire (bd Hassan II). Possède un service de change, l'un des deux proches de l'Hôtel Kamal.

Offices du tourisme

Bureau du port de plaisance (☎0661 21 57 46 ; marina). Avec un panneau d'information à l'extérieur.

Kiosque d'information (aéroport Al-Massira)

ONMT (Délégation régionale du tourisme ; ☎0528 84 63 77 ; immeuble Ignouan, av. Mohammed V ; 8h30-16h30 lun-ven). Dans le bâtiment bleu à côté de DHL ; d'une utilité discutable.

Poste

Poste (av. du 29 Février, Nouveau Talborjt)

Poste (souk al-Had, bd Abderrahim Bouabid)

Poste principale (av. Sidi Mohammed)

Services médicaux

Clinique al-Massira (☎0528 84 32 38 ; av. du 29 Février ; 24h/24)

Pharmacie du Founty (☎0528 84 40 23 ; immeuble Tigoremine, bd Hassan II)

Urgences

La plupart des grands hôtels pourront vous recommander un médecin.

Ambulance (☎15)

Police (☎19 ; rue du 18 Novembre). Un poste de police est également installé à Nouveau Talborjt, sur la place Lahcen Tamri, et un poste de police touristique sur la promenade.

Depuis/vers Agadir

Avion

L'**aéroport Al-Massira** (☎0528 83 91 12 ; www.onda.ma ; N10), principalement desservi par des vols charters européens et des compagnies à bas coût, se situe à 28 km au sud-est d'Agadir sur la route de Taroudant. Il abrite des bureaux de change, des DAB, des agences de location de voitures, une poste et quelques cafés.

Royal Air Maroc (RAM ; ☎0528 82 91 20 ; www.royalairmaroc.com ; av. du Général Kettani) offre des vols quotidiens depuis/vers Casablanca et Paris, et depuis/vers Dakhla le mercredi.

Bus

Si de nombreux bus rallient Agadir, vous pouvez être déposé à Inezgane, le carrefour régional des transports à 13 km au sud ; renseignez-vous avant d'acheter votre billet. Nombre de grands taxis (10 Dh) et de bus locaux (8 Dh) font la navette entre Inezgane et Agadir.

Toutes les grandes compagnies de bus et quantité de petites compagnies desservent l'immense **gare routière** (bd Abderrahim Bouabid), après le souk al-Had. Mieux vaut réserver tôt si vous souhaitez prendre un bus particulier.

La **CTM** (☎0528 22 55 96 ; www.ctm.ma), qui possède aussi un bureau à Nouveau Talborjt dans la rue Yacoub el-Mansour, près de la place Lahcen Tamri, offre des départs réguliers pour les destinations suivantes :

DESTINATION	TARIF	DURÉE
Casablanca	200 Dh	6 heures 30
Dakhla	340 Dh	21 heures
Essaouira	60 Dh	3 heures
Laâyoune	220 Dh	10 heures
Marrakech	95 Dh	4 heures
Rabat	220 Dh	10 heures
Tanger	320 Dh	13 heures
Taroudant	28 Dh	1 heure 30
Tiznit	40 Dh	2 heures

Supratours (☎0528 22 40 10 ; www.supratours.ma), qui dispose également d'un bureau dans le centre-ville, au coin du boulevard Hassan II et de l'avenue des FAR, propose des services similaires, un peu plus chers.

Taxi

La principale station de grands taxis se tient à l'extrémité sud de la rue de Fès. Parmi les destinations figurent Essaouira (75 Dh), Inezgane (5 Dh) et Taroudant (27 Dh).

Voiture et moto

Louer une voiture n'est jamais bon marché au Maroc, mais vous pouvez trouver des offres intéressantes à Agadir. Les longues distances à parcourir pour explorer la région, notamment au sud, justifient la location d'un véhicule.

Dans les agences locales au coin du boulevard Hassan II et de l'avenue des FAR, les prix commencent à 300 Dh par jour pour une petite voiture et sont toujours négociables. Les grandes compagnies (dont Avis, Europcar et Hertz) et d'autres plus petites possèdent une agence dans l'avenue Mohammed V, près de la fin de l'avenue du Général Kettani. Scooters et motos sont aussi disponibles, mais vérifiez soigneusement l'état des machines.

Budget (☎aéroport 0528 83 91 01, agence 0528 84 82 22 ; www.budget.ma ; immeuble Marhaba, av. Mohammed V). La moins chère des grandes compagnies du secteur, elle demande de 255 à 436 Dh par jour pour les plus petites voitures.

Hôtel Kenzi Europa (☎0528 47 33 05 ; bd du 20 Août). Scooters à partir de 150 Dh la demi-journée, sans nécessité de permis de conduire.

Laargoub Car (☎0661 57 59 72 ; www.laargoubcar.com ; av. des FAR). Recommandée, elle propose des locations sans retour ; comptez de 250 à 350 Dh par jour pour les petites voitures, selon la durée de location.

i TAXIS

À l'aéroport Al-Massira, des taxis desservent de nombreuses destinations ; les tarifs sont indiqués sur un panneau à l'aéroport.

Essaouira ou Goulimime 800 Dh

Mirleft 600 Dh

Taghazout 300 Dh

Taroudant ou Tiznit 350 Dh (450 Dh la nuit)

Comment circuler

Depuis/vers l'aéroport

Aucun bus direct ne relie l'aéroport et Agadir.

BUS N°37 Passe devant l'aéroport (tout droit à 500 m environ) toutes les 40 minutes jusqu'à 20h30 et dessert Inezgane (5 Dh).

GRAND TAXI Comptez 150 Dh (200 Dh la nuit) entre l'aéroport et Agadir jusqu'à 6 personnes et prévoyez un supplément pour les bagages.

Bus

Le principal terminus des bus locaux jouxte la station des grands taxis au sud de la ville. Un trajet dans Agadir coûte 4 Dh ; vous pouvez acheter les billets dans le bus.

BUS N^os^6, 21 ET 23 Longent l'avenue Mohammed V toutes les 10 min depuis/vers Inezgane (8 Dh) ; les deux derniers partent du port d'Agadir.

Taxi

Des petits taxis orange circulent en ville et disposent de compteur ; demandez au chauffeur de l'actionner.

Environs d'Agadir

INEZGANE إنزكان

L'un des carrefours de transports de la région, Inezgane, à 13 km au sud d'Agadir, n'est pas une destination touristique et séduit certains voyageurs pour cette raison. Un grand marché de produits frais se tient dans l'avenue Mokhtar Soussi, l'artère principale, en face de la gare routière et station des grands taxis. Le mardi est le jour du souk hebdomadaire.

Hôtel-Restaurant La Pergola (☎0528 27 18 01 ; www.lapergola.ma ; Km 8 rte d'Agadir ; s/d 223/264 Dh). Il offre des bungalows dans un jardin fleuri, bercés par le bruit incessant de la N1. Les chambres, banales et confortables, auraient besoin d'un coup de peinture, mais l'agréable bar-restaurant (petit-déjeuner 24 Dh, menu 106 Dh) sert une cuisine française traditionnelle et quelques spécialités marocaines, bienvenues après un long trajet en bus.

Hôtel Hagounia (☎0528 83 27 83 ; 9 av. Mokhtar Soussi ; s/d 143/190 Dh). Le meilleur des établissements bon marché autour de la gare routière est accueillant et confortable, bien qu'un peu humide. Les chambres en façade disposent d'un balcon, mais celles à l'arrière sont plus calmes.

Des dizaines de cafés et de restaurants à prix doux entourent la grand-place et le marché.

De nombreux bus partent dans toutes les directions. La gare routière borde la route Agadir-Tiznit. À proximité, les bureaux de la CTM et de Supratours se font face dans l'avenue Mokhtar Soussi.

Des grands taxis pour Essaouira (80 Dh, 3 heures), Tiznit (23 Dh, 2 heures) et Taroudant (23 Dh, 2 heures 30) se rassemblent ici, de même que des taxis moins fréquents pour Goulimime (60 Dh, 4 heures 30) et Tan-Tan (80 Dh, 6 heures).

Ajoutant au chaos organisé, des bus locaux (8 Dh) et des grands taxis (5 Dh) desservent régulièrement Agadir et l'aéroport Al-Massira (bus n°37).

Parc national de Sous-Massa منتزه سوماسه الوطني

Le parc national de Sous-Massa, le plus important du pays, s'étend à 70 km au sud d'Agadir et couvre une superficie de plus de 330 km² entre la nationale nord-sud et la plage. Spectaculaire et sauvage, il se compose de falaises, de dunes, de terres agricoles, de steppes côtières et de forêts.

Créé en 1991 en raison de son importance pour les oiseaux, le parc est devenu très prisé pour l'observation de l'avifaune, comme l'estuaire du Sous près d'Inezgane, et offre d'excellentes possibilités de randonnée. Mars-avril et octobre-novembre sont les meilleures périodes pour le visiter.

En hiver, des balbuzards et de larges volées de fuligules milouins et d'autres canards sont fréquemment observés, ainsi que des flamants. Toutefois, les ibis chauves restent la principale attraction. Ces oiseaux, vénérés dans l'Égypte ancienne et naguère communs en Europe centrale, en Afrique du Nord et au Moyen-Orient, font désormais partie des espèces menacées ; si quelques petites colonies ou des couples en période de reproduction ont été découverts en Méditerranée orientale, plus de la moitié de la population mondiale d'ibis chauves vit dans le Sous-Massa. La principale menace vient aujourd'hui du développement du tourisme. Actuellement, les sites de reproduction sont interdits au public et l'on peut voir des ibis autour de l'oued Massa ou à l'embouchure de la Tamri.

Des chacals, des renards roux, des chats sauvages, des genettes et des sangliers eurasiens vivent également dans le parc. Au nord du parc, un vaste secteur grillagé abrite des espèces qui ont disparu dans le Sud, telles que des gazelles de Dorcas, des addax, des autruches à cou rouge et des oryx d'Arabie. Un nouveau centre des visiteurs, en construction à l'entrée principale près du village de Massa, contiendra le **siège du parc national de Sous-Massa** (☎0528 33 38 80). Il est indiqué sur la N1 à 58 km au sud d'Agadir.

Vous pourrez louer les services d'un guide (100-150 Dh) à Massa, d'où une piste suit la rivière jusqu'à l'estuaire (3 km) et **Sidi R'bat**. Ce petit village revendique deux légendes : ce serait l'endroit où la baleine régurgita Jonas, le personnage biblique, et où Uqba bin Nafi, le conquérant arabe du VIIe siècle, aurait conduit son cheval dans la mer, prenant Dieu à témoin qu'il ne restait plus de terre à conquérir.

Le **Ksar Massa** (☎0661 28 03 19 ; www.ksarmassa.com ; Sidi R'bat, oued Massa ; s/d/tr avec petit-déj 1 380/1 900/2 600 Dh, tente s/d 700/1 100 Dh, déj/dîner 170/300 Dh ; ❄), une merveille ocre et bleu au cœur du parc sur la plage, est une destination en lui-même. Des couleurs vives égayent les chambres et suites spacieuses et la piscine domine l'océan. La direction organise des circuits guidés dans le parc et dans la région. Pour le trouver, suivez les panneaux à partir de Massa.

Depuis/vers le parc national de Sous-Massa

D'Agadir et d'Inezgane, les bus locaux et les grands taxis à destination de Tiznit vous déposeront à Massa (environ 20 Dh). De là, comptez une heure de marche jusqu'à l'embouchure de l'oued Massa. Des 4x4 desservent aussi le parc, mais l'oued Massa et l'oued Sous sont habituellement accessibles avec une voiture classique (ou un grand taxi).

Nord d'Agadir

Si des villas, des parcs de loisirs, des golfs et des projets immobiliers envahissent la côte aux alentours d'Agadir, dirigez-vous vers le nord pour trouver des plages moins peuplées, des spots de surf et des criques sablonneuses tous les quelques kilomètres.

Depuis/vers le nord d'Agadir

Le bus n°32 circule entre le port d'Agadir et Taghazout (8 Dh) via Aourir et Tamraght. La course en grand taxi revient au même prix.

TAMRAGHT ET AOURIR طمر اث و اوريد

Aourir et Tamraght sont collectivement surnommés le "village des bananes" en raison des bananeraies qui longent l'oued Tamraght, entre les deux villages. À respectivement 12 et 15 km au nord d'Agadir, ils partagent Banana Beach, une plage idéale pour les surfeurs débutants. Un souk animé se tient le mercredi à Aourir du côté océan de la N1.

Au Rocher du Diable, de l'autre côté du cap au nord de Banana Beach, vous pourrez louer des planches de surf et des bodyboards (à partir de 100 Dh par jour) à **Surf Tours Maroc** (0661 51 89 33 ; www.surftoursmaroc.co.uk) et à l'**Imourane Surf Shop** (0676 03 69 18).

Près de Banana Beach, la **Villa Mandala** (0528 20 03 68 ; www.surfmaroc.co.uk ; Aourir ; ch avec petit-déj 400-500 Dh/pers ;) est gérée par Surf Maroc et s'adresse principalement aux surfeurs. Mélangeant les styles contemporain et traditionnel, l'intérieur blanc est parsemé de tapis. Un chemin en galets conduit à l'hôtel et à la piscine.

Doté d'un bar-restaurant, l'**Hôtel Littoral** (0528 31 47 26 ; www.hotellittoral.com ; Aourir ; s/d avec petit-déj 200/300 Dh ;) est sommaire mais confortable, d'un meilleur rapport qualité/prix que ses concurrents d'Agadir.

Le **Tanit** (0528 31 48 75 ; Aourir ; repas 50 Dh), un restaurant installé dans une casbah moderne, comprend une salle fraîche et une tour avec la vue sur les collines. La pastilla et tous les classiques figurent au menu. Animation le vendredi et le samedi soir.

Un café sans prétention se tient à l'extrémité nord de Banana Beach. **Chez Brahim** (0673 21 02 93 ; Rocher du Diable ; repas 115 Dh), plus plaisant, sert de copieuses assiettes de poisson ou de viande sur sa terrasse face à la mer.

TAGHAZOUT تاغزوت

À 6 km de Tamraght, ce paisible village de pêcheurs, jadis réputé pour ses calamars et prisé des hippies, est devenu la première destination de surf du pays. Des breaks comme Killer Point, La Source ou Anka Point séduisent les surfeurs expérimentés, tandis que les débutants s'entraînent à Hash Point. La meilleure période pour le surf dure de septembre à mai.

Tenu par des surfeurs britanniques, **Surf Maroc** (0528 20 03 68 ;) propose l'hébergement, des sorties guidées des cours, la location de matériel et du yoga, séduisant les débutants, les professionnels et ceux qui souhaitent simplement se détendre. Vous logerez au bord de l'eau à **L'Auberge** (ch avec petit-déj 250 Dh/pers), dans la superbe **Villa Taghazout** (ch 350 Dh) à Hash Point, ou à la Villa Mandala. Des forfaits d'une semaine, d'une journée ou d'une demi-journée sont proposés.

Le village offre des appartements et des chambres à louer (de 150 à 1 000 Dh), notamment au **Riad Taghazout** (0650 69 18 85 ; s/d 300/400 Dh ;), près de Surf Maroc. Hors saison, vous trouverez habituellement un logement sans réserver.

Au bout des chemins qui conduisent de la place à la plage, le café de **L'Auberge** (0528 20 03 68 ; repas 50 Dh) est un endroit sympathique qui sert des plats marocains et internationaux.

Comme son nom l'indique, l'**Internet Cafe Amouage** (8 Dh/h ; 8h30-21h) offre l'accès à Internet.

Immouzzer des Ida Outanane ايموزار ادو اوتنان

Chaudement recommandé, ce détour conduit à 60 km au nord-est d'Agadir (2 heures de route), dans les contreforts du Haut Atlas. En chemin, vous passerez par la **vallée du Paradis**, une gorge bordée de lauriers-roses et de palmiers, prisée pour un pique-nique et la baignade. Des producteurs locaux ont créé une **route du miel**, jalonnée de stands qui vendent du miel et de l'huile d'argan. Sur la route, des panneaux indiquent un chemin de randonnée de 3 km.

À 30 km après les hôtels de la vallée du Paradis, les cascades d'Immouzzer comptent parmi les plus belles d'Afrique du Nord. Le débit est plus fort entre février et août, mais de récentes sècheresses les réduisent souvent à des filets d'eau. La multiplicité de stands de souvenirs et de faux guides vous fera peut-être préférer la vallée du Paradis.

En période faste, l'eau dévale du plateau en plusieurs chutes et s'écoule le long d'une falaise appelée le Voile de la Mariée. Le sentier qui mène au pied des cascades aboutit à un bassin d'un bleu chatoyant, niché sous des surplombs rocheux et des feuillages. Si vous pouvez traverser la rivière à cet endroit, vous pourrez grimper sur un plateau et voir le bassin supérieur et les grottes jadis habitées par des hippies. La route escarpée de 4 km du village d'Immouzzer jusqu'au sentier compte parmi les nombreux itinéraires de randonnée du secteur.

Au printemps, la floraison des amandiers tapisse de blanc la région. La récolte et la fête du miel ont lieu en juillet et août. À la fin du mois de novembre, les villageois grimpent dans les oliviers et secouent les branches pour récolter les olives. Un souk hebdomadaire se tient le jeudi.

Où se loger et se restaurer

Deux cafés sont installés au bout du sentier qui mène aux cascades, et un autre plus haut.

Hôtel des Cascades HÔTEL €€
(☎0528 21 88 08 ; www.cascades-hotel.net ; s/d 462/572 Dh ;). Superbement situé au-dessus de la vallée à la lisière d'Immouzzer, cet hôtel compte 27 chambres spacieuses, agrémentées d'un petit balcon, un restaurant (menu 180 Dh) et des courts de tennis dans le jardin verdoyant. Des paniers de fleurs et des œuvres d'art décorent la terrasse et les couloirs. Un chemin de 4 km descend du jardin aux cascades.

Auberge Bab Immouzer HÔTEL €
(☎0670 13 10 06 ; vallée du Paradis ; ch avec petit-déj 300 Dh ;). Nouvel hébergement de la vallée, cette auberge possède 9 chambres carrelées avec sdb et une série de terrasses qui surplombent la palmeraie voisine et la vallée. Les fenêtres aux vitres fumées du restaurant permettent de profiter de la vue les jours ensoleillés.

Auberge Le Panoramic HÔTEL €
(☎0528 21 67 09 ; vallée du Paradis ; s/d demi-pension 250/450 Dh ;). Cette étape sur la route du miel possède une terrasse avec une fabuleuse sur la vallée ; vous pourrez y prendre un repas simple composé de salade et de tajine ou goûter deux sortes de miels maison au petit-déjeuner. Les chambres sans prétention partagent une sdb avec douche froide et toilettes. La même famille gère l'Hôtel Tifrit voisin (simple/double à partir de 250/500 Dh).

Depuis/vers Immouzzer

Un bus local part de la gare routière d'Agadir pour Immouzzer (30 Dh, 3 heures) s'il y a assez de passagers. Vous devez ensuite attendre le lendemain pour revenir par le même bus. Mieux vaut prendre un grand taxi (35 Dh), notamment le jeudi, jour de marché. À Agadir, des hôtels et des agences de voyages organisent des circuits en bus à Immouzzer.

Taroudant تارودانت

70 000 HABITANTS

Taroudant (ou Taroudannt), à 80 km d'Agadir, est parfois surnommée "Petite Marrakech", ce qui ne rend pas justice au centre marchand de la vallée du Sous. Cachée par de splendides remparts en terre rouge, avec les cimes enneigées du Haut Atlas dans le lointain, la ville compte des souks et des places à l'atmosphère typiquement nord-africaine, où les paysans berbères du fertile bassin du Sous viennent vendre leurs produits.

À défaut de sites incontournables, Taroudant possède une médina où il fait bon flâner et s'attarder. Les deux souks, plus paisibles que ceux de Marrakech, méritent la visite pour leur ambiance affairée. La ville constitue une excellente base pour des treks dans le Haut Atlas occidental, peu exploré.

Histoire

Taroudant fut l'une des premières cités des Almoravides, qui s'y installèrent en 1056, au début de leur conquête du Maroc. Au XVIe siècle, la dynastie saadienne émergente en fit sa capitale durant une vingtaine d'années. Lorsqu'ils la transférèrent à Marrakech, les Saadiens avaient déjà fait de la vallée du Sous la première région productrice de canne à sucre, de coton, de riz et d'indigo, de précieuses marchandises pour le commerce caravanier transsaharien qu'ils contrôlaient. Les Saadiens construisirent la partie ancienne de la cité et la casbah, en grande partie détruite en 1687 lors du massacre des habitants par Moulay Ismaïl, en représailles de leur opposition. Seuls survécurent les remparts ; la plupart des édifices encore debout datent du XVIIIe siècle.

Taroudant demeura un foyer d'intrigues et de sédition contre le pouvoir central jusqu'au XXe siècle. Elle accueillit Idrissid el-Hiba, un chef du Sud opposé à la signature du traité de Fès qui instaura le protectorat français en 1912.

À voir

Remparts SITE HISTORIQUE

Longs de 7,5 km, les remparts qui entourent Taroudant comptent parmi les murs en pisé les mieux conservés du pays. Au fil des heures, leur teinte varie du brun doré au rouge foncé. Ils se parcourent aisément à pied (2 heures), de préférence en fin d'après-midi, ou à vélo ; prenez une calèche pour les admirer au clair de lune.

Portes SITES HISTORIQUES

Une série d'imposantes tours défensives, construites aux XVIe et XVIIe siècles, constituent les portes de la cité. Dotée de trois arches, la porte principale, **Bab el-Casbah** (ou Bab Essalsla) se dresse au bout d'une avenue bordée d'orangers. Un escalier conduit au sommet de la tour, où vous pouvez marcher le long des remparts. Près de Bab el-Kasbah, **Bab Sedra** (cyclistes et piétons uniquement) mène à l'ancienne casbah.

Casbah CASBAH

Forteresse bâtie par Moulay Ismaïl, la casbah est aujourd'hui un quartier pauvre mais sûr, où des ruelles sinueuses et des passages bas aboutissent à des petites places et à des culs-de-sac. Le palais du gouverneur, du côté est de la casbah, fait aujourd'hui partie de l'Hôtel Palais Salam (p. 372).

VAUT LE DÉTOUR

CASBAH DE TIOUTE

Au sud-ouest de Taroudant, cette **casbah** en pierre a servi de cadre au film français *Ali Baba et les Quarante voleurs*, tourné en 1954. Elle surplombe une palmeraie et quelques restaurants, avec le Haut Atlas et l'Anti-Atlas dans le lointain. Partez tôt le matin pour trouver un grand taxi à l'aller (10 Dh, 30 min) et au retour et pour éviter les groupes organisés.

Activités

Calèche CIRCUIT EN CALÈCHE

Vous pouvez faire le tour des remparts en calèche. Celles-ci stationnent juste derrière Bab el-Kasbah, sur la place al-Alaouyine, et à d'autres endroits stratégiques. Un trajet dans le centre-ville coûte 7 Dh, comme une course en petit taxi, mais les cochers refusent généralement de baisser le prix en dessous de 15 Dh. De même, un circuit d'une heure, comprenant la médina et les remparts, devrait revenir à 40 Dh, mais vous paierez plutôt 80 Dh.

Trekking TREKKING

Taroudant constitue une excellente base pour des treks dans le Haut Atlas occidental, dont le **plateau du Tichka**, une belle région de pâturages et de gorges cachées. En ville,

LE PAYS DE L'ARGAN

En suivant la N10 à l'est de Taroudant, vous verrez en bord de route des bosquets d'arganiers, des arbres prisés des chèvres locales et des chefs du monde entier (voir p. 232).

À 45 km au nord-est de Taroudant, l'**Hôtel Palais Riad Hida** (☎0528 53 10 44 ; www.riadhida.com ; s/d demi-pension 566/932 Dh ; ❄) occupe une demeure restaurée du XIXe siècle à la lisière du village berbère d'Ouled Berhil. Si les bungalows sont quelconques, le cadre vous enchantera dès que vous aurez franchi le seuil carrelé et découvert la cour centrale, avec ses hauts palmiers et ses longs bassins.

À 10 km, un panneau indique la route de Tizi-n'Test (voir p. 121), l'un des cols les plus spectaculaires et périlleux du pays, qui traverse le Haut Atlas pour rejoindre Marrakech au nord-est.

Aux abords des montagnes, cette route secondaire passe par une luxuriante **réserve d'arganiers**, gérée par l'État. Faites halte pour un pique-nique au pied des arbres parmi les enfants et approchez-vous des troupeaux de chèvres pour les photographier en train de se régaler de noix d'argan mûries au soleil.

Taroudant

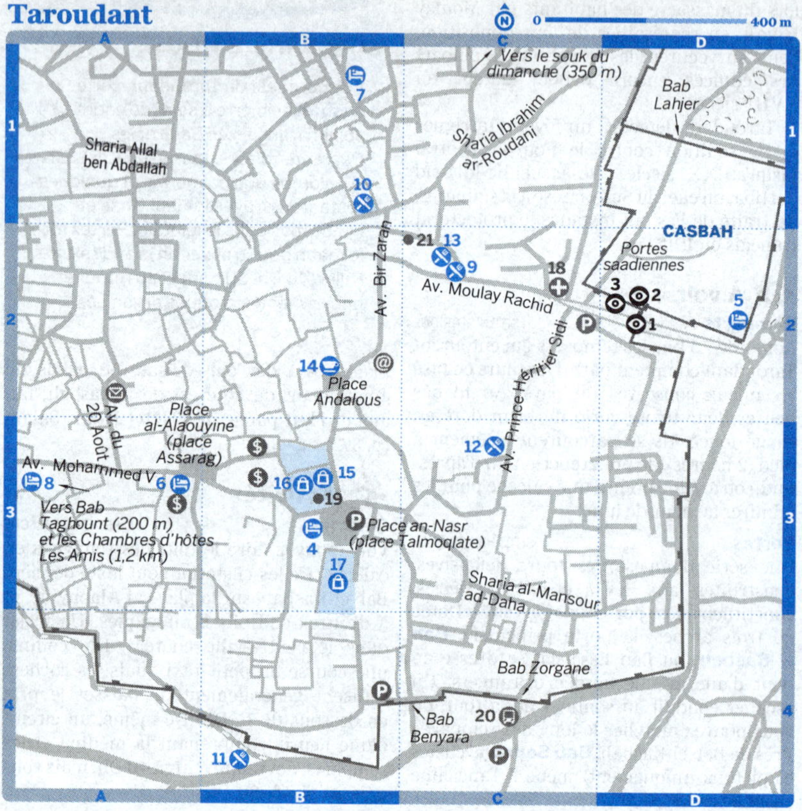

des agences proposent des treks ; insistez pour partir avec un guide qualifié. Installé dans les Chambres d'hôtes Les Amis, **Said Dayfollah** (☎0667 60 16 86 ; http://chambreslesamis.eu5.org ; Sidi Belkas), un guide recommandé, organise des séjours chez l'habitant et des visites d'oasis, ainsi que des randonnées. Le prix s'élève habituellement à 350 Dh par personne et par jour, transport et pique-nique compris (250 Dh si vous disposez d'un véhicule).

Où se loger

Les hôtels bon marché des deux places centrales et des alentours offrent un hébergement sommaire et des toits-terrasses pour profiter du soleil et contempler l'animation.

Naturally Morocco Guest House PENSION €
(☎réservations 0044 1239 710814, 0528 55 16 28, 0661 23 66 27 ; www.naturallymorocco.co.uk ; 422 Derb Afferdou ; s/d avec petit-déj 350/550 Dh ; 📶@). Cette maison de la médina offre un excellent aperçu de la vie locale et a reçu en 2009 le trophée du tourisme responsable. Tenue par des habitants associés à Naturally Morocco, une organisation britannique, elle propose de délicieux repas marocains et des guides compétents. Parmi les activités figurent le trekking, des circuits d'observation de la faune, des excursions sur la côte et des ateliers d'artisanat, qui privilégient le contact culturel. La maison comprend 8 chambres, une cuisine commune, un toit-terrasse avec vue sur le Haut Atlas et l'Anti-Atlas, et une petite bibliothèque. Des expositions instructives ornent les couloirs carrelés. Forfaits et location de vélos disponibles.

Hôtel Palais Salam CASBAH €€
(☎0528 85 25 01 ; palsalam@menara.ma ; casbah ; s/d/app à partir de 562/674/2 412 Dh ; 📶≋). Ancienne résidence du pacha, avec l'entrée dans le mur est de la casbah,

Taroudant

À voir
1 Bab el-Kasbah D2
2 Bab Sedra D2
3 Calèches D2

Où se loger
4 Hôtel el-Warda B3
5 Hôtel Palais Salam D2
6 Hôtel Taroudant A3
7 Naturally Morocco Guest House B1
8 Riad Maryam Résidence A3

Où se restaurer
9 Chez Nada C2
10 Marché aux fruits et légumes B1
11 Jnane Soussia B4
12 L'Agence C3
13 Mehdi Snack C2

Où prendre un verre
14 Café Andalous B2

Achats
15 Argent du Sud B3
16 Souk arabe B3
17 Souk berbère B3

Renseignements
18 Hôpital C2
Ilnezgane Voyages .... (voir 19)
19 Pharmacie du Sud B3

Transports
Brahim Bikes .... (voir 6)
20 Gare routière C4
Grands taxis .... (voir 20)
21 Tinghir Cars C2

ce palais comporte des jardins, des bassins et des fontaines (dont une peuplée de tortues) sur plusieurs niveaux. Des lecteurs recommandent les chambres plus anciennes du rez-de-chaussée pour leur authenticité ; les plus récentes, avec des murs roses et des volets bleus, sont spacieuses et plaisantes. Un bar et des restaurants marocain et international sont à disposition.

Riad Maryam Résidence RIAD €€
(☎0666 12 72 85 ; Derb Maalem Mohammed 141 ; s/d avec petit-déj 500/700 Dh ; 📶). Recommandé par des lecteurs, ce riad de 4 chambres est une oasis de tranquillité au cœur de la médina et sa cour verdoyante ressemble à une palmeraie. Superbement restauré, il s'agrémente de portes joliment peintes, de poutres apparentes et de tapis colorés. Il est indiqué depuis l'avenue Mohammed V.

Chambres d'hôtes Les Amis PENSION €
(☎0667 60 16 86 ; http://chambreslesamis.eu5.org ; Sidi Belkas ; s/d avec petit-déj 90/160 Dh). D'un bon rapport qualité/prix, cette pension possède des chambres sans prétention et spacieuses, des sdb sommaires avec eau chaude capricieuse, deux salons et un toit-terrasse pour le petit-déjeuner. À 10 minutes de marche à l'ouest de Bab Taghount (du côté ouest des remparts) à la sortie de la ville, elle constitue un refuge paisible. Enthousiaste et chaleureux, le propriétaire, Said Dayfollah, loue des vélos, organise le transfert depuis l'aéroport Al-Massira d'Agadir (300 Dh) et prépare des repas sur demande (70 Dh).

Hôtel Taroudant HÔTEL €
(☎0528 85 24 16 ; av. Mohammed V et pl. al-Alaouyine ; s/d 160/200 Dh). Central, le meilleur hôtel pour petits budgets comporte des couloirs carrelés qui passent par l'agréable restaurant et la cour verdoyante avant d'arriver aux chambres, dotées de sdb simples. La clientèle louche du bar et les prostituées qui traînent alentour tempèrent un peu l'enthousiasme !

Hôtel el-Warda HÔTEL €
(☎0528 85 27 63 ; pl. an-Nasr ; s/d/tr 50/70/90 Dh). Bonne adresse à petits prix, cet hôtel se distingue par une belle terrasse ornée de zelliges qui surplombe la place an-Nasr. Les chambres sommaires, au 2e étage, partagent les toilettes et les douches. Bien que l'hôtel soit tenu par des femmes, l'entrée dans une ruelle et la clientèle masculine du café peuvent déplaire aux voyageuses seules.

Où se restaurer

Les cafés des hôtels et les restaurants touristiques de la place al-Alaouyine sont de bons endroits pour le petit-déjeuner, ou pour un tajine ou une grillade plus tard dans la journée (menu 80 Dh). Sur la place an-Nasr et au nord dans l'avenue Bir Zaran, des gargotes bon marché servent les habituels tajines, *harira* (soupe de lentilles) et salades.

L'Agence RÉGIONAL, FRANÇAIS €
(☎0528 55 02 70 ; av. Sidi Mohammed ; menu 95 Dh). Derrière la Grande Mosquée, ce charmant restaurant propose des plats franco-marocains, comme la pastilla de poulet et le tajine de sardine, ainsi que de délicieux assortiments de hors-d'œuvre. Installez-vous dans l'une des alcôves ornées d'œuvres d'art, éclairées par des lanternes suspendues aux poutres.

Chez Nada RÉGIONAL €

(☎0528 85 17 26 ; av. Moulay Rachid ; menu 80 Dh ; ❄). À l'ouest de Bab el-Kasbah, ce restaurant établi depuis 55 ans est réputé pour ses tajines, dont un au pigeon et un autre avec poulet, œufs et pruneaux. Au-dessus du café du rez-de-chaussée, essentiellement fréquenté par des hommes, et de l'élégante salle à manger blanche du 1er étage, le toit-terrasse offre la vue sur le jardin public. La cuisine maison est excellente ; la pastilla et le couscous royal (60-95 Dh) doivent se commander quelques heures à l'avance.

Jnane Soussia RÉGIONAL €€

(☎0528 85 49 80 ; plats 80 Dh ; ❄). Ce restaurant ravissant, à courte distance de la station des grands taxis, comporte un jardin qui jouxte les remparts, avec des tables installées sous une tente autour d'une grande piscine. Spécialités de la maison, le méchoui et la pastilla de pigeon se commandent à l'avance ; les autres plats sont tout aussi succulents.

Mehdi Snack RESTAURATION RAPIDE €

(près av. Moulay Rachid ; menu et pizzas 30-60 Dh ; ⌚déj et 12h-18h). Derrière Chez Nada et tenu par la même famille, ce bon snack-bar offre des burgers, des salades et des pizzas à prix doux.

FAIRE SES COURSES

Vous pourrez facilement acheter de quoi pique-niquer. Outre les multiples étals des souks – fruits et paniers sont vendus côte à côte au souk berbère –, un **marché aux fruits et légumes** se tient à l'extrémité nord de l'avenue Bir Zaran.

Où prendre un verre

Café Andalous BAR À JUS DE FRUITS

(pl. Andalous ; smoothie 10 Dh ; ⌚8h-13h et 14h-22h). Au nord du souk arabe, ce café chaleureux, sur une petite place à côté de l'avenue Bir Zaran, est idéal pour un jus de fruits mixés.

Achats

Principale ville chleuhe du Sous, Taroudant est un bon endroit pour des bijoux d'argent de bonne qualité. Les Chleuhs sont renommés pour cet artisanat, influencé par des tribus sahariennes et par des bijoutiers juifs, qui formaient une part significative de la population jusqu'à la fin des années 1960.

Souk arabe ART ET ARTISANAT

Des boutiques d'antiquités et de souvenirs sont installées dans le souk principal, ou grand souk, et dans les rues paisibles à l'est de la place al-Alaouyine. Le quartier au sud-ouest de la mosquée est parfait pour acheter des cadeaux, avec une petite place bordée de bijouteries.

Souk berbère ART, ARTISANAT, TAPIS

Également appelé marché municipal, ce souk, du côté sud de la place an-Nasr, vend des tapis, des bijoux, de l'huile d'argan, des instruments de musique, des lampes, de la maroquinerie et des poteries, au-delà des stands de baskets et de téléphones portables de l'allée centrale.

Argent du Sud BIJOUX

(☎0548 55 03 32 ; 60 Joutia, souk arabe). Dans cette boutique du souk berbère, Abdul vend de superbes bijoux, mêlant motifs berbères et occidentaux (50-400 Dh).

Souk du dimanche ALIMENTATION

Ce grand marché, qui se tient devant Bab al-Khemis au nord de la casbah, attire des habitants de toute la région.

Renseignements

Taroudant ne possède ni quartier européen ni ville nouvelle. La plupart des services se regroupent sur (et à proximité) des deux places centrales, la place al-Alaouyine (anciennement place Assarag) et la place an-Nasr (ex-place Talmoqlate).

Les banques de la place al-Alaouyine disposent de DAB, changent des espèces et délivrent des avances sur les cartes Visa. Le Crédit du Maroc et la BMCI offrent les meilleurs services.

Hôpital (av. Moulay Rachid). Près de la casbah.

Inezgane Voyages (☎0528 55 06 46 ; pl. an-Nasr). Représente des compagnies aériennes, dont Royal Air Maroc.

Pharmacie du Sud (☎0528 85 22 59 ; pl. an-Nasr)

Poste (av. du 20 Août). Au nord-ouest de la place al-Alaouyine.

Roudana Cyber Cafe (1er ét, av. Bir Zaran ; 3 Dh/h ; ⌚8h30-24h). Des connexions lentes (comme les deux cybercafés au 1er étage dans l'avenue Mohammed V, à l'ouest de la place al-Alaouyine), sur fond de musique rock pour patienter.

Depuis/vers Taroudant

Des hôtels peuvent organiser le transfert depuis l'aéroport Al-Massira d'Agadir.

LE SAFRAN

- Les fleurs sont cueillies avant l'aube car le soleil atténue le goût du safran et la teneur en vitamines.
- Seuls les trois stigmates en forme de trompette sont utilisés ; ils sont extraits et mis à sécher dans l'obscurité.
- Pendant le séchage, les stigmates perdent 80% de leur poids ; 1 kg devient ainsi 200 g.
- Il faut 140 fleurs pour produire 1 g de safran.
- Riche en vitamine B (notamment B12) et en provitamine E, le safran a des propriétés antiseptiques, antispasmodiques et antioxydantes.
- Le safran est utilisé en cuisine, en médecine (il est bon notamment pour les gencives), pour la teinture des tapis, les encres de calligraphie, les savons et les cosmétiques.
- Méfiez-vous du "faux safran" : l'épice authentique doit tacher vos doigts de jaune (et non de rouge), avoir un goût amer (plutôt que sucré) et coûter cher.

Bus

Tous les bus partent de la gare routière principale, à l'extérieur de Bab Zorgane.

La **CTM** (Bab Zorgane) offre les bus les plus fiables, avec au moins un service quotidien pour les villes suivantes :

DESTINATION	TARIF	DURÉE
Agadir	28 Dh	1 heure 30
Casablanca	160 Dh	8 heures
Marrakech	80 Dh	6 heures
Ouarzazate	70 Dh	5 heures

D'autres compagnies desservent Inezgane (15 Dh, 1 heure 30), Taliouine (45 Dh, 1 heure 30, 3 bus Salamaa/jour) et Tata (45 Dh, 5 heures, 2 bus Aoulouz/jour).

Taxi

Des grands taxis stationnent à la gare routière, devant Bab Zorgane.

Agad (27 Dh). Peu fréquents.

Inezgane (23 Dh). D'Inezgane, des bus fréquents rallient Agadir.

Marrakech (100 Dh). Vous devrez louer le taxi entier (700 Dh) pour voyager via le Tizi n'Test.

Voiture

Tinghir Cars (☎0528 85 08 10 ; av. Moulay Rachid Ferk Lahbab). Cette agence locale loue des petites voitures à 500/400 Dh par jour pour 1/7 jours.

Comment circuler

Taroudant s'explore aisément à vélo ; vous pourrez en louer à **Brahim Bikes** (pl. al-Alaouyine ; 10/50 Dh par heure/jour), près de l'Hôtel Taroudant. Les petits taxis facturent 7 Dh la course (10 Dh la nuit).

Taliouine تالوين

Entouré de collines et dominé par l'imposante casbah du Glaoui, le village en longueur de Taliouine se situe à mi-chemin entre Taroudant et Ouarzazate.

Taliouine est le centre africain de l'or rouge – le safran, l'épice la plus chère au monde. Vous pourrez en acheter sur place à 40 Dh le gramme. La fleur pourpre du *Crocus sativus*, dont provient le safran, ne pousse qu'au-dessus de 1 200 m et fleurit entre mi-octobre et mi-novembre. À cette époque, une fête est organisée pour célébrer la récolte, et vous verrez des villageois cueillir les fleurs autour des hameaux à 12 km à l'est de Taliouine.

Une maison du safran devrait ouvrir à Taliouine, avec un marché et un laboratoire pour tester la qualité de la marchandise.

À voir et à faire

Compagnie helvéto-marocaine, **Yallahtrek** (☎0667 39 80 78 ; www.yallah.ch), près de la coopérative Souktana du safran, ainsi que les hôtels organisent diverses activités. Yallahtrek se spécialise dans le trekking, mais offre également des circuits du safran, des programmes pour les familles, de l'escalade, du VTT, du ski, des excursions en 4x4 et des ateliers de danse et de percussion. De longs forfaits sont disponibles.

Coopérative Souktana du safran MUSÉE
(☎0528 53 44 52 ; 8h30-18h). Fondée en 1979, la plus ancienne des 14 coopératives de safran de Taliouine compte

154 membres (dont 153 hommes) et mérite la visite pour son petit musée et ses employés bien informés. Ils vous expliqueront la production du safran, vous le feront goûter et vendent l'épice et des produits à base de safran, dont des chocolats, des bonbons et de l'encre pour calligraphie.

Trekking TREKKING

Taliouine est un centre prisé pour les treks dans le proche **djebel Siroua** (voir p. 384), qui offre des itinéraires parmi les plus beaux de l'Anti-Atlas. Le village est l'un des meilleurs de la région pour trouver un guide.

Casbah CASBAH

Face aux collines brunes, la casbah tombe en ruine et constitue une agréable promenade au coucher du soleil.

Souk SOUK

Le village s'anime le lundi, quand le marché s'installe derrière la casbah.

Où se loger et se restaurer

Les auberges Le Safran et Souktana servent les meilleurs repas (75-100 Dh). À l'autre bout de l'artère principale, près de la gare routière, vous pourrez déguster un tajine au thon parfumé de safran (50 Dh), à l'Auberge Siroua. L'Hôtel Ibn Toumerte, l'affreux bâtiment des années 1970 proche de la casbah, possède le seul bar de Taliounine.

Auberge Le Safran HÔTEL €

(☎0528 53 40 46, 0668 39 42 23 ; www.auberge-safran.com ; ch 150-220 Dh, ste 300 Dh ; 📶). L'auberge de Mahfoud, un guide sympathique, comprend de jolies chambres peintes de couleurs vives avec sdb, deux chambres sommaires sur le toit-terrasse et une suite spacieuse. Le salon donne sur les champs et la casbah. Une tente berbère est plantée dans le patio. Les propriétaires récoltent leur propre safran, qu'ils vendent dans leur boutique-musée et utilisent dans les repas délicieux. Mahfoud propose diverses activités : trekking, visites de hammam, cours de cuisine et circuit des producteurs de safran et d'argan.

Auberge Souktana HÔTEL €

(☎0528 53 40 75 ; souktana@menara.ma ; ch s/d/tr/qua 180/220/300/360 Dh, bungalow s/d 100/160 Dh, tente 1/2 pers 50/80 Dh ; 📶). Tenue par une famille, cette auberge fait office de centre de trekking et de point de départ vers le djebel Siroua. Les hôtes peuvent consulter les cartes dans l'agréable salon et demander conseil aux propriétaires franco-marocains dont le fils, Hassan, dirige Yallahtrek (voir p. 375). L'auberge se trouve à l'est du village et jouit d'une belle vue sur la casbah, de l'autre côté de la N10. Réservation indispensable durant la saison de trekking. Demi-pension possible.

Auberge Tobkal CAMPING €

(☎0528 53 43 43 ; www.maghrebtourism.com/aubergetoubkal ; bungalow demi-pension 200 Dh/pers, camping 40 Dh ; 📶🍴). Ce camping bien tenu, sur la route principale à 500 m à l'est de l'embranchement vers la casbah, possède des bungalows confortables avec sdb.

Renseignements

Dans le centre du village, une poste et un cybercafé bordent l'artère principale.

Depuis/vers Taliouine

La N10 à l'est de Taliouine traverse un vase et superbe paysage avant de rejoindre la N9 (la grand-route Marrakech-Ouarzazate) près de l'embranchement vers Aït Benhaddou.

Bus

Taliouine possède une gare routière et station de grands taxis ; les bus qui passent par le village peuvent être complets. Des bus desservent Ouarzazate (50 Dh) et Taroudant (30 Dh).

Taxi

Ouarzazate (30 Dh). Vous devrez peut-être changer à Tazenakht à défaut de grand taxi direct.

Taroudant (30 Dh). Vous devrez peut-être changer à Ouled Berhil à défaut de grand taxi direct.

ANTI-ATLAS الأطلس الصغير

L'Anti-Atlas reste l'une des régions montagneuses du Maroc les moins visitées, ce qui surprend car elle est splendide et proche d'Agadir. Les montagnes sont le fief des tribus chleuhes, qui vivent en une confédération souple de villages éparpillés dans les hauteurs désolées, certains hors de portée de tout pouvoir central. L'Anti-Atlas ne fut pacifié par les Français que dans les années 1930.

Parmi des paysages lunaires de rochers granitiques et de coulées de lave rouge, les Chleuhs se consacrent depuis toujours à leurs fermes, implantées dans les luxuriantes oasis des vallées et aujourd'hui les plus belles palmeraies du pays.

Tafraoute تافراوت

5 000 HABITANTS

Nichée dans la somptueuse vallée des Ammeln, la bourgade de Tafraoute est entourée de montagnes de granit rouge. Malgré un aspect banal, la localité est prospère grâce à l'argent envoyé par des parents qui travaillent dans les grandes villes ou à l'étranger. Plaisante et détendue, elle constitue une bonne base pour explorer la région.

Activités

Le vélo et la marche sont les meilleurs moyens de découvrir la belle campagne alentour et plusieurs compagnies et guides proposent des randonnées à pied et à VTT. Des tour-opérateurs possèdent des kiosques à l'ouest de l'Hôtel Salama. Tafraoute Aventure vend une carte en couleurs sommaire de la région (5 Dh) ; vous trouverez une carte gratuite en noir et blanc ailleurs.

Cyclotourisme VTT

Super destination, les gorges d'Aït Mansour (voir p. 379), remplies de palmiers, conduisent vers les étendues désolées de l'Anti-Atlas méridional. **Au Coin des Nomades** (☎0661 62 79 21) et **Tafraoute Aventure** (☎0661 38 71 73 ; 100 Dh/jour) proposent des cartes, des informations et des circuits. Ils louent des VTT et des casques, comme **Tafraoute Quadbikes** (☎0670 40 93 84 ; 50-80 Dh/jour).

Trekking TREKKING

Tafraoute et l'Anti-Atlas offrent de nombreuses possibilités de randonnée, pour la plupart exténuantes. Comme pour le cyclotourisme, Tafraoute Aventure et Au Coin des Nomades constituent de bonnes adresses de bons prestataires. Le second appartient à Houssine Laroussi, un alpiniste respecté. Reportez-vous p. 383 pour plus d'informations sur le trekking dans la région.

Vieux hammam HAMMAM

Tafraoute est un endroit rêvé pour découvrir un hammam authentique, car nombre de maisons ne disposent pas d'eau courante. Des trois que compte la ville, le vieux hammam, juste derrière le marché (10 Dh), reste le favori.

Tafraoute

Activités

1	Au Coin des Nomades	C2
2	Vieux hammam	C2
3	Souk	C1
4	Tafraoute Adventure	B1
5	Tafraoute Quadbikes	B2
	Où se loger	
6	Auberge Les Amis	C2
7	Hôtel Salama	C2
8	Hôtel Tanger	C1
	Où se restaurer	
9	Café Atlas	B2
10	Marché aux fruits et légumes	B2
11	Restaurant La Kasbah	D2
12	Restaurant L'Étoile du Sud	B1
	Achats	
13	Artisanat du Coin	B2
14	Maison du Troc	D2
15	Maison touareg	B2
16	Souk hebdomadaire	A1
	Renseignements	
17	Pharmacie al-Massira	B2

Tafraoute

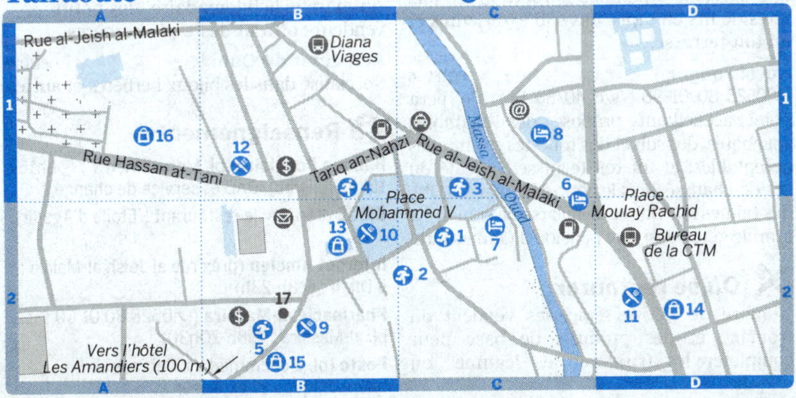

Festival des amandiers en fleur FESTIVAL
En février ou mars, la région célèbre la cueillette des amandes lors de ce festival (voir p. 22).

Souk SOUK
Un souk animé se tient du lundi soir au mercredi près de l'Hôtel Salama.

Où se loger

Hôtel Salama HÔTEL €
(☎0528 80 00 26 ; www.hotelsalama.com ; s/d/tr 178/256/314 Dh ; ❄📶). Ce bel hôtel allie des matériaux locaux et des équipements modernes, dont un réseau Wi-Fi efficace. Le salon s'agrémente d'une cheminée, les couloirs sont ornés d'artisanat berbère et le toit-terrasse offre la vue sur la montagne. Le café-restaurant, qui surplombe la place du marché, sert le petit-déjeuner (23 Dh) et des repas (65 Dh). Les employés vous renseigneront volontiers sur la ville et ses environs.

Hôtel Les Amandiers HÔTEL €€
(☎0528 80 00 88 ; www.hotel-lesamandiers.com ; s/d avec petit-déj à partir de 400/546 Dh ; ❄📶🏊). Perché sur une colline et semblable à une casbah, cet hôtel possède 60 chambres assez plaisantes, dotées de petits balcons qui donnent sur les formations rocheuses alentour. La piscine et le restaurant bénéficient du même panorama, mais le bar est caché dans un coin sans vue. Le mobilier est défraîchi et l'hôtel mérite une rénovation et vous y serez peut-être seul. L'hôtel se repère facilement de Tafraoute ; suivez la route de Tazekka vers le sud-ouest après la Maison Touareg et tournez à gauche dans la rue qui monte.

Auberge Les Amis HÔTEL €
(☎0527 54 30 93 ; dedroliko_24@hotmail.fr ; s/d 100/150 Dh). Ce nouvel hôtel de 3 étages comprend 10 chambres sans prétention avec une agréable ambiance berbère grâce aux têtes de lits en tapis, des sdb extérieures et un toit-terrasse.

Hôtel Tanger HÔTEL €
(☎0528 80 01 90 ; s/d 40/80 Dh). Ce petit hôtel accueillant propose des chambres spartiates, des sdb et des toilettes communes acceptables, et un toit-terrasse. Le café du rez-de-chaussée sert le petit-déjeuner (25 Dh), des tajines (35 Dh) et des plats classiques. La famille gère aussi une pension à Oumesnate.

Où se restaurer

Nombre de petites épiceries vendent du fromage et des produits de base pour compléter les fruits et les légumes du marché

Café Atlas CAFÉ €
(☎0667 12 02 93 ; repas 60 Dh ; ⏲petit-déj, déj et dîner). La terrasse couverte de l'Atlas est plus fréquentée par la population locale que le restaurant voisin L'Étoile d'Agadir. Omelette au fromage, steaks, tajines et sandwichs figurent sur la longue carte.

Restaurant La Kasbah RÉGIONAL €
(☎0672 30 39 09 ; menu 100 Dh). Visant la clientèle touristique, il sert de l'alcool mais manque de cachet, malgré les kilims qui couvrent les murs jaunes. La carte fournie comprend une *harira* roborative et la *kalia* (mouton haché avec tomates, poivrons, œuf, oignon et 44 épices), la spécialité de la maison.

Restaurant L'Étoile du Sud RÉGIONAL €
(☎0528 80 00 38 ; menu 90 Dh). Sous une tente bédouine un peu kitsch, il offre un bon menu, un délicieux tajine d'agneau et un service professionnel. Prisé des groupes, notamment au déjeuner, L'Étoile du Sud reste l'un des restaurants les plus plaisants pour le dîner.

Achats

Aus alentours du marché, plusieurs boutiques vendent des babouches en cuir traditionnelles (jaunes pour les hommes, rouges pour les femmes) à quelque 70 Dh, ou plus selon la qualité. Repérez les vendeurs d'huile d'olive et d'argan.

L'ambiance est plus détendue qu'à Marrakech pour acheter un tapis :

Maison du Troc TAPIS
Un bon choix de tapis et de kilims berbères et touaregs.

Maison Touareg TAPIS
Cette boutique propose des tapis berbères et touaregs, ainsi que des souvenirs de l'Atlas et du Sahara.

Souk TAPIS
Au marché hebdomadaire, des petits vendeurs offrent des tapis berbères.

Artisanat du Coin BIJOUX
Spécialisé dans les bijoux berbères et autres.

Renseignements

Banque Populaire (pl. Mohammed V ; ⏲8h15-15h45 lun-ven). DAB et service de change.

BMCE (derrière le restaurant L'Étoile d'Agadir). DAB.

Internet Amelen (près rue al-Jeish al-Malaki ; 5 Dh/h ; ⏲8h-23h)

Pharmacie al-Massira (☎0528 80 01 60 ; pl. al-Massira ; ⏲8h-20h30)

Poste (pl. Mohammed V). Cabines téléphoniques à l'extérieur.

ℹ Depuis/vers Tafraoute

Bus

Les bus partent devant les bureaux des diverses compagnies, principalement dans la rue al-Jeish al-Malaki.

La **CTM** (rte Aguerd-Oudad) et **Diana Viages** (☎0671 74 99 19 ; rue al-Jeish al-Malaki) offrent au moins un départ quotidien pour les villes suivantes :

DESTINATION	TARIF	DURÉE
Agadir (via Aït Baha ou Tiznit)	40 Dh	6 heures
Casablanca	140 Dh	14 heures
Inezgane	40 Dh	6 heures
Marrakech	100 Dh	7 heures
Tanger	250 Dh	18 heures
Tiznit	25 Dh	4 heures

Taxi

Des pick-up et des Land Rover desservent divers villages de la région, principalement les jours de marché. Ils stationnent sur la place de la poste et dans la rue al-Jeish al-Malaki, près de la station-service Afriquia au bout de Tariq an-Nahzi. De ce dernier endroit, des grands taxis partent pour Tiznit (37,50 Dh) dans la matinée.

Voiture

Tafraoute Aventure loue des 4x4 avec chauffeur pour environ 700 Dh par personne et par jour. Le chauffeur peut vous déposer à l'oasis d'Afella-Ighir et venir vous chercher à l'autre bout.

Environs de Tafraoute

Un VTT constitue un excellent moyen d'explorer la plupart des sites aux alentours de Tafraoute. Reportez-vous p. 377 pour des informations sur les cartes et la location de vélo et de 4x4.

TAZEKKA

La plus proche des gravures rupestres préhistoriques et faciles d'accès, la **gazelle gravée**, se situe à la lisière du village de Tazekka. Cette sculpture simple orne le sommet d'un rocher effondré. Pour le trouver, suivez la route de Tazekka et renseignez-vous au village. Le rocher n'est pas loin du camping Tazka, sur la route 104 en direction de Tiznit, où vous pouvez aussi demander votre chemin.

Le plus simple consiste à découvrir cette gravure lors d'une visite de la **Maison Berbère traditionnelle** (☎0673 82 90 54 ; Maisonberbere30@yahoo.fr ; adulte 15 Dh ; ⊙8h-18h) de Tazekka, un vieux village quasi désert sur une colline, où de gros rochers ont été incorporés dans les murs en pisé des maisons pluricentenaires. Vous pouvez passer la nuit (150 Dh/pers, petit-déj compris) dans cette demeure de 4 étages tenue par Mahfoud, le propriétaire bien informé.

TIRNMATMAT

Pour trouver les **gravures rupestres** de Tirnmatmat, suivez la route 104 en direction de Tiznit, puis après 14 km, empruntez la route 7148 de Tahala vers Aït Omar au nord. Juste avant le village, une piste non signalée, en face d'un puits, conduit à Tirnmatmat, où les gravures longent la rivière (les enfants du village vous y conduiront ou engagez un guide à Tafraoute). Le village se tient dans un endroit charmant, avec de belles **promenades** dans toutes les directions.

CHAPEAU DE NAPOLÉON ET PEINTURES RUPESTRES

Le village d'Aguerd-Oudad, à 3 km au sud de Tafraoute, constitue une plaisante excursion à pied ou à vélo. Du rond-point proche de la station-service Afriquia à Tafraoute, prenez la route de Tiznit via Izerbi. En chemin, vous verrez la formation rocheuse caractéristique appelée le **chapeau de Napoléon**.

À 8 km au sud de Tafraoute, juste après la route vers l'oasis d'Afella-Ighir, une piste touristique grimpe sur la droite vers les **Rochers bleus**, œuvre de l'artiste belge Jean Verame.

Verame a peint à la bombe ces rochers arrondis en bleu, rouge, violet et noir en 1984. Si la peinture a pâli, l'ensemble reste étrange et impressionnant. Les villageois repeindraient ce site étonnant tous les ans.

Si la piste est praticable en voiture classique, l'itinéraire est idéal pour un VTT. Vous apercevrez les rochers au bout de 3 km. Suivez ensuite les flèches jaunes sur la gauche et montez jusqu'aux rochers à environ 5 km.

AFELLA-IGHIR

La charmante **oasis** d'Afella-Ighir s'étend au sud-est de Tafraoute. Quittez Tafraoute par la route d'Aguerd Oudad, tournez à gauche à quelques kilomètres au sud du village et parcourez environ 20 km en passant par un col et Tlata Tasrirte pour rejoindre l'entrée des spectaculaires **gorges d'Aït Mansour**. Vous pourrez voir les Rochers bleus de la route qui monte au col, parfois enneigée en hiver.

Par temps sec, il est possible de traverser les gorges en voiture classique, mais la marche ou le VTT permettent d'apprécier

Environs de Tafraoute

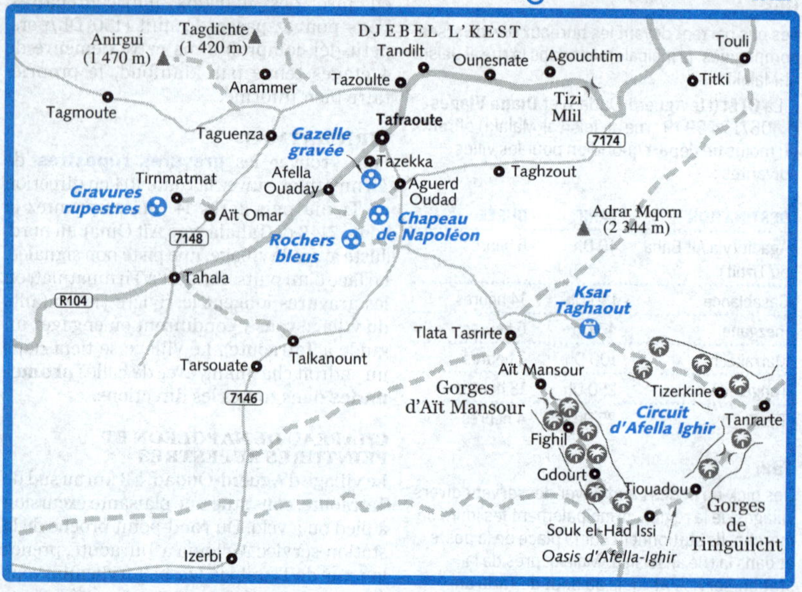

pleinement cette belle région, où des falaises rouges surplombent les palmiers. Dans le village d'Aït Mansour à l'entrée des gorges, l'eau qui coule sur la route marque le début de l'oasis d'Afella-Ighir. Un peu plus loin, le gîte **Chez Messaoud** (☎0528 21 83 38, 0670 79 35 67 ; ch 60 Dh/pers) sert du thé et vend de l'eau et des denrées de base. Le petit-déjeuner (45 Dh) et des repas (50 Dh) sont préparés sur demande préalable.

La route commence à se détériorer dans le village, avec des parties asphaltées et des tronçons de piste. Restez sur la droite et suivez-la à travers un chapelet de villages perchés au-dessus de l'oasis jusqu'au carrefour en T dans Gdourt, à 8 km. Tournez à droite vers Izerbi, ou à gauche vers Souk el-Had Issi, une bourgade triste où logent les employés de la proche mine d'or d'Akka. De l'embranchement à 1 km après Souk el-Had Issi, vous pouvez effectuer une boucle de 25 km à travers les **gorges de Timguilcht** et revenir à Tlata Tasrite, principalement par une mauvaise piste, impraticable avec une voiture classique. Si vous restez sur la meilleure route et suivez la direction de la mine, vous rejoindrez **Ukas** à 12 km au sud et pourrez voir d'impressionnantes gravures rupestres ; vous aurez besoin d'un guide pour les trouver.

À quelque 5 km au nord-est de la piste dans le village de Tiouadou, la merveilleuse **Auberge Sahnoun** (☎0528 21 83 65, 0667 09 53 76 ; m_sahnoun@hotmail.com ; ch demi-pension 150 Dh/pers), tenue par une famille, se tient à la lisière d'une palmeraie. Les 3 chambres sommaires et confortables, avec des matelas sur le sol et une sdb commune dotée d'eau chaude, entourent une tente berbère. L'auberge comporte un toit-terrasse, et un hammam traditionnel était en construction lors de notre passage. Le propriétaire, Mohamed (voir l'encadré p. 382), un guide qui organise des treks de plusieurs jours dans la région, tente de préserver la vie rurale traditionnelle. Il a créé sur place un petit musée, une pièce remplie d'objets qui faisaient jadis partie du quotidien, des lanternes aux faux.

Chaque jour, un minibus quotidien à destination de Tafraoute (20 Dh) traverse les villages. Il part de Tiouadou vers 5h et revient vers midi.

Vallée des Ammeln et djebel L'Kest جبل لكست و اميلن وادي

Tafraoute se situe dans une cuvette entourée de falaises et de roches brunes. Au nord-ouest se dresse une crête escarpée dont l'autre versant descend vers la vallée des Ammeln et le **djebel L'Kest** (2 359 m), au nord. De Tafraoute, vous pourrez voir une formation rocheuse de ce massif qui ressemble à une tête de lion. Les villageois vous expliqueront en plaisantant qu'il surveille les femmes pendant que leurs maris travaillent.

Pour le trekking dans la vallée des Ammeln et le djebel L'Kest, reportez-vous p. 384.

De Tafraoute, la route d'Agadir mène à la vallée, ponctuée de pittoresques villages berbères. À 4 km de Tafraoute, elle bifurque ; la branche droite remonte la vallée vers l'est en direction d'Agadir.

TANDILT

Peu après la bifurcation, ce village se tient sur la gauche de la route, derrière L'Arganier d'Ammelne.

Où se loger et se restaurer

Yamina PENSION €
(☎0528 21 66 21, 0670 52 38 83 ; www.yamina-tafraout.com ; ch demi-pension 220 Dh/pers ; ❄). En haut du village, une Berbère et son mari français ont créé une pension confortable dans une maison traditionnelle. Les chambres simples, dont une avec sa propre cour, sont superbement décorées. Notre favorite, la Safran, comporte des murs jaunes, des poutres roses et ouvre sur une terrasse.

L'Arganier d'Ammelne HÔTEL €
(☎0528 80 00 69 ; argahotel@yahoo.fr ; s/d avec petit-déj 200/250 Dh ; ❄). Dans une plaisante atmosphère berbère, cet hôtel et camping possède de jolies chambres roses qui donnent sur un jardin fleuri. L'excellent restaurant en terrasse (repas 50 Dh) sert des plats délicieux, dont un succulent tajine de bœuf avec abricots, amandes et pruneaux.

OUMESNATE

À Oumesnate, à quelques kilomètres, suivez les panneaux dans le village et le sentier jusqu'à la **Maison traditionnelle** (☎0666 91 77 68, 0668 32 28 66 ; 10 Dh ; ⌚8h-18h). Cette demeure de trois étages en granit, palmiers et arganiers, vieille de 400 ans, était habitée par 20 membres d'une famille – trois générations – jusqu'en 1982. Le propriétaire Abdesslam, ou l'un de ses fils, vous la fera visiter en vous expliquant le mode de vie traditionnel. Loger dans la **Maison d'hôte** (www.maisontraditionnelle.com ; s/d demi-pension 250/400 Dh) voisine, tenue par la même famille, vous donnera un aperçu de la vie rurale berbère. Si vous pouvez survivre sans accéder à Internet et si vous disposez d'une voiture, passer la nuit ici est bien plus intéressant qu'à Tafraoute. Les 6 chambres disposent de sdb et les repas (70 Dh) sont préparés sur demande.

Tata طاطا

40 000 HABITANTS

Dans la plaine saharienne au pied du djebel Bani, Tata était à l'origine une oasis sur la route marchande entre Zagora et Tan-Tan. Proche de la frontière algérienne, la petite cité moderne a aujourd'hui une ambiance de ville de garnison et abrite quatre corps de policiers et de militaires ; vous serez peut-être interrogé à l'entrée de la ville. Avec de nouvelles infrastructures et une ambiance plus paisible que dans d'autres localités du Sahara, Tata devrait devenir une destination prisée des voyageurs.

La **palmeraie** mérite le détour. Vous pouvez en faire le tour en voiture (7 km) ou prendre un bus local (5 Dh). Au-dessus du village au bout de la palmeraie, un marabout (tombeau d'un saint) blanc coiffe une colline ; vous pouvez le voir de Tata.

Tata constitue une bonne base pour des excursions hors des sentiers battus, comme le camping dans le désert, l'oasis, la casbah et l'*agadir* d'Akka, et les gravures rupestres d'Oum el-Alek, de Tircht et d'Aït Herbil, parmi les plus belles du Maroc. Le guide berbère Isam, installé dans la **maison du Patrimoine** (☎0613 24 13 12 ; issam3599@hotmail.com ; av. Mohammed V), une banale boutique de souvenirs, facture environ 350 Dh par jour pour 1 ou 2 personnes, déjeuner et 4x4 compris.

Les hôtels sommaires au-dessus des cafés de l'avenue Mohammed V demandent de 30 à 100 Dh pour une chambre. Le camping municipal, près de la maison du Patrimoine, était en rénovation lors de notre passage ; comptez 40 Dh par personne. **Dar Infiane** (☎0528 80 24 08, 0661 61 01 70 ; www.darinfiane.com ; ch avec petit-déj 63-103 € ; ❄), l'ancienne casbah perchée au-dessus de la palmeraie, a été transformée en une pension Clef Verte. Autour d'une cour centrale jonchée de tapis, 9 chambres ont conservé des éléments d'origine, comme les poutres basses, et un Jacuzzi en plein air offre la vue sur les montagnes. Les propriétaires français organisent des sorties destinées à faciliter les contacts culturels avec la population locale, comme les treks dans la palmeraie et la visite de l'*agadir*. Les dîners (19 €) sont délicieux et les soirées sur le toit-terrasse sont fabuleuses dans la quiétude nocturne du Sahara. En cours de

INTERVIEW

MOHAMED SAHNOUN OUHAMOU

Mohamed Sahnoun Ouhamou est peintre, enseignant, propriétaire de pension et guide touristique.

Depuis combien de temps vivez-vous à Tiouadou ? J'y suis né, mais je suis allé à l'université à Agadir et j'ai travaillé près de Beni Mellal en tant qu'assistant photographe. Je suis revenu en 1987 quand j'ai appris que la ville recherchait des universitaires pour enseigner.

D'autres sont-ils partis ? Beaucoup d'habitants de la vallée sont partis à Casablanca dans les années 1950 et ont ouvert des magasins et des entreprises. Nombre d'entre eux sont devenus des industriels. Des épiceries de quartier à Casa, Fès, Rabat et même à Paris sont souvent tenues par des Berbères de cette région.

Les hommes laissent habituellement leur famille et reviennent pendant les vacances pour construire de grandes maisons. La région est remplie de maisons immenses. Cependant, de nombreux hommes cessent de revenir après un moment ; ils trouvent une nouvelle épouse et fondent une autre famille. L'agriculture périclite car il n'y a plus assez d'hommes pour travailler la terre. Les gens quittent les anciens villages en pisé et les maisons se désintègrent. Nous perdons nos traditions, c'est un gros problème.

Pourquoi restez-vous ? J'adore cet endroit ; je ne voudrais pas vivre ailleurs. Les relations humaines perdurent ainsi qu'un élément essentiel : la solidarité. Si quelqu'un a besoin de quelque chose, tout le monde l'aide. Les habitants m'ont aidé à construire une maison et un petit musée où j'expose les objets de la vie quotidienne telle que nous la connaissions.

Comment le tourisme peut-il aider ? Le tourisme et l'éducation constituent les seules solutions. C'est pourquoi j'ai construit ma pension et travaille avec des femmes qui ont été abandonnées. Dans certains villages, les femmes représentent 90% ou plus de la population, le reste étant composé d'enfants et de vieillards. Les problèmes commencent quand le mari cesse d'envoyer de l'argent. Nous avons donc créé une coopérative de femmes ; aujourd'hui, 86 femmes apprennent le tissage, la broderie et suivent des cours d'alphabétisation. Auparavant, les femmes n'étaient guère valorisées, mais à présent elles disposent d'un revenu en vendant leur travail aux touristes. Je suis le seul homme autorisé à entrer, parce que j'enseigne. Nous donnons également des cours à leurs enfants et tous bénéficient au moins de trois années d'école primaire ; nous accueillons également les élèves que l'école locale ne peut pas intégrer. À partir de 14 ans, les garçons commencent souvent à travailler, car le commerce est l'activité la plus importante pour les familles. Les filles sont les premières à quitter l'école quand l'argent manque.

Qu'organisez-vous d'autre dans le village ? Nous avons commencé à organiser un festival annuel, durant lequel les enfants collectent les déchets ; des sacs plastique jonchent le village, c'est un gros problème. La récompense du plus grand nombre de sacs plastique ramassés a été attribuée à un garçon de moins de six ans, Abdullah. Au départ, les enseignants et les autres élèves ne l'avaient même pas remarqué. Il était nerveux sur la scène quand nous lui avons remis la récompense. Maintenant, il dit qu'il ramassera toujours les sacs plastique, ce qui prouve qu'on peut faire passer les messages facilement.

Quel est votre lieu préféré ? Je suis fasciné par les gravures rupestres – vous pouvez voir des représentations d'éléphants. Je suis un peintre autodidacte et j'aime ce qu'ont fait mes ancêtres. Le problème est l'absence de protection des sites et certains ont été vandalisés. Les gravures d'Oukas sont réputées, mais il existe d'autres sites et j'organise des treks de 3 ou 5 jours pour les voir. J'adore faire découvrir la région aux étrangers, aller dans les montagnes et savourer une tranquillité absolue.

rénovation lors de notre passage, l'**Hôtel La Renaissance** (☎0528 80 22 25 ; larenaissance.tata@gmail.com ; av. des FAR ; s/d 170/210 Dh ;), central, possède des chambres paisibles ornées de carrelages bleu et bordeaux, une terrasse avec vue sur la palmeraie et un personnel aimable. Les sdb exiguës (avec eau chaude en permanence) et la clientèle parfois déplaisante du bar constituent ses seuls inconvénients. L'**hôtel Les Relais des Sables** (☎0528 80 23 01 ; av. des FAR ; s/d/tr 219/268/389 Dh ;), parmi les plus confortables de la ville, est prisé des groupes et des voyageurs au long cours. Il offre des chambres réparties autour de cours fleuries et un grand bar-restaurant.

Des cafés bordent l'artère principale, près de la maison du Patrimoine.

Une poste, un cybercafé, la Banque Populaire, l'Attijariwafa Bank, qui possède un service de change et des DAB, et la **Délégation du Tourisme** (☎0528 80 20 76, 0676 00 26 99 ; http://crt-guelmim.com/province-tata-en.html ; 9h-16h30 lun-ven) jalonnent l'avenue Mohammed V.

Depuis/vers Tata

Bus

La nouvelle gare routière de Tata se situe dans le centre, près de l'hôtel Les Relais des Sables.

Agadir (80 Dh, 8 heures, 3/jour)
Goulimime (60 Dh, 6 heures, 2/jour)
Marrakech (140 Dh, 11 heures, 1/jour)
Ouarzazate (80 Dh, 5 heures, 1/jour)
Taroudant (60 Dh, 5 heures, 4/jour)
Tiznit (60 Dh, 6 heures 30, 3/jour)

Taxi

Tarifs des grands taxis au départ de Tata :

Agadir (100 Dh)
Goulimime (100 Dh)
Igherm (40 Dh). Changez à Igherm pour Tafraoute ou Taliouine
Taroudant (70 Dh)
Tiznit (100 Dh)

TREKKING DANS L'ANTI-ATLAS

Dernière chaîne de montagnes avant le Sahara, le massif aride rose et ocre de l'Anti-Atlas reste peu fréquenté par les randonneurs malgré de superbes itinéraires. Taliouine (p. 375) constitue une bonne base pour le trekking et Tafraoute (p. 377) est le centre de la région. Le massif quartzeux du **djebel L'Kest** (2 359 m ; voir p. 380), la "montagne d'améthyste", se situe à environ 10 km au nord de Tafraoute, et les sommets jumeaux de l'**Adrar Mqorn** (2 344 m), à 10 km au sud-est. Au pied de ces montagnes escarpées s'étendent de verdoyantes vallées irriguées et une série d'oasis.

À l'extrémité est de l'Anti-Atlas, près de Taliouine et pratiquement au sud du djebel Toubkal, le djebel Siroua (3 305 m) domine le paysage. Ce volcan spectaculaire est un excellent but pour divers treks de plusieurs jours.

Environs de Tafraoute

Le Maroc offre une telle quantité d'itinéraires de trekking qu'il n'est pas surprenant qu'une région aussi bien dotée que Tafraoute ne soit pas encore totalement exploitée. Les marcheurs aventureux trouveront ici, comme ailleurs dans le Sud marocain, nombre de parcours exigeants et gratifiants.

Le secteur est plus difficile que le M'Goun et le plateau du Tichka, et les trekkeurs devront composer avec l'absence d'infrastructures et un climat pénible. Près du Sahara, les étés sont torrides et la neige tombe parfois en hiver sur les cols et les cimes ; mieux vaut attendre la fin de l'hiver. Fin février est la période idéale quand la température peut atteindre 20°C dans la journée ; elle peut aussi descendre en dessous de 0°C la nuit.

Hormis de rares échoppes, vous trouverez difficilement des provisions et vous devrez emporter suffisamment de nourriture et d'eau. Comme dans d'autres régions isolées, vous pourrez souvent loger chez l'habitant, mais préparez-vous à camper et à transporter eau et provisions.

Le mieux consiste à engager un guide et louer des mules en vous adressant à Yallahtrek (p. 375) à Taliouine. Le guide Said Dayfollah (p. 372) à Taroudant est également un bon contact. Si Tafraoute est plus spécialisée dans le VTT, vous pourrez y trouver des guides de trekking et des "faux guides". Comme toujours, demandez à voir la carte d'identité d'un guide avant d'entamer la discussion. En règle générale, les guides professionnels ne raccolent pas les clients dans la rue. Bien que les mules soient moins utilisées aux alentours de Tafraoute que dans le djebel Siroua, votre guide pourra sans doute vous en procurer.

Le djebel L'Kest et les abords de Tafraoute sont couverts par les cartes au 1/50 000 *Had*

Tahala et *Tanalt*, et toute la région par les cartes au 1/100 000 *Annzi*, *Tafrawt*, *Foum al-Hisn* et *Taghjijt*.

Cette partie de l'Atlas reste peu développée pour le tourisme et les transports posent problème. Des camionnettes offrent un service fiable mais irrégulier vers certains villages et des grands taxis circulent les jours de souk ; les autres jours, vous devrez peut-être en louer un pour rejoindre le début du parcours.

DJEBEL L'KEST

Attraction phare de la région, cette crête massive s'étire vers le nord-ouest de Tafraoute. Malgré la rudesse du terrain, les Berbères qui vivent dans des villages comme Tagoudiche parviennent à cultiver le blé, l'orge et font pousser des oliviers, des figuiers et des amandiers. Le village de Tagdichte est le point de départ de la journée d'ascension du djebel L'Kest.

VALLÉE DES AMMELN

Quelque 26 villages ponctuent la vallée des Ammeln, qui court le long du versant sud du djebel L'Kest, et constituent un superbe itinéraire. Si le circuit complet demande des semaines, une belle randonnée de 5 jours part d'Oumesnate, passe par plusieurs villages et grimpe à Tagdichte pour l'ascension du djebel L'Kest. Cette dernière peut aussi s'effectuer au cours d'un trek moins exigeant à travers la vallée en direction de l'est, par exemple de Tirnmatmat à Oumesnate, tous deux près de la route.

ADRAR MQORN ET ENVIRONS

Le sud-est de Tafraoute offre également de beaux itinéraires, dont l'ascension de l'**Adrar Mqorn**, ardue mais splendide. Au sud de ses sommets jumeaux s'étendent les gorges remplies de palmiers d'**Aït Mansour** et de **Timguilcht**, qui forment l'oasis d'**Afella-Ighir**.

DJEBEL AKLIM

Le djebel Aklim (2 531 m) se dresse dans une région encore plus reculée que le djebel L'Kest et des villages berbères jalonnent les vallées qui l'entourent, gardées par d'anciennes casbahs. Du sommet, la vue s'étend jusqu'au Haut Atlas et au djebel Siroua. Le djebel Aklim constitue un excellent but pour une randonnée de 4 ou 5 jours à partir d'Igherm, plus ou moins à la même distance de Tafraoute (au sud-ouest), de Taroudant, de Taliouine et de Tata.

Djebel Siroua

Au sud du Haut Atlas, à la lisière est de l'Anti-Atlas, le pic volcanique isolé du djebel Siroua (3 304 m) offre d'exceptionnelles possibilités de trekking. Les villages perdus, les gorges magnifiques et l'ascension difficile près du sommet séduiront les amateurs de solitude, de paysages austères et de treks sportifs.

Si l'ascension du djebel constitue l'objectif principal, la beauté des vallées verdoyantes, l'hospitalité berbère, les jeux de lumière sur la roche et la proximité du Sahara vous laisseront des souvenirs impérissables. Vous pourrez ainsi apprécier pleinement le circuit sans grimper jusqu'au sommet du djebel.

L'agence de trekking Yallahtrek (p. 375), à Taliouine, et l'Auberge Souktana, à quelques kilomètres à l'est sur la grand-route, sont les meilleures adresses pour des conseils, louer les services d'un guide, des mules et du matériel. L'auberge est devenue le point de départ du trek.

Comme ailleurs, on peut aussi se procurer des mules, souvent du jour au lendemain, dans les villages de montagne.

Les cartes *Taliwine* (1/100 000) et *Sirwa* (1/50 000) couvrent l'itinéraire. Il peut faire très froid en hiver ; les meilleures périodes pour le trek sont l'automne, lors de la récolte du safran, et le printemps.

Vous pourrez vous ravitailler sur les marchés régionaux, à Taliouine le lundi, Aoulouz le mercredi et le samedi, Askaoun le jeudi, Tazenakht le vendredi, et Igli le dimanche.

ITINÉRAIRES

De Taliouine, un trek exigeant d'une semaine emprunte une piste qui remonte la **vallée de Zagmouzine** vers l'est jusqu'à **Tagmout**. L'itinéraire se dirige ensuite vers le nord-est et **Atougha**, d'où une grimpée de 6 heures conduit au sommet du djebel Siroua. Si vous marchez à un rythme régulier, vous effectuerez l'ascension le matin du quatrième jour. Après la descente dans les gorges pour la nuit, vous passerez par l'extraordinaire village de **Tisgui**, accroché à la falaise et rejoindrez **Tagouyamt** le cinquième jour. Tagouyamt offre un approvisionnement limité et, si vous ne trouvez pas de chambre, vous pourrez camper dans la fabuleuse **gorge du Tislit**. Après Tagouyamt, suivez la vallée jusqu'à Ihoukarn, puis dirigez-vous au sud jusqu'à la route Taliouine-Ouarzazate à Tizi n'Taghatine (où vous pourrez prendre un transport de passage), ou continuez la marche vers l'ouest pour revenir à Taliouine.

Un itinéraire alternatif moins fréquenté part du village de Tamlakout, qui dispose d'un gîte classé, et passe par Aït Tigga, l'Assif Mdist et la base du djebel Siroua. Après l'ascension du djebel, il continue jusqu'à Aziouane, puis s'achève par la traversée des azibs Amassines. Si certains tronçons de ce trek sont épuisants, aucun ne nécessite plus de 6 heures de marche par jour.

Taliouine et Anezale (pour Tamlakout), tous deux sur la grand-route Agadir-Taroudant-Ouarzazate, sont desservis régulièrement par des bus et des grands taxis.

CÔTE ATLANTIQUE SUD

Tiznit تزنيت

53 600 HABITANTS

Au sud de la vallée du Sous, à l'extrémité ouest de l'Anti-Atlas, Tiznit est une ancienne médina fortifiée, entourée d'une ville moderne. La cité était à l'origine un ensemble de casbahs, encerclé par une muraille en pisé de quelque 5 km de long au XIXe siècle. Devenue rapidement un centre marchand, elle demeure une capitale provinciale, réputée pour les bijoux berbères. Vous la traverserez sans doute en allant de l'Anti-Atlas et la côte atlantique ; quelques heures suffisent pour visiter la médina et le souk des bijoutiers.

Histoire

En 1881, le sultan Moulay el-Hassan (règne 1873-1894) fonda Tiznit pour affirmer son autorité sur les tribus berbères rebelles du Sud et la fit entourer de remparts. Des orfèvres juifs s'installèrent dans la cité et lui valurent sa réputation pour le travail de l'argent.

Tiznit demeura cependant un foyer de sédition et fut le centre de la résistance au traité de 1912, qui transforma le Maroc en protectorat français et espagnol. El-Hiba, le "Sultan bleu" du Sahara occidental, prit la tête de ce mouvement.

Après la capitulation du sultan Moulay Hafid face aux Français lors du traité de Fès, El-Hiba se proclama sultan à Tiznit en 1912. À la tête d'une armée constituée de Touaregs et d'hommes de tribus de l'Anti-Atlas ralliés à sa cause, le "Sultan bleu" marcha vers le nord et fut accueilli en libérateur à Marrakech. Cependant, la majeure partie de son armée fut massacrée par les Français alors qu'elle se dirigeait vers Fès. El-Hiba battit en retraite jusqu'à Taroudant puis Tiznit, avant de s'installer dans l'Anti-Atlas, où il poursuivit sa campagne de résistance contre les Français jusqu'à sa mort en 1919.

À voir et à faire

Dans cette ville somnolente, vous pourrez flâner dans la médina, notamment dans le souk des bijoutiers et la rue Imzilne, bordée de plusieurs boutiques de sandales. Si les Berbères sont d'excellents commerçants, n'hésitez pas à marchander fermement. Tiznit devient effervescente le jeudi, jour du marché.

Remparts SITE HISTORIQUE

Il est possible de grimper sur des tronçons des remparts, longs de 5 km et ponctués d'une trentaine de tours et de 9 portes. **Bab Targua** offre une vue superbe sur la palmeraie, où une source faisait jadis office de lavoir.

Grande Mosquée MOSQUÉE

Le minaret de la Grande Mosquée (fermée aux non-musulmans) est hérissé de perches en bois en saillie. Une légende locale affirme que les âmes des défunts s'y rassemblent. En fait, elles ont sans doute été laissées par les maçons pour faciliter les travaux. Un système similaire est utilisé sur les minarets au Mali et au Niger.

Source Bleue SITE HISTORIQUE

Près de la Grande Mosquée, la source d'origine n'est plus qu'une mare stagnante d'eau verdâtre plutôt que bleue. Selon la légende, une femme aux mœurs légères, Lalla Zninia, s'arrêta pour se reposer à cet endroit alors désert. Elle se repentit durant 3 jours et Dieu, touché par sa ferveur, lui accorda son pardon en faisant jaillir une source à ses pieds. Son nom fut donné au village qui précéda la cité fortifiée du sultan Moulay el-Hassan.

Où se loger

Les hôtels de catégorie moyenne se regroupent autour du grand rond-point au sud-est de Bab Oulad Jarrar. Des hôtels bon marché bordent la place al-Méchouar, guère attrayante en soirée pour les femmes seules.

Bab el Maader PENSION €

(☎0528 86 42 52 ; www.bab-el-maader.com ; 132 rue El Haj Ali ; ch 265-315 Dh).

Tiznit

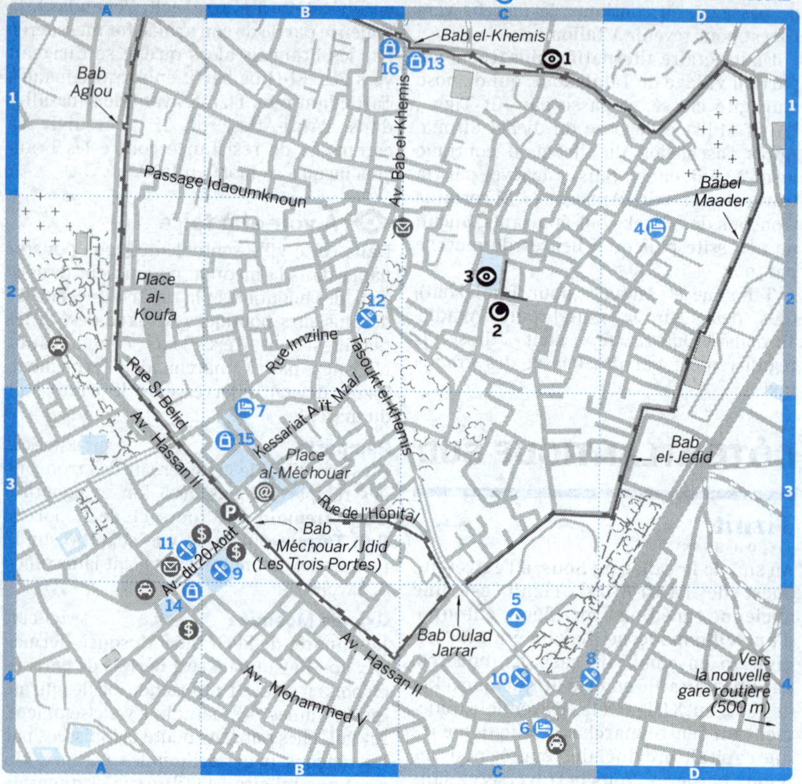

Si l'Hôtel Idou Tiznit, avec piscine et vaste réception en marbre, est le plus cher de la ville, cette pension de 5 chambres est la meilleure adresse. Agrémentée d'une cour, elle est joliment décorée d'objets et de tissus marocains. Les propriétaires organisent des circuits dans la région et préparent des repas sur demande (100 Dh).

Hôtel des Touristes HÔTEL €
(☎0528 86 20 18 ; http://hoteltouristetiznit.voila.net ; pl. al-Méchouar ; s/d 50/100 Dh ; 📶). À proximité du souk des bijoutiers, cet hôtel impeccable et accueillant invite à faire étape à Tiznit. Un salon calme et chaleureux, avec échange de livres, conduit aux chambres plaisantes ; celles donnant sur la place disposent d'un petit balcon.

Hôtel de Paris HÔTEL €
(☎0528 86 28 65 ; www.hoteldeparis.ma ; av. Hassan II ; s/d 138/164 Dh ; ❄). Sur un rond-point animé à courte distance des remparts, cet établissement aux couleurs peu attrayantes, décoré d'affiches fanées, offre 19 chambres défraîchies avec sdb et un café-restaurant au rez-de-chaussée.

Camping municipal CAMPING €
(☎0528 60 13 54 ; Bab Oulad Jarrar ; 36 Dh/pers). Ce camping sûr se tient près des remparts.

Où se restaurer

La Ville Nouvelle CAFÉ, RÉGIONAL €
(☎0548 60 09 63 ; 1er ét, 17 av. du 20 Août ; plats 35-55 Dh ; ⏲petit-déj et déj). Ce restaurant fréquenté propose des salades, des brochettes et de bonnes *kefta* (boulettes d'agneau ou de bœuf épicées), ainsi qu'un service rapide.

Complexe Tiznit Essaada RESTAURATION RAPIDE, POISSON €
(☎0667 67 99 59 ; rte d'Agadir ; plats 35-55 Dh). Doté d'un bar à jus de fruits et d'une terrasse couverte, ce snack-bar sert du *chawarma*,

Tiznit

À voir

1 Bab Targua C1
2 Grande Mosquée C2
3 Source Bleue C2

Où se loger

4 Bab el Maader D2
5 Camping municipal C4
6 Hôtel de Paris C4
7 Hôtel des Touristes B3

Où se restaurer

8 Complexe Tiznit Essaada C4
9 Marché d'alimentation B3
10 Supermarché Idou Tiznit C4
11 La Ville Nouvelle A3
12 Stands d'en-cas B2

Achats

13 Bijouterie Bab el-Khemis C1
14 Ensemble artisanal A4
15 Souk des bijoutiers B3
16 Trésor du Sud B1

des paninis, des pizzas, des spaghettis et des plats de poisson.

Stands d'en-cas RESTAURATION RAPIDE €
Le long de l'avenue Bab el-Khemis, l'artère principale qui traverse la médina.

Marché d'alimentation MARCHÉ
(av. du 20 Août). Idéal pour préparer un pique-nique.

Supermarché Idou Tiznit SUPERMARCHÉ
(Bab Oulad Jarrar). Derrière l'hôtel du même nom, il vend des produits locaux et importés.

Achats

Souk des bijoutiers BIJOUX
Fort d'une longue tradition, le souk des bijoutiers offre des bijoux parmi les plus beaux du Sud marocain. L'endroit est plaisant pour une promenade, avec les boutiques aux portes bleues et les vitrines remplies d'objets en argent. Certains bijoux sont réalisés sur place et d'autres achetés à des tribus sahariennes. Prenez le temps de comparer et de négocier les prix.

Trésor du Sud BIJOUX
(27 av. Bab el-Khemis). En dehors du souk, cette boutique n'est pas la moins chère, mais vend des articles de qualité, en argent massif poinçonné.

Bijouterie Bab el-Khemis BIJOUX
(av. Bab el-Khemis). Une boutique qui ne pousse pas à l'achat, avec des bijoux berbères et touaregs exposés sur les murs.

Ensemble artisanal BIJOUX
(Av. du 20 Août). Des artisans présentent leurs œuvres dans une ambiance détendue.

Renseignements

Banque Populaire (av. du 20 Août). DAB et service de change.

BMCE (av. Mohammed V). DAB et service de change.

BMCI (av. du 20 Août). DAB et service de change.

Cyber al-Méchouar (2e ét, pl. al-Méchouar ; 5 Dh/h ; 8h30-23h). Accès Internet dans la médina.

Poste (av. Bab el-Khemis). Dans la médina.

Poste principale (av. du 20 Août). Dans la ville nouvelle.

Depuis/vers Tiznit

Bus

Les bus partent de la nouvelle gare routière, près de la route de Tafraoute, après le site du marché du jeudi. La CTM possède un autre bureau plus près du centre sur la même route, et un sur la place al-Méchouar. CTM, Supratours et d'autres compagnies desservent les destinations suivantes :

DESTINATION	TARIF	DURÉE
Agadir	40 Dh	2 heures
Dakhla	300 Dh	19 heures
Goulimime	40 Dh	2 heures
Laâyoune	190 Dh	9 heures
Tafraoute	35 Dh	4 heures
Tata	80 Dh	6 heures 30
Tan-Tan	75 Dh	3 heures 30

Taxi

Sauf mention contraire, les taxis partent de la principale station des grands taxis, en face de la poste dans la partie ouest de la ville. Ils desservent les localités suivantes :

Agadir (27 Dh)

Aglou Plage (5 Dh). D'une station dans l'avenue Hassan II.

Goulimime (32 Dh). D'une station au sud du rond-point de l'Hôtel Idou Tiznit, en face de la station-service sur la route de Goulimime.

Mirleft (13 Dh)

Sidi Ifni (23 Dh)

Tafraoute (37,50 Dh)

LES BIJOUX BERBÈRES

Les bijoux berbères ne servent pas uniquement de parure : ils indiquent l'appartenance à un clan ou une tribu, symbolisent la richesse et reflètent les traditions culturelles. On leur attribue également le pouvoir de protéger du mauvais œil.

Une jeune fille reçoit des bijoux de sa mère jusqu'à son mariage. À cette occasion, son futur époux charge sa propre mère ou sa sœur de lui acheter des bijoux, constituant ainsi la dot qui sera enrichie tout au long de la vie de l'épouse. L'or étant réputé maléfique, ces bijoux sont toujours en argent.

Les colliers sont importants. Dans les oasis des vallées du Sud, les colliers traditionnels comprennent parfois des talismans en argent, du corail rouge, de l'amazonite, de l'ambre, du cristal de Bohême et des perles d'ébène d'Afrique de l'Ouest. Les femmes possèdent également des bracelets, des fibules (broches élaborées, souvent triangulaires, utilisées pour fermer un vêtement), des anneaux de chevilles, des boucles d'oreilles et des coiffes. Certains bijoux sont portés tous les jours, et les pièces les plus fines sont conservées pour les grandes occasions, telles que fêtes, pèlerinages ou funérailles.

Les propriétés protectrices, médicinales et magiques attribuées aux bijoux revêtent une grande importance. Ainsi, les colliers renferment des talismans achetés à des magiciens ou à des religieux, censés protéger du mauvais œil, des maladies, des accidents et de la stérilité. L'argent est supposé guérir les rhumatismes. Le corail, symbole de fertilité, aurait des vertus curatives. L'ambre, emblème de richesse, préserve de la magie noire, serait aphrodisiaque et soignerait les rhumes. L'amazonite et la cornaline servent à prédire l'avenir. Enfin, les coquillages importés d'Afrique de l'Est symbolisent la fertilité.

Les talismans sont gravés de motifs stylisés représentant des animaux, le soleil, la lune et les étoiles, tous dotés de pouvoirs surnaturels. La main de Fatima, la fille du prophète Mahomet, est l'amulette la plus répandue pour se prémunir du mauvais œil. Toute représentation de la main (emblème de la créativité et de la supériorité du genre humain) ou du chiffre cinq est censée crever symboliquement le mauvais œil en prononçant la formule *khamsa fi ainek* (cinq dans ton œil).

Environs de Tiznit

AGLOU PLAGE اكلو بلاج

Cette longue plage, à 15 km au nord-ouest de Tiznit, offre de belles déferlantes mais un puissant courant sous-marin la rend dangereuse pour la baignade, surtout quand soufflent les vents de l'Atlantique. Si les constructions se multiplient, la localité conserve un peu du charme de Mirleft et de Sidi Ifni, avec une agréable promenade surélevée, bordée de cafés.

À l'extrémité sud d'Aglou Plage, la pension franco-marocaine **Le Chant du Chameau** (☎0667 90 49 91 ; www.chantduchameau.com ; tente/ch avec petit-déj 200/250 Dh par pers) propose des chambres dans une maison ocre rouge et des tentes de nomades, toutes avec une vue somptueuse sur la plage et l'océan. Les propriétaires organisent des excursions dans la région et un stage de *tadelakt* (enduit à base de chaux) d'une semaine.

De Tiznit, des grands taxis desservent Aglou Plage (5 Dh). Si vous êtes motorisé, la route de Tiznit à Mirleft longe une côte splendide après les constructions d'Aglou Plage.

Mirleft ميرلفت

6 500 HABITANTS

L'une des plus belles routes de la région file au sud d'Aglou Plage et offre des vues magnifiques sur l'océan, des collines escarpées et quelques criques désertes. Vient ensuite Mirleft et ses cafés attrayants sous les arcades roses et bleues de l'artère principale. Historiquement prisée des artistes, des musiciens et des voyageurs de retour du Sahara, la bourgade se développe à mesure que les amateurs de sports nautiques découvrent la région. Dotée d'excellents hébergements, Mirleft bénéficie d'un climat doux, d'un air pur et d'un cadre enchanteur. Le développement touristique naissant reste l'œuvre d'individus plutôt que de grandes compagnies.

À voir et à faire

Arpentez la courte rue principale où vous découvrirez de l'art, de l'artisanat, une boutique de produits à base d'argan, des cybercafés, des restaurants et un petit marché de légumes.

Plages PLAGES
Si la bourgade négligée n'a guère d'attrait au premier abord, vous serez rapidement séduit par son animation sympathique. Après le café du matin, rejoignez l'une des plages : Imin Tourga, les plages des Poissons, du Camping ou du Coquillage, la plage Aftas, la plage Sauvage ou celle du Marabout ; cette dernière est la plus spectaculaire avec la tombe d'un marabout (saint) et des rochers déchiquetés.

Autres activités CIRCUITS, PARAPENTE
En dehors de la ville, vous pourrez pratiquer de nombreuses activités. La plage est idéale pour la pêche ; les hôtels et les guides organisent toutes sortes de sorties, de la pêche aux excursions dans le désert. Quelques tour-opérateurs recommandés :

Mirleft Ride (☎0661 44 19 33 ; www.mirleftride.com). Cours de surf, sorties de pêche et treks dans les collines.

Paraglide Morocco (☎0676 31 86 55 ; www.paraglidemorocco.com) Tenu par des Anglais, il se spécialise dans le parapente saisonnier et propose aussi des vols en tandem (400 Dh).

Le Nid d'Aigle (☎0671 66 85 05 ; www.nidaigle.com). Parapente.

Où se loger

Dans Mirleft, de nombreux appartements se louent environ 200 Dh la nuit ; renseignez-vous à l'Hôtel Abertih ou à l'entrée de la ville.

♥ **Dar Najmat** HÔTEL DE CHARME €€€
(☎0528 71 90 56 ; www.darnajmat.com ; s/d demi-pension 1 030/1 390 Dh ; ❄☒). Avec sa piscine à débordement donnant sur la plage du Marabout, le Dar Najmat jouit d'une des plus belles vues de la côte. À 2 km au sud de Mirleft, il compte 5 chambres au décor soigneusement pensé, où des matériaux locaux complètent l'allure contemporaine et l'harmonie ambiante.

♥ **Les 3 Chameaux** MAISON D'HÔTES €€€
(☎0528 719187 ; www.3chameaux.com ; s/d/ste demi-pension 1 005/1 260/1 410 Dh ; ☒). Perchée sur la colline dans un fort militaire rénové des années 1930, cette charmante pension, avec une vue fabuleuse sur la ville et la mer, est la meilleure adresse de Mirleft. Les suites, avec balcon et sdb dotée d'une fenêtre donnant sur la vallée à l'arrière, justifient la dépense supplémentaire. Des tentes berbères émaillent les allées entre la piscine (chauffée en hiver), le hammam, le restaurant et la boutique. Le seul bruit est celui du ressac, en contrebas.

Sally's Bed & Breakfast PENSION €€
(☎0528 71 94 02, 0661 46 98 88 ; www.sally-mirleft.com ; Les Amicales ; ch avec petit-déj 600-800 Dh). Aménagée par Sally, une Anglaise passionnée de chevaux, cette somptueuse villa se perche sur une falaise au-dessus d'Imin Tourga, une grande plage propre, et offre une vue fantastique sur la côte. Retraite stylée et confortable, elle compte 6 chambres avec sdb et un salon décoré d'antiquités.

Hôtel Abertih HÔTEL €
(☎0528 71 93 04, 0672 22 58 72 ; www.abertih.com ; ch avec petit-déj sans/avec sdb 120/150 Dh par pers ;). Semblant tout droit sorti d'un tableau cubiste, l'Abertih bleu et jaune est tout aussi coloré à l'intérieur. Des cours conduisent aux 5 chambres sur deux niveaux. Le bar-restaurant (repas 100 Dh) du rez-de-chaussée est moins animé depuis le changement de propriétaire, mais reste un bon choix, prisé des groupes de parapentistes.

Hôtel Atlas HÔTEL €
(☎0528 71 93 09 ; www.atlas-mirleft.com ; ch avec petit-déj sans/avec douche 120/150 Dh/pers ;). Recommandé par des lecteurs, l'Atlas possède un balcon au 1er étage, un somptueux toit-terrasse et des chambres rustiques avec volets bleus et sdb, desservies par une galerie ouverte aux éléments. Si le confort reste sommaire, l'endroit est détendu et abrite l'un des meilleurs restaurants de Mirleft.

Où se restaurer

Outre les excellents restaurants des hôtels précités, les cafés de l'artère principale servent du poisson pêché sur place.

Restaurant Ayour BERBÈRE €
(☎0528 71 91 71 ; repas 85 Dh). Entre le souk et l'Hôtel Atlas, l'Ayour est l'un des meilleurs restaurants indépendants de Mirleft. Un peu cher, mais il propose des plats tels que la pastilla.

Restaurant Tigmi RÉGIONAL €
(☎0670 70 60 43 ; repas 70 Dh). Recommandé par des lecteurs, ce restaurant accueillant, tenu par une famille, se tient près de l'Hôtel

Abertih et possède une petite terrasse. L'entrecôte de dromadaire fait partie des plats offerts.

Depuis/vers Mirleft

Des grands taxis rallient Sidi Ifni (10 Dh) et Tiznit (13 Dh). Pour la plupart des destinations, y compris Goulimime, il est plus simple de rejoindre Tiznit et prendre une correspondance. Un bus dessert Agadir le matin (30 Dh).

Sidi Ifni سيدي إفني

20 600 HABITANTS

Rendue au Maroc en 1969 seulement, Sidi Ifni conserve une touche hispanique. Dans les rues pentues, les édifices Art déco qui se délitent témoignent des ambitions coloniales. Au cœur de l'ancien Sahara espagnol, Sidi Ifni fut jadis une base du commerce d'esclaves et plus tard un grand centre d'exportation de poisson vers l'Espagne. Lorsque le soleil se couche sur l'esplanade et les *calles* (rues) délabrées et que le brouillard de l'Atlantique efface les contours, Ifni ressemble à un avant-poste surnaturel.

Les habitants ont peint la ville en bleu et blanc, les couleurs de leurs turbans et djellabas. Ils soutiennent les équipes de foot espagnoles, font la sieste et saluent plus fréquemment les voyageurs d'un *hola* que d'un bonjour. Dans les cafés, vous entendrez peut-être Bob Dylan et engagerez une conversation philosophique avec des clients expatriés et locaux bien plus détendus qu'ailleurs.

Comme nous l'a dit un résident européen, Ifni est un endroit unique qui conserve un esprit jeune.

Histoire

L'Espagne acquit l'enclave de Sidi Ifni après avoir vaincu les forces marocaines lors de la guerre de 1859. Après avoir baptisé sa nouvelle possession Santa Cruz del Mar Pequenã, elle sembla ne savoir qu'en faire et n'en prit pleinement possession qu'en 1934. Les constructions de Sidi Ifni datent en majeure partie des années 1930 et offrent un mélange éclectique de styles Art déco et marocain traditionnel.

Lors de l'indépendance du Maroc en 1956, l'Espagne refusa de restituer la ville sous le prétexte que 60% de la population était espagnole. Ce litige territorial provoqua la guerre d'Ifni et le siège de la ville. Il s'acheva en 1969, quand les Nations unies parvinrent à obtenir de l'Espagne qu'elle rende l'enclave au Maroc. Santa Cruz fut renommée Sidi Ifni, du nom d'un saint inhumé dans la ville au début des années 1900. Ifni célèbre toujours son "Indépendance" (30 juin) avec des festivités sur l'aérodrome abandonné.

Si Ifni semble tranquille, des affrontements ont opposé la police et les habitants ces dernières années, provoqués par un chômage élevé et la marginalisation d'une ville à l'esprit indépendant.

À voir et à faire

Sidi Ifni espagnole BÂTIMENTS HISTORIQUES

Le charme de Sidi Ifni tient à son atmosphère unique, qui a incité de nombreux étrangers à s'y installer. Le petit quartier espagnol est l'endroit le plus séduisant ; il s'organise autour de la place Hassan II (souvent appelée Plaza de España), le centre colonial. La vaste place, agrémentée d'un petit parc au milieu, est entourée de bâtiments administratifs : le **tribunal** (jadis une église), le **palais royal**, l'**ancien consulat espagnol** et l'**hôtel de ville**, pour la plupart de style Art déco.

Parmi d'autres vestiges de l'époque coloniale figurent l'**Hôtel Bellevue**, également sur la place Hassan II, un **phare** proche, et la **maison de style paquebot**, l'ancienne amirauté espagnole, perchée sur la falaise à côté de l'Hôtel Suerte Loca.

D'autres édifices Art déco bordent les rues à l'est de la place Hassan II. La poste, dans l'avenue Mohammed V, conserve une **boîte aux lettres** avec les indications "Correos – Avion/Ordinario" (courrier – par avion/ordinaire).

Plage PLAGE

La plage, vaste et rarement bondée, n'est pas toujours propre. Le port se situe à son extrémité sud ; l'économie d'Ifni repose sur la pêche à petite échelle et l'essentiel des prises sont vendues à Agadir. La construction proche de la côte est l'ancien convoyeur qui transportait les marchandises entre les cargos et le port espagnol.

Surf SPORTS NAUTIQUES

Sidi Ifni compte d'excellents **spots de surf** ; parmi les trois boutiques qui louent des planches, **Sahara Surf Shop** (0667 48 95 11), près de l'Hôtel Suerte Loca, vous renseignera utilement.

Où se loger

Comme la ville, nombre des hôtels ont connu des jours meilleurs. Deux campings se tiennent à l'extrémité nord de la plage, en bas de l'escalier qui descend de la maison de style paquebot.

Xanadu MAISON D'HÔTES €€
(☎0528 87 67 18 ; www.maisonxanadu.com ; 5 rue el Jadida ; s/d avec petit-déj 360/550 Dh ; @). De loin la meilleure adresse de la ville, cette maison restaurée se cache dans une ruelle, près de l'avenue Mohammed V. Couleurs douces, raffinement et élégance caractérisent les 5 chambres, qui offrent une interprétation contemporaine de l'esthétique d'Ifni. Patrick, le charmant propriétaire français, prépare des dîners sur demande (165 Dh).

Hôtel Suerte Loca HÔTEL €
(☎0528 87 53 50 ; suerteloca36@yahoo.com ; av. Moulay Youssef ; s/d/tr 80/125/170 Dh, avec douche 150/200/250 Dh). Bien située à côté de la maison de style paquebot, cette auberge bleue et blanche séduit les baroudeurs. Le toit-terrasse donne sur la plage et le restaurant, avec un baby-foot et un billard, sert des milk-shakes et des crêpes au petit-déjeuner. Les chambres simples s'agrémentent d'un balcon et d'un joli dessus-de-lit, mais une rénovation serait bienvenue.

Hôtel Bellevue HÔTEL €
(☎0528 87 50 72 ; pl. Hassan II ; s 89-170 Dh, d 110-200 Dh). Jadis meilleur hôtel d'Ifni, le charme Art déco du Bellevue se limite à l'extérieur. Seuls quelques abat-jour stylisés et vitraux ornent l'intérieur et les chambres sont quelconques. Il reste néanmoins un choix correct pour les petits budgets, avec un bar et un restaurant.

Hôtel Ère Nouvelle HÔTEL €
(☎0528 87 52 98 ; 5 av. Sidi Mohammed ben Abdallah ; s/d 30/50 Dh). Au-dessus d'un restaurant prisé, cet hôtel central et bon marché offre des chambres spartiates, avec des lits étroits, et des sdb communes comprenant douches et toilettes à la turque. L'adresse est cependant accueillante et sûre, et le petit-déjeuner (15 Dh), avec pain, miel et beurre, délicieux.

Où se restaurer et prendre un verre

Café-Restaurant Nomad POISSON, LOCAL €
(☎0662 17 33 08 ; 5 av. Moulay Youssef ; repas 100 Dh). Parfait pour se régaler de poissons locaux, cet excellent restaurant sert, entre autres, une copieuse salade avec sardines et avocat, et les prises du jour grillées sur la terrasse et accompagnées de légumes frais. La cuisine est ouverte sur la salle douillette, ornée de peintures nautiques. Le propriétaire polyglotte est une mine d'informations locales. Vous pouvez apporter une bouteille de vin. Commandez 3 heures à l'avance pour goûter les spécialités locales.

Café-Restaurant Mar Pequeña POISSON, RÉGIONAL €
(☎0670 38 42 68 ; 2 av. El Mowahidine ; menu 50-60 Dh ; ⌚petit-déj, déj et dîner). Tenu par des femmes et fréquenté par une clientèle plus mixte que les cafés voisins, ce restaurant se tient au sommet de l'escalier du front de mer, près de l'Hôtel Bellevue. D'un bon rapport qualité/prix, il propose des menus avec tajine de poulet, de bœuf ou de poisson (avec une assiette de crevettes).

INTERVIEW

LIVIN' LA SIDI LOCA

Jean-Pierre Esatoglu, originaire de Suisse, a restauré l'Auberge Figue de Barbarie (voir p. 393) et sa propre maison à Sidi Ifni.

Qu'aimez-vous dans cette partie du Maroc ? Les paysages magnifiques et le caractère amical et chaleureux des habitants. Une atmosphère particulière et authentique règne dans cet endroit.

Quelles ont été les plus grandes difficultés pour restaurer l'auberge ? L'état de la maison, la complexité du projet, son isolement en pleine campagne, l'intégration et l'acceptation dans le milieu culturel et social de Sidi Ouarsik.

Les meilleures activités ? La région offre d'innombrables circuits – à pied, à vélo, en voiture ou à dos d'âne – en bord de mer, dans la campagne ou le désert. C'est aussi un endroit idéal pour oublier le stress de la vie moderne, pratiquer le surf ou pêcher.

Vos promenades préférées ? Une promenade le long de la plage de Sidi Ouarsik ou une randonnée dans la campagne, avec un guide bien sûr.

Votre restaurant favori ? Le Café-Restaurant Nomad (voir ci-dessus).

Sidi Ifni

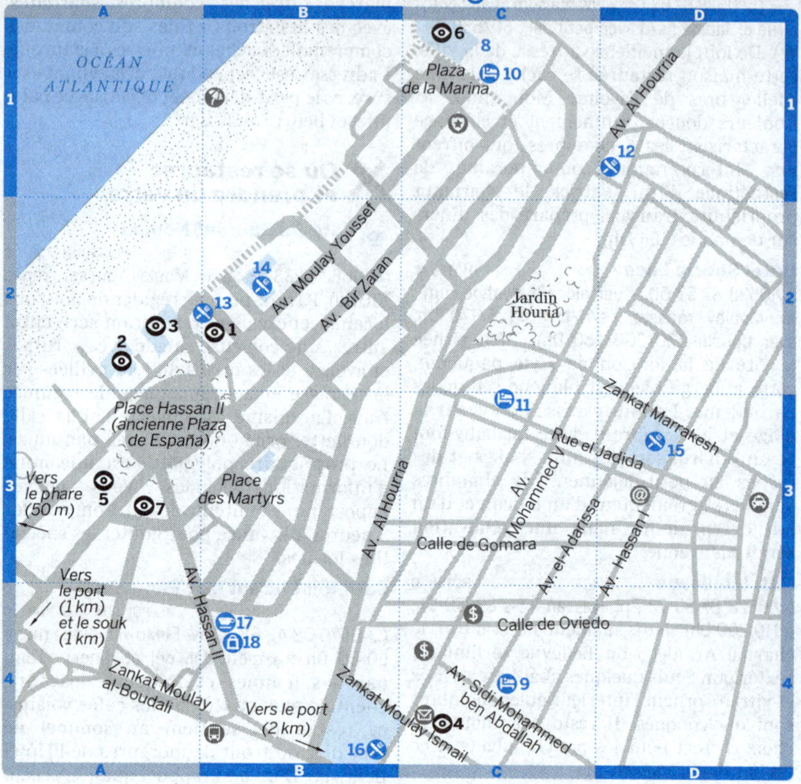

Café-Restaurant el-Hourria

RÉGIONAL, POISSON €

(☎0668 16 45 06 ; av. Al Hourria ; plats 35-50 Dh ; ⏲petit-déj, déj et dîner). Le Hourria offre un bon choix de plats marocains classiques (dont un délicieux tajine de poisson) et d'en-cas occidentaux. Il comprend une salle tranquille et une terrasse à la lisière d'un jardin public.

Marché au poisson

MARCHÉ

Dans le marché municipal.

Marché aux fruits et légumes

MARCHÉ

Un marché couvert près de Zankat Marrakech.

Souk

MARCHÉ

Il se tient le dimanche sur la route du port, à 1 km de la ville.

Stands d'en-cas et cafés

RESTAURATION RAPIDE

Les stands s'installent au crépuscule autour du marché municipal, à l'extrémité sud de l'avenue Mohammed V.

Cafés

CAFÉS

Le long de l'avenue Hassan II, avec vue sur la place Hassan II et l'aérodrome.

Hôtel Bellevue

BAR

Sur une terrasse au-dessus de la plage, le bar de l'Hôtel Bellevue est un endroit plaisant pour un verre.

Achats

Repérez les *melhaf,* des tissus très fins et colorés dans lesquels s'enroulent les femmes du Sahara. L'**Ensemble artisanal** (av. Hassan II) était en rénovation lors de notre passage.

Renseignements

Parmi les bons sites Internet, citons www.ifniville.com et www.visit-sidiifni.blogspot.com.

Banque Populaire (av. Mohammed V). Service de change et DAB.

BMCE (av. Mohammed V). Service de change et DAB.

Sidi Ifni

À voir

1 Ancien consulat espagnol B2
2 Hôtel Bellevue A2
3 Tribunal (ancienne église) A2
4 Boîte aux lettres C4
5 Palais royal A3
6 Maison de style paquebot C1
7 Hôtel de ville A3

Activités

8 Sahara Surf Shop C1

Où se loger

Hôtel Bellevue ..... (voir 2)
9 Hôtel Ère Nouvelle C4
10 Hôtel Suerte Loca C1
11 Xanadu C3

Où se restaurer

12 Café-Restaurant el-Hourria D1
13 Café-Restaurant Mar Pequeña B2
14 Café-Restaurant Nomad B2
Marché au poisson ..... (voir 16)
15 Marché aux fruits et légumes D3
16 Stands d'en-cas et cafés B4

Où prendre un verre

17 Cafés B4
Hôtel Bellevue ..... (voir 2)

Achats

18 Ensemble artisanal B4

Hassan Cyber (av. Hassan I ; 4 Dh/h ; 10h-13h et 15h-24h). Accès Internet.

Poste (av. Mohammed V)

Depuis/vers Sidi Ifni

Le bus local pour Tiznit via Legzira Plage (5 Dh) part de l'arrêt en face de la station-service, dans Zankat Moulay al-Boudali.

La station des grands taxis se tient dans la partie est de la ville. Ils desservent Goulimime (20 Dh), Legzira Plage (10 Dh), Mirleft (10 Dh) et Tiznit (23 Dh).

Environs de Sidi Ifni

Les hôtels vous indiqueront de nombreuses randonnées aux alentours de Sidi Ifni.

LEGZIRA PLAGE

À 10 km au nord d'Ifni, El Gzira, habituellement appelée Legzira Plage, est une superbe baie protégée, couverte de sable et agrémentée de deux **arches en pierre** plongeant dans la mer. Accessible de la route 104, elle se rejoint plus facilement en marchant le long des plages et des falaises. De nouvelles constructions se dressent sur la falaise près de la route 104, mais le littoral reste essentiellement préservé.

Un escalier escarpé conduit aux trois hôtels au bout de la route d'accès ; en raison de leur isolement, ils ne bénéficient pas d'électricité dans la journée. Le **Beach Club** (0670 52 28 00 ; www.legzira-beachclub.com ; s/d avec petit-déj 150/300 Dh) possède les meilleures chambres, qui ouvrent sur des balcons communs.

L'**Auberge Sables d'Or** (0661 30 24 95 ; ch 150-300 Dh) propose des petites chambres confortables, donnant sur des terrasses qui font face à l'océan. Ses espaces communs étaient en rénovation lors de notre visite.

Les hôtels offrent la demi-pension et vous pouvez déjeuner d'un poisson grillé (50 Dh) dans les trois cafés de plage voisins.

Le bus local qui relie Tiznit et Sidi Ifni fait halte à Legzira Plage.

SIDI OUARSIK

Ce village de pêcheurs, à 18 km au sud d'Ifni, possède une belle plage. La surplombant sur une colline dénudée, l'**Auberge Figue de Barbarie** (0619 38 59 95 ; www.aubergefiguedebarbarie.com ; s/d 150/200 Dh), du nom des fruits qui poussent alentour, occupe une ferme superbement restaurée avec des lézards verts peints sur les murs. Les 4 chambres traditionnelles, simples et attrayantes, s'agrémentent d'un petit salon et partagent des sdb communes. Daniel, le gérant, organise des activités et loue vélos, planches de surf et cannes à pêche. Des vents violents provoquent parfois des coupures d'électricité, ce qui n'empêche pas de profiter de la campagne. Pour la demi-pension/pension complète, comptez un supplément de 100/150 Dh par personne.

MESTI

Ce village berbère se situe à 25 km au sud-est d'Ifni sur la route de Goulimime. À l'embranchement vers Mesti, la boutique de la coopérative **Miel Afoulki** (0661 47 24 33) propose la dégustation et vend d'excellents miels aux saveurs locales, dont l'orange et l'euphorbe. Dans le village, la **coopérative Tafyoucht** (0528 21 84 16 ; 8h-12h et 14h-18h lun-ven), gérée par des femmes, produit de l'huile d'argan et des cosmétiques à base d'argan (40-150 Dh).

UN DÉSERT DE RÊVES ET DE CAUCHEMARS

Le nom suffit à faire rêver. Le Sahara, de l'arabe *sahra* (désert), est la plus grande zone aride au monde. D'une superficie de près 8,6 millions de km² ce désert de dunes, de montagnes arides et de plaines jonchées de roches est un lieu cauchemardesque, où seuls survivent les plus aguerris ou les mieux préparés.

Les Romains ne parvinrent jamais à le traverser, préférant patrouiller le long de ses frontières septentrionales. Les voyageurs chanceux qui avaient survécu à la traversée décrivaient les squelettes d'humains et d'animaux qui jalonnaient les routes caravanières.

À la fin du XVIIIe et au début du XIXe siècle, des explorateurs européens se hasardèrent dans ces vastes étendues à la recherche de réponses aux énigmes géographiques du fleuve Niger, de la légendaire Tombouctou et des terrains aurifères d'Afrique occidentale. Ils furent tout autant agressés par la nature que par les pillards. Au XVIIIe siècle, le géographe britannique James Rennell a écrit dans *Geographical Elucidations* (1790) : "L'Afrique est unique d'un point de vue géographique [...], ses régions sont séparées les unes des autres par les frontières les moins franchissables, des déserts arides d'une telle immensité qu'ils menacent ceux qui les traversent de la mort la plus horrible, la soif !"

Même au XXe siècle, le désert a tenu en échec les colons européens et les voyageurs. Paul Bowles décrit élégamment dans son roman *Un thé au Sahara* les difficultés croissantes auxquelles est confronté un groupe de riches Américains à mesure qu'il avance dans le désert.

Les dangers qu'implique un voyage au Sahara donnent à ses habitants une place spéciale dans la société. Dans des villes du Sud comme Essaouira ou Goulimime, qui ont prospéré grâce au désert et son commerce, vous en rencontrerez quelques-uns. Essaouira est reliée musicalement au Sahara par les Gnaoua, des esclaves affranchis d'Afrique subsaharienne ; voir p. 446.

Aucun groupe n'est plus étroitement associé au désert que les Touareg, dont font partie les "hommes bleus" qui vivent dans des endroits comme Goulimime. Coiffés d'un turban ne laissant apparaître que les yeux, et obéissant à de stricts codes tribaux, les Touareg ont depuis longtemps une réputation de dureté et d'indépendance. Le voyageur arabe du XIVe siècle Ibn Battuta écrivait à leur propos : "Ils portent des voiles qui leur cache le visage et il y a peu de bonnes choses à dire à leur sujet. Ce sont des voyous." Cette opinion fut reprise durant des siècles par ceux qui arpentaient les routes caravanières, et se faisaient piller et parfois tuer par les Touareg. Actuellement, les Touareg luttent dans des pays comme le Mali et le Niger pour obtenir une patrie indépendante.

Si l'idée de survie dans un environnement aussi inhospitalier fait partie de la magie du Sahara, il en va de même du mysticisme associé aux vastes étendues désertiques. D'ailleurs les déserts tiennent une place importante dans les trois religions monothéistes. Au Maroc, nombre de mouvements réformistes sont venus des franges du Sahara, notamment les Almoravides et les Almohades.

Pour la plupart des visiteurs, le principal attrait du Sahara reste la pure beauté des paysages. Si les dunes de sable sont peu nombreuses au Maroc (contrairement à l'Algérie et la Libye), le pays compte des milliers de kilomètres de terres arides. Allez au sud de Goulimime ou dans les sables du Sud-Est pour découvrir le désert. Après la fraîcheur de l'aube et la lumière implacable de la mi-journée, le calme extraordinaire du crépuscule enveloppe une terre apparemment vide, qui s'étend à perte de vue et bien au-delà.

Goulimime كلميم

96 000 HABITANTS

Jadis la "porte du Sahara", Goulimime (appelée aussi Goulimine ou Guelmim) se développa en tant que ville frontière où les fermiers du Sous commerçaient avec les nomades du Sud.

Durant son âge d'or, les Touaregs, appelés les "hommes bleus", venaient du désert pour acheter et vendre des dromadaires au souk hebdomadaire. En soirée, les femmes exécutaient la *guedra*, une danse fascinante rythmée par des tambours. Aujourd'hui, vous aurez un aperçu de cette ambiance lors du *moussem* et de la foire aux dromadaires, qui durent une semaine en juillet ou août (les dates varient). Si vous venez du Nord, Goulimime vous semblera toujours une ville frontière avec sa population majoritairement sahraouie. Néanmoins, cette localité poussiéreuse n'offre guère d'intérêt ; les ruines du palais du caïd Dahman (entrée libre), derrière l'Hôtel de la Jeunesse qui borde le boulevard Mohammed V, constituent sa seule curiosité et ne justifient pas le détour. Des rabatteurs enturbannés proposent des excursions dans le désert, que nous vous déconseillons.

Des touristes en provenance d'Agadir affluent pour le souk du samedi matin, qui comprend un marché de dromadaires. Il se tient à quelques kilomètres de la ville, sur la route de Tan-Tan.

Où se loger

Les hôtels, principalement sommaires et peu plaisants pour les femmes (car remplis de commerçants transsahariens) n'incitent guère à passer la nuit à Goulimime. Si vous disposez d'un moyen de transport, vous trouverez des hébergements plus plaisants en dehors de la ville.

Hôtel Adil Moussafir HÔTEL €

(0528 77 29 30 ; HAM@menara.ma ; près rte d'Agadir ; s/d 310/370 Dh). Meilleure adresse de la ville, l'Adil Moussafir possède une réception accueillante, un excellent restaurant et de vastes chambres d'un bon rapport qualité/prix, égayées de couvre-lits chatoyants.

Hôtel Hamza HÔTEL €€

(0528 87 39 75 ; près rte d'Agadir ; s/d 400/460 Dh ; @). Derrière l'office du tourisme, ce paisible caravansérail, avec un personnel compétent et de larges couloirs, est trop cher, mais plaisant.

Hôtel Ijdiguen HÔTEL €

(0528 77 14 53 ; bd Ibnou Battouta ; s/d 75/150 Dh). En face de la gare routière, cet hôtel sympathique et bien tenu comporte des couloirs carrelés, des chambres correctes et des douches communes.

Où se restaurer

Des stands de restauration se regroupent autour de la gare routière et au nord de la place Bir Anzarane.

La Plage Blanche RÉGIONAL €

(0528 87 10 20 ; garage Ziz, rte d'Agadir ; repas 70 Dh ; petit-déj, déj et dîner). Proche de la place Bir Anzarane et de la gare routière, ce bon restaurant fait face à la mosquée et présente une belle sélection de poissons et de pâtisseries sur des comptoirs. Le vendredi, joignez-vous aux habitants pour déguster le couscous aux sept légumes.

Renseignements

La poste, des banques et des cybercafés sont installés à proximité de la place Bir Anazarane, le centre de la ville.

Cyber Negorich (av. Hassan II ; 4 Dh/h ; 9h-24h). Accès Internet au nord-ouest de la place Bir Anzarane et de l'Hôtel Salam.

Office du tourisme (0528 87 29 11 ; 3 Résidence Sahara, rte d'Agadir ; 8h30-16h30 lun-ven). L'aimable Hassan fournit des informations sur Goulimime et la région. Suivez les panneaux pour l'Hôtel Hamza et tournez immédiatement à gauche.

Depuis/vers Goulimime

Bus

La gare routière se tient près de l'avenue Abaynou, à 10 minutes de marche au nord-est de la place Bir Anazarane.

La **CTM** (près av. Abaynou) et Supratours proposent au moins un départ quotidien vers les localités suivantes :

DESTINATION	TARIF	DURÉE
Agadir	85 Dh	4 heures
Casablanca	260 Dh	12 heures
Dakhla	305 Dh	15 heures
Laâyoune	155 Dh	7 heures
Marrakech	165 Dh	7 heures
Rabat	295 Dh	13 heures 30
Tan-Tan	45 Dh	1 heure 30
Tiznit	40 Dh	2 heures

Satas offre des bus quotidiens moins chers.

DESTINATION	TARIF
Agadir	50 Dh
Inezgane	50 Dh
Laâyoune	135 Dh
Tan-Tan	35 Dh
Tiznit	35 Dh

Taxi

Derrière la gare routière, des grands taxis rallient Inezgane (55 Dh), Laâyoune (150 Dh), Sidi Ifni (20 Dh), Tan-Tan (35 Dh) et Tiznit (32 Dh).

Pour un grand taxi à destination de Tighmert (8 Dh), prenez un petit taxi (7 Dh) jusqu'au marché central, à 300 m au sud de la place Bir Anzarane dans le boulevard Mohammed V, et attendez au début de la route d'Asrir.

Environs de Goulimime

TIGHMERT

Cette oasis compte quelques pensions sommaires, situées pour la plupart à 20 km au sud-est de Goulimime, près de la route d'Asrir.

Maison d'Hôtes Nomades PENSION € (☎0667 90 96 42 ; www.darnomade.com ; près rte d'Asrir ; s/d/tr 150/200/250 Dh). Au cœur de l'oasis, cette maison en pisé comprend des chambres avec sdb et un toit-terrasse à la vue fabuleuse. Des dromadaires occupent les étables et la pension vend des produits à base d'argan et de cactus. Les propriétaires organisent des circuits dans l'oasis et le désert et préparent des repas sur demande (80 Dh).

Domaine Khattab CAMPING, CHAMBRES D'HÔTES € (☎0661 17 64 11 ; khattab2@menara.ma ; Km 12 rte d'Assa ; caravane et camping 50 Dh, s/d 100/150 Dh, bungalow avec petit-déj 150/200 Dh). Cette accueillante ferme familiale possède un petit zoo, avec chevaux, lapins et autres animaux, qui ne manque pas de séduire les enfants. Elle offre des bungalows spacieux, des chambres moins plaisantes dans la maison d'hôtes, un camping et un restaurant qui sert des repas simples (menu 60 Dh).

FORT BOU-JERIF

Ce **complexe touristique** (☎0672 13 00 17 ; www.fortboujerif.com ; camping à partir de 60 Dh, demi-pension s 470-580 Dh, d 760-960 Dh, demi-pension khaïma 300 Dh/pers ; ❄) français offre un avant-goût du désert à 40 km au nord-ouest de Goulimime, via les routes de Sidi Ifni et de la Plage Blanche (il est bien indiqué), puis une mauvaise piste – praticable en voiture classique – pour les 9 derniers kilomètres. Édifié près des ruines d'un fort français de la Légion étrangère, il propose divers types d'hébergement, des chambres d'hôtel et de motel aux *khaïma* (tentes de nomades) et au camping. Le tajine de dromadaire est la spécialité du bar-restaurant (menu 180 Dh). Pierre, le propriétaire, organise diverses activités, dont des excursions en 4x4 à la Plage Blanche, une plage préservée et peu fréquentée à 40 km au sud-ouest de Bou-Jerif.

> **i VOYAGE SAHARIEN**
>
> Au sud de Goulimime, le désert conditionne rapidement les déplacements. En raison de la longueur des trajets entre Goulimime ou les villes voisines et le Sahara occidental ou le centre du Maroc, les bus de nuit sont la norme. Préparez-vous aux haltes à des postes de police et à répondre aux questions des policiers (voir l'encadré p. 404).

Tan-Tan et Tan-Tan Plage طانطان

50 000 HABITANTS

Au sud de Goulimime, de l'autre côté de l'oued Drâa asséché, vous entrez dans la fournaise du Sahara. La nationale qui file sur 125 km jusqu'à Tan-Tan traverse l'*hamada*, un désert de pierres inhospitalier.

Si la sécurité ne vous arrêtait pas en chemin, vous pourriez filer le long de la N1 (qui devient l'avenue Hassan II dans Tan-Tan) sans réaliser que vous êtes au milieu de la ville, qui s'étend au sud de la nationale. Les nomades sédentarisés forment ici la majorité de la population et beaucoup portent des robes bleues. La proximité du Sahara occidental disputé explique la forte présence militaire et policière. Repérez le panneau Stop au milieu du rond-point à l'ouest de la ville et marquez l'arrêt ; les policiers du poste suivant n'hésitent pas à délivrer une contravention ou à empocher un “petit cadeau” pour oublier l'infraction.

Fondée dans les années 1940 durant le protectorat espagnol, Tan-Tan devint célèbre en 1975 en tant que point de départ de la Marche verte (voir l'encadré p. 426). Dans cette ville délabrée et parfois hostile, le *moussem*, qui se tient en décembre et s'accompagne de courses de dromadaires et de musique, constitue la principale distraction. Le souk du dimanche s'installe à 1,5 km au sud de la ville.

Tan-Tan Plage (ou Al-Ouatia), à 28 km à l'ouest de Tan-Tan, est une large plage battue par les vents. Au XIXe siècle, elle séduisit un négociant écossais, Donald Mackenzie, qui y construisit un comptoir marchand. C'est un endroit abandonné, à l'ambiance de station balnéaire en perpétuelle hors saison ; mieux vaut cependant loger ici qu'à Tan-Tan.

Où se loger et se restaurer

TAN-TAN

Des restaurants bon marché bordent les avenues Hassan II et Mohammed V et la place de la Marche Verte, mais beaucoup ferment à l'heure du déjeuner. Pour un thé à la menthe ou le petit-déjeuner (30 Dh), rendez-vous à l'Hôtel Sable d'Or.

Hôtel Sable d'Or HÔTEL €
(☎0528 87 90 80 ; sablesorville@gmail.com ; av. Hassan II ; s/d à partir de 150/200 Dh). Près des banques dans l'artère principale, cet hôtel sans prétention est le meilleur de la ville, avec des chambres confortables dotées de sdb et un café-restaurant. Le personnel est plus accueillant que nombre des habitants.

Hôtel Bir Azzarane HÔTEL €
(☎0528 87 78 34 ; av. Hassan II ; s/d 50/80 Dh). Défraîchi mais sympathique, il se situe à côté du palais royal, sur la rive ouest de l'oued, et des soldats fréquentent son café. À l'étage, un couloir à la moquette marron dessert une longue succession de chambres exiguës.

TAN-TAN PLAGE

À quelques centaines de mètres au sud-ouest du centre, sur la route du port, deux campings font face à l'Hôtel Hagounia. Des cafés et des snack-bars se regroupent sur la place principale.

Hôtel Hagounia HÔTEL €
(☎0528 87 90 20 ; hotel-hagounia@menara.ma ; s/d 150/250 Dh ; wifi). Tenu par le sympathique Abdul, l'Hagounia constitue le meilleur choix et offre tout le confort. Les chambres s'agrémentent d'un petit balcon avec vue sur la plage. Un restaurant est à disposition (repas 85 Dh).

Hôtel Belle Vue HÔTEL €
(☎0528 87 91 33 ; s/d à partir de 100/150 Dh). Bien nommé, cet hôtel en bord de mer possède des chambres attrayantes, desservies par des couloirs décorés par un artiste local enthousiaste. Le café-restaurant (repas 110 Dh), prisé des habitants et des voyageurs, est l'un des meilleurs de Tan-Tan Plage ; il sert, entre autres, des soles grillés et des calamars.

Renseignements

Tan-Tan

Les banques et les cybercafés se concentrent autour du carrefour de l'avenue Hassan II et de l'avenue Mohammed V.

Banque Populaire (av. Mohammed V)

BMCE (av. Hassan II). DAB et service de change, près de la station-service Shell.

Tan-Tan

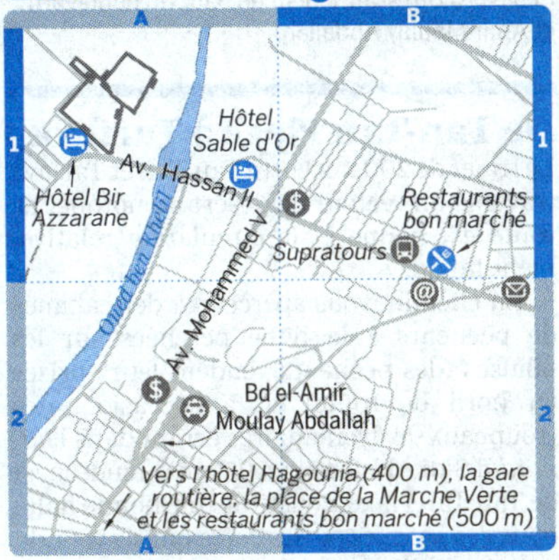

Club Internet (près av. Hassan II ; 4 Dh/h ; ⌚9h-24h). Près de la station-service Samir Oil ; des connexions assez rapides.

Poste principale (av. Hassan II). À l'est de la ville.

Tan-Tan Plage

Une Banque Populaire avec DAB fait face à la poste. Une BMCE, avec DAB et service de change, se tient une rue plus loin. Tan-Tan Plage compte un cybercafé, mais ceux de Tan-Tan sont plus fiables.

Depuis/vers Tan-Tan et Tan-Tan Plage

Bus

La **CTM** (av. Hassan II) à Tan-Tan offre des départs quotidiens, notamment pour les villes suivantes :

DESTINATION	TARIF	DURÉE
Agadir	100 Dh	4 heures 30
Dakhla	260 Dh	14 heures
Goulimime	45 Dh	1 heure 30
Laâyoune	120 Dh	4 heures 30
Tiznit	75 Dh	3 heures 30

Supratours (☎0528 87 96 65 ; av. Hassan II), qui fait également halte à son bureau de Tan-Tan Plage en face de l'Hôtel Dubai, propose des services similaires à des prix un peu plus élevés.

D'autres compagnies moins chères rallient les mêmes destinations à partir de la **gare routière** (pl. de la Marche Verte) de Tan-Tan, à 500 m au sud du centre.

Taxi

De la gare routière de Tan-Tan, des grands taxis partent pour Agadir (120 Dh), Goulimime (50 Dh), Inezgane (120 Dh), Laâyoune (120 Dh), Tarfaya (90 Dh) et Tiznit (80 Dh).

Les grands taxis à destination de Tan-Tan Plage (10 Dh) stationnent en haut du boulevard el-Amir Moulay Abdallah.

De Tan-Tan Plage à Tarfaya

Le trajet de 200 km entre Tan-Tan et Tarfaya traverse un secteur de désert monotone. La route est bonne et la circulation relativement fluide.

En chemin, vous apercevrez des cabanes de pêcheurs à la ligne perchées sur les falaises (des pêcheurs vendent leurs prises en bord de route) et, à l'occasion, des troupeaux de dromadaires errant dans l'*hamada*. Sidi Akhfennir, à 95 km au sud-ouest de Tan-Tan Plage, constitue une bonne halte pour ses garages ou ses cafés qui servent du poisson grillé.

Tenue par une famille, l'**Auberge Pêche et Loisirs** (☎0661 21 19 83 ; http://peche.sudmaroc.free.fr ; demi-pension 350 Dh/pers) offre des chambres propres et calmes et une sdb commune. Le propriétaire, passionné de pêche, organise des sorties dans la proche lagune Naïla ou l'océan.

Au sud de Sidi Akhfennir, la route devient très pittoresque, avec des plages préservées et des dunes ocre se dressant dans le lointain ou à proximité de la nationale. Elle traverse le **parc national de Khenifiss**, où vous verrez des flamants dans la lagune Naïla.

Tarfaya طرفايه

6 000 HABITANTS

Petit port de pêche, Tarfaya était le centre du protectorat espagnol de Cap Juby, aujourd'hui appelé Bande de Tarfaya. Un négociant écossais, Donald Mackenzie, fonda le village d'origine à la fin du XIXe siècle, en construisant un comptoir marchand sur un îlot rocheux qu'il appela Port Victoria. Quand les Espagnols annexèrent la région, ils s'approprièrent le bâtiment et le nommèrent Casa Mar (maison de la mer ; voir p. 399). La région obtint son indépendance en 1958.

Le gouvernement marocain a récemment octroyé plus d'importance à la municipalité de Tarfaya, et la ville devrait bénéficier de développements massifs. Un nouveau port est prévu, dans l'espoir de rétablir les liaisons maritimes avec les îles Canaries et d'augmenter la fréquentation touristique. Tarfaya conservera sans doute tout son charme ; cet avant-poste accueillant, où le sable s'accumule entre des bâtiments coloniaux délabrés, séduit par son isolement.

La ville restera à jamais associée à l'aviateur et écrivain Antoine de Saint-Exupéry. En 1926, il commença à piloter des avions de l'Aéropostale entre la France et le Sénégal, et Cap Juby était l'une des escales. En 1927, il fut nommé chef d'escale à Cap Juby ; il y passa deux ans et y écrivit son premier roman, *Courrier Sud*, dans lequel un pilote de l'Aéropostale meurt au sud de Boujdour, dans le désert de Rio de Oro. Tarfaya lui inspira également son roman le plus célèbre, *Le Petit Prince*, raconté par un pilote perdu dans le désert. Comme le dit un habitant, "L'homme naquit en France, mais l'écrivain est né à Tarfaya."

À voir et à faire

Sites historiques SITES HISTORIQUES

Tarfaya compte 22 sites historiques, principalement des édifices délabrés datant de l'époque de Saint-Exupéry. Abandonnée mais toujours debout, la **Casa Mar** se rejoint facilement à marée basse. Un **monument** à la mémoire de Saint-Exupéry se dresse à l'extrémité nord de la plage ; il représente un biplan vert Breguet 14, le type d'avion qu'il pilotait. Derrière le proche musée se tient le **cinéma** des années 1930 et, à côté, la **tour** édifiée par Mackenzie ; dans le même secteur, les aviateurs échangeaient des anecdotes lors des escales au **Bar des Pilotes**. Près de l'aérodrome à la lisière nord de la ville se trouve la **Maison des 100 soldats**, où les Espagnols logeaient leurs conscrits marocains. À 2 km au sud, vous découvrirez l'épave de l'**Assalama**, un bateau de la compagnie Armas ; son naufrage en 2008 mit fin au service de courte durée entre Tarfaya et Fuerteventura.

Musée Saint-Exupéry MUSÉE

(☎0661 07 94 88 ; 10 Dh ; ⊙8h30-16h30 lun-ven, sur rdv sam-dim). Ce musée retrace l'histoire d'Antoine de Saint-Exupéry, du fondateur de l'Aéropostale Pierre-Georges Latécoère, et du service lui-même, qui finit par être intégré à Air France. Explications en français.

Rallye Saint-Exupéry FESTIVAL

(www.rallyetoulousesaintlouis.com). Fin septembre ou début octobre, le Rallye Saint-Exupéry commémore l'Aéropostale et des avions effectuent l'aller-retour entre Toulouse et Saint-Louis (Sénégal). En octobre 2007, ils ont fait escale à Tarfaya pour célébrer le 80e anniversaire de la nomination de l'écrivain dans la ville et la 25e édition du rallye. En 2010, le dernier Bréguet 14 en état de marche a atterri ici.

LES MANGROVES DU SAHARA

En entrant dans Tarfaya par le nord, vous remarquerez un site incongru dans le Sahara : une plantation de mangroves. Près de la plage, à l'extrémité nord de l'aérodrome couvert de sable, 2 000 palétuviers ont été plantés afin d'endiguer la désertification. L'ensablement empêche parfois la circulation des voitures et Tarfaya est coupée du monde extérieur des heures durant.

Installer une ceinture de verdure constituait la solution évidente, mais il fallait trouver une plante capable de résister aux vents de l'Atlantique, de pousser dans le sable et de supporter l'eau de mer. L'équipe marocaine et internationale a opté pour les palétuviers, une espèce jusque-là inconnue au Maroc.

Le problème suivant était l'absence d'azote, de phosphate et de fer dans l'eau de mer, des éléments vitaux pour les plantes. Afin de trouver une solution, des arbres ont été arrosés avec de l'eau traitée et d'autres avec de l'eau de l'Atlantique. La tentative la plus innovante, et la plus profitable, a consisté à planter des graines parmi des sardines mortes. Le poisson, abondant dans la région, contient les trois nutriments essentiels.

Si la ceinture verte prospère, l'expérience pourrait avoir de plus larges répercussions. L'eau de mer traitée pourrait permettre d'utiliser les océans pour la culture ou même de transformer les déserts en étendues verdoyantes.

Où se loger et se restaurer

Des dizaines d'appartements équipés se louent en moyenne 200 Dh la nuit et constituent les hébergements les plus plaisants. Les Amis de Tarfaya vous aideront à en trouver un.

Du côté port du téléphone public, en face du bureau Supratours, deux gargotes sans enseigne servent de délicieux poissons, haricots, poulet et tajines (repas 30 Dh) à petits prix.

Résidence touristique Addayouf APPARTEMENTS €

(☎0665 43 58 92 ; alisalemtarfaya@gmail.com ; app 200 Dh). Bâtiment bleu et jaune à l'entrée nord de la vile, cette résidence, également appelée Hôtel Cap Juby, offre 2 appartements équipés, avec une chambre et un salon. Celui du rez-de-chaussée, plus sommaire, dispose de toilettes à la turque. Des repas sont proposés et un kiosque voisin vend des produits de base.

Casa Mar HÔTEL €

(☎0528 89 59 00 ; casamarhotel@gmail.com ; s/d avec petit-déj 120/150 Dh ; wifi). La salle de billard sous une tente, près de l'entrée du port, est le rendez-vous favori des habitants. L'hôtel était un peu sale lors de notre passage, la douche commune en piteux état et le restaurant se limitait à l'interprétation locale des spaghettis bolognaise. Néanmoins, lorsque la nuit tombe sur le Sahara, il ressemble à un saloon avec l'arrivée des voyageurs qui ont traversé le désert.

Renseignements

Tarfaya possède un centre médical, un cybercafé, une laverie et une Banque Populaire avec DAB. L'Attijariwafa Bank devait ouvrir une agence lors de notre passage.

Les Amis de Tarfaya (☎0661 07 94 88 ; sadat@yours.com). L'aimable Sadat de cette association locale, installée dans le musée Saint-Exupéry, vous fournira des informations touristiques.

Depuis/vers Tarfaya

Plusieurs compagnies de bus, dont la CTM, font halte à Tarfaya. **Supratours** (☎0528 89 50 56 ; rte du Port), qui possède le seul bureau fiable, constitue le meilleur choix au vu des pénibles horaires dans le Sahara occidental. Supratours offre des départs quotidiens pour les destinations suivantes :

DESTINATION	TARIF	DURÉE
Agadir (via Inezgane)	180 Dh	8 heures
Dakhla	220 Dh	11 heures
Essaouira	245 Dh	11 heures
Goulimime	130 Dh	3 heures 30
Laâyoune	40 Dh	2 heures
Marrakech	250 Dh	12 heures
Tan-Tan	80 Dh	3 heures
Tiznit	150 Dh	5 heures 30

Des grands taxis rallient Laâyoune (35 Dh) et Tan-Tan (70 Dh). Tarfaya dispose de stations-service et de stations de lavage de voitures.

SAHARA OCCIDENTAL

الصحراء الغربية

Si les Marocains considèrent que le Sahara occidental fait partie de leur pays, la question fait encore débat pour l'ONU. Les cartes locales indiquent cette région comme la continuation de l'*hamada* autour de Tarfaya, mais rares sont ceux qui acceptent cette appropriation dans les autres pays.

Ce territoire comprend les anciennes colonies du Sahara espagnol et une partie de la bande de Tarfaya. En traversant ces vastes étendues de désert, on peut s'étonner de ce litige. Les villes se résument à des centres administratifs et les terres qui s'étirent de part et d'autre de la N1 sont plates, arides et inhospitalières. Malgré son absence d'attrait, la région recèle du phosphate, du pétrole et des ressources halieutiques, des éléments significatifs du conflit.

C'est l'une des régions les moins peuplées au monde et, malgré le cessez-le-feu de 1991 avec le Front Polisario, les militaires marocains semblent parfois plus nombreux que les civils. Si vous souhaitez découvrir le Sahara, ses oasis et ses dunes, mieux vaut vous rendre à Merzouga, Figuig ou Tata, des localités plus jolies et plus sûres, moins contraignantes à rejoindre à partir du centre du pays. Si vous devez traverser le Sahara occidental pour gagner la Mauritanie, souvenez-vous que le secteur est contesté et consultez nos conseils de sécurité.

Histoire

Désolé et balayé par les vents, le Sahara occidental possède une longue et violente histoire. Des missionnaires commencèrent à islamiser les tribus berbères Zenata et Sanhaja au VIIe siècle. Une seconde vague de colons arabes, les Maqil du Yémen, émigrèrent dans le désert au XIIIe siècle et la région devint majoritairement arabe.

Au XIXe siècle, le désert était passé sous la coupe des Espagnols, qui s'emparèrent du Sahara occidental et le renommèrent Rio de Oro, bien qu'il ne contienne ni eau ni or. En fait, Sheikh Ma El-Ainin et son fils El-Hiba contrôlèrent le désert et les tribus nomades jusqu'en 1934. Ensuite, un semblant de paix coloniale s'instaura jusqu'à l'indépendance du Maroc en 1956. Un regain de ferveur nationaliste aboutit à la création du Front Polisario et à la guérilla contre les Espagnols.

Lorsque l'Espagne se retira en 1975, le Maroc et la Mauritanie revendiquèrent cette région désertique. La Mauritanie renonça rapidement, laissant Rabat lutter contre le Front Polisario. En novembre 1975, le roi Hassan II organisa la Marche verte : 350 000 Marocains se dirigèrent à pied vers le sud afin d'appuyer les revendications du pays sur le Sahara occidental (voir l'encadré p. 426).

Durant les années suivantes, 100 000 soldats furent déployés pour mater la résistance et Rabat prit le dessus. Les Nations unies obtinrent un cessez-le-feu en 1991, mais le référendum promis, afin que les Sahraouis choisissent entre l'indépendance et l'intégration au Maroc, reste à organiser.

Depuis, le Maroc a renforcé sa mainmise sur le territoire, a financé des projets d'infrastructures, notamment la prospection pétrolière off-shore, et a incité des Marocains du Nord à s'installer ici en leur offrant des exonérations fiscales. Jusqu'à fin 2010, la région semblait paisible et le conflit était largement oublié par le reste du monde. Toutefois, le 8 novembre 2010, les forces de sécurité marocaines prirent d'assaut Gadaym Izik, un camp de 15 000 protestataires près de Laâyoune. Les combats qui s'ensuivirent firent des victimes des deux côtés, se transformèrent en émeutes et gagnèrent la ville ; plus de 700 Sahraouis furent blessés et les médias étrangers relayèrent des scènes d'incendies et de destruction. Les violences compromirent les négociations sous l'égide de l'ONU, entamées le lendemain à New York ; elles ont repris en décembre 2010. Beaucoup craignent aujourd'hui des représailles du Front Polisario contre la violation du cessez-le-feu par le Maroc, et le plus long conflit territorial d'Afrique perdure.

Pour les dernières informations sur le Sahara occidental ou la République démocratique arabe sahraouie (comme le gouvernement séparatiste appelle le territoire occupé), consultez ces sites :

ARSO (www.arso.org)

BBC (http://tinyurl.com/37j6p8n)

CIA World Factbook (http://tinyurl.com/38nkck)

Global Voices (http://tinyurl.com/3a7hgqc)

ONU (www.un.org)

Climat

Au-delà des contreforts de l'Anti-Atlas s'étend un arrière-pays aride, où les températures peuvent dépasser 45°C dans la journée et chuter à 0°C la nuit ; les précipitations annuelles, inférieures à 125 mm, provoque une sécheresse suffocante de 5% à 30%, suffisante pour momifier des cadavres.

Le vent du désert, appelé chergui, *irifi* ou sirocco, ajoute à la pénibilité du climat. En mars et avril, des tempêtes de sable rendent les déplacements en voiture dangereux.

Emportez toujours de l'eau en quantité. En hiver, prévoyez un bon sac de couchage et des vêtements chauds, car les nuits peuvent être glaciales.

Langue

Au Sahara occidental, quasiment tous les habitants parlent arabe et français. En tant qu'ancien protectorat espagnol, la seconde langue la plus courante reste l'espagnol, surtout parmi la génération plus âgée. La pratique de l'anglais est due à la présence de l'ONU.

Depuis/vers le Sahara occidental

Il n'existe pas de frontière officielle entre le Maroc et le Sahara occidental, et le Maroc considère la région comme partie intégrante du pays.

Des vols quotidiens de Casablanca et des vols hebdomadaires de Gran Canaria desservent Laâyoune et Dakhla. Un vol hebdomadaire relie Agadir et Dakhla, et une nouvelle ligne de ferry circule entre Laâyoune et Gran Canaria.

Supratours et CTM proposent des bus pour Laâyoune et Dakhla ; Supratours offre un service plus rapide et plus fiable.

L'exemption de taxes constitue l'un des avantages de la région et le pétrole est un peu moins cher que dans le reste du pays. La première station-service d'Atlas Sahara se situe juste au sud de Tarfaya.

Pour des conseils sur le trajet depuis/vers la Mauritanie, reportez-vous p. 513.

Laâyoune (Al-'uyun) العيون

200 000 HABITANTS

Si Laâyoune fut fondée par les Espagnols pour administrer les mines de phosphate voisines de Bou Craa, le Maroc a eu plus d'ambition et a dépensé plus d'un milliard de dollars pour en faire la ville principale du Sahara occidental. Ni sahraouie ni espagnole, sa population est aujourd'hui principalement constituée de Marocains venus du Nord, séduits par la promesse de salaires élevés et les marchandises détaxées.

Centre administratif et ville de garnison avec des Land Cruisers de l'ONU sillonnant les avenues mornes, Laâyoune ne mérite pas la visite. De fait, en raison de l'accroissement des tensions au Sahara occidental, nous vous déconseillons d'y faire étape car rien ne justifie le risque de harcèlement policier ou de se retrouver au milieu d'une émeute. Que vous vous dirigiez vers le nord ou vers le sud, les distances sont telles que vous devrez peut-être vous arrêter ici ; essayez d'organiser votre voyage pour faire halte à Tarfaya ou à Dakhla, plus plaisantes et plus sûres.

En raison de la situation instable à Laâyoune lors de la rédaction de ce guide, les informations ont été mises à jour via le téléphone ou Internet.

Désagréments et dangers

Consultez l'encadré p. 404 pour des conseils sur un séjour sans danger à Laâyoune. Des jeunes désœuvrés traînent la nuit sur la place du Méchouar.

À voir et à faire

Place du Méchouar ÉDIFICES D'INTÉRÊT

Si l'imposante place du Méchouar a été conçue pour impressionner, le **palais des Congrès** (bd de Mekka) et la nouvelle **Grande Mosquée** (mosquée Moulay Abdel Aziz ; bd Moulay Youssef), qui la dominent, n'ont rien d'extraordinaire.

Cathédrale espagnole CATHÉDRALE

(près av. Hassan II ; fermée). La cité espagnole d'origine s'étend le long du lit du Saquia el-Hamra, où la coupole blanche de la cathédrale imite l'architecture locale.

Souk Djemal SOUK

(av. Salem Bila). Au sud-ouest de la cathédrale, le quartier le plus animé de la ville.

Dunes DUNES

Des kilomètres de dunes s'étendent au nord et à l'ouest de la ville. Pour les rejoindre, empruntez un 4x4 et suivez la N1 vers le nord.

Lagunes OBSERVATION DES OISEAUX

Des agences de voyages locales organisent des excursions dans les lagunes et les dunes.

Où se loger

L'ONU, très présente à Laâyoune, occupe les meilleurs hôtels, dont les prix sont bien évidemment élevés pour le pays. Mieux vaut réserver.

Sahara Line Hotel HÔTEL €€

(0528 99 54 54 ; bd el-Kairaouane ; s/d/tr 430/537/644 Dh ;). L'une des adresses favorites de l'ONU, cet hôtel fiable offre d'élégantes chambres climatisées, avec sdb, moquette, réfrigérateur et TV. Un restaurant (petit-déj 50 Dh) est installé au dernier étage.

Laâyoune

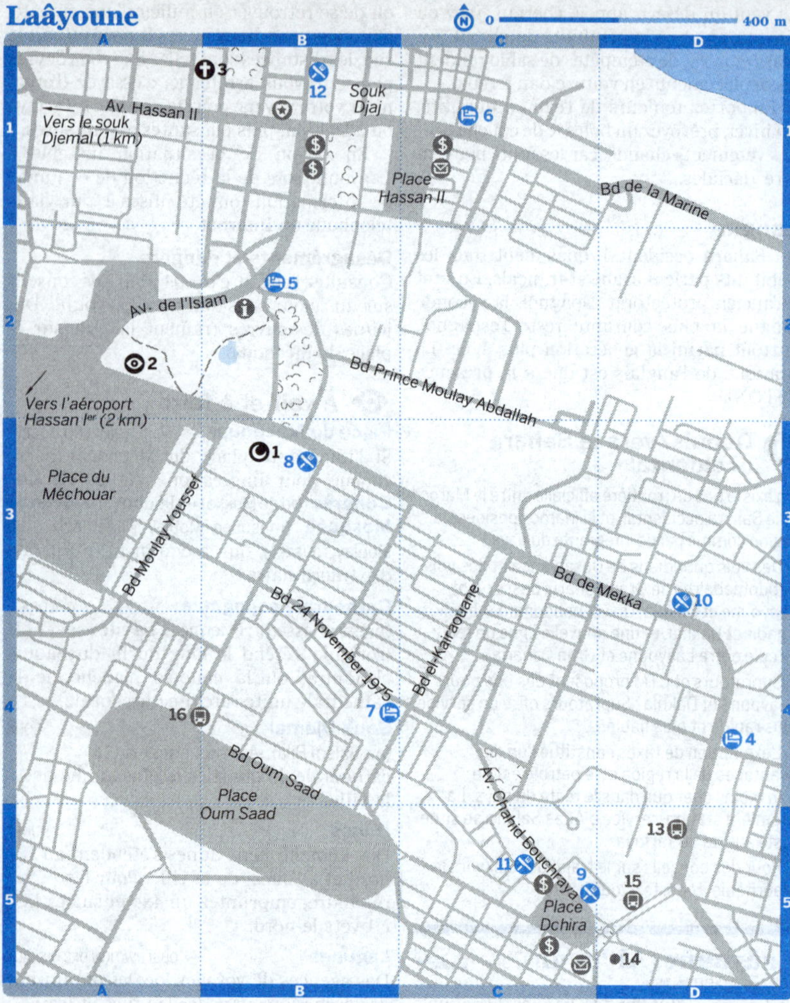

Hôtel Parador HÔTEL €€€

(☎0528 89 28 14 ; av. de l'Islam ; s/d 1 100/1400Dh ; ❄🅿). Datant de l'époque espagnole, cet hôtel de style hacienda comporte des jardins, un bar colonial et un bon restaurant. Les chambres, parfaitement équipées, s'agrémentent d'une petite terrasse.

Hôtel Jodesa HÔTEL €

(☎0528 99 20 64 ; 223 bd de Mekka ; s/d 100/155 Dh, avec douche 144/215 Dh). Cet établissement moderne et central, au nord de la place Dchira, constitue un bon choix pour les petits budgets, avec des chambres sommaires et plutôt spacieuses.

Hôtel Sidi Ifni HÔTEL €

(☎0528 89 34 88 ; 12 rue Sanhaja, Souk Djaj ; s/d 40/60 Dh). De loin la meilleure adresse bon marché, le Sidi Ifni se situe dans la partie espagnole de la ville et ne manque pas de couleur locale. Oubliez les douches froides à l'eau salée et rendez-vous au hammam voisin.

Où se restaurer

Sur la place Dchira, de nombreux cafés et restaurants bon marché servent des repas à 20 Dh environ. Le souk Djemal abrite des gargotes plus animées.

Laâyoune

À voir

1 Grande Mosquée B3
2 Palais des Congrès A2
3 Cathédrale espagnole B1

Où se loger

4 Hôtel Jodesa D4
5 Hôtel Parador B2
6 Hôtel Sidi Ifni C1
7 Sahara Line Hotel B4

Où se restaurer

8 Au Palais des Glaces B3
9 Cafés et restaurants bon marché C5
10 Le Poissonnier D3
11 Pizzeria La Madone C5
12 Restaurant el-Bahja B1

Transports

13 CTM D5
14 Royal Air Maroc D5
15 SATAS D5
16 Supratours A4

Le Sahara Line Hotel et le Parador ont des restaurants plus chics.

Le Poissonnier POISSON €
(☎0528 99 32 62 ; 183 bd de Mekka ; repas 60-90 Dh). Ce restaurant accueillant est l'une des meilleures tables de Laâyoune, en dehors des restaurants des hôtels, et propose entre autres une soupe de poisson et du homard.

Pizzeria La Madone ITALIEN €
(☎0528 99 32 52 ; 141 av. Chahid Bouchraya ; pizzas 40-60 Dh). Un endroit confortable pour se régaler de pizzas, de *harira,* de salades, d'omelettes ou de pâtes à la *marinara,* à consommer sur place ou à emporter.

Au Palais des Glaces PÂTISSERIE €
(☎0528 98 04 76 ; bd de Mekka ; petit-déj 13-20 Dh). Salon de thé-pâtisserie-glacier, cet établissement moderne, de style européen, offre d'excellents petits-déjeuners et les meilleures glaces de la ville.

Restaurant el-Bahja RESTAURATION RAPIDE €
(bd Mohammed V ; menu 25 Dh). Servies sans cérémonie, ses grillades de viande (essentiellement d'agneau, voire de dromadaire) accompagnées de frites changent du sempiternel poisson.

Renseignements

Si la vaste place du Mechouar est le point de convergence, la ville ne possède pas de centre proprement dit. La poste et la plupart des hôtels jalonnent l'avenue Hassan II et le boulevard de Mekka. Plusieurs banques avec DAB et service de change se regroupent près du croisement de l'avenue Hassan II et du boulevard Mohammed V. Des cybercafés bordent le boulevard de Mekka.

Attijariwafa Bank (angle av. Hassan II et bd Mohammed V)

Banque Populaire (pl. Dchira). Possède une autre agence dans le boulevard Mohammed V.

BMCE (pl. Hassan II). Une autre agence se tient sur la place Dchira.

Délégation régionale du tourisme (☎0528 99 52 83 ; av. de l'Islam ; ⏲9h-12h et 14h30-18h30 lun-ven)

Poste (pl. Hassan II). Une poste plus petite se situe sur la place Dchira.

Depuis/vers Laâyoune

Avion

Aéroport Hassan Ier (☎0528 89 37 91 ; www.onda.ma). À 2 km au sud de Laâyoune.

BinterCanarias (www.bintercanarias.com). Vols hebdomadaires depuis/vers Gran Canaria.

Royal Air Maroc (RAM ; ☎0528 99 58 00 ; immeuble Nagjir, pl. Dchira). Vols quotidiens dans l'après-midi ou en soirée depuis/vers Casablanca.

Bateau

Armas (www.navieraarmas.com) mettait en place une liaison maritime hebdomadaire depuis/vers Gran Canaria lors de nos recherches. La traversée devrait durer 7 heures.

Bus

Les bus partent principalement des bureaux des compagnies, vers l'extrémité sud du boulevard de Mekka. La **CTM** (bd de Mekka) offre des départs quotidiens pour les destinations suivantes :

DESTINATION	TARIF	DURÉE
Agadir	220 Dh	10 heures
Dakhla	175 Dh	8 heures
Goulimime	155 Dh	7 heures
Marrakech	270 Dh	14 heures
Tan-Tan	120 Dh	4 heures 30
Tiznit	190 Dh	9 heures

Supratours (pl. Oum Essad) et **SATAS** (bd de Mekka) proposent des services similaires à des prix respectivement plus élevés ou quasi identiques.

VOYAGER SANS ENNUI AU SAHARA OCCIDENTAL

Des conflits ont éclaté dans le Sahara occidental en novembre 2010 (voir p. 400) et voyager dans la région est déconseillé. Nous vous recommandons d'éviter Laâyoune, où se sont déroulés de violents combats et où la situation reste instable. S'il est bien évidemment dangereux de se retrouver au milieu d'une émeute ou d'un affrontement entre Marocains et Sahraouis, affronter les autorités marocaines aux nombreux barrages routiers est encore plus risqué.

En organisant un black-out médiatique, les Marocains sont déterminés à tenir les journalistes éloignés de la région. Après le raid d'Agdaym Izik, des reporters n'ont pas pu monter dans des avions à destination de Laâyoune et des journalistes espagnols qui avaient réussi à rejoindre la ville ont été arrêtés et expulsés. L'Espagne s'est montrée particulièrement critique envers le Maroc et les voyageurs espagnols risquent de se voir interrogés plus longuement par les policiers marocains.

Quelle que soit votre nationalité, ne prenez pas ces contrôles à la légère ; vous courez toujours le risque d'être pris pour un journaliste ou un sympathisant du Polisario. Même aux abords du Sahara occidental, lors de trajets entre des villes comme Tarfaya, Tan-Tan, Goulimime et Tata, les étrangers sont invariablement questionnés sur leur profession, leur prochaine destination et la raison de leur voyage. Ces questions laissent parfois rapidement place à une conversation sur les équipes de foot. Au Sahara occidental, les informations de votre passeport et de votre visa seront notées, de même que les caractéristiques de votre véhicule si vous êtes motorisé. Si vous voyagez en bus, vous pourrez souvent rester à bord pendant que les policiers noteront votre identité, mais vous devrez parfois sortir pour un entretien avec un officier.

Les journalistes et les employés d'organismes caritatifs déplaisent particulièrement à la police. Ils peuvent être suivis, détenus, renvoyés dans une région moins sensible du Maroc, voire expulsés. Les autorités sont généralement plus méfiantes à l'égard des voyageurs qui visitent Laâyoune, plutôt que Dakhla ou Tarfaya.

À Laâyoune et Dakhla, vous remarquerez la forte présence militaire et policière. Abstenez-vous de prendre des photos près des installations militaires ou dans les camps de réfugiés sahraouis aux abords des deux villes ; tenter de visiter les camps peut également vous attirer des ennuis. Le quartier chaud de Dakhla, en face de la caserne, est interdit aux visiteurs.

Taxi

Les petits taxis rouge et blanc facturent environ 5 Dh la course en ville et vers les diverses stations de grands taxis.

Nord De la "place Tan-Tan", à 1,5 km à l'est de la place Hassan II le long de l'avenue Hassan II, des grands taxis partent pour Tan-Tan (120 Dh), Goulimime (150 Dh) et Inezgane (pour Agadir ; 200 Dh).

Sud De la "place Boujdour" dans les faubourgs sud, des grands taxis desservent Boujdour (75 Dh) et Dakhla (175 Dh).

Dakhla (ad-Dakhla) الداخلة

40 000 HABITANTS

Fondée par les Espagnols en 1844 et jadis appelée Villa Cisneros, Dakhla se situe juste au nord du tropique du Cancer sur une péninsule sablonneuse, qui s'étire sur 40 km à partir du littoral. Le long trajet solitaire – 500 km de Laâyoune et plus de 1 000 km d'Agadir – à travers une interminable *hamada*. donne l'impression d'arriver au bout du monde. Il conduit à la dernière ville importante du pays, plus proche de Nouâdhibou (Mauritanie) que de Laâyoune.

Dakhla semble néanmoins moins perdue que nombre de villes du Sud, et certainement plus prospère avec de bons hôtels et restaurants. Si les rues aux arcades chaulées manquent un peu de vie, elles paraissent néanmoins plaisantes après les bourgades délabrées plus au nord. Bien que des tensions persistent sous une décontraction apparente – les droits de pêche constituent une pomme de discorde entre les Sahraouis et les colons marocains –, les habitants sont relativement modernes et progressistes. Les hommes habillés à l'européenne sont aussi nombreux que ceux en djellaba et *melhaf*.

La péninsule continue de se développer grâce aux investissements de l'État et de promoteurs immobiliers, et à la main-d'œuvre venue du Nord. Dc nouvcux immeubles d'habitation repoussent les limites de la ville, le port gigantesque abrite la plus grande flotte de pêche du pays et des touristes français viennent y passer l'hiver.

Se déplacer dans Dakhla reste assez facile. Les hôtels, les cafés, les compagnies de bus et la plupart des services se regroupent dans le centre, à courte distance les uns des autres.

À voir et à faire

Un **fort espagnol** en ruine du XIXe siècle se dresse à côté du phare noir et blanc, à l'est de l'aéroport. Vous pourrez explorer le désert en 4x4, rejoindre la plage pour pratiquer la planche à voile, le kitesurf ou le parapente, ou prévoir une sortie de pêche. Les hôtels vos aideront à organiser ces activités. Parmi les divers opérateurs, citons :

Kite Xperience (☎0642 52 82 79 ; www.kitexperience.com ; Bab al-Bahar, av. Mohammed V). Cours de kitesurf d'une journée à 900 Dh.

Où se loger

Bab al-Bahar HÔTEL DE CHARME €€€
(☎0528 93 14 40 ; www.bab-al-bahar.com ; av. Mohammed V ; ch/ste à partir de 1 013/2 013 Dh ;). Cet hôtel Best Western invite à la détente, du petit jardin zen de la réception aux 35 chambres charmantes. En bord de mer, l'élégant restaurant français (menu 120 Dh, en-cas 70 Dh), l'un des meilleurs de Dakhla, sert des langoustines, des gambas, des viandes grillées et des brochettes. Parmi les activités proposées figurent le kitesurf et des excursions en 4x4 dans les dunes.

Sahara Regency COMPLEXE HÔTELIER €€
(☎0528 93 15 55 ; www.sahararegency.com ; av. al-Walae ; s/d avec petit-déj 600/800 Dh, ste 1000-2400 Dh ;). Derrière des arcades, ce quatre-étoiles offre des chambres qui s'apparentent à de mini-appartements, avec des meubles et des équipements défraîchis. L'ensemble reste néanmoins satisfaisant, avec une piscine sur le toit, un salon de thé et un restaurant (menu 120 Dh) au rez-de-chaussée. Les divers circuits organisés (350 Dh) comprennent des sorties de pêche de coquillages et des excursions dans le désert.

Hôtel Erraha HÔTEL €
(☎/fax 0528 89 88 11 ; av. Beuchekroune ; s/d/tr 250/300/500 Dh ;). Ses chambres spacieuses disposent d'eau chaude et d'un balcon donnant sur la nouvelle mosquée Edderhem et sa place verdoyante. Le personnel chaleureux et un café ajoutent à l'attrait de l'établissement. L'emplacement, à 1 km au sud-ouest du centre, n'est guère pratique si vous souhaitez vous attarder en ville, mais parfait pour les grands taxis ou les bureaux de SAT et de Supratours.

Hôtel Sahara HÔTEL €
(☎0528 89 77 73 ; av. Sidi Ahmed Laaroussi ; ch 80-200 Dh). Accueillant, le Sahara est le meilleur des trois hôtels bon marché qui surplombent les ruelles piétonnes au sud-ouest du bureau de Supratours. Les chambres s'agrémentent d'un petit balcon. Les moins chères partagent des douches et des toilettes à la turque ; celles avec sdb, d'un meilleur rapport qualité/prix, bénéficient d'une TV.

Hôtel Tafoudart HÔTEL €
(☎0668 72 27 39 ; av. Beuchekroune ; s sans/avec douche et TV 60/120 Dh, d 80/170 Dh). À côté de l'Hôtel Erraha, cet hôtel plaisant se situe à 10 minutes de marche à l'est de la station de grands taxis. Recommandé si vous recherchez un hébergement simple, sûr et confortable.

Hôtel Aigue HÔTEL €
(☎0528 89 73 95 ; av. Sidi Ahmed Laaroussi ; s/d 80/120 Dh). Dans un haut bâtiment étroit à côté de l'Hôtel Sahara, l'Aigue possède des petites chambres spartiates, avec douches et toilettes communes. L'établissement est propre, sûr et central.

Où se restaurer et prendre un verre

Les restaurants du Bab al-Bahar et du Sahara Regency servent des vins et des alcools.

Café-Restaurant Samarkand POISSONS, RÉGIONAL €
(☎0528 89 83 16 ; av. Mohammed V ; menu 120 Dh). Le meilleur restaurant de Dakhla offre la vue sur les blanches falaises d'Afrique depuis ses pergolas. La carte comprend un grand choix de poissons et d'autres plats ; le couscous et la pastilla au poisson doivent se commander à l'avance. Le menu de 3 plats est d'un excellent rapport qualité/prix.

Café-Restaurant Bahia POISSON €€
(☎0528 93 00 62 ; 16 av. Mohammed V ; repas 90 Dh). Ce bon restaurant de poisson sert des prises du jour, dont des calamars et des poulpes. Le *pulpo alla gallega*, cuit dans l'eau, est nappé d'huile d'olive et de paprika.

Hassan Fruits BAR À JUS DE FRUITS
(av. al-Walae). De l'autre côté de la passerelle qui conduit au monument de

la péninsule de Dakhla, ce bar est prisé pour ses pâtisseries et ses cocktails de fruits mixés (15 Dh).

Achats

Une rue commerçante piétonne court vers le nord à partir de l'avenue Sidi Ahmed Laaroussi entre les hôtels Sahara et Aigue. Des échoppes vendent toutes sortes de produits, de l'huile d'argan aux *melhaf* chatoyants.

Ensemble artisanal BIJOUX, SOUVENIRS
(av. el-Moukouama). Une bonne adresse pour des souvenirs, en particulier les bijoux sahraouis.

Renseignements

Plusieurs banques avec DAB et des cybercafés (10 Dh l'heure) se regroupent dans le centre-ville et près de l'Hôtel Erraha.

Pharmacie Oued Dahab (☎0528 89 81 25 ; av. Mohammed V)

Poste (av. el-Moukouama)

Comment s'y rendre et circuler

Pour des conseils sur le trajet depuis/vers la Mauritanie, reportez-vous p. 513.

Avion

Aéroport Dakhla (☎0528 89 72 56 ; www.onda.ma). À 200 m à l'ouest du Sahara Regency.

Canary Fly (www.canaryfly.es). Vols hebdomadaires pour Gran Canaria.

Royal Air Maroc (RAM ; ☎0528 89 70 49 ; www.royalairmaroc.com ; av. des PTT).Vols quotidiens (sauf le mardi et le samedi) en provenance de Casablanca dans l'après-midi, et retour en soirée. Vol depuis/vers Agadir le mercredi après-midi/soir.

Bus

La **CTM** (☎0528 89 81 66 ; bd 4 Mars) et **Supratours** (av. Mohammed V) possèdent des bureaux dans le centre.

Des compagnies de bus, dont Supratours et SAT, disposent de bureaux dans l'avenue Beuchekroune et à proximité, entre la station des grands taxis et la mosquée Edderhem.

Réservez bien à l'avance pour les destinations suivantes (services quotidiens) :

DESTINATION	TARIF	DURÉE
Agadir	340 Dh	21 heures
Laâyoune	175 Dh	8 heures
Tan-Tan	260 Dh	14 heures
Tarfaya	220 Dh	11 heures

Voiture

De nombreux garagistes, installés pour la plupart dans la partie récente de la ville au sud-ouest, pourront vérifier votre véhicule avant un périple dans le Sud.

Laargoub Car (☎0528 93 04 47 ; www.laargoubcar.com ; av. Ahmed Bahnini). Agence de location de voitures recommandée, avec la possibilité de rendre le véhicule dans une autre ville du Maroc.

Taxi

Des petits taxis blanc et turquoise sillonnent la ville (jour/nuit 5/6 Dh). La station de grands taxis se situe dans al-Messira, au sud-ouest du centre ; ils desservent, entre autres, Agadir (350 Dh) et Laâyoune (175 Dh).

Comprendre le Maroc

Population au km²

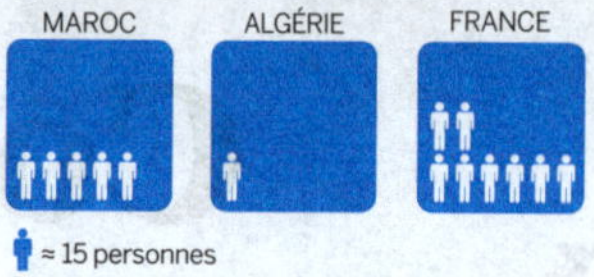

Le Maroc aujourd'hui

Les grands chantiers

Partout au Maroc des chantiers et projets de rénovation sont en cours. Ainsi, dans le désert, des routes neuves redonnent vie aux anciennes pistes caravanières ; les panneaux signalant des coopératives artisanales de femmes se multiplient dans les hameaux de montagne ; accroupi dans la niche d'un palais, un *maâlem* (maître-artisan) restaure à l'aide d'un minuscule burin une mosaïque de zelliges. Les programmes de développement, les organisations d'entraide et la mise en application d'initiatives du jeune roi œuvrent à remédier aux blessures nées du passé colonial du pays, ainsi qu'à la pauvreté récurrente et aux atteintes à la liberté d'expression – ce que Driss ben Hamed Charhadi a appelé en 1964 dans son ouvrage homonyme "une vie pleine de trous".

Les fractures sociales sont difficiles à combler. Tandis que la croissance économique stagne aux alentours de 3 à 4%, le taux de chômage avoisine les 44% chez les jeunes. L'attentant à la bombe perpétré en 2011 dans un café de la très cosmopolite place Djemaa el-Fna, à Marrakech, illustre tragiquement la persistance de tensions économiques et culturelles. Certes, l'opinion publique est un peu moins muselée depuis l'accession au trône du roi Mohammed VI. Or n'en demeure pas moins que deux magazines ont dû cesser leur activité en 2010 : *Nichane*, après un article irrévérencieux au sujet de l'humour marocain, et *Le Journal Hebdomadaire*, pour avoir publié un sondage créditant Mohammed VI de 91% (seulement !) d'opinions favorables.

Pourtant, comme en témoignent ses minarets pluriséculaires et les tours des forteresses en brique crue qui émaillent son paysage, le Maroc a déjà surmonté maintes époques troublées. Et, forts des moyens à leur disposition –organisations locales dynamiques, médias courageux et sens de l'humour à toute épreuve, – les Marocains s'appuient sur le socle de leurs traditions pour façonner une société moderne.

» **Point culminant** Le djebel Toubkal (4 167 m)

» **Suffixe Internet** .ma

» **Boissons marocaines les plus consommées** : bière Casa Flag Special (235 millions de bouteilles par an) ; eau minérale Sidi Ali (200 millions de bouteilles)

À lire

» *La Nuit sacrée.* Ce roman de Tahar Ben Jelloun (prix Goncourt 1987) raconte l'histoire d'une Marrakchie élevée comme un garçon.

» *Rêves de femmes : Une enfance au harem.* Fatima Mernissi croise ses souvenirs avec ceux d'autres femmes.

Les salutations

» **Hommes** Poignée de main échangée avec la main droite, puis main posée sur le cœur.

» **Femmes** Poignée de main plus un à quatre baisers en l'air.

» **Hommes et femmes** Main droite sur le cœur ; poignée de main et baisers en l'air optionnels.

Le style marocain

» **Djellaba** Robe longue unisexe avec une capuche pointue et des boutons en soie.

» **Tunique** Haut à col ouvert descendant jusqu'aux cuisses, pour hommes et femmes.

Groupes ethniques
(% de la population)

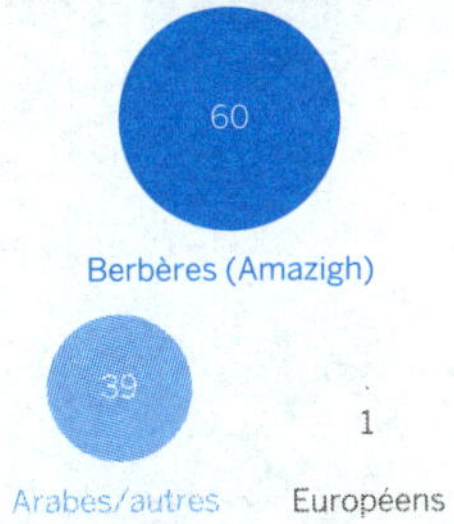

Sur 100 personnes au Maroc

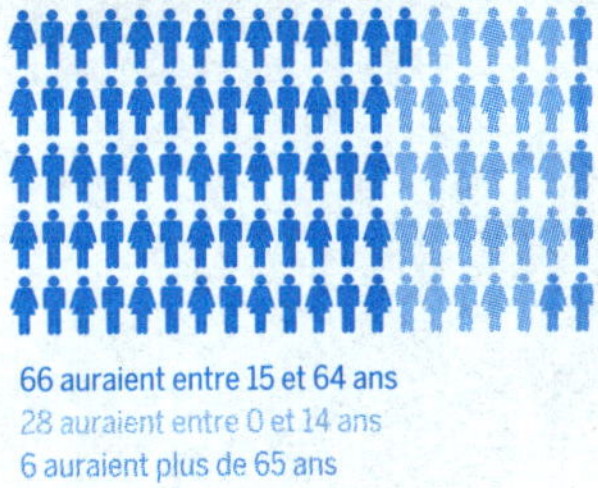

Une économie du tourisme en plein essor

Le tourisme a doublé depuis 2002. Les compagnies aériennes à bas coût desservent davantage d'aéroports marocains, et le "Plan Azur" qui prévoit la réalisation de six stations balnéaires a déjà bien avancé. Ces dix dernières années, le tourisme a commodément supplanté l'agriculture et la pêche, devenant ainsi le principal employeur du Maroc, et le secteur des services représente désormais plus de la moitié du PIB, devant l'industrie (essentiellement la production de textile) et l'exploitation des mines de phosphates (principalement dans le Sahara occidental).

La vie des Marocains n'en a pas été bouleversée pour autant. Dans les souks, les marchands de tapis, qui continuent de héler les clients, s'expriment en arabe, en berbère et en français, mais aussi en plusieurs autres langues. Dans les médinas, des maisons de famille ont été transformées en maisons d'hôte, où l'on sert le thé à la menthe aux nouveaux arrivants, une marque d'hospitalité consacrée par l'usage.

Les choix des voyageurs contribueront sans doute à façonner l'avenir du pays, qu'il s'agisse de promouvoir de nouveaux terrains de golf aux dépens des ressources naturelles, ou un tourisme culturel préservant les sites, monuments et traditions. Passer une journée dans la campagne marocaine se révèle peut-être encore plus utile. Selon les Nations unies, chaque fois que huit à dix touristes visitent une zone urbaine, un emploi est créé. Dans les zones rurales, ces touristes génèrent de six à sept nouveaux emplois vitaux. Même un court séjour peut avoir un énorme impact, puisque la dépense moyenne d'un voyageur en week-end de luxe à Marrakech équivaut à trois ou quatre mois de salaire (900 €) pour une majorité de Marocains. Pour les moins de 25 ans, soit 50% de la population marocaine, les occasions d'échanger avec des visiteurs et de pratiquer une langue étrangère est extrêmement bénéfique dans la perspective d'un marché de plus en plus compétitif et cosmopolite.

Mythes

» **Caftan** Longue tenue vaporeuse pour femmes, parfois agrémentée d'une ceinture, mais sans capuche.

» **Smata** Babouches en cuir pour l'intérieur et l'extérieur.

» **Danse orientale** Une importation ottomane et non une coutume marocaine.

» **Familles marocaines** Elles ne sont pas si grandes qu'on l'imagine (2,4 enfants/famille), et même plus restreintes que la moyenne mondiale.

» **Foulards et barbes** Loin d'être universels au Maroc, ils sont le signe d'une appartenance culturelle, d'un choix pratique ou d'un goût individuel plutôt que celui de l'orthodoxie religieuse.

Internet et la Toile

Les roseraies royales sont bordées de kiosques Internet, des couples flirtent via Skype et les commentaires sur les dernières nouvelles venues de Libye vont bon train sur Twitter. L'utilisation des réseaux sociaux s'accélère rapidement dans tout le pays et Internet est devenu la source d'information préférée des Marocains. Ainsi, près de 8 950 cybercafés ont été répertoriés en 2009. Pour connaître les derniers sujets en vogue de la blogosphère marocaine, rendez-vous sur http://maroc-blogs.com.

Réformes démocratiques

Les Marocains sont d'avides utilisateurs de Facebook ; leur temps de visite moyen (30 min) est plus élevé que celui des Américains (23 min) et des Japonais (16 min).

Devant les demandes pressantes des défenseurs des droits de l'homme, les mesures extrêmes prises sous Hassan II pendant les "années de plomb" ont été limitées par Mohammed VI. Aujourd'hui, le Maroc est plus respectueux des droits de l'homme que nombre de pays d'Afrique et du Moyen-Orient. La commission Vérité et Réconciliation se charge d'enquêter sur les mauvais traitements infligés aux prisonniers politiques. Cependant, la volonté du peuple d'élargir la liberté de la presse et de soulager la pauvreté a dépassé les efforts de libéralisation du gouvernement : dans le courant de l'année 2011, des mouvements de contestation se sont déroulées dans tout le pays.

Même si les amendes, emprisonnements arbitraires et abus de pouvoir de la part de la police ont servi à réprimer la contestation, les Marocains – qui continuent leurs programmes d'entraide dans les villages, ont une blogosphère en plein essor et une scène artistique dynamique – restent fidèles à leurs racines berbères de "peuple libre".

Le 1er juillet 2011, 98,5% d'électeurs marocains ont voté par un oui massif pour une nouvelle constitution. Un plébiscite qui a été salué par les autorités marocaines ainsi que la communauté internationale comme le début d'un vrai modèle de réforme.

Pas d'impair !

» Attention à l'eau C'est une ressource rare et précieuse dans ce pays en bordure du Sahara.

» Couvrez vos genoux et vos épaules La recommandation vaut pour les hommes et les femmes ; c'est une marque de respect envers vos hôtes marocains.

» Apprenez quelques mots de salutation Quelques mots en *darija* ou en berbère raviront vos hôtes.

» Ne donnez ni argent, ni bonbons ni stylos aux enfants Cela favorise la mendicité et n'est pas encouragé par leurs familles.

» Ne mangez pas en public pendant le ramadan Ne buvez pas non plus d'alcool à proximité d'une mosquée.

» Ne faites pas l'impasse sur les civilités Saluez toujours avant de demander de l'aide ou le prix d'un article.

Histoire

Pendant la majeure partie de son histoire géologique, le Maroc ne se trouvait pas sous le sable, mais sous l'eau, ce que viennent rappeler les fossiles qui affleurent son sol. Ce pays est en quelque sorte une Atlantide inversée, dont les chaînes de montagnes de l'Atlas, les steppes sahariennes et les plaines fertiles ont graduellement fait surface depuis le fond de l'océan, à la suite de quelques millénaires de sécheresse.

Les premières traces de présence humaine remontent entre 125 000 et 75 000 ans av. J.-C. À cette époque, la majorité de l'Afrique du Nord était recouverte d'une forêt luxuriante semi-tropicale. Mais les outils de pierre retrouvés sur place (des instruments sophistiqués pour l'époque) ne suffirent pas aux hommes primitifs pour maintenir leur présence pendant l'ère glaciaire. Lorsque le climat commença à s'améliorer autour de 5000 av. J.-C., la voie était libre pour de nouveaux peuplements.

Vivre libre ou mourir

La fonte des glaces laissa place à des terres fertiles qui attirèrent en masse les nomades du Proche-Orient. Ces hommes, qu'on pense être des cousins éloignés des Égyptiens anciens, sont les premiers ancêtres des Berbères du Maroc (communément appelés Imazighen, pluriel d'Amazigh qui signifie "homme libre"). Autour de 2500 av. J.-C., ils furent rejoints par des pêcheurs méditerranéens et des éleveurs de chevaux du Sahara. Puis les Phéniciens, un peuple de marins, débarquèrent vers 800 av. J.-C et les Africains de l'Est environ 300 ans plus tard.

Lorsque les Romains envahirent la région au IVe siècle, ils eurent quelques difficultés à appréhender ce milieu multiculturel. Ils nommèrent alors le Maroc et l'ouest de l'Algérie "Maurétanie" et les autochtones "Berbères", qui signifiait "barbares". Ce terme, récemment revendiqué et repris par le Mouvement berbère (voir p. 419), tenait plutôt à l'époque de l'insulte.

Sites pré-islamiques

» Gazelle sculptée, Tafraoute

» Mosaïque romaine du bain de Diane à Volubilis

» Ruines phéniciennes et romaines de Lixus

» Pétroglyphes préhistoriques, Oukaïmeden

» Cité romaine de Sala Colonia, Chellah

CHRONOLOGIE

Origines

La tradition berbère veut que le premier homme et la première femme aient donné naissance à 100 enfants, leur confiant la tâche de peupler le reste de la planète.

-1,5 million d'années

700 000 ans avant l'avènement en Europe de l'âge de pierre, des peuples vivant près de Casablanca commencent à façonner des outils en silex.

5000-2500 av. J.-C.

À la fin de l'ère glaciaire, le Maghreb devient le creuset où s'effectue le brassage de populations indigènes et de peuples venus du Sahara et de la Méditerranée, qui donnent naissance aux Berbères.

Pendant les siècles suivants, les Romains essuyèrent de nombreux échecs. Les Berbères rejoignirent tout d'abord Hannibal et les Carthaginois dans leur lutte contre Rome, au long des sanglants affrontements connus sous le nom de guerres puniques (264-202 av. J.-C.). Agacé par la désobéissance des Berbères, l'empereur Caligula mit fin en l'an 40 à leur autonomie au Maghreb.

Un joug romain contesté

Caligula asservit des communautés entières, réorganisant l'ordre social et divisant des tribus berbères relativement égalitaires en différentes classes d'esclaves, de paysans, de soldats et d'aristocrates à la romaine. Si cette stratégie fonctionna quelques siècles plus tard lorsque les Byzantins l'appliquèrent aux Vandales, il en alla tout autrement avec les Berbères du Rif et de l'Atlas, qui parvinrent à contenir les Romains en menant une longue guerre d'usure. Ultime défi au pouvoir impérial, la pratique du christianisme devint florissante. Saint Augustin lui-même était un Berbère.

Finalement, Rome réussit à imposer son autorité sur la région en désignant Juba II, très apprécié par la population, roi de Maurétanie. Le jeune roi épousa la fille de Marc Antoine et de Cléopâtre, encouragea la recherche scientifique, les arts du spectacle ainsi que des secteurs encore aujourd'hui vitaux pour le Maroc, tels que la production d'huile d'olive dans la région de Volubilis (proche de Meknès), la viticulture sur les plaines atlantiques et la pêche le long des côtes.

Après la mort de Juba II, la présence romaine en Maurétanie déclina en raison de rébellions berbères de plus en plus organisées et des attaques menées par les Vandales, les Byzantins et les Wisigoths, qui ne parvinrent pas davantage à maîtriser la Maurétanie. Quant à la tentative de Justinien de reconstituer le grand Empire romain, elle se solda par une multitude de traités confus avec différents royaumes berbères, tous tirant parti, à leur convenance, de leurs relations avec l'Empire byzantin. Les Berbères usèrent de telles stratégies de ruse que la colonisation du Maroc fut impossible pendant plus d'un millénaire.

Pour en savoir plus sur l'actualité, la culture, l'histoire et la politique berbères, rendez-vous sur le site www.amazigh-voice.com, un forum berbère en ligne. De nombreux articles sont en français. Certains messages sont transcrits en tamazight (dialecte berbère).

Une foi conquérante

Au VIIe siècle, la majorité des Berbères du Maroc vouaient un culte à leurs propres divinités, excepté les Berbères juifs ainsi qu'une poignée de convertis au christianisme. L'histoire aurait pu continuer ainsi pendant longtemps si Mohammed ben Abou Talib, vivant à La Mecque, ne s'était pas trouvé en désaccord croissant avec les élites de cette ville de la péninsule Arabique. Cet homme fut reconnu comme le prophète Mahomet après qu'il eut affirmé avoir reçu la

1600 av. J.-C.
Dans le Haut Atlas, des pétroglyphes de l'âge du bronze représentent des hommes à cheval et d'autres en train de pêcher ou de chasser.

950 av. J.-C.
Les Berbères créent leur propre calendrier, qui débute le 13 janvier. Très ancré dans les réalités agraires, il restera en vigueur même après la conquête musulmane.

800-500 av. J.-C.
Renforçant davantage le multiculturalisme au Maghreb, des Phéniciens et des populations d'Afrique de l'Est rejoignent les Berbères.

IVe-Ier siècle av. J.-C.
Arrivée des Romains qui cherchent à annexer la Maurétanie, tentative qui durera 250 ans et ne leur vaudra que des succès limités – et sera à l'origine des guerres puniques.

révélation selon laquelle Dieu est unique et les croyants doivent tous se soumettre à Sa volonté. La classe dirigeante polythéiste de La Mecque n'apprécia guère cette nouvelle religion et le Prophète fut chassé de la ville le 16 juillet 622.

Cette hégire (ou fuite) aida en fait Mahomet à répandre sa parole. Lorsque le Prophète s'éteignit en 632, les califes arabes (des chefs religieux inspirés de ses enseignements) étaient en train de porter le message de l'islam vers l'Asie centrale et l'Afrique du Nord. Mais des confrontations dans cette dernière région limitèrent leur portée et ce ne fut qu'en 682 que le chef omeyyade Oqba ben Nafi atteignit la côte atlantique du Maroc. D'après la légende, Oqba déclara qu'il irait même porter l'islam jusque dans l'océan si Dieu le lui ordonnait. Mais la légendaire reine berbère algérienne Al-Kahina et ses guerriers le forcèrent très vite à battre en retraite jusqu'en Tunisie.

Si les forces armées ne parvinrent pas immédiatement à islamiser les Berbères, leur pouvoir de conviction porta malgré tout. L'accent mis par la nouvelle religion sur l'égalité sociale, le devoir, le courage et la loyauté au clan était tout à fait conforme aux mœurs des tribus locales, selon lesquelles toute personne descendant des équivalents berbères d'Adam et Ève fait partie du clan. Ainsi, nombre d'entre eux se convertirent à l'islam et empochèrent les bénéfices du commerce issu des routes caravanières omeyyades. Bien qu'Oqba ait été assassiné par des Berbères avant d'avoir établi une base solide au Maroc, ses successeurs purent dès le VIIIe siècle mener à bien l'islamisation du pays, essentiellement par le biais de la diplomatie.

Persistance de l'islam et transition Omeyyade

Il ne fut pas toujours question d'admiration entre les Berbères et les Arabes omeyyades, au contraire. Si ces derniers respectaient les juifs et les chrétiens en tant que croyants monothéistes, ils n'éprouvaient aucun remords à contraindre les Berbères polythéistes à payer des taxes supplémentaires et à servir de chair à canon dans l'infanterie.

Les Berbères convertis à l'islam étaient également obligés de payer un tribut à leurs seigneurs arabes. Le kharidjisme, une branche dissidente de l'islam, critiqua alors les abus de pouvoir des Omeyyades, considérant qu'ils pervertissaient la foi, et appela à un nouvel ordre moral. Au milieu du VIIIe siècle, des insurrections firent rage dans toute l'Afrique du Nord. Avec leurs frondes pour toute arme, les Berbères imposèrent la défaite à la garde d'élite omeyyade. Peu de temps après, cette dynastie arabe était chassée d'Espagne et du Maroc et les nouveaux chefs locaux reprirent à leur compte le commerce extrêmement lucratif de l'argent avec le Sahara oriental, de l'or avec le Ghana et des esclaves avec l'Afrique de l'Ouest.

Langues berbères du Maroc

» **Tachlahit** Centre du Maroc

» **Tamazight** Moyen Atlas

» **Tarifit (rifain)** Rif

» **Touareg (tamashek)** Sahara

La reine Al-Kahina avait un don de divination qui pouvait lui donner un avantage face aux Omeyyades : toutefois cela ne suffit pas à entraver son destin, quand ses pouvoirs lui apprirent qu'elle périrait tuée par ses ennemis...

49 av. J.-C.

Le roi nord-africain Juba Ier soutient le général romain rebelle Pompée contre Jules César. Rome s'indigne.

25 av. J.-C. - 23

Rome met un pied en Maurétanie grâce au roi Juba II. Le souverain fait de Volubilis une métropole de 20 000 habitants, berbères pour la plupart, parmi lesquels figure une importante communauté juive.

JOHN ELK III / LONELY PLANET IMAGES ©

» Ruines à Volubilis (p. 335)

La résilience des Idrissides

L'historien Ibn Khaldoun a observé, au XIVe siècle, que les royaumes berbères tendaient à se développer puis à disparaître selon un schéma toujours identique : la première génération, venue d'un monde austère et rural, arrive au pouvoir ; la deuxième adopte la culture de l'élite urbaine et remplit les coffres royaux ; enfin, la troisième génération, grisée par le pouvoir et la richesse, perd toute capacité à se défendre. La dynastie en place cède alors la place à un chef plus fort. C'est là un schéma essentiel pour comprendre l'évolution politique du Maroc, tant d'un point de vue ethnique que territorial.

La première grande dynastie marocaine appartenait à la famille des Idrissides. Idriss Ier, descendant de Fatima, fille du prophète Mahomet, fuit l'Arabie pour se réfugier au Maroc en 786 après avoir découvert que l'ambitieux calife Haroun al-Rachid avait pour objectif d'assassiner sa famille. Une fois au Maroc, Idriss Ier se fit proclamer imam par les Berbères et unifia la majorité du Maroc du Nord au nom de l'islam. Mais en 792, quelques jours seulement après s'être établi dans sa nouvelle capitale à Fès, il fut finalement retrouvé et empoisonné par les sbires d'Haroun al-Rachid. Sa mort ne fit que renforcer son influence et son corps fut retrouvé miraculeusement intact cinq siècles plus tard. Son tombeau, situé à Moulay Idriss, est l'un des sites de pèlerinage les plus fréquentés du Maroc.

Son fils, Idriss II, échappa quant à lui aux assassins et étendit le pouvoir de la dynastie dans tout le nord du Maroc ainsi qu'en Europe. À sa mort, ses treize fils se partagèrent le pouvoir. Ce fut certainement la première tentative de monarchie collégiale au Maroc. Ils étendirent le contrôle de la dynastie à l'Espagne et firent ériger les fameuses mosquées de Fès : la mosquée Karaouine (p. 237) et la mosquée des Andalous.

Les Almoravides : de farouches guerriers

Soutenu dans la gestion de son commerce par des chefs religieux et des érudits, le nord du Maroc se développa sous la dynastie des Idrissides en une véritable puissance économique, contrairement au sud du pays, qui vit l'émergence d'un mouvement dissident de l'islam, dans la région de Salé, qui revendiqua sa propre version berbère du Coran. Cet islam apocryphe nommé barghouata fut suivi pendant des siècles par les Berbères de la région. Par ailleurs, les militaires chargés de contrôler les avant-postes commerciaux dans les montagnes de l'Atlas et le Sahara faisaient payer ce qu'ils appelaient des "aumônes" – un pseudo-terme religieux pour désigner une taxe qui ne trompa personne et provoqua la colère chez les fidèles.

200-429

Les Vandales et les Wisigoths se chassent successivement d'Espagne jusqu'aux rivages du Maroc. Puis les guerriers du Rif les poussent à aller s'installer en Algérie.

533

L'empereur Justinien chasse les derniers Vandales du Maroc, mais son ambition de reconstituer le grand Empire romain ne tarde pas à se réduire à une simple présence à Essaouira, Tanger et Salé.

662-682

Conduits par le chef omeyyade Oqba ben Nafi, les Arabes envahissent le Maghreb et introduisent l'islam dans la région. Les Berbères parviennent à chasser les Ommeyyades, mais ils conservent le Coran.

711

Le nord du Maroc et la majeure partie de l'Espagne passent sous contrôle omeyyade, et les Berbères sont stratégiquement répartis dans toute l'Andalousie.

Ce mécontentement entraîna le soulèvement des Sanhajas, une tribu berbère très pieuse du Sahara, qui fonda la dynastie des Almoravides. Alors que les princes idrissides se disputaient le contrôle de l'Espagne et du nord du Maroc, les Sanhajas s'engouffrèrent dans le sud du pays depuis le Sénégal et la Mauritanie actuels. Subsistant essentiellement grâce à la viande et au lait de ses troupeaux de chameaux, cette tribu portait des vêtements de laine sous le soleil brûlant du désert, ne consommait pas de vin et interdisait la polygamie et la musique. Les Sanhajas se couvraient le visage d'un voile sombre, encore porté aujourd'hui par les Touaregs, les légendaires "hommes bleus" du désert. Lorsque ces hommes plutôt intimidants arrivèrent, sous le commandement de Yahya ibn Oumar et de son frère Abou Bakr, aux avant-postes chiites et barghouatas, ils détruisirent les maisons closes et les instruments de musique, et tuèrent leurs adversaires.

De Marrakech à Barcelone

En 1061, après la mort de Yahya, Abou fut rappelé dans le Sahara pour régler des disputes internes à la tribu, laissant le contrôle des opérations militaires à son cousin Youssef ibn Tachfin depuis un camp qui allait devenir Marrakech la magnifique. Pour épargner à son épouse la rude vie dans le désert, Abou Bakr divorça de la superbe et brillante Zeinab

LA POURPRE ET L'OR

Le port d'Essaouira faisait autrefois l'objet de toutes les convoitises. La ville détenait en effet une richesse inégalable : la pourpre. Strictement réservée aux empereurs romains, elle ne pouvait être fabriquée artificiellement, ce qui expliquait son prix exorbitant, de 10 à 20 fois son poids en or selon Aristote. Le colorant naturel était extrait du murex, un mollusque à la coquille hérissée d'épines que l'on trouvait sur les îles Purpuraires, au large d'Essaouira.

Les Phéniciens furent les premiers à exploiter cette source de richesse. Au Ier siècle av. J.-C., Juba II fit construire des ateliers de fabrication de la pourpre sur la côte. La technique pour récupérer le colorant, tenue secrète, consistait à extraire la substance colorante de la veine du mollusque. Cette couleur obtint un grand succès auprès des célébrités de l'époque. Cléopâtre en était si éprise qu'elle teignit en pourpre les voiles du navire sur lequel elle navigua pour rejoindre Marc Antoine. La légende raconte aussi que Ptolémée, fils de Juba, fut assassiné par Caligula pour avoir osé porter une robe pourpre. Cette teinte éclatante ne put jamais être reproduite industriellement, et le secret des méthodes d'extraction fut, toujours selon la légende, perdu lors du siège de Constantinople en 1453. Pourtant, on trouve encore de la pourpre à Essaouira, moyennant un prix élevé. Les secrets de fabrication ne sont donc pas tout à fait oubliés aujourd'hui.

788-829

L'islam s'enracine au Maroc sous Idriss Ier et Idriss II, qui font de Fès le symbole de l'art, de l'architecture et de la culture islamique, ainsi que la capitale de leur empire.

VIIIe siècle

Les califats arabes contrôlent un territoire qui s'étend sur une grande partie de l'Europe de l'Ouest, jusqu'à Poitiers.

1062

Conseillé toute sa vie par sa propre épouse, l'avisée Zeinab, le dirigeant berbère Youssef ibn Tachfin fonde Marrakech, d'où les Almoravides partiront à la conquête de l'Afrique du Nord et de l'Europe.

1069

S'étant emparés de Fès, les Almoravides commencent de grands travaux dans la ville, où ils installent eau courante, moulins, hammams et jardins.

Symbole de la fierté berbère

Le symbole figurant sur le drapeau berbère est la lettre Z ou "yaz" de l'alphabet tifinagh, et représente l'homme libre (*amazigh*), nom que se donnent les Berbères.

Grands sites islamiques ouverts aux non-musulmans

» Mosquée de Tinmel, Haut Atlas

» Médersa Bou Inania, Fès

» Zaouïa Nassiriya, Tamegroute

» Mosquée Hassan II, Casablanca

» Médersa Ali ben Youssef, Marrakech

et organisa le remariage de celle-ci avec son cousin. Ce que l'on regarde aujourd'hui comme un geste dicté par l'honneur fut en fait un joli coup stratégique : rien ne pouvait désormais résister aux Almoravides, placés sous la houlette du guerrier Tachfin et de son épouse, conseillère avisée

Les Almoravides mirent du temps à s'habituer à leur nouvelle capitale, cernée de montagnes et de rivaux berbères et ne possédant que peu de palmiers. Ils construisirent un mur de terre de 8 m de haut et de 19 km de long autour de la ville, et réalisèrent une *khettara*, un ingénieux système d'irrigation souterrain qui alimente encore aujourd'hui la palmeraie, ponctuée de riches villas, située à l'extérieur de Marrakech. À Fès, les communautés juive et andalouse se mirent à prospérer sous le règne d'ibn Tachin qui se révéla fin diplomate et brillant stratège militaire. Ses alliés musulmans espagnols le supplièrent alors d'intervenir en Espagne, se plaignant que les princes chrétiens et musulmans s'y livrassent à l'extorsion et à la débauche. À 80 ans, ibn Tachfin mena ses dernières campagnes militaires afin de renforcer le contrôle almoravide de l'Andalousie jusqu'aux frontières de Barcelone.

Les bâtisseurs Almohades

Succéder à Youssef ibn Tachfin ne fut pas une tâche aisée. Son fils Ali, issu d'une union avec une chrétienne, se dévoua tout comme son père à la prière et au développement urbain. Mais alors que le jeune Ali réalisait des miracles d'architecture et d'irrigation à Marrakech, les Almohades, étaient en train de s'organiser en une communauté extrêmement puissante au-delà de la ville.

D'après les historiens almohades, Ali commit deux erreurs : il laissa les femmes participer au pouvoir (il nomma son épouse parmi ses conseillers) et autorisa les chrétiens à boire de l'alcool. Si la première accusation ne semble pas fondée, la seconde l'est en revanche. Alors qu'il partait faire une retraite pour prier et jeûner, il laissa à ses conseillers et aux militaires la charge du gouvernement. Mais apparemment, les troupes almoravides chrétiennes étaient plus occupées à fréquenter les marchands de vins de Marrakech qu'à mener à bien leur mission.

Les horions d'Ibn Tumart

Tout ceci ne fut pas pour plaire à Mohammed ibn Tumart, le chef spirituel, issu de l'Atlas, de la dynastie des Almohades qui avait la réputation, notamment à Meknès et à Salé, d'être un homme violent se servant de sa canne pour détruire les tonneaux de vin, les instruments musicaux et battre les hommes et les femmes qui avaient l'audace de marcher ensemble dans la rue. Ibn Tumart fut finalement banni de Marrakech en 1120 pour avoir fait tomber la sœur d'Ali de cheval avec sa canne.

1082

Le joug almoravide s'étend au sud jusqu'au Ghana et à Tombouctou, à l'est jusqu'à Alger, et au nord de Lisbonne à l'Èbre en Espagne, près de Barcelone.

1121-1130

Ibn Tumart, chef spirituel almohade, condamne le penchant almoravide pour la musique et le vin et approuve l'organisation politique basée sur une Constitution écrite.

» Nomade berbère fabriquant un four en terre

Après sa mort, les Almohades ne se laissèrent pas abattre pour autant. En 1145, ils s'emparèrent de Fès après un siège de 9 mois et s'en prirent à Marrakech deux ans plus tard, rasant la ville entière et tuant ce qu'il restait de la cour royale (Ali était décédé en 1144 aussi paisiblement qu'il avait vécu). Leur premier projet consista à rebâtir la mosquée Koutoubia de Marrakech, que les architectes almoravides n'avaient pas correctement orientée vers La Mecque. Ils lui ajoutèrent également un minaret de pierre pour parfaire ce modèle de géométrie, ainsi que des ornements d'architecture arabo-andalouse (voir p. 466).

Bâtie en 1146 dans le Haut Atlas, en l'honneur d'Ibn Tumart, la mosquée de Tinmel demeure un exemple d'architecture aussi pérenne que marqué d'une grâce austère.

Édifices dynastiques

Lorsque le pouvoir fut devenu vacant, une lutte sanglante s'ensuivit entre les fils d'Ibn Tumart et ceux de ses généraux. Elle ne s'acheva qu'en 1185 lorsque Abou Youssef Yacoub, le jeune fils du gouverneur musulman de Séville et de Valence conduisit ses ennemis dans le désert, au sud du Maroc. Il gagna tant de batailles contre les princes d'Espagne qu'il fut surnommé el-Mansour, ou "le Victorieux". Il fit ériger la Giralda à Séville sur le modèle du minaret de la Koutoubia et réorganisa Marrakech en une capitale almohade et en un centre d'enseignement, rivalisant ainsi avec Fès.

Il fit de cette dernière la ville sans doute la plus propre de l'époque médiévale en y faisant bâtir 93 hammams, 47 fabriques de savon et 787 mosquées dotées de bassins dédiés aux ablutions. Yacoub el-Mansour fut également un mécène pour les grands penseurs, notamment pour Ibn Rachid, adepte d'Aristote, et pour le maître soufiste Sidi Bel-Abbès. Mais son admiration pour l'éducation et l'architecture avait apparemment des limites et plusieurs synagogues furent démolies pendant son règne.

La chute des Almohades

Le même état d'esprit régnait alors au XIIe siècle en Europe, où la chasse aux hérétiques tournait officiellement à la torture sous l'autorité du pape, nommé, comble de l'ironie, Innocent IV. L'archevêque Bernard de Tolède s'empara de la mosquée de la ville et rejoignit les rois castillans d'Espagne dans une croisade contre les chefs arabes.

Ces derniers n'étaient guère en mesure de pouvoir riposter, et pour cause : lorsque le fils de Yacoub, âgé de 16 ans, fut nommé calife, il était incapable d'assumer les responsabilités religieuses qui lui incombaient. Il préférait de loin s'adonner à la tauromachie, ce qui lui valut d'être blessé à mort.

Avec *Histoire du Maroc* (Perrin, 2009), Michel Abitbol a écrit une synthèse de l'histoire du Maroc, de l'Antiquité à nos jours. Il met en lumière la richesse humaine du pays en soulignant les apports respectifs des communautés berbère, arabe, juive et européenne à la civilisation marocaine.

Le site www.bladi.net propose de nombreuses informations sur l'histoire et la culture marocaines.

Au VIIIe siècle, le règne des califes arabes s'étendait sur une grande partie de la péninsule Ibérique.

1147
Après deux ans de siège, les Almoravides sont finalement défaits par les Almohades, qui détruisent complètement Marrakech. Yacoub al-Mansour fait reconstruire la ville.

1199
Un vaste territoire commercial de choix, en Méditerranée, allant de Tripoli à l'Espagne, est consolidé sous la gouvernance almohade.

1276
Un vent de changement souffle avec l'arrivée des Berbères zenatas. Ils chassent les Almohades et établissent la dynastie des Mérinides grâce à des manœuvres militaires et des mariages stratégiques.

1324-1352
Ibn Battuta, aventurier né à Tanger, prend la suite de Marco Polo, voyageant du Mali à Sumatra et en Mongolie, et écrit *Rihla*, le récit de ses voyages.

Le pauvre Yacoub el-Mansour dut se retourner dans sa tombe lorsque Al-Mamoun, son second fils, s'allia avec ses persécuteurs et s'en prit à son propre peuple, essayant désespérément de conserver l'empire de son père. Le jeune calife, avant de mourir prématurément, avait fini de ruiner l'honneur des Almohades après avoir annoncé depuis le minbar (la chaire) de la Koutoubia qu'Ibn Tumart n'était pas un véritable *mahdi*, ou envoyé de Dieu, et que ce titre revenait à Jésus.

Grandes dynasties marocaines

» **Idrissides**
VIIIe-Xe siècle

» **Almoravides**
XIe-XIIe siècle

» **Almohades**
XIIe-XIIIe siècle

» **Mérinides**
XIIIe-XVe siècle

» **Saadiens**
XVIe-XVIIe siècle

» **Alaouites**
du XVIIe siècle à nos jours

Noces et funérailles : les Mérinides

La défaite des Almohades fut consommée lorsque les Berbères zenatas (Zénètes, ou Iznaten, groupe de populations berbères) envahirent Marrakech, leur capitale, en 1269, après les avoir chassés de Meknès, de Salé, de Fès et des rivages de l'Atlantique. Les Zenatas parvinrent parallèlement à rallier à leur cause plusieurs érudits religieux en leur promettant un nouvel ordre moral sous la dynastie des Mérinides. Ils entreprirent par ailleurs de construire une médersa (école coranique) dans chacune des grandes villes qu'ils conquirent, grâce aux taxes spéciales imposées aux chrétiens et aux juifs. En échange, ils permirent à ces communautés de pratiquer des activités commerciales essentielles et embauchèrent des mercenaires chrétiens et des conseillers politiques juifs afin de les aider à gérer l'État.

Mais il ne fut pas aisé pour les nouveaux dirigeants de convaincre le peuple. Fès se révolta et Salé tomba aux mains des chrétiens castillans. Les Mérinides finirent par s'allier aux princes castillans contre les dirigeants arabes de Grenade afin de consolider leurs intérêts espagnols. Mais cette fois, cette stratégie ne s'avéra pas être la bonne. Dès le XIVe siècle, l'Espagne musulmane redevenait chrétienne et le détroit de Gibraltar était confisqué aux Mérinides. Durant l'Inquisition qui suivit, plus d'un million de musulmans et de juifs furent chassés de la péninsule Ibérique.

Ne pouvant user de leur puissance militaire ou de leur droit religieux pour renforcer leurs titres impériaux, les Mérinides optèrent pour le mariage, méthode dont l'efficacité n'est plus à prouver. Au XIVe siècle toujours, les dirigeants mérinides parvinrent à neutraliser leurs ennemis en épousant les princesses de Grenade et de Tunis, ce qui leur donna à récupérer Alger, Tripoli et le stratégique port méditerranéen de Ceuta.

Peste noire et sanglantes successions

Ces mariages ne purent rien contre la grave épidémie qui se répandit en 1348 à travers toute l'Afrique du Nord méditerranéenne. C'est ainsi que la peste bubonique provoqua l'effondrement des royaumes. Abou Inan, fils du chef mérinide Abou Hassan, profita du fléau

1348
Les rivages méditerranéens de l'Afrique du Nord sont frappés par la peste et les royaumes mérinides s'effondrent. Le pouvoir est laissé aux mains d'opportunistes, avec des conséquences désastreuses.

1377
À l'université Karaouine de Fès, Ibn Khaldoun utilise des méthodes scientifiques dans son étude de l'histoire du Moyen-Orient, la *Muqaddimah*.

1415
En quête de richesses et désireux d'asseoir son règne, le prince portugais Henri le Navigateur se lance à la conquête des ports du Maroc.

1480-1492
Ferdinand et Isabelle, les Rois Catholiques, prennent le contrôle de l'Espagne, et intensifient les persécutions contre musulmans et juifs.

pour s'autoproclamer nouveau dirigeant, alors que son père était encore en vie. Abou Hassan quitta au plus vite Tripoli pour tenter de reprendre le pouvoir volé par son fils à Fès, en vain. Abou Inan inhuma son père dans la nécropole royale mérinide située à côté de Rabat en 1351 et l'y rejoignit sept ans plus tard après avoir été étranglé par son vizir.

FIERTÉ BERBÈRE CONTRE PRÉJUGÉS

Malgré une riche tradition poétique, musicale et artistique qui remonte à 5 000 ans av. J.-C., les Berbères (communément appelés Imazighen, pluriel d'Amazigh qui signifie "homme libre") ont souvent été taxés d'ignorance par ceux qui les connaissaient mal car aucune convention n'a jamais unifié ou harmonisé l'écriture de leurs nombreux dialectes. Pendant 250 ans, les Romains tentèrent de s'accaparer le territoire des Imazighen et d'imposer leurs coutumes. Lorsqu'ils essuyaient une défaite, ils calomniaient leurs adversaires en les traitant de barbares, ou "Berbères". Le nom est resté, tout comme les préjugés contre les Berbères.

Au XIXe siècle, le protectorat érigea le français au rang de langue officielle du Maroc, de façon à faciliter – et donc à contrôler – les transactions commerciales et les affaires de l'État. Le symbolisme subtil de l'art berbère ainsi que la médecine traditionnelle furent relégués au rang de superstitions, par des gens parfaitement étrangers aux traditions orales éclairant ces pratiques ; les classes instruites furent encouragées à couper les ponts avec leurs racines berbères. Les langues et les traditions des Imazighen ont toutefois survécu et le mouvement culturel berbère a récemment demandé l'emploi du terme "berbère" comme référence générique.

Après l'indépendance (1955-1956), l'arabe devint la langue officielle, mais le français continue d'être amplement pratiqué au sein de l'élite marocaine, et le *darija* est le dialecte d'arabe marocain couramment employé. Jusque dans les années 1980, l'écriture en berbère était censurée au Maroc. Grâce au soutien du roi Mohammed VI, lui-même d'origine berbère, l'ancien alphabet tifinagh, apparu à peu près à la même époque que les hiéroglyphes égyptiens, a été réhabilité en 2003, et une version modernisée de cet alphabet est désormais enseignée dans certaines écoles comme écriture berbère de référence.

Plus de 60% des Marocains se revendiquent dorénavant comme Amazighs ou Berbères, et 8,5 à 10 millions d'entre eux parlent l'une ou l'autre langue berbère. La fierté berbère est maintenant entrée dans les mœurs au Maroc, avec la création officielle de la Chaîne Amazigh, qui propose des programmes télévisés et radiophoniques dans trois langues amazighes. Pourtant, Human Rights Watch a rapporté en 2010 que les parents ayant donné des prénoms amazighs à leurs enfants se les ont vu refuser par l'administration au motif qu'ils n'étaient pas "typiquement marocains". Suite au tollé que cela a provoqué dans l'opinion publique, l'État a fait machine arrière.

1497-1505
Les ports marocains, de Melilla au bord de la Méditerranée à Agadir sur la côte atlantique, sont occupés par les Anglais, les Portugais, les Espagnols et par divers pirates.

1498
Pour fuir la persécution de l'Inquisition ou éviter la conversion, de nombreux juifs et musulmans d'Europe s'exilent au Maroc.

1525
Comme une tornade de vent chaud du désert, les Berbères de Beni Saad s'emparent des possessions européennes et ottomanes au Maroc et fondent à Marrakech la dynastie des Saadiens.

1578
Durant la bataille des Trois Rois, des Saadiens combattent aux côtés des Portugais. Les hostilités font plus de 8 000 morts et marquent l'anéantissement de la classe dirigeante portugaise.

"Celui qui tue par l'épée périra par l'épée"

Ce proverbe devint récurrent chez les Mérinides. Afin de se couvrir, l'assassin d'Abou Inan s'adonna à un vrai massacre de la dynastie dirigeante jusqu'à ce qu'Abou Salim Ibrahim rentre d'Espagne et démasque le vizir meurtrier. Celui-ci tenta d'amadouer son dirigeant en lui offrant sa sœur en mariage. Mais ce n'était qu'une ruse : il décapita Abou Salim juste après les noces. Il le remplaça par un nouveau chef mérinide qu'il étrangla également. Le vizir fut finalement tué en 1361 par un autre Mérinide, et il en alla ainsi pendant 40 ans, les nouveaux chefs mérinides se succédant à un rythme rapide. Trop occupés par ces inlassables querelles de succession à Meknès et à Fès, ils ne purent empêcher les Portugais de s'emparer de la côte marocaine.

Au XIIe siècle, la plus grande partie du Portugal (y compris Lisbonne) ayant été sous le contrôle des Arabes, l'heure de la vengeance avait donc sonné pour les Portugais. Le minuscule royaume avait besoin de provisions pour son peuple et d'or pour asseoir son empire grandissant. En d'autres termes, le Maroc était nécessaire au Portugal. Plutôt que d'essayer de battre les Berbères à leur propre jeu, à savoir prendre le contrôle des routes du commerce sahariennes, les Portugais usèrent de leurs avantages techniques et utilisèrent leur flotte navale et des armes à feu élaborées. Ainsi en s'emparant systématiquement des ports marocains des côtes méditerranéenne et atlantique, les Portugais purent damer le pion aux Berbères se trouvant à l'intérieur du pays et s'introduire directement en Afrique de l'Ouest pour y chercher de l'or et des esclaves.

Mellahs (quartiers juifs) historiques

- Tamnougalt
- Demnate
- Fès
- Zagora/ Amezrou
- Essaouira
- Marrakech

Moulay Ismaïl eut pour correspondants Jacques II d'Écosse et Louis XIV et essaya dans ses courriers de convaincre le Roi-Soleil de se convertir à l'islam.

Caravanes sucrières

Lorsque le commerce saharien commença à décliner, la situation se compliqua. Des communautés entières furent décimées à l'intérieur du pays et Marrakech, autrefois si opulente, dévastée par la famine. La tribu berbère des Beni Saad, de la vallée du Drâa, lança alors l'assaut sur les Portugais. Après plusieurs victoires successives contre leurs rivaux européens, berbères et ottomans, les Saadiens firent main basse sur le commerce de biens convoités tels que l'or, les esclaves, l'ivoire, les plumes d'autruche et le sucre, douceur prisée des cours européennes.

Les Saadiens assouvirent la soif de sucre des Européens à un prix qui ferait pâlir les actuels cartels de drogue. En effet, ils n'avaient aucun mal à effrayer importateurs et consommateurs en les menaçant d'invasion. Le marchand de sucre le plus dangereux fut certainement le sultan saadien Ahmed el-Mansour ed-Dahbi, qui gagna son premier surnom (le Victorieux) en terrassant ses ennemis du Portugal au Soudan, et le second (le Doré) pour son art de les confondre. Le sultan avait fait orner son palais el-Badi, à Marrakech, d'or et de joyaux du sol

1591

À la tête de 4 000 mercenaires européens, Ahmed al-Mansour ed-Dahbi traverse le Sahara et défait une armée de 40 000 hommes, prenant ainsi le contrôle de Tombouctou.

1610-1614

Ancien avocat, Henry Mainwaring fonde la République des pirates de Masmouda, près de Rabat, et pille la morue canadienne, le poisson salé français et le vin portugais. Il est par la suite élu au parlement britannique.

1659-1666

Les Alaouites mettent un terme à des années de guerre civile et parviennent à instaurer une paix fragile avec les pirates barbaresques (la Barbarie désigne alors l'Afrique du Nord), qui contrôlent les ports.

1684

L'Angleterre se retire de Tanger, non sans en avoir au préalable détruit le port.

au plafond. Après la mort d'el-Mansour, ses successeurs désossèrent le palais jusqu'aux fondations d'argile, encore visibles aujourd'hui. Le patrimoine des Saadiens n'a pas tout à fait disparu : on peut admirer leurs tombes de marbre, à Marrakech, dorées à la feuille.

La naissance des mellahs

Fuyant l'inquisition et son cortège de conversions forcées et d'exécutions sommaires, de nombreux juifs d'Europe trouvèrent une paix relative sous la férule des Saadiens, qui les autorisèrent à faire commerce de sel et de sucre, les denrées marocaines les plus prisées à l'époque. Plutôt tolérants si on les compare aux dirigeants européens de l'époque, les Mérinides et les Saadiens offrirent à la communauté une certaine sécurité en créant les premiers quartiers juifs à Fès et à Marrakech, les mellahs, un nom dérivé du terme arabe signifiant "sel". Cette protection se révélait plus que largement rentable pour les autorités qui prélevaient des taxes sur les commerces juifs et chrétiens ; les Saadiens restaient les grands gagnants de cet échange de bons procédés. Certains juifs marocains accédèrent toutefois aux postes de conseillers du roi, et dans les tombes saadiennes de Marrakech, ils sont parfois enterrés plus près des souverains que l'épouse royale.

Autorisés dans la journée à vendre aux côtés des commerçants chrétiens et musulmans le sel, le sucre et l'or, autant de matières précieuses qui avaient traversé le Sahara, les marchands juifs étaient la nuit confinés dans leurs quartiers, sous surveillance officielle. Lorsque les mellahs de Fès et de Marrakech ne purent accueillir davantage d'habitants, d'autres furent fondés à Essaouira, Safi, Rabat et Meknès. L'artisanat qui se développa dans ces quartiers existe encore aujourd'hui. Les mellahs ont aussi marqué tout le pays de leur influence culinaire, notamment dans les plats relevés composés des ingrédients marinés qui sont typiques de la cuisine juive marocaine.

MAGHREB

Lyautey : le ciel et les sables sont grands, d'Arnaud Teyssier (Perrin, 2004), retrace la vie passionnante de celui que l'on considère souvent comme le constructeur du Maroc moderne.

Piraterie et politique : l'émergence des Alaouites

L'empire saadien s'effondra au XVIIe siècle et les guerres civiles se succédèrent jusqu'à l'arrivée des Alaouites, dynastie descendant du prophète Mahomet et représentée encore aujourd'hui par le roi Mohammed VI. La nouvelle famille royale était très différente des insouciants Saadiens et de leurs successions anarchiques. Pourtant, de nombreux Marocains auraient sûrement préféré l'anarchie au second dirigeant alaouite, le terrifiant Moulay Ismaïl, dont le règne dura de 1672 à 1727.

XVIIIe siècle

Les Alaouites rebâtissent Sijilmassa, ancien comptoir marchand du désert, qui est presque aussitôt rasé par les guerriers berbères Aït Atta. Il n'en reste que deux arcs de triomphe.

1757-1790

Sidi Mohammed III avance en direction de la côte pour reconstruire Essaouira et reprendre le contrôle des ports de l'Atlantique. À l'intérieur des terres, les cités de Fès et de Meknès amorcent leur déclin.

HUW JONES / LONELY PLANET IMAGES ©

» Tombeaux saadiens (p. 63), Marrakech

Ce despote avait pour distraction les éventrations publiques et aimait envoyer à la torture les courtisans un peu trop insistants. Mais Moulay Ismaïl était également un homme lettré, père de centaines d'enfants et très apprécié par ses pairs européens. Il recevait ses invités dans son luxueux palais de Meknès, réalisé par des artisans de confession chrétienne. La rumeur raconte que lorsque les ouvriers eurent terminé leur travail, certains furent emmurés vivants. Les légendes marocaines sont riches de telles histoires sur Moulay Ismaïl, dirigeant dont le train de vie était largement financé par la piraterie.

Les Barbaresques

Durant plus de 300 ans, les pirates barbaresques (de Barbarie, nom donné au Moyen Âge à l'Afrique du Nord), firent régner la terreur en Méditerranée et au-delà. Nombre d'entre eux étaient des Morisques, à savoir d'anciens musulmans espagnols convertis de force au catholicisme, et plutôt mal disposés envers le pouvoir madrilène, ce qui les poussa à s'allier avec les Hollandais pour s'attaquer aux Espagnols. Au XVIIe siècle, ces Barbaresques poussèrent jusqu'à l'Irlande, le pays de Galles, l'Islande et Terre-Neuve. Plus communément, ils sillonnaient les côtes du Portugal, d'Espagne et du Maroc comme corsaires et se livraient à la guerre de course.

Comme d'autres souverains, le sultan Moulay Ismaïl se rendit complice des méfaits des pirates dans les ports royaux de Rabat et de Salé. Prélevant au début un simple pourcentage, il finit par s'octroyer plus de la moitié des butins, avant de prendre le contrôle des opérations et de garder la totalité des marchandises et des prisonniers. Ces derniers étaient échangés contre une rançon, parfois relâchés après une période d'esclavage ou encore rejoignaient les rangs des pirates.

Temps de troubles et de prédation

Formée d'esclaves africains, la "garde noire", pilier du pouvoir Moulay Ismaïl, forte de 50 000 à 70 000 combattants, finit par se révolter après la mort du despote. Aucun de ses enfants ne put jamais lui succéder. La piraterie et la politique devinrent les deux mots d'ordre de l'empire aux XVIIIe et XIXe siècles. Les dirigeants politiques tout comme les corsaires se rendirent compte en effet qu'en contrôlant les principales zones portuaires marocaines et en montant les puissances européennes les unes contre les autres, ils pouvaient intercepter n'importe quelle marchandise passant par le détroit de Gibraltar et le long de la côte atlantique.

À la fin du XVIIIe siècle, Sidi Mohammed ben Abdallah mit fin aux actes de pillage de ses prédécesseurs et se refusa à tout accord non légal avec les puissances étrangères. Sur le plan financier, les résultats furent désastreux. Parallèlement, la peste et la sécheresse sévirent sur le Maroc, dont l'avenir semblait alors sérieusement compromis.

Champs de bataille historiques

» **Aghmat**
Idrissides contre Almoravides ; mouvement d'indépendance contre protectorat français

» **Sijilmassa**
Almoravides contre Almohades ; Alaouites contre Aït Atta Amazigh

» **Chefchaouen**
Rifains contre Portugais ; Rifains contre Espagnols

» **Sahara occidental**
Espagnols contre Front Polisario ; Front Polisario contre Maroc

Le Maghreb à l'épreuve de la colonisation, de Daniel Rivet (Hachette, 2002), retrace l'histoire de la colonisation et permet de mesurer son impact sur les sociétés marocaine, algérienne et tunisienne.

1767-1836
Le Maroc accorde au Danemark le monopole du négoce à Agadir et à Safi ; à la France et aux États-Unis, une licence pour faire du commerce au Maroc en échange d'une somme dérisoire.

1777
Un siècle après la destruction de Tanger, le Maroc prend une forme de revanche sur l'Angleterre en devenant le premier pays à reconnaître l'indépendance des États-Unis d'Amérique.

1830
La France s'empare de la côte algérienne et fait pression sur le sultan marocain pour qu'il cède le pouvoir, en contrepartie d'une protection sur le littoral contre les assauts des Ottomans.

1860
L'Espagne parvient finalement, après 700 ans, à s'établir sur un morceau de territoire dans le nord du Maroc.

La mainmise européenne

Le sultan Moulay Abderramane, dans les années 1820, choisit la politique contraire : il voulut se rapprocher des Européens en concluant des accords commerciaux avec le Portugal, l'Angleterre et la France, tout en reprenant la guerre de course (contre des navires européens !). En parallèle, la France qui se lançait à la conquête de l'Algérie (et devait combattre les armées de l'émir Abd el-Kader) cherchait à obtenir la neutralité du Maroc et à s'allier avec les Berbères de toute l'Afrique du Nord contre les Ottomans. C'est dans ce contexte que le peintre Eugène Delacroix séjourna au Maroc en 1832.

LES JUIFS MAROCAINS : 2 000 ANS D'HISTOIRE

Paysans, ferronniers, teinturiers, souffleurs de verre, relieurs et pasteurs composaient la communauté berbère juive solidement implantée au Maroc dès le Ier siècle de notre ère. Les Mérinides créèrent le premier quartier juif officiel à Fès, où les artisans et commerçants juifs exclus de certains métiers et corporations dans l'Europe médiévale purent travailler. Taxés par la dynastie au pouvoir lorsque les affaires étaient prospères, blâmés lorsqu'elles ne l'étaient pas, les juifs marocains firent mieux que subsister sous les Mérinides et les Saadiens, quand leurs coreligionnaires d'Europe faisaient face à l'Inquisition et à de multiples persécutions.

Du XVIIe au XIXe siècle, sous la dynastie alaouite, la politique envers les juifs marocains fut à double tranchant : d'un côté, au XIXe siècle, il était relativement facile pour un juif de devenir commerçant, homme d'affaires, et même ambassadeur en Angleterre, en Hollande et au Danemark ; de l'autre, les taxes, la surveillance et les actes sporadiques de violence étaient nombreux. Mais dans les mauvaises périodes comme dans les bonnes, les juifs marocains restèrent de façon continue au Maroc.

En 1948, quelque 300 000 juifs marocains vivaient au Maroc. À la création des États marocain et israélien, nombre d'entre eux quittèrent le pays et on estime qu'aujourd'hui, entre 3 000 et 8 000 vivent encore au Maroc, principalement à Casablanca. En 2003, l'alliance juive ainsi que des commerces juifs furent la cible d'attentats à la bombe dans cette même ville, au cours desquels 33 personnes furent tuées et 100 autres blessées. Mais la communauté reste intacte à Casablanca, qui abrite le musée du Judaïsme marocain, récemment agrandi.

Sous la gouvernance du roi actuel, les écoles juives sont désormais financées par l'État, et quelques juifs expatriés, qui ont accepté l'invitation de retour au Maroc de la part de Mohammed VI, contribuent à la renaissance du mellah d'Essaouira. Cependant, ceux qui perpétuent véritablement l'héritage juif du Maroc sont les Marocains ordinaires, le million de juifs marocains de la diaspora vivant dans d'autres régions du monde, ainsi que les voyageurs intéressés par leur culture. À eux tous, ils permettent aux traditions et aux fêtes juives marocaines de se perpétuer, et aux monuments de faire l'objet de toute l'attention qu'ils méritent.

1880

Si la France, la Grande-Bretagne, l'Espagne et les États-Unis, réunis à Madrid, reconnaissent la souveraineté du Maroc, ils s'octroient des avantages commerciaux sur son territoire.

1906

Les accords d'Algésiras partagent l'Afrique du Nord entre plusieurs puissances européennes – à l'exception de l'Allemagne, qui n'est pas invitée à la table des négociations.

1912

Le traité de Fès fait du Maroc un protectorat français avec Rabat pour capitale.

Le chef berbère Thami el-Glaoui est nommé quelques années plus tard gouverneur (pacha) de Marrakech.

1921-1926

Conduits par Abd el-Krim, les dirigeants berbères se soulèvent contre les Espagnols, qui sont contraints, à l'issue de la guerre du Rif, de se retirer de ces montagnes.

LA MARCHE VERTE

L'idée d'un "Grand Maroc" voit le jour dans les années 1950, et devient, dans les années 1970, l'explication officielle lorsque le Maroc annexe le Sahara espagnol, qui recèle de nombreuses mines de phosphate. Mais en réponse à l'annexion marocaine, le Front populaire de libération de la Saguia el Hamra et du Rio de Oro (dit le Polisario), déclare l'indépendance de la région. Hassan II décide alors de saisir la Cour internationale de justice de La Haye (CIJ), persuadé d'un verdict en faveur du Maroc. Mais, contre toute attente, la CIJ accepte la demande du Front Polisario pour l'indépendance et dépêche une enquête dans le Sahara espagnol.

La CIJ conclut finalement au non-fondement de l'annexion marocaine et à l'autorisation d'autodétermination du Sahara occidental. Hassan II, faisant fi du jugement, déclare à son peuple que le Maroc a eu gain de cause et organise en 1975, en guise de célébration une "marche pacifique" de Marrakech jusqu'au Sahara occidental : 350 000 Marocains y participeront, dont certains ne reviendront jamais. À cette "Marche verte" vinrent se joindre des militaires, voués à consolider la présence marocaine, fortement combattue par les hommes armés du Polisario.

La Marche verte n'est plus aujourd'hui le symbole de fierté nationale qu'elle était autrefois. Les fresques en son honneur qui décoraient auparavant les murs des cafés dans le sud du pays ont été recouvertes de paysages de dunes et de marques de l'identité berbère, des illustrations qui semblent davantage dans l'air du temps. Parallèlement, les bénéfices tirés de l'exploitation du phosphate se sont considérablement amoindris en raison de la chute des cours, des sabotages des mines et des coûts exorbitants des opérations militaires marocaines – plus de 300 millions de dollars en 1981.

Une trêve fut finalement instaurée en 1991 entre le Maroc et le Polisario, mais le raid opéré par le Maroc en 2010 sur le camp de Gadaym Izik, où étaient parqués 12 000 déplacés sahraouis fit au moins, selon la BBC, une douzaine de morts et des centaines de blessés, et entraîna en outre plus d'une centaine d'arrestations d'activistes, comme l'a rapporté l'organisme Human Rights Watch. Tout cela n'a pas altéré la détermination du Polisario à réclamer un référendum. De son côté, Rabat maintient qu'elle accordera un statut autonome au Sahara occidental tout en refusant le référendum. Aussi, le statut du Sahara occidental n'est-il toujours pas réglé : cri de ralliement pour les Sahraouis d'un côté, délicat problème voué à l'échec pour de nombreux contribuables marocains ambivalents de l'autre.

Sous la pression croissante des Marocains et des Alliés, la France finit par autoriser en 1955 le retour d'exil de Mohammed V et le Maroc parvint à négocier avec succès son indépendance avec la France en 1956 et ses revendications territoriales avec l'Espagne en 1958.

1981
Les militaires répriment la révolte de Casablanca et arrêtent opposants et syndicalistes dans tout le pays. La contestation prend de l'ampleur et des prisonniers politiques seront finalement graciés.

1999
L'accession au pouvoir de Mohammed VI fait renaître l'espoir d'une véritable monarchie constitutionnelle.

2002-2007
Le nouveau régime met en place des élections législatives et municipales régulières et réforme le code de la famille, pour un meilleur respect des droits des femmes.

2004
Le Maroc signe des accords de libre-échange avec l'Union européenne et les Etats-Unis, et acquiert le statut d'allié majeur hors OTAN.

L'indépendance : des débuts difficiles

Lorsque Mohammed V mourut brutalement d'une crise cardiaque en 1961, le roi Hassan II lui succéda. Faisant face à un pouvoir chancelant, une économie instable et des élections divisant même les nationalistes, le nouveau souverain consolida le pouvoir en interdisant toute dissidence. Il suspendit également le Parlement pendant 10 ans. La construction de barrages, le développement urbain et l'extension de la bureaucratie conduisirent à l'endettement profond du Maroc au début des années 1970. Les tentatives d'assassinat répétées sur le roi témoignaient d'une nécessité absolue de sortir de la situation, quand en 1973, l'industrie du phosphate dans le Sahara espagnol connut un véritable essor. Le Maroc revendiqua alors la région en organisant la Marche verte (voir l'encadré ci-contre). Et alors que les Marocains avançaient sur le territoire, le peuple sahraoui était bien décidé à obtenir son autodétermination.

Pour faire impression sur les Marocains, révisez vos connaissances sur l'actualité marocaine, la société, la culture berbère et la politique nord-africaine sur le site http://www.magharebia.com/cocoon/awi/xhtml1/fr/homepage/default.

Les années de plomb

Outre le fossé grandissant entre riches et pauvres et les nombreux impôts nécessaires au financement de la dette militaire du pays (notamment en rapport au conflit du Sahara occidental), le silence imposé aux dissidents par Hassan II ne fit qu'attiser la colère de son peuple. Dans les années 1980, le roi était critiqué par une grande partie de la société marocaine, toutes conditions et origines confondues, qu'il s'agisse des journalistes, des syndicats, des activistes pour les droits de la femme, des marxistes, des islamistes, des travailleurs pauvres, ou des Berbères revendiquant la reconnaissance de leur culture et de leur langue.

La colère fut à son comble en 1981 lorsque les journaux officiels marocains annoncèrent avec désinvolture que le gouvernement avait, sur demande du FMI, augmenté les prix des denrées de base. Pour les nombreux Marocains vivant avec le salaire minimum, cela impliquait de passer les deux tiers de leur revenu pour ne vivre que de sardines, de pain et de thé. Lorsque les syndicats organisèrent des manifestations contre cette mesure, les représailles gouvernementales furent rapides et violentes. Des chars furent envoyés dans les rues de Casablanca, et des centaines de personnes tuées. Il y eut un millier de blessés et environ 5 000 protestataires arrêtés à l'occasion d'une rafle balayant tout le pays.

Loin d'être dissuasive par ses conséquences, la révolte de Casablanca galvanisa au contraire les protestataires. Les pressions constantes exercées par les activistes des droits de l'homme durant les années 1980 finirent par obtenir gain de cause en 1991. Hassan II créa la commission Vérité et Réconciliation afin d'enquêter sur les violations des droits de l'homme qui eurent lieu pendant son propre règne, un fait sans précédent pour un roi. Lors de son premier discours public de

2004-2005
La commission Vérité et Réconciliation diffuse le témoignage de victimes de violations des droits de l'homme durant les "années de plomb". L'audience est la plus forte de l'histoire de la TV marocaine.

2006
Le Maroc propose un statut autonome pour le Sahara occidental. Des négociations ont lieu pour la première fois depuis sept ans entre les autorités et le Front Polisario, mais elles se soldent par un échec.

2010
À cause d'un dossier paru fin 2006 intitulé *Blagues : comment les Marocains rient de la religion, du sexe et de la politique*, l'État sévit contre l'hebdomadaire *Nichane*, dont la publication cesse quatre ans plus tard.

2011
Au cours du Printemps arabe, le peuple marocain manifeste contre la corruption, réclame des investissements dans le domaine de la santé ainsi que l'arrêt des représailles contre les dissidents.

souverain après le décès de son père en 1999, Mohammed VI promit à son peuple de réparer les dommages causés lors de ces années noires (dites “années de plomb”). La commission Vérité et Réconciliation a contribué à renforcer les droits de l’homme en octroyant des réparations aux 9 280 victimes des années de plomb.

Nouveau régime, nouveaux espoirs

Ainsi que les Marocains vous le diront sûrement, des progrès restent à faire. Le parlement élu en 2002 a réservé 30 sièges à des femmes, et instauré des réformes prometteuses, notamment l’organisation des premières élections municipales, le vote de lois antidiscrimination dans le travail, l’introduction de langues berbères dans les écoles publiques, ainsi que la révision du Moudawana (code de la famille), instaurant la protection des droits de la femme en matière de divorce et de garde des enfants. Mais la méthode forte en vigueur pendant les années de plomb a de nouveau sévi à la suite des attentats perpétrés à Casablanca en 2003, puis en 2010 avec la rafle opérée par les militaires au sein des protestataires qui furent arrêtés et placés en détention dans un camp du Sahara occidental – cette même année, l’organisme Human Rights Watch a signalé que nombre d’entre eux avaient fait l’objet de mauvais traitements et de détention arbitraire. La société civile avance plus rapidement que le train de réformes étatique, les Marocains prenant en main la lutte contre la pauvreté et l’illettrisme à travers des associations de villages et des ONG.

Reportez-vous au Maroc aujourd’hui (p. 408) pour un aperçu de l’histoire récente du pays.

2011

Le 1er juillet 2011, 98,5% d’électeurs marocains ont voté par un oui pour une nouvelle constitution.

Le Maroc au jour le jour

Les brochures colorées sur Marrakech, les films tournés au Sahara et les légendes urbaines attachées à Tanger, sont autant de belles images qui contournent une vérité essentielle : pour comprendre le Maroc, il faut rencontrer les Marocains. Voici donc les portraits de Driss, Fatima, Rachid et Amina, des personnes semblables à celles que vous pourriez rencontrer pendant votre voyage. Chacun représente une pièce du puzzle marocain. Sur place, vous observerez le décor dans lequel ils évoluent, et saisirez la culture marocaine dans toute sa diversité.

Driss

Driss, 30 ans, se lève à l'aube et quitte l'appartement familial, situé dans une banlieue de Marrakech, pour rejoindre en scooter le riad (demeure traditionnelle convertie en maison d'hôtes) où il travaille 6 jours par semaine comme manager assistant. En chemin, il dépose sa sœur cadette à l'école. Il parle couramment l'arabe marocain et le français, et s'exprime également en espagnol, en anglais et en arabe classique (grâce aux journaux télévisés d'Al-Jazira). En revanche, il ne parle plus guère sa langue berbère maternelle, le tachlahit. Driss profite de sa matinée de congé hebdomadaire pour prendre des cours d'informatique. Il voudrait aussi suivre des cours d'espagnol. Le père de Driss, qui possède une petite *hanout* (épicerie) et sait à peine lire et écrire, a tenu à ce que son fils aille à l'école, tout comme ses quatre frères et soeurs.

Driss n'est pas pressé de se marier, alors que ses parents commencent à s'impatienter. Il ne veut pas épouser une fille du village. Il préfère avoir une petite amie en ville et ne pas précipiter les choses. D'ailleurs, il a une jeune fille en vue : elle travaille dans un cybercafé, non loin de son riad.

En 2007, plus de 10% des parlementaires élus lors des deuxièmes élections législatives du pays étaient des femmes. Les scrutins municipaux locaux ont également vu l'élection de femmes dans tout le pays, notamment l'avocate Fatima Zahra Mansouri, élue maire de Marrakech en 2009, à l'âge de 33 ans.

Fatima

Après une longue matinée passée à fendre des noix d'argan dans une coopérative de femmes qui participe au commerce équitable près d'Agadir, Fatima s'apprête à prendre une pause-déjeuner. Elle n'a pas vraiment faim – à présent qu'elle dispose d'un revenu régulier grâce à la coopérative, la disette lui est inconnue – mais une pause ne lui ferait pas de mal. En plus, elle aime bien bavarder. Elle parle tachlahit à la maison, peut s'exprimer en arabe marocain, et sait dire "bonjour" et "bienvenue" en français et en anglais aux étrangers qui viennent parfois visiter la coopérative, mais elle ne sait ni lire ni écrire.

Les filles représentent près des deux tiers des 500 000 enfants marocains de moins de 15 ans qui travaillent au lieu d'aller à l'école.

Ce n'est pas le cas de ses cinq petits-enfants, ce dont elle est très fière. Fatima mène une existence frugale, économisant autant que possible afin de participer à leurs frais scolaires. Ses quatre enfants sont mariés, et elle a toujours une histoire ou des friandises en réserve pour les jours où ses petits-enfants viennent la voir. Lorsqu'elle-même rend visite à sa fille, en ville, elle est surprise de la décontraction avec laquelle les jeunes

LES EXPATRIÉS

En raison de son climat agréable et de son taux de change intéressant, le Maroc compte 100 000 résidents étrangers – un chiffre en constante augmentation. De plus en plus de Marocains expatriés quittent l'Europe et les États-Unis pour rentrer au pays, prendre leur retraite ou monter une entreprise. Ils participent de l'émergence d'une classe moyenne supérieure. Si celle-ci représente une importante source de revenus pour le pays, sa façon de dépenser sans compter génère aussi du ressentiment au sein de la population, qui ne cache pas son mécontentement de voir ces émigrés rentrés au pays provoquer une flambée des prix et importer une culture de consommation ostentatoire, souvent superficielle.

L'engouement des acheteurs étrangers, surtout européens, pour les riads, ces maisons traditionnelles dotées d'un jardin intérieur, s'est propagé de Marrakech aux médinas (vieilles villes) de tout le pays. Et pendant que nombre d'Européens achètent et restaurent ces bâtiments anciens, les prix en hausse de l'immobilier excluent les Marocains de ce marché dans leurs propres centres urbains. Le mouvement de la population locale vers la périphérie provoque l'expansion anarchique des villes et l'intensification de la circulation, tandis que les médinas semblent parfois étrangement désertes et sans vie, à tout le moins hors saison. Dans un pays où une bonne partie de la population a encore en mémoire les luttes acharnées pour l'indépendance, les enclaves européennes ne sont pas sans rappeler les villes nouvelles créées sous le protectorat à destination exclusive des Français (voir p. 424). En réponse à l'argument selon lequel leur simple présence modifie la culture locale, certains expatriés pointent du doigt les antennes satellites installées sur les maisons de leurs voisins, et affirment que la mondialisation est inévitable.

C'est peut-être vrai, toutefois les voyageurs ont la possibilité de rendre les échanges plus équitables en s'aventurant au-delà des murs des riads pour découvrir l'authentique culture marocaine, rencontrer les Marocains sur leur propre terrain et s'assurer également qu'ils sont les premiers bénéficiaires du tourisme. Dans ce guide, Lonely Planet recommande les établissements certifiés, qui offrent à leurs employés des rémunérations et des conditions de travail équitables, et cherchent à développer de véritables échanges culturels. Vous pouvez apporter votre pierre à l'édifice en laissant des commentaires sur le site lonelyplanet.fr.

> Au XIXe siècle, la voyageuse, aventurière et écrivain suisse Isabelle Eberhardt se déguisa en homme, entra dans une secte soufie, fuma du kif, servit comme agent triple, épousa un rebelle algérien, fut bannie d'Afrique du Nord par les Français et rédigea ses mémoires… avant de mourir à l'âge de 30 ans.

s'adressent à leurs aînés. Nullement offensée, elle pense que les jeunes doivent pouvoir s'exprimer librement. Ce qui la choque, en revanche, ce sont les prix des denrées.

Au moment de se relever, Fatima sent que son arthrose la rappelle à l'ordre. Cela commence à la gêner au travail, et elle s'inquiète pour sa famille qui dépend en grande partie d'elle depuis que son mari est décédé il y a quelques années. Elle remercie Dieu d'être en mesure de travailler, et elle est bien décidée à faire le pèlerinage à La Mecque dans deux ans, *inch'allah* (si Dieu le veut).

Rachid

Tandis qu'il cherche des lézards, Rachid manque se heurter à un randonneur sur le chemin montagneux qu'il emprunte pour rentrer de l'école. Il est "tellement rêveur qu'il laisse toujours les chèvres s'éloigner du troupeau", se moquent ses sœurs. Jusqu'à l'an dernier, les enfants se rendaient ensemble à pied à l'école, distante de 4 km, mais la sécheresse a durement frappé leur village du Moyen Atlas. La famille a vendu son âne et a dû faire des choix cruels. Rachid, qui a 11 ans, est meilleur élève et moins bon berger que ses sœurs, aussi est-ce lui qui continue à fréquenter l'école – pour le moment en tout cas. Il aime bien rapporter des surprises lorsqu'il rentre à la maison : un petit lézard trouvé en chemin, des fèves du jardin de l'école et même, une fois, un randonneur étranger invité pour le thé. La famille a offert à son hôte du pain et du beurre, et même si personne ne comprenait un mot de ce qu'il racontait, tout le monde a trouvé qu'il se débrouillait bien au *koura* (football). Aujourd'hui, la carte postale qu'il a fait parvenir via l'association du village trône sur une étagère de la pièce commune et Rachid ne doute pas que s'il réussit à intégrer le collège de la région, il lui répondra un jour dans un anglais sans fautes.

Amina

Il est 18h30. Bien qu'Amina rentre à peine de son cours de littérature française à l'université, elle est déjà prête à repartir. Non qu'elle ait quelque chose de spécial de prévu : une balade, peut-être un saut à la bibliothèque ou bien dans un cybercafé afin de pouvoir lire ses messages tranquillement, à l'abri du regard de son petit frère un peu trop curieux.

À présent, elle devrait avoir reçu sur Facebook les réponses de ses cousins en France. Elle a aussi un oncle en France qui finance ses études. Amina étudie d'arrache-pied, et souhaiterait travailler pour le gouvernement marocain comme son père, peut-être même au ministère des Affaires étrangères, bien qu'elle ne soit encore jamais sortie du Maroc et ait rarement l'occasion de quitter la banlieue de Rabat. Mais elle se tient au courant de l'actualité internationale en français, en arabe et en anglais grâce à Internet et à la télévision satellite qu'elle regarde en compagnie de ses cousins qui habitent aussi Rabat.

Ce soir, elle organisera ses sorties du week-end, peut-être un restaurant avec un groupe d'amis. Si Amina ne boit pas d'alcool, elle ne porte pas de jugement sur ceux qui le font. Côté cœur, elle a rencontré quelqu'un via un "chat" Internet il y a quelque temps, mais rien de sérieux. De toute façon, elle n'est pas encore prête à fonder un foyer. Elle a tellement d'autres projets à réaliser avant !

Us et coutumes

Valeurs familiales

Aussi différents les uns des autres qu'ils puissent sembler, Fatima, Driss, Amina et Rachid partagent un attachement profond à la famille. Ils mènent des carrières et ont des idées indépendantes, mais leurs

HUMOUR

Dans *Le Harem et l'Occident* (Albin Michel, 2001), l'universitaire et auteur à succès Fatima Mernissi explique les différences marquantes et les étonnantes similitudes dans la vision de la "femme idéale" en Europe et au Moyen-Orient.

AMITIÉS MAROCAINES

De nombreux voyageurs sont surpris de la rapidité avec laquelle les amitiés se créent au Maroc. Bien évidemment, les marchands de tapis ont d'autres buts que de créer des liens amicaux lorsqu'ils vous offrent le thé. De même, si vous êtes une femme et qu'un nouvel ami vous présente son cousin célibataire, la situation peut se révéler inconfortable. Si cela vous arrive, prétendez un rendez-vous quelque part, souriez et quittez les lieux tranquillement.

Cela dit, prenez le temps d'observer la manière dont les Marocains se comportent entre eux. Vous vous rendrez compte que les amitiés se nouent facilement et sans calcul. Quelqu'un que vous aurez rencontré, même brièvement, se souviendra de vous et vous saluera chaleureusement le jour suivant. Il est alors poli d'échanger quelques mots. Les salutations entre amis peuvent durer jusqu'à 10 minutes, chacun demandant des nouvelles de l'autre sur sa santé, sa famille, etc.

Guère avares de leur temps, les Marocains poussent parfois la courtoisie jusqu'à vous emmener à votre lieu de destination ou à vous inviter chez eux pour le thé ou pour dîner. Si ces marques de politesse peuvent vous paraître exagérées, ne les confondez pas avec un service. Un pourboire serait dans ce cas considéré comme une offense par votre hôte. En gage de reconnaissance, passez plutôt lui dire bonjour le lendemain, et n'oubliez pas de complimenter le chef !

RECOMMANDATIONS VESTIMENTAIRES

Les Marocains côtoient les Européens depuis des siècles, et ils regardent la TV satellite depuis une dizaine d'années. Ils ne s'étonnent donc pas vraiment des habitudes vestimentaires occidentales. D'ailleurs, vous remarquerez que la plupart des jeunes citadins portent des T-shirts et des baskets de marques très connues. Si la vente de contrefaçon était réprimée, les moins de 25 ans dans les grandes villes ne trouveraient plus grand-chose à se mettre.

Il n'est pas nécessaire de se couvrir la tête au Maroc, mais c'est une protection efficace contre les tempêtes de sable dans le désert. Certaines femmes marocaines portent le *hijab* (foulard) pour des raisons religieuses et culturelles, d'autres non, selon la tradition locale et la personnalité de chacune. Certaines s'y essaient pour un temps afin de voir si cela leur convient, ou bien se couvrent lorsqu'elles sont dans la rue, et enlèvent leur foulard chez elles et au travail. Le type de voile qui couvre le visage entier est rare dans les villes, et plus encore dans les campagnes où les femmes travaillent aux champs.

Ceci dit, la tenue vestimentaire est très importante puisqu'elle est perçue comme une marque (ou comme l'absence) de respect envers soi-même, sa famille et ses hôtes. Cela signifie, pour les femmes comme pour les hommes, ne pas porter de shorts, de hauts sans manches ou de tenues moulantes. Dans le cas contraire, certains se sentiront embarrassés pour vous et votre famille, au point d'éviter de croiser votre regard. Aussi, pour tirer le meilleur parti des rencontres que vous ferez, surtout avec les Marocains les plus âgés, veillez à arborer une tenue sobre.

aspirations sont toujours liées à la famille. Une telle loyauté est tenue en haute estime dans la société marocaine.

Même des signes extérieurs de richesse, tels que le scooter de Driss ou la télévision satellite d'Amina, ne sont pas considérés comme des biens personnels de valeur, mais comme des équipements profitant à toute la famille. Certes, la situation évolue, à mesure que les jeunes qui font des études rejoignent la classe moyenne et quittent le foyer familial pour s'installer dans des appartements de banlieue. Les liens familiaux demeurent d'une importance capitale, et les revenus rapatriés de Marocains travaillant à l'étranger représentent 20% du PIB.

On vous posera très certainement des questions sur votre famille au cours de la conversation : Es-tu marié ? As-tu des enfants ? Comment va ta famille ? Qu'est-ce qu'ils font ? Cela peut vous paraître un peu inquisiteur, ou vous sembler un moyen détourné pour découvrir qui vous êtes et ce que vous cherchez. Mais pour un Marocain, engager une conversation par des questions sur le travail ou les loisirs est étrange et inhabituel, car votre métier ou vos passe-temps en disent moins sur vous que ce que vous faites pour votre famille.

Pays à l'histoire millénaire, le Maroc est aussi une nation très jeune puisque la moitié de la population y a moins de 25 ans, près d'un tiers a moins de 15 ans, et moins de 5% a plus de 65 ans.

Éducation

Après la famille, l'éducation est au Maroc le plus important indicateur de statut social. Driss et Amina, tous deux citadins, savent lire et écrire, comme 52,3% de la population marocaine urbaine. Or Amina aura peut-être du mal à trouver un emploi, bien qu'elle ait fait des études supérieures : 40% des titulaires d'un diplôme universitaire étaient au chômage en 2008.

Le cas de Rachid, qui sait lire et écrire, fait plutôt figure d'exception dans un Maroc rural où seulement 12% des garçons vont au collège. L'évolution de la société et l'adoption d'une loi fixant à 14 ans l'âge de la scolarité obligatoire, conjuguées à un certain nombre d'initiatives locales, ont permis toutefois une franche amélioration de la situation dans les zones rurales. Il reste que pour des familles vulnérables comme celle de

C'est le général Lyautey qui a interdit l'accès des mosquées aux non-musulmans, par respect envers l'islam et par souci d'éviter les conflits. Les Marocains ont conservé l'interdiction après le départ des Français.

Rachid, qui ont parfois toutes les peines du monde à nourrir leurs enfants, la priorité n'est pas toujours de les envoyer à l'école. Selon l'Organisation des Nations unies pour l'alimentation et l'agriculture (FAO), le taux de malnutrition infantile au Maroc est passé de 4% au milieu des années 1990 à 8% en 2006. Rachid bénéficie d'un programme novateur dans son établissement scolaire, qui prend en charge les repas aussi bien que l'éducation des élèves. Une clé pour un avenir meilleur au Maroc.

Pour mieux connaître la situation des enfants des rues du Maroc et agir à votre mesure, rendez-vous sur le site d'information http://gvnet.com/streetchildren/Morocco.htm (en anglais).

Les femmes au Maroc

Il y a dix ou vingt ans, vous n'auriez pas pu rencontrer Fatima ou Amina, et croisé une population essentiellement masculine, en ville, dans les commerces et les souks, et à la sortie des écoles. Les femmes étaient cantonnées à des tâches moins "nobles" : élevage du bétail, travaux de la ferme, soins apportés aux enfants, corvées d'eau et de bois.

Depuis 2004, le code marocain de la famille, le Moudawana, garantit, entre autres, aux femmes le droit au divorce, à la garde des enfants, à la pension alimentaire et à la propriété privée. L'évolution positive des mentalités a grandement réduit l'emploi de fillettes de moins de 14 ans comme servantes, et les efforts visant à faire reculer l'illettrisme donnent aux jeunes filles un meilleur départ dans la vie. Les femmes représentent désormais près d'un tiers de la main-d'œuvre marocaine. Elles constituent leurs propres syndicats, coopératives agricoles et collectifs d'artisanat.

Désormais, l'horizon des Marocaines semble aller bien plus loin que le pas de leur porte. Les voyageuses pourront rencontrer des citadines désireuses d'échanger, de comparer leur vie et leurs idées. Pour les hommes, il sera plus difficile de discuter avec des Marocaines, car les relations hommes-femmes sont freinées par les conventions sociales. Malgré les coutumes, qui ne permettent guère les rencontres sinon au sein de grands groupes de personnes, vous remarquerez certainement des couples qui se retrouvent dans les parcs, les cafés, ou qui se parlent par l'intermédiaire d'une webcam. Les jeunes Marocaines sont à présent de plain-pied dans la modernité, se rendant au travail en scooter, se promenant en ville bras dessus bras dessous le soir, et briguant des postes-clés au sein du gouvernement.

Le film de Farida ben Lyzaid, *Une porte sur le ciel*, retrace l'histoire d'une immigrée de retour au Maroc et ses hésitations entre modernité et tradition.

Normes sociales

Comme vous le remarquerez au cours de votre voyage, une attitude inacceptable dans la rue, ou en public, telle que boire de l'alcool, ou mimer un baiser vers une personne du sexe opposé, est relativement tolérée à une terrasse de restaurant, dans un riad ou un café Internet. Ainsi la position d'Amina face à l'alcool et aux flirts sur Internet ne va pas totalement à l'encontre des usages, et Driss peut-il nourrir quelque espoir quant à son idylle du cybercafé. Sur le papier, la loi marocaine limite la vente d'alcool aux alentours des mosquées, interdit les relations sexuelles hors mariage et l'homosexualité, mais ces lois sont rarement appliquées. Toutes proportions gardées, on peut considérer que la liberté en matière de comportements est assez grande.

Religion

Comme près de 99% des Marocains aujourd'hui, Driss, Fatima, Amina et Rachid sont musulmans. Le Maroc compte des communautés chrétiennes et juives depuis 1 700 ans, mais leur nombre s'est réduit comme peau de chagrin ces dernières années (voir p. 423).

Les cinq piliers de l'islam

Les minarets se détachant sur l'horizon, les mosaïques irisées, l'entrelacement des calligraphies, l'appel psalmodié du muezzin à la prière : beaucoup des attraits du Maroc d'aujourd'hui doivent leur existence à la foi profonde et éternelle des Marocains dans l'islam. Tout commença en l'an 610, lorsqu'un marchand de La Mecque, qui prit en tant que prophète le nom de Mahomet, parla de la révélation qui s'était imposée à lui : il n'existe qu'un seul Dieu, et ses fidèles partagent la responsabilité d'accomplir Sa volonté. Fondée sur les enseignements de l'Ancien et du Nouveau Testament, la nouvelle religion reposerait sur cinq piliers : *shahada*, l'affirmation de sa foi en Dieu et en Mahomet son prophète ; *salat*, ou prière, renouvelée si possible cinq fois par jour ; *zakat* ou aumône légale, l'obligation morale de donner à ceux qui en ont besoin ; *saoum*, le jeûne du mois de ramadan ; et hadj, le pèlerinage à La Mecque, point culminant de la vie d'un musulman pratiquant.

Le Maroc de 1980 à 2010

» L'espérance de vie a augmenté de 14 ans.

» Le nombre moyen d'années passées à l'école a augmenté de 5 ans.

» Le RNB (revenu national brut) par habitant a augmenté de 86% (chiffres du programme de développement des Nations unies)

Chiites et sunnites

Si tous les musulmans s'accordent sur ces préceptes légués par le prophète Mahomet, de nombreuses discordes sont apparues après sa mort. Les Omeyyades dénièrent à son gendre Ali sa légitimité en tant que calife, donc guide des fidèles. Or certains musulmans continuèrent à ne reconnaître que les successeurs d'Ali comme légitimes : ce sont les chiites. L'histoire semble avoir pris le parti du califat omeyyade, dont l'islam sunnite est le courant dominant aujourd'hui.

La doctrine malikite

Comme beaucoup de pays musulmans, le Maroc est majoritairement sunnite. Le courant sunnite compte quatre grandes écoles privilégiant chacune différents aspects du dogme. La plus populaire au Maroc aujourd'hui est l'école des Maliki. Historiquement, cette école est la moins stricte, les chefs des caïdats malikis appliquant la charia (loi islamique) dans le respect des coutumes locales, plutôt qu'à la lettre.

Marabouts et zaouïas

Au fil des siècles, l'islam marocain vit émerger une tradition locale : celle des marabouts, ou saints. Les marabouts sont des musulmans très pieux, dont les actes de dévotion et les professions de foi sont si profonds que leur simple présence apporte la baraka (grâce, sagesse ou bénédiction envoyée par Allah), même après leur mort. Les Marocains se rendent sur les tombes des marabouts et visitent leurs zaouïas (tombeaux). Beaucoup considèrent qu'un tel pèlerinage agit comme un hammam pour l'âme, et peut tout soigner, du chagrin d'amour à l'arthrose.

Ce culte des marabouts trouve plus d'écho dans les anciennes croyances berbères et le soufisme que dans l'islam orthodoxe, qui condamne généralement tout ce qui peut ressembler à un culte des idoles. Mais visiter les zaouïas n'est pas ce qui importe pour de nombreux musulmans pratiquants qui, comme Fatima, consacrent leur vie entière à réaliser un jour le hadj. Les Marocains ne voient pas forcément de contradiction entre la baraka et le dogme, ni entre leurs coutumes locales et l'universalité de l'islam.

Médecins sans frontières et Amnesty International offrent leurs services et leur soutien aux immigrants marocains, écartelés entre deux pays, sans famille, sans argent et sans protection légale. Pour plus d'informations, consultez leurs sites www.msf.fr. et www.amnesty.fr.

Perspectives d'avenir

Mobilité économique

Driss, Fatima et Amina tirent bien leur épingle du jeu dans un Maroc où la régularité des revenus est une rareté, et où 35% du revenu moyen sont consacrés à l'achat de produits alimentaires de base. Seulement 10% de la population ont les moyens d'acheter des denrées d'importation au supermarché – ne parlons même pas de manger au restaurant de temps à autre, comme le fait Amina. Alors que le fossé se creuse entre riches et pauvres, Driss et Fatima incarnent la nouvelle classe moyenne en train d'émerger, même si globalement, un Marocain gagne beaucoup moins en une journée qu'un Européen en une heure.

Emplois

Driss, Fatima et Amina tirent leurs revenus du commerce international, du tourisme, de l'agriculture ou de l'envoi de revenus de parents vivant à l'étranger, ce qui est assez représentatif de la situation du Maroc. La sécurité sociale est prise en charge par la famille et non par l'État, aussi, à l'instar de Fatima, la plupart des Marocains ne peuvent envisager de se mettre en retraite. La concurrence est si rude, tant en ce qui concerne le nombre d'emplois, limité, que les places dans les universités publiques, que même les étudiants brillants comme Amina doivent compter sur l'aide de leur famille – et certains n'hésitent pas à courir de grands risques pour aller se chercher un meilleur avenir à l'étranger.

Comme beaucoup de Marocains qui sont nés à la campagne et y ont grandi, le petit Rachid, 11 ans, ne pourra sans doute pas y rester très longtemps. Sachant que dans les régions rurales, 55% des foyers ont toutes les peines du monde à joindre les deux bouts, les adolescents sont souvent contraints de partir pour la ville s'ils veulent travailler ou recevoir une éducation.

Votre séjour au Maroc peut avoir un impact positif sur l'avenir des habitants tels Driss, Fatima et Amina, mais surtout Rachid, puisque les revenus générés par le tourisme aident les jeunes à rester dans les régions rurales, leur évitant ainsi de mener une existence encore plus difficile en ville. Alors que les Marocains travaillent dur à accueillir toujours plus de visiteurs, le tourisme fait cependant planer une menace sur les ressources naturelles. En optant pour les établissements et circuits respectueux de l'environnement, vous pouvez participer à inverser la tendance, et faire que le tourisme profite intégralement au pays qui vous accueille.

Cuisine marocaine

La cuisine marocaine, avec ses mythes et ses légendes, constitue l'un des plaisirs du voyage. Les descriptions confuses des cartes en français ou en anglais incitent les visiteurs à se cantonner à ce qu'ils connaissent : les couscous et les tajines. D'autres délicieuses préparations, servies au petit-déjeuner, au déjeuner ou au dîner, sont décrites dans ce chapitre pour vous aider à explorer toute la palette de cette excellente cuisine.

N'hésitez pas à commander des salades car les légumes sont presque toujours cuits ou épluchés. Les plats décrits comme "épicés" sont rarement relevés et plutôt parfumés d'une pincée de safran ou de cannelle. Vous résisterez difficilement aux desserts, telles les pâtisseries feuilletées aux fruits secs avec un soupçon d'eau de fleur d'oranger. *B'saha* – à votre santé.

Le vrai goût du Maroc – une traversée du pays en 50 recettes, de Moha Fedal (Hermé, 2006), vous aidera à préparer les classiques de la gastronomie marocaine, de la *harira* (une soupe agrémentée de lentilles et de pois chiches) aux *kaab al-ghazal* (cornes de gazelle).

Dans cet ouvrage, les restaurants sont cités par ordre de préférence. Les fourchettes de prix se basent sur un plat principal au dîner, sans boisson ni pourboire :

€ Jusqu'à 70 Dh
€€ De 70 à 150 Dh ; un menu, vin compris, coûte généralement de 250 à 400 Dh
€€€ Plus de 150 Dh ; un menu avec vin revient à plus de 400 Dh

Les restaurants de catégories moyenne et supérieure se concentrent souvent dans les quartiers modernes des grandes villes, à l'exception de Fès et Marrakech.

Le service peut être systématiquement ajouté dans les meilleurs restaurants. La TVA (environ 10%) est parfois rajoutée, mais généralement comprise dans les prix indiqués sur les cartes.

Alimentation

Les plats sont habituellement confectionnés sur place avec des produits frais, provenant des alentours. Les paysans possèdent généralement de petites parcelles, qu'ils cultivent à l'ancienne sans pesticide ni OGM (organisme génétiquement modifié).

Les blogueurs Samira et Sabah dévoilent des secrets culinaires, dont des recettes de Fès, leur ville natale, sur http://moroccankitchen.blogspot.com (en français et en anglais).

Produits du marché

Sur les marchés, la fraîcheur et le goût savoureux des produits se devinent au premier regard. Les fruits et les légumes sont le plus souvent cueillis à maturité, et vendus directement dans les souks par les fermiers. Veillez toutefois à les éplucher, les cuire ou bien les laver avant de les consommer pour éviter tout problème digestif.

Viandes

Les carnivores et les partisans du développement durable pourront se réconcilier autour d'un repas. La vision des moutons et des chèvres qui gambadent dans les vallées et les montagnes rassure sur leurs conditions de vie... jusqu'à l'heure du dîner. Ainsi, la viande servie

PENDANT LE RAMADAN

Durant le ramadan, la plupart des Marocains jeûnent du lever au coucher du soleil. Le dîner se prend plus tard que d'habitude, vers 23h, et beaucoup se lèvent tôt pour un copieux petit-déjeuner avant l'aube. Une autre pratique répandue consiste à veiller la majeure partie de la nuit, à dormir le plus tard possible, puis à prolonger la sieste jusqu'en début de soirée. Adaptez-vous à l'horaire local pour profiter du rythme nonchalant, des festivités et des festins nocturnes.

Bien qu'on n'attende pas des visiteurs qu'ils respectent le jeûne, manger en public est mal vu. De nombreux restaurants ferment durant la journée jusqu'à l'*iftar*, le dîner qui marque la rupture du jeûne ; dans les régions touristiques, des restaurants prépareront peut-être des repas sur demande préalable. Avec un peu d'organisation, vous pourrez calmer votre faim au fil de la journée : achetez des en-cas au marché et dégustez-les dans un endroit isolé, demandez à votre pension de vous servir un petit-déjeuner ou un déjeuner dans une salle privée, et renseignez-vous sur les bonnes adresses pour l'*iftar*.

L'*Iftar* comprend tous les plats traditionnels du ramadan : *harira*, dattes, lait, *chebbakia* (gâteaux frits dans l'huile et enrobés de miel) et *harcha* (pain de semoule et de beurre frit). Certains établissements offrent même gracieusement une *harira*.

dans votre assiette provient généralement d'animaux élevés en plein air, nourris d'herbes et de plantes sauvages et sans la moindre trace d'antibiotiques. La saveur plus prononcée qu'en Europe de l'agneau et du mouton est due à l'élevage des troupeaux dans les contreforts du Haut Atlas.

Utilisez la sauce piquante avec modération : arroser son tajine de *harissa* (sauce de poivrons et de poivre) est de coutume en Tunisie, la principale rivale du Maroc pour la gastronomie... et le football.

Variations saisonnières

Si le Maroc offre un vaste choix de fruits, de légumes, de viandes et de poissons, le manque relatif d'infrastructures et le coût des transports rendent leur disponibilité saisonnière ou régionale. En automne, vous vous régalerez de figues plutôt que de kiwis. Vous souhaiterez peut-être planifier votre voyage en fonction de vos préférences.

Vous devrez aussi tenir compte de la géographie : les huîtres d'Oualidia auront perdu leur fraîcheur avant d'arriver à Ouarzazate, de l'autre côté des montagnes ; de même, vous trouverez difficilement des cerises de Sefrou à Tiznit. Si vous rêvez de festins de fruits de mer, privilégiez le littoral. Les végétariens qui visitent les régions désertiques en automne devront raffoler des dattes. Pour savoir où trouver vos produits favoris, consultez l'encadré *Produits régionaux* (p. 439).

Faire bombance

Dernier conseil important : prenez votre temps. Les repas marocains peuvent être longs et abondants. Mangez lentement et buvez beaucoup d'eau au cours du repas, surtout s'il s'accompagne de vin et dans un climat sec. Gardez un peu de place pour la pastilla sucrée, avec amandes grillées, crème et cannelle. Vos hôtes insisteront peut-être pour vous servir un autre dessert : suivez votre instinct et abandonnez quand vous n'avez plus faim avec un "*al hamdou lillah!*" (merci à Dieu !), venu du fond du cœur.

Les chiffres de l'agriculture

- » 47% de la population vit à la campagne
- » 40% du territoire est consacré à la production alimentaire, le plus souvent à petite échelle
- » 19% des terres sont arables

Al-ftour (petit-déjeuner)

Même si vous vous contentez habituellement d'un café le matin, ce serait un crime de sauter le petit-déjeuner au Maroc. Que vous le dégustiez en flânant dans les souks ou confortablement attablé, ce sera un régal. Les hôtels et les pensions le servent rarement avant 9h ; les lève-tôt devront se rabattre sur un café ou les souks.

Dans la rue

Les cafés et les kiosques en bord de rue proposent un petit-déjeuner continental à la mode locale, avec crêpes et beignets marocains, viennoiseries, café et thé à la menthe. Dans le souk, laissez-vous guider par les odeurs pour découvrir des olives piquantes et du *jiben* (fromage frais de chèvre ou de vache) à savourer avec du *khoubz* frais, un pain plat cuit dans un four à bois jusqu'à ce qu'il soit croustillant à l'extérieur, moelleux et léger à l'intérieur. N'importe quel *hanout* (petite épicerie de quartier) vend du *khoubz* enveloppé dans du papier.

Dans les souks, d'innombrables vendeurs vantent, à juste titre, la qualité de leurs fruits, empilés sur des carrioles. *L'asir limûn* (jus d'orange) frais pressé est un délice. Buvez le vôtre dans un gobelet jetable ou dans votre propre bouteille car les verres sont simplement rincés et utilisés des dizaines de fois.

Les Carnets de cuisine marocaine de Bouchra, de Bouchra Derraqui, Valérie Lhomme et Akiko Ida (Solar, 2006), décrit des recettes simples, savoureuses et authentiques, avec les conseils et tours de main indispensables pour les réussir.

Petit-déjeuner salé du Sud, parfait par un matin frisquet, la *bessara* est une soupe de fèves servie fumante avec du cumin, de l'huile d'olive et une pincée de paprika, encore meilleure avec du *khoubz* juste sorti du four. Pour changer des viennoiseries, goûtez un *rghaif*, une sorte de croissant aplati assez dense, servi avec du miel tiède, de la confiture d'abricot ou parfois du *tahalout* (sirop de dattes au goût de noisette). Les plus aventureux commenceront la journée par un roboratif ragoût de tête de mouton ou de pieds de veau, servi dans un bol émaillé.

Petit-déjeuner de pacha

Si vous êtes invité dans un foyer marocain, vous aurez droit à un petit-déjeuner somptueux, une tradition respectée par les pensions. Il comprendra certains des mets et boissons suivants :

Ahwa (café) – outre le café, on peut aussi vous proposer du café au lait, du thé *b'na na* (à la menthe) ou *oua hleb* (au lait), *oua* (avec) ou *bla* (sans) *soukour* (sucre).

Asir limûn (jus d'orange).

Baïd (œufs) – en omelette, avec une pincée de *kamoun* (cumin frais moulu) ou de *zatâr* (cumin avec des graines de sésame grillées).

SPÉCIALITÉS LOCALES

Si vous traversez le Maroc du nord au sud, ne manquez pas de goûter ces délicieuses spécialités locales :

- **Casablanca** : *seksou bedaoui* (couscous aux sept légumes)
- **Chefchaouen** : *doujaj bil berkouk* (poulet aux pruneaux)
- **Demnate** : *seksou demnati* (couscous à la semoule de maïs ou d'orge)
- **Essaouira** : *hout mkalli* (tajine de poisson aux citrons confits, safran et gingembre), *djej kadra toumiya* (poulet aux amandes, oignons et pois chiches dans une épaisse sauce au safran)
- **Fès** : *kennaria* (ragoût de chardons ou d'artichauts sauvages, avec ou sans viande), *hout bu'etob* (alose farcie de dattes fourrées aux amandes et cuite au four)
- **Haut Atlas** : *méchoui* (agneau ou veau farci, rôti lentement)
- **Marrakech** : *bessara* (fèves avec cumin, paprika et huile d'olive), *tangia* (ragoût d'agneau cuit dans un récipient en terre pendant 8 à 12 heures dans un hammam)
- **Meknès** : *kamama* (ragoût d'agneau avec gingembre, *smen*, safran, cannelle et oignons doux)
- **Côte sud** : *amelou* (pâte de noix d'argan au miel et à l'huile d'argan)
- **Tanger** : versions locales de la paella et des tapas

PRODUITS RÉGIONAUX

- **Agadir** : oranges, citrons, huile d'argan
- **Casablanca** : figues de Barbarie
- **Doukkala** : melons
- **Erfoud** : dattes
- **Essaouira** : poisson, huile d'argan
- **Fès** : artichauts sauvages, huile d'olive, oranges, eau de fleur d'oranger, citrons
- **Kelaâ M'Gouna** : boutons de rose comestibles, eau de rose
- **Marrakech** : grenades
- **Meknès** : menthe, olives, huile d'olive
- **Oualidia** : huîtres, homards
- **Rif** : noix, châtaignes, agrumes, fromage de chèvre
- **Safi** : fruits de mer
- **Sebou** : alose, œufs d'alose
- **Sefrou** : cerises
- **Sous** : amandes, agneau, dattes

Baghir – crêpes un peu spongieuses, accompagnées de miel ou de confiture.
Viennoiseries – croissants, pains au chocolat, etc.
Khoubz – généralement servi avec du beurre et de la confiture ou de l'huile d'olive et du *zatâr*.
Rghaif – pâtisserie marocaine au beurre.
Sfenj – beignets marocains.

El-Ghda (déjeuner)

Le déjeuner est traditionnellement le principal repas de la journée, suivi d'une sieste durant les heures chaudes. La pause dure trois ou quatre heures, de 12h à 15h ou 16h, quand la plupart des magasins et services sont fermés, sauf quelques boutiques touristiques.

Ceux qui préfèrent les repas rapides seront peut-être désorientés, mais mieux vaut suivre la coutume locale, surtout en été, et profiter du déjeuner pour se reposer. Dégustez un tajine avec du pain croustillant, ou un menu de trois plats dans un restaurant, puis savourez un thé à la menthe avant la sieste.

"Snak"

Après un plantureux petit-déjeuner dans votre pension, vous vous contenterez sans doute d'un déjeuner léger. À l'instar de nombreux habitants qui travaillent dur et n'ont pas le temps pour une sieste, essayez l'un des nombreux *snak* et autres gargotes. Les Marocains privilégient les endroits qui utilisent des ingrédients frais, aussi choisissez les plus fréquentés.

Les *snak* proposent les plats suivants :

Brochettes – roulés dans le sel et les épices, les kebabs sont grillés à la broche et servis avec du cumin, de la *harissa* (sauce pimentée) et du *khoubz*. Parmi les plus prisés figurent les kebabs d'agneau, de poulet ou de *kefta* (boulettes d'agneau et/ou de bœuf haché et épicé), ainsi que les kebabs "mixtes" très parfumés (agneau ou bœuf, avec cœur, rognons et foie).
Chwarma – agneau ou poulet épicé, rôti à la broche et servi avec de la *tahina* (sauce au sésame) ou du yaourt, éventuellement des oignons, de la salade, de la *harissa* et une pincée de *soumac* (une épice violacée au goût vinaigré, délicieuse).

Selon les saisons

- **Automne** Figues, grenades, raisins.
- **Printemps** Abricots, cerises, fraises, pêches.
- **Été** Pastèques, artichauts sauvages, tomates.
- **Hiver** Oranges, mandarines, oignons, betteraves, carottes, pommes de terre et autres tubercules.
- **Toute l'année** Amandes, noix, bananes, courges, citrouilles, fèves, haricots verts, lentilles, aubergines, poivrons, citrons (frais et confits).

Dans les pensions, la cuisine est généralement préparée par des *dada*, garantes des traditions culinaires, qui élaborent des festins avec les ingrédients les plus frais, sans recette ni balance. Si la cuisine d'une *dada* vous a impressionné, remerciez-la personnellement, une démarche courtoise qui vous portera la baraka (chance).

Merguez – saucisses d'agneau pimentées, à ne pas confondre avec les *teïhan* (saucisses de rate) ; les merguez sont habituellement rouges et les *teïhan* rose pâle.
Pizza – proposée dans les *snak* haut de gamme, fréquentés par la classe moyenne. Repérez ceux équipés d'un four à bois et goûtez les savoureuses versions locales avec olives, oignons, tomates, anchois et thym.
Tajine – l'emblématique ragoût marocain cuit dans un plat en terre à couvercle conique, qui rend la viande moelleuse et fondante. Les tajines de base, servis dans les *snak* en bord de route, comportent généralement peu d'ingrédients, mitonnés dans un four de camping ou un *kanoun* (brasero en terre). Vous pouvez souvent choisir votre tajine ; indiquez celui qui mijote depuis une heure ou deux, avec des oignons caramélisés et une sauce réduite – ce sera peut-être le meilleur que vous mangerez au Maroc !

Un déjeuner plantureux

Certains restaurants haut de gamme, qui servent en soirée une *diffa* (banquet) aux groupes de touristes, proposent un menu plus simple au déjeuner, quand les serveurs sont plus détendus et les prix, bien plus raisonnables. Les musiciens et les danses orientales, qui accompagnent invariablement le dîner, feront peut-être défaut, mais pas obligatoirement. Un repas de trois plats peut sembler trop copieux au déjeuner, mais se compose habituellement d'un délicieux assortiment de petits plats de légumes, suivi d'un couscous léger et/ou d'un petit tajine de viande rouge ou de poulet, sans oublier l'incontournable thé à la menthe avec des biscuits ou un fruit.
Mezze (hors-d'œuvre). Ils peuvent constituer un repas à eux seuls. Ils se composent de pain frais et de 3 à 5 petites assiettes de légumes cuits, comme une salade de betteraves au citron et à la ciboulette, des pommes de terre aux herbes, des pois chiches au cumin, des tomates grillées aux oignons caramélisés, de la purée de citrouille à la cannelle et au miel et du caviar d'aubergine.
Plat principal. C'est habituellement un tajine et/ou un couscous – une expérience quasi religieuse à ne pas manquer, surtout le vendredi. Parmi les

LA CUISINE DE RUE SANS RISQUE SANITAIRE

» **Choisissez les stands très fréquentés**. Les Marocains, pointilleux sur la fraîcheur, connaissent les bonnes adresses. Les *snak* utilisent plus rapidement les produits frais que nombre de restaurants élégants, et vous pouvez voir la viande et l'huile de friture avant de vous installer.

» **Regardez l'huile de cuisson**. Si elle fume beaucoup, dégage une odeur âcre ou trouble, cherchez un autre établissement.

» **Regardez toujours les ingrédients**. Examinez les aliments exposés, particulièrement les viandes, les poissons et les fruits de mer et vérifiez leur fraîcheur.

» **Lavez-vous les mains juste avant de manger**. La majorité des "intoxications alimentaires" ne sont que des maladies provoquées par des bactéries présentes sur les mains.

» **Utilisez votre pain pour manger**. Imitez les Marocains, plutôt que d'utiliser des couverts hâtivement rincés à l'eau froide.

» **Buvez de l'eau purifiée ou en bouteille**. Une règle d'or pour éviter les troubles gastriques. Évitez aussi les verres à peine rincés des stands de rue.

» **Attendez l'avant-dernier jour**. Si vous avez l'estomac fragile, patientez avant d'essayer les stands de rue. Si le repas est excellent, ce qui sera sans doute le cas, vous reviendrez le lendemain.

L'ART DU COUSCOUS

Appelé *seksou* par les Berbères, le couscous passe aux yeux de certains critiques gastronomiques pour l'un des meilleurs plats au monde. Rien à voir avec la semoule précuite à arroser d'eau bouillante pour la faire gonfler en 3 minutes... Le couscous marocain est une fine semoule de grains roulés à la main et cuite à la vapeur au-dessus d'un bouillon aromatisé, jusqu'à devenir succulente et légère. On la sert avec des légumes et/ou de la viande ou du poisson dans une réduction de bouillon et d'épices délicatement parfumée.

Préparer et digérer un bon couscous demande du temps. Les Marocains le savourent habituellement le vendredi, quand beaucoup ont congé pour la journée ou l'après-midi après la prière. Servi en plat principal, le couscous présente de nombreuses variantes : aux sept légumes à Casablanca, à l'agneau et aux légumes à Fès, aux tomates, poisson et herbes fraîches à Essaouira, au potiron à Marrakech ou simplement avec des oignons dans le Haut Atlas. Les végétariens devront s'assurer de l'absence de viande dans le bouillon. Le couscous peut parfois se commander à la carte, mais il fait habituellement partie d'un déjeuner complet ou d'une *diffa*.

tajines les plus courants, citons le *doujaj mkalli bil hamd markd oua zitoun* (poulet aux citrons confits et aux olives, fondant et très parfumé), les *kefta bil maticha oua baïd* (boulettes de viande en sauce tomate légèrement pimentée avec un œuf frit) et le *lehem bil berkouk oua louz* (agneau aux pruneaux et aux amandes en sauce à l'oignon safranée). Après quelque temps dans le pays, vous risquez de vous lasser des tajines classiques avant d'en découvrir une variante régionale qui en révèle toute la subtilité. Si la préparation diffère, aucun restaurant qui se respecte ne vous servira un tajine filandreux, insipide ou trop cuit.

Desserts. Le déjeuner se termine habituellement par un thé à la menthe, servi avec des biscuits aux amandes. Même si vous n'avez plus faim, vous ne résisterez pas à une *kaab el-ghazal* (corne de gazelle), un petit croissant fourré de pâte d'amandes et parfumé à l'eau de fleur d'oranger. La salade d'oranges à la cannelle (tranches d'orange avec cannelle et eau de fleur d'oranger) constitue une alternative plus légère.

Asha (dîner)

Le dîner, qui se tient rarement avant 20h ou 21h, commence après le travail et une éventuelle promenade au crépuscule. Si la plupart des Marocains dînent chez eux, de jeunes cadres, des étudiants et des célibataires fréquentent les *snak* ou les pizzerias de quartier. En hiver, des vendeurs trônent derrière des chaudrons fumants de *harira* (une soupe roborative à base de tomates, d'oignons, de safran et de coriandre fraîche, souvent agrémentée de lentilles, de pois chiches et/ou d'agneau). Dans les maisons, le dîner se compose souvent d'une *harira* et des restes du déjeuner, à l'exception du ramadan et des fêtes.

Diffa

Si votre budget le permet, vous pourrez dîner dans l'un des restaurants huppés qui visent la clientèle touristique et servent une *diffa* (festin) à prix fixe dans un cadre somptueux. Ce dîner-spectacle comprend habituellement musique live, danses orientales, vin ou bière.

Sachez toutefois que ces restaurants valent souvent plus pour leur ambiance et leur décor, digne des *Mille et Une Nuits*, que pour leur cuisine – qui peut varier des spécialités régionales merveilleusement préparées à la plus médiocre des tambouilles. En règle générale, si la salle est immense et comprend une scène installée pour un

En-cas marocains

- Fruits frais ou séchés
- Amandes, pois chiches, graines de citrouille et de tournesol grillés
- Œufs durs au cumin frais
- Épis de maïs grillés
- Sandwichs de brochettes ou de merguez avec cumin et harissa
- Escargots dans un bouillon épicé
- Glaces
- Pâtisseries marocaines ou françaises

LE MENU D'UN VÉGÉTARIEN

- **Petit-déjeuner**. Régalez-vous de pâtisseries, de crêpes, de fruits frais et de jus de fruits. Pour un petit-déjeuner salé, achetez du fromage de chèvre, des olives et du *khoubz* (pain) juste sorti du four dans le souk. La *bessara* est une délicieuse soupe de haricots généralement sans viande, mais évitez les marmites bouillonnant en bord de rue, qui peuvent contenir des escargots ou des têtes de moutons.
- **Déjeuner**. Essayez le mezze de salades accompagné de pain frais, qui peut comprendre des concombres dans de l'eau de fleur d'oranger ou des betteraves avec des herbes et du citron kaffir. Vous pourrez parfois commander un tajine berbère de légumes ou un couscous aux sept légumes façon Casablanca. Les ingrédients sont achetés chaque jour en petites quantités et le chef ne pense pas toujours aux végétariens ; si possible, appelez le restaurant avant de vous déplacer. Les pizzas, largement disponibles et peu chères, sont meilleures avec des herbes et des olives locales.
- **En-cas**. Les étals des marchés débordent de figues, de dattes, d'abricots et de fruits secs salés ou sucrés. Les pois chiches et d'autres fèves grillés sont servis chauds avec du sel et du cumin dans des cornets de papier. À l'heure du thé, des restaurants chics proposent des *briouat*, des chaussons en forme de cigare farcis de fromage de chèvre ou d'œuf et de fines herbes, ainsi que des petits canapés et des pâtisseries. Vous pouvez aussi commander une glace, ou un thé à la menthe avec des biscuits.
- **Dîner**. Pour changer des salades et du couscous, essayez des pâtes végétariennes (celles aux aubergines sont particulièrement savoureuses) ou une omelette, habituellement servie avec des frites. Si vous séjournez dans une pension, vous pouvez souvent commander le matin un tajine de légumes pour le dîner.

spectacle au laser, n'espérez pas un service personnalisé et une cuisine authentique.

Que vous savouriez une *diffa* dans une maison marocaine (une chance !) ou un restaurant, le repas comprendra certains des plats suivants :

Mezze – jusqu'à cinq différents hors-d'œuvre, voire sept ou neuf dans les plus luxueux restaurants de Marrakech et de Fès.

Briouat ou brik – chausson de pâte feuilletée triangulaire ou tubulaire, farci d'herbes et de fromage de chèvre, de viande hachée ou d'œuf, puis frit ou cuit au four.

Pastilla – réputée à juste titre, cette tourte sucrée-salée est composée de *ouarka* (couches de pâte très fines) couvertes de morceaux de pigeon ou de poulet cuits avec des oignons caramélisés, du citron, des œufs et des amandes grillées sucrées, puis saupoudrée de cannelle et de sucre.

Couscous – préparé selon la coutume locale, avec une semoule d'orge, de blé ou de maïs.

Tajine – un ragoût de viande ou de poisson, accompagné de légumes de saison ou de fruits secs ; vous aurez souvent le choix entre deux ou trois variétés.

Méchoui – plat de fête, l'agneau ou le veau entier qui cuit lentement à la broche peut constituer la base d'une spécialité régionale.

Dessert – une salade d'oranges à la cannelle, une *pastilla* sucrée (avec crème fraîche et fruits secs grillés), un *briouat bil luz* (farci à la pâte d'amandes), de la *seffa* (couscous sucré à la cannelle et aux fruits secs, servi avec de la crème) ou une *kaab el-ghazal*.

Sauces marocaines

- **Mhammar** paprika, cumin et beurre
- **Mqalli** safran, huile et gingembre
- **Msharmal** safran, gingembre et une pincée de poivre
- **Qadra** *smen* (beurre clarifié), bouillon de légumes, pois chiches et/ou amandes.

Boissons

L'eau du robinet est souvent potable, mais pas toujours ; mieux vaut s'en tenir à l'eau purifiée ou minérale. L'Oulmes (gazeuse) et la Sidi Ali sont les meilleures eaux minérales, les autres ont un arrière-goût crayeux.

Si vous souhaitez étancher votre soif auprès des vendeurs de jus d'orange ou des marchands d'eau, faites verser le liquide dans un gobelet jetable ou dans votre propre bouteille. Le thé à la menthe est une tradition à la fin des repas, mais vous pourrez aussi boire un café filtre, souvent corsé.

Saveurs marocaines d'origine étrangère

» **Essaouira** : influences portugaise et juive

» **Fès** : influences andalouse et perse

» **Marrakech** : influences sénégalaise, française, berbère et italienne

» **Tétouan** : influences andalouse et turque

Bières, vins et alcools marocains

Il est possible de boire de l'alcool dans le pays sans froisser les sensibilités locales, à condition de rester discret. Dans de nombreuses médinas et à proximité des mosquées, l'alcool est mal vu, et les licences peuvent coûter jusqu'à 20 000 Dh. Cependant, de nombreux restaurants et pensions contournent l'obstacle en servant des boissons alcoolisées dans un salon ou sur une terrasse. Si vous avez envie d'une bière sans la trouver sur la carte, demandez à mi-voix au serveur s'il peut vous en procurer.

N'espérez pas bénéficier de conseils avisés ; œnologue ou sommelier sont des professions peu connues en terre musulmane. Les vins peuvent être exposés à la chaleur durant le transport ou le stockage, aussi goûtez le vôtre avant que le serveur ne quitte votre table et n'hésitez pas à refuser la bouteille si le vin a mauvais goût ; les vins rouges sont les plus sensibles aux variations climatiques.

Avant le repas, votre hôte fera peut-être le tour des convives avec une cruche et une cuvette. Tendez vos mains et il versera dessus de l'eau de rose.

Bières

Casa Une bonne Pilsner locale

Flag Presque aussi bonne, avec un léger goût d'herbe

Flag Special Abordable et la plus consommée dans le pays (25 millions d'unités par an)

Vins

Blanc Les vins blancs marocains constituent un bon choix, tels le Larroque, gouleyant et parfait avec les repas, le Terre Blanche, un mélange de chardonnay, de viognier et de sauvignon, le Cuvée du Président Sémillant, sec avec un goût d'agrumes, et le Siroua S, un agréable chardonnay du littoral.

Gris et rosé Ce sont de rafraîchissantes alternatives, notamment le Médaillon rosé de syrah, peu fruité, l'Eclipse, mélange de grenache et de cinsault à goût de pêche, le vin gris du Domaine Rimal, frais et parfumé, et le Rosé d'une Nuit d'Eté, mélange de grenache et de syrah.

LE MÉCHOUI

Festin des grandes occasions, le méchoui est un agneau entier lentement rôti. L'animal, enduit de beurre, d'ail, de cumin et de paprika, est déposé dans une fosse couverte et cuit jusqu'à devenir fondant. Selon les régions, il peut s'agir d'un veau ou d'un agneau farci d'amandes (ou d'autres noix), de pruneaux (ou d'autres fruits secs) ou de couscous. Le méchoui s'accompagne parfois de kebabs ou de *kwa* (brochettes de foie grillé avec cumin et paprika). Outre les mariages, le meilleur endroit pour savourer un méchoui se situe près de la place Djemaa el-Fna à Marrakech, dans l'allée des méchouis (p. 80) ; il est servi au déjeuner avec des olives et du pain. Ne prévoyez pas d'activités ou de visites avant une bonne sieste digestive !

L'ÉTIQUETTE DU THÉ À LA MENTHE

Quand on vous offre un thé à la menthe, n'imaginez pas l'avaler d'un trait et partir. Symbole de l'hospitalité marocaine, l'invitation exige que l'on prenne le temps de s'asseoir et de bavarder au moins une demi-heure. S'il vous revient l'honneur de verser le thé, reversez la première tasse dans la théière pour rafraîchir la boisson et dissoudre le sucre. Puis versez le thé à la ronde en partant de la droite le plus haut possible au-dessus des verres – en évitant les éclaboussures. Vos hôtes seront impressionnés !

Riche en vitamines, l'huile d'argan est utilisée pour la fabrication de cosmétiques, ainsi que par les gourmets : son goût de noisette grillée en fait un assaisonnement original pour les salades.

Rouge Parmi les rouges fiables, citons l'excellent Terre Rouge de style bourgogne des vignes côtières de Rabat, le Volubilia de l'ancienne région vinicole romaine et le Coteaux Atlas, un mélange merlot-syrah-cabernet sauvignon plus épicé.

Spiritueux

Cocktails créatifs Mojitos, caipirinhas et negronis sont devenus les boissons favorites des discothèques et sont respectivement préparés avec de la menthe locale, du citron kaffir et de l'eau de fleur d'oranger. Ces touches marocaines améliorent les alcools bas de gamme… au moins jusqu'au lendemain matin !

Eau-de-vie locale La *mahia*, un alcool de figue à quelque 80°, ressemble à la boukha tunisienne. Elle figure rarement sur les cartes car elle est généralement distillée dans des maisons pour une consommation privée. Si vous séjournez dans une pension, vos hôtes sauront peut-être où s'en procurer. Dégustez-la avec modération pour éviter un réveil pénible.

Musique

Au Maroc, les rythmes sont partout : les femmes entrechoquant les verres à thé sur leurs plateaux en cuivre, les marchands ambulants vantant leurs produits d'une voix chantante sur fond d'un *adhan* (appel à la prière), lancé par le muezzin cinq fois par jour, les "*balek* !" des conducteurs de charrettes à âne vous exhortant à dégager le passage... Passons en revue la variété des genres musicaux qui viendront à un moment ou à un autre surprendre vos oreilles.

Musique classique arabo-andalouse

Sans revenir sur la question épineuse de son origine exacte (nous ne voudrions pas raviver des siècles de désaccord entre l'Espagne et le Maroc), cette musique combine des accords de style flamenco, les accents émouvants de la musique populaire espagnole, les sons subtils des instruments à cordes, les rythmes complexes des percussions et les demi-tons ensorcelants de la musique classique arabe. Ajoutez-y une touche de poésie et un bon chanteur, et vous sentirez rapidement l'émotion vous submerger.

Vous entendrez deux principales sortes de musique arabo-andalouse au Maroc : al-Âla (en particulier à Fès, Tétouan et Salé) et gharnati (surtout à Oujda), la jonction des deux styles se faisant à Rabat. Ouvrez l'œil pour ne pas manquer les concerts, les soirées musicales dans les restaurants haut de gamme et les festivals de musique classique à Casablanca et à Fès, notamment les représentations d'Amina Alaoui, chanteuse de gharnati, de Fatiha El Hadri Badraï et ses orchestres de femmes de Tétouan, ainsi que la vedette du Festival des musiques sacrées de Fès, Mohamed Amin el-Akrami et son orchestre.

Malgré les apparences, ce n'est pas une version musicale de la mêlée au rugby : l'*ahidou* est une danse complexe tournant en cercle autour de musiciens. Elle célèbre souvent la moisson.

FESTIVALS DE MUSIQUE AU MAROC

Les dates et les lieux varient parfois ; renseignez-vous sur www.maghrebarts.ma/musique.html.

Mars Rencontres Musicales de Marrakech (classique), Tremplin (musique urbaine)

Avril Festival de la culture soufie (Fès ; www.par-chemins.org), Jazzablanca (Casablanca)

Mai Jazz aux Oudayas (Rabat), L'Boulevard (www.boulevard.ma), Festival de musique du monde Mawazine (Rabat ; www.festivalmawazine.ma)

Juin Festival de Fès des musiques sacrées du monde (Fès ; www.fesfestival.com), Festival gnaoua et des musiques du monde (Essaouira ; www.festival-gnaoua.net), Jazz au Chellah (Rabat)

Juillet Festival des arts populaires de Marrakech (www.marrakechfestival.com), Voix des Femmes (Tétouan), Festival Timitar (musique berbère ; Agadir), Festival du désert (www.festivaldudesert.ma)

Septembre Fête du Mariage (Imilchil), TANJAzz (Tanger; www.tanjazz.org)

Octobre Festival des Andalousie atlantiques (Essaouira), Jazz in Riad Festival (Fès)

HARD ROCK AU MAROC

En 2003, la police marocaine a appréhendé 11 musiciens d'un groupe de métal. Malgré le tollé suscité par l'arrestation, les rockeurs ont été inculpés d'incitation à la débauche et actes attentatoires à la religion, et condamnés à un an d'emprisonnement. Cela n'a pas empêché les fans de métal de s'organiser et de se donner rendez-vous à Sidi Kacem, gros bourg agricole de la région de Meknès. Lors de la deuxième édition du festival SidiRock, en février 2008, on a pu entendre des groupes locaux dont les noms, s'ils sont de nature à réchauffer le cœur de tous les "metalheads", risquent bien de ne pas être du goût de certains conservateurs : Despotism, de Casablanca, Krematorium de Kenitra, et Damned Kreation (aujourd'hui Putrid Cadavers), de Sidi Kacem. Rompant avec les formations des années 1980 – faux cuir et cheveux longs –, ces musiciens ont adopté les dreadlocks, écrivent leurs textes en anglais et jouent en jeans noirs et T-shirt troué.

La scène métal dépasse aujourd'hui le cadre de Sidi Kacem, avec L'Boulevard (www.boulevard.ma), festival de musique urbaine gratuit, organisé en mai au stade de Casablanca, et en mars lors du Tremplin, présentant des artistes émergeants dans les anciens abattoirs de la ville. Les dernières éditions de ces festivals se sont concentrées sur le hip-hop et l'electronica, mais la tension est à son comble quand les groupes métal montent sur scène, rendant parfois les policiers qui surveillent la foule assez nerveux.

Les éditions 2010 de L'Boulevard et Tremplin ont attiré 30 000 spectateurs sur quatre jours.

Musique gnaoua

Impossible de résister aux rythmes hypnotiques de la musique gnaoua, née à Marrakech et Essaouira. Cette musique était à l'origine pratiquée par les esclaves, au moment de recouvrer leur liberté. Au cours de leur rituel saluant la volonté divine, les musiciens font virevolter leurs fez, se livrent à des acrobaties et finissent dans un état proche de la transe. Assister à une *lila* (littéralement "nuit") gnaoua, ou *derdeba* (rite de possession), au cœur de la nuit, dans une zaouïa ou autre lieu particulier, est une expérience qui vous fera approcher le côté sacré de cette cérémonie. Qui sait ? Vous vous laisserez peut-être entraîner...

Titres, biographies de musiciens et CD sont disponibles sur www.azawan.com, pour tout savoir sur la musique berbère.

Mêlez-vous aux foules qui fréquentent la place Djemaa el-Fna, à Marrakech, le Festival gnaoua et musiques du monde d'Essaouira, et quelques autres grands festivals musicaux. Vous pouvez aussi explorer le label Real World de Peter Gabriel. Citons quelques *maâlem* (maîtres) gnaoua : Abdeslam Alikkane et son Tyour Gnaoua, éternel favori des festivals, Hassan Hakmoun renommé pour sa musique métissée, l'étoile montante Saïd Boulhimas et son "Band of Gnawa" de quatre musiciens, Nass Marrakech, avec ses accents indiens, et Omar Hayat, inspiré par le reggae. Le gnaoua étant historiquement une confrérie masculine, il existe peu de musiciennes gnaoua. Cela dit, les Haddarates (dont la tradition est très ancienne à Essaouira) sont des groupes de femmes soufies qui jouent une musique gnaoua réservée aux femmes. Il existe également des groupes familiaux, notamment celui de Brahim Elbelkani et la famille Backbou.

Musique berbère

À côté de la musique gnaoua, l'ancienne tradition berbère consistant à transmettre les chants et les poésies d'une génération à l'autre a contribué à la richesse du patrimoine musical marocain. Vous pourrez le constater lors des *moussem* (festivals en l'honneur d'un saint local) de villages, au Festival des arts populaires de Marrakech et à la fête du Mariage à Imilchil, ainsi que dans toutes les célébrations familiales.

Le groupe de musique berbère le plus renommé, les Master Musicians of Joujouka, inspira notamment les Rolling Stones, Led Zeppelin et William S. Burroughs, qui produisirent avec leur collaboration des morceaux de pur métissage expérimental. Depuis peu, les grands noms de la musique berbère sont des femmes : le groupe B'net Marrakech, exclusivement féminin, et l'intrépide Najat Aatabou, qui milite en berbère contre le rôle secondaire traditionnellement dévolu aux femmes. Vous en apprendrez davantage à ce sujet en assistant au festival "Voix des femmes" organisé à Tétouan.

Les derniers tubes de la radio marocaine sont disponibles en ligne sur le site de Radio Casablanca : www.maroc.net/newrc ou sur un site, très riche, dédié à la musique arabe : www.hibamusic.com.

Musique pop

Comme le reste du monde arabe, les Marocains sont férus de musique égyptienne, mais la pop marocaine gagne du terrain, emmenée par des *boys bands* comme Sawt al-Atlas, ou Spice Ray, l'équivalent marocain des Spice Girls. Une génération de DJ, qui choisissent leur nom en guise de défi, comme Ramadan Special et DJ Al Intifada, s'adonnent au remix. Parmi les artistes les plus originaux apparus ces dernières années, citons Hobba Hobba Spirit, dont le très controversé pop-punk *Blad Skizo* (pays schizophrène) aborde ouvertement les contradictions du Maroc moderne ; la chanteuse et compositrice Hindi Zahra, qui accompagne ses textes d'un son très blues à la guitare acoustique ; Darga, groupe de musique surf mêlant ska, rap en darija, et trompes ; et deux groupes au nom impertinent, Ganga Fusion et Kif Samba, qui mêlent l'un et l'autre funk, musique populaire marocaine, reggae et jazz. Dans un style totalement différent, enfin, les groupes de heavy métal se multiplient : découvrez-les lors du festival L'Boulevard, qui se tient tous les ans à Casablanca (voir p. 446).

Mais si vous interrogez dans la rue ces jeunes qui portent short cargo et T-shirt frappé des initiales MJM ("Maroc jusqu'à la mort"), vous allez suivre un cours intensif de *hibhub* (hip-hop en darija). Le groupe de Meknès H-Kayne propose un gangsta-rap assez classique, tandis que MC Muslim, de Tanger, joue du rap tendance death-metal. Les Fès City Clan sont connus pour leur petit rappeur prodige, bourré de talent, leur façon extravagante de rouler les "r" et leurs instruments à cordes arabes. Déchaînant littéralement les foules, le DJ Key d'Agadir offre des remix survoltés de standards du hip-hop, alors que le groupe Fnaïre de Marrakech, mélange des sons traditionnels marocains et des phrasés staccato. Rivalisant avec *Blad Skizo* dans le cœur des jeunes, *Ma Tkich Bladi* (Touche pas à mon pays), de Fnaïre, est un hymne entraînant contre le néocolonialisme dont la vidéo a fait le tour du Net. Pour vous mettre un peu au parfum, allez voir et écouter sur Internet les clips de ces artistes et d'autres groupes de hip-hop marocains.

Sons du Maroc

» *This Is Maroc* (2010). Le road movie marocain des Hat Trick Brothers.

» *I Love HipHop in Morocco* (www.ilovehiphopinmorocco.com). H-Kayne, DJ Key, Bigg et d'autres groupes hip-hop sont à l'honneur sur la bande-son de ce documentaire qui montre les difficultés des groupes à se produire sur scène.

Littérature et cinéma

Faute de documents imprimés, la tradition littéraire marocaine n'a été reconnue que très tardivement. La poésie et les histoires sont transmises par les conteurs et les chanteurs, ou par le biais de manuscrits. La tradition orale a permis à la population, majoritairement illettrée ou trop pauvre pour acquérir des livres, de conserver vivantes des légendes et des histoires personnelles. Les conteurs, les chanteurs et les scribes de la place Djemaa el-Fna, à Marrakech, illustrent à merveille la manière dont la tradition littéraire a su demeurer essentielle et résister aux assauts de la censure.

Deux classiques de la littérature marocaine contemporaine, parus tous deux au début des années 1950 : *Le Pain nu*, de Mohamed Choukri (traduit en français par Tahar Ben Jelloun), où l'auteur raconte ses jeunes années marquées par la misère et les expériences violentes, et *Le Passé simple*, de Driss Chraïbi, dans lequel un jeune Marocain tourne le dos à sa famille et à son pays pour partir étudier en France – l'ouvrage fit scandale dans un Maroc qui aspirait alors à l'indépendance.

Littérature

L'influence de la Beat generation

C'est dans les années 1950 et 1960 que l'actualité littéraire marocaine a pris une dimension internationale. À cette époque, Paul et Jane Bowles, écrivains de la Beat generation, s'établirent à Tanger et firent découvrir des auteurs marocains. C'est ainsi que Larbi Layachi publia *Une vie pleine de trous* (sous le pseudonyme de Driss ben Hamed Charhadi) et Mohammed Mrabet *L'Amour pour quelques cheveux*. Dans la veine de la littérature beat, ces œuvres d'une grande poésie ne manquent pas d'allusions au sexe et à la drogue, mais elles sont aussi délurées, drôles et touchantes.

Un souffle nouveau

Sous l'impulsion des auteurs "tangérois", un poète marocain, Abdellatif Laâbi, fonda en 1966 *Anfas/Souffles*, un magazine poétique, non dans la zone internationale de Tanger, mais en plein cœur de la capitale royale de Rabat. Ce qui commença comme une revue devint rapidement un mouvement relayé par des écrivains, peintres et réalisateurs à la suite de la dénonciation de la censure par Laâbi : "À la poubelle poème/À la poubelle rythme/À la poubelle silence". *Anfas/Souffles* publia 21 autres numéros, jusqu'à ce que les censeurs interdisent la revue en 1972 et condamnent Laâbi à huit ans de prison pour "crime d'opinion".

Les textes de la revue *Anfas/Souffles* sont disponibles en ligne sur http://clicnet.swarthmore.edu/souffles/sommaire.html.

La création littéraire, que Laâbi qualifiait de "respiration", ne s'est pas tarie pour autant. En 1975, Mohammed Khaïr-Eddine, cofondateur d'*Anfas/Souffles* et "guérillero de la linguistique", selon ses propres mots, publiait une anthologie d'écrits révolutionnaires sous le titre *Ce Maroc !* Berbère originaire du Sous, Khaïr-Eddine demandait aussi la reconnaissance de l'identité et de la culture berbères dans *Légende et vie d'Agoun'chich*, dont se réclame aujourd'hui le Mouvement culturel (voir p. 419).

Conteurs des temps modernes

Des auteurs marocains plus novateurs encore ont émergé au cours des vingt dernières années, aussi bien dans leur pays qu'à l'étranger. Parmi les œuvres les plus célèbres publiées au Maroc figurent *Rêves de femmes : une enfance au harem* (disponible en Poche LGF, 1998) et *Le Harem politique : le Prophète et les femmes* (Albin Michel, 1987), de Fatima Mernissi, féministe déclarée et professeur à l'université de Rabat. Dans *L'Année de l'éléphant*, de Leila Abouzeid, écrivain originaire de Rabat, la tentative d'une femme de retrouver une vie après son divorce est la métaphore de la quête d'indépendance du Maroc au lendemain de l'époque coloniale. Ce roman, le premier écrit en arabe par une Marocaine, a été ensuite traduit en français (L'Harmattan, 2005).

Ces dernières années, des auteurs marocains ont attiré l'attention par leurs positions contestataires, en dépit de la censure des médias. Dans la veine d'*Anfas/Souffles*, l'écrivain expatrié Tahar Ben Jelloun, né en 1944 à Fès, mêle son expérience de psychothérapeute et des ressorts poétiques dans son roman *L'Enfant de sable* (Le Seuil). Loué par la critique, il relate l'histoire d'une fillette élevée comme un garçon par son père à Marrakech. Le prix Goncourt a salué en 1987 un autre de ses romans, *La Nuit sacrée* (Le Seuil). Dans *Le Savant* (titre original : *Al Allama*), Bensalem Himmich, lauréat en 2009 du prix Naguib Mahfouz pour l'ensemble de son œuvre, raconte la vie d'un érudit arabe et exilé politique du XIVe siècle, Ibn Khaldoun, qui tenta d'arrêter les guerres et de vaincre son propre isolement. Plusieurs romans récents ont exploré le thème de l'émigration, avec ses promesses et ses traumatismes, notamment le poignant *Cannibales* de Mahi Binebine (Fayard, 1999), *Partir*, de Tahar Ben Jelloun (Gallimard, Folio, 2006), et *De l'espoir et autres quêtes dangereuses* de Laila Lalami (Anne Carrière, 2007), qui a remporté un grand succès.

Écrit dans un style subtil et poétique, *Cérémonie* (Actes Sud, Babel, 2002), de Yasmine Chami-Kettani, fait le portrait d'une femme de 35 ans, revenue sur la terre de son enfance. Un retour accompagné d'un questionnement sur l'éducation faite aux filles en terre d'islam.

La Prisonnière (Le Livre de Poche, 2000), de Malika Oufkir, est une œuvre autobiographique. L'auteure sera en effet emprisonnée après le coup d'État manqué contre le roi Hassan II, en août 1972, auquel son père, le général Mohamed Oufkir, a participé. Son père mourra. Commencera alors pour elle et sa famille un interminable calvaire.

Cinéma

Le Maroc en toile de fond

Encore récemment, le Maroc était seulement considéré comme un vaste plateau de cinéma, servant les besoins de réalisations à grand spectacle comme *Alexandre* (Oliver Stone, 2005), *La Momie* (Stephen Sommers, 1999), *Troie* (Wolfgang Petersen, 2004) ou *Sex and the City II* (Michael Patrick King, 2010). Le pays a également été à l'honneur dans *L'homme qui en savait trop* (Alfred Hitchcock, 1956), *Othello* (Orson Welles, 1952) et *Lawrence d'Arabie* (David Lean, 1962).

Les paysages ont même volé la vedette à John Malkovich dans *Un thé au Sahara* (1990, d'après un roman de Paul Bowles), de Bernardo Bertolucci, et les acteurs novices Mohamed Akhzam et Boubker Ait El Caid ont tiré leur épingle du jeu aux côtés de Cate Blanchett et Brad Pitt dans *Babel* (2006), nommé aux Oscars.

La percée des réalisateurs marocains

Après des décennies d'importation de productions de Bollywood et d'Hollywood, ainsi que de fictions égyptiennes, les spectateurs du pays ont de plus en plus la possibilité de voir des films tournés au Maroc par des Marocains et sur le Maroc. L'industrie cinématographique nationale est en plein essor : 18 longs métrages et 80 courts métrages ont ainsi été produits en 2010, contre 4 et 6, respectivement, en 2004.

Forts de siècles de tradition de récits oraux et de l'expertise cinématographique tirée de Ouallywood – les studios de Ouarzazate,

LE RÉVEIL DU CINÉMA MAROCAIN

Malgré le dynamisme de la création cinématographique au Maroc, les cinéphiles se font du souci pour l'avenir des salles obscures du pays, qui ne peuvent rivaliser en termes de prix avec les DVD piratés. Seulement 5% des habitants sont allés au cinéma en 2007, année où l'on a saisi plus de 400 000 DVD piratés dans les souks de Rabat et de Casablanca. Il y a trente ans, on recensait 250 cinémas au Maroc, en 2010 il n'en restait plus que 30...

Les cinéphiles marocains sont rassemblés dans Save Cinemas in Morocco (http://savecinemasinmorocco.com, en français), organisation visant à préserver et à promouvoir les grands cinémas historiques, joyaux architecturaux et monuments de la tradition narrative du Maroc. À Tanger, le Rif, un cinéma des années 1930, a rouvert en 2006, en tant que cinémathèque à but non lucratif, où sont projetés des films étrangers indépendants et des documentaires. Autre institution menacée actuellement en cours de rénovation, le Cinéma Eden de Marrakech, est un édifice en brique couvert d'éclats de céramique, juste à côté de la place Djemaa el-Fna.

Le gouvernement marocain agit de son côté aussi : il a lancé en 2008 Aflam, une chaîne de télévision nationale gratuite, diffusant des productions marocaines et des films doublés ou sous-titrés en français, darija et tamazight.

Aucune scène de *Casablanca*, tourné en 1942, n'a été tournée dans la ville. Tous les décors ont été reconstitués à Hollywood ; le Café Américain de Rick (Humphrey Bogart) s'inspirait pourtant de l'hôtel El-Minzah (p. 425) à Tanger.

L'influence de Bollywood au Maroc ? En 2005, plus d'un tiers des films projetés au Maroc étaient des productions de Bollywood et, en 2008, 50 000 personnes se sont déplacées pour voir l'actrice Rani Mukherjee, venue assister à la projection de *Chalte Chalte*, dans lequel elle jouait aux côtés de Shah Rukh Khan.

capitale du cinéma du Sud marocain, qui ont fourni le décor de nombreux films précités –, les cinéastes marocains d'aujourd'hui se mettent à raconter des épopées modernes, souvent teintées de cinéma-vérité. *Casanegra* (2009), de Noureddine Lakhmari, a représenté le Maroc aux Oscars en 2010. Ce film montre l'évolution de deux amis d'enfance dans le Casablanca d'aujourd'hui, confrontés aux aspects les plus sombres de la vie dans la ville blanche. Citons aussi *La Grande Villa,* de Latif Lahlou (2010), retraçant les adaptations culturelles et personnelles d'un couple déménageant de Paris à Casablanca.

Les production euro-marocaines se font désormais remarquer dans les festivals internationaux, notamment l'épopée familiale de Faouzi Bensaïdi *Mille Mois,* lauréat du prix Premier Regard à Cannes en 2003, et *Marock* de Leila Marrakchi, qui évoque l'histoire d'amour entre une musulmane et un juif, prix Un Certain Regard à Cannes en 2005. Après *Heaven's Doors* en 2006, où ils dépeignent à la perfection des destins en crise qui se croisent, les réalisateurs hispano-marocains Swel et Imad Noury (la trentaine à peine) ont intégré le circuit des festivals (dont le Festival international du film de Marrakech, FIFM), avec *The Man Who Sold the World* (2008), fable existentialiste à la Dostoïevski qui se déroule à Casablanca.

Les critiques et le soutien du gouvernement ont permis l'émergence de nouvelles voix et de nouveaux formats. Prix de la critique au Festival national du film de Tanger en janvier 2011, le documentaire d'Hakim Belabbès, *Fragments* (*Ashlaa*), réunit 10 ans d'images du célèbre réalisateur, né en 1961, en un poignant portrait de famille. Chez les femmes, la réalisatrice Farida Benlyazid a connu un beau succès avec *La Chienne de vie de Juanita Narboni* (2006), chronique d'une expatriée espagnole à Tanger des années 1930 aux années 1960. Quant à Mahassine El Hachadi, lauréate du prix du court métrage du Festival du film international de Marrakech en décembre 2010, pour son film *Apnée,* alors qu'elle était encore étudiante, elle est considérée comme une étoile montante. De jeunes metteurs en scène apparaissent grâce à une nouvelle école de cinéma à Marrakech et aux présentations de courts métrages, notamment dans les festivals de Rabat et de Tanger, en octobre.

Vie dans la médina

Les ruelles »
Achats »
Les gens »
Cuisine de rue »

Joueurs de dames dans la médina de Tétouan

Les ruelles

Une grande partie de la magie des médinas marocaines tient au plaisir de s'y perdre, dans un dédale de ruelles semblant échapper à toute logique. Alors, faites fi de votre sens de l'orientation et du prévisible et partez à l'aventure. Vous en serez récompensé.

Médina de Marrakech

1 Immense scène à ciel ouvert, la place Djemaa el-Fna (p. 59) est le cœur vibrant de la médina de Marrakech, ceinte de 19 km de remparts. Au gré de ses ruelles, vous découvrirez des merveilles, tel le palais de la Bahia.

Médina de Chefchaouen

2 Dans les hauteurs du Rif, les tuiles en terre cuite ajoutent une touche andalouse au bleu lumineux des édifices de la jolie médina de Chefchaouen. Impossible de se perdre tout à fait dans ce mini-labyrinthe (p. 268).

Fès el-Bali

3 Riche de près d'un millénaire d'histoire, le vieux Fès est un dédale de souks et de tanneries (p. 301) où s'égarer et découvrir par hasard un musée d'artisanat ou une médersa du XIVe siècle.

Médina de Tanger

4 L'Europe, pourtant si proche, semble à des années-lumière de la casbah et du souk de Tanger (p. 238). Les façades pimpantes du Petit Socco ont été repeintes, dans le cadre d'un programme d'embellissement de la ville.

Médina de Meknès

5 C'est un descendant du prophète Mahomet qui fit édifier la médina (p. 325) de la voisine – sous-estimée – de Fès. Allez admirer les maisons avec balcons typiques du mellah (quartier juif) puis rejoignez la place el-Hedim, équivalent local de la place Djaema el-Fna de Marrakech.

Dans le sens des aiguilles d'une montre
1. Ruelle, médina de Marrakech **2.** Foot de rue, médina de Chefchaouen **3.** Médina de Fès
4. Teintes pastel de la médina de Tanger

1

4

KIMBERLEY COOLE / LONELY PLANET IMAGES ©

3

Achats

Trois semaines

Que ce soit pour dénicher des objets d'art ou acheter des épices et des babouches, les médinas marocaines sont, depuis des siècles, des rendez-vous incontournables. Que la chasse au trésor commence !

HUW JONES / LONELY PLANET IMAGES ©

DOUG MCKINLAY / LONELY PLANET IMAGES ©

» À **Chefchaouen**, rien n'égale les couvertures et les tapis tissés rifains (p. 274).

» La médina de **Tanger** (p. 250) abrite un bazar dédié aux bijoux en argent, et d'incroyables magasins d'antiquités.

» Les œuvres d'art contemporain sont à l'honneur dans la belle médina d'**Asilah** (p. 209), ornée de fresques murales colorées.

» Les vendeurs de **Rabat** (p. 198), assez décontractés, proposent de la soie, des poteries et des meubles de bois sculpté.

» La médina, plutôt tranquille, de **Meknès** (p. 334), est réputée pour ses bijoux en argent damasquiné.

» **Fès el-Bali** (Vieux Fès ; p. 319) fait figure de capitale artisanale du Maroc. Les tanneries vendent des articles en cuir, les riads et autres fondouks des tapis, et les céramiques sont partout.

» Les motifs berbères côtoient les styles occidentaux dans la médina de **Marrakech** (p. 87). La tendance y est aux babouches réalisées dans la toile des sacs de farine – indémodables et écolos.

» **Essaouira** (p. 230) est réputée pour ses beaux objets en raphia et en bois.

» Les bijoux en argent sont la spécialité de la tribu chleuhe de la vallée du Sous ; vous en découvrirez dans le souk de la médina de **Taroudant** (p. 374).

» Et si vous n'avez pas encore trouvé le colifichet en argent de vos rêves, explorez le souk aux bijoux de **Tiznit** (p. 387).

Dans le sens des aiguilles d'une montre
1. Foulards et artisanat à Marrakech 2. Attrayante présentation des épices 3. "Collection" de babouches traditionnelles 4. Plats à tajine dans le souk

Les gens

La plupart des Marocains que vous rencontrerez sont d'origine arabe ou berbère, mais vous croiserez sans doute également des résidents étrangers (dont une majorité de Français). Il y a aussi les Sahraouis, peuple d'origine nomade du Sahara occidental et de nombreuses tribus berbères, y compris les Rifains et les Touaregs. Quant aux Chleus, des Berbères qui parlent tachelhit, ils apportent leurs produits de la vallée du Sous jusqu'aux souks de Taroudant.

Favorisant le brassage des populations et des cultures, les médinas sont les lieux par excellence pour rencontrer les habitants. Là, au milieu des touristes, les Marocains vaquent à leurs occupations quotidiennes : vendre des fruits et légumes à la criée, rembourrer des matelas, se hâter vers la médersa, tourner une rôtissoire, jongler entre une conversation téléphonique et un étal croulant sous les dattes, choisir des épices pour la *tanjia* (ragoût) à cuire dans le four du hammam. Le lien avec la nourriture est omniprésent : se balader dans des médinas comme celle de Fès, habitée par quelque 150 000 Fassis et d'innombrables ânes, creuse l'appétit.

Si les gargouillis de votre estomac couvrent les appels du muezzin, faites une halte dans n'importe lequel café. Vous vous adonnerez à l'instar des habitants à l'activité la plus sanctifiée de toutes : boire un thé à la menthe tout en observant le spectacle de la médina.

BRIAN CRUICKSHANK / LONELY PLANET IMAGES ©

1

3

KIMBERLEY COOLE / LONELY PLANET IMAGES ©

Dans le sens des aiguilles d'une montre
1. Gardien de dromadaires saharien 2. Devant une mosquée de Fès 3. Commerçant du souk de Marrakech

Cuisine de rue

Deux semaines

Des copieux tajines de montagne à leurs délicats homologues du bord de mer, la cuisine marocaine reflète la diversité du pays. Ce circuit gastronomique, au gré des étals de rue des médinas, fera voyager vos papilles.

DOUG MCKINLAY / LONELY PLANET IMAGES ©

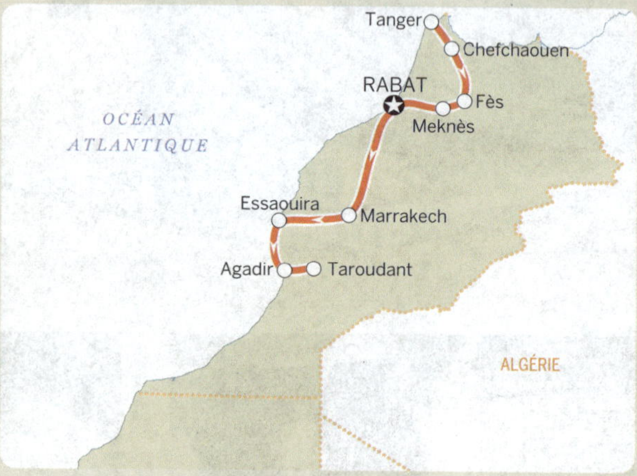

OLIVIER CIRENDINI / LONELY PLANET IMAGES ©

» Dans la médina de **Tanger** (p. 246), direction le Petit Socco, pour goûter des brochettes et les variations locales des tapas et de la paella espagnoles.

» Au cœur de la médina de **Chefchaouen** (p. 272), les vendeurs de la Plaza Uta el-Hammam vont de café en café, chargés de plateaux de pâtisseries.

» La délicieuse *b'sara* (soupe à l'ail et aux haricots blancs assaisonnée d'huile d'olive), servie dans des bols en terre, est la spécialité des petites échoppes de la médina de **Fès** (p. 316).

» À **Meknès** (p. 332), offrez-vous des sardines fraîches sur la place el-Hedim – ou un sandwich local.

» Mêlez-vous aux habitants qui prennent un repas sur le pouce ou un couscous végétarien dans la médina de **Rabat** (p. 194).

» À **Marrakech** (p. 80), la place Djemaa el-Fna est incontournable pour ses étals de grillades et de jus d'orange frais, à déguster au milieu de l'animation.

» Ne quittez pas **Essaouira** (p. 228) sans avoir goûté aux poissons des grills installés en plein air entre la médina et le port.

» Faites votre choix parmi les tajines parfumés des échoppes jouxtant les étals de fruits et légumes du souk al-Had d'**Agadir** (p. 364).

» Improvisez un pique-nique avec les produits de la vallée du Sous dans les souks de **Taroudant** (p. 373).

De haut en bas

1. Mille et une douceurs, à Marrakech **2.** Plats de tajines prêts à déguster

Arts et artisanat

Au Maroc, la hiérarchie habituelle entre arts et artisanat est inversée : la tradition artisanale (voir p. 460) est aussi ancienne que respectée, et les arts visuels constituent un développement plus récent. On prêtait aux décorations des vertus spirituelles et esthétiques ; au contraire, les objets non fonctionnels et les images figuratives étaient peu considérés, ou même suspectés d'être source de vanité et d'idolâtrie – comme c'est le cas dans les traditions juives et de nombreuses cultures musulmanes.

Arts visuels

Est-ce parce qu'il a longtemps été relégué à une position marginale ? L'art contemporain marocain donne un poignant sentiment d'urgence, exprimant des aspirations et des frustrations longtemps tues, tout en se dérobant à la censure des médias.

Les œuvres qui naissent dans le Maroc d'aujourd'hui ne sont pas toutes des peintures de femmes voilées aux yeux de biche ou de valeureux guerriers enturbannés, que vous apercevrez certainement dans des galeries pour touristes. Ce ne sont là que des vestiges de la vieille tradition orientaliste française du XIXe siècle, destinés principalement à l'exportation, que des artistes marocains contemporains, comme Hassan Hajjaj détournent avec malice. Ainsi, les photographies en couleurs de Hajjaj (qui est aussi designer) sont volontairement provocatrices : on y voit par exemple une femme arborant l'insigne de la paix, drapée d'un voile Nike, genre rappeur, marqué du slogan "Just Do It" sur la bouche.

L'art visuel marocain plonge ses racines dans les années 1950 et 1960, époque où les artistes populaires d'Essaouira et de Tanger s'approprièrent la peinture et la sculpture en y incorporant des symboles berbères et des matériaux locaux. La peinture de paysage, qui exprimait la fierté de vivre à Essaouira ou à Asilah, connut un véritable engouement, et la peinture abstraite constitua un moyen d'expression poétique à Rabat et Casablanca.

À Marrakech, la scène artistique associe formes brutes et matériaux organiques traditionnels (terre, henné, cire, peau de chèvre), ancrant l'art abstrait du Maroc dans une forme d'art indigène. Jusqu'ici émergente, cette scène a décollé à Marrakech lors de la dernière décennie, avec le lancemant de la première Biennale du Maroc en 2005, le premier master en Beaux-Arts de l'école d'art visuel en 2007 – sans oublier la première Foire internationale de l'art de Casablanca en 2009. Le représentant marocain à la Biennale de Venise de 2010 fut Mahi Binebine, peintre et écrivain francophone originaire de Marrakech, dont les personnages tourmentés en cire d'abeille et pigments naturels expriment un "désespoir joyeux", pour reprendre l'expression de Francis Bacon, peintre très admiré par Binebine.

Les artistes en vue

» **Mahi Binebine** Silhouettes éthérées en cire d'abeille, qui se heurtent et se séparent sans se voir.

» **Hassan Echair** Des objets en équilibre précaire : poteaux blancs, charbon, brindilles enroulées dans du fil.

» **Larbi Cherkaoui** D'immenses calligraphies gestuelles sur peau de chèvre.

Si vous vous intéressez à l'art marocain, *L'Orientalisme* d'Edward Said (Le Seuil, 2005) est un ouvrage incontournable. Il analyse la manière dont les Européens ont représenté le Moyen-Orient et l'influence de cette vision sur la perception du Moyen-Orient par lui-même.

Calligraphie

Pratiquée et perfectionnée dans les médersas (écoles coraniques) marocaines depuis mille ans, la calligraphie est toujours un art visuel de premier plan au Maroc. On ne l'associe pas qu'au Coran, d'ailleurs, puisqu'elle figure sur nombre de supports profanes, du carrelage aux menuiseries, et sa présence accompagne quantité de découvertes architecturales.

Observez les corans anciens exposés dans les musées : un même texte change du tout au tout selon les variations calligraphiques. Un calligraphe tracera un mot sur une page entière, tandis qu'un autre en fera une fleur ou pliera et tordra les lettres en motifs, à la manière d'un origami.

Le style le plus courant adopté pour le Coran est appelé *naskh*. Cette écriture cursive penchée a été introduite par les Omeyyades. La forme ou le motif composé de lettres cursives ingénieusement entrelacées est caractéristique du style *thuluth*, et cette saisissante calligraphie est héritée du style coufique venu d'Irak. Les trois types principaux de calligraphie coufique existent au Maroc : les lettres qui semblent avoir été attachées par des marins relèvent du style coufique noué ; celles qui éclosent comme des fleurs indiquent le coufique feuillé, et les plus angulaires, le coufique carré.

Ces dernières années, des artistes ont réinventé la calligraphie comme forme artistique purement expressive, associant l'élégant tracé des écritures anciennes à l'urgence des graffitis urbains. Les symboles énigmatiques au henné de Farid Belkahiaet et le graphisme lyrique, aux lettres imenses, de Larbi Cherkaoui montrent que, même libérée de son orthodoxie, la calligraphie conserve sa poésie.

Talents émergents

» **Khadija Kabbaj** Tables en vannerie, Barbies momifiées et autres objets détournés.

» **Hicham Benohoud** Autoportraits au visage oblitéré par des lambeaux de papier, petites images et bouchons.

» **Hassan Hajjaj** Photos de mode de femmes en voiles Louis Vuitton et djellabas, arborant le drapeau marocain.

Pour en savoir plus sur l'origine de ces magnifiques motifs et apprendre à en dessiner, lisez *L'art calligraphique de l'Islam* de Mohammed Sijelmassi et Abdelkébir Khatibi (Gallimard, 2001).

Quelques notions de calligraphie islamique : les lignes verticales représentent généralement des consonnes, les petits signes au-dessus, des voyelles, et cette grande lettre qui rappelle le "l" est l'*alif*, la première lettre d'"Allah".

Artisanat

Une incursion dans un souk marocain est une échappée dans un monde de tradition où règnent les *maâlem* (maîtres artisans). C'est à ses mains que l'on reconnaît un vrai *maâlem* : impeccables, mais souvent marquées des cals nés de la pratique. La plupart des créations sont élaborées avec les seuls outils que sont l'imagination, le sens de la couleur et de la forme et une habileté quasi chirurgicale. C'est à la sûreté de son geste, et non à sa rapidité, que se juge le talent d'un *maâlem*.

L'intuition ne suffit pas, il faut aussi de l'expérience. À Fès, un *maâlem* en céramique reçoit une formation de près de dix années, et il peut falloir entre 3 et 4 mois à un artisan pour apprendre à tailler proprement un carreau de zellige selon une forme spécifique – il existe 360 formes standards. Techniques, savoir-faire et outils sont transmis d'une génération à l'autre, et une concurrence amicale entre voisins pousse à l'innovation.

Les *maâlem* sont souvent installés dans des échoppes bordant les souks, généralement organisés par métiers et par produits spécifiques – vannerie, babouches, instruments de musique. Quant aux artisans des zones rurales, ils font également des merveilles – et un village est parfois connu pour son style de broderie ou ses motifs de tapis caractéristiques. La plupart des *maâlem* des souks sont des hommes, mais vous apercevrez sans doute aussi des femmes penchées sur les nœuds d'un tapis dans les villages de l'Anti-Atlas et du Moyen Atlas, tissant des étoffes sur la côte sud ou peignant des céramiques à Fès, Salé et Safi.

Tapis

Si vous trouvez le moyen de rentrer chez vous sans rapporter de tapis, bravo : vous comptez parmi les rares touristes à avoir résisté aux vendeurs les plus astucieux de la planète. Mais vous avez aussi raté l'occasion d'acquérir un magnifique tapis unique en son genre.

Traditionnellement, les femmes de la campagne réalisaient des tapis qui constituaient une partie de leur dot : leur personnalité s'exprimait par le choix de couleurs et de motifs qui symbolisaient leurs vœux de santé et de prospérité. Aujourd'hui, la fabrication des tapis constitue surtout un revenu complémentaire pour les ménages ; ils sont alors vendus à des intermédiaires qui les revendent en prenant une importante commission. D'où un prix final dans les souks beaucoup plus élevé. Mieux vaut acheter directement auprès d'une coopérative villageoise : la productrice touchera ainsi un plus gros bénéfice, vous ferez une meilleure affaire et vous rencontrerez peut-être même l'artisan qui a tissé "votre" tapis.

Tapis du commerce équitable

- » Coopérative de tapis Jemaite Tifawin, Anzal
- » Coopérative féminine de tissage des Aït Bououli, Aït Bououli
- » Casbah Myriem, Midelt
- » Coopérative de tissage, Ouarzazate
- » Ensemble artisanal, dans toutes les villes à travers le pays

Textiles

Les Marocains ont une passion pour les textiles tissés, cousus ou brodés. Les femmes, des *maâlem* anonymes, ont donné naissance à une tradition qui attire au Maroc des couturiers et de grandes marques internationales. Un tiers des Marocaines sont aujourd'hui employées dans l'industrie vestimentaire.

Broderie

Les broderies varient des simples motifs berbères aux *terz el fassi*, dont les détails minuscules, inspirés de la nature, sont brodés en bleu sur le linge que les femmes de Fès préparent pour leur dot. Les brodeuses de Rabat ornent leurs ouvrages de fleurs monochromes ou bicolores en fils de soie d'une telle présence qu'elle en estompe pratiquement le support de coton. Les femmes de Salé, elles, se sont fait une spécialité de superbes toiles blanches dont les bords sont finement brodés d'une ou de deux couleurs. Serviettes de table et mouchoirs sont de véritables chefs-d'œuvre. Vous pouvez également rapporter de ravissantes taies d'oreillers ou des chemins de table.

PETIT TOUR D'HORIZON DES TAPIS MAROCAINS

Tapis de Rabat Des tapis à poils épais, aux tons profonds, présentant un motif central auquel répondent des bords délicatement ornés. Les motifs, qui rappellent ceux d'un jardin à la française, sont parfois agrémentés d'animaux ou de formes abstraites modernes. Les tapis de Rabat sont très recherchés, et peuvent coûter 2 000 Dh par m^2.

Tapis de Chichaoua Des tapis assez simples, sur fond rouge éclatant, parfois ornés de zigzags, d'astérisques et de symboles berbères (700-1 000 Dh le m^2 environ).

Hanbels ou kilims Ces tapis plats et sans poils compensent le manque de moelleux par une vraie personnalité. Certains *hanbels* intègrent des lettres berbères, des symboles porte-bonheur comme l'œil, la Croix du Sud ou la fibule berbère dans le tissage. Demandez au vendeur de vous les expliquer : que ce soit vrai ou faux, vous aurez droit à une belle histoire (environ 700-900 Dh le m^2).

Zanafi ou glaoua Ils mélangent kilim et tapis à poils longs. Leur charme réside dans ce contraste. Compter généralement entre 1 000 Dh et 1 750 Dh par m^2.

Shedwi Ce sont des tapis plats arborant des formes simples de laine noire et blanche. Le tout est si naturel que vous sentirez encore la lanoline entre vos doigts si vous les frottez dessus. Au prix de 400 Dh pour un article de petite taille, c'est une excellente affaire.

Passementerie

Lors de vos pérégrinations, peut-être verrez-vous un homme fixer un fil à un clou enfoncé dans un mur à 1,50 m du sol, puis le dérouler sur une quinzaine de mètres et le tendre, un petit moteur à la main : l'artisan tresse le fil qui servira à broder caftans et djellabas, et à fabriquer les minuscules boutons ornant ces vêtements. La plus minuscule échoppe de passementerie renferme des galons dorés en quantité suffisante pour décorer une armée de généraux, et davantage de pompons qu'une revue de danseuses ne pourra jamais en agiter durant toute une carrière. Et vous y trouverez une multitude de petits souvenirs à rapporter. Soie tressée sur du fil métallique pour façonner un porte-serviettes tendance, nouée pour confectionner des boutons, ou encore transformée en embrasses ou en collier : la passementerie a rang d'art au Maroc.

MAÂLEM

Vous aurez un aperçu du savoir-faire des *maâlem* dans les magasins d'État "Ensemble artisanal", en les voyant à l'œuvre et pourrez acheter leurs articles à prix fixe (parfois élevé).

Feutre

Teinte, bouillie puis battue, la laine trouve maints usages : chapeaux en feutre, pantoufles, manteaux, enveloppes de coussins ou revêtements de sol. Ni tissé ni cousu, le feutre est généralement mouillé et attendri au savon noir, puis moulé sur une forme avant d'être mis à sécher. Les fabricants de feutre, souvent rassemblés dans le souk à laine des grandes villes, vous vendront volontiers un fez, ou un sac pour transporter vos achats.

Tissage

Au-delà des innombrables djellabas synthétiques et autres sarouels importés, votre œil sera peut-être attiré dans les souks par les tissus artisanaux, d'une texture originale ou d'un exceptionnel éclat : des pièces de coton bio du Rif, de la soie végétale tissée avec du coton et de la rayonne du sud du pays, du lin de la côte atlantique et des douces couvertures de laine du Haut Atlas. Certaines pièces de moins bonne qualité sont produites de façon industrielle, mais les connaisseurs

COMMENT BIEN ACHETER UN TAPIS

Pour éviter de regretter d'avoir acheté – ou de ne pas avoir acheté – votre tapis, quelques conseils :

- » Gardez à l'esprit l'espace dont vous disposez sur vos sols et vos murs, la limite de bagages qui vous est imposée, les frais de port et des taxes que vous êtes prêt à débourser (voir *Envoyer un colis postal*, p. 504 pour les détails), et la somme que vous êtes disposé à dépenser.
- » Attention avec les tapis anciens, dont les prix sont généralement bien plus élevés. Il peut être difficile de distinguer un tapis ancien d'un tapis récent qui a été soigneusement piétiné pour lui donner le même aspect ; soyez vigilant.
- » Inspectez les nœuds. Le prix augmente avec le nombre de nœuds au mètre carré. Vous pourrez vous faire une idée en regardant derrière le tapis s'il y a des trous entre les nœuds. Certains tapis sont lavés à l'eau chaude pour resserrer les brins, un peu comme quand vous laissez votre pull en cachemire dans le séchoir. Ces tapis sont généralement repérables à leurs bords irréguliers et rétrécis.
- » Misez sur les végétaux. Les prix sont généralement plus élevés lorsque la laine des tapis est teinte avec des colorants végétaux (qui perdent leur éclat plus rapidement) plutôt que synthétiques ; on les repère généralement à leurs couleurs plus sourdes, et le vendeur pourra peut-être vous dire quelles plantes ont été utilisées.
- » Profitez de l'échange. Soyez prêt à plaisanter avant de marchander, gardez votre sens de l'humour, revenez le lendemain et savourez ce thé à la menthe si sucré. Vous repartirez avec de bons souvenirs et un tapis qui vous plaira.

recherchent justement la textures un peu plus pelucheuse, le tissage plus serré et l'élégant drapé des tissus artisanaux marocains.

Des années d'apprentissage sont nécessaires pour maîtriser l'art du tissage, une activité méticuleuse qui exige un temps considérable. Dans les souks et les coopératives de village et les magasins d'État appelés Ensemble artisanal, vous verrez parfois des femmes travailler à deux sur le même métier. Les hommes travaillent sur des métiers plus grands pour fabriquer le tissu destiné aux djellabas, poussant la navette avec les bras et manipulant les pédales aux pieds, ce qui nécessite à la fois endurance et dextérité. Vous trouverez du linge et des vêtements tout faits, mais aussi du tissu au mètre que vous pourrez confier à un tailleur (dans toutes les grandes villes) pour qu'il vous confectionne un vêtement ou une pièce de linge. Prévoyez assez de temps pour la réalistaion, et au moins deux essayages.

Pour en savoir plus sur les tapis, consultez *Tapis et tissages du Maroc. Une écriture du silence*, de Francis Ramirez et Charles Rolot (ACR Edition). Les nombreuses illustrations vous aideront à comprendre les origines de ce tapis que vous rapportez chez vous.

Maroquinerie

La demande de selles de dromadaires ayant considérablement baissé, les maroquiniers se sont reconvertis dans la reliure et les sacs à la mode. Une chose n'a toutefois pas changé : ils travaillent toujours à la main, avec leurs outils, comme ils le font depuis des siècles. Dans leurs minuscules boutiques bordant les *derbs* (ruelles) des souks de maroquiniers, le cuir, fraîchement tanné et teint, devient un pouf carré, un pompon jaune attaché à une paire de gants en chevreau fuchsia, ou, teint en argent, des pantoufles d'intérieur. Non loin de là, un autre artisan décore sans doute une peau de chèvre au henné. Elle sera ensuite utilisée pour créer bougeoirs, abat-jour ou d'autres objets en cuir "tatoué". Si vous demeurez quelques jours sur place, vous pouvez aussi passer commande à un artisan d'une veste, d'un pantalon ou de tout autre article en cuir de votre choix.

Si vous avez soif d'authenticité, vous préférerez les babouches jaunes traditionnelles pour hommes ou les "Adidas berbères", des chaussons aux semelles fabriquées à partir de pneus recyclés. Les babouches pour femmes sont proposées en une plus grande gamme de couleurs et de modèles, et vous verrez peut-être des cuves de teintures colorées utilisées pour la tannerie à Fès. Les tanneries dégagent une odeur très forte, et les inquiétudes suscitées par la toxicité des teintures chimiques ont abouti à la proposition de transformer le secteur des tanneries de Fès en jardins communautaires.

Céramiques

Gageons que la céramique marocaine vous donnera envie de renouveler votre vaisselle. Les pièces bleu et blanc de Fès rivaliseraient presque avec le service préféré de votre grand-mère – un plat à tajine décoratif coûte entre 150 et 400 Dh, selon la taille et le décor. Les antiquités sont naturellement vendues dans une autre gamme de prix, et il peut s'avérer difficile de distinguer une pièce authentique d'un faux bien patiné.

Les couleurs diffèrent selon les régions : la céramique de Meknès est plutôt verte et noire, Safi décline des motifs berbères noirs et blancs, tandis que le célèbre vert de Tamegroute est fait d'un émail vert aux nuances subtiles, mélange d'argile grise, de silice, d'oxyde de cuivre et de manganèse. Salé produit plutôt du jaune et du turquoise, des motifs géométriques et des assiettes ornés de petits points. Marrakech est spécialisée en céramiques monochromes rouges, gris foncé ou orange, rehaussant souvent des formes géométriques et fantaisistes. Beaucoup de régions rurales sont spécialisées dans la vaisselle en terre cuite, aux formes sobres et aux symboles berbères de la chance peints au henné.

Le top des textiles marocains contemporains

» Coopérative Tigmi, Aït Oudinar

» Al-Kawtar, Marrakech

» Coopérative artisanale des femmes de Marrakech

» Coopérative de tapis Ahilal, Foum Zguid

» Quartier de Sidi Ghanem, Marrakech

SUIVRE UN COURS

D'une patience d'ange (mais non dénuée de malice, si l'occasion s'y prête), les *maâlem* vous inviteront parfois à vous essayer à leur art – vous vous rendrez vite compte que vos doigts terriblement malhabiles ne sont pas adaptés à la stupéfiante coordination des gestes requise par le travail du métier à tisser, du poinçon à cuir ou du burin. Afin de découvrir la technique, vous pouvez suivre un cours ou un atelier – les associations d'artisans en proposent, tout comme de nombreux riads.

Les plats à tajine marocains en terre cuite vont au four, sur le feu de la cuisinière et coûtent moins de 80 Dh. Les plats à tajine sophistiqués des grandes marques européennes coûtent 10 fois plus cher et ne donnent pas d'aussi bons résultats.

Zelliges

Chaque carreau de zellige est taillé dans une forme géométrique précise à l'aide d'un petit marteau et d'un burin de la taille d'un tournevis ; un glissement du marteau ou un faux angle sur le burin suffit pour gâcher une étoile aux proportions parfaites. Tous les carreaux doivent présenter une couleur et une forme identiques pour être disposés par centaines ou par milliers et ainsi créer un motif à l'échelle d'un mur, d'un sol ou d'une fontaine. Un véritable casse-tête. À défaut de rapporter une fontaine, offrez-vous un miroir, un cadre ou un petit dessus de table ;

Dans l'art du zellige, les artisans de Fès sont considérés comme les plus doués du Maroc, en témoignent les fontaines de la ville, datant du Moyen Âge. À Meknès, les fabricants de zelliges vous rappelleront avec fierté que la tradition marocaine de la mosaïque est née à proximité, dans la ville berbère/romaine de Volubilis.

Laiton, cuivre et argent

Au Maroc, l'heure du thé donne parfois l'occasion d'un vrai spectacle où les accessoires jouent un rôle prépondérant : les théières luisantes et les plateaux en cuivre sont martelés à la main pour refléter la lumière, et ornés de calligraphies censées apporter la baraka aux convives. Lampes en cuivre et lanternes en laiton recyclé mettent immédiatement de l'ambiance – et vous pouvez impressionner vos hôtes en utilisant un couteau damasquiné provenant de la capitale marocaine de la dague, Kelaâ M'Gouna, pour découper le gâteau.

La plupart des services à thé en “argent” sont en réalité en argentan – vous débourserez entre 50 et 250 Dh pour une théière, plus pour un plateau (selon la taille et le style). Plus original, on peut opter pour le plateau à thé fait à partir de pneus recyclés.

L'Art de la céramique dans l'architecture musulmane, de Gérard Degeorge et Yves Porter, célèbre la splendeur des mosaïques, d'Istanbul à Fès.

Bijouterie

Tout ce qui brille n'est pas d'or au Maroc, d'autant que les Berbères considèrent ce métal comme peu bénéfique et lui ont toujours préféré l'argent. On voit parfois des bijoutiers munis de verres grossissants travailler de l'or, mais la plupart des bijoux en or vendus dans les souks sont importés d'Inde et de Bali. L'argenterie doit être poinçonnée du chiffre 925, et son prix est souvent fonction de son poids. Le corail, l'agate, la cornaline et l'ambre composent des colliers offerts en dot dans le Sahara, très recherchés.

Cependant, les *maâlem* savent se passer de matériaux précieux : entre des mains habiles, d'anciens fossiles se transforment en superbes pendentifs près de Rissani, dans l'Anti-Atlas, et la magie des amulettes berbères se tient au cœur d'un peu de cuir, de bois et d'argentan. Vous trouverez des fibules traditionnelles berbères d'aspect minimaliste très contemporain à Tiznit et à Marrakech.

Travail du bois

Le quartier du souk le plus agréable pour les narines délicates est celui des ébénistes : des effluves d'oranger, de cèdre, de citronnier et de pin s'élèvent des copeaux qui tapissent le sol des ateliers de maîtres sculpteurs, ces mêmes *maâlem* qui réalisent d'admirables portes sculptées et plantées de clous en cuivre. Ce sont également les auteurs des chevrons et des dômes *mukarnas* (ajourés) en cèdre, sculptés de motifs sophistiqués, que l'on retrouve dans les palais marocains. Tétouan, Meknès et Fès possèdent une excellente réputation pour les sculptures ornementales, mais la plupart des médinas du pays recèlent de superbes pièces d'ébénisterie.

À défaut de rapporter tout un édifice, vous pouvez dénicher des petits trésors d'ébénisterie, récupérés à Bab el-Khemis à Marrakech. Offrez par exemple à vos amis gourmets des cuillères à *harira* (soupe marocaine roborative) dotées d'un long manche et sculptées dans du bois d'oranger. Le cèdre se retrouve partout, des boîtes à bijoux et encadrements aux lourds coffres sculptés qui protégeront vos vêtements des mites. L'essence la plus appréciée est le bois de thuya, qui se distingue par son allure noueuse, son grain délicat et sa riche couleur caramel. Il provient de la racine d'un arbre indigène de la région d'Essaouira, aujourd'hui menacé d'extinction. Préférez les collectifs d'artisans qui garantissent un choix responsable et militent pour la reforestation. Invités d'honneur des longues nuits de musique gnaoua, *oud* (luth), *s'nitra* (banjo sans frettes) et autres guitares sont fabriqués à partir de plusieurs essences, choisies pour leur souplesse, leur résonance et leur solidité.

Très souvent, "l'ambre" proposé dans les souks se révèle être du plastique. On reconnaît l'original à sa petite odeur d'encens quand on craque une allumette à côté, et à un toucher un peu cireux.

Architecture

Au Maroc, les amateurs d'architecture pourront s'en donner à cœur joie et passer leurs journées le nez en l'air. L'éventail des édifices est très intéressant et maintient la curiosité en éveil. Voici une liste des principaux ouvrages, présentés dans l'ordre alphabétique.

Casbahs

Vous tomberez sur une casbah partout où il y a eu, à un moment de l'histoire, des intérêts commerciaux – sel, sucre, or, esclaves – à protéger. Ces quartiers fortifiés abritaient la famille régnante, la garde royale et le nécessaire pour tenir un siège. Non loin de là, le mellah (quartier juif) se trouvait sous l'œil attentif des dirigeants et à une portée de fusil des gardes. Marrakech renferme l'une des plus grandes casbahs encore sur pied. Jouxtant le mellah, ce quartier édifié au XIe siècle compte toujours un palais royal et de grands jardins. Dans le nord du pays, à Chefchaouen, la casbah domine de ses remparts rouges la médina toute bleue, tandis qu'à Rabat, blottie derrière son élégante porte sculptée, la Bab Oudaïa, la casbah des Oudaïas présente à l'océan ses murs blanchis à la chaux.

En les classant au patrimoine mondial, l'Unesco a sauvé la casbah de Taourirt à Ouarzazate, et celle d'Aït Benhaddou (à 32 km de Ouarzazate) avec ses briques crues de couleur rouge, toutes deux restaurées et fréquemment utilisées comme décors de film. Pour découvrir des casbahs encore habitées, allez à Anmiter et à la casbah Amridil de l'oasis de Skoura.

Le meilleur de l'Art déco

- » Villa des Arts, Casablanca
- » Jardin Majorelle, Marrakech
- » Cinémathèque, Tanger
- » Plaza de España, Melilla
- » Hôtel El-Minzah, Tanger

Fondouks

Bien des idées cosmopolites et des inventions sont nées dans le brassage incessant des artisans et des aventuriers qui se retrouvaient dans ces caravansérails, organisés autour d'une cour centrale bordée d'ateliers en rez-de-chaussée et de chambres à l'étage. À l'époque médiévale, les fondouks se trouvaient sur la route des caravanes, avant d'être remplacés au fur et à mesure que les négociants se sédentarisaient, par des maisons particulières et des entrepôts. Il reste heureusement 140 fondouks à Marrakech, parmi lesquels le remarquable ensemble proche de la place Bab Ftouh et celui de la rue Mouassine. À Fès, un magnifique fondouk datant de 1711, restauré, accueille désormais le musée Nejjarîn des arts et métiers du bois. L'État marocain a récemment entamé la restauration de 98 fondouks : essayez d'aller les admirer dans leur splendeur fatiguée, avant la fin des travaux de réhabilitation.

Hammams

À peine arrivés au pouvoir, les Almohades rasèrent Marrakech, ses quartiers anarchiques et sa mosquée mal alignée, puis entamèrent la construction de 83 hammams à Fès. Ces bâtiments à coupoles, qui abritent des bains publics, font depuis partie du paysage urbain marocain et chaque village aspire à avoir le sien. Construits traditionnellement en pisé, ils sont enduits de *tadelakt* (chaux polie à la main qui absorbe l'humidité) et surmontés d'une coupole percée d'orifices en forme d'étoile, afin de laisser la vapeur s'échapper. La salle principale, sous la coupole, est la plus fraîche. Les pièces qui l'entourent offrent des degrés de chaleur plus ou moins élevés, pour le goût de chacun.

Les formes audacieusement dépouillées des hammams traditionnels vous paraîtront sans doute étonnament modernes, mais ce sont en fait les artistes du XXe siècle qui ont incorporé ces formes dans leurs œuvres : élément récurrent des tableaux de Matisse et de Klee, le hammam a aussi inspiré, par ses volumes intérieurs et son éclairage tamisé, le style du Corbusier. Le *tadelakt* est aujourd'hui un revêtement très prisé pour les piscines et les murs des maisons de style, tandis que les coupoles percées font partie d'une tendance "Maroc moderne" très en vogue. Ne manquez pas l'occasion de découvrir ces éléments d'architecture dans leur contexte et offrez-vous une séance au hammam de votre quartier – il se trouve souvent à côté de la mosquée car, traditionnellement, les bains utilisaient la même source que la fontaine à ablutions.

Ksour

Perchées sur un promontoire escarpé, accrochées à une paroi rocheuse ou dressées au-dessus d'une oasis, ces forteresses construites en pisé occupent toujours des positions spectaculaires. D'épais murs en terre crue renforcée de paille composent les tours qui s'effilent avec élégance vers leur sommet, entaillé de créneaux. Comme un mirage, le *ksar* (*ksour* au pluriel) s'entend à troubler notre sens de l'échelle et des distances en mélangeant grandeur et intimité. Lorsque les yeux fixent l'horizon du haut des tours de garde, Tombouctou semble proche ; difficile de croire que la ville se trouve à 52 jours de dromadaire. Et cette proximité est en fait bien réelle : l'élégante architecture en terre crue du Mali et du Sénégal est une proche parente des ksour marocains.

La vallée du Drâa et la vallée du Dadès permettent de prendre toute la mesure de cette architecture dans le cadre de splendides oasis. Ne manquez pas le ksar juif de Tamnougalt ni celui d'Aït Arbi, un édifice blanc, ocre et rose accroché aux bords de la gorge du Dadès. Entre ces deux vallées, vous pouvez passer la nuit dans un ancien ksar dans les oasis de Skoura et de N'Kob, ou faire une pause-déjeuner au ksar el-Khorbat et visiter le ksar Asir, un centre marchand vieux de mille ans, à Tinejdad.

Les cités qui constituaient des haltes caravanières abritent de nombreux ksour fortifiés, où les marchands venaient mettre en lieu sûr des fortunes en or, sucre et épices après 52 jours de traversée du Sahara. À Rissani, un circuit d'une demi-heure vous permet de voir une demi-douzaine de splendides ksour dont certains attendent d'être restaurés. Sur les routes des caravanes vers le nord, en direction de Fès par le Haut Atlas, de spectaculaires ksour se dressent entre les sommets enneigés, notamment le douar en pisé de Zaouiat Ahansal, qui abritait jadis une population de 300 âmes.

Hammams historiques

- » Hammam Seffarine, Fès
- » Hammam el-Bacha, Marrakech
- » Hammam Lalla Mira, Essaouira
- » Douches Barakat, Chefchaouen
- » Hammam Bab Doukkala, Marrakech
- » Chantier de fouilles, Aghmat

Le Jardin et la maison arabes au Maroc, de Jean Gallotti, avec des dessins d'Albert Laprade et des photographies de Lucien Vogel (Actes Sud, 2008), est un précieux témoin de l'architecture urbaine et rurale marocaine. C'est en fait la réédition d'un ouvrage de 1926, né à la suite d'une commande du général Lyautey aux premières années du protectorat français.

ARCHITECTURE

MONUMENTS MENACÉS : LES CASBAHS DES GLAOUI

Les casbahs de la tribu des Glaoui, jadis magnifiques, subissent les assauts des éléments. Allez découvrir pendant qu'il est encore temps celles de Taliouine, de Tamdaght, d'Agdz et, surtout, de Télouet. Œuvres des plus grands talents du Maroc (personne ne prenait le risque de déplaire aux despotes), ces réalisations rappellent aussi la trahison du pacha Glaoui, qui collabora avec les colons français contre les Marocains. Les habitants pensent toutefois qu'il faut préserver les casbahs des Glaoui, afin que les Marocains n'oublient pas que mêmes les plus belles fortifications n'étaient que des coquilles creuses, pour peu que la soumission habitât en leurs murs.

Médersas

Davantage que de simples écoles d'instruction religieuse, les médersas du Maroc sont, depuis la dynastie des Mérinides, des centres dynamiques d'apprentissage du droit, de la philosophie et de l'astronomie. La médersa el-Attarine, construite au XIVe siècle à Fès, est littéralement recouverte de zelliges et n'a rien à envier à sa rivale, la médersa Ali ben Youssef de Marrakech, au décor de stuc richement ciselé. La visite de ces lieux permet de se faire une idée de l'austère existence que menaient les étudiants : après de longues heures d'études, ils regagnaient la cellule qu'ils partageaient avec plusieurs de leurs condisciples, où ils pouvaient s'allonger sur un matelas posé à même le sol. La médersa, dotée d'une seule salle de bains, pouvait accueillir 900 personnes.

Les médersas en activité ne sont généralement pas ouvertes aux non-musulmans. Seuls les visiteurs musulmans peuvent passer la nuit dans certaines médersas (une contribution, modeste, est d'usage).

KSOUR

En 2009, 230 millions de dirhams ont été prévus pour restaurer ksour et casbahs, en priorité à Er-Rachidia, Erfoud et Rissani.

La seule mosquée en activité ouverte aux non-musulmans est la mosquée Hassan II à Casablanca. Il s'agit de la cinquième plus grande mosquée du monde.

Le Patrimoine culturel marocain, un ouvrage collectif dirigé par Caroline Gaultier-Hurhan (Maisonneuve et Larose, 2003), englobe l'architecture, l'archéologie, les techniques traditionnelles, les savoir-faire ou les coutumes qui interviennent dans l'habitat.

Mosquées

Présentes partout, les mosquées sont construites sur des terrains nobles, dans le centre des localités. Ces bâtiments, dont l'un des murs est orienté vers La Mecque, offrent, même aux non-musulmans, des moments d'une sublime sérénité au cœur du chaos et de la frénésie des grandes villes. Au-delà de leur vocation acoustique de diffusion de l'appel à la prière, les minarets rappellent en permanence la présence de Dieu et de l'islam, une façon de mettre en perspective les tracas de la vie quotidienne.

Les mosquées marocaines sont fermées aux non-musulmans, à deux exceptions près : l'immense mosquée Hassan II de Casablanca et la mosquée de Tin Mal, près du col du Tizi n'Test. La première fut achevée en 1993 par l'architecte français Michel Pinseau : elle peut accueillir 25 000 fidèles sous un toit rétractable, et son minaret de 210 m est équipé d'un laser ! Elle a coûté 585 millions d'euros, sans compter les compensations versées aux habitants expropriés (des affaires encore en suspens). Beaucoup plus simple, la mosquée de Tin Mal, érigée en 1156 en l'honneur du chef spirituel des Almohades, Mohammed ibn Tumart, est une pure merveille, avec ses plafonds en cèdre et ses arches élancées.

Les visiteurs musulmans affirment que rien dans l'architecture marocaine ne surpasse les édifices érigés à la gloire de Dieu, en particulier à Fès. Avec leurs fontaines et leurs murs recouverts de mosaïques en céramique verte et blanche, et leurs mihrabs (niches indiquant la direction de La Mecque) richement travaillés dans le stuc et le marbre, celles-ci semblent en effet destinées à l'élévation spirituelle. Quand ses portes sont ouvertes, entre les prières, on peut jeter un coup d'œil (photos interdites) à la mosquée et médersa Karaouine, fondée au VIIIe siècle par une héritière fassie. Quant au plus ancien minbar (chaire) du pays, une pièce en marqueterie du XIIe siècle incrustée d'argent et d'ivoire, réalisée par d'habiles artisans de Cordoue pour la Koutoubia, il est conservé au palais el-Badi de Marrakech, et donc visible par tous.

Remparts

La silhouette spectaculaire des remparts défensifs se retrouve dans bien des ports et des lieux de négoce du pays. Ne voulant prendre aucun risque avec leur capitale commerciale, les Almoravides ont enveloppé Marrakech de 16 km de fortifications de 2 m d'épaisseur en pisé rose. Sur la côte, des villes comme Essaouira et Asilah ont connu, des siècles durant, les assauts des pirates et les rivalités féroces entre Portugais et Marocains. Rien d'étonnant donc à ce qu'elles aient érigé de solides fortifications de pierre sur lesquelles elles ont placé des canons, et des remparts crénelés qui rappellent les châteaux forts.

Riads

Dans les principales cités marocaines, on trouve près du palais royal de belles demeures dotées d'un jardin intérieur où les parents de la famille royale, les conseillers et les riches négociants, coulaient des heures paisibles à bavarder assis dans les *bhous*, ces salons ouvrant sur les galeries des patios décorés de céramique, dans le concert du pépiement des oiseaux affairés dans les arbres fruitiers. Vous pouvez, vous aussi, goûter à ce cadre plaisant dans l'un des riads de Fès et de Marrakech.

De nombreux riads sont devenus synonymes de maison d'hôtes. Cependant, architecturalement parlant, un riad s'organise autour d'un patio divisé en quatre parties (lire aussi p. 430), avec une fontaine en son centre. Il ne faut pas confondre le riad et le *dar*, maison citadine traditionnelle plus simple construite autour d'un puits de lumière central – structure mieux adaptée aux zones désertiques très chaudes et aux zones côtières plus fraîches. Marrakech compte plus d'un millier de riads, dont plusieurs datent du XVe siècle, une richesse sans égale dans toute l'Afrique du Nord.

Difficile d'imaginer, lorsque l'on se trouve à l'extérieur de leurs austères et épais murs de terre, les splendeurs qui se cachent derrière les portes ornées de cuivre et de gros clous des riads : plafonds de bois de cèdre peints, balcons en fer travaillé, arcades ruisselantes de stuc. L'entretien de ces joyaux d'architecture n'est pas une mince affaire et la modernisation de ces constructions en pisé pose des difficultés : ainsi, comment installer plomberie et électricité sans déstabiliser les fondations ? La terre, ce matériau ancien, a peut-être un bel avenir devant lui : il isole du bruit de la rue, garde la fraicheur en été et la chaleur en hiver et, à l'inverse du béton, chasse l'humidité au lieu de la retenir. Partout dans le monde, architectes et entrepreneurs soucieux de l'environnement recommencent à l'utiliser.

Outre les anciens remparts fortifiés, des barrières de 3 à 6 m de haut isolent les cités côtières méditerranéennes de Ceuta et Melilla. Dans ces deux villes sous souveraineté espagnole, l'architecture présente des éléments andalous qui se sont épanouis sous la dynastie des Almohades.

Un très beau livre souligne les spécificités architecturales et décoratives des villes anciennes du Maroc : *Médinas du Maroc* (Arthaud, 2001), de Steven Ware, Cécile Tréal et Jean-Michel Ruiz.

Souks

Sous leurs allures complètement chaotiques, les anciennes cités impériales sont construites selon une certaine logique, que l'on peut discerner encore aujourd'hui à Fès, Meknès et Marrakech. Au centre de la médina, des souks labyrinthiques s'étendent sous de hauts minarets, symboles indissociables des ambitions temporelles et des aspirations divines des pouvoirs en place. Si le mot "souk" désigne également les marchés hebdomadaires des villages de campagne, il suffit de s'enfoncer une fois dans le souk de Marrakech ou celui de Fès pour convenir que les uns ne peuvent guère être comparés aux autres.

Les rues des souks marocains sont souvent couvertes de feuilles de palmiers, qui protègent notamment du soleil. Elles sont traversées d'innombrables allées bordées d'étals de nourriture, de magasins et de minuscules ateliers d'artisans creusés à même d'épais murs de terre. Cet ensemble de voies, souvent dépourvues de noms, contrairement aux artères composant le souk proprement dit, constitue la *kissaria* (marché couvert). Quand vous serez perdu, continuez tout droit jusqu'à la prochaine rue d'un souk. Non sans vous être arrêté pour acheter un tapis.

Le top des souks

» Marché Okchen, Meknès

» Souk Sebbaghine (teinturiers), Marrakech

» Souk an-Nejjarine (charpentiers), Fès

» Souk el-Ghezel (laine), Rabat

» Marché central, Casablanca

Villas Art déco

Les villes nouvelles construites à l'extérieur des murs de la médina à l'époque de la colonisation ont introduit un ordre inédit, avec leur plan cohérent et leur architecture moderne. On peut imaginer le choc que représentèrent ici les façades néoclassiques, les toits à la Mansart et les tours apportées par les Français et les Espagnols – en particulier pour des contribuables marocains qui réglaient la note du chantier.

Le style Art déco, toutefois, est apparu comme un trait d'union entre les formes géométriques de l'art islamique et les lignes dépouillées du

PERDU DANS LA MÉDINA ?

Dans les labyrinthiques médinas marocaines, les ruelles sinueuses obéissent à une certaine logique. Il y a des siècles, les rues des souks étaient organisées par corporation, ce qui permettait aux chalands des temps passés de s'y retrouver. Les souks de Fès, notamment, en ont conservé la trace : les échoppes vendant des garnitures en fil d'argent jouxtent le souk des caftans, juste après les étals de coton blanc servant aux djellabas. La laine se trouve dans un autre souk, près des étals de peignes à carder en corne sculptés à la main. Les activités les plus salissantes et les plus malodorantes étaient repoussées à la périphérie – une bonne manière de se repérer : lorsque vous arrivez aux tanneries et aux marchands de bétail, vous vous trouvez à l'extrémité de la médina. À Marrakech, les selliers sont à l'extrémité nord-est du souk, près des tanneries.

Dans l'ouvrage *Médinas* (Éd. Assouline, 2007), le photographe français Jean-Marc Tingaud se plaît à arpenter dans le silence et la nuit les anciennes villes fortifiées marocaines par le biais de superbes images, accompagnées de commentaires lumineux de Tahar Ben Jelloun.

modernisme européen. En 1924, le peintre Jacques Majorelle a introduit des touches de couleur toutes marocaines dans sa propriété, faisant jaillir le bleu, le vert et le jaune sur les surfaces nues de sa villa Art déco et de son jardin, connu depuis sous le nom de jardin Majorelle (p. 69).

Installé à Casablanca, l'écrivain Tahir Shah, d'origine afghane, a restauré une demeure historique qui lui inspira *La Maison du calife,* (Éditions de Fallois, 2008), un livre où il observe : "Il ne peut y avoir de pays sur Terre mieux adapté pour acheter des objets de décoration que le Maroc. Chaque recoin du royaume possède son style unique, perfectionné au fil des siècles par le travail d'artistes."

Dans les années 1930, en pleine heure de gloire, Casablanca eut l'astucieuse idée de greffer des motifs géométriques marocains sur les murs blanchis à la chaux d'édifices construits par les Européens, gratifiant ces villas, cinémas et autres hôtels d'un style Art déco mauresque, notamment au cinéma Rialto de Marius Boyer en 1930 et à l'Hôtel Transatlantique en 1922. Tanger rivalisa avec Casablanca dans ce style, avec l'édification de sa Cinémathèque en 1940 et de l'hôtel El-Minzah dans les années 1930 – les modèles architecturaux du célèbre Rick's Café du film *Casablanca* (1942). On retrouve aujourd'hui des éléments de ce style un peu partout dans le pays – dans l'architecture et la vie de tous les jours, le Maroc s'efforce de trouver l'équilibre entre tradition et mondialisation.

Zaouïas

Ne vous laissez pas abuser par l'apparence modeste ou l'éloignement de certaines localités marocaines. Des villages accrochés au bord d'un promontoire sont de hauts lieux du pays parce qu'ils abritent une zaouïa, un sanctuaire et le siège d'une congrégation religieuse où sont généralement enterrés les marabouts. Si le simple voisinage d'un marabout est censé procurer la baraka, certaines zaouïas ont des réputations spécifiques : la zaouïa Nassiriya de Tamegroute guérirait les malades et ceux en proie à l'anxiété, celle de Sidi Moussa, dans la vallée des Aït Bouguemez, renforcerait la fertilité des femmes.

Avec *Art et architecture berbères du Maroc, Atlas et vallées présahariennes* (No-Lieu, 2009), de Salima Naji, partez à la découverte de l'habitat traditionnel berbère.

Pour attirer la chance, vous pouvez visiter ces deux zaouïas, ainsi que celle de Moulay Ali ach-Charif à Rissani, aujourd'hui ouverte aux non-musulmans. La plupart de ces sanctuaires – notamment la célèbre zaouïa de Moulay Idriss II à Fès, et les sept que compte Marrakech – ne sont généralement ouverts qu'aux musulmans. Vous les reconnaîtrez en principe de l'extérieur à leur toit orné de céramique verte et à l'atmosphère de sérénité qui se dégage de l'enceinte. Dans les zones rurales, le sanctuaire d'un marabout (la zaouïa est d'ailleurs parfois appelée marabout) peut prendre la forme d'une simple construction de terre crue surmontée d'un dôme blanc – le village de Tafza, dans la vallée de l'Ourika, possède un rare exemple de zaouïa en pierre rouge.

Paysages naturels

Chaînes de montagnes »
Déserts et oasis »
Splendeur du littoral »
Grands sites naturels »

Chemin de montagne dans le Haut Atlas

Chaînes de montagnes

La chaîne du Haut Atlas s'étire des sommets enneigés aux gorges du Dadès et de Todra. L'ascension du fameux djebel Toubkal ravira toute personne en bonne condition physique. Cependant, découvrir le Haut Atlas en voiture (ou en grand taxi) est tout aussi mémorable : les routes mènent à des villages berbères, passent devant des casbahs en ruine et serpentent jusqu'aux cols de Tizi n'Test et de Tizi n'Tichka.

Le Moyen Atlas et le Rif offrent des paysages plus doux, avec des forêts couvrant les versants des montagnes et les vallées. Dans le Moyen Atlas, Ifrane, station climatique ressemblant à un coin de Suisse transplanté au Maroc, fut construite par les Français dans les années 1930. Quant à la basse chaîne du Rif, elle forme un arc verdoyant et fertile, qui protège la côte de l'aridité de l'arrière-pays.

Plus au sud, l'Anti-Atlas, dernière chaîne montagneuse avant le Sahara, est ponctué de villages d'oasis et de vallées. Là s'élèvent le massif quartzeux du djebel L'Kest, et l'austère massif du djebel Sarhro, contrée sauvage et isolée, bastion des Aït Atta, peuple de Berbères semi-nomades.

LES MEILLEURES RANDONNÉES EN MONTAGNE

» **Rif** (p. 282). Au départ de Chefchaouen, à travers le parc national de Talassemtane

» **Massif du M'Goun** (p. 99). Formations rocheuses préhistoriques, crêtes, escarpements et gorges

» **Djebel Toubkal** (p. 113). L'ascension, en 2 jours, du plus haut sommet de l'Afrique du Nord (3 313 m)

» **Djebel Sarhro** (p. 145). Palmiers et amandiers poussent au pied d'aiguilles volcaniques tortueuses

» **Anti-Atlas** (p. 383). Des sentiers inexplorés sinuant au milieu des falaises couleur ocre et des champs de safran

1

SARA-JANE CLELAND / LONELY PLANET IMAGES ©

3

OLIVIER CIRENDINI / LONELY PLANET IMAGES ©

Dans le sens des aiguilles d'une montre
1. Randonnée dans le Haut Atlas 2. La casbah d'Aït Arbi, gorges du Dadès 3. L'Ourika, rivière qui traverse l'Atlas

Déserts et oasis

Au sud des cimes enneigées du Haut Atlas, les dunes de l'erg Chebbi (160 m) et de l'erg Chigaga (300 m) sont d'imposantes gardiennes de cette terre inhospitalière. À partir de là, on peut pénétrer dans le désert lors d'une méharée à dos de dromadaire, en compagnie d'un guide, en passant la nuit dans un campement de nomades.

En venant de Marrakech, Ouarzazate, porte du Grand Sud, au pied de l'Atlas, est le point de départ de la route des oasis et des palmeraies. Plus loin, vers l'extrémité de la verdoyante vallée du Drâa, l'oasis de Zagora se dresse aux portes du désert et des premières dunes du Sahara. Là, un panneau signalait autrefois aux caravanes faisant halte dans cet avant-poste isolé que Tombouctou était à 52 jours de voyage.

Au sud de l'Anti-Atlas, les flancs désolés, sillonnés de gorges et des montagnes, se fondent dans le désert pierreux du Sahara occidental, région hostile et peu peuplée – instable d'un point de vue politique –, bordée à l'est et au sud par l'Algérie et la Mauritanie.

MARK DAFFEY / LONELY PLANET IMAGES ©

MEILLEURES OASIS

» **Figuig** (p. 356). Sept villages traditionnels du désert, nichés au milieu de 200 000 palmiers dattiers

» **N'Kob** (p. 164). D'imposants ksour en pisé surplombent une palmeraie

» **Skoura** (p. 142). L'"Oasis des 1 000 palmiers", classée réserve de biosphère par l'Unesco

» **Afella-Ighir** (p. 379). Des falaises rocheuses rougeâtres dominent les palmiers

» **Vallée des Ammeln** (p. 380). Le djebel L'Kest surplombe les palmeraies des différents villages

» **Tata** (p. 381). La verdure de la palmeraie est bienvenue lorsque l'on arrive dans cet avant-poste du Sahara

» **Vallée du Paradis** (p. 369). Elle porte bien son nom : palmeraies, lauriers-roses et ruches ponctuent la gorge

FEARGUS COONEY / LONELY PLANET IMAGES ©

Dans le sens des aiguilles d'une montre
1. Les dunes de l'erg Chebbi (p. 160) 2. Palmiers dattiers de la vallée du Drâa (p. 130) 3. Dunes du Sahara occidental (p. 400)

Splendeur du littoral

Des criques et des falaises de la côte méditerranéenne, à l'ombre des montagnes du Rif, à l'immensité du littoral atlantique qui va de Tanger à Tarfaya, les côtes marocaines sont splendides. À vous les plages sauvages, les petits ports de pêche où déguster du poisson grillé ou un tajine aux fruits de mer.

Oued Laou

1 Une tranquille bourgade de pêcheurs (p. 276) de la côte méditerranéenne : des bateaux bleus posés sur le sable, des filets de pêche séchant au soleil, quelques hôtels vieillots et une jolie plage dorée peu fréquentée.

Essaouira

2 À l'époque des Phéniciens, Essaouira (p. 221) était déjà un port de pêche. Brèmes, sardines, langoustes, huîtres et oursins : faites un festin à l'abri des remparts de cette jolie ville.

Al-Hoceima

3 Al-Hoceima (p. 277) se dresse au sommet de hautes falaises qui surplombent deux baies. Le parc national (485 km^2) du même nom déploie ses plages sauvages, surmontées de falaises calcaires entourées de plateaux et de gorges arides.

Lagunes

4 De Merja Zerga (lagune bleue ; p. 203) à la lagune de Naïla, dans le parc national de Khenifiss (p. 398), les lagunes et les lacs sont propices à l'observation des oiseaux migrateurs, dont de magnifiques flamants roses.

Asilah

5 Tous les ans, durant le Festival d'Asilah (p. 211), des artistes décorent les murs blanchis à la chaux de la médina de fresques colorées. Petites ou immenses, ces peintures égaient les ruelles.

FEARGUS COONEY / LONELY PLANET IMAGES ©

CHRIS HELLIER / CORBIS

Dans le sens des aiguilles d'une montre
Quand l'océan rejoint le désert du Sahara occidental (p. 400) ; bateaux de pêche à Essaouira (p. 221) ; la baie d'Al-Hoceima (p. 277)

Grands sites naturels

Trois semaines

Ce circuit à la découverte de sommets, de gorges, d'oasis et autres merveilles naturelles commence par un fabuleux avant-goût de l'Afrique, sinue ensuite au milieu des montagnes avant de longer la lisière du Sahara.

JACQUES SIERPINSKI / HEMIS / CORBIS

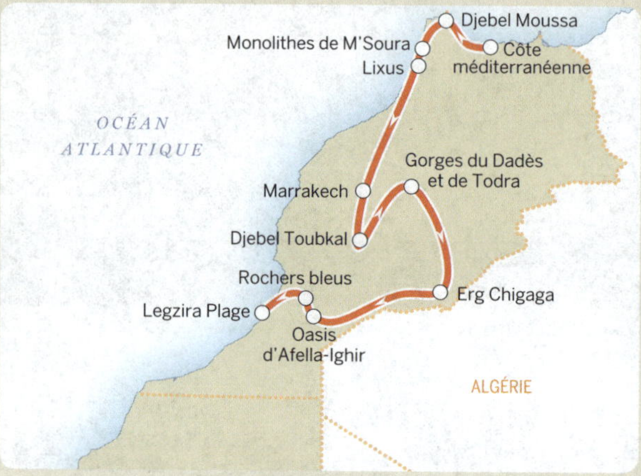

FRANCES LINZEE GORDON / LONELY PLANET IMAGES ©

» La **côte méditerranéenne** (p. 234), avec les escarpements de roches rougeâtres des montagnes du Rif en toile de fond : tel est le premier aperçu que l'on a du continent africain, quand on arrive au Maroc en bateau depuis l'Europe.

» Une fois à terre, découvrez l'imposant **djebel Moussa** (p. 253), qui forme, avec le rocher de Gibraltar, les antiques colonnes d'Hercule.

» Non loin d'Asilah, sur la côte atlantique, les **monolithes de M'Soura** (p. 212), disposés en cercle, entrouvent le livre mystérieux de la préhistoire.

» En route vers le Haut Atlas, on atteint les ruines de la cité romaine de **Lixus** (p. 207), un des plus anciens sites de peuplement du pays, perché sur une colline.

» Entouré d'autres hautes montagnes, trône le **djebel Toubkal** (p. 113), plus haut sommet l'Afrique du Nord.

» Pour des vues à couper le souffle : les **gorges rocheuses du Dadès** (p. 148) et les **gorges de Todra** (p. 151).

» En allant au sud-est, les dunes de l'**erg Chigaga** (p. 138), qui s'étendent sur près de 40 km, vous donneront un aperçu de l'immensité du désert.

» Thème du désert, encore, mais dans une oasis typique cette fois, à **Afella-Ighir** (p. 379), située au cœur de gorges taillées dans une roche rougeâtre.

» Non loin, un artiste paysagiste a créé une des grandes curiosités de l'Anti-Atlas en peignant les **Rochers bleus** (p. 379).

» Terminez votre périple sur la côte, à **Legzira Plage** (p. 393), où des arches de pierre naturelles plongent dans la mer.

De haut en bas

1. Les Rochers bleus, dans l'Anti-Atlas
2. Le précipice des gorges du Dadès

Merveilles naturelles

Diversité des paysages marocains

Nombreux sont ceux qui imaginent le Maroc comme une énorme oasis ceinturée par le désert. Aussi la plupart des visiteurs sont-ils surpris de découvrir la diversité géographique du pays. En une journée, les voyageurs peuvent partir des plages balayées par le vent de l'Atlantique, traverser les terres fertiles des plaines, longer les sommets enneigés du Haut Atlas pour rejoindre le territoire rocailleux et aride du désert. Quelle que soit la région, les habitants travaillent cette terre extraordinaire, faisant pousser de l'orge sur de minuscules terrasses à flanc de falaise soutenues par des murets en pierre, cultivant les oliviers et les arganiers ou conduisant leurs troupeaux dans les pâturages de montagne pour éviter la déforestation des vallées. La moitié des Marocains réside toujours dans les campagnes, et leur exploitation raisonnée des ressources locales permet de ramener la vie sur des morceaux de terrains désolés, rendant les paysages encore plus remarquables.

Littoral

Quand les Omeyyades arrivèrent au Maroc, ils chevauchèrent jusqu'à l'Atlantique et surnommèrent le pays *Al-Maghreb* ("le Couchant"), sachant que l'océan marquait la limite occidentale de leurs conquêtes. La côte a façonné des pans de l'histoire du pays, des pirates barbaresques aux débarquements des Alliés durant la Seconde Guerre mondiale, mais aujourd'hui, elle est plus axée sur la détente. Suite au Plan Azur du roi Mohammed VI, des zones entières du littoral marocain se transforment en centres touristiques flambant neufs, avec villas de vacances, stations balnéaires et parcours de golf. Heureusement pour les amoureux de la nature, il subsiste encore des étendues sauvages, où l'on peut observer de rares échassiers et avoir une superbe vue sur les falaises.

Soyez prudent en vous baignant dans l'Atlantique. Ses rouleaux cachent parfois de dangereux courants et une fois loin du rivage, il n'y a guère que les Canaries entre vous et l'Amérique !

La pêche et le commerce occupent une place importante dans l'économie côtière depuis que les Phéniciens et les Romains établirent leur port à Lixus. Mais l'Atlantique montre aussi des facettes sauvages, avec des plages rocheuses autour d'Asilah, et des marécages telle la lagune du parc national de Merja Zerga, qui attire des flamants et des espèces rares d'oiseaux sauvages africains. Au sud de Casablanca, on découvre les ports d'Oualidia et d'Essaouira, anciens repaires de pirates, dont les criques sont encore peuplées de rares espèces animales et végétales et où sont servis les meilleurs fruits de mer du pays. Au sud des promenades – bordées de commerces – d'Agadir, les plages des cités balnéaires

UN PARCOURS DE GOLF ÉCOLO

Les parcours de golf sont devenus un véritable fléau au Maroc. En raison de la quantité d'eau et d'engrais chimiques nécessaires pour entretenir les fairways dans le désert, l'environnement du pays est soumis à une rude pression par les parcours construits par le pacha Glaoui et le roi Hassan II, sans parler des terrains de golf privés récemment établis dans les environs de Marrakech et ceux en passe d'être achevés le long de la côte atlantique. Les golfeurs qui veulent travailler leur swing tout en protégeant l'environnement opteront plutôt pour La Pause (p. 80), où les attend un parcours de cross-golf et de disc-golf écologique, sans gazon, situé dans le désert à la périphérie de Marrakech.

laissent la place aux vastes étendues de sable qui s'étirent du Sahara occidental à la Mauritanie. Il y a peu, le sud de la côte atlantique a repris un trafic moins prestigieux, l'embarquement des émigrants subsahariens clandestins vers les îles Canaries.

La côte méditerranéenne accidentée, elle, est restée sous-développée jusqu'à récemment, en dépit de sa beauté, de ses criques abritées et de ses falaises plongeant dans la mer. Tanger et les villes portuaires de Ceuta et Melilla ont su mettre à profit leur emplacement avantageux, et jouissent de panoramas superbes et de splendides villas. Le Rif, principale barrière à l'est, est un territoire accidenté où vivent les Rifains, un peuple berbère très indépendant qui parle sa langue propre (le tarifit) et a su résister au contrôle colonial. Politiquement marginalisés, les habitants du Rif ont tourné cette attitude à leur avantage et en ont profité pour cultiver le kif (cannabis) dans la région située à l'est de Tétouan. Toutefois, le manque d'accès aux services de première nécessité s'est ajouté à la pauvreté locale et le gouvernement a dû énormément investir pour améliorer l'accès à l'éducation et à la médecine en créant de nouvelles infrastructures. Les routes pas trop raides rendent l'exploration du littoral rifain beaucoup plus facile qu'autrefois.

SAHARA

L'Exploration du Sahara, de Jean-Marc Durou, préfacé par Théodore Monod (Actes Sud, 2004), retrace l'histoire de ce territoire immense, passionnément convoité.

Montagnes

Trois chaînes de montagnes ondulent à travers le pays – le Rif, au nord, le Moyen Atlas (au sud de Fès) et le Haut Atlas (au sud et au nord-est de Marrakech) – auxquelles s'ajoute la chaîne secondaire de l'Anti-Atlas, au sud, qui finit par se perdre dans le désert. Elles doivent leur existence à la force monumentale des plaques tectoniques, dont le mouvement le plus puissant a provoqué la collision des plaques tectoniques de l'Afrique et de l'Eurasie il y a environ 60 millions d'années, créant le Haut Atlas, fermant le détroit de Gibraltar et soulevant les Alpes et les Pyrénées. Plus récemment, ces montagnes ont servi de refuges aux Berbères, ainsi qu'à d'autres résistants ou rebelles face aux envahisseurs.

Au nord, la basse chaîne du Rif forme un arc verdoyant et fertile, qui dessine une barrière côtière naturelle. Même les Vandales et les Wisigoths n'égalaient pas les Rifains au caractère indépendant, qui, pendant un millénaire, ont utilisé avec succès leur situation marginale pour résister aux incursions tant européennes qu'africaines.

Cœur du pays, le Moyen Atlas est un patchwork de champs cultivés, de Volubilis à Fès, qui monte doucement pour créer des sommets montagneux couverts de forêts odorantes de genévriers, de thuyas et de cèdres. Cette région sublime, propice à la randonnée, abrite des singes magots, les seuls primates du Maroc. S'étendant du nord-est au sud-ouest à partir du Rif, la chaîne culmine à 3 340 m.

Les paysages les plus spectaculaires sont toutefois situés à l'est d'Agadir, où les basses collines s'élèvent pour former le Haut Atlas. Au sud de Marrakech, le Haut Atlas atteint des altitudes vertigineuses au djebel Toubkal, le sommet le plus haut d'Afrique du Nord (4 167 m). À basse altitude, les montagnes sont aménagées en terrasses, recouvertes de plantations de noyers, de cerisiers, d'amandiers et de pommiers, qui fleurissent abondamment au printemps. Au sud-est, le Haut Atlas perd de l'altitude et prend le nom d'Anti-Atlas, qui protège la vallée du Sous des vents chauds provenant du Sahara.

SOUVENIRS ÉCOLOS

Les plus écolos : l'artisanat à base de pneus

Les pneus usés ne sont pas biodégradables et ils dégagent des fumées toxiques lorsqu'on les brûle. Mais quand ils sont intelligemment réutilisés par les artisans marocains, bandes de roulement et chambres à air de pneus se transforment en meubles ou objets décoratifs pour la maison (cadres de miroirs, plateaux en chambre à air, etc.). Vous trouverez un bon choix d'objets en pneus recyclés chez les artisans regroupés à l'extrémité sud de la rue Riad Zitoun el-Kedim, à Marrakech (p. 87).

Relativement écolo : l'huile d'argan

L'huile d'argan, très prisée en cosmétique, est le seul produit à nécessiter l'aide d'une chèvre pour être produite. Dans les environs d'Essaouira et dans l'Anti-Atlas, les chèvres montent dans les arganiers pour manger les fruits, dont elles digèrent la partie extérieure et évacuent le noyau. Pour fabriquer l'huile, les femmes récupèrent les noyaux dans les excréments de la chèvre avant de les laver et de les casser. Lorsqu'elles sont pressées, les noix donnent une minuscule quantité d'huile orangée riche en vitamine E. C'est un travail manuel fatigant, et acheter votre huile dans une coopérative est le meilleur moyen d'assurer un salaire correct aux femmes et de s'assurer que le produit final ne contient aucun additif. Vous pouvez visitez la coopérative Amal (p. 232), au nord d'Agadir, la coopérative Tiguemine (p. 232), en périphérie d'Essaouira, ou la boutique de la coopérative d'Argan Assouss (p. 88), à Marrakech.

Peut-être écolo : les tapis et les couvertures berbères

Les couvertures berbères sont souvent fabriquées avec une laine si naturelle qu'on peut sentir la lanoline dessus. Bien que les fabricants prétendent n'utiliser que des teintures végétales, la plupart des tisseurs se servent d'un mélange de teintures naturelles et artificielles afin d'obtenir brillance et résistance des couleurs. Certaines coopératives cardent et teintent leur laine avec des teintures naturelles (principalement des bruns, des jaunes, des roses et des vert pâle), mais, pour les couleurs vives, il est préférable qu'elles achètent leur laine à des industriels réputés au lieu de manipuler des teintures chimiques et de déverser les eaux polluées dans les égouts. Certaines associations respectent de bonnes pratiques environnementales et paient les tisseuses directement, notamment la Casbah Myriem (p. 344), la coopérative féminine de tissage des Aït Bououli (p. 97), la coopérative de tapis Jemaite Tifawin (p. 141), la coopérative de tapis Ahilal (p. 141) et la coopérative de tisserandes d'Aït Oudinar (p. 149).

Peu écolo : les souvenirs en thuya

Poussant principalement au Maroc, cet arbre au bois de couleur caramel est menacé de disparition en raison de sa grande popularité. N'achetez de bols sculptés et de boîtes à bijoux en bois de thuya qu'auprès de coopératives d'artisans qui respectent des pratiques forestières durables et aident à la reforestation, comme la coopérative artisanale des marqueteurs (p. 230) et la coopérative artisanale des femmes de Marrakech (p. 87).

Désert

Pour ne pas se faire mordre, les charmeurs de serpents cousent la bouche des serpents, provoquant une infection buccale mortelle et empêchant les serpents de s'alimenter. Afin de ne pas encourager cette pratique, ne donnez pas d'argent et ne posez pas à côté des charmeurs de serpents dont les animaux ont la bouche cousue.

Le désert est sans doute le paysage le plus emblématique du Maroc, avec ses dunes et ses ksour (forteresses) en pisé qui surgissent majestueusement d'oasis cachées. Mais la majeure partie du désert ne se compose ni de dunes ni d'oasis, et se révèle quasiment inhabitable. Les vastes étendues arides de la hamada (désert rocheux) sont sillonnées de gorges rocheuses, desséchées depuis des millions d'années par le soleil brûlant. À l'est et au sud, le désert dessine des frontières – toujours contestées – avec l'Algérie et la Mauritanie. Au sud de l'Anti-Atlas, les flancs désolés se fondent dans le désert pierreux du Sahara occidental.

Aujourd'hui encore, la vue d'une oasis dans ce paysage désolé fait naître un sentiment d'allégresse – mais quand les caravanes arrivaient enfin, après une épuisante traversée du Sahara de 52 jours, l'apparition de la verdure de Zagora, à l'horizon, derrière les dernières dunes de l'erg Chigaga et de Tinfou, était pour le moins salvatrice. De Zagora, les caravanes chargées d'or en chemin pour le Moyen Atlas avançaient prudemment dans la vallée du Drâa, d'un ksar à un autre, pour, enfin, décharger les dromadaires et charger les mules dans l'oasis de Skoura.

Certaines caravanes traversaient les anciennes portes du désert à Sijilmassa (près de Rissani), bien que la route ne fût pas aisée : elles pouvaient passer par les dunes dorées de l'erg Chebbi, à Merzouga, ou par le magnifique djebel Sarhro, habité par les Aït Atta, peuple de guerriers semi-nomades. Aujourd'hui, l'atmosphère dans les oasis est nettement plus détendue, le rythme de vie est plus lent en journée tandis que les soirées permettent aux visiteurs de rencontrer la population locale et de discuter avec elle autour d'un bon feu.

Faune et flore

Espèce menacée, l'outarde houbara doit faire son come-back au Maroc : 5 000 oiseaux élevés en captivité devraient être relâchés dans une zone protégée de 40 000 km² du désert oriental. Ce serait la plus importante réintroduction d'une espèce en danger d'extinction. Les outardes sont particulièrement difficiles à élever en captivité, en raison de leur nervosité et de leurs rites de reproduction complexes.

Après avoir été habité et cultivé, et avoir servi de pâture pendant plusieurs millénaires, le Maroc possède encore une vie sauvage importante, qui témoigne des pratiques traditionnelles durables et de la gestion attentive des ressources, transmises de génération en génération. De nos jours, le Maroc compte 40 écosystèmes différents fournissant un habitat à de nombreuses espèces endémiques, dont des espèces végétales et animales rares ailleurs. L'industrialisation pèse énormément sur les environnement naturels fragiles et, bien que des mesures soient prises pour créer des réserves naturelles pour les espèces en danger du Maroc, les visiteurs peuvent participer à la sauvegarde des habitats naturels en ne quittant pas les pistes balisées et en remportant leurs déchets.

Espèces du littoral

Loin des centres urbains et des cités balnéaires existent de longues étendues côtières peu peuplées, où prospèrent de nombreux oiseaux et mammifères marins, comme les dauphins et les marsouins. Les goélands à iris blanc, les grands cormorans marocains et les sternes caugek font partie des espèces les plus communes. Nombre d'oiseaux de mer et d'eau douce prospèrent dans les réserves, tel le parc national de Sous-Massa, où vous pourrez observer des ibis chauves, en voie d'extinction, au milieu de canards et d'échassiers qui migrent d'Europe pour passer l'hiver ici. Sur la côte méditerranéenne, vous pourrez apercevoir, avec de la chance, des phoques moines de Méditerranée, l'un des mammifères les plus menacés au monde. Sa population s'élèverait à 450-600 individus seulement, dont quelques-uns ont trouvé refuge dans les criques protégées du Maroc.

TEMPÊTE DANS LE DÉSERT

Choisissez un dromadaire plutôt qu'un véhicule tout-terrain pour explorer le désert de manière naturelle. Les 4x4 craquèlent la surface du désert, qui est ensuite soulevée par les rafales de vent. Selon une estimation, la poussière annuelle a augmenté de 1 000% en Afrique du Nord dans les cinquante dernières années. Les tempêtes de poussière sont une des causes de la sécheresse, car elles empêchent la lumière du soleil d'atteindre la surface de la terre et préviennent la formation de nuages. Les sables soulevés et les tempêtes du désert ont des conséquences à l'échelle internationale : des sables du Sahara ont déjà atteint le Groenland ! Si vous voyagez à dos de dromadaire, la faune du désert ne sera pas effrayée par les vibrations, et vous aurez plus de chances d'apercevoir ces adorables petits animaux, mais peureux, que sont le fennec, la gerboise et le hérisson du désert.

Habitats du désert

Aussi inhospitalier qu'il puisse paraître, le Sahara héberge un grand nombre d'espèces animales, dont plusieurs espèces de gerbilles et de gerboises aux grandes oreilles caractéristiques, ainsi que le hérisson du désert, plus petit hérisson au monde, pesant entre 300 g et 500 g. Le fennec a des pattes à coussinets couverts de fourrure et de grandes oreilles qui lui permettent de dissiper la chaleur du Sahara ; ses petits ressemblent à des chihuahuas, en plus duveteux. Vous pourrez peut-être entrevoir ce renard du désert discret et nocturne si vous faites une méharée et passez la nuit dans le désert.

Nombre d'animaux du désert sont sveltes et rapides. Les gazelles dorcas sont communes et vous apercevrez peut-être une rare gazelle de Cuvier au pelage roux. Les lézards, tels les scinques et les lézards fouette-queue, abondent, de même que les vipères à corne (pas particulièrement venimeuses). Le chacal doré est le plus répandu des grands prédateurs. Dans les parties reculées du Sahara occidental vivraient encore quelques guépards adaptés au désert.

LIONS

Autrefois présent dans les montagnes de l'Atlas et du Rif, le lion de l'Atlas, plus grand que le lion d'Afrique, possédait une épaisse crinière noire et vivait en solitaire. Le dernier lion de l'Atlas sauvage a été abattu en 1921, mais le parc zoologique national de Rabat a fait des progrès grâce à son petit programme d'élevage avec les descendants de cet animal légendaire, à 80% lions de l'Atlas.

Faune des montagnes

Les versants boisés des montagnes constituent les habitats les plus riches en vie sauvage. Le sociable singe magot est présent dans des parties du Moyen Atlas et du Rif, notamment aux alentours d'Azrou. La gazelle des montagnes, le lynx et le mouflon à manchettes (ou mouflon de Barbarie) sont plus difficiles à apercevoir. En voie d'extinction, ce dernier bénéficie d'une protection officielle, dans une réserve du Haut Atlas, près du Tizi n'Test ; une bonne nouvelle pour son principal prédateur, le léopard de Barbarie, autre espèce en voie d'extinction – et dernière population de léopard d'Afrique du Nord.

Outre le splendide aigle royal, les montagnes du Haut Atlas abritent de nombreux oiseaux, dont le bec-croisé des sapins, l'alouette haussecol, l'aigle botté, le vautour percnoptère, ainsi que le milan noir et le milan royal. Parmi les papillons, nombreux au printemps, vous verrez sans doute le cardinal écarlate et le cléopâtre jaune vif.

Parcs nationaux

Face à l'urbanisation qui empiète sur les habitats naturels, le gouvernement marocain a instauré des zones protégées dans certaines régions pour enrayer la perte inquiétante de plantes et d'espèces animales rares. Créé en 1942, le parc national du Toukbal, dans les montagnes du Haut Atlas, a inauguré cette démarche. Après l'ouverture du vaste parc national de Sous-Massa, tracé en 1991 aux alentours

LES PRINCIPAUX PARCS NATIONAUX

PARC NATIONAL	EMPLACEMENT	CARACTÉRISTIQUES	ACTIVITÉS	MEILLEURE ÉPOQUE
Parc national du Toubkal (p. 113)	Près de Marrakech	Point culminant d'Afrique du Nord	Randonnée, alpinisme	mai-juin
Parc national de Sous-Massa (p. 368)	Sud d'Agadir	Estuaires côtiers et forêts ; 275 espèces d'oiseaux, dont l'ibis du Cap, mammifères et espèces menacées	Randonnée et observation des animaux	mars-octobre
Lac de Sidi Bourhaba (p. 203)	Mehdiya	Lacs et marais ; 200 espèces d'oiseaux migrateurs, dont la sarcelle marbrée, le hibou du Cap et le flamant rose	Baignade, observation, des oiseaux et randonnée	octobre-mars
Parc national de Merja Zerga (p. 203)	Moulay Bousselham	Lagunes ; 190 espèces d'oiseaux aquatiques, dont le hibou du Cap, le goéland d'Audouin le flamant rose et le foulque à crête	Observation des animaux	décembre-janvier
Parc national de Talassemtane (p. 269)	Chefchaouen	Forêts de cèdres et sapins ; singes magots, renards, chacals et chauves-souris dans les forêts de cèdre	Randonnée et observation des animaux	mai-septembre
Réserve animalière de Bouarfa (p. 355)	Bouarfa	Désert de roches rouge	Randonnée et alpinisme	avril-octobre
Parc national de Tazzeka (p. 350)	Près de Taza	Forêts de chênes et cascades	Randonnée	juin-septembre
Parc national d'Al-Hoceima (p. 281)	Al-Hoceima	Forêts de thuyas, escarpements calcaires, pygargues vocifères	Randonnée et observation des oiseaux	mai-octobre

d'Agadir, le Maroc a ouvert quatre nouveaux parcs nationaux en 2004 : Talassemtane (589 km²) dans le Rif ; Al-Hoceima (485 km²) en bord de Méditerranée, qui protège d'exceptionnels habitats côtiers et maritimes, dont l'un des derniers refuges du balbuzard ; le parc national d'Ifrane (518 km²) dans le Moyen Atlas, qui abrite des singes magots et des cèdres, et le parc national du Haut Atlas oriental (553 km²).

Le Maroc compte 14 parcs nationaux, ainsi que 35 réserves naturelles, forestières et autres zones protégées, supervisés par la direction des Eaux et Forêts du Maroc. Les parcs constituent un terrain privilégié pour les recherches sur la biodiversité (inventaire botanique, recensement des oiseaux, étude des primates, analyse des sédiments, etc.), qui permettent de comprendre les causes des pertes d'habitat, au Maroc comme à l'étranger. Récemment, des spécialistes espagnols et américains sont venus faire des recherches dans les parcs marocains.

Si les parcs sont une bénédiction pour la faune sauvage et les écosystèmes locaux, il n'en va pas de même pour la population. Malgré l'augmentation des revenus touristiques, les communautés ont vu leur accès à l'eau, aux pâturages et aux récoltes limité voire complètement coupé. En ouvrant des parcs, les ministères du Tourisme et de l'Agriculture visent à restaurer les terres arables, et finalement à venir en aide aux habitants de la région en soutenant l'écotourisme – solution de remplacement lucrative à la culture du kif. Il est prévu, dans un avenir proche, d'instaurer des droits d'entrée dans les parcs, afin de soutenir les missions scientifiques, communautaires et de conservation. En attendant, les plus beaux sites marocains sont toujours gratuits et les visiteurs peuvent aider les communautés en faisant un don aux ONG locales (voir p. 96).

Pour plus de renseignements sur l'observation des oiseaux au Maroc, reportez-vous à la p. 33.

Des moyens de sauvegarde créatifs

Le Maroc a la chance de pouvoir se replonger dans son passé récent pour imaginer un avenir axé sur la durabilité. Toujours utilisées, les *khettaras*, anciens systèmes d'irrigation, sont des conduites souterraines qui amènent l'eau de source jusqu'aux champs et aux jardins en évitant son évaporation. Si le concept des "labels" est tout nouveau et peu répandu, la majorité des pratiques agricoles marocaines de petite échelle n'en sont pas moins biologiques. Elles le sont même par défaut : les fertilisants chimiques sont trop onéreux et le crottin d'âne ne manque pas sur le territoire. Pour produire la vapeur, les hammams locaux utilisent l'électricité et l'eau de manière plus raisonnée que les douches ou les bains individuels. Fabriqué localement, et sans détergent, le savon noir (à base d'huile de palme et d'olive) est assez doux pour se raser et suffisamment efficace pour laver le linge sans polluer ; les eaux grises qui restent peuvent servir dans les jardins ou dans les fontaines des cours. Les murs d'un mètre d'épaisseur, caractéristiques de l'architecture traditionnelle en pisé du Maroc, fournissent une isolation naturelle contre la chaleur en été et contre le froid en hiver, ce qui réduit le besoin de climatisation et de chauffage central, tout en offrant l'avantage supplémentaire d'atténuer le bruit de la rue.

Le Sahara Conservation Fund (www.saharaconservation.org, en anglais), dédié à la protection de la faune du Sahara, propose un aperçu des animaux que vous pourrez apercevoir dans le désert.

Le Maroc a aussi été l'un des premiers pays à adopter les nouvelles technologies permettant des économies d'énergie. Les forages au large du Sahara occidental se sont révélés onéreux et délicats sur le plan écologique et politique. Aussi le Maroc se tourne-t-il désormais vers des sources d'énergie plus fiables, pour répondre à ses besoins et pour exporter. Il exploite d'ailleurs déjà l'énergie éolienne dans le Rif. D'autre part, le programme solaire dévoilé fin 2010 fera de Ouarzazate – où se trouvera l'une des cinq centrales solaires du pays – l'un des générateurs d'énergie solaire les plus importants au monde, appelé à produire, à terme, 500 mégawatts.

Pour faire face aux problèmes qui l'attendent, le Maroc devra rassembler toute l'ingéniosité possible, avec le soutien de ses visiteurs. En raison de la demande des citadins et des ensembles touristiques, 37% des villages autour de Marrakech manquent désormais d'une bonne source d'eau potable. L'édification de barrages pour créer des réservoirs retient fréquemment le limon indispensable à la survie des fermes et des marais côtiers. Également menacées, les forêts perdent environ 250 km² chaque année, menaçant des essences comme le pin du Maroc, le thuya et le cèdre de l'Atlas. La pollution constitue un autre problème de taille : les villes produisent chaque année 2,4 millions de tonnes de déchets solides.

Le gouvernement envisage de faire passer diverses mesures environnementales allant de la protection des marais à la promotion de sacs plastique biodégradables, mais des évolutions ont déjà cours dans les villes et villages du pays. Où que vous alliez, vous remarquerez de petits changements qui, pris collectivement, permettent d'importantes économies énergétiques… et, bien sûr, les voyageurs sont invités à participer à cet effort. Les chauffe-eau solaires fournissent de l'eau chaude instantanée dans l'après-midi et en soirée – prendre votre douche à ce moment-là évite donc de faire couler l'eau en attendant que le chauffe-eau au gaz la réchauffe. Des programmes de reforestation tentent également de limiter l'érosion ; les randonneurs, quant à eux, veilleront à bien rester sur les sentiers de montagne balisés et à participer aux initiatives de reforestation des ONG locales. Les jardins bio fournissent des produits frais pour les repas, tout en réduisant la dépendance aux produits alimentaires transportés sur de longues distances. Par ailleurs, commander des spécialités locales de saison contribue à soutenir les cultures locales. Premier écolabel instauré au Maroc, La Clé Verte récompense les hôtels et les maisons d'hôtes qui respectent un certain nombre de critères, comme l'utilisation de toilettes peu consommatrices d'eau et de produits d'entretien écologiques.

En combinant toutes ces pratiques d'économie des ressources traditionnelles, nationales et locales, le Maroc est sur le point non seulement de passer à un tourisme durable, mais aussi de montrer la voie à l'Europe.

Maroc pratique

Carnet pratique

Ambassades et consulats

Lire l'encadré p. 497 pour des détails sur les visas pour les pays voisins du Maroc.

Ambassades et consulats du Maroc

Quelques représentations marocaines à l'étranger :

France ambassade (☎01 45 20 69 35 ; www.amb-maroc.fr ; 5 rue Le Tasse, 75016 Paris) ; consulat général (☎01 56 56 72 00 ; 12 rue de la Saïda, 75015 Paris ; ⏲9h-13h lun-ven). Il existe d'autres consulats dans de nombreuses villes françaises.

Belgique ambassade (☎02-736 11 00 ; www.consulat.ma ; 29 boulevard Saint-Michel, 1040 Bruxelles) ; consulat général (☎02-349 51 80 ; 55 rue des Vétérinaires, 1070 Anderlecht, Bruxelles ; ⏲9h-13h lun-ven). Il existe aussi des consulats à Anvers et à Liège.

Suisse ambassade (☎31-351 0362/63 ; www.amb-maroc.ch ; Helvetiastrasse 42, 3005 Berne ; service consulaire ⏲9h-15h lun-ven). Il existe également des consulats à Lausanne et à Zurich.

Canada ambassade (☎613-236 73 91/92, www.ambamaroc.ca ; 38 Range Rd, Ottawa, Ontario KIN 8J4 ; ⏲9h-16h lun-ven) ; consulat général (☎514-288-87 50 bd René-Lévesque Ouest, Montréal, Québec H3H 1R6 ; ⏲9h-15h lun-ven).

Ambassades et consulats étrangers au Maroc

La plupart des ambassades et des représentations diplomatiques se trouvent à Rabat et ouvrent du lundi au vendredi de 9h à 12h. La liste de quelques représentations se trouve dans l'encadré ci-dessous. Le **ministère marocain des Affaires étrangères et de la Coopération** (www.maec.gov.ma) possède la liste de toutes les ambassades et consulats au Maroc.

AMBASSADES ÉTRANGÈRES À RABAT

Algérie (☎0537 76 54 74 ; www.mae.dz/ ; 46-48 av. Tariq ibn Zayid). Consulats à Casablanca et Oujda.

Belgique (☎0537 26 80 60 ; www.diplomatie.be/rabatfr ; av. Mohammed El Fassi, 6 Tour Hassan ; ⏲8h30-15h30, jusqu'à 14h30 ven). Consulats à Casablanca et à Tanger.

Canada (☎0537 68 74 00 ; www.canadainternational.gc.ca/morocco-maroc ; 13 bis rue Jaâfa-as-Sadik, Agdal ; ⏲8h-16h30 lun-jeu, jusqu'à 13h30 ven)

Espagne (☎0537 63 39 00 ; www.maec.es/en, ambespma@mail.mae.es ; rue Ain Khalouiya, route des Zaers, km 5300 Soussi). Consulats à Agadir, Casablanca, Larache, Nador, Rabat, Tanger et Tétouan.

France (☎0537 68 97 00 ; www.ambafrance-ma.org ; 3 rue Sahnoun, Agdal ; ⏲8h30-13h et 14h35-18h lun-jeu, 8h30-13h et 14h30-17h30 ven). Consulats à Agadir, Casablanca, Tanger, Marrakech et Fès.

Mauritanie (☎0537 65 66 78 ; www.mauritania.mr/fr ; 6 rue Thami Lamdaouar, Soussi)

Suisse (☎0537 26 80 30/31 ; www.eda.admin.ch/rabat ; square de Berkane ; ⏲8h-11h lun-ven)

Tunisie (☎0537 73 06 36 ; at-rabat@maghreb.net.ma ; 6 av. de Abdelkrim Benjelloun, ex-av. de Fès ; ⏲9h-12h et 14h-17h30 lun-ven)

LE MAROC PRATIQUE

» Le Maroc utilise le système métrique pour les poids et les mesures.

» Les coupures de courant sont rares et l'électricité est disponible presque dans tous les lieux où se rendent les touristes.

» Voir p. 496 pour plus de détails sur l'électricité.

» Parmi les journaux francophones, *L'Opinion* (www.lopinion.ma), proche du parti d'opposition l'Istiqlal, aborde quelques sujets sensibles de la société marocaine. *Libération* (www.libe.ma), le quotidien de l'Union socialiste des forces populaires, lui ressemble tout en étant moins dynamique. *Al-Bayane* (www.albayane.press.ma), un autre quotidien d'opposition en français, est satisfaisant pour l'actualité internationale. *Maghrebarts* (www.maghrebarts.ma, en français) s'intéresse aux arts et aux médias.

» Pour la liste des journaux marocains en ligne, consultez le site www.onlinenewspapers.com/morocco.htm (en anglais).

» Une sélection de journaux étrangers est disponible dans les grandes villes. *Le Monde* est le plus courant.

» La plupart des stations de radio marocaines émettent en arabe et en français sur les bandes AM ou FM.

» Vous pouvez écouter la station d'information et musicale Médi 1, qui émet dans toute l'Afrique du Nord et en Europe depuis Tanger, par la radio (105.3 MHz à Marrakech et 95.3 ou 101 à Tanger) et sur www.medi1.com.

» La radio d'État SNRT (www.snrt.ma) a des stations régionales et nationales, notamment la Chaîne Inter en ville, que l'on peut écouter sur la radio (98.8 MHz à Marrakech et 90 MHz à Casablanca) et sur www.chaineinter.ma.

» Les antennes paraboliques sont omniprésentes. Elles captent les chaînes étrangères, dont TV5, le satellite européen des pays francophones.

» La principale chaîne télévisée, 2M, est en partie gouvernementale et émet en arabe et en français par satellite, sur le réseau hertzien et sur www.2m.ma.

» Les journaux télévisés et les émissions d'information de Médi 1 sont diffusés sur le satellite et sur www.medi1tv.com.

» Concernant les DVD, le Maroc est en région 5, comme une grande partie de l'Afrique et de l'Asie (alors que l'Amérique du Nord est en région 1 et l'Europe en région 2).

Argent

» La monnaie nationale est le dirham (Dh), qui se subdivise en 100 centimes.

» Les billets les plus gros sont ceux de 200 Dh.

» On trouve des pièces de 1, 2, 5 et 10 dirhams e 10, 20 et 50 centimes.

» L'exportation de dirhams est interdite et vous n'en trouverez pas en dehors du pays.

» Le dirham est assez stable et les taux de change ne connaissent pas de fluctuations importantes.

» L'euro, le dollar US et la livre britannique sont les devises les plus faciles à changer.

» Certains taux de change et un guide des prix figurent p. 16.

Cartes de crédit

» Dans les grandes villes et dans les lieux touristiques, les principales cartes de crédit internationales sont acceptées presque partout.

» Les commerces marocains prélèvent souvent une commission de 5%.

» Les cartes les plus courantes sont les MasterCard et les Visa.

» La plupart des agences des grandes banques acceptent le retrait d'espèces sur présentation de cartes Visa et MasterCard.

» Pour une liste des banques les plusfiables, voir la rubrique *Distributeurs automatiques (DAB)*.

Change

» Il n'y a aucune restriction sur les entrées de devises étrangères dans le pays.

» Il est illégal d'importer ou de sortir des dirhams du pays.

» De nombreuses devises sont acceptés (euros, dollars US ou livres britanniques), mais rarement les dollars canadiens.

» Les services bancaires marocains sont relativement rapides et efficaces.

» Les taux varient peu d'un établissement à l'autre.

» Munissez-vous de votre passeport pour changer vos chèques de voyage (il vous faudra parfois également le reçu des chèques) ou pour retirer des espèces au guichet, parfois aussi pour changer des devises.

» Conservez tous vos reçus de change : ils vous seront demandés pour convertir le reste de vos dirhams dans les banques marocaines et les bureaux de change.

CEUTA ET MELILLA

» La devise des enclaves espagnoles de Ceuta et de Melilla est l'euro.

» Les banques marocaines installées à la frontière ne changent que du liquide.

» Les banques des enclaves de Melilla et de Ceuta vendent les dirhams à des taux plus intéressants qu'au Maroc.

Chèques de voyage

» Il est préférable de ne pas utiliser de chèques de voyage au Maroc : même dans les grandes villes, les banques les acceptent rarement.

» Si vous voulez tout de même en emporter pour pouvoir vous dépanner en cas de vol ou de perte, les chèques de voyage American Express (Amex), Visa et Thomas Cook sont les plus pratiques et leur remplacement est la plupart du temps aisé.

» Il est essentiel de conserver le reçu des numéros de chèques de voyage et de noter ceux qui ont été utilisés.

» Veillez à conserver le reçu séparément de vos chèques de voyage.

» La plupart des banques prennent une commission d'environ 10 à 20 Dh par chèque.

Distributeurs automatiques de billets (DAB)

» Les distributeurs automatiques sont le meilleur moyen de vous procurer de l'argent.

» Très répandus, même dans les petites villes, les DAB acceptent tous ou presque les cartes Visa, MasterCard, Cirrus, Electron, Maestro et InterBank

» La BMCE (Banque Marocaine du Commerce Extérieur), le Crédit du Maroc, la Banque Populaire, la BMCI (Banque Marocaine pour le commerce et l'industrie) la Société Générale et la banque Attijariwafa proposent services et prestations fiables.

» Les distributeurs sont régulièrement à court de billets durant les week-ends.

» Le montant que vous pouvez retirer dépend souvent des conditions propres à votre carte.

» La plupart des cartes disposent d'une autorisation d'environ 2 000 Dh par jour.

» La plupart des banques prennent une commission pour chaque retrait effectué à l'étranger. Renseignez-vous auprès de votre banque.

Espèces

Rien n'est évidemment plus pratique que de voyager avec des espèces. Mais rien n'est aussi plus risqué ! Rares sont les polices d'assurance couvrant la perte ou le vol d'espèces. Cela dit, il est toujours nécessaire d'avoir une certaine somme d'argent liquide avec soi.

» Conservez quelques billets en petites coupures dans votre portefeuille ou votre poche (mais pas la poche arrière) pour les achats courants.

» Gardez le reste dans une ceinture à billets ou tout autre endroit sûr.

» Veillez également à disposer de suffisamment de liquidités si vous voyagez dans des régions isolées où les possibilités de retrait d'argent sont limitées.

» Il peut être utile de garder quelques petites coupures en euros en réserve.

» Enfin, mieux vaut prévoir de la menue monnaie en quantité pour payer les taxis, les guides, les pourboires ou pour donner aux mendiants.

Marché noir

Les possibilités légales pour acheter des dirhams au Maroc laissent peu de place au marché noir. On vous proposera néanmoins de changer de l'argent dans la rue, surtout à Casablanca,

POURBOIRES AU MAROC

SERVICE	POURBOIRE
Restaurant	10%
Café	1-2 Dh
Guides des musées	3-5 Dh
Service de toilettes publiques	2-3 Dh
Bagagistes d'hôtels	3-5 Dh
Pompistes	3-5 Dh
Gardiens de parking	3-5 Dh ; 10 Dh pour un parking d'une nuit

à Tanger et à la frontière près des enclaves de Ceuta et de Melilla. À moins d'être désespérément à court de liquide à une heure où les banques sont fermées, mieux vaut éviter ce genre de transaction car les escroqueries sont courantes.

Pourboire

» Le pourboire fait partie intégrante de la vie marocaine. Pratiquement tous les services justifient un pourboire.

» Ne vous laissez pas forcer la main, mais quelques dirhams en échange d'un service rendu facilitent parfois grandement la vie.

» Gardez à l'esprit que le revenu des ouvriers non qualifiés au Maroc est inférieur à 100 Dh par jour.

Assurances

Il est vivement recommandé aux visiteurs de souscrire à une police d'assurance couvrant les vols, les pertes et, surtout, les frais médicaux. Pour toute information sur les assurances santé, voir p. 528.

Activités Certaines assurances excluent les "activités dangereuses", au nombre desquelles peuvent figurer la plongée, la moto et même le trekking.

Conduite Si vous conduisez, n'oubliez pas de prendre avec vous l'assurance nécessaire, tant pour la voiture que pour vous (voir p. 524).

Prolongations Si vous deviez prolonger la durée de votre assurance en cours de route, faites-le avant qu'elle n'expire afin de ne pas avoir à payer un supplément.

Vols aériens Payer son billet avec une carte de crédit permet souvent de bénéficier d'une assurance supplémentaire. Cela vous permettra de demander un remboursement en cas de non-livraison du billet.

Assurance en ligne Des assurances pour les pays du monde entier sont disponibles auprès de www.lonelyplanet.com/travel_services. Vous pouvez acheter, prolonger et faire des réclamations en ligne à tout moment – même si votre voyage a déjà débuté.

Achats Il est important de souscrire le plus tôt possible. En souscrivant une semaine à peine avant votre départ, vous pourriez par exemple découvrir que vous n'êtes pas couvert pour les retards consécutifs à une grève entamée avant la date de souscription.

Bénévolat

En France, quelques organismes offrent des opportunités de travail bénévole sur des projets de développement ou d'environnement, parfois sur des périodes courtes, d'une à quatre semaines. Certaines associations s'adressent plus spécifiquement aux jeunes. Les chantiers proposés vont de la réfection d'une école aux travaux liés à l'environnement. Il s'agit d'une bonne formule pour s'immerger dans le pays, connaître l'envers du décor touristique, et bénéficier d'une ambiance internationale (les volontaires viennent de divers pays en général). En revanche, les conditions de vie sur un chantier sont spartiates. Prenez garde au décalage fréquent entre le programme et la réalité. La fouille archéologique peut rapidement se transformer, une fois sur place, en coup de peinture donné à la maison des jeunes locale. Le matériel est parfois rudimentaire, et la réalité du terrain souvent plus dure qu'on ne l'imaginait.

Association Rempart (☎01 42 71 96 55, www.rempart.com ; 1 rue des Guillemites, 75004 Paris). Propose quelques places sur des chantiers centrés sur la restauration de maisons traditionnelles ou l'aménagement de sentiers.

Comité de coordination pour le service volontaire international (CCVIS ; ☎01 45 68 49 36 ; ccivs@unesco.org, www.unesco.org/ccivs ; Maison de l'Unesco, 1 rue Miollis, 75015 Paris)

Délégation catholique pour la coopération (DCC ; ☎01 45 65 96 65 ; http://ladcc.org) ; BP 303, 11 rue Guyton-de-Morveau, 75625 Paris Cedex 13). Quelques missions au Maroc.

Jeunesse et reconstruction (Association créée après la Seconde Guerre mondiale pour la paix en Europe ; ☎01 47 70 15 88 ; www.volontariat.org ; 10 rue de Trévise, 75009 Paris). Programmes d'échanges culturels, cours de langues étrangères et activités socio-éducatives auprès d'enfants.

Solidarités jeunesses (SCI, branche française ; ☎01 55 26 88 77 ; www.solidaritesjeunesses.org ; 10 rue du 8-Mai-1945 75010 Paris). Mouvement international qui soutient les projets visant à organiser collectivement une société responsable. Plusieurs projets éducatifs, culturels et environnementaux au Maroc.

Organismes de bénévolat au Maroc

Les organismes marocains et internationaux suivants proposent de travailler dans le cadre de projets de bénévolat ou de camps au Maroc :

Baraka Community Partnerships (www.barakacommunity.com). Cet organisme cherche des bénévoles pour le Tijhza Village Project, dans le Haut Atlas pour travailler sur plusieurs programmes : reforestation, remise en état des maisons les plus pauvres, aide dans les deux écoles, création d'une garderie et d'un groupe de mères, fabrication de toilettes sèches et apiculture.

Chantiers sociaux marocains (CSM ; www.csm.netsons.org). Basée à Rabat, cette ONG est engagée dans des programmes de santé, d'éducation et de développement dans tout le pays. Bénévoles de tous les pays âgés de 18 à 35 ans.

Jeunesse des chantiers marocains (http://perso.menara.ma/youthcamps). Organisme à but non lucratif tourné vers les échanges culturels des jeunes. Programmes localisés à Marrakech, dont du bénévolat dans une école maternelle ou un orphelinat, avec hébergement chez l'habitant.

United Planet (www.unitedplanet.org). Programmes allant d'une semaine à un an, quelques-uns au Maroc.

Volunteer Abroad (www.volunteerabroad.com/Morocco.cfm) est une bonne source d'information pour défricher le terrain du bénévolat puisque l'organisme fournit des liens avec les ONG travaillant spécifiquement avec le Maroc.

Cartes et plans

Il est difficile de trouver sur place de bonnes cartes du pays. Mieux vaut donc en acquérir avant de partir.

Pour savoir comment trouver des cartes générales ou de randonnées, lire p. 36.

» Parmi les cartes du Maroc, la Michelin n°742 (anciennement n°959) est sans doute la meilleure.

- La carte au 1/4 000 000 couvre la totalité du pays, y compris le territoire contesté du Sahara occidental.
- Elle comporte un agrandissement au 1/1 000 000 du Maroc.
- Elle comporte des gros plans au 1/600 000 de Marrakech, du Haut Atlas, du Moyen Atlas et de Fès.
- Indique les marchés hebdomadaires, les casbahs et les marabouts (mausolées sacrés).
- Indique les plus belles routes.
- Disponible dans les grandes villes marocaines.

» La carte *Morocco* de GeoCenter World Map, préférée par de nombreux voyageurs, propose des détails similaires mais souvent plus clairs.

- Carte du pays au 1/800 000, une échelle très pratique (et du Sahara occidental au 1/2 500 000).
- Parfois disponible au Maroc.

Par ailleurs, certaines cartes régionales, plus vastes, montrent le Maroc et une partie de l'Afrique du Nord-Ouest. Ainsi, la carte Michelin n°741 (anciennement n^{os}953 et 153) au 1/4 000 000, couvrant tout l'ouest de l'Afrique et la quasi-totalité du Sahara, est un classique du genre.

Des cartes d'état-major soviétiques du Maroc, dont les échelles vont du 1/100 000 au 1/1 000 000, sont disponibles sur Internet et dans les grandes boutiques de cartographie du monde entier. Il faut souvent les commander – comptez jusqu'à 6 semaines pour les recevoir.

Cours de langue

Des cours d'arabe – soit d'arabe standard moderne, soit d'arabe marocain – sont dispensés dans la plupart des grandes villes, en particulier à Fès (p. 310), Rabat (p. 191) et Casablanca (p. 172), où l'on peut suivre des stages plus ou moins longs.

Jeunesse des chantiers marocains (http://perso.menara.ma/youthcamps). Cours de langue et programmes d'immersion culturelle à Marrakech.

Désagréments et dangers

Pour les voyageurs, le Maroc est l'un des pays les plus sûrs d'Afrique. Si la majorité des Marocains sont sympathiques et honnêtes, quelques pièges guettent tout de même les voyageurs.

Drogues

» L'ère où le Maroc était le paradis des hippies est révolue.

» Certes, le cannabis (kif) pousse toujours dans les montagnes du Rif, mais la police se montre intransigeante et le Maroc n'est pas exactement l'endroit rêvé pour séjourner en prison.

» Gardez toujours à l'esprit qu'il est illégal de vendre ou de consommer du haschisch au Maroc.

» Si vous vous faites attraper, vous vous exposez à une amende et, dans le pire des cas, à une peine de prison. Reportez-vous à la p. 505 pour plus de détails.

» Le haschisch est communément appelé "chocolate" (de l'espagnol) ou, comme en France, "shit".

TOURISTES AU BORD DE LA CRISE DE NERFS

Conseils pour éviter d'être harcelé continuellement et limiter les situations embarrassantes :

» Déclinez poliment les offres – l'humour (si possible en arabe) s'avère très efficace. Évitez de serrer les mains et d'entamer de longues conversations.

» Donnez l'impression que vous savez où vous allez ou expliquez que vous avez engagé un guide le premier jour et que vous connaissez maintenant suffisamment la ville pour l'explorer seul.

» Portez des lunettes de soleil et, si vous vous sentez proche de la crise de nerfs, allez reprendre votre calme dans un café ou un restaurant ou fuyez en taxi !

» Dans les situations extrêmes, prononcer le mot "police" et manifester son intention ferme d'y faire appel est généralement très efficace.

» Si nombre de Marocains fument occasionnellement, le danger est beaucoup plus grand pour les touristes.

ESCROQUERIES FRÉQUENTES

La plupart des affaires de chantage et de vol sont liées à la drogue. Le renforcement récent de la législation et la politique du gouvernement ont sans doute forcé les dealers à abandonner leurs techniques les plus agressives mais le danger n'a en aucun cas disparu.

Une technique fréquente consiste à vous faire fumer, puis à vous forcer à acheter une grande quantité de cannabis et enfin à vous dénoncer (ou du moins à menacer de le faire) aux autorités. Les dealers savent pertinemment que vous n'irez pas appeler la police si vous avez acheté ou consommé du haschisch.

QUARTIERS CHAUDS

Certains quartiers de Tanger ne sont accessibles qu'aux initiés. Mieux vaut donc s'abstenir de les visiter si tel n'est pas votre cas. Les dealers savent extorquer un maximum d'argent aux voyageurs fraîchement débarqués et peu rassurés.

Ces pratiques ont également cours à Tétouan, Asilah, Casablanca et Marrakech.

Issaguen et les montagnes du Rif sont au cœur de la production nationale du kif.

À moins d'être accompagné d'un guide fiable, ce sont des régions à problèmes qu'il vaut mieux éviter.

MAJOUN

» On vous proposera peut-être du *majoun*, sorte de pâte collante évoquant la mélasse, fabriquée à partir de graines de kif broyées.

» Une cuillerée de cette substance suffit à vous mettre la tête à l'envers. Pour s'en convaincre, il suffit de lire la description qu'en fait Paul Bowles dans *Leurs mains sont bleues* et *Après toi le déluge*.

» Toutes les personnes ayant une légère tendance à la paranoïa lorsqu'elles fument du haschisch doivent savoir qu'il s'agit d'une réaction courante chez ceux qui consomment du *majoun* pour la première fois.

ESPAGNE

Si la police espagnole est assez indulgente avec les consommateurs en possession de petites quantités de cannabis, les douanes, elles, pourront accuser de trafic de drogue les voyageurs qui entrent dans le pays en provenance du Maroc avec de la drogue.

» Si vous passez en voiture, il est très probable que votre véhicule sera fouillé.

» Ne franchissez jamais la frontière avec un colis ou un véhicule pour le compte d'un tiers.

Perdre son chemin

» Les rues peuvent porter différents noms dans les villes marocaines.

» Depuis plusieurs années, les anciens noms français, espagnols et berbères sont petit à petit remplacés par des noms arabes.

» Selon votre interlocuteur, votre carte, ou l'endroit de la rue où vous vous trouvez, vous pourrez donc entendre jusqu'à trois noms différents pour une même artère !

» Le nom arabe généralement utilisé pour les rues est *sharia*, ou *derb* dans les médinas (*zankat* pour les plus petites rues).

» Les mots "avenue", "boulevard" et "rue" sont encore largement utilisés, mais dans le Nord et l'extrémité Sud, vous rencontrerez souvent les termes espagnols *calle* et *avenida*.

» L'arabe semble se généraliser dans divers endroits. Nous en avons tenu compte dans ce guide, où certaines rues prennent le nom de *sharia* ou *zankat*, si l'usage local le justifie.

» Les noms des rues ne vous aideront guère dans le labyrinthe des médinas.

» Le mieux, si vous commencez à avoir l'impression d'être perdu, est de rester dans les rues principales, relativement fréquentées dans les deux sens. Vous atteindrez ainsi rapidement un point de repère ou une sortie.

Plomberie

» La patience est de rigueur dès que l'on aborde la plomberie marocaine.

» Dans les hôtels bon marché hors catégorie, il n'y a souvent que de l'eau froide et des toilettes à la turque.

» Ailleurs, la revigorante douche chaude promise se résume parfois à un filet d'eau tiède, disponible, qui plus est, qu'à certaines heures.

» À la campagne, il arrive que l'eau soit chauffée au feu de bois, combustible onéreux, sans compter que la déforestation est un problème majeur au Maroc.

» Dans les petites villes et les zones rurales, le hammam est donc souvent la meilleure solution.

Racoleurs, rabatteurs et faux guides

Les rabatteurs et faux guides restent un phénomène auquel il semble difficile d'échapper au Maroc.

» Formées il y a quelques années, les brigades touristiques sont spécialement chargées des faux guides et des rabatteurs. Toute personne opérant comme guide non officiel encourt une peine de prison ou une forte amende.

» Souvent en situation très précaire, les rabatteurs ont désespérément besoin d'argent, c'est pourquoi ils peuvent se montrer très insistants et parfois fort déplaisants.

» Vous les trouverez toujours aux abords des médinas des grandes villes et des gares routières ou ferroviaires.

» Fuir de façon systématique les rabatteurs et les faux guides serait exagéré.

» En arrivant dans un lieu pour la première fois, les services d'un guide, officiel ou non, sont parfois bien utiles.

» Même si le taux de chômage en hausse fait grossir les rangs des guides officieux, tous ne sont pas nécessairement des imposteurs. Beaucoup d'entre eux sont très compétents et manient plusieurs langues.

» Parfois, ils recherchent principalement les commissions touchées dans certains hôtels ou sur des articles que vous achetez dans les souks.

CHASSE AUX PIGEONS

Pour de nombreux Marocains, certains Occidentaux font montre d'une naïveté confondante. Aussi, la tentation est grande pour les fameux "faux guides" de les exploiter sans vergogne.

À peine entrés en contact avec vous, les rabatteurs vous jaugent. Après avoir évalué les "signes extérieurs de richesse" (montre, chaussures, vêtements, etc.), ils soumettent la victime probable à un véritable interrogatoire : Êtes-vous au Maroc depuis longtemps ? C'est votre premier voyage dans le pays ? Quel est votre métier ? Vous avez des enfants ?
(Ce qui, selon eux, peut être un signe de fortune)...

Le meilleur moyen de ne pas se faire escroquer est de se méfier des personnes qui s'intéressent à vous de trop près sans que vous leur ayez demandé quoi que ce soit et de prétendre bien connaître la ville. Quelques mots en arabe suffiront sans doute à les convaincre.

Outre les méthodes d'approche classiques, telles que proposer de vous faire visiter la ville, de vous amener dans un magasin bon marché ou un bon hôtel, les rabatteurs peuvent vous demander de les aider à lire un document officiel ou une lettre d'amis de l'étranger en français.

Si vous les repoussez, certains essayeront de vous donner mauvaise conscience en suggérant que vous êtes raciste et que vous n'aimez pas les Marocains ou les musulmans. Ne vous laissez pas prendre au piège. Restez ferme, mais courtois.

NÉGOCIER AVEC LES GUIDES

» Avant de commencer la visite, mettez-vous bien d'accord sur un prix.

» Ayez une idée de ce que vous souhaitez voir et sur le nombre de boutiques que vous souhaitez visiter.

» Une journée avec un guide officieux coûte généralement de 50 à 100 Dh.

» Le tarif doit toujours s'entendre par guide et non par personne.

» Quelques dirhams suffisent pour se faire conduire à un point précis (la sortie de la médina, par exemple).

» Quelle que soit la somme que vous leur donnerez, les rabatteurs demanderont certainement davantage. Indiquez-leur tout simplement que c'est déjà bien assez.

» Gardez votre sens de l'humour et après quelques

jours dans un même lieu, les rabatteurs se feront moins insistants. Pour louer les services d'un guide officiel, adressez-vous aux offices du tourisme ou à certains hôtels. Le tarif pour un guide local/national est d'environ 250-300 Dh par jour, pourboire en sus.

» L'appel à un guide est pleinement justifié dans le dédale des ruelles des médinas de Fès et de Marrakech.

» Les guides peuvent vous aider à trouver les sites intéressants et faire le tri parmi les boutiques. Ils vous éviteront de vous perdre et d'être importuné par les rabatteurs.

» Précisez clairement avant la visite si vous ne désirez pas faire d'achats.

CONDUITE ET TRANSPORT

» Si vous conduisez, sachez que des rabatteurs motorisés guettent les touristes à l'entrée de Fès et de Marrakech. Ils proposeront de vous trouver un hôtel ou de vous rendre tout autre service avec autant d'insistance que leurs collègues à pied.

» Les voyageurs doivent s'attendre à être assaillis par des rabatteurs dans le quartier du port de Tanger.

» En arrivant en train dans des villes comme Fès et Marrakech, il se peut que vous tombiez sur des "étudiants" ou autres, qui vous annonceront que votre hôtel est fermé ou complet, mais auront l'extrême gentillesse de vous indiquer, comme par hasard, une autre excellente adresse.

Tabac

» Fumer est un passe-temps national et les restaurants ou hôtels non-fumeurs sont rares.

» Cette habitude est plus fréquente dans les endroits populaires que dans les hôtels et restaurants de catégorie supérieure, qui disposent de zones non-fumeurs.

» Les restaurants et les cafés très fréquentés disposant souvent de terrasses, la gêne s'en trouve réduite.

» L'hôtellerie de luxe (la chaîne Sofitel, par exemple) pratique généralement une politique antitabac.

FEMMES

» Comme dans la plupart des pays musulmans, il est mal vu de fumer pour une femme.

» Il est assez rare de voir une femme fumer en dehors des grandes villes.

» Il s'agit plus d'un tabou social que d'un interdit religieux.

» Si la plupart des chefs religieux condamnent le tabac autant que l'alcool, l'interdit (*haram*) est beaucoup plus sérieux durant les heures diurnes du ramadan.

» Cela ne concerne pas trop les voyageurs, mais il reste préférable pour les femmes étrangères de s'abstenir de fumer chez des particuliers et de se montrer discrètes en tout autre lieu.

Vols

Dans l'ensemble, le pays ne connaît pas vraiment de problèmes de vols. Vous pourrez encore en minimiser les risques en étant particulièrement vigilant dans les grandes villes et en suivant les consignes suivantes.

» Prenez le moins d'objets de valeur possible lors de vos sorties.

» Gardez tout ce que vous prenez avec vous bien caché.

» Faites particulièrement attention lorsque vous retirez de l'argent à un distributeur automatique.

» Les sacs bananes et les sacoches attirent toujours l'attention des voleurs.

» Pour garder argent, passeports et autres papiers importants, les pochettes qui s'accrochent autour du cou et les ceintures à billets portés sous les vêtements attirent moins l'attention.

» Si vous le préférez, vous pouvez également laisser vos affaires dans votre chambre (de préférence enfermées dans votre valise). Neuf fois sur dix, il n'y a aucun danger.

» Les chambres des hôtels de catégorie supérieure sont souvent équipées de coffres.

» Les autres hôtels possèdent parfois un coffre à la réception, où vous pouvez laisser vos objets de valeur, comme votre appareil photo.

» Pour ne pas tenter le diable, ne laissez jamais rien dans votre voiture, même hors de vue.

» Dans les grandes agglomérations, notamment à Casablanca, certaines personnes désespérées peuvent parfois agresser les étrangers.

CONSEILS AUX VOYAGEURS

La plupart des gouvernements mettent en ligne les dernières informations sur votre destination. Consultez notamment les sites suivants :

Ministère des Affaires étrangères français (www.france.diplomatie.fr)

Ministère des Affaires étrangères de Belgique (http://diplomatie.belgium.be/fr/)

Département fédéral des Affaires étrangères suisse (www.eda.admin.ch/eda/fr)

Ministère des Affaires étrangères du Canada (www.voyage.gc.ca)

» Mieux vaut éviter d'arpenter les médinas la nuit.

» Les médinas de Marrakech, Casablanca et Tanger sont particulièrement réputées pour le vol à la tire.

» Dans ces médinas, une tactique courante consiste à attirer votre attention tandis qu'un complice vous fait les poches.

Douane

» Importer ou sortir des dirhams est interdit.

» Les visiteurs sont autorisés à importer :

- Jusqu'à 200 cigarettes ou 25 cigares ou 250 g de tabac
- 1 l d'alcool
- 150 ml de parfum
- Cadeaux et souvenirs d'une valeur allant jusqu'à 2 000 Dh.

» Certains articles sont interdits, notamment "les articles immoraux présentant un danger pour la paix", tels que certains "livres, revues, cassettes audio et vidéo".

Électricité

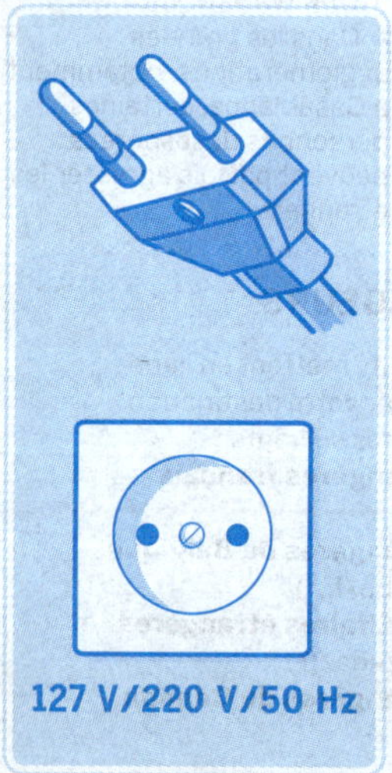

Formalités et visas

» Les ressortissants des pays de l'Union européenne, ainsi que les Suisses et les Canadiens sont dispensés de visa pour entrer au Maroc et peuvent résider dans le pays durant 90 jours.

» Pour entrer au Maroc, les voyageurs doivent présenter un passeport valide 6 mois au-delà de la date d'entrée dans le pays. La carte nationale d'identité française n'est pas reconnue.

» Pour prolonger la durée du séjour, il faut effectuer les démarches auprès des autorités locales pour l'obtention d'une carte de résident (il faut, pour cela, prendre contact avec le Bureau des étrangers du commissariat de la province de résidence).

» Les étrangers accédant au Maroc en compagnie de leurs animaux domestiques doivent se munir de leurs certificats de bonne santé datant de moins de 6 jours et de certificats antirabiques de moins de 6 mois.

» Pour plus d'informations, notamment la liste des missions diplomatiques du Maroc en France et ailleurs à l'étranger, reportez-vous à la p. 488.

Visas

» Les ressortissants d'Israël et d'autres pays, notamment nombre de pays subsahariens, doivent faire une demande pour un visa de 3 mois (entrée simple/double environ 30/50 $US). Les demandes sont en principe traitées dans les 48 heures. Les formalités d'obtention de visa variant, mieux vaut se renseigner auprès de la mission marocaine de votre pays ou d'une agence de voyages réputée avant de partir.

» Les voyageurs qui ont besoin de séjourner plus de 3 mois au Maroc optent le plus souvent pour un saut en Espagne ou dans l'une des enclaves espagnoles, et reviennent au Maroc après quelques jours.

» Hormis son coût, cette solution ne pose quasiment aucun problème. Toutefois, on est à la merci des officiers de l'immigration sur le chemin du retour. Des voyageurs ont déjà rencontré quelques difficultés.

» Une autre solution, plus compliquée et assez longue, est d'obtenir une prorogation de visa, délivrée par la Direction générale de la Sécurité nationale (une lettre de votre ambassade demandant une prorogation de visa sera probablement nécessaire).

» En Espagne, vous trouverez une ambassade du Maroc à Madrid et des consulats généraux dans différentes villes, notamment à Algésiras. En Mauritanie, l'ambassade se trouve à Nouakchott et un consulat général à Nouâdhibou. Des missions diplomatiques existent en Algérie, dont une ambassade à Alger.

Certificat de santé international

Si vous arrivez au Maroc en provenance de certaines régions d'Afrique ou d'Amérique du Sud où la fièvre jaune est endémique, il faudra prouver que vous êtes vacciné, grâce à un certificat de vaccination contre la fièvre jaune ou un certificat international de vaccination.

En pratique, cette obligation n'a cours que si l'on arrive par voie terrestre de Mauritanie, où la fièvre jaune est endémique (bien qu'apparemment, cette obligation ne soit pas très respectée à la frontière

VISAS POUR LES PAYS VOISINS

Les ambassades des pays cités ci-dessous sont situées à Rabat (lire l'encadré p. 488).

Algérie

» La frontière entre le Maroc et l'Algérie est fermée.

» Un visa est nécessaire pour toutes les nationalités, à l'exception des ressortissants des pays de la Ligue arabe.

» Les autorités algériennes préfèrent que les demandes de visa soient faites dans le pays d'origine.

» Pour plus de renseignements, consultez le guide *Algérie* de Lonely Planet.

Espagne

» L'Espagne fait partie de l'Europe et de l'espace Schengen.

» Pour Ceuta et Melilla, les deux enclaves espagnoles au Maroc, les mêmes conditions sont à remplir que pour l'Espagne.

» Les ressortissants du Canada et de plusieurs pays hors de l'Union européenne n'ont pas besoin de visa pour traverser une frontière Schengen. Votre passeport sera tamponné à l'arrivée dans la zone, et vous pourrez rester sur place jusqu'à 90 jours (d'affilée ou non) par périodes de 180 jours. Ainsi, lorsque vous quittez l'espace Schengen après un séjour de 3 mois, vous ne serez pas autorisé à entrer de nouveau sur le territoire pendant 3 mois.

» Pour plus de détails, reportez-vous au site du **ministère espagnol des Affaires étrangères et de la Coopération** (www.maec.es/en) ou aux guides de voyages *Espagne Nord et Centre* et *Andalousie* de Lonely Planet.

Mauritanie

» Hormis les ressortissants des pays de la Ligue arabe, chaque voyageur doit posséder un visa pour entrer en Mauritanie.

» Lors de la rédaction de ce guide, les visas mauritaniens n'étaient plus délivrés à la frontière.

» L'ambassade de Mauritanie à Rabat délivre des visas de 30 jours et de 90 jours (340/680 Dh).

» Faites votre demande du lundi au jeudi, le matin, et récupérez votre visa l'après-midi même ou le lendemain. Soyez-y avant que l'ambassade n'ouvre ses portes, à 9h.

» Vous devrez fournir deux photos d'identité et la photocopie de votre passeport.

» Préparez-vous à déclarer avec des trémolos dans la voix que vous avez toujours rêvé de visiter les sites mauritaniens comme Chinguetti et le parc national du Banc d'Arguin.

» Pour plus de renseignements, consultez le site www.sahara-overland.com et le chapitre *Mauritanie* du guide *Afrique de l'Ouest* de Lonely Planet.

terrestre), ou que l'on descende d'un avion (de Royal Air Maroc, par exemple) en provenance d'un autre pays d'Afrique.

Cependant, nous ne saurions trop recommander aux voyageurs de conserver un certificat s'ils ont été dans un pays infecté durant le mois précédant leur séjour au Maroc afin d'éviter tout problème avec l'immigration.

Les voyageurs ne possédant pas un certificat à jour sont susceptibles d'être gardés en isolement au point d'arrivée pendant 10 jours, voire d'être rapatriés.

Vous aurez peut-être à prouver que vous avez été vacciné contre le choléra si vous arrivez d'une zone touchée par la maladie.

Voir p. 529 pour plus d'informations sur les vaccinations.

Handicapés

Les équipements destinés aux handicapés sont rares, mais cela ne doit pas pour autant vous faire renoncer à visiter le pays, surtout si vous avez le goût de l'aventure. Quelques points à prendre en compte :

» Avec ses rues étroites et tortueuses, et ses chaussées inégales, la médina n'est pas très accueillante pour les fauteuils roulants.

» Peu d'hôtels (notamment les moins chers) sont équipés d'ascenseur. Aussi est-il essentiel de réserver suffisamment à l'avance une chambre au rez-de-chaussée.

» Seuls quelques hôtels haut de gamme disposent de chambres spécialement conçues pour les handicapés.

» Le transport en voiture est le plus indiqué, même si vous devrez en principe pouvoir vous faire aider dans les bus et les trains (moyennant un petit pourboire).

» Certains tour-opérateurs peuvent organiser pour vous un voyage sur mesure qui réponde à vos besoins.

» Il n'existe au Maroc aucune infrastructure (indications en braille, passages piétons sonores, etc.) pour aider les malvoyants et les malentendants.

Organisations

Voici une liste des différentes organisations auprès desquelles vous pourrez trouver aide, conseils et information sur le voyage pour personnes à mobilité réduite.

En France, l'**APF** (Association des paralysés de France ; ☎01 40 78 69 00 ; www.apf.asso.fr ; 17 bd Auguste-Blanqui, 75013 Paris) fournit des informations utiles sur les voyages accessibles. Deux sites Internet dédiés aux personnes handicapées comportent une rubrique consacrée au voyage et diffusent aussi des informations : **Yanous** (www.yanous.com) et **Handicap** (www.handicap.fr).

Hébergement

Le Maroc dispose d'un grand choix d'hébergements.

Les tarifs indiqués dans ce guide correspondent aux week-ends de saison haute (novembre-avril) et, sauf mention contraire, n'incluent pas le petit-déjeuner. Les hébergements sont classés par ordre de préférence, et les fourchettes de prix se basent sur le tarif d'une chambre double.

Petits budgets (€) Jusqu'à 400 Dh

Catégorie moyenne (€€) De 400 à 800 Dh

Catégorie supérieure (€€€) Plus de 800 Dh

Certaines villes, dont Casablanca, Essaouira, Fès, Marrakech, Rabat et Tanger, sont plus onéreuses et les fourchettes de prix sont :

Petits budgets (€) Jusqu'à 600 Dh

Catégorie moyenne (€€) De 600 à 1 200 Dh

Catégorie supérieure (€€€) Plus de 1 200 Dh

Les tarifs que vous trouverez dans ce guide sont les tarifs officiels (taxes comprises). Ils sont uniquement indiqués à titre de repère.

Réductions Quantité d'hôtels pratiquent régulièrement des "offres promotionnelles", en particulier dans les grands complexes comme Agadir ou en basse saison (mai-octobre). N'hésitez pas à demander lors de la réservation.

Réservations Pour les réservations, la plupart des hôtels exigent une confirmation par e-mail ou par fax et un numéro de carte de crédit.

Saisons Il peut être difficile de trouver un hôtel durant la semaine de Pâques et le mois d'août, périodes prisées des touristes espagnols et français. Noël et le Nouvel An sont également des périodes très animées dans le Sud, notamment à Marrakech.

Voyageurs solo Hors des villes, les tarifs de nombreux hôtels sont indiqués par personne, et non à la chambre ; louer une chambre pour une seule personne pose rarement problème. En revanche, les riads ne disposant que d'un petit nombre de chambres simples, les réductions pour les personnes seules sont la plupart du temps limitées.

Appartements

» Si vous voyagez en petit groupe ou en famille, les locations tout équipées sont intéressantes, surtout en basse saison, période à laquelle les tarifs baissent sensiblement.

» Agadir, les environs de Taghazout, Essaouira, Asilah et les principaux centres touristiques des côtes méditerranéenne et atlantique disposent d'appartements et de maisons équipés, parfois dans des complexes touristiques.

» Les agences de location de riads (p. 500) louent aussi des appartements.

Auberges de jeunesse

Affiliée au réseau Hostelling International, la **Fédération royale marocaine des auberges de jeunesse** (☎0522 47 09 52; http://tinyurl.com/373omvl) gère de bonnes auberges de jeunesse à Casablanca, Fès, Marrakech, Meknès, Ouarzazate et Rabat.

» Ces auberges sont très économiques pour les

personnes voyageant en solo (de 30 à 60 Dh/nuit), mais elles sont souvent mal situées.

» Certaines disposent de cuisines et de chambres familiales, et offrent le petit-déjeuner.

» Si vous cherchez une auberge de jeunesse, méfiez-vous des maisons privées reconverties sans avoir les licences nécessaires.

Camping

» Il est possible de camper pratiquement partout au Maroc, à condition d'avoir l'autorisation du propriétaire du site.

» Il existe bon nombre de campings officiels.

» La plupart de ces campings ont l'eau courante et l'électricité. Certains disposent même d'un petit restaurant, d'une épicerie et d'une piscine.

» La plupart des grandes villes possèdent des campings, mais ils sont souvent assez éloignés du centre.

» Ces sites méritent parfois le détour, mais la plupart du temps, ce sont des zones sans ombre et rocailleuses, qui offrent des infrastructures rudimentaires.

» Dans le sud du Maroc en particulier, les campings sont pris d'assaut par d'énormes camping-cars.

COÛTS

» Comptez en général de 10 à 20 Dh par personne, plus 10 à 20 Dh pour planter votre tente et 10 à 15 Dh pour garer un véhicule.

» Pour un camping-car ou une caravane, le prix peut monter de 20 à 30 Dh, parfois même à 45 Dh.

» Il faut encore ajouter 10 ou 15 Dh pour l'électricité

» L'eau chaude pour la douche coûte de 5 à 10 Dh.

» De nombreux campings louent des chambres rudimentaires ou des appartements indépendants.

Gîtes d'étape, chambres chez l'habitant et refuges

» Les gîtes d'étape – des maisons particulières appartenant souvent à des guides de montagne – assurent l'hébergement (en général un simple matelas sur le sol) le long des principaux itinéraires de trekking de l'Atlas.

» Les gîtes ont des sdb rudimentaires et parfois des douches avec eau chaude.

» Plus spacieux que les gîtes, les refuges de montagne proposent un hébergement dans des chalets de style suisse.

» Dans les refuges, l'hébergement se fait généralement en dortoirs, les douches sont communes et l'atmosphère de la salle à manger est conviviale.

» Le **Club alpin français** (CAF ; www.caf-maroc.com, en français) s'occupe des refuges du Haut Atlas.

» Si vous faites une randonnée dans le Haut Atlas ou si vous voyagez dans des régions reculées, sachez qu'il est également possible de loger chez l'habitant.

» La plupart des gîtes d'étape n'ont ni eau chaude ni électricité, mais l'hospitalité y est souvent incomparable.

» Les tarifs pratiqués dans un gîte d'étape ou un refuge de montagne sont à peu près les mêmes.

» Lire p. 39 pour plus d'informations sur les hébergements de montagne destinés aux randonneurs.

Hôtels

» Il est d'usage d'inscrire le numéro de son passeport (et le numéro du tampon d'entrée dans le pays) sur le registre de l'hôtel, dès son arrivée.

» Les hôtels agréés appliquent en outre une taxe gouvernementale (incluse dans les tarifs indiqués dans le guide), selon le classement de l'hôtel.

» Dans les régions isolées, certains hôtels assurent la demi-pension (petit-déjeuner et dîner) ou la pension complète (déjeuner inclus), ce qui peut se révéler avantageux.

PETITS BUDGETS

» Bon marché, les hôtels à une étoile ou non classés se nichent souvent dans les médinas des grandes villes.

» Si certains étincellent de propreté, d'autres semblent ne pas avoir vu de serpillière depuis des années.

» Les sanitaires en commun et les toilettes à la turque sont la règle dans les établissements bon marché.

» La plupart des hôtels bon marché ne fournissent pas le savon. Pensez à en emporter un (ou un gel douche).

» À l'occasion, il est possible d'avoir une douche d'eau chaude chauffée au gaz moyennant 5 à 10 Dh.

» Même si l'hôtel est totalement dépourvu d'eau chaude, le personnel pourra toujours vous indiquer le hammam le plus proche (p. 33).

» Dans le Sud, nombre d'hôtels bon marché louent des matelas sur leur toit en terrasse (25 à 30 Dh environ) ; d'autres possèdent également un salon marocain traditionnel, garni de banquettes et de coussins, où vous pouvez dormir pour le même prix.

CATÉGORIE MOYENNE

» Les hôtels marocains de catégorie moyenne sont généralement de bon standing.

» Les établissements vont des hôtels modernes de type chaîne occidentale sans grand caractère aux riads et maisons d'hôtes de style marocain, confortables et pleins de charme.

» Dans cette catégorie, les chambres sont généralement équipées de douches.

» Dans les régions moins chères, comme le Sud, certains hôtels de cette catégorie louent des chambres à des tarifs d'hôtels petits budgets.

CATÉGORIE SUPÉRIEURE

» Les hôtels de cette catégorie sont identiques à ceux de catégorie moyenne, mais la décoration intérieure et le confort sont supérieurs.

» Dans des sites comme Agadir, de nombreux hôtels font partie de complexes d'hébergements indépendants, disposant d'infra-structures de toutes sortes : parcours de golf, discothèques et restaurants.

Riads, dars et casbahs

Loger dans une maison traditionnelle restaurée constitue l'un des attraits d'un séjour au Maroc. Il n'en existe pas deux semblables, et il semble que l'appellation "hôtel de charme" aurait pu être inventée pour ces demeures de catégories moyenne et supérieure. Le service est attentionné et nombre d'établissements sont reconnus autant pour la qualité de leur cuisine que pour leur hospitalité.

Emplacements Marrakech est particulièrement réputée pour ses riads (on en dénombre plusieurs centaines), suivie de près par Fès, Meknès, Essaouira et Rabat. La popularité des riads est si forte que l'on peut désormais en trouver dans les sites les plus inattendus du pays.

Riads et dars Alors que le mot "riad" s'emploie de façon générique, quelques nuances différencient riads et *dars*. Un riad est une maison construite autour d'un jardin planté d'arbres, alors que les *dars* sont des maisons traditionnelles dotées de cours intérieures.

Casbahs Des casbahs (anciennes citadelles) reconverties en hôtels existent dans les principaux centres touristiques du sud et du centre du pays. Petites et sombres en raison de l'architecture des bâtiments, les chambres ont beaucoup de charme et restent fraîches l'été.

Réservation La plupart des riads fonctionnent sur réservation. On a tout intérêt à bien planifier son séjour car ces établissements ne comptent en principe que quelques chambres et affichent rapidement complet. Avec une réservation, il arrive souvent qu'un employé du riad vienne vous chercher à l'extérieur de la médina pour vous conduire à bon port : on peut en effet aisément se perdre au début dans les ruelles labyrinthiques de la vieille ville.

Tarifs Les tarifs des chambres sont comparables à ceux d'établissements quatre ou cinq étoiles. Nombre de riads affichent leurs tarifs en ligne en euros plutôt qu'en dirhams, en choisissant un taux de change qui leur est favorable – vérifiez le prix à deux fois au moment de la réservation.

AGENCES

Vous pourrez vous faire une idée des lieux et des tarifs sur les sites Internet de ces agences :

Marrakech Riads (☎0524 39 16 09 ; www.marrakech-riads.com). Agence réputée ayant pignon sur rue.

Fez Riads (☎0672 51 33 57 ; www.fez-riads.com). Un pourcentage de ses bénéfices est reversé à des projets de restauration de la médina de Fès.

Heure locale

Le Maroc observe l'heure de Greenwich (GMT/UTC). Quand il est midi à Paris, il est 11h à Marrakech.

Heure d'été En été, les Marocains avancent leur montre d'une heure. En 2011, le Maroc a vécu à l'heure d'été du 2 avril au 30 juillet. Toutefois, comme le pays repasse à l'heure d'hiver juste avant le ramadan, qui tombe de 2011 à 2014 en été, il est probable que le changement à l'heure d'été n'aura pas lieu les prochaines années. Consultez www.timeanddate.com pour plus de détails.

Espagne et France N'oubliez pas qu'en Espagne (y compris à Ceuta et Melilla) et en France, les horloges avancent aussi pour l'heure d'été (fin mars à fin octobre) et que durant l'été des prochaines années, les horloges de ces pays risquent d'être en avance de 2 heures sur les horloges marocaines.

Us et coutumes

Les Marocains sont beaucoup moins pressés que la plupart des Occidentaux.

Plutôt que de vous en agacer, essayez de vous couler dans le rythme du pays.

Heures d'ouverture

Bien que le Maroc soit un pays musulman, la semaine de travail va du lundi au vendredi. Toutefois, le vendredi étant le jour de la prière, la plupart des entreprises marquent une pause-déjeuner plus longue ce jour-là. Durant le ramadan, le rythme du pays change. Les horaires de travail sont alors, en général, de 10h à 15h ou 16h.

Les horaires sont rarement les mêmes dans les médinas et dans les villes nouvelles : dans ces dernières, la plupart des magasins ferment le dimanche, alors que ceux des médinas restent généralement ouverts de 9h à 19h, hormis le vendredi.

Les souks des médinas et les marchés des villes nouvelles des grandes agglomérations ont souvent une activité réduite le jeudi après-midi et sont généralement fermés le vendredi.

Dans les villages, les souks commencent tôt pour fermer généralement avant les chaleurs de l'après-midi.

Dans les villes, des pharmacies de garde sont ouvertes toute la nuit. La liste de celles-ci est en principe affichée dans la vitrine des autres pharmacies.

Dans les villes les plus touristiques, les bureaux de change restent souvent ouverts jusqu'à 20h, même le week-end.

Téléboutiques (bureaux de téléphones privés) et cybercafés accueillent les clients tard le soir, notamment dans les villes.

Dans les chapitres régionaux, les horaires ne sont pas indiqués sauf s'ils diffèrent sensiblement de ceux donnés ci-dessous.

Seuls les horaires des sites et monuments sont cités systématiquement.

Banques 8h30-18h30 lun-ven

Postes 8h30-16h30 lun-ven

Administrations 8h30-18h30 lun-ven

Restaurants 12h-15h et 19h-22h

Bars 16h-tard

Boutiques 9h-12h30 et 14h30-20h lun-sam (pause souvent plus longue le midi pour la prière)

Offices du tourisme 8h30-12h et 14h30-18h30 lun-jeu, 8h30-11h30 et 15h-18h30 ven

Homosexualité

» Les pratiques homosexuelles (baisers inclus) sont interdites au Maroc. En théorie, vous pouvez être emprisonné ou vous voir infliger une amende.

» Cela dit, et même si elle n'est pas ouvertement admise ou affichée, l'homosexualité masculine est relativement courante ; toutefois, seules quelques personnes s'identifient elles-mêmes comme gays.

» Les démonstrations platoniques d'affection ne sont pas rares, surtout chez les hommes.

» Il est conseillé aux homosexuels de rester discrets car des cas d'agression à l'encontre de voyageurs gays ont été rapportés.

» Certaines villes, telles que Marrakech et Tanger, sont plus accueillantes que d'autres envers les gays.

» Il n'existe aucune destination dédiée aux homosexuels, même si l'on peut trouver des bars "gays" ici et là. Dans les plus grandes villes, la vie nocturne tend à satisfaire tous les goûts.

» Il convient aussi de rappeler que la pauvreté pousse de nombreux jeunes hommes à se prostituer contre de l'argent ou des cadeaux. Aussi détestable soit-elle, cette forme d'exploitation humaine n'en est pas moins une composante réelle de la scène gay marocaine.

Femmes

» Les lesbiennes ne devraient pas rencontrer de difficultés particulières, d'autant que les Marocains sont convaincus que l'homosexualité féminine n'existe pas dans leur pays.

» Sachez également qu'afficher votre homosexualité ne fera malheureusement pas reculer les aspirants Roméo.

Sites Internet

Quelques sites Internet utiles :

Communauté de Femmes Lesbiennes, Bi et Trans du Maroc (www.mennawfena.net, en français)

Global Gayz (www.globalgayz.com)

Mithly (www.mithly.net, en français et en arabe)

Spartacus International Gay Guide (www.spartacusworld.com)

Internet (accès)

» Au Maroc, les cybercafés sont très répandus, efficaces et bon marché (3-10 Dh l'heure), et proposent généralement de bonnes vitesses de connexion.

» Les claviers français et arabes sont les plus courants.

» Il n'est pas rare que les hommes viennent dans les cybercafés pour surfer sur des sites pornographiques.

» Dans ce guide, l'icône (@) est utilisée dans les rubriques *Où se loger* lorsque les établissements mettent un ordinateur à disposition des clients.

» L'icône (📶) indique que l'établissement est connecté au Wi-Fi.

» La connexion Wi-Fi est très répandue dans les hôtels de catégories moyenne et supérieure, et dans quantité de bonnes adresses petits budgets. Le Wi-Fi est encore peu courant en dehors des villes et des centres touristiques, mais devient de plus en plus présent dans les destinations très fréquentées des étrangers.

» Si vous voyagez avec un ordinateur portable, vérifiez l'alimentation électrique et apportez si besoin un adaptateur universel. Vérifiez-le régulièrement, la sécurité Internet n'étant pas très au point.

» Pour une liste de sites utiles, voir p. 17 et l'encadré p. 489.

Jours fériés

Durant les principaux jours fériés, les banques, les bureaux de poste et la plupart des boutiques ferment. Les transports sont rarement affectés.

Jour de l'an 1er janvier.

Manifeste de l'Indépendance 11 janvier – commémoration de la publication à Fès du manifeste nationaliste marocain pour l'indépendance.

Fête du Travail 1er mai.

Fête du Trône 30 juillet – commémoration du couronnement de Mohammed VI.

Allégeance au Wadi Eddhahab 14 août – célébration du "retour à la mère patrie" de la région du Wadi Eddhahab, dans l'extrême sud du pays, jadis réclamée par la Mauritanie.

Révolution du roi et du peuple 20 août – commémoration de l'exil de Mohammed V par les Français en 1953.

Fête de la Jeunesse 21 août – anniversaire du roi.

Anniversaire de la Marche verte 6 novembre – commémoration de la marche de novembre 1975 pour revendiquer le Sahara occidental.

Fête de l'Indépendance 18 novembre – célébration de l'indépendance du pays et du retour d'exil de Mohammed V.

Librairies spécialisées

À Paris, il est aisé de se documenter sur le Maroc.

Institut du monde arabe (IMA ; ☎01 40 51 38 38 ; www.imarabe.org ; 1 rue des Fossés-Saint-Bernard, 75005 Paris). L'IMA met à la disposition de ses visiteurs une librairie-boutique, une médiatèque jeunesse, mais aussi sa prestigieuse bibliothèque, qui présente

VOYAGER PENDANT LE RAMADAN

ALISON BING

Ramadan Mubarak! (Joyeux ramadan !) Le ramadan est un mois lunaire dédié au *sawm* (jeûne) – Du lever au coucher du soleil, les croyants doivent s'abstenir de manger, de boire, de fumer et d'avoir des relations sexuelles pour se concentrer sur le renouveau spirituel – et au *zakat* (charité).

Durant cette période, les commerces ont des heures d'ouverture limitées et un personnel moins important, aussi est-il préférable de réserver son hébergement, ses transports et ses circuits bien à l'avance. Appelez les administrations pour vous assurer qu'elles seront ouvertes. De nombreux restaurants sont fermés en journée ; prévoyez des en-cas pour le déjeuner ou réservez une table dans des restaurants touristiques. Les boutiques sont souvent fermées l'après-midi ; mieux vaut négocier les prix en matinée, avant que la soif ne se fasse trop sentir.

Au coucher du soleil, les rues s'agrémentent de lumières, de musique et d'arômes envoûtants, et tout le monde s'offre des douceurs. Après l'*iftar* (rupture du jeûne), repas qui se compose de dattes, soupe ou en-cas salés, les Marocains mangent des desserts jusqu'au festin de la nuit. S'ensuivent d'autres visites et échanges de plats sucrés, pour terminer par le *sahur* (repas qui précède le lever du soleil).

Les personnes en voyage sont exemptées du jeûne. Toutefois, par respect, évitez de manger en public et accordez un peu d'intimité à la population locale pendant les prières.

Lorsqu'un nouvel ami vous offre des mets sucrés ou vous invite à un festin, honorez-le en acceptant. Essuyer un refus est très gênant. Vous n'êtes, bien entendu, pas obligé de retourner la politesse ni de consommer des sucreries. Si vous voulez participer au *zakat*, vous pouvez, par exemple, faire un don à une œuvre de charité locale.

la culture et la civilisation arabes. Également, cours de langue arabe.

Librairie Avicenne (☎01 43 54 63 07 ; www.lib-avicenne.com ; 25 rue Jussieu, 75005 Paris pour le fonds en français et 30 rue des Fossés Saint-Bernard, 75005 Paris pour le fonds en arabe). Un choix vaste et exigeant d'ouvrages de référence sur le monde arabe et musulman. La section Maroc comprend près de 500 titres.

Offices du tourisme

Il n'existe d'offices du tourisme que dans les grandes villes, et si le personnel y distribue des brochures, il est souvent peu informé. Souvent, les réceptionnistes des hôtels et les habitants se révèlent plus utiles. Les meilleurs offices du tourisme se trouvent dans certaines villes, plus petites, qui tentent de mettre en avant leur potentiel touristique.

Office national marocain du tourisme (ONMT ; www.visitmorocco.com, www.ruraltourism.ma). L'organisme gère la plupart des offices du tourisme du pays.

Photographie

» Le Maroc est un terrain de rêve pour les photographes. Cela dit, ne braquez jamais votre appareil sur tout ce qui présente un aspect vaguement militaire ou pourrait être considéré comme "stratégique".

- Ceci inclut notamment les aéroports, ponts, édifices publics, et représentants de la police et des forces armées.
- Cela est d'autant plus valable près de la frontière algérienne et dans le Sud, en particulier dans le Sahara occidental.
- Cachez votre appareil lorsque vous passez les postes de contrôle du Sahara occidental et dans ses environs.

» Demander leur avis aux personnes que l'on souhaite photographier relève de la plus élémentaire des politesses.

- Les habitants se laissent assez facilement photographier en ville.
- Ce n'est pas forcément le cas à la campagne.
- Les femmes et les personnes âgées refusent très souvent d'être prises en photo.
- Respectez leur droit à l'intimité et abstenez-vous.

» On trouve facilement des cartes mémoire et des piles pour appareils photo numériques dans les magasins photo des grandes villes (notamment à Marrakech et Casablanca).

- Pour un court séjour, mieux vaut emporter son matériel.

LES PRINCIPALES FÊTES MUSULMANES

Les rythmes des fêtes religieuses sont liés au calendrier lunaire, plus court que le calendrier grégorien de 11 jours.

Les fêtes musulmanes mentionnées ci-après sont célébrées dans tout le pays, provoquant des interruptions ou des changements d'horaires des services de bus et augmentant les difficultés de circulation en général. À l'exception du premier jour du ramadan, les bureaux et les commerces sont fermés ces jours-là.

Moulid (ou Mouloud) an-Nabi commémore la naissance du prophète Mahomet. Les enfants reçoivent souvent des cadeaux.

Aïd el-Fitr (fête de la fin du jeûne), appelée aussi Aïd es-Saghir ("petite fête"), fête la fin du ramadan. Les festivités de quatre jours débutent par un repas composé de *harira* (soupe de lentilles), de dattes et de gâteau au miel. Tout le pays vit au ralenti durant cette période.

Aïd el-Adha (fête du Sacrifice), également appelée Aïd el-Kebir ("grande fête"), commémore le sacrifice d'Abraham. Les trois jours de réjouissances sont marqués par le sacrifice rituel d'un mouton qui a lieu partout dans le monde musulman.

La date précise des fêtes musulmanes restant variable – elles sont officiellement annoncées quelques jours avant le début du mois en question, les dates suivantes sont approximatives.

FÊTE	2011	2012	2013	2014
Moulid an-Nabi	16 fév	5 fév	25 jan	14 jan
Début du ramadan	1er août	21 juil	10 juil	29 juin
Aïd el-Fitr	30 août	19 août	8 août	28 juil
Aïd el-Adha	6 nov	26 oct	15 oct	4 oct
Nouvel An (année de l'hégire)	27 nov (1433)	16 nov (1434)	5 nov (1435)	25 oct (1436)

- Il est pratique de stocker ses photos sur clé USB, mais sachez que vous pourrez au besoin les faire graver sur CD dans la plupart des cybercafés.

» Pour les fidèles utilisateurs d'appareils argentiques, les pellicules Kodak et Fuji (35 mm et APS) et les cassettes vidéo sont commercialisées dans les grandes villes.

- Elles sont sensiblement plus chères qu'en Europe.
- Les diapositives sont plus rares.
- Si vous achetez des pellicules photo au Maroc, vérifiez la date limite d'utilisation.
- Les labos photo professionnels offriront la meilleure qualité de tirage.

» Pour des conseils, procurez-vous le guide *La photo de voyage* (2011) de Lonely Planet.

Poste

» Les bureaux de la **Poste Maroc** (www.bam.net.ma, en français) se repèrent à leur enseigne jaune "PTT" ou "La Poste".

» Les bureaux de tabac et les kiosques à cigarettes ou à journaux disséminés dans les centres-ville peuvent s'avérer utiles. On peut parfois y acheter des timbres en faisant moins longtemps la queue.

» Le système postal fonctionne relativement bien mais il est un peu lent.

» Une lettre pour l'Europe arrivera à destination au bout d'une semaine environ ; pour l'Amérique du Nord, il lui faudra le double.

» Le courrier expédié d'une grande ville arrive plus rapidement.

» Une carte postale pour l'étranger doit être affranchie à environ 13 Dh, les lettres à 18 Dh.

Envoyer des colis

» L'envoi de paquets se fait généralement dans un bureau à part, à l'enseigne "colis postaux".

» L'envoi d'un paquet de 1 kg par avion en France coûte 122 Dh, au Canada 123 Dh.

» Les colis ne doivent pas mesurer plus de 2 m de hauteur, largeur ou épaisseur. Le poids limite varie en fonction de la destination, mais c'est en général 30 kg.

» Si vous désirez envoyer vos souvenirs chez vous, il vous faut acheter un colis et un bordereau d'envoi à un bureau de poste marocain et apporter le tout au magasin où vous avez effectué vos achats.

» Au magasin, on saura emballer vos objets de manière adéquate avec journaux et cartons.

» Si vous avez acheté des tapis, le vendeur se doit de les enrouler et de les emballer dans du plastique. Sinon, demandez-lui de le faire.

» Indiquez la nature du contenu et l'adresse de destination au marqueur indélébile.

» Indiquez clairement le pays de destination.

» Vous pouvez aussi indiquer la valeur du contenu mais des frais à la livraison pourront vous être demandés.

» Ne fermez pas le colis avec du ruban adhésif car les douanes doivent pouvoir en vérifier le contenu !

» Votre colis sera pesé et les frais d'envoi par avion vous seront facturés, à moins que vous ne choisissiez l'envoi par voie terrestre.

» L'envoi par voie terrestre est nettement moins cher mais peut prendre jusqu'à trois mois.

» Les objets de valeur, tels que des meubles, peuvent être dédouanés.

» Les gérants des magasins peuvent s'occuper des autorisations et de l'envoi à votre place. Veillez simplement à bien garder des copies de tous les papiers au cas où les colis n'arriveraient pas.

Envois express

» Il existe habituellement un service d'envoi express du courrier (poste rapide) dans le bureau des colis postaux.

» Au Maroc, ce service est assuré par **Chronopost International Maroc** (www.chronopost.ma).

» L'envoi d'un paquet de 500 g revient à 308 Dh pour l'Europe et à 329 Dh pour l'Amérique du Nord.

» Des sociétés privées, plus chères, disposent de bureaux dans les grandes villes.

» Parmi elles figurent **DHL** (☎022 972020 ; www.dhl-ma.com) et **TNT** (☎022 27 27 24 ; www.tnt.com).

Recevoir du courrier

» Vous devriez pouvoir vous faire adresser du courrier à l'adresse "Poste restante, poste principale" dans toutes les villes d'une certaine importance.

- Certains bureaux de poste ne conservent les paquets qu'une quinzaine de jours avant de les retourner à l'expéditeur.
- Vous devrez présenter votre passeport et payer 3,50 Dh pour récupérer votre courrier.

» Il est également possible de recevoir son courrier par Amex.

- Amex (http://tinyurl.com/2u45epf) est représenté au Maroc par les agences de voyages Schwartz, que vous trouverez à Casablanca, Tanger et Marrakech.
- Pour avoir droit au service courrier clients,

vous devez en principe posséder des chèques de voyage American Express ou une carte Amex.

- On vous demandera sans doute de présenter un passeport et vous aurez peut-être à payer une taxe si vous n'êtes pas un client Amex.

» Si vous êtes en bons termes avec les employés d'un hôtel et qu'ils sont dignes de confiance, vous pouvez leur demander s'il est possible de recevoir votre courrier sur place.

Problèmes juridiques

Drogues La possession, l'offre, la vente, l'achat, la distribution et le transport de cannabis sont interdits par la loi. Les peines encourues pour possession de drogue (même en petite quantité) sont lourdes : fortes amandes, confiscation de votre véhicule et jusqu'à 10 ans de prison, sans remise de peine pour bonne conduite. Les acquittements dans les affaires de drogue sont rares.

Conseil et assistance
En cas de problème, appelez en priorité votre ambassade ou consulat ; des cas mettant en cause la police ont été rapportés.

Police Si vous êtes arrêté par des policiers marocains, vous ne bénéficierez guère de soutien juridique. Selon certains organismes veillant au respect des droits de l'homme (Human Rights Watch et l'Organisation mondiale contre la torture), des violences physiques pendant la garde à vue peuvent se produire.

Téléphone

» Pour un appel national, composez l'indicatif régional à 4 chiffres, même si vous appelez depuis la même ville ou la même région.

» Vous pouvez téléphoner depuis une téléboutique ou une cabine publique.

» Dans les téléboutiques, on vous fera généralement la monnaie sur de petites coupures.

» La plupart des cabines publiques fonctionnent avec des cartes téléphoniques.

» Les télécartes s'achètent dans les bureaux de tabac et les téléboutiques.

» La carte Dawlia de Méditel fonctionne aussi pour les appels nationaux (à partir de 0,75 Dh/min vers un fixe).

» Les cabines publiques sont très faciles d'utilisation (il suffit de suivre les instructions).

» Téléphoner depuis un hôtel coûte généralement deux fois plus cher.

» Les numéros de téléphones fixes au Maroc commencent par 05.

Appels internationaux

» Les cartes pour téléphoner à l'international sont en vente dans les boutiques de télécommunications comme les agences Méditel.

» Si vous trouvez une bonne connexion Internet, un appel Skype vous reviendra sans doute moins cher. Dans les cybercafés, les ordinateurs sont généralement dotés de casques.

» Les tarifs d'appel avec la carte Dawlia de Méditel commencent à 1,75 Dh la minute.

» Les appels internationaux les moins chers sont ceux vers la France, l'Espagne et l'Italie. Les tarifs sont moins élevés entre 20h et 8h, le week-end et les jours fériés.

» Pour utiliser la carte Dawlia, composez le

NUMÉROS UTILES

Voir p. 17 pour les numéros d'urgence.
Indicatif du Maroc ☎212
Indicatif pour l'international ☎00
Renseignements ☎160
Indicatif de l'Espagne (y compris Melilla et Ceuta) ☎34

LA NOUVELLE NUMÉROTATION TÉLÉPHONIQUE

En 2009, le système de la numérotation téléphonique au Maroc a changé. Malheureusement, cela ne signifie pas que tous les hôtels et hammams ont refait faire leurs cartes de visite, auquel cas vous devrez ajouter un chiffre pour pouvoir téléphoner à l'établissement en question. Pour les anciens numéros fixes, ajoutez un "5" après le "0" initial (035 00 00 00 devient 0535 00 00 00). Pour les anciens numéros de téléphone mobile, ajoutez un "6" après le "0" initial (072 00 00 00 devient 0672 00 00 00). Dans ce guide, nous avons indiqué les nouveaux numéros de téléphone.

numéro à 10 chiffres de la carte commençant par le 133, puis composez le code à 4 chiffres et suivez les instructions vocales.

Téléphones portables

» Il existe trois réseaux GSM au Maroc :

- Méditel (www.meditelecom.ma)
- Maroc Telecom (www.iam.ma)
- Inwi (www.inwi.ma)

» La couverture nationale est excellente, sauf dans l'Atlas et au Sahara.

» Si votre téléphone portable est débloqué, acheter une carte SIM prépayée vous reviendra sans doute moins cher que d'utiliser votre propre téléphone.

» Une carte SIM prépayée Méditel coûte 20 Dh, incluant 10 Dh de crédit.

» Les appels nationaux coûtent à partir de 1,20 Dh la minute et les appels internationaux à partir de 2,50 Dh la minute.

» Les appels sont moins chers entre 8h et 20h.

» Un texto vers un numéro marocain coûte 1 Dh.

» Pour acheter une carte SIM, vous devrez présenter un passeport ou tout autre papier d'identité.

» Téléboutiques, kiosques à journaux et épiceries vendent des unités de crédit.

» Les numéros de portables marocains commencent par 06.

Toilettes

» Les toilettes avec chasse d'eau constituent un luxe dans ce pays qui souffre souvent de pénurie d'eau. En dehors des hôtels et restaurants de catégories moyenne et supérieure, on trouve essentiellement des toilettes à la turque.

» Les toilettes à la turque sont équipées d'un robinet, d'un tuyau ou d'un seau d'eau pour rincer les toilettes. Ils servent également à vous laver (avec votre main gauche).

» On n'y trouve pas souvent de papier hygiénique, aussi vaut-il mieux toujours en avoir sur soi.

» Après usage, ne jetez pas le papier dans les toilettes mais dans la poubelle prévue à cet effet.

» Les femmes indisposées devront prévoir des sachets plastique pour jeter leurs tampons ou leurs serviettes hygiéniques.

» En dehors des grandes villes, les W.-C. publics sont rares.

» Dans les toilettes publiques, vous donnerez un petit pourboire à la personne de service.

Travailler au Maroc

» En raison de l'important taux de chômage et du grand nombre de jeunes sans emploi, le Maroc n'est pas l'endroit idéal pour dénicher un emploi.

» La connaissance de l'arabe est un avantage certain.

» Si vous parvenez à vous faire embaucher, votre employeur devra vous aider à obtenir un permis de travail et vous trouver un logement, ce qui peut s'apparenter à un véritable parcours du combattant.

» Le travail bénévole (voir p. 491) et l'enseignement du français (mal payé) sont sans doute les deux domaines qui offrent le plus de possibilités.

Voyager en solo

Femme seules

» Avant le mariage, les Marocains n'ont guère l'occasion de faire des rencontres féminines, ce qui explique en grande partie pourquoi les femmes occidentales voyageant au Maroc attirent leur attention.

» La femme occidentale n'étant pas contrainte par la société ni par les lois de l'islam, elle semble d'une indépendance provocante, synonyme de disponibilité.

» L'essor du tourisme au Maroc est à l'origine du nombre croissant de femmes en voyage, qui arrivent sur place sans avoir bien conscience que les mœurs et les coutumes musulmanes sont très différentes de celles du monde occidental.

» La population marocaine se compose de 70% environ de jeunes de moins de 30 ans.

» Si vous ne connaissiez pas le Maroc avant votre voyage, les commentaires et les regards déplacés de certains hommes vous énerveront sans doute les premiers jours, mais vous vous y ferez rapidement.

» Pour ne pas vous sentir harcelée, restez sur vos gardes sans devenir paranoïaque. Il est extrêmement rare que les importuns aillent au-delà des mots.

» Les Marocains sont prêts à aider tout voyageur et le fait d'être une femme représente un avantage certain, notamment en cas de problème. Désintéressés, ils peuvent donc se montrer très attentionnés et vous offriront protection et soutien si vous vous sentez en situation délicate.

» Un autre avantage est que, contrairement aux hommes, vous aurez la possibilité de rencontrer des Marocaines.

» Pour plus de détails sur les femmes marocaines, voir p. 429.

LIEUX DE DÉTENTE

» Si les attentions deviennent trop pesantes,

rendez-vous dans l'un des établissements, de plus en plus nombreux au Maroc, qui reçoivent volontiers des femmes seules.

» L'étage d'un salon de thé, nombre de cafés et de restaurants ou la terrasse d'un hôtel, par exemple, constituent de bons points de chute.

» Les hammams sont aussi un bon endroit pour éviter la présence masculine.

» Les piscines – publiques ou d'hôtel – attirent généralement des groupes d'hommes venus nager ou simplement siroter un verre au bar.

» Méfiez-vous de certains hôtels bon marché (à l'étage d'un bar, par exemple) qui font aussi office d'hôtels de passe.

» Si vous souhaitez boire une boisson alcoolisée, optez pour un grand hôtel plutôt qu'un bar typique, leur clientèle se composant principalement d'hommes. Les Marocaines qui fréquentent les bars, même les plus chics, sont souvent des prostituées.

PRÉCAUTIONS

» Les femmes sont très rarement agressées physiquement. Un peu plus courante, la violence verbale s'exerce de la part des hommes comme des femmes.

» Dans les sites ayant connu une forte affluence touristique ces dernières années, certains problèmes apparaissent.

» On nous a, par exemple, rapporté des agressions lors des festivals de musique d'Essaouira.

- Sans tomber dans l'excès, quelques précautions s'imposent donc aux femmes. L'économie ne justifie jamais le risque.
- Ne vous promenez pas seule après la tombée de la nuit : les femmes "respectables" doivent être à la maison. Prenez un taxi si besoin est.
- Évitez de vous retrouver seule dans les lieux isolés tels que les plages, les forêts et les dunes de sable.
- Les lunettes de soleil vous aideront à éviter de croiser les regards, mais ne passez pas votre séjour à vous cacher derrière elles.
- L'agressivité n'est jamais la bonne réponse et pourrait se retourner contre vous. Un "non merci" ou un "*la shukran*" ("non merci", en arabe) lancé avec un sourire est plus efficace que les insultes.
- Le "respect" est un mot-clé et une valeur à laquelle les Marocains sont très attachés.

» Porter une alliance peut vous éviter une attention non désirée, de même que d'avoir une photo de son "mari" et de ses "enfants". Le fait que vous soyez sans eux attire la suspicion, mais vous pouvez parer à cette éventualité en expliquant que vous allez les retrouver à votre prochaine étape.

» De nombreux Marocains attacheront peu d'importance au fait que vous soyez mariée ou non, et expliqueront qu'ils cherchent juste à être amicaux, allant même jusqu'à vous inviter chez leur mère.

RELATIONS AMOUREUSES

» Une relation amoureuse avec une Occidentale est souvent considérée comme la voie de sortie la plus sûre pour beaucoup de jeunes de ce pays très touché par le chômage.

» Cette idée est en partie alimentée par des touristes occidentales qui viennent au Maroc pour avoir des aventures avec les Marocains.

» Les jeunes gens sans emploi n'ont donc pas grand-chose à perdre en tentant de séduire des visiteuses qui pourraient leur offrir la possibilité de vivre ailleurs ou de vivre une histoire qu'il leur est interdit de vivre avec une Marocaine.

» Certains Marocains n'hésitent pas à courtiser plusieurs femmes en même temps.

» Précisons tout de même que parmi les relations mixtes, il existe aussi de très belles histoires d'amour.

TRANSPORTS

» Dans les transports publics, essayez de vous asseoir près d'une autre femme, particulièrement dans les grands taxis, où l'on est serré, et dans les trains, où les compartiments constituent un lieu isolé.

» Beaucoup de femmes prenant les grands taxis n'ont jamais eu de problème, quelle que soit leur place dans la voiture, mais par précaution, vous pouvez payer pour deux places et voyager seule en vous installant à l'avant. C'est une solution plus confortable.

» Ne faites pas d'auto-stop.

VÊTEMENTS

» Veillez à vous vêtir discrètement. En dépit de ce que l'on peut voir parfois, il n'est pas approprié de porter des shorts sexy et des décolletés dans la médina de Marrakech.

» Porter un bikini attirera l'attention sur vous. Évitez de bronzer seins nus sur la plage.

» À l'inverse, porter un foulard, voire une djellaba, vous vaudra le respect, particulièrement à la campagne, de même qu'une multitude de questions sur vos raisons de la porter : êtes-vous musulmane ? marocaine ? mariée à un Marocain ?

» Pour des informations sur les tenues à porter lors de votre séjour au Maroc, voir l'encadré p. 432.

Voyager avec un ami

» Une femme qui voyage en compagnie d'un homme ne devrait pas connaître de problème.

» Toutefois, mieux vaut prétendre être mariés même si vous n'êtes que de simples amis (une situation qui peut sembler inconcevable à beaucoup de Marocains).

» Si vous êtes marocaine (ou maghrébine) et que votre mari ne l'est pas, il est préférable d'avoir une copie de votre certificat de mariage avec vous. Les relations sexuelles prénuptiales sont interdites pour les musulmans et le Maroc connaît une prostitution croissante.

» Pour la même raison, si votre partenaire est maghrébin, vous aurez peut-être des difficultés à la réception de certains hôtels. Dans les grandes villes, la situation est rarement sujette à problème.

Transports

DEPUIS/VERS LE MAROC

La réforme des transports a favorisé le boom touristique au Maroc et la politique d'ouverture de l'espace aérien a permis aux compagnies aériennes à bas coût de toute l'Europe de desservir le pays.

Les nombreux ferries qui circulent entre le sud de l'Europe et l'Afrique du Nord – et qui relient le Maroc au réseau ferroviaire européen – constituent toutefois un mode de transport plus respectueux de l'environnement que l'avion.

Entrer au Maroc

Dans les aéroports marocains, les formalités d'immigration sont rapides et simples.

Vous devrez remplir un formulaire précisant l'objet de votre visite et votre profession.

Reportez-vous p. 496 pour des informations sur les formalités et les visas.

Voie aérienne

Aéroports

Des vols directs partent de diverses villes d'Europe, du Moyen-Orient, d'Afrique de l'Ouest et d'Amérique du Nord ; ils desservent principalement Casablanca et Marrakech.

Royal Air Maroc (RAM ; www.royalairmaroc.com), la compagnie nationale, jouit d'une bonne réputation, avec un seul accident majeur au cours des quarante dernières années.

Pour des informations sur les aéroports marocains et leurs services, consultez le site Internet de l'**Office national des aéroports** (www.onda.ma).

L'**aéroport international Mohammed V** (Casablanca ; voir p. 184) est le principal aéroport international du pays. Les autres aéroports internationaux sont :

» Aéroport de la Ménara (Marrakech, p. 90)
» Aéroport de Fès (p. 321)
» Aéroport de Rabat-Salé (p. 198)
» Aéroport international Ibn Batouta (Tanger, p. 251)
» Aéroport d'Al-Massira (Agadir, p. 366)
» Aéroport de Taourirt (Ouarzazate, p. 129)
» Aéroport de Nador (p. 293)
» Aéroport d'Al-Hoceima (p. 281)
» Aéroport d'Angad (Oujda, p. 354)

Depuis/vers la France

De nombreux vols relient Paris, et plusieurs autres villes françaises, au Maroc.

VOYAGES ET CHANGEMENTS CLIMATIQUES

Tous les moyens de transport fonctionnant à l'énergie fossile génèrent du CO_2 – la principale cause du changement climatique induit par l'homme. L'industrie du voyage est aujourd'hui dépendante des avions. Si ceux-ci ne consomment pas nécessairement plus de carburant par kilomètre et par personne que la plupart des voitures, ils parcourent en revanche des distances bien plus grandes et relâchent quantité de particules et de gaz à effet de serre dans les couches supérieures de l'atmosphère. De nombreux sites Internet utilisent des "compteurs de carbone" permettant aux voyageurs de compenser le niveau des gaz à effet de serre dont ils sont responsables par une contribution financière à des projets respectueux de l'environnement. Lonely Planet "compense" les émissions de tout son personnel et de ses auteurs.

AVERTISSEMENT

Les informations contenues dans ce chapitre sont particulièrement susceptibles de changements. Vérifiez directement auprès de la compagnie aérienne ou de l'agence de voyages les modalités d'utilisation de votre billet d'avion. N'hésitez pas à comparer les prestations. Les détails fournis ici doivent être considérés à titre indicatif et ne remplacent en rien une recherche personnelle attentive.

À titre indicatif, les tarifs d'un aller-retour low cost entre Paris et Marrakech débutent à environ 100 €, selon les compagnies et le mois de départ, le prix moyen se situant autour de 250 €. Le vol dure en général près de 3 heures.

Voici quelques adresses d'agences de voyages et de transporteurs – pour des circuits organisés (certains des voyagistes proposent aussi des vols secs), voir p. 516.

Royal Air Maroc (RAM ; ☎0820 821 821 ou 3260 Royal Air Maroc ; www.royalairmaroc.com). Vols de Paris (Orly Sud), Bordeaux, Lille, Lyon, Marseille et Toulouse vers Marrakech, Casablanca, Rabat et de nombreuses autres villes marocaines, vols de l'aéroport de Bâle-Mulhouse-Freiburg vers Casablanca.

Air France (☎36 54, 0,34 €/min ; www.airfrance.fr ; 49 av. de l'Opéra, 75002 Paris). Air France effectue chaque jour des vols pour Casablanca et Rabat depuis Paris (CDG).

EasyJet (www.easyjet.com ; easyjet@mailnj.custhelp.com). Vols entre Paris (CDG) et Lyon vers Casablanca, Marrakech et Agadir, vols entre Paris et Fès et Tanger, et entre l'aéroport de Bâle-Mulhouse-Freiburg et Marrakech.

Jet4You (☎0899 190 043, 1,34 €/appel et 0,34 €/min ; www.jet4you.com). Vols depuis Paris (Orly Sud) pour Casablanca, Marrakech, Agadir, Fès, Oujda et Rabat ; de Bordeaux, Lyon, Marseille et Toulouse pour Casablanca, et de Nantes et Toulouse pour Marrakech.

Ryanair (☎0892 780 210, 0,34 €/min ; www.ryanair.com/fr). Vols depuis Paris (Beauvais) et Marseille vers Fès, Marrakech, Nador et Tanger, et vols entre Marseille et Agadir.

Thomas Cook (☎0826 826 777 ; www.thomascook.fr). Vols de Paris (Orly) et plusieurs villes françaises vers les principales destinations marocaines.

AGENCES EN LIGNE

Vous pouvez réserver votre vol via une agence en ligne ou vous renseigner auprès d'un comparateur de vols :

» http://voyages.kelkoo.fr
» www.anyway.com
» www.ebookers.fr
» www.illicotravel.com
» www.sprice.fr
» www.opodo.fr
» www.voyages-sncf.com
» www.govoyage.com

Depuis/vers la Belgique

Les vols aller-retour les plus avantageux entre Bruxelles et Marrakech varient de 100 à 250 €, selon la saison.

Voici quelques adresses utiles :

Royal Air Maroc (RAM ; ☎02 219 30 30 ; www.royalairmaroc.com). Vols de Bruxelles vers Marrakech, Casablanca, Rabat et plusieurs autres villes marocaines.

Brussels Airlines (☎02 51 600, 0,75 €/min ; www.royalairmaroc.com). Vols entre Bruxelles et Casablanca, Agadir et Marrakech.

Airstop (☎070 23 31 88 ; www.airstop.be ; 76 bd E. Jacquemain, 1000 Bruxelles). Agence de voyages possédant cinq antennes en Belgique.

Connections (☎070 23 33 13 ; www.connections.be). Le spécialiste belge du voyage pour les jeunes et les étudiants a des agences dans une trentaine de villes du pays.

Gigatours Voyages Éole (☎070 22 44 32 ; www.voyageseole.be). Le groupement d'agents de voyages indépendants possède des antennes dans toute la Belgique.

Jet4You (www.jet4you.com ; ☎090 388 945, 1,25 €/min). Vols depuis Bruxelles pour Casablanca, Nador, Oujda et Tanger.

Ryanair (www.ryanair.com/fr-be ; ☎0902 33 660, 1 €/min). Vols depuis Bruxelles à destination d'Agadir, Fès, Marrakech, Oujda et Tanger.

Depuis/vers la Suisse

Depuis la Suisse, les vols les moins chers à destination

BILLETS

- Pour les vols à destination du Maroc, la haute saison s'échelonne de juillet à fin août, et de mi à fin décembre.
- La basse saison s'étend de novembre à mi-décembre et de janvier à mi-février.
- Les liaisons aériennes entre l'Europe et le Maroc changent assez souvent, car les compagnies à bas coût rectifient régulièrement leurs itinéraires.
- Les tarifs proposés par les agences de voyages ne diffèrent guère de ceux des compagnies aériennes.
- Casablanca et Marrakech sont généralement les destinations les moins chères.

de Marrakech coûtent entre 200 et 300 FS, selon la saison.

Vous pouvez contacter :

Royal Air Maroc (RAM ; ☎022 731 77 54/0848 737 400 ; www.royalairmaroc.com). Vols entre Genève et Zurich à destination de Marrakech et plusieurs autres villes marocaines.

Swiss (☎0848 700 700 ; www.swiss.com ; comptoirs aux aéroports de Genève et de Zürich). Vols reliant Genève et Zurich à Agadir, Casablanca et Marrakech.

STA Travel (☎058-450 49 49 ; www.statravel.ch ; 20 bd de Grancy, Lausanne 1006 ; 3 rue Vigner, Genève 1205 et 10 rue de Rive, Genève 1204). Agence de voyages pour les étudiants.

Depuis/vers le Canada

Seul RAM propose des vols directs entre Montréal et Casablanca (environ 7 heures). Une solution économique consiste à acheter un aller-retour pour Paris, Londres ou une autre ville d'Europe, et continuer avec une compagnie à bas coût. Les tarifs les moins chers à destination de Marrakech ou Casablanca commencent à environ 1 000 $C (1 ou 2 escales). Pour plus de renseignements, adressez-vous aux agences et compagnies suivantes :

Royal Air Maroc (RAM ; ☎1 800 344 67 26 ; www.royalairmaroc.com). Vols de Montréal à Marrakech, Casablanca et plusieurs autres villes marocaines.

Air Canada (☎1 888 247-2262 ou 1 514 393-3333 ; www.aircanada.ca). Vols avec escale depuis Toronto ou Montréal à destination de Casablanca.

Airlineticketsdirect.com (☎1 877 679 8500 ; www.airlineticketsdirect.com)

Expedia (☎1 888 397 3342 ; www.expedia.ca)

Travelocity (☎800 457 8010 ; www.travelocity.ca)

Voyages Campus (☎1 800 667 2887 ou 514 735 8794 ; www.voyagescampus.com/fr). L'agence de voyages canadienne pour les étudiants a des bureaux partout dans le pays.

Depuis/vers l'Afrique

RAM, l'une des meilleures compagnies aériennes du continent africain, dessert de nombreuses destinations d'Afrique à partir de Casablanca :

- Abidjan (Côte d'Ivoire)
- Accra (Ghana)
- Alger (Algérie)
- Bamako (Mali)
- Brazzaville (Congo)
- Conakry (Guinée)
- Cotonou (Bénin)
- Dakar (Sénégal)
- Douala (Cameroun)
- Le Caire (Égypte)
- Libreville (Gabon)
- Lomé (Togo)
- Malabo (Guinée équatoriale)
- Niamey (Niger)
- Nouakchott (Mauritanie)
- Ouagadougou (Burkina Faso)
- Tunis (Tunisie)
- Tripoli (Libye)

Au départ des autres pays d'Afrique, il sera sans doute moins cher de passer par le Moyen-Orient ou l'Europe plutôt que de rejoindre directement l'une des destinations ci-dessus.

Depuis/vers le Moyen-Orient

Le Moyen-Orient est le carrefour des correspondances pour les voyageurs en provenance d'Extrême-Orient.

Air Arabia Compagnie à bas coût avec des vols de Sharjah (Émirats Arabes Unis ; EAU) à Casablanca via Istanbul (Turquie).

Emirates Vols Casablanca-Dubaï (EAU).

Etihad Vols Casablanca-Abu Dhabi (EAU).

Qatar Vols Casablanca-Doha (Qatar).

RAM Vols pour Casablanca de Beyrouth (Liban), Dubaï, ainsi que Riyad et Djeddah en Arabie saoudite.

Voie terrestre

Passage des frontières

Pour des informations concernant les visas des pays ci-après, consultez l'encadré p. 497.

Algérie Cette frontière reste fermée, et semble ne pas devoir rouvrir tant que le problème du Sahara occidental ne sera pas résolu.

Espagne Depuis le Maroc, vous pouvez rejoindre l'Espagne continentale via les enclaves espagnoles de Ceuta (voir p. 259) et Melilla (voir p. 291), dans le nord du Maroc.

Mauritanie L'unique poste-frontière se situe dans le Sahara occidental entre Dakhla (Maroc) et Nouadhibou (Mauritanie).

Depuis/vers l'Espagne et la France

BUS

Les bus à destination du Maroc empruntent les ferries au sud de l'Espagne.

Les passagers doivent débarquer pour les formalités de douane et d'immigration.

Des bus partent de Paris et d'autres villes françaises pour le Maroc, un long trajet sans doute plus cher qu'un vol avec une compagnie à bas coût.

Des bus relient presque chaque jour Casablanca et l'Espagne. Réservez une semaine à l'avance – ou plus longtemps en période de vacances, car de nombreux Marocains expatriés les empruntent.

La plupart des bus traversent la Méditerranée via Tanger, mais certains effectuent la traversée entre Nador et Almería.

Compagnies de bus :

Alsa (www.alsa.es). Une compagnie de bus espagnole qui dessert le Maroc.

CTM (www.ctm.ma). La Compagnie de transport et de tourisme au Maroc, la compagnie nationale, relie Casablanca et d'autres villes marocaines à la France et l'Espagne, en partenariat avec Alsa et Eurolines.

Eurolines (www.eurolines.com). Ce consortium de compagnies européennes dessert le Maroc, avec des agences dans toutes les grandes villes d'Europe. Vous pouvez acheter billets et forfaits en ligne. À partir de Paris, les bus Eurolines (☎0892 899 091 ; www.eurolines.fr ; gare internationale de Paris-Gallieni, Bagnolet) rejoignent Marrakech (et d'autres villes marocaines) en une vingtaine d'heures.

Linebus (www.linebus.es, en espagnol). Une compagnie espagnole qui rallie Rabat, Casablanca, Meknès et Marrakech.

Supratours (www.supratours.ma). La meilleure compagnie de bus marocaine est gérée par l'ONCF (Office national des chemins de fer). Départs hebdomadaires depuis les grandes villes du nord du pays vers l'Espagne et la France (deux fois par semaine à destination des principales villes françaises).

Tramesa (http://perso.menara.ma/tramesa07). Une compagnie fiable et de bonnes liaisons entre le Maroc et l'Espagne.

TRAIN

Se rendre au Maroc en train et en ferry depuis l'Europe constitue une solution avantageuse si vous bénéficiez de réduction sur vos billets de train.

Vous pouvez voyager en train de Paris à Tanger via Madrid et Algésiras. Un train de nuit, entre autres, part quotidiennement de Paris-Austerlitz à destination de la gare de Madrid Chamartin. Deux trains par jour rallient ensuite Madrid à Algésiras, d'où vous embarquerez sur un ferry desservant Tanger. Renseignez-vous sur les horaires, les tarifs et les réservations auprès d'une gare ou d'une agence commerciale de la **SNCF** (☎36 35 ; www.voyages-sncf.com) et de la **Renfe** (chemins de fer espagnols ; (☎902 24 34 02 ; www.renfe.es).

La Renfe est représentée en France par **Iberrail France** (☎01 40 82 63 63 ; 57 rue de la Chaussée-d'Antin, 75009 Paris).

Le Maroc ne fait pas partie des réseaux InterRail et Eurail ; vous devrez acheter les billets sur place. Pour des informations sur le transport ferroviaire au Maroc, reportez-vous p. 519.

La gare ferroviaire d'Algésiras se situe à 10 minutes de marche des terminaux de ferries pour le Maroc. Si vous arrivez dans la journée, vous pourrez rapidement prendre l'un des ferries réguliers.

Sites utiles :

Man in Seat 61 (www.seat61.com). L'un des meilleurs sites pour les voyages en train, avec des informations actualisées (en anglais).

Thomas Cook European Rail Timetable (www.thomascookpublishing.com). Thomas Cook publie chaque mois des horaires (European Rail Timetable) très pratiques sur les trains partout en Europe.

Depuis/vers l'Espagne et la France

VOITURE ET MOTO

En partant de Paris en voiture, 2 000 km environ vous séparent du Maroc, en transitant par Barcelone et Murcie, et en empruntant les ferries au sud de l'Espagne. Il est conseillé de prévoir 2 jours de route, dont une nuit en Espagne. Depuis Paris, prenez l'A6 (autoroute du Soleil) et l'A9 (la Catalane), en passant par Perpignan, avant de poursuivre pour Barcelone. Ensuite, vous avez le choix entre plusieurs itinéraires (les autoroutes espagnoles sont parsemées de nombreuses aires de repos). Si vous voyagez l'été, privilégiez la route côtière : Barcelone, Tarragone, Valence, Alicante, Murcie, Grenade, Málaga et Algésiras. Une fois à Algésiras, vous achèterez vos billets pour les ferries à destination de Tanger ou Ceuta.

» En général, les agences de location européennes n'autorisent pas la conduite de leurs véhicules au Maroc. Reportez-vous p. 523 pour des informations sur la location de voiture au Maroc.

» Si vous souhaitez rejoindre les enclaves espagnoles de Ceuta et Melilla avec une voiture de location marocaine, vous aurez besoin d'une lettre de l'agence vous autorisant à sortir le véhicule du territoire marocain.

» Si vous entrez au Maroc via Ceuta ou Melilla, profitez du carburant détaxé.

» Pour plus de précisions sur l'importation d'un véhicule au Maroc, voir p. 525.

Depuis/vers la Mauritanie

» La route transsaharienne via la Mauritanie constitue l'itinéraire le plus direct et prisé entre l'Afrique du Nord et subsaharienne, emprunté chaque année par de nombreux voyageurs intrépides.

» De l'embranchement vers Dakhla sur la N1, la route qui rejoint la Mauritanie longe la côte vers le sud sur 328 km, traverse la frontière, puis suit l'Atlantique en passant par le parc national du Banc d'Arguin, de Nouadhibou jusqu'à Nouakchott, la capitale mauritanienne.

» Bien que cet itinéraire soit généralement considéré comme sûr, renseignez-vous avant le départ : l'assassinat d'une famille de touristes français près de Nouakchott en 2007 et des menaces d'attentat d'al-Qaida ont provoqué le changement d'itinéraire du Paris-Dakar en 2008.

» Emportez beaucoup d'eau et de provisions, et partez tôt le matin.

» La route est entièrement goudronnée – une exception dans le Sahara –, à part un tronçon de 5 km dans le no man's land entre les deux postes-frontières.

» Du côté marocain, les formalités frontalières s'effectuent dans la bourgade de Guergarat.

» La frontière, à 18 km de Guergarat, est fortement minée ; ne vous éloignez pas de la route.

» Vous pourrez vous procurer des devises mauritaniennes (ouguiya, UM) à la frontière, et au marché noir dans le no man's land.

» Les fouilles de véhicules et les demandes de "petits cadeaux" ne sont pas rares, surtout si les autorités mauritaniennes découvrent de l'alcool ou du carburant marocain dans le véhicule.

» La consommation d'alcool est illégale pour les musulmans en Mauritanie. Les non-musulmans ne doivent pas en transporter ni en distribuer.

» De la frontière, vous devrez parcourir 41 km le long de la péninsule pour rejoindre la première grande ville mauritanienne, Nouadhibou.

» Sites utiles :

- Le **Sahara Travel Forum** (www.horizonsunlimited.com) d'Horizons Unlimited fournit de nombreux conseils sur le voyage entre le Maroc et la Mauritanie.
- Le livre et le site Internet **Sahara Overland** (www.sahara-overland.com) constituent de précieuses sources d'information sur les voyages transsahariens.

MINIBUS ET JEEP

» Des transports circulent entre Dakhla et la frontière mauritanienne, et au-delà.

» Des minibus et des 4x4 partent du poste de contrôle militaire à la sortie de Dakhla.

» À Dakhla, les hôtels Erraha, Sahara et Sahara Regency sont de bonnes adresses pour se renseigner et organiser le transport, avec des habitants ou d'autres voyageurs.

» Les voyageurs empruntent principalement cet itinéraire entre novembre et mars.

» De la gare principale, des grands taxis desservent parfois la frontière (220 Dh). Vous devrez ensuite faire du stop pour rejoindre le poste-frontière mauritanien car il est interdit de franchir la frontière à pied.

» Essayez de trouver un véhicule qui vous emmène jusqu'à Nouadhibou pour ne pas payer une somme exorbitante afin de continuer après la frontière.

» Les prix grimpent jusqu'à 600 Dh pour une place dans un véhicule qui rallie Nouadhibou.

» De Nouadhibou, les taxis-brousse facturent environ 2 000/11 500 UM jusqu'à la frontière/Dakhla.

» Renseignez-vous dans les hôtels et les campings pour une place dans un véhicule en partance.

» Les campings Chez Abba et Baie du Lévrier ("Chez Ali") sont appréciés des voyageurs.

» Pour des informations générales sur l'importation d'un véhicule au Maroc, reportez-vous p. 525.

» Étant donné la traversée du Sahara et le champ de mines à la frontière, il est vivement recommandé de voyager avec d'autres véhicules et de partir tôt le matin pour rejoindre la frontière avant le crépuscule (surtout si vous ne roulez pas en 4x4).

» Il est prudent de faire le plein à chaque station-service.

» Au sud de Dakhla, des stations-service peuvent être à court de carburant, en particulier la dernière, à 50 km de la frontière.

» Vous devrez obtenir un tampon de la police, et acheter un formulaire d'importation temporaire de véhicule de 30 jours (10 €).

COMPAGNIES DE FERRY ET ITINÉRAIRES

Direct Ferries (www.directferries.com) vend les billets de la plupart des compagnies ci-après. Couvrant toute l'Europe, il possède des sites Internet dans la plupart des langues européennes mais son service de réservation est capricieux.

Acciona Transmediterranea, Euroferrys et Ferrimaroc (www.trasmediterranea.es) Almería-Melilla, Almería-Nador, Algésiras-Ceuta, Algésiras-Tanger, Barcelone-Tanger, Málaga-Melilla.

Baleària (www.balearia.com) Algésiras-Ceuta, Algésiras-Tanger.

Comanav Algésiras-Tanger, Gênes-Tanger, Sète-Nador, Sète-Tanger.

Comarit (www.comarit.es, en espagnol) Algésiras-Tanger, Sète-Tanger, Tarifa-Tanger.

FRS (www.frs.es) Algésiras-Ceuta, Algésiras-Tanger, Gibraltar-Tanger, Tarifa-Tanger.

Grandi Navi Veloci (GNV ; www.gnv.it) Barcelone-Tanger, Gênes-Tanger.

Grimaldi Lines (www.grimaldi-lines.com) Livourne-Tanger, Valence-Tanger.

Voie maritime

De nombreux ferries traversent le détroit de Gibraltar, entre le sud de l'Europe et le nord du Maroc. En été, la ligne la plus fréquentée, d'Algésiras (Espagne) à Tanger, est prise d'assaut par les touristes et les vacanciers en camping-car.

» Vous pouvez combiner le trajet en ferry avec le bus, le train ou votre propre véhicule.

» Dans le sud de l'Espagne et le nord du Maroc, vous pouvez vous rendre à l'embarcadère et acheter un billet pour le prochain ferry (hormis en août et à Pâques, périodes de forte demande, quand les automobilistes doivent réserver longtemps à l'avance).

» Toutes les villes portuaires comptent de nombreuses billetteries et agences de voyages, en particulier dans les terminaux des ferries et aux alentours, ce qui permet de comparer et de choisir le ferry qui vous convient.

» À Tanger et Algésiras, évitez les rabatteurs qui tentent de vous entraîner dans l'agence qui leur verse une commission.

» Les billets s'achètent aussi en ligne.

» Depuis l'Europe, des réductions sont souvent proposées aux étudiants et aux jeunes en possession d'une carte ISIC ou similaire, aux détenteurs de forfaits InterRail et Eurail, et aux personnes retraitées de l'UE.

» Les enfants âgés de 2 à 12 ans voyagent souvent à moitié prix et ceux de moins de 2 ans gratuitement. Les plus de 60 ans bénéficient souvent de réductions.

» Si les réductions sont moins courantes au Maroc, renseignez-vous.

» La plupart des ferries embarquent les véhicules moyennant un supplément. En principe, le transport des vélos est gratuit.

» Des cabines sont à disposition pour les longues traversées.

» La haute saison pour les ferries correspond à la période estivale européenne (mi-juin à mi-septembre), Noël et Nouvel An ; la basse saison dure de novembre à février.

» Les tarifs peuvent augmenter de 25% en haute saison.

» Davantage de ferries circulent en été sur la plupart des itinéraires. Les passagers peuvent souvent acheter leur billet en arrivant au port, mais mieux vaut réserver pour une voiture.

» Les ferries à destination de Tanger accostent désormais au nouveau terminal de Tanger Med, à l'exception de ceux en provenance de Tarifa (Espagne). L'ancien port de Tanger était renommé pour

Trajets des ferries

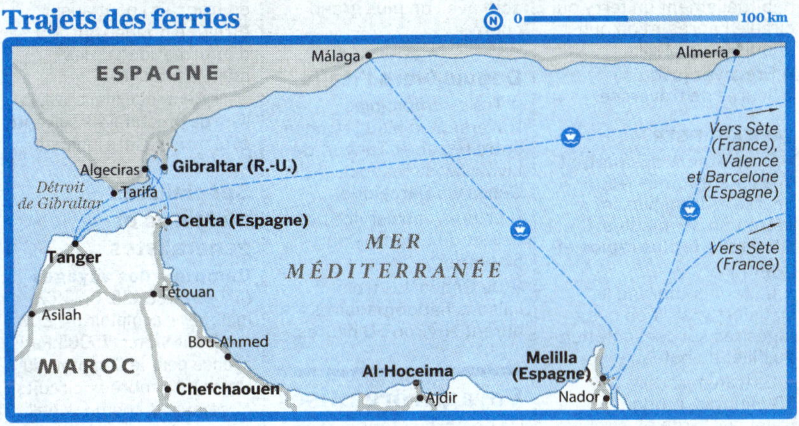

ses filous, qui ont presque tous été chassés.

Depuis/vers l'Espagne

» De nombreux ferries relient l'Espagne et le Maroc.

» Les billets coûtent à partir de 30 €.

» Très prisés, les hydrofoils et les catamarans (également appelés ferries rapides) sont plus chers que les ferries et ne circulent pas par gros temps.

» Le groupe Acciona Transmediterranea, qui comprend Euroferrys et Ferrimaroc, possède des agences dans tous les ports qu'il dessert ainsi qu'en Europe.

» Le contrôle des passeports en Espagne est simple, mais les citoyens non-européens et les détenteurs d'un visa Schengen doivent obtenir un tampon de sortie avant d'embarquer.

» Vous devrez remplir un formulaire d'embarquement à bord et faire tamponner votre passeport avant de débarquer.

» Le passage à la douane espagnole peut être lent en venant du Maroc.

ALGÉSIRAS-TANGER

» De loin la liaison maritime la plus empruntée et la plus fréquente entre l'Europe et le Maroc.

» Des ferries partent au moins toutes les heures et demie, et toutes les heures en été.

» Ils circulent de 7h (6h en été) à 22h, et parfois 24h/24 en août.

» La traversée dure en principe 1 heure, mais peut varier selon les bateaux. La concurrence garantit des prix similaires chez tous les transporteurs.

» Certaines compagnies proposent une 1re classe avec un supplément de 20% – une dépense inutile pour un trajet aussi court.

ALGÉSIRAS-CEUTA

» Les automobilistes choisiront peut-être cet itinéraire en raison de la disponibilité de carburant détaxé (et d'alcool) dans l'enclave espagnole de Ceuta.

» Chaque jour, plusieurs ferries rapides (30 min-1 heure) partent dans les deux directions entre 7h et 22h.

ALMERÍA-MELILLA

» Entrer au Maroc par l'enclave espagnole de Melilla constitue l'itinéraire le plus simple depuis l'Espagne continentale. Vous pourrez également faire le plein de carburant détaxé (et d'alcool).

» Moins fréquente, cette traversée dure jusqu'à 8 heures.

» Des ferries partent tous les jours d'Almería, le lundi matin et le dimanche après-midi de Melilla.

ALMERÍA-NADOR

» Nador, beaucoup plus paisible que Tanger, n'a pas grand-chose à offrir aux voyageurs, hormis des correspondances pour le reste du Maroc.

» Dans chaque direction, les 5 traversées hebdomadaires durent 5/8 heures pour Nador/Almería.

BARCELONE-TANGER

» Deux compagnies proposent cette traversée jusqu'à Tanger. L'une d'elles, en provenance de Gênes (Italie), fait escale à Barcelone.

» Les 3 traversées hebdomadaires durent environ 29 heures.

MÁLAGA-MELILLA

» Le service quotidien (sauf le dimanche) est

habituellement un ferry qui circule l'après-midi/nuit depuis/vers Melilla.

» Prévoyez jusqu'à 8 heures de traversée.

TARIFA-TANGER

» Des catamarans partent quasiment toutes les heures et franchissent le détroit en 35 minutes. C'est l'itinéraire le plus rapide et pratique.

» Le tarif comprend le transfert gratuit en bus à Algésiras sur présentation du billet de bateau.

» Le transfert dure 50 minutes, rendant le trajet via Tarifa plus rapide que le ferry direct pour rejoindre Algésiras.

VALENCE-TANGER

» Ce nouveau service fait partie de la traversée Tanger-Livourne (Italie).

» Cette étape dure 20 heures, avec un départ à la mi-journée et une arrivée à 8h dans les deux sens.

Depuis/vers la France

» Le trajet de Sète (à quelques kilomètres de Montpellier) à Tanger dure 36 heures, et 28 heures jusqu'à Nador.

» Les ferries sont plus luxueux que ceux qui relient l'Espagne et le Maroc.

» Il y a en moyenne 5 départs hebdomadaires pour Tanger, et un pour Nador.

» Il est recommandé de réserver bien à l'avance, surtout l'été.

Depuis/vers Gibraltar

» Un ferry rapide circule chaque jour depuis/vers Tanger.

» La traversée dure environ 1 heure et les prix sont les mêmes que depuis/vers Algésiras.

» Mieux vaut partir d'Algésiras, un port plus actif avec un plus grand choix.

Depuis/vers l'Italie

» Trois compagnies traversent la Méditerranée entre l'Italie et Tanger, de Livourne via Valence et de Gênes via Barcelone.

» Le nouveau service au départ de Livourne dure 56 heures.

» De Gênes, les trois liaisons hebdomadaires durent environ 50 heures.

Voyages organisés

De nombreux tour-opérateurs organisent des voyages au Maroc. Ils proposent les classiques visites des cités impériales (Rabat, Marrakech, Fès et Meknès), des séjours balnéaires ou thalasso, des circuits axés sur la randonnée ou le golf et des safaris dans le désert. Des organismes locaux réputés se font de plus en plus nombreux (voir *Circuits organisés locaux* p. 526). Lisez également les rubriques *Circuits organisés* sous les villes des chapitres régionaux. L'Office national marocain du tourisme (ONMT, www.visitmorocco.com, en français) peut aussi être une bonne source d'information sur les agences locales.

Nullement exhaustive, la liste de prestataires suivante est fournie à titre indicatif.

Spécialistes du Maroc et généralistes

Comptoir des voyages (☎0892 238 138, 0,34 €/min ; www.comptoir.fr ; 2-18 rue Saint-Victor, 75005 Paris, agence pour le Comptoir du Maroc). Nombreux circuits et séjours à thème, week-ends ou hébergement dans des riads de charme, pour des escapades de 3 à 15 jours.

Evaneos (☎01 82 71 49 08 ; www.evaneos.com). Voyages sur mesure au Maroc, avec le soutien d'un agent local. Week-end à Marrakech, trekking au pays des Berbères, autotour des villes impériales, etc.

Voyageurs du Monde (☎01 42 86 16 00 ; www.vdm.com ; 55 rue Sainte-Anne, 75002 Paris). Plusieurs éjours à Marrakech, Fès, Agadir, Essaouira ou Tanger, et des camps nomades dans les déserts.

L'ÉTIQUETTE DU VOYAGEUR

Dans les transports publics, il est considéré comme égoïste et incorrect de manger sans rien proposer à ses voisins. Prévoyez toujours un extra, comme des fruits frais ou secs.

Vient ensuite le rituel. Si vous offrez de la nourriture à des passagers, la politesse exige qu'ils la refusent. Renouvelez l'offre avec plus d'insistance. Ils la déclineront de nouveau. La troisième fois, ils seront libres d'accepter.

Si l'on vous propose une nourriture que vous n'aimez pas, il est plus poli d'en accepter un petit morceau, puis de toucher votre estomac avec contentement pour indiquer que vous n'avez plus faim. Participer à ce rituel vous vaudra le respect et une amicale attention.

Voyages culturels

Arts et vie (☎01.40.43.20.21 ; www.artsetvie.com ; 251 rue de Vaugirard, 75015 Paris). Des voyages pour les amateurs d'art et d'histoire à la découverte du Maroc, notamment de ses villes impériales et de son héritage antique.

Clio (☎0826 10 10 82 ; www.clio.fr ; 27 rue du Hameau, 75015 Paris). Un voyage culturel de 15 jours de Tanger à Ouarzazate, à la découverte des villes impériales jusqu'aux confins du désert. Longues promenades à pied guidées à Meknès, Fès et Marrakech.

Continents insolites (☎ 04 72 53 24 90 ; www.continents-insolites.com ; 36 quai Arloing, 69009 Lyon). Des circuits, en petits groupes, avec des guides spécialisés, vers les villes impériales, le Haut Atlas ou le désert. Autres agences à Bruxelles, Paris et Monaco.

Randonnée, méharées et autres séjours sportifs

Allibert (☎04 76 45 50 50 ; www.allibert-trekking.com ; ☎01 44 59 35 35 ; 37 bd Beaumarchais, 75003 Paris ; autres agences à Chamonix, Chapareillan et Toulouse ; ☎02 526 92 90 en Belgique ; ☎022 849 85 51 en Suisse). Un grand nombre d'offres sur le Maroc. Randonnée à pied, à dos de dromadaire, et découvertes, accompagnées par des guides professionnels, dans le désert, vers les djebels Sarhro et Toubkal ou le massif du M'Goun. Circuits adaptés aux familles ou aux montagnards avertis.

Atalante (☎01 55 42 81 00 ; www.atalante.fr ; 41 bd des Capucines, 75002 Paris) ; Lyon (☎04 72 53 24 80 ; fax 04 72 53 24 81 ; 36 quai Arloing, 69009 Lyon) ; Bruxelles (☎02 627 07 97 ; rue César Franck 44, B-1050 Bruxelles). Divers itinéraires à pied et des randonnées chamelières dans l'Atlas, le Sud marocain et le Sahara, notamment, de 8 à 15 jours. Certains parcours sont adaptés aux enfants. **Cavaliers du monde** (☎01 45 21 03 83 ; www.cavaliers-du-monde.com ; 111 rue Molière, 94200 Ivry), propose un grand choix de randonnées équestres traversant les plus beaux sites du Maroc.

Club Aventure (☎0826 88 20 80, 015 €/min ; www.clubaventure.fr) ; Paris (18 rue Séguier, 75006 Paris) ; Lyon (2 rue Vaubecour, 69002 Lyon) ; Genève (rue Prevost Martin 51, CP 124-1211 Genève 4) ; Bruxelles (27 place St Job, 1180 Bruxelles). Des randonnées pour tous niveaux (et balades en famille) dans les villages berbères, la chaîne de l'Atlas ou la côte atlantique.

Déserts (☎01 55 42 78 42 ; www.deserts.fr ; 75 rue de Richelieu, 75002 Paris). Circuits individuels ou en groupes accompagnés. Trekking dans le Sahara, randonnées chamelières (méharées) en famille et dans la vallée du Drâa.

Explorator (☎01 53 45 85 85 ; www.explo.com ; 1 rue Gabriel-Laumain, 75010 Paris). Diverses randonnées et circuits accessibles aux familles, dont "Djebel et oasis du Sud" et "Randonnées pastorales", qui empruntent des sentiers muletiers.

Grand Angle (☎04 76 95 23 00 ; www.grandangle.fr ; 38112 Méaudre). Plusieurs voyages à pied, accompagnés (vallée des Roses, Toubkal, M'Goun, traversée de l'Atlas ou oasis). Formule rando-liberté pour voyager à deux.

La Burle Randonnées (☎04 75 37 07 83 ; www.laburle.com ; Espace Gerbier, 07510 Sainte-Eulalie). Organisation implantée en Ardèche. Parmi les destinations marocaines, citons notamment des randonnées dans la vallée du Guir (voyage "solidaire"), la vallée du Drâa ou dans les villages berbères.

Nomade Paris (☎0825 701 702 ; www.nomade-aventure.com ; 40 rue de la Montagne-Sainte-Geneviève, 75005 Paris). Autres agences à Toulouse, Lyon et Marseille. Plusieurs voyages, entre randonnées tranquilles et dynamiques (avec dromadaires, mules, ascension de sommets), et circuits en famille.

Nomade Expérience (☎026 913 98 00 ; www.nomade.ch ; 26 Grand'Rue, 1630 Bulle, Suisse). Escapade de Ouarzazate à Marrakech, marches et méharées en montagne ou dans le Sahara, en petits groupes ou en famille, et côté culturel, la découverte du monde des Gnaouas à Essaouira.

Tamera (☎04 78 37 88 88 ; www.tamera.fr ; 26 rue du Bœuf, 69005 Lyon). Pour trekkeurs plus ou moins entraînés, avec notamment une grande traversée du Haut Atlas en 22 jours, le Toubkal en 8 jours et une excursion à dos de dromadaire dans la vallée du Drâa.

Terres d'aventure Paris (☎0825 700 825 ; www.terdav.com ; 30 rue Saint-Augustin, 75002 Paris). Plusieurs agences en région. Lausanne (Néos Voyages ; ☎21 612 66 00 ; 11 rue du Simplon, 1006 Lausanne) ; Genève (Néos Voyages ; ☎21 320 66 35 ; 50 rue des Bains, 1205 Genève). Nombreuses randonnées (à pied ou avec animaux de bât) dans l'Atlas, le Sahara et sur la côte atlantique.

Zig Zag Randonnées (☎01 42 85 13 93 ; www.zigzag-randonnees.com ; 54 rue de Dunkerque, 75009 Paris). Spécialiste du Sahara, mais aussi des circuits dans l'Atlas, le Maroc du Sud ou atlantique. Des voyages à durée modulable et combinables entre eux.

COMMENT CIRCULER

Se déplacer au Maroc ne pose pas de problème grâce à un bon réseau de transports entre les villes ; même en dehors des sentiers battus, vous trouverez souvent un moyen de locomotion. RAM offre des vols intérieurs, l'excellent réseau ferroviaire relie les grandes villes et de grandes compagnies de bus comme CTM offrent un service efficace et confortable. Des transports locaux, moins chers et plus amusants, fonctionnent bien.

Relativement chère, la location d'une voiture vous offre davantage de liberté, mais conduire dans les grandes villes n'a rien de plaisant. De bonnes routes goudronnées sillonnent le pays, et des travaux routiers visent à désenclaver des régions comme le Rif. Dans les secteurs reculés de montagne ou du désert, les routes se limitent souvent à des pistes.

Avion

» Compagnie nationale, **Royal Air Maroc** (RAM ; ☎0890 00 08 00 ; www.royalairmaroc.com) est le principal transporteur pour les vols intérieurs.

» RAM dessert Tanger, Nador, Oujda, Fès, Casablanca, Er-Rachidia, Marrakech, Essaouira, Agadir, Laâyoune et Dakhla.

» La plupart des vols impliquent une correspondance à l'aéroport international Mohammed V de Casablanca, la plate-forme de RAM.

» Plusieurs vols quotidiens desservent souvent les itinéraires prisés comme Casablanca-Marrakech.

» Bien plus cher que le bus, l'avion se justifie si vous disposez de peu de temps. Ainsi, le vol de Casablanca à Dakhla (2 heures 15) coûte de 800 à 3 000 Dh, alors qu'un billet en 1re classe dans le bus de nuit Supratours (17 heures) revient à 580 Dh.

» Vous pouvez acheter vos billets en ligne, dans les agences de RAM et les agences de voyages.

» Les opérateurs du centre d'appels de la RAM parlent anglais.

Bus

Moyen de transport le plus économique et le plus efficace, les bus sont habituellement sûrs, bien que les chauffeurs ne soient pas toujours prudents.

Arrêts La plupart des trajets de plus de 3 heures prévoient un arrêt pour se restaurer. Les bus doivent souvent attendre une dizaine de minutes aux contrôles routiers, plus longtemps que les grands taxis dont les chauffeurs connaissent souvent les policiers.

Bagages Les gares routières des grandes villes disposent de consignes, parfois ouvertes 24h/24. Cadenassez vos sacs. On vous demandera souvent 5 Dh pour charger votre bagage, surtout s'il faut l'installer sur le toit du bus.

Gares routières Certaines gares routières donnent le tournis avec leurs rabatteurs gesticulant et hurlant les destinations des bus sur le départ. La plupart des villes possèdent une seule gare routière, mais Supratours et CTM ont parfois des terminus séparés, et souvent des bureaux à l'extérieur de la gare. Parfois, des gares secondaires desservent des destinations locales.

Rabatteurs Les rabatteurs vous accompagnent volontiers au guichet qui leur verse une commission. Vérifiez bien que le service recommandé est le plus confortable, direct et pratique.

Réservations Autant que possible, surtout pour des services peu fréquents ou qui partent d'une autre ville, réservez pour les bus CTM et Supratours. Sur des lignes très fréquentées comme Marrakech-Essaouira et Casablanca-Marrakech, il faut parfois réserver 2 jours à l'avance en haute saison.

Tarifs Les voyages en bus sont bon marché compte tenu des distances. Les tarifs de CTM de Casablanca à Agadir, Marrakech, Fès et Tanger s'élèvent respectivement à 220, 130, 70 et 100 Dh. Des compagnies, dont Supratours, proposent des billets de 1re et 2e classe, souvent avec une différence de confort minime.

Trajets de jour Nombre de bus n'ont que de minces rideaux, aussi, pour éviter de cuire au soleil, choisissez votre place avec soin. Si vous allez du nord au sud, asseyez-vous à droite le matin, à gauche l'après-midi ; d'est en ouest, installez-vous du côté droit, et du côté gauche en sens inverse. Vous aurez souvent une place attribuée lors de l'achat du billet, mais vous pouvez demander à choisir.

Trajets de nuit Circulant sur de nombreuses lignes interurbaines, les bus de nuit peuvent être plus rapides et plus frais, mais ne garantissent pas un sommeil paisible.

Compagnies de bus

CTM

La **Compagnie de transport et de tourisme au Maroc** (www.ctm.ma) possède le réseau le plus complet et dessert la plupart des destinations touristiques. Fondée en 1919, c'est la plus ancienne compagnie de bus du pays.

» Les enfants paient plein tarif à partir de 4 ans, ce qui rend la CTM 15 à 30% plus chère que les autres compagnies et équivaut à un billet de 2e classe en train ordinaire.

» Les billets peuvent habituellement s'acheter à l'avance.

» La plupart des bus CTM sont modernes et confortables. Quelques bus de 1re classe disposent de la vidéo (un agrément discutable), de la climatisation et du chauffage (l'un ou l'autre parfois poussé à l'extrême).

» Un supplément de 5 Dh s'applique pour chaque bagage.

» Après avoir acheté le billet, on vous remet un talon pour les bagages, que vous devrez présenter à l'arrivée.

SUPRATOURS

L'ONCF, la compagnie ferroviaire, gère **Supratours** (www. supratours.ma) pour compléter son réseau. Ainsi, les passagers du train qui continuent au sud de Marrakech prennent à la gare des bus pour des destinations comme Agadir et Ouarzazate.

» Consultez notre carte du réseau ferroviaire et Supratours p. 520.

» Aux billetteries ferroviaires, vous pouvez acheter un billet couvrant un trajet complet, bus compris. Par exemple, vous pouvez voyager d'Azrou à Nador avec un bus à destination de Fès, puis en train via Taourirt.

» Dans les trains, les voyageurs munis de billets de bus en correspondance ont la priorité.

» Supratours offre des tarifs et un confort similaires à ceux de CTM.

AUTRES COMPAGNIES

Toutes privées, les autres compagnies de bus desservent essentiellement la région.

» Dans le Sud, Satas et SAT sont des compagnies fiables, comme Trans Ghazala dans le Nord. Leurs services sont un peu moins chers, confortables et fiables que ceux de CTM et Supratours.

» En bas de l'échelle des prix et sur des trajets plus courts, de nombreuses compagnies possèdent un ou deux bus fatigués, sans sièges confortables ni climatisation.

» Ces bus partent quand le chauffeur estime avoir suffisamment de passagers et s'arrêtent fréquemment pour en prendre d'autres. Très bon marché, ils sont corrects pour un court trajet.

» Les bus les moins chers sont rarement chauffés en hiver, même s'ils traversent les montagnes. Prévoyez des vêtements chauds.

» La circulation est parfois bloquée par la neige dans les cols de montagne, notamment sur la route Marrakech-Ouarzazate.

» Dans les vieux bus, la place est limitée pour les jambes et les longs trajets peuvent être pénibles pour les grands.

» Dans la plupart des bus locaux, tous les passagers ont une place assise.

Train

» L'excellent réseau ferroviaire marocain, l'un des meilleurs d'Afrique, relie la plupart des grandes villes.

» L'**Office national des chemins de fer** (ONCF ; www.oncf.ma) gère le réseau ferré.

» Il existe deux lignes principales :

- de Tanger à Marrakech via Rabat et Casablanca ;
- d'Oujda ou Nador, au nord-est, à Marrakech, en passant par Fès et Meknès avant de rejoindre la ligne Tanger-Sidi Kacem.

» Également gérés par l'ONCF, les bus Supratours (voir ci-dessous) relient de nombreuses destinations au réseau ferroviaire.

» Le train est particulièrement pratique à Casablanca et Rabat, avec des services toutes les 30 minutes entre les deux villes et vers des destinations proches comme Kenitra.

» Les trains de nuit Tanger-Marrakech et Oujda-Casablancaont des wagons-lits.

» Rapides et confortables, les trains respectent les horaires.

» Avec des tarifs raisonnables, ils sont de loin préférables aux bus.

» Boissons et en-cas sont vendus dans les trains.

» Il est interdit de fumer dans les compartiments.

» Excellent site pour les voyages en train, **Man in Seat 61** (www.seat61.com) fournit des informations sur les trains marocains.

Billets

» Il vaut mieux acheter les billets dans les gares, car un supplément s'applique à bord du train.

Réseau ferré et lignes des bus Supratours

» Si possible, achetez votre billet la veille du départ, surtout si vous voyagez en 1re classe.

» Il n'y a pas de réservation en 2e classe et vous pouvez, en principe, acheter un billet le jour même.

» Les billets de 1re classe peuvent être achetés jusqu'à un mois avant le départ.

» S'il n'est pas possible d'acheter des billets en dehors du pays, essayez de le faire bien à l'avance si vous souhaitez voyager en 1re classe pendant des fêtes, ou toute l'année pour des couchettes dans un train de nuit (en particulier Tanger-Marrakech).

» Conservez votre billet pour les contrôles à bord et le remettre à l'arrivée.

Classes

» Il existe deux types de trains :

- Rapide (Train climatisé rapide, TCR) – standard sur les lignes interurbaines.
- Ordinaire (Train navette rapide, TNR) – moins confortable, sans climatisation sauf dans le TNR à étage Rabat-Casablanca. Essentiellement des services de nuit et locaux.

» Le confort, plutôt que la vitesse, constitue la principale différence entre les deux.

» Les prix cités dans ce guide concernent les trains rapides (les trains ordinaires coûtent environ 30% de moins).

» Il existe des compartiments de 1re classe avec 6 places et de 2e classe avec 8 places.

» Le billet de 1re classe comprend un siège réservé ; en 2e classe, vous vous installez à une place libre.

» La 2e classe convient parfaitement pour de courts trajets.

» Des navettes circulent régulièrement entre Kenitra, Rabat, Casablanca et l'aéroport international Mohammed V Airport ; elles complètent les trains rapides sur cette ligne.

Forfaits et cartes de réduction

Pass ferroviaire Valable 7/15/30 jours, il revient à 600/1 170/2 100 Dh en 2e classe, et à 900/1 600/3 150 Dh en 1re classe. Des réductions sont accordées aux moins de 26 ans et aux enfants jusqu'à 11 ans.

Carte Fidélité (149 Dh). Réservée aux plus de 26 ans, elle octroie 50% de réduction sur 8 allers-retours ou 16 allers simples pour une période de 12 mois.

Carte Chahab (6 mois 249 Dh). Si vous avez moins de 26 ans, elle offre des réductions de 25% à 50%.

Carte Hikma (6 mois 99 Dh). Pour les plus de 60 ans, des réductions de 25% à 50%.

Gares et horaires

» Les gares ne sont pas bien indiquées et les annonces (en français et en arabe) sont fréquemment inaudibles ; soyez attentif. La plupart des gares se situent dans la ville nouvelle.

» Dans des villes comme Tanger, Marrakech et Rabat, les gares principales sont modernes, avec des écrans digitaux annonçant les départs et les arrivées.

» Les gares disposent habituellement de consignes, qui n'acceptent que les bagages cadenassés.

» Les horaires sont indiqués en français dans la plupart des gares, et les billetteries peuvent imprimer des horaires pour des destinations précises.

» Le site Internet de l'ONCF fournit horaires et tarifs.

Prix

» Exemples de tarifs de 2e classe :

- Casablanca-Marrakech (90 Dh, 3 heures)
- Rabat-Fès (80 Dh, 3 heures)
- Tanger-Marrakech (205 Dh, 8 heures 30)

» Les trajets en wagons-lits reviennent à 350 Dh dans des compartiments à 4 couchettes et à 450/600 Dh en compartiment simple/double.

» Les enfants de moins de 4 ans voyagent gratuitement.

» Entre 4 et 12 ans, ils bénéficient en principe d'une réduction de 50%, moins dans certains cas dont les wagons-lits.

» Le week-end, les passagers voyageant sur les grandes lignes obtiennent une réduction de 25% sur les allers-retours, ou sur les allers simples de plus de 180 km.

Vélo

Le VTT peut être un excellent moyen de découvrir le pays. Les milliers de kilomètres de pistes isolées constituent autant d'occasions de sortir des sentiers battus.

Circuits Quelques tour-opérateurs organisent des circuits à VTT.

Dangers Aucune règle de conduite spécifique ne concerne les cyclistes, traités avec peu de considération par les automobilistes. Généralement bien entretenues, les routes goudronnées sont souvent étroites et, dans les régions moins fréquentées comme l'Anti-Atlas, bordées de bas-côtés escarpés. Attendez-vous à quelques frayeurs au passage d'un conducteur kamikaze ! Des cyclistes ont été bombardés de cailloux par des bandes d'enfants dans des secteurs isolés. Soyez sur vos gardes.

Location Si les villes se visitent mieux à pied, vous pourrez louer des vélos dans des localités comme Essaouira et Taroudant (50-100 Dh par jour) – ce qui peut être pratique si vous logez loin du centre. Ne vous attendez pas à trouver des VTT dernier cri.

Préparatifs Les distances sont importantes et vous devrez transporter tout le nécessaire, ainsi que beaucoup d'eau. Rayons, patins de frein et chambres à air font partie des pièces de rechange indispensables.

Stationnement Des villes comme Marrakech possèdent des parcs à vélos surveillés.

Transport et camping Les compagnies de bus acceptent généralement de transporter les vélos comme un bagage, moyennant un supplément. Il en va de même dans les trains, où les bicyclettes sont entreposées dans un wagon de marchandises. Les campings facturent habituellement 10 Dh pour les vélos.

DISTANCES ROUTIÈRES (KM)

	Agadir	Al-Hoceima	Casablanca	Dakhla	Er-Rachidia	Essaouira	Fès	Figuig	Marrakech	Meknès	Nador	Ouarzazate	Oujda	Rabat	Safi	Smara	Tan-Tan	Tanger	Tarfaya
Al-Hoceima	1091																		
Casablanca	511	536																	
Dakhla	1173	2264	1684																
Er-Rachidia	681	616	545	1854															
Essaouira	160	887	351	1346	745														
Fès	756	275	289	1920	329	640													
Figuig	1076	669	920	2249	395	1081	719												
Marrakech	273	758	232	1448	510	170	461	905											
Meknès	740	335	229	1913	346	580	57	741	446										
Nador	1095	175	628	2260	510	979	339	516	822	399									
Ouarzazate	354	992	442	1548	295	380	687	701	175	652	816								
Oujda	1099	293	632	2272	514	983	334	326	826	403	104	820							
Rabat	602	445	91	1775	482	442	196	877	321	139	535	528	541						
Safi	294	792	256	1467	683	129	545	1078	148	486	884	361	888	347					
Smara	551	1642	1062	746	1232	724	1307	1627	824	1291	1646	926	1650	1153	845				
Tan-Tan	331	1422	842	842	1012	504	1087	1407	504	1071	1426	705	1430	933	625	220			
Tanger	880	323	369	2053	608	720	303	988	598	287	1086	811	609	278	625	1431	1211		
Tarfaya	544	1635	1055	633	1225	517	1300	1620	817	1284	1639	919	1643	1146	838	331	213	1424	
Tétouan	892	278	385	2065	604	736	247	931	675	258	437	820	555	294	641	1443	1223	57	1436

Voiture et moto

Le Maroc est un pays idéal à explorer en voiture ou à moto, et vous croiserez de nombreux camping-cars sur les routes. Disposer d'un véhicule permet de quitter les sentiers battus et de se promener à son rythme, en particulier dans le Sud et les montagnes du Rif, où les déplacements en bus prennent beaucoup de temps.

Conduire dans la journée ne pose généralement pas de problème, malgré la conduite parfois hasardeuse de certains conducteurs marocains.

Les routes qui relient les grands centres sont généralement bonnes et le réseau autoroutier se développe. Une nouvelle autoroute le long de la côte méditerranéenne devrait bientôt compléter les trois qui existent :

» de Tanger à El-Jadida le long de la côte atlantique,

» de Rabat à Fès via Meknès,

» de Casablanca à Agadir via Marrakech.

Carburant et pièces détachées

Disponibilité Le pays est bien desservi en stations-service, cependant elles se raréfient au sud de Goulimime. Si vous circulez en dehors des grands axes, faites le plein à chaque occasion. Surveillez votre jauge dans le Sud désertique et, là aussi, faites le plein dès que possible, car les postes d'essence sont parfois à court de carburant. Prévoyez des jerrycans, à utiliser en dernier recours. N'achetez pas de "pétrole" vendu en bord de route près de la frontière algérienne (surtout aux alentours de Berkane). Passé en contrebande, ce carburant contient on ne sait quels additifs, qui risquent d'endommager les moteurs.

Pièces détachées Les mécaniciens marocains sont généralement compétents et les villes de taille moyenne comptent au moins un garage, avec une série de pièces détachées pour les Renault et d'autres voitures françaises. Si vous souhaitez changer vous-même une pièce, demandez à un ami marocain de vous aider à l'acheter pour ne payer trop cher.

Prix Le super et le sans plomb, moins courant, valent environ 10 Dh le litre, et le diesel (gasoil), 7 Dh. Les prix grimpent à mesure que l'on s'éloigne du nord-ouest du pays. Exception notable, le Sahara occidental, où l'essence détaxée, vendue par la chaîne Atlas Sahara, coûte 30% moins cher. Le prix du carburant est également très raisonnable dans les enclaves espagnoles détaxées de Ceuta et Melilla.

Code de la route

» Comme en Europe continentale, les Marocains conduisent à droite.

» En ville, si vous êtes engagé dans un rond-point, laissez la priorité aux véhicules venant de la droite.

» L'amende pour brûler un stop s'élève à 700 Dh.

» La vitesse est limitée à 40 km/h (agglomérations).

» En dehors des villes, elle est limitée à 100 km/h et à 120 km/h sur les autoroutes.

» Des panneaux routiers rappellent aux conducteurs de respecter la loi et d'attacher leur ceinture. Si peu s'en soucient, les imiter vous expose à une amende.

» Un péage s'applique pour les autoroutes : comptez environ 60 Dh de Rabat à Tanger, et 20 Dh de Rabat à Casablanca. Vous prenez un ticket à l'entrée et payez à la sortie.

» En cas d'accident, notamment s'il y a des blessés, les conducteurs doivent rester sur place et les véhicules ne peuvent être déplacés avant l'arrivée de la police, ce qui peut prendre des heures. Gardez dans votre véhicule un formulaire de constat à l'amiable dans l'éventualité d'un accident (voir p. 525).

Contrôles routiers

» La police installe souvent des postes de contrôle sur les routes principales à l'entrée et la sortie des villes.

» Les étrangers sont rarement arrêtés ; mieux voit toutefois ralentir et sourire. On vous fera sans doute signe de continuer.

» Les contrôles sont fréquents dans les zones sensibles, comme le Sahara occidental, les alentours de Kétama dans le Rif (région productrice de haschisch) et la route de Figuig, près de la frontière algérienne.

» Les policiers se montrent plus vigilants dans ces secteurs. Au plus, ils vous demanderont de présenter passeport, permis de conduire et papiers du véhicule, ainsi que la raison de votre visite et votre destination.

Dangers

Le taux d'accidents est élevé ; en 2009, on a dénombré 4 000 morts et plus de 100 000 blessés.

La conduite souvent fantaisiste ou agressive des automobilistes, surtout en ville, rend la circulation éprouvante dans les rues. À tout moment, un véhicule peut vous couper la route ou vous faire une queue de poisson.

Faites attention aux piétons et aux cyclistes qui traversent ou tournent devant vous. Aux abords des villes, piétons, vélos, carrioles à cheval ou âne encombrent les routes.

Désert Dans la hamada (désert de pierre), les routes asphaltées cèdent souvent brutalement la place à des étendues de sable, de graviers et de nids-de-poule. Quand souffle le chergui, un vent sec du désert chargé de poussière, attendez qu'il se calme car il peut endommager gravement votre voiture.

Médinas Dans les villes, garez-vous à l'extérieur de la médina ou demandez si vous pouvez facilement rejoindre votre hébergement en voiture ; les rues étroites des médinas n'ont pas été conçues pour la circulation automobile.

Montagnes En hiver, traverser les montagnes implique souvent de conduire sur la neige et le verglas. Les cols du Haut Atlas sont alors souvent fermés à cause de la neige. Renseignez-vous sur place avant de démarrer ou consultez les panneaux routiers sur les itinéraires qui partent de Marrakech.

Nuit La conduite de nuit est particulièrement dangereuse ; les véhicules qui circulent à moins de 20 km/h peuvent légalement se dispenser d'éclairage.

Pistes Certaines pistes peuvent s'emprunter avec une voiture classique à la garde suffisamment haute, comme la Dacia Logan, mais beaucoup ne sont praticables qu'en 4x4. Quel que soit votre véhicule, vous progresserez lentement. De nombreuses pistes de montagne sont impraticables par mauvais temps ; elles sont généralement indiquées sur la carte Michelin n°742 (ancienne n°959).

Préparatifs Avant le départ, informez-vous auprès des habitants sur l'état des routes, vérifiez vos pneus, emportez une roue de secours et des réserves d'eau et d'essence.

Routes secondaires Nombre de petites routes sont trop étroites pour qu'un véhicule normal passe sans empiéter sur le bas-côté. Mieux vaut ralentir et rouler sur la terre du côté droit plutôt qu'essayer de rester sur l'asphalte. Les bas-côtés sont irréguliers, ce qui peut provoquer des crevaisons. Les cailloux projetés par une voiture qui vous croise peuvent briser votre pare-brise.

Location

Âge La plupart des compagnies de location de voitures marocaines exigent que le conducteur ait au moins 21 ans (parfois 23 ans).

Agences Vous pouvez réserver en ligne avant le départ auprès de compagnies internationales comme **Hertz** (www.hertz.com), **Budget** (www.budget.ma), **Europcar** (www.europcar.com), **National** (www.nationalcar.com) et **Avis** (www.avis.ma). Sur place, de nombreuses agences locales possèdent souvent un comptoir aux aéroports et acceptent facilement de négocier les prix. Agadir, Casablanca, Fès, Marrakech et Tanger sont les meilleures villes pour louer une voiture, en raison de la concurrence.

Assurance et taxes Selon la loi, une assurance doit être comprise dans tout contrat de location. Lors des négociations, assurez-vous que le prix inclut cette dernière et la taxe de 20%. Vous devrez également souscrire une assurance tierce collision (35-60 Dh par jour), souvent assortie d'une franchise allant jusqu'à 5 000 Dh ; si vous êtes responsable d'un accident, les dégâts à hauteur de ce montant resteront à votre charge. Pour éviter cette franchise, une assurance tous risques vous coûtera environ 60 Dh de plus par jour. Mieux vaut également souscrire une assurance personnelle (environ 30 Dh par jour), à moins que vous ne soyez couvert par votre assurance voyage.

Caution La plupart des agences demandent une caution (remboursable) de 3 000 à 5 000 Dh, payable en espèces ou par carte de crédit ; dans ce dernier cas, veillez à récupérer la facturette quand vous rendez le véhicule.

Piste À moins de louer un 4x4, votre contrat de location ne vous permettra sans doute pas de circuler sur des pistes. Si vous endommagez la voiture ou tombez en panne sur une piste, vous ne serez pas couvert pour les réparations. Obtenez le feu vert de l'agence pour votre itinéraire avant de partir.

Prix La location d'une voiture au Maroc revient assez cher et n'a guère d'intérêt pour les voyageurs seuls ou en couple qui se cantonnent aux itinéraires standards. Un modèle économique à 3 ou 5 portes, de style Dacia Logan, coûte environ 300 Dh par jour pour une semaine avec kilométrage illimité. Pour des locations de 3 semaines ou plus, le prix peut baisser à 250 Dh par jour. Réserver une voiture en ligne avant le départ vous permettra de dénicher les meilleures affaires. Vous pouvez parfois bénéficier de tarifs intéressants par l'intermédiaire de l'agence de voyages ou de la compagnie aérienne qui vous a vendu votre billet d'avion.

Problèmes éventuels Quelle que soit l'agence choisie, faites-vous préciser les prestations incluses dans le prix et vos obligations. Des voyageurs qui se sont adressés à des petites firmes peu réputées et ont payé par carte bancaire ont constaté, à leur retour, un débit dix fois supérieur à la somme convenue. Vérifiez soigneusement le véhicule avant de signer et assurez-vous de la présence d'une roue de secours, d'une boîte à outils et de tous les documents nécessaires, dont l'attestation d'assurance. La nuit, conservez les papiers du véhicule et votre permis de conduire dans votre chambre plutôt que dans la voiture, car vous devrez les présenter si elle est volée ou endommagée. Conservez les factures de vidange d'huile et de toute réparation afin d'obtenir le remboursement.

Restitution Les plus grandes agences permettent souvent de louer une voiture dans une ville et de la rendre ailleurs, habituellement moyennant un supplément (environ 2 000 Dh). Les sociétés facturent les dépassements à l'heure (environ 100 Dh) pour une restitution trop tardive.

Service Les agences internationales n'offrent pas nécessairement de meilleures voitures que les compagnies locales, mais fournissent généralement un meilleur service en cas de panne ou d'accident car elles sont représentées dans tout le pays. En cas de besoin, on vous enverra une voiture de remplacement du dépôt le plus proche. Si vous prévoyez de séjourner dans une région précise, une agence locale, moins chère, possèdera peut-être un bon réseau dans le secteur.

Moto

» Si le tourisme à moto devient courant, de nombreuses motos, en particulier les grosses cylindrées, sont peu connues dans le pays et les réparations peuvent poser problème.

» Quelques connaissances de mécanique sont indispensables.

» Vous devrez emporter une bonne trousse à outils et toutes les pièces détachées nécessaires.

» Certaines polices d'assurance ne couvrent pas la conduite de moto au Maroc.

» Quelques compagnies louent des motos (300 Dh/jour pour une Yamaha DT 125 cm^3 et des scooters (à partir de 150 Dh/jour).

» Les portails **Motoservices** (www.motoservices.com) et **Le repaire des motards** (www.lerepairedesmotards.com) fournissent quantité de conseils. Des agences de voyages comme **Twintour** (www.voyage-moto.com) organisent des voyages à moto au Maroc.

Parking

» Dans de nombreuses villes, des zones de stationnement sont surveillées par des gardiens.

» En principe, vous n'avez pas à les payer à moins qu'ils vous remettent un ticket, émis par la municipalité. Dans les faits, mieux vaut leur donner quelques dirhams pour éviter toute mauvaise surprise.

» La présence de gardiens ne garantit pas la sécurité, mais assure une relative tranquillité. Ils vous proposeront certainement de laver votre voiture.

» Les parcmètres (2-3 Dh l'heure pour 2 heures au maximum) se multiplient dans le centre des grandes villes. Le stationnement est gratuit le dimanche.

» Il est interdit de se garer le long des lignes rouges et blanches, et de s'arrêter sur les lignes vertes et blanches.

» Les amendes pour stationnement interdit peuvent atteindre 1 500 Dh.

» Des sabots sont utilisés pour stationnement interdit dans de nombreuses villes, dont Rabat et Casablanca.

Permis de conduire

» Si un permis de conduire international est recommandé, de nombreux permis étrangers, notamment ceux de l'UE, suffisent à condition qu'ils comportent la photo du titulaire.

» Vous devez avoir sur vous votre permis et votre passeport quand vous conduisez.

Venir avec son véhicule

» Tous les véhicules qui traversent des frontières doivent être dotés d'une plaque minéralogique du pays d'immatriculation.

» Un triangle de signalisation peut être utile en cas de panne.

» La loi marocaine exige de posséder une carte verte d'assurance internationale.

» Vous aurez besoin de la carte grise du véhicule, de votre permis de conduire ou d'un permis de conduire international.

» Votre police d'assurance automobile couvre peut-être votre véhicule au Maroc, surtout si vous vivez en Europe continentale ; renseignez-vous car ce n'est pas systématiquement le cas.

» Votre assureur, ou une association automobile locale, vous fournira davantage de précisions sur les papiers nécessaires.

» Tâchez de souscrire une assurance et d'obtenir la carte verte avant le départ. Sinon, vous devrez acheter une assurance temporaire ou "assurance frontière" (environ 650 Dh pour 10 jours) au port des ferries ou dans un bureau d'assurance proche.

» Demandez des formulaires de constat à l'amiable, que les deux parties remplissent en cas d'accident. Ils peuvent aussi s'acheter dans les bureaux de tabac des villes.

» Au port, ou à bord du ferry pour les longues traversées, vous devrez remplir une déclaration d'admission temporaire de moyens de transport, valable 6 mois.

» Vous devrez la présenter en quittant le pays avec votre véhicule.

» Vous pouvez télécharger cette déclaration sur le site Internet des **douanes marocaines** (www.douane.gov.ma), où elle est répertoriée D16TER.

» Un carnet de passage en douane n'est pas nécessaire pour l'importation temporaire d'un véhicule au Maroc.

Transports urbains/locaux

Bus

» Les grandes villes disposent d'un réseau de bus publics.

» Les billets coûtent habituellement 4 Dh.

» Ces bus sont souvent pratiques pour traverser la ville nouvelle.

» Ils peuvent être incroyablement bondés et les itinéraires sont souvent difficiles à repérer.

» Les petits taxis constituent souvent une alternative plus simple et plus rapide.

Grand taxi

Les vieilles Mercedes qui sillonnent les routes et stationnent près des gares routières sont des taxis collectifs (grands taxis ou *taxiat kebira* en arabe).

Mal desservis par les bus, les vallées du Ziz et du Drâa, le Tizi n'Test et les montagnes du Rif se visitent aisément en taxi.

Dangers Les chauffeurs de grand taxi sont souvent des fous du volant. Doubler sans visibilité est considéré comme un exploit et les limitations de vitesse ne se respectent qu'à l'approche d'un contrôle routier. Évitez les trajets de nuit car de nombreux accidents sont provoqués par des chauffeurs éreintés qui s'endorment au volant. Les ceintures de sécurité restent une rareté, et le déplorer peut équivaloir à douter de la compétence du conducteur.

Itinéraires Les grands taxis, qui relient les villes aux localités voisines, constituent un élément important du système de transports publics. Fonctionnant souvent selon un système de relais, ils peuvent nécessiter plusieurs changements sur les longs trajets. Ils parcourent parfois de plus longs itinéraires si la demande le justifie et dans les régions comme le Sahara occidental, où les villes sont très éloignées. En général, ces services sont rares et partent aux aurores.

Location du véhicule Les rabatteurs et les chauffeurs incitent parfois les touristes à louer le taxi "complet". Souriez et restez sur vos positions si vous n'êtes pas intéressé. Louer le taxi peut se justifier si vous voyagez en petit groupe, ou si vous voulez emprunter un itinéraire peu fréquenté sans attendre des heures l'arrivée d'autres passagers. Avant de partir, négociez patiemment un prix correct : multipliez par six le prix d'une place. Si vous devez traverser une belle région, entendez-vous au préalable sur des arrêts en chemin.

Places Les grands taxis partent quand ils sont pleins, avec 6 passagers bien serrés (2 à l'avant, 4 à l'arrière). Vous pouvez payer deux places pour accélérer le départ et disposer de plus d'espace – une bonne solution pour les femmes seules, qui obtiendront le siège avant.

Tarifs Les prix, fixes, sont un peu plus élevés que ceux des bus, mais restent très raisonnables. En vous renseignant sur les prix, précisez que vous souhaitez une place dans un taxi collectif ; vous pouvez aussi dire en arabe *ma'a an-nas* (avec d'autres personnes).

Petit taxi

» Les villes possèdent des petits taxis, souvent des Peugeot et des Fiat, dont la couleur change selon la localité.

» Les petits taxis ne peuvent pas quitter le périmètre urbain.

» Ils ont le droit de transporter jusqu'à trois passagers.

» Ils disposent habituellement d'un compteur ; demandez au chauffeur de l'utiliser.

» Il existe souvent un prix fixe pour les courses, qui varie en fonction de la ville.

» Si le taxi n'a pas de compteur, négociez le prix de la course avant de démarrer.

» Si le chauffeur refuse d'utiliser le compteur ou de fixer un prix, demandez-lui de s'arrêter et descendez. La plupart des chauffeurs de petits taxis sont parfaitement honnêtes, excepté ceux de Marrakech qui surfacturent les touristes.

» Ces taxis prennent souvent plusieurs passagers en chemin, mais le prix de la course ne doit pas varier, que vous soyez seul ou non.

» À partir de 20h (souvent 21h en été), les prix augmentent de 50% (environ 1 Dh en cas de prix fixes).

Pick-up et 4x4

» Dans les régions reculées, notamment dans l'Atlas, les villageois circulent à bord de camionnettes, de vieilles fourgonnettes ou à l'arrière des camions.

» Inconfortables et aventureux, ces moyens de transport permettent de mieux connaître le pays et ses habitants.

» Cela peut signifier une longue attente (parfois des jours) pour un véhicule.

» Pour rejoindre des bourgs et villages isolés, vous aurez plus de chances tôt le matin les jours de marché (une ou deux fois par semaine).

» Des taxis 4x4 empruntent les pistes isolées, impraticables pour les taxis ordinaires.

Circuits organisés locaux

Voir également p. 516 pour des tour-opérateurs spécialisés qui offrent une vaste palette d'activités.

Amira Tourisme (www.amiratourisme.com ; Marrakech). Des lecteurs recommandent les excursions dans le désert de cette agence italienne.

Atlas Sahara Trek (www.atlas-sahara-trek.com ; Marrakech). Méharées en hiver jusqu'à l'erg Chigaga et randonnées en été dans la vallée du M'Goun.

Authentic Morocco (www.authentic-morocco.com ; Marrakech). Cette agence soutient les communautés locales et pratique un tourisme respectueux de l'environnement et offre divers circuits, des méharées aux visites de ruines romaines.

Aventure Berbère (www.aventure-berbere.com ; Marrakech). Voyages à la carte (autotours, location de vélos) et nombreux séjours sportifs (4x4, trekking désert et montagne, VTT, etc.). Équipe franco-marocaine.

Cyber-Berbère (www.cyber-berbere.com ; Marrakech). Agence spécialisée dans les circuits d'aventure et de randonnée pédestre au Maroc, avec une approche responsable et solidaire. Équipe franco-marocaine.

Desert Majesty (www.desertmajesty.com ; Ouarzazate). Recommandée par des lecteurs : circuits et aventures en bivouac dans l'Atlas et le Sahara marocain.

Nature Trekking Maroc (www.maroctrekking.com ; Marrakech). Trekking en dehors des sentiers battus, équitation, VTT, ski et circuits en 4x4.

Sport Travel (www.sporttravel-maroc.com ; Marrakech). Randonnée en famille, trekking nature, VTT, eaux vives, promenades équestres, etc., dans un esprit de tourisme responsable. Filiale de l'UCPA en France.

Terres Nomades (www.terresnomades.com ; Marrakech). Du circuit aventure à la randonnée pédestre, avec stages et ateliers créatifs. Équipe mixte franco-marocaine. Membre de l'association Voyageurs et Voyagistes Éco responsables.

Yallah (www.yallahmorocco.com ; Marrakech). Ouverte il y a 10 ans, cette agence propose des circuits sur mesure et deux itinéraires englobant les cités impériales et le sud du Maroc, qui s'achèvent tous deux dans le luxe à Marrakech.

Santé

AVANT LE DÉPART

Quelques conseils

Assurez-vous que vous êtes en bonne santé avant de partir. Si vous suivez un traitement de façon régulière, n'oubliez pas votre ordonnance (avec le nom du principe actif plutôt que la marque du médicament, afin de pouvoir trouver un équivalent local, le cas échéant) et gardez les médicaments dans leur contenant d'origine, clairement étiqueté. En outre, l'ordonnance vous permettra de prouver que vos médicaments vous sont légalement prescrits, des médicaments en vente libre dans certains pays ne l'étant pas dans d'autres. Consultez votre dentiste avant d'entreprendre un long voyage, et prenez avec vous des lentilles ou une paire de lunettes supplémentaires (avec l'ordonnance de votre opticien).

Attention aux dates limites d'utilisation et aux conditions de stockage des produits, parfois mauvaises.

Avec un peu de chance, vous souffrirez au pire de maux d'estomac. Les maladies infectieuses, généralement liées aux conditions de vie difficiles de populations démunies, s'évitent facilement en prenant quelques précautions. Les accidents de voiture sont les cas les plus probables où les voyageurs ont besoin d'aide médicale. Les soins et équipements médicaux sont excellents dans les grandes villes du Maroc, mais souvent très sommaires dans les régions les plus reculées.

Vaccins

N'attendez pas la dernière minute car certains vaccins ne sont efficaces qu'au bout de 2 semaines. Pensez à vous faire vacciner entre 4 et 8 semaines avant le départ. Pour des détails, lire l'encadré p. 529.

Assurance

» Il est conseillé de souscrire une police d'assurance lorsque vous voyagez au Maroc. La qualité du système médical est inégale et les hôpitaux privés, peu nombreux, sont chers.

» Prenez une assurance qui vous couvrira en cas d'annulation de votre voyage, de vol, de perte de vos affaires, de maladie ou encore d'accident. Lisez avec la plus grande attention les clauses en petits caractères : c'est là que se cachent les restrictions.

» Certaines polices vous demandent de contacter un centre d'appel dans votre pays d'origine afin d'évaluer le problème ; conservez toujours ce numéro de téléphone sur vous.

» Votre assurance utilise sans doute un service médical privé marocain. Procurez-vous son numéro de téléphone, pour pouvoir l'appeler directement en cas d'urgence.

» Vérifiez que le rapatriement médical d'urgence, en ambulance ou en avion, est couvert. De même, le fait d'acquérir un véhicule dans un autre pays ne signifie pas nécessairement que vous serez protégé par votre propre assurance.

» Vous pouvez contracter une assurance qui réglera directement les hôpitaux et les médecins, vous évitant ainsi d'avancer des sommes qui ne vous seront remboursées qu'à votre retour. Dans ce cas, conservez avec vous tous les documents nécessaires.

» Attention ! Avant de souscrire une police d'assurance, vérifiez bien que vous ne bénéficiez pas déjà d'une assistance liée à votre carte de crédit, à votre mutuelle de santé ou à votre assurance automobile. C'est bien souvent le cas.

Trousse médicale de voyage

Veillez à emporter avec vous une petite trousse

à pharmacie contenant quelques produits indispensables :

» aspirine ou paracétamol

» antiseptique (pour les coupures et égratignures superficielles)

» antibiotiques (si vous voyagez hors des sentiers battus)

» antidiarrhéique (surtout si vous voyagez avec des enfants)

» antihistaminique (en cas de rhumes, allergies, piqûres d'insectes, mal des transports)

» anti-inflammatoire

» bande Velpeau et pansements (pour les petites blessures)

» produit répulsif contre les moustiques

» spray antimoustiques pour les vêtements, tentes et moustiquaires

» pastilles de purification de l'eau (Micropur, disponible en pharmacie)

» sels de réhydratation orale (par exemple, Dioralyte)

» petit couteau de poche

» paire de ciseaux à bouts ronds, pince à épiler et thermomètre à alcool

» crème à la cortisone (en cas de réactions allergiques)

» crème solaire

» seringue, aiguilles stériles (si vous voyagez hors des sentiers battus)

» préservatifs

VACCINS RECOMMANDÉS

Bien qu'aucun vaccin ne soit exigé pour voyager au Maroc, nous vous suggérons de vous protéger contre les maladies suivantes :

» diphtérie

» tétanos

» rougeole

» oreillons

» rubéole

» poliomyélite

Pour le Maroc plus spécifiquement :

» hépatites A et B

» typhoïde

» rage

Avant de partir, assurez-vous que tous vos vaccins sont à jour. Demandez à votre médecin de remplir un carnet de vaccination international indiquant tous les vaccins que vous avez reçus.

Planifiez vos vaccinations à l'avance (au moins six semaines avant le départ), car certaines demandent des rappels ou sont incompatibles entre elles. Les vaccins ont des durées d'efficacité très variables ; certains sont contre-indiqués pour les femmes enceintes.

Le ministère des Affaires étrangères effectue une veille sanitaire et met régulièrement en ligne (www.diplomatie.gouv.fr/voyageurs) des recommandations concernant les vaccinations.

Voici les coordonnées de quelques centres de vaccination en France :

Institut Pasteur (☎0 890 71 08 11 ; 211 rue de Vaugirard, 75015 Paris)

Air France, centre de vaccination (☎01 43 17 22 00 ; 148 rue de l'Université, 75007 Paris)

Centre de vaccinations (☎04 72 76 88 66 ; 7 rue Jean-Marie-Chavant, 69007 Lyon)

Hôpital Félix-Houphouët-Boigny (☎04 91 96 89 11 ; 416 chemin de la Madrague-Ville, 13015 Marseille)

Santé sur Internet

Il existe de très bons sites Internet consacrés à la santé en voyage.

Ministère des Affaires étrangères (www.diplomatie.gouv.fr)

Ministère de la Santé (www.sante.gouv.fr)

Lonely Planet (www.lonelyplanet.fr, rubrique Ressources)

Santé Canada (www.hc-sc.gc.ca)

AU MAROC

Disponibilité et coût des soins médicaux

Il n'est pas toujours évident d'obtenir les soins de base en dehors des grandes villes et agglomérations. En cas de problème, votre hôtel sera certainement en mesure de vous aider à trouver un médecin. Par ailleurs, les sites Internet des ambassades (voir p. 488) indiquent parfois une liste de médecins et de cliniques. En cas d'urgence, mieux vaut contacter directement votre ambassade ou votre consulat.

Pharmacies Elles sont généralement bien achalandées et les pharmaciens sont de bon conseil pour les maux courants (ils parlent français). Ils vendent librement de nombreux médicaments uniquement disponibles sur ordonnance en Europe ou au Canada, et orientent les clients qui ont besoin d'une aide médicale plus spécifique. Vérifiez toujours ce que vous achetez. Certains lecteurs se sont vu remettre des médicaments inappropriés, voire dangereux pour leur état de santé.

Médecins et cliniques Si vous faites appel à un médecin à domicile, ou si vous rendez dans une clinique, surtout en dehors des grandes villes, attendez-vous à devoir acheter vous-même le matériel médical nécessaire, y compris les tenues stériles et produits à injecter par intraveineuse.

Soins dentaires Les soins dentaires sont plutôt aléatoires, et nous ne saurions recommander les arracheurs de dents de la place Djemaa el-Fna à Marrakech ! N'oubliez pas que les assurances voyage ne couvrent généralement que les urgences dentaires.

Maladies infectieuses et parasitaires

Fièvre jaune

Le vaccin contre la fièvre jaune n'est pas obligatoire au Maroc. Cependant, les voyageurs en provenance d'une zone à risque devront donner une preuve de vaccination contre la fièvre jaune avant d'entrer dans le pays (voir p. 496).

Contamination Il y a un faible risque d'attraper la fièvre jaune (transmise par des moustiques) dans la province rurale de Chefchaouen, entre mai et octobre.

Symptômes et effets indésirables Douleurs musculaires, fièvre, maux de tête, nausées ou vomissements. Ces symptômes régressent au bout de quelques jours. Un quart des personnes contaminées entrent dans une seconde phase, caractérisée par une anémie, une inflammation du foie, une jaunisse, une défaillance rénale et des hémorragies pouvant entraîner la mort.

Prévention Le risque est si faible que le vaccin n'est pas recommandé par l'Organisation mondiale de la santé (OMS). Ce vaccin à virus vivants est proscrit pour les femmes enceintes et les personnes immunodéprimées. Les mesures de protection contre les piqûres de moustiques jouent un rôle essentiel dans la prévention de la fièvre jaune.

Hépatite A

Contamination C'est la plus répandue des hépatites et la contamination est alimentaire (en particulier par les coquillages) ou est causée par l'eau.

Symptômes et effets indésirables Des urines très foncées, de la fièvre et des douleurs abdominales. La peau et le blanc des yeux prennent une teinte jaune (ictère). L'hépatite peut parfois se résumer à un simple épisode de fatigue sur quelques jours ou quelques semaines.

Prévention En faisant attention à la nourriture et à la boisson, vous préviendrez le virus. Malgré tout, s'il existe un fort risque d'exposition, il vaut mieux se faire vacciner.

Hépatite B

Contamination Elle se transmet par voie sexuelle ou sanguine (piqûre, transfusion).

Symptômes et effets indésirables Les symptômes de l'hépatite B sont les mêmes que ceux de l'hépatite A, mais dans un faible pourcentage de cas, elle peut évoluer vers des formes chroniques dont, dans des cas extrêmes, le cancer du foie.

Prévention Elle est très répandue, puisqu'il existe environ 300 millions de porteurs chroniques dans le monde. Tous les voyageurs devraient s'immuniser contre cette affection endémique. La vaccination est considérée comme très efficace.

Leishmanioses

Contamination Les leishmanioses sont transmises par des insectes (phlébotomes) qui se sont contaminés en piquant un homme ou un animal malade. Au Maroc, les leishmanioses touchent les zones rurales de l'Atlas, les mouches des sables étant particulièrement présentes entre juin et octobre.

Symptômes et effets indésirables La leishmaniose viscérale, qui sévit à l'état endémique sur le pourtour méditerranéen, se caractérise par des accès de fièvre irréguliers, une altération importante de l'état général, une augmentation du volume de la rate et du foie et une anémie. La forme sèche de la maladie (leishmaniose cutanée), que l'on trouve aussi dans tout le bassin méditerranéen, se caractérise par des rougeurs sur la peau qui s'ulcèrent et se recouvrent d'une croûte. Dans la forme humide (leishmaniose cutanéo-muqueuse), l'ulcère est généralement plus important et la surinfection plus fréquente. La maladie peut être mortelle si on ne la traite pas.

Prévention et traitement La meilleure précaution consiste à éviter de se faire piquer en se couvrant et en appliquant une lotion antimoustiques. Il n'y a pas de vaccin mais il existe un traitement efficace.

Rage

Contamination Cette maladie est transmise par un animal contaminé : chien ou chat, par exemple. La rage est très répandue au Maroc.

Symptômes et effets indésirables Les premiers symptômes chez l'homme sont une douleur ou des picotements à l'endroit de la morsure, une perte d'appétit et des maux de tête. Dans les cas sévères, la maladie peut évoluer vers la paralysie, des spasmes des muscles de la gorge et des convulsions. Ces dernières formes de la maladie peuvent être fatales.

Prévention Un vaccin antirabique est disponible. Il faut y songer si vous comptez voyager dans des zones reculées du pays. Morsures, griffures ou même simples coups de langue d'un mammifère doivent être nettoyés immédiatement. Cependant, la vaccination ne dispense pas de la nécessité d'un traitement antirabique immédiatement après un contact avec un animal enragé ou dont le comportement peut paraître suspect.

Tuberculose

Contamination La tuberculose se propage par la toux ou par des produits laitiers non pasteurisés faits avec du lait de vaches tuberculeuses.

Symptômes et effets indésirables Les symptomes (notamment toux persistante, perte d'appétit et de poids, fièvre légère) peuvent apparaître des mois ou même des années après l'exposition. Un examen au rayon X est le meilleur moyen de détecter la maladie.

Prévention Bien que très répandue dans de nombreux pays, cette maladie ne présente pas de grand danger pour le voyageur. Les enfants de moins de 12 ans sont plus exposés que les adultes. Il est donc conseillé de les faire vacciner s'ils voyagent dans des régions où la maladie est endémique. Ce vaccin à virus vivants est proscrit pour les femmes enceintes et les personnes immunodéprimées.

Typhoïde

Contamination Aliment ou eau contaminés par des excréments humains infectés. La fièvre typhoïde est une infection du tube digestif.

Symptômes et effets indésirables Premiers symptômes : maux de tête et de gorge ainsi que fièvre. Ils peuvent être accompagnés de vomissements, de diarrhée ou de constipation. La deuxième semaine, quelques petites taches roses peuvent apparaître sur le corps. Un suivi médical est indispensable, dû au risque de pneumonie (infection aiguë des poumons) et de péritonite (éclatement de l'appendice). De plus, la typhoïde est très contagieuse.

Prévention Mieux vaut être vacciné, même si la vaccination n'est pas entièrement efficace, car l'infection est particulièrement dangereuse.

VIH/sida

Le taux d'infection au VIH (virus de l'immunodéficience humaine), agent causal du sida, est en hausse au Maroc (0,11%), notamment dans les villes comme Agadir et Marrakech, et il atteint même 5% dans certaines régions du pays.

Transmission Par le rapport sexuel (hétérosexuel ou homosexuel – anal, vaginal ou oral), d'où l'impérieuse nécessité d'utiliser des préservatifs à titre préventif ; par le sang, les produits sanguins et les aiguilles contaminées. Il est impossible de détecter la présence du VIH chez un individu apparemment en parfaite santé sans procéder à un examen sanguin

Turista du voyageur

Causes Le changement de nourriture, d'eau ou de climat suffit ; si la diarrhée est causée par des aliments ou de l'eau contaminés, le problème est plus grave. En dépit de toutes vos précautions, vous aurez peut-être la turista, mais quelques visites aux toilettes sans aucun autre symptôme n'ont rien d'alarmant.

Prévention Il est possible de boire l'eau courante dans les grandes villes mais partout ailleurs, ne buvez que de l'eau traitée. Ne mangez que les fruits et légumes frais, cuits ou épluchés par vous même, et évitez les produits laitiers, susceptibles de contenir du lait non pasteurisé. Les buffets présentent un risque car la nourriture n'y est pas maintenue suffisamment chaude, préférez les repas cuisinés devant vous, dans des restaurants à fort débit. La cuisine fait partie des grands atouts du Maroc et la peur de tomber malade ne doit pas gâcher ce plaisir.

Hygiène L'hygiène personnelle est très importante. Vous devrez à de nombreuses reprises manger avec les doigts. Lavez-vous toujours les mains avant de passer à table et en sortant des toilettes. Le gel antibactérien sans rinçage est d'un grand secours lorsque vous n'avez pas la possibilité de vous laver les mains.

Traitement Il est recommandé d'emmener avec soi un antidiarrhéique. Demandez conseil à votre pharmacien et à votre médecin (certains médicaments ne peuvent être délivrés sans ordonnance). La déshydratation est le danger principal lié à toute diarrhée, particulièrement chez les enfants. Ainsi, le premier traitement consiste à boire beaucoup : quand vous irez mieux, continuez à manger légèrement (évitez la nourriture grasse et les produits laitiers). Les antibiotiques peuvent être utiles dans le traitement de diarrhées très fortes, en particulier si elles sont accompagnées de nausées, de vomissements, de crampes d'estomac ou d'une fièvre légère. Trois jours de traitement sont généralement suffisants. Toutefois, lorsque la diarrhée persiste au-delà de 72 heures ou s'il y a présence de sang dans les selles, il est préférable de consulter un médecin.

Affections liées à l'environnement

Coup de chaleur

Causes Forte transpiration, déshydratation, pertes de fluides et de sels minéraux qui se régénèrent mal. Particulièrement courant lorsqu'on bouge beaucoup par grosse chaleur.

Symptômes et effets indésirables Maux de tête, vertiges et fatigue.

Prévention Boire de l'eau en quantité suffisante (les urines doivent être claires). Sachez qu'au moment où l'on ressent la sensation de soif, on est déjà déshydraté. Le soleil du Maroc peut être très fort, portez un chapeau.

Traitement Réhydratez-vous en buvant de l'eau, des jus de fruits, ou les deux, et en faisant baisser la température (bain d'au fraîche, ventilateur). Compensez la perte en sels minéraux par l'ingestion de fluides salés, soupe ou potage, et en salant un peu plus vos plats.

Eau

Dans les grandes villes du Maroc, l'eau courante, traitée au chlore, est potable. Au restaurant, préférez les eaux minérales et les boissons gazeuses, tout en vous assurant que les bouteilles sont décapsulées devant vous. Évitez les jus de fruits, souvent allongés à l'eau.

Vous pourrez vous procurer des bouteilles d'eau à peu près partout, bien que leur consommation ait un impact écologique plutôt important à en croire les montagnes de bouteilles en plastique usagées (et non recyclées).

Ailleurs, ne consommez que de l'eau traitée, soit en la filtrant ou en utilisant des comprimés pour la purifier. Pour stériliser l'eau, une solution est de la faire bouillir durant quinze minutes. N'oubliez pas qu'à haute altitude elle bout à une température plus basse et que les germes ont plus de chance de survivre.

Si vous vous aventurez hors des sentiers battus, l'eau des puits et des pompes est plutôt saine, mais ne buvez en aucun cas l'eau des cours d'eau ou des lacs, car elle peut contenir des bactéries et des virus responsables de troubles digestifs importants.

Insolation

Causes Une exposition prolongée au soleil peut provoquer une insolation. Cet état grave survient quand le mécanisme de régulation thermique du corps ne fonctionne plus : la température s'élève alors de façon dangereuse. Évitez l'alcool et les activités fatigantes lorsque vous arrivez dans un pays à climat chaud.

Symptômes et effets indésirables Malaise général, transpiration faible ou inexistante, forte fièvre et céphalée lancinante, difficultés à coordonner ses mouvements, signes de confusion mentale ou d'agressivité.

Traitement Il faut absolument hospitaliser le malade. En attendant les secours, installez-le à l'ombre, ôtez-lui ses vêtements, couvrez-le d'un drap ou d'une serviette mouillés et éventez-le continuellement.

Mal des montagnes

Causes Le mal des montagnes se manifeste à haute altitude et affecte la plupart des individus de façon plus ou moins forte. Il survient à des altitudes variables, mais en général il frappe plutôt à partir de 2 500 m (si on grimpe rapidement). Il est recommandé de dormir à une altitude inférieure à l'altitude maximale atteinte.

Symptômes et effets indésirables Symptômes : manque de souffle, toux sèche irritante, fort mal de tête, manque de coordination, confusion mentale, perte d'appétit, nausée et parfois vomissements. Les symptômes disparaissent généralement au bout d'un jour ou deux.

Prévention Ne faites pas trop d'efforts au début,

reposez-vous souvent. Lors d'une randonnée, prévoyez le temps nécessaire à votre acclimatation et assurez-vous que votre guide sait reconnaître le mal aigu des montagnes, et y remédier. Il est fréquent, lors de l'ascension très prisée du djebel Toubkal, un sommet de 4 167 m, que les randonneurs soient atteints de symptômes, même légers. Les randonneurs du massif du M'Goun, s'élevant à 4 000 m d'altitude, sont également exposés. En revanche, les treks dans les montagnes du Rif ou le djebel Sarhro, se déroulant à une altitude beaucoup moins élevée, sont donc moins risqués.

Traitement Buvez plus que d'habitude, mangez légèrement, évitez l'alcool et tout sédatif, mais si les symptômes persistent ou empirent, le seul traitement consiste à redescendre, ne serait-ce que de 500 m

En cas de symptômes légers, restez à la même altitude jusqu'à leur disparition ou redescendez.

Morsures de serpent

Causes Il est assez peu probable que vous vous fassiez mordre par un serpent au Maroc. Toutefois, les régions désertiques du Sud hébergent quelques espèces particulièrement dangereuses, telles que la vipère cornue. Les serpents aiment se prélasser sur les rochers et sur le sable, et se cachent généralement pendant les heures les plus chaudes de la journée.

Prévention Portez toujours bottes, chaussettes et pantalon long pour marcher dans la végétation à risque. Ne hasardez pas la main dans les trous et les anfractuosités.

Traitement Les morsures de serpent ne provoquent pas instantanément la mort, et il existe généralement des antivenins. Il faut calmer la victime, lui interdire de bouger, bander étroitement le membre comme pour une foulure et l'immobiliser avec une attelle. Trouvez ensuite un médecin. N'essayez en aucun cas d'attraper le serpent s'il y a le moindre risque qu'il morde à nouveau. On sait désormais qu'il ne faut absolument pas sucer le venin ou poser un garrot.

Piqûres et morsures

Causes Moustiques, phlébotomes (mouches des sables, sur les plages méditerranéennes), scorpions (communs dans le sud du Maroc), abeilles et guêpes, punaises de lit et gale (dans les hébergements les plus modestes).

Symptômes et effets

Plus gênants que vraiment dangereux pour la santé. La piqûre des phlébotomes est très irritante et peut entraîner une maladie rare de la peau appelée leishmaniose ; voir p. 530). La piqûre des scorpions est douloureuse mais rarement dangereuse. Les punaises de lit provoquent des démangeaisons et des boutons. Quant aux microscopiques acariens de la gale, ils vivent sous la peau, particulièrement entre les doigts, et provoquent d'intenses démangeaisons et rougeurs.

Prévention et traitement

Répulsifs anti-insectes à base de DEET. Vaporiser un matelas avec une lotion anti-insectes appropriée vous aidera à vous débarrasser des punaises de lit. La gale se traite aisément avec des lotions vendues en pharmacie ; les gens avec qui vous serez en contact devront aussi se faire traiter afin d'éviter la transmission de la maladie entre porteurs asymptomatiques.

Santé au féminin

On trouve dans tout le pays des préservatifs, ainsi que des tampons et serviettes hygiéniques.

Contraception Si vous prenez un contraceptif oral, n'oubliez pas que certains antibiotiques, ainsi que certains médicaments contre la diarrhée et les vomissements, peuvent annihiler l'effet de la pilule. Prévoyez des préservatifs au cas où et pensez à les conserver dans un endroit sec et frais.

Grossesse Notez par écrit ce qui concerne votre état de santé actuel ainsi que votre groupe sanguin, ce qui pourra être utile au cas où vous auriez besoin de soins. La qualité des équipements de soins anténataux variant considérablement en Afrique du Nord, réfléchissez à deux fois avant de vous rendre dans des régions très isolées. Pensez aussi que vous aurez affaire à des différences culturelles, à la barrière de la langue parfois, sans parler de la piètre qualité des soins.

Langue

POUR ALLER PLUS LOIN

Indispensable pour mieux communiquer sur place : le *Guide de conversation français/arabe marocain* de Lonely Planet (7,90 €). Pour réserver une chambre, lire un menu ou simplement faire connaissance, ce manuel permet d'acquérir des rudiments d'arabe marocain. Inclus : un mini-dictionnaire bilingue.

La langue officielle du Maroc, l'arabe, est parlée dans tout le pays. Le berbère (voir p. 538) est surtout parlé dans les montagnes du Rif et de l'Atlas. Les moyens de communication modernes ont permis l'arabisation, et le bilinguisme domine désormais chez les Berbères. Le français, héritage du protectorat, demeure largement répandu en ville (beaucoup moins chez les Berbères ruraux).

L'ARABE MAROCAIN

L'arabe marocain (darija) est dérivé de l'arabe classique (encore appelé arabe littéraire), mais il en diffère tellement qu'il constitue presque une autre langue. C'est celle que vous entendrez parler au Maroc, notamment dans le parler de la vie quotidienne.

Ce que l'on appelle couramment l'arabe moderne, unifié ou standard, est issu de l'arabe classique. L'arabe moderne unifié est la *lingua franca* écrite et parlée dans tout le monde arabe. C'est aussi celle des médias et de la majeure partie de la littérature arabe moderne. Ancien protectorat français, le Maroc utilise le système numérique occidental, contrairement à d'autres pays arabes.

Dans ce guide nous avons transcrit les expressions arabes en alphabet romain en utilisant un système de prononciation simplifiée. Les voyelles :

a	comme le "a" de chat
aa/â	comme le "â" de pâte
ai	comme dans ail
ay	comme dans paye
e	comme le "e" de dé
i	comme le "i" de rite
î	comme le "i" de ivre
o	comme le "o" de pot
u	comme le "ou" de chou
û	comme le "ou" de jour
aw	comme le "aou" de raout

L'accent placé au-dessus d'une voyelle (â, î, û), tout comme le aa, symbolise un son long.

Vous noterez que les doubles consonnes sont toujours prononcées. Ainsi, le mot hammam se prononce "ham-mam".

Le coup de glotte (non représenté dans l'alphabet) est signalé dans la translittération de ce guide par un guillemet fermé (').

Les autres consonnes à retenir sont :

dh	analogue au "th" anglais de *this*
gh	son guttural comme le "r" de riz
h	correspond à un "h" fortement expiré (souffle sonore)
kh	correspond à la *jota* espagnole ou au "ch" allemand de Bach
sh/ch	correspond au ch de char
q	correspond au g de guitare, souvent prononcé comme un coup de glotte

Conversation

Si l'on s'adresse à un homme, la politesse veut que l'on dise asîdî (ou sî suivi du nom), équivalent approximatif de monsieur. Pour parler à une femme, on utilise lalla suivi de son prénom. Pour interpeller quelqu'un dans la rue ou le serveur dans un café, on emploie généralement le mot shrîf.

Nous indiquons, le cas échéant, les abréviations de masculin/féminin/pluriel (m/f/pl).

Salut.	la bes (informel) bekhîr (réponse)
Bonjour.	es salaam alaykum (forme polie) wa alaykum salaam (réponse)
Au revoir.	bessalama/m'a ssalama
S'il vous plaît.	'afak/'afik/'afakum (pour m/f/pl)
Merci.	shoukran
De rien.	la shoukran 'la wejb
Pardon.	smeh lîya
Oui/Non.	îyeh/la

Comment allez-vous ?
kîf halek ?
Bien, merci.
bekhîr, lhamdû llaah
Quel est votre nom ?
asmîtek ?
Je m'appelle...
esmî ...
Parlez-vous français ?
wash kat'ref faranciya ?
Je ne comprends pas.
mafhemtsh

Au restaurant

Une table pour..., s'il vous plaît.
tabla dyal ... 'afak
Puis-je voir le menu s'il vous plaît ?
nazar na'raf lmaakla lli 'andkum ?
Que recommandez-vous ?
shnû tansaani nakul ?
Je vais essayer ce qu'elle/il mange.
gha nzharrab shnû kaatakul hiyya/huwwa
Je suis végétarien.
makanakûlsh llehem
Je voudrais boire quelque chose.
bghît shi haazha nashrubha

Pourriez-vous m'apporter s'il vous plaît...
llaa ykhallîk zhîb li ...

une bière	birra
un verre/une bouteille kaas/qar'a dyal	
de rouge/blanc/ rosé	hmar/byad/ rûzi shshrab
une serviette	mandîl
du pain	shwiyya dyaal lkhûbz
du poivre	shwiyya dyaal lebzaar
du sel	shwiyya dyaal lmelha
de l'eau	shwiyya dyaal lmaa

Je n'ai pas commandé ça.
tlabtsh had shshi
Sans..., s'il vous plaît.
bla ... 'afak
C'est excellent !
had shshi ldîd bezzef !

Formes interrogatives

Comment ?	kîfash ?
Quoi ?	ash ?
Quand ?	îmta ?
Où ?	fîn ?
Lequel ?	ashmen ?
Qui ?	shkûn ?
Pourquoi ?	'lash ?

Santé !
bsaha !
L'addition s'il vous plaît.
lahsaab, 'afak

Viande et poisson

anchois	shton
bœuf	baqrî
chameau	lehem jemil
poulet	farûj/dujaj
morue	lamûri
poisson	hut
rognons	kelawwi
agneau	lehem ghenmî
foie	kebda
homard	laangos
viande	lehem
sardines	serdîn
crevette	qaimrûn
sole	sol
thon	ton
merlan	merla

Fruits et légumes

pomme	teffah
abricot	meshmash
artichaut	qûq
aubergine	lbdanzhaal
banane	banan/moz
concombre	khiyaar
dattes	tmer
figues	kermûs
fruit	fakiya
ail	tûma
raisin	'eineb
haricots verts	lûbîya
lentilles	'aads
laitue	khess
champignon	fegg'a
olives	zîtoun
oignon	besla
orange	limûn
pois	zelbana bisila
grenade	reman
pommes de terre	batatas
tomate	mataisha tamatim
légumes	khûdar
pastèque	dellah
haricots blancs	fasûliya

Nombres cardinaux

1	wahed
2	jûj
3	tlata
4	reb'a
5	khamsa
6	setta
7	seb'a
8	tmenya
9	tes'ûd
10	'ashra
20	'ashrîn
30	tlatîn
40	reb'în
50	khamsîn
60	settîn
70	seb'în
80	tmanîn
90	tes'în
100	mya
200	myatayn
1000	alf
2000	alfayn

Divers

pain	khûbz
beurre	zebda
fromage	fromaj/jiben
chips	ships
œuf	bayd
huile	zit
poivre	filfil/lebzaar
sel	melha
soupe	shorba
sucre	sukur
yaourt	zabadî/laban/danûn

Commerces et services

Où est... ?	fîn kayn ... ?
la banque	shî baanka
le barbier	shî hellaq
la pharmacie	farmasyan
l'ambassade de...	ssifaara dyal...
le marché	souk
le commissariat	lkûmîsarîya
la poste	lbûstaa
le restaurant	ristura/mat'am
la boutique de souvenirs	baazaar
l'agence de voyages	wekaalet el aasfaar

Je voudrais changer...	bghît nserref ...
de l'argent	shî flûs
des chèques de voyage	shek sîyahî

J'aimerais acheter...	bghît nshrî ...
Je ne fais que regarder.	ghîr kanshûf
Je peux voir ?	wakhkha nshûfha ?
Ca ne me plaît pas.	ma'jebatnîsh
C'est combien ?	bshhal ?
C'est très cher	ghalî bezzaf
Je peux payer par carte ?	wash nkder nkhelles bel kart kredî ?

grand	kabîr
petit	saghîr
ouvert	mehlûl
fermé	masdûd

Directions

Où est... ?
fîn kayn ... ?
Quelle est l'adresse ?
ashnû hûwa l'unwan ?
Merci d'écrire l'adresse.
kteb l'unwan 'afek
Merci de me montrer sur la carte.
werri liya men l kharita 'afak
À quelle distance ?
bshhal b'ayd ?
Allez tout droit.
sîr nîshan

Tournez...	dor ...
à l'angle	felqent
au feu tricolore	fedo elhmer
à gauche	'al lîser
à droite	al lîmen

derrière	men luy
ici	hna
à côté	hedda
en face	'eks
là-bas	hunak

nord	shamel
sud	janûb
est	sherq
ouest	gherb

Hébergement

Où trouver... ?	fîn kayn ... ?
un camping	shî moukheyyem
un hôtel	shî ûtayl
une auberge de jeunesse	daar shshabab

Avez-vous une chambre ?
wash kayn shî bît khawîya ?
Puis-je voir la chambre ?
wash yemkenlî nshûf lbît ?
Combien coûte la chambre pour une journée ?
bash hal kayn gbayt l wahed nhar ?

Je voudrais une chambre...
bghît shî bît ...

pour une personne	dyal wahed
pour deux	dyal jûj
avec salle de bains	belhammam

climatisation	klîmatîzasîyun
lit	namûsîya
couverture	bttaanîya
eau chaude	lma skhûn
clé	sarût
chambre	bît
drap	îzar
douche	dûsh
toilettes	bît lma

Heure et dates

Quelle heure est-il ? shal fessa'a ?

hier	lbareh
aujourd'hui	lyûm
demain	ghedda
matin	fessbah
après-midi	fel'shîya
soir	'shîya
jour	nhar
semaine	l'usbu'
mois	shshhar
année	l'am

tôt/tard	bekrî/m'ettel
vite/lentement	dghîya/beshwîya

lundi	nhar letnîn
mardi	nhar ttlat
mercredi	nhar larb'
jeudi	nhar lekhmîs
vendredi	nhar jjem'a
samedi	nhar ssebt
dimanche	nhar lhedd

Janvier	yanaayir
Février	fibraayir
Mars	maaris
Avril	abrîl
Mai	maayu
Juin	yunyu
Juillet	yulyu
Août	aghustus/ghusht
Septembre	sibtimbir/shebtenber
Octobre	uktûbir
Novembre	nufimbir/nu'enbir
Décembre	disimbir/dijenbir

Transports

Transports publics

Quand part/ arrive... ?	wufuqash kaykhrej/ kaywsul ... ?
le bateau	lbabûr
le bus local/ intercité	ttubîs/ lkar
le train	tran
l'avion	ttayyyaara

Je voudrais un billet....
'afak bghît wahed lwarka l ddar lbayda ...

aller-retour	bash nemshî û njî
1re/2e classe	ddaraja llûla/ttanîya

Où est... ?	fîn kayn ... ?
l'aéroport	mataar
la gare routière	mhetta dyal ttobîsat
l'arrêt de bus	blasa dyal ttobîsat
la billetterie	maktab lwerqa
la gare ferroviaire	lagaar

Combien coûte le trajet ?
shhal taman lwarka ?
Prévenez-moi quand nous arrivons à...
'afak îla wselna l ... gûlhalîya
Je ne veux payer qu'une place.
bghît nkhelles blaasaawaheda
Arrêtez-vous s'il vous plaît.
wqef henna 'afak
Attendez-moi s'il vous plaît.
tsennanî 'afak

Transports privés

Où puis-je louer... ?	fîn yimkin li nkri ... ?
un vélo	bshklit
un chameau	jmel
une voiture	tumubîl
un âne	hmar
un cheval	'awd

Puis-je me garer ici ?
wash nqder nwakef hna ?
Combien de temps puis-je me garer ici ?
sh-hal men waket neqder nstatiun hna ?
Comment aller à... ?
kîfesh ghaadî nuwsul l ... ?
Où est la station-service la plus proche ?
fin kayna shi bumba dyal lisans griba ?
Je voudrais... litres.
bghît ... itru 'afak
Vérifiez l'huile/l'eau s'il vous plaît.
'afak shuf zzit/lma
Il nous faut un mécanicien.
khesna wahed lmikanisyan
La voiture est en panne à...
tumubîl khasra f ...
J'ai crevé.
'ndi pyasa fruida

Urgences

Au secours !	'teqnî !
Aidez-moi s'il vous plaît !	'awennî 'afak !
Partez !	sîr fhalek !
Je suis perdu.	tweddert
Voleur !	sheffar !
On m'a volé.	tsreqt
Appelez la police !	'ayyet 'la lbùlîs !
Appelez un médecin !	'ayyet 'la shî tbîb !
Il y a eu un accident !	uq'at ksîda !
Où sont les toilettes ?	fîn kayn lbît lma ?
Je suis malade.	ana mrîd
J'ai mal ici.	kaydernî henna
Je suis allergique à (la pénicilline).	'andî lhsasîya m'a (lbînselîn)

BERBÈRE

On compte chez les Berbères trois principaux dialectes, qui servent également de points de repère pour départager approximativement les grands groupes ethniques.

Au Nord, dans la région du Rif, le principal dialecte est le rifain, parlé jusqu'à Figuig, à la frontière algérienne. Dans le Moyen et le Haut Atlas, ainsi que dans les vallées aux portes du Sahara, le dialecte prédominant est désigné par plusieurs noms, parmi lesquels braber ou tamazight (amazigh).

Les peuples plus sédentaires du Haut Atlas, de l'Anti-Atlas, de la vallée du Sous et des oasis du Sud-Ouest parlent généralement tachelhit ou chleuh. Les expressions suivantes sont en tachelhit, le dialecte dont vous êtes le plus susceptible d'avoir besoin.

Conversation

Bonjour. (m/f)	la bes darik/darim
Bonjour (réponse).	la bes
Au revoir.	akayaûn arbî
À plus tard.	akranwes daghr
S'il vous plaît.	barakalaufik
Merci.	barakalaufik
Oui.	yah
Non.	oho
Excusez-moi.	samhiy
Comment allez-vous ?	menîk antgît ?
Bien, merci.	la bes, lhamdulah
Bien.	îfulkî/îshwa
Pas bien.	(khaib) îghshne

Phrases clés

nourriture	tîremt
mule	aserdon
un endroit où coucher	kra lblast mahengane
l'eau	arman
y a-t-il... ?	îs îla... ?
avez-vous... ?	îs darûn... ?
combien ça coûte ?	minshk aysker ?
donnez-moi...	fky...
je veux...	rîgh...
un peu/beaucoup	îmîk/bzef
pas bon	ûr îfulkî
trop cher	îghla
je veux aller...	addaughs...
où est... ?	mani ghîla ...?
est-ce près/loin ?	îs îqareb/yagûg ?
tout droit	nîshan
à gauche	fozelmad
à droite	fofasî
montagne	adrar
rivière	asîf
le col	tizî
village	dûrwar
hier	îdgam
aujourd'hui	(zig sbah) rass
demain	(ghasad) aska

Ce glossaire contient une liste de termes arabes (A), berbères (B), français et espagnols (E) utilisés dans ce guide. Pour le vocabulaire spécifique à la randonnée, consultez le glossaire en p. 39.

abou (B) – "frère"
adhan (A) – appel à la prière
agadir (B) – grenier collectif fortifié
aïd (A) – (ou *eid*) fête religieuse
'ain (A) – source
aït (B) – "fils ou famille (de)". Précède souvent le nom des villes et des tribus.
Al-Andalus – Espagne et Portugal musulmans (711-1492)
Alaouites – dynastie héréditaire qui règne sur le Maroc depuis la fin du XVIIe siècle
Allah (A) – Dieu
Almohades – d'origine berbère, cette dynastie musulmane rigoriste (1147-1269) s'opposa à la corruption des Almoravides
Almoravides – dynastie musulmane (1054-1147) qui gouverna l'Espagne et le Maghreb
assif (A) – cours d'eau, rivière

bab (A) – porte
banu (A) – voir *beni*
baraka (A) – bénédiction, protection divine, faveur, chance
Barbarie – terme européen désignant la côte de l'Afrique du Nord, du XVIe siècle au XIXe siècle
ben (A) – (ou *ibn*) "fils de"
bendir (B) – tambourin berbère
beni (A) – (ou *banu*) "fils de" au pluriel. Précède souvent le nom de la tribu
Berbères – premiers habitants de l'Afrique du Nord
borj (A) – fort (littéralement "tour")
brigade touristique – police touristique

caïd – voir *quaid*
calife – souverain musulman, successeur de Mahomet
calle (E) – rue
camarade – immigrant d'Afrique de l'Ouest
capitole – temple principal d'une ville romaine, généralement situé dans le forum
caravansérail – vaste gîte doté d'une cour intérieure où les marchands logeaient et effectuaient leurs transactions (voir *fondouk*)
casbah (A) – (ou kasbah) fort, citadelle. Désigne aussi le centre administratif
chergui (A) – vent sec du désert venant de l'est
chérif (A) – descendant du Prophète
chicha – narguilé, pipe à eau
chiisme – (ou *chi'isme*) une des deux principales branches de l'islam, née du schisme des partisans d'Ali. Ceux-ci n'admettaient que la légitimité des califes descendants d'Ali, gendre du Prophète (voir *sunnisme*)
Compagnie de transport et de tourisme au Maroc (CTM) – compagnie nationale de bus
Coran – livre sacré de l'islam
corniche – route côtière
corsaires – groupe de pirates basé à Salé au XVIIIe siècle

dada – cuisinière
dar (A) – maison citadine traditionnelle avec une cour intérieure
darija (A) – arabe dialectal marocain, dérivé de l'arabe classique
Délégation régionale du tourisme – office du tourisme
derb (A) – ruelle ou allée
djebel (A) – colline ou montagne
djedid (A) – nouveau (parfois prononcé *jdid*)
djellaba (A) – vêtement ample couramment porté. Celle des hommes est généralement en coton ou en laine. Les djellabas féminines sont en tissu synthétique fluide.
djemaa (A) – mosquée du vendredi (également *djami'*, *djemaa* et *djamaa*)
douar (A) – terme généralement employé pour désigner un village du Haut Atlas

Ensemble artisanal – boutique d'artisanat gérée par l'État
erg (A) – dunes de sable

fantasia (E) – exercice militaire consistant en une charge de cavalerie, il est désormais destiné aux touristes
Fatimides – dynastie musulmane qui régna au Xe siècle
foum (A) – embouchure de rivière ou vallée (du mot arabe désignant la bouche)
frontera (E) – frontière
foundouk (A) – caravansérail (souvent employé pour désigner un hôtel)

garum – condiment à base de poisson utilisé en Grèce antique et à Rome, et qui était produit près de l'actuelle Essaouira

ghassoul (A) – argile mêlée d'herbes, de roses séchées et de lavande utilisée au hammam pour se laver le corps et les cheveux

glaoua (A) – (ou *zanafi*) tissage à plat allié à une haute laine moelleuse

Gnaouas (A) – descendants d'anciens esclaves constitués en confréries pratiquant musique, divination, danse de possession et transe.

grand taxi – taxi collectif longue distance

griouash (A) – gâteau au miel traditionnellement préparé pour célébrer la fin du ramadan

hadj (A) – pèlerinage à La Mecque. D'où les termes *hadj* et *hadja* pour désigner celui ou celle qui a effectué le pèlerinage

halqa (A) – théâtre de rue

hamada (A) – désert de pierre

hammam (A) – bains de style turc avec sauna et massage. Également appelé "bain maure"

hanbel (A) – voir kilim

haram (A) – littéralement "interdit". Il peut désigner un lieu sacré ou interdit, comme la salle de prière d'une mosquée. De même racine, le mot "harem" désigne l'espace où vit la famille et, surtout, les appartements des femmes

hégire – fuite du prophète Mahomet de La Mecque à Médine en 622, elle marque le début du calendrier musulman

hunja (A) – thé rouge-brun à la cannelle

ibn (A) – "fils de" au singulier (voir *ben*)

Idrissides – dynastie marocaine qui instaura un État stable dans le nord du Maroc au IXe siècle

iftar (A) – (ou *ftur*) rupture du jeûne au coucher du soleil pendant le ramadan

imam (A) – chef religieux musulman

Interzone – mot inventé par l'écrivain William Burroughs pour désigner la période au cours de laquelle neuf pays contrôlaient Tanger (1923-1956)

irifi (A) – vent sec du désert, également appelé chergui

kasbah (A) – voir *casbah*

kif (A) – haschisch

kilim (A) – (ou *hanbel*) tapis ou couverture tissée

kissaria (A) – marché couvert, constituant parfois le centre marchand de la médina

koubba (A) – (littéralement "coupole") sanctuaire ou mausolée (voir *marabout*), coiffé d'une coupole

ksar (A) – forteresse (ksour, au pluriel)

mâalem – maître en artisanat ou en art

Maghreb (A) – l'Ouest (littéralement "là où le soleil se couche") ; désigne l'ensemble géographique Maroc, Algérie, Tunisie et Libye

majoun (A) – pâte collante à base de graines de kif écrasées

marabout – homme pieux, saint. Désigne aussi son tombeau, lieu de pèlerinage

masjid (A) – autre appellation de la mosquée, en particulier dans une médersa (voir aussi *djemaa*)

mechouar (A) – place de réunion royale, place d'armes

médersa (A) – (ou madrasa) école coranique où sont enseignés la théologie, le droit, la littérature et la grammaire arabes

médina (A) – ville. Terme aujourd'hui utilisé pour décrire la partie ancienne (arabe) d'une ville

mellah (A) – quartier juif de la médina

Mérénides (A) – dynastie marocaine (1269-1465) qui fit édifier de nombreuses médersas

mihrab (A) – niche de prière dans le mur de la mosquée indiquant la direction de La Mecque (*qibla*)

minbar (A) – chaire de mosquée du bas de laquelle l'imam prononce son sermon (le Prophète délivrait le sien du haut du minbar)

moulay (A) – dirigeant

Mouloud – période de fête islamique célébrant la naissance de Mahomet

moussem (A) – pèlerinage sur la tombe d'un marabout ; fête en l'honneur d'un marabout

muezzin (A) – fonctionnaire religieux chargé de lancer l'appel à la prière depuis le minaret

muqarna (A) – ornement décoratif en plâtre

ONMT – Office national marocain du tourisme ou Délégation régionale du tourisme

ordinaire – train moins confortable et un peu plus lent que le rapide

oued (A) – (parfois *wad* ou *wadi*) lit de rivière, souvent à sec

oulad (A) – "fils de" (au pluriel), précède souvent le nom d'une tribu ou d'une ville

pacha – haut fonctionnaire de l'Empire ottoman

pastilla – riche plat sucré-salé, à base de pigeon ou de poulet enveloppé dans une feuille de brick ; dessert feuilleté garni de cannelle et d'amandes servi dans les banquets

petit taxi – taxi local

pisé – matériau de construction formé d'argile ou de boue séchée au soleil

Prophète (Mahomet) – fondateur de l'islam, il vécut de 570 à 632

qaid (A) – (ou caïd) chef local, équivalent approximatif du maire dans certaines parties du Maroc

qasba (A) – voir *casbah*

qibla (A) – direction de La Mecque indiquée par le mihrab

ramadan (A) – 9e mois de l'année musulmane et période de jeûne

rapide – train plus confortable et un peu plus rapide que l'"ordinaire"

Reconquista (E) – reconquête chrétienne de la péninsule Ibérique occupée par les Maures (VIIIe-XIVe siècle)

reg – désert de pierre

riad (A) – maison citadine traditionnelle dotée d'un jardin intérieur

ribat (A) – monastère fortifié

Saadiens – dynastie marocaine qui régna au XVIe siècle

seffa (A) – couscous sucré

sharia (A) – rue

shedwi (A) – tissage composé de bandes noires et blanches

sherif (A) – descendant du prophète Mahomet

sidi (A) – (ou *si*) terme honorifique correspondant à "monsieur"

skala (A) – forteresse

souk (A) – marché

soufisme – courant mystique de l'islam préconisant une quête intérieure pour parvenir à la communion avec Dieu

sunnisme – principale branche de l'islam issue des partisans du califat des Omeyyades (voir *chiisme*)

tabac – vendeur de tabac et de journaux

tadelakt (A) – enduit étanche à la chaux, teinté et poli à l'aide d'une pierre pour lui donner un aspect lustré et lisse. Réservé à l'origine aux hammams, on l'utilise désormais volontiers pour la décoration d'intérieur

tapas (E) – en-cas variés et savoureux que servent traditionnellement les bars espagnols

tarik (A) – route, avenue

terz Fezzi (A) – broderie géométrique élaborée de Fès

tizi (B) – col montagneux

Touaregs – Berbères nomades du Sahara. Ils doivent leur nom d'"hommes bleus" à leur tunique teinte à l'indigo

ville nouvelle – construite à l'extérieur des murs de la médina à l'époque de la colonisation/du protectorat

vizir – autre terme qui désignait le gouverneur d'une province de l'Empire ottoman ou le conseiller du sultan du Maroc

wali (A) – homme pieux ou saint de l'islam

wilaya (A) – préfecture

zanafi (A) – voir *glaoua*

zaouïa (A) – congrégation religieuse rassemblée autour d'un marabout ; lieu de la congrégation, sanctuaire religieux

zelliges (A) – carreaux de céramique ornementaux

En coulisses

VOS RÉACTIONS ?

Vos commentaires nous sont très précieux et nous permettent d'améliorer constamment nos guides. Notre équipe lit toutes vos lettres avec la plus grande attention. Nous ne pouvons pas répondre individuellement à tous ceux qui nous écrivent, mais vos commentaires sont transmis aux auteurs concernés. Tous les lecteurs qui prennent la peine de nous communiquer des informations sont remerciés dans l'édition suivante, et ceux qui nous fournissent les renseignements les plus utiles se voient offrir un guide.

Pour nous faire part de vos réactions, prendre connaissance de notre catalogue et vous abonner à Comète, notre lettre d'information, consultez notre site web : **www.lonelyplanet.fr**

Nous reprenons parfois des extraits de notre courrier pour les publier dans nos produits, guides ou sites web. Si vous ne souhaitez pas que vos commentaires soient repris ou que votre nom apparaisse, merci de nous le préciser. Pour connaître notre politique en matière de confidentialité, connectez-vous à : **www.lonelyplanet.fr/confidentialite/index.cfm**

À NOS LECTEURS

Merci à tous les voyageurs qui ont utilisé la dernière édition de ce guide et qui nous ont écrit pour nous faire part de leurs conseils, de leurs suggestions et de leurs anecdotes :

A Nelly Ansquer, Gérard Antoine, F. Antunes, Gwen Argha, Mme Arlette, Laurys Armbruster, Flora Arnouil, Edwige Aupert **B** Omar Allama Bakir, Guillermo Ballesteros, Joël Barthe, Linda Battaglia, Sébastien Baudry, Marc Beaudin, Jean-Jacques Behm, Alain Berthaud, Louise Bisson, Guillaume Blanc, Andrea Boccuzzi, Chantal et Luc Bolduc, Gérard Bonnet, Luc Bouvier, Françoise Brin **C** Fabienne Cadour, Michel Ceva, Alice Chatellier, Robert Chesi, Cedric Cordonnier, Gaëlle Cotonnec **D** M. Damie, N. Damiette, Marry Danet, Grazia Didisheim, M. et Mme Dominguez, Stéphane Dublois, Sylvain Dubois, Julien Dugué, Denis Durand **E** Salma Essoudi **F** Alice Ferreira, Janick Fortin, Gerda Fransen **G** Jean-Christophe Galinou, M. et Mme Galster-Ronveaux, Marc Gancel, Philippe Garillot, Annie Gasq, Catherine Gauchon, Victor Gaudin, M. Ghizlina, Marie-Françoise Gillonnier, Jean-Michel Gosselin, Marcel Goubier **H** Didier Haberli, Michel Hanocque, Nadège Husson **I** Liliana Iaquinta **J** Lahcen Jabri, Françoise Jessel **K** M. Kerdad, M. Kerebel **L** Florence Lachenal, Jean-Pierre Lafont, J.-P. Latour, Jacques Lavergne, Mélanie Lavigne, S. Lemaire, M. et Mme Lemaître, Giulia Leonelli, Corinne Lepage, Pascal Loret **M** Dominique Madelin, Arlette Magnin, Jean-Pierre Magnin, Nathalie et Erwan Mandin, Philippe Maquin, Pierre Marçais, Émilie Maret, Sonia Marquez, Vivien Martineau, Jean Martinez, Mme Mathieu, Claude Maurel, M. Menestrot, Lionel Meritet, Eddy Mespreuve, Sarah Moreea, Florence Mouffe **N** Élise Nahuet, Rihani Naoufal, Pierre Nicolas, Virginie Noblet **P** Marjorie Panchaud, N. Pascal, Lola Pauwels, Mme Pignard, Jean-Michel Pissier, F. Pitiot, Anne Plassart, Charles Poitou, Catherine et Patrick Poizat, Jean-Yves Postec, Gérard Preli **R** M. Reveillere, Braham Riadh, Sébastien Roggia **S** Manoël Sanchez, Roselyne Sanial, Nelly Sebky **T** Zourgane Taibi, Fanny Talbot, Mestan Tekin, Rodrigue Thienot, Guillaume Trébuchon, Francis Tritsch **V** Clara Valenti, M. Vivier **W** Simon Watterman

UN MOT DES AUTEURS

James Bainbridge

Une foule de remerciements à la mesure de la place Djemaa el-Fna à mes coauteurs pour leur savoir-faire et leur enthousiasme, ainsi qu'à ceux du Maroc : Mohamed, Kay et le gang du Riad Bledna (notamment Omar pour sa stratégie militaire), la famille Catling, Laargoub Car à Agadir, Sissi et Hassan à Yallatrek et Mahfoud à l'Auberge Le Safran de Taliouine, la Maison traditionnelle à Oumesnate, Mohamed à Tiwadou, Jean-Pierre à Sidi Ouarsik, enfin Sadat et Pete à Tarfaya.

Alison Bing

Allah yhrem waldikoum (bénis soient vos parents) aux experts marocains Souad Boudeiry, Si Ahmad Nmeis, Mohamed, Omar et Kay Nour ; à mes intrépides compagnons de voyage Sahai Burrowes et Sandeep Brar ; à mes chers coauteurs et *maâlems* (maîtres) éditoriaux David Carroll et Kate James et aux courageux cartographes de Lonely Planet ; à Marco Flavio Marinucci, pour l'aventure de toute une vie. Aux nombreux amis marocains, hôtes et étrangers affables : *llaykhlef alf*, que votre hospitalité vous soit rendue 1 000 fois.

Paul Clammer

Shoukran à toute ma "famille" de Fès – vous vous reconnaîtrez. Merci à Jack, Ina et Youness à Figuig, et à Cynthia Berning de Midelt.

Helen Ranger

Merci à l'équipe LP, à James et à mes coauteurs. À Casablanca, Moustapha Bouamara m'a immensément aidée, et Tahir Shah a été adorable. À Essaouira, *shoukran bezeff* Latifa Boumazzhour et Kirsty McArdle pour leurs savants conseils. À Ricky, d'Assilah, merci pour la fabuleuse terrasse. Gerald Loftus à Tanger m'a inspirée. À Chefchaouen, John Wilkinson, si cultivé, qui a su poser la cerise sur le gâteau. Le savoir-faire des randonneurs rifains Abdesalam Moudden et Moustapha el-Habti m'a été précieux. Amine Adrissi s'est révélé un chauffeur amical et capable. Toute ma gratitude à Ibn Warraq, dont il reste encore à dérouler le turban.

REMERCIEMENTS

Données des cartes du climat adaptées de Peel MC, Finlayson BL & McMahon TA (2007) "Updated World Map of the Köppen-Geiger Climate Classification", Hydrology and Earth System Sciences, 11, 1633-44.

Les cartes de la ville de Marrakech sont basées sur la carte Marrakech! My Map © 2010 Editions Bab Sabaa.

CRÉDITS

Photographie de couverture : Mosquée Hassan II, Casablanca/Feargus Cooney/ Lonely Planet Images.

La plupart des photos publiées dans ce guide sont disponibles auprès de notre agence photographique Lonely Planet Images : www.lonelyplanetimages.com

À PROPOS DE CET OUVRAGE

Cette 8e édition française du guide *Maroc* est une traduction-adaptation de la 10e édition du guide *Morocco* (en anglais), commandée par le bureau de Melbourne de Lonely Planet. Pour cette présente édition, James Bainbridge (auteur-coordinateur) s'est entouré des auteurs Alison Bing, Paul Clammer et Helen Ranger.

Les 7e et 6e éditions du guide *Maroc* ont été réalisées grâce au travail d'une équipe d'auteurs constituée de Paul Clammer, Alison Bing, Anthony Sattin, Paul Stiles, Etain O'Carroll et Anthony Ham. Le chapitre *Santé* a été écrit conjointement par le Dr Caroline Evans et le Dr Luc Paris, de l'hôpital de la Pitié-Salpêtrière à Paris, mis à jour pour cette édition par James Bainbridge. Enfin, la section *Langue* a été rédigée par Annelies Martens et Branislava Vladisavljevic.

Direction éditoriale
Didier Férat

Adaptation française
Carole Haché

Traduction
Nathalie Berthet, Florence Delahoche et Bérengère Viennot

Pré-presse
Jean-Noël Doan

Maquette
Christian Deloye

Couverture
Adaptée par Alexandre Marchand pour la version française.

Cartographie
Cartes adaptées en français par Caroline Sahanouk.

Remerciements à
Chantal Duquenoy, Rose-Hélène Lempereur, Dolorès Mora et Jean-Victor Rebuffet pour leur précieuse contribution au texte. Merci également à Élisabeth Éon pour son travail de préparation du manuscrit anglais et les renvois de pages. Un grand merci à Dominique Spaety pour son soutien attentif et à toute l'équipe du bureau de Paris. Enfin, merci à Clare Mercer, Tracey Kislingbury et Mark Walsh du bureau de Londres, ainsi qu'à Darren O'Connell, Chris Love, Craig Kilburn et Carol Jackson du bureau australien.

TURC
Croate
Polonais
NÉERLANDAIS
GREC
Hindi, ourdou et bengali
MANDARIN
Pour voyager en V.O.
Et la collection "Petite conversation en"
Allemand
Anglais
Espagnol
Italien
Arabe égyptien
Thaï
ESPAGNOL LATINO-AMÉRICAIN
Japonais
Russe
Dictionnaire bilingue inclus

lonely planet
Guide de conversation
PORTUGAIS
ET BRÉSILIEN
Dictionnaire bilingue inclus
lonely planet
Guide de conversation
ESPAGNOL
Dictionnaire bilingue inclus
lonely planet
Guide de conversation
ITALIEN
Dictionnaire bilingue inclus
lonely planet
Guide de conversation
VIETNAMIEN
Dictionnaire bilingue inclus
lonely planet
Guide de conversation
ANGLAIS
Dictionnaire bilingue inclus
lonely planet
Guide de conversation
ALLEMAND
Dictionnaire bilingue inclus

index

Les références des cartes sont indiquées en **gras**, les photos en **bleu**

A

B

C

D

Les références des cartes sont indiquées en **gras**, les photos en bleu

E

F

G

H

I

Les références des cartes sont indiquées en **gras**, les photos en **bleu**

N

O

P

Les références des cartes sont indiquées en **gras**, les photos en **bleu**

Q

R

U

V

Y

Z

INDEX DES ENCADRÉS

Randonnées

Transports

Vie pratique

Comment utiliser ce guide

Ces symboles vous aideront à identifier les différentes rubriques :

- À voir
- Activités
- Cours
- Circuits organisés
- Fêtes et festivals
- Où se loger
- Où se restaurer
- Où prendre un verre
- Où sortir
- Achats
- Renseignements/transports

Ces symboles vous donneront des informations essentielles au sein de chaque rubrique :

- Numéro de téléphone
- Horaires d'ouverture
- Parking
- Non-fumeurs
- Climatisation
- Accès Internet
- Wi-Fi
- Piscine
- Végétarien
- Carte en anglais
- Familles bienvenues
- Animaux acceptés
- Bus
- Ferry
- Métro
- Subway
- Tube
- Tramway
- Train

Les pictos pour se repérer

- Coup de cœur de l'auteur
- GRATUIT Accès/entrée libre
- Adresse écoresponsable

Nos auteurs ont sélectionné ces adresses pour leur engagement dans le développement durable – par leur soutien envers des communautés ou des producteurs locaux, leur fonctionnement écologique ou leur investissement dans des projets de protection de l'environnement.

Légende des cartes

À voir

- Centre d'intérêt
- Château
- Église/cathédrale
- Monument
- Musée/galerie
- Mosquée
- Plage
- Ruines
- Synagogue
- Vignoble
- Zoo

Activités

- Plongée/snorkeling
- Canoë/kayak
- Ski
- Surf
- Piscine/baignade
- Randonnée
- Planche à voile
- Autres activités

Se loger

- Hébergement
- Camping

Se restaurer

- Restauration

Prendre un verre

- Bar
- Café

Sortir

- Spectacle

Achats

- Magasin

Renseignements

- Poste
- Point d'information

Transports

- Aéroport/aérodrome
- Poste frontière
- Bus
- Téléphérique/funiculaire
- Piste cyclable
- Ferry
- Métro
- Monorail
- Parking
- S-Bahn
- Taxi
- Train/rail
- Tramway
- Tube
- U-Bahn
- Autre moyen de transport

Routes

- Autoroute à péage
- Autoroute
- Nationale
- Départementale
- Cantonale
- Chemin
- Route non goudronnée
- Rue piétonne
- Escalier
- Tunnel
- Passerelle
- Promenade à pied
- Promenade à pied (variante)
- Sentier

Limites et frontières

- Pays
- Province/État
- Contestée
- Région/banlieue
- Parc maritime
- Falaise/escarpement
- Rempart

Population

- Capitale (pays)
- Capitale (État/province)
- Grande ville
- Petite ville/village

Géographie

- Refuge/gîte
- Phare
- Point de vue
- Montagne/volcan
- Oasis
- Parc
- Col
- Aire de pique-nique
- Cascade

Hydrographie

- Rivière
- Rivière intermittente
- Marais/mangrove
- Récif
- Canal
- Eau
- Lac asséché/salé/intermittent
- Glacier

Topographie

- Plage/désert
- Cimetière (chrétien)
- Cimetière (autre religion)
- Parc/forêt
- Terrain de sport
- Site (édifice)
- Site incontournable (édifice)

LES GUIDES LONELY PLANET

Tout commence par un long voyage : en 1972, Tony et Maureen Wheeler rallient l'Australie après avoir traversé l'Europe et l'Asie. Pour répondre à une demande croissante, ils rédigent leur premier guide Lonely Planet, écrit sur un coin de table. En une semaine, 1 500 exemplaires sont vendus !

Depuis, Lonely Planet est devenu le plus grand éditeur indépendant de guides de voyage dans le monde. La collection couvre désormais le monde entier et ne cesse de s'étoffer. L'information est aujourd'hui présentée sur différents supports, mais notre objectif reste constant : donner des clés au voyageur pour qu'il comprenne mieux le pays ou la région qu'il découvre.

LES AUTEURS

James Bainbridge

Auteur-coordinateur ; Sud du Maroc et Sahara occidental. Il y a dix ans, James, journaliste à Londres, a débuté sa carrière d'auteur de voyages au Maroc. Depuis, James a écrit sur l'Afrique et le Moyen-Orient, notamment les guides Lonely Planet, *Turquie* et *Afrique de l'Ouest*. Il est retourné plusieurs fois au Maroc, et continue d'en chanter les louanges avec la passion d'un musicien gnaoua. Quand il ne fait pas des recherches sur le prix des taxis de l'Anti-Atlas, James vit au Cap, en Afrique du Sud.

Alison Bing

Marrakech et centre du Maroc. Quand elle ne s'applique pas à goûter les méchouis de Marrakech ou à tester la température des hammams, Alison rédige des guides Lonely Planet, notamment *California*, *Ouest américain* et *Italie*. Alison a étudié l'art islamique, l'architecture et l'économie d'Afrique du Nord à l'université américaine du Caire. Elle livre ses analyses sur l'art, la gastronomie et la culture à des journaux, des magazines et à la radio.

Paul Clammer

Cités impériales, Moyen Atlas et est du Maroc. Étudiant, Paul vécut sa première expérience de baroudeur en prenant un bus du Cambridgeshire jusqu'à Casablanca. Après un début de carrière de biologiste moléculaire, il est reparti travailler comme guide, randonnant dans l'Atlas et essayant de ne pas semer ses voyageurs dans la médina de Fès. Les vols low cost entre le Royaume-Uni et le Maroc font son bonheur et lui permettent de fréquents sauts de puce au Maroc.

Retrouvez Paul sur le site de Lonely Planet :
lonelyplanet.com/members/paulclammer

Helen Ranger

Côte atlantique ; Côte méditerranéenne et Rif. Depuis 2004, Helen est installée à Fès et écrit sur le Maroc. Helen a écumé les boulevards chics de la ville, s'est perdue dans la médina de Tanger, a gambadé sur les monts Beni-Snassen, s'est reposée à Chefchaouen et a découvert les curiosités (et les bars à tapas) de Ceuta et Melilla. Elle vit dans une maison traditionnelle vieille de 400 ans, sise dans cette médina dont elle ne finit pas de découvrir les secrets.

Retrouvez Helen sur le site de Lonely Planet :
lonelyplanet.com/members/helenranger

MAROC
8e édition
Traduit et adapté de l'ouvrage *Morocco, 10th edition, July 2011*

Dépôt légal Novembre 2011
ISBN 978-2-81610-994-8
Imprimé par Grafica Veneta, Trebaseleghe, Italie